U0920852

佛山年鉴

FOSHAN YEARBOOK

2016

（总 24 期）

《佛山年鉴》编纂委员会　　佛山年鉴社　编

SPM
南方出版传媒
广东人民出版社
·广州·

图书在版编目（CIP）数据

佛山年鉴.2016 /《佛山年鉴》编纂委员会，佛山年鉴社编. —广州：广东人民出版社，2016.11
ISBN 978-7-218-11321-0

Ⅰ. ①佛… Ⅱ. ①佛…②佛… Ⅲ. ①佛山市—2016—年鉴 Ⅳ. ①Z526.53

中国版本图书馆 CIP 数据核字（2016）第 259919 号

佛山年鉴. 2016

FOSHAN NIANJIAN 2016

《佛山年鉴》编纂委员会 佛山年鉴社 编

佛山年鉴社

地　　址：广东省佛山市禅城区卫国路 1号 10楼
邮政编码：528000
电　　话：（0757）83329325 83805035
传　　真：（0757）83329325
电子邮箱：fsnj@fsnj.net

出 版 人：肖风华

责任编辑：卢 卫 陈 绍 袁少芬 张贤明
封面设计：卢 卫
责任技编：周 杰 易志华

出版发行：广东人民出版社
地　　址：广州市大沙头四马路 10 号
邮政编码：510102
电　　话：（020）83798714（总编室）
传　　真：（020）83780199
网　　址：http://www.gdpph.com
印　　刷：佛山市金华彩印刷有限公司
开　　本：850mm × 1168mm 1/16
印　　张：34.25 **插　页：**66 **字　数：**1200 千
版　　次：2016 年 11 月第 1 版 2016 年 11 月第 1 次印刷
定　　价：380.00 元

编辑说明

一、《佛山年鉴》是由中共佛山市委员会、佛山市人民政府主持编纂出版的一部地方性综合年鉴。每年更新资料出版一次，国内外公开发行。

二、《佛山年鉴》旨在全面、系统、准确地反映每个年度佛山市政治经济和社会各项事业的基本情况，为读者了解和研究佛山提供基本资料。

三、《佛山年鉴》采用分类编辑法。主体内容以篇目、类目、分目、条目四个结构层次的体例设置框架，以条目为表现内容的基本形式。全书条目标题统一采用黑体字加【　】表示。

四、本年鉴按常规以出版年份作卷次名称，《佛山年鉴·2016》着重反映2015年佛山市政治、经济、文化、教育等各项事业的发展情况。全书设《特载》《佛山大事记》《佛山概况》《政治》《法制》《经济》《科教文》《社会生活》《市辖区》《社会统计资料》《文件·法规选编》等11个篇目。为突显出版当年的新闻时效性，特设《新的一页——加快转型升级　建设幸福佛山》图片特辑，以图片形式反映2015年和2016年发生的要事和大事。

五、本年鉴统计数据采用法定计量单位，主要统计数据，均经撰稿单位与统计部门核对。全书所载录内容均由各撰稿单位审定提供。由于统计口径不一，个别数字可能不一致，使用时以佛山市统计局提供的数据为准。

六、本年鉴的编辑出版工作得到全市各级党委、政府的大力支持和统计部门、各有关单位以及广东人民出版社的通力合作，谨此致谢。本刊疏漏之处，敬请批评指正。

目　录

图片专辑

第一篇　特　载

第二篇　佛山大事记

第三篇　佛山概况

第四篇　政　治

第五篇 法 制

第六篇 经 济

第七篇 科 教 文

第八篇　社会生活

第九篇　市　辖　区

第十篇　社会统计资料

第十一篇　文件·法规选编

主题索引

中华人民共和国
THE PEOPLE'S REPUBLIC OF CHINA
北京
BEIJING
广州
GUANGZHOU
佛山
FOSHAN
香港
HONGKONG
澳门
MACAO
台湾
TAIWAN
Pacific Ocean
Indian Ocean
珠江三角洲经济圈
Pearl River Delta Economic Region
广佛肇经济圈
Guangzhou-Foshan-Zhaoqing Economic Circle
广佛都市圈
Guangzhou-Foshan Metropolitan Circle
佛山市
三水区
南海区
禅城区
顺德区
高明区
广州市
清远市
肇庆市
江门市
中山市
东莞市
惠州市
深圳市
珠海市
香港
澳门
云浮市
韶关市
河源市
阳江市
万山群岛

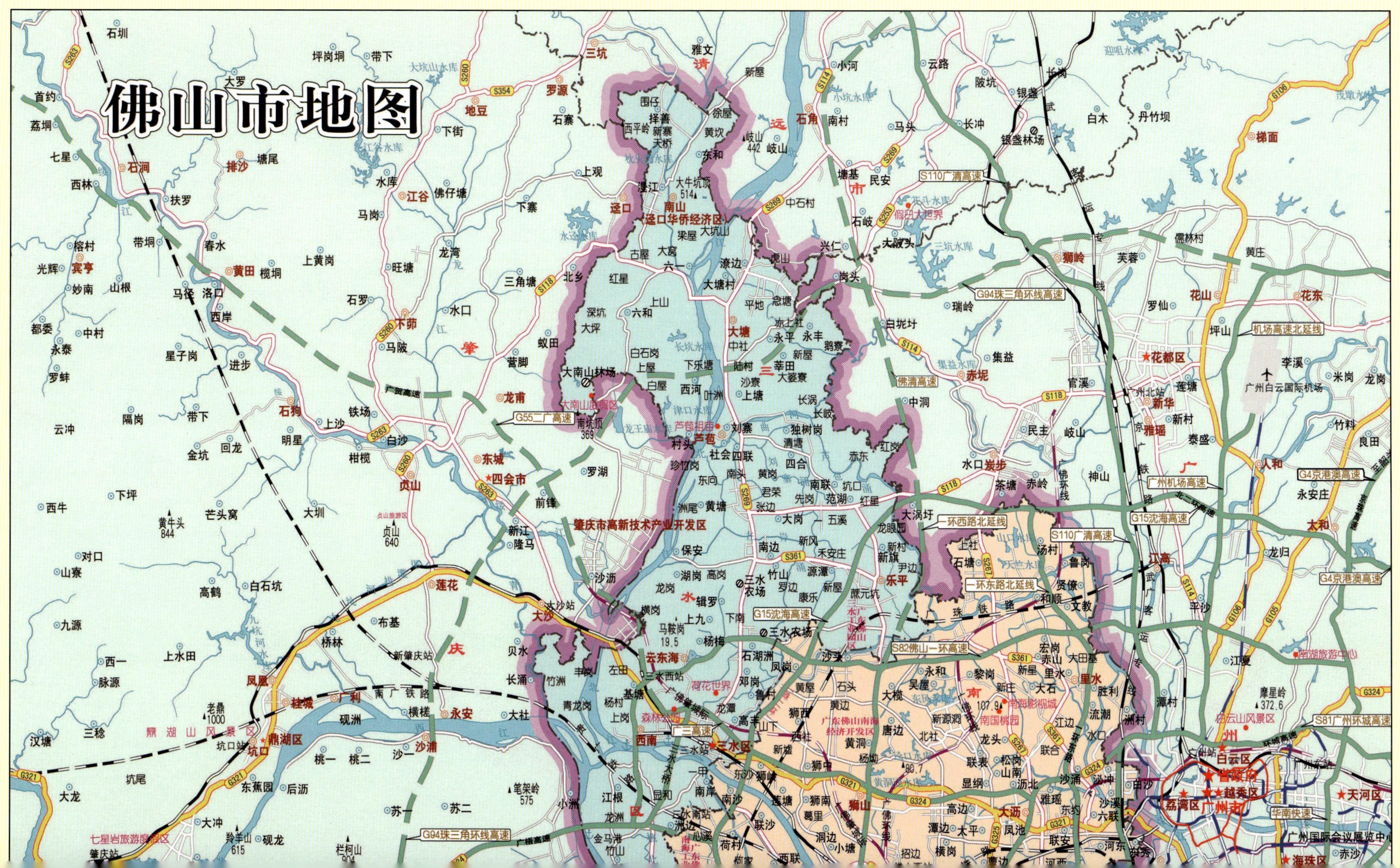
佛山市地图
三水区
南海区
顺德区
禅城区
高明区
广州市
肇庆市
清远市

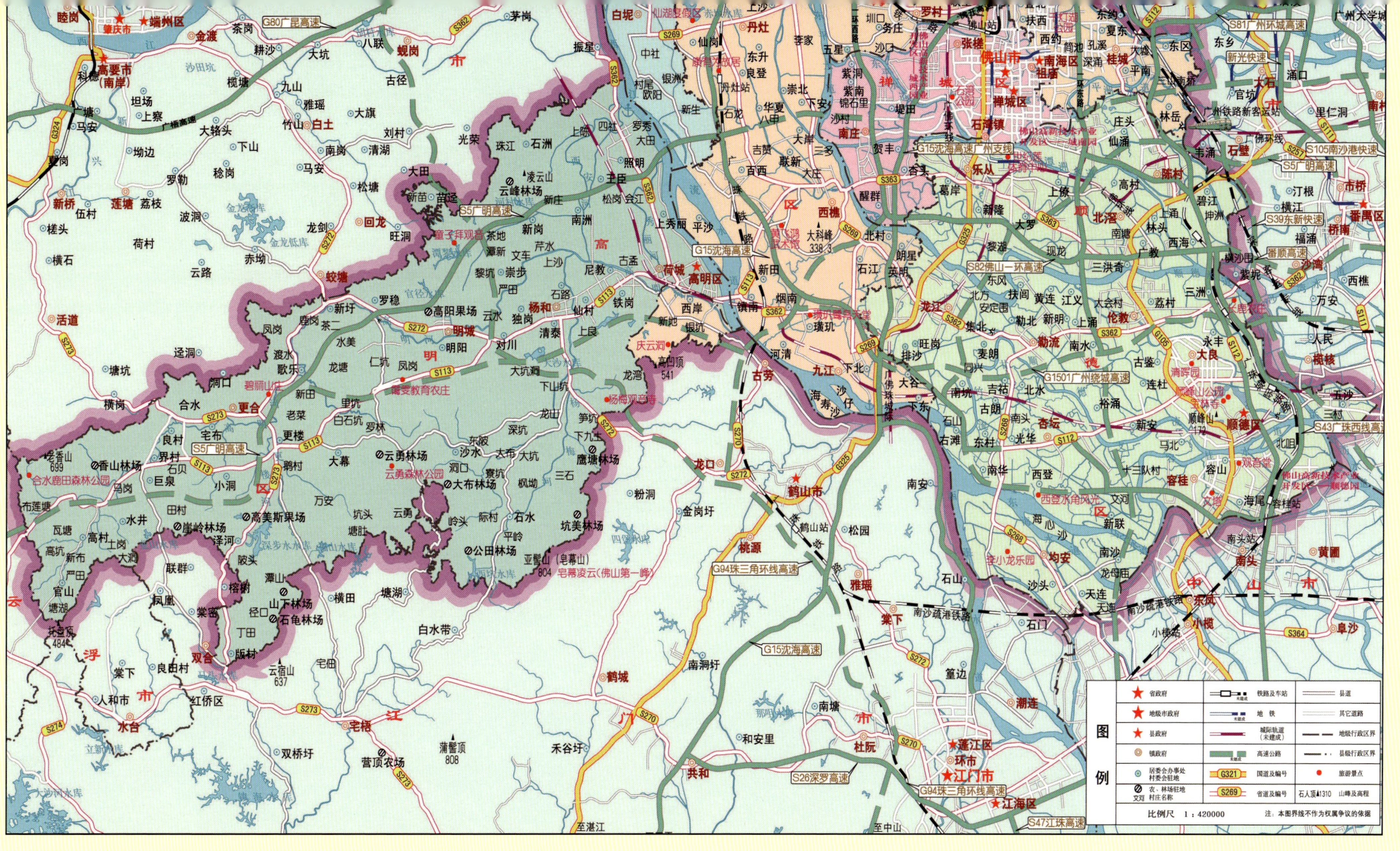
图例
省政府
地级市政府
县政府
镇政府
居委会办事处 村委会驻地
农、林场驻地
文冈 村庄名称
铁路及车站
地铁
城际轨道（未建成）
高速公路
未建成
G321 国道及编号
S269 省道及编号
县道
其它道路
地级行政区界
县级行政区界
旅游景点
石人顶1310 山峰及高程
比例尺 1：420000
注：本图界线不作为权属争议的依据
佛山市
江门市
鹤山市
高明区
南海区
顺德区
禅城区
三水区
蓬江区
江海区
高要市
肇庆市
端州区
G15沈海高速
G94珠三角环线高速
G1501广州绕城高速
S26深罗高速
S5广明高速
S82佛山一环高速
S47江珠高速
S43广珠西线高速
G80广昆高速
S81广州环城高速

图说 2015 佛山新发展

佛山“十二五”经济增长对比

比 2010 年增长 55%

8003.92 亿元

全市地区生产总值

比 2010 年增长 47.7%

10.83 万元

人均地区生产总值

比 2010 年增长 41.8%

1474.8 亿元

财政总收入

- 全社会固定资产投资3035.52亿元，增长76.5%。
- 社会消费品零售总额2687.22亿元，增长87.1%。
- 进出口总值657.2亿美元，增长27.2%，其中出口482.1亿美元，增长45.9%。

地方一般公共预算收入

557.43 亿元

比 2010 年增长 82.2%

产业结构调整步伐加快

- 依托智能制造推动产业结构优化升级成为范例，受到国务院通报表扬。
- 全球工业机器人四大巨头合作项目落户，全省首个机器人产业发展示范区启动。
- 装备制造业完成工业增加值 **1325.77 亿元**，增长 **15.5%。**
- 完成工业技术改造投资 **386.15 亿元**，增长 **38.6%**。
- 全面实施“互联网 +”行动计划，成功举办首届中国（广东）国际“互联网 +”博览会、中国制造 2025 对话德国工业 4.0 大会。
- 现代服务业发展态势良好。毕马威大中华区后援中心、泛家居电商创意产业园等项目揭牌。
- 旅游文化创意产业发展提速，60 个重点项目建设加快，总投资额 **982.33 亿元**。

创新驱动发展战略深入实施

- 佛山国家高新区获批建设珠三角国家自主创新示范区。
- 互联网 + 创新创业示范市建设启动。
- 实施高新技术企业培育和企业研发机构建设专项行动方案，新增国家高新技术企业 **98 家**，总数达 **716 家**。
- 全市共有省级新型研发机构 **25 家**，华南智能机器人创新研究院、佛山智能装备技术研究院挂牌成立。全市新增省级、市级创新团队 **18 个。**
- 省市共建研究生联合培养基地，推动佛山科学技术学院打造广东省高水平理工科大学。
- 启动建设广东“互联网 +”众创金融示范区，联合深圳创新投资集团设立百亿元规模的创新创业产业引导基金。
- 在全省率先出台全面性债券融资扶持政策，“政银保”合作农业贷款模式全面推广。

城市环境得到优化提升

启动城市升级两年延伸行动计划

◆实施百村升级行动计划，完成**203项**古村落活化、**241项**城中村（旧社区）升级改造和**508项**“五好”新农村项目建设。

◆禅城奇槎片区、绿岛湖都市产业区建设加快。南海金融公园建设收尾，千灯湖公园获2015年全球城市开敞空间奖第一名。

◆基本完成**100项**环保民生实事。基本完成**42条**“一河一策”河涌整治和**104个**村级工业区环境整治试点，广佛交界区域水环境整治成效在省“四河整治”第三方评估中位居前列。

◆启动“绿城飞花”主题绿化景观建设，新建和改造半月岛湿地公园、桂畔湖湿地公园等花色主题景观项目**11个**。

基础设施建设有序推进

◆加快城市基础设施建设。江罗高速佛山段、广明高速西延线完工，魁奇路西延线等**19条**“断头路”建成通车。佛山西站、佛山地铁2号线一期建设顺利。

◆与华为签订战略合作协议，推进“智慧佛山”建设。

◆启动海绵城市建设，清淤排水管**1869千米**。

◆中德工业服务区坊塔主体结构封顶，广东（潭洲）国际会展中心、市妇女儿童医院奠基动工。

◆顺德新城基础设施建设加快，区域核心带动作用增强。高明西江新城获“2015创建生态文明标杆城市”称号。三水北江新区加速成型，三水新城初具雏形。

改革开放持续深化

◆出台复制推广自由贸易试验区改革创新试点经验实施意见，在全国率先全面实施“互联网+易通关”。

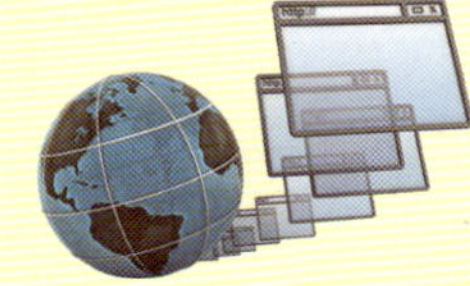

◆“一门式、一网式”政府服务改革全面推行，入选“2015全国社会治理创新最佳案例”。

◆实现工商登记“三证合一、两证一章”同发。

◆完善网上办事大厅建设，市、区两级网上服务事项**5938项**，达到一级、二级、三级办事深度分别占**95.6%、92.9%、60.4%**。

◆粤港澳合作高端服务示范区成为“粤港澳服务贸易自由化示范基地”。

民生服务更有获得感

◆在全省率先实现城乡统一低保补差水平，大病保险参保人整体待遇提高**17%**。

◆顺利通过国家卫生城市复审，非公立医院占医院总数比例近半。

◆启动创建国家公共文化服务体系服务示范区。

◆创建省食品安全城市试点，设立“食品药品警察”。

◆成为国家特殊教育改革实验区、国家现代学徒制试点市、全省首个所有区（县）通过国家“义务教育发展基本均衡区”认定的城市，现代职业教育体系建设改革试点获联合国“2015中国可持续发展城市范例”奖。

全国文明城市
National Civilized City

国家卫生城市
National Sanitary City

国家园林城市
National Garden City

国家洁净城市
National Clean City

国家历史文化名城
National Famous Historical and Cultural City

中国优秀旅游城市
Top Tourist City in China

联合国『人类住区优秀范例』城市
Best Practice on Human Settlements by the United Nations

全国科技进步先进市
National Model City in Promoting Science and Technology

中国品牌之都
China Brand Economy City

国家环境保护模范城市
National Model City in Environmental Protection

全国绿化模范城市
National Model Green City

2016新的一页

图 片 特 辑

FOSHAN YEARBOOK

大事要闻

加快转型升级　建设幸福佛山

为广东经济增长和结构调整起支撑作用

大事要闻

2015年实现地区生产总值8003.92亿元、人均地区生产总值10.83万元，分别比2010年增长55%、47.7%，地区生产总值五年跨越3个千亿元大关，在2015年全国大中城市中排名第16位。实现规模以上工业总产值19774.93亿元、增加值4406.95亿元，分别比2010年增长76.6%、69.5%。实现全社会固定资产投资3035.52亿元、社会消费品零售总额2687.22亿元、外贸进出口总值657.2亿美元，分别比2010年增长76.5%、87.1%、27.2%，其中出口482.1亿美元，增长45.9%。实现财政总收入1474.8亿元、地方一般公共预算收入557.43亿元、每平方千米税收0.33亿元，分别比2010年增长41.8%、82.2%、57.1%。在2015年全国科学发展综合实力百强区中，佛山5个区均位列前50强。

稳定经济增长措施有力 出台稳增长工作方案，实现有效投资不断扩大、进出口保持稳定、社会消费持续增长。省、市重点项目分别完成投资459.52亿元、222.71亿元。贯彻落实各项外贸稳增长政策，鼓励企业参与“一带一路”建设，对沿线国家出口额810.46亿元，增长31.2%。推动外贸结构持续优化，一般贸易占出口总值比重达58.2%。推动连锁经营和社区商业发展，成为全国首批信息消费示范城市。商品住房去库存加快，销售均价下降6%，销售面积上升41.4%。服务企业务实深入。召开民营企业家大会，出台提振民营企业家信心促进创业创新40条措施。开展企业“暖春行动”，建立收集处理问题长效机制，切实解决企业发展困难。市、区两级共同设立企业融资专项资金15亿元。落实税收优惠政策，减免各项税收128.76亿元。下调堤围防护费和价格调节基金，减负5.2亿元。全市年主营业务收入超百亿元企业12家，其中超千亿元企业2家。

以科技创新强健经济体魄 建立和完善以企业为主体的自主创新体系，是佛山产业转型升级的重要路径。近年来，佛山不断加大财政科技投入，带动全社会科技创新投入热情高涨，R&D占GDP比重持续增长。先后获批国家知识产权示范城市、国家知识产权服务业集聚发展试验区，现拥有企业技术中心215家，国家级科技企业孵化器10家，国家高新技术企业716家，有效发明专利7067件，引进国家“千人计划”专家32人，设立院士工作室37个。

以金融创新服务实体经济 佛山民间资本雄厚，金融市场潜力巨大。截至2015年年底，全市金融机构本外币存、贷款余额分别为11867.67亿元、7950.53亿元。佛山金融机构众多，为实体经济发展提供重要支持。广东金融高新区股权交易中心自2013年10月底开业以来，已有注册挂牌企业1614家，实现融资近326亿元。深交所企业上市路演中心进驻南海，天交所广东运营中心落户顺德，佛山民间金融街是广东省第二条民间金融街。全市共有银行51家，保险公司63家，小额贷款公司39家，新三板企业41家，上市公司41家。佛山通过设立支持企业融资专项资金、科技型中小企业信贷风险补偿基金等途径，帮助中小企业缓解融资困难。

2016年4月27日，佛山市第十四届人民代表大会第六次会议开幕。

2016 年 1 月 19 日，中国共产党佛山市第十一届委员会第七次全体会议举行。

2016 年 4 月 29 日，佛山市十四届人大六次会议闭幕。市委书记、市人大常委会主任鲁毅（前右）向新当选的市长朱伟（前左）颁发当选证书。

2016 年 4 月 27 日，佛山市第十四届人民代表大会第六次会议开幕，代市长朱伟做政府工作报告。

2016 年 4 月 28 日，佛山市政协十一届五次会议在市政协大礼堂闭幕。

大事要闻

2015年9月22日，中共中央政治局委员、广东省委书记胡春华（前右三）参观粤桂黔高铁经济带合作投资洽谈会黔东南馆。

2015年9月22日，首届粤桂黔高铁经济带合作联席会议在佛山举行。

2015 年 11 月 24 日，广东省省长朱小丹（前右五）一行到佛山市南海区调研广东金融高新技术服务区建设和“互联网 +”众创金融工作情况。佛山市委书记刘悦伦（前右四）、市长鲁毅（前右三）、常务副市长黄志豪（前右二）陪同。

2015 年 12 月 25 日，广佛肇清云韶经济圈市长联席会议在广州市政府礼堂举行。

大事要闻

2015 年 8 月 3 日，佛山市政协委员微信议政工作座谈会。

2015 年 11 月 24 日，佛山市委统战工作会议在市机关小礼堂召开。

2015 年 5 月 19 日，佛山市召开“三严三实”专题教育工作会议。会上，市委书记刘悦伦做重要讲话，并围绕“三严三实”主题讲专题党课，佛山市委副书记、市长鲁毅主持会议，佛山市委常委、组织部长李雅林对“三严三实”专题教育工作做了具体部署。

2015 年 4 月 7 日，佛山市召开党的建设暨群团工作会议，贯彻落实中央关于全面从严治党的新要求，部署推动佛山市党建工作改革创新，加强和改进党的群团工作，全面构建大党建格局。市委书记刘悦伦出席会议并讲话，市委常委、组织部长李雅林主持会议并讲话，南海区委、总工会、市直机关工委、党校负责人分别做了发言。

大事要闻

2015年8月17日，佛山市召开创新基层治理工作会议，全面总结佛山市创新基层治理工作的探索实践，并对基层治理各项工作做出部署。市委书记刘悦伦出席会议并讲话，市委副书记李子甫主持会议，市委常委、组织部长李雅林传达广东省基层工作会议主要精神。

2015年8月4日，佛山市行政服务中心主持召开“一门式”政务服务创新体系建设培训会。

2016年3月29日，佛山市创建国家森林城市工作推进大会现场。

2016年2月15日（大年初八），广东省人大常委会副主任、佛山市委书记刘悦伦（前左二），佛山市市长鲁毅（前左三）等市几套班子领导，带领市直机关干部、工作人员与南海区的领导和机关工作人员一起，在西樵山环山花海景观带开展植树活动。

大事要闻

2015 年 12 月 8 日，佛山市市长鲁毅（中）、南方报业传媒集团总编辑、南方日报社社长张东明（右三）等领导出席“中国制造 2025 对话世界新工业革命”跨国大型调研启动仪式。

2015 年 12 月 16 日，“互联网 + 易通关”启动仪式在佛山海关举行，现场众领导一起按动启动球启动“互联网 + 易通关”。佛山全面实施“互联网 + 易通关”改革，企业多数情况下足不出户就可以办理通关手续。

2015 年 7 月 20 日，在省政府召开的全省教育“创强争先”暨义务教育均衡发展推进会上，佛山市市长鲁毅（左一）代表佛山市领取“全国义务教育发展基本均衡市”牌匾。

2015 年 9 月 7 日，佛山市庆祝 2015 年教师节暨全市教育系统师德建设座谈会。

大事要闻

2015 年 12 月 5 日，中宣部副部长、文化部部长雒树刚（前左三）带队到佛山督查公共文化服务体系建设工作，充分肯定佛山公共文化服务体系建设成效，高度肯定佛山发展文化的创新做法。

2015 年 5 月 7 日，广东省妇联副主席刘兰妮（前左一）等一行参观三水区白泥镇富景社区改建妇联后的阵地建设情况。

2015 年 4 月 13 日，广东省副省长林少春（前左二）调研佛山市春夏季传染病防控和爱国卫生运动工作。

2015 年 5 月 14 日，佛山市市长鲁毅（前左四）调研基层医疗卫生工作。

大事要闻

2015年4月28~29日，广东省政协主席王荣（前右三）到佛山调研。

2015年5月11日，佛山市政协委员、书画艺术家向西藏墨脱县捐赠仪式，为敬老院筹集100多万元。

2015年12月30日，广佛肇清四市签订社保合作协议。此次签订的协议，提倡“协作，便民，共享，提升”，主要包括：建立四市社保协办服务合作圈；建立起社会保险待遇风险防控机制；建立“题库共筹、师资共建、学员共训、案例共商、经验共享”经办人员发展模式；建立共同提升队伍素质的培训机制。

2016年2月1日，佛山科学技术学院举行高层次人才引进暨口腔产业产学研协同创新签约仪式，全职聘任新加坡国立大学终身教授潘申权（右三）。

大事要闻

2015 年 5 月 5 日，广东省金融办、省科技厅共同组织广东 – 诺丁汉高级金融研究院“金融领导力读书班”开班活动在佛山市南海区广东金融高新区举行。

2015 年 4 月 3 日，佛山市国税局召开大数据建设工作会议。

2016 年 1 月 14 日，2015 年度佛山口碑榜年度盛典在佛山新城中欧中心举行，此次盛会共有 92 家单位获得“最佳口碑”的称号。

2015 年 11 月 30 日，佛山市市长鲁毅、广东省教育厅副厅长王斌伟（左二）、中国工程院院士傅廷栋（左三）等领导、嘉宾为广东省研究生联合培养基地（佛山）揭牌。

大事要闻

2015 年 8 月 7 日，在日本东京举行的国际篮联 2019 年男篮世界杯申办陈述会议上，国际篮联中央局通过投票表决方式确定中国为 2019 年男篮世界杯主办国，佛山市是中国联合申办 2019 年男篮世界杯的 8 个城市之一。这是中国首次举办男篮世界杯赛事。

2015 年 10 月 31 日，2015 广东国际旅游文化节开幕式暨旅游招商推介会。

2015 年 1 月 30 日，广东省“两建”工作第四考核组来到佛山市行政服务中心听取“12345”热线运作情况汇报。

2016 年 2 月 17 日，南海区里水镇举行“广东省文明镇”揭牌仪式。

大事要闻

2015 年 12 月 1 日，加拿大万锦市市长代表团访问南海区。南海区与万锦市签定了 2016 年合作备忘录。

2015 年 9 月 11 日，中国制造 2025 对话德国工业 4.0 大会专家团参观佛山本土品牌美的集团，前联邦德国副总理兼外交部长约诗卡·菲舍尔（前排左一）与德国图林根州经济、科学与数字社会部国务秘书格奥尔格·麦克（前排左二）正在参观美的智能洗衣机。

2015 年 3 月 27 日，佛山市委书记刘悦伦（右一）会见了德国因戈尔施塔特市市长克里斯蒂安·吕泽尔（左一）一行，就进一步推进双方的友好交往，扩大双方实质性交流合作进行了友好会谈。

2015 年 10 月 30 日，佛山市市长鲁毅（右）与日本伊丹市市长藤原保幸（左）共同签署两市第 32 次合作交流备忘录。

大事要闻

2015年1月29日，佛山市残疾人职业康复服务中心工程项目在佛山市残联大院举行奠基仪式。

2015年11月24日，佛山市保险行业协会和佛山市总工会联合举办“佛山市保险行业人身险销售岗位技能竞赛”。

2015 年 12 月 5 日，香港特区行政长官梁振英一行到访佛山，考察佛山市主要基建项目。图为梁振英（前左一）在佛山西站工程建设指挥部，听取介绍三山新城粤港澳合作高端服务示范区情况。

2015 年 10 月 25 日，佛港澳中小学生书法联展活动在佛山青少宫开幕，中国书法家协会副主席苏士澍（右一）、省政协副主席梁伟发（右二）出席了开幕式。

大事要闻

2016 年 1 月 24 日，受强冷空气影响，广东省多个地区录得雨雪记录，佛山亦是雪花飘飘，是新中国 60 多年来第一次下雪。图为世纪莲跑团的队员们早上 10 时左右登上高明皂幕山。

2016 年 1 月 24 日，受强冷空气影响，佛山禅城、南海、顺德、高明、三水五区均录得有雨雪记录。图为高明皂幕山雪景。

第一篇

特　　载

以新理念新定位引领创新发展 奋力夺取全面建成高水平小康社会新胜利

——在中共佛山市委十一届七次全会上的报告

（2016年1月19日）

中共佛山市委书记　刘悦伦

同志们：

中共佛山市委十一届七次全会，是在我市“十二五”规划圆满收官、“十三五”规划全面实施的重要时刻召开的一次重要会议，也是全面建成高水平小康社会进入决胜阶段召开的一次重要会议。全会的主要任务是，认真贯彻党的十八届五中全会、中央经济工作会议、中央城市工作会议和习近平总书记系列重要讲话精神，贯彻落实省委十一届五次、六次全会精神，总结我市“十二五”时期工作，部署今年和今后一个时期各项任务。会议印发的《中共佛山市委关于制定全市国民经济和社会发展第十三个五年规划的建议》，描绘了未来五年的发展蓝图，是“十三五”时期我市科学发展的行动指南。

下面，我代表市委常委会向全会作报告。

一、五年奋进，开创“十二五”科学发展新局面

“十二五”时期，是佛山发展进程中具有重要意义的五年。五年来，在省委、省政府的正确领导下，我们深入学习贯彻习近平总书记系列重要讲话精神，以“三个定位、两个率先”[1]为引领，围绕“民富市强、幸福佛山”目标，齐心协力、攻坚克难，顺利完成了“十二五”各项目标任务，奋力开创了佛山科学发展的新局面。

综合实力大幅提升。经济总量迈上新台阶，2015年，实现地区生产总值8010亿元，五年年均增长9.2%，连跨3个千亿元大关；来源于佛山的财政总收入1474.8亿元，年均增长7.3%；人均地区生产总值突破10万元，成功跨越中等收入陷阱，跻身高收入城市行列。产业转型升级成效显著，获批国家制造业转型升级综合改革试点，以智能制造促进转型升级成为范例，受到国务院通报表扬。打造珠江西岸先进装备制造产业基地取得积极成果，先进装备制造业成为支柱产业。现代服务业发展提速。农业现代化步伐加快，成为全国首批农业产业化示范基地。国家创新型城市建设成绩明显，全社会研发投入占地区生产总值比重达2.6%，比2010年接近翻番，专利申请量和授权量比“十一五”期末增长超过50%，商标注册量实现翻番。佛科院建设全省高水平理工科大学全面启动。佛山国家高新区、广东金融高新区等高端产业载体建设实现新突破，中德工业服务区被列入省六大重点发展平台。首届中国（广东）国际“互联网+”博览会成功举办，粤桂黔高铁经济带合作试验区（广东园）建设开局良好，综合经济竞争力位居全国大中城市前列。

体制改革纵深迈进。行政体制改革不断深化，率先在全省编制完成政府权责清单，创新推进“三单”管理制度、商事登记制度、投融资体制和“一门式”政务服务改革，建成四级行政服务中心体系，网上办事大厅建设全省领先，行政服务效能进一步提升。率先复制推广自贸区成熟政策，建设

不是自贸区的“自贸区”。农村综合改革取得实效，成为全国农村改革的先锋和示范。基层社会治理创新成效明显，基本构建“一体两翼”[2]基层治理新格局。

城市升级成果丰硕。城市升级三年行动计划圆满收官，两年延伸计划全面启动，城市形象和品质大幅提升。佛山新城成为全国首批“中欧城镇化示范区”，并荣获首届中欧绿色和智慧城市最高奖。南海区和狮山镇成为国家新型城镇化综合试点。“三旧”改造持续推进，城乡基础设施不断完善。现代化综合交通路网渐成体系，广珠城轨、贵广、南广高铁佛山段建成通车，“两环五横四纵”[3]高速公路网基本形成。环境治理和生态建设不断加强，成功创建全国绿化模范城市。中心突出、组团清晰、功能完善、生态优美的“理想城市”[4]形态逐渐呈现，产城人融合发展的现代化大城市格局基本成型。

文化佛山建设成效明显。成功荣获“全国文明城市”称号，市民文明素质不断提升。宣传思想文化工作取得新进展，社会主义核心价值观深入人心。新闻舆论引导和宣传统筹力度进一步加强，城市的知名度和美誉度实现较大提升。文化导向型城市建设全面启动，获批创建国家公共文化服务体系示范区，在全省率先基本实现城乡公共文化设施全覆盖。对外文化交流广泛开展，重大文化节庆活动精彩纷呈，文化产业规划和建设步伐明显加快。历史文化街区和古村落保护力度加大，城市现代文明与传统文化交相辉映。

民主法治建设扎实推进。科学民主决策制度不断完善，重大建设的民意基础更加牢固。社会主义协商民主建设不断发展，重大行政决策程序化制度化建设不断加强。“法治佛山”建设稳步推进。法院、检察院改革试点取得新成绩。成为首批获得地方立法权的市，并率先通过首部地方性法规，报省人大常委会批准。成为全省唯一“非特区”法治化国际化营商环境试点城市，法治化水平进入全国城市前列。

人民群众幸福感显著增强。五年财政民生支出共达到1654.4亿元，市民幸福指数不断提升。城镇居民和农村居民年人均可支配收入大幅增长。基本公共服务均等化水平全国领先。教育现代化水平不断提高，成功创建成为全省首个推进教育现代化先进市，免费教育率先实现从义务教育向中等职业教育和特殊教育延伸，新市民随迁子女就读公办学校比例保持高位水平。基本医疗卫生服务能力和水平持续提升，城乡居民基本养老、生育和大病保险制度进一步完善。保障性住房建设加快，五年共完成分配2.15万户。基本实现村（社区）户外体育设施全覆盖。公交提升计划持续推进，公交分担率提高到35%。

党的建设取得新成就。党的群众路线教育实践活动和“三严三实”专题教育成效显著。创新“1 + N + X”区域化大党建[5]模式，大党建新格局初步形成。在全省率先探索镇（街道）领导干部直联制，实施精准整顿软弱涣散党组织，基层党组织领导核心地位持续增强。率先打造狠刹“四风”网络监督、廉洁风险科技防控等五大平台，反腐倡廉工作科学化水平不断提升。率先落实省委“三个区分”[6]，整治“为官不为”，倡导“为官有为”。探索推行廉洁示范区建设，政治生态更加风清气正。

五年来，我们立足实际、着眼长远，以“一张蓝图绘到底”的战略定力，以“敢饮头啖汤”的开拓创新精神，奋发有为，狠抓落实，走出了一条具有佛山特点的科学发展道路。在推动经济社会发展取得重要成就的同时，也积累了许多宝贵的经验。

一是坚持深化改革充分释放改革新红利。以更大的勇气和力度啃经济体制和行政审批制度改革的“硬骨头”，将改革从点上开花引向面上结果，全面提升群众的改革获得感。

二是坚持创新驱动激发发展新活力。以创建国家创新型城市为统领，积极谋划发展新思路，不断推动科技、制度、文化等各方面创新，构建了具有佛山特色的全方位区域创新体系。

三是坚持提升城市价值增添发展新动能。以创建全国文明城市为契机，实施城市升级战略，优化城市功能布局，从城市面貌和文化品位两方面全面提升城市价值，走出了一条产城人融合发展的新型城镇化道路。

四是坚持制造业立市弘扬企业家实业精神。持之以恒立足实业、拥抱制造，全面提振企业家坚守实业创新发展的信心，促进佛山民营制造业跨越发展、做强做大，民营经济核心竞争力大幅提升。

五是坚持民生导向提升群众幸福感。着力推进以民生、高效、法治、责任、诚信、廉洁政府为主要内容的人民满意政府建设，坚定不移地将人民对美好生活的向往，作为最大的奋斗目标，全力化解群众心头之困、后顾之忧，实现发展成果由人民共享。

六是坚持以基层党建引领基层治理现代化。牢固树立管党治党的“主业意识”，把加强基层党建放到创新基层治理的大格局中系统谋划、整体推进，充分发挥基层党组织在推动发展、服务群众、化解矛盾、凝聚人心、促进和谐中的领导核心作用。

成绩来之不易，经验弥足珍贵。过去五年成绩的取得，离不开中央、省委的坚强领导，离不开历届党委打下的坚实基础，是广大党员干部和全市人民团结拼搏、努力奋斗的结果。在此，我代表市委，向全市人民，向各民主党派、各人民团体，向中央和省驻佛山单位、驻佛山部队指战员、武警官兵、港澳台同胞、海外侨胞和关心支持佛山发展的社会各界人士，表示崇高的敬意和衷心的感谢!

回顾过去五年的工作，我们也清醒地认识到，我市经济社会发展还面临不少问题和挑战，突出表现在：一是产业层次整体偏低，经济发展处于从要素驱动向创新驱动转变之中，科技进步贡献率不高；二是城市综合竞争力亟待提升，城市面貌和城市配套服务还有较大提升空间；三是资源环境约束趋紧，土地开发强度过高，节能降耗任务依然艰巨，统筹经济发展和生态建设难度总体较大；四是基层党组织领导核心地位不够突出，解决基层群众切身问题成效不够明显，基本公共服务水平和均等化程度还有待提高；五是有的党委（党组）落实党风廉政建设主体责任意识不强，层层传导压力还不够；等等。这些问题，需要我们在今后的工作中深入研究和切实解决。

二、科学谋划，描绘“十三五”创新发展新蓝图

“十三五”时期，是推动我市科学发展的关键五年。准确把握和深刻认识未来五年发展形势，科学谋划“十三五”发展蓝图，对于佛山抢抓机遇，推进改革发展，全面建成高水平小康社会具有重要意义。

（一）深刻认识“十三五”时期发展形势。面对错综复杂的国际形势和艰巨繁重的改革发展稳定任务，我们要深刻认识我国“四个没有变”[7]的发展基础；深刻认识经济运行总体平稳，改革开放向纵深迈进，民生持续改善，社会大局总体稳定的发展态势；深刻认识我市总体迈入新型工业化发展阶段，动力转换、模式更新、矛盾叠加的发展特征。

未来五年，是佛山全面深化改革的黄金期。党的十八届三中、四中、五中全会全面勾画了未来一个时期我国制度改革的系统格局，系列新理念新思路引领我们创新发展。成为国家制造业转型升级综合改革试点，更加有利于我市再创体制机制优势，激发市场和企业的发展活力。

未来五年，是佛山推动创新发展的战略机遇期。新一轮科技革命和产业变革正在孕育兴起，以信息技术为代表的新技术与传统产业深度融合，将催生出全新的生产方式和商业模式，为产业发展带来新机遇。我市一方面可以利用新技术、新模式改造提升优势传统产业，另一方面可以通过发展新兴产业抢占制高点，顺利实现经济结构战略性调整和经济增长动力转换。

未来五年，是佛山培育发展新动能的窗口期。新型工业化、信息化、城镇化、农业现代化同步推进，国内需求正在发生深刻变化，新的消费热点、消费业态和消费方式不断涌现，个性化、多样化消费渐成主流，将为“佛山制造”提供更加广阔的国内市场。新型城镇化加速布局，人口市民化有序推进，为我市产业转型升级、产城融合发展带来新机遇。

未来五年，是佛山深化区域合作交流的关键期。国家“一带一路”战略深入实施，珠江－西江经济带上升为国家战略，广佛同城快速推进，粤桂黔高铁经济带合作试验区（广东园）建设全面启动，中德工业服务区发展基础不断夯实，将进一步凸显我市战略地位，有利于我们以更加开放的姿态、更加主动的合作，加强与欧美发达国家、东盟、港澳台地区、高铁沿线城市经贸合作，有效拓展我市发展新空间。

（二）进一步明确“十三五”时期发展定位。坚守适合自身发展的路径，是佛山取得辉煌成就的重

要保证，也是体现发展特色的基本前提。未来，我们要在激烈的竞争中赢得发展主动权，必须坚持创新、协调、绿色、开放、共享的发展理念，进一步明确发展定位，引领佛山“十三五”时期创新发展。

从产业发展的角度，要坚定不移走实体经济发展之路，做强做大佛山制造，把佛山建设成为中国制造业一线城市、广东民营经济第一大市、珠西装备制造业龙头城市。

从结构调整的角度，要坚定不移走创新驱动发展之路，加快实现由要素驱动向创新驱动转变，把佛山建设成为创新驱动先锋城市、传统产业转型升级典范城市、产业金融中心城市、制造业服务化[8]领头城市。

从区域发展的角度，要坚定不移走互利合作共赢之路，全方位、多层次、宽领域、高水平推进对外开放和区域合作，把佛山建设成为区域一体化发展重要节点城市。

从生态文明的角度，要坚定不移走绿色低碳循环发展之路，推进人与自然协调可持续发展，把佛山建设成为生态环境修复示范城市。

从改革创新的角度，要坚定不移走市场化改革之路，全面推进供给侧结构性改革[9]，把佛山建设成为体制机制改革前沿城市。

（三）正确处理好改革发展中的几对关系。面对新常态，我们必须深刻认识、清醒把握、主动适应。针对我市发展短板，着力破解阻碍发展的深层次难题，重点处理好几对重要关系。

处理好政府、市场和社会的关系。尊重市场规律和社会发展规律，发挥市场在资源配置中的决定性作用和更好发挥政府作用。进一步厘清政府、市场和社会的边界，政府着重加强社会管理和公共服务，维护社会公平正义，把应该由市场和社会发挥作用的领域交给市场和社会，实现政府、市场与社会的良性互动。

处理好发展速度与质量效益的关系。既要保持经济增长中高速，又要推动产业水平迈向中高端。着力加强结构性改革，以稳增长确保全面建成高水平小康社会。要更加注重发展的质量效益，坚持增量优质与存量优化并举，推进制造业与服务业协调发展，推动佛山制造走向高端化、智能化、服务化。

处理好重点发展与区域全面协调发展的关系。全面建成高水平小康社会，一方面要继续推动重点区域的发展，另一方面要更加注重发展的全面性、协调性和平衡性，更加关注相对落后区域和困难人群，缩小东南部地区与西北部地区的发展差距，实现发展成果更多更公平地惠及全体市民，确保高水平小康社会实现领域、区域、人口全覆盖。

处理好经济建设与生态文明建设的关系。以绿色发展理念统领经济社会发展全局，在推动经济发展的同时，加大污染防治和生态建设力度，以物质文明反哺生态文明，实现人与自然的永续发展。

处理好市级统筹与激发基层活力的关系。鼓励基层进行差别化改革探索，在激发区、镇（街道）发展主战场活力的同时，进一步强化涉及全局重大发展的市级统筹，建立既激发基层发展活力又增强全市统筹能力的体制机制，形成顶层设计与基层创造联动的行政管理新格局。

（四）全面把握“十三五”时期发展的总体要求和目标任务。“十三五”时期我市经济社会发展的总体要求是：全面贯彻落实党的十八大和十八届三中、四中、五中全会精神，深入学习贯彻习近平总书记系列重要讲话精神，坚持“四个全面”战略布局，坚持发展是第一要务，牢固树立创新、协调、绿色、开放、共享发展理念，围绕“三个定位、两个率先”总目标，把全面深化改革作为根本动力，把创新驱动发展作为核心战略，把提质增效升级作为发展导向，加快以新理念、新定位统筹推进经济建设、政治建设、文化建设、社会建设、生态文明建设和党的建设，全面提升城市综合竞争力，确保全面建成高水平小康社会取得决定性胜利。

具体而言，要努力完成七大目标任务。

全面建成高水平小康社会。积极推进供给侧结构性改革，扩大有效需求和有效供给，推动经济中高速增长，确保地区生产总值年均增长7.5%以上，人均地区生产总值年均增长7%以上。进一步提高人民生活水平和生活质量，实现城乡居民收入增长与经济增长同步，全面完成小康社会各项指标。

基本建成国家创新型城市。加快建设创新驱动先锋城市，形成功能完善、特色突出、合作共享的开放型区域创新体系和创新经济形态，国家高新技术企业数量实现大幅增长，自主创新能力位居全国前列。

建立具有核心竞争力的现代产业体系。以智能制造、高端装备制造为核心引领，以科技创新和产业金融为支撑，推动现代工业服务体系不断完善，制造业服务化进程进一步加快。实现传统产业转型升级、战略性新兴产业强势崛起，凝聚起现代产业体系的核心竞争力。

建立绿色低碳生产生活体系。大力推进清洁生产和绿色制造，提高资源综合利用率，逐步淘汰落后产能。倡导简约适度、绿色低碳、文明健康的生活方式和消费模式。加大污染防控与治理力度，建设生态环境修复示范城市，实现城市可持续发展。

建设宜居宜业更美好的现代化大城市。深入推进城市升级战略，优化组团城市格局，完善城市配套，美化城市环境，加强城市治理，促进城市价值提升。海绵城市[10]、森林城市、智慧城市、美丽乡村建设取得实效，走出一条具有佛山特色的城市发展道路，让城市更加和谐宜居、更加美好幸福。

基本建成市场化国际化法治化的营商制度体系。全面完成中央和省委提出的各项改革任务，率先在经济社会发展重点领域和关键环节改革上取得决定性成果。加快建设不是自贸区的“自贸区”，推进投资便利化、贸易便利化和金融创新，形成市场规范、法治完备、贸易便捷、政务高效的制度体系。

建设和谐稳定健康幸福佛山。推动社会治理创新，促进社会组织健康发展。扎实推进文化强市、人才强市、质量强市建设和平安佛山、健康佛山建设。着力提升教育现代化水平，完善普惠型社会保障体系，努力实现基本公共服务均等化，各项民生社会事业发展走在全省前列，群众满意度和幸福感持续提高。

三、深化改革创新，推动今年各项工作高位起步

今年是全面建成高水平小康社会决胜阶段的开局之年，也是推进结构性改革的攻坚之年。我们要以习近平总书记系列重要讲话精神为指引，贯彻落实五大发展理念，紧紧围绕我市“十三五”时期的新目标、新定位，以提高经济发展质量和效益为中心，以推进制造业转型升级综合改革试点为抓手，抢抓机遇、积极作为，为顺利完成“十三五”规划奠定良好基础。

（一）坚持深化改革，紧抓综合改革试点重大机遇，再创体制机制新优势。积极探索适应佛山发展需要的供给侧结构性改革举措，让佛山成为大众创业、万众创新的热土。

围绕产业发展推进国家制造业转型升级综合改革。以时不我待的精神状态和责任担当，从降成本、助融资、促创新、拓市场和强保障等五个方面梳理重点改革事项，制订改革试点专项行动计划，率先推动、率先实施、率先见效，努力成为新常态下全省乃至全国制造业转型发展的典范。重点是以市场化改革为导向，打出“组合拳”。完善企业扶持政策，减轻企业税费负担，降低企业成本。稳妥推进金融体制改革，缓解企业融资难，切实提高金融服务实体经济的能力。加强金融风险的防范与化解，维护我市金融安全。打破“玻璃门”，建设统一开放、公平竞争、运转有序的市场体系，提振民营企业发展信心。加大科技体制改革力度，完善科技投入和成果转化机制，为民营企业发展提供创新支撑。充分释放“互联网+易通关”[11]改革红利，营造更加自由便捷的贸易环境。进一步理顺国资管理体制机制，建立完善现代企业制度，培养一批具有竞争力的大型企业集团。

围绕职能转变推进以市场导向为主的行政体制改革。进一步转变政府职能，通过简政放权，尽最大可能降低对企业发展的供给约束，激发市场主体的积极性和创造性。认真履行制定法规、标准和政策的职责，给企业和市场相对稳定的预期，尤其是在市场发生行业性或局部性信心危机时，能够以及时果断、扎实有效的举措，为企业发展保驾护航。继续深化行政审批制度改革，打造“一网式、一门式”政务服务改革“佛山模式”，全面实现政务服务的提速增效。深化商事登记制度改革，进一步降低企业登记门槛和创业成本。继续深化“三单”管理改革，构建市场开放公平、规范有序，企业自主决策、平等竞争，政府服务高效、监管有力的新型企业投资管理体制。

围绕群众需求推进有更多获得感的各项改革。积极谋划和推进一批群众最直接受益、感受最深的改革。深化基层社会治理体系改革，解决基层社会

存在的突出问题。扎实推进政府服务向基层下沉，提升基层政府“精治”“善治”能力。加快推进社会信用体系和市场监管体系建设，健全消费维权和社会监督网络，建设覆盖全社会的公共联合征信系统。继续深化民生领域改革，让群众享有更优质的公共服务。

围绕改革落地生根加强督促检查。加强对各领域改革的全面评估，坚持问题导向，精准发力、持续用力，推动改革不断取得新成效。分管市领导既要抓统筹部署，也要抓督察落实，要把改革督察工作摆上重要位置，对已经出台的改革举措要排队督察，对重点改革事项要专项跟踪督办；改革牵头部门及主要领导要切实承担起主体责任，全程跟进，确保改革每一个环节都要有可落实、可核实的硬性要求；各区区委书记作为第一责任人，要亲力亲为抓改革、抓落实。

（二）坚持创新发展，打造佛山特色创新体系，点燃经济增长新引擎。以创建国家创新型城市为引领，加快构建以企业为主体、市场为导向、“产学研用”相结合的佛山特色自主创新体系，有力推动产业转型升级。

培育以“小众领袖”为基础的创新主体。中小企业是“大众创业、万众创新”的生力军。要发挥中小企业体制机制灵活、专业高度集中、成本相对低廉等特点，充分运用财政、税收、金融、科技成果转化、知识产权保护等杠杆，引导企业家进行技术革新、管理变革和二次创业，激发企业创业创新热情。鼓励和支持中小企业积极发展和利用行业最新科技成果，在专业领域和重要环节上成为“小众领袖”，占据核心市场。积极扶持企业申报高新技术企业资格，加快培育高新技术企业。支持龙头骨干企业与高等院校、科研机构联合组建研发平台和产学研创新战略联盟，鼓励有条件的企业建立海外科研平台，引导和支持大中型工业企业实现研发机构基本覆盖。

建立以高端平台为依托的区域创新“走廊”。依托佛山国家高新区、广东金融高新区、中德工业服务区、广东工业设计城、南方智谷等由北到南的高端平台带，主动对接广州三大战略枢纽[12]，打造佛山特色区域创新“走廊”。加快布局一批国家级研发、认证和检验检测中心，扶持发展一批国家级科技型企业孵化器和新型研发机构。推动互联网新技术、新模式、新理念与产业发展全面融合，建设佛山“制造云”中心，打造“互联网+创新创业”示范市。全力推进佛科院打造全省高水平理工科大学。加强与德国弗劳恩霍夫协会深度合作，力争引入一所德国或欧洲工科院校在我市办学。全面推进国家知识产权示范城市和国家知识产权服务业集聚发展试验区、国家专利保险试点区建设。

构建以现代制造业为核心的产业体系。按照“精一、强二、优三”[13]的思路，加快推进产业转型升级，优化产业发展格局。加快发展互联农业、品质农业和生态农业，建设一批资源节约、环境友好、科技含量高、品质效益好的现代农业基地。充分发挥“中国制造2025”示范带动作用，在以“互联网+制造”为途径的智能制造，以“工作母机”[14]为主攻方向的高端装备制造，以“3D打印”为代表的先进制造等领域取得突破。大力推进“机器换人”，支持企业加大设备更新和智能化改造投入，打造珠江西岸万亿规模先进装备制造业产业基地。紧紧围绕我市产业需求，形成特色明显、优势突出的制造型服务业，推动制造业服务化迈出关键一步。聚焦中德工业服务区、广东金融高新区产业发展定位，推动生产技术服务和产业金融服务向专业化、精准化、高端化延伸。大力发展文化、创意、旅游和会展产业，全面提升佛山“软实力”。

打造以“工匠情怀”为内涵的“人才特区”。实施开放型人才战略，以户籍制度、人才评价体系和分配制度等改革为突破口，打造佛山引才引智的政策品牌。加快推进“高层次创新人才引进计划”和“科技型企业家成长计划”，落实高端人才的福利政策，加大对高端人才的人文关怀。大力弘扬精于设计、工于制造的“工匠精神”，瞄准专精尖新特方向，实施“技能人才培养计划”，培养一批现代产业工人，推动佛山制造业发展更上一层楼。

（三）坚持协调发展，全面提升城市价值，建设高品质现代化大城市。坚持“五大统筹”[15]，着重处理好区域、城乡、精神文明与物质文明、城市建设与管理之间的关系，努力把佛山建设成更可持续、更美丽、更宜居的高品质现代化大城市。

着力建设高品质中心城区。继续实施“强中心”战略，加快构建特色明显、分工有序、错位发展、优势突出的“1 + 2 + 5 + X”城镇空间格局。加快建设360平方千米中心城区，推进佛山中轴线、千灯湖中轴线和东平水道水轴线建设，推动佛山新城、南海中心城区、禅西新城、祖庙东华里片区打造“强中心”的核心区。全面落实公共交通优先发展战略和公共交通引导城市发展理念，以公共交通能力确定城市土地开发强度，实现城市的“精明增长”。将中欧城镇化合作示范区扩容，逐步在全市推广。建设好南海区和狮山镇国家新型城镇化综合试点。推进村级工业园区、城中村、高速公路沿线旧厂房以及河滨、湖滨水岸的综合整治和改造升级。

统筹推进城乡区域协调发展。西北部发展是佛山全面建成高水平小康社会的关键，也是佛山未来发展的重要潜力。进一步加强市级统筹，在产业布局、基础设施、资源要素、财政资金等方面给予西北部更大支持。推动各区以更加灵活多样的形式开展合作，实现区域协同错位发展。加快推进城际轻轨、城市轨道和有轨电车等大容量、现代化交通网络建设，加快打通中心城区连接各市域组团的快速通道，加强与广州三大交通枢纽的无缝对接。积极争取珠三角新干线机场正式落户，谋划建设“临空经济区”。推进城市升级向乡村延伸，城市活力向乡村辐射，城市资源向乡村流转，高水平建成一批宜居社区、美丽乡村，活化一批文化底蕴深厚的特色古村落。

加快文化导向型城市建设。统筹推进物质文明与精神文明协调发展，大力宣传社会主义核心价值观，弘扬新时期佛山人精神，建设“乐善之城”“志愿者之城”。加强传统文化保护与利用，打造武术、陶瓷传统文化品牌，促进非物质文化遗产传承与发展。推进文化产业集群化发展，支持石湾西片区创建国家级文化产业示范园区。加快建设国家公共文化服务体系示范区，完善城乡“十分钟文化圈”。实施文艺精品创作工程，促进地方文艺繁荣发展。依托佛山秋色等民俗文化活动，培育重大国际会议和国际影响力强的文化、体育等活动品牌，深化城市间国际合作和友城交流。坚持正确的政治方向和舆论导向，进一步加强和改进舆论工作，牢牢把握新闻宣传和舆论引导的主动权，为改革发展稳定提供强有力的舆论支撑。

推进城市管理精细化、信息化。协调推进城市建设和管理，促进物联网、云计算、大数据等新一代信息技术在城市管理、应急指挥、安全监督等方面的应用推广，建立全市统一的数字城管信息系统。强化城市管理的法治观念，全面提升城市管理法治化水平。推动信息基础设施建设，争创“光网城市”[16]。

（四）坚持绿色发展，把生态文明建设融入经济社会发展全过程，建设人与自然和谐共处的美丽家园。正确把握生产、生活和生态空间的内在联系，加快建设生产空间集约高效、生活空间宜居适度、生态空间山清水秀的国家生态文明示范市。

持续加大生态环境修复力度。把修复生态环境当作发展的基本前提和群众的底线民生，严格源头预防，采取更有效的措施治理大气、水和土壤污染等突出环境问题，让人民群众呼吸新鲜的空气、喝上干净的水，在良好的环境中生产、生活。以细颗粒物（$PM_{2.5}$）为重点，进一步完善多元共治的大气污染防治体系。加强内河涌、跨界河流的综合整治，推进工业危险固体废物和土壤污染防治，加大农业面源污染治理力度，推广农村分散式污水处理模式。以推进村级工业园区环境整治为重点，深入开展环保违法违规建设项目清理整治。

大力推进绿色生态建设。统筹推进地上生态、地下管廊建设，积极申报国家海绵城市试点，将佛山建成“会呼吸”的城市。深入开展新一轮绿化佛山大行动，创建国家森林城市。按照“增绿、增花、增彩”思路，推进“绿城飞花”[17]主题绿化景观建设，推动城乡绿化向生态化、森林化、色彩化和景观化发展。

倡导低碳循环生产生活方式。大力实施能源和水资源消耗、建设用地等总量和强度双控行动，推广绿色建筑和装配式建筑，发展循环经济。加快发展节能环保产业，培育循环经济示范园区和示范企业，完善再生资源回收体系，积极推广垃圾分类回收。建设绿色社区示范点，完善自行车和人行道网络，鼓励使用公共交通工具，加大新能源汽车推广使用力度，倡导低碳出行。

完善生态文明体制机制建设。坚持将改革创新作为生态文明建设的重要保障，建立“源头严防、过程严管、后果严惩”的生态文明制度体系。

加强生态文明建设领域地方立法，健全生态文明考核评价和责任追究制度，实施生态环境损害责任终身追究制。完善环境突发事件应急处置机制，积极推进排污权有偿使用和交易，探索环境污染第三方治理，用制度保护生态环境。

（五）坚持开放发展，全方位推进区域合作，建设高水平开放型经济新格局。围绕打造区域一体化发展重要节点城市，紧抓国家实施“一带一路”战略机遇，更加积极主动融入经济全球化和区域一体化进程，以扩大开放增添发展新动力、拓展转型发展新空间，在开放发展中走在前列。

多元融合将广佛同城打造为中国城市同城化样板。以珠三角规划纲要和广佛同城化“十三五”规划为引领，积极探索包括基础设施、产业发展、政务服务、社会治理、生态建设在内的多元合作发展。充分利用广州的发展优势和溢出效应，加快广佛同城共融，重点支持南海区与荔湾区、顺德区与番禺区、三水区与花都区先行先试。加快推进广佛肇一体化建设，并将广佛同城效应向粤西北辐射，拓展与中山、江门等周边城市合作交流渠道，携手云浮、清远等粤西北地区，打造广佛肇清云韶经济圈。

互惠共赢打通大西南与珠三角区域合作“走廊”。全力建设好粤桂黔高铁经济带合作试验区（广东园），积极加强与沿线城市在产业互补、科技金融、商务物流、文化旅游等领域的深度合作。充分利用高铁开通带来的资源要素集聚效应，培育佛山新的经济增长极。加快佛山西站立体化交通建设，实现“铁、公、航、水”无缝对接。充分利用佛山国家高新区、中德工业服务区、广东金融高新区等重大平台，为粤西和大西南地区企业提供现代化工业生产和生活服务，促进佛山现代服务业发展。

精准定位推动佛港澳台现代服务业合作发展。深入实施 CEPA[18] 有关协议，力争在金融、商贸、物流、专业服务等领域合作取得新突破。加快三山粤港澳高端服务产业示范区建设，提高港澳对佛山的投资便利度，扩大佛港澳在服务和企业管理等领域合作。加快佛山海峡两岸农业合作试验区建设，增强与台湾在旅游、文化等方面的合作交流。

内优外拓促进国际贸易转型升级。落实“一带一路”战略，加强与海上丝绸之路沿线国家和地区的合作交流，支持佛山龙头企业“走出去”。支持企业加强对外营销和售后服务网络建设，提升传统优势产品市场竞争力。推进外贸优进优出，完善对外贸易布局，大力发展跨境电子商务，支持和培育市场采购[19]、会展采购等外贸新业态发展。着力引进一批佛山产业转型升级急需的先进技术和设备，优化外资利用结构，吸引更多的海外优秀人才和高端项目落户佛山。

（六）坚持共享发展，加强和保障民生事业，建设健康幸福佛山。始终将保障和改善民生放在首要位置，量力而行、尽力而为，继续办好一批老百姓看得见、摸得着、感受得到的民生实事，让发展更有温度、让幸福更有质感。

持续加强和保障民生。坚定不移推进人民满意政府建设，着力解决群众在就业、教育、社会保障、医疗、住房等方面的问题。实施更加积极的就业政策，加大职业培训力度，鼓励创业带动就业。积极创建国家教育综合改革试验区，统筹城乡义务教育资源配置，推进各类教育协调优质发展。加快推进医保城乡一体化改革，提高城镇职工养老保险覆盖率、大病医保参保待遇、困难群众的生活保障和救助水平。深化医药卫生体制改革，健全公立医院现代管理制度，落实分级诊疗制度，鼓励医生多点执业，促进社会办医。落实一对夫妇可生育两个孩子政策。支持慈善事业发展，广泛动员社会力量参与社会救助。加强专业社工人才队伍建设，大力培育发展民间社会服务机构，完善社会服务政策机制，提升社会服务水平。广泛开展全民健身活动，加强社区公共体育设施建设和管理。全面提升城市公交服务水平，打造便捷智能安全文明的城市公交体系。贯彻落实中央扶贫开发工作会议精神和粤东西北地区振兴发展战略，创新扶贫机制，实施精准扶贫，完成好中央和省下达的各项扶贫开发任务，不断提高高明革命老区、三水西南侨区扶贫工作实效。

促进新市民加快融入佛山。完善与经济社会发展水平相适应的公共服务财政投入机制，加强对新市民的基本公共服务供给，健全新市民积分入户、居住保障、社会保障等制度，缩小新市民在户口和社会保障等方面的差别待遇，逐步推进基本公共服务由全覆盖迈向无差别、均等化。创新房地产去库存思路，建立购租并举的住房制度，扩大非户籍人口公租房覆盖面。

全力维护社会和谐稳定。着力解决安全生产、社会治安、执法司法、征地拆迁等方面存在的问题，提高人民群众的安全感、满意度和幸福感。深入推进“平安佛山”创建工作，深化立体化治安防控体系建设，全力维护国家安全，加大力度打击危害公共安全的违法犯罪。认真落实党政一把手维稳第一责任和区域维稳主体责任，坚持依法依规与合情合理相结合，加快建设综治信访维稳网格化管理大数据平台，进一步完善利益协调、诉求表达和权益保障机制，及时稳妥处置突发事件、化解社会矛盾。积极实施食品安全战略，着力创建食品安全城市。全面落实安全生产“一岗双责”，强化安全生产红线意识和企业主体责任，坚决遏制重特大事故的发生。

四、全面从严治党，确保经济社会平稳健康发展

确保今年各项工作高位起步，关键在党，关键在人。各级党委要认真落实《中国共产党地方委员会工作条例》，进一步加强和改进党委工作，提高执政能力和领导水平，推动全市党建工作再上新台阶。

（一）全面落实从严治党新要求。全市各级党组织和党员干部要认真对照习近平总书记提出的“党建三问”[20]，着力提升从严治党的思想自觉和政治自觉，始终筑牢抓好党建是最大政绩的政治理念，坚持党建工作和中心工作一起谋划、一起部署、一起考核。坚持思想建党和制度治党同向发力，强化党员干部理想信念教育。做好意识形态和宣传工作，强化看齐意识，认真落实党委（党组）意识形态工作责任制。按照“突出主线，全面推进，党群共建，重在基层”总体思路，以建设“堡垒型+服务型”基层党组织为主线，把加强基层党建与“一体两翼”基层治理新格局有机结合起来，积极稳妥推进基层组织重构，完善提升“双直联”[21]联系服务群众体系。以党建带群建，加快构建“1 + N + X”区域化大党建格局。实施“五个精准”[22]，大力整顿软弱涣散党组织，加强基层党组织带头人队伍建设，增强基层党组织的政治功能和服务功能，夯实基层党组织领导核心地位。

（二）全面提高党领导发展的能力和水平。各级党委要发挥总揽全局、协调各方的领导核心作用，强化党委对人大、政府、政协、司法机关及人民团体领导协调，广泛凝聚民主党派等统一战线力量，形成推动经济社会发展的强大合力。加强对经济社会发展态势的研判，科学谋划发展蓝图，坚持高质量、有效益、可持续的发展。各级领导干部要提高驾驭经济社会发展的能力和水平，自觉运用法治思维和法治方式深化改革、推动发展。实施民营企业家培养工程，提升党员民营企业家党性修养，实现党建工作和企业发展双促双赢。

（三）全面推进依法治市。加强市委对立法工作的领导，科学确定立法项目，完善立法工作中重大问题决策程序，加快重点领域立法工作，为改革创新和转型发展提供动力和保障。支持市人民代表大会及其常委会行使地方立法权，广泛吸纳各方面的立法建议，拓宽公民有序参与立法途径，提高立法质量。加快行政执法、刑事司法衔接工作，探索综合执法。加强法治政府建设，强化对行政权力的制约和监督。增强全社会特别是公职人员尊法学法守法用法观念，营造良好法治环境。

（四）全面推进党风廉政建设和反腐败斗争。认真履行党风廉政建设党委主体责任和纪委监督责任。贯彻落实《中国共产党廉洁自律准则》和《中国共产党纪律处分条例》，自觉把纪律和规矩挺在前面，严格按照“三严三实”和中央八项规定要求，持之以恒改进作风。坚持以“零容忍”的态度，继续保持惩治腐败高压态势，把审计监督与党管干部、纪律检查、追责自责结合起来，全面推行“三述”[23]和“一案双查”[24]，完善责任追究追责制度，运用“四种形态”[25]加强和改进纪律审查工作，严厉查处各种腐败行为。建立反腐倡廉长效机制，全面推进重大工程建设廉洁风险同步预防和廉政风险科技防控平台建设，完善农村集体资产交易和财务监督“双平台”。加快廉洁试验区建设，鼓励各试验区开展差别化试验。探索建立干部廉情预警和“熔断”机制[26]，积极创新利益冲突回避和“反腐锦囊”[27]制度，不断织密织牢制度的“笼子”。

（五）全面营造敢于担当、创业创新的良好政治生态。干部是党和政府的宝贵财富，是治市理政

的骨干力量。各级党委要高度重视党政干部人才的培养和使用，关怀、关心干部的工作和生活，努力提振广大干部的“精气神”。积极倡导“为官有为”，进一步细化落实省委“三个区分”的若干意见和工作规程，明确失误与错误、为公与谋私的界线，建立容错容误机制，使广大干部放下包袱、轻装上阵。深化整治“为官不为”，把整治重点从“显性不为”拓展到“隐性不为”，把问题的线索来源从以体制内为主拓展到内外并重，将整治工作引向深入。坚持正确的用人导向，严肃纪律，注重运用干部信息“大数据”、审计结果及整改情况加强对干部的分析研判，扎实推进市、区、镇（街道）换届工作，确保换届年成为推动干部干事创业的“鼓劲年”。推进干部“能上能下”人事制度改革，重点解决“能下”的问题，让想干事的有机会、能干事的有舞台、干成事的有地位、不干事的没市场，加快形成敢于担当、主动作为的干事创业浓厚氛围。

同志们，宏伟蓝图已绘就，奋发有为正当时。佛山人民对全面建成高水平小康社会的期待和向往，是我们做好工作的强大动力，也是我们肩负的历史使命。让我们紧密团结在以习近平同志为总书记的党中央周围，按照省委、省政府的战略部署，振奋精神，锐意进取，扎实工作，全力以赴，在新的发展起点上实现新跨越，为全面建成高水平小康社会而努力奋斗！

注释：

[1] 三个定位、两个率先： 指广东要努力成为发展中国特色社会主义的排头兵、深化改革开放的先行地、探索科学发展的实验区，为全面建成小康社会、率先基本实现社会主义现代化而奋斗。

[2] 一体两翼： “一体”指狠抓基层组织建设，“两翼”指化解突出社会矛盾和创新基层社会服务。

[3] 两环五横四纵： “两环”为珠二环高速、珠三环高速，“五横”为广佛肇高速、广三高速、广肇高速、广明高速、广中江高速，“四纵”为广珠西线高速、佛江高速及北沿线、佛开高速、佛清从高速。

[4] 理想城市： 指佛山城市升级行动计划中提到的“以‘民富市强、幸福佛山’为核心，以建设宜居宜商更富特色的城市为目标，力求把佛山建成具备经济可持续发展、环境优美怡人、交通安全便捷、生活舒适方便、文化气息浓厚、社会和谐稳定、公共服务健全和人文关怀备至等八大要素的‘理想城市’”。

[5] “1 + N + X”区域化大党建： “1”指区域龙头党组织，“N”指区域内“N”个党组织，“X”指区域外党建资源。

[6] 三个区分： 指纪检工作中，要把因缺乏经验先行先试出现的失误与明知故犯行为区分开来，把国家尚无明确规定时的探索性试验与国家明令禁止后的有规不依行为区分开来，把为推动改革的无意过失与为谋取私利的故意行为区分开来。

[7] 四个没有变： 经济发展长期向好的基本面没有变，经济韧性好、潜力足、回旋空间大的基本特质没有变，经济持续增长的良好支撑基础和条件没有变，经济结构调整优化的前进态势没有变。

[8] 制造业服务化： 指制造企业为获取竞争优势，将价值链由以制造为中心向以服务为中心转变。

[9] 供给侧结构性改革： 指从供给侧入手，针对经济结构性问题而推进的改革，其实质在于，一是形成新主体，即要发挥市场在资源配置中的决定性作用，发挥企业、企业家、创业者等在经济发展中的主导作用，同时要简政放权，转变政府职能，约束政府的“有形之手”；二是培育新动力，即通过全面改革和创新培育新的增长动力，通过提高全要素生产率来实现经济可持续发展；三是发展新产业，即一方面要尊重和顺应经济规律、市场规律、及时淘汰过剩产能和僵尸企业，另一方面，要大力发展新产业、新技术、新业态。

[10] 海绵城市： 是新一代城市雨洪管理概念，指城市在适应环境变化和应对雨水带来的自然灾害等方面具有良好的“弹性”，下雨时吸水、蓄水、渗水、净水，需要的时候将蓄存的水“释放”并加以利用。

[11] 互联网+易通关： 佛山市打造不是自贸区的“自贸区”的改革举措。通过“互联网＋自助报关”“互联网＋提前归类审价”“互联网＋互动查验”“互联网＋自助缴税”等4项改革，实现了全国甚至全球全天候可在佛山口岸报关，让大部分进出口货物实现“零跑动”、零成本和快速通关。

[12] 广州三大战略枢纽：广州国际航空枢纽、国际科技创新枢纽、国际航运枢纽。

[13] 精一、强二、优三："精一"即发展精品、高端、现代型农业；"强二"即推动佛山从制造大市走向制造强市；"优三"即优化发展现代服务业。

[14] 工作母机：即制造机器和机械的机器，如车床、铣床、刨床和磨床等。工作母机类制造业即装备制造业，是整个工业体系的基石和摇篮，处于产业链核心环节，决定着一个国家或地区的工业发展水平和综合竞争力。

[15] 五大统筹：一是统筹空间、规模、产业三大结构，提高城市工作全局性；二是统筹规划、建设、管理三大环节，提高城市工作的系统性；三是统筹改革、科技、文化三大动力，提高城市发展持续性；四是统筹生产、生活、生态三大布局，提高城市发展的宜居性；五是统筹政府、社会、市民三大主体，提高各方推动城市发展的积极性。

[16] 光网城市：是集 IP 化、宽带化、融合化为一体的城市光纤宽带网络系统建设，是实现"智慧城市"的网络基础，可为城市教育、治安、医疗、公共安全、能源管理等方面带来更加高效、智能的应用。

[17] 绿城飞花：指《佛山市"绿城飞花"主题绿化景观建设实施方案》，该方案以围绕城市升级两年延伸计划为基础，通过对森林、公园、道路、河涌等进行绿化、彩化提升，达到森林进城、围城的效果。

[18] CEPA：即《关于建立更紧密经贸关系的安排》的英文简称。包括中央政府与香港特区政府签署的《内地与香港关于建立更紧密经贸关系的安排》、中央政府与澳门特区政府签署的《内地与澳门关于建立更紧密经贸关系的安排》。

[19] 市场采购：是指在经认定的市场集聚区采购商品，由符合条件的经营者在采购地办理出口通关手续的贸易方式。

[20] 党建三问：是不是各级党委、各部门党委（党组）都做到了聚精会神抓党建？是不是各级党委书记、各部门党委（党组）书记都成了从严治党的书记？是不是各级各部门党委（党组）成员都履行了分管领域从严治党责任？

[21] 双直联：指镇（街道）领导干部普遍联系群众制度和"三官一师"（警官、法官、检察官、律师）直联村（居）制度。

[22] 五个精准：精准认定，精准分析，精准派驻，精准整治，精准扶持。

[23] 三述：述责、述德、述廉。

[24] 一案双查：既要追究当事人责任，又要倒查追究相关领导责任，包括党委和纪委的责任。

[25] 四种形态：第一种形态是指党内关系要正常化，批评和自我批评要经常开展，让咬耳扯袖、红脸出汗成为常态；第二种形态是指党纪轻处分和组织处理要成为大多数；第三种是指对严重违纪的重处分、做出重大职务调整应当是少数；第四种是指严重违纪涉嫌违法立案审查的只能是极少数。

[26] 廉情预警和"熔断"机制：通过加强对腐败征兆信息的收集，梳理领导干部插手干预非主管工作、规避制度规定、偏袒特定关系人等腐败征兆信息，建立腐败征兆清单。一旦发现涉嫌腐败行为即启动"熔断"机制，采取约谈、函询、诫勉和组织处理等方式，防止腐败问题的发生。

[27] 反腐锦囊：借鉴香港廉署的做法，加强廉政监督机构与企业、社区的联系，积极为企业、社区提供反腐败的对策和方法，同时搜集相关单位腐败线索，调动社会参与反腐败的积极性。

政 府 工 作 报 告

——佛山市第十四届人民代表大会第六次会议

（2016年4月27日）

佛山市代市长　朱　伟

各位代表：

现在，我代表市人民政府向大会报告政府工作，请予审议，并请政协各位委员和其他列席人员提出意见。

“十二五”时期和2015年工作回顾

“十二五”时期是我市加快转型升级的关键时期。市政府在省委、省政府和市委的正确领导下，在市人大、市政协的监督支持下，主动适应经济发展新常态，积极应对各种压力挑战，全力稳增长、调结构、促改革、惠民生、防风险，较好地完成了“十二五”规划各项目标任务，全市经济社会发展再上新台阶。

——这五年，是综合实力显著增强的五年。2015年实现地区生产总值8003.92亿元、人均地区生产总值10.83万元，分别比2010年增长55%、47.7%，地区生产总值五年跨越3个千亿元大关，在2015年全国大中城市中排名第16位。实现规模以上工业总产值19774.93亿元、增加值4406.95亿元，分别比2010年增长76.6%、69.5%。实现全社会固定资产投资3035.52亿元、社会消费品零售总额2687.22亿元、外贸进出口总值657.2亿美元，分别比2010年增长76.5%、87.1%、27.2%，其中出口482.1亿美元，增长45.9%。实现财政总收入1474.8亿元、地方一般公共预算收入557.43亿元、每平方千米税收0.33亿元，分别比2010年增长41.8%、82.2%、57.1%。在2015年全国科学发展综合实力百强区中，佛山5个区均位列前50强[1]。

——这五年，是产业转型成效突出的五年。经济结构持续优化。三次产业比例由2010年的1.9：62.6：35.5调整为2015年的1.7：60.5：37.8。工业发展提质增效。实施“两化”深度融合与金融科技产业融合发展战略，成为国家制造业转型升级综合改革试点。抢抓珠江西岸先进装备制造产业带龙头机遇，加快建设万亿规模先进装备制造业产业基地，引进一汽－大众、北汽福田、中国中车等一批龙头项目。2015年先进制造业、高技术制造业占规模以上工业增加值比重分别为35.6%、7.3%，比2010年提高5.4、2.2个百分点。第三产业发展提速。2015年第三产业增加值增长10.3%，增速超过第二产业2.7个百分点。145个重大服务业项目完成投资1576.2亿元，广东工业设计城、佛山创意产业园等14个园区入选省级现代服务业集聚区，西樵山、长鹿旅游休博园获评国家AAAAA旅游景区，岭南天地成为广东岭南文化旅游休闲胜地，顺德区荣获联合国“世界美食之都”称号。农业现代化进程加快，成为全国首批农业产业化示范基地。创建国家创新型城市。2015年全社会研发经费支出占地区生产总值比例预计高于2.6%，比2010年提高0.95个百分点。五年专利申请量和授权量分别达13.97万件、10.3万件，均比“十一五”时期增长超65%，累计有效注册商标总量翻番。实施人才强市战略，2015年高技能人才达16.8万人，比2010年翻两番。全市共有博士后工作站59家，居全国地级市之首。推进金融创新“九个一”工程[2]；2015年全市共有上市公司43家、股权投资基金（创投公司）276家、小额贷款公司39家，分别比2010年增加16家、220家和31家。重大产业平台扩容提质。佛山国家高新区形成汽车及零部件、高端装备制造、新材料等产业集群，产业集聚引领效应突出。中德工业服务区成为省六大重大发展平台和对德（欧）合作重要载体。广东金融高新区累计吸引252个金融企业和项目入驻，总投资额达525亿元，“金融后援基地+产业金融中心”态势显现。民营经济稳步发展。2015年民营工业对全市工业增长贡献率达81.8%，比2010年提高20.8个百分点。完成节能减排任务，2015年单位地区生产总值能耗及化学需氧量、二氧化硫、氨氮和氮氧化物排放量均比2010年下降20%以上。

——**这五年，是城市品质稳步提升的五年**。实施“产城人”融合发展战略，成为全国文明城市和国家信息惠民试点城市。完成城市升级三年行动计划，共投入1709.79亿元，建成项目316个，城乡面貌焕然一新。“强中心”战略成效显著，组团城市建设提速，岭南魅力小镇串珠成线。中德工业服务区成为全国首批“中欧城镇化合作示范区”，市图书馆、科技馆、青少年宫等文化新地标建成使用。交通体系日益完善，“两环五横四纵”[3]高速公路网基本建成。2015年中心城区公交分担率达35.5%，比2010年提高23.5个百分点。“三旧”改造五年新增改造项目925个，用地面积7.07万亩（4713.33公顷），已完成项目367个，用地面积1.84万亩（1226.67公顷）。成为全国绿化模范城市，市域森林覆盖率达34.8%。实行最严格环境保护和治理机制，在全省率先成立“环保警察”。2015年全市$PM_{2.5}$、PM_{10}平均浓度分别比2013年下降26.4%、30.1%[4]，22条重点整治河涌水质达V类标准。

——**这五年，是改革开放深入推进的五年**。完善大部门制和简政强镇改革，优化市、区、镇（街）事权财权配置，基层发展活力增强；市、区两级取消和调整行政审批事项995项，占全部审批事项的48%；建成四级行政服务中心体系和网上办事大厅，推进行政审批标准化，行政效能大幅提高；实施商事制度、投资管理体制和公共资源交易管理改革，强化社会信用体系和市场监管体系建设，成为省法治化国际化营商环境试点城市。财政预算管理和绩效管理进一步完善。率先完成事业单位分类改革试点工作，公立医院分类改革有序推进。国有企业改革重组有新进展。农村综合改革进一步深化，“两分离”改革、“两平台”建设成效明显，“两证”发放[5]基本完成。在全省率先构建公共法律服务体系，基层社会治理法治化成效初显。开放合作取得新进步，五年累计实际利用外资120.58亿美元、境外中方直接投资11.7亿美元，分别比“十一五”时期增长44.3%、711.9%。广佛同城化成果丰硕，广佛肇城际轨道佛肇段、广明高速西樵至陈村段等建成通车，广佛肇（怀集）经济合作区发展总体规划上升为省级发展战略。成为国家首批落实CEPA示范城市。积极对口帮扶云浮、清远，援疆援藏、扶贫开发“双到”工作成效突出。

——**这五年，是社会民生不断改善的五年**。全市财政民生支出五年累计达1654亿元，比“十一五”时期翻番，占一般公共预算支出的62.7%。每年省、市民生实事圆满完成。2015年城镇、农村常住居民人均可支配收入分别达3.98万元、2.21万元，比2010年增长67.3%、77.1%。五年新增就业45万人。建立健全城乡居民基本养老、生育、大病保险和疾病应急救助制度。企业退休职工基本养老金每年递增10%以上，近50万人受惠。实现省内异地就医即时结算、企业职工跨区享受居民门诊医保。五年建成保障性住房3.26万套，已安置2.85万套。成为全省首个教育综合改革试点市、推进教育现代化先进市。新市民随迁子女入读公办学校比例保持在70%以上，惠及近41万名学生。建立健全基本医疗卫生制度，2015年人均公共卫生服务经费比2010年增长60%，社区卫生服务中心实现镇（街）全覆盖。五年新建社区体育公园144个，农家书屋实现行政村全覆盖。平安佛山建设深入推进，2015年“110”日均刑事警情比2010年下降45.7%，5个镇（街）获评“全国安全社区”，里水镇成为“国际安全社区”。生产安全事故起数、事故死亡人数比“十一五”时期分别下降17.4%、12.1%。完成食品（农产品）安全示范市建设重点任务，升级改造农贸市场268个，建成市级以上“菜篮子”基地45个、食品安全示范点1285家，在全省率先开展肉品统一冷链配送和家禽集中屠宰试点。连续第七次荣获“全国双拥模范城”称号。

——这五年，是政府建设全面加强的五年。实施建设人民满意政府“1 + 11”行动计划，群众满意度不断提升。市、区两级政府部门权责清单在全省率先公布实施。健全科学民主依法决策机制，出台重大行政决策征求公众意见、专家咨询论证办法，成为拥有地方立法权的城市。根据2014年中国政法大学发布的中国法治政府评估报告，我市法治政府建设排名全国第三。主动接受人大依法监督、政协民主监督、司法监督和社会监督，办理人大代表建议428件、政协提案1034件，办复率达100%，市政府领导牵头办理议案、建议成为常态。贯彻落实中央“八项规定”、国务院“约法三章”等规章制度，深入开展党的群众路线教育实践活动和“三严三实”专题教育，切实整治“四风”问题，干部工作作风不断改进。

老年人、残疾人、青少年、妇女儿童事业，审计、粮食储备、应急管理、民族宗教、台湾事务、档案方志、社会科学、人防、气象等工作取得新成绩。

2015年是全面完成“十二五”规划的收官之年。市政府按照中央、省和市委的总体要求与部署，努力实现经济社会平稳较快发展，为“十二五”画上圆满句号。

稳定经济增长措施有力。出台稳增长工作方案，实现有效投资不断扩大、进出口保持稳定、社会消费持续增长。省、市重点项目分别完成投资459.52亿元、222.71亿元。贯彻落实各项外贸稳增长政策，鼓励企业参与“一带一路”建设，对沿线国家出口额810.46亿元，增长31.2%。推动外贸结构持续优化，一般贸易占出口总值比重达58.2%。推动连锁经营和社区商业发展，成为全国首批信息消费示范城市。商品住房去库存加快，销售均价下降6%，销售面积上升41.4%。服务企业务实深入。召开民营企业家大会，出台提振民营企业家信心促进创业创新40条措施。开展企业“暖春行动”，建立收集处理问题长效机制，切实解决企业发展困难。市、区两级共同设立企业融资专项资金15亿元。落实税收优惠政策，减免各项税收128.76亿元。下调堤围防护费和价格调节基金，减负5.2亿元。全市年主营业务收入超百亿元企业12家，其中超千亿元企业2家。

产业结构调整步伐加快。依托智能制造推动产业结构优化升级成为范例，受到国务院通报表扬[6]。出台《〈中国制造2025〉佛山行动方案》和《工业转型升级攻坚战三年行动实施方案》，开展智能制造发展专项行动，实施“百企智能制造提升工程”。中关村“互联网 + 智能制造”国际技术协同创新中心、密歇根大学国际智能制造创新中心等平台签约落户，广东省智能制造产业服务中心开业，机器人应用创新中心和产业创新联盟揭牌，全球工业机器人四大巨头[7]合作项目落户，全省首个机器人产业发展示范区在顺德区启动。装备制造业完成工业增加值1325.77亿元，增长15.5%。引进千山药机大健康产业基地、大族工业4.0高端装备工业园等一批先进装备制造项目，126家“工作母机”[8]制造业企业纳入省级骨干企业。完成工业技术改造投资386.15亿元，增长38.6%。全面实施“互联网 +”行动计划，成功举办首届中国（广东）国际“互联网 +”博览会、中国制造2025对话德国工业4.0大会。与中兴通讯签订大数据产业战略合作协议，建设大数据产业园等项目。现代服务业发展态势良好。毕马威大中华区后援中心、泛家居电商创意产业园等项目揭牌。成为国家物流标准化试点城市，国通保税物流中心（B型）通过国家验收。顺德区获评全省首个电子商务创新区。旅游文化创意产业发展提速，南庄生态休闲工程、美的鹭湖森林度假区、亚拉巴海创意生态农博城等60个重点项目建设加快，总投资额982.33亿元。

创新驱动发展战略深入实施。佛山国家高新区获批建设珠三角国家自主创新示范区，荣获中国产学研合作创新与促进奖。互联网 + 创新创业示范市建设启动。完善自主创新政策体系，出台贯彻落实省科技创新政策意见的16条措施。实施高新技术企业培育和企业研发机构建设专项行动方案，新增国家高新技术企业98家，总数达716家。产学研合作成果丰硕。全市共有省级新型研发机构25家，华南智能机器人创新研究院、佛山智能装备技术研究院挂牌成立。顺德区与国家工信部信息中心签约共建国家级产业众创空间，打造全国首个创客大学。全市新增省级、市级创新团队18个。省市共建研究生联合培养基地，推动佛山科学技术学院打造广东省高水平理工科大学。启动建设广东“互

联网 +”众创金融示范区，联合深圳创新投资集团设立百亿元规模的创新创业产业引导基金。广东金融高新区股权交易中心注册登记企业达 1614 家，帮助企业融资 326 亿元。在全省率先出台全面性债券融资扶持政策，“政银保”合作农业贷款模式全面推广。

城市环境得到优化提升。启动城市升级两年延伸行动计划。禅城奇槎片区、绿岛湖都市产业区建设加快。南海金融公园建设收尾，千灯湖公园获 2015 年全球城市开敞空间奖第一名。中德工业服务区坊塔主体结构封顶，广东（潭洲）国际会展中心、市妇女儿童医院奠基动工。顺德新城基础设施建设加快，区域核心带动作用增强。高明西江新城获“2015 创建生态文明标杆城市”称号。三水北江新区加速成型，三水新城初具雏形。实施百村升级行动计划，完成 203 项古村落活化、241 项城中村（旧社区）升级改造和 508 项“五好”新农村[9]项目建设。逢简村获 2015 中国最美村镇“榜样奖”。南海区和狮山镇成为第二批国家新型城镇化综合试点。加快城市基础设施建设。江罗高速佛山段、广明高速西延线完工，魁奇路西延线、乐龙公路一期等 19 条“断头路”建成通车。佛山西站、佛山地铁二号线一期、南海新型交通系统建设顺利。光纤入户率达 52%，新建公共场所 AP 接入点 1.5 万个。与华为签订战略合作协议，推进“智慧佛山”建设。公交专用道总里程达 102.6 千米，新增公交车 735 辆。启动海绵城市建设，清淤排水管 1869 千米。基本完成 100 项环保民生实事。淘汰黄标车 5.5 万辆，完成电力行业“超洁净排放”改造工程，整治淘汰小锅炉 495 台，治理 VOCs[10]排放重点企业 95 家。基本完成 42 条“一河一策”河涌整治和 104 个村级工业区环境整治试点，广佛交界区域水环境整治成效在省“四河整治”[11]第三方评估中位居前列。启动“绿城飞花”主题绿化景观建设，新建和改造半月岛湿地公园、桂畔湖湿地公园等花色主题景观项目 11 个。

改革开放持续深化。出台复制推广自由贸易试验区改革创新试点经验实施意见，在全国率先全面实施“互联网 + 易通关”。“一门式、一网式”政府服务改革全面推行，入选“2015 全国社会治理创新最佳案例”。实现工商登记“三证合一、两证一章同发”[12]。完善网上办事大厅建设，市、区两级网上服务事项 5938 项，达到一级、二级、三级办事深度分别占 95.6%、92.9%、60.4%[13]。粤港澳合作高端服务示范区成为“粤港澳服务贸易自由化示范基地”。成功举办粤桂黔高铁经济带合作试验区（广东园）建设现场会。广佛同城迈入新阶段。南海区、顺德区、三水区分别与广州市荔湾区、番禺区、花都区签订协议，共建合作示范区。海华大桥动工建设，广州地铁七号线西延至顺德区调整方案获国家发改委批准。与中山、江门签署合作协议推动佛中江协同发展。高明区与肇庆高要、江门鹤山、云浮新兴联手打造“百里西江旅游文化圈”。强化佛山云浮一体化帮扶，佛山（云浮）产业转移工业园累计入驻项目 265 个，总投资额 404.14 亿元。联合德国不莱梅、汉诺威等国内外城市组建“中德工业城市联盟”。

人民满意政府建设扎实推进。完成人民满意政府建设行动计划 204 个年度重点项目。根据第三方调查评估，2015 年建设人民满意政府总体评价 83.81 分，比 2014 年提高 1.35 分。社会民生事业加快发展。建成城市社区公共服务“15 分钟服务圈”。在全省率先实现城乡统一低保补差水平，失业保险城乡无差异化，大病保险参保人整体待遇提高 17%。成为国家特殊教育改革实验区、国家现代学徒制试点市、全省首个所有区（县）通过国家“义务教育发展基本均衡区”认定的城市，现代职业教育体系建设改革试点获联合国“2015 中国可持续发展城市范例”奖。顺利通过国家卫生城市复审，实现医师多点执业备案制管理，非公立医院占医院总数比例近半。启动创建国家公共文化服务体系服务示范区，南海区成为“中国曲艺之乡”，丹灶镇获评全国文明镇。成功承办 2015 广东国际旅游文化节，秋色欢乐节、“佛山韵律·和风鸣畅”等公共文化活动精彩纷呈。成为国家体育产业联系点城市，成功申办 2019 年国际篮联男篮世界杯。实施新市民积分制，2.69 万名外来人员通过积分入户、人才引进等方式落户佛山。平安佛山建设成效明显。治安立体化防控体系逐步完善，“3+2”专项打击行动[14]位居全省前列，社会治安形势持续向好。实施安全生产“三大行动计划”[15]，创建安全生产标准化企业 5663 家，生产安全事故起数下降22.9%。创建省食品安全城市试点，设立“食品药品警察”。登革热疫情防控效果显著，积极应对龙卷风等自然灾害。根据北京师范大学发布的2015中国民生发展指数报告，佛山排名全国地级市第五。

各位代表！我市取得的每一项成绩，都是在省委、省政府和市委正确领导下，在市人大、市政协监督支持下，全市人民共同奋斗的结果。在此，我代表市政府向全市广大干部群众，中央、省驻佛山单位，驻佛山人民解放军指战员，武警官兵和社会各界人士表示崇高的敬意！向长期关心支持佛山发展建设的港澳台同胞、海外侨胞、国内外友人表示衷心的感谢！

在肯定成绩的同时，我们清醒地认识到，我市经济社会发展仍然面临不少问题和挑战，突出表现在：经济发展面临较大下行压力，产业发展层次总体不高，企业生产经营压力增大，转变发展方式任务依然艰巨；创新驱动发展基础仍不牢固，企业自主创新能力有待增强，社会创新创业活力还需进一步激发；城市建设水平与先进城市尚有差距，城市精细化管理能力亟待提升；资源环境约束问题突出，大气和水环境综合治理任务较重，生态文明建设有待加强；教育、医疗、交通等民生社会事业还存在薄弱环节；等等。这些问题和挑战需要我们认真研究，切实加以解决。

“十三五”时期奋斗目标和主要任务

“十三五”时期是佛山加快转型升级、深化改革开放的战略机遇期。从国际看，世界经济仍处于深度调整之中，但新一轮科技革命和产业变革正在创造历史性机遇。从国内看，尽管我国经济运行整体压力较大，但经济发展长期向好的基本面没有变，经济韧性好、潜力足、回旋余地大的基本特征没有变，经济持续增长的良好支撑基础和条件没有变，经济结构调整优化的前进态势没有变。从佛山看，我市发展虽然存在诸多问题和挑战，但也面临“互联网+智能制造”、新型城镇化、广佛同城化、粤桂黔高铁经济带、“一带一路”等机遇。面对新形势，我们要坚定发展信心、保持战略定力，科学谋划经济社会各项工作，走出一条质量更高、效益更好、结构更优的新路，对全省经济增长和结构调整起支撑作用。

“十三五”时期政府工作的指导思想：深入贯彻落实党的十八大和十八届三中、四中、五中全会精神，牢固树立创新、协调、绿色、开放、共享发展理念，按照中央、省和市委的决策部署，以提高发展质量和效益为中心，以全面深化改革为内在动力，以创新驱动发展为核心战略，以开放合作为关键路径，加快供给侧结构性改革，提升城市价值品质，加强生态文明建设，促进社会民生事业发展，确保全面建成高水平小康社会。

“十三五”时期经济社会发展的主要奋斗目标：全市地区生产总值年均增长7.5%，2020年达1.15万亿元；人均地区生产总值年均增长7%；全社会研发经费支出占地区生产总值比重达2.9%；居民人均可支配收入年均增长7.5%；城镇登记失业率控制在3%以内；单位地区生产总值能耗下降幅度完成省下达任务。

为此，必须着力做好以下五个“突出”：

一是突出创新引领发展。大力实施创新驱动发展战略，创建国家创新型城市，加快形成以市场为导向、以科技创新为核心、以企业为主体的开放型区域创新体系。发挥佛山改革先行优势，坚持以问题为导向，在重点领域和关键环节大胆推进改革创新，走佛山特色的改革发展之路。

二是突出统筹协调发展。以产业协调发展提升经济质量效益，推动传统优势产业与战略性新兴产业，先进制造业与现代服务业，国有、民营与外资等多种所有制经济协调发展，加快构建现代产业体系。以区域协调发展、物质文明和精神文明协调发展提升城市综合竞争力，建设宜居宜业的现代化大城市。

三是突出开放合作发展。建设高水平开放型经济体系，运用国际国内两个市场、两种资源，促进要素有序流动、资源高效配置、市场深度融合。参与“一带一路”建设，推进广佛同城化及粤桂黔、佛港澳等区域合作，增强对粤西地区辐射带动作用，努力把区位优势转化为区位责任，争创开放合作新优势。

四是突出绿色永续发展。树立生态文明理念，以提高环境质量为核心，构建政府、企业、社会共治的环境治理体系，创造优良人居环境。全面节约和高效利用资源，建立绿色低碳生产生活体系，建设国家生态文明示范城市和国家森林城市，实现与全面建成高水平小康社会相适应的环境质量目标。

五是突出共建共享发展。把保障和改善民生作为经济社会发展的出发点和落脚点，着力提高居民收入，完善社会保障，逐步扩大多层次、广覆盖的基本公共服务供给，促进民生事业繁荣发展。营造机会公平的社会环境，保障平等参与、平等发展权利，使市民群众拥有更多幸福感和获得感。

2016年工作安排

2016年是“十三五”开局之年，也是推进供给侧结构性改革的攻坚之年。我们要按照市委十一届七次全会的总体部署，坚持稳中求进、稳中提质，着力保持经济中高速增长与社会和谐稳定，为实现“十三五”规划开好局、起好步。

今年经济社会发展的主要预期目标是：全市地区生产总值增长8.0%～8.5%，人均地区生产总值增长7.0%～7.5%；地方一般公共预算收入增长9.5%；全社会固定资产投资增长13%；社会消费品零售总额增长10%；出口总额增长1.5%；居民人均可支配收入增长与经济增长基本同步；城镇登记失业率控制在3.5%以内；居民消费价格涨幅控制在3.0%左右；单位地区生产总值能耗、主要污染物排放量下降幅度完成省下达任务。

实现上述目标，重点做好以下八方面工作：

一、以智能制造为主攻方向，加快产业转型升级

加快供给侧结构性改革，构建先进制造业和现代服务业双轮驱动的现代产业体系，增强经济发展新动力。

大力发展“互联网+智能制造”。建设中国“互联网+智能制造”试点城市，走好“工业2.0”补课、“3.0”普及和“4.0”示范[16]的转型升级之路。重点发展智能数控装备、工业机器人、智能家电等智能装备和产品，培育一批“中国制造2025”试点示范企业，打造柔性化生产、场景化应用的示范工厂。建设智能制造产业园，打造具有核心竞争力的机器人产业。探索制定区域智能产品技术标准，推动佛山智能产品兼容互通，打造“佛山智造”品牌。全面落实“互联网+”行动计划，推动互联网新技术、新理念、新模式与制造业跨界融合，发挥“中国在线制造”云服务平台带动作用，发展基于工业互联网的众包设计、云制造等新型制造模式，促进制造业向智能化、绿色化、高端化发展。加快云计算、大数据、物联网等产业发展，推动浪潮集团云计算中心、中兴通讯大数据产业园及华南大数据研发平台等项目建设。办好第二届中国（广东）国际“互联网+”博览会。

加快发展先进装备制造业。以承办第二届珠江西岸先进装备制造业投资贸易洽谈会为契机，加快建设珠江西岸先进装备制造业产业创新基地。以“工作母机”型装备制造业为重点，提升发展陶瓷机械、木工机械、塑料机械等优势行业，培育引进一批创新能力强、经济效益好的重点项目，打造装备制造业全产业链。积极参与构建装备制造标准体系，鼓励企业加强协同合作，培育一批装备制造产业配套优势企业。推动一汽－大众二期、千山药机大健康产业基地等项目建成投产。以省战略性新兴产业基地为平台，打造高端新型电子信息、半导体照明、生物医药等产业集群，推动战略性新兴产业集聚发展。

优化提升传统优势产业。支持传统优势产业开展智能化成套装备和自动化生产线改造，加快机器人推广应用。落实省工业技改事后奖补、首台（套）重大技术装备及先进装备保险补偿机制等扶持政策，完成工业技改投资增长35%以上。加快专业镇转型升级步伐，推动陶瓷、家电、金属加工、家具等优势产业链协同延伸，发展区域性产业联盟，创建国家级知名品牌示范区，打造“佛山家居”品牌。完善现代农业生产服务体系，大力发展高附加值、集约化生产的互联农业、品质农业和生态农业。

提高现代服务业发展水平。大力发展产业金融、现代物流、电子商务等生产性服务业，加快省级现代服务业集聚区和重大服务业项目建设，争创国家服务贸易特色出口基地，推动生产性服务业向专业化和高端化延伸。推进制造业服务化，鼓励企业围绕产品功能拓展专业增值服务，开展全生命周期管理[17]等模式创新，促进生产型制造向服务型

制造转变。依托广东工业设计城、顺德创意产业园等载体，做强工业设计产业，建设“工业设计之都”。以建设广东（潭洲）国际会展中心、佛山西站会展中心为契机，发展壮大会展产业链，塑造会展品牌。大力发展旅游文化、休闲娱乐、健康养老等生活性服务业，促进生活性服务业向精细化和品质化转变。鼓励线上线下互动，推动实体商业创新转型。建设西樵山国艺影视城、华侨城文化旅游综合体等重点项目，支持石湾西片区创建国家级文化产业示范园区，促进旅游文化创意产业融合发展。

着力促进“三去一降一补”。围绕去产能、去库存、去杠杆、降成本、补短板，制定实施“去、降、补”行动方案，打好供给侧结构性改革攻坚战。把处置“僵尸企业”作为化解产能过剩的“牛鼻子”，建立规范有序的企业退出机制，推动低效企业兼并重组、债务重组、破产清算，促进优胜劣汰和市场出清。支持居民自住和改善型住房需求，落实稳定住房消费政策，完善公积金异地贷款机制，引导发展都市型产业地产、分享型众创空间、综合性养老社区等业态，政企联动、多措并举化解房地产库存，促进房地产市场健康稳定发展。落实中央和省去杠杆政策措施，做好金融风险防范工作，营造良好金融生态环境。落实各项税费优惠减免政策，切实降低制度性交易成本、税负成本、企业运营成本和财务成本等，2016年为全市企业减负约280亿元[18]。加快提升制造业发展水平和服务业规模层次，增强企业自主创新能力，补齐经济发展短板。提高供给体系质量和效率，实施创建全国质量强市示范城市工作方案，扎实开展质量标杆和领先企业示范活动，推广先进质量技术、工艺和管理方式，培育一批具有国际竞争力的品牌企业和名牌产品，增加中高端产品和优质服务有效供给。

助推民营经济提质增效。落实提振民营企业家信心促进创业创新40条措施，常态化开展各类暖企行动，帮助企业破解用工、用地等发展难题。引导民营企业建立现代企业制度，完善法人治理结构，学习先进管理方法，强化对“创二代”的培训。鼓励民营企业通过参与混合所有制改革、兼并重组、向产业价值链两端延伸等方式做强做优，发展壮大一批百亿规模龙头企业，促进小企业提升规模层次，营造“大企业顶天立地，中小企业铺天盖地”的产业生态。

二、推动大众创业万众创新，汇聚科学发展新动能

以创新驱动发展战略作为经济工作总抓手，促进金融科技产业深度融合，努力形成以创新为引领的科学发展新格局。

加快创建国家创新型城市。积极参与珠三角国家自主创新示范区和全面创新改革试验试点省建设。依托佛山国家高新区、广东金融高新区、中德工业服务区、禅西产业轴、南方智谷等高端平台，打造佛山特色区域创新走廊。加快构建以企业为主体、市场为导向、产学研用相结合的自主创新体系。落实各项普惠性科技政策，完善科技创新投入机制，提高财政资金使用效益，带动社会资本参与创新创业。注重开发引领产业变革的颠覆性技术，强化科技创新对产业中高端发展的支撑作用。健全科技成果转化和技术转移机制，加速创新成果市场化、产业化。

强化企业创新主体地位。大力培育高新技术企业，落实税收优惠政策和扶持措施，力争2016年全市高新技术企业达1000家。实施规模以上高新技术企业和创新型企业研发机构全覆盖行动，推动规模以上工业企业组建工程中心、重点实验室，支持骨干企业创建国家级企业研发机构和海外研发机构，力争2016年规模以上高新技术企业、工业企业建有研发机构率分别达80%、20%。加快建设佛山中国科学院产业技术研究院等新型研发机构，引进一批高水平研发平台，推进产业关键共性技术攻关。发展重点行业产业技术创新联盟，建设区域性、行业性研发中心、质检中心和信息中心。加快专业镇转型升级，完善中小微企业公共服务体系，建设一批产学研协同创新中心和创新型产业集群，推进专业镇跨区域创新合作。

强化金融服务创新。建设广东“互联网+”众创金融示范区，构建“互联网+金融”服务体系，打造众创、众包、众扶、众筹平台。发挥广东金融高新区股权交易中心、全景网（广东）路演中心等平台作用，推动佛山民间金融街升级为众创金融街。完善中小微企业投融资机制，发挥15亿元企业融资专项资金作用，研究设立政策性担保公司和融资担保基金，缓解中小微企业融资困难。用好

100亿元创新创业产业引导基金，支持互联网企业创新创业和传统产业升级改造。鼓励企业利用多层次资本市场进行资本运营，提高直接融资比重。

优化创新创业环境。以建设互联网+创新创业示范市为契机，以佛山互联网+创新创业产业园为重要载体，强化创新服务改革，打破政策、行业和技术壁垒，推动各类创新要素开放集聚共享，把个体式创业、孤岛式创新汇聚成大众创业、万众创新的洪流。实施科技企业孵化器倍增计划，完善“创业苗圃—孵化器—加速器—专业园区”四级孵化育成体系，高标准建设佛山国家火炬创新创业园、瀚天科技城、新媒体产业园等国家级孵化器。打造一批国内一流的专业化、集成化、开放式创客空间和创业服务平台，营造低成本、便利化、全要素的综合创业服务环境。支持分享经济发展，鼓励大中型企业通过生产协作、开放平台、共享资源、开放标准等方式，带动上下游小微企业和创业者共同发展。弘扬创新文化，营造敢为人先、宽容失败的良好氛围，激发企业家创业创新精神。

夯实创新发展人才基础。实施高层次创新人才引进计划，着重引进高水平创新科研团队和行业技术人才。实施科技型企业家成长计划，引导本土企业家开展技术变革、管理变革和二次创业，培育一批具有国际化视野和现代管理理念的职业经理人。实施技能人才培养计划，弘扬精于设计、工于制造的“工匠精神”，培育一批现代产业工人。推动佛山科学技术学院创建广东省高水平理工科大学，加快新校区建设，构建“大学+龙头企业+一流科研院所机构”新模式。扎实创建现代职业教育综合改革示范市，加快研究生联合培养基地、北京外国语大学南方（佛山）国际学院、中德工程学院等建设，完善从中职、高职、应用本科到专业学位研究生的人才培养模式。

三、全面深化改革，营造法治化国际化便利化营商环境

坚持向改革要红利，突破体制机制束缚，大力推进国家制造业转型升级综合改革试点，培育可持续发展新优势。

打造不是自贸区的“自贸区”。主动对接广东自贸区建设，复制推广自贸区改革经验和先进做法，构建与国际标准对接的投资便利规则体系、贸易便利化体系和金融改革创新体系，努力成为自贸区的延伸区、联动区。全面推进“互联网+易通关”改革，降低企业通关门槛和成本。积极探索开展泛家居市场采购新型贸易方式。发挥国通保税物流中心（B型）服务优势，完善跨境电商综合配套服务，促进跨境电商产业发展。

进一步转变政府职能。全面推行权责清单制度，推进行政审批标准化建设。推动网上办事大厅与“一门式、一网式”政府服务改革深度融合，建设市民个人网页、企业专属网页，争创国家“互联网+政务服务”试点城市。深化商事制度改革，强化商事活动后续监管。健全企业投资“三单”管理和政府投资决策管理制度，完善政府基建投资项目代建模式。推进财政预算编制、公共资源交易监管机制和事业单位分类改革。完善社会信用体系建设。

创新社会治理体制。建立基层善治体系，完善镇（街）领导直联制度和村（居）民主议事制度，规范发展基层自治组织功能。完善信访工作制度，推动人民调解、行政调解、司法调解有机衔接，妥善化解社会矛盾纠纷。健全“三官一师”[19]联系村（居）制度，推进基层社会治理法治化。规范发展协会商会、社区服务等社会组织，加强社会工作专业人才队伍建设。

深化农村综合改革。加快农村土地承包经营权确权登记颁证，深化股权固化到户改革。规范农村集体经济管理，完善农村集体经济信息化监管网络，推广农村股权管理交易平台，建设覆盖区、镇（街）、村（居）的农村产权管理服务平台体系。探索农村住房抵押改革，认真做好南海区国家农村集体经营性建设用地入市改革试点工作。

四、强化区域合作共赢，构建高水平开放型经济体系

积极拓展区域发展新空间，努力在更宽领域、更深层次、更高水平上配置资源，再创对内对外开放新优势。

积极推动广佛同城化。实施《广佛同城化“十三五”发展规划》，构建基础设施共建共享、产业发展合作共赢、公共事务协作管理新格局。加强广佛轨道交通规划衔接，加快建设海华大桥、珠江大桥放射线接广佛新干线等项目，打通交界地

区“断头路”。强化南海区、顺德区、三水区与荔湾区、番禺区、花都区深度合作，重点建设“五眼桥－滘口”和“三山－东沙”示范区。

加快区域一体化发展。以粤桂黔高铁经济带合作试验区（广东园）建设为依托，推动沿线城市在产业、环保、旅游等方面加强合作。把握泛珠三角经济合作和西江黄金水道扩能升级机遇，打造珠江－西江经济带江海联运重要枢纽。建设粤港澳合作高端服务示范区，拓展佛港澳合作新空间。落实中央和省下达的各项扶贫开发任务，开展对口帮扶云浮、湛江。

着力扩大对外开放。深化与“一带一路”沿线国家经贸、科技和文化合作交流，巩固发达国家市场份额，努力开拓新兴市场。引导企业布局“一带一路”沿线投资，完善扶持企业境外建设工厂、研发中心和营销网络的政策体系，鼓励有实力企业开展跨国投资。推动加工贸易转型升级，扩大高技术含量、高附加值产品出口。发挥中德工业城市联盟、中德对话论坛等平台作用，加快从德国及欧美等先进国家“引制、引智、引资”[20]步伐。

五、加强城市建设管理，推动城市功能品质提升

以高水平规划引领城市现代化，加快新型城镇化建设，完善城市治理体系，推动城市升级向城市升值转变。

加快城市升级步伐。继续推进城市升级两年延伸行动计划。实施“强中心”战略，加快城市中轴线和东平河水轴线建设，打造城市发展脊梁。促进城市组团协调发展，推动顺德北部片区一体化规划建设，加快禅城老城区改造以及听音湖片区、顺德新城、西江新城、北江新区等片区建设。加快省级新农村连片示范工程建设，建成一批宜居社区、特色古村落和美丽乡村，全面完成百村升级行动计划。完善“三旧”改造政策，引导“三旧”改造土地更多用于实体经济发展。支持南海区开展国家新型城镇化综合试点和省新一轮深化“三旧”改造综合试点。

加强基础设施建设。推动佛山地铁二号线一期、地铁三号线、广佛环线等项目建设，做好佛山地铁四号线、广州地铁七号线西延线、广佛江珠线等前期工作。加强地下空间开发利用。启动一环西拓工程，力争打通魁奇路东延线、汾江路南延线等20条“断头路”。加大能源、电网建设力度。推动光网城市建设，提高光纤网络、4G通信网络和公共场所WiFi覆盖率。

提高城市综合管理能力。实施大数据战略，推动公共数据资源开放共享，推进“三网融合”[21]和国家信息惠民、信息消费示范城市建设，建立全市统一的数字城管信息系统和智能交通指挥平台，建设“智慧佛山”。深入实施城市管理“四化”工程[22]和城市管理考评，加强城市精细化管理，全面提升城市整洁度、美观度。健全城市应急管理机制。实施公共交通优先发展战略，大力推进中心城区公交一体化，积极研究BRT[23]模式，优化公交资源和线网，实现公交提速及服务提升。

提升城市文化软实力。实施文化升级两年行动计划，弘扬陶瓷、武术、粤剧等岭南特色文化，加快公共文化设施建设，建设文化导向型城市。加强传统文化保护与利用，促进非物质文化遗产传承与发展。强化公共资源品牌保护。开展全民健身运动，推进2019年国际男篮世界杯场馆等体育设施建设，办好佛山国际龙舟赛等赛事。实施文明城市建设三年提升计划，深入开展文明村居、文明公交及“微文明”市民活动，打造乐善之城、志愿者之城。

六、推动绿色发展，打造美丽宜居城市

坚持绿色可持续发展理念，加强生态文明建设，筑牢生态安全屏障，构建人与自然和谐发展新格局。

狠抓环境综合治理。严格落实环境保护“一岗双责”责任制，建立健全评价考核和责任追究制度。开展“互联网+”环保建设，建立全市统一实时在线环境监控系统，提升监测监管执法能力。大力整治大气污染重点行业、机动车尾气污染及扬尘污染，实现空气质量持续改善。开展内河涌“一河一策”整治计划，抓好广佛跨界流域综合整治，努力实现建成区主干河涌基本消除黑臭。推进100个村级工业区环境整治提升。启动土壤污染防治，推进生活垃圾分类回收处理试点，加快工业危险废物处置设施建设。

发展低碳循环经济。实施能源和水资源消耗、建设用地等总量和强度双控行动，推动工业绿色发

展，培育循环经济示范园区和示范企业，建设绿色社区示范点，发展节能环保产业。加快“3C”绿色电网[24]建设，推广电力需求侧管理城市综合试点经验，打造“互联网+”能源及智慧能源管理平台。推广应用节能环保技术和装配式建筑[25]，大力发展绿色建筑。倡导低碳出行，加快新能源汽车推广应用及配套充电设施建设。

加强生态体系建设。实施主体功能区规划，创建国家生态文明示范城市和国家森林城市。加强生态控制线、林业生态红线划定管理，重点生态功能区实行产业准入负面清单。开展海绵城市试点，推进地下综合管廊建设，实行低影响开发模式，增强城市水资源涵养及排水排涝能力。实施新一轮绿化佛山大行动，推进森林公园体系和“绿城飞花”主题绿化景观建设，建设“佛山一环”环城百里花廊等项目，建成一批特色主题公园、花色主题景观道路及滨河绿化景观带。

七、加大民生保障力度，促进社会事业发展

加快社会民生事业发展，多谋民生之利，多解民生之忧，推动群众幸福感与经济社会发展同步提升。

推进基本公共服务均等化。落实基层基本公共服务均等化实施方案。创建国家教育综合改革试验区，统筹优化城乡义务教育资源配置，推进各类教育协调优质发展。落实促进就业政策措施，做好高校毕业生、就业困难人员等群体就业服务，强化创业带动就业。开展医保城乡一体化改革，提高六类底线民生[26]待遇水平。完善社会福利和社会救助体系，发展各类养老服务机构和社区居家养老服务。推动卫生强市建设，深化医药卫生体制改革，探索公立医院综合改革，加快完善分级诊疗制度。创建国家公共文化服务体系示范区，完善城乡社区“10分钟文化圈”。以常住人口全覆盖、基本公共服务均等化为目标，建立健全为居住证持有人提供基本公共服务的工作机制。实施革命老区后续帮扶工程，夯实老区发展基础。

集中力量办好十件民生实事。一是提高城乡居民基本养老保险基础养老金和社会救助保障水平。二是全面完成省下达的保障性住房工作任务。三是提高市属高校生均综合定额拨款标准和公益普惠性幼儿园生均公用经费标准，扩大全市优质普通高中学校招收指标生范围。四是完成100项环保民生实事，新建污水管网300千米。五是加强基层医疗卫生机构综合服务能力建设。六是建设15项重点民生水利工程。七是中心城区公交分担率提升至40%。八是完成市工人文化宫新建项目，建设佛山全民健身中心、34个社区体育公园和150个行政村（社区）综合性文化服务中心。九是落实新市民随迁子女在我市参加中、高考政策，实行二代身份证免费办理居住证。十是新增公共场所AP接入点1.5万个，全市光纤接入用户达149万户，光纤入户率超65%。

全面推进平安佛山建设。健全立体化社会治安防控体系，严厉打击、严密防范各类违法犯罪活动，确保社会大局稳定。强化“党政同责、一岗双责、失职追责”责任体系建设，实施安全生产“五大行动计划”和村级工业区安全本质提升工程[27]，推进安全监管模式改革创新，防范各类安全事故发生。推进省食品安全城市创建试点，实施“十大食品安全工程”[28]，建立健全最严格食品药品监管机制，保障市民“舌尖上的安全”。健全应急救援机制，预防和处置好各类突发公共事件。做好国防动员、双拥、优抚安置工作，巩固军政军民团结。

八、强化政府自身建设，提高人民群众满意度

抓好人民满意政府建设，提升政府依法履职能力，尽心竭力为人民服务、对人民负责、让人民满意。

强化依法行政。依法接受人大及其常委会的监督，自觉接受政协的民主监督。严格按照法定权限和程序履行政府职能，积极稳妥推进政府规章制定工作，创建珠三角法治政府示范区。认真落实重大行政决策法定程序，建立健全重大决策终身责任追究制度及责任倒查机制。加强新型智库建设，健全决策咨询论证制度，提高科学民主依法决策水平。深化行政执法体制改革，加大食品药品、安全生产、环境保护、城乡建设等重点领域执法力度，积极推行综合执法模式，加强执法队伍建设，充实基层执法力量。支持审计机关依法独立行使审计监督权。深入推进政务公开，推动政府新闻发布常态化、规范化。

积极主动作为。加强整治领导干部“为官不为”，落实“三个区分”[29]，鼓励支持各级领导干部勇于担当、主动作为，提振党员干部信心。建立健全政府部门权责清单制度，建立政府部门行政问责、行政过错责任追究制度。健全重点工作任务分解落实机制和绩效考评机制，加大检查督办力度，确保事事有回音、件件有着落。

狠抓政风建设。深入践行“三严三实”，巩固和拓展党的群众路线教育实践活动成果，切实做到求实务实抓落实、正风正己尽责任。认真落实党风廉政建设主体责任。推进廉洁试验区建设，全面推行重大项目建设廉洁风险同步预防，建设党政机关廉政风险科技防控平台，筑牢制度“篱笆”，防范权力“越线”。

各位代表！“十三五”宏伟蓝图已经绘就，新的发展理念引领我们开启新征程。让我们以党的十八大和十八届三中、四中、五中全会精神为指引，在省委、省政府和市委的坚强领导下，凝心聚力、奋发有为，为开创我市改革开放和现代化建设新局面，共同创造佛山更加幸福美好的明天而努力奋斗！

注释：

[1] 佛山市五区在 2015 年全国综合实力百强区中的排名：顺德、南海、禅城、三水、高明区分别名列第 1、第 2、第 21、第 39、第 44 位。

[2] 金融创新“九个一”工程：建设一个广东省金融、科技、产业融合创新发展试验区，办好一个金融资本与科技、产业对接的会议，打造民间金融一条街，做好一个区域性场外交易（OTC）市场，建好一张金融、科技、产业对接的金融服务网，吸引一批创新型金融机构进驻佛山，搭建一个融资平台，完善一套金融管理制度，引进一批高端科技金融人才。

[3]“两环五横四纵”：“两环”为珠二环高速、珠三环高速，“五横”为广佛肇高速、广三高速、广肇高速、广明高速、广中江高速，“四纵”为广珠西线高速、佛江高速及北沿线、佛开高速、佛清从高速。

[4] $PM_{2.5}$、PM_{10}：$PM_{2.5}$ 是细颗粒物，PM_{10} 是可吸入颗粒物。我市从 2013 年开始进行 $PM_{2.5}$、PM_{10} 的全年监测。

[5]“两分离”改革、“两平台”建设、“两证”发放：“两分离”是指政经分离和政社分离改革，“两平台”建设是指农村财务网上监控平台和农村集体资产交易平台建设，“两证”发放是指农村集体经济组织证书颁发和农村集体土地所有权确权登记发证。

[6] 佛山受到国务院通报表扬：根据 2015 年国务院大督查情况通报，国务院对落实有关政策措施成效较明显的 20 个市（州）、20 个县（市、区）予以表扬。佛山市位列其中，是广东省唯一上榜的市。

[7] 全球工业机器人四大巨头：德国的库卡、瑞士的 ABB、日本的安川电机和发那科。

[8] 工作母机：制造机器和机械的机器，也叫机床、工具机。

[9]“五好”新农村：指规划建设好、绿化美化好、空气水质好、公共服务好、社会治安好的新农村。

[10]VOCs：Volatile Organic Compounds 的缩写，即挥发性有机化合物。

[11]“四河整治”：分别是广佛跨界河流、深莞茅洲河、汕揭练江、湛茂小东江的整治。

[12]“三证合一、两证一章同发”：“三证合一”为工商营业执照、税务登记证、组织机构代码证合一，“两证一章同发”为营业执照、社保登记证、公章同发。

[13] 网上办事深度：部门服务事项在主厅提供网上办理的服务等级。共分为三个等级：一级是在主厅提供办事指南、表格下载和网上受理服务；二级是在一级基础上，实现主厅统一受理，办理结果主厅统一反馈；三级是在二级基础上，在主厅实现全流程网上办理，办理进度可全流程网上跟踪、查询和全过程监督。

[14]“3+2”专项打击行动：“3”是省公安厅确定的涉毒、涉黑恶、涉盗抢专项，“2”是佛山警方自行选定的涉食药假、涉诈骗专项。

[15] 安全生产“三大行动计划”：企业负责人安全生产政策宣讲计划、“互联网 +”安全生产行动计划、重点行业安全生产指引计划。

[16] 工业 2.0、3.0 和 4.0：从制造业发展阶段看，工业 1.0 是以蒸汽机为代表的机械制造时代；工业 2.0 是以规模化流水线为代表的电气化与自动化时代；工业 3.0 是以数控机床为代表的电子信息

化时代；工业 4.0 是以智能制造为主导，实体物理世界与虚拟网络世界融合的时代。

[17] 全生命周期管理： 管理产品从需求、设计、生产、经销、使用、维修保养到回收再用处置的全生命周期中的信息与过程，支持协同设计和制造、网络化制造等先进的设计制造技术。

[18] 2016 年为全市企业减负约 280 亿元： 降低制度性交易成本约 35 亿元，税负成本约 107 亿元，运营成本（含社保成本、人工成本、能耗成本、物流成本等）约 80 亿元，财务成本约 58 亿元，推动企业综合成本进一步下降。

[19] 三官一师： 指法官、警官、检察官和律师。

[20] 引制、引智、引资： 引进先进国家和地区的行业管理制度、企业治理制度；智力资源、科技资源、人才资源；优质产业资本。

[21] 三网融合： 电信网、广播电视网、互联网实现互联互通、资源共享。

[22] 城市管理“四化”工程： 指城市管理运行市场化、管理网格化、作业精细化、考核标准化工程。

[23]BRT： Bus Rapid Transit 的缩写，即快速公交系统，是一种介于快速轨道交通与常规公交之间的新型公共客运系统，通常也被称作“地面上的地铁”。

[24] “3C”绿色电网： 将计算机（Computer）、通信（Communications）、控制（Control）等现代信息技术与传统电力技术有效结合，实现电网发展向“智能、高效、可靠、绿色”的转变。

[25] 装配式建筑： 用预制构件在工地装配而成的建筑，具有建造速度快、受气候条件制约小、节能环保、节约劳动力、提高建筑质量等优点。

[26] 六类底线民生： 城乡低保（含城镇“三无”人员）、农村五保、医疗救助、基础养老金、残疾人保障及孤儿保障。

[27] 安全生产“五大行动计划”和村级工业区安全本质提升工程： 安全生产“五大行动计划”是指安全发展指引计划、“四化融合”计划、互联网＋安全生产以及“网格化”监管计划、保险与社会化服务计划、宣传教育和演练计划。村级工业区安全本质提升工程重点整治村级工业区在安全生产建设和管理中存在的基础设施薄弱、安全管理不到位、抵御事故风险能力弱等问题，夯实村级工业区安全生产工作基础。

[28] 十大食品安全工程： 基层监管能力提升工程、过程管控效能提升工程、农产品市场管理提升工程、“放心肉菜”保障工程、“放心粮油”保障工程、食品安全标准化工程、食品安全信息化工程、食品安全示范化工程、食品“四小”综合治理工程、食品安全社会共治工程。

[29] 三个区分： 区分因缺乏经验先行先试出现的失误与明知故犯行为，区分国家尚无明确规定时的探索性试验与国家明令禁止后的有规不依行为，区分为推动改革的无意过失与为谋取私利的故意行为。

第二篇

佛山大事记

2015年佛山大事记

1月

△1日，《佛山市新市民积分制服务管理暂行办法》开始实施。

佛山市取消人事关系及档案保管费、证明费等收费。2015年，约有15万份档案存放在市人力资源市场，取消收费后每人每年可省120元保管费。

佛山市开展环境污染专项整治行动。至年底，投入76亿元，重点推进广佛跨界河涌和市区主要内河涌的治理。

△6日，香港佛山社团总会成立暨第一届会董会就职典礼在香港举行，香港有了促进佛港社团交流合作新平台。

△7日，佛山市政府印发《佛山市家庭经济困难学生助学实施办法》，对具有本市户籍，接受学前教育、义务教育的学生以及成人高等院校大学新生实施全过程资助政策，确保各类教育的学生不因家庭经济困难而失学。

△8日，由广东省旅游局组织举办的“广东名镇名村”评选名单公布，南海区西樵镇入围“广东省旅游名镇”；南海区西樵镇松塘村、高明区荷城街道冼村、顺德区杏坛镇逢简村入围“广东省旅游名村”。

△14日，佛山市召开全市环保工作会议，围绕大气污染防治、水环境整治、生态文明试点示范等5方面重点工作进行部署。代市长鲁毅与各区政府及32个有关部门签订环保责任书。

△16日，佛山市全市宣传部长会议召开。会议强调宣传思想文化战线要积极适应新常态，为佛山经济社会改革发展、和谐稳定提供思想保障。

《佛山市异地务工人员大病救助试行办法》出台，明确因罹患重大疾病致贫的异地务工人员及其在佛山市就读的子女（含幼儿园）可申请最高2万元救助。

△22日，中共佛山市委十一届六次全会召开。全会认真学习贯彻中共十八届三中、四中全会精神，以及中央经济工作会议和省委第十一届四次全会精神。市委书记刘悦伦代表市委常委会作题为《把握新常态，激发新动力，努力争当“三个定位、两个率先”排头兵》的报告。全会审议通过《中共佛山市委关于全面推进“法治佛山”建设的实施意见》。

△24日，广东伊之密精密机械股份有限公司和佛山市南华仪器股份有限公司在深交所创业板挂牌上市。至此，佛山全市境内外上市企业达40家。

△27日，中共佛山市纪委召开十一届五次全会。传达学习总书记习近平重要讲话精神以及十八届中央纪委五次全会、省纪委十一届四次全会精神，通过题为《落实从严治党要求，强化监督执纪问责，深入推进新常态下党风廉政建设和反腐败斗争》的工作报告。

△29日，佛山市最大的旧城改造项目——禅城区澜石片区改造工程安置房选房工作启动。该项目历时4年多建设，首期为878户被拆迁户提供1406套可选安置房。

△29～30日，由中共佛山市委、市政府主办的金融科技产业对接洽谈暨科研成果发布展示会在岭南明珠体育馆举行，推介融资项目265个，总投资613.25亿元，融资需求460.16亿元。现场80多家金融机构与200多家企业洽谈。广东省副省长陈云贤希望，佛山金融、科技、产业融合为全国树立示范。

△30日，广东省全省市公安局长会议在广州召开，公布2014年全省“六大专项”打击整治行动成绩单，佛山市公安机关名列全省第二名，荣立集体二等功。

交通运输部海事局在佛山市召开创新海事动态监管模式现场推进会，推广佛山水上交通智能管理模式。代市长鲁毅出席会议。

佛山市知识产权协会发布“2014佛山十大专利富豪榜”，溢达纺织、美的集团、万和新电气、东鹏陶瓷和格兰仕集团等企业分列前五位；广东好帮手电子科技股份有限公司等入列佛山十大专利新秀榜。

△31日，《佛山市禅城区鄱阳奇槎片区控制性详细规划》公示。按照规划，鄱阳奇槎片区将定位为禅城区东部城市中心、滨水新城和综合性智慧创新商务中心，形成“一心两带四区多节点”的功能格局。

△是月，佛山市公安局打造“亮警灯工程”一期工程全面完成。在八大类重点区域、场所共安装962盏警灯。

佛山市纪检监察部门公布2014年佛山市反腐成绩单，2014年佛山市各级纪检监察机关立案496件，同比上升83.7%，给予党纪政纪处分334人。

2月

△1日，由中央电视台主办的体坛风云人物年度评选活动中，林福荣获“年度残疾人体育精神奖”提名奖，这是佛山运动员首次获此殊荣。

△2日，佛山旅游网络全媒体平台举行上线仪式。全新的佛山市旅游网定位为纯服务性网站，实现“走到哪搜到哪”，推出各种精彩线路及活动优惠，让游客受惠。

△3～5日，佛山市政协十一届四次会议召开，首次邀请海外华侨华人及台湾地区人士列席，补选乔平、柳玉斌、唐冬生为市政协副主席。

△4～6日，佛山市十四届人大会议召开。会议审议和通过代市长鲁毅所作的《政府工作报告》等6个报告。选举鲁毅为市政府市长，补选林征为市人大常委会副主任。

△5日，广东省副省长许瑞生率领住建、水利、环保等省直部门到佛山市调研广佛跨界水污染治理情况。截至2014年12月，佛山市在广佛交界区域建成污水处理厂34家，设计日处理能力达157万吨，完成配套主干管网建设1285千米，完成投资19.55亿元。

△6日，佛山市公安工作会议召开。会议总结2014年公安机关工作，布置了2015年的工作。2014年全市公安机关获公安部表彰集体和个人7个，获省级表彰集体和个人62个，获市级表彰集体和个人614个。

△8日，2015年度广佛肇经济圈市长联席会议在广州市召开。广州市市长陈建华与佛山市市长鲁毅签署《广佛两市轨道交通衔接工作备忘录》。确定广州地铁7号线延伸至顺德区北滘镇，与佛山地铁3号线对接。

△10日，佛山市召开佛港澳合作工作联席会议第三次会议。副市长麦洁华强调，要适应粤港澳服务自由化协议，破除“门中门”，推动港澳服务业进入佛山。

△25日，全国人大常委会拟授权国务院在33个试点县（市、区）行政区域，试行调整实施土地管理法的相关规定，南海区名列其中，是广东省唯一试点。

△27日，在深圳市召开的“全省科技创新大会”上，佛山市27个优秀科技项目获奖。其中佛山南海国凯投资有限公司参与完成的“深圳清华大学研究院产学研深度融合的科技创新孵化体系建设”项目获特等奖。另有佛山企业主持或参与研发的科技项目分别获一等奖1个、二等奖5个和三等奖20个。

△28日，中央文明委员会在北京举行的全国精神文明建设工作表彰会上，佛山市被授予“全国文明城市”和“全国未成年人思想道德建设工作先进城市”称号；南海区丹灶镇和顺德区乐从镇沙边村被授予“全国文明村镇”称号；市公安局交通警察支队、高明供电局、祖庙街道铁军社区获“全国文明单位”称号。3月18日，举行揭牌仪式。

△2日，佛山市政府召开2015年第一次全体（扩大）会议。根据市长鲁毅提议，2015年市、区两级财政拿出10亿元作为企业贷款补息资金，帮助企业缓解融资难问题。

德国大众汽车总部所在地的沃尔夫斯堡市市长克劳斯·莫尔斯到南海参观一汽－大众公司生产设备，并与南海区政府签署“友好合作意向书”，开展经济、文化、教育合作和交流。

△6日，“2015佛山公益慈善盛典”活动举行。陈丽珍、伍景勋等10人获个人“金玫瑰奖”；佛

山市慈善会等10家公益慈善组织获机构“红玫瑰奖”；海天味业等企业获“通济天下爱心企业”奖。晚上，佛山民俗元宵节“行通济”人数约61万人，现场筹得善款超12万元。

佛山科学技术学院与新加坡共建的佛山南洋研究院在佛山科学技术学院成立。其主要任务是挖掘、整理、研究和推广岭南文化，搭建岭南文化产学研协同创新平台。

△10日，三水区获第三批“全国法治县（市、区）创建活动先进单位”，为继南海区、顺德区之后，佛山市辖区再获此荣誉。

△11日，全国“两会”期间，全国人大代表、市委书记刘悦伦，围绕“以创新驱动引领转型发展”话题，在人民网强国论坛开展微访谈活动，与网友互动交流，并广泛征求网友意见和建议。

△12日，佛山市政府常务会议通过《关于扩大佛山市支持企业融资专项资金规模的请示》及整治黑烟车、养老保险等工作方案。

即日起，佛山市安全生产、环境保护、食品药品、消防等4部门将采取联合执法模式，对企业生产的违法行为进行打击。

△17日，佛山市领导刘悦伦、鲁毅参加广东省传达贯彻全国人大、政协“两会”精神电视电话大会。会后，刘悦伦强调佛山要走自己的路，保持科学合理的发展速度。

民政部率领26个省、自治区及4个直辖市的民政部门负责人到佛山访问，就社区治理和服务能力建设暨信息平台建设展开为期一周的交流与探讨。对禅城区社区行政“一门式”服务给予肯定。

佛山市教育局召开新闻发布会，公布《佛山市学校体育三年行动计划（2015～2017年）》，确保学生每天锻炼1小时。

顺德区龙江镇被中国电子商务协会授予“中国家具电子商务之都”称号。

△19日，佛山市科技创新大会召开。市委书记刘悦伦提出要把创新驱动发展战略作为佛山立市之本，推动全市经济结构调整和产业转型升级的核心战略。

△20日，中国工程院院长周济一行在佛山市领导鲁毅、梁维东陪同下，考察佛山国星光电、万和集团等制造企业，围绕智能制造、互联网+等主题进行调研。

南方研究院及德国研究中心在中德工业服务区揭牌成立。

△23日，在佛山市委书记刘悦伦、市委常委黄志豪、南海区区长郑灿儒等领导见证下，库卡机器人（上海）有限公司、佛山新鹏机器人公司等6个机器人合作项目在佛山高新区签约和揭牌。

△26日，佛山市委召开全面深化改革领导小组第四次会议，审议2015年佛山“改革清单”，提出着力推动法治化国际化营商环境建设、深入实施创新驱动发展战略等重点领域和关键环节改革。

△27日，佛山市十四届人大常委会第二十六次会议决定任命黄志豪为市政府副市长。

△27～28日，德国因戈尔施塔特市代表团到佛山访问，先后到佛山新城、佛山科学技术学院参观交流。期间，佛山市中医院与因戈尔施塔特市合作医院举行揭牌仪式。

△28日，拉美议会议长埃利亚斯·卡斯蒂略·冈萨雷斯率领代表团到佛山考察光伏技术应用及社区服务管理。

△29日，位于佛山新城的妇女儿童医院动工建设。预计总投资13.46亿元，设置床位1000张，停车位1300个。计划2018年年底建成。

△30日，佛山市教育局、市国土资源和城乡规划局联合印发《佛山市城镇新建住宅区配建教育设施管理暂行办法》，规定新建住宅小区必须配建公益性学校。

△2日，佛山市政府常务会议听取建设人民满意政府工作情况和决定2015年估算投入280亿元建设人民满意政府，推进城市升级迈向城市升值汇报。

佛山市路网建设推进工作会议召开。佛山市市长鲁毅与五区分管领导签订《佛山市交通运输重点工作责任书》，并率队考察奇龙大桥、西龙立交现场建设进度，督查交通重点项目建设。

△6日，由佛山粤剧传习所创作排演的大型历史话剧《康有为与梁启超》开始全国巡演。

佛山市率先在全省出台《佛山市整治领导干部“为官不为”试行办法》，向干部队伍中存在的为官不为、懒政怠政现象“亮剑”。

△7日，中共佛山市委召开党的建设暨群团工作会议，落实中央、省委关于全面从严治党的新要求，构建“大党建”格局。

中共佛山市委组织部印发《市管干部选拔任用工作规程》，把市管干部选拔任用工作流程分解为26个具体步骤，为预防和治理选人用人不正之风提供依据。

△10日，佛山市城市升级三年行动计划总结暨两年延伸行动计划动员大会召开。大会总结城市升级三年成绩和部署两年延伸计划。

△11～12日，中共广东省委书记胡春华到广州、佛山督查贯彻省委十一届四次全会和全省科技创新大会精神，深入佛山国家火炬创新创业园区实地了解情况。胡春华强调，佛山要以培育发展高新技术企业为抓手，推动创新驱动发展战略落到实处。

△14日，佛山市市长鲁毅率领有关部门负责人视察与广州接壤的佛山水道、广佛河、滘表涌，要求全力以赴，做好河涌截污、清淤工作，确保年内广佛交界区域水污染整治省挂牌督办项目摘牌。

佛山市农业农村工作会议召开。市长鲁毅要求，紧抓高效生态农业等工作，到2020年前成为农业现代化与工业化、信息化、城镇化同步发展的先行区。

△15～17日，中共佛山市委书记刘悦伦率领有关部门负责人乘坐南广高铁动车，考察梧州、贵港和南宁三市，洽谈高铁经济带合作。

△15日～5月5日，第117届中国进出口商品交易会在广州分3期举行。佛山市共446家企业参展，展位数1507个。

△16日，佛山市政府召开常务会议，对《关于保持经济稳定增长的若干意见》等文件进行研讨，从扩大有效投资、激活消费潜力等方面提出35条政策措施，确保经济在合理区间运行。

人民网、香港《大公报》等21家主流媒体代表齐聚佛山，实地走访智能工厂，了解机器人最新发展。全市企业应用机器人3500多台，每年以40%速度增长。

△20日，佛山市文广新局公布“佛山十大区域文化产业品牌”评选结果。石湾公仔、石湾南风古灶、佛山彩灯、佛山剪纸、佛山陶瓷艺术壁画、平洲玉器、南海藤编、广东工业设计城、伦教珠宝、伦教香云纱等入选。27日，市长鲁毅、副市长麦洁华出席授牌仪式。

佛山市汾江路南延线重点工程——东平水道沉管项目动工。该项目为“国内断面最大的公轨合建沉管隧道”“亚洲首座在河道中游S形弯道处修建的沉管隧道”。

△23日，佛山市环保局发布《佛山市2014年环境状况公报》。2014年，佛山市饮用水源地水质达标率为100%，全年全市空气质量指数（AQI）监测有效天数363天，优良天数达271天，比例为74.7%，未出现重度污染或严重污染。

△23～26日，佛山市市长鲁毅率领有关部门负责人赴贵广高铁沿线贵州、广西辖区5市（州）考察。

△25日，佛山市升级办、佛山传媒集团、团市委等联合举办“美丽佛山50公里徒步行”活动，超过4万人参加。

在陕西省西安市举行的第十届中国传媒大会上，《珠江时报》获“中国十大地市区域报”奖。

△27日，佛山市环保局召开整治领导干部“为官不为”会议，围绕环境保护中心工作，继续完善环保责任分责、考核、追究等相关制度以及环保“一岗双责”考核。

佛山市教育局发布《关于做好应对台风暴雨完善停课机制的通知》，明确遇台风暴雨停课、复课信息的发布渠道，家长看到预警信号后，即可让孩子自行停课。

△28日，佛山市政府与中国银行广东省分行签订战略合作协议。未来五年，中行将提供不少于800亿元的金融支持。佛山市委书记刘悦伦、市长鲁毅出席签约仪式。

△29日，佛山市十四届人大常委会召开第二十七次会议，听取和审议市政府《关于佛山西站规划建设及配套项目实施情况的报告》；会议决定任命葛承书为市政府秘书长等人事任免事项。

△30日，佛山市政府召开2015年庆祝“五一”国际劳动节大会，表彰获全国和省劳动模范、先进工作者及省先进集体37个。其中，全国劳动模范和先进工作者9名，广东省劳动模范和先进工作者

22名，广东省先进集体6个。

△1日，即日起，佛山市企业职工最低工资标准调整为1510元/月，非全日制职工最低工资标准为14.4元/小时。

△4日，广东省省长朱小丹率领省有关部门负责人到佛山调研重点项目建设进展和安全生产工作，强调稳增长首先要稳实体经济，稳实体经济首先稳中小微企业。

△5日，由科技部火炬中心、深圳证券交易所、佛山市政府主办的“中国高新科技企业投融资巡回路演·广东站”在佛山举行。12家企业现场路演12个项目，吸引42家优秀企业和88家投资机构300人现场参与；网上42家投资机构48人远程接入“网上路演大厅”与企业代表进行交流。

佛山市妇联、市文明办授予龚彪家庭等10户家庭为佛山市“十大文明家庭”，龚彪家庭等30户家庭为佛山市“最美家庭”。

△7日，佛山市召开工业转型升级攻坚战动员大会，对全市工业转型升级攻坚战三年行动实施方案进行部署。市委书记刘悦伦、市长鲁毅分别作重要讲话。

△8日，由美国《福布斯》杂志发布2015全球企业2000强榜单中，顺德美的集团以排名436位成为世界500强之一。

△11日，广东省副省长许瑞生一行在佛山市副市长麦洁华的陪同下，调研佛山申报“国家体育产业联系点”工作情况。

佛山市组织收看全国推进简政放权放管结合职能转变工作电视电话会议。在分会场，市长鲁毅部署全市简政放权工作，要求全面清理行政审批涉及的中介服务事项。

佛山市市长鲁毅率领督导组对顺德区总投资5亿元以上的重点项目进行督导，要求顺德加紧建立项目台账，落实责任，加强督导，加快推进项目建设，确保完成重点项目投资建设任务。

△13日，禅城区就汾宁路老建筑损毁召开通气会。经公安部门调查，汾宁路约1500平方米、48间的老建筑坍塌，系开发商国瑞公司人为拆除。29日，国瑞公司被处以480万元违约金处罚，并被责令两年内完成老建筑复建工作。

△14～18日，在第11届深圳文博会上，佛山馆展出新当选的“佛山十大区域文化产业品牌”及最具成长性文化企业代表性产品，吸引参观人数100多万人次，达成合作或达成合作意向合作项目金额超500万元。

△15日，佛山市委、市政府举办全市安全生产“三大行动计划”启动仪式，全面实施“企业负责人安全生产政策宣讲计划”“‘互联网+’安全生产行动计划”“‘行业安全生产指引’行动计划”。

由中国国际贸易促进会佛山市委员会主办的中国自贸区与佛山新机遇研讨会暨佛山国际贸易联盟启动仪式在佛山中德工业服务区举行，商务部和复旦大学的两位专家与广佛两地政府部门、企业界以及行业协会等的500多名嘉宾代表探讨中国自贸区2.0时代佛山企业面临的新机遇。

△18日，中共佛山市委印发《佛山市关于在处级以上领导干部中开展“三严三实”专题教育实施方案》。19日，召开全市专题教育工作会议，部署全面铺开“三严三实”专题教育工作。

△19日，佛山市市长鲁毅一行到顺德美芝制冷、乐善机械等企业调研技改成效，鼓励企业加大技改力度，做大做强装备制造业。

△21日，中共佛山市委书记刘悦伦主持召开重点项目建设工作会议，确保284项、总投资7433亿元的重点项目工程建设按质按期完成。

佛山日报社与贵阳安顺日报社在贵阳市共同主办“高铁经济圈·合作新时代——粤桂黔高铁经济带与区域发展研讨会”。广东、贵州两地经济专家、政府部门负责人出席会议，探讨高铁经济时代的合作。

△23～24日，在2015中华龙舟大赛（福州站）比赛上，南海九江龙舟队获女队总成绩第一名、男队总成绩第二名。

△24日，首届禅港蔡李佛功夫文化研究交流座谈会在禅城区举行，多位专家和同门为蔡李佛拳“把脉”，从产业化角度探讨武术的延续与发展。蔡李佛拳是广东省唯一被列为国家级“非遗”的武术项目。

△25日，佛山市“一门式”政务服务创新体系建设通过专家论证。全市将汇聚各区改革成果，

推进“互联网+政务”行动计划，建立“一门通办”“同城通办”的服务模式。

△26日，佛山市政府出台16条科技创新扶持政策，对企业研发实施财政补助，全面实施“互联网+”行动计划。

佛山市公安局食品药品犯罪侦查支队成立。副市长王玲、江楷鑫出席揭牌仪式。

在日本金泽举行的联合国教科文组织创意城市网络第九届年会上，顺德区代表作为中国唯一发言代表在市长圆桌会上发言。

△27日，佛山市政府常务会议通过《佛山市公路桥梁与城市道路桥梁安全事故应急预案》《佛山市建设便捷智能文明安全公交行动方案》《佛山制造2025行动计划》等一批文件。

△28日，广东省十二届人大常委会第十七次会议表决，佛山等9个城市首批获设区的市地方立法权。6月8日，佛山市召开立法工作会议，市委书记、市人大常委会主任刘悦伦强调要抓住契机，全面承接好开展地方立法工作的历史使命。会上，市人大法制委员会组成人员获授证书。

广东省机器人产业发展示范区启动仪式在佛山市顺德区举行。省政府副秘书长李捍东、省经信委党组副书记邹生、省科技厅副厅长刘炜以及佛山市市长鲁毅出席启动仪式。

△是月，经广东省委批准，黄力任中共佛山市委委员、常委和市纪委委员、常委、书记。

6月

△4日，工信部装备工业司司长张相木一行实地考察佛山装备制造业。期间，经过工信部装备工业司、广东省经济和信息化委和佛山市政府同意，将佛山作为装备工业司推进装备制造业发展联系点，建立定期联系制度，每季度开展信息沟通和业务咨询等。

佛山市政府与商务部外贸发展局、中国五矿化工进出口商会等6家单位签订合作协议，为佛山企业提供政策信息、行业产业合作及金融支持，助力“一带一路”战略。佛山市副市长麦洁华参加签约仪式。

△5日，澳门佛山社团总会创会暨第一届会员大会及理监事会就职典礼在澳门举行。佛山市领导刘悦伦、杨晓光、李子甫等应邀出席。

△9日，佛山市总工会第十五次大会选举林征为市总工会主席。

△10日，佛山市政府召开全市环保工作会议，征求《佛山市村级工业区环境整治提升工作行动方案》《佛山市“互联网+”环境保护工作行动方案》等五大环保行动方案。明确环境治理不担当将被视作“为官不为”，追究责任。

佛山保利房地产开发有限公司以底价10.32亿元拍得位于禅城区绿岛湖11万平方米核心地块，折合楼面价为3030元/平方米，成为禅西片区总价新地王。

△16日，广东省政府通报顺德区勒流街道广东富华工程机械制造有限公司“12·31”重大爆炸事故的调查处理情况，对涉嫌犯罪的10名责任人移送司法机关处理，其他19名责任人给予党纪、政纪处分。2014年12月31日9时30分，该公司车间发生气体爆燃事故，造成18人死亡、32人受伤，直接经济损失3786万元。

△18日，佛山市政府印发《〈中国制造2025〉佛山行动方案》，旨在推动新一代信息技术与传统制造业深度融合，提升佛山制造业的综合实力。

应汕尾市委、市政府的邀请，佛山市委书记刘悦伦、市长鲁毅率领党政代表团赴汕尾考察学习，与汕尾市领导深层次交流。

佛山市第四中学新校区动工。该校区位于禅城区东平路沙口水厂西北侧地块，占地面积为9.33公顷，总建筑面积约10万平方米，总投资超5亿元，建成后可容纳学生3000多人，计划2016年9月前交付使用。

广东省老字号协会在佛山举办第三批“广东老字号”授牌及“走进老字号（佛山）”交流活动。佛山粤鸿餐饮食品有限公司的“北香园”“大可以”被认定“广东老字号”。至此，佛山的“广东老字号”增至14家，“中华老字号”10家。

佛山市不动产登记局成立，加挂在市国土资源和城乡规划局之下，属正科级单位。

△19日，佛山商务考察团抵德国巴伐利亚州首府慕尼黑，80多名佛山企业家与巴伐利亚州102家德国企业代表进行合作洽谈，达成意向。

△23日，佛山新城举办“创智融合·赢享未

来——中欧中心启用暨国际路演大会”，吸引100多个国际项目、300多家本土企业及50多家风投机构现场对接商机，并举行中德科学服务对话会。

△24日，佛山市市长鲁毅率领有关部门负责人到南海区桂园社区、南海社会福利中心调研居家养老服务。要求各级政府将发展养老服务体系摆上重要议事日程，注重养老事业和养老产业相结合。

△25～28日，“中德对话论坛2015年会议”活动在德国莱比锡市举行。佛山市市长鲁毅应邀出席，并就“社会创新——双边合作转型”议题发表主旨演讲。

△26日，佛山全市人才工作领导小组会议强调，着重引进和培育传统产业内掌握核心技术的高端人才，新兴产业和先进装备制造产业创新型人才以及符合、适合佛山制造业发展的高技能人才。

香港特区政府财政司司长曾俊华一行到佛山访问。佛山市委书记刘悦伦会见考察团时提出，将香港优质服务业引入佛山。香港在佛山投资的企业总计达6883家，累计投资总额453亿美元。

顺德区经济和科技促进局联合佛山新城管委会、国际机器人及智能装备产业联盟在中德工业服务区举办“中德工业服务区机器人及智能装备企业供需对接会”。中欧中心将建成全球首创的机器人“超市”。

△27日，历经三年半建设，连接顺德、江门两地的江顺大桥试通车。该桥是广东省内跨度最大的斜拉桥，总投资21.02亿元，全长2.29千米，按双向六车道一级公路标准建设。

△29日，佛山市市长鲁毅应邀出席在比利时首都布鲁塞尔召开的第17次中国欧盟领导人会晤会议。在国务院总理李克强致辞之后，鲁毅作为第二位同台发言的中方代表，就新型城镇化推进过程中，佛山投融资方面的情况作主题演讲，并获与会嘉宾广泛认同。

△30日，新华网发布2014年度“全国城市与县域网络形象排行榜”获奖榜单，佛山网络形象在全国地级市中排行第一位。

佛山市发布2015年广东（佛山）扶贫济困日活动倡议书，当日全市收到社会各界善款112.21万元。

△是月，中共佛山市委宣传部等部门举办纪念中国人民抗日战争暨世界反法西斯战争胜利70周年讲座和研讨会，组织抗战老战士、专家学者代表和社会各界人士举行座谈会，开展系列群众性文化纪念活动和主题文艺创作等活动。

7月

△3日，佛山高新区与江门高新区签署合作共建框架协议，联手创建珠三角国家自主创新示范区。佛山市市长鲁毅，南海区委书记、佛山高新区党工委书记梁维东以及江门市市长邓伟根、副市长钟军出席签约仪式。

△6日，佛山市市长鲁毅率有关部门负责人到南海区督导创新驱动发展战略实施情况，考察迈雷特数控技术有限公司和坚美铝材等企业。

△8日，佛山市政府与中国光大银行广州分行签署战略合作协议。未来5年，光大银行将提供600亿元的意向性投融资，支持佛山经济发展。

由佛山日报社承办的“汇源通·温爱佛山”第四届佛山公益慈善项目大赛结果揭晓。残疾人服务、妇女家庭服务等19个项目获公益慈善基金245万元资助。

△9日，佛山市古村落文化遗产保护工作会议在南海区西樵镇松塘村召开，强调通过高水平的建设规划和文旅活动策划，实现古村落活化利用。

△11日，首届“互联网+”技术峰会暨iTechClub第17届互联网技术精英高峰论坛在佛山举行。来自阿里、百度、京东等的200多位国内互联网企业代表和技术人员参加。

△13日，佛山市在全省率先开通预防腐败信息系统市级平台，建成领导干部、重点国企、工程建设等14个子系统。

△14日，佛山市党政代表团到广州南沙区和广州开发区学习考察。佛山市委书记刘悦伦强调，认真学习南沙区和广州开发区的成功经验，加快提升佛山经济发展的质量和效益。

佛山市政府召开佛山市旅游文化创意产业发展会议，提出到2020年，全市旅游文化创意产业的增加值达1300亿元，年均增幅12%以上。

△15日，佛山市召开创新驱动发展工作会议。市长鲁毅提出，积极制定让更多企业享受红利的政策措施和办法，确保创新驱动发展。

△ 16 日，佛山市全市副处级以上领导干部纪律教育学习班暨第四期“双集班”动员大会举行。市委书记刘悦伦围绕纪律教育主题作讲话，阐述“守纪律、讲规矩”的现实意义，勉励全市党员干部干事创业、为官有为。

△ 17 日，佛山市政府常务会议通过《佛山市村级工业区环境整治提升工作行动方案》《佛山市“互联网+”环境保护工作行动方案》等相关环保文件，并部署佛山历史文化街区创建国家 AAAAA 级旅游景区工作。

《佛山市城市规划管理技术规定》开始施行。规定凡新建城区和新建居住（小）区，必须按标准要求配套建设养老服务设施，并与住宅同步规划、建设、验收、交付使用。

广东省政府发布《关于 2014 年度全省耕地保护目标责任考核情况的通报》，佛山市获“三旧”改造考核一等奖，佛山市三水区获土地执法监察考核奖。

△ 21 日，广东省省长朱小丹到禅城区调研“一门式”政务服务情况，要求全省学习借鉴佛山政务服务经验，构建统一的综合信息平台，做到“一门”在基层，服务在网上。

△ 22 日，佛山市被文化部授予国家公共文化服务体系示范区创建资格，成为本批广东省唯一入选的城市。

佛山新城、乐从镇召开干部会议，宣布市委常委、顺德区委书记区邦敏兼任佛山新城中德工业服务区党工委书记，列海坚任佛山新城中德工业服务区管委会主任。

△ 24 日，佛山全市高标准建设国家知识产权示范城市推进大会召开。会上，国家知识产权局副局长贺化为佛山“国家知识产权示范城市”授牌。

佛山市“互联网+”产业联盟成立。

△ 25 日~8 月 16 日，在湛江市举行的广东省第 14 届运动会暨第七届残疾人运动会上，佛山市共 1769 名运动员参加，综合总分第六。佛山市副市长、省运会佛山代表团团长麦洁华出席开幕式。

△ 28 日，佛山市被商务部确定为国家物流标准化试点城市，获 5000 万元国家财政扶持资金。

广东省委常委、政法委书记林少春到佛山调研社会矛盾化解和基层治理工作情况，强调要把化解社会矛盾、维护社会和谐稳定作为各项工作重中之重。

佛山市环卫工人公租房抽签，192 户环卫工家庭入住。

△ 29 日，“第 15 届中国股权投资中期论坛暨 2015 年金融、科技、产业融合创新洽谈会”在广东金融高新区开幕。来自国内外 100 多家知名私募创投机构出席会议。

佛山特警孙建国被广东省委宣传部授予“南粤楷模”称号。

△ 30 日，新加坡－广东合作理事会第七次会议在广州召开。下午，新加坡交通部部长吕德耀率领代表团到佛山，参加新加坡丰树集团富丰君御教育社区的奠基仪式。

△ 31 日，历时 5 年建设，顺德区陈村镇连接佛山新城的华阳特大桥通车。该桥全长 386 米，主跨 168 米，是国内同类梁桥主跨度较大的桥梁。

8月

△ 3 日，《关于全面推进佛山市“一门式”政务服务创新体系建设的实施方案》印发实施。

△ 4 日，“环保+互联网”产业新机遇研讨会暨佛山环保互联网联盟启动活动在佛山新城中欧中心举行，清华大学学者与佛山环保企业共同探讨“互联网+”时代的环保产业新趋势和机遇。

△ 5 日，佛山市政府召开安全生产工作紧急会议，通报龙江“8·3”坍塌事故情况，部署迅速开展建筑施工安全生产大排查和建设施工领域、交通领域、涉粉尘企业、危险品罐区的“打非治违”专项行动。

首部《佛山建设食品安全示范市工作白皮书》发布。

三水区西南街道举行新闻发布会，宣布与广东硒宝科技有限公司签约岭南富硒长寿养生项目，总投资 165 亿元。

△ 6 日，2015 中国（佛山）－印尼经贸合作交流会在印度尼西亚首都雅加达举行。交流会达成 19 个合作项目、金额超 21 亿美元的协议。

△ 7 日，佛山市政府印发《佛山市食品药品违法行为举报奖励办法》，明确举报食药违法人员最

高奖励50万元。

中国获2019年国际篮联男子篮球世界杯举办权。佛山将与北京、南京、苏州、武汉、广州、深圳及东莞共同承办赛事。

△7～11日，佛山市作家协会主席张况应邀出席第五届青海湖国际诗歌节，并主持国际诗歌节篝火朗诵会。

△10日，中澳国际产业技术转移转化合作签约仪式在佛山新城举行。广州、佛山等地和澳大利亚的中澳科研、企业界代表共签订7项合作协议。包括佛中科产研院、广东中澳高科新技术服务中心有限公司与澳大利亚维多利亚大学签署的长期战略合作协议。

△12日，佛山市召开“一门式”实践与“互联网+政务”探索研讨会。期间，民政部政策研究中心、国家发改委惠民专家组考察禅城区石湾镇街道行政服务中心和智慧新城“一门式”服务大厅，了解相关运作情况。

△13日，广东省全省食品安全城市创建试点工作动员会在佛山召开，启动食品安全城市创建试点工作。佛山、广州、深圳、珠海和中山被定为首批全省食品安全创建城市试点。

△16～20日，由佛山市市、区两级宣传部组织10多家媒体，途经粤桂黔13市，对“粤桂黔高铁经济带跨省大调研”，全方位、多角度解读粤桂黔高铁经济带。

△17日，佛山市召开创新基层治理工作会议，强调不断完善“一体两翼”（“一体”即狠抓基层组织建设，“两翼”即突出化解社会矛盾和创新基层社会服务）基层治理新格局，力争打响佛山基层治理特色品牌。

△18日，针对天津港“8·12”危险品仓库特大火灾爆炸事故，佛山市委书记刘悦伦率领有关部门负责人到南海区三山港货柜码头检查安全生产情况，并要求全市对所有重大危险源逐一排查、评估和整改。

△19日，佛山市发出首张国家标准“一照一码”执照，在广东省率先开启商事登记“一照一码”模式。

△20日，佛山市政府举行大型话剧《康有为与梁启超》全国巡演总结汇报会。该剧由佛山粤剧传习所创作排演，巡演跨越9省12市，上座率达90%以上。

△21日，佛山市政府印发《佛山市“绿城飞花”主题绿化景观建设实施方案》。

佛山市全市土地管理工作会议召开。市长鲁毅与五区政府的主要领导签订《2015年度耕地保护目标责任书》。

△22～23日，首届珠江西岸先进装备制造业投资贸易洽谈会在珠海市举办。佛山60家装备制造企业参展，签约项目92个，投资总额602亿元。

△24日，顺德区北滘镇西海烈士陵园被国务院列为第二批国家级抗战纪念设施。

△25日，佛山市召开创建国家公共文化服务体系示范区动员大会，布置打造“城乡十分钟文化圈”建设工程、公共文化服务配送工程等九大文化惠民重点工程。市长鲁毅与各区签署责任书。

佛山市起草编制的《粤桂黔高铁经济带合作试验区（广东园）发展总体规划（2015～2030年）》获省政府批准实施。

△26日，佛山市政府召开常务会议，决定全市学校每学年开学第一周统一开展安全教育周活动；全面实施免除7项基本殡葬服务费用政策。

△28日，佛山市南海区和广州市荔湾区签订广佛同城合作示范区框架协议。佛山市市长鲁毅和广州市市长陈建华参加签约仪式。

△29日，全国妇联副主席赵东花到佛山调研家庭教育工作，实地参观禅城区下朗村“爱心学堂”和南海区沥雄社区家长学校。

△30日，佛山市市长鲁毅在佛山迎宾馆会见太平洋岛国瓦努阿图总理萨托·基尔曼所率代表团一行，双方就佛山与瓦努阿图首都维拉港缔结友好城市达成意向。

△31日，“唱响经典·铭记历史”佛山市纪念中国人民抗日战争暨世界反法西斯战争胜利70周年群众音乐会在顺德演艺中心举行。市领导刘悦伦、杨建华、冯德良和1500名群众观看。

△1日，佛山市政协召开十一届十次常委会议，建议加快佛山中医药文化产业发展。会议同意撤销廖东明、刘明、关远荣、周荣炽十一届市

政协委员资格。

佛山警察历史博物馆开馆，馆内展出佛山市警察各历史时期实物、图片和文献2000多件，并向社会开放。

禅城区启动百村升级行动。华远村成为全市首个“全光网示范村”。

△7日，中共中央政治局常委、全国人大常委会委员长张德江到佛山就地方人大工作调研。

广东省政府批复《佛山历史文化名城保护规划（2011～2020年）》。该规划划定佛山城区历史保护区总面积2.2平方千米。

佛山市政府常务会议通过《佛山市重大行政决策专家咨询论证试行办法》《佛山市重大行政决策征求公众意见暂行办法》等一批文件。

佛山市召开庆祝2015年教师节暨全市教育系统师德建设座谈会，要求各区教育行政部门制订《中小学教师师德考核办法》，确定每年9月为“师德教育月”。

佛山市政府决定佛山少临南家拳、佛山鹰爪拳、佛山酝扎猪蹄制作技艺、佛山砖雕、香云纱（坯纱）织造技艺、西樵大饼制作技艺、佛山伤科正骨、佛山伤科制药技艺、佛山祖庙春秋谕祭、大江龙舟习俗等列入第五批市级非物质文化遗产名录。

△8日，佛山市政府召开固定资产投资及重点项目现场会议。期间，市长鲁毅率队对魁奇路东延线二期工程、佛山市妇女儿童医院等项目进行考察督导。

佛山市49名教育工作者获“南粤优秀教师”称号，5人获“南粤优秀教育工作者”称号。

△10～12日，首届中国（广东）国际“互联网+”博览会在佛山举行。广东省委书记胡春华、省长朱小丹出席开幕式。该届博览会设置九大展区，456家企业参展，国内互联网企业百度、阿里巴巴、腾讯等名企聚首。佛山市委书记刘悦伦表示，通过3～5年的努力，推动佛山发展成为中国“互联网+”应用创新试验区。

△13日，在南海体育馆举办的APB世界拳王金腰带争霸赛上，佛山籍选手张家玮获金腰带。

△14日，广东省政府与佛山市政府、佛山科学技术学院签订协议，投入60亿元，把佛科院建设成为省的理工科大学。

粤桂黔高铁经济带座谈会在佛山举行，三省（自治区）及高铁沿线城市政策研究室负责人及中山大学、广西大学、贵州大学专家学者参加。

全省首个法人“一门式”在禅城区开始运行。

△17～20日，第三届广东（佛山）安全食用农产品博览会暨粤桂黔名优农产品推介会在顺德区陈村镇花卉世界举行，12省（自治区）200多家农企参展，交易总额4800万元。

△20日，《人民日报》刊登佛山市委书记刘悦伦署名文章《互补合作互利共赢》，同时刊发长篇通讯《开放创新争当尖兵——佛山市南海区探索跨区域经济合作纪实》。

2019年篮球世界杯主场馆佛山国际体育文化演艺中心建设启动仪式在佛山新城举行。该中心规划占地3.89万平方米，总建筑面积15.24万平方米、观众坐席1.5万个。计划2018年8月投入使用。

△22～23日，粤桂黔高铁经济带合作试验区（广东园）建设现场会在南海区举行，签署《贵广、南广高铁沿线城市战略合作框架协议》。广东省委书记胡春华出席会议，并与佛山市领导刘悦伦、鲁毅以及来自贵广、南广高铁沿线13城市领导考察佛山西站工程建设。

△24日，佛山市政府第三届专家顾问团第三次会议召开，11位专家顾问分别就机器人生产及推广应用、高层次创新人才引进、城市升值、国家高新技术企业培育、推进经济发展绿色化、“互联网+智能制造”等六大课题建言献计。

祖庙、西樵山、黄飞鸿、康有为、佛山醒狮、石湾公仔、佛山武术、佛山粤剧、佛山秋色、顺德美食被佛山社科联评为佛山“十大城市文化名片”。

△26日，佛山市获2016年全国游泳冠军赛暨里约奥运会选拔赛主办权，与绍兴、郑州、宝鸡为四个主办城市。

△28日，佛山与武汉市、景德镇市、开封市文化部门签订《中国“四大名镇”文化交流合作意向书》，共同推动四城文化资源共享。

△30日，佛山市举行烈士公祭活动。市几套班子领导及佛山军分区领导，以及市各民主党派、工商联和无党派人士代表，烈军属、复退军人和各界群众代表，机关干部、公安干警、学生、志愿者以及驻佛山解放军和武警部队官兵代表参加。

10月

△ 3～5 日，强台风“彩虹”带来的暴雨和龙卷风造成佛山历史上罕见的自然灾害。全市 23 个镇（街）受灾，死亡 4 人，受伤 95 人，直接经济损失 7.8 亿元。5 日，广东省委和佛山市委领导赴顺德区检查指导抗灾救灾工作并召开现场会。

△ 8 日，佛山市公安局刑警支队英模林伟光妻子谷婷婷当选“中国好警嫂”。

△ 9 日，国家发改委批复，同意广州地铁 7 号线西延顺德段项目建设。

2015 年全国“创新社会治理”典型案例征集活动在北京举行座谈会，禅城区“一门式”政务服务改革入选最佳案例。

广佛同城化示范区建设座谈会举行。佛山市顺德区与广州市番禺区、佛山市三水区与广州市花都区分别签订共建广佛同城化合作示范区框架协议。佛山市市长鲁毅与广州市市长陈建华出席。

△ 12 日，佛山市社会科学界联合会召开第七届全体会议，邓翔当选市社科联主席。

△ 13 日，佛山市政府印发《佛山市扶持企业推进机器人及智能装备应用实施方案（2015～2017 年）》，明确对应用机器人及智能装备的企业提供最高 100 万元专项资金补贴和融资支持。

国家安全监管总局副局长徐绍川率领调研组到佛山调研。他肯定佛山利用“互联网+”创新安全监管手段、安全生产风险管理、分级分类监管模式等的探索。

△ 16 日，肇庆市党政代表团到佛山考察粤桂黔高铁经济带合作试验区（广东园）的规划与建设情况，加强水资源保护以及粤桂黔高铁经济带建设合作。

△ 17 日，禅城区首批 11 个社会充电桩启用。

△ 17～18 日，中国科学界高层次学术会议之一的香山科学会议在佛山市举行。来自国内高等院校、科研机构的 50 位特邀专家，围绕健康大数据概念、未来趋势等进行研讨，并向国家高层提供决策参考。

△ 18～21 日，第 26 届中国（佛山）陶瓷及卫浴博览交易会举行，共设中国陶瓷城、中国陶瓷总部、佛山国际会议展览中心三个展馆。来自国内各大产区及德国、意大利等的 750 家参展商参展，参展产品以超平釉、木纹砖等釉面砖为主。

△ 19 日，佛山市十四届人大常委会议召开，选举黄喜忠、赵海为市政府副市长。

△ 21 日，佛山市政府印发《关于进一步促进创业带动就业的实施意见》，规定个人创业最高可获 44 万元扶持。

第 17 届中国专利奖评审结果公示，佛山企业和个人 7 项专利入选中国专利优秀奖预获奖项目，7 项获中国外观设计优秀奖预获奖项目，为历史最好成绩。

△ 22 日，邓祐才率香港佛山社团总会、香港广东社团总会九龙西区委员会联合访问团 140 人访问佛山，佛山市领导刘悦伦、杨晓光等会见。

历经 46 年风雨的旧澜石大桥开始拆除。

△ 22～25 日，2015 年欧洲高尔夫球挑战巡回赛在佛山举办，世界各地 126 名球员参赛，西班牙博尔哈夺冠军。

△ 29 日，在全省公安机关粤警创新大赛上，佛山市获 1 块金牌、2 块银牌和 2 块铜牌。

△ 30 日，佛山市政府与农发行广东省分行签订全面战略合作协议。未来 5 年，该行将为佛山提供 600 亿元的意向性投融资。

△ 31 日，2015 广东国际旅游文化节开幕式暨旅游招商推介会在佛山举行。全省 31 个文旅项目签约，总投资额 525.62 亿元，其中佛山 21 个项目，约 378 亿元。广东省省长朱小丹、国家旅游局副局长吴文学出席开幕式。作为该旅游文化节主要活动之一的佛山秋色欢乐节于当日开锣。省内 21 个地级以上市非遗项目、“四大名镇”民俗表演、外国友好城市的歌舞等分别参加为期两天的秋色巡游，共 58 万名市民观看。

△ 31 日～11 月 1 日，首届亚洲龙舟俱乐部杯赛在佛山新城举行。（顺德）乐从（南海）九江联合龙舟俱乐部包揽 100 米女子、男子直道赛以及 200 米男子直道赛、100 米男女混合赛四项冠军。

11月

△ 2 日，中共佛山市委常委会召开扩大会议，学习贯彻党的十八届五中全会文件精神，强调切实把思想和行动统一到中央、省委的决策部署上来，以全会精神，全面推动佛山工作。

△ 3 日，佛山市人大常委会第三十一次会议召开。任命贾伟为佛山市人大常委会内务司法工作委员会主任；蒋万伦为佛山市人大常委会城乡建设环境与资源保护工作委员会主任；杨永泰为佛山市环境保护局局长；何内为佛山市审计局局长；张兵为佛山市外事侨务局局长；吴文志为佛山市法制局局长；彭杰荣为佛山市中级人民法院副院长；杨帆为佛山市中级人民法院立案庭庭长；等等。

△ 5 日，中共佛山市委举行全市学习贯彻《中国共产党廉洁自律准则》和《中国共产党纪律处分条例》专题辅导讲座，刘悦伦、鲁毅、杨晓光等市领导及副处以上干部 800 多人参加。

△ 6 日，国家发改委城市和小城镇改革发展中心副主任邱爱军一行，到禅城区考察行政服务“一门式”改革成果。

△ 8 日，中国篮球协会公布《关于组织 U18 国青男篮集训选拔的通知》。17 岁的佛山龙狮篮球俱乐部青年队球员范子铭入选 U18 国青男篮集训。

△ 10 日，佛山五区（文体）旅游局协办评选“步步莲花”“保健浸猪腰”“脆味虾球”“大顶苦瓜刺身”“大良炒牛奶拼野鸡卷”“高明鱼滑”“叮叮鹅”“禾秆草豆豉鹅”“金姐炒鱼环”“九江醉翁鸡”“金牌凤凰卷”“家乡古法酿鲮鱼”“荔熟戏蝉鸣”“清炆荷花鲩”“辣木浸自养走地鸡”“生晒面豉叉烧”“酥化蛋糍”“沙口笋盏”“鲜菌浸笋壳球”“芝士番茄卷”等 20 道菜式为第二批佛山名菜。

△ 12 日，佛山市人民政府常务会议通过《佛山市构建现代公共文化服务体系实施意见》等一批文件。

佛山市政府与安徽科大讯飞股份有限公司签订合作协议。佛山市借助科大讯飞的语音和人工智能的技术和成果，推进“互联网+”智慧城市的应用创新，帮助企业转型升级。

全国首个“互联网+”众创金融示范区在佛山市挂牌成立。

顺德北部片区项目对接大会暨奠基及动工仪式举行。产业项目总投资 722 亿元，宣布广东（潭洲）国际会展中心等多项工程奠基动工。市委书记刘悦伦出席仪式。

△ 23 日，《中国中小城市发展报告（2015）》发布中国中小城市综合实力百强县（区、镇）名单，佛山五区评定为市辖区综合实力前 100 名。其中，顺德区和南海区排行前两名。

△ 24 日，由国家发改委中欧城镇化伙伴关系秘书处和法国展望与创新基金会共同主办的“中欧绿色和智慧城市奖”颁奖典礼在香港举行。佛山新城（中德工业服务区）获中欧绿色和智慧城市卓越奖。

广东省省长朱小丹率领有关负责人到南海区，调研广东金融高新技术服务区建设和“互联网+”众创金融工作。

△ 27 日，中共佛山市委常委（扩大）会议通过《关于建立廉洁试验区的工作意见》，以中德工业服务区、三水新城等 5 个经济功能区为建设廉洁试验区试点。

12月

△ 2 日，广东金融学院发布信息显示：佛山市民对市政府工作满意度 83.81 分，比 2014 年高 1.35 分。

马来西亚前总理敦·阿卜杜拉·巴达维率领代表团到佛山访问，推动两地合作建设“佛山东盟陶瓷城”项目。

△ 3 日，佛山市委书记刘悦伦率领有关负责人督查特色古村落活化升级工作，规划 2016 年投资 3.4 亿元，加强古村落建设。

△ 5 ~ 6 日，在海南省举行的 2015 年中华龙舟大赛总决赛上，顺德乐从队和南海九江队分别获得本站赛职业组男子、女子总冠军。

△ 7 日，佛山市教育局印发《关于全面加强和改进师德建设的实施意见》，严禁教师利用工作时间炒股、参与校外有偿补课等违纪工作。

△ 9 日，佛山市“最美军嫂”揭晓。安丽君、何钰蓉等 15 人获“最美军嫂”称号，伍丽霞、谭丽华等 20 人获“好军嫂”称号。

△ 11 日，由《中国新闻周刊》杂志社主办的“影响中国 2015 年度人物”在北京揭晓。佛山高新区获“影响中国 2015 年度人物”政府创新奖。

国家知识产权局公布全国第二批知识产权示范、优势企业名单，广东新明珠陶瓷集团等 6 家佛山企业被认定为国家知识产权优势企业。

△ 12 日，在北京举行的中国品牌价值评价信息发布会上，佛山陶瓷和南海铝材分别以 400 亿元

和110亿元的品牌估值，分别入选区域品牌10强和20强。

在云南省昆明市召开的第九届中国产学研合作创新会上，佛山高新技术开发区和佛山科学技术学院分别被授予“中国产学研合作创新示范基地”“中国产学研合作促进会创新奖”称号。

△ 14日，国际篮联考察团到佛山考察男篮世界杯筹备工作。

△ 15日，佛山市政府常务会议通过《佛山市人民政府关于促进民营经济发展提升民营企业家信心的若干工作措施》等一批文件。

在北京召开的第17届中国专利奖颁奖大会上，佛山市7个项目获优秀奖，8个项目获外观设计优秀奖。

△ 16日，佛山市政府与广州海关联合举行“打造不是自贸区的自贸区——‘互联网+易通关’启动仪式”，成为全国首个全面实施“互联网+易通关”的城市。

国务院办公厅组织由中央电视台、《中国日报》等8家媒体组成的采访团，到佛山采访扶持创业创新政策措施和经验做法。

第五届中国（广东）知识产权投融资项目对接会在南海区举行，17个项目达成1.5亿元合作意向。南海区在会上宣布设立国家知识产权服务业集聚发展试验区金融服务核心区，打造知识产权投融资生态圈。

△ 18日，佛山市十四届人大常委会三十二次会议表决通过佛山市首部地方性法规《佛山市历史文化街区和历史建筑保护条例》。

广东省副省长徐少华到禅城区调研“一门式”行政服务改革，鼓励佛山继续探索网上办事等“一门式”服务。

在北京举行的第15届中国经济论坛上，南海区获“2015年中国创新榜样”称号。

△ 18～19日，由国家发改委城市和小城镇发展中心举办的2015中欧城市可持续发展论坛在佛山新城举行。来自世界各地300多名官员、学者与企业家参加，共同探讨如何实现城市绿色、协调、可持续发展的时代命题。期间，中国城市和小城镇改革发展中心与顺德区政府签署《中欧城镇化合作示范区合作协议》等10个项目协议。

△ 20日，在2015年第十届中国全面小康论坛关于“十大社会治理创新”评选中，南海区获“中国十大社会治理创新奖”。

顺德区连续七年被中国全面小康论坛组委会评为“中国全面小康十大示范县市”。

△ 21日，佛山市政府印发《佛山市建设互联网+创新创业示范市实施方案（2016～2020年）》，规划未来5年，佛山推动全市32个镇（街）全面实施互联网+创新创业，引进培育创新创业人才队伍超2万人。

△ 22日，中共佛山市委召开2015年度各区区委书记抓基层党建工作述职评议会，强调全面从严治党，强化基层党组织政治功能和服务功能。

佛山市海绵城市建设工作会议召开。对全市启动海绵城市建设工作进行动员和部署，确定佛山新城、禅城区绿岛湖片区、南海区三山新城片区、顺德区顺峰山片区、高明区西江新城、三水区云东海片区和佛山大学新校区等7个区域作为海绵城市建设试点。

佛山市中德工业服务区召开干部大会，宣布刘怡任中德工业服务区（佛山新城）党工委副书记、管委会主任。

△ 23日，佛山市被工信部确定为全国信息消费示范城市。

佛山市首家国资控股融资租赁公司耀达融资租赁揭牌运营。

由佛山市政府主办的2015年佛山“市长杯”工业设计比赛获奖项目颁奖，佛山家家卫浴有限公司设计和生产的智能马桶获产品组第一名。

△ 27日，广佛地铁西朗至燕岗段开通运营。

△ 29日，中共佛山市委、市政府召开民营企业家大会，印发《关于提振民营企业家信心促进创业创新的若干措施》，提出提振民营企业家信心，促进创业创新的佛山“40条”措施。

在由联合国开发计划署及新华社《瞭望东方周刊》主办的“2015中国城市可持续发展国际论坛”上，佛山获得“2015中国城市可持续发展范例奖”。

△是月，国家质检总局批准石湾玉冰烧酒为国家地理标志保护产品。

（张丽珍）

第三篇 佛山概况

基本情况

建置沿革

【综述】 佛山“肇迹于晋，得名于唐”。六七千年前的新石器时代，佛山先民们以渔耕和制陶开创原始文明。春秋战国时期，佛山属于百越地。秦、汉时期，现禅城、南海、顺德、三水属南海郡番禺县；高明属高要县。晋代，禅城称“季华乡”。隋开皇十年（590年），从番禺县分置南海县，因旧置南海郡得名。唐贞观二年（628年），乡民在塔坡岗掘得三尊铜佛像，人们把塔坡岗称为佛家之山，取名“佛山”，捐款重建塔坡寺，将佛像供奉于寺内，立石碑，上刻“佛山”二字。佛山由此得名。后经一千三百多年变迁，逐渐演化成佛山市及其辖境。

【晋代至民国时期】 晋代，禅城称“季华乡”。隋开皇十年（590年），从番禺县分置南海县，因旧置南海郡得名。唐贞观二年（628年），季华乡称“佛山”，意为“佛家之山”，简称“禅”。五代十国时佛山禅城、顺德属咸宁县，宋初重新并入南海县。明景泰三年（1452年），敕封佛山为“忠义乡”，属南海县。同年，置顺德县，意为“顺天威德”。明成化十一年（1475年）置高明县，因原有高明巡检司而得名。清嘉庆二十四年（1819年）置三水县，意为“三水合流”。民国时期，佛山曾先后设佛山镇、佛山市、佛山镇。

【中华人民共和国成立后】 1949年10月15日佛山解放，10月31日，佛山市人民政府成立。1950年3月，设广东省珠江专区专员公署，辖中山、顺德、南海、三水、花县、番禺、宝安、东莞8县和佛山市，专署驻地中山县石岐镇。

1952年11月，撤销珠江专员公署，设粤中行政公署，辖中山、顺德、南海、三水、番禺、东莞、宝安、增城、博罗、龙门、珠海、新会、高明、鹤山、封开、怀集、高要、广宁、四会、新兴、罗定、云浮、郁南、德庆24县和石岐市，并领导省辖佛山市、江门市。粤中行署驻地江门市。1954年6月，粤中行政公署由江门市迁入佛山市。

1956年撤销粤中行政公署，成立佛山专员公署，驻地佛山市。辖中山、珠海、番禺、顺德、南海、三水、新会、鹤山、高明、台山、开平、恩平、花县13县和石岐市，领导省辖的佛山市、江门市。1958年，佛山、江门改为县级市，由佛山专区领导。1966年，佛山市升为地级市，由广东省、佛山专区双重领导。1970年，佛山专区更名为佛山地区，佛山、江门改为县级市。佛山地区辖南海、顺德、三水、高鹤、台山、恩平、番禺、中山、珠海、新会、开平、斗门12县和佛山、江门两市。1974年，佛山、江门两市恢复为省辖市，实行省地双重领导。1980年，成立佛山地区行政公署，辖中山、斗门、顺德、南海、三水、高鹤、新会、台山、开平、恩平10县和佛山市、江门市。

1983年6月1日，撤销佛山地区建制，实行市领导县体制。佛山市辖中山、南海、顺德、高明、三水5县。同年，中山县改为中山市（县级）。1984年6月，佛山市辖汾江区（1986年易名为城区）和石湾区及南海、顺德、高明、三水4县，代管中山市。1988年1月，中山由县级市升为地级市，从佛山市划出。1992～1994年，南海、顺德、高明、三水先后撤县设市（县级），由佛山市代管。

2002年12月，撤销佛山市城区、石湾区以及县级南海市、顺德市、三水市和高明市，设立佛山市禅城区、南海区、顺德区、三水区和高明区。自此佛山市辖禅城、南海、顺德、高明、三水五区。

（市地方志办）

自然地理

【地理位置、范围和面积】 佛山市位于广东省中南部，珠江三角洲腹地。东倚广州，邻近深港澳。全境于北纬22° 38′～23° 34′，东经112° 22′～113° 23′之间。佛山市域东距西、南距北均约103千米，大致呈“人”字形，总面积为3797.72平方千米，辖禅城、南海、顺德、高明、三水五区。

佛山市东傍广州，西接肇庆，南邻江门、中山，陆运、水运、空运交通基础设施齐备，交通便捷。佛山市距广州新白云国际机场、广州南沙港、广州新火车站车程均在1小时之内。佛山市毗邻港澳，与香港、澳门分别相距231千米和143千米，车程均在2小时左右。沈海高速、广昆高速等主要公路干线穿越境内，广佛、佛开、广明高速公路和广深珠高速公路等交通干线经佛山而过，佛山一环、珠二环等环城高速环绕穿越佛山市各区。广佛地铁建成开通，贵广、南广铁路佛山段通车，广佛肇城际轨道佛肇段建成通车，佛山机场开通民用航线，佛山市民出行更加便捷。珠江水系中的西江、北江贯穿全境。佛山市现有通航河流70多条，可通航里程1000多千米，20多个口岸使水上运输四通八达，为经济发展提供了良好的条件。

【地质地貌】 佛山市地势总体有北高南低、西高东低的特征，大部分地区较为低平，地势起伏较小，以平原为主，为珠江水系之北江、西江三角洲平原，海拔一般小于5米，多在1.2～4.8米，河汊众多，桑基鱼塘密布，其间零星分布有丘陵残丘和残留台地，丘陵残丘海拔小于100米，坡度15°以下；残留台地海拔一般小于50米，浑圆低平。佛山市西部的高明、北部的三水地区有连绵的山体，为丘陵－低山地貌，地势陡峻，相对高差大，山谷纵横，植被茂密。佛山市最高山峰为高明区杨和镇的皂幕山，海拔805米，三水大塱涡地势低洼，高程－1.7米，为全市最低点。

在中国大地构造分区中，佛山市位于二级构造单元武夷－云开－台湾造山系，经历了各构造旋回的地质演化，形成了佛山市极具特征的地质背景。距今8亿至2300万年的岩石构成了佛山市的坚硬基底，沉积岩、岩浆岩和变质岩三大岩类均有发育，但是以各地质时期的沉积岩为主体。各地质时代的地层发育较为齐全、分布广泛，发育的地层有南华系、寒武系、泥盆系、石炭系、二叠系、三叠系、侏罗系、白垩系、古近系和第四系，以古近系和第四系分布最广。佛山市位于珠江三角洲平原，属于浅覆盖区，基岩上覆盖着5万年以来形成的松散堆积层，即第四纪地层，厚度一般小于50米，最厚70米，是珠江水系与中国南海共同作用形成的，其沉积中心沿北东向和北西向呈现出有规律的展布，与区域断裂构造的展布较一致，显示了断裂构造对第四纪沉积的控制作用。大约9000万年前开始发生火山活动，4800万年至3600万年前的火山活动，形成了西樵山、王借岗、紫洞等地的火山岩，岩性主要为粗面岩、玄武岩等，经过后来的风化、剥蚀，造就了今日的西樵山火山地貌景观和王借岗、紫洞等地的火山岩柱状节理地质遗迹。经历了漫长的地质历史演化，佛山市范围内地质构造复杂，主要的构造形迹包括褶皱、断裂等，以一组多条断裂构成断裂构造带为特征。断裂构造总体以北东向广州－从化断裂带（南段）、北西向白坭－沙湾断裂带和西江断裂带为主，它们相互切割、复合，构成了本区构造的基本格架。佛山市断裂构造具有多期活动的特征，主要形成期为加里东期至燕山期。佛山市新构造运动主要表现为基底断块的差异升降。

佛山市地下水资源较为丰富，地下水类型主要有松散岩类孔隙水、碳酸盐岩类裂隙溶洞水、红层孔隙裂隙水和基岩裂隙水等，以松散岩类孔隙水为主，不同地区含水量有所差异，总体含水量为中等至丰富。地下水位高，一般埋深1～2米，连续含水层分布有1～3层，以微承压至承压水为主，顺德区陈村、伦教、勒流、杏坛和均安一线的东南部为咸水区，佛山市其余地区为淡水区，过渡带为上淡下咸区。

佛山市地质灾害的发生与强降雨和人类工程活动密切相关，人为因素诱发的地质灾害比例也越来越大。2015年，佛山全市共有地质灾害或隐患点218处，其中崩塌175处、滑坡35处、地面塌陷6处、泥石流2处；发生地质灾害23处，其中小型崩塌21处、滑坡2处；发出地质灾害气象风险预警分别为四级预警34次、三级预警8次。

（贝永辉）

禅城区张槎街道的王借岗古火山口遗迹。

【气候】 佛山属于南亚热带季风海洋性气候，温暖、多雨、湿润，夏长冬短，夏季长达半年之久。四季气候可概括为，夏少酷热，冬无冰雪，春常阴雨，秋高气爽。年平均气温22.5℃，1月最冷，平均温度13.9℃，7月最热，平均温度29.2℃；年平均相对湿度为76%，月平均以4月的83%为最高；年平均风速为2米/秒；年日照时数达1619.4小时，年平均雾日数为14.5天，年平均雷暴日69.8天。佛山是华南地区龙卷风灾害多发、频发的地方，2006～2015年统计数据显示，影响佛山的年平均龙卷风个数为1.2个。春夏季常出现雷雨大风、短时强降水、强雷电、冰雹、龙卷风等灾害性天气，夏秋常有热带气旋影响。年降雨量1681.2毫米，6月最多，平均284.5毫米，汛期（4～9月）降水量占全年的80%；年平均雨日146.5天，6月最多，平均18.2天；夏季降水不均，旱涝无定，秋冬雨水明显减少。

由于地处低纬，海洋和陆地天气系统均对佛山有明显影响，冬夏季风的交替是佛山季风气候突出的特征：冬春多偏北风，夏季多偏南风。冬季的偏北风因极地大陆气团向南伸展而形成，干燥寒冷；夏季偏南风因热带海洋气团向北扩张所形成，温暖潮湿。

春季（3～5月）。春季白昼渐长，气温和降水量均处在上升时期，天气多变，常出现乍暖乍冷天气。佛山的春天常常是阴雨绵绵，寒风料峭，“连绵春雨湿红棉”，这个季节的雨水是“让人欢喜让人愁”，虽然能滋润万物、洁净空气，但也淹没了阳光的踪影，因此春季又是日照最少的季节。由于缺乏阳光，气温日变化小，总让人感到寒意丝丝透骨。当然，有的年份也会出现春光明媚的景象。另外，春季是冬夏季的交替季节，天气过程复杂，变化迅速，中小尺度天气系统非常活跃，因此常出现强对流天气。通常从4月开始，佛山进入前汛期，5月到达前汛期的降雨高峰期，暴雨频发。

夏季（6～9月）。佛山的夏季盛行偏南风，丰沛的水汽随南风源源不断输送到上空，为夏季降雨提供有利条件。6月仍然是佛山前汛期的降雨高峰期，出现暴雨的机会甚多。同时，每年的6～8月又是热带气旋影响广东的主要时段，所以平均每年有1～2个热带气旋影响佛山。全年中50%～60%的雨水集中在夏季，暴雨和热带气旋往往造成严重的灾害。然而夏季的雨又常常是人们翘首期盼的。佛山的夏季天气炎热，一年中最热的月份是7月，全市的月平均气温达29.2℃；极端的最高气温39.2℃（2005年7月18日，南海区测站）。盛夏季节气温高，加上相对湿度大，更显得暑气逼人。因此，在人们期盼至极时悄然到来的雨水，夹着凉风，带走暑热，滋润心田，无疑是上天最好的馈赠。

秋季（9～11月）。告别炎夏，步入凉秋，天高云淡，好风长吟，秋天是一年中最舒适的季节。此时冷空气开始频繁南下，气温逐渐下降，飒飒秋风涤尽胸中的积郁，让人神清气爽。秋天并不是强对流天气和热带气旋活跃的季节，但仍有出现的可能。总的来说，秋季多以晴天为主，少降水。从9月下旬至11月底平均降水量仅155.1毫米，约占全年降雨的10%，历史上还曾多次出现连续30天无雨的年份，秋燥的特点十分明显。

冬季（12月至次年2月）。冬季是北方蒙古冷高压的鼎盛时期，冬季风势力强大，佛山受蒙古冷高压边缘影响，盛行偏北风，受到冷空气的频繁影响，为全年最冷的时期。1月为最冷月份，月平均气温为13.9℃，极端最低气温曾达到-1.9℃，出现在1967年1月17日（南海区测站）。在两次冷空气之间也常有一段回暖过程，气温略有上升。佛山常受冷高压脊控制，处于干冷气流控制下，降水最少，有时整月无降水出现，晴好天气多，光照充足。

（市气象局）

【水文】 佛山市多年平均（统计年限1956～2000年，下同）径流量27.93亿立方米，多年本地水资源总量为29.45亿立方米。佛山有西江、北江丰富的过境客水，近年平均（统计年限1999～2014年）入境水量2581.8亿立方米、出境水量2602.7亿立方米。

2015年佛山市降水属偏丰水年，年平均降水量1940.7毫米，比多年平均偏多24.7%；地表水资源量36.1亿立方米，比多年平均多29.3%；地下水资源量7.93亿立方米，比多年平均多16.4%；水资源总量37.3亿立方米，比多年平均多26.7%。全市入境水量3413.9亿立方米，出境水量3441.6亿立方米。

2015年，受上游水文情势影响，马口、三水（二）水文站入汛偏晚，两站全年第一场洪水均出现在5月上旬。全年洪水场次多，洪峰水位超过3米的明显涨水过程有4次，分别出现在5月下旬、6月中旬、10月上旬、11月中旬。洪峰水位超过2米的涨水过程共5次，汛末及非汛期均有洪水，两站5～12月水位均保持在较高水平，年径流量比多年平均偏大。

2015年最大洪水出现在5月24日：三水（二）洪峰水位6米，洪峰流量11400立方米/秒（超过5年一遇）。马口洪峰水位5.68米，洪峰流量31500立方米/秒。11月中旬的洪水，两站洪峰水位为建站以来历史同期第二高值，洪峰流量为建站以来历史同期最大流量：三水（二）洪峰水位3.86米，洪峰流量7330立方米/秒，马口洪峰水位3.92米，洪峰流量23800立方米/秒。本年度三水（二）站年平均流量2210立方米/秒，比多年平均值偏大47%；马口站年平均流量8500立方米/秒，比多年平均值偏大21%。

2015年共有2个热带气旋对佛山市造成影响，分别是1510号强台风“莲花”和1522号强台风“彩虹”。受“莲花”影响，佛山市出现中到大雨，局部暴雨，未出现明显风暴潮增水。受“彩虹”外围环流影响，造成珠江三角洲地区较强降水和风暴潮增水，佛山市出现30～74厘米的风暴潮增水。

受上游来水影响下，全市12个水文站中，有11个站点的年最高水位出现在5月，只有板沙尾站1个站点年最高水位出现在6月；全年最低水位有5个站点出现在1月，其他站点出现在2月。

（刘幼萍）

资源物产

【国土资源】 根据2015年度土地变更调查数据，2015年佛山市辖区土地总面积为379772.38公顷。其中，农用地面积202691.02公顷、建设用地面积141401.22公顷、未利用地面积35680.14公顷。农用地中，耕地面积37286.02公顷、园地面积11247.11公顷、林地面积72191.27公顷、草地面积5562.49公顷。建设用地中，城镇村及工矿用地面积123209.92公顷、交通运输用地面积12285.02公顷、水域及水利设施用地（建设用地部分）面积5906.28公顷。未利用地中，水域及水利设施用地（未利用地部分）26715.84公顷、其他草地面积5420.15公顷、其他土地面积3544.15公顷。

（郭　庆）

【生物资源】 佛山市地处珠江流域中下游，珠江三角洲的腹地，拥有江河渔业水域面积3.33万公顷，水生生物资源丰富，淡水鱼类46类，主要经济鱼类有青鱼、草鱼、赤眼鳟、鲢、鳙、鲮、鲤、鲫、鳊、鲂等；软体动物有中国圆田螺、河蚬、蚌等；甲壳类动物有日沼虾等；爬行动物有鳖、黄喉拟水龟（石金钱）、中华草龟、三线闭壳龟（金钱龟）等水产动物。截至2015年，全市共有林业用地面积6.77万公顷，市域森林覆盖率34.81%，活立木蓄积527.09万立方米。全市有位于高明区的合水桫椤自然保护区（县级）1个。

佛山物产品种主要有：粮食作物有水稻、玉米、马铃薯、红薯、大豆；特色作物有粉葛、雪梨瓜、黑皮冬瓜；特色水果有荔枝、龙眼、香蕉、番石榴、橘、柑、杨桃；油料作物以花生为主。

（许锦华）

【矿产资源】 佛山市地层发育较齐全，岩浆活动频繁，地质构造复杂，成矿条件良好，银、铅、锌、岩盐、石膏、水泥用灰岩、建筑用花岗岩、砖瓦用页岩等矿产资源较丰富。至2015年，全市发现矿产53种、矿床(点)327处，其中大型矿床11处、中型矿床24处、小型矿床52处、矿点240处。矿产种类有能源矿产、金属矿产、非金属矿产和水汽矿产，已查明有储量的矿产40种。

（郭　庆）

【水资源】 佛山是典型的三角洲河网区，西江、北江及其分流河道贯穿全市，内河涌纵横交错。河流水面积有347.04平方千米，占全市总面积的9.1%。

2015年，佛山市年降水量为1940.7毫米，比常年（多年平均，统计年份为1956～2000年）多24.7%，属丰水年；地表水资源量36.1亿立方米，比常年多29.3%；地下水资源量7.93亿立方米，比常年多16.4%；水资源总量37.3亿立方米，比常年多26.7%。全市入境水量3413.9亿立方米，出境水量3441.6亿立方米。中型水库年末蓄水总量1629万立方米，比上年增加184万立方米。

（刘　勇）

【土特产品】 佛山土特产品丰富，全市各区都有各具特色的产品。其中出名的有：禅城的佛山盲公饼、酝扎猪蹄（佛山扎蹄）、佛山柱候鸡、石湾米酒、佛山应记云吞面、海天豉油、豉味玉冰烧等；南海的西樵大饼、平洲福肉饼、九江煎堆、南海麻奢狗肉、盐步秋茄、平洲金丝柚、平洲石硖龙眼、官窑石碣西瓜、九江双蒸酒、官窑马蹄、南海沙溪马蹄粉等；顺德的大良双皮奶、龙江煎堆、大良膏煎、伦教糕、顺德鱼生、大良蝴蚾、南乳肉等；高明的合水粉葛、对川红茶、三洲黑鹅、合水肉姜、更楼肉姜、杨梅金皇芒果、合水西瓜、山桔、青梅等；三水的大塘黑皮冬瓜、乐平雪梨瓜、乐平小宝西瓜、三水家乡米醋等。其中，大塘黑皮冬瓜、乐平雪梨瓜、合水粉葛、豉味玉冰烧、九江双蒸酒等获国家地理标志。特色旅游产品有石湾公仔、佛山香云纱（莨纱绸）、南海刺绣（粤绣的最重要组成部分）、大良鱼灯秋色等。其中，石湾公仔和佛山香云纱获国家地理标志。

（陈森平）

香云纱服饰展示。

历史人文

【千年古镇】 佛山历史悠久，文化底蕴深厚，是国家历史文化名城。据考证，佛山的历史起源于现禅城区石湾镇街道澜石区域，距今约4500～5500年前，百越先民沿西江、北江到此繁衍生息，以渔耕和制陶开创原始文明。唐贞观二年（628年），因在城内塔坡岗上掘得3尊铜佛像，人们认为此地是佛家之地，遂立石榜改季华乡为“佛山”。

唐宋年间，佛山的手工业、商业和文化已十分繁荣。明清时，更是发展成商贾云集、工商业发达的岭南重镇，与湖北的汉口镇、江西的景德镇、河南的朱仙镇并称全国“四大名镇”，与北京、汉口、苏州并称天下“四大聚”，陶瓷、纺织、铸造、医药四大行业鼎盛南国。清末，佛山得风气之先，成为中国近代民族工业的发源地之一，先后诞生了中国第一家新式缫丝厂和第一家火柴厂。

【传统文化】 佛山悠久的历史，孕育了独具魅力的岭南传统文化。佛山素有陶艺之乡、粤剧之乡、武术之乡、广纱中心、岭南成药之乡、南方铸造中心、民间艺术之乡等美誉，形成了秋色、“行通济”等独具特色的民俗。

佛山是“南国陶都”“中国陶瓷名都”，制陶工艺源远流长，自古有“石湾瓦，甲天下”的美誉。建于明代正德年间的南风古灶，是世界现存最古老的柴烧龙窑，薪火相传至今500多年，被誉为“陶瓷活化石”。

佛山是“南国红豆”粤剧的发源地，诞生了粤剧艺人的代称——“红船子弟”和粤剧最早的戏行组织——琼花会馆。2004年举办的琼花粤剧艺术节，使佛山呈现古人描绘的“红船泊晚沙，万人看琼花”的盛况。

佛山是“岭南成药之乡”，产品种类齐全的古方正药历史有400余年，涌现了“黄祥华”如意油、“冯了性”药酒、“源吉林”甘和茶等一批老字号名药。

佛山是“武术之乡”“武术之城”，是中国南派武术的主要发源地，现在世界上广泛流行的蔡李佛拳、洪拳、咏春拳等均发端于佛山，著名武术大师黄飞鸿，咏春宗师梁赞、叶问，影视武打明星李小龙等祖籍及师承亦在佛山。

佛山是“狮艺之乡”，是南狮的发源地，是首个“中国龙狮龙舟运动名城”。近年来每年一度的“狮王争霸赛”吸引了国内外广大武术、体育爱好者参与。禅城区是“中国龙狮运动之乡”，南海区西樵镇是全国唯一“中国龙狮名镇”。

佛山的铸造业始于西汉，到明代，佛山的铸造技术已达相当高的水平，成为南中国冶炼中心，以至“佛山之冶遍天下”。张心泰在《粤中小识》中道：“盖天下产铁之区，莫良于粤，而冶铁之工，莫良于佛山。”

佛山是珠江三角洲民间艺术的摇篮，孕育并保留了大量体现岭南文化精髓的民间艺术及民俗事象。狮舞、粤剧、龙舟说唱、佛山木版年画、广东剪纸、石湾陶塑技艺、佛山狮头、香云纱染整技艺、祖庙庙会、佛山秋色、十番、人龙舞和佛山彩灯等项目入选国家非物质文化遗产名录。正月十六“行通济”始于明末，盛于清乾隆年间，延续至今并逐渐被赋予慈善等现代色彩，每年吸引数十万群众参加，200多年来还流传着“行通济，无闭翳”的谚语。全市各地方还有各种不同的习俗，如官窑的“生菜会”、罗村的“乐安灯会”等。

佛山是珠三角“美食之乡”，是粤菜发源地之一，有“食在广东，厨出凤城”之说。一直以来，佛山以其民间食谱丰富、茶楼食肆林立、烹饪技艺精良而蜚声海内外。2004年和2011年，顺德区和佛山市先后被中国烹饪协会命名为“中国厨师之乡”“中国粤菜美食名城”。2014年12月，顺德区被联合国教科文组织评为“世界美食之都”。每年举办的“佛山美食欢乐节”，成为集美食、旅游、文化艺术为一体的盛大旅游节庆活动。

佛山秋色巡游场景。

【历史名人】 佛山市人文荟萃，人才辈出。

封建社会前期，广东出过九贤人，后人都尊他们为先贤，其中佛山占了四位：战国时南海人高固，东汉时南海人疏源，西晋南海人王范，晋代南海人黄恭。

自唐至清光绪三十年（1905年），佛山有文进士786人，武进士98人，举人近4000人。其中文状元5人、榜眼3人、探花3人、会元7人、解元25人。广东先后出过9位文状元，佛山占5位，澜石黎涌村的简文会，是南汉乾亨四年（920年）的状元；南海人张镇孙（今属顺德）是南宋咸淳七年（1271年）的状元；与简文会同村的伦文叙，是明弘治十二年（1499年）的状元；顺德人黄士俊，是明万历三十五年（1607年）的状元；顺德人梁耀枢，是清同治十年（1871年）的状元。

封建社会到朝廷做官的佛山人，很多都尽心

为国出力、为民办事。广东先后出过6位宰相，佛山占3位，如南海人方献夫（明嘉靖年间宰相）和顺德人黄士俊（明崇祯九年宰相，后再任南朝桂王宰相）等。另外，佛山人戴鸿慈是清宣统年间协办大学士，以“诤言”名世。佛山人庞尚鹏，历经明朝嘉靖、万历两朝，官居左副都御史，敢于与贪污腐败的官吏作斗争，民谣赞他“亮如水，猛如虎”，称他为“庞铁面”，当代人认为他是封建社会杰出的经济体制改革家。三水何维柏，生活于嘉靖、隆庆、万历三朝，官至尚书，敢于犯颜直谏，阻止皇帝几次劳民伤财的工程，坚决与奸臣严嵩作斗争。

在岭南文化形成、发展过程中，做出巨大贡献的佛山人如繁星闪烁。明朝诗坛“南园五子”，佛山占其二（孙蕡、王佐）；嘉靖年间“南园后五子”，佛山占其三（梁有誉、欧大任、吴旦）。万历年间的区大相，对岭南诗派的形成起到关键作用，被誉为“粤东诗派皆宗海目”。此后，有“岭南三大家”之陈邦彦、邝露；“岭南后三大家”之陈恭尹、梁佩兰；“岭南四家”之黎简、张锦芳、黄丹书，以及“岭南近代四家”之黄节、罗惇曧。绘画方面，有广东现存最早的古典绘画作品的作者、南海人颜宗，有明代开创水墨写意新派的林良，有“开启广东画坛新时代”的黎简，以及杰出画家苏仁山、苏六朋。近代则有被称为独树一帜的“新写实主义”画家的黄少强。文学小说创作方面，有《粤讴》的创作者招子庸，有近代小说巨子吴趼人。佛山是粤剧的发祥地，著名的粤剧艺术家有开粤剧改良先声的黄鲁逸，有“广东梅兰芳”美誉的千里驹，粤剧五大流派薛（觉先）、马（师曾）、桂（名扬）、廖（侠怀）、白（驹荣）都是佛山人。佛山是著名的“武术之乡”，在海内外影响广泛的武术名家有梁赞、黄飞鸿、叶问和李小龙等。

教育科技方面，有撰写童蒙课本《三字经》的宋末区适子；在西樵山设书院读书讲学，使西樵山成为远近闻名理学名山的明代霍韬、方献夫以及新会人湛若水；与陈澧并称广东大儒的清代朱九江；被称为广东第一位科学家的邹伯奇；被称为“中国铁路之父”的中国第一位铁路工程师詹天佑。

地处南海之滨的佛山，得风气之先，有一批广东最早“睁眼看世界”的人。南海人黄衷，嘉靖十五年（1536年）写成《海语》一书，是广东第一部影响较大的记述海岛及关于海外书籍。清嘉庆十四年（1809年）接种牛痘法传到澳门，南海人丘熹在澳门行医，亲身试种，鼓励亲友试种，效果甚佳。基督教由澳门传入内地后，高明人梁发在1823年成为第一位华人牧师。顺德人梁廷枏，1844年先后写成《夷氛闻记》《海国四说》，介绍欧美各国的情况。

鸦片战争后，一批爱国文人、华侨，学习西方工业革命的成功经验，办工厂，兴实业，使佛山成为近代中国民族资本主义工业的重要诞生地。他们之中，有创办中国近代首家民族资本新式企业——继昌隆缫丝厂的陈启沅；中国第一家民族资本机器造纸厂——宏远堂机器造纸公司的钟星溪；创办机器制造厂、生产出第一台国产柴油机的陈沛霖、陈拔庭、薛文森；创办南洋烟草公司、与英美烟草公司竞争的简照南、简玉阶兄弟。同时，产生一批高举爱国主义旗帜，以拯救中华民族为己任，寻找救国富民之路的仁人志士：较为突出的有合著《新政真铨》一书的何启、胡礼垣；发动和领导戊戌维新运动的康有为；与孙中山并称“四大寇”的尢列；追随孙中山，继承中山遗志，为革命做出杰出贡献的何香凝。黄花岗72位烈士中，佛山就有13位。

中国共产党成立后，每个历史时期，都有一批杰出的佛山儿女，为中华民族的解放，为共产主义事业英勇奋斗。他们中有广东中共党组织的创建者之一“高明三谭”（谭平山、谭植棠、谭天度）、党的好女儿陈铁军、被彭湃誉为“红色花木兰”的区夏民、参加省港大罢工和广州起义的中国工农红军杰出指挥员黄甦、大革命时期就组织农民武装与反动势力斗争的吴勤。

此外，跌打名医李广海，能工巧匠黄炳、陈渭岩，陶瓷工艺美术大师刘传等佛山杰出人物，在国内外都享有盛名。

（市地方志办）

行政区划

【综述】 佛山市总面积3797.72平方千米，下辖禅城、南海、顺德、高明、三水5个区。全市共有21个镇、11个街道。其中，禅城区面积154.1平方千米，辖南庄1个镇和祖庙、张槎、石湾镇3个街道；南海区面积1071.6平方千米，辖大沥、里水、狮山、丹灶、九江、西樵6个镇和桂城1个街道；顺德区面积806.6平方千米，辖乐从、龙江、杏坛、均安、北滘、陈村6个镇和大良、容桂、伦教、勒流4个街道；高明区面积937.8平方千米，辖杨和、更合、明城3个镇和荷城1个街道；三水区面积827.7平方千米，辖芦苞、大塘、白坭、乐平、南山5个镇和西南、云东海2个街道。

【地名管理】 2015年，佛山市依法审批命名建筑物、住宅区126宗，更名7宗；道路、街巷命名274条，更名3条。推进地名普查工作，在全市域采用大比例尺地图进行地名普查，组织市直相关单位及各区、镇（街道）分管地名普查工作的民政业务骨干开展佛山市第二次全国地名普查工作业务培训，并扎实开展地名普查宣传工作。完善路街牌设置维护，各区及时对丢失、损坏的路街牌进行修复和重新设置。

【边界管理】 2015年，佛山市组织开展第三轮行政区域界线联检，完成市级界线“广州－佛山”线及区级界线“禅城－南海”线、“高明－三水”线联检工作。开展创建平安边界活动，制定《2015年度佛山市“平安边界”创建工作意见》。全面落实市、区两级行政区域界线签约委托管理制度。加强与边界沿线的兄弟市、区、镇（街）平安边界共建活动，贯彻落实联席会议制度、联谊互访制度、情况通报制度、矛盾排查制度、纠纷调处制度和边界纠纷事件应急处理预案（简称“五制度一预案”），携手推进基层平安边界创建。开展各级界线管理工作大检查，实地检查界线、界桩日常管护情况，排查纠纷隐患问题。更换陈旧破损界桩，其中“佛山－清远”线更换7个，“佛山－云浮”线更换3个。及时重新埋设“佛山－中山”线被毁坏的5A界桩。

（吕龙锋）

人口与语言

【人口】 至2015年年末，佛山市总户数为116.8万户，比上年增加0.5万户，增长0.46%；全市总人口为388.97万人（注：根据公安部调整统计口径后的标准，全市常住人口中城镇人口360.78万人、乡村人口28.19万人），比上年增长0.87%。全市总人口中，禅城区总人口61.76万人、南海区总人口128万人、顺德区总人口128.49万人、高明区总人口30.12万人、三水区总人口为40.6万人。全市总人口中，男性193.12万人、女性195.85万人。全年出生登记5.6万人、死亡注销3.02万人，人口自然增长率为6.69‰；迁入2.69万人、迁出1.27万人，人口机械增长率为3.67‰。

至2015年年末，全市登记在册的外来人口457.23万人，同比增加7.66%；禅城、南海、顺德、高明、三水五区的外来人口分别为58.86万人、212.08万人、147.5万人、15.55万人和23.24万人。

（杨建梅）

【语言】 佛山市推广使用普通话，境内方言主要为粤语。

佛山方言的类别与分布：佛山境内粤语处于强势，客家话属于弱势，仅通行于三水、高明、南海部分区域。禅城区域大致等于佛山原来的市区，通行粤语，无其他方言。南海绝大多数居民使用粤语，仅有和顺鲁岗的北洲和猛冲、松岗唐联的燕溪、松岗显子岗的大坑等村落有约1000人使用客家话。按照特点的不同，南海粤语可分为五小片：一是桂城片，位于南海中部；二是大沥片，位于南海东部；三是官窑片，位于南海北部；四是九江片，位于南海南端；五是沙头片，位于南海西南部偏东。以上粤方言属于珠三角片（南番顺小片），但在桂城西约的岐阳与健龙、桂城东二的新村、桂城叠南的乐庆有居民使用四邑片粤方言，但不足1000人。九江镇的西岸为鹤山、高明所包围，语言较复杂，其中八村及六村的新地、下舍通行鹤山茶山话（茶山话归属暂不详）。顺德基本属于纯粤区，顺德粤语可分为五小片：一是大良片；二是陈村片；三是桂洲片；四是龙江片；五是均安片。其中龙江粤语接近四邑片方言。三水以粤方言为主，客家话则通行于迳口、六和、大塘、范湖等地的部分乡村。三水粤语分为五片：一是西南片；二是芦（苞）塘（大塘）片；三是金（本）白（坭）片；

四是迳口片；五是南（边）范（湖）片。高明多数地域使用粤语，只有合水西部的官山、鹿田少数乡村使用客家话，使用人口3000～4000人。高明粤方言的内部分片则大致为三片：一是以明城话为代表的中、西部方言，使用范围包括明城、新墟、更合等区域；二是以西安话为代表的北部方言，通行地域包括西安、三洲、富湾；三是以人和、杨梅为主的南部方言。

（淦述卫）

民族宗教

【综述】 据2010年第六次人口普查，佛山市有少数民族52个，常住人口25.97万人，占全市总人口3.6%，与第五次人口普查相比，少数民族人口增长了75.5%，其中1000人以上的少数民族有14个，分别是壮族132263人、土家族37384人、苗族27688人、瑶族22111人、布依族9463人、侗族8946人、彝族3801人、回族2889人、白族1967人、土族1772人、满族1343人、黎族1275人、仫佬族1218人、仡佬族1006人。少数民族人口来自全国各地，分布在全市各镇（街道）。

至2015年，佛山市有佛教、道教、天主教、基督教4个宗教。市一级宗教团体（按新的宗教团体统计口径，天主教、基督教两会分别按1个算）有4个：佛山市佛教协会、佛山市道教协会、佛山市天主教爱国会、佛山市基督教两会（三自会和协会）。区一级宗教团体有7个：禅城区佛教协会、禅城区基督教三自会、南海区道教协会、顺德区佛教协会、顺德区天主教爱国会、顺德区基督教两会、三水区基督教三自会。全市有宗教活动场所56个（佛教寺院17个、道教宫观6个、天主教堂12个、基督教堂点21个），教职人员280人，信教群众15万多人。

2015年，佛山市少数民族人士担任市、区两级人大代表10人、政协委员13人，宗教人士担任市、区两级人大代表5人、政协委员25人。

2015年，佛山市民族宗教工作围绕市委、市政府中心任务，认真学习贯彻党的十八届五中全会精神，深入开展“三严三实”专题教育，扎实做好城市民族工作，加强和创新宗教事务管理，促进民族宗教领域稳定。召开全市民族宗教工作会议，学习贯彻全省会议精神，推进民族宗教工作的开展，推进民族团结进步创建工作，开展具有民族特色的系列活动，促进社区各民族群众团结互助，推进仁寿寺改造提升工程建设，推动宗教界开展各项公益慈善活动，发挥宗教在促进佛山经济社会发展中的积极作用。宗教界全年开展扶贫慈善活动捐助合计100多万元。

【民族团结进步创建活动】 2015年，佛山市开展民族团结创建进社区、进企业活动等具有民族特色的系列活动，扩大民族团结的宣传。一是在各种媒体上大力开展民族团结、进步宣传，印制宣传资料，发放到各镇（街道）、社区等。二是举办“民族大团结创建幸福家——里水沙涌社区幸福之家DIY创意大赛”和“梦里水乡·和善家园”国庆民族嘉年华暨“情暖夕阳”庆重阳文化活动、“同在蓝天下民族大团结——里水沙涌国庆嘉年华”活动、“越运动越健康——里水沙涌最快乐运动嘉年华”活动等，把民族团结创建活动延伸到社区。三是开展民族团结进步模范企业创建活动，与有少数民族员工的企业联合举办各种活动，促进民族团结。

【宗教团体建设和宗教活动】 2015年1月26日，佛山市基督教召开第五次代表会议，选举产生市基督教三自爱国委员会和市基督教协会新一届领导班子，顺利完成换届工作。9月23日，市基督教三自爱国会在禅城区鲤鱼沙堂隆重举行纪念中国基督教三自爱国运动65周年活动，邀请省基督教两会的牧长回顾中国基督教三自运动的爱国历史，坚定走独立自主自办道路，参加活动的信徒800多人。2015年，市基督教两会按立牧师1名和长老1名。

同年，南海区西樵山云泉仙馆举办“西樵山‘大仙诞’文化节吕祖巡游”活动、宝峰寺举办南海观音文化节活动、三水区佛教本焕寺举办“三水首届佛教文化节”等，积极弘扬宗教传统文化。

（梁礼臻）

经济建设

【综述】 2015年，面对复杂多变的国内外经济形势，佛山市将稳增长作为经济工作的首要任务，及时出台31条保持经济稳定增长的具体措施，促进经济平稳运行。全市完成地区生产总值8003.92亿元，增长8.5%。其中，第二产业增加值4838.89亿元，增长7.6%；第三产业增加值3028.61亿元，增长10.3%；三次产业比重为1.7∶60.5∶37.8，第三产业占比创近年新高。财政税收稳健增长。全市地方一般公共预算收入完成557.43亿元，增长11.3%，其中税收收入398.75亿元，增长8.2%。

【固定资产投资】 2015年，佛山市发挥投资对稳增长的关键作用，狠抓重点项目建设，固定资产投资实现高位增长。全市固定资产投资完成3035.52亿元，增长16.2%，成为拉动经济增长的关键因素。第二产业投资增长26.5%，其中工业技改投资增长38.6%。第三产业投资增长10.5%，其中房地产开发投资增长13.5%。省、市重点项目建设稳步推进。省重点建设项目完成投资459.52亿元，为年度投资计划的120.9%；市重点建设项目完成投资222.71亿元，为年度投资计划的104.3%。

【消费市场】 2015年，佛山市抢抓消费升级机遇，大力开拓国内市场，培育发展消费新业态，消费市场保持平稳畅顺。全市实现社会消费品零售总额2687.22亿元，增长11.9%。批发零售业稳中有升，实现零售额2394.38亿元，增长12.4%。主要大类商品增长保持平稳。居民消费价格指数累计增长1.6%，较上年回落0.7个百分点。

【进出口】 2015年，佛山市突出稳定进出口对经济增长的支撑作用，大力拓市场优服务促转型，推动进出口企稳回升。全市进出口总额657.2亿美元，下降4.5%。其中出口482.1亿美元，增长3.2%；进口175.1亿美元，下降20.7%。利用外商投资形势依然严峻，全市合同利用外资金额28.99亿美元，下降22.3%；实际利用外资金额23.77亿美元，下降10.5%。

【制造业转型升级】 2015年，佛山市领衔打造珠江西岸先进装备制造产业带，出台《〈中国制造2025〉佛山行动方案》和《佛山市工业转型升级攻坚战三年行动实施方案》，获批国家制造业转型升级综合改革试点。全市规模以上先进制造业完成工业总产值7543.51亿元，增长15.2%，其中装备制造业5933.34亿元，增长15.9%。本田汽车零部件制造有限公司CVT变速箱项目投产，南车项目、佳明重工项目试产，福田汽车项目总装车间封顶，一汽－大众二期项目建设顺利。新引进千山药机医疗器械装备大健康产业基地等一批先进装备制造业项目。开展智能制造发展专项行动，实施“百企智能制造提升工程”，全省首个机器人产业发展示范区在顺德区启动，华南智能机器人创新研究院挂牌成立。佛山市依托智能制造推动产业结构优化升级成为范例，获得国务院通报表扬。加快新能源汽车推广应用，累计推广新能源汽车2613辆，超额完成省分解推广任务，建成充电桩（机）689个。招商引资有新成效，全市合计签约投资额超千万美元的外资项目71个，投资总额达53.85亿美元；签约投资额超亿元的内资项目321个，投资总额达2173.81亿元。

【第三产业】 2015年，佛山市深入实施提升服务业发展水平三年行动计划，推动第三产业加快发展。重点项目推进顺利，145个服务业重大项目完成投资331.44亿元，占年度计划投资的108.84%，智慧新城（启动区）、义乌小商品城、广东有色金属交易平台等28个项目完工。盈科（佛山）律师事务所、中兴通讯大数据产业园等一批服务业项目签约落户。服务业集聚区建设提速，中德工业服务区中欧中心正式启用，北京外国语大学南方研究院和德国研究中心正式揭牌，启动建设广东智能制造示范中心。广东金融高新技术开发区核心区累计引进知名金融机构和服务外包企业252家，投资及募集资金总额达525亿元，华南知识产权运营中心、广东－诺丁汉高级金融研究院正式揭牌。现代服务业发展势头良好，获批国家物流标准化试点城市，国通物流保税中心（B型）通过联合验收，积极创建国家级服务外包示范城市，文化、旅游、工业设计等产业，跨境电商、大数据等新兴业态加快发展。

至2015年，广东金融高新技术开发区核心区累计引进知名金融机构和服务外包企业252家，投资及募集资金总额达525亿元。图为广东金融高新技术开发区风貌。

【现代农业】 2015年，佛山市与广东省农科院签订农业科技合作协议。全市市级农业龙头企业达95个；有农民专业合作社160个，市级示范社46个，省级示范社16个，三水芦江水产专业合作社被评为国家级加工型示范社。高明区成功申报农业部新型职业农民培育项目县。

【创新驱动】 2015年，佛山市全面实施“互联网+”行动计划，成功举办首届中国（广东）国际“互联网+”博览会，百度、汉诺威、IBM等21个战略合作项目现场签约。佛山国家高新区获批建设国家自主创新示范区。科技创新深入推进。出台加快培育高新技术企业专项行动方案，培育国家级高新技术企业716家。实施科技企业孵化器倍增计划，全市共有国家级科技企业孵化器4家、国家级孵化器培育单位13家。加快建设新型研发机构，全市各类新型研发机构达25家，建有省级工程中心288家、市级工程中心463家。金融创新步伐加快。在全省率先出台全面性债券融资扶持政策，全市非金融类企业债券融资56亿元。企业融资专项资金规模扩大至15亿元。科技型中小企业信贷风险补偿基金运作顺利，累计授信企业107家、授信金额8.4亿元。新增“新三板”挂牌公司30家，南华仪器、伊之密在深交所上市，星徽精密登陆创业板，中国顺客隆控股有限公司、中盈盛达融资担保登陆港交所。新增股权投资机构50家，总数达276家，注册资本超398亿元。

【暖企行动】 2015年，佛山市出台《提振民营企业家信心促进创业创新的若干措施》，通过40条具体措施进一步解决制约民营企业发展的突出问题，促进民营经济健康稳定发展。落实各项清费减负政策，取消、免征、停征、降低124项行政事业性收费，全市减免各项税收128.76亿元。下调堤围防护费和价格调节基金，为企业减负5.2亿元。全市2015年主营业务收入超百亿元企业12家，其中超千亿元企业2家。

【经济体制改革】 2015年，佛山市复制推广自贸区试点经验，建设“不是自贸区的自贸区”。深化商事制度改革，企业登记实现“三证合一、两证一章同发”，试行企业注册登记同城通办。清理非行政许可审批类别，深化实施企业投资负面清单、审批清单、监管清单“三单”管理制度，实现企业投资建设审批“一窗受理、内部流转、联合审批、限时办结”。创新公共服务供给机制和投入方式，加快推广PPP模式（即公私合作模式，是公共基础设施中的一种项目融资模式），地铁2号线一期工程被纳入国家发改委PPP项目库，11个项目纳入广东省PPP项目库，建立市级PPP项目库，储备45个项目。

【农村综合改革】 2015年，佛山市农村综合改革深入推进。土地承包经营权确权登记颁证试点进展顺利，三水区完成99%以上。推进农村集体"三资"（资金、资产、资源）管理服务平台建设，农村集体资产管理交易平台和农村财务网上监控平台运行机制进一步升级完善，农村股权管理信息化平台建设扩面工作有序推进。全市进入平台交易的农村集体资产有10.5万宗，涉及合同标的总额568亿元，平均增值率达13.1%；全市农村集体财务均纳入农村财务监控平台监管。

【区域合作】 2015年，佛山市稳步推进实施《珠江三角洲地区改革发展规划纲要（2008～2020年）》，2014年度评估考核取得全省第四名。南海区与广州市荔湾区、顺德区与广州市番禺区、三水区与广州市花都区签署共建广佛同城化合作示范区框架协议，广佛地铁（西朗—燕岗段）、广佛肇城际轨道佛肇段通车，广州地铁7号线西延至顺德北滘获国家发展改革委批复；金沙洲大桥扩建、龙溪大道（广州西环—五丫口大桥段）快速化改造项目建成通车。广佛肇经济圈建设步伐加快，清远、云浮、韶关三市融入发展，共建"广佛肇清云韶"新型大都市圈。编制完成《粤桂黔高铁经济带合作试验区（广东园）发展总体规划（2015～2030年）》，并获省政府批复同意。成功举办粤桂黔高铁经济带合作试验区（广东园）建设工作现场会等系列活动，粤桂黔高铁经济带13个沿线城市达成合作项目71个，投资总额1021亿元。与中山市、江门市签订合作框架协议，推动佛中江协同联动发展。对口帮扶云浮市扎实推进，佛山（云浮）产业转移工业园累计入驻项目265个，总投资额404.14亿元。积极推进援藏援疆工作，对口援建项目全数启动。认真做好扶贫开发"双到"工作，顺利完成年度任务。

【基础设施】 2015年，佛山市大力推进基础设施建设，基础设施日益完善。佛山西站、广佛地铁二期项目进展顺利，地铁2号线一期站点陆续开工，地铁3号线工可报告与初步设计方案获批。江罗高速佛山段、广明高速西延线完工，广中江高速公路顺德段征地拆迁任务、广明高速陈村至西樵段一期工程顺利完成。魁奇路西延线、华阳大桥、东西大道、同济东路、三水桃园路西延线等19条市域"断头路"建成通车。佛山新港、澜石港补偿关闭工作有序推进，顺德了哥山港区建设进展顺利。

【城市升级】 2015年，佛山市启动城市升级两年延伸行动，128个升级项目建设次第开展，"一老三新"及组团城市建设不断提速，千灯湖公园获美国城市土地学会颁发的城市开放空间大奖，成为中国首个荣获该奖项的项目，城市升级逐步向城市升值迈进。南海区和狮山镇成为第二批国家新型城镇化综合试点。"三旧"改造深入推进，获全省2014年度"三旧"改造考核一等奖，截至2015年年底，全市实施"三旧"改造项目共1155个，总用地面积6946.67公顷，项目改造预算投入资金2185.15亿元。百村升级行动加快推进，首批13个古村落完成活化项目203个、30个城中村（旧居民社区）完成改造项目241个、48个新农村完成建设项目508个。

（陈永婷）

政治文明建设

依法治市

【综述】 2015年，佛山市以《法治广东建设五年规划（2011～2015年）》和珠三角法治创建示范区要求为抓手，推进全面依法治市，建设法治佛山。2015年，佛山市印发实施《佛山市按法治框架解决基层矛盾工作推进方案》；推进“法治区”和“法治镇街”创建；深化行政审批制度改革，共取消审批事项420项、向社会转移职能188项，市向区下放事权212项；全面推进“一门式”政务服务改革；地方立法权顺利落地，第一批地方性法规立法项目顺利推进；通过构建公共法律服务体系推进基层社会治理法治化，“一对一”市长法律顾问、一镇（街）一律师顾问团、“三官一师”（法官、检察官、警官、律师）直联村居等机制实施；全市公安机关侦破案件19142件，检察机关审查起诉案件9373件13468人，法院系统共执结案件35475件；全市行政执法与刑事司法“两法”衔接工作成员单位达115家；法治文化建设有序推进；顺利通过省对佛山市落实《法治广东建设五年规划（2011～2015年）》情况的考核验收。

【法治佛山建设】 2015年，佛山市委依法治市领导小组印发实施《佛山市按法治框架解决基层矛盾工作推进方案》，使佛山市法治建设工作与经济社会发展同步谋划、同步实施、同步推进。“法治区”创建和“法治镇街”创建工作有序开展，各区创建活动各有特色，三水区被评为全国创建法治县（市、区）先进单位。

【法治政府建设】 2015年，佛山市法治政府建设成绩突出。以深化行政审批制度改革为重点，争创示范区。把行政审批制度改革作为转变政府职能的突破口，再造审批服务流程，共取消审批事项420项、向社会转移职能188项，市向区下放事权212项，各区平均向镇（街道）下放事权255项。开创“一门式”政务服务改革模式。全面推动“一门式”改革。禅城“一门式”政务服务改革引起省、国家有关部门高度重视，获中央电视台《新闻联播》专门报道，入选2015全国创新社会治理典型案例“十大最佳”案例。加强行政管理体制建设，打造法治化、国际化的营商环境。以佛山建设全省法治化营商环境试点为契机，深入开展全面工作。推进地方立法权落地，为全面系统地建立具有佛山特色的法治政府打下坚实基础。第一批地方性法规立法项目中的《佛山市历史文化街区和历史建筑保护条例（草案）》《佛山市机动车船排气污染防治条例（草案）》由市政府以议案形式提请市人大常委会审议。

【社会治理法治化】 2015年，佛山市把通过构建公共法律服务体系推进基层社会治理法治化工作作为重要内容，各级部门主动化解社会矛盾的责任意识明显增强。继续实行“一对一”市长法律顾问、一镇（街）一律师顾问团制度，在村（社区）服务中心设置公共法律服务站，形成覆盖城乡、便捷高效的全市公共法律服务网络。首创并正式实施“三官一师”直联村居机制，让公益性法律服务惠及每位群众，打造“半小时法律援助服务圈”。推进全市网格化服务管理工作。各区科学划分各级网格，配齐、配强网格长、网格员等工作人员，建立健全走访、研判、考核、奖惩、培训等工作制度。

【司法公正】 2015年，佛山市司法工作有效开展。“两院”（法院、检察院）办案效能明显提升。全年全市公安机关侦破案件19142件，提请检察机关批准逮捕12919人，破案率44.6%。检察机关批准逮捕8017件12507人，不批准逮捕739件1401人；审查起诉9373件13468人，审查不起诉205件332人。法院系统共执结案件35475件，执行到位金额87.9亿元，为佛山经济建设、国富民安起到良好的保驾护航作用。“两法”衔接工作取得阶段性成果。至年底，全市“两法”衔接工作成员单位共115家，形成市、区两级同步运行工作体系，“两法”衔接工作取得阶段性成果。构建未成年人犯罪立体化防控体系。加强“佛山护航志愿服务队”建设，继续开展以预防未成年人违法犯罪和教育、感化、挽救失足未成年人为工作目标的专业志愿服务，引入涉罪未成年人心理测评与风险控制系统，全面加强对涉罪未成年人的心理、行为评定，促进检察机关作出对涉罪未成年人最有利、最适合的决定与相关措施。

【法治文化建设】 2015年，佛山市重视法治文化建设。市委依法治市办与市普法办经过多轮现场调研、评估、考证，评定“657普法（法治文化）品牌”单位79家。市委依法治市办与市普法办共同做好普法教育工作，不定期组织各类普法培训，加强法律进机关、进乡村、进社区、进学校、进企业、进单位“法律六进”活动。重点开展对领导干部、青少年、外来务工人员等的宣传教育。市委依法治市办坚持办好《佛山依法治市简报》。

【市委依法治市领导小组第20次全体会议】 2015年5月6日，中共佛山市委依法治市领导小组召开第20次全体会议。会议传达全省依法治市办公室主任会议暨按法治框架解决基层矛盾试点工作推进会精神，讨论研究并通过《2014年依法治市工作总结》《2015年依法治市工作要点》《佛山市按法治框架解决基层矛盾工作推进方案》和《关于通报表彰我市法治建设成绩突出单位的决定》等4份文件。市委书记、市委依法治市领导小组组长刘悦伦作重要讲话。

刘悦伦强调，法治是推进治市理政的“利器”，要紧密结合佛山实际，在做好设区的市立法权准备工作、推进法治政府、公正司法、法治社会建设上加大工作力度，形成有法可依、有法必依、执法必严、违法必究的良好格局。

【法治镇街创建工作调研】 2015年5月，佛山市委依法治市办公室组织市人大常委会部分委员、市人大代表、市综治办负责人赴五区相关镇（街），对佛山市“法治镇街创建工作”进行调研。

调研组认为，各区严格落实《广东省法治镇（乡）创建工作评价标准（试行）》，创建工作框架基本成型，基层社会治理法治化稳步推进，镇（街）法治环境有明显的变化，法制镇街创建工作推进比较顺利。

调研组发现，佛山市法治镇（街）创建工作仍存在一些不容忽视的问题。一是创建工作开展不平衡，创建势头参差不齐。二是创建工作协调、联动力度不够。三是创建工作考评机制“粗线条”，可操作性不强。四是创建工作社会参与度不够广泛深入。同时，调研组还为佛山市“法治镇街创建工作”提出建议。

（梁倩婷）

依法行政

【综述】 2015年，佛山市依法行政工作围绕推进“法治佛山”建设，建设人民满意政府等市中心工作，出台《佛山市重大行政决策专家咨询论证办法（试行）》和《佛山市重大行政决策征求公众意见办法（试行）》，健全重大行政决策机制；全面推进“一门式”政务服务改革，打造政府服务“佛山模式”；健全行政审批标准化、行政服务标准化，编制完成《政府服务体系审批服务事项通用指导目录》，审核确定1373个审批服务事项的办事指南；创新社会治理方式，建立一镇（街）一律师顾问团制度、“半小时法律援助圈”机制；积极应对新《中华人民共和国行政诉讼法》实施；依法行政考评工作首次引入第三方评估，对4个区（禅城、南海、高明、三水）、22个镇（街道）、29个市直部门2015年度依法行政情况进行评估。根据广东省法治政府绩效满意度报告，佛山法治政府绩效满意度位居全省地级市之首。

【依法行政考评首次引入第三方评估】 2015年，佛山市在全市依法行政考评工作中，首次引入第三方开展社会满意度调查工作。市依法行政工作领导小组委托第三方机构华南理工大学政府法治评价与研究中心对4个区（禅城、南海、高明、三水）、22个镇（街道）、29个市直部门2015年度依法行政情况进行评估。评估分数按30%的比例纳入各考评对象的年度依法行政工作总成绩。

【重大行政决策机制进一步健全】 2015年10月，佛山市府办公室发布《佛山市重大行政决策专家咨询论证办法（试行）》和《佛山市重大行政决策征求公众意见办法（试行）》。两“办法”作为2013年出台的《佛山市重大行政决策程序规定》的配套制度，促进佛山市重大行政决策机制的进一步健全。同年，佛山市还构建多形式、多层级的政府法律顾问体系，逐步实现法律顾问工作从市、区、镇（街道）、村（社区）的全覆盖。

【行政审批标准化及行政服务标准化】 2015年，佛山市编制完成《政府服务体系审批服务事项通用指导目录》，审核确定1373个审批服务事项的办事指南，并逐步在廉政风险科技防控体系建设、网上办事大厅、“一门式”政府服务体系建设中应用。推行细化要件标准，细化流程标准，细化、量化裁量标准，制定信息化管理标准，建立廉政风险防控应用标准的行政审批“五标准”。

【地方立法权促进依法行政】 2015年5月28日，佛山首次获得地方立法权，政府法制机构积极推动地方立法工作，以地方立法促进依法行政。市政府出台《佛山市人民政府拟定地方性法规草案和制定地方政府规章程序规定》，推进精细立法、精准立法。佛山市第一批地方性法规立法项目中的《佛山市历史文化街区和历史建筑保护条例（草案）》《佛山市机动车船排气污染防治条例（草案）》由市政府以议案形式提请市人大常委会审议。

【法治政府绩效满意度全省第一】 2015年7月，华南理工大学政府绩效评价中心发布《2014年度广东省法治政府绩效满意度报告》，全省21个地级以上市法治政府绩效满意度佛山居全省第一，其中服务效率、总体表现、社会治安等指标，佛山均跻身全省三强。该报告是华南理工大学政府绩效评价中心连续第二年开展此项第三方评价，评价指标共10项，分别是政策公平、执法公正、政务公开、服务态度、服务效率、政府廉洁、市场监管、社会治安、依法行政和总体表现等。

（黄焯怡）

基层政权建设

【综述】 2015年，佛山市共有村委会328个，其中禅城区54个、南海区67个、顺德区108个、高明区51个、三水区48个；共有居委会411个，其中禅城区90个、南海区182个、顺德区96个、高明区21个、三水区22个。2015年，佛山积极探索创新基层社会治理，推动全市社区公共服务综合信息平台建设，全国社区治理和服务能力建设示范培训班暨社区公共服务综合信息平台建设经验交流会在佛山禅城召开；启动开展“社区减负”工作，研究和推进“建立社区行政事务事项准入制度”“制定社区行政事务事项三个清单”“建立社区工作综合考核评比指标体系”等社区减负专项行动；完善社区民主协商机制，至2015年，全市建立“社区参理事会”“社区决策咨询委员会”“家乡建设委员会”“村（居）议事监事会”等民主议事和决策机构690个；完善基层民主监督制度，村（居）务公开工作进一步加强，《佛山市关于加强村务监督委员会建设的指导意见》出台。

【社区建设】 2015年，佛山市加快推进社区公共服务综合信息平台建设。禅城区“一门式”政务服务体系改革得到民政部和省的认可。3月17日，全国社区治理和服务能力建设示范培训班暨社区公共服务综合信息平台建设经验交流会在禅城区召开，民政部副部长顾朝曦致辞并充分肯定佛山在社区公共服务综合信息平台建设方面取得的成效，要求全国各地借鉴学习。市委、市政府把在全市推广“一门式”政务服务体系改革列入《佛山市2015年重点改革专题》，并印发《中共佛山市委　佛山市人民政府关于全面推进佛山市“一门式”政务服务创新体系建设实施意见》。完成2014年以来全市“城乡社区建设提升年”工作的验收总结。市民政局联合市委组织部印发《佛山市社区减负工作方案》，启动全市社区减负工作，研究和推进“建立社区行政事务事项准入制度”“制定社区行政事务事项三个清单”“建立社区工作综合考核评比指标体系”等社区减负专项行动。构建“三社联动”社区服务机制，学习“三社联动”“政社互动”先进经验，起草佛山市“三社联动”实施方案，加快形成以社区为平台、社会组织为载体、社会工作者为支撑的协调联动的社区服务机制。

【社区治理】 2015年，佛山市深化社区协同共治，探索推进社区协商建设。各区结合自身特点，在现有村（居）民会议的基础上，加大力度推进组建参理事会、议事会、议事监事会等民主协商组织，作为村（居）民议事和监督村（居）务的常设机构，拓宽公众参与渠道。至2015年，全市建立“社区参理事会”“社区决策咨询委员会”“家乡建设委员会”“村（居）议事监事会”等民主议事和决策机构690个，进一步保障群众参与民主管理和民主决策的权利。3月，民政部调研组到三水区调研“创新基层社会治理”工作，充分肯定村（组）议事会和家乡建设委员会建设经验。部署开展社区网格化治理示范点工作，确定南海区里水镇金溪社区、狮山镇罗湖社区作为市级社区网格化治理示范点创建单位。8月，《乡镇论坛》杂志社、民政部当代基层民主促进中心在佛山举办“社区创熟：社区善治的有益探索”主题论坛，并推介南海区打造“熟人社区”工作经验。

【村（居）务公开】 2015年，佛山市大力宣传贯彻《广东省村务公开条例》，印发《佛山市民政局 佛山市司法局关于转发加强〈广东省村务公开条例〉宣传贯彻工作的通知》，要求各区把城乡基层作为《广东省村务公开条例》宣传教育实施的重点区域，开展为期2个月的《广东省村务公开条例》示范性宣传活动，采取电视、广播、报刊、网络、公开栏等多样有效的宣传教育形式，结合律师服务村（居）、村（居）务公开民主管理示范单位创建等工作，进一步增强基层干部群众的村（居）务公开法律意识，提高基层民主监督水平。

升级改造全市农村（社区）党务村（居）务公开栏。市民政局、市委组织部联合推进加强农村（社区）党务村（居）务公开栏规范化建设工作，各区参照“广东省农村（社区）党务村（居）务公开栏指导模板样式”，严格落实“选址恰当、设置规范、版面统一、全面实施”的要求，结合实际进行公开栏升级改造和公开工作规范化建设。至2015年年底，全部村居完成了公开栏升级改造，升级改造后的公开栏规格较高，美观实用。

农村社区建设工作不断推进。继续开展全市农村社区建设示范点创建，确定三水区西南街道洲边村、芦苞镇西河村为2015年度农村社区建设示范点，推进农村社区建设工作。以上两个示范点按照农村社区建设示范点创建内容，不断完善以村民自治为基础的农村社区治理机制，促进流动人口有效参与农村社区服务管理，畅通多元主体参与农村社区建设渠道，推进农村社区法治建设，提升农村社区公共服务供给水平，推动农村社区公益性服务、市场化服务创新发展，强化农村社区文化认同感。

【基层民主监督】 2015年，佛山市组织全市各级民政部门学习新出台的《广东省村务监督委员会工作规则》，贯彻落实对加强村务监督委员会建设的新要求。召开全市村（居）务监督委员会建设工作推进会，研究解决村务监督委员会成员待遇和工作经费等问题，并部署相关工作任务。出台加强全市村务监督委员会建设的指导意见。经市委基层治理领导小组同意，市民政局、市监察局、市财政局联合印发《佛山市关于加强村务监督委员会建设的指导意见》，要求各区按照《广东省村务监督委员会工作规则》及该指导意见要求，制定符合各区实际的实施细则，从组织形式、权利义务、运作机制、奖励惩戒等方面，全面规范和强化村务监督委员会的建设。2015年年底，市民政局会同市委基层治理领导小组、市监察局、市财政局等部门对各区村务监督委员会规范化建设工作进行督查，听取各区关于村务监督委员会建设情况的汇报，了解各区执行《广东省村务监督委员会工作规则》的进展成效，以及在执行过程中遇到的问题及对策建议。

（吕龙锋）

精神文明建设

【综述】 2015年，佛山市精神文明建设工作以培育和践行社会主义核心价值观为主线，以提高城市文明程度和市民文明素质为根本，深化群众性精神文明创建活动，深化公民思想道德建设，全力打造“志愿者之城”和“乐善之城”，弘扬主旋律、汇聚正能量、树立新风尚，用文明的力量持续助推城市升值。

2015年，佛山市加强培育和践行社会主义核心价值观，以打造“乐善之城”和“志愿者之城”为目标，面向重点人群开展社会主义核心价值观进机关、进学校、进企业、进农村、进社区、进家庭行动等；加强公民思想道德建设，深入开展“我推荐，我评议身边好人”活动等；加强社会道德风尚建设，在全市组织开展文明风尚系列主题月实践活动等；深入开展群众性文明创建工作，至2015年，佛山市共有全国文明单位7个、文明镇3个、文明村5个，有广东省文明单位（窗口）33个、文明镇4个、文明村（社区）31个；推进诚信制度化建设，印发《佛山市推进诚信建设制度化实施的意见》；志愿服务工作继续向纵深推进，重点推广南海区桂城街道“社工＋志愿者”社区志愿服务模式，并在全市首次开展最佳志愿服务“四个十”（10名最美志愿者、10个最佳志愿服务项目、10个最佳志愿服务组织、10个最美志愿服务社区）推荐命名活动；推进未成年人思想道德建设纵深发展，在全市中小学生中深入开展“做一个有道德的人”“我的中国梦”“扣好人生第一粒扣子”等主题活动。经过四年努力，佛山市成功创建成为“全国文明城市”“全国未成年人思想道德建设工作先进城市”。

【佛山市获“全国文明城市”称号】 2015年2月28日，全国精神文明建设工作表彰暨学雷锋志愿服务大会在北京隆重举行，佛山市获“全国文明城市”和“全国未成年人思想道德建设工作先进城市”两项荣誉。佛山市创建全国文明城市工作从2011年1月开始，到2015年历经四年时间创建成功。其间，2011年获得全国文明城市提名资格。四年里，全市各级、各单位创建办累计抽调3791人次专职从事“创文”工作。全市市民群众累计参与各类文明创建活动1630万人次。

2015年3月18日，佛山市召开创建全国文明城市工作总结暨2015年全市精神文明建设工作大会，市委书记刘悦伦发表讲话，市长鲁毅宣读《中央文明委关于表彰第四届全国文明城市（区）、文明村镇、文明单位的决定》。市领导刘悦伦、鲁毅、杨晓光、杨建华、冯德良和省文明办常务副主任林海华，共同为佛山“全国文明城市”“全国未成年人思想道德建设工作先进城市”牌匾揭幕，还为同批获“全国文明村镇”的南海区丹灶镇、顺德区乐从镇沙边村，获“全国文明单位”的市公安局交通警察支队、禅城区祖庙街道铁军社区、广东电网公司佛山高明供电局授牌。

【社会主义核心价值观培育和践行】 2015年，佛山市文明办联合市委宣传部等部门，启动“乐善365”行动计划。以打造“乐善之城”和“志愿者之城”为目标，面向重点人群开展社会主义核心价值观进机关、进学校、进企业、进农村、进社区、进家庭行动。在全市未成年人中培育和践行社会主义核心价值观，开展“文明佛山·快乐成长”社会主义核心价值观进校园系列活动，在全市各类学校开展活动10场，将优秀的舞台艺术与社会主义核心价值观有效结合，在给未成年人带来欢乐的同时，也让他们受到熏陶和感染。结合传统节日组织开展各项主场活动，传播社会主义核心价值观。春节期间开展“挂灯笼”和“传递价值观，春联送万家”等系列活动，悬挂社会主义核心价值观灯笼

1万多个，开展送春联活动100多场；元宵期间市各部门联合组织“慈善万人行”，发扬乐善好施的优良传统；端午节期间，全市开展龙舟赛等传统民俗活动20余场，顺德区启动“我们的节日——端午”画龙点睛仪式；“七夕”在高明区开展“情浓七夕、心暖佛山”主题活动；中秋节在全市部署开展“我们的节日·中秋”主题活动，与佛山图书馆联合开展包括迎中秋古诗文吟诵会、古琴诗歌音乐会等16个传统节日文化主题活动；重阳节在三水区白坭镇开展孝老敬老活动。

【公民思想道德建设】 2015年，佛山市深入开展“我推荐，我评议身边好人”活动，积极推荐、报送候选“好人”，启动2015年度“佛山好人”推荐命名活动。通过单位推荐、媒体推荐、群众推荐或自荐等方式，经初评、网络宣传、网络投票、“三个一票否决”审核及专家复评，最后产生2015年度“佛山好人”20人，并于10月底举行命名仪式。2015年佛山市共有5人成功入选“广东好人”和1人入选“中国好人”（其中，顺德区入选“中国好人”1名，“广东好人”2名；南海区入选“广东好人”2名；高明区入选“广东好人”1名）。至年底，佛山市共有国家级道德模范1人、省级道德模范2人；入选“中国好人”榜8人、“广东好人”榜13人；历届佛山市美德之星和“佛山好人”共计165人。在推荐命名好人的同时，广泛开展学习宣传活动。3月下旬，在顺德区举行全市道德模范和身边好人巡讲巡演活动启动仪式；在佛山文明网、广佛都市网等多家网站开设“学习宣传道德模范和身边好人”专题专栏，点赞及转发“好人365”的道德模范、身边好人宣传内容；全市组织开展好人典型事迹进村镇、进社区、进机关、进企业、进学校、进军营“六进”巡讲巡演活动136场，在机关、企事业单位、学校、农村、社区组织开展学习道德模范“三个一”活动（即制作一期宣传道德模范专栏活动、开展一系列道德评议活动、开展一系列主题实践活动），推动全社会形成“有德光荣、无德可耻”的舆论氛围。

【社会道德风尚建设】 2015年，佛山市深入推进弘扬良好社会道德风尚活动。印发《佛山市2015年道德风尚月主题实践活动通知》，积极培育和践行社会主义核心价值观，弘扬良好的道德风尚，培养市民良好行为习惯，进一步加强市民社会公德、职业道德、家庭美德、个人品德教育。7～11月，在全市组织开展文明风尚系列主题月实践活动，分别为文明旅游主题宣传月、文明交通主题宣传月、文明礼仪主题宣传月、文明餐桌主题宣传月、网络文明主题宣传月五大主题活动。印发《关于进一步加强佛山市文明旅游工作实施意见》，倡导文明旅游、安全旅游、环保旅游的理念。以酒店、餐饮业为载体，广泛开展文明餐桌宣传，倡导绿色环保、节俭用餐、文明用餐的良好习惯。制定文明旅游、文明交通专项测评方案，委托第三方进行测评。

【群众性精神文明创建】 2015年，佛山市深入开展群众性文明创建工作，推进创建活动向基层延伸。市、区两级文明办联合对2000年以来的国家级、省级文明村、文明社区、文明镇（街道）和文明单位（窗口）进行督导，对2000年以来的佛山市文明村、文明社区、文明镇（街）和文明单位（窗口）进行复查，对2014年全市农村文明创建30个重点扶持项目进行跟踪检查。选树命名一批市级文明村、文明社区、文明镇（街道）和文明单位，将文明创建工作向“两新组织”（指新经济组织和新社会组织）和国有企业延伸覆盖。至2015年年底，佛山市共有全国文明单位7个、文明镇3个、文明村5个；广东省文明单位（窗口）33个、文明镇4个、文明村（社区）31个；佛山市文明单位（窗口）49个、文明镇24个、文明村（社区）21个。

在三水区组织召开佛山市第二批文明单位与村（社区）结对共建经验交流暨部署动员现场会，佛山市国家税务局等30家市级以上文明先进单位与高明、三水区各推选的15个村（社区）签订结对共建协议书，开展文化志愿服务、挖掘乡贤文化、参与特色村（社区）建设等结对共建，提高全市精神文明建设工作水平。结合百村升级计划，市文明办与市升级办联合印发《结合百村升级行动同步推进百村文明创建的通知》，充分考虑古村落、新农村和城中村（旧社区）三个类别特点需求，对列入全市百村升级计划的108个村（社区），2016年年底以前要达到本区基层文明创建先进示范水平，其中包括30个特色古村落活化、30个城中村（旧社区）改造及48个新农村建设工作，逐步成为市级文明村（社区），初步探索出百村升级行动与文明村（社区）创建协同推进的新途径。按不同类别推荐特色创建村（社区），选定重点扶持村（社区）并给予一定的经费扶持，着力打造12个富有特色、具有相当水平的慈善村、志愿村、孝德村、书香村等类型多样的文明村（社区），最终形成特色创建经验和标准。

【诚信建设】 2015年，佛山市文明办印发《佛山市推进诚信建设制度化实施的意见》，切实加强全市诚信建设工作力度；在禅城区东方广场组织开展“文明大佛山、诚信我参与”大型活动，现场发布和链接企业产品质量“红黑榜”400余万条，挖掘百年老店5家，设置诚信咨询点33个，该系列活动在中央电视台新闻播出；依托“3·15”消费者权益日和“6·14”信用信息记录日等节点，开展诚信建设户外宣传展示活动，强化佛山市社会信用体系建设。中央电视台新闻频道、中国文明网在“要闻栏”专门推广佛山市诚信建设相关做法和经验。

【志愿服务】 2015年，佛山市志愿服务工作继续向纵深推进。积极发挥市文明办统筹协调作用。对不同类型社区开展志愿服务模式调研，印发《佛山社会建设》等相关材料。佛山市报送的《创新机制推动学雷锋志愿服务常态化》入选中宣部编撰的《宣传工作创新百例》。重点推广南海区桂城街道“社工＋志愿者”社区志愿服务模式，支持南海区志愿服务制度化再升级。按照省文明办要求，以南海社区志愿实践为基础，探索一套可操作、可复制、可推广的社区志愿服务模式，印制《佛山市南海区社区志愿服务工作指引》，省文明办领导批示可以全省推广。结合佛山实际，在全市首次开展最佳志愿服务“四个十”推荐命名活动，在全市范围内综合评选命名10名最美志愿者、10个最佳志愿服务项目、10个最佳志愿服务组织、10个最美志愿服务社区，并举办2015年佛山最佳志愿服务授勋仪式，宣传推介志愿服务典型事迹，社会反响较好。

【未成年人思想道德建设】 2015年，佛山市推进未成年人思想道德建设纵深发展。在全市中小学生中深入开展“做一个有道德的人”“我的中国梦”“扣好人生第一粒扣子”等主题活动；清明期间在禅城区开展全市“网上祭英烈”启动仪式，网上点击量474万人次，居广东省第一；“六一”前夕，全市共评选出20名“美德少年”，并通过《佛山日报》、佛山文明网等媒体进行宣传，号召全市中小学生向他们学习；“七一”“童心向党”歌咏展演活动在南海区九江镇沙头中心小学举办，节目视频在中国文明网进行展播；“十一”向国旗敬礼活动在三水举办，升旗仪式照片在未成年人网“我们这里升国旗”专栏展播；在中国文明网、未成年人网组织的“看大好河山　讲中国故事”中华小导游征集活动中，佛山市推荐的3名小导游均进入全国十强，拍摄的特色古村落、佛山武术、岭南文化等视频在未成年人网平台进行展播，较好地传播了佛山历史和岭南文化。

市文明办对全市学校少年宫数量、分布及比例进行了走访调研、摸底调查。完成中央彩票公益金支持乡村学校少年宫申报，印发《佛山市进一步加强和规范学校少年宫使用管理的意见》，对全市学校少年宫的基础建设、运行制度及保障机制等作相关规定。截至2015年10月，佛山市学校少年宫数量达到97所、66.8万中小学生受惠，其中中央彩票公益金支持建设的乡村学校少年宫达到20所。10月底，广东省乡村学校少年宫项目培训班在佛山市举办，并现场参观张槎中心小学和南庄中心小学学校少年宫在培训班上作经验交流。

（任　杰）

社会建设

【民生保障持续改善】 2015年，佛山市以大众创业带动就业，促进创业5425人，带动就业26750人。积极举办“春风行动”“南粤春暖行动”等专项活动，全市新增转移就业劳动力1.45万人，新增就业8.27万人。提高养老保险待遇水平，企业退休职工月人均基本养老金由2438元增至2693元，城乡居民基本养老保险基础养老金调升至155元/月。新增收养性养老床位16128张，全市养老床位达到29429张。提高底线民生保障，在全省率先实现统一城乡低保补差水平，城乡低保标准调整为590元/月。保障房建设提前完成省下达5000套的全年任务，基本建成7485套。启动12次低收入群体临时价格补贴与物价上涨联动机制，发放补贴1646万元。根据北京师范大学等联合发布的“2015中国民生发展指数报告”，佛山市排名全国地级市第五位。

【社会事业发展】 2015年，佛山市社会事业不断进步。教育事业全面发展，现代职教体系建设改革试点项目获“2015中国可持续发展城市范例奖”。全市义务教育民办学校均通过省义务教育标准化学校评估。申报国家学前教育改革试验区，构建以公益普惠性幼儿园为主体的学前教育公共服务体系。省市共建研究生联合培养基地，推动佛山科学技术学院建设广东省高水平理工科大学。顺利通过国家卫生城市复审。进一步改善医疗服务，启动疾病应急救助制度，全年支付疾病应急救助资金829.7万元。文化体育事业精彩纷呈，获批创建国家公共文化服务体系示范区，成功举办2015广东国际旅游文化节，启动“佛山韵律 和风鸣畅”系列活动，评选出十大区域文化产业品牌。市文化馆新馆土建基本完成，佛山大剧院主体建筑封顶。获批国家体育产业联系点城市，成功举办亚洲俱乐部杯龙舟赛、高尔夫欧巡挑战赛、国际拳联职业拳击赛暨里约热内卢奥运会资格赛49公斤级比赛等精彩赛事，成功申办2016年全国游泳冠军赛和2019年男篮世界杯。

【社会管理改革稳步推进】 2015年，佛山市创新基层社会治理模式，深化社区协同共治，全市559个民主议事和决策机构进一步发挥作用。开展社区网格化治理示范点工作。推进社会组织建设，投入专项扶持资金590万元，全市共有社会组织5567家，同比增长19.6%。加快专业社工发展，全市持证社会工作者达4465人。探索推进社区志愿服务标准化，推广“社工＋志愿者”社区志愿服务模式，全市登记在册的志愿者人数达68.53万人，所占常住人口比位居全省前列。深入推进医药卫生体制改革，巩固基本药物制度，各级医疗机构均达到规定使用比例。推进社会办医，新注册非公立执业医疗机构65家。推进分级诊疗，推动医疗资源进一步下沉。推行家庭医生式服务，新增14个家庭医生式服务市级示范点，累计与38万多名居民签订服务协议，提供上门诊疗服务22万人次。

【社会秩序稳定和谐】 2015年，佛山市创建广东省食品安全城市试点，实施食品安全网格化监管试点，建成无公害农产品产地85个、市级“菜篮子”基地45个、“阳光厨房”2285间。实施安全生产“三大行动计划”，全面排查生产安全事故隐患。扎实推进“平安佛山”创建工作，治安立体化防控体系逐步完善，专项打击整治行动成效明显，社会秩序保持和谐有序。

（陈永婷）

【社会体制改革工作有序推进】 2015年，佛山市启动社会体制改革工作。以市委办、市府办“两办”名义印发《佛山市深化社会体制改革主要任务及分工方案》，确定5个方面的工作任务，分别是：保障和改善民生、创新基层社会治理、加强社会组织服务管理、强化社工及群团组织作用发挥、创新社会治理手段，共24项任务。明确各单位责任，建立工作台账、信息通报、督查督导等工作制度，确保工作责任落实到位。市各有关部门严格按照改革任务要求抓落实，各项改革工作得到有序推进，达到了各项改革任务启动率达100%、要求在2015年年底前完成的任务实现100%完成的“双百”目标效果，有的工作还实现超前超额完成并得到社会的高度认可。

各区在落实省、市的部署做好“规定动作”的同时，也创造性地探索推出系列“自选动作”。禅城区社工委创新开展“社区公益创客”大赛，通过发挥区域化党建“1＋N＋X”的作用，广泛发动社会各界参与社会公益事业，取得较好成效；南海区社工委创新探索“社案制”（指政府部门、咨询机构、自治组织、社会组织、针对群众共性需求或社会问题，经过特定程序形成问题解决方案，从而改善政府公共服务的协同共治机制），并联合区委党联部选取里水镇作为试点区域，探索推进“社案制”与“党员干部直联制”融合，在功能、程序和主体上加以对接、整合，实现更加广泛地听取民意，更好地解决实际民生问题；顺德区社工委在全国率先开展社会企业认定工作，认定首批社会企业3家、观察型社会企业6家，更好地引导社会资本以商业模式解决社会问题，扩大社会企业影响力。

【社会服务创新】 2015年，佛山市社会服务工作创新发展。

增强政府购买社会服务力度。全市各级政府购买社会工作服务资金总额达1.6亿元，比2014年增长50%。市级和部分区还设立社会组织扶持发展资金、社会建设创新项目资金、公益创投资金等项目。

拓展社会服务提供范围。全市各级各部门向社工机构购买的社会服务项目数达800个，覆盖社会救助、养老、困难职工、青少年、妇女儿童、残疾人、社区矫正、医务服务、社区发展等各个领域。各区社工委也积极联合相关部门开拓不同领域的社会服务项目，比如：禅城区探索引入司法社工；南海区推动“新南海人梦家圆”“小候鸟驿站”等各类主题鲜明的社会服务项目；顺德区推动建立多家残疾人康复中心和庇护工场，同时在杏坛镇逢简村等7个村（社区）引入社工服务，试点开展社区营造项目；高明区积极推动社工进社区、学校和企业；三水区引入社工进入产业社区，为产业工人提供社会服务；等等。

完善社会服务发展机制。在社会服务发展规划方面：佛山市深入开展专题调研，草拟“十三五”时期社会服务发展规划；南海区、顺德区启动“十三五”时期社会服务建设规划。在社会服务标准化建设方面：禅城区制定《禅城区社会工作服务项目绩效评估实施办法》；顺德区制定《顺德区社会服务标准（试行）》，统一规范全区的社会服务评价标准；南海区从医务社工、“职工·家”服务标准的制定入手，积极探索建立起全区统一的社会服务质量标准体系；市妇联探索构建家庭社会工作服务标准体系，在全市各镇（街）家庭综合服务中心推行全市均等、专业、优质的社工服务标准；市民政局在两个养老机构开展试点，探索养老服务标准化建设。

2015年6月24日，佛山市市长鲁毅带队到南海桂园社区对佛山市居家养老服务体系建设工作进行调研。

【社会组织力量快速增强】 2015年，佛山市规范发展社会组织，壮大社会工作人才队伍，彰显志愿服务力量，社会组织力量快速增强。开展“社会组织综合管理年”活动，制定专项工作方案，确定“全面摸底、强化服务、有效管理”三大项共38小项任务，明确责任单位和各项任务完成的时间节点，强化各部门的协作分工。各区、市有关部门积极落实工作方案，创新工作方法，有效促进全市社会组织发展。各区社工委也依托社会组织孵化基地、社会创新园、社会创益园、社会创新基金等平台，加大对社会组织发展的扶持力度。截至2015年年底，全市共有社会组织5557家，其中注册登记3965家、备案1602家。

制定《佛山市社会工作专业岗位设置及社会工作专业人才激励保障的指导意见（征求意见稿）》。全年全市1220人通过全国社会工作者职业水平考试。至2015年年底，全市取得社工职业水平证书人数达4465人，每万人（常住人口）拥有社工数达6人。另外，积极推动探索建立社会工作员评价制度，对未通过国家社会工作者职业水平考试、但已经在社会工作领域从事一线工作的“准社工”，通过一定课时的专业培训，登记为“社会工作员”。至2015年年底，全市共有1369人通过社会工作员考试。

按照打造“志愿者之城”目标，草拟《佛山市建设“志愿者之城”三年（2016～2018年）行动计划》。探索推进社区志愿服务标准化，推广“社工+志愿者”社区志愿服务模式，指导印制《佛山市南海区社区志愿服务工作指引》，并在全市推广。在全市首次开展最佳志愿服务“四个十”（10名最美志愿者、10个最佳志愿服务项目、10个最佳志愿服务组织、10个最美志愿服务社区）。推荐命名活动，举办2015年佛山最佳志愿服务授勋仪式。至2015年年底，全市登记在册的志愿者68.53万人，所占常住人口比位居全省前列。

【社会建设共建共享】 2015年，佛山市社会建设共建共享治理格局逐步形成。一是发扬城乡社区协商民主。探索推广“熟人社区”工作，以专项课题研究的形式，在全市选取3个社区试点推广南海区桂城街道创建“熟人社区”的社区治理和服务方式的创新经验和做法。各区结合自身特点，在现有村（居）民会议的基础上，进一步加大力度推进组建参理事会、议事会、议事监事会等民主协商组织，作为村（居）民议事和监督村（居）务的常设机构，拓宽公众参与渠道。截至2015年年底，全市共建立起559个类似“社区参理事会”的民主议事和决策机构。佛山还选取顺德区乐从镇为试点区域，探索创新开展社区管理精细化、社区服务社会化、社区运营智能化的“一网三化”社区治理模式；在禅城区祖庙街道开展优化社区工作关系试点。通过促进社区治理方式转型，广泛引导社区居民参与社区事务，推动社区居民实现自我服务、自我管理。二是拓宽社会参与平台。积极调动佛山民情信息志愿者积极性，制作《佛山民情信息》，通过关注政情、民情、社情焦点以及社会建设亮点、社会话题热点，邀请专家进行评议，传递民生信息，为相关领域工作提供参考。以顺德区为试点，牵头探索公共服务政策评审工作，提升政策的社会认可性和执行效果。不断健全决策咨询制度，出台《顺德区重大行政决策程序规定》，促进政府部门科学决策。探索开展参与式预算工作，启动2016年参与式预算项目网络评议工作，涉及资金19.8亿元，关注达22.55万人次，收到意见建议1100多条，有效倒逼预算单位提高预算编制的合理性、科学性，促进预算编制更加民主、透明。

（袁慧慧）

生态文明建设

【综述】 2015年，佛山市大力推进节能降耗，推动电机能效提升，推进企业清洁生产，全面开展电厂“超洁净排放”改造和电力需求侧管理城市综合试点，完成40个项目合计427万平方米绿色建筑，位居全省前列。深入开展大气环境整治，淘汰整治高污染燃料小锅炉495台、淘汰黄标车5.53万辆、整治VOCs排放重点企业95家，全市PM_{10}和$PM_{2.5}$浓度比2014年分别下降12.1%和13.3%。重点推进水环境整治，基本完成42条“一河一策”河涌整治，22条河涌基本指标达到Ⅴ类水标准。全力推进汾江河、西南涌、水口水道、芦苞涌等广佛交界河流整治，广佛交界区域水环境整治问题挂牌督办摘牌。完成全市省级集中式饮用水源地标准化建设，全市饮用水源水质达标率100%。

积极筹备国家环保模范城市复核工作，顺利通过省专家组预评估。继续推进低碳试点和排污权有偿使用和交易试点工作。“绿城飞花”主题绿化景观建设扎实推进，62个亮点工程项目完工11个，基本建成西二环高速南海段生态景观林带和佛山一环南延线顺德区高赞立交和番村立交绿化景观提升。全力创建国家森林城市，新建禅城王借岗、南海三山、高明南蓬山、三水九道山等7个森林公园和禅城绿岛湖、南海丹灶、三水云东海等6个湿地公园，完成乡村绿化美化工程100个、山上造林1146.67公顷，其中碳汇造林300公顷。

（陈永婷）

【环境治理体系和治理能力现代化】 2015年，佛山市以环境质量改善为核心，实施科学治理，出台环境综合治理方案及治水、治气等系列文件，实行最严格的环境保护制度；以“环保执法年”“环保法治年”为引领，严格环境执法，构建社会共治的“大监管”体系。

大气污染防治。继续开展大气源解析，采取“对症”的治理手段，为大气污染防治提供技术支持。优化大气自动监测系统建设，实现空气自动监测网络镇街全覆盖。以提标改造为引领，完成电力行业“超洁净排放”改造，推进陶瓷企业、玻璃企业、铝型材企业、重点VOCs排放企业的整治提升，强化工业小锅炉淘汰整治，完成全市油库、加油站及油罐车油气回收治理，开展餐饮油烟污染控制。2015年，佛山市共淘汰黄标车5.5万辆，全市除国道、高速公路外已全面禁行黄标车。开展黑烟车专项整治，在全市推广使用黑烟车电子抓拍系统，建设黑烟车电子抓拍卡口22个。全市每日投入30多万元用于道路洒水降尘，加强城市扬尘污染联合巡查，开展工地扬尘排污收费，城市扬尘控制取得明显成效。

水环境整治。分批推进227条重点河涌“一河一策”整治，基本完成第一批42条河涌整治任务，总投资约75亿元。全市已建成53家污水处理厂，基本实现污水处理厂覆盖城乡。推进重点排污企业污水管网及排放口规范化整治，推动建设总量控制系统，对污染源排放总量和浓度实施“双监控”，是全省唯一开展该项工作的城市。

环境执法。全市共出动环境监察人员11.67万人次，现场检查企业4.35万家次，立案查处违法案件1590宗，罚款金额6974万元。环境执法实现四大转变：一是从常规监督向全方位执法转变。实施全天候执法，将夜间执法常态化，坚持开展“三不三直五结合”（“三不”指不定时间、不打招呼、不听汇报；“三直”指直奔现场、直接督查、直接曝光；“五结合”指明查与暗查相结合、日常巡查与突击检查相结合、昼查与夜查相结合、工作日查与节假日查相结合、晴天查与雨天查相结合）突击检查方式，开展以专项执法、联合执法、交叉执法等为手段的环境保护大检查，保持执法高压态势。二是从传统执法方式向现代化执法方式转变。

强化自动监测数据执法应用，全面启动移动执法系统，利用无人机航拍服务对企业进行侦查与精细化拍摄。三是从环保部门单一执法向政府多部门联合执法转变。加强"环保警察"执法，立案66宗，破案38宗，严厉打击环境违法犯罪。四是从粗放式执法向精细化规范执法转变，逐步推进环境监察网格、村级工业区环境整治网格、环保社会监督网格"三网合一"。

环境保护社会监督。广泛发动社会监督，聘请环保社会监督员及环保志愿者，促进公众监督企业环境行为。建立执法与宣传联动机制，推行阳光执法。通过签订责任书、公开承诺、信用评价等手段，督促企业落实主体责任。

（姚　瑾）

【生态农业发展】 2015年，佛山市通过加快农业产业转型升级、实施减量化农业生产、开展畜禽养殖污染源防治、推进再利用农业生产、推广高效生态种养模式等，促进生态农业发展。

农业产业转型升级。通过强化新型农业经营主体培育、农产品质量安全体系建设、农业产业化发展载体建设、农业科技创新能力建设和农村金融服务体系建设"五大支撑"，产业结构得到进一步优化，农业现代化水平加快提升，形成种植业以高值花卉苗木、优质蔬菜种植为主，水产业以桂花鱼、加州鲈等优质鱼养殖为特色，畜牧业以环保生态畜禽养殖为重点的农业产业格局。种植业、水产业、畜禽业产值占农业总产值比重分别为33.7%、40.7%、19.7%。其中，花卉种植、水产养殖逐步成为佛山农业的优势产业，市场占有量均在全省乃至全国具有影响力。

减量化农业生产。通过实施测土配方施肥项目，减少使用化肥、农药、农膜等农资数量，有效提高肥料利用率，增产增收节本效果明显。至2015年，佛山市南海区、高明区被列为国家测土配方施肥项目县（区），推广测土配方施肥项目面积2.07万公顷。积极发展无公害、绿色、有机农产品的生产，建立各类标准化生产基地。至年底，全市有省级以上农业标准化示范区13个、无公害农产品104个、绿色食品7个、有机农产品23个，有省级农业类名牌产品28个。引进广东省农科院蔬菜研究所的水肥一体化技术，进行水肥一体化示范种植。

畜禽养殖污染源整治。开展畜禽养殖污染减排工作，督促各区推进畜禽养殖场废弃物综合利用和污染治理。全市全年共完成292家规模化养殖场的污染治理或关闭搬迁，占规模化养殖场总数的80%。制定《佛山市病死畜禽无害化处理机制建设方案》，全面启动病死畜禽无害化处理工作，并启动一批项目建设。

再利用农业生产。推广工厂化养殖循环水利用技术，减少养殖废水排放，降低河水的养殖污染，有效降低渔业病害的发生，提高养殖产品质量和养殖效益。开展水产品加工下脚料的再利用，利用加工罗非鱼过程中的鱼皮、鱼鳞等下脚料开发鱼粉、鱼油等水产饲料原料，建立起罗非鱼价值链循环经济模式。推进生态健康养殖模式，引进新型养殖技术和模式，推广"猪鱼结合""禽果（鱼）结合"和"干式养殖"等立体生态养殖模式。推广无公害养殖技术，组织有条件企业开展生产条件认证工作。

生态种养。大力推进大棚种植、节水灌溉、温室育种等设施农业建设，至年底，全市大棚种植面积453.33公顷、节水灌溉面积733.33公顷。大力推广耕地轮作机制，实现稻—稻—菜、花—稻—菜等耕作制，一年四季均可种植农作物。引进推广农业优质高效品种，着力提高农业单位产值，全市农作物良种覆盖率达98%，优质鱼养殖面积占塘鱼养殖面积超过40%。

农业秸秆禁烧和综合利用。开展夏、秋收秸秆禁烧巡查，扶持农民和农业生产企业购买（或加装）配套秸秆破碎抛撒装置收割机进行作物收割，推进秸秆就地就近还田利用。促进秸秆综合利用，推广生物菌剂快速腐熟还田、秸秆集中堆沤还田和秸秆覆盖作物还田等技术。

【林业生态建设】 2015年，佛山市正式开启创建国家森林城市工作，并将其列入全市城市升级重要工作任务之中。围绕国家森林城市的建设目标，大力推进城乡绿化建设，完成一环南延线番村和高赞立交、西二环南海段40千米景观林带的建设；新建禅城王借岗等7个森林公园以及绿岛湖等5个湿地公园；完成建设100个乡村绿化美化示范村，新建一批村居公园；完成山上林分改造1146.67公顷，其中碳汇造林300公顷。2015年，市域森林覆盖率34.81%，建成区绿化覆盖率40.42%，建成区人均公园绿地面积14.36平方米。

市公安局森林分局组织开展“蓝天行动”和“雷霆行动”，查办涉及森林和野生动物案件23宗，查获各类野生动物1万只（头）以上。加强森林防火检查与巡查，举办森林防火演练，提升各区森林消防队员森林火灾扑救水平，全年全市没有发生较大森林火灾。基本完成林业生态红线划定工作。超额完成省级生态公益林扩面任务，全市生态公益林扩面3133.33公顷。

（许锦华）

【节能与循环经济】 2015年，佛山市全力推进节能与循环经济工作，取得一定成效。单位GDP能耗下降5.64%，2011～2015年单位GDP能耗五年累计下降21.32%，完成广东省下达佛山市的“十二五”节能约束性指标。强化重点用能企业监管，全年完成144家重点用能单位的现场节能监察。完成85个项目共14.99万千瓦的电机能效提升补贴项目核查工作，发放补贴资金2016万元。积极开展节能与循环经济试点示范创建，被国家发展改革委、财政部、住房和城乡建设部确定为17个第五批餐厨废弃物资源化利用和无害化处理试点城市之一，佛山市第一人民医院、佛山市南海区人民医院、顺德职业技术学院等3家单位成功获得第二批“国家节约型公共机构示范单位”称号。此外，推广使用国Ⅴ车用燃油，行政区域内所有加油站全部销售国Ⅴ车用柴油。

（谭耀安）

河滩湿地展新姿。

党风廉政建设

【综述】 2015年，佛山市认真落实全面从严治党要求，切实加强党风廉政建设和反腐败工作，进一步推动落实党风廉政建设责任制，制定落实党风廉政建设主体责任和监督责任实施意见、推行党委（党组）定期向上级党委和纪委报告党风廉政建设责任制落实情况的制度、落实“一案双报告”（即纪委查办腐败案件在向同级党委报告的同时，必须向上级纪委报告）和“一案双查”（即对于重大腐败案件或长期存在的不正之风，在追究当事人责任的同时，还要追究相关领导责任）制度等；坚持以“零容忍”的态度惩治腐败，全年全市共受理信访举报2223件次、处置线索897件、立案630件、结案465件；加大对农村基层党员干部违纪违法线索集中排查力度，全市共排查线索1364条，立案453宗，结案273宗；加大对违反中央“八项规定”精神问题的查办和问责力度，全年查处违反中央“八项规定”精神问题10个27人；加强风险防控微观制度创建，构建“互联网+”防腐模式，从源头上预防和治理腐败；创新反腐倡廉宣传教育方式，营造崇廉尚洁的社会氛围；强化行政投诉电子监察，全年本级行政投诉中心共受理各类投诉1283件，办结1271件。在各级党委和纪委共同努力下，佛山市党风廉政建设和反腐败斗争不断取得新成效，为佛山全面深化改革保驾护航。

【党风廉政建设责任制】 2015年，佛山市认真落实党风廉政建设责任制，制定落实党风廉政建设主体责任和监督责任实施意见，推出15项责任清单，构建权责对等的责任分解机制、科学有效的责任落实机制和程序规范的责任追究机制。推行党委（党组）定期向上级党委和纪委报告党风廉政建设责任制落实情况的制度，组织市农业局、市工商局、佛山传媒集团、市第一人民医院、市中医院、市公用事业控股有限公司等6个单位党委（党组）主要负责人向市纪委全会述责、述廉、述德，试点推进主体责任巡查，推动各级党委（党组）主要负责人履职担责。认真落实“一案双报告”和“一案双查”制度，严肃查处履行“两个责任”（党风廉政建设的党委主体责任和纪委监督责任）不力的行为，以责任追究倒逼责任落实。全市共对“两个责任”落实不力的2个单位、22名党员领导干部进行了责任追究。出台落实省委“三个区分”若干意见和工作规程，树立正确执纪导向，划定纪律界限，用制度规范干事、护航改革。

【纪律审查】 2015年，佛山市坚持以“零容忍”的态度惩治腐败，全市共受理信访举报2223件次；处置线索897件；立案630件，同比上升27%；结案465件，同比上升38.4%；给予党纪政纪处分463人，同比上升38.6%；移送司法机关54人；全市共立案查处县处级干部23人，乡科级干部104人；通过纪律审查挽回直接经济损失2971.3万元。重点查处了市旅游局原党组书记、局长潘志文，市科技局副局长郭鸿，禅城区人大常委会主任冯永康，南海区人大常委会原副主任叶迎津，顺德区委副书记、区政法委书记杜镜初，高明区政府副区长、区委统战部部长余明开，三水区委常委、宣传部部长何国辉和顺德区人民法院院长何树志等一批大案要案。建立领导包片包案工作机制，加大对农村基层党员干部违纪违法线索集中排查力度，全市共排查线索1364条，立案453宗，结案273宗，给予党纪政纪处分273人，移送司法机关40人。不断创新巡查工作方式，积极开展专项巡查，督促被巡查单位落实整改，巩固巡查成果。探索运用“四种形态”，全年市、区两级纪检监察机关开展谈话函询36人次，组织处理（含诫勉谈话）25人次；立案查处科级以下干部503件，给予党纪政纪轻处分183人；对270个集体、1458名党员干部进行廉政审查，为513名受到错告诬告的党员干部澄清了问题。

【"四风"整治】 2015年，佛山市加大对违反中央"八项规定"精神问题的查办和问责力度。加强对领导干部"八小时以外"活动的监督，着力整治收受"红包"礼金、违规打高尔夫球、会所腐败、违规公款吃喝等问题。全市共查处违反中央"八项规定"精神问题10个27人，其中给予党纪政纪处分13人，点名道姓通报典型案例8起26人。在党员领导干部操办婚丧喜庆事宜系统平台备案录入各类事宜272件。市廉政账户共收到主动上交"红包"款262万余元。坚持暗访、查处、追责、曝光"四管齐下"，强化刚性约束。发挥狠刹"四风"网络监督平台作用，受理"四风"问题案件1609件，对8个单位、78人进行责任追究。在"廉洁佛山"网站、微信公众号开设党风政风监督曝光专栏，在佛山电视台播出作风暗访节目3期，严肃追究相关人员责任，督促整改发现的问题。抓住重要节点，紧盯"四风"新形式新动向，加强对党员干部的警示教育，不断释放越往后执纪越严的信号。

【源头治腐】 2015年，佛山市推进预防腐败制度机制创新，切实把权力关进制度"笼子"。出台《关于建立廉洁试验区的工作意见》，在粤桂黔高铁经济带合作试验区（广东园区）等5个经济功能区探索廉洁试验区建设，首批推出18条试验任务。选取佛山市轨道交通2号线一期工程、佛江高速公路、佛山西站、佛科院新校园建设等项目，开展重大工程项目廉洁风险同步预防。充分运用现代科技手段，构建"互联网+"防腐模式。积极推进党政机关廉政风险科技防控平台建设，完成市财政局、市卫生和计划生育局等7家单位平台建设，初步构建全市党政机关廉政风险科技防控信息系统框架。深入推进公共资源交易监管等重点领域制度改革创新，印发施行《佛山市工程建设项目信用分类优选随机合理低价评定标暂行办法》，督促职能部门修订《佛山市市级政府采购操作规程》。推动公共资源交易改革向镇（街）延伸，在推广公共资源交易一体化服务平台和应用电子化招投标的基础上，进一步完善佛山市公共资源交易电子监察系统。推动开发水务工程资金监管平台，全面监控全市水务工程建设项目。完善农村集体资产交易和财务监管"双平台"，加强农村资金、资产、资源"三资"监督和管理。推动开展对领导干部经济责任的异地同步审计，进一步增强监督实效。

【党风廉政宣传教育】 2015年，佛山市创新宣传教育方式，营造崇廉尚洁社会氛围。深入推进全市纪律教育学习月活动，举办全市副处级以上领导干部纪律教育学习班暨第四期"双集班"，举行"廉洁火炬杯"党规党纪知识竞赛，开展廉政公益广告征集评选活动。加大警示教育力度，拍摄警示教育片《欲海无边》，编印廉洁教育读本《镜鉴》。组织全市4000多名党员干部学习新修订的《中国共产党廉洁自律准则》和《中国共产党纪律处分条例》，增强党规党纪意识。挖掘家规家训、乡规民约、行规商道等优秀传统文化，拍摄制作本土廉洁文化电视纪录片。搭建新媒体宣传教育平台，开通"廉洁佛山"微信公众号，升级改版门户网站，实现杂志、网站、微信三大平台互动融合。开展各行业"守纪律、讲规矩、明底线"主题宣传教育，推进"廉洁佛山走基层"之"规矩是什么"系列报道和"大家谈"活动。

【行政监察】 2015年，佛山市加强对市委、市政府关于全面深化改革、城市升级两年延伸计划、人民满意政府建设等重大决策部署的监督检查，确保政令畅通、令行禁止。强化行政投诉电子监察，市本级行政投诉中心共受理各类投诉1283件，办结1271件，综合协调各区及市直有关单位对省行政投诉和作风举报系统转来的206件投诉进行及时办理。根据省、市领导批示，督促广佛交界区域环保污染问题的调查和整改工作，对负有领导责任的相关人员进行处理。

（陈宝筠）

第四篇

政　治

党政机关

中共佛山市委员会

【综述】 2015年，中共佛山市委深入学习贯彻总书记习近平系列重要讲话精神，主动适应经济发展新常态，积极应对各种压力挑战，以“三个定位、两个率先”为引领，围绕“民富市强、幸福佛山”目标，以党的群众路线教育实践活动和“三严三实”专题教育为契机，强化党建主业意识，落实党风廉政建设主体责任，坚持党要管党、从严治党，加快推动产业转型升级，纵深推进体制改革，全面提升城市形象和品质，稳步实施“法治佛山”建设，促进民生社会事业快速发展，人民群众幸福感显著增强，顺利完成“十二五”各项目标任务，为全面建成高水平小康社会打下坚实基础。

2015年，全市实现地区生产总值8003.92亿元、人均地区生产总值108298元，分别比2010年增长55%、47.7%。实现财政总收入1474.8亿元、地方一般公共预算收入557.43亿元、每平方千米税收0.33亿元，分别比2010年增长41.8%、82.2%、57.1%。全社会固定资产投资3035.52亿元、社会消费品零售总额2687.22亿元、外贸进出口总值657.2亿美元，分别比2010年增长76.5%、87.1%、27.2%，其中出口482.1亿美元，增长45.9%。城镇、农村常住居民人均可支配收入分别达3.98万元、2.21万元，分别比2010年增长67.3%、77.1%。

【经济保持稳定增长】 2015年，佛山市坚持大力发展实体经济，将稳增长作为全市经济工作第一要务，实现有效投资不断扩大，进出口保持稳定，社会消费持续增长。获批成为国家制造业转型升级综合改革试点城市，以智能制造作为产业转型升级的主攻方向，以创新驱动发展战略为总抓手，以问题为导向，全方位打造支持传统产业转型升级的政策和制度体系，促进传统产业的智能化、高端化、绿色化发展，受到国务院通报表扬。积极打造珠江西岸先进装备制造产业基地，推动先进装备制造业成为支柱产业。农业现代化步伐加快，成为全国首批农业产业化示范基地。现代服务业发展提速，推动连锁经营和社区商业发展，成为全国首批信息消费示范城市。国家创新型城市建设取得新成效，全社会研发投入占地区生产总值比重达2.6%，与2010年相比接近翻番，专利申请量和授权量比“十一五”期末增长超过50%，商标注册量实现翻番。全面启动“互联网+”创新创业示范市建设，推进佛山科学技术学院建设全省高水平理工科大学，推动佛山国家高新区、广东金融高新区等高端产业载体建设实现新突破，中德工业服务区被列入全省六大重点发展平台。成功举办首届中国（广东）国际“互联网+”博览会，启动粤桂黔高铁经济带合作试验区（广东园）建设。

【深化改革】 2015年，佛山市不断深化行政体制改革，率先在全省编制完成政府权责清单，创新推进企业投资“三单”（负面清单、审批清单和监管清单）管理制度、商事登记制度、投融资体制和“一门式”政务服务改革，建成四级行政服务中心体系，网上办事大厅建设在全省领先，行政服务效能进一步提升。率先复制推广中国（广东）自由贸易试验区成熟政策，在全国率先全面实施“互联网+易通关”。持续推进广佛同城化建设，南海区、顺德区、三水区分别与广州市荔湾区、番禺区、花都区签订协议，共建合作示范区。大力推进农村综合改革，稳妥有序推进南海区农村土地制度改革试点工作。积极创新基层社会治理，构建“一体两翼”（“一体”：狠抓基层组织建设，“两翼”：化解突出社会矛盾和创新基层社会服务）基层治理新格局。

【城市升级】 2015年，佛山市圆满完成城市升级三年行动计划，全面启动两年延伸计划，大幅提升城市形象和品质，中心突出、组团清晰、功能完善、生态优美的“理想城市”形态逐渐呈现。佛山新城成为全国首批“中欧城镇化示范区”，并获首届中欧绿色和智慧城市最高奖。南海区及狮山镇成为国家新型城镇化综合试点。持续推进“三旧”改造，不断完善城乡基础设施。现代化综合交通路网渐成体系，广珠城轨、贵广、南广高铁佛山段建成通车，“两环五横四纵”（“两环”：珠二环高速、珠三环高速，“五横”：广佛肇高速、广三高速、广肇高速、广明高速、广中江高速，“四纵”：广珠西线高速、佛江高速及北沿线、佛开高速、佛清从高速）高速公路网基本形成。不断加强环境治理和生态建设，基本完成“一河一策”河涌整治和村级工业区环境整治试点，广佛交界区域水环境整治成效明显，启动“绿城飞花”主题绿化景观建设，成功创建全国绿化模范城市。

佛山新城成为全国首批“中欧城镇化示范区”，并获首届中欧绿色和智慧城市最高奖。图为佛山新城中欧中心。

【宣传思想文化工作】 2015年，佛山市不断提升市民文明素质，成功获得“全国文明城市”称号。加强新闻舆论引导和宣传统筹力度，健全新闻宣传体制机制，进一步提升主流媒体传播力和影响力，巩固拓展互联网宣传管理阵地，组织开展全国“两会”、党的十八届五中全会、“三严三实”主题教育等重大主题宣传，创新策划“城市升级”等特色主题宣传，推动全社会参与核心价值观的宣传和培育。全面启动文化导向型城市建设，获批创建国家公共文化服务体系示范区，在全省率先基本实现城乡公共文化设施全覆盖。广泛开展对外文化交流，加快文化产业规划和建设步伐，加大历史文化街区和古村落保护力度。精心组织重大主题文艺演出，鼓励支持创作文艺精品。

【民主法治建设】 2015年，佛山市不断完善科学民主决策制度，巩固重大建设的民意基础，加强对各民主党派的领导和沟通，推动社会主义协商民主建设发展。稳步推进“法治佛山”建设，全面加强重大行政决策程序化、制度化建设，深入实施法治惠民工程，积极创建法治镇（街），大力支持法院、检察院改革试点。成为全省首批获得地方立法权的市，并率先通过首部地方性法规。成为全省唯一“非特区”法治化、国际化营商环境试点城市，法治化水平进入全国城市前列。

【社会民生事业】 2015年，佛山市加快发展社会民生事业，建成城市社区公共服务“15分钟服务圈”，不断提升市民幸福指数。在全省率先实现城乡统一低保补差水平，城镇居民和农村居民年人均可支配收入大幅增长。基本公共服务均等化水平全国领先。教育现代化水平不断提高，成功创建成为全省首个推进教育现代化先进市，免费教育率先实现从义务教育向中等职业教育和特殊教育延伸，新市民随迁子女就读公办学校比例保持高位水平。持续提升基本医疗卫生服务能力和水平，进一步完善城乡居民基本养老、生育和大病保险制度。加快建设保障性住房。基本实现村（社区）户外体育设施全覆盖。

【党的建设事业】 2015年，佛山市认真组织开展“三严三实”专题教育，并与推动全市各项中心工作、全面深化改革、稳增长调结构等实际工作紧密结合。创新“1＋N＋X”区域化大党建模式（“1”指区域龙头党组织，“N”指区域内“N”个党组织，“X”指区域外党建资源），实施精准整顿软弱涣散党组织，增强基层党组织领导核心地位。率先落实广东省委“三个区分”（在纪检工作中把因缺乏经验先行先试出现的失误与明知故犯行为区分开来，把国家尚无明确规定时的探索性试验与国家明令禁止后的有规不依行为区分开来，把为推动改革的无意过失与为谋取私利的故意行为区分开来），整治“为官不为”，倡导“为官有为”。

【中共佛山市委十一届六次全会】 2015年1月22日召开。全会认真贯彻落实党的十八届三中、四中全会、中央经济工作会议和广东省委十一届四次全会精神，听取佛山市委书记刘悦伦代表市委常委会所作的《把握新常态，激发新动力，努力争当“三个定位、两个率先”排头兵》报告，审议通过《中共佛山市委关于全面推进“法治佛山”建设的实施意见》。

全会强调，佛山要认识新常态、适应新常态、引领新常态，既要反对唯GDP导向，又要坚持以经济建设为中心；既要千方百计大力发展第三产业，又要坚定不移打牢制造业根基；既要反对不切实际的盲目投资，又要加大有效投资和高质量项目的招商引资力度；既要努力引进和培育新兴产业，又要促进传统产业就地加快转型升级。一是继续走在改革发展的前列，以“六个坚持”引领各项工作开展，即坚持稳增长调结构，促进经济持续健康发展；坚持全面深化改革，再创体制机制新优势；坚持“治以法尊”，不断提高治市理政水平；坚持优化城市环境，促进城市价值全面提升；坚持保障和改善民生，不断提高人民满意度；坚持抓好党建主业，形成奋发有为的干事创业环境。二是全面增强城市实力。加快产业转型升级，积极培育新的经济增长点，建设现代产业高地。高水平实施城市升级两年延伸计划，高标准推进生态环境建设，积极打造文化导向型城市，以优秀岭南文化丰富城市内涵，提升城市价值，把佛山打造成为有实力、有活力、有魅力的现代化特大城市。三是全面推进“法治佛山”建设。坚持党领导立法、保证执法、支持司法、带头守法，把党的领导贯穿于“法治佛山”建设的全过程。努力建设权责明确、透明廉洁、诚实信用、便民高效的法治政府。扎实推进法律进基层，加强宣传教育，营造办事依法、遇事找法、解决问题用法、化解矛盾靠法的法治良序。四是落实全面从严治党新要求。各级党组织要以上率下履行党建第一责任，同向发力抓好思想建党与制度治党，加大力度建设“堡垒型+服务型”基层党组织。始终绷紧作风建设这根弦，推进作风建设常态化、长效化。继续保持高压态势，以零容忍态度惩治腐败。按照“三严三实”的要求修身做人、为官用权、干事创业，自觉补足精神之“钙”。按照“信念坚定、为民服务、勤政务实、敢于担当、清正廉洁”的好干部标准选拔任用干部，努力建设一支政治上靠得住、工作上有本事、作风上过得硬、人民群众信得过的干部队伍。

【基层基本公共服务均等化推进工作的实施方案】 2015年1月12日，佛山市委办公室、市政府办公室印发《关于进一步推进基层基本公共服务均等化的实施方案》，部署创新基层社会治理，健全基层公共服务体系，到2016年，逐步扩大基层基本公共服务覆盖范围，不断缩小区域差距与群体差异，建立起广覆盖、均等化的基层基本公共服务体系。一是创新基层基本公共服务机制，建立健全基层基本公共服务多元化供给机制、财政保障机制等；二是改善基层公共服务设施，推进城镇新建住宅区配建教育设施，打造“家门口、零门槛”的社区文化生活圈，推动村（社区）综合性文化服务中心试点建设，有效改善农村的生产生活环境；三是扩大基本公共服务的覆盖面，加强教育服务，完善异地务工人员保障性住房建设管理制度，提升对非户籍常住人口的医疗卫生服务水平，推动异地务工人员公平就业；四是提升基层公共服务水平，建设社区公共服务综合信息平台，推行家庭综合服务中心建设，优化社区公共文化体育服务，统筹发展便民利民服务，完善基层劳动力就业培训体系。

【基层社会治理模式重构的实施方案】 2015年1月20日，佛山市委办公室、市政府办公室印发《关于重构基层社会治理模式的实施方案》，部署创新基层社会治理工作，力争用3～5年时间构建起以党组织为核心、自治组织为主体、社区服务中心为平台、经济组织为基础、群团组织和社会组织为协同、公众参与为路径的基层社会治理新格局，确保人民群众安居乐业、基层社会安定有序。一是全面推行“政经分离”“政社分开”；二是提升村（居）党组织统筹领导力，推进形成“区域化大党建”格局；三是规范和完善自治组织功能，健全村（居）委会运作机制，创新村（居）民自治形式；四是加强社区服务中心以及社区服务队伍建设，探索社区网格化管理；五是规范集体经济组织管理。

【“法治佛山”建设全面推进的实施意见】 2015年1月22日，佛山市出台《关于全面推进“法治佛山”建设的实施意见》，部署全面推进依法治市，加快建设“法治佛山”，扎实推进科学立法、严格执法、公正司法、全民守法进程，加快法治工作队伍建设，打造以法治为鲜明特征的人民满意政府，实现法治建设与经济社会发展同步推进，创建“社会主义法治文明示范城市”。到2020年，建立起高效的法治实施体系、严密的法治监督体系、有力的法治保障体系，形成尚法守制、公平正义的依法治市新格局，促进治市理政能力全面提升，为全市经济社会平稳健康可持续发展提供有力法治保障。一是加强和改进党的领导，总揽推进依法治市；二是遵循宪法法律，推进地方立法工作；三是深入推进依法行政，全面建设法治政府；四是保证公正司法，维护社会公平正义；五是增强全民法治观念，推进法治社会建设；六是强化各项保障措施，加快“法治佛山”建设进程。

【“一门式”政务服务创新体系建设全面推进的实施方案】 2015年8月3日，佛山市委办公室、市政府办公室印发《关于全面推进佛山市“一门式”政务服务创新体系建设的实施方案》，部署全市借鉴推广禅城区“一门式”工作理念和“把简单留给群众，把复杂留给政府”的服务思想，借助现代信息网络和大数据技术，整合全市行政资源，打破行政界限、政务樊篱和信息孤岛，跨越区域、层级、部门限制，破除政务服务碎片化、条块化、本位化，建立市、区、镇（街）、村（社区 ）四级政务管理一体化运行机制和同城化服务模式，努力打造标准统一、体验一致、跨界协同、运转高效的政务服务“佛山模式”。优化四个载体，即政务服务的门（实体大厅）、网（网上大厅）、线（“12345”平台）和端（自助终端）；统筹两个核心，即统一标准建设和统一平台建设。一是以“一门式”改革全面优化“门、网、线、端”四类政务服务载体建设，实现政务服务“一门通办”；二是以“标准化”建设统一全市政务服务运行标准，实现政务服务“同城通办”；三是以“一体化”原则统筹搭建全市政务服务和政民互动大平台，实现政务服务“四级联动”。

【省委“三个区分”激发改革创业新活力的落实工作的若干意见】 2015年8月28日，佛山市出台《关于落实省委“三个区分”激发改革创业新活力的若干意见》，并配套制定《关于落实“三个区分”的工作规程（试行）》，部署全市各级党组织在加强纪律建设，推进全面从严治党的工作中树立正确的执纪导向，用制度规矩护航改革创业，坚持“三个区分”，鼓励全市广大党员干部特别是领导干部推进改革“胆子要大、步子要稳”，激发干事创业新活力，焕发“为官有为”新气象，开创改革发展新局面。

【少年儿童和少先队工作的实施意见】 2015年9月22日，佛山市出台《关于进一步加强少年儿童和少先队工作的实施意见》，部署全市充分发挥少先队组织团结、教育、引导少年儿童的作用，提高少先队自主开展活动的能力，在少年儿童中培育和践行社会主义核心价值观，履行好团结、教育、引导少年儿童的基本职能，教育引导少年儿童立志向、有梦想，爱学习、爱劳动、爱祖国、爱家乡，努力培养德、智、体、美全面发展的社会主义建设者和接班人，为实现中华民族伟大复兴的中国梦和建设美丽幸福佛山做好全面准备。一是加强少先队活动课程和载体建设；二是推进少先队辅导员队伍建设和少先队骨干培养；三是完善少先队工作的领导机制，加强指导督查，落实工作经费，营造全社会共同关心支持少先队工作的良好氛围。

【现代公共文化服务体系构建的实施意见】 2015年11月30日，佛山市委办公室、市政府办公室印发《佛山市构建现代公共文化服务体系实施意见》，部署深入推进国家公共文化服务体系示范区创建工作，通过文化引导城市发展、提高城市文化自觉、增强市民文化参与等途径，到2020年，基本建立网络完善、运行高效、供给丰富、保障有力的现代公共文化服务体系，公共文化设施建设水平居于全国地级市前列，形成供需对接、内容丰富、方便快捷的公共文化产品供给体系，建立健全公共文化管理体制和运行机制。一是建设覆盖城乡、功能健全、便捷高效的公共文化设施网络；二是建立基本公共文化服务标准体系；三是增强公共文化服务供给能力；四是推动公共文化服务社会化建设；五是促进公共文化服务与科技融合发展。

【安全生产责任体系的完善的实施意见】 2015年11月27日，佛山市委办公室、市政府办公室印发《关于完善安全生产“党政同责、一岗双责、齐抓共管”责任体系的实施意见》，部署全市进一步加强和改进安全生产工作，有效控制和减少生产安全事故总量，促进安全生产形势持续稳定好转。一是进一步强化安全生产“党政同责”，包括加强党委对安全生产的组织领导，强化政府领导和属地监管责任、安委会统筹协调和督导作用、党委部门支持保障责任、相关部门监督检查责任、政府部门行业监管责任、安全监管部门综合监管责任，推动各单位实现安全生产责任全覆盖等；二是深入推行安全生产“一岗双责”，包括强化党政主要负责人对安全生产工作的领导，落实党政副职领导安全生产责任，明确岗位安全生产责任等；三是推进安全生产“齐抓共管”，实行安全生产个性化责任书制度、安全生产责任制考核制度、安全生产“一票否决”制度、安全生产诫勉谈话和约谈制度等。

【“两个责任”的落实的实施意见】 2015年12月3日，佛山市出台《关于落实党风廉政建设党委主体责任和纪委监督责任的实施意见》，以高度政治自觉落实全面从严治党战略部署，明确各级党委（党组）要落实主体责任，“一把手”要自觉承担起“第一责任人”的责任；各级纪委（纪检组）要在党委（党组）的统一领导下，履行好专门监督机关的职责，协助党委（党组）开展党风廉政建设和组织协调反腐败工作，着力构建起权责对等的责任分解体系、务实有效的责任落实机制、全面准确的履责评价机制和严格的责任追究机制。市成立党风廉政建设暨廉洁佛山建设领导小组及其办公室，各级党委（党组）相应建立健全落实“两个责任”的组织架构和工作机制，进一步聚焦“第一责任人”担当履责，完善落实“两个责任”的评价机制和评价结果运用制度。全面加强监督，强化党内监督专门机关职能，广泛开展党内民主监督，营造良好的社会监督氛围。

（陈冬明）

附：2015年中共佛山市委领导名单

书　记：刘悦伦
副书记：鲁　毅　李子甫
常　委：张子兴（任至4月）
冯德良（任至9月）
李雅林　梁维东　黄　力（5月任职）
区邦敏　李玉林　许　国
黄志豪（1月任职）
郭文海（9月任职）

现任中共佛山市委领导名单

书　记：鲁　毅
副书记：朱　伟　李子甫
常　委：李雅林　黄　力　区邦敏　李玉林
许　国　黄志豪　郭文海

（2016年5月供稿）

佛山市人民代表大会

【综述】 2015年，佛山市人大常委会在市委的坚强领导下，紧紧抓住获得设区的市地方立法权的历史契机，以敢为人先、务实进取的精神，依法履职，各项工作取得新的进展。审议佛山市首批地方性法规草案3部、通过1部，听取和审议“一府两院”（佛山市人民政府、佛山市中级人民法院和佛山市人民检察院）专项工作报告4项，审查批准决算和预算调整方案、听取和审议计划和预算执行情况报告及审计工作报告等7项，开展执法检查3项，听取和审议专题调研报告18项，对30件规范性文件进行备案审查，任免地方国家机关工作人员64人次，顺利完成佛山市第十四届人大第五次会议确定的工作任务。

【佛山市第十四届人民代表大会第五次会议】 2015年2月4～6日召开。会议听取和审议了市人大常委会代理主任杨建华所作的《佛山市人民代表大会常务委员会工作报告》、市人民政府代理市长鲁毅所作的《政府工作报告》、市中级人民法院院长陈陟云所作的《佛山市中级人民法院工作报告》、市人民检察院检察长金波所作的《佛山市人民检察院工作报告》，审议了市发展和改革局局长万志康受市人民政府委托所作的《佛山市2014年国民经济和社会发展计划执行情况与2015年计划草案的报告》、市财政局局长黄福洪受市人民政府委托所作的《佛山市2014年预算执行情况和2015年预算草案的报告》，并通过了批准上述报告的决议。大会依法选举刘悦伦为市人大常委会主任，鲁毅为市人民政府市长，林征为市人大常委会副主任，冯永康、李应滔、郑思东、徐继超、曾颖5人为市人大常委会委员。大会还表决通过了黄建丰等15人为市第十四届人民代表大会法制委员会组成人员。

【佛山市第十四届人大常委会第二十四次至第三十二次会议】 2015年，佛山市第十四届人大常委会召开了第二十四次至第三十二次会议。听取和审议了市人民政府《关于佛山西站规划建设及配套项目实施情况的报告》《关于佛山市贯彻实施食品安全法情况的报告》《关于佛山市2015年上半年国民经济和社会发展计划执行情况的报告》《关于佛山市2015年上半年财政预算收支执行情况的报告》《关于调整市级2015年财政预算的报告》《关于佛山市本级2014年度财政决算草案的报告》《关于佛山市2014年度本级预算执行和其他财政收支情况的审计工作报告》《关于2015年佛山市级第二次财政预算调整的报告》《佛山市国民经济和社会发展第十三个五年规划纲要编制情况的报告》《关于佛山市实施城乡规划法情况的报告》《关于市第十四届人大第五次会议代表建议办理情况的报告》以及市人民检察院《关于佛山市检察机关推进行政执法与刑事司法衔接工作情况的报告》等12项报告；作出了《关于接受罗润华同志辞去佛山市人民代表大会常务委员会委员职务请求的决定》《关于接受金波同志辞去佛山市人民检察院检察长职务请求的决定》《关于黄黎明同志为佛山市人民检察院代理检察长的决定》《关于接受张凯军同志辞去佛山市人民代表大会常务委员会委员职务请求的决定》《关于接受潘绮云辞去广东省第十二届人民代表大会代表职务请求的决定》《关于接受霍锡淮同志辞去佛山市人民代表大会常务委员会秘书长职务请求的决定》《关于卢立湃同志兼任佛山市第十四届人民代表大会常务委员会代理秘书长的决定》《关于接受杨欢贵、邓伟忠、邓国清同志辞去佛山市人民代表大会常务委员会委员职务请求的决定》《关于召开佛山市第十四届人民代表大会第六次会议的决定》《关于列席和邀请列席佛山市第十四届人民代表大会第六次会议人员的决定》《关于佛山市第十四届人民代表大会第六次会议设旁听席的决定》等11项决定，以及《佛山市人民代表大会常务委员会关于批准佛山市2014年市本级决算的决议》《佛山市人民代表大会常务委员会关于批准市级2015年财政预算调整的决议》《关于批准市级2015年第二次财政预算调整的决议》等3项决议；审议通过了《佛山市第十四届人民代表大会常务委员会代表资格审查委员会关于部分代表的代表资格审查报告》《佛山市第十四届人民代表大会常务委员会代表资格审查委员会成员调整名单》《佛山市人大常委会2015年工作要点》《佛山市人民代表大会常务委员会讨论决定重大事项规定（修订稿）》；审议通过了《佛山市历史文化街区和历史建筑保护条例》。

【立法】 2015年，佛山市获得设区的市地方立法权，并在全省率先探索开展设区的市地方立法工作，进展顺利，成效明显。

提前谋划，立法准备充分。市人大常委会扎实做好地方立法准备工作。一是在市人代会上通过市人大法制委员会组成人员名单以及依法增选有法治研究和实践经验的常委会委员、市人大代表，调整法制工作委员会的职能，增加行政编制，在全市选调配备立法工作人员。二是成立立法专家顾问咨询组，聘请首批立法专家顾问，为地方立法提供智力支撑。三是与高校建立立法合作关系，在佛山科学技术学院建立地方立法研究评估与咨询服务基地。四是分批对市人大常委会组成人员、市人大代表、市和各区人大常委会机关工作人员、政府法制部门工作人员等620多人次进行立法业务培训。选派立法工作人员参加全国人大、省人大的立法工作培训。立法准备工作扎实、充分，得到省人大常委会立法能力评估组的高度肯定。

坚持科学立法、民主立法，突出佛山特色。获得设区的市地方立法权后，及时召开全市立法工作会议。为了全面摸清佛山市立法需求，市人大常委会组织5个调研组，在全市深入开展立法项目调研，共收集社会各界立法项目建议200多条，经合并整理后，形成属于设区的市地方立法权限范围的立法项目建议62条。在调研收集意见基础上，召开立法项目论证和评估会，精选出近期迫切需要制定的9个立法项目，列入首批立法项目库。通过召开座谈会、委托高校开展问卷调查、“互联网+”新媒体线上投票等方式，广泛征集社会各界对这9个立法项目的意见。根据立法需求共性和个性并存、立法实体与程序并重、突出佛山特色的原则，决定将《佛山市历史文化街区和历史建筑保护条例》《佛山市制定地方性法规条例》《佛山市机动车和非道路移动机械排气污染防治条例》作为佛山市首批立法项目。在立法过程中，注重科学合理设计法规草案条文，突出法规条文的地方特色和可执行性。在法规草案修改和审议过程中，认真吸收市人大常委会组成人员意见，并召开60多场法规修改座谈会，广泛听取和吸纳社会各界的意见，还通过省人大常委会法工委邀请省立法咨询专家分别对佛山市首批3部法规草案进行立法论证，确保法规草案具有较高质量。2015年12月18日，在全省新获得设区的市地方立法权的城市中率先通过首部地方性法规——《佛山市历史文化街区和历史建筑保护条例》；其他两部法规已通过市人大常委会两次审议，提请市第十四届人大第六次会议审议。

建立立法工作机制，探索建立“互联网+立法”模式。市人大常委会探索建立市委领导、人大主导、政府为主渠道、公众广泛参与的立法工作机制，制定法制委员会议事规则、立法咨询专家顾问工作规定等，初步建立了科学立法、民主立法的工作机制。同时，推进建设“互联网+立法”综合信息系统，探索与“一门式”政务服务平台对接，综合运用“一门式”政务服务平台积累的民生大数据进行分析，为立法决策提供民意参考，增强立法的针对性，提高立法质量。

【人大监督】 2015年，佛山市人大常委会围绕市委中心工作，抓住人大代表和人民群众普遍关注的热点难点问题，突出监督重点，反映群众意愿，推动监督工作务实有效；加强对依法行政、公正司法的监督，确保法律法规正确实施。

监督推进全市中心工作的落实。市人大常委会紧紧围绕全市中心工作，加强对佛山市产业转型、城市升级、科技创新、重大项目建设等工作的监督力度，组织全体常委会组成人员对佛山市城市升级三年行动计划和两年延伸行动计划落实情况进行集中视察，听取和审议了市政府关于佛山西站规划建设及配套项目实施情况的报告。

创新预算决算审查监督机制。市人大常委会高度关注国内外复杂多变的经济形势和佛山市经济运行情况，听取和审议了市政府关于2015年上半年经济社会发展计划执行情况的报告、“十三五”规划纲要编制情况的报告。为增强预算监督实效，市人大常委会将预算监督关口前移，提前介入财政预算草案编制。建立和启用新的预算支出联网在线监督系统，举办了新修订预算法培训班，开展财政支出绩效评价结果运用专项调研，听取和审议市政府关于2015年上半年预算执行情况、市级2015年度财政预算调整情况以及2014年市级财政决算、审计工作情况的报告，加强对社保基金管理情况的监督，跟踪督促审计查出问题的整改，作出有关决议，要求深入推进预算绩效管理，打造民生财政，督促和推进让人民群众享有更多的改革发展成果。

推动保障和改善民生。市人大常委会积极回应群众关切，对佛山市实施食品安全法情况开展检查，听取和审议了市政府关于实施食品安全法情况的报告。开展物业管理和业委会规范化建设情况的调研，广泛听取社会各界意见，将《佛山市住宅物业管理条例》纳入首批立法项目库，待条例草案成熟时启动立法程序，努力通过立法破解物业管理和业委会建设存在的问题。市人大常委会还组织对文化产业发展情况、慢行系统规划建设与管理情况开展了专项调研。

加强对生态文明和“三农”工作的监督。市

人大常委会继续加强对大气污染防治工作的监督，积极支持和推动市政府开展大气环境专项整治行动，取得明显成效。同时，按照省人大常委会的安排部署，监督和支持市政府按照“一河一策”的方案，将河涌治理资金列入年度财政预算，不断提升佛山市水环境质量。市人大常委会加强对“三农”工作的监督，组织对农民专业合作社发展、农业科技促进情况进行专题调研、视察。

加强执法检查力度。市人大常委会把执法检查作为推进法律实施的重要抓手，加大执法检查力度，增强工作实效。开展城乡规划法执法检查，听取和审议了市政府关于实施城乡规划法情况的报告。组织对台湾同胞投资保护法开展执法检查，对佛山市“两院”实施《广东省信访条例》情况开展了专题调研。

监督推进依法行政、公正司法。深入推进依法行政，监督和支持市政府继续通过打造“人民满意政府”，进一步改善民生，提升市民的幸福感。支持市“两院”开展司法体制改革试点工作，抓住人大代表和群众关切的问题，组织对检察机关推进行政执法与刑事司法衔接工作进行调研。

深入推进“按法治框架化解基层矛盾”工作和法治镇（街道）建设。充分发挥法治文化在依法治市中的引领作用，积极推动法治文化建设，推进佛山市创建“社会主义法治文明示范城市”，进一步推进“法律进村镇”“法律进社区”工作。深入推进“按法治框架化解基层矛盾”试点工作，指导南海、三水区按照法治框架化解矛盾纠纷进行试点，开展法治镇（街道）创建工作专项调研，有力推动基层社会治理工作。全面抓好法治惠民工程的实施和第三批法治文化示范点的培育指导工作，推动依法治市工作不断引向深入。

【人大代表工作】 2015年，佛山市人大常委会注重发挥人大代表作用，积极为代表联系群众、执行职务搭建平台、做好服务、提供保障。

完善“双联系”机制。认真落实常委会联系人大代表办法、人大代表联系人民群众暂行办法，完善常委会组成人员联系代表、代表联系群众的“双联系”机制，召开代表联络站创建工作经验交流会，加强代表联络站的软硬件建设。常委会主任会议成员带头深入基层，听取代表和群众意见，推进代表和群众反映问题的解决，取得明显成效。

提高代表议案、建议办理质量。继续加大议案、建议督办工作力度，市人大代表在市第十四届人大第五次会议提出的153件议案、建议，已全部办理并由承办单位答复代表，议案、建议所提问题得到解决或者计划逐步解决的占议案、建议总数的94.7%。市人大常委会通过组织代表座谈、现场视察等方式，重点督办关于加快推进社区体育设施建设的议案、关于加快发展居家养老服务项目的议案，市政府主要领导领办这两份议案，取得良好成效。

支持和保障代表依法履职。坚持依靠代表做好各项工作，邀请代表列席和远程列席常委会会议、参加立法意见征询、执法检查、专题调研等活动903人次。精心组织代表开展闭会期间调研、视察以及代表专业小组活动，深入了解“一府两院”工作，为代表审议大会各项报告、提出高质量的议案、建议做好准备、打好基础。注重提高代表履职能力，加强代表培训，举办市人大代表立法培训班，提高代表审议法规和提出立法议案的能力。

（龙福汉）

附：2015年佛山市人大常委会主任、副主任名单

主　　任： 刘悦伦（2月任职）
常务副主任： 杨建华（其中代理常委会主任至2月）
副 主 任： 徐海祥　黄建丰（女）
刘耀淳（任至2月）　霍　伙
卢立湃　林　征（2月任职）

现任佛山市人大常委会主任、副主任名单

主　　任： 鲁　毅
常务副主任： 杨建华
副 主 任： 熊志翔　徐海祥　霍　伙
卢立湃　林　征

（2016年5月市人大办供稿）

佛山市人民政府

【市政府常务会议纪要】 2015年，佛山市人民政府共召开市政府常务工作会议21次。会议主要讨论研究以下事项：关于佛山市集中供热规划（2014～2020）问题；关于佛山市政民互动大平台建设规划问题；关于2015年市党政机关事业单位用公款为新增特岗人员购买商业保险问题；关于2015年市级大气污染防治工作经费问题；关于拨付市、区两级联动储备土地项目（三水区伏户村委片区）第二期征地补偿实施费问题；关于2015年度财政预算草案问题；通报顺德区“12·31”气体爆燃事故调查情况及下一步措施；关于市工会职业技术学校教学大楼搬迁工程问题；关于下拨小型汽车号牌拍卖收入资金问题；关于省政府对佛山市2014年度消防工作考核情况汇报；关于下达新能源汽车示范应用项目资金清算计划问题；关于分配2015年中央财政城镇居民基本医疗保险和新型农村合作医疗补助资金预算（第一批）问题；关于分配2014年度中央财政优抚对象抚恤生活等补助资金问题；关于佛山市商事制度改革工作问题；关于佛山市商事制度改革后续市场监管工作方案问题；关于2015年度社保基金预算问题；关于增加拨付佛山对口帮扶云浮资金问题；关于佛山市2015年公交提升计划问题；关于公共机构节水型单位建设实施方案及建设标准问题；关于佛山市公路桥梁和城市道路桥梁养护管理办法问题；关于补助公共租赁住房专项资金的分配方案问题；关于佛山市异地务工人员大病救助试行办法组织实施经费问题；关于2014年度社会保险征缴任务问题；关于佛山市企业职工养老基本保险单位缴费比例与城镇职工基本医疗保险单位缴费比例调整问题；关于佛山市工商行政管理体制改革实施方案问题；关于佛山市质监行政管理体制改革实施方案问题；关于佛山市绿地绿线整合规划（2013～2020）问题；关于佛山市推广建设使用黑烟车电子抓拍系统工作方案问题；关于扩大佛山市支持企业融资专项资金规模问题；关于对各区2014年组织财税收入工作进行奖励问题；关于分配省2014年稳增长调结构专项资金促进重点企业扩大进出口项目资金问题；关于佛山市城市升级两年延伸行动计划问题；关于第一季度安全生产工作问题；关于发布佛山市第七阶段限制高污染汽车通行通告问题；关于建设人民满意政府工作问题；关于分配提前下达中央和省财政促进就业专项资金问题；关于部署2015年春夏季重点传染病防控工作和爱国卫生工作问题；关于《佛山市加快培育高新技术企业专项行动方案（2015～2020年）》问题；关于《佛山市推进规模以上工业企业研发机构建设专项行动方案（2015～2020年）》问题；关于传达贯彻全省工业转型升级攻坚战动员大会精神问题；关于审议佛山市打造万亿规模先进装备制造业产业基地工作措施问题；关于学习新《中华人民共和国预算法》问题；关于安排2015～2017年技改专项资金问题；关于分配2013年度林业、渔业、交通运输行业成品油价格改革中央财政补贴清算资金问题；关于《佛山市关于保持经济稳定增长的若干意见》问题；关于《2015年佛山市行政监察工作要点》问题；关于审议市重点项目建设2014年进展情况及2015年编制情况问题；关于对领导干部实行安全生产“一票否决”规定和佛山市安全生产“三大行动计划”工作方案问题；关于调整佛山市城乡最低生活保障、孤儿最低养育及农村五保供养标准问题；关于贯彻落实《广东省人民政府关于加快科技创新的若干政策意见》问题；关于“互联网+”行动计划和“互联网+”博览会方案问题；关于下达2014年中央补助基本公共卫生服务项目结算资金问题；关于《佛山市建设法治化国际化营商环境2015年工作要点》问题；关于调整佛山市堤围防护费征收标准问题；关于传达贯彻全省第一季度经济形势分析会议精神问题；关于《佛山市公路桥梁与城市道路桥梁安全事故应急预案》问题；关于《佛山市建设便捷智能文明安全公交行动方案》问题；关于《佛山制造2025行动计划》问题；关于拨付2014年度市级淘汰社会类黄标车补贴资金问题；关于《佛山市声环境功能区划分方案》问题；关于广珠城际等项目增加资本金出资问题；关于《佛山市推动氢能产业发展工作方案》问题；关于设立2015年支持外贸稳增长专项资金问题；关于审定2015年度市级社会组织发展专项扶持资金扶持对象问题；关于分配中央财政2015年优抚对象等人员抚恤和生活补助资金预算问题；关于分配2015年中央财政最低生活保障补助资金问题；关于全市安全生产（消防安全）检查情况报告；关于全市水上交通安全监管情况报告；关于追加佛山对口帮扶云浮资金（市级负担部分）问题；关于佛山对口帮扶云浮资金使用问题；关于佛山市援藏援疆工作情况；关于新一轮扶贫开发“双到”工作进展情况报告；关于将佛山“一环”主干线等资产注入广明高速公路等项目问题；关于2015年度调整企业退休人员基本养老金问题；关于确定2014年佛山对口帮扶云浮农业产业专项资金竞争性评选项目问题；关于安排市级财政配套2015年省级以上生态公益林效益补偿资金（第一批）问题；关于《佛山市直机关单位雇用人员管理办法》问题；关于《佛山市安全生产风险管理规定（暂行）》问题；关于彩管公司地块改造项目停止征收房改房共用地等问题；关于高标准基本农田建设配套资金分配问题；关于2015年度推动劳动力转移专项补助资金分配问题；关于2015年第一批基本公共卫生服务项目中央财政补助资金分配问题；关于2015年省级交通专项资金分配问题；关于《禅城区历史建筑普查（第一批）优先推荐历史建筑名单》问题；关于拨付第十四届省运会和第七届省残运会经费问题；关于《佛山市临时救助暂行办法》问题；关于佛山市“两建”工作情况报告；关于《佛山市企业信息管理暂行办法》问题；关于市财政垫付7.13亿元用于还本付息问题；关于《佛山市房屋权属登记信息查询办法》问题；关于南海区申请佛山市支持企业融资专项资金市财政配套资金问题；关于拨付2015年市公交一体化财政资金问题；关于开展佛山市城市轨道交通三号线工程勘察设计及相关工作问题；关于《佛山市“互联网+”环境保护工作行动方案》等5个方案问题；关于分配2015年度新能源汽车推广应用省级专项资金和市级补助资金问题；关于安排中央财政信息惠民国家试点城市启动资金问题；关于调整价格调节基金部分征收项目和征收标准问题；关于分配中央2015年军队移交政府的离退休人员安置补助资金问题；关于下达2015年高标准基本农田建设省级补助资金问题；关于《佛山历史文化街区创建国家5A级旅游景区工作方案》问题；关于调整佛山市级2015年财政预算问题；关于调整2015年佛山市社会保险基金预算问题；关于调整市妇女儿童医院地下停车场建设筹资方案问题；关于《佛山市食品药品违法行为举报奖励办法》问题；关于《佛山市军人随军家属就业安置实施方案》问题；关于开展佛山市城市轨道交通四号线一期工程可行性研究工作问题；关于传达全省土地管理工作会议精神和佛山市下一步土地管理工作意见；关于省网公司分红款专项用于更新佛山五区广播电视设备问题；关于《佛山市政府专职消防队建设管理规定》问题；关于《佛山市建立收集解决企业问题长效机制工作方案》问题；关于粤桂黔高铁经济带合作试验区（广东园）建设及相关活动筹备情况汇报；专题学习《党政领导干部生态环境损害责任追究办法（试行）》；关于首届珠江西岸先进装备制造业投资贸易洽谈会的汇报；关于创建国家森林城市工作的汇报；关于设立佛山市学校安全教育周问题；关于《佛山市历史文化街区和历史建筑保护条例（草案）》问题；关于《佛山市职工生育保险实施办法》问题；关于调整佛山市殡葬基本服务费用免除标准和扩大免除对象范围问题；关于《佛山市2015年土地利用计划分配方案》问题；关于《佛山市水资源综合规划修编》问题；关于启动佛山“一环”西拓问题；关于法律法规宣传落实工作情况汇报；关于《佛山市重大行政决策专家咨询论证办法》问题；关于《佛山市重大行政决策征求公众意见办法》问题；关于《佛山市扶持企业推进机器人及智能装备应用实施方案（2015～2017年）》问题；关于《佛山市创建国家公共文化服务体系示范区建设规划（2015～2017年）》和《佛山市创建国家公共文化服务体系示范区工作方案》问题；关于《佛山市人民政府关于扶持旅游文化创意产业发展的意见》和《佛山市关于加快旅游文化创意产业发展的实施方案（2015～2020年）》问题；关于《关于率先复制推广自由贸易试验区改革创新试点经验的实施意见》问题；关于《佛山市工程建设施工项目信用分类优选随机合理低价评定标暂行办法》问题；关于确定“十三五”期间（2016～2020年）省级生态公益林补偿标准问题；关于《关于进一步促进创业带动就业的实施意见》问题；关于《佛山市校车安全管理实施办法》问题；关于《佛山市实行残疾儿童少年十五年免费教育实施方案（2015年修订）》问题；关于佛科院北院新校区项目代建问题；关于将佛山西站更名为广州西站问题；关于佛江高速公路佛山段（江珠高速公路北延线佛山段）项目

融资问题；关于理顺市路桥公司和市铁投集团监督管理职责问题；关于广佛环线季华路特大桥增加投资问题；关于深化市属国有企业负责人薪酬制度改革实施方案问题；关于《佛山市机动车船排气污染防治条例（草案）》问题；关于金融科技服务创新促进信息消费试点工作报告、决定和方案等问题；关于12个市级花色主题绿化景观项目市级奖补资金方案问题；关于《佛山市人民政府关于完善中小微企业投融资机制的实施方案》问题；关于《佛山市人民政府关于加快融资租赁业发展的实施意见》和《佛山市促进融资租赁业发展扶持暂行办法》问题；关于《关于进一步促进融资担保行业规范发展的意见》问题；关于佛山市级2015年第二次财政预算调整问题；关于《佛山市河道管理范围内砂场设置规划》问题；关于《佛山市建设工程造价管理办法》问题；关于《佛山高明苗村白石坳生活垃圾卫生填埋场增值税征退工作方案》问题；关于启动市属国企第四批职教幼教退休教师待遇资格审核申报工作问题；关于《佛山市构建现代公共文化服务体系实施意见》问题；关于《佛山市人民政府拟定地方性法规草案和制定地方政府规章程序规定》问题；关于《佛山市产业发展股权投资基金设立方案》问题；关于修订《佛山市城市管理考核评比暂行办法》问题；关于《城市中轴线北门户段绿化景观实施方案》问题；关于《佛山市商业银行科技支行认定及管理办法》问题；关于《佛山市政策性小额贷款保证保险实施方案》问题；关于《关于开展佛山市金融科技服务创新促进信息消费试点工作方案》问题；关于《佛山市商标国际注册资助办法》问题；关于佛山市老年大学卫国路69号校区改造项目建设问题；关于调整管道天然气价格问题；关于《佛山市创建广东省食品安全城市工作实施方案》问题；关于《佛山市科技企业孵化器创业投资风险补偿资金实施细则》和《佛山市科技企业孵化器信贷风险补偿资金实施细则》问题；关于《佛山高新技术产业开发区评价及发展专项资金使用方案》问题；关于《佛山市生活饮用水二次供水管理办法》问题；关于调整部分优抚对象等人员抚恤和生活补助标准问题；关于佛山检验检疫局办公大楼产权问题；关于《佛山市创新创业产业引导基金设立方案》等问题；关于促进民营经济发展提振民营企业家信心的若干工作意见问题；关于审定2015年佛山市政府质量奖获奖企业问题；关于深化市属企业负责人薪酬制度改革薪酬水平测算方案问题；关于将市三医院老年病区及市一医院感染科改建为监管病区（房）问题。

【市政府工作会议纪要】 2015年，佛山市人民政府共召开政府工作会议186次。会议主要研究部署以下事项：研究佛山市经济社会发展主要指标2014年完成情况、2015年预期目标及市级2015年财政收支预算（草案）；佛山市文化升级两年行动计划；佛山“一环”黄标车治理工作；城际轨道站点TOD开发工作；研究调整堤围防护费征收标准；岭南明珠体育馆和世纪莲体育中心安全生产工作；佛山火车站主体建筑外立面改造工程；汾江路南延线沉管施工期东平水道封航工作部署；佛山市生活垃圾处理工作；佛山市轨道交通有关问题；中国（广东）–印尼经贸合作交流会筹备工作；祖庙春节期间安全保卫工作；佛山仁寿寺春节期间安全保卫工作；市中医院和市妇幼保健院调研工作；105国道伦教至大良路段交通道路安全情况；佛山火车站资产经营管理体制和专项经费解决途径等问题协调；省科技厅与佛山市科技工作座谈会；全市2015年安全生产暨市有关单位2014年安全生产工作考核；人民满意政府和民生实事重点工作；佛山市2014年经济运行情况统计分析汇报；市领导南海区调研工作；审议《佛山市体育产业联系点发展体育产业工作方案》工作；佛科院新校区（南海狮山）部分土地权属争议问题协调；佛山市中心城区公交专用道及跨区公交发展工作；佛山市职业农民培训体系建设和政策研究；金融科技产业融合发展工作；佛山市旅游文化创意产业发展领导小组第二次工作会议；佛山市新市民积分制服务管理工作；“互联网+”与制造业转型升级对接工作；科技创新若干工作；高明区校园、校车安全工作检查；粤桂黔高铁经济带合作试验区建设工作；全市招商引资和先进装备制造业推进工作；全市加快路网建设现场会；粤桂黔高铁经济带合作试验区领导小组工作；佛山市珠三角城际轨道交通沿线土地综合开发工作；佛山新城体育文化演艺中心地块建设现场协调工作；建设佛山市体育社团活动基地协调工作；粤桂黔高铁经济带合作试验区发展总体规划编制初步成果汇报工作；市图书馆新馆运营管理及旧馆改造工程安全生产检查工作；佛山市古村落历史建筑调查保护工作方案研讨工作；传达落实省领导指示精神；智慧城市建设工作；南海区校园安全工作检查；佛山市城市轨道交通二号线一期工程推进工作；全面开展环保违法违规建设项目清理整治工作；贯彻落实全省第一季度经济形势分析会专题工作；“互联网+”博览会筹备情况汇报工作；佛山新城巡视整改专题研究工作；中国（广东）“互联网+”国际博览会第一次筹备工作；佛山中科院产业技术研究院建设工作协调；佛山职业技术学院筹建教师人才公寓相关问题协调；佛山新城体育文化演艺中心地块建设第三次现场协调工作；佛山市公交发展专题工作；贯彻落实省长朱小丹到佛山调研讲话精神专题工作；2015年全市第二季度安全生产暨防范重特大事故工作；2015年1～4月全市经济发展情况汇报工作；全市在建跨区交通项目建设有关问题协调工作；促进高新技术企业申报工作；佛山市城市展览馆新馆布展设计方案；佛山、云浮金融合作工作；市政府主要领导负责的重点改革专题推进落实工作；佛山“一环”高速化改造用地报批问题协调；佛山西站动车运用所建设涉长岗南路段DN800供水管道迁改工作协调；佛山市城市轨道交通二号线一期工程工作；推进“六个一”工程完善佛山市中小微企业投融资机制工作；金融工作；加快推进广东省金融科技服务创新促进信息消费佛山市试点工作；市领导调研顺德区北部片区一体化发展工作；珠江口区域海陆联合三维地震构造探测项目野外人工震源爆破工作；加快推进自贸区金融政策落地工作；稳增长方案政策落实及问题协调工作；佛山市工商、质监分级管理体制改革工作；佛山市轨道交通在建项目工作；广佛地铁建设工作；推进对接广东自贸区重点改革专题宣传工作；佛山新港口岸码头和佛山澜石口岸码头关闭工作；2015年佛山公开赛——欧洲高尔夫球挑战巡回赛第一次筹备工作；佛山彩色显像管公司地块改造项目房改房征拆工作；佛山市环境保护有关工作；中信银行佛山分行金融宣传问题协调工作；佛山市跨区公交提升和公交专用道建设专题工作；市政府与赛伯乐智源公司合作框架协议（讨论版）研究工作；全市经济指标完成情况分析工作；2015年1～5月全市财税收入分析工作；全市统计工作；佛开高速公路历史遗留问题；佛山市轨道交通规划建设工作；佛山市支持企业融资专项资金；全市招商引资工作；珠三角城际轨道交通佛山段工作；樵园山庄资产接收及人员安置和市机关招待所建筑物消防安全提升改造工作；启动佛山市城市轨道交通三号线工程施工图勘察设计工作；佛山市轨道交通建设及有关规划工作；季华路南海大道桂澜路两节点快速化改造建议方案；佛山市跨区公交提升和智能公交平台建设工作；市、区有关物业使用安排协调工作；高明区现代有轨电车示范线项目工作；季华路南海大道桂澜路两节点改造建设方案汇报；佛山“一环”西拓建设专题工作；佛山市粮食储备库项目前期工作；禅城区万科广场工地南侧基坑支护坍塌导致季华五路辅道塌陷处置工作；禅南跨区交通建设项目；政府项目融资及产业投资基金研讨；佛山市与深圳市创新投资集团有限公司合作方案；加快推动珠三角城际轨道交通佛山境内建设和开发工作；国家知识产权示范城市工作；民办教育有关工作；推进佛山新城世纪莲公交枢纽站建设工作；部署加紧推进广佛同城工作；进一步加快推进高明区（氢能）现代有轨电车项目建设工作；佛山市金融科技产业对接工作；青少年校外活动场所建设工作；解决广佛肇高速公路佛山段年底开工相关问题；广佛环线跨季华路特大桥增加投资问题；南海区和高明区氢能产业基地加氢站项目建设问题；全市2015年第四季度安全生产暨防范重特大事故工作；协调氢能源公交推广工作；佛山市民营企业家千人大会筹备工作；研究佛山科学技术学院与广东顺德创新设计研究院合作事宜；完善市机关幼儿园安全提升项目方案；推进佛山国通保税物流中心建设工作；协调佛山市2015年保障性安居工程跟踪审计进点工作；研究落实缓解佛山市中心城区交通拥堵工作；石湾西片区提升改造专项工作；佛山火车站外立面改造工程工作；推动中兴通讯大数据产业园项目进展工作；佛山科学馆新馆建设工作；佛山市全民健身中心项目建设工作；部署全市高新技术企业指标；佛山市第三人民医院老年病区改建为监管病区社会稳定风险评估工作。

【“十二五”实现圆满收官】 2015年，佛山市实现地区生产总值8003.92亿元、人均地区生产总值10.83万元，分别比2010年增长55%、47.7%，地区生产总值五年跨越3个千亿元大关；实现规模以上工业总产值19774.93亿元、增加值4406.95亿元，分别比2010年增长76.6%、69.5%；先进制造业、高技术制造业占规模以上工业增加值比重分别为35.6%、7.3%，比2010年提高5.4、2.2个百分点；实现全社会固定资产投资3035.52亿元、社会消费品零售总额2687.22亿元、外贸进出口总值657.2亿美元，分别比2010年增长76.5%、87.1%、27.2%，其中出口482.1亿美元，增长45.9%；实现财政总收入1474.8亿元、地方一般公共预算收入557.43亿元、每平方千米税收0.33亿元，分别比2010年增长41.8%、82.2%、57.1%；三次产业比例由2010年的1.9∶62.6∶35.5调整为2015年的1.7∶60.5∶37.8。2015年，佛山市地区生产总值在全国大中城市排名第16位；在2015年全国科学发展综合实力百强区排名中，佛山市5个区均位列前50强，其中顺德区、南海区分别位列第一位、第二位。

【稳增长】 2015年，佛山市召开民营企业家大会，出台提振民营企业家信心促进创业创新40条措施；开展企业“暖春行动”，建立收集处理问题长效机制，解决企业发展困难；落实税收优惠政策，减免企业各项税收共计128.76亿元；下调堤围防护费和价格调节基金，为企业减负5.2亿元。贯彻落实各项外贸稳增长政策，鼓励企业参与“一带一路”建设，对沿线国家出口额810.46亿元，增长31.2%。推动外贸结构持续优化，一般贸易占出口总值比重达58.2%。着力推动连锁经营和社区商业发展，成为全国首批信息消费示范城市。全市年主营业务收入超百亿元企业12家，其中超千亿元企业2家。

【产业结构调整】 2015年，佛山市加快产业结构调整步伐。出台《中国制造2025佛山行动方案》《工业转型升级攻坚战三年行动实施方案》，开展智能制造发展专项行动，实施“百企智能制造提升工程”。引进中关村“互联网+智能制造”国际技术协同创新中心、密歇根大学国际智能制造创新中心、全球工业机器人四大巨头合作项目等平台项目，广东省智能制造产业服务中心开业。佛山市机器人应用创新中心和产业创新联盟揭牌。顺德区启动全省首个机器人产业发展示范区。先后引进千山药机大健康产业基地、大族工业4.0高端装备工业园等一批先进装备制造项目，其中有126家“工作母机”制造业企业纳入省级骨干企业。全年完成工业技术改造投资386.15亿元，增长38.6%。全面实施“互联网+”行动计划，成功举办首届中国（广东）国际“互联网+”博览会、中国制造2025对话德国工业4.0大会。佛山市与中兴通讯签订大数据产业战略合作协议，建设大数据产业园等项目。毕马威大中华区后援中心、泛家居电商创意产业园等项目揭牌。成为国家物流标准化试点城市，国通保税物流中心（B型）通过国家验收。顺德区获评全省首个电子商务创新区。国务院发布2015年大督查情况通报，对落实有关政策措施成效较明显的佛山等20个城市予以表扬，佛山依托智能制造加快产业转型升级的经验与成效受到国务院肯定。

【创新驱动发展战略】 2015年，佛山市创新驱动发展战略深入实施。佛山国家高新区获批建设珠三角国家自主创新示范区，获中国产学研合作创新与促进奖。启动互联网+创新创业示范市建设。进一步完善自主创新政策体系，出台贯彻落实省科技创新政策意见的16条措施，实施高新技术企业培育和企业研发机构建设专项行动方案，全年新增国家高新技术企业98家，总数达716家。全市共有省级新型研发机构25家，华南智能机器人创新研究院、佛山智能装备技术研究院挂牌成立。顺德区与工业和信息化部信息中心签约共建国家级产业众创空间，打造全国首个创客大学。新增省级、市级创新团队18个。与省共建研究生联合培养基地，致力将佛山科学技术学院打造成为广东省高水平理工科大学。启动建设广东“互联网+”众创金融示范区，并联合深圳创新投资集团设立百亿元规模的创新创业产业引导基金。在全省率先出台全面性债券融资扶持政策，“政银保”合作农业贷款模式在全市推广。

2015年11月，广东"互联网+"众创金融示范区建设现场会暨"互联网+信用三农"众筹项目启动会在佛山市南海区成功举办。

【城市环境优化提升】 2015年，佛山市城市环境得到优化提升。城市升级三年行动计划收官，成效显著。禅城奇槎片区、绿岛湖都市产业区建设加快。南海金融公园建设收尾，千灯湖公园获2015年全球城市开敞空间奖第一名。中德工业服务区坊塔主体结构封顶，广东（潭洲）国际会展中心、市妇女儿童医院奠基动工。顺德新城基础设施建设加快，区域核心带动作用增强。高明西江新城获"2015创建生态文明标杆城市"称号。启动实施百村升级行动计划，全年完成203项古村落活化、241项城中村（旧社区）升级改造和508项"五好"新农村项目建设。顺德区逢简村获2015中国最美村镇"榜样奖"，南海区和狮山镇成为第二批国家新型城镇化综合试点。城市基础设施建设加快，江罗高速佛山段、广明高速西延线完工，魁奇路西延线、乐龙公路一期等19条"断头路"建成通车，佛山西站、佛山地铁2号线一期、南海新型交通系统建设顺利。与华为签订战略合作协议，推进"智慧佛山"建设。全市光纤入户率达52%，全年新建公共场所AP接入点（无线访问接入点）1.5万个。公交专用道总里程达102.6千米，新增公交车735辆。启动海绵城市建设，排水管清淤1869千米。全年淘汰黄标车5.5万辆，完成电力行业"超洁净排放"改造工程，整治淘汰小锅炉495台，治理VOCs排放重点企业95家。完成42条"一河一策"河涌整治和104个村级工业区环境整治试点，广佛交界区域水环境整治成效在省"四河整治"第三方评估中位居前列。启动"绿城飞花"主题绿化景观建设，新建和改造半月岛湿地公园、桂畔湖湿地公园等花色主题景观项目11个。

【改革开放持续深化】 2015年，佛山市改革开放持续深化。出台复制推广自由贸易试验区改革创新试点经验实施意见，在全国率先全面实施"互联网+易通关"。"一门式、一网式"政府服务改革全面推行，入选"2015全国社会治理创新最佳案例"。实现工商登记"三证合一、两证一章同发"。完善网上办事大厅建设，市、区两级网上服务事项5983项，达到一级、二级、三级办事深度分别占95.6%、92.9%、60.4%。佛山市粤港澳合作高端服务示范区成为"粤港澳服务贸易自由化示范基地"。在南海区狮山镇举办粤桂黔高铁经济带合作试验区（广东园）建设现场会。南海区、顺德区、三水区分别与广州市荔湾区、番禺区、花都区签订协议，共建合作示范区。海华大桥动工建设，广州地铁7号线西延至顺德区调整方案获国家发改委批准。分别与中山市、江门市签署合作协议推动佛中江协同发展，高明区与肇庆高要、江门鹤山、云浮新兴联手打造"百里西江旅游文化圈"。强化佛山云浮一体化帮扶，佛山（云浮）产业转移工业园累计入驻项目265个，总投资额404.14亿元。联合德国不莱梅、汉诺威等国内外城市组建"中德工业城市联盟"。

【人民满意政府建设】 2015年，佛山市人民满意政府建设扎实推进。完成人民满意政府建设行动计划204个年度重点项目。根据第三方调查评估报告，2015年佛山市建设人民满意政府总体评价83.81分，比2014年提高1.35分。在全省率先实现城乡统一低保补差水平，失业保险城乡无差异化，大病保险参保人整体待遇提高17%。成为国家特殊教育改革实验区、国家现代学徒制试点市、全省首个所有区（县）通过国家"义务教育发展基本均衡区"认定的城市，现代职业教育体系建设改革试点获联合国"2015中国可持续发展城市范例"奖。顺利通过国家卫生城市复审，实现医师多点执业备案制管理，非公立医院占医院总数比例近半。启动创建国家公共文化服务体系服务示范区，南海区成为“中国曲艺之乡”，丹灶镇获评全国文明镇。成功承办2015广东国际旅游文化节，秋色欢乐节、“佛山韵律和风鸣畅”等公共文化活动精彩纷呈。成为国家体育产业联系点城市，成功申办2019年国际篮联男篮世界杯。实施新市民积分制，2.69万名外来人员通过积分入户、人才引进等方式落户佛山。平安佛山建设成效明显，治安立体化防控体系逐步完善，“3 + 2”专项打击行动位居全省前列，社会治安形势持续向好。实施安全生产“三大行动计划”，创建安全生产标准化企业5663家，生产安全事故起数下降22.9%。创建省食品安全城市试点，设立“食品药品警察”。登革热疫情防控效果显著。积极应对龙卷风等自然灾害。根据北京师范大学发布的《2015中国民生发展指数报告》，佛山排名全国地级市第五位。

（梁志鸿）

附：2015年佛山市人民政府市长、副市长名单

市　　长：鲁　毅
常务副市长：区邦敏（任至3月）
黄志豪（3月任职）
副 市 长：麦洁华（女）　王　玲（女）
宋德平（任至10月）
郭文海（任至10月）　江楷鑫
黄喜忠（10月任职）
赵　海（10月任职）

现任佛山市人民政府市长、副市长名单

市　　长：朱　伟
常务副市长：黄志豪
副 市 长：麦洁华（女）　王　玲（女）
江楷鑫　黄喜忠　赵　海

（2016年6月市政府研究室供稿）

【佛山市人民政府行政服务中心】 2015年，佛山市人民政府行政服务中心以推进“一门式”政务服务改革和打造企业投资“三单”（负面清单、审批清单和监管清单）管理模式两项重点改革项目为抓手，深化行政审批制度改革，完善政务服务体系，营造具有佛山特色的群众便捷办事、大众轻松创业、万众积极创新的政务服务环境。10月，市行政服务中心的《建设高效综合政务体系，打造佛山政务服务新模式》案例被评为全国行政服务大厅“十佳”典型案例。

“一门式”政务服务改革。2015年4月20日，市委办、佛山市府办印发《佛山市2015年重点改革专题》的通知，确定“一门式”政务服务改革为佛山市2015年全面深化改革的头号任务，由市委书记亲自挂帅，市行政服务中心牵头统筹。5月25日，市行政服务中心主持召开深入探索“一门式”政务服务创新体系建设论证会，与会专家一致通过《佛山“一门式”政务服务创新体系建设方案》评审。在广泛征求省相关部门、各区政府、市直相关部门、各级行政服务中心和相关专家学者的意见建议后，7月23日，市委全面深化改革领导小组第五次会议决定全市全面推进“一门式”政务服务改革。8月3日，中共佛山市委办公室、佛山市人民政府办公室正式印发《关于全面推进佛山市“一门式”政务服务创新体系建设的实施方案》，随后成立佛山市全面推进“一门式”政务服务创新体系建设领导小组。8月12日，佛山市召开“一门式”实践与“互联网+政务”探索研讨会，国家信息中心等的20多位专家一致认为佛山市“一门式”政务服务改革是落实中央简政放权精神的具体实践，具有典型意义，这种模式对全国有借鉴和推广价值。9月，佛山“一门式”政务服务改革被省列入推广项目。

佛山市“一门式”政务服务改革以先易后难、由点带面、统分结合为原则，按照先自然人后法人、先前台再后台、先实体再网上、先标准再实施的步骤推进。至9月底，全市各区、所有镇街均已实现自然人“一门式”对外服务；至12月底，市、区两级都建设了“企业综合服务窗口”和“工程验收综合服务窗口”，并积极探索法人“一门式”。截至2015年年底，全市基本形成“一窗通办，全城通办”的政务服务“佛山模式”。

优化“门（实体大厅）、网（网上办事大厅）、线（‘12345’平台）、端（自助终端）”四个载体。一是实体大厅设置综合服务窗口，实现“一口受理，一窗通办”。至年底，全市五区区级和各镇（街）行政服务中心共设置自然人综合服务窗口

（含公安、地税综合窗口）553个。二是完善“一厅两网”建设，省、市、区、镇（街）网上办事大厅实现了联网同步，同时，优化在线申报功能，积极推进市民个人网页和企业专属网页的建设。至年底，市、区、镇（街）三级部门网上办事大厅共进驻事项10473项，进驻率达到100%；66.59％的审批事项可实现电子化网上申报；926项网上服务事项可提供邮政速递服务。三是拓展“12345”平台功能，更新完善了佛山“12345”知识库，升级建设佛山“12345”网站、微信、微博、短信等网络服务方式。2015年全年，佛山“12345”电话及网络渠道受理市民政务咨询、政务诉求、行政投诉、建言献策合计176.2万人次，群众满意度达99.4%。四是推广“市民之窗”自助服务终端，增强终端的服务功能。至年底，全市布放自助服务终端机780台，开通“市民之窗”24小时自助服务区38个，实现对1000多项行政审批事项的受理，覆盖社保、交通、民政等部门的48项热点业务，市民在“市民之窗”终端办理各类业务累计101.04万件。

行政审批标准化和“一门式”政务服务综合管理平台一体化。一是统一标准建设。在南海区作为全市试点完成标准化编制工作的基础上，由市级职能部门统筹，以分批分类的方式组织开展全市的标准化编制工作。4月23日，市行政服务中心（市审改办）印发《佛山市行政审批标准化建设试点推广工作实施方案》，在全市推广行政审批标准化编制工作；11月10日，市行政服务中心（市审改办）梳理印发《佛山市政务服务体系审批服务事项通用指导目录》，作为佛山各级、各部门开展审批服务标准化建设、“一门式”服务的审批服务事项目录，该目录按自然人社会民生类、法人市场经营类、投资项目工程建设类和其他类划分，共涉及58个主管部门2006个审批和公共服务事项；对纳入“一门式”服务的事项进行服务标准化梳理并集结成体系，统一建立综合服务标准和运行机制。二是统一平台建设。推进佛山市“一门式”综合管理一体化平台建设和廉政风险科技防控平台建设，联通各区“一门式”综合受理系统和各部门专线系统，对受理审批、投诉咨询等情况进行全流程实时在线监察，形成“一门式受理、一门式监察、一门式考核”的综合投诉监督体系；推进政民互动大平台建设，推动网络问政、网络行政、网络监督“三网融合”，并按照佛山市政府常务会议决议和信息惠民国家试点城市的相关要求，由市府办于9月14日印发《佛山市政民互动大平台建设规划（2015年8月修订版）》。截至年底，市政民互动大平台完成招投标阶工作，项目按照计划进入开发实施阶段。

初步建立企业投资“三单”管理模式。8月11日，佛山市人民政府印发《佛山市企业投资项目实行清单管理的实施意见》，明确建立以准入负面清单、行政审批清单和政府监管清单为基础的企业投资经营准入制度、企业投资经营监管制度，明确政府权力边界。至年底，结合企业投资管理体制改革实施负面清单，591条禁限措施纳入企业投资备案项目和核准项目并得到全面实施；结合商事登记制度改革实施审批清单，121项经营准入审批事项纳入企业登记告知承诺制；结合网格化管理探索实施监管清单，并在南海区食品药品、环保、安监等部门实行监管清单。

行政审批服务流程再造。一是继续推行企业登记联合审批改革。推进企业登记“一窗式”综合服务，于6月23日完成工商业务窗口与市级综合服务窗口整合，实现企业设立、变更、换证、注销全生命周期“一窗通办”，至年底，全市企业设立登记联合审批4852宗；推进企业经营许可“一窗式”综合服务，至12月1日，完成市公安消防局、市环保局、市质监局、市文广新局、市卫计局、市食药监局等6个部门共计52个许可事项进驻市级综合服务（经营许可）窗口；5月，将“六证并联、三证同发”向“五证同办、结果互认”推进；9月，将“五证同办”工作与“三证合一”工作进行对接，形成“三证合一（营业执照、组织机构代码证、税务登记证）、两证一章同发（营业执照、社保登记证明、公章）”并联审批工作机制。二是试点推行企业投资管理体制改革。6月23日，佛山市人民政府办公室印发《佛山市企业投资建设项目联合审批改革优化试行方案》，推出一系列改革措施，并于8月以高明区为试点推进改革，实现企业投资建设审批“一窗受理、内部流转、联合审批、限时办结”。至年底，共办结业务434宗。

推进市公共资源交易一体化平台建设。加强统筹，成立一体化服务平台建设及运维工作推进小组；基本实现各类业务的电子化交易，企业采购类项目在一体化服务平台上运行；创新评标模式，全省首个采用远程异地评标的项目“佛山市残疾人职业康复服务中心项目基坑支护工程”项目顺利完成。2015年，市公共资源交易一体化平台发布各类公共资源交易信息1715条，完成各类公共资源交易项目630项，交易总金额36.87亿元；全市通过一体化服务平台运行的各类交易业务2630项；完成521个项目2399人次的专家抽取工作，保持“零出错”记录。

【禅城区行政服务中心】 2015年，禅城区行政服务中心围绕建设人民满意政府的目标，重点推进“一门式”政务服务改革，稳步推进其他各项改革。10月，禅城区“一门式”政务服务改革获2015年全国“创新社会治理”最佳案例，成为全国创新社会治理的鲜活样本。禅城区在率先全面推行自然人“一门式”政务服务后，在公安“一门式”改革方面也率先取得突破，9月14日，智慧新城大厅率先试行法人“一门式”对外服务。9月29日，禅城区公安“一门式”正式对外服务，187项公安业务实现“一口受理、一窗通办”。推进大数据建设和运用，建成自然人“一门式”数据库，编制完成包含1092项自然人属性的数据字典（目录），形成《一门式公共服务综合信息系统数据规划》。深入拓展“一按灵”市民服务平台、“市民之窗”等民生服务，“一按灵”全年业务受理总量为40.24万件、同比增长92.09%，全区布设“市民之窗”自助终端机169台。深入推进关键领域行政审批改革，完善联合验收办建设和工程报建报验审批流程，区联合验收办全年受理工程报验158项（含复验28项）、办结141项（含复验办结26项）。加强网上办事大厅应用推广，进驻广东省网上办事大厅佛山市禅城分厅服务事项总数共1400项，进驻服务事项网上办理率达100%，网上办事深度达到三级的服务事项占66.5%，开通邮政速递的网上办事事项近800个。推进区公共资源交易中心建设，区交易中心全年完成交易项目374个，成交金额103.75亿元，节资增效5.83亿元。

【南海区行政服务中心】 2015年，南海区政务管理办公室（南海区行政服务中心）持续深化行政服务体系改革，全面实施“一窗通办”服务新模式，构建具有南海特色的“331”行政服务体系（三网融合、三单管理、一窗通办）。12月，南海区成立全市首个政务管理办公室。持续深化“三网融合”，5月“南海政务通”微信公众号上线，“市民之窗”功能得到优化升级，“南海民声”热线服务水平得到提升，至年底，“南海政务通”共提供各类办事服务超过11万次；全区共布设“市民之窗”自助终端机319台，办件量约35万件。组织各部门对《佛山市南海区行政职权清单（2014年本）》中“非行政许可”类别的177个事项进行梳理。6月，率先在区一级实施“一门式”服务，共纳入671个审批服务事项实行“一窗通办”；9月，各镇街全面实施综合、社保、公安、不动产等4类“一门式”服务，包括414项自然人和法人事项，即办率达到56%；自主研发的“一窗通办”智能审批系统，集成“查询—受理—审批—监察—统计”全链条的功能。10月，南海区公共资源交易中心承担的佛山市技术标准战略专项经费项目“政府采购电子化标准体系”及广东省“政府采购服务先进标准体系试点”科研项目等两个试点项目，顺利通过验收。

【顺德区行政服务中心】 2015年，顺德区行政服务中心围绕行政审批制度改革、统筹全区信息化建设等，稳步推进各项工作。以杏坛镇“一门式”试点为模板，复制“一门式”政务服务改革并推广到其他镇街；全面梳理出区级“一门式”改革事项目录1052项、镇（街）事项506项；完成了6个试点行业的标准化建设资料（试行稿），同步建设顺德区商事主体通用综合监管系统平台。稳步推进企业投资改革，投资改革窗口全年受理联合审图业务60宗、办结34宗，处理审批业务184件。区实体大厅完成导引标识更新工作；网上办事大厅服务功能持续优化，并且向基层逐渐延伸，实现80%以上村居网上办事点上线；5月，“顺德百事通”手机APP上线，至年底，访问量超过5万人次；区统一政务咨询和行政投诉平台全年共受理市民政务咨询、政务诉求、行政投诉、建言献策19.46万人次，群众满意度为99.4%；全区布设“市民之窗”

自助服务终端114台。修订《顺德区政府信息化建设项目全过程管理办法》，配套出台立项管理办法、建设类项目技术管理细则、电子政务基础设施管理办法；加强信息化建设项目过程管理，全年在建项目46个（其中年内新增监理项目20个），完成初验项目11个，完成终验项目13个；完成整合新旧政务数据共享云平台。

【高明区行政服务中心】 2015年，高明区行政服务中心扎实推进审批制度改革，全年累计受理各类行政审批、办证等业务64.51万件，办结率99.51%。实施企业登记联合审批和项目投资建设联合审批“一门式”改革，于8月建立企业登记综合服务窗口和项目投资建设综合服务窗口，至年底，综合服务窗口共受理企业登记类业务2157宗、综合工程类业务457宗。区、镇两级建成第一批自然人综合服务窗口，区级梳理出286项（大项）自然人事项（含公安），区、镇两级80%以上事项纳入综合窗口服务，至年底，综合服务窗口累计受理业务69070宗。在市综合受理和系统调度平台上升级改造“一门式”系统，实现与网上办事大厅、市“一体化”平台的无缝对接。区自然人“一门式”政务服务平台于9月正式上线运行，可在线办理社保、民政、卫计、人社等部门共计176项自然人办事事项。进驻网上办事大厅的事项有1209项，100%实现网上二级及以上深度接入，69.98%的审批事项三级深度接入。10月，区行政服务中心上线网上和微信预约办事系统；推广完善“市民之窗”，全区共配置自助终端60台。

【三水区行政服务中心】 2015年，三水区行政服务中心围绕“阔步前行，拥抱千亿梦想”的工作主题，稳步推进各项改革工作。区行政服务大厅全年受理业务42.9万件，业务按期办结率为100%。三水区于5月启动“一门式”政务服务改革，于9月实现“一门办理、全城通办”政务服务模式，即办件业务比例由原来的不到50%提升到80%。为推进改革，区行政服务中心对纳入改革的12个部门262项个人类事项进行标准化设置，建立起全区统一的办事标准。区级24小时自助政务超市于6月投入使用，实现全天候“一站式”自助办事，至年底，共接受超过1.85万人次的查询和使用。优化工程建设项目报批工作，精简“并联预审”报批流程，从36项精简到5项；压缩收件清单，收件资料数量从99项压缩到26项。区联合验收办全年共受理工程联合验收申请191项、办结191项，完成时间最短4天、平均9天。“12345”热线处理群众服务请求8959件，群众满意率达99%。

（刘敏莹）

政协佛山市委员会

【综述】 中国人民政治协商会议佛山市委员会机构设置为1个办公室和6个专门委员会（提案、经济科技、城建资源环境、文教体卫、社会和法制、港澳台侨和外事）。政协十一届佛山市委员会在2015年间，辞免委员职务23名，撤销委员资格6名，增补委员20名；辞免副主席职务4名，补选副主席3名；辞免常务委员职务6名，补选常务委员8名。增减后，实有委员402名，其中常务委员会组成人员74名。委员中，中共党员151名，非中共人士251名。常务委员中，中共党员28名，非中共人士46名。2015年，市政协紧紧围绕市委、市政府的中心任务和工作大局，认真履行政治协商、民主监督、参政议政职能，开展调研议政活动7项、专题视察活动7项，组织委员参与各项监督评议检查活动和开展各种形式协商活动，合并交办提案227件，编报《佛山政协信息》260期，加强同各民主党派、人民团体及社会各界人士的合作，密切与港澳台侨人士联系交流，务实开展公共外交活动，完善委员履职管理办法，开辟网络议政新渠道，广泛开展文化交流活动，积极开展扶贫济困和公益慈善活动，为推进佛山市经济社会健康持续发展和社会主义民主政治建设做出积极贡献。

【政协第十一届佛山市委员会第四次会议】 2015年2月3～5日在佛山召开。代表佛山市各民主党派、人民团体、社会各界及港澳地区特邀人士等29个界别的委员378人出席会议。市党、政、军领导到会祝贺，市各民主党派主要负责人，在佛山市工作、居住的省政协委员，没有安排担任十一届市政协委员的市政府有关部门和中央、省驻佛山部分单位的领导，市政协历届正副主席、秘书长，海外华侨华人代表人士，台湾地区代表人士，市政协历届港澳委员联谊会理事和市政协机关副处级以上干部等79人列席会议，另邀请20名市民代表旁听。会议按照中共佛山市委十一届六次全会的部署和要求，进一步动员市政协各参加单位和广大委员，积极投身到全面深化改革和加快发展的实践中去，切实履行政治协商、民主监督和参政议政职能，为夺取佛山改革发展新胜利、谱写人民幸福生活新篇章而努力奋斗。会议审议通过政协佛山市委员会常务委员会工作报告和关于市政协十一届三次会议以来提案工作情况的报告；表彰市政协十一届三次会议以来的20件优秀提案；列席市十四届人大五次会议，听取并讨论《政府工作报告》及其他报告；会议补选乔平、柳玉斌、唐冬生3人为政协第十一届佛山市委员会副主席，补选黄永耀、苏斌、朱国明、李家好、范宝初、张枫、贾伟、卢浩宏8人为政协第十一届佛山市委员会常务委员；通过市政协十一届四次会议决议。中共佛山市委书记刘悦伦在开幕会上作重要讲话。市政协主席杨晓光在闭幕会上讲话。

【政协常务委员会会议】 2015年，佛山市政协召开第九、第十次常委会议。第九次常委会议讨论市《政府工作报告（征求意见稿）》；听取市政府部门办理2014年政协提案情况通报；听取市纪委、市中级法院和市检察院的工作情况通报；审议讨论市政协《常委会议工作报告（草案）》和《提案工作情况报告（草案）》；审议通过召开市政协十一届四次会议的决定和议程（草案）、日程（草案）及有关决定（草案）；审议通过《政协佛山市委员会履职管理办法（修订案草案）》和《政协佛山市委员会提案工作条例（修订案草案）》；通过辞免和增补委员及有关人事任免。第十次常委会议就“加快佛山中医药文化产业发展”专题进行议政，同时，审议通过《政协佛山市委员会关于加强与五区政协联系的制度（修订案草案）》《政协佛山市委员会关于加强与港澳地区委员联系的意见（修订案草案）》《政协佛山市委员会履职管理办法（修订案草案）》，会议还审议了有关人事事项。

【调研议政】 2015年，佛山市政协围绕佛山市经济社会发展大局，找准切入点，精心谋划专题调研议政，为佛山市改革发展积极建言献策。

围绕产业升级、城市升值开展调研议政。为加快佛山中医药文化产业发展，组成专题调研组进行深入调研，并召开常委会议进行专题议政，形成关于加快佛山中医药文化产业发展的调研报告和常委会议建议案，提出加大规划引领和政策扶持、深度挖掘“佛药”文化内涵、加大中医药人才引进培养力度等对策建议，为佛山市研究制定《佛山市进一步推进中医药发展的实施方案（2016～2020年）》提供重要依据。为促进佛山市古村落活化升级，市政协组织有关部门、专家学者，深入调研论证，并召开主席会议进行专题议政，形成关于积极稳妥推进古村落活化升级的调研报告和主席会议建议案，提出完善古村落保护制度、树立活化升级成功典型、保护好古村落精神家园等意见建议，市委、市政府领导批示有关部门认真吸取。

围绕提升文化软实力开展专题调研。受市委委托，组织开展佛山武术文化和陶瓷文化两大专题调研。《打造“佛山功夫”名片，提升城市文化影响力》的调研报告，提出明确发展定位、挖掘整合武术文化资源、搭建武术文化传播交流平台等意见建议。《弘扬五千年陶瓷文化，促进陶瓷文化大发展》的调研报告，提出全面整合利用陶艺大师资源、大力挖掘石湾陶艺市场价值、走产业化之路推动陶艺生活化发展等对策措施。在此基础上，召开陶瓷文化和武术文化工作座谈会，市委主要领导亲自听取市政协、市有关部门和专家的意见建议，对调研成果给予充分肯定，并要求有关部门充分吸纳有关建议，完善工作措施，解决相关问题。

围绕优化营商环境组织专项调研。开展“打造粤港澳合作高端经济服务示范区”专项调研，深入研究分析南海区三山新城发展现状以及影响其发展的因素，提出科学规划建设新型产业社区、合力打造粤港澳青年创业社区·众创空间品牌、打造粤港澳人才聚集洼地等意见建议，为加快三山粤港澳合作高端经济服务示范区建设、提高港澳对佛山的投资便利度、拓展佛港澳合作空间出谋划策。此外，还开展大数据开发利用、农村民主监督工作等专项调研，形成调研报告，提出针对性较强的意见和建议，助推佛山市打造依法行政、公正透明、竞争有序、服务高效、富有吸引力的营商环境。

【民主监督】 2015年，佛山市政协坚持把关注民生、履职为民作为工作的出发点和落脚点，切实加大民主监督力度，促进改革发展成果更多更公平地惠及全体人民。

通过专题视察推动解决民生问题。由市政协各专门委员会牵头，组织政协委员就“旅游文化产业发展”“农产品质量安全”“群众体育健身设施”“青少年活动场所”“基层法律服务”等7个专题开展视察活动。针对视察中发现的问题，提出有分量、有价值的意见建议，形成专题视察报告，提交市委、市政府。同时，针对视察中发现的问题，进一步深入调研，推动民生问题的解决。

通过政协信息及时反映社情民意。2015年，共收到反映社情民意信息2389篇，编报《佛山政协信息》260期，被全国政协、中央办公厅、省政协采用19篇，省委采用24篇，市委采用159篇，省、市领导批示21篇。《对贯彻落实党的十八届五中全会精神的意见建议》《近期股市大幅波动情况分析及对策建议》《亟待解决农村宅基地确权登记中的法律问题》《对“十三五规划”编制工作的几点建议》等一批重要社情民意信息，为党委、政府掌握实情、科学决策、推进工作提供了重要依据。政协信息工作继续名列全国、全省前茅。

通过委员监督促进社会管理。组织委员参加全省依法行政考评工作，提出监督意见，发挥监督作用。推荐委员担任市直评议团成员，对佛山市行风政风建设情况进行民主评议。推荐委员参与全市安全生产执法检查工作，助推佛山市安全生产工作的开展。组织委员参加“两会热线”栏目的讨论，与政府有关部门围绕社会关注的热点问题开展对话交流，增强民主监督的实效性。

【民主协商】 2015年，佛山市政协紧紧围绕改革发展重大问题和涉及群众切身利益的实际问题，广泛开展民主协商，为推动佛山改革发展广纳群言、广集民智。

切实加强提案办理协商。2015年共收到提案466件，立案310件，经合并后实际交办227件。通过市党政主要领导牵头督办、市政协主席重点督办、市政协各专委会跟踪办理、召开办理协商会、开展提案办理情况“回头看”等举措，推动落实各项工作和解决有关问题。市委书记牵头督办《关于进一步改善法治环境，推动我市自主创新能力建设的建议》提案，市长牵头督办《关于推进佛山“美丽乡村”建设的建议》提案，市政协主席牵头督办《关于佛山高端装备制造业发展的建议》《关于积极参与“一带一路”建设，推动佛山产业转型升级的建议》等重点提案，推动重要工作落实。各专委会跟踪《关于进一步推动我市陶瓷产业转型升级的建议》《关于合理规划建设佛山地铁3号线的建议》《关于大力推进我市文化升级，推动多元文化繁荣发展的建议》等5件提案的办理情况，促进了相关工作开展。提案所提问题得到解决或基本解决、交付办理落实或列入计划逐步落实的2类提案占交办总数的98.6%，政协委员对提案答复总体满意率为100%（其中满意率85.7%、基本满意率14.3%）。

认真开展多种形式的协商活动。召开市政协全体会议、常委会议、各界别委员代表座谈会，就加快先进装备制造业发展、大力推进依法治市、推进民营经济转型发展、推进创新型城市建设等方面问题，开展协商议政，市委、市政府领导及有关部门负责人到会听取意见建议，和政协委员们一起共商佛山市改革发展大计。组织法律界委员召开立法建议项目征求意见座谈会，对城乡建设与管理、环境保护、历史文化保护等方面立法建议项目提出意见建议。开展以界别为基础、以专题为内容的专题协商，就“大力治理内河涌，彰显岭南水乡新特色”“以保障为核心，用制度创新促进我市医保效用最大化”“深化基层行政审批制度改革”等专题，召开由委员和社会各界人士参加的协商座谈会，汇集协商意见。通过多形式、多渠道的民主协商，为党委政府科学民主决策提供有益参考，促进佛山市的改革发展。

【团结联谊】 2015年，佛山市政协坚持大团结、大联合方针，充分发挥人民政协联系面广的优势，积极拓展团结联谊平台，开展形式多样的交流合作，进一步促进爱国统一战线的巩固和发展。

与市各民主党派、工商联和人民团体紧密合作。积极支持和保障市各民主党派、工商联、人民团体通过市政协全体会议、常委会议和专题协商会议等平台履行职责。邀请他们共同参与政协组织的重要协商议政、专题调研、专项视察等活动。认真督办党派、团体提出的集体提案，重点采编党派、团体反映的社情民意信息。巩固完善市政协党组成员与市各民主党派负责人沟通联系制度；坚持市政协与市各民主党派工商联秘书长（办公室主任）联席会议制度。2015年，市各民主党派、工商联、人民团体共提交集体提案44件，反映社情民意信息1012篇，在政协履职过程中发挥了重要作用。

密切与港澳台侨人士的联系交流。重新修订《政协佛山市委员会关于加强与港澳地区委员联系的意见》，不断完善发挥港澳政协委员作用的工作机制。由市政协领导班子带队赴港澳地区拜访港澳委员和重要旅港澳社团，通报佛山经济社会发展情况，听取委员意见建议。推动港澳委员在特区和内地更好地发挥“双重积极作用”，支持他们在特区社会政治事务中发挥积极作用。指导成立香港、澳门佛山社团总会，凝聚爱国爱港爱澳力量，深化佛港澳交流合作。组织港澳地区委员和内地工商经济界委员赴肇庆、云浮、江门考察学习，助推佛山经济社会发展。组织文化教育交流团赴台湾考察，加强与台湾地区的交流合作。首次邀请海外华侨华人及台湾地区人士列席市政协全会，推动海内外中华儿女的大团结、大联合。

务实开展公共外交活动。组织文化交流团赴奥地利、波兰、俄罗斯三国进行文化交流，并与莫斯科肖邦协会签订在佛山市举办第11届肖邦青少年国际钢琴比赛的合作方案。组织商务代表团前往马来西亚考察当地投资营商环境和政策，形成《马来西亚“汝来建材批发城”项目情况汇报》，为佛山企业抢占东盟及伊斯兰教国家建材市场提供可行性建议。认真做好马来西亚前总理巴达维率团到访佛山接待工作，就双方继续推动佛山建材企业进驻汝来建材批发城达成共识。组织企业家出访坦桑尼亚、南非、埃及三国，推介佛山的投资政策、投资环境，商讨经贸合作事项并达成合作意向。接待澳洲佛山联谊总会等到访。派员参加国家、省有关公共外交活动。编印《佛山公共外交》期刊。

加强与各级政协的互动协作。协助全国政协开展“农村土地确权登记中的法律问题与对策”专题调研。组织佛山籍广东省政协委员开展“完善政策推动我省中医药事业发展”专题调研，形成调研报告，为省中医药发展献计出力。协助省政协召开珠三角地区市、县政协“委员之家”网络互动平台座谈会，开展粤港澳台经济文化环保合作、创新驱动发展战略、法院体制改革等专题调研、视察活动，完成《改革开放广东一千个率先》佛山文史资料征编工作，并将佛山的有关史料汇编成佛山改革开放文史资料丛书《敢为人先》。修订《政协佛山市委员会关于加强与五区政协联系的制度》，召开市政协与各区政协主席工作座谈会、秘书长（办公室主任）联席会议和提案、信息工作会议，强化政协工作联动性，推进政协工作整体发展。

广泛开展文化交流活动。精心策划举办佛港澳中小学生书法联展活动，分别在佛山、香港、澳门巡回展出。该活动以书法为桥梁，促进佛港澳三地青少年的文化交流，进一步弘扬中华优秀传统文化，加强三地联系合作和团结联谊，取得良好效果，得到全国政协、中国书法家协会、省政协、省委统战部领导的充分肯定和社会各界的广泛好评。以佛山政协书画院为阵地和依托，积极开展市内外书画艺术交流活动，举办书画院女书画家庆“三八”作品展、书画院周年作品展等，丰富市政协的文化生活。

【市政协参加全国地方政协工作经验交流会】 2015年7月15～16日，佛山市政协作为广东省唯一的地级市政协代表，参加全国地方政协工作经验交流会，与全国各地政协交流工作经验。在会议的分组讨论中，佛山市政协主席杨晓光向与会人员介绍了佛山政协在微信议政方面的创新工作，得到与会代表的认同与肯定。

【微信议政】 2015年，佛山市政协开辟微信议政新渠道。以委员界别为原则，组建6个“政协委员微信群”，引导委员围绕热点难点问题开展微信议政，实现远程协商，努力将微信议政打造成为“永不落幕的政协全会”。开通微信议政后，共有267名市政协委员通过微信群发表意见建议1156条，1206

人次参与互动，内容涉及中医药产业发展、特色古村落活化、佛山地方立法、环境保护、产业发展等方面。市政协办公室定期汇编其中有价值的意见建议，为市委、市政府提供决策参考。市委、市政府领导对微信议政高度重视，将微信议政的意见建议批转有关部门研究落实。全国政协和省政协领导充分肯定佛山政协微信议政方式，《人民政协报》以"'微信议政'群让委员履职全时空"为题作专门报道，《广东政协》以"议政从微信开始，佛山实现永不落幕的政协全会"为题作深入报道。

2015年8月3日，佛山市政协委员微信议政工作座谈会。

【政协委员履职管理办法进一步完善】 2015年，佛山市政协进一步完善《政协佛山市委员会委员履职管理办法》及实施细则，通过增设微信议政履职项目、改进量化标准等措施，使履职考核更加科学合理，委员的履职热情进一步激发。同时，充分利用现代网络通信手段，逐步形成履职日常化、常态化的新局面。在2015年度委员履职考核中，获优秀等次的委员182名，占48%，委员提交提案人次同比增长18%，提交社情民意信息人数同比增长26%。《人民日报》内参以《佛山探索政协委员"量化考核"新路》为题刊登专门报道。

（陈勃冲）

附：2015年佛山市政协主席、副主席名单

主　席： 杨晓光

副主席： 乔　平（女，2月任职）
袁毅桦（女）　谭家驹　杨锡基
马亮照　柳玉斌（2月任职）
唐冬生（2月任职）
黄　炳（任至2月）
杨军辉（任至2月）
陈道明（任至2月）
廖东明（任至9月）

现任市政协主席、副主席名单

主　席： 杨晓光

副主席： 乔　平（女）　谭家驹　马亮照
柳玉斌　唐冬生

（2016年6月市政协供稿）

中共佛山市纪律检查委员会

【综述】 2015年，佛山市纪检监察机关在"转职能、转方式、转作风"的深刻变革之下，坚持以"廉洁佛山"建设为统领，聚焦主业主责，强化监督执纪问责，制定落实党风廉政建设主体责任和监督责任实施意见、推行党委（党组）定期向上级党委和纪委报告党风廉政建设责任制落实情况的制度、落实"一案双报告"和"一案双查"制度等；严明党的政治纪律和政治规矩，加大对违反中央八项规定精神问题的查办和问责力度，全年查处违反中央八项规定精神问题10个27人；坚持以"零容忍"的态度惩治腐败，用实际行动彰显反腐败的坚定决心，全年共受理信访举报2223件次、处置线索897件、立案630件、结案465件；不断完善自我监督机制，健全内控措施，严防"灯下黑"，成立市纪检监察机关内务监督委员会并制定《佛山市纪检监察机关内务监督委员会章程（试行）》；创新工作方法，拓展工作思路，不断提高反腐倡廉宣传教育工作的主动性、针对性和实效性；全面推进微观制度创建，积极开展科技防控，扎实做好廉政风险防控和预防腐败各项工作；关注干部队伍自身建设，扎实推进委、局机关"三严三实"专题教育，举办各类培训班提升干部业务水平，关爱干部身心健康，设立心理调适基地和心理调适室。党风廉政建设和反腐败工作不断取得新突破、新成效，党风政风明显改善，民风社风为之一新。

【市纪委十一届五次全会】 2015年1月27日，中共佛山市第十一届纪律检查委员会第五次全体会议召开。全会传达学习了总书记习近平、广东省委书记胡春华重要讲话精神以及十八届中央纪委五次全会、广东省纪委十一届四次全会精神，听取了市委书记刘悦伦的重要讲话。会议审议并通过了市委常委、市纪委书记张子兴代表市纪委常委会所作的《落实从严治党要求，强化监督执纪问责，深入推进新常态下党风廉政建设和反腐败斗争》的工作报告和全会决议。市纪委委员、市直副局以上单位纪检组组长（纪工委书记）、中央和省驻禅各单位的纪检组组长（纪委书记）、各区纪委副书记、市纪委机关和派驻机构全体干部以及市政府特约监察员参加会议，与市几套班子党员领导干部、全市副处级以上现职党员干部，听取市委书记刘悦伦的重要讲话。刘悦伦科学分析了当前党风廉政建设和反腐败斗争面临的新形势；要求党员干部主动适应从严治党新常态，强化规矩意识、担当意识和关爱意识，更加规范、更加主动干事创业；坚持依规管党治党，认真落实“两个责任”，共同营造良好从政环境。全会从三个方面回顾总结了2014年全市党风廉政建设和反腐败工作：一是强化“法治纪检”理念，加大执纪问责力度；二是打造“信息纪检”平台，加强廉政风险防控；三是落实“阳光纪检”要求，推进工作方式转变。全会部署了2015年五个方面工作任务：一是加强党的纪律建设，严明政治纪律和政治规矩；二是持之以恒纠正“四风”，营造良好从政环境；三是保持惩治高压态势，遏制腐败蔓延势头；四是深入推进改革创新，加大源头防腐力度；五是坚持从严监督管理，打造过硬干部队伍。三水区、市司法局、市交通运输局、市水务局、市质监局、市残联党委（党组）主要负责人向市纪委全会作了述责述廉述德报告。

【党风廉政建设党委主体责任和纪委监督责任的督促落实】 2015年，佛山市纪委监察局加强督促落实党风廉政建设主体责任，印发《中共佛山市委关于落实党风廉政建设党委主体责任和纪委监督责任的实施意见》，提出落实“两个责任”的关键举措和工作要求。制定并公布党风廉政建设党委主体责任和纪委监督责任清单，明晰党委（党组）班子、主要负责人、班子成员和纪委（纪检组）4个责任主体的责任。在工作举措上求实、求新，要求制定突出工作实效的评价指标体系，完善“两个责任”的评价机制和评价结果运用制度，并提出主体责任巡查等创新举措。年底印发2015年度党风廉政建设责任制检查考核方案，对6个单位开展重点检查考核，抽选单位党委（党组）主要负责人向市纪委全会“三述”（述责、述廉、述德），接受询问和评议。全年全市共对2个单位、22人落实党风廉政建设责任不力进行责任追究，如省纪委通报的大沥镇违规发放津贴补贴问题中，镇党委书记、纪委书记由于履行主体责任和监督责任不力，均受到党纪处分。

【纪检监察机关内务监督体系建设】 2015年，佛山市纪委监察局为解决“灯下黑”问题，填补内部“同体监督”的“盲区”，成立了市纪检监察机关内务监督委员会并制定《佛山市纪检监察机关内务监督委员会章程（试行）》。来自人大、政协、民主党派、检察院、组织部、审计局、党校、媒体等不同行业领域的15人成为首届内务监督委员会委员（下称“内监委委员”），其中纪检监察系统外部人员所占比例为73.3%。开设内监委委员反映问题和线索的“绿色通道”，对内监委委员转递的信访举报和投诉件，实行统一登记、优先处理和结果及时反馈；内监委委员发现重大问题、线索，可直接向市纪委监察局主要领导报告。内监委委员还可通过调研评估、询问质询、测评评议、明察暗访等方式，对纪检监察部门履职情况进行监督，构建起内外结合、优势互补的监督体系。

【党风廉政宣传教育】 2015年，佛山市纪委监察局强化互联网思维，积极抢占新媒体“高地”。开通“廉洁佛山”公众微信号，改版升级纪委监察门户网站，实现“廉洁佛山”杂志、网站、微信三大宣教平台的互动融合、信息共享、立体传播。廉洁佛山网改版升级探索“互联网＋反腐”新模式，获中纪委网站关注和肯定。举办全市副处级以上领导干部纪律教育学习班暨第四期“双集班”，组织全市1000余名副处级以上领导干部和镇（街道）党政“一把手”参加学习。市委书记刘悦伦作党风廉政建设专题报告，邀请焦裕禄女儿焦守云、广东省纪委政研室主任温勇瑜等授课，深受广大党员干部的好评。抓住《中国共产党廉洁自律准则》和《中国共产党纪律处分条例》出台契机，邀请中央纪委法规室副主任谭焕民，为全市4000多名党员干部作专题辅导报告。拍摄制作警示教育片《欲海无边——佛山市药监局原局长戚耀方违纪违法案件警示录》，用身边事教育身边人。

【廉洁试验区创建】 2015年，佛山市纪委监察局坚持改革创新，全面推进微观制度创建，选取粤桂黔高铁经济带合作试验区（广东园）等5个经济功能区为试点探索建立廉洁试验区。在深入调研基础上研究起草《关于建立廉洁试验区的工作意见》，经市委常委扩大会议审议通过后，以市委的名义印发。首批提出四个方面18条“任务清单”，打造廉洁制度的“孵化器”，创新具有“佛山特色”的廉洁机制，探索一套可推广、可复制的廉政建设经验。廉洁试验区的创建，引起媒体的广泛关注，包括《南方日报》《广州日报》和新华网、人民网、新浪网、凤凰网等近百家媒体进行报道和评论，并得到省、市领导的充分肯定。

【纪检监察队伍建设】 2015年，佛山市纪委监察局践行“三严三实”，提升队伍综合素质。扎实推进委局机关“三严三实”专题教育，在焦裕禄干部学院举办2期“学习焦裕禄精神、践行‘三严三实’”专题教育培训班。邀请专家学者开展犯罪心理学、职务犯罪侦查等专题讲座4场，选派干部参加上级纪委组织的业务培训72人次，提升干部队伍的整体素质。认真做好干部选调和任用工作，加大干部交流轮岗力度，优化队伍结构。关爱干部身心健康，开展安全防范基本能力培训，设立心理调适基地和心理调适室，组建心理调适团队。邀请市第一人民医院心理治疗资深专家为市、区、镇三级纪检监察机关全体干部讲授情绪疏导和压力管理的技巧，普及心理调适的方式方法，传播现代健康观念，增强纪检监察干部的自我调节能力。举办2期拓展活动，组织近百名党员干部在拓展活动基地接受心理调适训练，开展合作互动、活泼有趣的拓展活动。

（陈宝筠）

附：2015年中共佛山市纪委书记、副书记名单

书　记：张子兴（任至5月）
黄　力（5月任职）

副书记：曹小华（任至5月）　朱娅丽
裴广明

现任中共佛山市纪委书记、副书记名单

书　记：黄　力

副书记：徐东涛　朱娅丽　裴广明

（2016年6月市纪委供稿）

民主党派·工商联

民主党派

【综述】 2015年，佛山市各民主党派共有成员3302人，平均年龄51岁。分布在教育、科技、医卫、经济、文化出版界2646人，大学以上文化2703人，高级、中级职称2705人。

2015年，佛山市民主党派工作深入贯彻中共十八届三中、四中全会精神，坚持"抓落实、促提升、创一流"的总体工作思路，以"围绕中心、服务改革、促进发展"为主题，凝心聚力，充分发挥民主党派的优势作用，积极履行参政议政和社会服务的职能作用。各民主党派在市"两会"（政协会议和人大会议）共提交提案244件、议案35件，获优秀提案共15件（包括合并案）。全年各民主党派提交各类信息共1239条、调研报告101篇。有效履行参政议政职能。

【中国国民党革命委员会佛山市委员会】 2015年，市民革发展16人，共有党员290人，平均年龄54岁，大学以上文化265人，高级、中级职称233人。设有4个总支和16个支部。

市民革全年向市政协提交提案57件，其中《创新驱动引领产业转型升级，助推佛山万亿规模先进装备业产业基地建设》等2件提案被定为重点督办提案，获市政协优秀提案2件。全年报送信息102条，其中被市政协采用23条，被中共佛山市委采用13条，被市有关部门办复1条，被省领导批示8条。市民革获全市统战信息工作先进单位三等奖。调研报告《新形势下基层统战工作存在的问题及对策建议》被评为全市统战理论研究优秀成果获奖篇目优秀奖。

民革市委会届中增补唐冬生为主委。民革市委会届中增补刘建华、渠铮为副主委，其中刘建华任民革市委会专职副主委。

【中国民主同盟佛山市委员会】 2015年，市民盟发展盟员33人，共有盟员869人，盟员平均年龄54岁。其中，具有高级、中级职称760人。设有1个区委会、7个总支和44个支部。

市民盟全年提交提案58篇，报送信息109条，其中被中共广东省委采用信息6条。民盟市委会获得市政协2014年度信息先进集体二等奖、盟省委社情民意信息工作先进集体一等奖。

民盟市委会支持盟员围绕抗战主旋律开展丰富多样的宣传活动，支持盟员乐拓创作3万字报告文学《中国精神》，讲述盟员李春华《中国远征军》雕塑群创作背景，展示抗日战士们忠贞、威严、震撼的伟大情怀；支持盟员黄志伟将抗战题材陶艺作品《安重根》捐赠给广东省地方志办、佛山市博物馆和佛山市档案馆、南京民间抗日战争博物馆及四川省西充县莲池乡张澜故居等；协助举办"父辈的荣耀：中国抗战老兵摄影展"，展出盟员走访抗战老兵拍摄的共70余张珍贵图片资料。

开展"我为光明职校添砖瓦"主题年教育活动，成立"佛山市光明职校奖教奖学基金"，共筹集捐款81.07万元助推光明职业技术学校发展。

【中国民主建国会佛山市委员会】 2015年，市民建发展会员29人，共有会员435人，平均年龄53岁。其中，分布在经济界、新的阶层306人，大学以上文化249人，高级、中级职称183人。设有4个总支和17个支部。

市民建全年向市政协提交提案25件，《关于培育隐形冠军促进中小企业转型升级的建议》等4件提案获优秀提案奖。报送社情民意信息151篇，其中信息《克服路怒文明行车》被《人民日报》刊登，《应重视社会上对"机器换人"存在的错误认识》等5篇信息被全国政协采用，《关于在自贸区法院试点推行律师费转付制度的建议》等3篇信息被民建中央采用，《应重视微信红包对支付监管带来的新挑战》等6篇信息得到中共广东省委领导批示，17篇信息被中共广东省委采用。获民建中央授予的“全国先进集体”“参政议政先进集体”两项荣誉称号。召开纪念中国民主建国会成立70周年大会，继承和发扬民建优良传统，会员思想政治水平不断巩固提高。

民建市委会积极组织会员开展帮困扶贫、捐资助学等社会服务工作，向阳江市捐助一辆价值8万元的救护车和3000多册教学图书；向高明区荷城街道贫困学生捐赠助学款4万元。

李应滔担任民建市委会专职主委，被聘任为广东省人民政府参事；会员蔡伟被任命为顺德区政府副区长。

【中国民主促进会佛山市委员会】 2015年，市民进发展会员42人，共有会员412人，其中分布在教育、文化出版界279人。平均年龄40岁，大学以上文化347人，高级、中级职称328人。设有1个区委会（民进顺德区委会）、2个总支和30个支部。

市民进在市政协十一届四次会议上提交提案31件，其中《关于佛山高端装备制造业发展的建议》被评为政协主席督办案。获市政协优秀提案4件。《关于新型城镇化下农村集体建设用地流转的相关意见和建议》被选为民进广东省委会调研课题作为省政协提案，并提交到2015年全国政协大会作为全国政协提案。民进市委会的调研课题《关于建立广东“金融纠纷调解研判中心”的建议》获民进广东省委会2014年优秀提案三等奖。民进佛山市委会牵头与中山、江门市委会联合提交的课题《全力推进智能制造，提升珠江西岸装备制造业核心竞争力》，被民进省委会确定在2016年省政协大会作书面发言。《制定全国统一发明专利减刑标准，从严打击虚假“监狱发明”》《切断跨国偷运“秘密通道”应加强协作管理力度》被全国政协采用，《建立“一岸两地”金融信贷互惠机制以应对“沪港通”带来的冲击》被中共中央办公厅采用，《建议将季节性传染病疫苗接种纳入至居民医保报销范围》被中共中央统战部核心刊物《零讯》刊登。有3篇信息被省领导批示，7篇被中共广东省委采用，19篇被中共佛山市委采用。参加中共佛山市委统战部组织的市各民主党派“同心”联合调研，完成调研报告《提升科技创新服务水平，助推智能制造上新台阶》，供中共佛山市委、市政府作决策参考。论文《从“立会为公”的内涵看民进的继发生命力——浅论民进优良传统的时代价值与继承》获民进中央举办的“民进优良传统的时代价值与继承”理论征文二等奖。民进市委会2015年获“民进广东省委信息工作先进集体”“佛山市政协信息工作先进单位二等奖”“佛山市统战信息工作一等奖”。

市民进积极参与民进中央“书香彩虹”公益活动，向贵州金沙县的山区孩子捐书3487本，价值近5万元。组织会员和一批社会热心人士捐资助学，先后向雷州市杨家镇中小学捐赠教学设备、图书一批和新电脑40台，总价值约25万元。

会员袁毅桦被任命为佛山职业技术学院院长。

【中国农工民主党佛山市委员会】 2015年，市农工党发展30人，共有党员494人，其中分布在医药卫生界297人。平均年龄51岁，大学以上文化427人，高级、中级职称435人。设有4个总支和28个支部。

市农工党向市政协提交提案31件，其中获优秀提案4件，包括《关于建设“中医药文化产业园”促进我市中医药文化产业发展的建议》《关于在城市规划中突出打造佛山文化特色的建议》等2份集体优秀提案和《建议加强工地扬尘治理》《严格建设工地管理，减少粉尘污染》等2份个人优秀提案。全年共提交信息174篇，被市级以上部门采用80篇次，其中《近期股市骤涨急跌带来的社会影响及对策建议》被中共中央办公厅采用，《重视新一轮食药监管理体制改革中出现的监管空白和安全风险》《建议在自贸区法院试点推行律师费转付制度》等被全国政协采用。

为响应农工党中央与国务院相关部、委、局联合举办的第八届“中国环境与健康宣传周”活动的号召，农工党佛山市委会联合佛山（云浮）产业转移工业园管委会在云浮市思劳镇及佛山（云浮）产业转移工业园联合举行医疗义诊活动，为广大群众免费送医送药，传播疾病防治与健康保健的知识和理念，并赠送价值上万元的药品，活动取得良好社会效果。

成员陈忻被评为广东省“三八红旗手”。

【中国致公党佛山市委员会】 2015年，市致公党共发展党员20名，共有党员300人，成员平均年龄49岁，中级、高级职称219人，占成员总数的73%，“侨”“海”界别成员占52.6%。设有3个总支和11个支部，5个工作委员会。

市致公党向佛山市政协提交提案34件，其中，《关于进一步改善法治环境，推动我市提高自主创新能力的建议》(合并案)被列为市委书记督办案；致公党市委会提案《关于佛山美丽乡村建设的几点建议》被列为市长督办案；致公党市委会提案《关于促进佛山装备制造业发展的建议》(合并案)被列为政协主席督办案。全年报送信息130篇，全国政协采用1篇，致公党中央采用8篇，省领导批示2篇，中共广东省委采用4篇。

2015年，市致公党以“中国致公党成立90周年”为主题，开展系列学习教育活动，通过召开各种座谈会、意见征集会、集中学习和自学相结合等方式加强思想政治教育。致公党市委会加强与海外友好社团交往，接待世界洪门南美总会总顾问罗满志、中国台湾致公党创党主席王瑞升、台湾洪门网络总会理事长郭木荣、加拿大洪门卡尔加里支部主委文伟健、澳大利亚洪门致公总堂会长蔡开福，并接待了40多名来自南美、澳大利亚、美国的参加致公党广东省委会纪念中国致公党成立90周年系列活动的洪门致公堂负责人以及港澳台友好人士，加强与侨、海界别人士的联系和联谊。

【九三学社佛山市委员会】 2015年，市九三学社发展社员31人，共有社员529人，平均年龄为51岁，大学以上学历人数420人，中级、高级职称人数487人，设有7个基层委员会和25个支社。

市九三学社向市政协提交提案25件，其中《积极参与“一带一路”建设，推动佛山产业转型升级》被列为政协主席督办案。全年报送信息近300条次，其中全国政协采用3条、省领导批示1条。

组织建设工作成绩突出，九三佛山市委会获社中央“组织建设先进集体”称号，成员陈笑尘获社中央“组织建设先进组工干部”称号。九三市委会获社省委会2014年“信息工作先进集体”称号(全省3个)，成员李景明、高卫东、王阳、李家铎、罗俊宇获“优秀信息员”称号(全省8个)。

社会服务活动创新形式，进一步提高社会影响力和服务效果，顺德九三学社设立“顺德民主党派社会服务进基层——顺德九三学社杏坛站”，南海九三学社组建南海九三学社义工队，创建了社会服务的新平台和新支点。

【民主党派、无党派人士“同心”联合调研活动】 2015年第二季度，中共佛山市委统战部牵头市各民主党派和市知联会围绕市委、市政府的中心工作，组建“提升智能制造水平　促进佛山制造业转型升级”和“提升协商共治、科学决策和依法治理水平，推进佛山基层治理现代化”调研组。调研组在5～6月分别组织与市直有关职能部门、行业协会和制造企业负责人、专家教授代表座谈会，并分别到禅城、南海、顺德、三水区工业区、村(社区)进行实地考察调研，还赴深圳、中山、珠海市以及黑龙江省哈尔滨市、齐齐哈尔市，江苏省无锡市，浙江省嘉兴市、宁波市等地进行专题调研。经过深入的调研和分析研究，形成《提升智能制造水平　促进佛山制造业转型升级》和《提升协商共治、科学决策和依法治理水平，推进佛山基层治理现代化》2份报告。

8月6日，中共佛山市委组织召开2015年佛山市民主党派和无党派人士“同心”联合调研成果协商会，会议就上述两份调研报告进行了研讨、交流。会后，市社工办、市发展和改革局、市经济和信息化局、市科技局、市民政局、市司法局、市人力资源和社会保障局、市住建管理局、市商务局、市法制局、市行政服务中心、市政府研究室贯彻落实会议精神，认真组织学习上述两份调研报告，并由市府办牵头，形成《佛山市人民政府关于2015年佛山市民主党派和无党派人士“同心”联合调研成果协商会精神落实情况的报告》，对调研成果进行合理吸收运用，加快推进佛山市智能制造发展和基层治理现代化。

【民主党派“暖心、爱心、同心·社会服务”活动】 2015年第三季度，由中共佛山市委统战部牵头协调、以市各民主党派成员为主体组成联合社会服务团，以市委统战部与各民主党派市委会联动、市委统战部与区委统战部联动的形式，到社区、村企和对口扶贫单位开展各种形式的社会服务活动。其中，在9月16日和18日，市委统战部牵头市各民主党派分别赴三水区乐平镇、高明区荷城街道开展佛山市民主党派“暖心、爱心、同心·社会服务”活动，将服务送进社区和革命老区。市各民主党派派出专家成员120多人次参与活动，为当地群众提供医疗义诊，并提供心理、法律、教育、金融理财等咨询和理发服务。此外，市委统战部联合市各民主党派为三水、高明当地人民献爱心，提供公益捐助价值12万余元，包括现场赠送药品、帮扶荷城街道敬老院改造项目、为乐平的学校捐赠书籍、为两地的困难学生和优秀学生提供助学奖学、向困难家庭送米送油送月饼等。两地的活动共服务群众近2000人次，受到群众的高度好评。

在“同心·联合社会服务”活动的带动下，市各民主党派充分发挥各自的特色优势作用，积极开展“同心·社会服务”系列活动。市各民主党派全年累计开展“同心”社会服务活动132项次，参加的民主党派成员人数近2000人次，捐资赠物价值150多万元，服务社会群众近5万人次。

【民主党派换届工作专题调研】 2015年11～12月，中共佛山市委统战部到各区委统战部开展关于民主党派组织换届工作的专项调研。调研了解全市民主党派组织换届基本面、民主党派领导班子任职年龄界限和提名年龄界限、民主党派领导班子规模设置、新阶层人士和女干部在民主党派换届工作中的有关政策问题、后备干部培养等情况，为2016年民主党派换届做好基础性工作。

【民主党派负责人暑期座谈会】 2015年，中共佛山市委组织开展2015年佛山市民主党派负责人暑期座谈会活动。活动分为两部分，一是组织外出学习考察，二是召开座谈会。

8月中旬，由市政协副主席、中共佛山市委统战部部长马亮照和市委统战部副部长张朝阳分别带队，两组考察团分赴贵州遵义、毕节市和甘肃兰州市、嘉峪关市、酒泉市学习考察。考察活动期间，赴遵义考察团参观了遵义会址纪念馆、息烽集中营等场馆，在毕节市参观中央统战部“同心工程”试验区及帮扶点威宁县、金沙县等地建设项目，与遵义、毕节两市统战部、各民主党派负责人就贯彻落实中央统战工作会议及《中国共产党统一战线工作条例（试行）》精神的经验做法、城市建设的经验做法、民主党派和党外干部工作的经验作法进行座谈交流；赴甘肃考察团参观了甘肃省博物馆、八路军驻兰州办事处纪念馆、酒泉卫星发射中心和嘉峪关市城建管理工程、古城关保护工程等，座谈交流了“一带一路”战略的实施情况，并分别和兰州、嘉峪关两地统战部就如何贯彻落实中央统战工作会议精神及统战工作《中国共产党统一战线工作条例（试行）》以及民主党派和党外干部工作等进行了座谈交流。

9月2日，中共佛山市委书记刘悦伦出席2015年佛山民主党派负责人暑期座谈会，并作重要讲话，市政协副主席、市委统战部部长马亮照主持会议，市各民主党派主委、副主委、办公室主任，以及中共佛山市委统战部有关负责人40多人参加座谈会。座谈会就学习贯彻中央统战工作会议精神，围绕多党合作、协商民主制度和当下佛山经济社会发展中的热点话题进行了座谈交流。刘悦伦在会上对市各民主党派的发言和提出的意见和建议一一作了回应，并要求市委统战部将座谈会上有关意见和建议汇总向市委报告。会后，市委统战部整理《关于2015年佛山市民主党派负责人暑期座谈会上各民主党派意见和建议汇总情况的报告》上报市委，刘悦伦批示要求将“报告”中提出的意见、建议分送各职能部门，抓解决落实或反馈。市委督查室将意见建议分送市委组织部、市委宣传部、市委统战部、市发改局、市人社局、市财政局、市国土规划局、市交通运输局、市外事侨务局、市旅游局、南海区等单位，要求各单位对意见建议认真组织研究、协调办理，并将办理情况反馈市各民主党派。

【党外干部培训班】 2015年，中共佛山市委组织部、中共佛山市委统战部、市社会主义学院等，分别于6月、10月和12月联合举办民主党派基层骨干培训班、党外干部培训班、佛山市统战系统干部“深入学习贯彻条例精神、提升服务四个全面能力”培训班等3期培训班，选调市各民主党派领导骨干、党外干部以及统战系统干部共207人参加培训。通过培训，进一步加深党外干部对中国共产党领导的多党合作和政治协商制度的理解，不断提高理论水平和“四种能力”（政治把握能力、参政议政能力、组织领导能力和合作共事能力）的掌握以及围绕中心、服务大局的意识。

附：现届各民主党派正、副主委名单

市民革（第十一届）

主　委：唐冬生

副主委：彭　翔　黄耀丽（女）　刘建华　渠　铮（女）

市民盟（第十三届）

主　委：杨锡基

副主委：赵新文　谭光明　方小兵　张　枫（女）

市民建（第十二届）

主　委：李应滔

副主委：张卫红　范宝初　罗钦文

市民进（第七届）

主　委：袁毅桦（女）

副主委：王光护　谭伟亮　武小文（女）

市农工党（第十届）

主　委：邓国清

副主委：刘　明　李　薇（女）

市致公党（第五届）

主　委：乔　羽

副主委：朱新进　陈小霞（女）

市九三学社（第六届）

主　委：徐海祥

副主委：章成国　胡充寒　李景明

（涂　勇）

工商联

【综述】 佛山市工商联于1953年4月20成立。2015年，佛山市工商联执委共246人，全市工商联（总商会）组织网络由5个区级工商联（总商会）、32个镇街（总）商会和115个行业商（协）会、47个综合商会、22个异地商会构成，共216个团体会员，全市会员5万多名。覆盖家电、五金、建材、家具、涂料等支柱行业。

2015年，佛山市工商联注重凝聚改革共识，积极推动企业转型升级和创新发展，坚持以促进“两个健康”为工作着力点和落脚点，发挥工商联商会优势作用，扎实有效地开展各项工作。全年提交提案、议案4件，向有关部门反映信息20份。企业“暖春行动”有效开展，成功举办粤桂黔高铁经济带投资洽谈会，并召开粤桂黔暨珠三角商会合作交流会。促进民营企业转型升级，组织民营企业产业考察团赴新疆、西藏、甘肃、贵州和云浮、肇庆、清远等地进行对口援助和地区产业对接考察交流；引导16家佛山企业进驻新疆伽师工业园，总投资额达28亿元；举办第三届佛山商博会和“互联网+”时代家居建材产业发展峰会，进一步打造“中国家，佛山造，全球购”品牌效应。推荐5个非公有制企业和4个商会作为省工商联践行社会主义核心价值观示范点。推动青年民营企业家与导师“结对子”和组织多场青年企业家交流活动，新生代企业家培养工作有成效。

【参政议政】 2015年，佛山市工商联参政议政工作得到进一步提升，全年完成专题调研5个，走访执常委企业30多家，提交《关于建立佛山民营企业诚信大数据中心　推动政企银诚信联盟建设的建议》《关于推动“中国家·佛山造”品牌建设打造中国泛家居产业高地的建议》《关于为佛山民营企业营造法治化营商环境的建议》《关于新常态下发挥商会组织民主协商作用、建议新型政企关系的建议》等4份提案、议案，向有关部门反映信息20份。

市工商联把开展调研工作作为一项长期基础性的工作来抓，强调专题调研与重点调研和日常调研充分结合起来，做到会务工作与调研工作两不误、两促进。新春期间，市工商联开展走访慰问活动，了解节后企业用工问题；在与市泛家居联合会交流沟通时，了解到该行业着力推动“淘家”网建设，打造泛家居产业云制造平台，市工商联以提交提案形式寻求解决。市工商联重点与佛山科学技术学院联合开展佛山市民营企业发展状况的专题调研，摸清佛山民营企业的总量、特点及其在国内省内的地位以及差距和存在问题，为市委提供决策参考依据。着重开展中小微企业监测点建设工作，选取近50家监测点定期分析和反映佛山中小微企业生存状况和全市民营企业经济运行情况。全力配合全国工商联、省工商联开展多次调研工作，如全国工商联主席王钦敏到佛山开展民营企业“走出去”调研、民营企业社会责任调研、民营企业“走出去”专题调研和中国民营企业500强的申报等，做好调研的组织、发动和问卷的回收、整理上报等工作。配合省工商联做好法治兴企沙龙的发动工作。协助做好省参事室到佛山市调研工作，并报送相关企业发展问题的材料。

【商（协）会建设】 2015年，佛山市工商联加强对全市商会和行业协会的工作指导，促进佛山各商会、行业协会建设发展。1月，指导佛山市家居材料商会成立大会、佛山市饮食同业商会年会、佛山市房地产行业商会以“创新驱动新常态，精品房产新佛山”为题的主题年会、佛山市吴川商贸新春年会、佛山市民营女企业家商会2015年新春团拜会、佛山市家居材料商会成立大会等大会；3月，指导广东省投资发展促进会第一次会员大会；4月，指导佛山市民营女企业家商会年会；5月，指导佛山市民营企业（温州）商会的换届工作、佛山市安徽商会成立七周年年会；7月，指导并参与佛山市福建省泉州商会两周年会员大会；12月，指导浙江省商会二届三次会议大会暨成立六周年庆典和佛山耒阳商会成立大会。

【“五好”区级工商联建设】 2015年，佛山市工商联继续根据广东省关于全力推动“五好”（领导班子好、会员发展好、商会建设好、作用发挥好、工作保障好）工商联建设的要求，按《佛山市“五好”区级工商联建设工作规划（2014～2017）》有效推进各项工作。市工商联大力宣传推广南海区工商联（2014年被评为广东省“五好”县级工商联）先进典型经验，充分发挥“五好”区级工商联在全市的示范引领作用，促进各区“五好”区级工商联建设。禅城区工商联结合自身实际，制定2015年申报“五好”县级工商联工作计划，并于2015年年底被评定为广东省“五好”县级工商联。

【经济服务】 2015年，佛山市工商联围绕中心，服务大局，完成市委、市政府赋予的重点工作，助推民营经济发展；以经济服务为抓手，以平台建设为载体，大力开展产业对接和推动“中国家，佛山造，全球购”的品牌建设，促进民营企业转型升级。

积极开展“暖春行动”。按照市委、市政府的总体部署，深入企业、商会、基层开展调查研究。主办“2015草根春天大会”。与佛山科技学院联合开展佛山市民营企业发展状况的专题调研。建立中小微企业监测点。召开商会会长与银行行长座谈会，探讨建立银企诚信联盟，构建风险共担机制。举办银企发展交流会，组织企业创新项目路演与银行现场对接活动。组团参加香港亚洲金融论坛，加强与香港金融界、工商界的交流、配对，帮助民营企业解决融资难问题。

推动企业参与粤桂黔高铁经济带建设。成功牵头举办粤桂黔高铁经济带投资洽谈会，筹备47个项目和组织300位企业家现场进行对接。召开粤桂黔暨珠三角商会合作交流会，签订战略合作框架协议，建立合作交流工作机制。南海区工商联还多次组织商会企业到桂黔两地进行产业考察，与桂黔两省（自治区）8个县（区）工商联缔结为友好商会，有针对性地推动企业家与高铁经济带沿线城市衔接，有40多家商会企业在桂黔投资超140亿元。

推动“互联网＋”产业发展战略进企业、进社区、进商会。举办“互联网＋”产业企业家座谈会10场次，推动“互联网＋”产业工作在全市商（协）会及企业联盟发展，推动“互联网＋”产业向商会企业全覆盖。

促进民营企业转型升级。充分发挥职能优势作用，加大力度开展产业对接活动，帮助商会企业“建链”“补链”“强链”。组织100多名民营企业家到新疆伽师进行产业考察和对接活动，引导16家佛山企业进驻伽师工业园，占伽师县企业总数的40%以上，总投资额达28亿元。主动适应商会企业的需求，组织其到湖北荆门、甘肃兰州等地进行市场对接，并组织其参加首届珠江西岸装备制造产业投资贸易洽谈会等活动共20场次。依托第12届中国国际中小企业博览会和第118届广交会的大舞台，举办第三届佛山商博会和“互联网＋”时代家居建材产业发展峰会，进一步打造“中国家，佛山造，全球购”品牌，帮助民营企业拓展全球市场。继续主办佛山品牌评选活动，启动“中国骄傲佛山制造”中国行活动，大力推广佛山品牌。

【非公有制经济人士理想信念教育实践活动】 2015年，佛山市工商联贯彻落实中央统战工作会议精神，组织引导非公有制企业、商会协会广泛开展以守法诚信为重点的理想信念教育实践活动，牢牢把握新时期非公有制经济发展的任务要求，宣传党的方针政策，一手抓鼓励支持，一手抓教育引导，强调统战工作要向商会组织有效覆盖。举办“诚信联盟、与党同行”企业家主题学习活动。深入诚信守法理想信念教育，发挥模范作用，推动“两新”组织党建“双融入”。全市推荐5个非公有制企业和4个商会作为省工商联践行社会主义核心价值观示范点，其中佛山民营女企商会的阳光读书会被推荐为示范点品牌项目。通过以点带面，以线带片，推动社会主义核心价值观融入企业生产经营中。引导非公有制经济人士牢固树立守法诚信意识，提高依法治企、守法经营、依法维权、创新发展的能力和水平，不断增强民营企业发展的信心。

【新生代企业家培养】 2015年，佛山市工商联着眼非公有制企业的实际需求和非公有制经济人士的成长规律，大力培养新生代企业家。推动青年民营企业家与导师“结对子”，通过传、帮、带这种传统而有针对性的方式，加强对青年民营企业家的教育引导，帮助其健康成长；与澳门菁英会、澳门青创会联合举办“青春青商，珠江濠江”为主题的佛澳青年企业家交流会；组织青年企业家开展“长鹿行”学习活动，学习“长鹿模式”；组织青年企业家代表团赴港拜访香港佛山社团总会和香港九龙总商会；举办佛港青年企业家交流会，并建立佛港青年企业家交流机制；在厦门大学举办佛山市商会会长培训班；与中山大学管理学院共同举办企业家大讲堂活动、商界领军人才EMBA座谈会。

【佛山市民营企业家大会】 2015年12月29日在佛山召开。会议出台《关于提振民营企业家信心促进创业创新的若干措施》，从降成本、助融资、促创新、拓市场、强保障等五大方面梳理提出40条具体务实举措。市委书记刘悦伦现场为955家民营企业鼓劲打气，勉励大家坚定信心，抢抓机遇，政企携手，共创佛山民营经济发展新辉煌。

民营经济是佛山经济的中流砥柱，民营企业家是佛山创新创业的主体。刘悦伦强调，要坚定不移地坚持市场化的改革导向，提振民营企业发展的信心；要坚定不移地支持实体经济的发展，鼓励企业家专注制造、专注实业；要坚定不移地鼓励民营企业深耕佛山，努力打造草根创新创业的新高点；要坚定不移地改进作风，着力建立新型政商关系。

会上，市、区、镇总商会和各行业商协会代表宣读倡议书，倡导“诚信守义，依法从商；敢为人先，积极创新；勇于拼搏，不言放弃；与邻为善，保护生态；开放包容，海纳百川；同进共享，回馈社会”。

【粤桂黔高铁经济带投资洽谈会】 2015年9月22日，由佛山市工商联牵头，粤桂黔高铁经济带沿线的13个城市的工商联（总商会）成功举办粤桂黔高铁经济带投资洽谈会。会议筹备了47个项目，并组织300位企业家现场进行对接。省工商联副主席卢小周对佛山市工商联（总商会）积极与贵广、南广高铁经济带沿线地市（州）工商联（总商会）的联系对接，引导商会企业在资源、产业、市场、商贸等方面加强合作，取得的成效表示肯定。他认为，粤桂黔高铁经济带合作试验区建设工作现场会以及投资洽谈会正式启动，标志着粤桂黔三省的合作迈向一个新的高度。

【粤桂黔暨珠三角商会合作交流会】 2015年10月22日在佛山举行，来自佛山、广州、南宁、贵阳等市的商会企业120多人参加会议。会议签署粤桂黔高铁经济带沿线及珠三角城市商会合作框架协议，建立合作交流工作机制，进一步深化粤桂黔三地商会企业的交流合作。根据协议，各市商会将在资源能源、旅游、高新科技等众多领域加强合作。会议为企业间交流合作搭建了平台。

（杨文婷）

爱国统一战线

【综述】 2015年，佛山市爱国统一战线贯彻落实中央、省委、市委统战工作会议和《中国共产党统一战线工作条例（试行）》精神，服务协调推进“四个全面”（全面建成小康社会、全面深化改革、全面依法治国、全面从严治党）战略布局，取得丰硕成果。打造民主党派同心工作品牌，政党协商、参政议政、社会服务、民主党派自身建设出成果，各民主党派在市政协、人大“两会”期间共提交提案244件、议案35件，民主党派参与各类社会服务活动132项（次）、近2000人次；港澳海外统战工作实现新发展，成功组建港澳两地佛山社团总会，港澳青年工作不断创新；非公经济领域统战工作连创佳绩，民营企业服务、基层商会建设和新生代企业家培育等工作得到推进，企业“暖春行动”有效开展，民营企业家千人大会顺利召开，佛山商会会长培训班、企业家大讲堂等成功举办；佛台各领域交流合作实现新进展，全年接待台湾到访团组31批、268人次，赴台117批次、741人次；实现民族团结、宗教和谐，仁寿寺改造提升工程扎实推进、佛山市民族宗教工作会议召开，举办各类宗教培训班20场、培训1500人次；培养选拔党外代表人士实现新突破，进一步规范知联会建设；佛山统战信息工作继续保持位居广东省前列，开通“佛山同心”政务微信公众号。

【民主党派“同心”工作品牌】 2015年，佛山市统一战线有效开展民主党派工作，继续打造民主党派“同心”工作品牌。

协商民主制度贯彻落实。市委统战部组织市各民主党派、工商联和各界代表人士迎春座谈会，各民主党派负责人暑期座谈会，党外人士民主协商会等座谈会、协商会、通报会共12次。市委、市政府组织开展企业“暖春行动”、城市升级巡查等活动，均邀请民主党派、无党派人士参加，落实采纳党外人士的意见和建议。市委统战部还协助市委起草关于加强协商民主建设中的政党协商内容。

民主党派参政议政。市委统战部牵头组织市各民主党派、无党派人士围绕智能制造和基层治理等2个主题开展“同心”联合调研活动，形成调研报告2篇。市委召开调研成果协商会研讨分析调研成果，督促相关部门吸收运用，促进成果转化。市各民主党派在2015年市政协、人大“两会”期间共提交提案244件、议案35件，为佛山经济社会发展出谋献策。

民主党派社会服务活动。市委统战部牵头组织市各民主党派赴三水区、高明区开展佛山市民主党派“暖心、爱心、同心·社会服务”活动，为群众提供医疗义诊等社会服务。市各民主党派全年参与各类社会服务活动共132项（次）、近2000人次，捐赠价值达150万元，服务群众5万人次。

民主党派组织建设。市委统战部不断强化民主党派思想建设，出台关于做好民主党派区级组织后备干部工作的意见。市各民主党派“创六好”组织建设活动出成果，全市7个民主党派的基层组织实现五区全覆盖。

【港澳及海外交流】 2015年，佛山市统一战线部门继续推动佛山市与港澳及海外的交流，促进佛山港澳及海外统战工作实现新发展。

港澳佛山社团总会成功组建。1月6日，香港佛山社团总会举行成立典礼，佛港澳1800多人参加庆典活动，规模大、影响广。6月5日，澳门佛山社团总会举行创会典礼，出席人员层次高，全国政协副主席何厚铧、澳门特首崔世安出席活动，何厚铧出任荣誉会长。广东省委常委、统战部部长林雄，佛山市委书记刘悦伦参加了两个社团总会成立活动，并高度评价两个社团总会的成功组建。

港澳青年工作创新发展。推动香港佛山社团

总会青年部组建青年义工团，主动安排港澳社团青年回乡交流，组织佛港澳青年代表100人在延安举办佛港澳工商界青年菁英中国政治经济研修班，组织佛港澳青年在香港理工大学举办“一带一路”青年论坛，搭建佛港澳青年合作交流新平台，进一步凝聚青年力量。

佛山与港澳和海外交流交往。组团赴澳大利亚、新西兰、斐济等国家访问考察，精心策划港澳社团回乡访问的活动安排，联合市政协等单位在佛港澳三地举行“佛港澳·翰墨情”中小学生书法作品联展，促进佛山与港澳和海外的友好交流与合作。2015年，市委统战部共参加了32个港澳同乡会的58次联谊交流活动，接待港澳乡亲访问团10个、600多人次。

【非公经济领域统战工作】 2015年，佛山市统战部门强化民营企业服务工作，推进基层商会协商共治，培育新生代企业家，加强工商联能力建设，非公经济领域统战工作取得新成绩。

配合市委、市政府开展企业“暖春行动”和召开民营企业家千人大会，提振民营企业家信心。组织成立佛山市“互联网+”产业联盟，举办了10场“互联网+”产业企业家座谈会，举办粤桂黔高铁经济带投资洽谈会和粤桂黔暨珠三角19个城市商会合作交流会，引导民营企业抢抓发展机遇。举办第三届佛山商博会，打造“中国家佛山造全球购”品牌效应。

推动市、区、镇三级工商联（总商会）商事纠纷调解工作机构全覆盖（共47个工作机构），全年受理并调处商事纠纷案件450宗，促进基层社会稳定。继续推动镇（街）总商会承接政府职能转移，有效提升政府管理、服务基层社会的水平。

组织33位“两代表一委员”（党代表、人大代表、政协委员）企业家导师与56位青年企业家开展结对子活动，举办佛山市商会会长培训班、企业家大讲堂和商界领军人才EMBA座谈会，以及适合青年人特点的交流活动，促进新生代青年企业家健康成长。抓好非公经济代表人士综合评价和安排使用工作。

深入开展学先进、学典型、学榜样和进商会、进企业、进基层等活动，推动开展“五好”（领导班子好、会员发展好、商会建设好、作用发挥好、工作保障好）县级工商联创建活动。

【佛台交流合作】 2015年，佛山市拓展佛台经贸合作新空间，服务台资企业稳定发展，多层面深化佛台交流新领域，开展佛台青年工作，佛台交流合作有新成果。

激励台商增资扩产，积极引进台湾现代服务业进驻，组织相关协会、企业赴台开展机械装备及智能机械产业发展专题考察，大力加强装备制造业合作。全年赴台考察推介15次，邀请台湾协会、企业来佛山考察7次。

提振台资企业发展的信心，走访台资企业，通过举办佛山市台企环保政策培训班等形式加强政策宣导。支持和鼓励台资企业实施转型升级，扩大投资进行技术改造。维护台胞合法权益，全年受理台胞各类求助及投诉案件158宗，办结146宗，结案率92%。

全年接待台湾到访团组31批、268人次；赴台117批次、741人次，首次突破100批次。交流层次进一步提升，市领导首次赴台湾海基会参访并与海基会高层开展多领域交流沟通，海基会董事长林中森参访团到访佛山。交流领域不断拓宽，在台北举行“书画津梁——佛山市石景宜刘紫英伉俪文化艺术馆典藏书画作品展”活动，开展医务、教育、环保、社会管理等单位访台。台湾议员团、里长团、学生团密集到访佛山。

增进青年台商与本地青年企业家的交流合作，举办赴高校培训、专题讲座、大企业参访等活动，邀请新北市莺歌国际青年商会组团到佛山参访，举办“佛珠中江”四市青年台商交流学习，传递“两岸一家亲”理念。

【民族宗教工作】 2015年，佛山市民族宗教工作有效开展，实现民族团结、宗教和谐。

加快推进仁寿寺改造提升工程建设。狠抓建设工程施工进度，完成基础和地下室土建工程。健全各项工作制度，实行“一岗多责”（工作、安全、廉政责任），按“进度、质量、成本、安全、廉洁”五位一体推进工作。指导和协助仁寿寺筹集工程建设资金，保障工程建设顺利开展。

促进民族团结进步。召开佛山市民族宗教工作会议，部署佛山民族宗教工作。深入开展民族专项调研工作，宣传民族政策法规知识。举办“民族团结一家亲”主题活动，精心组织开展民族团结进步宣传活动。加强对少数民族的服务工作，引导守法、规范经营。2015年，佛山5个社区获“广东省民族团结进步模范社区”称号。

加强宗教事务管理创新。提高宗教工作法制化水平，做好政务服务体系审批服务事项梳理，加强宗教活动场所规范管理，推进平安宗教场所建设，大力推动宗教团体加强自身建设。全年举办基督教教职人员和信徒骨干培训班等宗教培训班达20期、1500人次，学习时事政治、宗教政策法规、外地先进管理经验。

发挥宗教界积极作用。召开佛山市宗教界迎春座谈会，鼓励宗教界人士为佛山经济社会发展贡献力量。开展宗教慈善活动，帮扶慰问贫困人士。打造宗教文化名片，弘扬宗教传统文化。

【党外代表人士队伍建设】 2015年，佛山市继续加强党外人士队伍建设。

完善党外后备干部队伍数据库。开展佛山市党外干部情况调查，向80多个单位发函，了解机关单位、事业单位、国有企业中有关党外干部的情况，完善党外后备干部队伍数据库。

加大对党外代表人士的培训教育力度。在广东省社会主义学院、佛山市社会主义学院分别组织举办民主党派基层骨干培训班、党外干部培训班，共120多人参加；选派4名党外干部参加广东省中青年党外干部培训班等学习；举行向抗战将领遗属发放抗战胜利70周年纪念章仪式暨慰问座谈会；等等，进一步增强合作共事的意识和能力。

选拔使用党外人士实现新突破。做好市政协人事安排工作，辞免和增补调整委员54名、常委22名、副主席7名。推荐安排党外干部担任正职领导有新突破，新增5名党外干部走上市直单位和高校正职领导岗位。市发改局、市住建管理局、市外事侨务局三个政府主要组成部门的局长均由党外人士担任，市轨道交通建设管理办公室主任、佛山职业技术学院院长、顺德职业技术学院院长和市疾病控制预防中心主任也由党外人士担任。支持和帮助市各民主党派加强领导班子建设，各民主党派市委会主委均确定为正处长级以上待遇。

提升完善知联会建设。规范市党外知识分子联谊会组织建设，定期召开会长会议、常务理事会议和理事大会，设置3个工作委员会和5个专业工作组。推动市知联会开展参政议政，组织举办学习总书记习近平“四个全面”思想专题辅导报告会，牵头开展“同心”联合调研活动的基层治理课题研究，组织市知联会常务理事赴湖南长沙、岳阳等地学习考察。

【统战信息、宣传和统战理论研究】 2015年，佛山市统战部门提升统战信息工作水平，深化统战宣传工作成效，推动开展统战理论政策研究，统战信息、宣传和统战理论研究工作有新进展。

组织统战信息员赴珠海开展学习交流，汇编优秀统战信息，不断提升信息员工作水平。全年编印信息275期，被中央统战部、省委、省委统战部、市委等采用170多条次，省、市领导批示16条次，获得广东省统战信息工作一等奖，继续保持前列位置。

在《佛山日报》开设4个专版宣传各级统战工作会议精神，开通“佛山同心”微信公众号，优化升级“佛山统一战线”网站，编印书刊《同心共筑中国梦——民主党派在佛山》，进一步扩大统战工作的社会影响。

汇编优秀统战理论政策研究成果论文，印发统战理论政策调研课题指引。组织市统战系统各单位结合实际选题深入研究，5篇论文获得广东省统战理论政策研究创新成果奖。

【各民主党派、工商联和各界代表人士迎春座谈会】 2015年1月29日，中共佛山市委在市机关小礼堂召开市各民主党派、工商联和各界代表人士迎春座谈会。市委书记刘悦伦，市政协主席杨晓光，市委副书记李子甫，市政协副主席、市委统战部部长马亮照等出席。市各民主党派、工商联主要负责人和无党派代表人士、宗教界代表人士、台商代表以及市有关部门负责人等40多人共聚一堂，围绕如何加强民主党派工作、加大党外干部培养使用、企业转型升级、法治、环保等问题提出意见建议，畅谈献策。刘悦伦强调，要进一步发挥协商民主作用，凝聚各方智慧，力创佛山改革发展新局面。

【市委统战工作会议】 2015 年 11 月 24 日，佛山市召开市委统战工作会议。市委书记刘悦伦出席并讲话，市委、市人大、市政府、市政协的有关领导，各区区委书记、区委统战部部长，市有关单位和高校负责人 150 多人参加会议。会议深入贯彻落实中央、省委统战工作会议和《中国共产党统一战线工作条例（试行）》精神，研究部署佛山市统战工作任务。刘悦伦充分肯定了佛山统战工作取得的成绩，并强调要贯彻落实总书记习近平在中央统战工作会议上和广东省委书记胡春华在省委统战工作会议上的重要讲话精神，筑牢共同思想政治基础；要加强社会主义协商民主建设，坚持和完善多党合作和政治协商制度；要发挥地缘优势，拓展港澳台和海外统战工作；要立足佛山实际，促进非公经济健康发展和非公经济代表人士健康成长；要团结凝聚党外知识分子，推进党外知识分子联谊会建设，鼓励留学人员为祖国服务、回佛山创新创业，加强对新媒体中代表性人士的工作；要着力维护民族团结，促进宗教和谐；要着眼可持续发展，加强党外代表人士的发现培养使用管理工作；要全面加强党对统战工作的领导，深入贯彻实施《中国共产党统一战线工作条例（试行）》，加强统战干部队伍建设等 8 个方面统战工作任务。

【党外人士民主协商会议】 2015 年 12 月 10 日，中共佛山市委召开党外人士民主协商会议，征求市各民主党派、工商联、无党派代表人士对《中共佛山市委关于制定全市国民经济和社会发展第十三个五年规划的建议（征求意见稿）》的意见和建议。市委书记刘悦伦主持会议，介绍建议稿的起草工作情况，并对增长速度等重点问题进行简要说明。听取党外人士的意见建议后，刘悦伦要求有关部门认真梳理党外人士提出的意见和建议，进一步研究吸纳，完善规划建议。市委常委、常务副市长黄志豪，市政协副主席、市委统战部部长马亮照，市各民主党派、工商联、知联会负责人，以及市委办、市委统战部、市委政研室、市发改局的负责人等共 20 多人参加会议。

【香港佛山社团总会成立】 2015 年 1 月 6 日，香港佛山社团总会成立暨第一届会董会就职典礼在香港举行。来自佛港澳三地的旅港乡亲和青年代表 1800 多人参加了庆典。香港中联办副主任林武，香港财政司司长曾俊华，广东省委常委、省委统战部长林雄，佛山市领导刘悦伦、杨晓光、李子甫、刘耀淳、麦洁华、马亮照，以及佛山各区主要领导出席活动，祝贺香港佛山社团总会成立。佛山市委书记刘悦伦表示，香港佛山社团总会成立开启了佛港两地合作共赢的新征程，希望总会秉承爱国、爱港、爱乡宗旨，凝聚乡亲，推动佛山旅港乡亲社团在更高层次更广领域发挥积极作用，为“一国两制”在香港顺利实施贡献新的力量。

【澳门佛山社团总会成立】 2015 年 6 月 5 日，澳门佛山社团总会成立暨会员大会及理监事就职典礼在澳门举行。来自佛港澳三地的乡亲和青年代表共 400 多人参加庆典。全国政协副主席何厚铧，澳门特别行政区行政长官崔世安，中央政府驻澳门联络办公室副主任陈斯喜，外交部特派员胡正躍，广东省委常委、统战部长林雄，佛山市领导刘悦伦、杨晓光、李子甫、梁维东、区邦敏、林征、麦洁华、马亮照及佛山各区领导等出席活动，庆贺澳门佛山社团总会成立。佛山市委书记刘悦伦在致辞中指出，澳门佛山社团总会的成立是澳门佛山乡亲社团发展史上的一个里程碑，希望澳门佛山社团总会秉承爱国、爱澳、爱乡宗旨，以乡情、亲情、友情为纽带，广泛凝聚乡贤力量，为促进佛澳两地共同发展、繁荣稳定贡献力量。

（张畹芝）

港澳台事务和侨务

港澳事务

【综述】 2015年，佛山市港澳事务工作紧紧围绕“深化佛港澳合作”工作主线，以广东金融高新区、佛山南海粤港澳合作高端服务示范区等平台为载体，拓宽合作领域，丰富合作内涵，提高合作水平，努力促进佛港澳三地互利共赢。2015年，佛港澳工作平台进一步完善，制定《佛山市2015年实施粤港合作框架协议工作要点》；粤港澳合作重点项目建设有新亮点，“佛山南海粤港澳合作高端服务示范区”建设项目被列入首批粤港澳服务贸易自由化省级示范基地；佛山市共引进香港和澳门地区的投资项目109个，合同外资13.23亿美元，实际外资14.99亿美元，分别占全市的61.9%、65.87%、68.71%；佛港高层实现多次互访，香港特区行政长官梁振英一行12月到访佛山；佛港澳社团联谊活动蓬勃开展，港澳两地佛山社团总会成功组建；佛港两地正式缔约的姊妹学校达51对，青少年交流合作成果丰硕。

【佛港澳工作平台的完善和运作】 2015年，佛山市佛港澳工作平台得到进一步完善并有效运作。由佛山市港澳事务局牵头制定《佛山市2015年实施粤港合作框架协议工作要点》，明确青年合作交流、现代服务业、制造业及科技创新、国际化营商环境、优质生活圈、教育与人才、重点合作区域、合作机制等佛港合作重点工作内容。“佛山市港澳合作工作联席会议制度”的引领作用得到充分发挥。组织佛港澳合作工作联席会议调研组赴香港贸易发展局学习考察。邀请广东省港澳办主任廖京山、副主任李阳春等领导参与佛山市深化“粤港澳服务贸易自由化”座谈交流会议，为深化粤港澳合作指明方向。

【粤港澳合作重点项目建设】 2015年，佛山市继续推进粤港澳合作重点品牌项目建设。

致力打造“粤港澳合作高端服务示范区”。2015年11月，佛山南海粤港澳合作高端服务示范区建设项目被列入首批粤港澳服务贸易自由化省级示范基地。示范区将通过“一区双核”（“一区”指粤港澳合作高端服务示范区，“双核”指三山新城和广东金融高新区）的建设模式，打造立足港澳、辐射亚太的国际性金融后援中心、高端服务业后台基地和港澳青年创业社区。

三水区引入香港鸿图公司接管乐平敬老院，以满足社会的养老需求并提高院方管理水平。作为省内首个引进外资进行投资管理的镇级敬老院，乐平敬老院成为“佛山试点与香港机构合作举办公立养老机构项目”，也是广东省粤港澳合作框架协议的重点跟进督查项目。

深入重点落实CEPA（即《关于建立更紧密经贸关系的安排》的英文简称）等市政府重点工作任务。贸易投资方面，截至2015年年底，佛山市共引进香港和澳门地区的投资项目109个，占全市项目总数61.9%；合同外资13.23亿美元，占全市的65.87%；实际外资14.99亿美元，占全市的68.71%。其中来自港澳服务业（第三产业）项目有76个，合同外资7.43亿美元。先进服务业方面，组织包括港澳投资的企业等20多家企业参加2015年加博会，宣传推介企业品牌。科技文化方面，依托佛港重点合作平台，继续加强与香港科技服务机构的合作，促进佛山市制造业、高新技术产业与香港现代生产性服务业、创新科技资源相对接。人才培训、教育交流方面，组织佛山市科级干部赴港学习培训班、参加香港“2015教育及职业博览·中国馆”展览活动。

【佛港高层互访】 2015年，佛港高层互访促进深入合作。6月，香港特区政府财政司司长曾俊华一行到访佛山，与佛山市委书记刘悦伦会谈，商讨如何共同推动香港服务业与佛山制造业全面对接，实现优势互补、共赢发展。10月，佛山市组织市、区领导赴香港参加“粤港服务贸易自由化推介交流会”，共商粤港合作之路，助推粤港发展共赢，进一步推进粤港澳合作高端服务示范区等粤港合作项目的顺利开展。12月，香港特区行政长官梁振英一行到访佛山，专程考察重要轨道交通项目。

2015年，香港驻粤办主任邓家禧多次受邀到佛山走访佛山港资企业，赴利迅达机器人系统有限公司、文杰智能机械有限公司等现代化高端企业参观考察，了解企业经营情况，考察佛山投资环境，挖掘佛港两地产业合作新机遇，推进佛港服务业合作交流。驻粤办出入境事务组受邀到访佛山，了解港人在佛山的生活和工作状况，探讨如何为佛港两地青年增强互访、实习、创业等方面提供出入境便利措施，进一步保障佛港合作交流顺利开展。

【佛港澳青少年交流】 2015年，佛港澳青少年交流合作成果丰硕。

6～7月，佛山举办“2015年粤港暑期实习（佛山）活动”。组织香港28名学生分赴佛山的金融机构、企业展开为期4周的实习，利用周末组织香港学生与佛山本地大学生结伴交流。通过系列产业、文化参观之旅，让香港学生感受佛山城市内涵和企业文化，增进对祖国的了解和认同。

10月31日至11月1日，佛山秋色欢乐节城市展示活动期间，佛山市邀请36名港澳重点社团首领以及港澳工商青年精英到访佛山并观礼，开展“港澳社团职首秋色观礼”和“港澳工商青年精英佛山行”系列活动，加强与佛山籍旅港旅澳乡亲社团、重要社团首领以及青年精英的联系，同时推介佛山经贸合作的新机遇、新优势，不断发现、挖掘、培养、用好有助于促进佛山经济社会发展的港澳资源。

佛山市港澳事务局保持与港澳青年精英社团沟通，探讨搭建合作平台、创新交流方式、推动佛港澳青年学生和青年专业人士进行友好合作等问题。市港澳事务局多次率团赴港拜会香港菁英会等青年社团组织和领袖，参加“濠江之春——纪念抗日战争暨世界反法西斯战争胜利七十周年”文化交流活动，拜访梁华、米炽强、黄昇雄等重点乡亲。

佛山市第六中学等10所学校与香港凤溪廖万石堂中学等10所学校，采取“一对一”的形式，正式缔结为姊妹学校。至2015年，佛港两地正式缔约的姊妹学校有51对。

佛山市港澳事务局策划“佛港澳青年精英国情研修班”，组织港澳工商界精英、港澳社团青年骨干、市内青年企业家近100人到延安古城参观学习，提升其国家认同感和民族自豪感。

香港学生在“2015年粤港暑期实习（佛山）活动”周末体验营中学习佛山剪纸。

【佛港澳社团联谊】 2015年，佛山市坚持“以联谊增进感情、以服务加强联系、以文化提升认同、以机遇促进事业、以活动带动互动”的工作方针，加强与重点港澳社团和重点人物的联谊交往。佛山市全年接待包括香港佛山社团总会、澳门佛山联谊会、澳门佛山禅城联谊总会、香港工商联合会等社团到访20批次300余人，调动港澳同胞热爱佛山、支持佛山、投资佛山的积极性，努力将其资金、技术和人才优势转化为推进佛山科学发展的动力。

佛山市港澳事务局多次策划组织市领导、市直有关部门领导出席参加春茗活动和各大港澳社团庆典活动。6月6日，副市长麦洁华在澳门拜会澳门佛山社团领袖李子丰；10月1日，麦洁华应邀出席香港广东社团国庆烟花汇演活动；12月7日，市委副书记李子甫、副市长麦洁华等领导出席澳门顺德联谊总会53周年庆典。

佛山市港澳事务局牵线港澳重点社团参加“反哺工程”。11月16日，旅港南海商会理事长关亨时代表该会向佛山市红十字会博爱医院学校捐赠90万元，支持佛山红十字会博爱医院学校的发展，帮助因病住院的学生免费补习功课。

2015年，香港佛山社团总会和澳门佛山社团总会成功组建，推动佛山旅港、旅澳乡亲社团在更高层次、更广领域发挥积极作用。

（周倩云）

台湾事务

【综述】 2015年，佛山市认真贯彻中央对台方针政策，全面推动对台各项工作。大力拓展佛台经贸合作，签订初步合作意向30项，新增和增资项目25个，实际利用台资超5000万美元。通过做好政策宣传、调研，认真细致做好台资企业服务工作。积极为台胞台属排忧解难，全年受理各类求助、投诉案件158宗，办结146宗。多层面开展佛台交流，全年赴台团组117批741人次，首次突破100批次；接待台湾到访团组31批268人次。佛山青年台商积极参与各项交流学习活动。市台商投资企业协会及各区台商联谊会各项工作有效开展。

【佛台经贸合作】 2015年，佛山市大力拓展佛台经贸合作新空间。全市赴台考察推介15次，邀请台湾行业协会、企业来佛山考察7次，签订初步合作意向30项，新增和增资项目25个，实际利用台资超过5000万美元。禅城、南海、顺德等多家台资企业纷纷扩大投资，增设自动化设备，逆势而上。举办“佛山禅城－台湾现代服务业合作交流会”，大力推进佛山季华商务带与台湾中华两岸连锁业协会合作，签订一批合作框架协议，部分项目营业。市台湾事务部门组织市经济和信息化局、各区镇相关负责人、机械装备制造企业代表赴台开展机械装备及智能机械产业发展专题考察培训，走访多家台湾知名企业，搭建对台合作新框架，洽谈一批招商项目。

【台资企业服务】 2015年，佛山市台湾事务部门加强政策宣导，重点宣传国家产业政策、佛山支持企业发展的措施及产业发展方向。各级政府和有关部门相互配合，建立完善的信息沟通渠道，及时传递最新政策信息，并通过各种平台对台商公布。举办环保、劳动政策培训班，进一步规范台资企业生产经营。搞好调研，解决困难。围绕台资企业发展面临的问题，广泛开展调研。协助相关部门落实国务院有关促进台资企业发展的政策措施，支持台资企业发展。对企业普遍存在的住房公积金、土地等问题，积极主动协调解决。2015年，近100家台资企业启动实施住房公积金制度，20多家企业妥善解决历史欠账。积极为台胞台属排忧解难。2015年，全市共受理各类求助、投诉案件158宗，办结146宗，结案率92%。妥善解决一批台胞台商工作、生活中遇到的困难和问题。

【佛台交流】 2015年，佛山市赴台团组117批741人次，首次突破100批次，赴台人数较上年增加223人。其中：公职人员赴台交流50批468人次，非公职人员赴台商务活动67批273人次。接待台湾到访团组31批268人次。邀请台湾有关人员到佛山参加广东省第三届旅游文化节。在台北隆重举行“书画津梁——佛山市石景宜刘紫英伉俪文化艺术馆典藏书画作品展”，约2000人参观。此次书画展是继2014年佛山市首次举办海峡两岸（佛山）文化艺术交流活动后又一次两地文化交流活动，进一步巩固扩大佛台文化交流成果。2015年，佛山市高校赴台研修生53人，赴台高校就读本科生32名。开展中、小学生赴台交流活动，签订校际交流合作协议。市、区先后组织医疗、教育、环保、社会管理等多个团组赴台开展交流。交流团认真学习台湾做法，深度开展交流，取得较好效果。2015年，台湾海基会负责人、屏东科技大学科研人员、中华农垦交流协会负责人等分别组团到访佛山，增进对大陆的了解。

【青年台商交流】 2015年，佛山市台湾事务部门积极推动佛山青年台商各种交流及学习活动，促进佛山台湾青年全面成长。组织佛山市青年台商参与市青年联合会、各区青商会活动，组织青年台商与佛山本地青年企业家交流联谊。举办各类丰富多彩的活动，增强青年台商之间、佛台青年之间的沟通与合作。举办讲座、考察学习等活动，邀请专家教授及著名实操专家为青年台商授课。组织青年台商到大型企业参访，学习先进管理经验，提升青年台商的管理水平和创业能力。在武汉大学举办青年台商学习班，这是连续第五年组织青年台商赴高校学习，受到国台办和广东省台办的充分肯定。充分发挥青年台商桥梁作用，邀请台湾新北市莺歌国际青年商会到佛山参访。举办佛（山）珠（海）中（山）江（门）四市青年台商交流活动。

2015 年 8 月 22 ~ 27 日，2015 年佛山市青年台商研修班在武汉大学举办。

【市台协及各区台商联谊会工作】 2015 年，佛山市台商投资企业协会及各区台商联谊会为促进佛山与台湾的交流与合作，积极开展各项工作。积极协助做好佛山市赴台团组交流活动；主动邀请台湾行业协会、有投资意向的优质企业到佛山开展投资考察。大力为台企服务，配合有关部门举办台商座谈会 15 次，参会台商 100 多人次；主动搜集台商各方面意见 10 多条，向有关部门反映，协助处理台胞台属反映的问题 10 多件。全力做好市台协换届的各项准备工作。举办运动比赛、爱心游园会等各类活动 11 次，增强市台协及各区台商联谊会凝聚力。开展慰问、无偿献血、助学等慈善活动，引导台商回馈社会。

（高　屯）

侨　务

【综述】 2015 年，祖籍佛山市的海外华侨同胞约有 68 万人，分布在世界 72 个国家和地区，主要集中在北美的美国、加拿大；欧洲的英国、法国；亚洲的马来西亚、新加坡、泰国以及日本；大洋洲的澳大利亚；非洲的南非、毛里求斯等。市侨眷、港澳眷属近 100 万人。

2015 年，佛山市侨务部门充分发挥侨力资源优势，继续打造“才聚佛山”品牌，扩展“海外招商顾问”队伍至 23 人，促成“佛山南洋研究院”正式挂牌成立；坚持爱侨护侨，为侨服务，推荐侨资企业佛山芯光半导体有限公司何志团队和广东高聚激光有限公司赵青春团队入选第四批“国务院侨办重点华侨华人创业团队”，迳口华侨农场 2629 户危房改造任务全部完成，侨务扶贫济困全年发放专项资金 17.3 万元；与为大局服务相结合，巩固拓展对外文化交流平台，不断提升为侨服务水平；注重海外侨胞联谊，坚持组织丰富多彩的侨胞联谊活动，侨务工作取得良好成绩。

【爱侨护侨】 2015 年，佛山市坚持爱侨护侨，提升为侨服务效能。

引导帮扶侨资企业发展。一是推荐侨资企业佛山芯光半导体有限公司何志团队和广东高聚激光有限公司赵青春团队入选第四批“国务院侨办重点华侨华人创业团队”，使其能享受协助申报国家相关人才计划、资金扶持、金融支持，并提供排忧解难、政策咨询、权益维护等多项服务。二是组织市侨商会企业拜会国侨办，增进侨商组织的上下联动，反馈侨资企业发展中遇到的共性问题。三是深入调研，为侨资企业排忧解难，还通过协商，帮助海归人才解决创业过程中遇到的各种困难和问题。

通过多方努力，解决三水区迳口华侨农场用地审批手续、融资贷款等问题。至 2015 年，迳口华侨农场 2629 户危房改造任务全部完成。

做好归侨、“三侨生”与华侨回国定居工作。开展侨务扶贫济困工作，全年发放专项资金 17.3 万元，缓解贫困归侨的生活问题。开具“三侨生”

证明15份，办理华侨回国定居事项13件，两项业务均超过2014年全年总量。此外，办理1名南侨机工身份确认（南侨机工即“南阳华侨机工回国服务团”，是抗日战争时期积极投身抗日救国运动的最典型、最有组织、最具影响力的爱国华侨团体之一，为抗战伟大胜利做出了重要贡献），按照规定为其遗孀发放生活补贴。

【“海外招商顾问”聘请】 2015年，佛山市继续推进“海外招商顾问”工作，以佛山市海外交流协会第三届会员大会为契机，再聘请8名“海外招商顾问”。至2015年年底，佛山市共有“海外招商顾问”23名，覆盖五大洲17个国家。借助海外侨胞在人才、技术、管理等方面的优势，在推动佛山市重点区域和重点领域招商推介工作上取得初步成效。

【侨胞联谊】 2015年，佛山继续加强与海外侨胞的交流联谊，凝聚侨心，助力佛山建设。

以佛山秋色欢乐节为平台，邀请来自35个国家和地区的80名侨领、36名港澳重点社团首领及港澳工商青年精英到佛山观礼，考察城市新貌和重点工业、产业园区，推介佛山经贸合作的新机遇、新优势。

组织15个国家的30多位海外中青年侨领组成的访问团参观考察侨资企业及南海博物馆等华文教育基地。针对华裔新生代，举办以弘扬岭南文化为核心、以学习参观交友为主要内容的海外华侨子女寻根问祖活动、佛山黄飞鸿武术夏令营活动。

加强佛山市海外交流协会平台建设，聘请海外知名人士为佛山市海外交流协会名誉会长、副会长、海外理事等，调动海外侨胞热爱佛山、支持佛山、投资佛山的积极性。

2015年10月29日，80名海外侨领出席佛山市海交会第三届会员大会。

【“佛山南洋研究院”正式挂牌成立】 2015年3月6日，佛山科学技术学院与新加坡－中国科学技术交流促进协会共建的“佛山南洋研究院”在佛山科学技术学院正式挂牌成立。该研究院分别组建新型电子信息、材料科学与工程、生物工程、制造技术等4个专项团队，重点推进技术开发与转化、学科建设、科学研究及人才培养等领域建设，助力佛山科学技术学院建设全省一流工科大学。策划举办海外高端专业人士访问团考察对接会，邀请旅比（比利时）华人专业人士访问团与佛山各行业协会及相关领域的企业代表进行项目推介和对接活动，为双方人才技术对接提供合作平台。

（周倩云）

对外交往

【综述】 2015年，佛山市对外交往工作从服务国家总体大局、服务地区中心工作、服务社会民生出发，积极参与“一带一路”建设，加强与“一带一路”沿线国家交流合作；不断提升官方交往的广度与深度，全年接待外宾67批、627人次，其中副部级以上外宾13批、222人次，市领导率团出访成效显著；发挥友好城市资源优势，在文化、教育、经贸等领域的交流合作取得明显效果；成功申办中德民间最高层次对话活动——“中德对话论坛”2016年会议；“中欧经济合作大讲堂”正式揭牌，并成功举办首场活动；在全国地级市层面首创因私留学生海外安全预防保护机制；做好外国人来华邀请确认函办理，全年全市共送审邀请确认函1371份，办理邀请1742人次。

【外事接待】 2015年，佛山市做好国家、省安排的重要外事团组接待工作。全年共接待外宾67批、627人次，其中副部级以上外宾13批、222人次。高规格接待斐济总理、瓦努阿图总理、坦桑尼亚前总统、马来西亚前总理、新加坡交通部部长等国家首脑及政要；接待加拿大、日本、法国、澳大利亚等多批文化交流团组，以及阿拉伯联合酋长国拉斯海马自贸区管委会、卡塔尔工商联、欧盟商会华南分会等经贸机构。在接待活动中突出高层交往的带动作用，促进对外交流与合作，提高佛山国际化城市知名度。

【重要出访】 2015年，佛山市外事部门策划和协调高层出访，重点加强与欧美发达国家联系，为促进双方经贸文化往来搭建新平台。9月10日，市外事部门协助省委主要领导会见德国前政要和德国图林根州国务秘书等高层及德国工业4.0领域专家，促进佛山与德国在高水平智能制造业方面的互补发展。6月29日，佛山市市长鲁毅出访欧洲，成功申办中德民间最高层次对话活动——“中德对话论坛”2016年会议，并出席2015年“中欧城镇化伙伴关系高层论坛”，与德国地方政府部门领导人、国际研究机构、跨国公司高层进行会晤，推动佛山与德国等欧盟国家和地区的交流合作。9月18日，佛山市委常委、市委组织部部长李雅林率团访问德国、英国、瑞典，开展海外招才引智活动。8月13日，佛山市副市长麦洁华带队出访芬兰、冰岛，加强佛山与欧洲地方政府在人才技术、城市建设、体育文化等方面的互利合作。

【“一带一路”沿线国家交流合作】 2015年，佛山市积极参与“一带一路”建设，推进与“一带一路”沿线国家的交流合作。6月1日，佛山市委书记刘悦伦随广东省委书记胡春华参加中共中央代表团访问澳大利亚、新西兰、斐济三国。8月4日，佛山市副市长麦洁华率团赴吉尔吉斯斯坦访问，并与该国奥什市签署合作交流备忘录，与该国楚河州、奥什州等地方政府领导人进行会晤交流，为佛山、奥什两城市缔结友好城市奠定基础。6月4日，邀请近10个“一带一路”沿线国家驻穗领馆官员参加佛山市“一带一路”市场新机遇暨战略合作框架协议签约仪式，助推佛山企业“走出去”，为扩大佛山与“一带一路”国家经贸合作牵线搭桥。4月26日，邀请“欧洲及海上丝绸之路沿岸国家主流媒体看广东”、法国电视台记者媒体团组等到佛山进行专题拍摄报道，对外宣传推介佛山，提升城市海外影响力。

制订与太平洋岛国合作工作计划，接待第一期太平洋岛国高级公务员培训班学员到访佛山，增进沟通了解，探讨未来合作领域，为双方交流注入新的活力。

【友好城市交流合作】 2015年，佛山市外事工作服务构建对外开放新格局，推动友城交往上新台阶。充分发挥友好城市资源优势，创新开展各类友好交流活动，在文化、教育、经贸等领域的交流合作成效显著。一是与澳大利亚汤斯维尔市合作交流密切。双方签署文化交流备忘录，为开拓两市文化艺术交流新局面奠定了良好基础。二是与日本伊丹市举行结好30周年系列活动。2015年为两市结好30周年，3月、5月、8月、11月，分别在两市举行系列庆祝活动，参与部门及机构包括两市政府、教育、文化、外事等部门以及中日两地中小学校。11月，日本伊丹市市长藤原保幸率政府代表团和市民到访佛山，并出席“佛山·伊丹缔结友好城市关系三十周年图片展”。伊丹市代表团访问佛山期间，佛山市市长鲁毅会见了代表团一行。三是与德国因戈尔施塔特市互动频繁。2015年是佛山与德国因戈尔施塔特市结好的第二年，双方继续提高友好城市交往质量，进一步推动两市友城关系可持续发展。四是2015广东国际旅游文化节暨佛山秋色欢乐节举办期间，邀请日本伊丹、澳大利亚汤斯维尔、俄罗斯纳罗福明斯克、韩国抱川市等4个友好城市代表团及表演团体访问佛山，参加秋色欢乐节等旅游文化节系列活动，参观城市新貌，参加友城结好周年庆祝活动，并召开企业交流座谈会，进行艺术、文化、教育、旅游、经贸等领域交流等。

【APEC商务旅行卡推介办理】 2015年，佛山市继续推介APEC商务旅行卡，助力企业开拓海外市场。至年底，共办理APEC商务旅行卡294批825人次，办卡数量位居全省地级市前列，申办APEC卡服务前置到南海区里水镇和狮山镇商会，并开展企业自行保管APEC商务旅行卡试点，为企业提供便利。

【因公出访管理】 2015年，佛山市外事侨务部门加强因公出访管理，营造风清气正政务环境，服务廉洁政府建设。深入贯彻中央“八项规定”等一系列文件精神，加强因公出国（境）管理工作，认真落实整治公款出国旅游专项行动工作，进一步加大党政干部因公出国（境）管理工作的力度，规范因公出国管理，确保重点团组出访，为赴港澳推进CEPA实施提供“绿色通道”，更好地服务地方经济建设和对外开放发展。

【因私留学生海外安全预防保护机制】 2015年，佛山市推进构建留学生海外安全网的探索与实践，加强对留学生预防性领事保护知识的宣传和推广，并在全国首创地级市层面的因私留学生海外安全“四横一纵”预防保护机制，受到外交部、省外事办、省教育厅的充分肯定。“四横”即佛山市内的四类（个）机构：市外事侨务局、市教育局、开设国际项目的初高中学校、因私留学中介机构，其中外事部门、教育部门作为政府机构，主要发挥牵头、引导、协调、谋划的作用。“一纵”即外交部领事保护中心和省、市、区三级外事部门形成一条纵线。市外事部门负责牵头开展预防保护工作，尽量把海外留学生安全事件发生率降至最低。若发生留学生海外安全突发事件，则通过各级外事部门迅速反应，逐级上报，在外交部领事保护中心的统一指导下，妥善处置。

【“中欧经济合作大讲堂”揭牌】 2015年8月28日，在省外办的大力支持和指导下，由佛山市外事侨务局和中德工业服务区主办的“中欧经济合作大讲堂”正式揭牌。广东省政府副秘书长（挂职），外交部原驻奥地利大使、瑞士大使吴恳作为首场活动的特邀嘉宾，发表题为“广东－欧洲经贸合作的机遇与挑战”的主旨演讲。举办“中欧经济合作大讲堂”是佛山市主动谋划、服务企业“走出去”、服务地方社会经济发展的创新举措。大讲堂以“提高传播力、扩大参与度”为目标，创新工作思路，整合各类外事资源为民所用、为企业所用，并成为商界、文化界乃至普通市民都可以参与的国际交往的新平台，切实提高了佛山对外交流与合作的成效。

（周倩云）

宣传·组织

宣　传

【综述】 2015年，佛山市注重把握导向、统筹策划、创新为要，全面扎实推进宣传思想文化工作，为争当“三个定位、两个率先”排头兵提供思想保证、舆论氛围和精神动力。佛山市组织开展市委理论学习中心组集中学习28次，组织市讲师团在全市安排理论宣讲授课400多场。围绕中心工作开展重大主题宣传40多项，举办新闻发布活动200多场。中央媒体和境外媒体刊登有关佛山的报道分别达到500余篇和80余篇。举办市、区、镇领导微访谈活动，全市开通政务微博1200多个，政务微信300多个。传统媒体和新兴媒体深入融合，佛山传媒集团开发7个新闻网站和近200个新媒体。以“乐善365”行动为抓手积极培育和践行社会主义核心价值观。举办丰富多彩的群众文艺活动，文艺精品和文艺人才不断涌现。

【理论学习宣讲】 2015年，佛山市深入学习习近平系列重要讲话精神。市委理论学习中心组紧扣习近平系列重要讲话精神开展专题学习20次。市委宣传部编印《学习动态》12期，梳理摘编习近平系列重要讲话核心观点供党员干部学习。全市党员干部提交“深入学习习近平系列重要讲话精神”读书心得近3000篇。市讲师团以习近平系列重要讲话为主题的22个课题在全市开展宣讲。

积极开展理论中心组学习。市委理论学习中心组开展28次集中学习。中国工程院院长周济、全国人大法律委员会副主任委员张鸣起、中国社科院学部委员汪同三、国防大学教授房兵等名家为中心组成员授课。邀请基层代表禅城区紫南村党支部书记潘柱升在中心组专题学习会上就“严以用权”谈认识、谈体会，引起热烈反响。

广泛开展重大主题宣讲和“菜单式宣讲”。组建党的十八届五中全会精神宣讲团，开展宣讲进机关、进镇街、进村居、进学校、进企业等“五走进”活动。市讲师团举办“身边的课堂——社会主义核心价值观和‘三严三实’宣讲下基层活动”。共准备“爱国·修身”“法治·用权”“敬业·律己”三大类约120个宣讲课题，安排400多场宣讲。搭建《佛山日报》理论专版、“悦读佛山”微信公众号、广佛都市网学习型党组织建设专栏和《学习天地》《党员修养》等理论宣传平台。

【理论研究】 2015年，佛山市委宣传部创新开展理论研究。深入挖掘佛山戏曲诗词、历史故事、谚语民俗、乡规家训等传统文化资源中与社会主义核心价值观相关的素材，建立“社会主义核心价值观地方特色素材库”，该库分“戏曲诗词、民谣民谚”卷、“历史与人物”卷、“乡规民约商道”卷，按照“汇编+注释+点评”的体例进行研究，形成数十万字的系列研究成果。

建立理论专家基层联系点，让社科理论工作更“接地气”。遴选10名专家学者，挂点全市有代表性的10个基层单位，开展专题调研、理论研究、理论宣讲、决策咨询等工作，推出一批既有理论深度，又有实践特色的理论成果。如佛山市委党校朱伟坚教授率领团队在禅城区祖庙街道塔坡社区开展“1 + N + X”区域化党建工作试点，结合社区党建工作开展《基层党组织在社会治理中的定位与作用》课题研究。

【舆论宣传】 2015年，佛山市围绕中心工作开展40多项重大主题宣传。开展全国“两会”、党的十八届五中全会精神、“三严三实”主题教育、纪念抗战胜利70周年等重大主题宣传。围绕“互联网+”博览会、建设人民满意政府、创新基层治理、建设法治佛山、“工业 4.0”、城市升级升值、广东旅游文化节等重点工作进行宣传。

开展特色专题宣传，提升宣传效果。开展“十三五”专题宣传，围绕佛山 5 个方面城市发展定位，组织召开座谈会，采访专家、企业家等社会各界人士。“城市升级”主题宣传通过“50 公里徒步”大型活动，让群众在参与中体验城市升级。发表知名专家撰写的《中国需要佛山模式》等文章，宣传佛山模式的背景、内涵和意义。

组织各区通过重大活动和各种平台等开展宣传。禅城区通过广东旅游文化节、岭南民俗文化节、秋色欢乐节等活动宣传推介旅游文化资源。南海区举办首届“遇见南海”微电影评选活动，以视频演绎和传播南海历史文化。顺德区按照“科技创新、开放战略、城市升级、人文民生”4 个宣传主题铺排布局宣传工作。高明区举办以绿博会暨美食节为主的绿色欢乐节，掀起了新闻媒体集中宣传高明的热潮。三水区通过《阔步前进，拥抱千亿梦想》宣传册、“互联网+旅游”平台等宣传旅游环境。

【融媒发展】 2015 年，佛山市推动传统媒体和新兴媒体深入融合发展。发展壮大《佛山日报》、佛山电台、佛山电视台等传统媒体，探索采编经营分离、制作播出分离、企事业身份分离等改革。推动佛山传媒集团实施融媒提升计划，进一步发展以广佛都市网为龙头的新媒体群。至 2015 年，佛山传媒集团实现新媒体矩阵全覆盖，共开发 7 个新闻网站和近 200 个微博、微信账号，以及“佛山在线”“花生 FM”“无限顺德”等多个 APP 客户端，各类新媒体关注人群已经超过 200 万人。

【对外宣传】 2015 年，佛山市通过“五个结合”开展对外宣传。做到对外宣传与佛山改革发展成果相结合、与岭南文化体育旅游资源相结合、与重大活动相结合、与经贸相结合、与网络新媒体运用相结合。中央媒体（含网媒）刊登有关佛山的报道 500 余篇，其中《人民日报》66 篇、新华社 16 篇、中央电视台 33 篇。省级媒体主报刊登有关佛山的报道 900 多篇，其中《南方日报》头版 35 篇。境外媒体刊登有关佛山的报道 80 多篇，如英国《金融时报》刊发《佛山市的洋公务员》。德国、意大利、马来西亚等 20 多个“海上丝绸之路”沿岸国家的主流媒体采访团 50 多人到佛山参观采访。来自意大利、德国、匈牙利的知名摄影师拍摄报道石湾公仔、醒狮等佛山文化元素。打造佛山外宣公众微信号“佛山荟”，全年推送 150 期 163 条图文信息，其中原创率超过 80%，不少文章阅读量破千，多篇图文被转载。以“佛山外宣”名义入驻《人民日报》客户端移动政务发布厅，共发布文章 604 篇，订阅总量达到 8.3 万人。

【新闻发布】 2015 年，佛山市新闻发布工作呈现出“发布制度完善、发言人团队精干、发布平台立体多元、发布活动常态化、政媒互动充分”的良好发展态势。组织开展中国（广东）“互联网+”国际博览会新闻发布会，2015 广东旅游文化节系列新闻发布会和佛山市金融、科技、产业对接洽谈会暨科研成果发布展示会等发布活动 200 多场。引进第三方机构开展新闻发布年度评估，对五区和 36 个单位 2014 年新闻发布工作进行全面“体检”，提出改进建议。新闻发言人团队发展壮大，大多数单位实现一个发言人配备多名新闻助理，全市有新闻发言人 2200 多人。举办“佛山新闻发言人大讲堂”6 场。编辑出版《新媒体时代领导干部的媒介素养》一书。召开全市新闻发言人经验交流会。

【网络宣传】 2015 年，佛山市落实网信办机构设置和编制配备，建立健全网络宣传管理系列制度，网络宣传工作取得长足发展。“佛山发布”政务微信“粉丝”超 70 万人，周阅读量突破 110 万人次，长期位列全国副省级以下城市政务微信周总阅读量第一名。开通的便民服务接口日均调用万余人次。全市形成由 1200 多个政务微博、300 多个政务微信组成的新媒体群。开展“‘粤创粤新’广东创新驱动发展主题大型网络采风活动”佛山站活动，人民日报社、新华社、人民网等 60 多家央媒组成的采风团到访佛山。向市领导报送《每日舆情》50 期，得到市领导批示 50 多条。利用新媒体开展“微家书·传家风”社会主义核心价值观教育实践活动，11.5 万人参与撰写微家书，总点赞数超 161 万次，访客数超 186 万人次，页面浏览量超 1670 万人次，实现“一封微家书，温暖一座城”。

“佛山发布”微博获由人民日报社颁发的“全国十佳创新应用奖”和“广东十佳创新运营政务微博”称号。佛山再次获得新华网等颁发的“中国城市网络形象十佳城市”地级市第一名。“佛山发布”微信获“最具传播力政务微信公众号”称号。佛山成为唯一受邀在2015阿里研究院“智慧服务”峰会上分享经验的地级市。

【网络问政】 2015年，佛山市举办市领导和区镇领导多场微访谈活动。市委书记刘悦伦首次在人民网“强国论坛”、中国新闻社“全国两会”新闻节目访谈中，分享新常态下创新驱动引领转型升级和改革开放“佛山模式”的思路与做法，《人民日报》、人民网、新华网、中新网、光明网、《南方日报》以及广东省政府网等多家媒体和网站报道转载共300多条（次）。

【文艺工作】 2015年，佛山市紧紧围绕纪念抗战胜利70周年主题，组织开展“唱响经典·勿忘历史”群众合唱音乐会、“中国梦·和平颂”老干部文艺汇演、“勿忘国耻、圆梦中华”——百部万场抗战电影进基层放映等丰富多彩的群众文艺活动。文艺精品不断涌现，大型话剧《康有为与梁启超》获国家艺术基金扶持，跨越9省12市进行全国巡演。长篇小说《闯广东》登上《十月》杂志，并获广东省原创精品出版资金扶持。4人作品入选全国第11届书法篆刻作品展览；市美协作品《自食其果》获全国法制漫画动画微电影大赛（动漫类）一等奖；梁学文作品《梦幻布拉格》获第三届“中国人看世界”全国摄影大展B类铜质收藏奖。顺德区举办“乐赏·凤城”第16届华语音乐传媒大奖活动，5个省级文学大奖——散文奖、小说奖、诗歌奖、报告文学奖、花地文学奖落户南海区。举办“魅力佛山·精神家园”——2015佛山文艺精品展。组织100场文艺巡演、80多场文艺大讲堂、100多次文艺志愿服务活动等走进基层。依托主流媒体开设《佛山文化周刊》等文艺评论专栏和《花样TV秀》等文艺展示频道。

【培育和践行社会主义核心价值观】 2015年，佛山市开展“乐善365”培育和践行社会主义核心价值观行动。通过六大行动、五项工程、60个重点项目，发动市、区、镇以及各系统和各行业全面参与，覆盖党员干部、青少年学生、企业职工、居民、村民等人群，让核心价值观走进机关、学校、企业、农村、社区和家庭。在全市建设18个核心价值观示范点、6个核心价值观主题公园和广场。通过媒体、广告牌匾、宣传橱窗、电子屏幕、灯笼等载体发布核心价值观公益广告。结合传统节日，开展“传递价值观，春联送万家”活动、“我们的节日——端午”画龙点睛仪式和清明节“网上祭英烈”、端午节“中华经典诵读”等活动。结合重大节庆，开展“文明佛山·快乐成长”核心价值观进校园、“七一”童心向党歌咏比赛、“十一”网上向国旗敬礼等活动。打造“六仪十二节”工程，在升国旗仪式、成人仪式、入学礼仪以及入党、入团、入队仪式中培育核心价值观。

2015年5月28日，佛山市举行“六仪十二节”弘扬社会主义核心价值观启动仪式。

【基层宣传文化工作调研】 2015年，佛山市委宣传部开展“基层工作加强年”专题调研。专题调研组历时两个多月，遍访全市32个镇（街），深入了解基层宣传思想文化工作的机制机构、设施阵地、人才队伍、工作品牌等情况，形成2万字的调研报告、制度汇编、案例汇编等调研成果。向市委报送《关于加强我市基层宣传思想文化工作的意见》，形成基层宣传思想文化工作问题解决方案，为加强基层宣传思想文化工作提供理论支持和政策保障。

（雷郎才）

组　织

【综述】 2015年，按照佛山市委统一部署，佛山市各级组织部门牵头组织在县处级以上领导干部中开展“三严三实”专题教育，做足做实中央“关键动作”，做好做精广东省委“指定动作”，做活做亮佛山市委“自选动作”。以“堡垒型+服务型”为主线，坚持强化基层党组织政治功能和服务功能相结合，基层党建与基层治理相结合，构建大党建格局，推动基层党建各项重点工作落实。以整治“为官不为”为抓手从严管理干部，共约谈、函询领导干部63名，发出《函询通知书》12份、《提醒通知书》2份；加强领导班子、领导干部日常了解和专题分析研判，与五区144名干部、市直单位245名领导干部进行个别谈话；严格干部选拔程序、强化审查核实，持续开展专项整治；强化干部培养培训，共举办培训班103期，培训38799人次。以政策创新为突破口统筹人才工作，强化牵头抓总作用，牵头制定人才新政策11项。以“双防双控”为重点加强组织人事干部自身建设，锻造组织部门优良作风。

【“三严三实”专题教育】 2015年，佛山市各级组织部门牵头组织在县处级以上领导干部中开展“三严三实”专题教育。突出重点，抓实思想政治建设、作风建设。把学习总书记习近平系列重要讲话精神摆在首要位置，贯穿专题教育全过程，做足做实组织各级领导干部讲专题党课、开展专题学习研讨、开好专题民主生活会、抓好整改落实和立规执纪四项“关键动作”，做好做精分级分类组织开展专题轮训、开展体验观摩学习两项“指定动作”，强化党员干部理想信念、党性修养、道德品行教育；佛山市、区四套领导班子成员以及全市副处级以上党员领导干部带头讲党课，各级领导干部聚焦修身用权律己、谋事创业做人，深入查找不严不实问题，并及时建立问题清单和整改清单立行立改。抓住关键，用“关键少数”引领“最大多数”。突出抓好市管干部、各级领导班子，以上率下、传导压力，带动全市广大党员、各级基层党组织，将学习教育不断引向深入；针对佛山市民营经济发达的特点，突出党员民营企业家队伍的教育引导，2014年、2015年连续实施“党员民营企业家培养系列工程”，提振改革发展的信心和决心。锐意创新，以推动改革发展成效检验专题教育成果。做活做亮整治“为官不为”、构建大党建格局“自选动作”，推动全市各级党员干部、基层党组织，以更高标准、更严要求、更实措施、更快行动，在完成中心任务和重点工作上见实效。

2015年5月21日，佛山市召开“三严三实”专题教育工作会议。

【基层党组织建设】 2015年，佛山市各级组织部门以“堡垒型+服务型”为主线全面加强基层党组织建设，基层基础进一步夯实。内强堡垒方面，针对基层党组织领导核心地位保障不到位的问题，结合农村城镇化水平、集体经济发展和地方财政支撑“三个变量”，深入推进基层各类组织权责边界重构、基层党组织设置重构和基层议事决策机制重构，确保基层党组织核心领导权；针对整顿软弱涣散基层党组织发力不准的问题，在广东省率先实施“精准整顿”，精准认定整顿对象，精准分析问题根源，精准派驻整顿力量，精准整治“一村一策”解决问题，精准扶持巩固提升软弱涣散党组织转化率，有效推动77个软弱涣散党组织转化提升，

10月20日，广东省整顿工作现场会在顺德区举行，会议要求学习推广佛山经验；针对基层治理中涉及群众切身利益的问题，坚持基层党建引领基层治理，发挥职能部门作用，集中力量和资源，超额保质完成广东省下达的基层治理6大突出任务。外优服务方面，高标准落实驻点联系制度，在广东省率先出台驻点联系工作考核办法，推动驻点联系与“三官一师”直联村居“双融合”，分类联系全覆盖，推动驻点工作继续走在广东省前列，2015年收到群众反映问题4万多件，96%得以解决和回应。为提升基层党组织对驻点工作承接能力，佛山市创新性地提出并实施了“1＋N＋X”区域化党建，进一步提升基层党组织统筹资源能力，推动自下而上反映问题与自上而下解决问题有效衔接，建立260个区域化党建试点。党建力量保障方面，构建大党建工作格局，出台《构建大党建格局工作要点》《加强和改进群团工作意见》，开展党委书记抓党建述职评议考核，提升党建考核权重，进一步压实各级党委书记抓党建责任，凝聚大抓基层合力。

【干部工作】 2015年，佛山市各级组织部门以整治“为官不为”为抓手从严管理干部，提升干部队伍干事创业“精气神”。从严整治“为官不为”，在广东省率先制定实施《整治领导干部“为官不为”试行办法》，明确七种“为官不为”情形，根据十大线索来源，聚焦广东省、佛山市重点项目、民生实事热点，建立联合督办回访机制、提醒预警机制，推动领导干部更好履职尽责，佛山市组织部门共约谈、函询领导干部63名，发出《函询通知书》12份、《提醒通知书》2份，76.3%的问题有突破性进展或改观。大力倡导“为官有为”，发现和培养一批敢想敢干、攻坚克难的干部。加强日常了解和专题分析研判，制定实施《综合分析研判市管领导班子和领导干部暂行办法》，分行业分类组织召开佛山市委书记与各部门干部座谈会了解干部，召开座谈会7场；专题调研五区党政领导班子运行情况、班子成员履职表现及后备干部储备情况，与144名干部进行个别谈话；逐个对市直单位开展综合分析研判，共走访59个单位，与245名领导干部进行个别谈话，形成59份分析研判报告。严格选拔程序，强化审查核实，推行实名推荐干部办法，动议阶段从严开展“三个提前核查”，充分征求各方意见，完善上会讨论的方式方法，实行干部选任全程纪实。持续开展专项整治，从严管理监督干部，梳理出超职数配备干部458人并消化完毕，抽查核实184名考察对象个人有关事项报告，排查出科级及以下“裸官”18人并将需要调整岗位的全部调整到位。强化干部培养培训，2015年举办培训班103期，培训38799人次。

【人才工作】 2015年，佛山市各级组织部门人才工作有序开展。调整完善佛山市人才工作领导小组及成员单位，把市直相关单位、本地高校及五区一并纳入，使成员单位由20个增加到31个，并及时召开佛山市人才工作领导小组会议推动工作落实。树立“人才服务产业发展”的核心理念，牵头制定11项人才新政策，涉及重点产业人才引育、金融英才激励、科技创新扶持、知识产权服务、职业教育管理等内容，进一步完善产业人才扶持政策整体布局。做好各级重大人才项目的申报评审工作，全年有1个创新团队、1名领军人才入选广东省“珠江人才计划”，6名人才入选广东省“特支计划”，共获广东省扶持资金1870万元。协助完成佛山市第三批60名创新创业领军人才和16个科技创新团队评选工作。以人才引进为着力点，协助推动佛山科学技术学院建设高水平理工科大学。

【组织人事干部队伍建设】 2015年，以广东省委常委、组织部部长李玉妹挂点联系为契机，佛山市各级组织部门扎实开展“落实总书记要求，建设模范部门”教育实践活动，加强思想建设、能力建设、作风建设。强化思想教育，通过领导讲党课、办好组工论坛、创新网络学习平台等方式，加强理论学习，锻造组工干部优良政治品格。强化能力培养，多层次开展全员培训，广泛开展岗位练兵，搭建多岗位锻炼平台。强化廉政风险防控，围绕“双防双控”（对内防权力滥用，控组工干部岗位风险；对外防影响力滥用，控组工干部职权外行为风险）目标任务，坚持内外双防、同时发力，建立起以“两清单、两制度、一办法”（权力清单、禁限清单，内部制度汇编、外部影响力滥用监控制度，廉政风险防控督查办法）为核心内容的“闭环式”风险防控工作机制，圆满完成广东省组织系统廉政风险防控试点工作。

【党的建设暨群团工作会议】 2015年4月7日，佛山市召开党的建设暨群团工作会议，贯彻落实中央关于全面从严治党的新要求，部署推动佛山市党建工作改革创新，加强和改进党的群团工作，全面构建大党建格局。佛山市委书记刘悦伦出席会议并讲话，佛山市委常委、组织部部长李雅林主持会议并讲话，市领导冯德良、梁维东、区邦敏、黄建丰等出席会议，南海区委、市总工会、佛山市直机关工委、党校负责人分别作了发言。会议指出，党建工作是一项系统工程，各领域、各环节的关联性、互动性强，要加强顶层设计，把握党建工作规律，突出思想建党和制度治党相结合，推动从严治党；突出基层党建与基层治理创新相结合，进一步强化基层党组织领导核心作用；突出基层党建与基层治理法治化相结合，以党建统领法治、以法治支撑党建；突出增强政治功能与发挥服务功能相结合，强化“堡垒型+服务型”党组织建设。会议指出，落实佛山市委关于党的建设和群团工作部署，要坚持强化政治功能和服务功能两手抓，全面建设“堡垒型+服务型”党组织；坚持激励与警示同步推进，建设“为官有为”干部队伍；坚持党建与群建同向发力，构建大党建工作格局。

【“三严三实”专题教育工作会议】 2015年5月19日，佛山市召开“三严三实”专题教育工作会议。会上，佛山市委书记刘悦伦做重要讲话，并围绕“三严三实”主题讲专题党课，市委副书记、市长鲁毅主持会议，市委常委、组织部部长李雅林对全市“三严三实”专题教育工作作具体部署。会议指出，要深刻领会和准确把握“三严三实”的精神实质和重大意义，学习和践行“三严三实”是从严治党的迫切需要，是提高党员领导干部素质的内在要求，是推进改革发展稳定的重要保障。会议强调，要继续发扬从严要求、真抓实干的优良作风，认真解决“不严不实”的突出问题。自觉做信念坚定、为民服务的表率，做真抓实干、“为官有为”的表率，做干净干事、清正廉洁的表率，做勤政务实、敬终如始的表率；着力解决理想信念问题、“为官不为”问题、滥用权力问题、违反党纪政纪问题以及队伍管理问题。会议要求全市党员干部坚持不懈践行“三严三实”，为实现“三个定位、两个率先”目标做出更大贡献。要坚持以“严”和“实”的要求，推进经济社会发展；坚持以“严”和“实”的精神，推进治市理政能力全面提升；坚持以“严”和“实”的作风，推进党的建设。

【创新基层治理工作会议】 2015年8月17日，佛山市召开创新基层治理工作会议，全面总结佛山市创新基层治理工作的探索实践，并对基层治理各项工作做出部署。佛山市委书记刘悦伦出席会议并讲话，佛山市委副书记李子甫主持会议，佛山市委常委、组织部部长李雅林传达广东省基层工作会议主要精神。会议指出要坚持系统治理，不断总结提升，进一步完善“一体两翼”基层治理新格局，打造佛山基层治理特色品牌。会议要求，要坚持不懈抓好基层组织建设，更加突出强化基层党组织的主体作用；坚持不懈完善社会矛盾化解机制，更加突出强化把维护基层和谐稳定作为基层治理的关键；坚持不懈创新服务工作机制，更加突出强化把服务群众贯穿基层治理的全过程；坚持不懈加强组织领导制度建设，更加突出强化各级党委在基层治理中的主体责任意识。

（董彦兵）

机构编制

【综述】 2015年，佛山市机构编制部门主动适应新常态，迎接新挑战，围绕中心，服务大局，扎实推进机构编制工作的管理创新，较好地完成各项改革任务。积极发挥市推进职能转变协调小组办公室作用，推进简政放权放管结合转变政府职能工作；继续推进行政审批制度改革，全面清理非行政许可审批事项和清理规范市政府部门行政审批中介服务；加强政府部门权责清单管理，启动建立佛山市政府职能综合管理系统等；完善商事制度后续监管制度，提请市政府印发《商事制度改革后续市场监管工作方案》；在全市统筹推进“一门式一网式”政府服务模式改革，至9月，各区实现自然人“一门式一网式”服务；探索开展综合执法体制改革，推进农业综合执法体制改革、开展劳动保障监察综合行政执法体制改革、强化基层执法力量、设立市公安局食品药品犯罪侦察支队等；调整理顺一批管理体制难题，牵头推进中德工业服务区体制调整，推进佛山高新区与狮山镇“园镇融合”方案，完成工商、质监行政管理体制调整等；通过调结构、优布局、盘活编制，保障民生领域机构编制需求；设置佛山智能装备技术研究院，组建市中小企业服务中心，对佛山科学技术学院创业学院、中德工程学院、南洋研究院等3个内设科研机构进行设立备案，明确南海区金融办对广东－诺丁汉高级金融研究院的管理权限，在南海区桂城街道办加挂“三山新城建设局”牌子等，服务市委、市政府中心工作；继续加强事业单位治理和监管，继续实行事业单位法人年度报告制度，进一步完善事业单位信用体系建设，通过购买服务组织专人对已登记年检的192家事业单位登记档案进行全面整理，梳理出第二批事业单位公共服务事项105项等；严格落实控编减编，全年收回事业编制880个；完善绩效管理工作，完成对全市五区和市直66个单位2014年度工作进行绩效考评等。

【佛山市推进职能转变协调小组成立并运作】 2015年7月，佛山市在广东省率先成立了推进职能转变协调小组，办公室设在市编办。9月，市推进职能转变协调小组召开第一次全体会议，研究部署佛山市简政放权放管结合优化服务工作，审议通过《市政府推进职能转变协调小组工作规则》《市、区政府部门非行政许可审批事项清理目录》。10月，市政府印发《佛山市2015年推进简政放权放管结合转变政府职能工作方案》。市编办积极发挥市协调小组办公室的作用，推进各专题组、功能组开展各项职能转变工作，协调解决全市“一门式一网式”等重点改革推进过程中遇到的困难和问题。

【权责清单管理】 2015年，佛山市加强政府部门权责清单的管理工作。启动建立佛山市政府职能综合管理系统，以实现对权责清单的统一管理、分散应用，至12月，完成系统开发需求调研，开始编制系统说明书及设计系统原型。起草市、区两级政府权责清单日常管理工作制度，明确政府权责清单日常管理范围、部门、权限、流程等内容，草拟《佛山市政府部门权责清单管理办法》。阶段性完成试点编制层级管理权责清单工作，印发公布实施涉及民生重点、群众关注、执法职权多的教育、农业、环保、食品药品监管等4个试点部门的层级管理权责清单。

【行政审批制度改革】 2015年，佛山市行政审批制度改革工作继续推进。一是全面清理非行政许可审批事项。2月，根据市政府《关于清理非行政许可审批事项的通知》要求，市编办牵头开展全市非行政许可审批事项清理工作。10月，提请市政府印发《关于取消非行政许可审批事项的通知》，共清理28个市、区两级政府部门非行政许可审批事项226项，其中取消38项、调整为内部审批21项、提请上级调整规范13项、调整为行政许可84项、调整为其他类70项。全市各级政府部门不再保留非行政许可审批类别。二是清理规范市政府部门行政审批中介服务。8月，市编办牵头开展清理规范市政府部门行政审批中介服务工作，提请市政府于12月印发《关于清理规范市政府部门行政审批中介服务工作方案》，明确清理要求、范围和主要任务，并分工细化成11项任务，形成进度安排表。12月，行政审批中介服务清理工作被列入市政府《提振民营企业家信心促进创业创新的若干措施》，受到社会的极大关注。

2015年11月12日，国务院审改办在高明区行政服务中心调研会现场。

【商事制度改革后续监管制度的完善】 2015年2月，佛山市政府印发《商事制度改革后续市场监管工作方案》，建立健全监管机制，按照“谁负责审批，谁负责监管”与行业监管有机结合的原则，依法依规对工商部门、许可审批部门的职责进行细化和明确，并指导各部门制定后续监管办法。

【“一门式一网式”改革 】 2015年7月，佛山市在全市统筹推进“一门式一网式”政府服务模式改革。至9月，各区实现自然人“一门式一网式”服务。改革后，实行“一口受理”，窗口平均减少15%，工作人员平均减少30%，群众办事等候时间缩短50%以上；实施“一套标准”，同一事项基本实现无差别服务、流水线管理；整合“一个后台”，建设全市“一门式”综合管理一体化平台，联通各区“一门式”综合受理系统和各部门专线系统，打破数据壁垒；建设“一个网厅”，实现市、区、镇三级网上办事大厅审批服务事项100%进驻网厅，其中63.77%的事项实现电子化网上申报，54.76%的事项实现全流程网上办理。国务院职转办、中编办、国家发改委等部委办对佛山的改革予以充分肯定，广东省委书记胡春华、省长朱小丹、常务副省长徐少华以及中编办副主任李晓全、民政部副部长顾朝曦等领导相继视察改革情况并予以高度评价。9月，广东省政府成立“一门式”改革专责小组推广佛山改革经验。

【综合执法体制改革探索】 2015年，按照广东省统一部署，佛山市探索开展综合执法体制改革。一是推进农业综合执法体制改革。在市、区以单独设立或加挂牌子的方式设立农业综合执法队，构建完善的市、区两级农业综合执法体系。二是开展劳动保障监察综合行政执法体制改革。调整归并人力资源社会保障领域的执法职责，统一市、区机构设置及其名称，明确市、区职责分工。三是强化基层执法力量。在编制分配上不断向基层执法体系倾斜，在全年下达的机动行政执法编制中，各区占90%以上，并明确分配下达区的行政执法编制主要用于镇街执法机构。四是设立市公安局食品药品犯罪侦察支队。继2014年率先在全省公安部门设立“环保警察”后，于2015年5月设立市公安局食品药品犯罪侦查支队，强化食品药品安全执法，进一步加强食品药品监督执法“两法”衔接工作。

【管理体制调整】 2015年，佛山市调整理顺一批管理体制难题。推进中德工业服务区体制调整，将佛山中德工业服务区管理委员会由挂牌调整为与佛山新城建设管理委员会合署，明确权责分工、进一步理顺了中德工业服务区管委会、佛山新城管委会及乐从镇的管理关系。推进佛山高新区与狮山镇“园镇融合”方案，结合粤桂黔高铁经济带试验区建设和狮山镇“上精下实”改革，不断理顺管理体制。完成工商、质监行政管理体制调整，按照省的统一部署，将市工商、质监调整为市政府工作部门；各区整合工商、质监、食药监部门，设立市场监管局。完成市、区两级不动产登记职责整合，调整市本级国土规划局的内设机构，设立不动产登记局，并从市农业局、市住建管理局相应划转职责与编制；各区在国土城建和水务局设置不动产登记局。为地方立法建立工作机构，在市人大常委会、市法制局设置立法工作内设机构，并为地方立法工作新增配备专门的编制，为地方立法权的实施提供保障。推进机关后勤服务体制调整，提出机关政务与后勤管理事务分开、后勤管理与后勤服务分开的改革思路并获得省批复同意。制定参公事业单位的机构编制方案，重新明确第一批 11 个单位的职能，并对若干编制使用效率不高的单位进行编制调整。顺利推进司法体制改革、森林公安等专项体制改革。理顺市国资委、市交通运输局对市路桥公司和铁投集团监管职责，明确市住建管理局为城市地下综合管廊建设实施统筹部门。

【民生领域机构编制需求保障】 2015 年，佛山市编办通过调结构、优布局、盘活编制，保障民生领域机构编制需求。公共卫生事业方面，撤销市计划生育服务中心和市皮肤病防治所，组建市卫生计生统计信息中心，同时做大做强市健康教育所，促使公共卫生服务的“防”与“治”同步提升、互利共赢。扶持残疾人事业方面，通过适度增编、从同类事业单位调剂人员、统筹利用职能相近的服务部门编制、后勤工作社会化等多种渠道解决用编需求，成立集教育、康复、养护于一体的市重度残疾儿童少年康复教养学校，重点解决重度肢体残疾、重度智力残疾等残疾儿童少年的义务教育问题。在市启聪学校加挂“特殊教育支援服务中心”牌子，增加该校对非本校残疾儿童的教育支援和学前教育职责，实现特殊教育 15 年全覆盖。保障教育事业发展方面，通过对学生数连续减少的学校进行收编，对小班化教学成效突出的学校予以扩编，合理分配教师编制资源，创新全市义务教育学校校长教师交流轮岗的编制管理办法，优化教师队伍结构。

【市委、市政府中心工作机构编制需求保障】 2015 年，佛山市编办着力服务中心工作，促进城市升值，保障产业和城市转型升级的机构需求。一是服务产业转型升级，贯彻落实市委、市政府打造珠江西岸先进装备制造产业带的战略部署，设置佛山智能装备技术研究院，以国际视野发展佛山市机器人产业集群，为全省智能装备技术创新和制造产业转型升级提供重要支撑。二是响应政府针对中小企业的“暖春行动”部署，组建市中小企业服务中心，按公益一类事业单位设置，突出政府扶持中小企业的决心和责任。三是服务科技创新，对佛山科学技术学院创业学院、中德工程学院、南洋研究院等 3 个内设科研机构进行设立备案，缩减机构设置的审批流程和时间，为更好地引进高层次人才和先进技术，推动佛山市科技创新提供更多智力平台。四是服务金融改革，积极推动珠三角金融改革创新综合试验区建设，明确南海区金融办对广东－诺丁汉高级金融研究院的管理权限，落实广东－诺丁汉高级金融研究院的事业单位法人资格；在南海区桂城街道办加挂“三山新城建设局”牌子，构建三山新城与广东金融高新区“一区双核”的发展布局。

【事业单位治理和监管】 2015 年，佛山市编办继续加强事业单位的治理和监管。继续实行事业单位法人年度报告制度，全年全市有 1570 个事业单位按要求报送了法人年度报告；对市直 3 个未按期报送法人年度报告的事业单位开具《未按期报送年度报告警告书》给予行政处罚，并作为不诚信的信息在省登记管理平台予以披露。事业单位信用体系建设进一步完善，采集市直 188 个事业单位包括法人、住所、经费来源、开办资金、业务范围等法人登记信息，形成规范、完善的事业单位信用信息目录，强化社会公众对事业单位的监督作用。通过购买服务组织专人对已登记年检的 192 家事业单位登记档案进行全面整理，并进行电子化扫描备份，为下一步开展信用档案数字化管理打下基础。在 2014 年编制第一批事业单位公共服务清单的基础上，继续梳理出第二批事业单位公共服务事项 105 项，并委托第三方专业法律机构对两批事业单位公共服务清单（共 825 项）进行合法合理性审查，发现行政主管部门可能擅自将职能移交下属事业单位的有 14 项，与其他事业单位可能存在职责交叉的有 83 项，可移交社会组织承担的 61 项，为纠正解决事业单位公共服务越位、错位、不到位的问题提供了依据，实现事业单位机构编制精细化、规范化、标准化管理。完成市第一中学、市中心血站等第一批法人治理试点单位的章程制订和理事人选的遴选，分别成立了第一届理事会，并召开了理事会议；启动第二批市中医院、市图书馆的法人治理结构试点工作，并加强各区开展法人治理试点工作指导，扩大试点范围，巩固试点成效。

佛山市直第二批事业单位公共服务清单编制工作业务培训会议现场。

【控编减编】 2015年，佛山市编办严格落实控编减编。针对全市事业编制总额超出控编基数，军转干部安置和公安专项编制政策性超编等问题，明确市直和各区控编减编措施、工作要求以及各类编制控编减编基数，及时开展专项督查和日常监管，对事业编制超过控制线的区加强监控和指导，确保各项控编减编工作措施落实到位。将财政供养人员只减不增纳入纪检监察、干部人事监督、财政审计监督工作内容和各级领导干部考核内容，将机构编制管理情况纳入领导干部经济责任审计的重要事项，将控编减编工作纳入全市绩效管理范畴，切实加强控编减编工作的力度，经过努力，共收回事业编制880名，解决了佛山市事业编制总额超出控编基数的问题。针对编外人员参与执法情况进行全面统计摸底，各区共排查执法队伍200多支，检查参与执法的人员1万多名，清理出12名编外人员回归行政执法工作辅助岗位。

【绩效管理】 2015年，佛山市编办（佛山市绩效办）以“客观结果—公众满意”为双重导向对全市五区和市直66个单位2014年度工作进行绩效考评。通过“两代表一委员”评价、专家评审、机关互评、指标评价、领导评价等5个环节考评，对市直38个数源单位提供的7681客观指标，加上30位专家评审、517名“两代表一委员”满意度评价打分、354名机关班子成员互评、市领导打分的主观评价，得出2014年度绩效考评结果报党政联席会议审定并公布，顺利完成2014年度绩效考评工作。针对各区和市直单位不同工作特点，市绩效办按“决策有目标，执行有标准，考核有依据”的要求，运用“层次延伸分解法”，不断完善2015年度绩效评价指标体系。同时，配合市委办、市府办督查部门，对各区、各单位承担的市委、市政府中心工作和重点工作完成情况进行季度督查。

（梅益嘉）

地方军事

中国人民解放军佛山军分区

【综述】 2015年，佛山军分区部队深入学习贯彻中央军委主席习近平系列讲话精神，认真落实上级党委决策部署，坚持以聚气强魂、备战强能、固本强基、严施法治、严风塑形的工作思路，聚焦整风整改，攻坚克难，真抓实干，实现军分区部队全面建设稳步发展。

【思想政治建设】 2015年，佛山军分区加强思想政治建设。

深入学习全军政工会议精神。组织全区官兵进行专题授课辅导学习，紧密结合实际开展了两次互动式、探讨式学习交流活动。4月，利用一周时间，组织政工干部集训，深入学习全军政工会议精神，进行“把握决策部署、破解工作难题，推进政治工作在军分区系统的全面落实”的辅导授课学习，明确军分区抓建政治机关、政治干部队伍的办法措施。通过开展系列学习活动，理想信念、党性原则、战斗力标准、政治工作威信在军分区部队牢固树立起来。

“三严三实”专题教育整顿活动。先后安排军分区和人武部领导进行3个专题授课辅导学习，精心部署和开展向党旗宣誓、观看影片、“大局观、责任观、得失观”专题教育、讨论交流发言、党委常委述职述廉、专项巡查等6项配合活动。先后为每名党员购买学习读本28册，编印学习资料7套。军分区各级利用电子屏幕、墙报、板报等多种宣传手段，把作风建设的有关论述、两级军区和军分区的有关要求滚动播放和上墙上报，为开展专题教育整顿活动营造浓厚氛围。

“学习践行强军目标，争做新一代革命军人”主题教育。活动中，充分发挥各团级单位组教施教的主观能动性，教育形式灵活，效果明显。禅城和南海人武部注重将主题教育活动向民兵和预备役延伸，干部每月轮流为民兵进行思想政治教育授课。顺德和三水人武部结合主题教育活动制作了DV纪录片。高明武装部利用革命老区的优势，组织党员干部参观粤中纵队纪念馆。城门头和卫国路干休所将主题教育活动向老干部延伸，在老干部中开展“弘扬优良传统，永葆革命本色”教育。

肃清郭、徐案件影响工作。军分区共清查涉徐、涉郭网络信息145条、文电档案43份、光盘历史资料18个、图书刊物2011本，人人签订了责任书。及时组织学习《解放军报》《人民日报》等报纸，解疑释惑，用党中央和总部的权威发布统一认识、消除疑惑，拉直心中问号；组织开展《固信仰、强信念、树信心》党课教育，用先进思想占领官兵精神“高地”、强化官兵“免疫力”。

“讲政治、顾大局、守纪律、作奉献”专题教育。组织《自觉强化四种责任意识，稳心定神干好本职》授课辅导学习；邀请广东省人大代表、禅城区南庄镇紫南村党支部书记潘柱升围绕“三严三实”结合自身的成长经历作事迹报告，另有8名同志围绕学习贯彻党的十八届五中全会精神和如何以实际行动做好迎接军队深化改革准备进行体会交流；通过专题教育的开展，强化官兵的政治意识、大局意识、纪律意识和奉献意识，官兵普遍做好迎接改革这场“大考”的思想和心理准备。

经常性思想政治工作。采取多种形式、多种方法、多种渠道开展经常性思想政治工作，让主流思想发声、正能量发力。注重红色基因传承。联合地方媒体深入挖掘佛山革命斗争历史，在《佛山日报》《珠江商报》等多家媒体开辟专栏进行连续报道；组织开展抗战老兵给官兵讲战斗故事，纪念抗日战争胜利70周年诗词朗诵会、音乐会和抗战历史电影周等活动，通过喜闻乐见的形式把红色基因根植于官兵和群众心中。注重文化活动牵引。组织贯穿全年、人人参与的“强军风采”系列文体活动，激发官兵的集体荣誉感。开展“我心中军人的样子”演讲比赛，帮助官兵找准正确的参照系，不断增强使命意识、责任意识。注重网络辐射效应，开通佛山市国防教育网和佛山市民兵政治工作网，开办“佛山军分区网上军史馆”，将国防动态、国防政策法规、国防教育资料、佛山市革命发展历史、民兵政治工作动态等资料上传网络，把思想政治工作课题搬上网，有效促进国防知识的普及、推动民兵预备役政治工作的发展。

【军事斗争准备】 2015年，佛山军分区通过做好战备工作，加强实战化训练、后勤战备建设和训练，切实做好军事斗争准备。

战备工作。按编配齐现役官兵和预备役人员，提高关键岗位的专业对口率。健全指挥机构、明确指挥流程，实现军队指挥体制和国防动员体制的有机衔接；修订完善战备计划，确保方案齐全配套、战法实用。加强检修维护，确保武器装备的满编率和完好率。在作战信息保障方面，建立健全完善的通信系统和情报侦察系统。建立完善的保障体系和可靠的保障力量，确保设备设施完善，战备物资、装备弹药储备达标。进一步健全国防动员机制，调整好民兵、预备役队伍规模结构，完成国防动员潜力调查并建立起完整的动员潜力数据库。

实战化训练。严格按纲施训，重点抓好现役军官、专武干部、民兵应急分队、人武部职工4支队伍的军事基础训练。3月，军分区组织现役军官军事基础集训。7月，组织军分区首长机关参加省军区军事训练考核；组织各下属团级单位开展上半年军事基础考核。8月，利用5天时间举办佛山市民兵政治工作应急大队暨民兵心理战分队集训，组织心战骨干修订《心理战预案》，提高政治干部队伍和政治工作骨干的“三战”水平和军事素质。11月，组织各下属单位开展战备训练检查考核。12月，组织基层武装部部长和专武干部业务集训，以及民兵应急分队和职工队伍评比性考核。

后勤战备建设和训练。3月，协调市政府召集国防动员委员会26个成员单位开会，专题部署国民经济动员潜力统计调查任务，利用1个月时间对全市国民经济动员潜力进行深入调查摸底，共调查统计潜力数据信息30类600项5万余条。10月，充分借鉴动员潜力数据信息，制定《佛山市后勤综合保障群（队）建设标准规范》，并以市政府名义颁布实施。先后组建市直后勤综合保障队351人，下设物资、医疗、运输、工程、警戒通信等5支专业分队。各区人武部也相应协调地方政府组建后勤保障队伍。

【从严治军】 2015年，佛山军分区开展“创建法治军营，争当守法军人”活动。将法治学习纳入党委中心组学习和理论轮训，把遵守法律、依法办事纳入干部考核评价体系，增强官兵“学法律知识、强法律意识、守法律条文、依法律办事、做守法模范”的意识。通过网络平台，开设“普法园地”“案例剖析”“法治热点”“今日说法”等法治专栏，为官兵学习法律知识创造条件。4月，在干部调整到位后组织开展安全防范警示教育，主要是剖析军分区近年发生的典型事故，用发生在身边的教训警醒官兵。严格落实安全形势分析制度，每季度进行一次安全工作分析，有针对性地制定预防措施。认真落实上级关于天津港“8·12”特别重大爆炸事故一系列重要批示，结合阶段性工作任务特点，先后5次派出联合工作组，对各团级单位人员、车辆、武器弹药、保密秩序进行大检查，对民兵武器仓库的燃爆危险品进行专项清查清理，及时排查整改一些问题和隐患。深入学习贯彻《警备条令》《警备条令实施办法》，加强警备队伍建设，确保警备队伍在关键时刻能拉得出、顶得上。突出抓好用车安全，严格控制各种指挥、生活保障用车数量，对用车的任务、路线、里程、时限进行全方位限定，确保车辆使用安全。组织大型车队10余次，出动车辆800余台次，安全行车56万千米。

【国防动员】 2015年，佛山军分区结合佛山市委班子调整，与市委、市政府协调完成国防动员委员会成员调整，使国动委主要领导构成更利于党管武装工作，进一步理顺市、区两级国动委领导机构。南海区人武部大胆创新民兵管理，在桂城街道成立全市第一支常驻民兵应急连，结合各镇（街）任务特点首次创立“一镇一队”的特色应急队伍，受到省军区司令员盖龙云的好评，并指示在顺德区调研推广。南海区投入近1亿元的人防101指挥所工程开启使用。

【基层部队建设】 2015年，佛山军分区对照新修订《军队基层建设纲要》确立的“十六条”建设标准抓建基层，努力实现“三个根本性转变”。军分区政治部组成调研小组深入五个区人武部，在全市层面上对当前专武干部队伍建设的整体情况进行一次调查了解，形成《人武部干部队伍思想情况和专武干部队伍建设基本情况调研报告》，找准专武干部政治法规意识弱、基层武装部建设标准不明晰的突出问题。组织全区政工干部和专武干部共71人进行党管武装集训，通过原原本本学《专职人民武装干部工作规定》和《民兵政治工作规定》，一对一地指出存在问题；全面提升全区专武干部的综合素质，有效强化依法开展党管武装工作的意识。为全面贯彻新《军队基层建设纲要》要求，加强全市人民武装部全面建设，进一步完善对人民武装部的考核评价工作，出台《佛山市人民武装部全面建设考评办法》，通过考评让人武部建设“干有标准、比有平台”，有效提升武装工作质量和效益，推动军分区部队、民兵预备役建设科学发展。

【“双拥”共建】 2015年，佛山军分区大力支持配合地方党委政府抓好全国“双拥模范城”创建工作。8月5～6日，全国“双拥模范城”创建工作调研督导组在佛山市检查调研创建工作时对佛山市“双拥”工作给予高度评价。军分区坚持立足自身、创造条件，主动联系地方有关部门出台贯彻落实上级福利待遇政策文件，建立军地互动长效机制。主动协调市委、市政府落实“国发〔2008〕8号”文件，转业干部享受地方同等职级待遇问题得到落实。出台《佛山市随军家属就业安置办法》，有效维护军人军属合法权益，随军家属安置难的问题得到进一步解决。在各区武装部的配合下，驻禅部队110名军人子女入学入托得到落实，8名干部子女享受中考降低分数线优惠政策。7月，南海人武部围绕“家·南海”“幸福南海”的核心理念，协调地方“双拥”部门成立退伍军人成长促进会，为退伍军人提供一个交流学习的服务平台。8月，军分区政治部联合市文明办、市双拥办、市委宣传部、市妇联开展寻找佛山市“最美军嫂”活动和“军地大龄青年联谊会”，增进军地双向交流、融洽军民关系。

【征兵工作】 2015年，佛山市夏季、秋季征兵工作以“三严三实”教育实践活动为牵引，紧紧围绕“规范征兵秩序、纯正征兵风气、提高兵员质量”的主题，以大学生征集和廉洁征兵为重点，全市共征集新兵1300名，其中大学以上文化程度48%，兵员质量总体较好。征兵工作期间，佛山市承担了全省征兵适龄青年报名启动仪式的筹备任务，并迎接军区许副参谋长、省军区谢副政委所带工作组的专题检查调研，各级首长对佛山市征兵工作均给予高度评价。至2015年，佛山军分区已连续33年实现无责任退兵，连续33年荣获全省征兵工作全优单位。

（曾玉勇）

武警佛山市支队

【综述】 2015年，武警佛山市支队深入学习贯彻党的十八届五中全会精神和中央军委主席习近平系列重要指示，紧紧围绕强军目标，坚持“举旗铸魂正方向、聚焦使命保中心、着眼发展打基础、扭住关键强班子、改进作风抓落实”，各项工作开展有序，全面建设稳步提升。武警佛山市支队被武警部队表彰为“连续20年以上无执勤事故、无行政事故、无案件的支队”，被武警广东省总队评为“基层建设先进支队”。武警佛山市支队系统7个单位被评为基层建设先进单位，17名个人荣立三等功。

【“三严三实”专项教育整顿】 2015年，武警佛山市支队认真贯彻落实党中央、中央军委、中央军委主席习近平的指示要求和武警总部总队党委的决策部署，坚持大事大抓，从紧从严组织“三严三实”专项教育整顿，深入开展“四整三查”“八个专项治理”等活动，先后整改3个方面12个突出问题，制定完善制度机制9项，积极主动为官兵办理具体实事28件，官兵满意率达100%。

【“春运”执勤】 2015年2月4～18日，武警佛山市支队出动兵力担负佛山火车站“春运”执勤任务。期间，协助火车站输送旅客16万余人次，为旅客做好事200多件，帮助旅客寻回走失小孩1名，有效维护火车站春运秩序。

【“迎春花市”安全保卫】 2015年2月18日19时至19日1时，武警佛山市支队派出兵力担负2015年佛山市“迎春花市”机动备勤任务，参勤官兵精神振作，以严整的警容、良好的形象成为“迎春花市”一道亮丽的风景线，高标准完成安全保卫任务，赢得广大市民的高度赞誉。

【“行通济”安全保卫】 2015年3月5日19时30分至3月6日凌晨1时30分，武警佛山市支队派出兵力担负2015年佛山市禅城区元宵节“行通济”民俗活动安全保卫任务，全体执勤官兵恪尽职守，文明执勤，始终保持高度警惕，树立武警良好形象，先后协助公安机关疏导群众60万余人通过长32米、宽9.9米的通济桥，化解群众拥挤危机45次，圆满完成任务，受到佛山人民的高度赞扬。

【城市武装巡逻】 2015年春节、国庆、市“两会”、敏感期期间，武警佛山市支队出动兵力，协助市公安局圆满完成全市5个重点部位的城市武装巡逻勤务。执勤官兵自身要求严格，履行职责认真，先后协助巡逻点民警抓获嫌疑人3名，打击“两抢”案件5起，救助市民群众23人次。

【“双拥”工作成绩显著】 2015年，武警佛山市支队着眼维稳大局，服务驻地经济建设，积极为地方党委政府和人民群众做好事、办实事、解难事。积极参加植树造林、义务献血、便民服务等学雷锋活动，全年出动兵力3400人次、动用车辆280台次，组织清扫街道2.5万米、清理垃圾淤泥16吨、免费发放药品价值1.96万元、植树800余棵、义务献血2.5万毫升，受到各级政府和人民群众好评。

【武警佛山市支队被武警广东省总队表彰为“基层建设先进支队”】 2015年，武警佛山市支队始终以强军目标为统领，按照“全面建设是基础、战斗力标准是核心、厚实底蕴是关键、提高素质是根本”的内涵式发展思路，抓实思想政治引领，突出核心能力建设，坚持依法从严治警，持续抓经常打基础，主动加强改进作风，各项工作有序推进，中心任务完成圆满，部队内部安全稳定，全面建设呈现出稳步发展的良好态势，被武警广东省总队表彰为“基层建设先进支队”。

【武警佛山市支队被武警部队表彰为“连续20年以上无执勤事故、无行政事故、无案件的支队”】 2015年，武警佛山市支队被武警部队表彰为“连续20年以上无执勤事故、无行政事故、无案件的支队”。武警佛山市支队认真贯彻落实依法治警、从严治警要求，严格落实安全教育训练、风险评估、应急处置、责任追究等制度，建立日常安全督查检查、定期安全形势分析、安全责任倒查追究等机制，深入开展“群众性创安”活动和安全大检查，坚持每周对在外人员跟踪了解一遍，每月分层次开展一次安全和保密教育、组织一次安全隐患排查整治和安全形势分析，每季度组织一次驾驶员技能培训和作风整治、对机关干部自购车集中审核一遍，确保部队高度集中统一和内部安全稳定，部队连续20年无事故案件。

（杨　军）

人民防空

【综述】 2015年，佛山市人民防空部门紧扣人防重点任务，围绕“准军事化”建设，推进基本指挥所建设；创新建立人防预备指挥所，实现市、区人防指挥所的运作管理创新；完成机动指挥所的升级改造一期项目；对应急救援指挥中心会议音响等系统进行升级；开发“人防工程网上业务管理系统”，对人防工程报建业务实现实时、动态和全面监管；完成集成北斗导航定位、统控授时、北斗数字集群、综合融合通信和应急指挥软件的人防北斗卫星导航定位系统建设；初步完成人防业务数据库建设；全年组织野外机动指挥所开设和通联训练20余次；率先在全省人防系统开展人防工程战术和技术性能检测暨平战转换演练；完成人民防空方案修订工作；防空警报试鸣鸣响率达98.2%，市区警报音响覆盖率达100%；通过军区人防机关准军事化建设考评。其中，创新“科技+制度”监管人防工程建设模式，被广东省人防办作为先进经验在全省推广。

【人防指挥所建设】 2015年，佛山市人民防空办公室积极推进人防基本指挥所建设，创新建立人防预备指挥所，升级拓展机动指挥所、应急救援指挥中心功能，人防指挥所建设有新成绩。

基本指挥所建设。派出调研组赴惠州、珠海、江门等城市开展人防基本指挥所建设专题调研，及时找出项目久拖四年不动的问题症结；主动与市相关职能部门反复沟通协调和向上级汇报请示，取得各方的理解并形成共识，为重启项目建设打下良好基础；进一步修改完善施工图设计，委托具有资质的第三方造价咨询公司重新编制工程概算，组织召开专家评审会审定绿化迁移方案，补充办理规划、消防和投资规模的变更手续，保证各项前期工作同步开展。至年底，市政府通过佛山市人防基本指挥所项目增加投资金额和招标方案。市人防办还通过“走下去”或“请上来”的“集体现场办公”方式，出点子、教方法、帮协调，共同解决各区项目建设过程中的困扰问题，形成市、区两级联动建设的良好格局。

人防预备指挥所建设。利用南海区人防办既有资源，于6月建立起市人防预备指挥所，通过合署战备、互联互通和资源共享，创新市、区人防指挥所的运作管理，提升战时防空指挥通信能力。

机动指挥所升级改造。完成机动指挥所的升级改造一期项目，对机动指挥所视频采集、传输和存储系统进行高清化改造，将3G图传改造升级为4G图传，从而大大丰富了指挥通信手段和提升了机动指挥通信保障能力。

应急救援指挥中心功能升级。对应急救援指挥中心会议音响等系统进行升级，及时恢复地下指挥室设施设备和指挥通信系统功能，形成地面与地下相结合、固定与机动相结合、战时防空与应急支援相结合上下联通的组织指挥体系。

【“科技+制度”人防工程建设监管新模式】 2015年，佛山市人防办率先在全省开发“人防工程网上业务管理系统”，对人防工程报建业务实现实时、动态和全面监管，并且全过程“留痕”和保持数据资源的完整性、真实性、规范性；建立起人防工程业务“集体审核例会”和“定期抽查（抽检）”制度，实现工程科、质监站和分管领导的“并联式”审核，并通过随机性、制度化和常态化的检查督导，发挥刚性约束和“倒逼”震慑作用，限制自由裁量权、规避廉政风险，从而确保依法报建、依法审批、依法建设、依法管理，保证人防工程建设管理健康有序发展。“科技+制度”人防工程建设监管新模式被广东省人防办作为先进经验在全省人防系统推广。

【人防业务服务基层群众】 2015年，佛山市人防办从统一标准、简化流程和业务指导、督促检查两个方面去服务基层、服务群众。会同市住建局联合下发《关于申领〈建筑施工许可证〉须提交人防资料的通知》，明确前置资料和相关手续；对区政府或市职能部门过问的省、市重点项目（如禅城区“佛山名镇”项目、南海区宜家商城项目、高明区外国语学校项目等），及时组织业务人员研究商讨，为他们提供便利或指导帮助。

【“智慧人防”项目建设】 2015年，佛山市人防办围绕“智慧人防”项目，率先在全省完成集成北斗导航定位、统控授时、北斗数字集群、综合融合通信和应急指挥软件的人防北斗卫星导航定位系统建设，实现自主指挥通信能力质的跨越。初步完成人防业务数据库建设，重点落实禅城区防空警报器和市重点人防工程数据库建设；完成人防数据中心机房和虚拟化网络运管平台建设，为“智慧人防”建设提供强大的基础支持和可靠的支撑平台。

【人防训练演练】 2015年，佛山市人防系统通过组织各种训练，举办防空警报试鸣和开展防空疏散演练活动等，提高人防队伍能力素质，提高群众的防空意识和防空技能。

加强协同训练，全年先后组织野外机动指挥所开设和通联训练20余次。实现与广州、韶关、肇庆、清远等市指挥通信互联互通的常态化，11

月在清远市佛冈县进行以机动集结、卫星通信、4G图传、短波通信为主要内容的区域协同集中训练，取得良好效果。率先在全省人防系统开展人防工程战术、技术性能检测暨平战转换演练，通过形式多样的训练演练，提高队伍能力素质。

5月15日，组织市第十四中学、市财经学校等开展“5·12防灾减灾进校园”活动，在南海区大镇社区开展防空疏散演练等，提高师生、群众的防空意识和防空技能。

9月18日，佛山市人防办在全市五区范围内成功举办“9·18”防空警报试鸣，警报鸣响率达98.2%，市区警报音响覆盖率达100%。

【防空方案修订】 2015年，佛山市率先在全省人防系统完成人民防空方案修订工作。上半年，佛山市人防办会同解放军理工大学专业团队，共同调研、编写、修改、完善并形成《佛山市人民防空方案》评审稿。6月，该“方案”通过由省人防办为主的专家评审，并上报佛山市政府、军分区审批同意。市人防办被广州军区人防办评为“防空袭方案编制”先进单位。

【人防法规宣传】 2015年，佛山市人防办共投入20多万元印制人防宣传册和制作人防宣传片，购买《居安思危、备战人防》人民防空科教片，提高人防宣传教育效果。重新制定《佛山市人防办门户网站管理规定》，改造门户网站版面，优化栏目设置、美化版面设计、强化互动交流，提高网站的访问量，拓宽网站的受众面，并进一步完善提升门户网站的服务内容。全年在门户网站刊登信息、公告、通报等308篇（条）。

【人防机关“准军事化”建设考评】 2015年，佛山市与惠州市、河源市代表广东省人防机关接受广州军区对中南五省区的“准军事化”建设考评。佛山市人防办严格按照“准军事化”考评要求整理订编有关资料，围绕“准军事化”考评思想政治、战备训练、业务素质、作风纪律、办公秩序5方面88个指标要求，整理印制“十二五”时期33本、1022篇、23万字的“迎检”资料。共计投入140多万元，改造建设项目175个。

11月21日，广州军区人防办领导率领来自湖南、广西的“准军事化”建设考评组成员一行6人，对佛山市人防机关5个方面88个指标进行考评。考评组充分肯定佛山人防办的“准军事化”建设。12月4日，广州军区人防办发出通报表彰佛山人防办为“人防机关‘准军事化’建设考评达标先进单位”，以及“防空袭方案编制”“项目建设创新”“理论知识考核”3个单项先进单位。

（郑　铭）

国防教育

【综述】 2015年，佛山市国防教育以《国防教育法》和《关于加强新形势下国防教育工作的意见》为依据，以抗日战争暨反法西斯战争胜利70周年教育活动为主线，建立定期组织学习、开展活动、联席会议和检查督促等制度，印发《佛山市2015年全民国防教育实施方案》和《关于转发国家、省〈关于开展“弘扬伟大抗战精神　同心共筑强大国防”主题宣传教育活动的通知〉的通知》，利用国防教育日、军事日等有利时机，广泛开展各种形式的国防宣传教育活动，增强广大市民的国防意识，推进全民国防教育向社会各界普及深入，为促进经济建设和国防建设协调发展提供强大的思想保证和精神动力。

【国防教育普及】 2015年，佛山市坚持重点教育与普及教育相结合的原则，推进国防教育对象的全民普及。一是深入抓好领导干部国防教育。通过各种形式突出加强各级领导干部的国防教育，带动和促进全民国防教育深入普及。如市国防教育办邀请国防大学战役教研部知名教授房兵在市政府机关大礼堂，举办以“马岛战火启示录——从马岛战争看南海困局”为主题的专题讲座，市四套班子有关领导、市委中心组及市国防教育委员会成员、驻禅部队部分官兵等1500人参加讲座。二是着力培育中小学生的国防观念。4月1～7日，在全市未成年人中开展“我们的节日·清明”网上祭英烈活动，参与网上签名寄语达400万条以上。三是面向企业家开展国防教育活动。市国防教育办在8月组织优秀诚信企业家进军营过“军事日”，参与实弹射击，体验军营生活。各区也举办了“军营一日行”活动，组织区国防教育委员会成员单位领导、民营企业家代表等开展国防教育日活动。

【清明节祭英烈活动】 2015年清明节期间，佛山市国防教育办利用各类烈士纪念建筑物和革命战争中重要战役、战斗纪念设施等爱国主义教育基地，组织广大干部群众为革命先烈扫墓，开展各类祭奠活动，引导人们不忘传统、开拓进取。各区按照全市统一部署组织开展网上签名寄语活动，同时组织网下各类祭奠活动，如南海区在大沥革命烈士纪念碑前开展2015年祭奠革命先烈活动，组织机关干部、道德模范、公安干警和中小学生等300多人向烈士纪念碑敬献花圈，进行革命烈士经典诗词诵读；三水区组织机关干部、学生和志愿者代表到区革命烈士纪念碑举办2015年祭奠革命先烈大会暨区直机关“祭先烈·强党性·作表率”主题活动，进一步培育和践行社会主义核心价值观，引导干部群众增进爱党、爱国、爱社会主义情感。

【国防教育日专题活动】 2015年第15个“全民国防教育日”前后，佛山市积极开展形式多样的全民国防教育活动。一是结合纪念中国人民抗日战争暨世界反法西斯战争胜利70周年，积极开展“弘扬抗战精神，践行核心价值”等主题宣传教育活动。二是组织机关、企业、社区、学校观看系列国防教育电影。各区根据全市统一安排开展电影周活动，如禅城区结合公益电影放映计划，在各镇（街）和中、小学校开展以“弘扬伟大抗战精神　同心共筑强大国防”为主题的电影月展播活动；三水区开展为期一周的公益电影送村居活动；等等。三是组织开展“南粤长城杯”系列活动。在全市选拔并组织中小学生参加第三届“南粤长城杯”演讲比赛，派出的选手分别获得比赛特等奖、二等奖和三等奖各1名。组织佛山科学技术学院、佛山职业技术学院组队参加全省高校“南粤长城杯”大学生军事技能比赛，其中佛山科学技术学院晋级决赛，并以队列动作和军体拳项目第四名、总分第八名获得总决赛二等奖，为佛山争得荣誉。

【抗日战争胜利纪念日主题活动】 2015年，佛山市各地以纪念中国人民抗日战争暨世界反法西斯战争胜利70周年为契机，开展诗歌朗诵、画展、摄影展等各类主题宣传活动。8月31日，佛山市举办“唱响经典·铭记历史”——佛山市纪念中国人民抗日战争暨世界反法西斯战争胜利70周年群众音乐会，弘扬抗战中先辈们艰苦奋斗、昂扬向上、奋发有为的精神。禅城区举办纪念中国人民抗日战争暨世界反法西斯战争胜利70周年诗歌朗诵会；南海区创作和演出大型话剧《少年冼星海》；顺德区举行祭奠抗日英雄烈士仪式以及纪念抗日战争胜利70周年暨顺德抗战纪念晚会；高明区在明湖公园举办纪念中国人民抗日战争暨世界反法西斯战争胜利70周年晚会；三水区举办“以史为鉴，开创未来——纪念中国人民抗日战争胜利70周年”展览。

【烈士纪念日祭奠英烈活动】 2015年9月30日烈士纪念日，佛山市在全市开展祭奠英烈活动。市四套班子领导参加在“铁军广场”组织的公祭活动，缅怀革命英烈先进事迹。南海区主要领导与烈士家属、市民在大沥文化公园烈士纪念碑前向人民英雄敬献鲜花，深切悼念、缅怀英烈；高明区组织区五套班子领导和军烈属、复退军人代表等约500人在荷城李义芳革命烈士纪念碑前举行隆重的公祭烈士大会，追忆英雄事迹；三水区举行烈士公祭活动暨向革命烈士纪念碑敬献花篮仪式，600余名各界代表参加公祭活动。

【国防教育宣传】 2015年，佛山市利用报刊、广播、电视等各类媒体，开辟国防教育专题栏目，抓好国防教育宣传和舆论引导；广泛运用电子屏幕、公共交通设施、建筑围挡等公共传媒宣传和普及国防知识，营造国防教育的良好环境。南海区在前期社会主义核心价值观宣传的基础上，在全区爱国主义教育基地增设纪念海报200多套，加深游客爱国主义情怀的教育；三水区做好纪念抗战胜利70周年主题公益广告制作传播工作，制播公益广告330条次，在全社会营造浓厚的舆论氛围。

（何伟军）

人民团体

佛山市总工会

【综述】 佛山市总工会于1950年3月成立筹备会，1954年12月正式成立佛山市工会联合会，1983年地市合并，成立新的佛山市总工会。2015年，市总工会内设办公室、组织部、权益保障部、经济工作部、宣传教育部、财务事业部、教育工会等7个工作部门，另有市工人文化宫、市工会职业技术学校、市工人康复医院等3个下属事业单位。至2015年年底，全市累计基层工会4.15万家，涵盖法人单位5.67万家，工会会员近260万人，其中农民工会员190万人。

2015年，市总工会牢固树立和践行创新、协调、绿色、开放、共享发展理念，坚持在服务大局中推动工会工作创新发展。顺利召开市工会第十五次代表大会；如期完成市总办公楼搬迁任务；全年推荐评选出9名全国劳动模范和先进工作者，全市102家劳模创新室至2015年年底累计开展创新项目（课题）531项，全年开展各类劳动竞赛活动193场、参赛企业2.02万家、参赛职工212万人次；维护劳动关系和谐稳定大局，全市各级工会全年接待信访咨询4500件次，受理承办法律服务个案570宗、惠及职工1850人次，全年签订工资集体合同7382份、覆盖职工228万人；完善工会普惠型服务工作体系，万名职工免费健康体检、为万名职工购买二次医保、千名职工技能培训优计划等服务职工“十件实事”深入开展；推动工会文化、职工文化繁荣发展；构筑“党工共建”工作格局等方面取得新成果。

【市工会第十五次代表大会】 2015年6月9日召开，佛山市委书记、市长等几套班子领导出席会议并作重要讲话。大会总结了过去五年全市工会工作的主要成绩，明确了未来五年努力建设“五型工会”（学习型、创新型、和谐型、服务型、法治型）的奋斗目标和重点任务，选举产生了市总工会新一届领导班子。林征当选为新一届市总工会主席，刘光辉当选为市总工会常务副主席，杨玉瑞、陈再勋当选为市总工会副主席。

【劳动关系大局和谐稳定】 2015年，佛山市工会系统以“维权、帮扶、服务”一体化建设为目标，切实开展职工维权保障工作。源头维护职工合法权益，主动参与最低工资标准、职工大病保障等涉及职工切身利益的政策调整完善工作。大力实施工会法律服务，推动429名工会特约律师为职工提供优质高效的免费法律服务，市、区、镇（街道）三级工会共接待职工信访咨询4500多件次，受理承办法律服务个案570宗，惠及职工1850人次，涉及金额1700多万元。稳步推动工资集体协商工作，全年共签订工资集体合同7382份，覆盖企业5.66万家、职工近228万人，世界500强企业工资协商制度建制率达100%。积极介入处置舆情信访事项和劳资纠纷事件，集中力量、认真稳妥处置劳资纠纷群体性事件，跟踪办理各类舆情、信访案件422件。主动把工会劳动争议调解工作融入党政主导的社会矛盾大调解工作格局，积极做好企业人民调解工作，全市已共建立企事业单位人民调解组织223家，在基层司法所备案整体进度完成96.5%。厂务公开民主管理工作深入开展，非公企业职代会建制率和企业民主管理水平不断提高，至2015年年底，全市建工会非公有制企业30675家（含覆盖），已推行厂务公开民主管理企业25953家，公开率达84.6%。推动职工“六五”普法圆满收官，五年间全市各级工会共开展职工法制宣传教育讲座、培训班、知识竞赛等活动共3960场次，参与职工近560万人次。

【工会普惠型服务工作体系进一步完善】 2015年，佛山市总工会将工会帮扶工作与社会管理体制有效衔接，出台《关于加强职工服务活动中心建设的意见》，建立完善“工会+社工+义工”服务模式，推动工会服务由“拾遗补缺型”向“普惠型”转变，努力将职工服务活动中心建设成为职工群众实实在在的“职工之家”和“职工快乐大舞台”。传统帮扶工作不断加强，职工互助保障、安康保障工作稳步推进，职工保障覆盖面逐步扩大。服务职工“十件实事”深入开展，万名职工免费畅游新城、万名职工免费健康体检、为万名职工购买二次医保、为万名职工提供法律服务、百万职工建功立业劳动竞赛活动、千名职工技能培优计划、“工会有约·牵手佛山”职工婚恋交友活动及职工集体婚礼等活动深入民心，得到社会各界和职工群众广泛认同。

【劳动模范表彰】 2015年，佛山市总工会做好劳动模范和先进工作者的推荐评选工作，推荐评选出全国劳动模范和先进工作者9名；广东省劳动模范和先进工作者22名、先进集体6家。

通过劳模表彰，进一步促进劳模创新创造。截至2015年年底，全市102家劳模创新室开展创新项目（课题）531项，培养凝聚2167名创新型骨干人才，创造经济价值88.5亿元。

2015年佛山市获全国劳动模范、全国先进工作者名单

荣誉称号	获荣誉者
全国劳动模范	姜安宁
	崔汉彬
	陈业昌
	刘　磊
	李广彬
	程祖彬
	李德锵
全国先进工作者	孙建国
	杨　劼

2015年佛山市获广东省劳动模范、广东省先进工作者、广东省先进集体名单

荣誉称号	获荣誉集体（个人）
广东省劳动模范	刘必胜
	吴则昌
	邱美娇
	龙莉英
	孙明冬
	唐建新
	康兰兰
	何曼秀
	陈伟雄
	李国玉
	李白千
	郭根明
	卢　敏
	李绮萍
	马洪钊
	苏伟坚
	钟铭新
	夏贤勇
	陈玉聪
	钟志奇
广东省先进工作者	罗伟忠
	梁柳玉
广东省先进集体	佛山市海天调味品股份有限公司
	佛山市三水凤铝铝业有限公司
	佛山市禅城区行政服务中心
	佛山市南海佛广交通集团有限公司232线路
	佛山通宝精密合金股份有限公司双金属生产工段
	佛山市顺德区恒顺交通投资管理公司

【劳动竞赛蓬勃开展】 2015年，佛山市工会系统开展“工人先锋号”创建、劳动竞赛、技能比赛等活动193项，参赛企业2.02万家，参赛职工达212万人次，开展技术革新项目3413个，通过技能比赛晋升技术等级2536人。

【职工安全生产教育】 2015年，佛山市工会系统举办“微安全、齐参与”职工安全论坛、“安康杯”竞赛等20多项安全生产教育活动，直接参加企业3770家、班组22824个、职工71.6万人次，安全生产教育深入人心。

【工会文化、职工文化】 2015年，佛山市工会系统努力将工会文化、职工文化服务项目纳入政府购买服务范围，促进职工群众公共文化服务均等化发展。大力建设职工书屋、职工快乐大舞台、心灵驿站等职工文化活动平台，积极开展读书节、文艺汇演、趣味运动会、体育比赛、集体婚礼、联谊交友等职工喜闻乐见的活动。通过购买服务把较为成熟的职工文化品牌、电影、培训等向非公中小企业、偏远工业园区、厂区等输送，职工群众的业余文化生活日益丰富。全市累计建立各级职工活动阵地586家，开展文体活动6300余场，参与职工236万人次。推动建立互联网+工会服务新模式，初步形成“实体店+网店=职工家园”。市、区、镇（街道）三级总工会共开设工会网站38个、官方微博20个、微信公众号15个，打造形成以网站、微博、微信公众号为主要载体的工会新媒体群。

【“党工共建”工作格局构筑】 2015年，佛山市工会系统以“1+N+X”大党建为龙头，夯实工会固本强基工程。落实市委《深化党群共建，构建大党建工作格局实施方案》，建立完善“党建带工建、工建促党建”机制，确保工会工作与党建工作同步推进、同步发展，努力推动已建基层党组织的企事业法人单位，尤其是非公企业和“两新”组织100%建立工会组织。推行非公企业党工组织负责人“一肩挑”，召开现场推进会，举办党工共建“一肩挑”负责人培训班，“一肩挑”比例达90%以上。以基层工会建设“落实年”为主题，以异地务工人员入会为重点，突出抓好基层工会组织建设。开展“异地务工人员入会集中行动”，超额完成省总工会下达的21万名异地务工人员入会任务。全市共有基层工会41453家，涵盖法人单位56718家，工会会员近260万人。大力加强基层工会干部培训，举办工会干部各类培训班63期，培训工会干部近1万人次。

【市总工会办公楼搬迁】 2015年，佛山市总工会贯彻落实城市升级三年行动计划，按照市委主要领导的指示要求，全力推进市总工会和市工会职校搬迁安置工作。在新址翻新维修过程中，市总工会坚持“厉行节约、精打细算、简朴维修”原则，克服畏难情绪，穷尽各种措施，明确责任，细化任务，加班加点，形成倒逼机制，强化资源整合，搞好沟通协调，在2个月时间内顺利完成市委交办的搬迁工作任务。市总工会办公楼由旧址“佛山市禅城区祖庙街道富民路6号”搬至新址“佛山市禅城区祖庙街道同华横街5号”。

【“佛山工会”微信公众号正式上线】 2015年6月9日，佛山市总工会微信公众号“佛山工会”正式上线。“佛山工会”官方微信主要由“微家园”“抢福利”“活动+”三部分功能组成。市总工会在运行网站、腾讯微博和新浪微博的基础上，以“佛山工会”微信公众号为重要平台，向职工群众提供找工会、查政策、看动态、抢福利、秀才华、拼技能等网络服务。

至2015年9月，佛山市市、区、镇（街道）三级总工会共开设工会网站38个，官方微博20个，微信公众号14个，初步形成以网站、官方微博、微信公众号为主要载体的工会新媒体群，为下一步做好工会网上宣传工作、更好地服务职工群众打下坚实基础。

（蓝　星）

共青团佛山市委员会

【综述】 共青团佛山市委员会机关内设三部一室，包括办公室、组织部、宣传部和志愿者部，下属一家公益二类事业单位佛山市青少年文化宫。至2015年，佛山市共有基层团委569个，基层团工委37个，团总支461个，团支部8198个，共青团员21.84万名，团干部13092名，其中专职团干240名。

2015年，共青团佛山市委借力新媒体引领青年思想，青网计划试点单位团员网络文明志愿者的登记注册工作完成率100%，组建市、区两级青网盟微信骨干群6个，全市各级团青组织开通官方微博、微信平台及微信群3444个；积极围绕党建带团建开展工作，推出“向心力工程”，并推进新经济组织和新社会组织“两新组织”青年工作；服务青年创业，继2014年后继续举办佛山市青年创新创业大赛和承办广东省青年创新创业大赛，并通过推行“学子返乡创业贷”等项目和推进青年创业孵化园区建设、组建青年创业导师团、为创业青年提供小额贴息或免息贷款、稳步提升“圆梦计划”项目等，促进青年创业服务延伸；加强团组织建设，全年新建非公企业团组织299家、落实整改乡镇直属团组织数220个、新增乡镇直属团组织数72个；青年志愿服务规模扩大，出台《佛山市建设“志愿者之城”三年（2016～2018年）行动计划》，全年志愿服务时长超140万小时；开展青少年禁毒、青少年邪教预防、版权维护及青年社工培训等多项违法犯罪预防及维权重点工作项目；促进对外交流，开展“青年同心圆计划”系列活动，积极开展援疆援藏工作；等等。

【新媒体应用促进青少年理想信念教育】 2015年，共青团佛山市委围绕国庆、纪念抗战胜利70周年等一系列重要时间节点，利用新媒体，开展主题教育实践、社会主义核心价值观宣传教育活动。全年开展主题团日活动252场，直接覆盖青年86244人。组织全市团员青年、少先队员等参与“微家书·传家风”活动；举行“争做向上向善好青年·争做文明守法好网民”主题宣传教育实践活动2场。推进青网计划——网络文明志愿者队伍建设，试点单位团员网络文明志愿者的登记注册工作完成率100%，全市注册登记的网络文明志愿者达35560名，组建市、区两级青网盟微信骨干群6个。全市各级团组织、青年社会组织百分百建成微信公众号或微信群，全市各级团青组织开通官方微博、微信平台及微信群3444个，粉丝150多万人。建立“青媒俱乐部”，打造“团青O2O”合作平台，联合市内有影响力的微信公众号定期推送网络创意活动，开展“2015一路向前美丽佛山50公里徒步”等一系列精品活动。相继成立佛山籍在京、沪、鄂、陕学子联谊会，举办“中国梦·佛山情·青年行”佛山籍返乡大学生暑期体验营、佛山市第八届校园文化节、高校“互联网+”创业大赛等赛事和活动，吸引大批青年学子参与。

【党建带团建】 2015年，共青团佛山市委深化落实城乡区域化团建工作，推出“向心力工程”，统筹32个优秀市级团青组织，与全市32个镇（街）从各自辖区范围内甄选上报的1个具有典型性的村（社区）进行匹配，实现市级团青组织+镇（街）团组织+村（社区）三方结对共建，并向每个结对单位划拨3000元的专项工作经费支持，切实实现市级、机关团青组织资源下沉，帮助村（社区）进一步夯实基层党建和团建工作，并以此为辐射，带动全市各级团青组织积极参与到构建“1+N+X”区域化大党建工作中来。全年开展约80项活动，覆盖逾7000人。

“两新组织”青年工作。举办市委书记与青年企业家面对面座谈会，开启第二批“青年民营企业家挂职体验活动”和“青年民营企业家与导师‘结对子’活动”。组织36名优秀青年民营企业家到佛山市国企和部分上市企业挂职学习，组织56名青年企业家与佛山市成功人士结对子“一对一”学习。举办“党员民营企业家培训班”，选拔并向广东省推荐第一届省海外留学青年联谊会会员，筹备成立佛山市海外留学青年联谊组织，不断延伸开展留学归国人员的相关工作。

【青年创新创业大赛】 2015年，共青团佛山市委组织举办第二届佛山市青年创新创业大赛，并继成功承办2014年广东省青年创新创业大赛后，再承办2015年广东省青年创新创业大赛。2015年广东省青年创新创业大赛汇聚近3000个青年创业项目、40多家创投机构和100多名省内创业专家；第二届佛山青年创新创业大赛先后挖掘近380个优秀青年创业项目。在青年创新创业大赛全国赛中，14个由省赛总决赛选拔、佛山共青团跟进的创业项目获10个金奖中的5个，总获奖数（5金、1银、4铜）全国居首，来自佛山市赛的项目取得铜奖2个。共青团佛山市委注重赛后挖掘优秀创新创业项目和人才，提供专门的项目对接、路演推介、辅导培训等服务；推动创业项目与本地企业对接，同时打造丰富创新创业项目库、人才库、导师库，促进各类创新创业资源进一步活跃整合。

【青年创业服务】2015年，共青团佛山市委积极推动本地高校建立大学生创业协会（社团），发掘、培育校内创新创业项目和人才。举办佛山校园“互联网+”创业大赛，推行“学子返乡创业贷”等项目，搭建对接平台等，提供就业岗位2295个。先后在4家单位挂牌“青年创业孵化园区”，为创业青年提供硬件支持及一站式服务。2015年各青年创业孵化园区在孵企业970余家，可提供线上线下培训160余场。组建青年创业导师团，并与创业青年建立结对帮扶工作机制，开设专题培训班，累计培训700余人次。为创业青年提供小额贴息或免息贷款，覆盖青年人数402人，累计8066万元，全年募集创业基金1000万元。稳步提升“圆梦计划”项目，2015年圆梦计划咨询逾5000人次，成功报名并通过资格审核2285人，录取圆梦学员1000名。在全国率先搭建市、区、镇（街）三级立体的青年企业家交流平台，成立镇街青年商会24个。顺德区举办“广东省电子商务创业大赛”，三水区启动“淼城创客空间”项目，多层次推进青年创新创业。

【团组织建设】2015年，共青团佛山市委积极推动非公企业建团工作，全年新建非公企业团组织299家，新增团员6042人。10月26日，共青团碧桂园集团委员会第一次代表大会顺利召开，服务覆盖约4万名青年员工，标志广东省大型非公企业团组织建设工作实现新突破。落实整改乡镇直属团组织数220个，新增乡镇直属团组织数72个；推动乡镇基层团组织新媒体宣传平台的建设，开辟微信专栏，打造“有为青年”当代青年精神大讨论活动。开展中学中职团委书记交流沙龙、专题培训班、座谈会等各种形式培训交流，推动中学中职共青团工作。开展佛山市少先队活动课竞赛活动，举办辅导员培训班4期，参训人数1000多人，开展“向上向善好队员 共筑美丽中国梦”佛山市少先队活动课竞赛，强化少先队队伍建设。

【青年志愿服务规模扩大】2015年，共青团佛山市委推动出台《佛山市建设“志愿者之城”三年（2016～2018）行动计划》，为志愿服务未来发展提供纲领性指导。承接中国青年志愿者海外服务计划文莱项目（第二期），派遣何国炜、罗毅清等10名志愿者赴文莱开展为期一年援教志愿服务。先后承接“2015一路向前——美丽佛山50公里徒步行”“2015国际垂直马拉松系列赛佛山站”、首届“中国（广东）国际‘互联网+’博览会”等大型活动和赛事志愿服务工作，并持续开展关爱异地务工人员子女“朝阳行动”、志愿助残“阳光行动”，参与学雷锋志愿服务行动月、公益志愿文化节等志愿活动，全年共服务群众76万人次，志愿服务时长超过140万小时。禅城区利用亲青家园阵地开展志愿者孵化培育工作，南海区志愿“V”站建设打通服务群众“最后一公里”。

共青团佛山市委结合“向心力工程”工作，推进农村残疾青少年结对，通过购买服务、项目扶持、宣传先进典型等方式，促进助残志愿服务项目进一步发展。通过结对帮扶，凝聚异地务工人员子女，进一步扩大结对规模，深化结对内容，规范结对要求。全年摸底异地务工人员子女较集中的学校37所，结对学校37所，结对的异地务工人员子女50036人，结对率100%。全年新建阵地5个，全市总阵地建设达130个，同比增长4%，其中挂牌“七彩小屋”23个，全年服务异地务工人员子女时间平均约53小时/人。

【青少年违法犯罪预防及维权】2015年，共青团佛山市委开展青少年禁毒、青少年邪教预防、版权维护及青年社工培训等多项违法犯罪预防及维权重点工作项目，参与项目活动社工总人数151人，服务对象总人数3950人。全年经登记管理部门登记注册的青少年事务社会工作机构32家，单次直接服务对象青少年及家长最多达1000人。组织开展“佛山市青少年事务社工人才培育计划”，招募佛山青少年社工定期进行各项专业的培训，不定期与香港青少年社工进行交流探讨。举办“千名青年律师千场青少年法律服务”活动112场，覆盖人数20万人次；开展2015佛山保护版权志愿服务推广活动，同时全面推进青少年社区矫正教育帮扶工作。

【青少年对外交流活动】2015年，共青团佛山市委扎实开展“青年同心圆计划”系列活动，承办“2015年粤港澳中学生模拟联合国大会”和“佛港

澳 翰墨情”佛港澳中小学生书法联展活动，完成香港全国青联委员交流团集思会活动接待工作，并开展“佛港澳青年国情研修班”“香港大学生暑期实习计划”“佛港澳青年经济论坛”“佛港青少年武术文化夏令营”等20余项“同心圆计划”活动。全年参与佛港澳三地青少年活动人数逾2000人。开展第五届“在祖国的怀抱中”佛伽（佛山和伽师）少年手拉手暑期交流营、各族少年儿童“书信手拉手”和“伽师学子‘识’佛山”等活动。

（团市委）

佛山市妇女联合会

【综述】 1953年11月25～27日，佛山市第一次市妇女代表大会在佛山大戏院举行，正式成立市民主妇女联合会。1973年1月26日，因“文化大革命”而停止活动的佛山市妇联恢复活动，并于同年11月10日启用“佛山市妇女联合会”印章。2015年，佛山市妇联内设办公室、维护妇女儿童合法权益部、组织宣传教育部、儿童少年工作部等4个科（室），另有一个工作机构市妇女儿童工作委员会办公室挂靠市妇联，合署办公。下属事业单位有市儿童活动中心、市儿童活动中心幼儿园两个。2015年，全市有市、区妇女联合会6个，镇（街）妇女联合会32个，村（社区）妇女联合会（妇代会）734个，市、区、镇（街道）、村（社区）妇女组织组建率达100%。

2015年，全市各级妇联坚持党建带妇建，推进“堡垒型+服务型”基层妇女组织建设，夯实妇联系统“1 + N + X”阵地（“1”是各级妇联，“N”是机关、企事业单位妇委会、女职工委员会、团体会员，“X”是妇女社会组织、巾帼志愿者），强化妇女儿童服务阵地政治功能，推进家庭服务中心建设实现镇街全覆盖，做好妇女“两癌”救助，开展好预防和控制出生缺陷项目试点工作，开展各类帮扶困境妇女活动，推进儿童发展工作，做好全市妇女儿童发展规划（2011～2020年）中期评估，妇女权益保障，促进妇女增收致富，开展妇女儿童热点问题调研，多形式组织开展“三八”纪念活动，推进家庭文化建设、提升基层妇女组织服务能力，等等，多方面开创妇女儿童工作新局面。

【妇女儿童服务阵地政治功能强化】 2015年，佛山市各级妇联坚持“党建带妇建”，依托家庭服务中心、“妇女之家”、儿童活动园地、社区家长学校等妇女儿童服务阵地，以“党员+妇工+社工”工作模式提供综合服务，发挥专家志愿者和巾帼志愿者团队的作用，加强社会主义核心价值观教育和政策宣传，弘扬家庭美德，引领妇女群众有序参与基层社会治理，妇女儿童服务阵地政治功能得到强化。

【家庭服务中心建设实现镇街全覆盖】 2015年，佛山市新建成家庭服务中心及其同类社会服务机构7个。至年底，全市由妇联主导建成的家庭服务中心及其同类社会服务机构共38个，家庭服务中心建设实现镇街全覆盖，服务直接覆盖261个社区、约226万人。各家庭服务中心全年共新开个案121件，服务334人次；开展小组活动205场，服务10732人次；社区活动1251场，服务89672人次。

【妇女“两癌”救助】 2015年，佛山市妇联汇集多方资金，做好“两癌”救助工作。帮助佛山2名特困妇女获得全国妇联“贫困母亲‘两癌’救助专项基金”医疗救助各1万元。通过“助力援爱——佛山市女企业家协会救助乳腺癌、宫颈癌贫困妇女”项目结对帮扶贫困妇女8名，共计发放生活救助金2.8万元。联合市民政局和市慈善会共同实施佛山市妇女“两癌”医疗救助项目，举办“双丝带飞扬行动——慈善义卖义拍活动”，制定《佛山市妇女“两癌”医疗救助项目实施方案（试行）》，全年为全市妇女群众开展免费“两癌”筛查1.8万人次，救助患病妇女296人，争取到各级救助资金369.13万元。

【妇女帮扶】 2015年，佛山市各级妇联扎实开展各类帮扶困境妇女活动。继续多方整合资源，通过节日慰问、购买“微保险”、结对帮扶等方式援助单亲特困母亲家庭。全年全市各级妇联援助慰问困难家庭1365户，援助金额111.2万元，为560名单亲特困母亲购买“微保险”。在“广东（佛山）扶贫济困日”发动干部群众参与“姐妹情深10元捐”

活动，筹得善款24.44万元。继续开展“母亲健康快车”公益项目工作，救助孕产妇67例、危重病婴72例。为对口帮扶的新疆地区妇女儿童开展“恒爱行动——百万家庭亲情一线牵”公益活动，织送新毛衣400多件。

【儿童发展工作】 2015年，佛山市妇联积极推进儿童发展工作。编印《社区儿童活动园地工作手册》，推进儿童友好社区建设，在51所幼儿园实施“巧伶珑”童书馆项目，创建“书香幼儿园实验基地”，评选出38所示范性社区家长学校，组织编写社区家长学校教材，等等，不断推进儿童公共文化设施建设。组织开展庆祝“六一”国际儿童节、中华经典诵读视频征集、幼小衔接教育论坛和寻找“最美孝心少年”等丰富多彩的儿童社会实践活动，促进未成年人健康成长。在三水区白坭镇富景社区儿童活动园地实施“广东省儿童友好社区示范创建项目”。依托家庭教育指导中心、家庭教育研究会、家庭教育讲师团专家志愿者，继续开展“家庭教育大讲堂进社区（村）、进民办学校”“家庭教育巡回报告会”“与孩子的心灵对话”论坛、“心手相牵共同成长”家长沙龙项目、“生命教育　亲子沙游”等品牌活动，开通网上家长学校和家庭教育指导中心微信公众号、家长Q群等，持续推进家庭教育普及普惠。全年举办各类家庭教育讲座活动309场次，参与人数4万多人；处理家庭教育个案122宗，受理家长咨询229人次。发动社会公益力量参与扶贫助学，组织300多名困境儿童参加“共享蓝天、快乐成长”公益冬令营、夏令营，开展“爱润孩子·助力成长”结对助学205名、金额达98.82万元，入户慰问困难儿童350多名。继续在高明区更合镇和三水区南山镇等地实施关爱农村“留守儿童”项目。

【妇女权益保障】 2015年，佛山市妇女权益保障工作创新发展。各级妇联借力“互联网+”，在传统窗口、热线咨询服务的基础上，进一步强化网上服务，通过网站、微博平台、微信公众号等，为妇联开展社会服务、维护妇女儿童权益插入新的“芯片”，各级妇联全年共接待来信来访1911宗次、1090人次。发挥专业服务优势，强化“社工+心理专家+律师”组合，个案辅导和调解服务成效突出，全年共办理诉调个案91宗。积极与司法部门、法律援助定点单位沟通协调，全年为全市妇女群众提供法律援助183宗，争取经济利益367.16万元。

【妇女增收致富扶持】 2015年，佛山市妇联多措并举促妇女增收致富。继续开展妇女小额担保贷款工作。全年争取到省妇联贴息资金50万元，帮助高明区、三水区共201名妇女成功获贷1050万元。以“走出去、请进来”等方式，为全市女农户发展致富送上技术支持。联合市农业局召开增收致富交流活动，组织妇女能手到河源市参观学习种养技术；为基层妇女致富带头人、妇女种养能手送种植、养殖等培训课程11场。培育巾帼创业示范基地，全年新增市级基地4个、省级基地1个，其中，三水区芦苞健叶蔬菜种植合作社获评为第六批广东省巾帼创业示范基地。

【妇女儿童热点问题调研】 2015年，佛山市妇联多次开展妇女儿童热点问题调研。关注妇女儿童发展现状，启动“佛山市家庭暴力现状调研”等研究课题9个，其中，《儿童公共娱乐文化设施建设现状和建议》调研报告被作为2015年市人大议案，引起社会广泛关注。多次组织市直单位女干部、人大女代表、政协女委员下基层访妇情，开展妇女儿童工作座谈及调研，凝聚多方力量为全市妇女儿童事业发展建言献策。组织编写出版《社会工作理论与方法本土化——妇联参与社会治理及典型案例点评》一书，总结宣传佛山妇联开展专业性社会工作的十年发展历程。

【家庭文化建设】 2015年，佛山市各级妇联以家庭成员为主体，以社区为依托，利用“三八”妇女节、“6·26”国际禁毒日、“12·4”宪法日等重大节假日，点面结合，突出重点，开展“平安家庭”“无邪教家庭”创建活动，“平安家庭”创建覆盖率达99.3%。举办佛山市第五届家庭文化节，开展“我家的美德”家训家规征集活动、百场家庭美德电影进村居活动，评选出佛山“十大文明家庭”10户、“最美家庭”30户、“最美家庭”提名家庭48户。由佛山推荐的7户家庭获评为全国、省级“最美家庭”，其中，龚彪家庭被评为全国“最美家庭”和“孝老爱亲家庭”；吴主刚家庭被评为广东省十大“最美家庭”；钟群珍家庭被评为广东省百户“最美家庭”。李军家庭获评广东省“十大优秀书香之家”称号。市妇联联合相关部门开展“漂亮妈妈”大赛、寻找“最美军嫂”活动，广泛选树妇女优秀典型。

2015年5月10日，佛山市举办2015年佛山市“十大文明家庭”“最美家庭”命名仪式。

【“三八”妇女节纪念活动】 2015年，佛山市妇联多形式组织开展“三八”纪念活动。召开佛山市各界妇女代表纪念“三八”国际劳动妇女节105周年座谈会，开展“三八红旗手（集体）”命名及表彰工作，全市评出2014年度“三八红旗手”28名、“三八红旗集体”9个。其中，南海区九江女子龙舟队获2014年度全国“三八红旗集体”称号；伍丽霞、谢凤连、莫玉婷、王晓宁荣获2014年度省“三八红旗手”称号，高明区农业技术服务推广中心、市武术协会太极拳会获2014年度省“三八红旗集体”称号。“三八”妇女节期间，各级妇联联动开展“三八”妇女维权周活动228场次，市妇联举办的“建设法治佛山·巾帼在行动”社会服务一条街活动和“邻里守望·姐妹相助”巾帼志愿者活动，把服务送进社区，受到群众的欢迎和好评。

【基层妇女组织建设】 2015年，佛山市妇联固基础，重培训，提升基层妇女的组织服务能力。

巩固村（社区）妇联建设成果。举办村（社区）妇联主席培训班，引领基层一线的妇联迈向新发展。印发《关于在全市“妇女之家”开展妇女创业就业服务项目工作的通知》，全面部署实施“巾帼助业”项目，推动妇女居家灵活就业和走出家门创业就业。

推进“妇女之家”建设。举办第二期省级“妇女之家”示范点项目管理人员培训班，围绕社会组织与妇女组织的发展历程及趋势、对新时期妇联工作转型改革的思考、“互联网+”与“妇女之家”建设等内容进行培训，积极为各级“妇女之家”示范点负责人送上与时俱进的新课程、新知识。先后开展2015年度佛山市“妇女之家”特色活动项目和“巾帼助业”妇女创业就业服务项目评选活动，评出特色活动项目24个、“巾帼助业”优秀服务项目11个，充分展示各“妇女之家”开展妇女创业就业和妇女儿童服务活动的特色。

发挥社会组织妇女组织作用。通过举办市社会组织妇工委工作交流会、“心手相传·健康同行”——市社会组织妇工委送服务进基层活动、“提升能量·联谊共融”——市社会组织妇女组织领袖培训班、“爱心相传·亲子同行”——市社会组织妇工委公益活动等，在联谊、学习、慈善、社会服务等方面，搭建平台引领社会组织妇女组织继续发挥作用。市女企业家协会继续争当奉献爱心的表率，全年为公益慈善事业捐助资金达百万元。

妇女干部培训。结合工作能力提升、知识更新的需要，多次举办妇联系统干部团队培训班、市直单位女干部培训班、优秀科级女干部培训班等，加强市直妇工委成员单位之间的工作交流。常态组织开展市、区、镇（街）三级维权工作站、家庭服务中心、家庭教育讲师团骨干和志愿者等团队的业务培训和社会工作督导，切实增强社会服务的专业服务能力。

（市妇联）

佛山市残疾人联合会

【综述】 佛山市残疾人联合会是经佛山市政府批准于1989年12月正式成立的全市性残疾人事业团

体，具有“代表、服务、管理”的职能：代表残疾人的共同利益，维护残疾人的合法权益；团结教育残疾人，为残疾人服务；履行政府委托的部分行政职能，管理和发展残疾人事业。2015年，佛山市残疾人联合会机关内设办公室和综合业务科2个科（室），直属事业单位有：佛山市残疾人综合服务中心、佛山市新希望康复门诊部、佛山市听觉语言康复中心、佛山市残疾人用品用具供应服务站。据第二次全国残疾人抽样调查，佛山市残疾人20.76万人，占全市总人口5.8%，全市持二代残疾人证6.4万人。

2015年，市残联从建设完善残疾人社会保障体系和服务体系战略布局出发，促进全市残疾人康复、就业、教育、体育等事业，提升保障水平，增强广大残疾人及市民的认同感和幸福感。2015年，佛山全市残疾人生活津贴制度与重度残疾人托养护理补贴制度进一步完善，保障对象扩大至残疾军人，基本达到全覆盖；开展残疾人康复救助10批，接受救助616人；新增培训残疾人850人、就业420人；修改完善《佛山市残疾人保障规定》，开通“12385”残疾人服务热线，获评广东省“残疾人维权工作达标市”；组织参加第九届全国残运会，获奖牌65枚，其中金牌21枚。

【扶残助残】 2015年，佛山市残联重点抓好省、市重点民生实事项目。进一步完善全市残疾人生活津贴制度与重度残疾人托养护理补贴制度，在补贴标准高于省级标准的基础上，保障对象扩大至残疾军人，基本达到全面覆盖、全面落实。有效推进全民助残健身工程示范点创建工作，分别在各区确定了助残健身工程示范点。残疾人职业康复服务中心项目建设有序推进。利用佛山电视台、佛山电台及报刊、网络等平台加强残疾人文化宣传，营造良好的助残扶残氛围。

【残疾人康复】 2015年，佛山市残联继续推进向社会购买残疾人康复服务项目，开展残疾人康复救助10批，救助616人；持续抓好社区康复、白内障复明、听力语言康复、脑瘫康复、智力康复、精神病防治、辅助器具供应等工作，超额完成省下达的年度康复任务。坚持“精防随访”制度，形成有效的精防监管网络；认真组织“阳光行动”专项活动及开展精神病人家属心理辅导创新项目，举办两期自闭儿童康复机构师资培训班、举行广东佛山自闭症国际研讨会等系列活动，有效推动残疾人康复工作健康发展。

各区残联在残疾人康复工作方面均有所突破。禅城区通过购买社工服务，首次为残疾儿童及其家属和到机构集中托养的残疾人员提供服务。南海区以登记在册的领药服用精神病患者基本服务需求为出发点，探索建立“医院（精防点）——社区（监护小组）——社会组织（社工＋义工）”一体化社区康复服务体系，建立政府推动、社会联动、项目带动的康复服务机制，全区推广落实精神病患者社区康复全跟踪管理服务工作。三水区与该区慈善会及西南街道社区卫生服务中心合作，由社区卫生中心为康复对象制定个性化的康复服务方案并实施，提高康复率。高明区新增4家“康园中心”，实现每镇（街）有1所残疾人工疗站；实施0～7岁残疾儿童免费抢救性康复项目，落实残疾儿童抢救性康复救助制度。

【残疾人就业服务】 2015年，佛山市残联坚持“以基础技能培训促就业、以岗位提升培训稳就业”，就业服务日趋多元化、个性化、体系化。针对社会残疾人、在校残疾学生等不同群体，举办盲人保健按摩等实用性技能培训班和陶艺、物流等17个在校专业技能培训；采取“市场、企业、残疾人”三结合的方式，广开就业渠道，开展订单式就业培训、举办专场供需见面会和就业招聘会，进行双向选择就业；通过成立省一级就业基地和残疾人农村合作社（农村扶贫培训基地）进行指向性就业；引入社会力量开展社区残疾人辅助性就业；实行“就业前评估指导、就业后跟踪服务”及开展职业能力评估；等等。截至2015年10月，全市持有二代残疾人证63632人，其中属于就业年龄段29556人、具有劳动就业能力19055人、就业残疾人12959人，超额完成2015年度新增培训残疾人850人、就业420人的目标。

【残疾人维权】 2015年，佛山市残疾人合法权益得到有效维护。高质量完成全国残疾人基本服务状况和需求专项调查工作，成为全省第一个完全符合要求的数据上报市；完成“十二五”发展纲要执行情况检查和总结工作；继续推进“强基育人”工程；举办残疾人专职委员和专门协会主席培训班，全面提升残疾人工作者综合素质，聘请佛山市精武体育会成员为各专门协会的名誉主席，增强各专门协会的生机和活力。修改完善《佛山市残疾人保障规定》，开通“12385”残疾人服务热线，妥善处理“禅桂新”区域“禁摩禁电”前提下的残疾人机动轮椅车管理问题；积极做好残疾人来信来访工作，接受来信来访 92 人次，主动为残疾人排忧解难，获得广东省“残疾人维权工作达标市”荣誉；完成提案、议案办理 13 件次。

【残疾人教育】 2015 年，《佛山市特殊教育提升计划》全面实施。开展适龄重度残疾儿童少年送教上门服务、配合做好全市普通高考残疾考生申报和录取、积极落实“南粤扶残助学工程”、协助市启聪学校等特教学校招生等工作。成立市重度残疾儿童少年康复教养学校。至 2015 年年底，全市适龄残疾儿童入学率 100%。

【残疾人文体生活】 2015 年，佛山市残联组织各专门协会郊游、参观、游戏、学习等活动 5 次，举办佛山市残疾人书画培训班、佛山市残疾人摄影培训班、佛山市第三届盲人散文诗歌朗诵比赛，组织参加全省特教学生文艺汇演、全省残疾人书画作品大赛、全国盲校学生古诗文朗诵比赛等活动，获得集体和个人奖 11 个；开展第 25 次“全国助残日”系列活动，如功夫助残、星儿画展等各类残疾人文化活动，极大地丰富了残疾人的文化生活。

抓好省残疾人游泳、飞镖及聋人篮球三个基地的技术训练、后勤服务及安全管理工作。成功举办市残疾人田径、游泳锦标赛，来自禅城、南海、高明、三水等 4 个区的 96 名运动员参加了 70 个项目的比赛，并通过比赛选拔培养残疾人运动员苗子，充实运动员队伍。组织参加第七届省残运会，获团体第四名，夺得金牌 51 枚、银牌 27 枚、铜牌 11 枚，总分 886 分。组织参加第九届全国残运会，获奖牌 65 枚，其中金牌 21 枚。

【佛山市首个残疾人农民经济合作社成立】 2015 年 11 月 23 日，佛山市首个残疾人农民经济合作社“唯健坊”在高明区正式挂牌成立。市残联通过创建残疾人农民经济合作社，互相扶持，把原来一家一户式的分散种养、经营资源整合起来，增强竞争力。至 2015 年年底，这个由农村残疾人集资创办成立的合作社已从最初的 10 名社员发展到 33 名社员。

【佛山市残疾人职业能力评估项目建成并试运行】 2015 年，佛山市残疾人职业能力评估项目建成并试运行。该项目于 2012 年 5 月启动，至 2015 年，已具备一套完善的职业能力评估服务规范流程，研发使用物理测评工具 16 种，有仿真测试项目 5 个，组建专业评估服务团队，配套专业的评估测试室和仿真测试室多个。至 2015 年年底，该项目累计完成残疾人职业能力评估服务 120 人。该项目职业能力评估体系向国家知识产权局申请发明专利，并通过初审，进入公告阶段。该项目运动协调测试等 3 项测试工具获实用新型专利，其他测试工具实用新型专利申请工作也已启动。

（吴新来）

2016新的一页

图 片 特 辑

FOSHAN YEARBOOK

产业结构调整步伐加快

加快转型升级　建设幸福佛山

为广东经济增长和结构调整起支撑作用

产业结构调整步伐加快

2015年，佛山市依托智能制造推动产业结构优化升级成为范例，受到国务院通报表扬。出台《〈中国制造2025〉佛山行动方案》和《工业转型升级攻坚战三年行动实施方案》，开展智能制造发展专项行动，实施“百企智能制造提升工程”。中关村“互联网＋智能制造”国际技术协同创新中心、密歇根大学国际智能制造创新中心等平台签约落户，广东省智能制造产业服务中心开业，机器人应用创新中心和产业创新联盟揭牌，全球工业机器人四大巨头合作项目落户，全省首个机器人产业发展示范区在顺德区启动。装备制造业完成工业增加值1325.77亿元，增长15.5%。引进千山药机大健康产业基地、大族工业4.0高端装备工业园等一批先进装备制造项目，126家“工作母机”制造业企业纳入省级骨干企业。完成工业技术改造投资386.15亿元，增长38.6%。全面实施“互联网＋”行动计划，成功举办首届中国（广东）国际“互联网＋”博览会、中国制造2025对话德国工业4.0大会。与中兴通讯签订大数据产业战略合作协议，建设大数据产业园等项目。现代服务业发展态势良好。毕马威大中华区后援中心、泛家居电商创意产业园等项目揭牌。成为国家物流标准化试点城市，国通保税物流中心（B型）通过国家验收。顺德区获评全省首个电子商务创新区。旅游文化创意产业发展提速，南庄生态休闲工程、美的鹭湖森林度假区、亚拉巴海创意生态农博城等60个重点项目建设加快，总投资额982.33亿元。

2015年9月10日，中国（广东）国际“互联网＋”博览会在佛山新城中欧中心开幕。中共中央政治局委员、广东省委书记胡春华（前左三），广东省省长朱小丹（前右三）一行在佛山市委书记刘悦伦（前左二）、市长鲁毅（前右二）等陪同下，参观中国（广东）国际“互联网＋”博览会。

2016 年 3 月 18 日，在佛山市委书记、市长鲁毅等领导嘉宾的见证下，佛山市人民政府、中铁工程装备集团有限公司、广东华隧建设股份有限公司的代表，举行盾构掘进综合装备产业基地战略合作协议签约仪式。

2015 年 12 月 8 日，佛山市推进“中国制造 2025”联盟首批发起单位代表共同为佛山推进“中国制造 2025”联盟揭牌。

产业结构调整步伐加快

2016 年 1 月 26 日，对话佛山制造：新常态下的民营经济研讨会暨第五届品牌佛山成果发布会上，颁奖嘉宾及所有获奖企业代表合影。

2015 年 12 月 17 日，全国半导体照明产业知名品牌创建示范区在佛山市南海区启动。

2016 年 2 月 25 日，参加由广东省委宣传部、省互联网信息办主办的“经济活力看广东 · 转型升级”网上主题采访的全国各路媒体记者一行到佛山市进行采访报道。图为在菱王电梯股份有限公司，采访团的记者在参观采访该公司生产车间的机器人操作。

2015 年 9 月 11 日，中国（广东）国际“互联网 +”博览会上，观众们在参观中国联通展区。

产业结构调整步伐加快

三水区爱康生产车间，工人在操作机器。

高明区本田金属技术（佛山）有限公司悬挂臂生产线上的工人正在作业。

三水区兴发铝业生产车间，技术人员在工作。

三水区兴发铝业生产基地。

2015 年 12 月 10 日，第十六届中国顺德（伦教）国际木工机械博览会开幕。自动化家居生产成为该届博览会主力军。

三水区恒力泰机械有限公司生产车间。

产业结构调整步伐加快

三水区乐平福田项目首期生产线试运行。工人在生产线上对汽车部件进行检查。

2016 年 3 月 18 日，首届中国家电采购节暨中国慧聪家电城开业典礼在佛山顺德举行，现场一位市民正在格兰仕展区选购微波炉。

在广东一鼎科技有限公司车间，员工正在调试纳米抛光机，这是2005年研发的首个产品。

何氏协力装配车间新上的柔性轨道，可以自动搬运重型工件。

产业结构调整步伐加快

2015年中国（广东）国际“互联网+”博览会上，一款由本地企业研发会唱会跳的机器人非常吸引观众。

利迅达公司是在顺德本土成长起来的机器人企业。图为利迅达在陈村工厂展示厅内的机器人。

海信科龙空调机生产线。

格兰仕现代化生产线。

产业结构调整步伐加快

2015年9月10日，中国（广东）国际“互联网+”博览会在佛山市新城中欧中心开幕。在佛山馆，“佛山陶瓷喷釉机器人”吸引了不少参观者的眼球。

2016年1月1日，高明区首届旅游博览会启动仪式在高明美的鹭湖森林度假区进行。

2016新的一页

图 片 特 辑

FOSHAN YEARBOOK

创新驱动发展战略深入实施

加 快 转 型 升 级　建 设 幸 福 佛 山

为广东经济增长和结构调整起支撑作用

创新驱动发展战略深入实施

2015 年，佛山国家高新区获批建设珠三角国家自主创新示范区，荣获中国产学研合作创新与促进奖。互联网 + 创新创业示范市建设启动。完善自主创新政策体系，出台贯彻落实省科技创新政策意见的 16 条措施。实施高新技术企业培育和企业研发机构建设专项行动方案，新增国家高新技术企业 98 家，总数达 716 家。产学研合作成果丰硕。全市共有省级新型研发机构 25 家，华南智能机器人创新研究院、佛山智能装备技术研究院挂牌成立。顺德区与国家工信部信息中心签约共建国家级产业众创空间，打造全国首个创客大学。全市新增省级、市级创新团队 18 个。省市共建研究生联合培养基地，推动佛山科学技术学院打造广东省高水平理工科大学。启动建设广东“互联网 +”众创金融示范区，联合深圳创新投资集团设立百亿元规模的创新创业产业引导基金。广东金融高新区股权交易中心注册登记企业达 1614 家，帮助企业融资 326 亿元。在全省率先出台全面性债券融资扶持政策，“政银保”合作农业贷款模式全面推广。

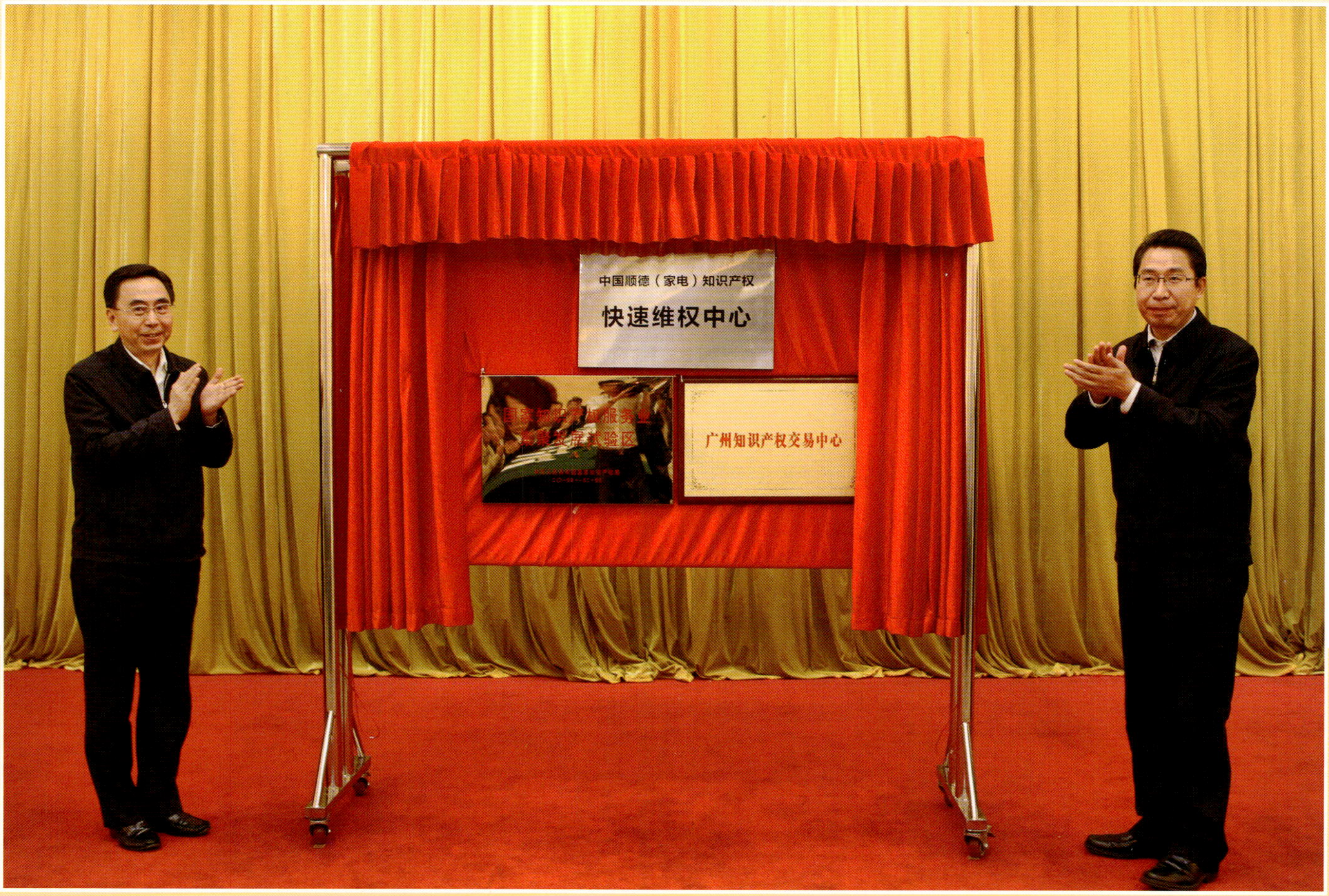

2015 年 4 月 14 日，国家知识产权局局长申长雨（右）、广东省省长朱小丹（左）共同为“中国顺德（家电）知识产权快速维权援助中心”、佛山市“国家知识产权服务业集聚发展试验区”揭牌。

2015 年 12 月 26 日，“佛山中德职业技术培训学院”暨“KUKA– 佛职院技术应用与培训中心”在佛山职业技术学院揭牌。图为 KUKA 机器人实验室内相关专家正在向佛山市副市长麦洁华介绍机器人工作站绘图的原理。

2015 年 12 月 17 日，佛山（国家）高新技术产业开发区工业设计创新联盟揭牌成立。

创新驱动发展战略深入实施

美的空调广州智能工厂中控中心。

力合（佛山）科技园，是佛高区与清华大学深圳研究院政产学研联合创新而生的一个公共创新平台。

三水区工业园。

广工大数控装备协同创新研究院，是佛高区与广东工业大学政产学研联合创新而生的一个公共创新平台。

广东省粉体功能材料产业技术创新联盟在高明区成立。图为厂房内工人正在作业。

溢达纺织的工人正使用“自动装袋机”缝制衬衫口袋。

创新驱动发展战略深入实施

2015 年 5 月 28 日，佛山市市长鲁毅（左四）参加华南智能机器人创新研究院揭牌仪式。

2016 年 3 月 31 日，华南创谷揭牌仪式在禅城区国家高新区华南创谷总部举行。佛山市委常委、常务副市长黄志豪（左三）、禅城区区长孔海文（右三）等为“华南创谷”揭牌。

佛山杰隆生物制品项目在三水区南山镇动工建设。图为参加奠基仪式的人员为项目培土奠基。

2016 年 1 月 26 日，对话佛山制造研讨会暨第五届品牌佛山成果发布会。

创新驱动发展战略深入实施

2015 年 12 月 16 日，广东知识产权投融资服务平台和广东技术产权交易平台共建启动。图为 2015 年第五届中国（广东）知识产权投融资对接会在南海区枫丹白露酒店举行。

“顺德新四板挂牌基地”助力企业快速腾飞。

2015年11月12日，中德工业服务区广东国际合作区揭牌仪式。

2016年1月26日，“顺德·资本空间”品牌活动揭牌。

创新驱动发展战略深入实施

2015 年 12 月 12 日，2015 中国科技金融高峰论坛在金融高新区广发金融中心举行。

2015 年 12 月 18 日，顺德区国有资本与社会资本合作项目签约暨推介会在顺德举行。

2015年11月10日，佛山“中科系”企业首登国内资本市场。“中科绿尚”“中科圣源”在上海股权托管交易中心中小企业股权报价系统（Q板）挂牌，积极谋求以众筹促科技型企业的众创发展，借船出海。

南海千灯湖金融服务区。

创新驱动发展战略深入实施

2015 年 12 月 19 日，2015 中欧城市可持续发展论坛现场，参加对话的专家对顺德北片区和佛山新城进行“把脉”。

2015 年 12 月 2 日，国际设计研究中心在顺德揭牌成立。

2016新的一页

图　片　特　辑

FOSHAN YEARBOOK

城市环境优化提升

加快转型升级　建设幸福佛山

为广东经济增长和结构调整起支撑作用

城市环境优化提升

启动城市升级两年延伸行动计划。禅城奇槎片区、绿岛湖都市产业区建设加快。南海金融公园建设收尾，千灯湖公园获2015年全球城市开敞空间奖第一名。中德工业服务区坊塔主体结构封顶，广东（潭洲）国际会展中心、市妇女儿童医院奠基动工。顺德新城基础设施建设加快，区域核心带动作用增强。高明西江新城获“2015创建生态文明标杆城市”称号。三水北江新区加速成型，三水新城初具雏形。实施百村升级行动计划，完成203项古村落活化、241项城中村（旧社区）升级改造和508项“五好”新农村项目建设。逢简村获2015中国最美村镇“榜样奖”。南海区和狮山镇成为第二批国家新型城镇化综合试点。加快城市基础设施建设。江罗高速佛山段、广明高速西延线完工，魁奇路西延线、乐龙公路一期等19条“断头路”建成通车。佛山西站、佛山地铁二号线一期、南海新型交通系统建设顺利。光纤入户率达52%，新建公共场所AP接入点1.5万个。与华为签订战略合作协议，推进“智慧佛山”建设。公交专用道总里程达102.6千米，新增公交车735辆。启动海绵城市建设，清淤排水管1869千米。基本完成100项环保民生实事。淘汰黄标车5.5万辆，完成电力行业“超洁净排放”改造工程，整治淘汰小锅炉495台，治理VOCs排放重点企业95家。基本完成42条“一河一策”河涌整治和104个村级工业区环境整治试点，广佛交界区域水环境整治成效在省“四河整治”第三方评估中位居前列。启动“绿城飞花”主题绿化景观建设，新建和改造半月岛湿地公园、桂畔湖湿地公园等花色主题景观项目11个。

佛山新城河岸公园绿道。

2016年1月6日，佛山市城市升级行动计划现场巡查进入第二天。在禅城区委书记刘东豪（前左）的陪同下，市委书记刘悦伦（前右）、市长鲁毅（二排左）一行在奇槎涌现场巡查。

南海区万达广场。

城市环境优化提升

三水区西南涌。

升级提升后的顺德区北滘镇。

高明区西江新城文化中心。

“五位一体”的城市道路。

城市环境优化提升

佛山新城中德工业服务区坊塔主体结构封顶，市图书馆、科技馆、青少年宫等文化新地标建成使用。

禅城亚洲艺术公园。

禅城文华公园。

2015 年 11 月 12 日，顺德北部片区项目对接大会暨项目奠基及动工仪式，佛山市委书记刘悦伦（左七）等领导出席广东（潭洲）国际会展中心奠基仪式。

禅城祖庙、岭南天地片区。

南海区广佛智城。

城市环境优化提升

高明区西江新城。

禅城区智慧新城。

南海区佛山民间金融街。

顺德区乐从镇。

城市环境优化提升

佛山创意产业园。

城市升级——老街新貌。图为顺德区伦教街道678文化街。

跨越三水区思贤滘的贵广（南广）高铁特大桥。

2015~2017 年，活化升级 30 个古村落，保留历史，记住乡愁。图为中国历史文化名村——南海区西樵镇松塘村。

城市环境优化提升

佛山在发展经济的同时，高度重视生态建设和环境治理。先后获得“国家园林城市”“全国绿化模范城市”等荣誉，形成“组团城市、绿脉相通、绿廊环绕、公园棋布”的绿地系统格局，21个镇（街）成为国家级、省级生态乡镇，顺德区逢简村获评“全国最美乡村”。2015年，佛山大力推进新一轮绿化大行动，积极创建国家森林城市。无论是旧城还是新城，古村或是新村，佛山绿化改造带给人们的，不仅是焕然一新的居住环境，更是一种舒适健康的生活方式，也带来了安居乐业的满满幸福感。佛山在获得“全国绿化模范城市”称号后再起步，以创建国家森林城市为目标，通过实施城市升级三年行动计划、新一轮绿化佛山大行动和城市升级两年延伸计划等的绿化改造计划，不仅城乡处处披绿装，“佛山蓝”时常可见，在绿化的基础上，展现岭南水乡文化的底蕴。佛山启动“绿城飞花”主题绿化景观建设，新建和改造半月岛湿地公园、桂畔湖湿地公园等花色主题景观项目11个。佛山新城滨河景观带是备受各方赞赏的重点项目，与陈村水道、潭洲水道连接后，形成了约23千米的滨水景观带，通过叠山理水，修建大型塑山瀑布、山林小涧、望江平台等景观节点，营造出“人在山中游，水在溪中流”的城市山水园林景观，成为广大市民享受“高效率、慢生活”的体验区。

佛山是国家环境保护模范城市，推行最严格的环境保护考核办法和责任追究制度，深入开展大气污染综合防治和“一河一策”水污染治理。2015年全市环境空气达到良好（AQI小于等于100）天数为307天，饮用水源水质达标率100%。

禅城区文华公园种植的美丽异木棉。

禅城区汾江路美丽异木棉迎冬绽放。

佛山新城河岸公园的大片波斯菊引来众多市民赏花拍照。

城市环境优化提升

佛山新城绿道万人行。

南海区半月岛湿地公园。

禅城区绿岛湖湿地公园。

环境优美的千灯湖公园。

东平河畔绿道骑行。

人行道旁的红色花海。

高明区爱丽丝仙境世界鲜花盛开。

西樵山听音湖景区人流如织。

城市环境优化提升

禅城区亚洲艺术公园荷花池人造雾景犹如仙境一样吸引大批市民前来观赏。

南国桃源桃花朵朵开。

通济桥旁的凤凰树花开灿烂。

南海区海三路木棉花开灿烂。

乘坐缆车游览西樵山俯瞰听音湖优美景色。

城市环境优化提升

顺德逢简水乡。

雨后的皂幕山如人间仙境。

2016新的一页

图片特辑

FOSHAN YEARBOOK

基础设施建设

加快转型升级　建设幸福佛山

为广东经济增长和结构调整起支撑作用

基础设施建设

佛山深入贯彻落实《珠江三角洲地区改革发展规划纲要（2008~2020年）》，大力推进区域一体化发展。广佛同城化自2009年启动以来，已成为国内区域一体化合作的典范和先驱。广州、佛山两市在城市规划、基础设施建设、产业互动、环境保护、民生领域等方面深入对接，建成国内首条城际地铁——广佛地铁。同时，佛山积极推动广佛肇经济圈建设，密切佛港澳合作，参与泛珠合作和珠江－西江经济带建设，主动融合对接广东自贸区，着力打造粤桂黔高铁经济带合作试验区（广东园），有效拓展了发展的深度和广度。

佛山交通便利，构建起了航空、轨道、公路、河运、公共交通有效衔接的现代化立体交通体系，是珠江三角洲地区重要的交通枢纽。佛山机场民航开通北京、上海、石家庄等城市航线，全市共有4个异地候机楼与广州白云机场无缝对接，快速便捷。

广佛线首通段是全国第一条跨市城际轨道。广珠城际轨道使佛山与广州、中山、珠海、港澳等地区紧密连接。南（贵）广铁路建成通车，佛山4小时内可达贵阳和桂林。广湛铁路通过本市与全国铁路网联结。客运火车从佛山直通香港九龙。佛肇城际轨道、广佛线二期、佛山西站等建设正加速推进。

全市公路通车总里程5375千米，路网密度140.8千米/百平方千米。基本建成“两环五横四纵”高速公路网，广珠、广湛、广肇公路和广佛、佛开、广三、广明高速公路贯穿本市。

贵广、南广铁路三水南站，一列高铁驶出站台。

2015 年 12 月 31 日，江罗高速一期（高明高村互通至云浮新兴互通段）正式通车。此后从高明城区至云浮新兴车程将缩短至 40 分钟。而高明更合高村将云集多条高速公路，成为通往珠三角通往粤西的重要门户。图为江罗高速高村立交。

贵广、南广铁路三水南站，旅客繁忙。

基础设施建设

2015 年 9 月 22 日，粤桂黔高铁经济带合作试验区（广东园）建设工作现场会。

2015 年 12 月 28 日，广佛地铁西朗至燕岗段开通。西朗至燕岗段开通后，广佛线与广州地铁线网新增沙园站换乘节点，通过沙园站可换乘广州地铁八号线。

广佛肇城际铁路是连接广州、佛山、肇庆 3 个城市的重要交通走廊。线路起自贵广线的佛山西站，第二阶段将广佛肇轻轨并入南广、贵广线，接入广州南站。

肇花高速大塘出口，打开三水大塘乃至三水北部板块的区域格局。

基础设施建设

繁忙的三水港码头。

升级改造拓宽车道后的佛陈大桥。

鸟瞰罗行大桥。

佛山机场民航开通佛山至北京、上海、石家庄等城市往返航线。

基础设施建设

三水区一环西路及二广高速上车流畅通。

三水区北江新区凤凰公园。

南海区桂江立交。

禅城区魁奇路东延线顺利互通立交。

基础设施建设

禅城区季华路交通井然。

2015年，佛山公共交通设施继续完善，新建公交专用道102.6千米，新增公交车735辆。

第五篇

法　　制

法　制

佛山市委政法委

【综述】 2015年，佛山市委政法机关把维护社会稳定摆在重要位置来抓，在建机制、出政策、强抓手、搭平台上狠下功夫，有效确保了佛山市社会大局稳定。狠抓基层治理，大力推进基层网格化管理、智能化建设、农村“三项治理”，形成了“一体两翼”新格局；不断完善公共法律服务体系，深化12项重点工程，全市建成三级公共法律服务平台766家，完成率达100%；牵头开展“三官一师”（法官、检察官、警官、律师）直联村居工作，加大统筹协调、检查督导力度，引导群众通过法治轨道解决矛盾纠纷，取得较好成效；司法体制改革试点工作总体进展顺利，改革成效逐步显现；全面加大执法司法监督力度，不断完善党内监督、民主监督、法律监督、舆论监督和政法机关内部监督相结合的监督体系，司法公信力得到全面提升；市法学会自身建设大力加强，全年共发展个人会员60多人，市、区两级会员达到676人；平安创建工作深入推进，大力构建社会治安立体化防控体系，在2015年广东省综治暨平安创建工作考评中成绩优秀，全省排名第一，《平安广东》专题刊登了佛山市全面构筑立体化防控体系的工作做法。

【社会大局持续稳定】 2015年，佛山市切实把维护社会稳定摆在重要位置来抓，在建机制、出政策、强抓手、搭平台上狠下功夫，有效确保了全市社会大局稳定，先后15次得到省、市领导的充分肯定。着力排查突出矛盾，化解率为97.87%，其中列入市级台账的突出矛盾化解率为100%，全年共8期省工作专报中有3期刊登佛山市经验做法，省委书记胡春华在佛山市工作专报上批示：“做得很好！”加大人民调解和诉调对接力度，市中级法院被最高法院确定为全国50家“多元化纠纷解决机制改革示范法院”之一，被最高法院和中国保监会共同确定为全国12家“保险纠纷诉讼与调解对接机制建设示范法院”之一。在广东省首创突出社会矛盾风险源滚动排查分析机制，形成书面分析报告，及时排查研判，确定的涉稳风险点全部得到化解，省委给予了高度肯定。全年上访量退至全省第16位，为十年来最低排位。不断加大打击邪教力度，“无邪教创建”成效显著，“佛山反邪”微信公众号被指定为全省网上反邪教宣传重点阵地，获得省的好评。

【平安创建工作成绩斐然】 2015年，佛山市深入推进平安创建工作，大力构建社会治安立体化防控体系，在2015年广东省综治暨平安创建工作考评中成绩优秀，全省排名第一。《平安广东》专题刊登了佛山市全面构筑立体化防控体系的工作做法。

一是扎实推进“平安村居”和“平安细胞”创建。深入开展“平安示范村居”建设，共确定十个村（社区）为市级“平安村居”示范点。充分发挥示范引领作用，至2015年年底，全市村（社区）达标率为96.32%，超过省95%达标标准。“平安村居”建设从早期的着重人防、物防、技防等硬件建设，逐步向加强制度建设、提高服务管理水平方面升级。其中南海区对已获评村（社区）定期复查，复查不达标实行摘牌处理；高明区在72个村（社区）组建81支巡逻队，进一步完善群防群治防控体系；三水区实现了村（社区）视频联网集中监控，村（社区）立体化防控水平不断提升。同时，按照“谁主管、谁负责”原则开展“平安细胞”创建，创建“平安细胞”市级示范点（项目）73个，各行业“平安细胞”创建达标率超过80%，其中平安医院、平安景区等达到100%。二是强化重点整治。在全省率先制定出台社会治安重点整治和重点治理实施办法，全年共排查梳理市级社会治安突出问题和重点地区32个，区、镇（街）级143个；市级挂牌整治社会治安突出问题7个，整治镇（街道）5个，重点治理镇（街道）1个。禅城区对被综治“一票否决”的单位追究镇街、村居领导、辖区派出所所长和社区民警责任，收到较好效果。三是强力推进专项行动。协调开展“3＋2”专项行动（涉毒、涉黑、涉“两抢一盗”和涉食药假、涉电信诈骗打击整治行动），取得全省第二的好成绩。开展危爆物品寄递物流清理整顿行动，积极推动落实验视封箱、实名制、X光机安检等“三个100%”制度。开展“无命案镇（街）”“无刑案村（居）”创建活动，全市立命案71宗，同比下降9%。四是社会治安持续好转。不断加大打击破案力度，全市百名民警破案数、逮捕数均居全省首位。在持续的严打高压态势下，全市立刑事案件同比下降30.9%，接报刑事警情、立刑事案件同比分别下降23.1%、30.9%，降幅创历史新高，命案进一步下降，社会治安持续好转，群众安全感和满意度持续增强。

【基层治理不断创新】 2015年，佛山市狠抓基层治理，形成了“一体两翼”新格局，得到广东省委高度认可。佛山市委政法委在全力做好突出矛盾化解等工作的基础上，重点协调推动和跟进三方面工作：一是大力推进基层网格化管理。制定出台《关于在全市开展综治信访维稳网格化管理工作的实施方案》，总结推广南海区里水镇金溪社区和禅城区张槎街道经验，通过构建“一张网格”、整合“一支队伍”、固定“一个场所”、统一“一个流程”、规范“一套清单”、开发“一个系统”、建立“一套机制”等，全面构建“横到边、纵到底、全覆盖”的网格化治理模式。至2015年年底，全市共划分一级、二级、三级网格8565个，整合配备网格工作人员24174人。各级网格员落实网格内矛盾隐患排查化解、信息收集报送、重点人员稳控、社会治安防范、突出问题整治、一站式服务等工作，实现常态化运作。二是大力推进智能化建设。各区智能化建设各具特色，禅城区推进社会综合治理云平台建设，南海区推进智慧城镇社会综合管理系统，顺德开发警务地理信息平台，高明区构建“一门式”综合执法平台和执法记录仪平台，三水区探索建立社会治理网格化云平台，通过广泛运用信息技术化手段，不断提升服务管理效率和质量。三是大力推进农村基层治理。根据省要求，开展了农村基层党员干部违法违纪线索排查、查办与预防涉农领域职务犯罪、打击农村黑恶势力犯罪“三项治理”。全年全市共排查农村基层党员干部违纪违法线索1364条，立案453宗，结案273宗，给予党纪政纪处分273人，移送政法机关40人；立案侦查涉农领域职务犯罪98人；打掉农村黑恶团伙28个，刑拘858人，逮捕426人，公诉411人，判决408人。

【公共法律服务体系不断完善】 2015年，佛山市不断完善公共法律服务体系，深化12项重点工程，得到广东省委高度肯定。全市建成三级公共法律服务平台766家，完成率达100%。其中，市委政法委牵头开展“三官一师”（法官、检察官、警官、律师）直联村居工作，加大统筹协调、检查督导力度，引导群众通过法治轨道解决矛盾纠纷，取得较好成效。

【“三官一师”直联村居工作获得好评】 2015年，佛山市委政法委牵头开展“三官一师”（法官、检察官、警官、律师）直联村居工作。成立专门领导小组，成员包括各区政法委、市法院、市检察院、市公安局、市司法局等部门，并制定《“三官一师”直联村居行动方案》，作为《全市构建公共法律服务体系配套行动计划》之一印发。建立“五个一”（一个办公地点、一条法律服务热线、一个服务时段、一套工作台账、一个考核奖惩办法）机制，不断促进工作制度化、规范化、科学化。采用“一对一”“一对多”“多对一”“多对多”的方式，即一名法官（检察官、律师、社区民警、相关人员）挂点联系一个或多个村居，或多人挂点联系一个或多个村居，全市参与“三官一师”共2248人，覆盖全市所有村居。不断完善直联机制，通过“固定＋轮值”方式，根据各地实际情况，安排固定人员驻点联系，也可灵活安排轮值人员驻点联系，实现服务效能最大化。同时，加强“三官一师”与其他专业队伍的整合和沟通，部分村居“三官一师”充当综治维稳网格化管理工作的网格员，有力促进了工作。2015年，全市“三官一师”共接待群众10.26万人次，开展法律咨询11523场、法律宣传6232场，收集意见建议7136条，处理矛盾纠纷8510宗，成功调处矛盾纠纷7305宗，得到了基层和群众的普遍好评。

【司法体制改革试点成效显现】 2015年，佛山市作为广东省首批四个司法体制改革工作试点市之一，推进司法体制改革试点工作成效逐步显现。佛山市委政法委发挥牵头统筹作用，协调组织、人事、编制、财政等部门做好人财物由省统管工作，协调法院、检察院系统出台了配套改革方案，全市选任了一批主审法官和主任检察官，进一步完善办案责任制，完善配套制度。全市改革试点工作总体进展顺利，改革成效逐步显现。全年全市法院受理、办结案件数量同比分别增长22.4%和18.2%，均创历史新高；一审服判息诉率达85.4%，同比上升1个百分点；检察机关70%以上公诉案件在主任检察官环节就可以处理完毕。佛山市多项改革试点工作获得最高人民检察院、最高人民法院和省委领导马兴瑞、林少春的充分肯定。在2015年12月29日召开的广东省司法体制改革会议上，佛山市专门做了经验介绍。

【执法司法监督】 2015年，佛山市全面加大执法司法监督力度，不断完善党内监督、民主监督、法律监督、舆论监督和政法机关内部监督相结合的监督体系，全面提升司法公信力。市委政法委创新案件评查模式，通过政法部门自评、委托检察院评查和党委政法委抽查相结合的方式，对近年办理的涉法涉诉信访案件进行评查；对多宗重点信访案件进行核办，核查率100%。深化行政执法与刑事司法衔接工作，明确了全市35个行政执法机关、近600余种违法行为的案件移送和证据采纳标准。开展涉法涉诉信访问题专项治理，全市受理涉法涉诉信访事项同比下降24%，化解率99.8%，化解率同比上升7.1%。

【政法信息化】 2015年，围绕业务工作的质效提升，佛山市政法部门不断加强信息化建设。一是政法信息网建设基本完成。市、区政法委机关6个机房全部竣工，并通过效能专项检测和项目验收。政法视频会议系统改造升级项目全面竣工，实现省、市、区三级高清视频会议系统全面贯通。基础设施不断完善，高带宽网络延伸“横到边、纵到底”，系统应用范围不断扩大，实现信息从“事后采集”向“过程采集”转变，提升了政法部门协同办公效能。二是综治维稳信息管理系统正式上线运行。共建设功能模块14个，开通使用账号1730个，该系统被省综治办作为示范系统向全省综治系统进行推广。三是政法业务信息系统不断完善。佛山财产查控网、“两法衔接”信息共享平台和社区矫正信息监管平台功能不断完善，应用率不断提高，“E机通”社区警务平台等5个项目获全省警务创新大赛总分第二。

【法学工作】 2015年，佛山市法学会调整为由市委政法委主管。市法学会大力加强自身建设，全年共发展个人会员60人，市、区两级会员达到676人。加强法学研究，组织开展了“稳妥促进公安、司法政策理论与实践”主题征文活动，积极为佛山市法治建设和经济社会发展出谋划策。组织会员参加了中央、省组织的4次征文活动，其中2篇论文被《法治社会》评为优秀奖，7篇论文收录进《“一带一路”与粤港澳合作研讨会暨广东省法学会粤港澳研究会会议论文集》。在2015年5月举行的全省法学会理事会上，佛山市法学会被评为先进单位。

【政法队伍建设】 2015年，佛山市政法部门以开展“三严三实”专题教育活动为契机，突出抓好思想政治、组织人事、干部队伍和党建党务工作，队伍作风不断改进。6月23日，市委副书记、政法委书记李子甫讲了一堂生动的“三严三实”专题党课，要求大家树立“三心”（事业心、进取心、敬畏心），提升6种能力（敏锐性和政治鉴别能力、前瞻性和战略思维能力、综合统筹协调能力、工作业务直觉能力、勇于担当人格魅力和拒腐防变能力），为工作开展进一步指明了方向。一是加强思想政治建设。组织市、区两级政法委党员干部到焦裕禄干部学院开展专题党性教育培训，认真召开组织生活会和民主生活会，深入开展谈心谈话，广泛征求意见建议，建立问题清单，落实整改措施。二是把好选人用人关。坚持任人唯贤，及时提拔优秀干部到中层岗位，选调年轻干部充实机关后备力量，选拔的领导干部均得到了大家的认可。三是健全规章制度。完善机关党委会议、民主生活会、办公会议、文件办理和财务管理等制度，为业务工作顺利开展提供了坚实的制度保障。四是加强廉政建设。成立了机关纪委，落实党员领导干部尤其是班子成员的个人信息核实登记和重大事项报告制度。班子成员带头执行廉政规定，机关风清气正，全体同志团结、务实、肯干，全年无发生违法违纪现象。

（梁絮雪）

政府法制

【综述】 2015年，佛山市法制局围绕依法行政工作指导，全市规范性文件审查、审核及清理，行政执法监督，行政执法争议协调，行政复议案件办理，市人民政府行政应诉事务代理，市人民政府法律顾问事务等主要职责开展全市政府法制工作。组织对4个区政府（顺德区由省政府考评）和31个市直部门推进依法行政工作情况进行考核，评选出2014年度10个依法行政绩效考评优秀单位；推动地方立法工作，由市政府出台《佛山市人民政府拟定地方性法规草案和制定地方政府规章程序规定》和公布《佛山市人民政府2016年度规章制定计划》；健全重大行政决策机制，出台《佛山市重大行政决策专家咨询论证办法（试行）》和《佛山市重大行政决策征求公众意见办法（试行）》；全年审核、审查规范性文件112份，分别向省政府和市人大常委会报送备案市政府规范性文件30份；建立统一的覆盖市直行政执法部门的行政处罚标准体系，对全市共3507项行政处罚职权进行细化量化；收到行政复议申请300宗，受理275宗，办结251宗。2015年，佛山法治政府绩效满意度居广东省第一。

【依法行政考评】 2015年，佛山市依法行政考评工作有序开展，以依法行政考评为抓手系统推进法治政府建设。2月，从市依法行政工作领导小组成员单位和有关部门抽调人员组成考评组，组织对4个区政府（顺德区由省政府考评）和31个市直部门推进依法行政工作情况进行考核。考评通过自查自评、书面审查、实地考评、第三方数源、综合评审等程序评选出2014年度10个依法行政绩效考评优秀的单位。

【规范性文件管理】 2015年，佛山市率先在广东省开发规范性文件管理数据库，进一步加强规范性文件管理。市政府法制机构全年共审核、审查规范性文件112份，分别向省政府和市人大常委会报送备案市政府规范性文件30份。报备率、及时率、规范率均为100%。

【行政执法体制改革】 2015年，佛山市行政执法体制改革进一步深化。规范行政执法队伍建设和执法资质管理。佛山市在全省率先推进行政执法证件网上办理系统、网上考试系统的应用，建立覆盖全市129个执法单位，8445个在岗执法人员的培训、考试、申领换证的精细化执法管理工作机制。全面推进行政执法标准化、信息化、规范化。细化行政处罚裁量标准。率先建立统一的覆盖市直行政执法部门的行政处罚标准体系，对全市共3507项行政处罚职权进行细化量化。利用“互联网+”推进综合执法平台建设。高明区构建起综合执法平台，对全区行政执法案件实现了统一录入、统一处理、统一移送，实现对行政执法案件的动态监督。

【行政复议】 2015年，佛山市行政复议委员会共收到行政复议申请300宗、受理275宗、办结251宗，加上2014年旧存的28宗，共办结279宗案件；召集复议双方当事人召开案件调查会60余次，取得良好的社会效果。

顺德区顺利开展行政复议委员会试点工作，佛山市行政复议委员会试点工作实现全市全覆盖。

【行政应诉】 2015年，佛山市积极应对新《中华人民共和国行政诉讼法》实施。2月，佛山市市长鲁毅在市十四届人大五次会议的分组审议中当场表态希望带头出庭应诉，并带各部门一把手旁听观摩。7月21日，鲁毅及市政府各部门主要负责人旁听观摩诉讼案件。全年全市相关部门参与行政应诉92次。

（黄焯怡）

司法行政

【综述】 2015年，佛山市有地级市司法局1个、区司法局5个、镇（街道）司法所32个、监狱1个、强制隔离戒毒所1个。全市有律师事务所247家、公证处6个、司法鉴定机构11家、各类人民调解组织1314个。全市司法行政机关工作人员1300人。全市共有律师2206人，其中社会执业律师2039人，公职、法律援助律师166人，公司律师1名。全市共有公证员46人、司法鉴定人101人、人民调解员14441人。

佛山市司法行政机关以党的十八届四中、五中全会精神为指引，紧紧围绕构建公共法律服务体系建设推进基层社会治理法治化、平安创建等工作重点，深入推进"三严三实"专题教育和人民满意政府建设等各项任务，充分发挥司法行政职能作用，各项工作取得明显成效。构建公共法律服务体系工作走在广东省前列。《法制日报》头版头条宣传报道了佛山市公共法律服务体系建设工作做法。

【基层社会治理法治化】 2015年，佛山市大力构建公共法律服务体系，推进基层社会治理法治化。一是抓好顶层设计。市政府将公共法律服务工作纳入市政府2015年十件民生实事，并作为对五个区政府的绩效考核项目。5个区、32个镇（街）全部以党委、政府名义出台实施文件，成立领导机构，召开专门会议进行部署并给予经费保障。形成以党委、政府统筹协调，司法、教育、财政、公安、团委等20多个部门参与的工作格局。由市司法局、市委政法委、市法制局、市总工会、市工商联5个单位牵头制定三级实体平台建设、"三官一师"、一镇（街）一律师顾问团等12个配套行动计划。二是抓好检查督导。4月，市委组成由市委副秘书长、市委政法委常务副书记、市司法局局长组成的专项检查组，听取各区有关工作情况汇报，查阅工作台账，到部分镇（街）和村（社区）进行实地检查。8月，以市委办、市府办名义下发工作情况通报，要求各地进一步采取措施，确保任务完成。三是抓好总结推广。12月，市委召开全市构建公共法律服务体系推进基层社会治理法治化工作会议，市委政法委书记李子甫对全年的工作成绩给予了充分肯定。

2015年，佛山市建有区、镇（街）、村（社区）三级公共法律服务平台766家。司法行政机关全年接待群众来电、来访、来信、网络咨询3万多人次；提供各类法律服务5万多件（场次）。

【社区矫正和安置帮教】 2015年，佛山市在册社区矫正人员2485人、刑释解矫人员5404人。年内，佛山市推进社矫信息监管平台的使用管理，完成社区矫正信息监管平台升级改造，完善法定不批准出入境报备的网络操作流程、社矫重点对象"一对一"帮矫工作网上录入等项目。加强与政法各部门沟通协调，完成社区服刑人员报请特赦工作。加强社区矫正执法监管工作，加大工作人员的培训力度。开展青少年社矫帮扶试点活动，取得明显效果。联合高明监狱成立佛山市开展保外就医罪犯病情鉴定及有关衔接工作专项活动领导小组，开展保外就医罪犯病情鉴定及有关衔接工作专项活动，做好保外就医罪犯病情鉴定及有关工作衔接。

【人民调解】 2015年，佛山市推进一村居一专职调解员机制建设，全市共有村（社区）专职调解员531名，在全市731个村（社区）调委会中，覆盖率达72%。加强基层人民调解组织的力量，推动落实村（社区）党组织书记兼任人民调解委员会主任，全市731个村（社区）调委会全部落实党组织书记兼任调委会主任。加强专业性人民调解组织的建设，佛山市医疗纠纷人民调解委员会扩大办公场所，新设立佛山市专利纠纷人民调解委员会。

【基层法律服务】 2015年，佛山市司法行政机关完成全市30个基层法律服务所的年度检查和88名基层法律服务工作者的执业证年度注册工作（其中顺德区有基层法律服务所10个，基层法律工作者28名），办理5名（禅城1名、三水2名、高明2名）法律服务工作者注销执业证的手续，新审批3名基层法律服务工作者。

【律师服务】 2015年，佛山市司法行政机关积极发挥律师法律服务作用推进公共法律服务均等化；全市律师积极做好案件代理和教育、医疗、住房、就业等涉及人民群众切身利益的法律服务工作。深入开展律师服务村（社区），全市592名律师参与“三官一师”服务村（社区）工作，接访咨询7305件次、提供法律意见文书640件次、开展普法宣讲1885场次、走访村（社区）4902人次。加强镇（街）律师顾问团服务，全市各镇街建立律师顾问团，聘请163名社会执业律师，为政府的重大决策、重大行政行为提供法律意见183件，代理政府诉讼、仲裁、执行和其他非诉法律事务510件，参与信访接待和重大涉法涉诉信访案件办理150件。

【法律援助】 2015年，佛山市建立健全法律援助组织网络体系，实现全市法律援助“半小时服务圈”。建立佛山市法律援助办案补贴动态增长机制。通过整合各类社会资源，以妇女、儿童、老年人及服刑、强戒人员等特殊人群为重点，全面加强各类人群法律援助力度。全市法援机构承办案件8521件，接待群众来电来访咨询2万多人次。

【普法宣传】 2015年，佛山市全面推进各重点对象学法用法工作，创新法治宣传形式、增强法治宣传实效，为建设“法治佛山”营造良好法治环境。举办“2015年法治教育研讨提升班”；召开“657”普法（法治文化）品牌创建工作经验交流会；组建佛山普法微信律师服务团。搭建媒体普法平台，在地铁视频、楼宇视频、公交视频等户外媒体建立固定法治宣传平台；推出《佛山普法》杂志电子版；搭建“佛山普法”微信公众号普法平台；在《佛山周报》开辟“以案释法”专栏。举办“中国梦　法治路”征文摄影竞赛和“与法同行　全城热跑”电力普法宣传；开展“12·4”国家宪法日暨全国法治宣传日系列宣传；组织全市公职人员进行学法考试；引导“五校长”（法制校长、禁毒校长、交通校长、消防校长、安监校长）开展送法进校园活动。编印《佛山市公民常用法律知识读本》；开展“万场法治宣传进基层”；全面推进中小学校“五校长”机制。圆满完成“六五”普法检查验收，启动“七五”普法规划的调研。佛山市法治动画《自食其果》获得第11届全国法治漫画动画微电影作品征集活动一等奖。普法工作H5作品《法治文化　薪火相传——佛山市“657”普法品牌巡礼》获“H5讲述‘六五’普法”新媒体创意大赛全国二等奖。

【公证服务】 2015年，佛山市深化公证便民服务，开发公证网上办证平台，加强广东省司法厅和全市公证处间业务数据共享互联，开通全市公证微信平台，为群众提供公证咨询、公证预约、办证进度查询等功能，切实推动公证服务便民利民。办结各类公证案件13万余件。开展公证质量检查活动，加强公证质量管理。开展公证进社区活动75场次，共受理案件640宗，解答咨询近1200件，受众近4000人。为行动不便的老弱群体上门办证150宗。

【司法考试】 2015年国家司法考试在9月19～20日举行。佛山市考区设2个考点，分别是佛山市荣山中学和佛山市汾江中学。共有2008人报名参加司法考试，实际参考人数1597人。通过司法考试人数315人，合格率19.72%。其中，400分以上的高分通过者45人，占通过人数的14.28%，最高分数为431分。在通过考试的人员当中，取得A证的307人、C证的8人，其中有64名在校大学生顺利通过考试。

【司法鉴定】 2015年，佛山市司法行政机关完成了司法鉴定机构、鉴定人延续工作，共有4家鉴定机构、34名司法鉴定人办理了延续手续。组织佛山市6家“三大类”鉴定机构参加能力验证活动，共参加30个项次，满意的有21项次，满意率达到70%；通过的有4项次，满意及通过率达到80%。督促司法鉴定机构参加认证认可活动，有1家司法鉴定机构通过国家级认可，实现零突破。处理司法鉴定投诉3宗。

【监狱管理】 2015年，佛山市监狱管理部门扎实推进依法治监，紧扣安全稳定和改造质量两大主题，创品牌办特色，努力创建部级现代化文明监狱，大力构建文化监狱。强化“五大”改造手段，有效推动狱政管理精细化，提高教育改造质量和心理矫治水平，强化职业技能培训，夯实了劳动改造基础。

【强制隔离戒毒管理】 2015年，佛山市戒毒机构以场所文化建设为引领，牢固树立安全稳定首位意识，探索戒毒人员“医疗戒治+心理戒治+文化戒治”三位一体的戒治模式。主动与佛山市第一人民医院、禅城区中心医院等建立合作机制，强化对戒毒人员的医疗戒治工作；通过购买社会服务的方式，与广州晴朗天心理咨询中心合作，开展戒毒人员心理干预和戒治工作；将中国传统文化引入戒毒所区，在4个大队分别以“道”“德”“仁”“义”为主题开展“一大队一品牌”建设。

【公共法律志愿服务】 2015年， 佛山市深入推动公共法律服务志愿者队伍建设，佛山市司法局通过购买社会服务的方式，委托市志愿者联合会等单位成立广东省“南粤春雨”公共法律服务志愿者总队佛山支队社会志愿者分队。采取“社工+志愿者”联动模式，培育、壮大公共法律志愿服务队伍，在全省首推区、镇（街）、村（社区）3个平台分别驻点公共服务法律志愿者项目，开展“法制宣传”“法律服务”“人民调解”“法律援助”“社区矫正与安置帮教”5个方面相关工作，为市民提供普法宣传、专业法律咨询等服务。形成由449名公共法律服务志愿者组成的志愿服务团队，深入社区开展4场社区普法活动及讲座，开展2轮共计3个月的基层法律咨询志愿服务，累计志愿服务时数超过60小时。

（王　松）

审　判

【综述】 2015年，佛山市有市、区两级法院6个，其中，市级法院1个、区级法院5个。全市基层人民法院派出人民法庭29个。全市法院有在编人员1180人，其中法官833人。全年全市法院共新收案件14.24万件，办结13.13万件，同比分别增长22.4%和18.2%，均创历史新高；法官人均办案165件，高出广东省法官平均办案数50%；一审判决发改率连续三年保持低位，一审案件服判息诉率上升至85.4%。其中，佛山市中级人民法院受理案件22582件，同比上升13.9%；结案20631件，同比上升13.3%。

司法公信力进一步提升。人民群众的司法满意度稳步提高，诉访分离制度实施后，全市法院信访案件不增反减，继续保持递减态势，其中接待群众来访753件、涉诉涉法信访案件受理936宗，分别同比下降73.7%和24%；依法启动再审程序、受理再审案件126件，同比下降15.4%。市、区两级法院选任出来的审判长和主审法官，受到社会普遍好评。

司法体制改革全面铺开。在各级党委的领导和支持下，全市两级法院已全部推行审判权运行机制改革，市中级人民法院和南海区、顺德区法院等全省首批试点法院改革任务进展顺利。至2015年年底，佛山市司法责任制体系健全，审判权运行机制运作成熟，法院人员分类管理改革已具雏形，首批主审法官、法官助理选任到位，人财物省统管初步完成。佛山市中级人民法院的整体改革作为中级法院的改革样本，为全省提供了经验。

【刑事审判】 2015年，佛山市两级法院加大力度惩治各类犯罪，审结刑事案件14549件，同比上升29%。保障人民群众生命财产安全，重点开展“3 + 2”专项行动，一审判处该类罪犯9354人，审结电信、网络、集资等诈骗犯罪案件785件，审理了被中央禁毒委列为“1号案”的“陆丰涉毒系列案”和涉71名犯罪嫌疑人的佛山最大规模传销团伙犯罪案等一批重大案件。

【民商事审判】 2015年，佛山法院充分发挥司法纠纷化解和规则引导功能，审结各类民商事案件67029件，近30%以调解或撤诉方式解决。积极参与“三官一师”直联村（居）、诉调对接等社会综合治理，促使3464件纠纷妥善化解在基层，市中级法院被最高法院确定为“保险纠纷诉讼与调解对接机制建设示范法院”。多元化解决涉诉信访问题，邀请人大代表、律师、心理咨询师等参与信访工作，信访纠纷化解率同比上升7.1%。

【审判保障经济转型】 2015年，佛山法院维护市场经济秩序，审结破坏市场经济秩序刑事案件1479件，民间和金融机构借贷案件14340件，解决诉讼标的额379亿元，同比分别上升146.5%、36.2%和26%，有效保护了合法债权，缓解了小微企业融资困难，有效防范了金融风险。推动产业结构转型，协调解决中国石化等大型企业转型纠纷，成功促成华达模具、百业房地产和广东金型重工有限公司等大型破产企业重整，最大限度保存、盘活企业资产，保存、盘活企业资产价值30多亿元。加强公司登记制度改革司法应对，针对实务问题发出立法建议，引起人大法工委和市法制局高度重视，为佛山市相关制度的设计提供了重要参考依据。服务保障创新驱动发展，审结知识产权案件2068件，连续六年发布白皮书，积极支持科技创新、品牌培育；集中管辖佛山一般知识产权民事案件，并获最高法院批准；禅城法院知识产权法庭在市、区两级党委支持下开始筹建。

【审判保护民生权益】 2015年，佛山法院促进绿色生态城市建设，审结破坏环境资源保护案件151件，同比增加1.7倍。维护群众“舌尖上的安全”，审结生产、销售病死猪肉、高毒农药蔬菜等危害食品、药品安全案件560件，同比增加8.8倍。保障劳动者权益，打击恶意欠薪行为，24人因拒不支付劳动报酬获刑，同比增加50%；促进职业病社会防治，出台《关于职业病案件适用法律问题的裁判指引》，统一全市民事赔偿标准。保障农村从“人”到“户”股权改革平稳过渡，审结该类案件356件，同比增长3.3倍。促进家庭关系和谐稳固，在家事审判中引入心理辅导、精神抚慰机制，审结该类案件4544件。

【审判促进佛山法治建设】 2015年，佛山法院严格把关刑事证据审查，对17名刑事被告人依法宣告无罪，建议检察机关撤回起诉案件149件，坚决杜绝冤假错案，切实保障司法人权。推动反腐败工作深入开展，审结揭阳市原市委书记陈弘平和汕尾市原副市长马伟灵受贿等职务犯罪案件127件。强化行政审判的监督和纠错功能，审结行政案件2416件，同比增长47%，撤销105个违法或不当行政行为；审理广东省首例司法审查“红头文件”案，行政审判范围扩至规范性文件；贯彻落实新行政诉讼法规定，普遍推行行政首长出庭应诉制度，禅城区区长带头出庭应诉，佛山市市长带领31个市直局局长旁听案件审理。提高行政审判专业化水平，五区行政案件集中管辖获最高法院批准。积极参与社会诚信体系建设，法院与银行、企业等共享征信信息，顺德法院对一例虚假诉讼案件双方当事人分别判处100万元，为该类案件全国最高罚单。

【审判执行】 2015年，佛山法院抓好查控、变现、惩戒3个环节，加快兑现当事人利益，执结案件35475件，同比增长23.9%，执行到位金额87.9亿元。扩大财产查控网应用范围，纵向覆盖全市法院执行查控和财产保全，与广东省法院、最高法院查控系统无缝对接，横向扩及股票、证券和金融理财产品，全年发起财产查控请求157.6万次，相当于过去三年查控量的总和，共控制银行存款48.1亿元、房地产2万宗、车辆6808辆，平均查控周期从8天缩短至1天。拓宽变现渠道，借助淘宝网推行网络司法拍卖，共拍卖标的物1010件，成交金额6.6亿元，为广东省法院拍卖成交金额最高。加强惩戒力度，重点打击拒不执行法院生效裁决行为，司法拘留49人，移送公安、检察机关追究刑事责任33人，曝光“老赖”1384人，迫使66人自动履行债务2651.4万元。市中院被最高法院确定为“有效实施失信被执行人名单制度示范法院”。

【诉讼服务】 2015年，佛山法院建设、升级诉讼服务中心，为群众提供综合立案登记、判后答疑、信访接待、司法救助等11项功能的“一站式”诉讼服务。严格落实立案登记制，对群众诉求做到“案必立、诉必理”，当场立案率达98%以上。提升服务信息化水平，开展网上预约立案546件，适用电子送达案件6750件9574人次，送达数量居全省前列，有效减轻当事人诉累。丰富诉讼服务资源，设置由律师、高校学生、社会志愿者等第三方力量组成的法律义工服务岗，提供诉讼指引和帮助。市中院少年审判引入心理干预机制，广泛开展庭前社会调查，多项预防青少年犯罪工作经验获广东省法院、最高法院肯定。

【法院司法公开】 2015年，佛山法院扩大审判流程、裁判文书和执行信息三大司法公开平台应用，公开审判信息约18万条、裁判文书8万篇、执行信息近7万条，裁判文书公开数量居广东省第三，让群众清晰明白案件的判决理由。主动推送案件节点信息，法院微信公众号“点对点”提供查询、跟踪等案件服务，让当事人清楚掌握案件办理状况。创新公开形式，全市法院连续三年与媒体合办《法槌回响》等专栏，三水法院率先开通庭审网络直播功能，更好地实现群众对司法活动的知情权和参与权。

【审判权运行机制改革】 2015年，佛山全市法院建立“由审理者裁判，由裁判者负责”的办案责任制，审判长、主审法官亲自审理案件，并对案件质量终身负责，院长、庭长原则上不再签发未参加合议审理案件的法律文书。建立审判监督和管理的“权力清单”，规范院长、副院长、庭长的个案监督权。建立科学的错案责任追究制度，明确责任追究程序和情形。推行院长、庭长办案制度，市中院院长、庭长审结案件3008件，占结案总数的14.6%。审判分离、权责不明、层层审批等行政化问题基本得到解决，法官审理案件的亲历性和中立性得到增强。

【法院人员分类管理改革】 2015年，佛山法院将法院工作人员分为法官、审判辅助人员和司法行政人员三大类别，探索符合职业特点的单独职务序列管理制度。推进法官职业化改革，实行法官员额制，试点法院严格选任首批主审法官共333名，全部充实审判一线办案。其中，市中院由人大代表、政协委员、法律职业共同体人士组成专业评审委员会，从190名法官中，不分职务、不论资历、高标准选任首批103名主审法官，平均年龄40岁，任法官平均年限为13年，硕士以上学历占71.8%，呈现出年富力强、审判经验丰富、专业素质高等特点。探索不同的审判辅助人员配备模式，市中院选任首批18名法官助理，南海法院采取购买社会服务方式充实书记员队伍。

【法院管理模式改革】 2015年，佛山法院整合优化内设机构，将9个审判业务庭室合并为刑事、民事、行政、审监四大审判部门，划分审判、审判综合和司法政务三大板块，所有工作围绕审判进行。优化司法资源配置，理顺立、审、执3个办案环节的职能衔接，将执行工作前移至立案、审判阶段，形成相互配合协调的法院工作机制，提高司法效能。

【法院监督体系改革】 2015年，佛山法院主动接受人大代表、政协委员监督，邀请人大代表、政协委员旁听庭审、参与调解、见证执行共计112人次，并参与主审法官选任等重大改革事项；认真办理人大代表、政协委员关于加强法治政府建设、打击失信行为等提案议案13件。依法接受检察机关法律监督，办结检察机关抗诉案件31件，依法改判、发回重审12件，邀请检察官列席假释案件及部分减刑案件合议。自觉接受人民群众监督，超额完成人民陪审员“倍增计划”，新增人民陪审员643人，参与案件审理14848件；聘用社会廉政监督员101人，覆盖镇街基层组织、行业商会、律师协会、保险协会、评估拍卖等组织机构，外部监督更具广泛性和针对性。

【法院司法能力建设】 2015年，佛山法院统一法律适用标准，建立了审判长及主审法官联席会议制度，发布了43件典型案例，规范了法官的自由裁量权。针对不同类别人员，建立符合职业特点的考评体系，开展审判长、法官、书记员等差别化专业素能培训。提升法官释法说理能力，引导社会价值导向，“分食芭蕉致死案”判文鼓励民事主体积极开展社会交往，获社会媒体及最高法院高度肯定。不断提高法官的专业审判和理论水平，案件先后入选全国法院“环境保护行政案件十大案例”“广东高院第一批知识产权精选案例”“全省法院行政审判十大案例”等；先后出版《法官员额问题研究》《回归本质：司法改革的逻辑之维与实践向度》等司法专著，将改革实践探索上升至理论高度。

【法院队伍纪律作风建设】 2015年，佛山法院深入开展“三严三实”教育活动，通过主题座谈会、征求意见函等方式，向社会各界征求意见46条并落实整改。强化日常监督管理，全市法院开展审务督察104次，组织庭审评查35次，评查裁判文书840篇，全面监督纪律作风、司法公开、重点项目等日常工作。扎实推进过问案件登记制度，2014年以来两级法院共登记过问案件1740人次，涉及案件919件，基本实现案件过问"全程留痕"。严查违纪违规行为，对肩负党廉责任的相关领导严格落实责任检讨和倒查追究。

（黄志庆）

检　察

【综述】 至2015年年底，佛山市共有市、区两级检察院6个，其中市级检察院1个、区级检察院5个。全市检察干警共795人（含事业编制23人），其中，市检察院186人、区检察院609人。

2015年，佛山市检察机关深入推进平安佛山建设，严厉打击刑事犯罪，化解社会矛盾，推进社会治理创新，共批准逮捕各类犯罪嫌疑人16188人，提起公诉19504人，同比分别上升7.2%和16.5%。严惩贪污贿赂犯罪，动真碰硬、勇于亮剑，立案侦查贪污贿赂犯罪案件191件200人，同比分别上升41.5%和36.1%。深入推进反渎职侵权工作，坚决查处玩忽职守、滥用职权等违法犯罪行为，立案侦查22件25人。开展打击行贿和追逃追赃专项工作，立案侦查行贿犯罪嫌疑人77人，同比上升30.5%。强化诉讼活动监督，严把案件质量关，对公安机关应当立案而不立案的，要求立案77件；不应当立案而立案的，督促撤案17件；对侦查活动违法情形提出纠正意见672件次。强化执行活动监督，维护刑罚执行公平公正，监督执行活动规范进行，监督执行机关提请减刑、假释和暂予监外执行案件6559件，纠正减刑、假释意见或裁定不当案件48件。深入推行检察改革，大力开展司法规范化和过硬队伍建设，各项检察工作取得新进展。

【刑事检察】 2015，佛山市检察机关深入推进平安佛山建设，严厉打击刑事犯罪，化解社会矛盾，推进社会治理创新。共批准逮捕各类犯罪嫌疑人16188人，提起公诉19504人，同比分别上升7.2%和16.5%。

全力维护社会稳定。依法严厉惩治严重刑事犯罪，积极配合公安机关开展"3 + 2"专项打击整治行动，对重大案件及时介入侦查、引导取证，依法快捕快诉。共批准逮捕故意杀人、强奸、绑架等严重暴力犯罪嫌疑人2059人，起诉2305人；批准逮捕抢劫、抢夺、盗窃等多发性侵财犯罪嫌疑人4924人，起诉5123人；批准逮捕毒品犯罪嫌疑人2594人，起诉2270人；批准逮捕涉黑犯罪嫌疑人48人，起诉59人，增强人民群众安全感。依法办理了周彪等19人组织、领导、参加黑社会性质组织案，陈惠生等人涉嫌贩卖毒品61千克甲基苯丙胺（冰毒）案。市检察院侦查监督科被广东省禁毒委评为全省禁毒先进集体。

保障法治化国际化营商环境。突出打击非法集资、金融诈骗等严重破坏市场经济秩序的犯罪，维护规范有序的市场环境，批准逮捕犯罪嫌疑人1728人，起诉2223人。依法办理了关永忠等人8.6亿元合同诈骗案。平等保护各类市场主体合法权益，营造公平竞争的市场环境，批准逮捕职务侵占、挪用资金等犯罪嫌疑人148人，起诉182人。突出打击侵犯知识产权和制售假冒伪劣商品犯罪，保障创新驱动发展战略的深入实施，批准逮捕盗版、假冒等侵犯商标权、专利权的犯罪嫌疑人1064人，起诉1363人。依法办理了黄其帮等人假冒"王老吉"注册商标案和陈绍昌等人假冒"维多利亚秘密"（Victoria's Secret）注册商标案。

保障幸福佛山建设。强化对生态环境的常态化司法保护，服务美丽宜居佛山建设，共批准逮捕污染环境、非法采矿、盗伐滥伐林木等破坏环境资源犯罪嫌疑人208人，起诉267人。依法办理了铧宇金属制品厂偷排工业废水污染环境案。加大对危害食品药品安全犯罪的打击力度，保障民生安全，共批准逮捕犯罪嫌疑人559人，起诉856人。依法办理了海关总署挂牌督办的陆志标等人走私1.7万吨来自疫区的冻牛肉案。持续开展破坏环境资源和危害食品药品安全犯罪专项立案监督活动，共监督行政执法机关移送案件237件295人。

化解社会矛盾纠纷。畅通群众诉求表达渠道，开展远程视频接访、释法说理、三级联合接访、"举报宣传周"等活动，稳步推进涉法涉诉信访工作机制改革。全年共接受群众来信728件，接待群众来访4887人次，受理刑事申诉案件80件。落实不捕、不诉案件向被害人释法说理机制。积极开展检调对接，促成222件轻微刑事案件和民事申诉案件和解，防止激化矛盾，最大限度修复社会关系。大力开展司法救助，帮助解决被害人及其近亲属实际困难，何某司法救助案被广东省检察院评为刑事申诉检察业务优质案件。

促进社会治理法治化。落实“谁执法谁普法”，广泛开展法制进校园、检厂共建、公益广告、专题巡展等普法活动，参与法治佛山建设。针对执法办案中发现的食品安全、环境污染、外籍黑工、生态保护等方面存在的监管问题，提出检察建议261件，上报情况反映36份，得到中办、省委转发和市、区党政领导批示落实。

【职务犯罪查办和预防】 2015年，佛山市检察机关坚持有贪必肃、有腐必反，惩治和预防两手抓，切实解决发生在群众身边的不正之风和腐败问题。

严惩贪污贿赂犯罪。动真碰硬、勇于亮剑，立案侦查贪污贿赂犯罪案件191件200人，同比分别上升41.5%和36.1%。其中，查处处级、科级干部46人，百万元以上案件40件。重点打击十八大后不收敛不收手的领导干部贪污贿赂犯罪，查处了禅城区人大常委会原主任冯永康、市地税局原副局长关远荣、市科技局原副局长郭鸿等一批在全市有重大影响的要案，起诉了上级交办的揭阳市原市委书记陈弘平、汕尾市原副市长兼公安局局长马伟灵等一批在全省引起关注的案件，有力震慑了腐败分子。坚持“老虎”“苍蝇”一起打，查处了南海区地税局里水分局高丽映等人涉嫌共同受贿670多万元“小官巨贪”案件，维护群众切身利益。

推进反渎职侵权工作。坚决查处玩忽职守、滥用职权等违法犯罪行为，立案侦查22件25人，促进依法行政、公正司法，强化公务员队伍的责任意识、风险意识、法律意识。积极开展省委、省检察院部署的查办涉农领域职务犯罪专项工作，立案侦查农村计生监管、涉农工程建设、农村征地拆迁、农村专项资金发放等领域的渎职侵权和贪污贿赂犯罪98人。介入调查31起生产安全事故责任，严查渎职失职犯罪，对6名相关责任人依法追究刑事责任。

开展打击行贿和追逃追赃专项工作。坚持受贿行贿一并查办，严肃查处围猎干部、行贿次数多、行贿数额大的不法分子。立案侦查行贿犯罪嫌疑人77人，同比上升30.5%。查处了周荣炽、彭金庆等一批行贿案件。开展行贿犯罪档案查询6361次，引领企业依法、规范参与招标投标、工程建设。完善边控、网上追逃、红色通缉等措施，加大追逃追赃工作力度，追捕、劝返在逃犯罪嫌疑人8人。

深化职务犯罪预防工作。坚持惩治预防两手抓，围绕案件高发多发领域开展预防调查39次，个案预防58件次，提出预防检察建议40份。对交通、国资、土地等31个行业和部门开展系统预防，协助查找廉政风险点，制定内部防控措施，完善制度、加强管理。围绕重大建设项目开展专项预防，服务产业转型升级，设立乐平镇PPP项目专项预防工作室，得到省委肯定。推行预防职务犯罪工作进党校活动，将预防宣教纳入党校培训课程，为全市科级干部、村（居）支部书记等开展预防宣讲12次。推动社会预防，通过廉洁之友项目吸引100多名热心人士参加廉洁义工队伍，与镇街“志愿V站”合作开展廉洁宣传43场，参与群众1万多人。

【诉讼监督】 2015年，佛山市检察机关强化诉讼活动监督。严把案件质量关，对公安机关应当立案而不立案的，要求立案77件；不应当立案而立案的，督促撤案17件；对侦查活动违法情形提出纠正意见672件次。对不构成犯罪或证据不足的，依法不批准逮捕1393人，不起诉332人。扎实开展羁押必要性审查工作，对不需要继续羁押的197名犯罪嫌疑人建议释放或变更强制措施。加强对审判活动的监督，对认为确有错误的36件刑事裁判和12件民事行政生效裁判提出抗诉，朱志文故意伤害案经抗诉由无罪改判为有期徒刑四年。

【刑罚执行和监管活动监督】 2015年，佛山市检察机关进一步强化执行活动监督。维护刑罚执行公平公正，监督执行活动规范进行。全年监督执行机关提请减刑、假释和暂予监外执行案件6559件，纠正减刑、假释意见或裁定不当案件48件。加强派驻监狱检察工作，依法纠正罪犯王定国冒名顶替逃避累犯处罚，得到最高检察院肯定。认真开展社区服刑人员脱管、漏管专项检察，监督纠正脱管、漏管罪犯8人。按照“一个不错、一个不漏”的要求，扎实开展特赦工作全程同步监督，对133名罪犯同意予以特赦。严肃查办刑罚执行中的职务犯罪，查处了高明监狱原干警温文锐受贿案。受理民事执行监督案件59件，针对怠于执行、执行违法等问题发出执行检察建议5份。

【检察改革】 2015年，佛山市检察机关按照中央、广东省委和上级检察机关司法改革总体部署，扎实推进各项检察改革任务落实。

深化检察官办案责任制改革试点工作。探索独任检察官、检察官办案组等办案组织形式，完善检察权运行机制。明确内部层级职责权限，制定权责清单，对6大业务中500多项处理决定权授予检察官行使，进一步突出检察官的主体地位。健全检察官管理和检察权监督制约机制，完善业务考核办法、执法过错责任追究，办案质量明显提高。积极配合上级机关做好检察人员分类管理、职业保障、省以下人财物统管等改革试点工作。

推进镇街检察室工作。佛山市检察机关主动融入全市“一体两翼”基层治理新格局，推进基层治理法治化。全市镇街检察室协助查处职务犯罪案件149件156人，积极参与“三官一师”直联工作，检察官直联村（社区）4953人次，接待来访群众5612人次，处理矛盾纠纷579人次，帮助群众解决法律纠纷379人次。综合运用法制教育、检察建议、纠正违法、立案查处等方式，对基层行政部门和村（居）自治组织形成有力约束，向基层行政执法机关提出检察建议28条，强化监督基层公权力。11月，广东省检察院在南海召开了全省检察机关派驻镇街检察室建设现场推进会，对佛山市镇街检察室工作予以充分肯定。

完善“两法”衔接机制。佛山市检察机关立足检察职能，完善信息共享平台，健全联席会议、提前介入等工作机制，形成行政执法与刑事司法衔接工作合力，备案行政执法案件1975件，移送公安机关立案318件，提升依法行政水平。助力高明区综合执法改革，探索“两法”衔接与综合执法相结合工作机制，促进“两法”衔接由事后监督向行政执法全过程覆盖，行政执法机关移送案件数和公安机关立案数均增长213%。顺应“简政强镇”事权下放改革要求，“两法”衔接工作延伸到镇街一级，督促镇街行政执法机关移送案件15件。

推进“互联网+检察”建设。佛山市检察部门主动适应“互联网+”新形势，运用检察机关案件信息公开系统，公开发布案件程序性信息25763条，办理辩护与代理网上预约申请5413件次，发布重要案件信息113条，公开法律文书6891份，信息公开指标居全省前列。大力实施电子检务工程，有序推广云桌面和电子卷宗系统，加快侦查信息化平台建设，提升司法能力。顺德区检察院被评为全国科技强检示范院。

【未成年人检察】 2015年，佛山市检察机关坚持做到三个“百分百”，保障未成年人合法权益，共为涉罪未成年人提供法律援助550人次，通知合适成年人到场1023人次，封存470名未成年人的犯罪记录材料。加强对涉罪未成年人的帮教，与广东万和新电气、南海永纶地毯纺织等企业合作建立9个未成年人观护基地。建设“阳光家园”等微信公众号帮教平台，促进社会化帮教体系建设。多次派员为全国、全省未成年人检察工作人员授课，传播未检工作理念。王文婷获第一届全国检察机关未成年人检察业务竞赛“十佳”称号。

【检察机关运行监督】 2015年，佛山检察机关自觉接受人大和社会各界监督。落实《关于进一步加强检务公开　推进群众满意检察院建设的意见》，让检察权在阳光下运行。加强代表、委员联络工作，共走访人大代表、政协委员154人次，邀请各界人士383人次参加检察开放日、庭审观摩、公开听证等活动。向市人大常委会专题报告推进“两法”衔接工作情况，积极落实常委会审议意见。认真办理代表、委员的提案、建议9件。邀请特约检察员参与检察长接访等活动，组织人民监督员评议拟不起诉的职务犯罪案件，真诚听取代表、委员和社会各界的意见建议，不断改进工作，努力促进检察工作科学发展。

【规范司法行为专项整治】 2015年，佛山市检察机关开展规范司法行为专项整治活动。集中整治司法不规范、不文明、不廉洁等突出问题。坚持开门搞活动，召开律师座谈会、设置意见箱、登门走访等方式，收集汇总了11个方面的意见建议。坚持“见人、见事、见案件、见思想、见整改、见成效”的“六见”标准，重点剖析近年办理的案件，查摆出执法理念、执法作风等6大类136个问题。坚持边整边改、立行立改，制定保障律师执业权利、尊重发案单位合法诉求、加强职务犯罪嫌疑人家属辅助等多项整改措施，进一步健全司法办案工作机制，努力让人民群众在每一个司法案件中感受到公平正义。

【检察队伍作风建设和业务能力提升】 扎实开展“三严三实”专题教育活动，全面落实党风廉政建设“两个责任”，认真贯彻党内“两项法规”，把严守政治纪律和政治规矩摆在突出位置。严格执行《领导干部干预司法活动、插手具体案件处理的记录、通报和责任追究规定》和《司法机关内部人员过问案件的记录和责任追究规定》。坚持以零容忍的态度严肃查处检察人员违法违纪问题，坚决防止“灯下黑”。完善基层基础建设，落实领导干部对口联系指导基层制度，推进基层检察院“八化”建设。广泛开展业务培训和岗位竞赛，全面提高检察人员的职业素养和专业水平，全市检察机关涌现出一批先进集体和优秀个人，有5个集体和14名个人受到省级以上表彰。

（王洁茹）

公　安

【综述】 2015年，佛山市共有市、区两级公安局6个，其中市级公安局1个、区级公安分局5个，有公安派出所45个，全市公安民警数1.18万人。

确保全市社会平安稳定。2015年是佛山公安机关全面依法治国的开局之年，也是佛山市公安机关凝心聚力、奋勇争先的关键一年。全市公安机关以公安部“四项建设”为主线，以全省“3 + 2”专项行动为抓手，按照“五个统一”要求，全力推进“八化建设”，各项工作都走在全省前列，确保了佛山市社会治安大局的持续稳定。

开展“3 + 2”专项行动。2015年是广东省公安机关纵深打击年。全市公安机关全力推进“3 + 2”专项打击整治行动，呈批逮捕犯罪嫌疑人同比上升8.7%；百名民警破获刑事案件数、查处治安案件数、批准逮捕数、行政拘留数等4项打击指标雄踞全省榜首，刑事立案数同比下降29.1%，“110”刑事警情数同比下降23.1%，“3 + 2”专项行动绩效排名全省第二。

治安防控体系立体化。佛山市公安机关坚持打防结合，推进人防、物防、技防、信息防、制度防“五防”机制，积极构建立体化社会治安防控体系。深化“大巡防”工作，健全公安武警联勤、公安铁路联动、特警“动中备勤”和“红袖章”群防群治机制，切实加强社会面管控；完善“亮警灯”工程，在治安复杂区域和交通复杂路段安装警灯1.3万盏；健全环佛“护城河”工程，有效发挥全市40个公安检查站的把关守口作用；累计建成“警务e超市”469个，安装出租屋门禁+视频系统8640套，建成“猫眼”探头3.31万个。

公安队伍建设。2015年，佛山市公安机关大力开展“三严三实”“为警有为”“秉公执法 人民公安为人民”等主题教育活动，加强警务督察和民警违法违纪案件的办理，开展警体训练比武、歌咏比赛和警营规范化评比活动。大力开展一馆（佛山警察历史博物馆）、一室（荣誉室）、一墙（励警墙）、一站（文化驿站）、一报（佛山公安手机报）、一刊（《佛山警察》杂志）“六个一”警营文化建设。全年全市有5名民警荣立一等功，10个集体和50名民警荣立二等功，160个集体和648名民警荣立三等功。1名民警家属被评为“全国好警嫂”称号。

佛山警史馆开馆。9月1日，佛山市公安局纪念抗战胜利70周年活动暨佛山警察历史博物馆举行开馆仪式。佛山警史馆位于禅城区岭南大道北10号（市公安局侧），每月1日免费向社会开放，企业、学校等各单位、团体可提前预约参观。佛山警察历史博物馆是由佛山市警察协会建设的公益性展览馆，博物馆主要分为序厅、新中国成立前警政、新中国成立后公安工作、改革开放后公安工作、分局与警种、警用物品特色专题等展区。博物馆有文字、图片、实物、音像资料、历史文献等各类藏品2000多件，通过展示，展现佛山警察的历史。佛山警察历史博物馆已成为弘扬警察历史文化、开展市民法制教育的一个基地。

佛山公安十佳人民警察。“忠诚颂”——佛山市公安机关2015年度十佳人民警察颁奖典礼在佛山新城中欧中心白兰厅举行。十佳人民警察牢记宗旨、忠诚履职，为维护国家安全和社会稳定铸就了忠诚本色。十佳人民警察分别是：“外事女管家”陆剑西；“罪犯克星”叶建文；“铁甲战士”区文勇；“红脸交警”王满雄；“援疆大拿”徐凌磊；“法证先锋”马宏声；“岭西警官”麦应发；“铁血神探”唐志权；“消防活字典”王维维；“护城女将”吴虹。

2015年9月1日，佛山警察历史博物馆开馆。

【刑事犯罪侦查】 2015年，佛山市公安机关在广东省公安厅的指挥部署下，针对“涉黑恶”“涉毒”“涉诈骗”“涉食药假”“涉盗抢”等5类突出犯罪开展专项打击行动，同时对命案、涉暴恐及严重暴力犯罪保持严厉打击。全市公安机关立刑事案件数同比下降29.1%，逮捕数同比上升8.7%。

打击涉暴恐犯罪。全力开展打击涉暴恐案件，“断流”行动取得了全省排名第三的好成绩，全年全市无发生涉恐案（事）件，确保了社会稳定。

打击涉黑恶犯罪。共逮捕犯罪嫌疑人2824人，公诉2382人、判决2192人，逮捕5人以上恶势力团伙139个，打掉黑社会组织犯罪团伙4个。

打击涉诈骗犯罪。在全国电信诈骗案件同比上升31.5%的形势下，佛山市共立电信网络诈骗案件6637宗，同比下降29.6%，共起诉犯罪嫌疑人707人，起诉跨区域诈骗团伙案件串数29个，打掉犯罪团伙70个。

打击涉盗抢犯罪。立抢劫案件1459宗，同比下降29.5%；立抢夺案件2342宗，同比下降52.5%；立盗窃案件35147宗，同比下降32.6%。全年全市共逮捕涉盗抢犯罪嫌疑人4318人，破案20754宗，起诉3928人，抓获网上逃犯203人。

【治安行政管理】 2015年，佛山市共查处治安案件11.98万宗，同比上升1.8%；查处违法人员65550人，同比上升5.6%。

以大数据引领治安打防新模式。通过组织开展每周全方位治安警情分析，及时洞察社会治安重点；立足“传统+创新”拓宽情报信息获取渠道，建立“佛山公安举报易”微信公众平台，完成组织布建信息联络员4.5万人。至2015年年底，全市建成“警务e超市”智能安全小区469个，通过旅业系统，流动人口自助申报系统等治安基础信息化工作，收集治安动态信息超2亿条。全市“E机通”社区警务APP项目在全省粤警创新大赛取得优异成绩，社区警务信息化工作实现新的跨越。

治安重点打击整治战果辉煌。市公安局治安部门以案管中心建设为契机，强化侦查硬件建设、优化办案队伍，建立起暗访、侦查、收网、审讯、结案“一条龙”的自侦自办队伍，打破常态化黄赌案件属地管辖模式；建立黄赌案件处理“24小时原则”，完善市局督办、交叉暗访、异地用警等工作机制，提升了全市打击统筹力度。打击战果再创历史新高，全市涉黄赌举报警情同比再降12%。在坚持推进治爆缉枪、“三电”专项斗争、治安突出地区挂牌整治等治安专项整治的基础上，固化全市治安集中统一清查机制，有效净化社会面治安环境。

全面构建治安立体化防控建设。佛山公安部门重点推进亮警灯工程建设，在全市完成架设警灯1.3万个，基本覆盖治安复杂部位和重点路段；通过与公共视频监控系统进行互补的“猫眼”工程建设，在全市新建视频小探头3.3万个；落实完成重点出租屋门禁+视频建设8640套，全面加强重点部位防范力度；通过组织群防群治力量佩戴

"红袖章"参与治安巡防工作，整合联防队员、治安积极分子、重点单位保卫人员等红袖章巡防队员 5.7 万人；全面加强重点部位、重点单位、涉危爆企业监管，通过制度化巡查、安全责任到人、技防保障到位等措施，切实守住社会面安全；零差错完成各类大型活动安保共计 336 场，其中过万人以上活动 62 场。

大力夯实治安基层基础。针对旅馆业等留宿场所违反实名住宿登记的突出问题，公安部门通过"全覆盖暗访、零容忍查处、高规格处理"三个重点环节，提升打击整治力度，全市住宿场所实名登记明显提升，全年全市旅业系统采集住宿信息同比上升 22.4%；为全面强化流动人口和出租屋服务管理，公安机关换思维、出新招，与市流管办组建了新市民服务管理联合工作室，全面推进出租屋登记备案、网格化管理、分层分类管理、技防系统建设、电子标识建设、违法行为查处以及出租屋主联合会建设、深化居住证"一证通"制度、推进服务站和专管员队伍建设、推进基础信息采集等重点项目，佛山市流动人口倒查登记率稳居全省前列。

【户政管理】 2015 年，佛山市有户籍人口 116.8 万户、388.97 万人。全年核查疑似双重（虚假）户口数据 5106 条，注销双重（虚假）户口 382 个。全面开展居民身份证登记指纹信息工作，全年制发二代身份证 43.2 万张。

佛山市公安机关进一步调整出生小孩户口登记管理工作，对全市公安机关办理小孩出生登记入户政策进行调整，取消出生登记入户时的计生审核。10 月，启动新一轮的户籍制度改革，制定《佛山市人民政府进一步推进户籍制度改革的实施方案》。11 月，市公安机关在"公安 24 小时自助服务大厅"启用居民身份证自助申领机，为群众提供 24 小时自助申领和领取身份证的服务，开创历史先河。

至 2015 年年底，全市登记在册流动人口 457.2 万人；列管出租屋 42.6 万栋（套）。全市违法犯罪嫌疑人中的流动人口数、流动人口被侵害人数、涉出租屋案件数、涉出租屋警情数、落脚点在出租屋的违法嫌疑人数，同比连续呈下降趋势，社会治安形势持续好转。

【道路交通管理】 2015 年，佛山市交警部门全力保秩序、压事故、促畅通、惠民生，大力提升交通管理的科学化、专业化水平，推动公安交通管理工作上新台阶。全年全市共发生道路交通事故 2311 宗、死亡 593 人、受伤 2447 人、直接经济损失 617 万元，同比分别下降 30.6%、3.7%、34.1%、11.7%。佛山交警支队获"全国文明单位"，佛山交警支队车管所入围 2015 佛山口碑榜，佛山交警支队与佛山电台联手打造的《自在畅行》节目获"2014 ~ 2015 中国最具品牌影响力广播栏目"。

保秩序：实施文明交通工程。全年查处交通违法 513.4 万宗，查获多次违法未处理的"霸王车"1693 辆，清理逾期未检验、未报废的"问题车"8.6 万辆；查处酒驾 5162 宗，同比增长 61.3%，打击效能名列广东省第二；通过电视台、电台、微信、微博等媒体发布新闻报道、公益广告、交通指引 5000 多次；建设车场交通安全宣传栏 162 个；举办全市"交通校长"观摩课 6 次；举办"122 全国交通安全日"宣传活动，共发放交通安全宣传资料 72 多万份；开展户外宣传活动 232 场次，受教育人数 90 多万人次。

压事故：实施生命防护工程。交警部门深化"亮警灯"工程，共安装警灯 4430 盏；排查治理了重大隐患路段 22 处；对伤亡事故开展倒查，分析事故原因并制定整改措施；每个路段安排 1 名民警，实行网格化管理；共建立交警执法站和交通安全服务站、劝导站 889 个；对域内高速公路和佛山一环进行勤务改革，提高路面见警率和管事率；建立信息研判机制，为全市交通管理工作提供信息支撑。

促畅通：实施交通治堵工程。邀请国内知名专家对佛山一环公路进行现场考察、集中会诊并形成调研报告；对城区道路进行排查，查找重点拥堵点，并按照"一堵点一对策"进行治理；全面推广事故现场快处快撤，快处快赔率达 62.63%，实现了区、镇街全覆盖；大力推进禁摩、禁电、限货、淘汰黄标车等工作，年内全市共淘汰黄标车 5.5 万辆，完成率 108%，历时三年的黄标车淘汰任务圆满收官。

惠民生：实施便民服务工程。车管、交管业务进驻"一门式"综合服务大厅及 24 小时服务大厅。

启用互联网交通安全综合服务平台，受理驾驶人考试网上预约 50 万人次，推出多次交通违法“马上知”、货车通行证“全市通办”等贴心服务；开展驾培机构及考场大整治，对所有驾考项目实施智能化评判，确保驾考公平公正。

交通违法网上网缴罚款。2015 年 12 月 25 日，广东省公安厅发布消息，交通违法罚款网上缴纳工作率先在珠海、佛山、湛江、惠州、河源、清远等 6 市试点运行。自即日起，市民在上述试点地区的交通违法罚款不再需回原罚款地窗口或银行柜台办理罚款缴纳手续，可通过注册登录交通安全综合服务管理平台“http://gd.122.gov.cn/”进行网上缴纳。网上缴纳罚款仅限在上述 6 市辖区范围发生的交通违法行为。试点完成后，逐步在全省推广应用。

【消防安全管理】 2015 年，佛山市共发生火灾事故 1365 起，死亡 14 人，受伤 13 人，直接财产损失 4223.26 万元，其中生产经营性火灾事故 570 起，死亡 8 人，受伤 8 人，直接财产损失 3509 万元。全市消防部队全年接警出动 13825 次，救助和疏散被困人员 675 人，抢救保护财产价值 2.6 亿元。成功扑救“11·28”南海黄岐永盛市场火灾，成功处置“9·24”吉利工业园液氨泄漏事故和“8·3”龙江卡图家具厂建筑坍塌事故，以及完成抗击强台风“彩虹”、增援深圳特别重大滑坡事故等抢险救灾任务。

佛山市消防部门开展重点单位“户籍化”建设，对 761 家较大规模的石油化工企业、易燃易爆危险品场所消防安全责任人和管理人进行了集中约谈，并签订了消防安全责任书。出台《佛山市镇（街道）专职消防队建设管理规定》，为专职消防队伍解决问题、实现长远发展提供政策支持和保障。佛山市消防安全委员会印发《佛山市消防安全“四化”建设工作实施意见》，大力推进消防安全“四化”（网格化、信息化、规范化、常态化）管理，逐步建立层级脉络清晰的消防安全监管体系。推出“消防校长”制度。开展主题宣传和消防站开放活动共 115 场，举办消防站开放活动 400 余次，在 1 条城市主要公交线路喷涂消防宣传标示。利用市主流媒体消防宣传专栏刊播消防信息 575 条、播放消防公益广告 9300 余次。利用通信运营商及“移动互联网消防信息服务平台”，向消防安全重点单位、高危单位消防安全责任人、管理人等目标人群及广大市民发送节日消防安全提示 110 万条。积极采用微博、微信等新型信息手段深化消防宣传工作，累计发布消防微博信息 1065 条、微信信息 723 条，将消防宣传融入了群众生活。加强队伍实战化训练和演练，组织和参加广佛战区实战化拉动演练 4 次，选派 3 名业务骨干远赴马来西亚参加东盟论坛救灾演习，表现突出。市消防部门在佛山市公安机关警体训练比武中获一等奖。

【经济犯罪侦查】 2015 年，佛山市公安经侦部门共受理案件 2569 宗，挽回经济损失 6 亿元，刑事拘留犯罪嫌疑人 2478 人，逮捕 1925 人，移送起诉 2248 人。与上年相比，刑拘数上升 2.9%，逮捕数上升 12.3%，起诉数上升 49.2%。食药假专项打击行动全省绩效评价排名第二。年内，省公安厅、市公安局领导共 9 次批示肯定佛山市经侦工作，公安部、省公安厅共发来贺电 5 次。

组建“食品药品警察”。2015 年 5 月 26 日，市公安局食品药品犯罪侦查支队成立，佛山有了专门打击食品药品犯罪的食品药品警察。对食品药品犯罪实施专业化打击。主动开展大清查、大整治，捣毁窝点、斩断链条，全市共破案 543 宗，逮捕 592 人，成功收网公安部集群战役 15 宗、广东省集群战役 21 宗，侦破了“‘1·22’特大生产、销售假性药专案”“广佛肇加工销售病死猪专案”等一批有影响力的案件。

打击制假售假犯罪。全市共破案 189 宗，逮捕 495 人，侦破部督案件 2 宗，收网全国集群战役 5 起。假发票案逮捕 58 人，假币案逮捕 40 人，与上年比分别上升 1833% 和 264%。

打击重特大经济犯罪。根据省公安厅的部署，全市经侦部门深入推进打击非法集资、骗取出口退税、利用黄金交易所虚开增值税发票和非法买卖银行卡犯罪专项行动。全年共破相关案件 19 宗，刑拘 40 人，逮捕 39 人。

警企联动。佛山公安经侦部门先后与市人社部门、食品药品监督管理部门建立联合执法办公室，搭建平台，联合打击防范恶意欠薪和食品药品违法犯罪。积极加强与市人民银行、银监、金融部门协作，定期召开联席会议，交换情报信息，组织开展金融风险排查。进一步完善警银快速冻结查询合作工作机制，有效地提高办案效率。主动联合市工商、税务、烟草、质监、银行等职能部门深入社区、企业、商场等地开展多层次、全方位的宣传活动，提高群众防范经济犯罪的意识。

【公安禁毒】 2015 年，佛山市公安禁毒部门突破警力少、资源少等瓶颈，创新“目标管理、侦查打击、联动协作、宣传工作”四大机制，不断提升专业化打击水平。全年全市毒品案件破案率为 93.1%；强戒吸毒人员 8541 人、破千克案 145 宗、刑拘 4109 人、逮捕 2601 人、打掉团伙 193 个、缴获毒品 1099.9 千克。

全市公安禁毒部门充分发挥主力军作用，始终保持对毒品犯罪的严打高压态势，广泛收集、获取毒品犯罪活动的深层信息，加强与周边城市以及云南、广西、四川、重庆、湖南等地的缉毒协作，广辟线索来源，坚持对有价值的线索强化长期经营和从“小贩追大贩、破大案、挖团伙、摧网络、捣工厂、抓毒枭、缴毒资”的思路，努力提高对毒品犯罪的主动进攻能力和整体打击能效。重点打击毒品犯罪团伙、网络涉毒犯罪，通过侦破大要毒品案件的影响力，震慑毒品违法犯罪的嚣张气焰。年内，先后破获一批公安部、省公安厅目标案件，得到省、市领导的多次批示表彰。为进一步提升涉毒团伙打击效能，禁毒支队加强毒品案件深挖扩线力度，强化情报收集研判，对重点涉毒线索进行深度研判分析，挖掘涉毒团伙，提高团伙打击精确度，并建立跨区涉毒团伙打击协调机制。同时，坚持强化各项堵源截流措施，多警联动，加大力度打击网络涉毒、利用物流寄递渠道贩运毒品等犯罪活动，逐步形成全方位缉毒网络。

【出入境管理】 2015 年，佛山市公安出入境管理部门全年受理出入境业务 261 万多份，审批、签发各类出入国（境）证件本 305 万多本。全市查处“三非”人员 1230 人，同比上升 18%。

公安出入境管理部门推出“一门式”便民服务，在广东省率先推广公安“一门式”服务，建设具有“一号通办、一门通办、一窗通办、一网通办和同城通办”等 5 个创新亮点；缩短出入境证件办理时间；推出每日一巡查、每所一专班、每周一研判、每月一通报、每季一评比“五个一”外管工作模式，在全省获创新铜奖并被全省推广；落实帮扶派出所工作，推进“3 + 2”专项打击工作。

【网络安全监管】 2015 年，佛山公安网安部门始终以维护社会稳定为己任，坚决打击惩治网络谣言。全年共办理网络造谣事件 100 宗，依法查处恶意编造发布谣言信息网民 52 人，其中刑拘 5 人、行政拘留 15 人、罚款或教育训诫 32 人，开展宣传报道 20 余次，有力震慑了网上编造、传播虚假信息、影响社会稳定的网络违法犯罪行为，有效维护了社会安定。

（杨建梅）

第六篇

经　　济

综合经济管理

宏观经济规划

【宏观经济运行调控】 2015年，佛山市发展和改革局综合考虑国内外经济形势和佛山市自身发展条件，科学规划，切实加强宏观经济运行调控。

编制市“十三五”规划纲要。完成11项综合性前期课题和4项专项前期课题研究，印发“十三五”规划基本思路。通过多种渠道开展建言献策民意征集活动，充分吸收群众意见，做到开门编规划。起草“十三五”规划纲要文本，并广泛征求各区、各部门及社会公众意见建议。

编制全市国民经济和社会发展计划。完成2015年上半年及全年国民经济和社会发展计划执行情况报告，在调研分析基础上，提出全市2016年主要指标增长预期目标。

做好新常态下经济运行分析和稳增长工作。出台《佛山市保持经济稳定增长工作方案》，从扩大有效投资、激活消费潜力、稳定外贸增长、加快结构调整、强化科技创新、鼓励金融创新、推动大众创业和狠抓落实等八个方面，提出31条具体政策措施，力促经济平稳发展。强化对经济社会运行情况的监测分析，逐月撰写经济运行分析材料。

【现代产业体系构建】 2015年，佛山市从自身环境特点出发，结合现代产业基础优势，加快构建现代产业体系步伐。

全力提升服务业发展水平。至年底，佛山市145个服务业重大项目完成投资331.44亿元，占年度计划投资的108.84%，智慧新城（启动区）、义乌小商品城、广东有色金属交易平台等28个项目完工。加强14个省级现代服务业集聚区建设，中德工业服务区落户及在谈招商项目共64个，其中对德国及欧洲项目44个，已基本落实招商项目28个。中欧中心正式启用，北京外国语大学南方研究院和德国研究中心揭牌，启动建设广东智能制造示范中心。广东金融高新区核心区累计引进知名金融机构和服务外包企业252家，投资及募集资金总额达525亿元。现代服务业发展势头良好，获得国家物流标准化试点城市称号，积极创建国家级服务外包示范城市。

大力发展先进制造业和战略性新兴产业。德方纳米和朗肽生物制药项目被纳入2015年省战略性新兴产业区域集聚发展试点项目计划，获得国家和省财政资金支持2000万元。新能源汽车产业加快发展，累计推广新能源汽车2613辆，建成充电桩（机）689个。加快推广太阳能光伏分布式发电，2015年佛山市光伏发电项目建设在数量和装机规模总量上均位列全省第一，引入南网综合能源、正泰集团、汉能、科力远等一批具有实力的光伏发电应用项目，美的制冷、佛山本田、一汽－大众、顺德联塑等一大批分布式光伏发电项目已顺利建成并投入使用。积极推进信息惠民各项工程建设，79个信息惠民试点城市重点项目进展顺利。

【重点项目建设】 2015年，佛山市列入广东省重点建设项目计划的项目共88个，总投资3445.65亿元，年度计划投资380.22亿元，全年完成投资459.52亿元，完成年度投资比例120.9%。安排市重点建设项目102个，总投资1032.44亿元，年度计划投资213.61亿元，全年完成投资222.71亿元，占年度投资计划的104.3%。

加快推进项目建设。大力推动高明区现代有轨电车（地铁）车辆制造基地和高明区现代有轨电车示范线项目建设。积极推进重大电源项目立项报批工作，华电三水工业园天然气分布式能源站项目获得省立项批复。牵头推动珠江三角洲新干线（佛山—云浮）机场建设前期研究工作，该项目被列入全省“十三五”规划纲要重点项目。

激发民间投资活力。加快推广 PPP 模式，佛山市城市轨道交通 2 号线一期工程被纳入国家发改委 PPP 项目库；纳入省 PPP 项目库项目 11 个；建立佛山市市级 PPP 项目库，共计 45 个项目。

【区域合作进程】 2015 年，佛山市为贯彻落实广东省委、省政府大力推动珠三角一体化的决策部署，积极和周边城市推进区域合作进程。

在佛山市范围内加快新型城镇化建设，成功推动南海区和狮山镇成为第二批国家新型城镇化综合试点。

实施《珠江三角洲地区改革发展规划纲要（2008 ~ 2020 年）》。完成省实施“规划纲要”2014 年度评估考核工作，取得珠三角城市第四名的成绩。省“九年大跨越”涉及佛山市的 10 个重大项目顺利推进，由佛山市牵头的 4 个项目全年完成投资 114.8 亿元，完成计划投资额的 112%。

深入推进广佛同城化及广佛肇经济圈建设。与广州联合编制广佛同城化“十三五”规划。加快广佛同城化建设，广佛地铁西朗－燕岗段开通，广州地铁 7 号线西延至顺德北滘获国家发展改革委批复同意；龙溪大道（广州西环－五丫口大桥段）快速化建成通车；海华大桥开工建设；广佛交界区域水环境整治问题挂牌督办正式摘牌。创新广佛同城合作举措，佛山市南海区与广州市荔湾区、三水区与广州市花都区、顺德区与广州市番禺区分别签署共建广佛同城化合作示范区框架协议。加快广佛肇经济圈建设步伐，清远、云浮、韶关三市融入发展，共建“广佛肇清云韶”新型大都市圈。

启动粤桂黔高铁经济带合作试验区建设。佛山市成功牵头举办粤桂黔高铁经济带合作试验区（广东园）建设工作现场会等系列活动，粤桂黔高铁经济带 13 个沿线城市达成合作项目 71 个，投资总额 1021 亿元。8 月 31 日，广东省政府发布消息，粤桂黔高铁经济带合作试验区（广东园）总体规划获批，进入实质性建设阶段。

新一轮对口援建工作。佛山市对口支援西藏自治区林芝地区墨脱县工作进展顺利，2014 ~ 2016 年共计安排援建资金 2 亿元，21 个援建项目全数启动。对口援建新疆维吾尔自治区伽师县工作富有成效，两年省（市）共投入援建资金 8.16 亿元，伽师县基础设施、产业项目、引才引智等工作全面提升。对口支援四川省甘孜州乡城、得荣两县工作全面开展，初步建立与两地交流对接机制。

（陈永婷）

经济体制改革

【国有企业改革】 2015 年，佛山市拟订了《关于进一步深化佛山市国资国企改革促进国资国企发展的意见》和《佛山市属国有企业改革重组方案》《关于佛山市推动混合所有制改革的指导意见》《佛山市属国有企业领导人员选拔任用管理办法（试行）》《佛山市属国有企业负责人薪酬和业绩考核管理办法》《佛山市市属国有企业负责人履职待遇和业务支出管理意见》《佛山市市属国有企业外部董事管理办法》《佛山市国资委派出监事会管理暂行规定》“一主七附”系列国资改革文件。

对重点行业国企进行改革。如燃气集团于 1 月正式接通中海油海气。

【创新驱动发展体制机制】 全面创新改革。2015 年 8 月，广东省政府批复同意《粤桂黔高铁经济带合作试验区（广东园）总体规划》，试验区建设被纳入省“十三五”规划，9 月正式启动建设工作。南海区粤港澳合作高端服务示范区启动建设。11 月，国务院批复佛山高新区建设珠三角国家自主创新示范区。

营造大众创业万众创新的制度环境。2015 年，佛山市出台《佛山市科技企业孵化器后补助试行办法》，实施科技企业孵化器倍增计划。加强“众创空间”等小微型载体建设。

服务业发展体制完善。2015 年，佛山建立佛山市养老服务体系联席会议，编制《佛山市养老设施布局规划》。各区对养老服务对象和服务标准全面扩面提标。

【政府职能转变】 简政放权、放管结合、优化服务改革。2015 年 1 月 1 日，佛山市实现跨区之间的工商登记注册通办。9 月底，全市五区 5 个区级中心，所有32个镇（街）中心，都实现了自然人“一门式”对外服务。在全国率先推行“三单”管理，构建“宽进严管”企业投资管理模式。建立企业投资事前、事中、事后“三单”管理模式。

价格改革。2015年，佛山市先后放开工程勘察设计服务收费、工程监理服务收费、环境影响咨询费等53项经营服务性收费，实行市场调节价，并取消出入境证件便利卡服务收费和标准信息服务收费等5项收费。放开出租车承包费、商业配套停车场和住宅小区停车场停放保管服务费等33项经营服务性收费，实行市场调节价，取消投标报名费1项收费。先后制定佛山纯电动出租汽车运价法定安全技术检验费优惠价，调整医疗废物处置收费标准、排污费征收标准等。建立完善收费单位情况及其收支状况年度报告制度、收费目录清单制度、收费公示制度等。

商事制度改革。2015年，佛山在全国率先实施商事登记改革，将“六证并联、三证同发”向“五证同办、结果互认”推进。实行“三证合一、一证一照”，快速将“五证同办”与“三证合一”工作对接，实现“三证合一、两证一章同发”。

社会信用体系建设。2015年，佛山市基本建成市公共信用信息管理系统，“信用佛山”网上线试运行，初步实现企业、事业单位、社会组织、重点人群四大主体信用信息公示和查询。

公共资源交易监管体制改革。2015年，佛山市编制印发《佛山市市级政府采购工作规程》和《佛山市工程建设施工项目信用分类优选随机合理低价评定标暂行办法》。与广州开展远程异地评标系统试运行工作。全市五区全面启用公共资源交易一体化服务平台。

【财税体制改革】 2015年，佛山市制定市级财政管理绩效综合评价指标体系。启动佛山公共财政综合管理平台项目（二期），推进国库集中支付电子化管理试点。

制定税收风险管理工作暂行办法和监督暂行办法、数据分析应用工作暂行办法和工作规程、税费业务规程制发管理办法、重大税费业务集体审议工作规程等风险防范和数据管税基础制度。9月，顺利实现“一照一码”改革落地。

【金融体制改革】 政策性金融服务创新。2015年，佛山市先后推出中小企业信用担保基金、知识产权质押融资、“政银保”“保险贷”“妇女贷”、农房保险等各类政策性金融服务。

保险制度体系完善。2015年1月，《佛山市科技保险试点方案》正式实施；6月，佛山市南海区以创新券形式推动科技保险的发展。

现代金融监管体制改革完善。2015年，佛山成立了由市主要领导任组长的促进金融发展和维护金融稳定工作领导小组，出台并落实《佛山市金融突发事件应急预案》《关于防范和化解企业财务风险维护金融秩序的通知》等文件。

专项金融扶持政策出台。2015年1月，出台了《关于加快推进债券融资工作的实施意见》及《佛山市债券融资扶持暂行办法》。出台支持企业融资专项资金工作方案和管理暂行办法，融资专项资金管理系统平台上线试运行。11月，印发《关于进一步促进融资性担保行业规范发展的意见》。12月，出台《佛山市人民政府关于加快融资租赁业发展的实施意见》和《佛山市促进融资租赁业发展扶持暂行办法》。

【农业农村体制创新】 2015年，南海区扎实铺开农村集体经营性建设用地入市改革试点工作。

三水区基本完成确权登记颁证工作。南海区全面启动集体经济组织股权（农村土地承包经营权）确权登记颁证工作。

【对外开放新体制构建】 外贸体制完善。2015年9月29日起，佛山全面启动免除外贸企业口岸查验配套服务费改革。市公盈公司直接以定向增资扩股的形式持有佛山市电子口岸有限公司60%的股权，500万元市电子商务发展专项资金直接拨付给市公盈公司用于支持佛山跨境电商公共服务平台建设。

外商投资体制改革。2015年，佛山市投入试运行全省统一标准的企业投资项目备案系统，负面清单以外项目区别不同情况实行承诺准入和告知性备案。启动审批事项纳入在线审批监管平台工作，推进行政审批标准化建设。

【改革试点】 2015年，佛山正式获批国家发展改革委制造业转型升级综合改革试点。佛山高新区开始建设“互联网+智能制造”试点城市。南海区以全国农村土地制度改革试点的身份和狮山镇一并确定为第二批国家新型城镇化综合试点。顺德区被省科技厅纳入科技金融第一批试点。顺德区成为全国第三个国家知识产权投融资服务试点城市，全面启动省、区共建广东知识产权创新运用试验区。

（马　川）

工商行政管理

【工商登记注册】 2015年，佛山市工商系统深化“宽进”改革措施，有效激发市场主体活力，助力营造市场化、法治化、便利化营商环境。

降低“准入”门槛。佛山市商事制度改革系列措施集中落地，工商登记注册更加便捷高效，投资创业资金及场地使用效率被进一步激活。至2015年年底，佛山市共有市场主体48.32万户，注册资本（金）8161.94亿元，同比分别增长10.02%和27.58%。

“一门式”综合服务及“同城通办”。在全市许可审批部门中率先将工商审批事项纳入行政服务中心综合服务系统，实现企业设立、变更、换证、注销登记和经营许可“一窗通办”。“同城通办”实施范围不断拓展，全市按照“同城通办”管理模式登记的业务量超过6000宗。

先行先试“一照一码”。依托“一站申请、五证同发”和“三证合一、一照一码”登记模式改革，推动行政审批部门深度合作，简化审批流程，全市3.5万户企业更换“一照一码”的营业执照。

【商事制度改革事中事后监管】 2015年，佛山市工商系统以“严管”为目标，探索建立以信用监管为核心的事中事后监管体系。牵头制定《佛山市商事制度改革后续市场监管工作方案》，制订各职能部门后续监管履职责任书、路线图和时间表，统筹汇总26个监管部门监管办法（草案）。在全省率先以市政府名义出台企业信息管理暂行办法，涵盖全市所有行政管理部门。推进企业信息公示平台建设，归集31家单位112类约3559万条企业信息数据，基本覆盖全市经营主体。顺利完成2013和2014年度商事主体年度报告工作，组织开展企业信用公示抽查，推行被检企业与检查人员“双随机”抽查模式，严格落实异常名录与严重违法企业名单制度。

【民营企业发展扶持】 2015年，佛山市工商管理部门督促“个转企”42项扶持政策落实到位，完成“个转企”4945户，超过年度帮扶计划57.6%；全市共有民营企业16.54万户。办理股权出质登记384宗，担保债权总额305.98亿元。推动“守合同重信用”企业列入金融部门资金信贷评估体系，拓宽中小企业融资渠道，推动解决融资难问题。

【商标品牌战略】 2015年，佛山市工商管理部门向企业发出提示书1.4万份，提供商标使用策略服务。推进商标“外拓工程”，深度分析高新装备制造企业国内外品牌综合发展指标，争取政府出台《佛山市商标国际注册资助办法》。出版发行《文化传承——佛山公共资源商标保护丛书》。全市新增注册商标3.19万件，新增中国驰名商标20件、广东省著名商标52件。至2015年年底，全市有注册商标16.05万件，中国驰名商标153件，广东省著名商标467件，集体（证明）商标28件，继续保持全省领先位置。

【市场合同监管】 2015年，佛山市工商管理系统围绕创建全国文明城市、创建国家卫生城市、平安佛山创建、诚信示范市场创建等工作要求，建立落实定期检查、定期通报、定期整改等督查指导机制，推进农贸市场开展秩序规范、卫生管理、设施建设、禽流感防控等工作，不断巩固治理成果，确保各项工作年度达标。全市342个市场全部完成平安市场创建工作，完成率达到100%；中国陶瓷产业总部基地等12个市场被公示为“广东省2014～2015年度诚信示范市场”，数量位居全省第三。1567家企业被公示为“广东省2014年度守合同重信用企业”，数量创历史新高，位居全省第二名。

【工商监管执法】 2015年，佛山市工商管理部门保持打击传销高压态势，深入开展创建“无传销城市”工作，打掉传销团伙8个，涉案金额337万元。加强网络交易监管，充实网监平台经营主体数据库，808个网站（店）纳入建库，查处网络违法案件25宗。密切关注舆情动态，响应民生诉求，市、区联动查处侵犯北京“同仁堂”等商标案件15宗；开展全市水泥市场专项执法，查扣不合格水泥近100吨；依托大数据分析，查处4宗居民小区物业服务企业典型限制竞争案件，填补了全省工商系统执法空白。净化广告市场秩序，实现第四季度较第一季度全市媒体发布违法广告数量大幅下降98.59%，在全省2015年度虚假违法广告综治考评中排名第一。推进法治工商建设，开展行政职权标准化建设和推广工作，编印行政职权目录，完成28项非行政许可事项清理工作；全面应用“两法”衔接信息化系统，案件移送工作从软约束转变为硬约束。

【社会信用体系和市场监管体系建设】 至2015年年底，佛山市“两建”（建设社会信用体系、建设市场监管体系）年度十大重点任务项目全面顺利完成。其中，社会信用体系建设项目有佛山市企业信息公示平台、探索个人诚信系统建设、事业单位信用档案及工作机制建设、建设“信用佛山”网、政务诚信系统平台及工作机制建设；市场监管体系建设项目有借助“一门式”政务服务体系大力推进“五证同办”“三证合一”“一照一码”企业登记改革、产品质量风险研判及预警、深化消费维权和社会监督工作多元共治局面、开展市场监管信息化平台建设试点、创建食品安全城市。圆满完成“两建”省考核迎检和对各区的年度绩效考评。2014年度省“两建”考核中，佛山位列全省21个地级以上市第四名，较2012、2013年度排名提升一个名次，继续保持非试点市第一的成绩。

【消费维权】 2015年，佛山市出台“12345”平台运行管理办法和议事规则，成立全国首个由分管副市长挂帅的地级市政府消费维权工作领导小组。全年全市投诉举报平台共受理投诉举报4.79万件，其中各级工商部门受理投诉举报2.49万件。开展“寻找缺陷商品，保障消费权益”专项活动，向社会公开收集缺陷商品违法线索，支持消费者退货和依法索赔，组织行政约谈23场1913户，查处经济违法行为举报5793件；全市共实施行政调解的消费投诉2.55万件，为消费者挽回经济损失1284万元，其中工商部门实施行政调解的消费投诉1.92万件，为消费者挽回经济损失1045万元。深化部门协作，在烟草、旅游、房地产等民生领域建立健全消费维权协作机制，在旅游市场联合建立消费维权工作站，加强对旅游市场的综合管控。市工商局与十大行业协会建立消费维权合作机制，发布消费维权十大典型案例。市消委会发布《佛山市创建适宜消费城市调查报告（2015）》，举办“网上3·15：鼠标下的维权”大型论坛，成功开展四类商品质量比较试验，获得2014～2015年度“全国消协组织消费维权先进集体”称号。

【工商行政管理体制调整】 2015年2月9日，佛山市举行工商行政管理体制调整交接协议签订仪式，广东省工商局纪检组组长王晓超代表省工商局与市政府副市长王玲在交接协议书上签字，标志着佛山市工商行政管理体制调整工作正式开始，工商行政管理体制由省以下垂直管理调整为市、区分级管理。年内，佛山市统筹完成禅城、南海、高明和三水区四区工商部门人财物移交工作，共移交各类在职人员1189人，离退休人员401人；开展区级工商体制改革调研，起草全市工商体制调整实施方案，为区级工商体制改革争取政策支持；推动市工商行政管局“新三定”方案出台，对现行制度机制进行全面系统梳理，共修订完善相关制度57项（其中修订20项、废止10项、新增16项、保留11项），为体制改革期间各项工作持续稳定开展夯实基础。

（王宇青）

国家统计

【概况】 2015年，国家统计局佛山调查队严格按照国家统计调查制度，全力做好一体化住户调查、价格调查、企业监测调查等统计调查工作任务，有力保障了统计调查数据质量。全年佛山居民消费价格温和上涨，居民收入稳步提升。居民消费价格总水平上涨1.6%，其中消费品价格上涨1.4%、服务项目价格上涨1.9%。分类别看，食品类上涨4%、烟酒类上涨 2.5%、衣着类上涨 2.3%、医疗保健及个人用品类上涨 1.2%、居住类上涨 0.3%、家庭设备用品及维修服务类上涨 0.1%、交通及通信类下降 1%、娱乐教育文化用品及服务类下降 0.3%。工业生产者出厂价格下降 2.8%，其中轻工业下降 0.9%、重工业下降 4.4%。佛山居民人均可支配收入 38501 元，比上年增长 9.6%，扣除价格因素，实际增长 7.9%；人均生活消费支出 27713 元，增长 11.5%，扣除价格因素，实际增长 9.7%。分城乡看，城镇常住居民人均可支配收入 39757 元，比上年增长 8.8%，扣除价格因素，实际增长 7.1%；人均生活消费支出 28396 元，增长 9%，扣除价格因素，实际增长 7.3%。农村常住居民人均可支配收入 22063 元，比上年增长 9.8%，扣除价格因素，实际增长 8.1%；人均生活消费支出 15050 元，增长 11.7%，扣除价格因素，实际增长 9.9%。城乡居民收入比由 2014 年的 1.819 缩小至 2015 年的 1.802。

【统计调查】 2015 年，国家统计局佛山调查队多措并举，切实抓好各项统计调查工作。

常规调查工作。一是不断强化一体化住户调查工作规范，严格把好数据采集、审核、评估和上报四大关口，大力提升记账数据质量和调查工作水平。二是有序推进价格调查基期轮换和权数测算工作。结合新目录调整方案，新增近 200 个代表规格品和 15 个消费价格调查点，新增产值超 20 亿元和生产稳定的工业生产者价格调查代表性企业共 41 家，并保障全市 353 家样本企业按时完成权数调查网上填报。三是多方联动完成首次农民工市民化动态进程监测调查。与各级统计机构、流动人口管理部门密切配合，完成 670 个村（社区）抽样框的流动人口摸底、20 个抽中住宅小区建筑物摸底和 315 户农民工住户现场调查工作。四是加强规下工业样本核查、培训宣传、审核查询和台账建设等基础工作，确保全市 363 家规下工业企业按时完成联网直报。五是统筹协调推进新设立小微企业跟踪调查。联合市工商局，优化跟踪调查实施办法和查找方式，确保真实反映新设立小微企业生产经营情况。六是扎实做好主要畜禽监测、规下服务业、限额以下批零住餐行业、采购经理等常规报表工作，强化样本企业和个体户的动态管理与维护，确保调查工作顺利开展。

规范化示范点建设。出台《佛山市城乡一体化住户调查规范化示范点建设实施方案（试行）》，以建设规范化示范点为突破口，在全市住户调查小区中统一开展规范化建设工作，并通过考核评分树立优秀典型，以点带面，进一步提高全市一体化住户调查的规范化水平和数据质量。

基层调查样本维护。从严从实做好畜禽监测样本调整工作，对全市五区共 1586 户散养户、1256 户大中小型养殖户的相关情况进行调查摸底，新增畜禽监测养殖单位 23 家；除正常年度样本轮换外，轮换老化或迁走的一体化调查户 66 户，新增规下工业非目录企业 67 家，采购经理、小微商业等调查的样本企业得到及时增加补充。

直接调查和基层走访。进一步转变机关作风，落实国家统计局佛山调查队市队领导挂点联系基层制度，加强到基层调研走访、指导和开展直接调查力度。全年共走访企业、调查户超过 1200 家（户），通过直面调查对象，坚持现场调查，有效提升调查对象配合程度和数据的准确性。

数据质量检查评估。建立数据质量检查和评估的常态化机制。在一体化住户调查中，每季度随机抽选 25% 的调查小区账本进行记账质量抽查，全年达到样本全覆盖。在价格调查、规下工业调查中，加强对联网直报企业数据的监控管理，建立市、区、镇三级联审工作机制，实现上报 1 家实时审核查询 1 家，全面监测企业数据上报情况。其他专业认真贯彻执行数据质量检查制度，结合日常业务工作开展情况和数据报送情况，通过电话回访、网报平台数据筛查、自查、走访等方式开展数据质量检查，全年共检查 509 家，其中实地走访、检查 101 家。

信息化建设与应用。稳步推进住户调查电子记账，全年分省样本城镇电子记账户数达到 220 户，占全部记账户的 46%，顺利完成国家统计局广东调查总队下达的任务要求；农民工市民化监测调查 100% 采用 PDA 采集数据；大力提升企业联网直报率，其中，居民消费价格调查、工业生产者价格调查、规下工业、采购经理、规下服务业调查企业直报（直采）率均达 100%，固定资产价格调查直报率达 70%。

在完成常规统计调查任务的同时，国家统计局佛山调查队还按照上级的统一部署，圆满完成群众幸福感测评民意调查和基本公共服务均等化公众满意度调查；自行开展了佛山市城镇低收入居民家庭生活状况调查和佛山城镇低收入居民贫困代际传递调查等专项调查。

【统计服务】 2015 年，国家统计局佛山调查队以统计服务为抓手，发挥职能优势，着力打造优质调查品牌。一是加强新常态下的统计分析监测。通过召开座谈会、实地调研和问卷调查的形式，开展建筑业生产经营情况、房地产市场运行情况等多项重点选题调研。同时，主动跟踪、监测和分析经济社会发展过程中的新情况、新问题，开展各类短平快调研。组织撰写《区域经济一体化背景下的珠三角制造业发展研究》《佛山市房地产企业现状调研报告》等一批专题研究报告。二是不断优化统计数据资料服务。联合市统计局发布《2014 年统计公报》《佛山统计年鉴》等资料。独立编印《2014 年佛山市社会经济调查报告》《佛山调查与监测》等资料。全年共撰写报送统计调查信息 43 篇，被各级部门采用超 40 篇次，部分重要资料专送市委、市政府主要领导，并得到市政府相关领导的批示，为各级党政领导了解情况、制订政策和决策提供第一手详实的资料。通过《佛山日报》《广州日报》和佛山电台等媒体向社会公众发布调查数据、调查业务和主题活动的新闻稿件 60 余篇。三是加大服务调查基层力度。以业务开展为导向，突出优先保障重点调查和基层基础工作经费支出，做到专款专用，全年下拨各区项目经费同比有较大幅度增长。加大送培训下基层力度，通过集中培训、现场指导、电话讲解、专题座谈等多种形式，进行业务培训和指导累计达 2100 人次，不断提高调查人员业务水平、操作技能和数据处理能力。定期向调查企业反馈采购经理指数、小微企业税费负担和样本总体人均工资等情况，定期向记账户反馈家庭收支情况，为企业决策、家庭理财提供有价值的参考信息。同时，向样本企业全面发放“数据定点采集单位”牌匾。

【统计宣传】 2015 年，国家统计局佛山调查队制定《2015 年佛山调查队统计调查宣传工作实施方案》，开展多形式、常态化的业务宣传。一是充分利用异地务工人员市民化调查等新增调查专业、重点选题调研、培训会议、数据质量检查、走访慰问等机会，向基层统计人员、辅助调查员和调查对象派发各类宣传折页、宣传品等 1 万多份。二是制作电子记账、价格调查、异地务工人员市民化动态监测调查海报近 600 张，选择公交站台广告橱窗、住户生活小区电梯、商场超市等进行集中广告宣传，大力提升广大公众和调查对象对统计调查工作的认知和配合程度。三是把握好第六届“中国统计开放日”的契机，联合市统计局在佛山科学技术学院开展“统计调查进高校”活动，并向全市统计调查人员、调查对象和社会公众发送宣传短信近 10 万条，提升了宣传的覆盖面和效果。

【统计法制建设】 2015 年，国家统计局佛山调查队大力推进统计法制建设。一是推进统计执法工作。严格执行统计法律事务书告知制度，围绕样本轮换和企业统计人员变动情况增发补发《统计法律事务告知书》，累计发放并收取回执共 1478 份。针对数据波动异常、上报时间较迟、配合程度不高和报送不规范等问题，梳理出统计执法重点名单并开展执法检查，共检查企业 29 家，其中立案并结案 2 家（均因为提供不完整或不真实统计资料案），给予了警告处罚。二是推动统计法制深入人心。通过统计执法专题培训交流会、年报会、专业培训会、辅助调查员培训会等契机，利用动漫教学、案例分析和有奖竞答等多种生动活泼的形式，采取分层培训策略，提高普法培训实效，全年累计培训人员 700 人次。围绕“12·4”和“12·8”等法制宣传日，联合市统计局、三水区局队举办大型广场普法活动，与市民开展面对面交流互动，扩大普法效果。组织全市约 300 名调查对象参加广东国家调查系统普法知识竞赛。

（许雁雁）

地方统计

【统计改革创新】 2015 年第三季度开始，佛山市对各区地区生产总值实施统一核算，首次实现市、区地区生产总值数据制度层面上的完全统一。历时近一年的努力，研究设计了针对全市“互联网+”应用示范企业的统计报表制度，积极探索“互联网+”统计方法。开展全省农业综合统计报表联网直报试点，先后完成需求分析、制度开发、现场试点、业务集训等工作，并在农业日常统计实行“双轨制”报送方式，为农业统计联网直报积极探索路子。开展投资项目核查工作，实施改革试点及数据试填报，深入推进固定资产投资统计改革工作；协调市、区调整的2015年度节能目标，实现省、市、区三级的有效衔接，稳步推进能源统计改革。全面采用手持电子设备采集数据，开展月度劳动力调查，推进就业统计改革。推进规模以上服务业企业季度改月度联网直报。推动数据发布由“文字化”向“形象化”转变，加快构建文字、表格、图形、视频等多样化统计产品体系，用可靠数据准确反映工作的实际成效，发挥统计的职能作用。

【统计基础建设】 2015年是“统计基层基础建设年”，佛山市统计系统认真贯彻落实广东省政府办公厅《关于加强统计基层基础建设的意见》，先后赴河源、中山等地学习统计基层基础建设先进经验，会同市编办对市辖五区共32个镇（街）的统计基层基础建设情况进行调研，积极协调推动镇（街）配备与统计工作任务相适应的专职统计人员，稳步提高基层队伍人员待遇，缓解基层统计压力。严格贯彻广东省统计局《关于贯彻〈统计上严重失信企业信息公示暂行办法〉的实施细则》，开通统计上严重失信企业公示平台并在“佛山统计信息网”公示。加大统计执法随机抽查力度，规范统计执法行为，全年统计执法检查累计超200家次。创新宣传模式，突出以案说法，集中开展“12·4”普法宣传活动，顺利完成全市“六五”普法验收工作。参加第六届“中国统计开放日”活动，宣传统计形象，传播统计文化。通过门户网站、微博，及时解答群众疑问，听取对统计工作的意见和建议。

【重大普查调查】 2015年，根据全国1%人口抽样调查部署，佛山市统计系统各级调查机构完成了业务培训、宣传动员、综合试点、入户调查、事后质量抽查等工作，首次采用联网直报和手持电子终端完成8.1万户、20.1万人的登记调查。2015年3月开始，按照第三次全国农业普查部署，先后完成普查机构筹建、普查方案设计调研、编制经费预算等工作，为后续普查开展奠定基础。先后在《佛山日报》等媒体上发布3期第三次全国经济普查主要数据公报，认真开展普查资料的开发应用工作，完成12个普查研究课题，出版普查年鉴。开展基本单位、投资消费、人口就业、社会科技文化、能源资源、环境气候、企业创新、妇女儿童、临时救助、非公人才资源等专项调查。

【统计服务保障】 2015年，佛山市统计局积极开展新常态下的统计分析研究，密切关注经济运行中的热点难点问题，强化宏观经济运行统计监测，加强季度经济运行情况分析报告，努力做好统计数据为全市发展大局的有效服务，全年完成经济运行情况分析近20次。继续抓好“十二五”规划末期、《珠江三角洲地区改革发展规划纲要（2008～2020年）》“九年大跨越”、节能减排、小康社会等考核指标监测；配合有关部门做好绩效考核、环境保护、对口扶贫等的数据监测工作。做好主要指标全年预计完成情况、《珠江三角洲地区改革发展规划纲要（2008～2020年）》目标建议、市“十三五规划”目标建议等工作。丰富统计服务产品，强化统计资料开发，充分发挥统计年鉴、统计月报等的作用，改版扩充数据发布内容，全年编辑出版统计月报11期、统计年鉴1期。强化专题研究，推出一批针对性强、参考价值高的统计分析精品，形成50余期统计分析资料、13期统计专报、19期统计报告和13篇经济普查统计分析课题集，为党委、政府科学决策提供重要参考，多篇统计分析报告受到市主要领导的批示。推进统计政务公开，及时发布重要统计数据，积极主动公布有关统计标准和方法，为社会公众释疑解惑。

【统计格局构建】 2015年，佛山市统计局进一步加强与国家、省统计部门的沟通联系，争取上级的业务指导、政策支持。加强市、区两级的沟通，围绕全年工作重点、关键指标、考核目标，及时与各区统计部门做好沟通、衔接，为圆满完成全年工作奠定基础。深化完善与经信、科技、商务、发改、工商、质监、税务等的部门联动、数据共享、信息互通、相互配合的统计机制，全年就工业技改投资、珠江西岸先进装备制造业、高新技术企业、珠三角规划纲要考核等指标以及基本单位名录库更新进行数据共享、交流、互通。

（严国恒）

审　计

【综述】 2015年，佛山市审计机关开展审计和专项审计调查项目81个（不含顺德，下同），查出违规问题金额5674万元、侵害群众利益问题金额3586万元、损失浪费金额170万元、管理不规范金额88.37亿元，为国家增收节支5158万元，其中上缴财政4663万元、归还原渠道资金494万元，审计后挽回或避免损失175万元。向纪检监察机关和有关部门移送处理事项6件，涉及金额1.13亿元。出具审计报告100份，提交综合性报告、专题报告、信息简报等82篇。审计信息被党政领导和有关部门批示采用14篇次，向被审计单位或有关单位提出审计建议254条。

【稳增长等政策措施落实情况跟踪审计】 2015年，佛山市审计机关继续把监督检查稳增长等政策措施的落实情况作为各项审计的重要内容，围绕项目落地、资金保障、简政放权、政策落实、风险防范“五个抓手”，完成棚户区改造、城镇保障性安居工程建设、养老服务业政策措施落实情况的跟踪审计；关注生态环境保护和节能环保产业发展以及工业转型升级政策措施落实情况；对盘活财政存量资金以及重大项目财政资金的到位使用情况进行跟踪检查。依法揭露违法违纪重大问题，及时提出审计意见和建议，督促相关责任单位整改落实，确保各项稳增长政策措施得到有效贯彻落实。

【财政审计】 2015年，佛山市审计机关对30个单位开展预决算执行审计，共出具审计报告37份，查出主要问题金额72.01亿元。完成市本级2014年度财政预算执行和其他财政收支情况审计，完成对禅城区、高明区、三水区2014年度财政决算的审计工作。重点延伸审计市财政补助各区资金的使用情况、市产业金融引导专项基金管理情况。

【经济责任审计】 2015年，佛山市审计机关对19名领导干部开展经济责任审计，其中任中审计10人、离任审计9人，查出违规金额69万元、管理不规范金额13.65亿元。重点推进2个镇（街）党政主要领导干部经济责任异地同步审计。对镇街经济责任审计项目发现的问题进行综合性分析，向市委提交专题报告，助力“堡垒型+服务型”基层党组织建设。

【重点民生项目审计】 2015年，佛山市审计机关对佛山市2014年城镇保障性安居工程的投资、建设、分配、运营等情况进行跟踪审计。重点对12个保障性安居工程项目的开工情况、29个项目的基本建成情况、10个项目的工程建设和质量管理情况进行了检查。

【政府重大投资项目审计】 2015年，佛山市审计机关开展11个重大投资项目审计，延伸审计16个单位，出具审计报告8份、专项审计调查报告3份，查出主要问题金额1.76亿元。佛山市审计局继续对2个重点工程项目实施全过程跟踪审计，及时纠正24项不规范招标文件。对1个路桥工程项目资金和建设管理情况进行审计，审计发现工程建设进度滞后、经费支出与资金使用管理不规范等问题。

【援疆发展资金和项目跟踪审计】 2015年8月15日至9月10日，佛山市审计机关对广东省对口支援新疆工作前方指挥部驻伽师县工作队负责的、截至2015年7月底对口支援新疆维吾尔自治区伽师县的资金和项目管理情况，进行跟踪审计。

【企业审计】 2015年，佛山市审计机关开展6个企业审计项目，揭示国有资产运营过程中存在的未及时收缴国资收益、资产出租和工程发包管理不规范等问题，并专题上报党委、政府，促使国有企业修订完善公司管理制度、财务、“三重一大”决策、资产、招投标等管理办法。

【专项资金审计】 2015年，佛山市审计机关开展13个专项资金审计和调查，延伸审计单位82个，审计专项资金总额63.55亿元，审计查出主要问题金额7262万元。其中，佛山市审计局对12个市级预算单位2014年度“三公”经费管理使用情况进行专项审计调查，审计发现“三公”经费管理使用方面仍存在预算管理不够严谨等问题。

【“审计巡查”新模式】 2015年，佛山市审计机关结合佛山经济社会发展和审计监督环境的实际，探索采用“审计巡查”新模式。通过派出审计组到审计对象单位召开座谈会、查阅有关制度文件、翻阅有关账目凭证等形式，及早提醒和帮助改正存在问题，预防出现重大违纪违规问题。主要在11个市直行政事业单位进行试点工作，8人耗时8天发现被审计单位苗头性问题35个，提出审计建议46条，提供审计业务咨询意见25条，协助建立健全规章制度9项，早提醒早预防的模式赢得被审单位的一致好评。

【审计制度建设】 2015年，佛山市编制了《佛山市审计局2015～2019年审计监督全覆盖五年工作规划》，科学合理安排重要政策措施执行审计、财政审计、社会保障审计、经济责任审计、固定资产投资审计和资源环境审计等七大方面的审计内容和审计重点，明确佛山市审计局未来五年的整体审计工作格局；制定了《关于加强对区级审计机关领导的意见》，提出市审计局领导要加强对区级审计机关的日常联系和指导，加强对区级审计机关编制年度计划指导，抓好区级审计机关领导班子和审计队伍建设，有效发挥审计监督合力。

（陈嘉文）

质量技术监督

【综述】 2015年，佛山市质量技术监督行政管理体制调整工作圆满完成，市质监部门正式划归地方党委政府管理。2015年佛山市共有省名牌产品449个，占全省总数的23.9%，位居全省各市之首；获国家质检总局批准创建“全国质量强市示范城市”；全市工业产品在国家、省、市三级产品质量抽检中综合不合格发现率12.3%。截至2015年年底，全市企事业单位累计主导或参与制、修订国家标准804项、行业标准578项、地方标准33项，发布实施联盟标准56项，创建“标准化良好行为企业”125家，创建标准化各级试点示范区29个，主要工业品采用国际标准认可总数为2502个。2011～2015年，佛山市连续五年特种设备“零死亡”，佛山市质监局连续四年被评为安全生产优秀单位。

【质量强市】 2015年，佛山市质监局大力开展区域品牌建设，将更多的资源由单一企业向产业集群倾斜，努力打造一批全国有名的区域品牌，积极申报南海半导体照明、禅城不间断电源、张槎丝光棉针织服装产业“全国知名品牌示范区”并获批创建，全市获批和在建的“全国知名品牌示范区”总数达到7个，在全省乃至全国均名列前茅。顺利完成2015年佛山市政府质量奖评审工作，广东美的厨房电器制造有限公司、广东溢达纺织有限公司、蒙娜丽莎集团股份有限公司、广东兴发铝业有限公司、佛山市恒力泰机械有限公司等5家企业获“2015年佛山市政府质量奖”。积极发动全市优秀企业申报各级政府质量奖，推荐5家企业申报省政府质量奖、1家企业申报中国质量奖。至2015年年底，全市累计获得省级以上政府质量奖企业12家。

【行业龙头企业培育】 2015年，佛山市质监局选取铝型材、陶瓷及水暖卫浴2个全市性行业和半导体电照明、不间断电源、塑料皮革、电子信息4个区域性行业作为重点培育对象，针对这6个行业中的骨干企业在转型升级中遇到的障碍，分别从科技创新、智能化改造等9个方面，研究提出解决方案，制订出139个项目作为工作抓手，组织各区及有关职能部门通过政策、资金等手段实施有效扶持，质监部门侧重在品牌建设、标准化战略、管理创新、检验检测等方面给予大力帮扶，帮助骨干企业越过障碍加快发展，并将成功的经验在行业内推广，带动整个行业提质增效。

【技术标准战略】 2015年，佛山市质监局面向社会公开征集先进装备制造业标准化项目，对通过评审的22项装备制造标准化项目共给予282万元的经费奖励（资助）。组织对全市联盟标准工作开展专题调研，总结联盟标准对产品质量提升、效益提升、产业提升中发挥的作用，指导各区开展联盟标准工作，明确联盟标准的制订、实施、管理等工作要求和指导意见。推动佛山市首份工业旅游联盟标准《工业旅游景点服务规范》发布实施，详细规定工业旅游的定义、分类、基本要求、服务项目、消费者权益保护等11款48项内容，为联盟成员单位开展工业旅游提供标准依据和技术规范。推动成立佛山市模具产业和磁选设备产业标准联盟，指导开展行业联盟标准的制定实施，对佛山市打造万亿规模先进装备制造业具有重要意义。指导南海区公共资源交易中心开展政府采购服务国家级服务业标准化试点提升建设工作，政府采购省级服务业标准化试点以98分的高分通过考核验收。稳步推进电子商务、工业旅游、养老服务、旅游休闲等省、市级服务业标准化试点的建设工作。

【诚信计量】 2015年，佛山市质监部门对253个集贸市场、213家卫生医疗站、21个计生服务单位开展强检计量器具免费检定工作，免费检定计量器具共计16802台（件），免收检定费用65.7万元。新建社会公用计量标准27项，强制检定计量器具27.04万台（件），对全市118家检验检测单位的资质认定情况进行核查。加强能源计量监管，对100家企业能源计量器具配备和管理工作进行核查，完成94台锅炉能效测试，督促企业落实节能降耗工作；开展节能技术服务，为16家企业提供清洁生产审核咨询服务，并指导帮助其顺利通过审核，帮助2家企业完成锅炉清洁生产检测及分析报告。

【特种设备安全监管】 2015年，佛山市质监部门累计完成使用管理权者确认电梯3.1万台，占全市在用电梯的99.3%；新投入使用电梯的确认率达100%；1.9万台电梯购买了责任保险；完成电梯限速器动作速度校验1.1万台次。将特种设备安全管理信息系统成功纳入市“职能安监”项目，并通过立项评估。佛山市质监局继续以发现安全隐患和排查安全隐患为主要工作抓手，严防系统性风险，着力将特种设备安全问题解决在萌芽状态，对出现的问题相应发出安全监管工作建议书、风险警示、责令整改等，以解决“人机比”严重失衡的问题。全年共提出特种设备安全风险防范措施和建议45项、发出安全隐患风险警示12份，发现并消除特种设备安全隐患2500个，将大量安全隐患解决在萌芽状态。

【质监行政执法】 2015年，佛山市质监局行政执法监管信息化平台全面投入使用并运作良好，全年查办案件70宗，在案件的立案审批、现场检查等环节均全程电子化录入、审批、监控、调用、统计、分析，对案件办理各环节进行全程监察预警，极大地促进办案工作的信息化、网络化、规范化、透明化。2015年，佛山市质监局共出动执法1488人次，立案查处违法案件70宗，查获假冒伪劣商品货值近500万元，受理产品质量举报投诉案件100宗，处理“12345”行政服务热线转办的质监业务工单209宗，全部依法依规妥善处理。

【检验检测平台建设】 2015年，佛山市检验检测平台对96家企业共开放EMC试验室约500小时，减免试验和场地费用58万多元。佛山市成功获批筹建国家铝型材及门窗制品质量监督检验中心和省级生态纺织检验站。加快建设集产品送检、报告查询、业务咨询、缴费等功能于一体的互联网综合服务平台，方便企业查询认可项目、在线下单和报告进度查询等。

【质监队伍建设】 2015年，佛山市质监局认真做好质监行政管理体制改革，不断强化风险防范教育，有力保障改革期间“思想不乱，工作不断，队伍不散”。推动佛山市政府出台《佛山市质监行政管理体制调整实施方案》，顺利完成广东省质监局与佛山市政府、佛山市质监局与各区政府签署质监行政管理体制调整交接协议工作。组织各区质监部门按照“统一政策、统一方法、统一步骤”的原则开展资产清查和资产移交工作。紧贴质监工作实际，开展6期“中层干部业务讲坛”活动，提高干部的学习、创新、沟通和服务能力。

（管东东）

安全生产

【综述】 2015年，佛山市紧抓安全生产预防控制机制建设，市政府印发《安全生产风险管理规定》，2000余家风险源企业导入信息平台。全年组织“双盲”应急演练4次。全年全市共发生各类事故3698起，死亡633人，受伤2463人，直接经济损失6765.65万元，事故起数、死亡人数、受伤人数和直接经济损失与上年同期相比分别下降22.91%、5.1%、34.18%和31.81%。

其中，全市工业商贸企业发生职工伤亡事故21起、死亡25人、受伤3人、直接经济损失1890万元，与上年同期相比分别为下降4.55%、35.9%、80%和61.93%；发生道路交通事故2311起、死亡593人、受伤2447人、直接经济损失617.38万元，与上年同期相比分别下降30.62%、3.73%、34.13%和11.73%；发生火灾事故1365起、死亡14人、受伤13人、直接经济损失4223.27万元；发生水上交通事故1起、死亡1人、直接经济损失35万元。

全市没有发生渔业船舶事故，教育、水利、公用事业、民爆等行业或领域没有发生重伤以上生产安全事故。

全年全市共发生8起较大事故，分别为南海区“2·10”较大火灾事故、三水区“3·15”较大中毒事故、广昆高速“4·9”较大道路交通事故、顺德区“8·3”较大坍塌事故、南海区“8·12”较大道路交通事故、广珠西线高速“8·21”较大道路交通事故、南海区“10·16”较大火灾事故、西二环高速“10·27”较大道路交通事故。

【政府安全生产监管机制体制建设】 2015年，佛山市委、市政府修订《市党政领导班子成员安全生产工作职责》，出台《关于完善“党政同责、一岗双责”制度的实施意见》，建立市、区新提拔干部到安监部门挂职、全面落实镇（街）常务副职分管制度，对43个单位安全生产职责进行完善调整。创新建立“约谈+预警”新模式，每季度全市安全生产工作会议增设现场诫勉谈话环节，及时召开较大事故预警会议，形成监管合力。年内，市政府依法依规从严查处8起较大事故，提级调查3起造成较大影响的一般事故，共追究15人刑事责任，行政处罚18家企业、9名企业人员，追究67名政府工作人员责任。

【安全生产监管模式变革】 2015年，佛山市委、市政府高规格实施安全生产“三大行动计划”（即：全市企业负责人政策宣讲计划、“互联网+”安全生产计划、重点行业安全生产指引计划），建立“每周一碰头、每月一小结、每季一通报、每年一考核”机制。全市全年完成39.1万家企业负责人政策宣讲、签订重点企业承诺书41137份；采集隐患照片9万余张，企业上报隐患图片81万张；制定26份重点行业安全生产指引，90份个性化隐患排查标准。9月，市安全监管局、市人力资源和社会保障局等12个部门联合出台《佛山市安全生产激励约束意见》，将安全生产与企业信用管理、银行信贷、工伤保险费率等全面挂钩。安监、环保、消防、食药监四部门建立联合执法工作机制，全年开展联合执法458次，检查企业803家，实施经济处罚85次，提高政府监管有效性。

【安全生产基层基础建设】 2015年，佛山市有5663家企业完成安全生产标准化创建，累计创建达标企业20754家，达标总数和达标比例继续位居全省第一。11月，市政府出台适当增加基层专职安全员的实施意见，重点是增加配备镇（街）特别是特大镇的安全监管人员，增加持有行政执法证人员，要求各区重视村（社区）、经济社配备专职安全员。

【安全生产专项整治】 2015年，佛山市在广东省率先出台危险化学品安全监管和使用规定，有效完成危险化学品重点县和重点企业治理攻坚。强化烟花爆竹经营安全，共查处3处非法储存仓库，销毁烟花爆竹6吨。市政府出台《关于加强大型群众活动安全生产管理工作的通知》，公安、消防、住建、文化、安监等部门密切配合、协调联动，确保全市336场次大型活动逾608万人次的安全。

【职业健康监管】 2015年，佛山市连续四个季度职业健康监管工作综合评价全省第一。按照国际通用规则，制定出台并有效落实《职业安全健康分类分级监督管理办法》。9月23日，佛山市安全监管局作为全国唯一地级市代表获邀出席全国职业安全现场会并介绍经验。

【安全文化建设】 2015年，佛山市首次获得广东省安全生产知识竞赛和粤港澳安全知识竞赛“双料”冠军；南海区里水镇一举通过“国际安全社区”现场认证，成为全省地级市第一个“国际安全社区”；佛山市636所中小学选聘了“安监校长”，成为市“675”普法品牌。在各大媒体打造安全生产宣传品牌，“电波中的安全服务中心”“安全生产知多D”“最佳安全拍档”“谁在威胁我们的安全”等专题吸引全市1000多万人次收听收看。组织开展安全夏令营、安监小卫士评选、安全生产户外体验活动等大型户外宣传互动活动，吸引全市不同阶层的群众关注安全生产。

（冼碧玲）

食品药品监督管理

【综述】 2015年，佛山市共有食品生产企业854家，食品小作坊328家，食品经营企业（含酒类经营企业）53103家，农贸市场548个，餐饮服务单位20348家，中央厨房19家；药品生产企业47家，药品批发企业80家，药品零售连锁企业22家，药品流通企业4113家；保健食品生产企业11家，零售企业4657家；化妆品生产企业82家，化妆品经营企业8425家；医疗器械生产企业263家，医疗器械批发经营企业461家。佛山医疗器械行业集中度高、产业优势明显，牙科综合治疗椅、中心静脉导管、义齿加工等主导品种在全省及全国处于优势地位，牙科综合治疗设备约占全国总产量的一半。

【食品药品监管体系建设】 2015年，佛山市食品药品监督管理局通过一系列措施，推进食品药品监管体系建设进一步完善。一是建立目标责任机制。出台《2015年佛山市建设食品安全示范市重点工作实施计划》，明确全年重点工作和责任单位。由市政府和各区政府签订食品（农产品）安全责任书，将全市食品安全工作任务细化分解落实到相关部门。与市编办联合下发食品药品监管部门市、区层级管理权责划分指导意见和清单，完成对行政审批事权、行政审查权责、行政处罚事权等的划分，明晰监管责任。二是建立工作推进机制。印发《关于进一步加强市食安委沟通联络及专项督办工作的通知》，每季度召开市食品安全委员会办公室工作例会，研究解决重点难点问题，从制度上保障了食品安全工作的有序推进。三是建立督查考核机制。对各区和有关部门食品安全监管工作做到“月汇报、季督查”，并将食品安全工作纳入对下级政府领导班子的绩效考核内容，确保全市食品安全各项工作有序开展。

【食品药品技术支撑】 2015年，佛山市食药监管部门不断增强和完善技术手段，食品药品监管技术得到强化。一是食品药品检验检测能力不断增强。全年全市完成食品抽检13762批次，药品抽检950批次，医疗器械抽检101批次，化妆品监督抽检62批次，保健食品抽检49批次，省级药包材抽检10批。市食品药品安全“百日行动”期间，共投入抽检经费近20万元，检测非法添加化学药品专项检品共计115批次；对疑似非法添加化学药品样品进行快筛检验达120余批次；检测“病死猪”涉案样品40批次；早餐食品（检测项目为铝残留量、硼砂）突击抽检740批次。市食品药品检验检测中心顺利通过资质认定现场评审，食品、食品添加剂的资质能力覆盖率超过90%、95%。禅城区、南海区投入10辆食品快速检测车，为市民免费提供蔬菜水果农药残留、猪肉瘦肉精含量等快检服务，受到市民欢迎。二是药品不良反应监测体系继续完善。积极推进医院ADR集中监测系统与医院信息系统的对接。开展化妆品不良反应监测试点工作，将佛山市第一人民医院等7家医院作为化妆品不良反应监测哨点。对市内50家医疗机构进行走访和真实性核查，提高药品不良反应报告质量。全年全市共上报药品不良反应报告2499例，新的（严重的）ADR报告占报告总量的30.01%，所有严重的报告比例占报告总量的15.49%；医疗器械不良事件共上报869例；化妆品不良反应报告103例。三是信息化建设顺利推进。市食药监局从2014年12月开始实施每月监管平台使用情况通报制度，在全市食药监系统应用过程中将信息惠民工程建设与局信息化项目有机结合，同步开展。至2015年年底，市食药监局信息化建设完成全部建设任务，其中2015年开展的农贸市场管理系统升级改造、信息惠民移动终端综合服务系统等项目全部通过终审验收。

【食品安全监管成果惠及民生】 2015年，佛山市全市有市级以上农业龙头企业46家、无公害农产品产地85个、市级“菜篮子”基地45个。全市累积完成268个1000平方米以上的农贸市场升级改造，投资达到3.6亿元。新增“阳光厨房”1472间，全市共有3490家餐饮服务单位建成“阳光厨房”，其中105家实现了在线监控；部分学校建立了“明厨亮灶”手机终端平台，家长可随时随地利用APP软件观看后厨情况。打造食品安全“千家示范工程”，在种植、养殖和食品生产经营等环节建设了1280家食品安全示范点。开发食品溯源平台，酒类等重点品种和部分餐饮单位已开展食品安全电子追溯体系试点应用。已建成的10个食品集中加工中心，入驻经营户达228户，占全市所有小作坊的69.5%。在此基础上，南海区创新制定了省内首批关于烧腊制品的联盟标准，弥补了烧腊行业生产无标准、许可监管无规范的空白，为食品集中加工中心实施企业化、标准化管理提供技术支撑。

2015年6月，经第三方机构开展的示范市工作验收评估，佛山市基本达到创建食品安全示范市目标，各项重点工程效果明显，部分创新性举措形成示范效应。

【药品监管实现全程管控】 2015年，佛山市建立药品风险信息集成研判制度，坚持以问题和风险为导向，有针对性和高效性地开展监督检查，推进新版药品GMP认证，促进产业优化升级，辖区内全部在产药品生产企业均已实施新版GMP；以贯彻新修订GSP为主线，通过“区域网格化、管理信息化、监管精细化”，有序完成84家药品批发、零售连锁企业GSP认证任务。充分利用电子监管手段，对特殊药品、含麻制剂和慢病名药等品种实施靶向监管，有效查找违法案源并预防系统性风险。开展植入、介入类等医疗器械生产企业专项检查、医疗器械“五整治”专项行动“回头看”、体外诊断试剂质量评估和综合治理等专项行动，共检查医疗器械生产企业264家次、医疗器械经营企业60家次（不含区局）、医疗器械使用单位（医疗机构）305家次。深化保健食品打“四非”工作，检查生产企业8家次、经营企业2620家次，抽检保健食品31批次，共立案17宗。推动化妆品“四打一规”专项整治行动，共检查生产企业69家次、经营企业2352家次，发出责令整改通知书657份。

【食品药品网格化监管模式】 2015年，佛山市全面实施食品药品网格化监管模式。一是出台《佛山市食品药品监管系统推进食品药品网格化监管工作指导意见》，并陆续出台食品、药品、保健食品、化妆品及医疗器械网格化监管工作实施方案，完成食品药品网格化监管工作部署。二是根据网格监管职责、网格划分情况、网格监管人员以及网格监管对象等信息，完成佛山市二级、三级、四级网格化监管职责、网格员及直管企业一览表的梳理工作。三是依托信息化手段提升网格化监管效能。12月初，广东省食品药品监督管理局基于GIS地理信息系统的监管信息化系统正式上线运行，各级监管人员通过移动终端即可完成基础信息采集、监管信息流转等工作。

【食品药品风险防控】 2015年，为完善佛山市食品药品安全风险防控与治理体系，佛山市制定出台《佛山市食品药品监督管理局2015年风险及其应对权责清单》。在食品生产环节，印发《食品生产环节监管实用手册》，对全市22家食品添加剂生产企业进行《食品添加剂标示通则（GB29924-2013）》的宣传贯彻。在食品流通环节，出台《关于加强农贸市场食用农产品质量安全监管的指导意见》，强化市场准入监管，推广应用广东省婴幼儿配方乳粉追溯系统。至年底，全市实际经营婴幼儿配方乳粉许可企业847家，加入率、上报率均实现100%，全省排名第一。在食品餐饮环节，印发《佛山市非经营性场所集体聚餐食品安全管理办法》，对城乡居民集体聚餐实行申报备案与现场指导、督促规范相结合的管理制度，逐步将佛山市城乡居民集体聚餐纳入管理，最大限度降低聚餐食品安全风险。试点建立建筑工地食堂联合监管机制，市食药监局、住建局、交通运输局、水务局联合下发《关于加强建筑工地食堂食品安全监管工作的通知》及《建筑工地食堂食品安全专项整治工作方案》，逐步形成集体食堂的协同共管格局。向73家建筑工地食堂核发餐饮服务许可证，对6家建筑工地食堂实施备案管理，关停不合格建筑工地食堂13家。

【食品药品稽查打假】 2015年，佛山市食品药品监管部门通过强力措施，稽查打假工作有力推进。一是“秋风行动”取得突破。市食药监管部门联合公安部门打掉横跨肇庆、番禺、佛山，集收购、屠宰、加工、销售于一体的病死猪肉非法加工销售链条案，查扣肉品13吨，抓获犯罪嫌疑人15人，副省长李春生对此案作出批示予以肯定。二是打击非法添加成果大。全年全市共立案273宗，取缔窝点57个，移交公安案件244宗，抓获涉案人员223人。三是“自选行动”卓有成效。如高明区组织开展非法生产经营烧卤熟肉制品清查行动，取缔非法生产经营熟肉窝点34个；南海区开展熟食食品市场准入清理整顿专项工作，立案20宗；禅城区组织公安、工商、综合执法等多个部门，区、镇联动清理豆腐小作坊行动，打掉地下黑作坊7个。四是“两法衔接”逐步完善。在原有市、区公安与食药监部门联合执法办公室的基础上，市、区均新挂牌成立食品药品违法犯罪侦查支（大）队。同时，建立分层级联动机制和“两法衔接”联络员制度，明确部门职责，规范涉案物品后续处理程序。

食药监部门与公安部门联合执法方面，全年市、区联合公安行动50多次，联合查处一批影响大、范围广、链条长的食品药品违法犯罪案件，有力震慑食品药品违法违规行为。全年全市共立案2942宗（“百日行动”期间立案2055宗），涉案货值2185万元，没收、查扣物品货值1889万元，罚没款1323.6万元，吊销许可证8个，捣毁窝点1329个（含无证经营），移交公安案件473宗，刑拘922人，提交批捕840人。协查、核查案件171件，办理投诉举报和咨询4977件。全年查处的案件总量、罚没款同比上年实现增长，其中案件增加565宗，增长26.5%；罚没款增加178.98万元，增长27.3%。

【食品药品质量安全主体责任落实】 2015年，佛山市为加强食品药品质量安全监管，进行落实主体责任制。一是增强示范企业的责任意识，引导企业重视质量安全。全年全市累计举办企业培训班8场，培训从业人员1500余人次。二是对食品生产企业、餐饮服务单位、药品批发（连锁）企业实行信用分类，按类进行监管。全市食品生产企业、药品批发（连锁）企业分级监管覆盖率达100%，餐饮服务食品安全监管量化分级覆盖率达98.7%，新增食品安全等级A级餐饮服务单位149家。三是出台食品药品安全“黑名单”制度，明确将有严重违规违法或多次违规违法的企业以及相关从业人员纳入行业黑名单，通过媒体向社会公布，进一步加大对诚信缺失的治理力度。

【食品药品质量安全社会共治】 2015年，佛山市积极发动社会力量参与食品药品监管，形成食品药品质量安全社会共治的格局。

创新开展食品药品质量安全宣传活动。一是塑造佛山食品药品卡通形象代言人“飞鸿君”，提出食品药品安全“全民功夫大行动”宣传口号，彰显佛山地方文化特色。二是与佛山日报社联合举办“食品（农产品）安全示范市建设成果专题宣传暨市民考察团活动”，活动吸引超过3000名热心市民参与。三是首次发布《2015年度佛山市食品安全示范市建设白皮书》，并以举办主题座谈会方式，邀请知名学者、专家以及食品行业代表，进行全方位探讨，受到社会广泛关注。四是灵活运用新媒介，在开通市食药监局官网、微博（新浪、腾讯和人人）的基础上，又启用了官方微信。五是组织食品安全“四进”、用药安全宣传月等活动，全年有6500多名群众参加各类食品药品现场宣传。重新修订《佛山市食品药品违法行为举报奖励办法》，最高奖励金额从原来的10万元提高到50万元，激发群众参与举报的热情。

强化食品安全政府信息公开。制定食品安全政府信息公开制度、新闻发布指南等规范，定期在佛山食品安全网发布食品抽检报告、风险预警，主动向媒体、市民公开佛山市食品安全信息，创造良好的社会舆论氛围。

（马亚男）

工　业

概　况

【综述】 2015年，面对国内经济增长放缓、国外经济不景气的外部环境，佛山市工业总体运行平稳，在面临市场低迷与转型发展双重压力的情况下，基本实现全年工业增长目标，为全市国民经济稳定增长提供了重要支撑。

工业经济总体运行平稳。全市完成工业总产值（规模以上，下同）19774.93亿元，同比增长7.9%。完成工业增加值4406.95亿元，占全省工业增加值的14.54%，占珠三角九市工业增加值的18%，在珠三角排名第三位；工业增加值同比增长7.9%，增幅高于全省（7.2%）和全国（6.1%）平均水平，增幅在珠三角排第四位。

工业投资呈现良好增长态势。全市完成工业投资1218.26亿元，同比增长26.5%，高于全省工业投资增长的平均水平（20.8%）。完成工业技术改造投资386.15亿元，增长38.6%，工业技术改造投资总额排在全省第一位。完成制造业固定资产投资累计1154.01亿元，同比增长28.4%。

民营工业增长较快。全市民营工业实现总产值13918.25亿元，占全市工业总产值的70.38%，民营工业总产值同比增长9.3%，高于佛山市工业总产值平均增速1.4个百分点，对全市工业增长的贡献率达81.8%，拉动全市工业增长6.5个百分点。

工业产品销售增长放缓。全市工业销售产值为19085.7亿元，同比增长7.1%。工业产品销售率为96.5%，比上年同期下降0.8个百分点。各月份工业生产者出厂价格指数（PPI）与上年同期相比持续下降，且降幅进一步扩大。全市工业产品出口总体呈下降趋势，工业企业出口交货值为2396.97亿元，比上年回落4.3%。

重点行业发展势头良好。全市各重点行业的发展势头总体良好。优势传统产业完成工业总产值7942.57亿元，同比增长8.1%；先进制造业完成工业总产值7543.51亿元，同比增长15.2%，高于全市工业总产值平均增速7.3个百分点；高新技术制造业完成工业总产值1426.46亿元，同比增长11.1%，高于全市工业总产值平均增速3.2个百分点。

各区工业经济持续增长。禅城区实现工业总产值2539.78亿元，同比增长6.4%，占全市工业总产值的12.84%。南海区实现工业总产值5301.17亿元，同比增长7.5%，占全市工业总产值的26.81%。顺德区实现工业总产值6297.1亿元，同比增长8%，占全市工业总产值的31.84%。高明区实现工业总产值2671.9亿元，同比增长8.4%，占全市工业总产值的13.51%。三水区实现工业总产值2964.97亿元，同比增长8.7%，占全市工业总产值的14.99%。

【产业结构调整】 传统制造业改造提升步伐加快。2015年，佛山市制定出台《佛山市推动新一轮技术改造促进转型升级的实施细则》《佛山市优质技改创新项目贷款风险补偿基金管理暂行办法》《佛山市扶持企业推进机器人及智能装备应用实施方案（2015～2017年）》等政策文件。全年全市共完成工业投资1218.26亿元，同比增长26.5%。其中工业技术改造投资386.15亿元，同比增长38.6%。全市共有895家规模以上工业企业开展了技术改造。佛山市工业投资额、工业技术改造投资额均位居全省第一，同比增速分别排珠三角第四位和第七位。实施“百企智能制造工程”和“机器引领”计划，引导传统制造业企业广泛应用机器人及智能装备，提升传统制造业的装备水平。全年全市共有162家企业开展机器人应用，应用工业机器人2800台。加快佛山高新区核心区和顺德高新区西部启动区2个智能制造示范基地建设，成功进驻一批智能制造企业，并获得省专项资金支持3.5亿元。全市共有19家智能制造企业被认定为省智能制造骨干（培育）企业，顺德区申报成为省、市、区共建机器人产业发展示范区。佛山市成为智能制造促进转型升级的典范，受到国务院通报表扬。

先进装备制造业发展亮点频现。装备制造业是佛山市传统十大优势产业之一，也是工业发展的重要支柱。一方面，佛山大力引进国内外著名设计机构，打造工业设计集聚地，提升产业附加值。广东工业设计城经过几年发展，至2015年年底，已有100多家优秀设计企业、1200多名设计师。云制造公共服务平台——“中国在线制造”已有近2万家企业“登云上线”开展业务，对家电、家具、陶瓷、纺织服装等传统产业进行整合。另一方面，实施产业链招商，在省明确以佛山为主打造智能制造装备、节能环保装备、新能源装备、汽车制造、生产性服务业等5个装备制造产业的基础上，结合自身实际，增加了卫星应用装备、海洋工程装备2个重点产业，形成了“5＋2”的重点发展方向，并有针对性地制订产业链招商计划。2015年，全市先进制造业完成工业总产值7543.51亿元，同比增长15.2%。其中，装备制造业完成工业总产值5933.34亿元，同比增长15.9%，约占全市工业总产值的30%。在全市规模以上的装备制造企业中，本土民营企业数量超过九成。2015年，佛山获批成为国家制造业转型升级综合改革试点。

绿色发展成效明显。2015年，佛山市单位GDP能耗下降5.64%，完成省下达的任务指标。开展电力需求侧管理城市综合试点，全市超过300家企业参与，可节约电力负荷和转移（减少）高峰电力负荷超40万千瓦。建成可持续、可推广的电力需求响应管理与运行系统，成为全国电力需求侧管理城市综合试点的创新亮点，获得国家预考核专家组的好评。加强重点用能企业监管，完成144家重点用能单位的现场节能监察，督促用能单位依法做好节能工作，对一些高能耗、高污染企业逐步进行淘汰。推动电机能效提升工作，实现电机能效提升132.28万千瓦，超额完成省下达的任务。大力发展循环经济，佛山市成功入选国家第五批餐厨废弃物资源化利用和无害化处理试点城市。积极推进清洁生产，新增60家省、市级清洁生产企业。全市共有广东溢达纺织有限公司的“热电厂脱硫脱硝清洁生产技术改造项目”和佛山市粤祥陶瓷有限公司的“节能新技术（工艺）推广应用示范项目（球磨机）节能改造项目”，以及佛山德众药业有限公司的“粤港清洁生产伙伴计划项目”等9个项目获得2015年省级专项资金421万元。

【自主创新能力提升】 2015年，佛山市共有高新技术企业716家，省级工程中心288家，市级工程中心463家，建有4个国家级科技企业孵化器、13个省级科技企业孵化器、9个省级众创空间。全年专利申请量39790件，其中发明专利申请量11504件，同比增长58.48%；专利授权量27523件，其中发明专利授权量2149件，同比增长93.78%。成功获批“国家知识产权示范城市”和“国家知识产权服务业集聚发展试验区”。

机器人与人进行五子棋对弈。

【佛山市机器人应用创新中心及产业联盟】 2015年3月23日，广工大数控装备协同创新研究院举办了“转型升级，智造佛山”佛山市机器人应用推广启动大会。会上，省级前孵化器试点单位、佛山市机器人应用创新中心揭牌，佛山市机器人产业创新联盟正式成立。

佛山市机器人应用创新中心以市场应用为导向，以广工大机械装备制造及控制技术教育部重点实验室等3个国家（省）级重点实验室、佛山市机器人产业创新联盟为依托，以“百人计划特聘教授”博士团队等7个技术团队、广东工业大学、广工大研究院专家技术委员会以及佛山机器人学院为智囊，以机器人控制系统核心技术、机器人多领域建模仿真与优化技术等6个核心技术为支撑，建成1500平方米的机器人应用推广基地、1000平方米的机器人实验室，承担分析行业运行态势、搭建机器人应用推广平台、为企业提供切实可行的解决方案、制定行业标准和规范以及人才培养等职能。

机器人产业创新联盟是由积极投身于机器人和智能装备事业的科研院所、企业、高校、行业协会、媒体代表以及有关专家学者等自愿组成的地方性、非盈利性社会团体。联盟以促进佛山市机器人产业抱团发展、创新驱动佛山产业转型升级为宗旨，重点推动佛山机器人应用创新中心、机器人产业案例库、珠江西岸智能制造大讲堂等建设。

【佛山市推进“中国制造2025”联盟】 2015年12月8日，佛山市成立推进“中国制造2025”联盟，首批50家“中国制造2025”示范创建企业通过“龙头示范”带动佛山制造向佛山智造转型。佛山市推进“中国制造2025”联盟由美的集团、工信部电子第五研究所、佛山市智能装备技术研究院、中兴通讯、东鹏控股、蒙娜丽莎、溢达纺织等10家单位共同发起。联盟以企业为主体，市场为导向，促进产学研用相结合，共同推动佛山传统企业转型升级。

【“制造强国、佛山探路——中国制造2025对话世界新工业革命”跨国大调研活动】 2015年12月8日在佛山新城中欧中心正式启动。佛山市市长鲁毅、副市长黄喜忠等有关领导出席启动活动。出席启动活动人员还有各区人民政府分管领导、有关市直部门领导、专家学者、智能制造示范创建企业负责人及代表、制造业企业代表、商协会代表、各大通信运营商等单位代表、媒体记者。大调研活动启动现场宣布了佛山市推进“中国制造2025”联盟首批发起单位名单，并由联盟发起单位代表为佛山市推进“中国制造2025”联盟揭牌仪式。“制造强国、佛山探路——中国制造2025对话世界新工业革命”跨国大调研活动。从佛山出发，由政府部门、企业家、智库专家、《南方日报》记者等组成的调研组，将奔赴德国、美国、日本、以色列、瑞士5个国家，走向全球新工业革命一线现场，探寻昭示未来最具代表性的生产场景，对话引领“互联网+智能制造”的思想源头。

（谭耀安）

家用电器业

【综述】 佛山市家用电器制造业主要分布于顺德区和南海区，其中顺德区有“中国家电之都”的美誉，其家电产业以规模庞大、品类齐全、名牌云集而蜚声中外。2015年佛山市家用电力器具制造业保持良好的增长势头，工业总产值达2562亿元，同比增长6.9%，总产值位居佛山市优势传统产业第一，占比达到32.3%。佛山市家用电器制造业主要产品包括微波炉、热水器、洗衣机、电冰箱和空调等，其中微波炉产量高居全国和广东省第一位，分别约占全国的70%、广东的85%；热水器产量约占全国的23%、广东的47%；洗衣机产量约占全国的5%、广东的47%；电冰箱产量占全国的10%、广东的43%；空调产量约占全国的15%、广东的40%。

【2015中国家电行业峰会暨“中国家电·顺德聚”家电产业平台发展五年规划发布仪式】 2015年7月29日，由中国国际贸易促进委员会广东省顺德区委员会、广东省家电商会、慧聪网共同主办的2015中国家电行业峰会暨“中国家电·顺德聚”家电产业平台发展五年规划发布仪式在顺德区北滘镇举行，近千名来自全国各地的家电行业精英参会，探讨家电行业未来发展趋势。

峰会上，顺德区经济和科技促进局、广东省家电商会、慧聪网联合发布《顺德家电产业平台发展五年规划》。以中德工业服务区为内核，在基础设施建设、生产性服务业平台建设、企业平台建设与配套措施三个方向集中发力，以中德工业服务区“产、城、人”融合的新理念，借助美的集团、慧聪网、德国科隆会展公司等在家电制造、家电商贸服务、家电高端展览领域的代表企业的共同参与，打造中国家电产业“设计研发、交易金融、电子商务、贸易会展、人才”五个中心，助力顺德家电产业实现转型升级，从而带动顺德“北部片区”的建设。

（谭耀安）

金属材料加工与制品业

【综述】 佛山市被誉为中国不锈钢加工商贸之都，金属材料加工与制品产业主要分布在南海区、禅城区和顺德区。2015 年，佛山市金属制品业继续保持良好的增长势头，规模以上工业总产值达 1550.94 亿元，同比增长 18.3%。佛山金属材料加工与制品主要产品包括铜材、铝材、不锈钢日用制品等。佛山市铝材产量约占广东省产量的 70%，不锈钢日用制品产量约占广东省产量的 18%。

【首届广东不锈钢行业发展高峰论坛暨第二届广东不锈钢品牌企业颁奖典礼】 2015 年 7 月 16 日在佛山市举行，230 名不锈钢企业代表参会。高峰论坛主要围绕政策解读宣传、广东省不锈钢产业发展现状、“互联网 +”创新思维、促进行业共赢发展、新常态下不锈钢装饰管和装饰板的发展之路等主题进行探讨。主办方在活动现场发出倡议并正式发布国内不锈钢行业首个诚信自律公约。第二届广东不锈钢品牌企业颁奖典礼，颁发 2014 年度广东不锈钢新锐品牌企业、贸易品牌企业、装饰板品牌企业、冷轧品牌企业、制管十佳品牌企业，以及 2014 年度最具品牌价值广东不锈钢制管领军企业六大奖项，广东省外贸开发公司等 30 多家企业获奖，其中，包括中成不锈钢、都天钢业等 27 家佛山企业。

（谭耀安）

建筑材料业

【综述】 2015 年，佛山市建筑材料行业完成总产值 1699.88 亿元，同比增长 5.2%。佛山陶瓷品种丰富，以建筑和卫生陶瓷为主，兼有工艺美术陶瓷、特种陶瓷、园林陶瓷、日用陶瓷、耐火材料等，拥有鹰牌、东鹏、新中源、新明珠、欧神诺、蒙娜丽莎等一批品牌企业；佛山是全国最大的陶瓷装备制造业基地，拥有各类陶瓷装备制造企业 200 多家，产值占全国产值的 80% 以上；佛山还拥有“中国建筑卫生陶瓷特色产业基地”“中国建筑卫生陶瓷出口基地”“中国陶瓷名都”等称号。陶瓷专业市场也非常发达，有全球最大的陶瓷专业市场群落，有“中国佛山（国际）陶瓷博览交易会”“中国佛山（国际）陶瓷工业展览会”“中国（石湾）陶艺文化节”等知名展会。

【陶瓷产品技术性贸易措施研究评议基地落户佛山】

2015 年 10 月 14 日，中国 WTO/TBT-SPS 国家通报咨询中心陶瓷产品技术性贸易措施研究评议基地正式落户佛山，此为全国首个陶瓷产品研究评议基地，旨在有效应对国外技术性贸易措施，通过机制倒逼引领陶瓷及相关产业转型升级，促进陶瓷产业健康发展。

在佛山打造的全国首个陶瓷产品研究评议基地由国家质检总局标准法规中心与广东检验检疫局、佛山市人民政府共同签署协议，遵循“自愿参与、循序渐进、合作有序、优势互补、讲求实效、有利发展”的原则，以 WTO 其他成员陶瓷产品技术性贸易措施为关注点，通过国外技术性贸易措施信息采集、分析评议、研究应对等手段，共同培育和提高企业技术性贸易措施工作第一主体的意识，积极主动全链条参与陶瓷企业所在领域技术性贸易措施工作，提高中国陶瓷产品质量和安全水平，推动中国陶瓷产品产业结构调整和创新发展。

【第 26 届中国（佛山）国际陶瓷及卫浴博览交易会】

2015 年 10 月 18 ~ 21 日，第 26 届中国（佛山）国际陶瓷及卫浴博览交易会在佛山市禅城区举行。该次陶博会以“新探索”为主题，设中国陶瓷城、中国陶瓷总部、佛山国际会议展览中心 3 个展馆，总展出面积逾 30 万平方米，共有来自中国各大产区及德国、意大利等地 750 家参展商参展，参展产品以超平釉、木纹砖、水泥砖、花砖、仿古砖等釉面砖为主。其中，中国陶瓷城展馆内海内外高端精品品牌集中，中国陶瓷总部展馆以国内中高端陶瓷卫浴品牌为主，佛山国际会议展览中心展馆则侧重于中小企业品牌及特色产品的展示。该届陶博会共吸引客流量4.6万人，比第25届客流量微涨1.37%。

（谭耀安）

纺织服装业

【综述】 纺织服装行业是佛山市的特色产业。佛山市纺织服装工业主要产品包括纱、布、服装、皮革鞋靴、化学纤维等。佛山市纱产量约占广东省产量的23%，布产量约占广东省产量的19%，服装产量约占广东省产量的7%，皮革鞋靴产量约占广东省产量的10%，化学纤维产量约占广东省产量的5%。

受制于内需市场不景气、外销市场竞争激烈，2015年佛山纺织服装行业保持中低速增长，佛山市纺织服装工业规模以上工业总产值1162.78亿元，同比增长3.4%，其中：纺织业734.67亿元，纺织服装、鞋、帽制造业402.53亿元，化学纤维制造业25.59亿元，分别较上年增长0.9%、7.3%和18.8%。

【西樵纺织企业抱团参加国际纺织展】 2015年10月13～15日，南海区西樵镇14家纺织企业抱团参加2015中国国际纺织面料及辅料（秋冬）博览会，并展出2万款新面料，集中展示了西樵面料企业的研发创新能力，独特的工艺和技术受到国内外客商关注。众多参展面料中，西樵香云纱面料为首次参加国际纺织展。西樵香云纱的织造技艺是南海区的非遗项目，经过几年努力，直至2014年恢复了技艺传承，生产出由香云纱织造技艺的香云纱面料。

【佛山童装区域品牌战略工程启动】 2015年5月5日，佛山市禅城区祖庙街道办事处联合佛山市童装行业协会，在禅城区祖庙街道共同举办“佛山童装区域品牌战略工程”启动仪式，组建“佛山童装区域品牌战略工程”领导小组，在园区规划、经营模式、市场渠道扩展、产业集群的整体推广等方面，进行全面布置，推动佛山童装产业升级、朝着品牌化时尚化的方向发展。佛山市童装行业协会200多个会员单位参加启动仪式。

（谭耀安）

食品饮料业

【综述】 2015年，佛山市食品饮料行业实现工业总产值836.04亿元，同比增长10.6%。农副食品加工业实现产值324.7亿元，同比增长15.3%。食品制造业实现产值289.72亿元，同比增长9.4%。饮料制造业实现产值221.61亿元，同比增长5.4%。

佛山市食品制造业主要分布在高明区、禅城区和顺德区。其中高明海天调味品生产基地是全国最大的酱油、调味品生产基地，顺德水产品加工基地是国内主要的鱼类罐头生产基地。饮料制造业主要分布在三水区、南海区和顺德区。佛山市是“中国豉香型白酒产业基地”。三水区是“中国饮料之都”。三水区西南街道是“中国饮料名镇”，也是“广东省产业集群升级示范区”。

【2015佛山首届全国食品·农产品博览会暨进口食品展】 2015年11月20～29日，2015佛山首届全国食品·农产品博览会暨进口食品展在顺德区陈村花卉世界展览中心举行。该次农博会展区面积约1万平方米，主要分为5个功能区，包括：现代农业及家庭农场成果、名优农产品展销区，泰国展区，福建海产品展区，特色美食体验区和国通名特农产品展销区。

该次展会吸引了近百家来自佛山本土、省内其他地方、港澳台、东南亚等地的食品展商参展。展出的食材以米、猪、鸡、鸭、鹅、果、茶、菜、鱼、虾等10类日常最常用食材为主，每一类都各有多个品种。除本土食材外，来自泰国的香米、榴莲，法国生蚝，南非红酒，智利车厘子（樱桃）以及澳大利亚南部素有“黑金”之称的蓝鳍金枪鱼等众多进口食品也悉数参展。

（谭耀安）

家具制造业

【综述】 2015年，佛山市家具制造业实现产值464.48亿元，同比增长9.4%。佛山市家具制造业主要分布在顺德区、南海区、三水区和高明区。顺德区乐从镇有“中国家具商贸之都”称号。顺德龙江家具产业集群升级示范区是广东省产业集群升级示范区。顺德区龙江镇有“中国家具材料之都”“中国家具制造重镇”和“中国家具电子商务之都”称号。

顺德区龙江镇以家具制造业著称，至2015年年底，拥有家具制造企业2800多家，家具材料销售企业3000多家，拥有8大家具原辅材料专业市场，并形成家具设计、制造、会展、物流配送等环节完备、配套完整的产业链。随着国内电子商务的蓬勃发展，龙江家具企业纷纷试水电商，试图寻求更大的市场份额。至年底，龙江已经聚集1000多家家具成品类私人网站、商城及旗舰店。此外，龙江镇还成功打造了“阿里巴巴龙江产业带”和“京东广东龙江家居馆”两个产业带平台，助力“互联网+家具”产业发展。

2015年3月17日，第29届国际龙家具展览会开幕式上，龙江镇获得由中国电子商务协会授予的“中国家具电子商务之都”称号。中国电子商务协会与龙江镇人民政府签署《顺德区龙江镇家具电子商务发展战略合作框架协议》，从战略层面联手推进顺德龙江家具电子商务的发展，立足顺德龙江、服务于全国家具企业电商化转型升级。

【顺德龙江家具电子商务产业园】 顺德龙江家具电子商务产业园位于佛山顺德区龙江镇，总占地面积66.67公顷，总建筑面积100多万平方米。

2015年9月6日，第30届国际龙家具展览会开幕式上，“国家电子商务示范基地”正式揭牌，顺德龙江家具电子商务产业园成功入围第二批国家电子商务示范基地，同时成为佛山市首个国家级示范基地。

（谭耀安）

汽车及零部件业

【综述】 2015年，佛山市汽配制造业实现规模以上工业总产值650.85亿元，同比增长16.1%，约占全市先进制造业工业总产值的8.6%。共有规模以上汽车制造业企业133家，拥有9家整车生产企业以及一批规模大、素质高的汽配企业，初步形成以整车制造、汽车关键零配件为主，汽车配套用品门类齐全的产业发展格局。

【2015第六届佛山国际汽车展览会】 2015第六届佛山国际汽车展览会分为春季车展和秋季车展分别于4月30日至5月3日和9月30日至10月5日在佛山国际会议展览中心举行。4月30日至5月3日举行的春节车展，吸引包括宝马、奔驰、雷克萨斯、本田等30多个知名汽车品牌参展。9月30日至10月5日举行的秋季车展，吸引了30多个主流品牌参展，展出200多辆汽车，共吸引16.5万人观展，成交车辆超过3600辆。

“佛山国际汽车展览会”创办于2010年10月。2015年，“佛山国际汽车展览会”首次举办春季车展。

【新能源汽车】 佛山是国家新能源汽车推广应用示范城市（群）之一，“十二五”期间，佛山市新能源汽车行业快速发展。

佛山市新能源汽车产业主要分布于南海区、高明区等，涵盖新能源整车生产、电池电机电控关键零部件研发和生产、检测平台建设及电池报废循环再利用等产业链。经多年发展，南海区形成了整车及零部件生产、研发完整链条的汽车产业结构，拥有一汽－大众、北汽福田南海汽车厂、广东福迪汽车厂、广东粤海汽车厂等4家整车企业和以广顺集团为龙头的一批新能源汽车零配件企业。南海区丹灶镇成功申报“广东新能源汽车部件产业基地”。

（谭耀安）

机械装备制造业

【综述】 2015年，佛山市装备制造业实现工业总产值5933.34亿元，同比增长15.9%。通用及专业机械装备规模以上工业总产值1569.67亿元，占装备制造业工业总产值的26.46%，是装备制造业的核心行业。其中，全市通用设备制造业规模以上工业总产值960.25亿元，同比增长10.6%，约占全省的20%，居全省第一位；专业设备制造业规模以上工业总产值609.42亿元，同比增长15.4%，约占全省的25%，居全省第二位，仅次于深圳市。

佛山市通用及专业设备制造业主要分布在南海区、顺德区和三水区，以轻型专业机械为主。佛山陶瓷装备制造业发达，拥有各类陶瓷装备制造企业超过200家，产值占全国的80%以上；顺德区是中国木工机械行业最大的制造基地之一，共有木工机械制造企业100多家，产销量约占广东市场的60%、国内市场的40%；顺德区陈村镇被行内人士誉为“锻压之都”，在华南市场占有率约35%。陶瓷压机、注塑机械、木工机械、干式变压器、床具机械、针织大圆机、真空泵等产品的技术水平处于国内甚至国际领先。

【第11届中国（佛山）机械装备展览会暨第13届中国（陈村）机床博览会】 2015年10月21～24日在顺德区顺联国际机械城举行，展出面积达2.5万平方米，设国际标准展位1000个。重点对各类金属加工机械、智能制造、工业机器人、3D打印技术、模具五金、零附件及耗材以及工、量、刃具等先进制造产品进行展出，吸引台湾丰堡、广州数控、劳达机械、昆明机床、湖南三星、深圳协和、中南机械等428家国内知名机械装备企业参展。

中国（佛山）机械装备博览会连续举办了11届，作为华南地区规模最大、规格最高的机械装备展览会之一，是佛山机械装备制造产业对外宣传和展示的名片，行业窗口效应明显，形成一定的区域规模与影响力，为佛山市机械装备制造产业的发展发挥了积极作用。

【第二届世界机器人及智能装备产业大会暨博览会】 2015年9月10～13日，由国际机器人及智能装备产业联盟主办、广东佛山中德工业服务区承办的第二届世界机器人及智能装备产业大会暨博览会在佛山新城中欧中心隆重举行，大会围绕“迎接机器人产业2.0时代”主题展开深入讨论。来自美国卡耐基－梅隆大学机器人研究院、德国维尔茨堡大学远程控制与机器人研究院、德国慕尼黑工业大学、英国剑桥大学人工智能中心、英国克兰菲尔德大学智能制造中心、新西兰奥克兰大学、美国辛辛拉提大学、德国电子电气委员会、哈尔滨工业大学、北京航空航天大学、中国科学院自动化所、武汉大学机器人研究所和国内机器人及智能制造行业的顶级专家发表演讲。德国库卡、意大利柯马、日本安川、广州数控、图灵机器人、嘉腾机器人、高威科、科凯达、利迅达、埃夫特等120多家机器人企业展出最新的工业机器人、物流机器人、服务机器人和特种机器人产品。该次博览会展览面积1.5万平方米，是国内机器人行业规模最大的展会之一。

（谭耀安）

石油化工业

【综述】 佛山市石油加工、炼焦和核燃料加工业主要分布在三水区、高明区和顺德区；化学原料和化学制品制造业主要分布在南海区和顺德区。2015年，佛山市石油及化学制造业实现工业总产值1059.96亿元，同比增长11.4%。其中，石油加工业实现工业总产值160.41亿元，同比增长17.3%；化学原料及化学制品制造业实现工业总产值830.68亿元，同比增长9.5%；橡胶制品业实现工业总产值68.87亿元，同比增长18.7%。

【成品油安全生产管理】 2015年8月20至10月31日，佛山市石油行业协会组织行业专家，按照商务部下发的《成品油市场督导检查指导手册》，深入企业经营场所开展现场检查。专家组一共检查了全市150家加油站，4家成品油批发仓储企业，并根据检查情况要求存在安全隐患的企业进行整改。

同年，佛山市根据《广东省经济和信息化委关于开展2014年度成品油经营企业年检工作的通知》要求，对全市（不含顺德区）385家成品油经营企业需开展2014年度年检工作的进行年检。其中有127家零售企业和4家批发企业、1家仓储企业因到期换证、迁建、重建等原因未参加该次年检。最后实际上报年检材料的共253家，其中零售企业240家、批发企业10家、仓储企业3家。经过区初审、市专家复查和补充材料后，佛山市年检合格的企业共253家，全部成品油零售企业和批发、仓储企业通过该次年检。

（谭耀安）

高端电子信息业

【综述】 佛山是广东省乃至全国重要的电子信息产品生产基地。2015年，佛山市计算机、通信和其他电子设备制造业规模以上工业总产值为1151.62亿元，占全市工业总产值的5.82%，同比增长12.7%，比全市规模以上工业总产值增长率高出4.8个百分点，发展态势较为迅速。佛山市计算机、通信和其他电子设备制造业主要分布于南海区、顺德区和三水区，三个区的规模以上工业总产值占全市行业企业的85%，聚集企业数量超过全市行业企业的80%。

【广东省（佛山）软件产业园】 广东省（佛山）软件产业园是经广东省经信委批准的省级软件园，根据“一园多区”的建设模式，于2009年1月正式开园。至2015年年底，广东省（佛山）软件产业园建设有5个专业园区。其中：A区，即广东省（佛山）软件产业园核心园区，占地4.4公顷，聚集骨干软件企业90多家；B区，即佛山市创意产业园，吸引了从事设计、金融、保险、法律服务等1000多家企业入驻。

广东省（佛山）软件产业园立足佛山制造业基础，用“互联网+”应用提振和服务本地制造业的特色鲜明。园区有一半企业是本地孵化，为企业提供服务，创新创业氛围较好。第19届中国国际软件博览会上，广东省（佛山）软件产业园从30多个参评园区中脱颖而出，获得2015年中国软件园区最佳产业环境奖。

（谭耀安）

新材料产业

【综述】 至2015年年底，佛山形成了以铝合金、不锈钢等金属结构材料为龙头，以电子信息材料、化工新材料、先进高分子材料等为代表，特色明显、优势突出的材料产业体系。佛山新材料产业具有以下优势：一是发展基础雄厚，产业特色明显。佛山市新材料产业是依托金属制品、化工、纺织、机械装备等传统产业，通过技术改造逐步发展起来的，庞大的材料产业规模为新材料产业的发展奠定了良好的基础。二是同类产业聚集发展，品牌优势明显。专业镇是佛山新材料产业发展的一个显著特色，佛山拥有“中国不锈钢名镇”“中国陶瓷第一镇”“中国铝材第一镇”“中国模具重镇”“中国纺织产业基地”“中国五金加工基地”“中国平板（液晶）显示基地”等14个材料产业名镇称号。三是服务体系比较完善。随着新材料产业的发展，佛山建立了一批为新材料产业服务的协会，包括不锈钢、铝型材、电子信息、医疗器械、机械装备、模具、纺织服装、五金及船舶等新材料行业协会。

佛山市重点发展的新材料领域包括新能源材料、电子信息材料、先进金属材料等。

【广东新材料产业基地】 2015年10月27日，广东新材料产业基地开园暨2015年里水镇重点项目签约、“千人计划”项目对接会在佛山市南海区里水镇举行，总投资超100亿元的多个新材料企业和重点企业亮相里水。广东新材料产业基地从2011年开始建设，以“龙头企业+总部经济载体+特色园区”为发展模式，分A、B、C三个区。当日开园的是C区，即“国际创新产业园”，该园规划17.67公顷，首期开发8公顷，主要规划建设产业区、科技研发区（包括企业研发中心、公共检测平台、公共服务平台）、孵化器、生活配套区等，并重点发展新能源材料、新型金属材料、新型显示材料、高性能复合材料、功能陶瓷材料、生物医用材料等六大新材料。

（谭耀安）

生物医药制造业

【综述】 2015年，佛山市医药制造业总体上保持较好的发展趋势，全年全市医药制造业总产值达92.91亿元，同比增长5.9%。至年底，佛山生物医药产业初步形成了以顺德园、三水园为主要集聚区，以南海园为新兴增长极的发展态势。顺德园以广东省顺德生物医药科技产业基地为载体，覆盖中药、化药、生物药、保健品等领域，集聚了大冢制药、环球生物制药、康富来保健等骨干企业。三水园依托中国医疗器械（三水）产业基地和华南基因谷，成功集聚中国医疗器械行业协会医疗器械企业孵化中心、广州医疗器械质量监督检测中心与诺贝尔生命科学研究中心等机构，集中发展医疗器械、基因技术药物。南海园和中科院广州生物医药与健康研究院合作共建中国科学院南海生物医药科技产业研究中心及产业基地，孵化育成、平台建设、招商引资等工作初显成效，其中佛山市南海区生物医药产业基地为广东省战略性新兴产业基地之一；"珠三角德国医疗谷"华南总部涉及医疗器械、生物医药技术研发与制造、养老健康、医学教育培训等多个领域，致力打造首个"医、教、研、康、养、药、械"七位一体的全健康产业链，国际化发展加快推进；华南（国际）口腔医疗器材产业城在口腔器械领域形成一定品牌影响力。

【广东省创新转化生物产业园奠基】 2015年10月19日，广东省创新转化生物产业园在佛山新城正式奠基。该产业园规划面积66.67公顷，定位为国际生物产业中心、国际生物与金融产业交易中心，致力打造成为国家生物产业的"转化－创造－交易"中心。

广东省创新转化生物产业园选址于佛山一环以南、新桂路以西地块。产业园将围绕生物医学重要药物研发及产业化、临床检验装备和重大生物装备研发制造两大方向，设置生物产业孵化、创新转化生物产业、重大生物（医学）装备产业、创新生物基金融产业交易四大功能平台，汇聚创新研发、高端制造、商务服务、生态景观于一体。

围绕生命健康产业链的产业孵化平台、科研项目落地、产品市场开拓等，生物医药产业在佛山新城全面推开并取得一定成果，中科院生物物理研究所佛山分所及一批中科院生命健康产业研究团队也先后进驻。

（谭耀安）

节能环保产业

【综述】 2015年，佛山市共有规模以上节能环保装备企业约90家，实现规模以上工业总产值达700亿元以上。佛山市节能环保产业主要集中在资源综合利用、环保装备和环境服务三大领域，主要分布于南海区、顺德区和禅城区。大沥"中国再生金属物流加工基地"和丹灶"华南环保科技产业园"同位于南海佛山高新区。与中科院联合组建的环保技术与装备研发专业中心、环境功能材料专业中心有效运作。国家环境服务业华南集聚区布局在南海区，区域产业综合实力不断增强。

【2015年佛山"环保＋互联网"产业发展研讨会】 2015年8月4日，由广东省环境保护产业协会指导，佛山市环境保护产业协会、佛山日报社主办的2015年佛山"环保＋互联网"产业发展研讨会在佛山新城中欧中心举行。会议吸引来自政府、商协会、环保产业界的嘉宾300余人参加，来自国内环保互联网领域的学者、互联网产业专家与环保产业协会、佛山环保企业代表共同论道"环保＋互联网"的产业新机遇。研讨会上，由佛山市环保产业协会、佛山日报社两个主办单位联合佛山金融服务中心等15家单位发起成立佛山环保互联网联盟，汇聚"环保＋互联网"各方力量，借力互联网引领环保产业发展。

【佛山首届节能环保创意节】 2015年6月18日至7月31日在佛山市举行。作为制造业大市的佛山，环境与城市协调发展面临诸多挑战。佛山首届节能环保创意节应势而生。创意节打破以往传统广场咨询模式，整合环保、水、电、气等部门、企业以及环保产业协会等行业资源，创新生态文明公众参与机制，致力在全社会营造"低碳发展、绿色生活"理念，助力产业转型发展和城市升值。节能环保创意节举行了包括佛山环保先锋榜、节能创意大赛、"互联网＋环保"巅峰对话等三大主题，涵盖各领域、各群体，以更具生活场景的体验分享活动。

（谭耀安）

佛山市"中国企业500强"企业

【综述】 2015年，佛山市入选"中国企业500强"优秀企业6家，包括美的集团股份有限公司、碧桂园集团、海信科龙电器股份有限公司、中国联塑集团控股有限公司、佛山市海天调味食品股份有限公司、广东志高空调有限公司。其中，美的集团入围2015福布斯全球企业2000强榜，并挤身世界500强，排名第436位。

【美的集团股份有限公司】 美的集团股份有限公司创业于1968年，是一家以家电制造业为主的大型综合性企业集团，旗下拥有美的电器（SZ000527）、小天鹅（SZ000418）、威灵控股（HK00382）等三家上市公司。1980年，美的正式进入家电业，1981年注册美的品牌。美的集团有员工15万人，旗下拥有美的、小天鹅、威灵、华凌、安得、正力精工等10余个品牌。集团在国内建有广东顺德、广州、中山及江门，安徽合肥及芜湖，湖北武汉及荆州，江苏无锡、淮安、苏州及常州和重庆、山西临汾、江西贵溪、河北邯郸等16个生产基地，辐射华南、华东、华中、西南、华北五大区域；在越南、白俄罗斯、埃及、巴西、阿根廷、印度等6个国家建有生产基地。

集团主要家电产品有家用空调、商用空调、大型中央空调、冰箱、洗衣机、微波炉、风扇、洗碗机、电磁炉、电饭煲、电压力锅、豆浆机、饮水机、热水器、空气能热水机、吸尘器、取暖器、电水壶、烤箱、抽油烟机、净水设备、空气清新机、加湿器、灶具、消毒柜、整体家居、照明等家电产品和空调压缩机、冰箱压缩机、电机、磁控管、变压器等家电配件产品。在全球设有60多个海外分支机构，产品远销200多个国家和地区。2014年“中国最有价值品牌”评价中，美的品牌价值达到683.15亿元，名列全国最有价值品牌第五位。美的集团2015年营业收入达1428亿元，2015《财富》中国500强榜单中，美的排名第32位，位居家电行业第一。2015福布斯全球企业2000强榜，美的集团成功进入世界500强，排名第436位。

【碧桂园集团】 碧桂园集团成立于1992年，2007年在香港联交所主板上市，是一家以房地产为主营业务，涵盖建筑、装修、物业发展、物业管理、酒店开发及管理等行业的国内著名的综合性房地产开发企业。碧桂园在全国拥有逾百个高品质地产项目，服务约300万名业主，“碧桂园，给您一个五星级的家”理念享誉国内。碧桂园集团获2009～2011年广东省公务员最喜爱的房地产类品牌第一名，蝉联10届（2002～2011）广东地产资信20强、蝉联5届（2006～2010）中国房地产百优、蝉联4届（2007～2010）中国蓝筹地产企、蝉联2008～2010年度中国房地产开发企业500强前十，并有 中国企业纳税百强、全国住户满意度示范社区、全国城市物业管理优秀示范住宅小区等多种荣誉。2015年碧桂园实现销售额约1402亿元，纳税额超140亿元，获中国民营企业500强，排名第22位。

【海信科龙电器股份有限公司】 海信科龙电器股份有限公司（简称海信科龙）于2006年由广东科龙电器股份有限公司与海信重组而成，是中国最大的白色家电产品制造企业之一，主营业务涵盖空调、冰箱、冷柜等白色家电领域产品的研发、制造、营销和售后服务，产品远销130多个国家和地区。1996年和1999年，公司股票分别在香港（代码：00921）和深圳（代码：000921）两地发行上市。

海信科龙生产基地分布于顺德、青岛、北京、南京、扬州、湖州、成都、营口等多个城市，具有年产空调900万套、冰箱（含冷柜）1250万台、洗衣机200万台的能力。在顺德、青岛、南京三地设立研发中心，并在美国、日本、英国等各地设立科研机构，有1000多名技术人员的研发团队。海信科龙的产品受到消费者的持续追捧，空调、冰箱产销量连续多年位居全国前列，其中海信变频空调市场占有率曾连续13年位居全国第一，容声冰箱市场占有率曾11年获得全国第一。容声冰箱获得由联合国开发计划署、全球环境基金、国家环保总局联合颁发的“节能明星大奖”，成为全球冰箱节能技术的领军品牌。

【中国联塑集团控股有限公司】 中国联塑集团控股有限公司（简称：中国联塑，香港上市代号：2128）是中国大型建材家居产业集团，产品及服务涵盖管道产品、卫浴产品、整体厨房、型材门窗、集成供暖、装饰板材、开关电气、净水机、消防器材、卫生材料、海洋养殖、五金建材电商平台以及家居用品等领域，有1万多种产品，产品被广泛应用于家居装修、民用建筑、市政给水、排水、电力通信、燃气、消防及农业、海洋养殖等领域。2015年营业收入达152亿元。

中国联塑拥有逾40家控股子公司，拥有超过20个主要生产基地，分布于国内14个省份及加拿大和美国，形成了覆盖全国辐射全球的生产基地和销售网络。

中国联塑建有规模先进的研究院，拥有各类科研人员1000多名，设有博士后科研工作站、CNAS国家认可实验室。科研成果先后入选国家火炬计划项目、国家重点新产品、全国建设行业科技成果推广项目和政府绿色采购清单；先后被国家有关部门授予国家高新技术企业、国家认定企业技术中心、中国建设科技自主创新优势企业、知识产权优势企业、建设部产业化示范基地、广东省政府质量奖等荣誉称号和奖项。

【佛山市海天调味食品股份有限公司】 佛山市海天调味食品股份有限公司（以下简称“海天”）溯源于清代乾隆年间的佛山酱园，已有300多年的历史。海天生产以酱油为主，包括蚝油、调味酱、食醋、鸡精、复合调味料等系列200余个品种的产品。海天的产品不仅遍及全国30多个省、市、自治区，还远销全球近100多个国家和地区。2015年海天调味品的总产量超150万吨。

至2015年，海天已连续19年获“广东省守合同重信用企业”称号，连续11年被评为“佛山市纳税超亿元企业”，多次获得省市“诚信示范企业”等称号。自2014年开始，海天公司的纳税总额超10亿元，对佛山地区的税收贡献突出。

近几年海天加大技改投入力度，推进高明酱油二期工程和调味品园区建设，通过打造高技术、环保节能并具工业旅游功能的产业园区，加快企业发展转型步伐。其中，高明二期项目融入了海天多项变革性的自主研发成果，全部采用国际先进的工艺和设备，如全自动封闭式圆盘制曲工艺、全自动连续压榨工艺、智能包装生产线管理系统、全自动立体仓库等，通过实现全自动、连续化生产，提升产品质量和技术含量，提高生产效率和土地利用率，进一步增强海天的竞争力，对推动中国调味品传统产业实现优化升级具有重要的引领带动和示范作用。

【广东志高空调有限公司】 广东志高空调有限公司创建于1994年，是香港联合交易所主板上市公司志高控股（股份代号：00449.HK）旗下核心企业，总部位于珠江三角洲工业重镇佛山市南海区，拥有佛山、九江、四会等生产基地，集团产业涵盖家用空调、中央空调、冰箱、洗衣机、制冷设备、生活电器等领域。

志高拥有三大工业园，完整的空调配套产业链及物流中心，家用空调年设计产能达1000万套，是国内拥有包括压缩机在内的最大最完整集群式空调产业链企业之一，业务遍及全球200多个国家和地区。

志高公司不仅拥有业内一流的技术研发中心、制冷技术研究院和国家博士后科研工作站、行业首家院士工作站、数十个国家和国际认可实验室、1500余名技术精英，还创建了全球首家云空调服务中心。志高产品曾先后被“雅典奥运会”“上海世博会”“世界大运会”等全球重大项目工程采用，并获多项荣誉称号。

志高自主研发的多项科研成果填补了国内空调核心技术的空白：集超静音、超节能、超健康于一身的代表性产品“三超王”问世；“管式高效等离子除烟、除尘、除菌健康空调”通过省级科技成果鉴定，检测数据高于国家标准；定频、变频高能效空调曾先后六次刷新世界能效纪录；2012年，志高推出的全球首款变频云空调，被誉为“划时代的技术变革”。在历次国家节能惠民工程中，志高中标产品数量及能效比均夺行业之冠。志高积极采用国际先进技术标准，先后获得国内外200多个权威认证，既是行业唯一一家全系列分体空调获得国家“出口免验”资格的企业，也是全球唯一一家做到“零配件终身免费更换”的企业。

（谭耀安）

2015年认定的佛山市“中国驰名商标”名单（20件）

序号	商标	商标注册人/使用人	类别	认定商品/服务项目	地区
1	宏英	佛山市宏英实业有限公司	1	工业用黏合剂	禅城
2	HONG YING	佛山市宏英实业有限公司	1	工业用黏合剂	禅城
3	力同	力同铝业（广东）有限公司	6	铝塑板	顺德
4	SHICHENG 仕诚	广东仕诚塑料机械有限公司	7	延膜机（塑料工业用机器）	南海
5		佛山市豹王滤芯制造有限公司	12	滤清器	南海
6	凯洋	广东凯洋医疗科技集团有限公司	12	轮椅、手推椅	南海
7	東方伍拾年	广东东方管业有限公司	19	建筑用塑料管、通风和空调设备用非金属管、非金属引水管道	顺德
8	加西亚	广东兴辉陶瓷集团有限公司	19	瓷砖（陶瓷墙地砖）	南海
9		广东骆驼服饰有限公司	25	鞋（户外休闲鞋）	南海
10	集成	集成投资控股有限公司	36	经纪、担保	禅城

续表

序号	商　标	商标注册人/使用人	类别	认定商品/服务项目	地　区
11	FF 佛分	佛山分析仪有限公司	9	分析仪器、测量仪器、测量器械	禅城
12	申菱	广东申菱空调设备有限公司	11	制冷设备	顺德
13	再辉 不锈钢 Zaihui stainless steel	佛山南海再辉不锈钢制品有限公司	6	金属建筑材料	南海
14	韩丽	广东韩丽家具集团股份有限公司	20	餐具柜、陈列柜（家具）、储存架	高明
15	ARROW	佛山市顺德区乐华陶瓷洁具有限公司	19	瓷砖、非金属地板砖	顺德
16	科域 FO KUO	佛山市南海区金叶硅胶有限公司	1	工业用胶（硅酮密封胶）	南海
17	金联宇	广东金联宇电缆实业有限公司	6	电线、电缆	南海
18	Canbo	广东康宝电器股份有限公司	11	抽油烟机	顺德
19	WOMA	广东欧威斯科技有限公司	11	整气浴装置、盥洗室（抽水马桶）、盥洗盆（卫生设备部件）	三水
20	特地	广东特地陶瓷有限公司	19	瓷砖（抛光砖）	三水

（市工商局）

2015年新认定及延续的佛山市“广东省著名商标”名单（152件）

序号	著名商标证号	商标	申请人	商品或服务项目	类别	地区
1	201518009	美涂士	广东美涂士建材股份有限公司	油漆及附料，涂料	2	顺德
2	201518010	CKS 科顺	广东科顺化工实业有限公司	防水粉（涂料）	2	顺德
3	201518011	依来德	广东科顺化工实业有限公司	防水粉（涂料）	2	顺德
4	201518013	Kodest	广东科德化工实业有限公司	油漆（阴极电泳涂料）	2	顺德
5	201518026		佛山市宝资林药业集团有限公司	中药成药	5	禅城
6	201518040	Free	佛山市南海区桂城景兴商务拓展有限公司	卫生巾，卫生垫	5	南海
7	201518043	凤铝 FENGLU	广东凤铝铝业有限公司	铝型材	6	南海
8	201518047	HY	广东永龙铝业有限公司	金属建筑材料	6	三水
9	201518052	创高 CHUANGGAO	广东创高幕墙门窗工程有限公司	金属门，金属窗，金属制防昆虫纱窗	6	南海
10	201518058	Taiming	广东泰明金属制品有限公司	金属导轨，家用金属滑轨，家具用金属附件（铰链）	6	顺德

续表

序号	著名商标证号	商标	申请人	商品或服务项目	类别	地区
11	201518066	DECHANGYU 德昌誉	佛山市南海区德昌誉机械制造有限公司	造纸及加工纸制品工业用的机械及器具	7	南海
12	201518070	HLT 恒力泰 HENGLITAI	佛山市恒力泰机械有限公司	制砖机	7	三水
13	201518075	高力威	佛山市顺德区高力威机械有限公司	玻璃加工机，玻璃工业用机器设备（包括日用玻璃机械），自动吹制机	7	顺德
14	201518076	WINONE 菱王电梯	菱王电梯股份有限公司	电梯（滑雪运送机除外），自动梯，可移动人行道	7	南海
15	201518077	中富 ZHONG FU	广东珠江中富电梯有限公司	电梯（滑雪运送机除外），电梯（升降机）	7	南海
16	201518078	顺发	广东顺发起重设备有限公司	起重机	7	三水
17	201518079	NANGUI 南桂起重机	广东南桂起重机械有限公司	起重机	7	三水
18	201518105	金赋	广东金赋信息科技有限公司	数据处理设备	9	南海
19	201518115	朝野 ASANO	广东朝野科技有限公司	电视机	9	南海
20	201518144	蓝箭	佛山市蓝箭电子股份有限公司	三极管	9	禅城
21	201518147	川东磁电	佛山市川东磁电股份有限公司	温度敏感控制器	9	高明

续表

序号	著名商标证号	商标	申请人	商品或服务项目	类别	地区
22	201518164	LOVE ESTEEM 爱黛	佛山市南海枫莲内衣有限公司	束腹紧身胸衣，紧身腹围，拘束衣	10	南海
23	201518167	雪莱特 Cnlight	广东雪莱特光电科技股份有限公司	汽车灯（氙气灯）	11	南海
24	201518168	万家乐 指定颜色	广东万家乐燃气具有限公司	热水器，厨房用抽油烟机，煤气灶	11	顺德
25	201518169	3G三高	广东威博电器有限公司	电热水器	11	顺德
26	201518172	STEL ANG 雪特朗	佛山市顺德区雪特朗电器有限公司	电力煮咖啡机，电咖啡过滤器，咖啡豆烘烤机	11	顺德
27	201518173	Wotech 华天成	佛山市顺德区华天成电器有限公司	热水器（空气能热泵热水器）	11	顺德
28	201518176	松風 SONG FENG	佛山市南海区松岗华兴电器有限公司	风扇（空气调节）	11	南海
29	201518180	冠珠	广东新明珠陶瓷集团有限公司（冠珠）	抽水马桶，坐便器，盥洗盆（卫生设备部件）	11	禅城
30	201518184	Canbo 康宝	广东康宝电器股份有限公司	消毒碗柜	11	顺德
31	201518204	惠美庄	佛山市顺德区惠美庄材料实业有限公司	包装纸（蜂窝纸板，蜂窝包装纸板）	16	顺德
32	201518218	MF	佛山市高明吉利陶瓷有限公司	墙地砖	19	高明

续表

序号	著名商标证号	商标	申请人	商品或服务项目	类别	地区
33	201518221	骏程	佛山市高明骏程陶瓷有限公司	瓷砖	19	高明
34	201518222		佛山市阳光陶瓷有限公司	砖，瓷砖	19	三水
35	201518224	安基	广东安基装饰砖集团有限公司	瓷砖	19	南海
36	201518227	亮剑 LIANG JIAN	佛山市亮剑陶瓷有限公司	瓷砖	19	禅城
37	201518228	陶城 TAOCHENG	冼伟昌、谢达海、罗显锡（佛山市和美陶瓷有限公司）	彩色釉面墙地砖	19	南海
38	201518231	高德	佛山市三水宏源陶瓷企业有限公司	砖（墙地砖）	19	三水
39	201518232	雅骏	佛山市南海雅骏陶瓷有限公司	砖（抛光砖）	19	南海
40	201518234	红波	广东红波建材科技有限公司	建筑用塑料板，波形瓦	19	三水
41	201518238	澳舒健	佛山市澳舒健家具实业有限公司	家具	20	南海
42	201518241	sinode 賽諾德	佛山市鑫诺家具有限公司	办公家具	20	三水
43	201518242	豪强 HAO QIANG	赖钜棠	办公家具	20	顺德

续表

序号	著名商标证号	商标	申请人	商品或服务项目	类别	地区
44	201518244	罗浮宫 LOUVRE	广东罗浮宫国际家具博览中心有限公司	家具	20	顺德
45	201518264		佛山市顺德区力高制衣有限公司	服装（牛仔裤）	25	顺德
46	201518266	依曼丽	广东新怡内衣集团有限公司	内衣	25	南海
47	201518290		佛山南兴果仁制品有限公司	精制坚果仁，加工过的开心果	29	顺德
48	201518306		佛山市顺德区今日景艺生物科技有限公司	自然花，植物	31	顺德
49	201518313		佛山市高明区杨梅丽堂蔬菜专业合作社	新鲜蔬菜	31	高明
50	201518322		广东省九江酒厂有限公司	米酒，含酒精液体	33	南海
51	201518333		广东中盈盛达融资担保投资股份有限公司	资本投资，金融服务，担保	36	禅城
52	201518339		广东新协力集团有限公司	车辆保养和修理，轮胎翻新	37	顺德
53	2015Y12003	炜林纳 WINNER	广东炜林纳新材料科技股份有限公司	阻燃剂，稀土金属盐，合成树脂塑料	1	高明
54	2015Y12004		广东多正化工科技有限公司	硫酸铜（硫酸盐）	1	三水

续表

序号	著名商标证号	商标	申请人	商品或服务项目	类别	地区
55	2015Y12033	hualong 华隆	广东华隆涂料实业有限公司	油漆，漆	2	顺德
56	2015Y12035	鴻昌	广东鸿昌化工有限公司	油漆	2	顺德
57	2015Y12061	E-FONG	广东一方制药有限公司	人用药（中药配方颗粒）	5	南海
58	2015Y12071	德众 DEZHONG	佛山德众药业有限公司	片剂（鼻炎康片），中药成药（维C银翘片、牛黄解毒片）	5	禅城
59	2015Y12089	BOLICER	佛山市南海奥帝精细化工有限公司	杀虫剂，蚊香	5	南海
60	2015Y12090	ABC	佛山市南海区丹灶新农中兴皮件厂	卫生巾，卫生垫	5	南海
61	2015Y12091	XFCL 新飞材料	佛山市新飞卫生材料有限公司	用于妇女卫生巾的防粘离型布，用于妇女卫生巾的防粘离型膜，用于妇女卫生巾的防粘离型纸	5	南海
62	2015Y12096	华豪 HUAHAO	佛山市南海华豪铝型材有限公司	铝型材	6	南海
63	2015Y12097	藝華	佛山市南海艺华不锈钢铝业有限公司	铝合金型材	6	南海
64	2015Y12099	美源	佛山市南海区美源三星铝业有限公司	铝型材	6	南海
65	2015Y12100	永利堅	广东永利坚铝业有限公司	铝合金型材	6	高明

续表

序号	著名商标证号	商标	申请人	商品或服务项目	类别	地区
66	2015Y12103	银	佛山市南海区现代国际企业集团	铝型材，金属板条，金属外窗	6	南海
67	2015Y12107	JIAHUA 佳华	广东佳华铝型材有限公司	铝型材	6	南海
68	2015Y12112	炜 联 长 城	佛山市澜石炜联不锈钢制品有限公司	金属管	6	禅城
69	2015Y12122	DTC	广东东泰金属制品有限公司	家具金属部件，金属铰链，金属滑轨（非机器用）	6	顺德
70	2015Y12126	ADAMS	叶伟忠	金属铰链，金属家具部件	6	顺德
71	2015Y12139	GIANTION 智星	佛山市智星铝合金制品实业有限公司	金属工具箱（空），金属工具盒（空）	6	南海
72	2015Y12141	ANSON SOLDER	广东安臣锡品制造有限公司	锡焊锡，松香焊锡丝	6	南海
73	2015Y12142	D.L 德力牌	广东德力柴油机有限公司	柴油机	7	顺德
74	2015Y12144	马氏 MAS	佛山市顺德区新马木工机械设备有限公司	机锯（机器），凿榫机，木工机器	7	顺德
75	2015Y12154	联塑 L&S	广东联塑科技实业有限公司	塑料挤出机，加工塑料用模具	7	顺德
76	2015Y12164	JINGANG 劲刚	广东新劲刚新材料科技股份有限公司	切削工具（包括机械刀片），抛光机器和设备（电动的），模压加工机器	7	南海

续表

序号	著名商标证号	商标	申请人	商品或服务项目	类别	地区
77	2015Y12165	业精 YE JING	佛山市业精机械制造有限公司	液压挤压机	7	三水
78	2015Y12172	H	佛山市顺德区恒兴微电机有限公司	电机（同步电机）	7	顺德
79	2015Y12179	YQ	广东永泉阀门科技有限公司	液压阀，调压阀	7	南海
80	2015Y12183	小太阳 LITTLE SUN	广东小太阳砂磨材料有限公司	磨具（手工具），磨轮（手工具），抛光铁器（抛光工具）	8	顺德
81	2015Y12203	京安 JINGAN	广东京安交通科技有限公司	信号灯，信号发生器，夜明标志牌	9	三水
82	2015Y12205	KOGND	广东好帮手电子科技股份有限公司	车辆用导航仪器（随车计算机），车辆用收音机，电视荧光屏	9	三水
83	2015Y12206	KBT	广东健博通科技股份有限公司	天线	9	禅城
84	2015Y12227	AAA	广东电缆厂有限公司	电线，电缆	9	南海
85	2015Y12228	金联宇	广东金联宇电缆实业有限公司	电线，电缆	9	南海
86	2015Y12231	普为 PROWESS	广东中宝联合电缆有限公司	电源材料（电线、电缆）	9	三水
87	2015Y12247	顺开	广东省顺德开关厂有限公司	高低压开关板，高低压电器元件，配电箱	9	顺德

续表

序号	著名商标证号	商标	申请人	商品或服务项目	类别	地区
88	2015Y12268		广东瑞德智能科技股份有限公司	集成电路，自动定时开关，遥控仪器	9	顺德
89	2015Y12271	YOHE	佛山市南海永恒头盔制造有限公司	安全头盔	9	南海
90	2015Y12272	龍力	佛山市顺德区龙恒织造有限公司	防事故用手套	9	顺德
91	2015Y12285	Maier	佛山市麦尔电器有限公司	电熨斗（蒸汽挂烫机）	9	南海
92	2015Y12297	星运 XINGYUN	广东星运照明电器有限公司	日光灯支架	11	顺德
93	2015Y12300	KR	佛山市康荣精细陶瓷有限公司	灯头，灯座	11	
94	2015Y12305	亿龙eternal	广东亿龙电器股份有限公司	电热壶	11	顺德
95	2015Y12307	长菱	广东长菱空调冷气机制造有限公司	热水器（热泵热水器）	11	顺德
96	2015Y12309	富信	广东富信科技股份有限公司	制冷设备（半导体冰箱、酒柜）	11	顺德
97	2015Y12311	CHIGO 志高	广东志高空调有限公司	空气调节装置	11	南海
98	2015Y12321	FAENZA 法恩莎	佛山市法恩洁具有限公司	澡盆，抽水马桶，浴室装置	11	高明

续表

序号	著名商标证号	商标	申请人	商品或服务项目	类别	地区
99	2015Y12322	KORRA 歌纳卫浴 “卫浴”放弃专用权	朱云峰	蒸汽浴装置，淋浴隔间，沐浴用设备（按摩浴缸）	11	禅城
100	2015Y12326	邦克	佛山市顺德区邦克厨卫实业有限公司	洗涤槽	11	顺德
101	2015Y12328	Vanward万和	广东万和新电气股份有限公司	消毒碗柜，煤气热水器，厨房用抽油烟机	11	顺德
102	2015Y12333		佛山市豹王滤芯制造有限公司	汽车滤清器	12	南海
103	2015Y12340	JINHAIHUANG 金孩皇	佛山市南海区金沙联沙兴隆童车厂	儿童车	12	南海
104	2015Y12353	麗確	佛山市高明宏源纸厂有限公司	复印纸	16	高明
105	2015Y12362	廣樂	广东广乐包装材料有限公司	水松纸，铝箔纸	16	顺德
106	2015Y12369		佛山市合和兴实业有限公司	塑料胶条，橡皮带，密封用橡皮圈	17	三水
107	2015Y12370	德粘堡 DE NIAN BAO	佛山市顺德区德粘堡实业有限公司	非文具、非医用、非家用黏合胶带	17	顺德
108	2015Y12373	BLUE A 蓝A	广东天安新材料股份有限公司	非包装用塑料膜，橡胶或塑料制（填充或衬垫用）包装材料	17	禅城
109	2015Y12374	亿龙	广东亿龙新材科技有限公司（亿龙）	有机玻璃板，制广告塑料纸	17	高明

续表

序号	著名商标证号	商标	申请人	商品或服务项目	类别	地区
110	2015Y12375	WEIHAO 威豪	广东亿龙新材科技有限公司（威豪）	塑料板	17	高明
111	2015Y12389	MONALISA 蒙娜丽莎	广东蒙娜丽莎新型材料集团有限公司	非金属地砖，瓷砖，建筑用嵌砖	19	南海
112	2015Y12390	KITO 金意陶	广东金意陶陶瓷有限公司	瓷砖（仿古砖）	19	禅城
113	2015Y12391	WEILESI 威乐斯	罗永祖	瓷砖	19	禅城
114	2015Y12392	新中源	广东新中源陶瓷有限公司（新中源）	瓷质墙地砖	19	禅城
115	2015Y12394		佛山市阳光陶瓷有限公司	瓷砖（抛光砖）	19	三水
116	2015Y12395	新润成	广东新润成陶瓷有限公司	非金属地板砖，瓷砖	19	南海
117	2015Y12410	汇强	广东新润成陶瓷有限公司	瓷砖，建筑用非金属墙砖	19	南海
118	2015Y12396	San·Debo 圣德保	广东新中源陶瓷有限公司	建筑用嵌砖，非金属砖瓦，瓷砖	19	禅城
119	2015Y12397	OU MEI TAO CI EM 欧美	广东欧雅陶瓷有限公司	瓷砖，建筑用嵌砖，建筑用非金属砖瓦	19	南海
120	2015Y12398	XNY	广东新中源陶瓷有限公司（XNY）	建筑用嵌砖，非金属砖瓦，瓷砖	19	禅城

续表

序号	著名商标证号	商标	申请人	商品或服务项目	类别	地区
121	2015Y12399	宾利	广东新明珠陶瓷集团有限公司	建筑用非金属墙砖，非金属地板砖，瓷砖	19	禅城
122	2015Y12388		广东新明珠陶瓷集团有限公司	墙地砖	19	禅城
123	2015Y12400	MEI TAO 美 陶	佛山市高明美陶陶瓷有限公司	瓷砖（内墙砖、抛光砖）	19	高明
124	2015Y12402	加西亚	广东兴辉陶瓷集团有限公司	瓷砖	19	南海
125	2015Y12403	鹰牌	佛山石湾鹰牌陶瓷有限公司	瓷砖，瓷片，建筑用非金属砖瓦	19	禅城
126	2015Y12404	WIN TO 宏 陶	广东宏陶陶瓷有限公司	砖，瓷砖	19	南海
127	2015Y12405	佳美施	佛山市佳美施陶瓷有限公司	瓷砖	19	南海
128	2015Y12406	金科	广东能强陶瓷有限公司（金科）	瓷砖（抛光砖）	19	禅城
129	2015Y12407	能 强	广东能强陶瓷有限公司（能强）	瓷砖	19	禅城
130	2015Y12408	ROMARIO 羅馬利奧	佛山市三水罗马利奥陶瓷有限公司	瓷砖	19	三水
131	2015Y12409	强 辉	广东强辉陶瓷有限公司	瓷砖（内墙面砖、抛光砖、仿古砖）	19	禅城

续表

序号	著名商标证号	商标	申请人	商品或服务项目	类别	地区
132	2015Y12411	GAOGE	佛山市高格陶瓷有限公司	彩釉砖	19	南海
133	2015Y12412	特地	广东特地陶瓷有限公司	瓷砖	19	三水
134	2015Y12418	ZNG 中南玻璃	佛山市中南罗森玻璃有限公司	镀膜玻璃，建筑玻璃，安全玻璃	19	三水
135	2015Y12429	早晨家居	谢伟坚（佛山市大明家具有限公司）	木制家具（实木餐台椅）	20	南海
136	2015Y12436	KERRIC	广东科艺普实验室设备研制有限公司	药柜，学校用家具（实验室用）	20	三水
137	2015Y12472	DERUN	广东德润纺织有限公司	布匹	24	顺德
138	2015Y12492	Cartellino	佛山市南海雅山皮具有限公司	皮衣	25	南海
139	2015Y12535		佛山市美仕达玩具有限公司	橡皮泥	28	南海
140	2015Y12538		广东奥玛健身器材有限公司	锻炼身体器械	28	顺德
141	2015Y12539	ACTION 动感	广东森海运动用品有限公司	溜冰鞋，连冰刀的溜冰靴	28	顺德
142	2015Y12555	甘竹牌	广东甘竹罐头有限公司	听装（罐装）鱼，水产罐头，蔬菜罐头	29	顺德

续表

序号	著名商标证号	商标	申请人	商品或服务项目	类别	地区
143	2015Y12558	YUEHUA 粤花	佛山市顺德区粤花罐头食品有限公司	水产罐头，肉罐头	29	顺德
144	2015Y12581	雪丽糍	佛山市高明森和园食品有限公司	果胶（软糖）	30	高明
145	2015Y12582	康富来	广东康富来药业有限公司	非医用营养胶囊，非医用营养液，非医用营养片	30	顺德
146	2015Y12595	東方 DONG FANG	广东东方面粉有限公司	面粉	30	顺德
147	2015Y12608	海天	佛山市海天调味食品股份有限公司	调味品	30	佛山市
148	2015Y12644	远航 YUANHANG	广东省九江酒厂有限公司	酒	33	南海
149	2015Y12645	石湾 SHI WAN PAI	广东石湾酒厂集团有限公司	酒	33	禅城
150	2015Y12655	顺客隆	佛山市顺德区乐从供销集团顺客隆商场有限公司	推销（替他人）	35	顺德
151	2015Y12665	XIONG HUI 雄辉	广东雄辉市政公用工程有限公司	铺沥青	37	顺德
152	2015Y12673	JWD 金威达	广东金威达彩印有限公司	印刷	40	南海

（市工商局）

农　业

概　况

【综述】 2015 年，佛山有农业用地 7.8 万公顷，林业用地 6.8 万公顷，农林用地面积约占全市国土面积 38.5%。全市农业总产值达 280 亿元以上，农用地产出率达到 2.3 万元 / 亩以上。佛山市辖 5 个区、32 个镇（街道），共有 565 个村（居）、3748 个村民小组。全市村组两级集体经济组织实现总收入 180 亿元，农村常住居民人均可支配纯收入达 2.1 万元；粮食、蔬菜、肉类、水产品产量分别达 9.7 万吨、122 万吨、22 万吨、61 万吨。

"十二五"期间佛山市农业农村有关指标完成情况

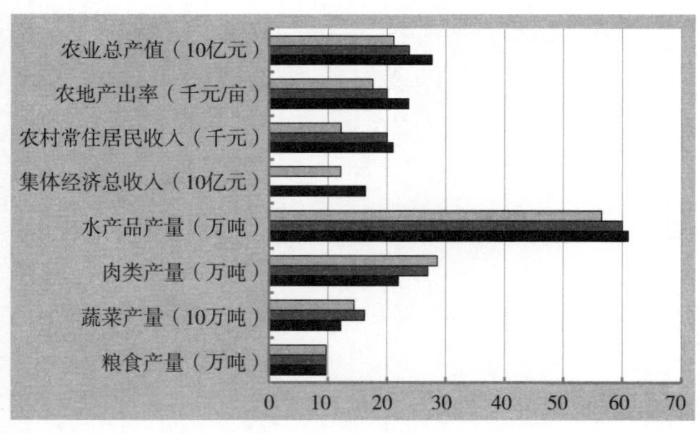

2010 年　2015 年目标值　2015 年实际值

【农业经营主体壮大】 2015 年，佛山市有市级以上农业龙头企业 95 个（国家级 3 个、省级 28 个），比上年增加 16 个，销售额超亿元的 28 个，基地面积 6000 公顷，带动农户种养面积 9333 公顷，吸纳就业人员 2.43 万人。农民专业合作社达 176 个（省级示范社 16 个、市级示范社 46 个），比上年增加 25 个，入社成员 5300 户，带动非成员农户 1.4 万户。三水区试行探索家庭农场建设，认定家庭农场 40 个。"1 + 4 + N"（指 1 个核心区、4 个重点园区和一批星级园区）现代农业园区体系初步形成，积极推进广东万顷园艺世界粤台农业合作核心区建设，投入 1.3 亿元扶持 4 个重点扶持园区，认定市级现代农业园区 28 家，其中五星级 5 家、四星级 23 家，总面积 8666.7 公顷，入驻农业园区经营的企业 800 多家。

【农业服务体系】 2015 年，佛山市探索政府购买服务、技术培训与技能鉴定接轨、精准培训、网上培训等职业农民培训方式，全年培训基地达 34 个，累计培训职业农民 3.1 万人次，得到广东省农业厅的充分肯定。推动农业产业商会加快发展，会员单位增至 143 家。不断完善"政银保"农业合作贷款模式，市级财政拟采取"保上补"和扩规模的形式对实施"政银保"的区进行扶持。顺德区、高明区先后铺开"政银保"贷款模式。全年全市通过"政银保"发放农业贷款 5.5 亿元。农业信息化不断推进，一期整合改版建成五大应用系统，二期农业物联网综合应用平台加快推进，三期立项工作完成；农产品电商等新型业态不断发展，全市发展农业电商企业超过 30 家。

【高效生态农业】 2015 年，佛山市农业系统以点带面推动全市健康养殖，全市有循环水高效养殖和微电解水处理技术应用示范点 12 个。与广东省农科院签订院市合作协议，并在市农科所挂牌成立"省农科院佛山分院"，落实合作项目 11 个。加强农业品牌建设，共有 25 个农产品列入广东省名特优新农产品库、8 个产品受到表彰。第三届广东（佛山）安全食用农产品博览会暨粤桂黔名优农产品推介会以市场化运作模式成功举办，客流量达 30 万人次，销售总额 4800 万元。积极推动农业走出去，与粤桂黔高铁沿线城市签订农业交流合作框架协议 2 个、意向合作项目 6 个，其中包括总投资 2.7 亿元的南宁澳洲鳕鱼工厂化养殖和桂花鱼全产业链经营服务项目。

【农产品源头生产监管】 2015 年，佛山市深化市级“菜篮子”基地建设，全市有省级“菜篮子”基地 13 家、市级“菜篮子”基地 45 家，基地实现“六有”（即有统一标识、有二维码追溯、有品牌、有产销对接、有无公害认定、有农产品质量安全检测）和推进“四项工程”（指设施农业、种源农业、生态农业和休闲观光农业四项农业工程）建设。完善鲜活水产品产地标识试点管理，鳜鱼、黄颡鱼和乌鳢三个品种可溯源交易量达 5.2 万吨，并逐步增加试点品种和推行机打标识。家禽集中屠宰工作走在全省前列，全市五区划定活禽经营限制区，限制区已全面实施家禽“集中屠宰、统一配送、生鲜上市”。加强农产品监督抽查和风险监测，全市五区监测样品共 211.39 万份，总体合格率为 99.85%。全市没有发生重大农产品质量安全事件。

【农业执法监管】 2015 年，佛山市农业部门坚持问题导向，突出关键环节，强化执法监管。重点开展农药和农药使用、瘦肉精、生鲜乳违禁物质、兽用抗菌药、生猪屠宰、水产品、农资打假等 7 大专项整治行动。全年全市累计出动检查人员 1.6 万人次，检查各类农资生产经营企业、畜禽养殖场、动物诊疗机构、水产养殖场、屠宰企业等 9000 多家次，查处各类案件 157 起，移送司法机关 22 起。市农业综合执法队查办的“经营假农药案”被评为“2015 年全国农业行政处罚优秀案卷”。

【农业监管长效机制】 2015 年，佛山市加强农业投入品监管，落实农药经营信用评价和分类监管办法、高毒限用农药实名销售制度、农药使用审核官制度、农资投诉举报奖励制度、兽药经营企业实施 GSP 管理制度。农产品质量安全监管信息化平台开始试运行，初步实现农资销售、使用、监管巡查、农产品生产企业生产记录在线录入等功能。推进农药管理条例地方立法工作，起草《佛山市农药管理条例》，征求相关部门意见。

【农业安全生产管理】 2015 年，佛山市农业部门推进以农机安全、渔航安全为重点的安全生产监管工作。先后开展渔业安全生产专项执法“冬春百日行动”和“靖海”联合执法行动等，打击利用渔船进行载客和走私等违法行为。加强拖拉机核查清理，全市拖拉机注册率、年检率和驾驶员持证率综合三率达到 76.1%。积极落实动物防疫各项措施，确保全市动物疫情稳定。启动病死畜禽无害化处理工作，推动成立联席会议制度，制定《佛山市病死畜禽无害化处理机制建设方案》。加强有害生物防控，开展“绿盾 2015”林业植物检疫执法专项行动，引入社会化防治加强红火蚁和薇甘菊防控，全市没有发生重大有害生物灾害。认真推进环境保护“一岗双责”责任和重点环保指标任务落实，全市 80% 以上规模养殖场减排设施建设任务基本完成。

【新农村建设】 2015 年，佛山市启动百村升级行动计划 48 个规划建设好、绿化美化好、空气水质好、公共服务好、社会风尚好“五好”新农村建设，全市 48 个“五好”新农村计划实施项目 588 个，总投入 4.96 亿元，其中第一批 30 个示范点建设完成，超额完成年度工作任务。积极推动南海区里水镇“梦里水乡”片区和三水区南山镇片区创建省级新农村连片示范工程，至年底，“梦里水乡”片区建设投入达 5485 万元，南山片区推进规划设计等前期工作。拓宽新农村建设资金投入渠道，落实村级公益事业建设“一事一议”财政奖补，全年安排项目 144 个，资金总额达 1.16 亿元。

【涉农矛盾化解】 2015 年，佛山市切实抓好涉农维稳牵头抓总工作，全面开展涉农不稳定问题专项治理。积极引导群众依法有序逐级上访，以合法途径解决矛盾纠纷。对涉及农村土地确权和股份制改革的信访事项，做到“高度重视、优先受理、尽快办理、重点督办”，努力把矛盾化解在基层，最大限度减少群众越级上访发生。全年共排查涉农矛盾 44 宗，全部化解。

【创建国家森林城市】 2015年，佛山市成立了由市长鲁毅挂帅的佛山市创建国家森林城市工作领导小组，并抽调骨干人员组建成立佛山市创建国家森林城市办公室。"创森"总体规划成功通过国家林业局备案，正式纳入创建国家森林城市计划表。"创森"宣传力度不断加大，"创森"专题网页和官方微信实现上线运营。完成建设一批重点项目：一环南延线番村和高赞立交、西二环南海段40千米景观林带完成建设；新建禅城王借岗等6个森林公园以及绿岛湖等5个湿地公园；完成乡村绿化美化示范村建设100个，新建一批村（社区）公园；完成山上林分改造1146.7公顷，其中碳汇造林300公顷。累计组织302.7万人次参加植树活动，种植各类树木355.5万株。全市森林覆盖率达22.3%。

【"绿城飞花"主题绿化景观建设】 2015年，佛山市制定出台《佛山市"绿城飞花"主题绿化景观建设实施方案》，组织召开绿化提升工作现场会，全面部署"绿城飞花"主题绿化景观建设。各区、各部门通过以点带面，点、线结合，推动道路、河涌、公园绿化、彩化、花化。全市确立"绿城飞花"主题绿化景观亮点工程细化项目62个，至年底，完工11项，进入工程施工阶段37项，开展规划设计、立项、招投标等14项，技术专家库组建工作基本完成。

【森林资源保护管理】 2015年，佛山市筹建成立市公安局森林分局，完善运行机制，着力打造一支作风硬、素质高、能力强的森林公安干部队伍。先后开展"蓝天行动"和"雷霆行动"，查办涉及森林和野生动物案件23宗，查获各类野生动物1万只（头）以上，有力打击破坏野生动植物资源违法犯罪行为。加强森林防火检查与巡查，举办森林防火演练，提升各区森林消防队员森林火灾扑救水平，全市没有发生较大森林火灾。林业生态红线划定工作基本完成，基础数据成果经市政府同意上报省林业厅。超额完成省级生态公益林扩面任务，全市生态公益林扩面达3133公顷。

【农业产业帮扶云浮】 2015年，佛山、云浮两市农业部门建立起常态交流机制，形成了沟通顺畅、和谐高效的合作氛围。至2015年年底，在建的佛山农业对口帮扶项目14个，计划总投资12.9亿元，累计完成投资2.1亿元，辐射带动云浮"菜篮子"产品生产、花卉苗木、休闲农业等农业产业发展。其中，海惠生态农业观光示范园成为云浮市的现代农业示范点，得到广东省政府主要领导充分肯定。

【第二轮扶贫开发通过省考核验收】 2013～2015年，佛山市开展对粤西、粤北的第二轮帮扶工作，全市各项扶贫工作按照省、市扶贫开发工作部署，积极统筹协调推进各项工作落实，全市累计共统筹落实各级各类资金16.55亿元，实施到村项目4883个、到户项目14.5万个。通过有效帮扶，佛山市对口帮扶的贫困村有劳动能力贫困户人均纯收入从扶贫前的2577元增至扶贫后的10900元，贫困村集体经济收入从平均每村1.21万元增至平均每村19.58万元，以优异成绩通过省的考核验收。同时，高明革命老区扶贫开发"双到"后续跟踪帮扶顺利通过验收，九大类57个项目共投入资金6.41亿元，革命老区群众民生改善效果明显；全力推进三水区南山镇扶贫开发工作，14个子项目工程中有6个全面完工，其余项目也在稳步推进。

【第三届广东（佛山）安全食用农产品博览会暨粤桂黔名优农产品推介会】 2015年9月17～20日在佛山市顺德区陈村花卉世界展览中心成功举办。该展会按照"政府指导、商会协同、传媒搭台、企业唱戏、群众参与"的市场化运作模式举办，以"互联网+农产品安全　粤桂黔农业一线牵"为主题，来自粤桂黔高铁沿线城市、广东省内城市和佛山市对口帮扶和支援的广东省云浮市、新疆维吾尔自治区伽师县、西藏自治区墨脱县、四川省甘孜州的乡城县和得荣县共138家企业500多个产品参展。为期4天的安农博会以丰富的展示内容和多元化互动体验，吸引大量市民参与，总客流量达30万人次，销售总额4800万元，打破历届农博会纪录。

【广东（佛山）名特优新农产品推介会暨产销对接现场活动】 2015年8月28～29日在佛山中南农产品交易中心举行。广东省农业厅副厅长程萍、佛山市政府副市长王玲、佛山市农业局局长唐棣邦以及有关部门负责人等参加了活动开幕式。活动重点推介佛山近70个广东省名特优新参评农产品，共组织50多家农业企业的100多个产品进行展销，既有“高明合水粉葛”“三水黑皮冬瓜”“乐平雪梨瓜”等传统知名品牌产品，也有近几年培育和打造出来的何氏水产“鲈鱼”、海达“冰鲜鹅”、健叶“水果玉米”等新兴品牌产品。

（许锦华）

种植业

【综述】 佛山市种植业以高值花卉苗木、优质蔬菜为主。各地充分发挥本地资源特色，积极推广测土配方施肥、水肥一体化等技术，大力发展温室大棚种植、工厂化育苗等高效农业，推动种植业生产平稳健康发展。2015年，佛山市农作物总播种面积99547公顷，比上年增加793公顷，实现种植业产值93.42亿元（可比价），比上年增长2.3%。全市粮食作物播种面积20633公顷，增加20公顷，总产量9.82万吨，减少200吨。其中水稻种植面积9520公顷，减少播种面积720公顷，总产量5.16万吨，减少2500吨；蔬菜（含菜用瓜）播种面积53720公顷，增加1220公顷；薯类（五折一）6340公顷，增加300公顷；油料作物1853公顷，减少26.6公顷；水果2767公顷，增加387公顷；花卉种植面积8460公顷，减少993公顷。

【强农惠农政策】 2015年，佛山市发放种粮直补、农资综合直补及良种补贴共计1001.55万元。全市水稻投保覆盖率达到100%，参保农户共3.67万户次，投缴保险费金额239.64万元，由财政全额负担；赔付面积231.4公顷，涉及农户679户，赔付金额89.9万元。全市共使用农机购置中央财政补贴资金129.4万元，补贴机具1069台（套），享受补贴户数252户。

【种植业生产监管】 2015年，佛山市结合食品安全示范市创建工作，不断强化种植业生产监管工作，深化推进市级“菜篮子”基地建设，基地实现“六有”和推进“四项工程”建设。加强农业投入品监管，落实农药经营信用评价和分类监管办法、高毒限用农药实名销售制度、农药使用审核官制度、农资投诉举报奖励制度、兽药经营企业实施GSP管理制度。建立农产品质量安全监管信息化平台并开始试运行，初步实现农资销售、使用、监管巡查、农产品生产企业生产记录在线录入等功能。加强农产品监督抽查和风险监测，全年全市五区监测样品共211.39万份，总体合格率为99.85%。全市没有发生重大农产品质量安全事件。推进农药管理条例地方立法工作，起草《佛山市农药管理条例》，并征求相关部门意见。加大农业综合执法力度，健全农资生产经营单位诚信档案。全年全市共出动检查人员6513人次，检查各类农资生产经营企业4034个次，整顿农资市场12个次，印发资料3.94万份；立案查处生产经营农资案件16起，移送司法机关1起，公开制售假冒伪劣农资行政处罚案件信息15件。

【种植业产业化发展】 2015年，佛山种植业产业化经营逐步壮大，发展速度进一步加快，经济效益和社会效益不断提升，体现在三个方面：一是农业龙头企业不断壮大。全市有市级以上农业龙头企业95个，其中国家级3个、省级28个，比上年增加16个，销售额超亿元的28个，基地面积6000公顷，带动农户种养面积9333公顷，吸纳就业人员2.43万人。二是现代农业园区体系初步形成。2015年，全市认定市级现代农业园区28家，其中五星级5家、四星级23家，总面积7733公顷，入驻农业园区经营的企业1000多家。积极推进广东万顷园艺世界粤台农业合作核心区建设，投入1.3亿元扶持4个重点扶持园区，“1＋4＋N”现代农业园区体系初步形成，农业园区的经济效益、社会效益和生态效益越来越明显。三是“菜篮子”基地实现全链式发展。全年全市认定市级“菜篮子”基地45个（比上年增加11个），其中生产基地39个（蔬菜21个、畜禽11个、水产7个）、流通基地5个、外延基地1个；市级“菜篮子”基地直销店（点）113个，比上年增加33个；省级“菜篮子”基地11个。

【科技立农】 2015年，佛山市坚持“科技立农”的理念，强化科技支撑能力，推动信息技术、物联网等新兴技术在农业领域中的应用，大力推广工厂化育苗等新型种养技术，促进农业现代化与工业化、城镇化、信息化同步发展。佛山与省农科院签订院市合作协议，并在市农科所挂牌成立“省农科院佛山分院”，正式建立全方位、深层次、宽领域的农业科技合作关系，落实合作项目11个。

【农产品品牌建设】 2015年，佛山市加强农业品牌建设，提升佛山农产品品牌影响力，促进农民增收创收。全市共有25个农产品列入广东省名特优新农产品品库，8个产品受到表彰。成功以市场化运作模式举办第三届广东（佛山）安全食用农产品博览会暨粤桂黔名优农产品推介会，客流量达30万人次，销售总额4800万元。积极推动农业走出去战略，与粤桂黔高铁沿线城市签订农业交流合作框架协议2个、意向合作项目6个。

【农业机械化】 2015年，佛山市拖拉机注册率61.49%、年检率66.82%、驾驶员持证率100%，综合三率达到76.1%，完成了“十二五”规划农机安全生产目标任务。积极开展农机质量安全监理工作，加强农机安全检查执法，全年共开展检查行动819次，出动检查人员1204人次，检查拖拉机1338台、联合收割机24台，纠正违法行为52起。继续推进拖拉机安装“三灯”装置和粘贴反光贴，累计共安装拖拉机“三灯”1628台，粘贴反光贴1162台。同时，佛山市还积极开展农机安全生产宣传教育，全市各级农机管理部门发送手机短信29094条，派发宣传资料17409份，悬挂横额100条，在镇村张贴标语2455条，发放农机安全生产宣传DVD光碟1025张。

（许锦华）

林　业

【综述】 至2015年年底，佛山市有林业用地面积67587公顷，市域森林覆盖率34.81%，活立木蓄积527.09万立方米。全市建有西樵山国家森林公园、广东云勇森林公园、广东海景森林公园以及三水九道谷森林公园等国家级、省级和县级森林公园34个，高明合水桫椤自然保护区（县级）1个，禅城绿岛湖、南海大湿地等湿地公园6个。

【创建国家森林城市】 2015年，佛山市以2017年成功创建国家森林城市为目标，全面推进新一轮绿化佛山大行动，并获得国家林业局批复列入创建计划。市政府成立佛山市创建国家森林城市工作领导小组，各区也相继成立区级“创森”领导小组。佛山市农业局成立由局长唐棣邦为组长的“创森”专项工作小组，修订《广东省佛山市国家森林城市建设总体规划（2012～2022年）》，以编印“创森”暨“绿城飞花”工作月报、建立“创森”官方网站和微信公众平台、举办“森林城市·绿色家园”户外宣传和“醉美佛山，森林城市”摄影采风等活动等形式，开展创建国家森林城市宣传。同时，开展以“增绿、增花、增彩”为方向，“绿化与文化融合”为理念的“绿城飞花”行动，推进62个花色主题绿化亮点工程建设，推动城市主要道路、滨水绿地和乡村的绿化景观升级，打造“四季花城、时时有花、处处是景”的绿化环境。至2015年年底，已完工11项，进入工程施工阶段36项，开展规划设计、立项、招投标等15项。

【林业重点生态工程建设】 2015年，佛山市完成佛山一环南延线番村和高赞立交、西二环南海段40千米生态景观林带建设；大力开展森林公园、湿地公园和城市公园绿地建设，多渠道、全方位扩展绿色生态休闲空间，新建禅城王借岗、南海三山和狮山、高明南蓬山和凌云山、三水九道山和昆都山等7个森林公园以及禅城绿岛湖，南海丹灶、桂城千灯湖、九江镇外滩，顺德桂畔湖和三水云东海等6个湿地公园，并且完成乡村绿化美化示范村建设100个。

【造林绿化工作】 2015年，佛山市大力推进以营造碳汇为目的的林分改造工程，加快重点生态区的纯林、低效林更新改造，全市完成山上造林1146.7公顷，其中森林碳汇工程318公顷；完成1800公顷省级生态公益林扩面任务，顺利通过省林业重点生态工程建设中期验收。广泛开展全民义务植树活动。在市几套班子领导带头开展新春植树活动的推动下，全市各级机关单位、社会团体在植树季节积极开展植树活动。市绿化委员会办公室与新闻媒体、志愿者团体共同策划"我与小树共成长""驱除雾霾，共创蓝天"等系列植树活动，发动市民、志愿者代表、学生等社会各界广泛参与植树。全年全市累计组织302.73万人次参加植树活动，种植各类树木355.51万株，义务植树尽责率为94.66%。

【佛山市公安局森林分局挂牌成立】 2015年6月12日，佛山市公安局森林分局正式挂牌成立。广东省森林公安局政委陈伟坤、佛山市副市长王玲、市农业局局长唐棣邦、市编办副主任陈光卿、市公安局副局长黎建军、市农业局副局长李建能等省、市领导共同为森林分局揭牌。佛山市公安局森林分局是在省林业厅、省森林公安局和市委、市政府的高度重视和大力支持下，于2015年1月经省、市编制委员会办公室批复同意设立的，主要承担全市林地、林木、野生动植物资源等保护执法职责，负责查处各类破坏森林资源、影响林区治安稳定的刑事案件、治安案件以及相关林业行政案件。

【野生动物执法管理】 2015年，佛山市成立公安局森林分局，加大执法检查力度，开展"蓝天行动"和"雷霆行动"等专项执法行动，打击以破坏野生动物资源为主要内容的涉林违法犯罪专项行动，形成严打破坏野生动物资源的高压态势。全年共组织森林公安和执法人员1200人次，检查酒楼食肆700多家，集贸市场83个，野生动物养殖场40多个，鸟类栖息地8个；查办涉及森林和野生动物案件23宗，其中刑事案件5宗、行政案18宗，查获国家二级重点保护野生动物穿山甲1只、大壁虎（蛤蚧）43只，查获省重点保护动物苍鹭、夜鹭、黑水鸡、豪猪以及国家"三有"保护野生动物鸟类、蛇类等共10371只（头），收缴用于非法猎捕野生鸟类的气枪2支。

【森林资源保护管理】 2015年，佛山市加强林地保护管理，严格林地使用审批手续。落实林地定额管理、使用林地预报及占用征用林地审核审批等制度，严把项目审核审查关，做到事前有踏查、事中有巡查、事后有督查。开展全市林业生态红线划定工作，划定森林、林地、湿地和物种等4条红线，根据资源空间分布情况、生态区位重要性、生态功能脆弱性等情况，以全面保护与突出重点相结合的原则，将区域内各类林地、湿地划分为Ⅰ级、Ⅱ级、Ⅲ级、Ⅳ级共4个保护等级，实行差别化的管控措施。狠抓森林防火工作。全年全市投入资金230万元，用于购置消防器材、森林防火基础设施建设、宣传、培训演练等。同时，组织各级森林防火机构做好火险隐患排查和野外用火监管，加强重要节假日重点火险区的防控，确保森林资源和人民生命财产安全。佛山市在全省森林资源保护和发展目标责任制考核为优秀。

【林业行政管理】 2015年，佛山市林业部门继续强化依法行政工作，严把林业行政审批、审核关。梳理涉林行政审批事项19项，编制"业务手册"和"办事指南"，指导市民办理涉林行政审批业务。全年全市共完成林业行政审核、审批50宗，其中建设项目使用林地审核31宗、临时占用林地审批2宗、县级森林公园设立审批7宗、生态公益林采伐审批10宗。同时，认真做好广东省林业厅委托实施的野生动物经营利用许可工作，及时完成事项设定、指南编制和设立行政服务中心办事窗口等相关工作。

（许锦华）

畜牧业

【综述】 2015年，佛山市畜禽生产总体稳定，畜禽养殖规模保持缩减趋势。猪肉价格走出低谷，稳步走高，生猪养殖形势较好。家禽市场受年初再度发生人感染H7N9流感疫情影响曾出现波动，但佛山市应对措施得当，未受严重冲击。全年全市生猪饲养量235.1万头，出栏量153.6万头，比上年减少1.36%；家禽饲养量8286万只，上市量6471万只，比上年减少3.99%。

【病死畜禽无害化处理】 2015年，佛山市根据国务院办公厅《关于建立病死畜禽无害化处理机制的意见》精神，全面启动病死畜禽无害化处理机制建设。市政府建立了病死畜禽无害化处理机制联席会议制度，召开推进病死畜禽无害化处理工作联席会议，出台《佛山市病死畜禽无害化处理机制建设方案》，全面启动病死畜禽无害化处理机制建设工作。各区相继成立区级联席会议制度，并开始制订具体实施方案。市联席会议办公室通过定期召开会议、加强检查督导，组织各区加快推进病死畜禽无害化处理工作的落实。

【家禽集中屠宰试点】 2015年，佛山市按照《广东省家禽经营管理办法》要求，在禅城区率先试点的基础上，其他四区中心城区分阶段、分步骤实施家禽集中屠宰试点工作。至2015年年底，各区中心城区等人口密集区域划定为佛山市活禽经营限制区，限制区约180平方千米，涉及农贸市场138个、生鲜家禽产品经营户511家；全市共建设或改造家禽屠宰厂（场）4个、活禽批发市场代宰点1个，设计家禽屠宰能力27万只/日。活禽经营限制区域内实现家禽"集中屠宰、冷链配送、生鲜上市"，产品价格平稳、品种齐全、供应充裕，市民对生鲜家禽产品的接受程度逐步提高。

【乡村兽医队伍建设】 2015年，为适应当前动物防疫和畜产品质量安全监管工作需要，破解执业兽医师（注册）队伍未能满足生产需要的困局，佛山市农业局启动全市乡村兽医队伍建设工作。一是开展乡村兽医登记工作。组织符合条件的社会从业人员申请登记为乡村兽医，在指定区域范围从事动物诊疗服务活动。全市经登记备案的乡村兽医共527人。二是建立和完善乡村兽医培训机制。制定乡村兽医培训计划，保证登记在册的乡村兽医每两年接受培训1次以上。年内，市农业局在各区举办乡村兽医培训班，合计培训500人次。三是加强乡村兽医管理。将乡村兽医执业监督纳入区、镇两级动物防疫监督机构职责范围。建立乡村兽医管理制度，健全兽医考核管理办法，建立长效监管机制，提升乡村兽医业务水平。四是实现乡村兽医的管理信息化。按照农业部的统一部署，启用"乡村兽医和动物诊疗机构信息管理子系统"，组织开展系统操作培训，分层级建立系统管理信息，待运行稳定后正式上线使用。

【畜禽养殖综合整治】 2015年，为规范畜禽养殖业发展，有效防治畜禽养殖污染，顺德区、高明区、三水区人民政府根据《佛山市人民政府办公室关于加强畜禽养殖综合整治工作的通知》的工作要求，对辖区的畜禽禁养区、限养区和适养区范围作出修订。同时，为推动畜禽养殖健康可持续发展，各区继续完善规模化养殖场农用地、动物防疫、环境保护等相关审核、审批手续，全市累计完成限养区、适养区80%畜禽规模养殖场综合整治工作任务。

（许锦华）

水产业

【综述】 2015年，在水产品价格下行、成本上涨和自然灾害多等多重因素的影响下，佛山的水产业仍保持稳定发展态势，养殖结构进一步优化，水产品供给充足、交易活跃。全市渔业养殖面积36733.33公顷，优质鱼养殖面积16666.67公顷，水产品总产量61.6万吨，比上年增长0.5%；水产品总产值113亿元，比上年增长2.7%。

【现代渔业格局成型】 2015年，佛山市农业局根据《佛山市养殖水域滩涂规划（2014～2023）》，积极推动水产养殖业的产业转型、结构转换、模式转轨，构建"一核辐射、四型发展、五网联动"的现代渔业新格局，引领佛山渔业全面协调发展，建设高效生态的现代渔业。至年底，全市建立2个渔业园区，培育涵盖水产养殖、加工和流通的农业龙头企业31家；涉渔菜篮子基地7个、渔业专业合作社70个；农业部健康养殖示范场9个、省市级水产品质量安全示范点49个；无公害水产品生产基地19个。

【水产良种体系构建】 2015年，佛山市农业局积极构建水产良种体系，统筹推进市级水产良种场评审工作。南海区、高明区和三水区均积极开展区级水产良种场体系建设工作，通过设立专项扶持资金、加大繁育技能培训等措施，推动标准水产苗种场建设。至2015年年底，市级水产良种场总数达到23家，区级良种场31家。佛山市三水白金水产种苗有限公司获广东省海洋与渔业局批复同意筹建省级鲫鱼良种场，白金丰产鲫被农业部审定为水产新品种。

【渔业科技】 2015年，佛山大力发展高效生态渔业，积极探索优质鱼高产高效健康养殖模式。全市有循环水高效养殖和微电解水处理技术应用示范点12个。顺德区有4家公司应用循环水高效养殖和微电解水处理技术；三水区建立了8个微电解水处理技术和通威365养殖模式的生态养殖示范点；南海区和高明区开展环保渔药、池塘“底排污”环保养殖、微电解水质调节等技术的应用推广。同时，佛山市还着力加强水产从业人员的培训力度，通过与珠江水产研究所等科研院校合作，建立水产养殖科技职业培训学校，举办淡水养殖培训班，培育渔业管理和技术人才，提高水产养殖安全生产水平、健康养殖水平和渔业科技水平。如，三水区在青岐水产科技园建立佛山市三水区珠水农业科技职业培训学校，并与广东省海洋工程学校联合举办淡水养殖中专学历职成教育班。全年全市共举办各类渔业养殖技术培训班44期，参与人数达4300人，发放宣传材料1.21万份和健康渔药25.6吨。

【水产品质量安全监管】 2015年，佛山市加强水产品质量安全监管。积极推动淡水鲜活水产品产地标识试点管理。至2015年年底，全市试点企业共收到产地证明和产地标识19110张，鳜鱼、黄颡鱼和乌鳢三个品种可溯源交易量达5.2万吨。大力建设水产品质量安全生产经营示范点，实施水产品质量安全示范点健康养殖、产品自检和标识管理。出台《佛山市农业局水产品质量安全监督抽查复检程序管理规定》，加强水产品源头监管，开展水产苗种、渔业投入品等专项整治行动。全市首次采取随机抽样的方式抽取受检苗种场，加大水产品监督抽查和执法检查力度，严厉打击使用违禁药物的违法行为。年内，全市完成农业部和省级抽样检测水产品样品345个，合格率97.9%；完成市级抽样检测水产品样品679个、渔业投入品62个，合格率分别为98.1%和100%。

【江河渔业生态环境】 2015年，佛山市各级财政共投入增殖放流资金69万元，向江河水域投放鱼苗1062万尾、成鱼14900千克。另外，按照广东省统一部署，佛山实施禁渔期内禁止珠江流域一切渔业捕捞活动，并落实渔民禁渔补贴，补贴对象3636人。佛山渔政支队积极开展打击“电、毒、炸”等违法犯罪行为的执法行动，全年全市共出动执法船897艘次，执法人员3041人次，查处案件112宗。

【渔业安全生产执法】 2015年，佛山渔政支队加强渔业安全生产执法，积极开展渔船停泊点规范建设、渔航安全联合检查和渔业安全生产培训活动，维护全市渔业安全生产秩序。全年全市举办各类渔民安全、技能培训班15个，培训渔民2100人。

（许锦华）

农业科技

【综述】 2015年，佛山市坚持“科技立农”理念，强化科技支撑能力，加强农业科技推广力度，加大新型职业农民培育，加强农业信息化建设和农业成果展示，农业产业化水平不断提升，农民职业化程度不断提高。

【农业科技推广】 2015年，佛山市确定现代种业、生态健康种养殖、高效设施农业等农业科技示范推广专项资金项目42个，市级财政扶持资金1740万元。积极推进19个2014年度佛山市农业科技推广项目市级专项资金项目实施。发动科研单位和企业申报省级农技推广建设项目，其中高明区“2015年基层农技推广服务云平台试点县项目”、市农科所“广东省省级农作物良种良法示范基地建设项目”“广东省蔬菜品种区域试验项目”“2015～2017年国家鲜食番茄品种区域试验项目”“省级农业生产与农产品质量安全体系建设项目”和市林科所“佛山植物园科普基地建设”等多个省级以上项目成功立项。推动企业开展农业科技创新实践。“三澳占等五个优质高产水稻新品种的选育与应用推广”“杜鹃红山茶等优良茶花推广”均获广东省农业技术推广二等奖，“鸡球虫病生物防治技术的研究与应用”获广东省农业技术推广三等奖。充分利用佛山农林信息网平台开展农业科技推广服务工作。在佛山农林信息网“农林知识”栏目中开设的种植、水产养殖、科技信息等12个子栏目，发布农业科技知识资料634篇。

【新型职业农民培育】 2015年，佛山市贯彻落实《农业部办公厅关于新型职业农民培育试点工作的指导意见》和《农业部关于统筹开展新型职业农民和农村实用人才认定工作的通知》精神，以“强基础、精培训、争扶持”为方向，加强新型职业农民培育工作。市政府召开新型职业农民培训体系建设和政策研究会议，制定《2015年佛山职业农民培训指导意见》，统筹全市职业农民培训工作开展。评定第二批、第三批新型职业农民培训基地，全市培训基地增加至34个，培训讲师团专家增加17名，专家人数达76人。培训职业农民3.1万人次，其中科普实用技术与职业技能培训1.2万人次、农业实用技术咨询培训1.9万人次。高明区成功申报省级职业农民培育试点县项目，省调研考核组对此给予充分肯定，认为高明为全省的职业农民培训工作提供了鲜活的经验。广东省农业厅副厅长程萍充分肯定佛山职业农民培训工作模式和成效，认为佛山敢于先行先试，为省制订新型职业农民培训政策提供了经验借鉴。

【农业信息化建设】 2015年，佛山市农业信息化综合服务体系建设一期项目通过验收，建设了佛山市农林信息网、新型职业农民在线服务系统等五大系统，各系统运行状况良好；二期项目启动公开招标，拟构建佛山市农业物联网综合应用平台，并选取市农科所、林科所等4个试点单位进行数据测试；三期项目拟建设佛山市农业应用整合和数据共享平台、佛山市农业行政综合执法管理系统等九大系统，并与一期、二期信息化内容对接，实现统一登陆，数据共享。项目建设通过市经信局立项评审。为使一期项目建设的各大系统更快投入使用，市农业局在各区举行了5期系统操作培训，培训区级、镇级系统使用人员500多人。

【品牌农业】 2015年，佛山市农产品品牌的影响力进一步提升。全年全市共推荐申报无公害农产品企业37个、产品82个，获批准认定产地34个、产品41个（含2014年申报）。广东省名牌产品（农业类）新申报14个，申报复审6个。全市“三品一标一名牌”认证产品139个，其中无公害农产品85个、绿色食品4个、有机产品17个、地理标志农产品4件、省级名牌产品（农业类）29个。积极推荐评选省级名特优新农产品。组织59个农产品参加广东省名特优新农产品评选活动，举办广东（佛山）名特优新农产品推介会暨产销对接现场活动，提升佛山农产品品牌的知名度和影响力。经省级专家评定，全市共有25个农产品列入广东省名特优新农产品库，其中合水粉葛、兆利丰西瓜等8个农产品受到表彰。加强农产品认证产品标识管理。根据农业部《关于开展无公害农产品和地理标志农产品标志使用专项检查的通知》精神，开展农产品标识使用专项检查，累计出动检查人员20多人次，检查市场（超市）和企业31家，发放宣传资料1000多份。

【农业科技成果】 2015年8月底，佛山市成功举办第三届广东（佛山）安全食用农产品博览会暨粤桂黔名优农产品推介会，吸引12个省（特区、自治区）的200多家企业携500多个名优农产品参展，客流量达30万人次，销售总额4800万元，打破历届农博会纪录。活动评选出“十大名优农产品”“十大品牌农企”“十大休闲农业观光基地”。

同年，佛山市举办广东（佛山）名特优新农产品推介会暨产销对接现场活动。组织企业参加第十三届中国国际农产品交易会、第六届广东现代农业博览会和韶关、清远、肇庆、云浮等市名特优新农产品推介会；组织企业参加了广东省云浮市罗定市稻米节和惠州、桂林农产品交易会等大型展会，广泛推介佛山农业企业、名优农产品和农业科技创新成果。12月2日，佛山市举行2015年佛山市农业良种展示推广月启动暨广东省农科院佛山分院挂牌仪式，成立“广东省农科院佛山分院”“广东（佛山）现代农业科技园”，并签订相关合作协议，正式建立全方位、深层次、宽领域的农业科技合作关系。

（许锦华）

农村经营管理

【综述】 2015年，佛山市加强农村经营管理，着力抓好农村土地承包经营权确权、集体资产清理核实、涉农维稳治理、农村财务专项整治、农民专业合作社、休闲农业、村级公益事业建设“一事一议”财政奖补、“三个平台建设”等工作，实现农村经济稳定发展，农村基层善治水平不断提高，农村大局持续稳定。

【土地承包经营权确权登记颁证工作】 土地确权督导。2015年，佛山市加强对各区农村土地承包经营权确权登记颁证工作的业务指导，稳步推进农村土地承包经营权确权登记颁证工作落实。至2015年年底，三水区农村土地承包经营权确权登记颁证工作的农户资料收集、方案表决和公示、村组地界权属确认完成率达到95%以上，基本完成确权试点任务；南海区全面启动集体经济组织股权（农村土地承包经营权）确权登记颁证工作，有1233个经济社基本完成股权确权工作，完成率62%；高明区、顺德区出台实施方案；禅城区成立确权工作领导小组，并研究制订方案。

土地确权业务培训。2015年，佛山市组织举办各种形式的镇、村干部培训班；组织各镇（街）党委（党工委）书记或镇长、部分村委会负责人共130人参加珠三角片区确权培训班。同时，三水、南海等土地确权先行区也定期开展培训。至年底，全市累计培训人数近1万人次。

确权风险研判。2015年，佛山市农业部门完成了农村土地承包经营权确权问题风险评估调研，对确权可能引起的维稳风险进行摸底，并形成报告向市政府汇报，提出防范解决措施建议。对未启动确权的区，也开展前期调查摸底，预判确权工作形势，确保土地确权工作稳步推进。

【集体资产清理核实】 2015年，佛山市全面开展集体经济组织集体资产清理核实工作，通过组织召开工作会议，研究部署落实工作。各区镇（街）按照要求，立即成立组织机构，制订工作方案，开展集体经济组织集体资产清理核实工作。为加快推进集体经济组织集体资产清理核实工作，市农业局组织农村集体资产管理交易和财务网上监控平台（简称“两个平台”）的软件开发公司与各区签订合作协议，统一升级“两个平台”系统，增加清理核实数据导出功能，提高数据填报效率。全市进入“两个平台”交易的农村集体资产有21139宗，涉及合同标的总额133.68亿元，平均增值率达7.15%。同时，组织各镇（街）、村（社区）人员进行操作实务培训，加强跟踪督导，确保清理核实任务按时按质完成。至2015年年底，全市基本完成集体经济组织集体资产清理核实清理任务。

【村级公益建设“一事一议”财政奖补】 2015年，佛山市落实村级公益事业建设“一事一议”财政奖补。全年共安排项目144个，项目资金总额1.16亿元，其中，市级财政奖补1182万元。完成2014年奖补项目市级重点考评工作。聘请会计师事务所，对投资总额200万元以上的重点项目进行考评验收，跟进考评发现的相关问题，做好督导整改工作。组织开展镇街工作人员业务培训。全年举办“一事一议”财政奖补工作培训班2期，培训区、镇（街）相关工作人员120人次。

【涉农维稳】 2015年，佛山市开展2015年涉农维稳专项治理，落实《2015年佛山市涉农不稳定问题专项治理工作方案》，开展涉农职务犯罪、农村土地问题、农村集体经济问题、村务管理问题的专项治理行动，完善涉农矛盾纠纷、涉农矛盾化解、涉农上访基础信息台账，跟踪掌握农村涉农维稳情况。围绕土地确权和股份制改革等农村重点改革任务，做好涉及农村集体经济方面的信访维稳工作，积极引导群众依法有序逐级上访，努力把信访问题化解在基层，最大限度减少群众越级上访情况发生。全年全市办理市级复核信访案件13件，办理复查案件1件，同比减少12件，办结率为100%。

【农村财务管理】 2015年，佛山市积极部署开展农村村级财务管理专项整治工作。在各区开展自查的基础上，市农业局深入各区调查，掌握农村财务管理工作情况，针对农村财务管理工作的重点问题、薄弱环节进行全面清理和整顿，着力整顿财会制度执行、账户管理、合同管理、财务公开、收支及票据管理等方面的不规范行为，逐步完善农村集体财务预决算、收入管理、开支审批、资产管理、民主理财的新机制。

【农村“三资”监管】 2015年，佛山市农村资金、资产、资源“三资”监管工作进一步加强，强化农村集体资产管理交易平台和财务网上监控平台“两个平台”应用管理。全年进入平台交易的农村集体资产有21139宗，涉及合同标的总额133.68亿元，平均增值率达7.15%。抓好平台升级完善工作。组织各区对“两个平台”进行优化升级，完善数据指标、会计科目等功能模块设置，实现农村财务网上监控平台与开户行金融网点的联网监控和与农村集体经济组织的开户银行对接。另外，顺德区和禅城区还率先开发集体资产交易网上竞价系统。抓好农村股权管理平台建设扩面工作。南海区、顺德区完成股权管理平台建设；禅城区完成系统开发工作，并录入有关数据资料；三水区结合土地承包经营权确权颁证工作开展股权交易平台建设工作。促进“三资”管理信息公开。实现“两个平台”与农村党风廉政建设平台对接，扩大农村集体资产交易信息公告范围，全面公开各村村务、党务、财务信息，详细公布农村集体资产信息。为进一步拓展农村集体资产交易的信息发布渠道，禅城区还专门安排财政资金在村居安装大型LED显示屏，至年底，有33个村居安装完毕并投入使用。

【农民专业合作社】 2015年，佛山市合作社发展至176个，比上年增加25个。其中市级示范社46个，省级示范社16个，国家级示范社1个，国家级加工型示范社1个，省级巾帼创业示范基地1个。全年安排市级扶持资金750万元，通过竞争性评审，择优安排25个示范社生产建设项目进行扶持，每个30万元。另外，佛山市还试点探索农民专业合作社联合社（会）创建工作，实现合作社的强强联合、抱团发展。至2015年年底，全市共有联合社2个，分别是以同类产品经营为合作纽带的润土农产品专业合作社联合社和以蔬菜、水产、家禽、生猪等不同产品类型合作社组建而成的新农门养殖专业合作社联合社。

【国家现代农业示范区在顺德揭牌】 2015年7月10日，国家现代农业示范区在顺德举行揭牌仪式。农业部农研中心副主任郭永田、广东省农业厅副厅长顾幸伟等出席揭牌仪式。揭牌仪式上，顺德区政府先后和广东省农业科学院、省商务厅签订战略合作框架协议、共建广东省农产品电子商务示范区合作框架协议；顺德区均安镇政府与广东省农业科学院农业经济与农村发展研究所签订关于合作申报建设中国重要农业文化遗产——基塘农业项目框架协议；顺德区农业局和顺德区电子商务协会签订共同推进省区共建农产品电子商务示范区合作框架协议。根据国家现代农业示范区建设规划，到2019年，顺德将建设8个以上超千亩、多个超500亩的现代农业产业园，重点建设陈村花卉世界、杏坛海心沙－均安南沙生态岛综合体两大核心区，深入推进海峡两岸农业合作试验区项目，创建农产品加工与流通基地，打造现代农业休闲旅游区，发展生态农业等。

【佛山10村落入选第二批“广东省名村”名单】 2015年8月，广东省委农办公布第二批广东省名镇名村名单，南庄镇紫南村等10个佛山名村榜上有名。至此，佛山有26个村落获“广东省名村”称号。10个被评为第二批“广东省名村”的村分别是禅城区的南庄镇紫南村；南海区的桂城街道叠北社区、九江镇璜矶社区、西樵镇简村社区、狮山镇石澎村、大沥镇沥东社区、里水镇里水社区；高明区的更合镇鹿田村；三水区的芦苞镇长岐村；顺德区的杏坛镇右滩村。

【休闲农业与乡村旅游示范点建设】 2015年，佛山市大力发展休闲农业和乡村旅游，落实休闲农业和乡村旅游示范点申报工作。2015年，推荐广东盈香生态园申报全国休闲农业与乡村旅游示范点；推荐佛山市高明区泰康山生态旅游度假区、佛山市三水区宝苞现代农业综合示范区——宝苞农场，申报全省休闲农业与乡村旅游示范点。同时，落实广东省扶持资金项目，由省财政分别安排10万元扶持广东盈香生态园和三水侨鑫生态园，指导两个示范点编制扶持项目实施方案，并监督项目实施。

（许锦华）

交通·邮政

交通概况

【综述】 2015年，是佛山市“十二五”交通规划的收官之年。“十二五”期间，佛山市交通运输部门全面加快建设结构合理、功能互补的综合交通基础设施体系，“货畅其流”的货物运输体系，“人便于行”的客运体系，智能化的行业监控和公众服务体系，以及有利于交通运输业科学发展的体制机制和政策保障体系。“十二五”期间，佛山市“两环四纵五横”高速公路网络基本形成，市域组团间路网连接不断加强，广佛路网对接全面提升，城市道路网络不断完善，农村公路实现村村通硬底化公路。轨道建设快速发展，新增各类轨道约200千米，市域通车运营轨道共计282.6千米。港口航道加快发展，整治航道约129千米，“两纵三横”骨干航道网完成整治提升。空港运输服务体系实现优化，佛山沙堤机场逐步拓展航线，全市共建成9座城市候机楼，实现五区均可直达白云机场。佛山交通运输事业继续保持快速发展势头。

【区域交通一体化建设】 2015年，佛山市重点推动高快路网一体化建设，完善区域快速交通体系。广佛同城方面，加快推进广佛两地交通基础设施对接，与广州市相关部门进行多层级交流，强化协调沟通。4月17日，广佛两市分管交通的市领导在广州市，就珠江大桥放射线接广佛新干线、广和大桥至华南快速三期连接线快速化改造等重点交通项目进行研究部署。广明高速广州段和龙溪大道快速化改造2个项目建成通车。至年底，广佛两市之间已形成22条公路通道。另一方面，强化与肇庆、云浮、清云的交通一体化建设，加快高速公路互联互通。广佛肇高速公路佛山段实现开工建设。2015年1月21日，佛山市对口帮扶云浮市领导小组办公室组织佛山、云浮两市发改局、交通运输局在云浮市召开佛山对口帮扶云浮交通对接工作座谈会。会议通报了各项交通对接项目的开展情况及存在问题，并提出以广明高速西延线为起点，修建直通新兴、云浮的高速公路，完善“广州－新兴－云浮”高速公路网体系的议题。

【佛山机场】 2015年，佛山机场新增杭州、宁波、长沙、湛江等地航线，日保障航班架次最高达到14架次，为通航以来最高。佛山机场公司共保障进出港航班3090架次，旅客总吞吐量为30.33万人次，其中保障出港旅客15.48万人次、进港旅客14.84万人次。航班平均客座率为63%，航班放行准点率为90%。累计保障进出港货物739吨，其中出港454吨、进港285吨。各项安全指标均在民航行业标准范围之内。

（李丹心）

公路交通基础设施

【综述】 2015年，佛山市境内公路通车总里程为5243.66千米，其中高速公路479千米、一级公路1407.54千米、二级公路408.08千米、三级公路901.15千米、四级公路2047.73千米。全市公路密度达138.1千米/百平方千米，其中高速公路为12.7千米/百平方千米。

【高速公路】 2015年，佛山市高速公路建设项目共10个。项目征地拆迁工作取得重大突破，佛清从高速南段一期征拆工作全面完成。广明高速西延线剩余工程、江罗高速佛山段、广明高速广州段佛山路段3个项目实现建成通车。广佛肇高速佛山段在12月底开工建设。至年底，在建的3个项目中，广中江高速佛山段完成约58%、佛清从高速南段一期完成约52%、佛江高速佛山段新建段完成约15.6%。筹建的3个项目中，广明高速陈村至西樵段二期、佛江高速和顺至陈村段、佛清从高速公路南段二期加快推进前期工作。2015年，佛山市在广东省高速公路建设考核中，较好地完成省下达的任务目标，位列全省地级市第八名、珠三角各市第三名。

【市重点路桥工程】 为打造重点民生项目，2015年年初，佛山市交通运输部门从跨市、跨区、区内三个层面制定“断头路”实施计划，力争连通包括跨市、跨区及区内重要节点在内的20条“断头路”。通过狠抓落实，至2015年年底，黄榄干线接番顺公路工程、江顺大桥及连接线工程、魁奇路西延线、东西大道、庆云大道改造、华阳桥、乐龙公路、龙溪大道快速化改造、同济东路南海大道－桂澜路等19个项目顺利建成通车。其中，国道321线养护示范路是广东省“十二五”后三年重要的基础设施建设项目，也是佛山市城市升级两年延伸计划的重点项目。该项目于2015年9月顺利通过广东省公路管理局验收，并获得“广东段领先水平”的好评。

【综合交通枢纽】 2015年，佛山市继续积极与广州市共建空港、海港、铁路、公路等综合交通枢纽体系。佛山西站枢纽在“十二五”期间获得国家批准并启动建设，在佛山市的积极争取下，佛山西站由普通中途站提升为广佛铁路枢纽中的主客运枢纽，定位“服务‘广佛’向西客运为主，兼顾部分向东向北的客运功能”，车场总规模10台23线，站房面积6.8万平方米，年发送量7590万人次。截至2015年年底，佛山西站枢纽主体建设工程及周边各项配套工程均如期推进。另外，佛山市推进官窑、丹灶货运枢纽站建设，促进公铁联运发展。

【城市道路和桥梁项目】 2015年，佛山市（以下数据均不含顺德区）有城市道路共1017条，总里程约1052千米，道路总面积3018.92万平方米，其中人行道总面积685.59万平方米。全年共修复道路路面35万平方米，新划标线33.7万米，更换、维修各种井盖3183个，整治修复人行道、盲道2.44万平方米，维修、新装护栏2.66万米，维修、增设示警桩、石柱5483件（套），更换路灯（罩）14303盏，主干路亮灯率保持99%以上。城市道路养护状况优良等级达到90%。推进城市慢行系统建设，出台《佛山市城市慢行系统规划》《佛山自行车交通发展规划》等一系列规划，并完成祖庙商圈、平洲片区、桂城行政中心片区等重点片区慢行系统改善工作，成为全市示范片区。2015年，在册城市桥梁共计485座，未发现E类桥，D类桥共有20座。D类桥中，高明区杨梅沙水河铁桥等6座D类桥梁实施了加固维修，其余14座均采取安全措施，管养单位计划逐步实施加固改造。年内，《佛山市公路桥梁和城市道路桥梁养护管理办法》通过佛山市政府审议并批准实施。

【农村公路】 2015年，佛山市交通建设部门按照佛山市建设人民满意政府工作目标要求，积极推进并超额完成2015年农村公路“交通设施提升”计划。全市实施农村公路改造提升56千米，存在安全隐患的农村公路桥梁维修加固改造24座，公路安全保障工程28项。全市共完成163座农村公路桥梁的定期检查工作，新核定四类桥梁2座，对5座四类桥梁和1座五类桥梁进行维修加固，1座四类桥梁废弃使用（全封闭）。严格实施农村公路日常养护工作，落实《佛山市农村公路小修保养制度》，及时对公路进行养护维修，保持路况稳定。年终县道优良路率为80.5%，常养乡道优良路率为78.9%。

（李丹心）

城市公共交通

【综述】 2015年3月和7月，佛山市政府先后印发实施《佛山市2015年公交提升计划》和《佛山市建设便捷智能文明安全公交行动方案》，围绕两大工作方案，交通部门同步制订便捷公交、智能公交、文明公交、安全公交四大实施计划，推动公交优先发展，全力提升中心城区公交分担率。2015年，佛山市公交车辆达到6666标台、出租车4140辆，全市公交日客运量达257万人次/日；建成公共自行车站点 1143 个，公共自行车 34212 辆，覆盖全市五区。中心城区公交分担率增至 35.5%。在第三方组织的相关评比中，佛山市公交站点 500 米服务覆盖率列居全国第一。

【公交基础设施】 2015 年，佛山市加快公交站场建设，落实《佛山市城建项目公交站场配建管理办法》，建成张槎公交停保场、领地海纳珑庭公交首末站、桂城金地地产首末站、三水南站首末站等站场。完善中心城区公交专用道建设，中心城区建设完成公交专用道 102.6 千米。加强公交站亭安全防护，通过设置防护杆、张贴反光标识等措施，改善站亭安全状况。

【公交运力投放】 2015 年，佛山市结合《佛山市新能源汽车推广应用实施方案（2014 ~ 2015）》的工作要求，加大公交运力投放。至年底，合计投放新能源公交车 1204 辆，为新开线路、增强覆盖、加密班次提供运力保障。同时，为保障新能源汽车发展的延续性，制定了《佛山市加快推进新能源公交车推广应用的意见》。

【公交线网布局】 2015 年，佛山市为进一步优化中心城区的公交线网布局，提高公交网络总体运行服务效率，结合佛山城市空间结构、道路资源现状及交通客流特征等综合因素，深化完善中心城区骨干网络及运营组织设计，计划在中心城区分阶段逐步构建“十横十纵”公交骨干线网，建设公交骨干线网、支撑线网和接驳线网的三层网络体系。各区结合区域内的不同出行需求，推出各有特色的公交优化线路，开通了南海镇巴、顺德连接广州南站的公交线、高明至鹤山跨市线路、三水工业园区通勤线路等多样化线路。试行网络预约巴士服务，促进公共交通行业产品多元化发展。

【出租车服务】 2015 年，佛山市合理调整出租运力投放，完成 1468 台出租车辆更新审验工作和 445 辆出租车的新增投入，确保中心城区有较为充足的运力供应。开展出租车经营期服务质量信誉考核与车辆经营权续期挂钩的试点工作。提升出租车管理信息化水平，完善现行统一电召平台的软硬件设施，对月度电召成功总次数排名前十的出租车实施奖励，促进电召成功率的提升。

（李丹心）

轨道交通

【综述】 2015 年，佛山市加快推进广佛地铁二期、佛山城市轨道交通 2 号线一期工程、南海新交通试验段工程等轨道交通项目建设。至年底止，佛山地铁 3 号线开展前期工作，工程可行性报告和初步设计获批，明确建设模式。

【广佛地铁二期工程】 自魁奇路地铁站延伸至佛山新城交通枢纽，线路长度 6.67 千米，均为地下线路，共设 4 座车站，由南向北分别为新城东站、东平站、世纪莲站、澜石站，其中东平站与规划中的佛山地铁 3 号线、广佛环线、广佛江珠城际线可实现换乘。至 2015 年 12 月底，广佛地铁二期工程全部完成地下隧道盾构施工，顺利实现“洞通”；4 座地铁车站均完成主体结构施工，并进行车站装修及信号系统设备安装；轨道敷设工程进展顺利，铺设铁轨 4800 余米；计划建设的 13 个地铁出入口中，建成 7 个、在建 4 个、暂未开工建设 2 个。广佛线二期预计 2016 年 12 月底开通试运营。

【佛山城市轨道交通 2 号线一期工程】 起于西端的南庄站，终于广州南站，全长 32.4 千米。全线设车站 17 座（地下 14 座、高架 3 座），其中换乘站 7 座。至 2015 年年底，南庄、石湾、石梁、魁奇路、登洲、花卉世界等站点进入主体施工阶段。全线首台盾构机于 2015 年 11 月 30 日在登洲站下井组装，标志着工程从地上作业转入地下暗挖施工阶段。

【南海新交通试验段工程】 位于佛山市南海区桂城街道，项目起于桂澜路与夏平西路交叉口、广佛线蠕岗站，终于规划泰山路与林岳大道交叉口，可通过林岳西站与佛山城市轨道交通 2 号线一期换乘。线路全长 13.1 千米，全线共设车站 13 座（其中地下站 4 座、地面站 4 座、高架站 5 座）。项目总投资估算为 42.2 亿元，由南海区负责筹措建设资金。

至2015年12月底，累计完成投资20.8亿元，约占总投资的48%。工程预计2017年年底开通运营。

【广佛地铁运营】 2015年12月28日，广佛地铁西朗—燕岗段开通试运营。至此，广佛地铁开通运营总长度达27千米，共18个车站，真正意义上实现了将广州市海珠区、荔湾区与佛山市南海区、禅城区四区串联，广佛同城发展进程中再添里程碑。2015年，广佛地铁上线列车19列，全年安全运营里程数累计达1083.7万车千米，列车正点率达99.9%，全年客流量达5832.8万人次，日均客运量达16万人次。

（李丹心）

公路运输与服务

【营运车辆保有量】 2015年，佛山市在册营运货车7.03万辆，总计38.5万吨位。在册营运客车1691辆，7.68万客位，其中，客运班车750辆，3.35万客位；包车客车941辆，4.33万客位。城市公交车辆5931辆，运营线路595条，运营线路总长度15236千米，年客运量66148.1万人次；出租汽车4140辆，年客运量9489.6万人次。

【经营业户及从业人员】 2015年，佛山市在册经营道路客运业户44户，从业人员1.52万人；道路货运业户61925户，从业人员8.07万人；道路运输相关业务经营业户6236户，从业人员3.89万人，相关业务经营业户中机动车维修业户5927户，其中汽车维修业户4074户（一类123户、二类642户、三类3309户），摩托车维修业户1853户。

【道路客运】 2015年，佛山市客运线路393条，年平均日发3351班次。其中跨省线路89条，年平均日发224班次；跨地（市）客运线路304条，年平均日发3127班次。

【客、货运输量】 2015年，佛山市道路运输客运量完成5320万人次，较上年同期下降6.54%；旅客周转量完成584709万人千米，较上年同期下降1.16%；道路货运量完成25318万吨，较上年同期增长2.45%；货物周转量完成1944721万吨千米，较上年同期增长3.49%。

【客、货运站场】 2015年，佛山市共有客、货运站场34个，其中等级客运站场23个，简易站及招呼站7个，平均日发6648班次；货运站场11个，平均日换算货物吞吐量8.92万吨。

【汽车综合性能检测站及检测量】 2015年，佛山市共有汽车综合性能检测站11个，年完成检测量共17.2万辆次。其中维修竣工检测6.34万辆次，等级评定检测7.79万辆次。

【机动车驾驶员培训】 2015年，佛山市共有机动车驾驶员培训业户40户，教练员6273人，教学车辆合计5040辆，全年共培训25.9万人次。

【运输行业监管】 2015年，佛山市交通运输部门圆满组织完成2015年春运工作，春节期间，全市共安全有序发送旅客899.8万人次，同比上升6.3%。

根据《佛山市人民政府关于促进公路水路货运业发展的意见》，全力促进佛山市公路水路货运业规模化、专业化发展。对规模企业进行扶持，加大对新增运力的补助，鼓励本地企业新增大型车辆船舶，吸引外地规模运输企业在本地注册成立公司，促进货运业运力快速回升和运输结构调整。全市新注册营运货运车辆8087辆，总吨位4.8万吨，平均吨位6吨/辆；新增大型船舶3艘，共2.2万载重吨。

加强公路运输市场监管，严厉打击非法营运行为，将日常稽查与联合执法相结合，加大对非法营运蓝牌车、假出租、违规客车等的打击力度，净化运输市场秩序。开展危化品运输企业联合检查行动，查补运输安全漏洞。联合公安交警对驾培行业开展全面整治，进一步规范驾培市场经营行为。制订促进维修行业转型升级的工作方案，提高服务能力和水平。采取节假日不停班方式，保持路面治超执法高压态势，巩固源头治超工作长效机制。大力推进依法行政制度建设，在全市层面统筹谋划科技执法建设，全力推动交通综合执法向非现场化转变。将宣传教育与执法监督有效结合，进行形式多样的交通综合执法宣传活动，开展高速公路入口超限车辆劝返工作。

（李丹心）

水路运输

【水路基础设施】 2015年，佛山市有生产用码头泊位283个，码头岸线18621米，泊位年通过能力10117万吨。内河航道通航里程114条1001千米。

【船舶保有量】 2015年，佛山市拥有水路运输机动船舶429艘，总载重量57.25万吨位，功率19.37万千瓦。其中，客船4艘，载客量1358客位；货船414艘，总载重量57.15万吨（包括集装箱船43艘、载重量6.58万吨位、5167个国际标准集装箱位）。

【水路运输量】 2015年，佛山市水路完成货运量4110万吨，同比增长1.63％，货运周转量719306万吨千米，同比增长11.45%；水路客运量完成66.67万人次，同比下降12.08%。客运周转量8359万人千米，同比下降10.29%。

【港口吞吐量】 2015年，佛山港共完成货物吞吐量6147万吨，同比增长4.1%。进出港货物主要为矿建材料、煤炭、油品、钢铁，分别为1164.3万吨、715万吨、589.9万吨、370万吨，其中煤炭受佛山市发电用煤需求影响，钢铁受市场行情影响，下降明显。全年佛山港外贸货物吞吐量2404万吨，同比增长6.8%，出口主要货物为陶瓷、机械电器设备；内贸货物吞吐量3743万吨，同比增长2.4%；集装箱吞吐量301.8万TEU，同比增长4.1%。全年佛山港旅客吞吐量62.3万人次，同比下降8.8%。

【港口航道建设和维护】 2015年，佛山市在建港口项目中，了哥山港区通用码头工程项目（顺德新港）位于佛山市顺德区杏坛镇容桂水道入口段南华水闸下游左岸水域，岸线长度438米，陆域用地18.4公顷。工程建设规模为4个3000吨级（水工结构兼顾5000吨级）多用途泊位，设计年通过能力件杂货160万吨，集装箱9.6万TEU，计划建成具有二类口岸功能的通用码头，建成后将成为顺德最大的对外货运港口之一。工程建设按计划推进，完成总投资3.1亿元。佛山港大塘港区北江飞鹿货运码头工程位于佛山市三水区大塘镇北江右岸油金大桥下游328米处，项目拟建3个1千吨级通用泊位及相关配套工程设施，可满足3艘1千吨级干货船同时靠泊和作业，泊位总长度为214米，陆域总面积为7.36万平方米，设计年通过能力210万吨。该项目将进一步加快内河水运发展，完善佛山市综合交通运输体系布局，提升佛山港服务水平，工程建设在按计划推进中。

除在建港口项目外，佛山市还有开展前期工作码头建设项目共有3项，分别为三水港扩建工程、佛山君御西江国际游艇展示中心工程、佛山高明珠江货运码头扩建工程。

航道升级改造方面，北江航道（乌石至三水河口段）升级扩容项目全线动工建设，西伶通道内河航道整治工程已动工建设。全年全市航道维护通航保证率、航标维护正常率、船舶优秀率均达100%。

【港航管理】 2015年，佛山市港航管理部门重点开展港口水路货运升级工作。由市政府出台《佛山市促进货运业装备提升资金管理办法》，鼓励企业新增运力，促进水路服务业的提升。积极推广内河船型标准化工作，鼓励企业进行船舶改造升级，全年全市共拆解11艘老旧船舶和单壳油船，完成25艘单壳油船的双壳改造和污水处理装置改造。加强港口行业的安全监管，建设重点危险货物码头的远程视频监控系统。扎实开展港航和水运执法工作，水路运输市场秩序进一步规范化。

（李丹心）

邮　政

【综述】 2015年，佛山邮政主动适应经济发展新常态，把握稳中求进的工作总基调，各项业务发展稳中向好。全市邮政三大板块（邮政、邮储、速递物流）合计实现业务收入14.85亿元，同比增长15.83%。4月3日，原“广东省邮政公司佛山市分公司”更名为“中国邮政集团公司佛山市分公司”，原“广东邮政速递物流股份有限公司佛山市分公司”更名为“中国邮政速递物流股份有限公司佛山市分公司”。

2015年，中国邮政集团公司佛山市分公司被评为“2014年度全国邮政用户满意企业”“2015年度广东省优秀企业”。中国邮政储蓄银行佛山市分行被佛山主流媒体和监管机构评为“佛山中小微企业满意的金融机构”“十佳优质服务窗口”“金融机构安全评估优秀单位”。

【邮政基础能力】 至2015年年底，佛山市共有邮政企业自营网点84个、邮储网点（含代理金融网点）105个、邮政代办所107个、EMS专营网点46个。另外有373个邮政服务亭（报刊亭）。全市设投递部46个，投递道段1318条，其中城市投递段道182条、农村投递道段435条、速递投递道段701段。邮路总里程单程5635千米，速递总里程为25326千米/天，普邮总里程为25255千米/天。全市共安装信报箱群2.7万个（格口96.6万个），全市城区信报箱平均覆盖率达到85.7%；投放便民信包箱130个。

【邮政网络运行及投递能力】 2015年，佛山市通过打造南海自主邮运网，实现南海区内邮件的自主转趟运输，初步组建连通五区的自主转趟网络；布设130个便民信包箱共计1549个格口，构建佛山邮政便民信包箱试验网，全市共计投箱国内小包、约投挂号等给据邮件1.5万件；对1780组信报箱群进行信息化改造，激活将近8万户信报箱格口，在普通信报箱群投入约投挂号、国内小包、商函挂号等邮件共计36.5万件。

【邮务类业务】 邮务类业务作为邮政的标志性业务，包括函件、集邮、报刊发行、包裹、机要通信等业务种类。2015年佛山市函件量5009.01万件，其中，国内函件4179.03万件、国际函件829.98万件；国内包裹342.68万件、盲人读物及义务兵信件2400件、机要件2.45万件。全市有集邮预订户31721户，全市集邮协会会员23110人；有报刊预订户17万户。至2015年，全市成立了8个青少年集邮组织、6家青少年邮局、3家全国青少年集邮示范基地。

【邮政金融业务】 2015年，佛山邮储银行成功引入摩根大通、瑞士银行、中国人寿、中国电信、腾讯公司、蚂蚁金服等10家国际、国内知名机构作为战略投资者。全市邮政储蓄客户达418万户，城乡居民储蓄存款187亿元；年资金交易额约1608亿元；汇兑业务量达132万笔、交易金额35亿元；代理各类中间业务达62亿元。邮政金融通过多种渠道支持地方经济社会发展，共计投放贷款超过885亿元，各项贷款余额超过109亿元，当年增长36亿元，新增存贷比达到58.35%。支持地方房地产发展，新增发放房地产开发贷款23.89亿元、购房贷款24.34亿元。支持地方大型基础项目建设，为广佛地铁、绿岛湖新区开发、广东中旅南海旅游产业园等市重点建设项目提供融资服务。积极探索破解中小微企业“融资难”“融资贵”“融资慢”等问题，累计服务小微企业总数超过2万家。发放“再就业担保贷款”总额超过2.4亿元，帮助超过1.5万名佛山市民重新踏上就业岗位。与市政府、人民银行佛山市中心支行、市银监局合作开展“创富大赛”活动，积极支持百姓创业。

【邮政速递物流业务】 2015年，佛山市邮政速递物流服务主要有市内同城速递、省内速递、国内速递、国际速递、物流、国际包裹、国内快递包裹等业务种类。同时开办代收货款、邮资到付、回执回单等个性化服务。配合政府部门构建网上行政审批大厅平台，打造网上办理同城政务专递业务，并通过微信受理、营业网点、上门揽收、网上受理和“11185”“11183”电话受理等方式，成功把单一营业厅受理模式拉伸至多渠道全方位的受理模式，为广大市民和企业提供全方位的优质的速递物流服务。全年为全市近5500家企业提供优质的速递物流服务，全年出口业务量超过900万件，速递物流业务收入超过2亿元。

（顾丽冰）

信 息 化

信息化建设

【智慧城市建设】 2015年，佛山市继续秉持“创新、协调、绿色、开放、共享”的发展理念，以信息化基础设施建设为抓手，以信息化和工业化高度融合的“两化融合”为重点，以“互联网+”行动为契机，以信息惠民为宗旨，持续优化智慧佛山建设环境，深入推动智慧城市建设。

在第五届（2015）中国智慧城市发展水平评估中，佛山市评估结果排名第八位；在2015年度“中国智慧城市惠民发展评价”地级市评比中，佛山获第一名。此外，佛山市还先后获“2015智慧城市应用创新奖”“十二五智慧城市领军城市”等奖项。

【信息基础设施建设】 2015年，佛山市高度重视信息基础设施建设，多措施并举推进各项工作，取得显著成效。至年底，全市光纤覆盖用户累计达566万户，光纤接入用户累计达120万户，光纤入户率从2014年的34.51%提升至57%，光缆线路总长度达11.3万千米，光纤端口占比46.8%，跃居全省首位。公共WiFi试点稳步推进，新增公共场所AP接入点1.5万个，能够满足30万人同时上网，并在国内首创“移动互联网商业平台+网络管理平台+公安安全审计系统+各种场景AP”的全市大统一网络架构。4G移动通信建设加快，累计开通4G基站31456个，覆盖率超90%。“三网融合”推进良好，全市数字电视主机用户超165万户，宽带用户超35万户，高清交互业务用户超88万户。

【两化融合】 2015年，佛山市积极开展多种形式的贯标工作，包括推荐企业和服务机构申报贯标试点，为试点企业提供资金补助，组织相关单位及重点企业召开“两化融合”（“两化”指信息化和工业化）管理体系贯标宣贯座谈交流会等，推动“两化融合”标准体系建设。全年共有35家企业获批省级贯标试点，较上年增长60%，其中3家企业获批国家级贯标试点；1家服务机构获批省级贯标服务机构。

【电子政务建设】 2015年，佛山市电子政务建设继续迈上新台阶。9月，佛山市经信局发布《佛山市“互联网+政府”（电子政务4.0）发展研究报告》，创造性提出“以用户为中心”的新型电子政务理念和“一厅五页”（即在完善网上办事大厅的基础上，逐步规划建设市民个人网页、企业专属网页、社会组织专属网页、政府机关网页，形成功能体系五位一体，开放、兼容、高效的新型政务体系）新型网上政务服务体系。广东网上办事大厅佛山分厅各项指标显著提高，网上全流程办理率达96.5%，行政审批业务网上办结率94.2%，超额完成省下达的指标任务，网上办事大厅佛山分厅在全省地市综合排名中获得第二名。市政府网站获得中国政府网站绩效地级市第一名（已实现五连冠）、2015广东省政府网站公共服务程度评测第一名。佛山市网络发言人平台获评“2015政府网站新技术应用优秀案例”。

【电子商务】 2015年，佛山市顺应“互联网+”的高速发展，致力提升传统产业的竞争力，大力发展电子商务。全年全市电子商务交易额达3836亿元，同比增长37%。其中企业应用电子商务年交易额超10亿元企业13家，超亿元企业50家，超千万元企业400家，超百万元企业5000家。另外，佛山企业在2015年天猫“双十一”的交易额约37亿元，较上年增长61%，约占广东省交易额的39%。

【“互联网+”行动】 2015年9月，佛山市成功举办首届中国（广东）国际“互联网+”博览会。博览会汇聚了国内外456家“互联网+”顶级企业参展，吸引1200多名重点嘉宾和25万观众参观，为“互联网+”产业界、学术界提供一个展示、交流、研讨与合作的平台，为传统制造产业与互联网跨界融合提供了有益探索。同年，佛山构建“互联网+”产业联盟，打造佛山本地的“互联网+”宣传平台和微信公众号，统一发布产业新闻、活动等信息，同时设立联盟活动基地，为企业展示各重点行业的“互联网+”应用成果提供一系列平台。

【信息惠民】 2015年，佛山市成功入选国家首批信息消费示范城市，公共服务智能化水平不断提升。一是智能公交领域，“车来了”APP正式上线，可实时查询全市5500辆公交车、5000多个公交站点、400多条公交线路的基础数据，完善佛山公交实时查询功能模块，为市民出行带来极大便利。二是智能社保领域，社保卡网上服务大厅和社保自助服务机正式启用，实现银行代缴费、社区等代办机构代缴费等多种形式和渠道缴费。三是医疗领域，佛山市开启智慧医疗服务新模式，“健康佛山”是国内政务服务类微信中第一个实现预约挂号、实时结算的公众微信。四是社区智能服务领域，通过探索推进“一门式”政务服务改革，打造“一窗通办，全城通办”的政务服务“佛山模式”。五是商事登记改革初见成效，实现“三证合一（即营业执照、组织机构代码证、税务登记证三证合为一证）、两证一章（营业执照、社保登记证明、公章）”同发。六是率先复制推广广东自贸区政策，使企业在网上就能办理报关、查验、缴税，成为全国首个全面实施“互联网+易通关”改革的城市，使佛山打造“不是自贸区的自贸区”的工作又大大迈进一步。

【佛山市入选国家信息消费示范城市】 2015年12月，通过为期一年时间的创建，佛山市成功入围工信部发布的25个信息消费示范城市名单，成为国内首批信息消费示范城市。

2015年1月，根据工业和信息化部发布的《第二批国家信息消费试点市（县、区）名单公告》，佛山市正式成为第二批国家信息消费试点城市，创建期为一年。为做好试点建设工作，加快信息基础设施建设，推动信息资源整合利用，完善信息消费产业链和服务体系，提升民生领域信息服务水平，佛山市经济和信息化局牵头制定《佛山市推进国家信息消费试点城市工作实施方案》，遴选出全市25个信息消费重点项目。通过加快信息基础设施建设、提升信息产品供给能力、拓展信息服务新兴业态、提升公共服务信息化水平和创新政府智能化管理模式等五大措施，充分发挥信息消费在稳增长、促改革、调结构、惠民生中的积极作用。试点建设工作促使佛山市信息基础设施建设水平稳步提升，云计算、大数据等新兴产业发展迅速，电子商务发展水平全省领先，公共服务领域智能化程度不断加深，取得成功的示范效应。

（谭耀安）

信息产业

【概况】 2015年，佛山市信息产业总体平稳发展，计算机、通信和其他电子设备制造业规模以上工业总产值达1151.62亿元，同比增长12.7%。其中，计算机制造产业91.39亿元，同比增长11.8%；通信设备制造45.69亿元，同比增长7.2%；广播电视设备制造47.37亿元，同比增长19.6%；雷达及配套设备制造6300万元，同比下降77.7%；视听设备制造43.41亿元，同比下降18.9%；电子器件制造552.29亿元，同比增长15.2%；电子元件制造318.92亿元，同比增长14.4%；其他电子设备制造51.93亿元，同比增长20%。

电信业务总量平稳增长。全市实现电信业务总量234.71亿元，同比增长24.58%，其中中国电信业务总量57.36亿元，增速15.3%；中国移动业务总量121.17亿元，增速31.95%；中国联通业务总量55.25亿元，增速19.89%。

【电子信息制造业集群化发展】 2015年，佛山市加快推进电子信息制造业集群化发展，力促电子信息制造业做大做强、提质增效。一是以模组生产企业为核心，上下游产业链配套发展，形成了群志光电、国星光电、朝野科技等企业为龙头，覆盖平板显示器、电视设备、光电元器件等领域的产业聚集区。电视整机装配方面，拥有一批具备相当实力的电视机整机装备企业，如海信在华南的首个平板电视生产基地落户顺德。另外，广东日田、南海生之源等企业具备为电视机提供机壳、机芯板等部件的配套能力。二是新光源产业全产业链发展。广东省的重点建设项目广东新光源产业基地落户南海，以国星半导体、联动科技等高新技术企业领衔，130多家半导体照明企业进驻核心园区。华南国际电光源灯饰城总规划80公顷，至2015年年底，首期建成26.67公顷，1800多个商家进驻。

【物联网产业】 2015年，佛山市以建设物联网产业基地为抓手、构建完整物联网产业链为着力点，进一步完善物联网产业体系，促进物联网产业发展壮大。一是以顺德乐从国家级物联网技术及应用示范产业基地、广东省无线射频识别产业（佛山）基地、广东省省市共建物联网与云技术产业基地等三大物联网基地为引领，加强佛山物联网产业的基础建设和促进佛山物联网产业链完整的构建，形成区域内物联网产业聚集。二是初步形成完整的物联网产业体系，部分领域形成一定市场规模，产业链趋于完善。涌现出以物联天下、安讯智能科技、美的、科达洁能、国通物流、瑞德电子、车翼物联等为代表的一批物联网核心企业，在交通、家电、机械、家具、物流和空间地理等行业的物联网研发与应用方面做了大量基础性工作，在国内物联网应用领域处于领先水平。

【软件信息服务业】 2015年，佛山市云计算、移动互联网、物联网、大数据等新兴领域发展迅速。一是“中国在线制造”云服务平台正式上线。经过努力探索及试运行，基本实现了平台核心功能建设和产业云生态系统建立，以网络协同制造创新制造业生产模式，累计有500家龙头企业正式上线，带动该地区及全国22328家中小配套企业登陆云服务平台开展全产业链协同服务。二是佛山在云计算产业建设运营方面取得一定成果，产业基地雏形初步形成。南海云计算中心、富士通数据中心、汇丰数据中心等项目先后落户佛山。三是大数据产业进一步发展。为加快大数据标准制定和引导政府数据开放，佛山先后编制《佛山市大数据平台标准化调研报告》和《佛山政府数据开放前期研究报告及工作方案》，推进佛山市大规模、集约化、创造性地运用数据资源和信息技术手段发展大数据系统，推动数据开放共享和应用，促进社会创新。根据国务院《促进大数据发展行动纲要》和《广东省大数据发展规划（2015～2020年）》要求，结合佛山实际情况，开展佛山市大数据“十三五”规划编制工作。通过引进中兴、华为、科大讯飞等大数据产业龙头企业，带动全市大数据产业创新发展。

【“中国在线制造”佛山上线】 2015年3月31日，“中国在线制造”正式上线。这是佛山市首个互联网+云制造公共服务平台，进行企业内部以及企业与企业之间的生产、设计、销售、物流全产业链的经营管理。平台采用先进的云计算、大数据技术，打通行业之间的产业链条，实现线上、线下资源的深度整合与配置。

早在2012年，作为佛山引进的国家重大科技项目，由佛山市经济和信息化局主导的“中国在线制造”就开始致力于建设佛山云制造公共服务平台。由国家航天科工集团、华为公司、北京恩维公司、佛山卓维公司共同组建佛山云制造产业联盟，推动更多的企业加入“中国在线制造”平台，打造佛山互联网+云制造产业新业态，助推佛山产业转型升级。至2015年年底，“中国在线制造”云制造公共服务平台累计有500家龙头企业正式上线，带动全国22328家中小企业上线，开展协同设计、协同采购、协同服务等业务。行业范围覆盖汽车、电子、机械装备、纺织服装、陶瓷、卫浴、建材、铝加工、铸造、有色金属等多个领域，区域范围覆盖佛山、深圳、广州、云浮等省内城市，以及湖北、福建、山东等省份。

（谭耀安）

无线电事业

【移动通信网络基站“十三五”专项规划】 2015年12月，结合佛山城市总体规划和移动通信行业发展需要，《佛山市移动通信网络基站“十三五”专项规划（2016–2020年）》正式印发。基站规划的编制经过制定方案、资料收集、调研需求、站点核实勘察、广泛征求意见、专家评审等过程，历时近半年时间完成。规划整合了8238个站址（禅城区1276个、南海区2672个、顺德区3333个、高明区549个、三水区408个），综合考虑了城市规模、国民经济、社会发展、用户需求、通信技术等多方面情况，突出基站共建共享环境和谐的指导原则，有效利用公有物业资源合理布局，促进通信基础设施共建共享和基站集约美化，从而建设国内领先、高质量的移动通信宽带网络。佛山移动通信网络基站"十三五"规划的出台，明确佛山基站统筹建设需求，加强对通信基础设施建设的规划协调力度和资源集约化管理，推进通信基础设施共建共享工作，为佛山市移动通信基站建设提供清晰的规划发展方向。

【移动通信基站管理】 无线电台站设置申请审批工作。2015年，佛山市网上办事大厅审批办理无线电台站审批件436件，包括省无线电一体化管理平台358件、市通用审批业务调度系统77件、纸质申请1件。核发无线电台站执照4016个，其中移动通信基站电台执照3966个、B类无线电执照50个。同时积极开展A类、B类业余电台操作证书换发工作，共审核业余电台操作证书换证申请资料228份（A类194份、B类33份、C类1份）。

查处"黑广播"，整治"伪基站"。2015年，佛山市无线电管理部门组织执法部门联合查处非法广播电台，经全市的监测固定站、小型站快速查处非法广播电台合共10个。加强各部门的沟通联络，确保专项工作各环节沟通顺畅，成立打击整治伪基站无线电工作小组。对共计9台（套）疑似伪基站设备的发射频率、功率等技术指标，进行传导连接测试，并出具设备测试报告。制定伪基站信号日常监测工作机制，充分利用全市4个固定站和9个小型站，对GSM900、DCS1800、TDSCDMA、CDMA2000、WCDMA等在用公众移动通信频段进行长时间监测，根据监测结果数据，分析公众移动通信基站信号的覆盖强度、频谱利用率和占用度等情况。

【公共场所WLAN建设】 2015年，佛山市制定并发布《进一步推进公共场所无线局域网（WLAN）建设实施方案》和《佛山市公共场所无线局域网（WLAN）建设技术白皮书》，明确各区、各部门职责和任务，做好科学合理的顶层设计。佛山市无线电管理部门通过开展佛山市移动互联网商业平台建设，聚合各类资源，放大商圈营销半径，方便市民购物消费，促进第三产业发展。开展全市统一格局、统一接入、统一认证的佛山市公共场所无线局域网（WLAN）网络管理平台建设，建立全市统一SSID为"W-FOSHAN"的公共场所WLAN网络管理平台，实现全市互联互通，提升市民上网体验。完成佛山市公共场所无线局域网（WLAN）建设AP设备选型工作。通过公开招标，筛选了杭州华三、康凯科技、深圳深信服三家技术先进、质量优越的接入设备供应商，规范前端接入设备，实现全市统一管理。

【重大活动无线电安全保障】 2015年，在"两会""春运"等重要活动期间，佛山各级无线电管理部门严格按照国家、省下达的监测任务要求，对全市重要频段进行昼夜连续监测，完成了计划频段的监测分析统计工作。至11月，11个监测站点累计监测常规和专项频段、频点10059小时，提前排查公安、行政执法、交通、民航、海事等重要部门通信系统可能存在的干扰。各级无线电管理机构积极配合教育、公安等部门，在各类重大考试中利用无线电监测定位和压制技术，及时遏制作弊信号传播，确保考试公平、公正和秩序良好。全市各级无线电管理机构参加了高考英语听说考试、省公务员考试、职称外语、高考等18项重要考试保障工作，共28天，派出人员84人次，投入车辆42辆次，启用技术设备72套（台），完成各项工作任务，有效保障考场考试秩序。

（谭耀安）

基本建设·环境保护

供　水

【综述】 2015年，佛山市有供水龙头企业3家，其中佛山市水业集团有限公司负责禅城区、高明区和三水区3个区域的供水服务，瀚蓝环境股份有限公司（原南海发展股份有限公司）负责南海区的供水服务，顺德水业控股有限公司负责顺德区的供水服务。市内有1间采用“活性炭+浸没式超滤膜”深度水处理工艺的优质水厂（佛山新城优质水厂，规模为0.5万立方米/日），其余城乡自来水厂采用常规净水工艺。市内有国家级水质监测站1个、省级监测站2个，均具备《生活饮用水卫生标准》出厂水106项指标的检测能力，并通过了计量认证；区级供水企业均具备超过42项指标的检测能力。

至2015年年底，全市共有水厂40间，供水管道约9296千米（管径75mm以上），总设计供水规模约534万吨/日。年度售水量12.24亿立方米，其中：工业用水5.43亿立方米，居民生活用水4.79亿立方米；日均供水量约370万吨，人均生活用水226升/日·人。城镇供水水源保证率、自来水普及率为100%。全市城乡水厂出厂水106项指标合格率为100%，城市供水水质综合合格率为99.98%。

【供水安全管理】 2015年，佛山市水务局印发实施《佛山市城乡公共供水管理工作指引（试行）》，积极联合市环保局加强对水源地监督管理和水质监测，落实巡查制度，消除污染隐患。自2010年实施水质督察后，佛山市的供水水质状况得到极大提升和改善，全市城乡水厂出厂水106项指标、管网（末梢水）水42项常规指标监督监测合格率由2010年的不足80%上升到2014年及2015年的100%，供水水质综合合格率两年均保持在99.98%；“村村通”供水水质合格率由2014年的86%上升到2015年的100%，农村供水水质有了较大提高，水质督察工作收到显著效果。2015年，佛山市印发实施《佛山市水资源综合规划修编》，并启动《佛山市供水专项规划修编（2014~2020）》项目，提出构建西江、北江互为备用水源的供水水源布局方案以及相应的工程措施和非工程措施，进一步完善佛山市城乡水资源一体化的管理体制。出台《佛山市生活饮用水二次供水管理办法》，完善全市二次供水管理。

【节水管理】 2015年，佛山市水务局以开展公共机构节水型单位建设为节水工作切入点，印发《佛山市公共机构节水型单位建设实施方案及建设标准》，全面推动节水型社会建设。至年底，全市各级水务、经信、教育、科技、文化、卫生、体育等36个机关单位率先建成节水型公共机构示范单位。

【农村自来水建设】 2015年，佛山市投入约1亿元进行农村供水设施建设和改造，全市138.3万农村居民人口中，实现村村通自来水的农村居民人口135.9万人，农村自来水普及率98.26%，提前5年并超额完成广东省定下的至2020年农村自来水普及率达到90%的指标任务要求。

（刘　勇）

【佛山市水业集团有限公司】 2015年，佛山市水业集团有限公司通过加强水源保护、水质监测、水厂建设与工艺技术改造、管网维护与管理，实现安全优质供水，全年出厂水合格率达99.99%、水质综合合格率达99.79%。全年污水处理达标排放，水质达标率为100%。镇安和东鄱污水厂被广东省环保厅评为佛山市仅有的两间环保诚信企业（绿牌）。全年实现供水量4.67亿立方米，污水计费量2.81亿立方米，公司获评2015年佛山市公共服务“最佳口碑单位”。

沙口取水口曾遭受数次水源突发污染，对沙口、石湾水厂的正常生产造成非常大的影响。从7月起，佛山水业集团在沙口水厂正式启用原水在线监测系统，可连续、及时、准确地监测沙口原水水质及其变化状况。对原水进行24小时在线监测，及时发现上游水源污染事件，为水厂应急处理抢占先机。

8月，佛山水业集团水质监测中心水质检测能力成功扩项至218项，全面覆盖国标要求的106项指标，检测能力处于国内同行领先位置。同年，为加强“龙头”水质保障，佛山水业集团在供水范围内开展管网不利点和二次供水水质普查，并将针对结果铺排2016年技改工作。为优化水厂运行，水业集团完成了53项技改工作，解决生产运营中面临的许多技术难题。管网建设方面，佛山水业投资8627万元新建和改造DN50以上管网约90千米。同时，为加强管网信息化管理，开展GIS、SCADA和科学调度决策管理等核心系统的升级工作，通过科学调度系统和GIS系统，可实时动态监控管网的运行、维护和维修状况。

客户服务。佛山水业为满足顾客需求，不断创新服务方式，提升服务水平。其中，在“互联网+供水服务”理念的引领下，公司不断提升其网络服务水平，统筹开展“互联网+供水服务平台”项目建设。9月，水业集团以市、区供水分公司为试点开通微信缴费平台，全年受理网上缴费1.3万户。年内，公司官方微信平台被授予全省十大“最具影响力政务微信服务公众号”称号。继续推行服务标准化，对服务过程进行内部监控和考核。随着标准化服务的深入推进，各供水片区服务水平、服务环境、人员服务形象等都有大幅度提升。公司获评2015年佛山市公共服务“最佳口碑单位”，2015年第三方客户满意度调查获81.63分，实现连续四年攀升。

科技创新。水业集团依托国家级水质监测站、李圭白院士工作室等高端的科技研发平台，开展了9项国家、省、市、区的科研项目研发工作。其中，省级重点科研项目A/O-MOSA示范工程取得良好进展。由市水业集团牵头的粤港关键领域重点突破项目佛山专项——“基于溶解性微污染有机物优化去除的水厂升级改造技术与示范研究”在2015年顺利通过验收，并成功在沙口水厂和迳口水厂建设示范工程。

业务拓展。根据佛山市政府的指示精神，佛山水业、顺德水业和佛山新城投资公司按51%、40%和9%的持股比例组建佛山新城供水有限公司。经过三方共同努力，佛山新城供水公司于7月1日起正式运营，供水服务范围由6平方千米增至15.68平方千米。佛山水业集团成功获得13个农村污水处理项目，实现工业废水处理项目零的突破，中标禅城区南庄镇吉利工业园污水处理项目和三水区安洁污水厂工业废水处理项目。污泥深度脱水车间于5月1日进入商业试运行。绿之源公司成功取得固废乙级和工业废水三级资质。

重点工程项目。6月底，佛山新城优质水厂临建项目按时投产运行。11月，三水北江以西片区管网项目开工建设。项目以敷设北江水厂输水管的方式，实现北江以西片区的市政管网覆盖。工程完工后，三水区大塘镇六一村、芦苞镇西河村和南山镇六二村、楼房村、邓边村、深坑村、择善村、东和村的145个未通水的自然村将接通自来水。

（全秋娜）

供 电

【综述】 2015年，佛山供电局按照“标准化、微管理、重创新”的工作思路，安全生产局面全面向好，营销服务有效提升，经营管控能力持续提高。安全风险管理体系建设复审达到四钻四星水平，成为首批工信部“两化融合”贯标试点单位，获得“广东省安全文化建设示范企业”称号、广东省企业管理现代创新成果组织先进单位、粤港澳安全知识竞赛工会组冠军等。

【电力供应】 2015年，佛山市放开用电，全社会用电量完成587.84亿千瓦时，同比增长4.2%。全市最高负荷988.2万千瓦（2015年7月3日），同比减少1.72%。客户平均停电时间4.18小时。全社会用电量中，第一产业14.35亿千瓦时、第二产业420.05亿千瓦时、第三产业81.49亿千瓦时，第一、第二、第三产业用电量分别增长11.29%、1.84%、13.52%，第一、第二、第三产业用电量占总用电量比重分别是2.44%、71.46%、13.86%，第二产业用电量占比最大，其同比增长1.84%是全社会用电量增长的主要决定因素；居民用电量71.95亿千瓦时，同比增长7.44%。

【供电安全生产】 2015年，佛山供电局全年没有发生事故和三级及以上事件。首次印发《2015年社会影响风险概述》，辨识人身伤亡事故、大面积停电等6大类社会影响风险危害因素，制定控制法律纠纷等11类共456项控制措施，实现风险全面管控。协助政府制定电力行业安全生产指引，整治67处交叉跨越或临近公共设施安全隐患。实施“一风险一微信群”，落实防范系统运行风险23项重点工作。梳理35个全年常态节假日保供电用户，制定完整的保供电方案，明确保供电工作界限和范围、责任和义务，完成“行通济”“抗战胜利70周年”“互联网+博览会”“广东旅游文化节”“中欧城市论坛”等保供电任务。切实加强全市电网大面积停电事件的防范与处置工作。与市经信局联合策划、举办全市大面积停电应急培训与桌面演练，与市应急办、经信局、公安局等近40个政府部门和单位一起磨合大面积停电联动机制，夯实佛山市电力应急工作基础。全年完成防风防汛实战双盲演练等应急演练73次；开展全局防风防汛安全大检查和隐患排查，出动1493人次，组织对1024户重要三防用户、68段易受损输电设备、5个易受损变电站、201处易受损配电设备进行全面检查，完成问题整改38项。国庆期间，成功应对“彩虹”及突发龙卷风的自然灾害袭击，仅用38小时恢复全市受影响用户供电，并且支援湛江地区抗灾复电工作。

【电网发展】 2015年，佛山供电局深化政企联动，促成佛山市政府成立电网规划建设联席会议机制，变电站及中压配电网建设标准纳入城市规划技术管理规定。提前启动并完成“十三五”配网、二次规划编制工作，形成“十三五”电网规划综合项目库。严格执行质量门分级管控，推进项目全过程依法合规建设。应用基建现场“5S”（日语中5个词语“整理、整顿、清扫、清洁、素养”每个词的开头字母为“S”）管理，分级开展质量追溯、施工质量缺陷管理工作。加强台架变标准设计等标准化成果推广应用，提升基建项目管理水平和工程质量。实施标准化物资配送策略，推行配送“班车制”“一包一策”等机制，闲置物资金额实现清零。全年完成电网建设投资15.46亿元，投产110千伏瑞颜站等9项工程，220千伏红星站取得中国电力优质工程奖，另有2项工程获南方电网公司优质工程奖，3项工程获省公司“安全、优质、文明”样板金质工程称号。

【供电服务】 2015年，佛山供电局全力做好粤桂黔高铁经济带建设等政府重点工作的配套供电服务，设立市、区、所三级客户经理，为一汽－大众等大型骨干企业和重点大客户提供差异化专属服务，全年走访124次，协调解决问题54项。落实业扩报装“五项机制”，开展业扩报装专项整治。实施重要用户停电风险预控措施25项，实现供电电源和自备应急电源配置合格率双100%。实现服务调度班正式运作，累计处理客户问题24998宗。建立客户资产评估接收班车制，加快客户资产接收工作。全年接收客户资产13.69亿元，惠及12.39万客户。佛山供电局的客户满意度稳居全省前列，供电服务连续4年在省社情民意调查中，名列全市公共服务行业第一。

【电力绿色节能建设】 2015年，佛山供电局为分布式光伏发电项目提供高效、便捷的并网服务。68个光伏发电项目并网运行，并网容量达到233.85兆瓦，累积光伏发电量11101万千瓦时，上网电量1601万千瓦时。为进一步掌握佛山地区光伏发电现状与需求，配合佛山市政府完成光伏发电项目推广目标。开展分布式光伏发电相关制度和管理规定的专题培训2期，并在营销知识库更新光伏业务知识内容，提升光伏发电相关业务人员的知识技能和业务水平，提高并网服务效率和质量；针对工商业客户开展分布式光伏业务专题宣传1期。

同年，佛山供电局为落实好国务院以及南方电网、广东电网省公司关于加快电动汽车充电基础设施建设的战略部署，积极推动佛山地区电动汽车充电基础设施建设，编制、印发《佛山供电局加快电动汽车充电基础设施建设落实方案》。12月，经过深入了解各区电动汽车充电基础设施的建设需求，完成佛山供电局充电设施选址规划，完成计划建设项目7项，在禅城、南海、顺德、高明、三水五区建设直流快充充电桩12座，交流慢充充电桩24座。在配合政府做好相关工作的同时，加强对高明区已投运的18个充电桩的运营管理和维护，完善运营机制，为高明区在运的纯电动汽车提供高质量、便捷可靠的充电服务，为电动汽车充电设施的运营管理收集基础数据。

（赵　岚）

供　气

【综述】 2015年，佛山市禅城区、南海区、高明区、三水区液化石油气年销量约19万吨，天然气年销量10.43亿立方米；天然气居民用气价格保持为3.65元/立方米；城镇天然气管道总长度达2500千米；共有投产使用的天然气长输管道88千米，其中禅城区9.36千米、南海区3.64千米、高明区30千米、三水区45千米；天然气长输管道企业3家，包括广东大鹏液化天然气有限公司、广东省天然气高压管网有限公司和中国石油西气东输管道公司；燃气经营企业共16家，瓶装液化石油气供应站140多个。

全市累计投产使用的汽车加气站达到24座，其中禅城区9座、南海区6座、顺德区5座、高明和三水区各2座。

（何启松）

【佛山市燃气集团股份有限公司】 2015年，佛山市燃气集团股份有限公司（下称“佛山燃气集团”）供应天然气11.26亿立方米，同比增长4%；实现销售总收入40.93亿元，同比增长6%。

气源保障。2015年年初，佛山市正式接通中海油海气，海气成为佛山市继澳洲气、西气后第三个管输主供气源。全市天然气气源格局进一步完善，气源形势整体上进一步优化，西气、海气供应充足。采购成本比预期有较大幅度降低，主要原因有：一是与中海油达成协议，从5月起提取海气按照不同阶梯气量实施优惠价格。二是国家发改委11月降低西气门站价格。三是与中海油谈判，降低海气价格。

市场拓展。新增工业用户120余户、商业用户280余户、居民用户6万户，工商业用户增速减缓。市场开拓阻力较大，主要原因为：一是受国际油价影响，LPG价格持续在低位运行。二是LNG现货市场供应充足且价格较低，终端用户自建LNG站现象形势严峻。为此，公司采取了相对措施：一是想方设法稳定老客户，以公平合理的价格方案、诚信优质的服务巩固与用户的合作。二是积极拓展新用户，坚定不移地配合政府推进“煤改气”，并加大商业用户的开发力度，保证销气量按计划增长。三是加强宣传管道天然气保安全、保质量、保稳供等优势，坚定用户使用管道天然气的信心。四是积极配合安监等政府部门拆除用户自建的LNG站。

燃气工程建设。一是高压管网，完成高压管网三期工程西南至南信段前期勘察设计，以及天然气高压管网抢修调度中心前期工作。完成顺德杏坛门站临时水电、填土、管桩、搅拌桩基础及围墙工程量的90%。完成西部园区专线初步设计和施工图设计。二是市政管网，建设燃气市政管173千米，禅城、顺德、三水、高明等区域天然气利用二期工程有序展开。三是汽车加气站，完成魁奇西加气站、南庄加气站改造工程并投产；建成禅西大道加气站并投入试运行；完成三水锦江加气站主体结构工程及工艺设备安装。

燃气安全生产。佛山燃气生产和供应全年无死亡、重大人身伤害、火灾、重大设备设施事故及重大质量事故。燃气集团在安全运行方面做了卓有成效的工作。一是全力以赴整改燃气管道隐患，争取政府部门支持，对2014年督办剩余未改的8项地下管道安全隐患进行整改，至2015年年底，整改5项、排除疑似隐患1项，剩余的2项隐患因涉及他方迁改，需政府主管部门进一步协调解决。二是大力整治用户端隐患，工商业用户一级隐患整改率98%，居民用户一级隐患整改率98%。三是继续开展压力管道全面检验工作，加快推进燃气管道智能内检测，完成南庄至福能电厂、芦苞至南庄、明城至南庄、南庄至北滘段、北滘至桂城段等管道的清管及检测工作；继续开展中压管道的全面检验工作，完成三水区、禅城区约60千米管道的全面检验。

燃气信息化建设。积极响应政府要求，构筑和完善佛山燃气“一门式”服务体系。深化GIS、GPS、SCADA三大系统应用，加强GIS系统的优化提升，加强GPS系统的融合应用，加强SCADA系统整合升级工作。推进公控（佛山燃气）ERP系统完善与佛山燃气独立ERP建设。

（钟育政）

国土资源管理

【土地规划】 2015年，佛山市完成修改土地利用总体规划项目5个，涉及用地151.44公顷；占用多划基本农田项目11个，涉及用地95.43公顷；使用有条件建设区项目3个，涉及用地137.96公顷。

【耕地保护】 2015年年末，佛山市耕地面积为66073.33公顷，实际基本农田面积为48533.33公顷，均高于《佛山市土地利用总体规划（2006～2020年）》确定的2020年耕地保有量（55513.33公顷）和基本农田保护面积（47326.67公顷）的目标，全市连续16年实现耕地占补平衡。

高标准基本农田建设。2015年，佛山市完成2013年度高标准基本农田建设任务建设工作验收，并加紧推进2014年度任务高标准基本农田建设。2013年度广东省下达佛山市“高标田”建设任务2760公顷，2013年度已竣工的高标准基本农田建设项目共10个，项目竣工验收总面积为3520公顷，超2013年度任务760公顷。2014年度省下达佛山市的高标田建设任务为2353.33公顷（由于2013年度提前完成760公顷，2014年度实际任务数为1593.33公顷），佛山市2014年度“高标田”建设工程涉及三个区共10个项目，建设总规模为1908.13公顷，至2015年年底，该10个项目已全部进入施工阶段，项目建成面积为826.8公顷。

【地籍管理】 2015年，佛山市国土规划局印发《关于加快推进我市农村地籍调查工作实施方案》，各区按工作计划开展农村地籍调查和数据库建设工作。做好耕地质量等别调查评价与监测工作，基本完成耕地质量等别年度更新评价项目工作，开展耕地质量等别年度监测评价工作。5月11日，广东省国土厅出具佛山市第二次全国土地调查成果通过省级检查验收的意见。6月15日，佛山市国土规划局组织全国耕地后备资源调查评价工作，将文本资料及光盘上报省国土厅。

【不动产统一登记】 2015年，佛山市推动不动产登记机构职责整合。根据国家和广东省的统一部署，佛山市迅速开展不动产统一登记工作，建立不动产统一登记工作联席会议制度，出台推进不动产统一登记工作方案，制订详细工作计划。市、区两级不动产登记局于2015年6月挂牌，人员基本到位，是全省21个地级以上市中第七个完成市、区两级整合工作的地区。11月，佛山各区全部成立不动产登记中心，完成省厅部署的上述工作任务。

加快不动产信息平台建设。根据佛山市实际情况，全市采用过渡期的不动产登记发证系统，即由统一的不动产登记窗口收件后，再由原来土地、房产登记系统分别进行审核，审核完成后再统一打证。三水区、禅城区于12月25日、31日先后颁发了第一本不动产登记证书。

【土地利用】 2015年，佛山市开展批而未供土地清理整改工作，下发《关于进一步加大批而未供和闲置土地盘活工作力度促进土地节约集约利用的通知》。开展征地留用地历史遗留问题专项治理，制定留用地治理工作方案（整改方案），落实留用地治理专项指标。解决840.27公顷征地历史留用地问题，超额完成省级任务。建立土地利用管理工作情况通报制度。启用金土工程系统开展用地报批工作，规范用地报批管理，提高批后监管及查询便捷度，减少廉政风险。

【土地市场】 节约集约用地。2015年，佛山市将新增建设用地指标分配与闲置土地处置、批而未供土地清理、“三旧”改造等五项工作挂钩，力求盘活存量土地，促进节约集约用地。对政府出让地块的交地、开工、竣工、闲置等开发利用情况进行全程监督监管。抓好闲置土地调查处置。至年底，全市共查出疑似闲置土地119宗，面积549.36公顷；闲置已认定地块290宗，其中已处置完毕288宗，面积699.72公顷。开展批而未供土地清理整改工作。至年底，2009年至2013年获批用地的供地率由46.12%上升至79.82%，2010年至2014年获批用地的供地率也达到73%，较好地完成上级下达的任务。

土地出让。2015年，佛山市市一级市场合同出让土地面积共853公顷，合同出让价款371.6亿元（土地出让成交383亿元）。与上年同比，出让面积减少4.4%、出让价款下降1.1%。保障性安居工程用地已实际落实用地面积8公顷，超额完成年度供应目标。

【矿产管理】 2015年，佛山市完成采矿权年检和探矿权年检工作。全市应检矿山15个，实际检查矿山15个，年检率100%。制定《佛山市国土资源系统矿产资源勘查与开发利用安全隐患排查治理方案和排查治理标准》。

【地质灾害防治】 2015年，佛山市实现地质灾害零伤亡。全年全市共排查新增地质灾害隐患29处，消减隐患点23处。至年底，全市共有地质灾害隐患点148处。编制《佛山市2015年度地质灾害防治方案》，经市政府审核同意后印发实施。组织监测预警系统项目组对全市重要监测点进行2790人次的专业巡查监测，累计发布预警44次。应对台风“彩虹”成效显著，共开展七项安全生产专项行动，共检查20多次，出动100多人次。

【测绘管理】 2015年，佛山市完成地理国情普查工作，推进数字县区地理空间框架建设工作，编制完成《佛山市基础测绘“十三五”规划》，成立佛山市涉密测绘地理信息保密检查工作组；完成佛山市29家丙级、丁级测绘资质单位（含外省）测绘质量监督检查，完成12家测绘资质单位信息变更管理、3家测绘资质单位新注册审核、5家外来测绘单位的备案工作。

【执法监察】 2015年，佛山市共处理807宗违法用地，立案525宗、查处525宗、结案525宗，立案率、查处率、结案率、履行职责到位率均为100%。立案案件已全部作出行政处罚，申请强制执行350宗，罚款3688万元，落实到位3688万元；依法决定拆除违法建（构）筑物20.75万平方米，落实拆除11.97万平方米；依法决定没收建筑物19.09万平方米，落实没收19.09万平方米。

（郭　庆）

城乡规划管理

【城乡规划编制】 2015年，佛山市根据实际发展需要，经过认真调研，制订出台一些科学的城乡建设规划意见，引导和规范全市城乡建设工作。拟定《关于加强全市规划统筹　以高水平规划引领城市现代化的若干意见》。印发《佛山市“三规合一”工作方案》。公示《佛山市新型城镇化规划（2014～2020）》初步成果。

依据《佛山市控规制度改革与创新研究》开展工作，优先从“技术优化”和“行政改革”推动控规制度创新，保障操作时效性。

开展佛山市绿道规划建设评估及优化研究，成果通过专家评审。完成全市域正射影像图及1∶5000数字线划图更新到2014年版本，完成绿地绿线动态维护配套的技术规程和管理办法制定。

完成中轴线地区规划工作。组织开展城市设计国际竞赛，确定深化实施方案。开展《佛山市中轴线地区控制性详细规划》编制工作。

完成《佛山市城市地下管线综合管廊专项规划》《佛山市城市慢行系统规划》和《2015年度佛山市交通模型维护及交通年报编制》等专项规划编制工作。9月，《佛山市历史文化名城保护规划》（2011～2020年）获广东省政府批准。

完成《佛山市禅城区鄱阳奇槎片区控制性详细规划》《佛山市禅城区青柯海口片区控制性详细规划》等31项涉及控制性详细规划审批的相关工作。

编制《佛山市地下管线探测及信息化技术规程》《佛山市地下管线计算机成果数据标准》。全年全市普查地下管线的总长度为10851千米。

【城市升级】 2015年，佛山市完成城市三年行动计划的总结验收，并部署启动城市升级两年延伸行动计划。至年底，128个城市升级两年延伸行动计划项目，完工7个、开工106个、启动13个、未实质性启动2个。百村升级行动计划完成情况为：30个特色古村落活化中，完成了项目量的95.75%、投资额的96.7%；30个城中村和旧居民社区改造中，完成了项目量的89.92%、投资额的98.2%；48个"五好"新农村建设项目中，累计完成投资额的86.69%。

开展贵广（南广）高速铁路（佛山段）沿线景观整治相关工作，完成《贵广（南广）高速铁路（佛山段）沿线景观整治工作方案》编制。

【城镇村庄建设】 2015年，佛山市为了保护全市范围内的特色古村落，开展全市30个特色古村落历史建筑普查工作。针对五区30个特色古村落范围进行历史建筑的全面摸查，形成第一批10个古村落成果，推荐历史建筑189处、传统风貌建筑608处。

【市政建设】 2015年，佛山市市政建设加快推进。组织开展专项规划研究。开展《佛山市城市轨道交通2、3号线TOD研究》和《珠三角城际TOD规划研究及控制性详细规划》。《佛山市城市轨道交通2号线TOD研究》《佛山市综合交通规划修编》待市政府批准；批准实施《珠三角城际TOD规划研究及7个站点控制性详细规划》。启动《佛山市轨道交通线网2030年规划方案控制性规划》编制工作，进一步稳定线网中各条线路走向和站点分布。出台《广佛两市轨道衔接规划》初步成果。同步修编《佛山市城市轨道交通建设规划（2015~2020）》《佛山市轨道交通系统规划》。

城际轨道。完成佛肇城际佛山段主线征地拆迁和市政配套工作，通过上级验收。完成佛山西站城际动车运用的征地拆迁工作任务。基本完成广佛环线（佛山西站至广州南站段）征地拆迁任务。推进城际轨道项目TOD综合开发工作。

城市地铁。广佛地铁二期（南延线）各项工作有序推进；佛山地铁2号线一期工程于2014年6月23日动工，2015年11月27日签订特许经营权第二号补充协议；开展3号线建设方案研究，明确3号线建设模式、资金筹集方式等前期工作。

现代有轨电车。制订有轨电车技术标准。南海新交通系统试验段工程于2013年9月12日开工，计划2017年建成试运营。高明现代有轨电车示范线于2015年10月完成初步设计评审。

【"三旧"改造】 2015年，佛山市完成广东省政府下达佛山市"三旧"（旧城区、旧村庄、旧厂房）改造416.67公顷的任务指标。至年底，佛山市实施"三旧"改造项目共1155个，总用地面积6946.67公顷，项目改造预算投入资金2185.15亿元。其中，完成前期筹备改造项目69个，占地面积473.53公顷；改造中项目558个，占地面积5015公顷；完成改造项目528个，占地面积1459.67公顷。

草拟《佛山市"三旧"改造实施办法》（试行）。编制完成《佛山市南海区新一轮深化"三旧"改造综合试点工作方案》，并在省国土资源厅备案。编制完成《佛山市南海区新一轮深化"三旧"改造综合试点实施意见及分工方案》。完善《佛山市南海区关于进一步推进城市更新（"三旧"改造）工作的实施意见》。

组织完成全市"三旧"改造地块"标图建库"数据库动态调整工作以及佛山市"三旧"改造专项规划第三次修编工作。开展改造范围内历史风貌区、历史建筑和文物建筑普查工作，加快推进"三旧"改造管理信息系统建设。

（郭　庆）

城乡建设

【综述】 2015年，佛山市着力推进新型城镇化建设，打造佛山特色宜居和品位城市。完成"佛山市创建宜居城乡工作平台"建设，实现市级宜居评审网上申报、阳光评审；继续推进2014年沿街景观"五位一体"综合整治收尾工作，统筹指导各区推进实施沿街、沿河、沿湖景观"五位一体"改造和内街小巷环境综合整治项目；实施百村升级行动计划，推进特色古村活化和城中村（旧居民社区）改造升级，首批13个古村落活化升级初见成效；加强建筑市场管理，强化质量安全监管责任体系，落实主体终身责任，建立健全安全监管责任主体，全市各区住建部门监管的工程项目合计4901个，建筑工程总建筑面积6200.07万平方米，全市房屋建筑工程质量安全形势总体稳定；推进建筑节能与绿色建筑应用，全年有8个项目获得二星级绿色建筑标识，36个项目通过一星级绿色建筑标识评审，总建筑面积达196.2万平方米。

（卢嘉仪）

【城镇村庄建设】 2015年，佛山市禅城区、南海区、高明区和三水区共设建制镇15个；行政村292个，已编制村庄规划的行政村215个，占全部行政村比例73.6%。建制镇镇域面积18.38万公顷，镇域户籍人口160.74万人，暂住人口144.9万人。其中，建成区面积1.59万公顷，建成区户籍人口48.67万人，暂住人口45.17万人；村镇建设管理人员555人，专职人员376人；建制镇市政公用设施方面（含暂住人口），燃气普及率48.82%，人均道路面积12.55平方米，污水处理率96.01%，人均公园绿地面积4.26平方米，绿化覆盖率12.5%。

【中心镇建设】 2015年，佛山市禅城区、南海区、高明区和三水区共设中心镇7个，分别是：南海区里水镇、西樵镇，高明区明城镇、更合镇、杨和镇，三水区乐平镇、芦苞镇。中心镇镇域总面积1410.48平方千米，镇域总人口106.41万人，镇域暂住人口48.42万人。中心镇建成区面积77.12平方千米，建成区户籍人口13.29万人，建成区暂住人口13.46万人。村镇建设管理人员222人，其中专职人员128人。中心镇建成区公共绿地面积515.85万平方米，公园绿地面积206.4万平方米，镇区道路长度399.48千米，镇域道路长度1165.85千米。

【宜居城乡建设】 2015年，佛山宜居城乡建设工作取得成效。禅城区、南海区、顺德区共15个社区获评“广东省宜居社区”；禅城区“泛家居电商创意园项目”、顺德区“678文化街项目”以及“佛山新城滨河景观带建设项目”等获评“广东省宜居环境范例奖”；4个镇、45个村庄、5个社区获得佛山市市级“宜居城镇、宜居村庄、宜居社区”称号。

至2015年年底，经广东省住房和城乡建设厅批准公布，佛山市有11个城镇、78个村庄、173个社区为省级宜居示范城镇、宜居示范村庄、宜居社区和10个省级宜居环境范例奖项目。经市创宜办批准公布，全市有16个城镇、227个村庄、195个社区成为市级宜居城镇、宜居村庄、宜居（示范）社区。

【古村活化升级】 2015年，佛山市特色古村落活化升级首批13个古村落严格遵循“规划先行、环境再造、文化引领、村居营造”路径有序推进。活化升级项目212个，投资38907万元，其中基础设施和人居环境改善项目148个，修葺、保养祠堂、古门楼、古井等文物建筑20余处，历史建筑和传统建筑70余处。

根据《佛山市特色古村落活化升级初见成效验收评分标准》，经考评验收，至2015年年底，首批13个古村落活化升级工作全部达到初见成效（80分以上），有5个成效显著（90分以上）。

2014年11月，佛山市政府出台《佛山市百村升级行动计划建设方案》，其中30个特色古村落活化升级由市住建管理局牵头，联合文化、旅游部门，按照“差异化、大格局、可持续活化”的工作思路，遵循“筑巢、引凤、谋发展”的工作路径，通过“市级统筹指导、区级协调督促、镇街组织实施、村庄主体建设”的四级联动工作机制全面推进。总体目标任务是用2015～2016年两年时间完成全市30个特色古村落的活化升级工作。

（伍佩龄）

【建筑业】 至2015年年底，佛山市在建监督房屋建筑工程项目4577项，总建筑面积6278万平方米，工程总造价1183亿元；新报建项目1808项，建筑面积2915.25万平方米，工程合计造价497.7亿元。新注册工程监督覆盖率、受监工程主体结构合格率、竣工验收工程一次验收合格率达到100%。7个项目获2015年度广东省建设工程优质奖，21个项目获评2015年度广东省房屋市政工程安全生产文明施工示范工地，41个项目获评2015年度佛山市房屋市政工程安全生产文明施工示范工地。

【建筑工程质量管理】 2015年，佛山市建筑工程质量态势总体平稳，市、区住房和城乡建设行政主管部门除了日常的监管外，还采取专项检查、巡查和督查的方式，督促质量终身责任承诺、工程设置永久性标牌、工程档案管理等制度落实。组织开展房屋建筑工程质量监督执法检查、建材打假、建设工程质量检测机构专项检查、混凝土搅拌站专项检查等工作，消除质量安全隐患，杜绝事故发生。9月，在佛山市住建系统开展以“迈向质量时代，建设质量强国”为主题的质量月活动，活动内容包括开展质量常见问题专项治理研讨会、组织参观优质结构项目、组织开展预拌砂浆质量调查分析和全市砂浆检测员继续教育检测培训等，对房屋建筑工程质量的提升起到较大的促进作用。

【建设工程安全生产】 2015年，佛山市建筑工程没有人员死亡的安全生产责任事故，安全生产形势总体稳定。全年共组织9次质量安全大检查，15次“飞行”检查，下发整改告知书共计84份；排查整治一般隐患962项，整改962项，整改率100%。深化建筑施工“打非治违”专项整治行动。推动建筑施工领域“打非治违”专项行动，以工程质量安全为核心，严格依照法律法规和标准规范等规定，进一步加强市场、现场联动，打击违法分包转包等建筑市场违法违规行为；开展建筑起重机械、模板支撑系统和深基坑等危险性较大的分部分项工程的专项整治；联合佛山市公安消防局、佛山市安监局开展消防安全专项联合执法检查，严查消防安全隐患，落实隐患排查整改；开展“强化红线意识，促进安全发展”为主题的“安全生产月”系列活动，组织有关单位开展安全生产法律法规和相关文件的学习、参观示范工地、建筑施工安全生产知识咨询活动。全年共培训企业负责人、安全员2400余人，向企业发送安全生产宣传短信3万多条，发放安全生产单张3000余份，发放宣传资料6000余份。

（关晔华）

【勘察设计质量管理】 2015年，佛山市共完成佛山市第四中学新校区项目等74项大中型建设工程初步设计审查，办理南海区金域花园二区11座等11项超限抗震设防专项审查批复工作。做好勘察设计企业违反强制性条文网上公示制度和通报工作，全年公示4批共35个项目违反强制性条文情况。执行落实《佛山市住房和城乡建设管理局建筑工程勘察设计质量重点监控企业管理制度》，全年共有6家勘察设计单位被列为重点监控企业。组织开展2015年全市房屋建筑工程勘察设计质量专项检查，佛山市住建管理局与江门市住房和城乡建设局采取交叉检查的方式，两市抽查的施工图设计文件，由对方组织的专家组进行检查并提出检查意见。全市共抽查房屋建筑工程20项，重点抽查保障性安居工程、公共建筑和代建项目等，并对检查情况进行通报，同时对检查中发现问题的责任单位按照相关规定进行处理。

【建筑节能】 2015年，佛山全市完成绿色建筑452.73万平方米，超额完成省下达的121万平方米建设任务，完成率达到374.2%。“十二五”期间省下达佛山市300万平方米绿色建筑总建设任务，实际完成绿色建筑886.99万平方米，完成率达到295.7%。高星级绿色建筑比例较2014年有较大提高，君御海城国际酒店、佛山市友邦金融中心二座、佛山市公共文化综合体之佛山市艺术馆等8个项目获得二星级绿色建筑标识。印发《关于解决推广绿色建筑中若干问题的指导意见》，规范推广绿色建筑过程中遇到相关标准执行不统一、图纸设计深度不足等问题。组织开展走读佛山绿色节能建筑活动，营造全市绿色建筑行动的良好氛围。开展佛山市绿色建筑“十三五”专项规划编制工作，完成“绿色建筑发展模式与路径探索”和“佛山市新型墙体与建筑节能材料技术应用及通病防治指引”课题研究，为下一步深入开展相关工作奠定基础。全年预收墙改基金2.45亿元，返退基金1.09亿元。完成100项新型墙体材料、9项建筑节能材料的目录登记工作。组织开展2011～2014年度市级建筑节能示范项目验收工作，14个项目通过验收。组织开展2015年度市级建筑节能示范项目申报工作，佛山市图书馆旧馆改造工程项目通过专家评审。

【建设科技与信息化】 2015年，佛山市禅城区兆阳大厦等6个项目组织申报2015年度广东省建筑业新技术应用示范工程（立项）。高明区西江新城核心启动区合作开发项目顺利通过广东省住建厅组织的新技术应用示范工程专项验收。11月组织召开建筑信息模型BIM技术交流会，推进BIM技术的推广应用。完成“佛山市建设工程施工图审查管理系统”开发工作，并组织召开系统应用动员会议和系统使用培训班，该系统从2015年9月1日起投入试运行，11月通过验收并正式投入使用。同时出台《佛山市住房和城乡建设管理局建设工程施工图审查信息化管理工作制度》，规范全市建设工程施工图审查信息化管理工作。

（吴燕婷）

住房与房地产业

【房地产市场】 2015年，佛山全市新建商品房当期上市面积1690.81万平方米，同比上升6.15%；成交面积1657.88万平方米，同比上升34.76%；成交套数185126套，同比上升23.29%；平均成交价格8532.11元/平方米，同比下降8.01%。其中，佛山新建商品住房当期上市面积1258.53万平方米，同比上升13.41%；成交面积1420.51万平方米，同比上升41.42%；成交套数129964套，同比上升35.67%；平均成交价格8563.34元/平方米，同比下降5.99%。

佛山全市二手房成交面积731.16万平方米，同比上升31.89%；成交套数57996套，同比上升30.12%；成交金额295.09亿元，同比上升43.24%。其中，二手住房成交面积559.67万平方米，同比上升36.38%；成交套数46879套，同比上升35.2%；成交金额246.03亿元，同比上升50.72%。

2015年5月1日起，佛山市全面取消住房限购政策，住房购买力进一步释放，商品房与商品住房成交面积再度刷新佛山历史记录，连续两年位居全省第一。

（何业钎）

【物业管理】 根据国务院批复及广东省政府权责清单，自2015年6月8日起，广东全省全面停止物业服务企业二级、三级、暂定三级资质审批，改为行业自律管理。为适应改革的要求，佛山市住建管理局着手开展四个方面的工作，实现从政府“事前监管”到“事后监管”的转变，构建行之有效的监管体系：一是于8月10日代政府草拟《佛山市住宅物业管理条例》（送审稿），有序推进立法工作。二是于12月30日修订印发《房地产行业诚信管理办法》，加强诚信管理。三是指导佛山市房地产业协会抓紧起草《佛山市房地产行业自律评定办法》《佛山市房地产行业企业自律公约》《佛山市房地产行业企业矛盾调处办法》等规定，实现行业自律。四是结合诚信、自律、经营、财务情况，评定物业服务企业资信等级，并以此作为前期物业招投标、物业招投标的重要参考依据，加强市场引导。

至年末，佛山市实行物业管理的项目1692个，其中住宅项目1471个，非住宅项目221个；全市住宅专项维修资金归集总额约为88.4亿元。

（江　飞）

佛山市物业管理项目概况

	住宅项目数（个）	住宅项目面积（万平方米）	非住宅项目数（个）	非住宅项目面积（万平方米）
全　市	1471	16119.46	221	3669.17
禅城区	296	2153.97	83	998.02
南海区	287	5957.84	47	2120.70
顺德区	682	4966.55	75	476.81
高明区	94	790.31	4	18.45
三水区	112	2250.79	12	55.19

佛山市住宅专项维修资金概况

	年末归集总额（万元）	年末使用总额（万元）	年末增值总额（万元）
全市	883994.82	5435.97	72857.83
禅城区	171291.00	1375.00	12278.00
南海区	398073.55	2397.10	52720.57
顺德区	233293.96	1407.20	4406.61
高明区	31314.35	128.53	519.90
三水区	50021.96	128.14	2932.75

佛山市 2015 年全年销售面积前 10 的房地产开发项目

序号	项目	行政区	开发企业	销售面积（平方米）	销售金额（元）	销售均价
1	保利心语花园	南海区	佛山保利弘盛房地产开发有限公司	337735	3730580304	11045.88
2	金域花园	南海区	佛山市南海区万瑞投资有限公司	274158.8	3565104136	13003.79
3	中海寰宇天下花园	南海区	佛山中海环宇城房地产开发有限公司	256973.5	3814061950	14842.24
4	保利公馆	南海区	佛山南海保利海荣投资有限公司	215362.7	2208713595	10255.79
5	中海万锦熙岸花园	南海区	佛山中海千灯湖房地产开发有限公司	180266.5	2243245487	12444.05
6	保利紫山国际花苑	南海区	佛山市南海区景元房地产有限公司	179764.2	1746670250	9716.45
7	绿地香树花园	南海区	佛山嘉逸置业有限公司	159632.4	1434143554	8984.04
8	普君新城	禅城区	佛山市东建集团有限公司	134870.3	1602298579	11880.29
9	中海金沙里花园	南海区	佛山中海嘉益房地产开发有限公司	127970.4	2167124176	16934.58
10	星星广场	禅城区	广东星城房地产开发有限公司	124134	1428291363	11506.04

佛山市 2015 年全年销售面积前 10 的房地产开发企业

（以项目公司为单位）

序号	企业	行政区	销售面积（平方米）	销售金额（元）	销售均价
1	佛山中海千灯湖房地产开发有限公司	南海区	383386.1	4662133015	12160.41
2	佛山保利弘盛房地产开发有限公司	南海区	337735	3730580304	11045.88
3	佛山市南海区万瑞投资有限公司	南海区	274158.8	3565104136	13003.79
4	佛山中海环宇城房地产开发有限公司	南海区	256973.5	3814061950	14842.24
5	佛山南海保利海荣投资有限公司	南海区	215362.7	2208713595	10255.79
6	佛山市南海区景元房地产有限公司	南海区	183839.2	1770484973	9630.62
7	广东美的置业有限公司	顺德区	161418.6	1245231587	7714.3
8	佛山嘉逸置业有限公司	南海区	159632.4	1434143554	8984.04
9	佛山市东建集团有限公司	禅城区	154706.8	1963767938	12693.48
10	佛山市顺德弘泰利房地产发展有限公司	顺德区	129306.8	759958681	5877.17

【保障性安居工程建设】 2015年，佛山市超额完成广东省政府下达新建公租房3500套、基本建成5000套、开展城市棚户区改造500户、迳口华侨农场危房改造429户的建设任务及公租房分配6449套、发放租赁补贴500户的分配任务。全年开工新建公租房3862套，完成率110%；公租房基本建成5271套，完成率105%；开展城市棚户区改造561户，完成率112%；迳口华侨农场危房改造429户，完成率100%；完成公租房分配6719套，完成率104%；发放租赁补贴613户，完成率123%。完善住房保障信息系统，对住房保障信息系统进行二期功能扩展；完善保障性住房相关管理制度，制定并出台《保障性住房小区管理指导意见》，指导佛山市各区提升保障性住房小区管理水平。

（仇国强）

【房地产产权登记】 至2015年年底，佛山市全市累计登记房屋总建筑面积4.59亿平方米，其中住宅218.63万套、建筑面积计2.9亿平方米、非住宅建筑面积计1.69亿平方米。2015年，佛山市完成国有土地上房屋初始登记4.56万件，建筑面积1894.63万平方米；转移登记14.26万件，建筑面积1522.65万平方米；变更登记1.81万件，建筑面积872.21万平方米；抵押权登记13.21万件，建筑面积6558.59万平方米；注销登记3773件，建筑面积63.01万平方米；其他登记14.27万件，建筑面积1578.39万平方米。完成全市集体土地上房屋登记共3.01万件，建筑面积991.96万平方米。

根据《佛山市机构编制委员会关于整合不动产登记职责的通知》精神，由市国土规划局牵头的佛山市不动产登记局于2015年6月挂牌成立，原由佛山市住建管理局负责的房屋登记工作按通知移交佛山市不动产登记局。

（李启林）

【住房公积金概况】 至2015年年底，佛山市参加住房公积金的职工累计125.06万名，实缴职工103.5万名，其中，各类企业职工占82.51%。2015年，佛山市住房公积金新增缴存职工14.58万名，减去职工退休注销等2.73万名、转移外地3000名，净增长11.55万名，净增长率11.87%。全年归集资金97.54亿元，同比增长11.42%；累计归集资金562.54亿元，归集余额179.67亿元。全年职工购房、建房等提取金额70.67亿元，累计提取金额382.87亿元。全年新增职工提取公积金购建住房3.88万套，同比增长31.6%；职工提取公积金购建住房累计27.21万套。全年发放住房公积金抵押贷款17684笔、金额62.96亿元，同比增长75.11%；累计发放贷款10.68万笔、金额263.8亿元，贷款余额180.44亿元。住房公积金抵押贷款依时收回，贷款资金安全，逾期率0.0173%。全年住房公积金业务收入7.11亿元，业务支出4.83亿元，其中支付职工住房公积金利息3.74亿元、支付年结转后的职工住房公积金存款补贴6100万元；累计支付职工住房公积金利息和存款补贴共16.24亿元。全年实现增值收益2.28亿元，同比增长10.03%；扣减贷款风险准备金和管理经费后，2.06亿元可作廉租住房建设补充资金。至2015年年底，佛山市累计上划廉租房建设补充资金10.39亿元。

【公积金制度改革】 2015年，佛山市住房公积金进行了一些制度改革。一是率先在全国实施给予年度结转的职工公积金存款补贴。对年度结转后仍存于专户内的职工住房公积金明细余额，给予1%的补贴惠民政策。即除按照人民银行规定的利率结息外，另加补贴，其收益率高于两年定期存款利率水平。二是放宽公积金贷款条件，提高公积金贷款最高额。申请住房公积金个人住房贷款的条件，由原来的连续足额缴存公积金一年，降至连续足额缴存公积金6个月以上，即可申请公积金贷款；取消对购建第二套住房贷款再提高30%首付款、贷款利率提高10%的规定。同时，提高公积金贷款最高额，由原来夫妻二人最高限额72万元（个人36万元）提高至夫妻二人80万元（个人40万元）。三是实施公积金无房提取。职工本人及配偶在佛山市无房产的，提供由房屋管理部门出具的无房产证明，以及居住证明，即可以无房申请提取公积金，提取额参照居住所在区公布的上一年度公租房平均租金标准的70%，以公租房建造标准（建筑面积60平方米）确定个人为30平方米计算。

【公积金行政执法】 2015年，佛山市住房公积金执法工作依法行政，维护职工权益、化解劳资矛盾。全年受理职工实名执法申告、立案执法442宗，涉及职工人数7.83万名。作出行政处理决定119宗，申请法院强制执行办结12宗，作出处罚决定28宗。企业循“救济途径”的法定程序降低缴存比例的15宗。

【利用住房公积金贷款支持保障性住房建设试点工作完成情况】 2012年9月，国家有关部门和广东省政府确认三水区西南中心城区（西南对外经济开发区）为公租房建设贷款试点项目，至2015年年底，该项目竣工，进入入住分配阶段。该项目共发放贷款2500万元，余额1466万元，本息归还正常，没有出现拖欠现象，没有发现影响贷款安全的现象和因素。

【全国公积金督察员年度工作会议】 2015年12月25日，住建部稽查办在佛山市召开全国住房公积金督察员年度工作会议。住建部稽查办主任王早生、公积金监督司副司长王胜军、广东省住建厅党组副书记陈英松以及全国各地的公积金督察员共50余人参加会议。王早生对2015年的全国公积金督察工作做了总结。王胜军肯定了利用公积金贷款支持保障性住房建设试点工作的成效，并传达了试点工作政策调整的相关内容。会议期间，王胜军到佛山市住房公积金管理中心检查指导工作，对佛山市的公积金管理工作给予高度赞扬。

（耿亚兰）

城市综合管理

【综述】 2015年佛山市以两个“四化”（“运行市场化、管理网格化、作业精细化、考核标准化”和“美化、绿化、亮化、数字化”）为牵引，坚持“以考促干”，从严推进城市考评，共完成40次暗检、4次明检和4次季考核，推动城市管理水平稳步提升；坚持完善考评办法，完成考评办法及标准的第三次修改，逐步实现城市管理考评的精细化和标准化；力推城市管理考评改革，把市考评范围扩展到全市32个镇街，实现市级城市管理考评范围的全覆盖；坚持专项督查督办，按照逐项解决问题的思路，不断加强城市管理重难点问题的整治力度；加强工作交流沟通，通过参观了解和相互交流学习，推动全市城市管理的共同提升。

佛山市民对城市管理的公众满意度全部达到80分的及格水平，四个季度均超过81分。佛山市各区季考核均达到80分的及格要求，其中三水区获得三次季考核和一次年总评奖励，顺德区和佛山新城各获得一次奖励。城市容貌显著变化，基本扭转了城市“脏、乱、差”的形象。

（王俊恒）

【生活垃圾处理】 2015年，佛山市生活垃圾处理设施形成“两填埋，两焚烧”格局，全市4座生活垃圾无害化处理场（厂）共处理生活垃圾296万吨，平均每日处理量为8114吨。全市城镇生活垃圾无害化处理率达100%，城乡生活垃圾无害化处理率达99%。南海区垃圾焚烧发电一厂基本建成，并于2015年6月试运行；顺控环投热电项目完成立项及环评，于2015年年底动工；南海区成功申报成为国家第五批餐厨废弃物资源化利用和无害化处理试点城市，餐厨废弃物无害化处理和资源化利用项目完成主体设备安装和试运行；顺德区完成5个镇级垃圾中转站的改造提升建设。

各区在完成“一村一点，一镇一站”建设，实现区、镇、村（社区）三级环卫全覆盖工作的基础上，全面开展农村保洁、收费、垃圾分类减量化工作，进一步完善农村生活垃圾长效治理机制。

（彭　杰）

【园林绿化】 2015年，佛山市新增或改造绿地面积486.25万平方米，新建公园绿地167.55万平方米，改造公园绿地面积126.84万平方米。建成王借岗森林公园、半月岛湿地公园、禅城区绿岛湖湿地公园首期、南海文翰公园、大沥九龙公园、顺德区桂畔湖湿地公园、大良云近东区滨河景观及岸线整治建设工程、乐从迳口河公园、三水西南涌北段工程、三水新城水轴一期、三江水韵等大型公园。道路绿化新增或改造绿地面积141.25万平方米，水系绿化新增或改造绿地面积8.59万平方米，其他零星绿化新增或改造绿地面积42.02万平方米。深入推进社区（体育）公园建设，对有条件的公园绿地增加群众文化体育健身设施，打造群众文化体育健身园地，建成社区体育公园61个。开展绿道升级工作，全市新增绿道里程33千米。建成23千米长的潭洲水道（北滘段）滨水景观绿带，与佛山新城滨河景观带贯通形成30千米长的滨河绿道长廊。建成东平河北岸禅城区段滨河绿道、陈村玉带公园绿道、秀丽河绿道、桂畔湖湿地公园绿道等一批沿着滨水绿地、大型公园的绿道。

完成《佛山市园林绿化常用植物分级指引》编制并印发实施。该指引将进一步规范全市园林植物的苗木选用，减少“牙签树”“光棍树”“砍头树”等问题的出现，保障园林绿化工程质量。

【武汉园博会佛山展园】 2015年第十届中国（武汉）园林博览会佛山展园总面积2100平方米，投资289.36万元，在园博会组委会安排的时间节点前顺利完成。整个展园立足于岭南文化之根本，重塑佛山武术的时代片段，展现佛山城市文化的传承与发展，以武会友，以“武翰”会武汉，反映佛山的传统民俗风情以及武术与生活息息相关的文化情景，并展现佛山武术名家辈出、武术精神历代传承的风采，巧妙糅合了岭南园林要素和佛山文化艺术之精华。

（黄丽英）

【城市管理行政执法】 2015年，佛山市城市管理行政执法以城市管理考评为抓手，加强中心城区市容市貌整治工作，对城市管理各类违法行为进行严查严控，提升城市形象，助力城市升级。通过教育和处罚相结合，引导市民群众提高爱护城市环境的文明意识，全年全市城管执法系统受（处）理案件52.25万宗，其中教育纠正51.25万宗、立案1万宗、罚款1925.8万元。严查违法建设行为，查处违反城市规划管理案件646宗，拆除违法建设面积5.85万平方米。落实住建部和广东省住建厅关于开展利用遥感监测辅助城乡规划督查工作的要求，核查违法图斑237个，拆除违法图斑面积12.38万平方米。配合开展大气扬尘治理工作，严厉查处车辆撒漏行为，查处撒漏车辆934辆。

（卢兆华）

【数字城管】 2015年，佛山市完善信息采集机制和优化考评机制，对案件实行量质并抓，全市数字城管系统办理案件总数118.9万宗，按期结案率96.33%，与上年基本持平。完成数字城管系统平台升级改造项目，优化和完善系统的基础服务、终端应用，新增第三方商业地图、市民公众服务平台等模块，上线车辆管理及工地视频监控子系统，为系统流畅运行及整合市、区两级平台核心模块打下坚实基础。“佛山数字城管”微信公众号和城管随手拍APP于2015年10月8日正式开通上线，至年底共处理案件1506宗，逐渐成为市民参与城市管理的重要渠道。

（潘钊鸿）

水务建设和管理

【民生水利建设】 2015年，佛山市共实施防洪保安工程、城乡治涝减灾工程、水环境治理及水生态修复工程、农村民生水务、供水安全保障工程、污水治理工程等六大类工程，实施工程199项，完成投资31.49亿元。其中，纳入2015年市政府重点工作任务的民生水务建设项目包括河涌水环境治理项目17项、闸站工程6项，完成整治河涌53.64千米，加固堤防6.65千米，新增排水流量275.23立方米/秒，新增引水流量13立方米/秒。利用中央资金中小河流治理项目取得新突破，10条主干河涌第一批6个项目全部完工，恢复和改善当地河涌功能，提高排涝能力，改善农村水环境。

【水生态文明建设】 2015年，佛山市围绕“固化、净化、绿化、美化”整治目标，建成禅城区同济涌、奇槎涌，南海区九龙涌，顺德区逢简水乡逢简泵站，高明区丽江水廊和三水区西南涌北段等一批水环境治理及水生态修复工程，打造成靓丽的水利风景线。佛山市水务局制定《佛山市河湖管理范围和水利工程管理与保护范围划定工作实施方案》，明确国有水管单位管理的河湖管理范围和水利工程管理与保护范围，确保水利工程良性运行和效益的充分发挥。

【水务工程建设资金监管平台】 2015年，佛山市水务局以佛山市水利工程建管系统为基础，于7月着手开展水务工程建设资金监管平台建设，通过收集资金监管风险点、预警值、监管责任归属等基础数据和需求，明确资金监管平台的建设目标、架构和功能。同时，制定《佛山市水务工程建设资金监督管理试行办法》《佛山市水务局关于加强水务财政专项资金监督管理的实施意见》两份配套文件，以明确水务工程建设资金监管的范围、原则和部门职责，建立水务工程建设资金的使用监管机制，明确水务工程建设资金信息公开、报告和责任追究制度。12月8日，该监管平台正式启动运作，提高了水务工程建设资金安全和使用效益，实现管理全过程跟踪和监控。

市水务局、财政局组成水利工程管理体制改革绩效评价验收小组，实地抽查水利工程管理情况。图为验收小组在抽查高明区峰江电站。

【排涝建设管理】 2015年，佛山水务部门通过工程措施结合非工程措施改善排水能力，加大对江湾立交桥底、佛山大道东海国际、华宝南路、港口路、金澜南路、货站路、汾江中路、彩虹桥底、季华路、塱沙路、妈庙居委等低洼易涝点进行改造升级。清疏排水管道长度共1855千米，清理淤泥量7.3万立方米，完成50个社区的清疏任务。开展重点路段污水检查井安全性能改造，补缺、更换的沙井盖约790个、格栅盖约696个，安装8854个沙井防坠网。同时，加强排水监管和执法，查处建筑施工破环排水系统、乱排、偷排案件19宗，核发城市排水许可证108个。为切实落实铁路、道路、桥梁等涵洞隧道防汛安全管理责任，防止暴雨积水时车辆及人员涉险通过而发生意外事故，佛山市三防指挥部联合市交通运输管理局编制《佛山市下沉式立交桥和行车隧道渍水警示画线方案》，在全市铁路、道路、桥梁等所有具备画线条件的立交桥底、行车隧道及通道标示渍水警示线。

【广佛跨界河涌治理】 2015年，佛山市各级水务部门通过实施广佛跨界河涌综合整治工程、开展河面保洁、调度生态补水等措施，协助环保部门完成摘牌任务（上述河段被省挂牌督办）。佛山市各级水务部门重点开展对广佛跨界区域的流溪河、新街河、大陵河、田美河、铜鼓坑、铁山河、天马河、雅瑶涌、白坭河、石井河、白海面涌、江高截洪渠、沙坑涌、花地河、牛肚湾涌、珠江西航道等16条重点河涌的综合整治。禅城区丰收涌、同济涌，南海区怡海公园、梦里水乡，三水区西南涌、大棉涌等一批河涌被打造成靓丽的水利风景线，成为百姓亲水的滨河景观带。佛山市委、市政府高度重视跨界河涌治理，4月14日，佛山市市长鲁毅会同市水务局、环保局、发改局、国土局以及南海区政府等代表实地考察佛山水道、广佛河、漖表涌等与广州荔湾区接壤河涌的整治情况。鲁毅表示，广佛跨界水治理需要广佛两地共同努力，佛山要“全力以赴完成佛山区域内的整治工作”，包括维持截污成效、完善污水处理工作，做好河岸两边的景观整治及提升，同时还要主动与广州沟通、衔接，加强合作。8月28日，鲁毅带领市水务局局长李永生等部门领导赴广州出席见证广州市荔湾区与佛山市南海区签订广佛同城化合作示范区框架协议。会后，根据佛山市委书记刘悦伦、市长鲁毅关于加快落实推进广佛跨界河涌综合整治工作进展的指示，李永生要求佛山市水务局尽快与广州市水务局就如何加快推进广佛跨界河涌综合整治工作进行协商。佛山市水务局多次会同广州市水务局、南海区国土城建和水务局、荔湾区农业和水务局在南海区召开广佛跨界水环境整治工作会议，就广佛跨界河涌需要协调对接的事项达成共识。

【依法治水】 2015年，佛山市水行政执法部门加强对水务环境保护、水土保持、水务安全生产的执法巡查，开展执法巡查1380次，其中通过开展严厉打击非法采砂、运砂、堆砂等“三砂”违法专项联合执法行动，查处各类水事违法案件33宗，维护良好的水事秩序。佛山市政府12月1日正式印发《佛山市砂场设置规划》，规范河道滩地砂场管理秩序，实现合理堆放、依法经营、合理有序地利用河滩地，保障防洪、交通、航运安全和美化城镇环境。划定砂场禁设区域和可设区域，保留设置砂场76个。

【海绵城市建设】 2015年，佛山市正式成立佛山市海绵城市建设工作领导机构，制定《佛山市推进海绵城市建设实施方案》和《关于推进海绵城市建设的实施意见》，明确工作目标、组织方式、主要任务、重点区域和保障措施，推动佛山海绵城市建设。按照“方案”和“意见”，未来五年，结合城市升级、环境综合整治和生态建设等工作，加强对试点工作分类研究，在老城区，结合“三旧”改造，以城市内涝、雨水收集利用、实施雨污分流、黑臭水体治理为突破口；在推进海绵型建筑方面，推广海绵小区建设，采取屋顶绿化、雨水调蓄与收集利用等措施；推进公园绿地建设和自然修复方面，推广海绵式公园，推进滨河景观工程，建设雨水花园、下凹式绿地、人工湿地以消纳雨水，加强对城市坑塘、河湖、湿地等水体自然保护和恢复，实施水系连通，构建城市良性水循环系统。同时，加快推进城市排水防涝设施、城市管廊、海绵道路和海绵广场建设，增强道路绿化带对雨水的消纳功能，促进雨水收集、净化和利用。未来五年，佛山市海绵城市建设的重点区域是：佛山新城、禅城区绿岛湖片区、南海区三山新城片区、顺德区顺峰山片区、高明区西江新城、三水区云东海片区和佛山大学新校区等，总面积超过76平方千米。预计到2020年，城市建成区海绵化比例达20%；到2030年，海绵化比例达80%。

佛山市海绵城市建设正式启动，明确了建设项目库，启动12个专项规划、导则和专题研究项目的相关工作。逐步推开7个试点区域总面积超过76平方千米的海绵城市建设，确保4年内即2019年前完成第一阶段任务目标。

（刘　勇）

污水处理

【污水管网建设】 2015年，佛山市水务局继续加强污水处理厂的建设和管理，督促各区不断加大污水处理厂配套截污管网建设力度，稳步扩大部分污水处理厂的纳污范围，新建配套污水管网318千米，超额完成政府工作重点任务要求。全年全市污水处理率达到96%以上，超过省定的90%的任务指标要求。同时，佛山市加大力度推进村居污水治理，督促各区逐步将污水收集管网向有条件的村居延伸，并因地制宜采用分散式小型污水处理装置，新建25处村居污水处理设施。至年底，全市有在运营污水处理厂54家，设计日处理规模达到236万吨/日；共建成污水主干配套管网2031千米，污水收集处理量达到7.2亿吨。

【污水厂水质监管】 2015年，佛山市各级水务部门督促各区对雨污混接、管网错接和漏接部分逐步进行改造，提升污水厂进水浓度。加强对污水处理厂运营的监管，结合污水处理厂中控监控系统和全国城镇污水处理设施信息系统，建立常态化的管理通报制度；运行管理落实“一岗双责”，出台《佛山市水务局2015年环境保护“一岗双责”责任制工作方案》，将污水处理厂的运行管理纳入环境保护“一岗双责”责任制工作中。不断推动污水处理厂进水水质符合生活污水特征，实现全市区域内50%的污水处理厂COD、氨氮进出水浓度差分别达到130mg/L和13mg/L以上，满足考核要求，达标率较上年提升1.5倍。全市污水处理厂处理工艺达二级及以上处理级别，排放标准由环境影响评价确定，污水处理厂达标排放率为100%。处理工艺大类为生物处理法，小类别包括氧化沟、A/O、A2/O和CASS工艺等。

（刘　勇）

气象事业

【综述】 2015年，佛山市气象局大力推进气象服务社会化、气象工作法制化建设，深化体制改革，深入履行公共气象服务和气象防灾减灾职责，提升依法履职能力，落实佛山市气象管理体制改革任务及时间进度。全年共为“行通济”“美丽佛山徒步活动”“高考”等10次重大活动提供专项气象保障服务，滚动式发布服务专报；佛山市龙卷风研究中心作为全国第一个龙卷风研究机构入选《敢为人先——改革开放广东一千个率先》。市气象局麦文强获“省2015年度重大气象服务先进个人”。

【气象业务建设】 完善强对流天气监测基础设施建设。2015年，佛山市增设风廓线雷达、微波辐射计等特种观测仪器，在龙卷风历史频发地区布设15个四向天气实景视频监控点；全市已建成206个自动气象站，平均密度达4.3千米×4.3千米，72个自动站升级改造为六要素站，建成由53个能见度仪组成的能见度监测网，以及激光雷达、实景监控、大气电场仪、蓝天观测仪等一批专业气象监测设备；11月，广东省内首部X波双偏振段雷达通过专家验收，进入正式运行阶段。

市气象部门加强与各单位合作。2015年，佛山市气象局与中国移动、电信、联通签订《佛山市突发事件预警信息发布绿色通道协议书》，正式建立预警信息发布优先通道。落实《广东省气象灾害防御条例》要求，确定祖庙等45个单位为佛山市第一批气象灾害重点防御单位，并向社会公布；配合市政府完成法人“一门式”行政审批、企业投资建设联合审批改革；完成自建防雷减灾管理系统（网上审批系统）平台建设与市行政服务中心网上办事大厅业务系统无缝对接，实现审批信息数据共享，实现审批事项100%网上办理、审批事项100%接入一体化审批平台，按时办结率100%。

【佛山市龙卷风研究中心建设】 2015年10月，佛山市龙卷风研究中心入载由广东省政协征编、人民出版社出版的大型文史资料丛书《敢为人先——改革开放广东一千个率先》。佛山市龙卷风研究中心成立于2013年8月，是全国首个龙卷风研究中心。当时龙卷风专项研究领域在中国尚属空白，对龙卷风的首次风险提示和预警也还仅仅处于初步探索阶段，龙卷风研究的开展将从技术层面逐步揭开中国龙卷风发生发展等演变机理的神秘面纱，为佛山乃至全省强对流天气预报预警和防灾减灾提供科技支撑。

2015年，佛山市气象局与广州热带海洋气象研究所合作的龙卷风数值模式系统完成安装与调试工作，该数值模式系统主要包括珠三角公里级中尺度数值预报模式及相应的资料同化系统和百米级龙卷风模式系统两大模块。该套系统能够基本呈现母体风暴的主要特征，对龙卷风的发展演变过程可以进行初步描述。

龙卷风灾害调查和资料收集工作。2015年10月4日，台风“彩虹”的外围螺旋云系中产生了龙卷风，影响了顺德区勒流、伦教、北滘、乐从和禅城区石湾与张槎、南海区狮山等7个镇街近20个村（社区），影响时间超过30分钟，影响路径长达32千米，平均时速约60千米。龙卷风发生后，龙卷风研究中心工作人员立即前往受灾现场进行灾情调研，获取第一手资料，整合多方信息，期间多次用无人机进行航拍，获得了较为及时、全面的龙卷风灾害信息。该次灾害机理调查为国内首次使用无人机对龙卷风进行调查。

【气候特征】 2015年佛山市气候主要特点是：入汛迟，雷雨大风、短时强降水、冰雹、龙卷风等极端天气频发。年平均气温比常年（常年平均值为1981～2010年的统计平均值）偏高，年降雨量比常年偏多，日照时数比常年略偏少；低温阴雨属于偏轻年景，开汛日为5月3日，与常年（4月6日）相比偏迟；龙舟水属于一般年景。气象灾害主要特点是：汛期雷雨大风、短时强降水、冰雹、龙卷风等极端灾害性天气多发、频发；后汛期有3个热带气旋（莲花、天鹅、彩虹）进入佛山市防区，其中“莲花”和“彩虹”对全市造成明显影响。

全市年平均气温23.4℃，比常年偏高0.9℃。年内仅12月气温偏低0.4℃，其余月份气温普遍偏高，2月、6月、11月偏高显著，分别偏高2.2℃、1.7℃、1.9℃。夏季高温日36.3天，比常年偏多15.3天。其中北部31天、中部32天、南部46天，分别比常年偏多9.5天、10.8天、27天。年极端最高气温37.2℃，出现于顺德的7月1日、7月2日、8月7日、8月8日；极端最低气温6.4℃，出现于三水的1月15日、南海的12月18日。全市平均灰霾日数 83 天，较上年偏少 10.3 天，全市年降水量 2055.2 毫米，比常年偏多 2 成。年内降水时空分布极不均匀，1 月偏多 6 成，5 月偏多 1.2 倍，10 月、12 月偏多 3 ~ 4 倍；2 月、3 月、4 月、6 月偏少 5 ~ 7 成，9 月偏少 1 成；7 月、8 月、11 月与常年持平。年平均灰霾日数为 83 天，比上年少 10.3 天。灰霾在降水少且风力微弱的干季多发，在雨水多且风力强盛的湿季较少出现。

【主要天气气候事件】 2015 年，佛山市主要天气气候事件有：

3 月“回南天”天气持续。3 月上旬和中旬，在偏南暖湿气流的影响下，佛山市出现持续的“回南天”现象，天气潮湿，大雾天气明显，能见度差，道路湿滑，给市民生活和工作带来极大的不便。

受冷空气影响，气温急降。4 月 7 ~ 8 日，受较强冷空气影响，气温急降，24 小时降温幅度达 11 ~ 12℃，并伴有中到大雨、局部暴雨降水，其中 4 月 8 日白天，三水气象观测站录得最低气温 13℃，24 小时（7 日 20 时至 8 日 20 时）南海桂城录得全市最大累积雨量 74.5 毫米。

春潮带雨，冰冰有礼。受高空槽和切变线共同影响，4 月 20 日佛山市出现中到大雨、局部暴雨，并伴有 8 级到 10 级短时大风和局地冰雹等强对流天气。12 小时各区最大累积雨量（毫米）分别为：南海西樵 66.4、禅城南庄 57.5、高明荷城 56.5、三水芦苞 32.6、顺德乐从 43.7。各区最大阵风（米 / 秒）分别为：南海狮山 28.4（10 级），三水白坭 24.9（10 级），高明荷城 21.2（9 级），禅城南庄 20.7（8 级），顺德大良 19.3（8 级）。另外高明区荷城街道三洲，南海区大沥镇太平、大沥镇盐步、里水镇草场大道和禅城区中国陶瓷城均出现局地小冰雹。

汛期开汛比常年延迟。2015 年佛山市开汛日是 5 月 3 日，与常年（4 月 6 日）相比偏迟。5 月 3 日上午到中午佛山市阳光猛烈，天气炎热，最高气温 35.5℃，下午到夜间转受强雷雨云团影响，自南向北出现短时强降水、雷雨大风、雷暴等强对流天气，部分地方出现水浸街现象，24 小时（5 月 3 日 8 时至 5 月 4 日 8 时）南海、三水和顺德国家地面气象观测站累积雨量分别为 67.1 毫米、42.5 毫米和 36.8 毫米。此场暴雨标志 2015 年佛山市开汛。

5 月暴雨频发，雨量破纪录。5 月高空槽和切变线等降雨天气系统十分活跃，强降雨、雷雨大风等强对流天气轮番上场，降雨十分频繁，月内累积雨量达 561.6 毫米，较常年同期偏多 1.2 倍，破历史记录。

5 月 4 日 20 时到 5 月 5 日 10 时，佛山市出现暴雨、局部大暴雨降水，14 小时各区最大累积雨量（毫米）分别为：禅城南庄 106.3，南海丹灶 231.6，顺德乐从 71.5，三水白坭 221.6，高明更合 103.9；各区最大阵风（米 / 秒）分别为：南海里水 22（9 级），禅城南庄 17.4（8 级），三水芦苞 16.7（8 级），高明荷城 14.6（7 级）。据三防办统计，共收到反映水浸情况 11 宗，没有人员伤亡报告。

5 月 11 日佛山市出现大到暴雨，并伴有短时强降水、7 ~ 9 级雷雨大风天气。5 小时（5 月 11 日 13 ~ 17 时）各区最大累积雨量（毫米）分别为：禅城火车站 92.2，南海大沥 103.1，三水大塘 44.7，高明更合 82.7，顺德伦教 74.7，各区最大阵风（米 / 秒）分别为：高明明城 20.9（9 级），三水白坭 19.3（8 级），南海里水 18.1（8 级），禅城南庄 16.7（7 级），顺德龙江 16.0（7 级）。

5 月 15 日 20 时到 5 月 16 日 20 时，佛山市出现大雨到暴雨、局部大暴雨，并伴有短时强降水和雷雨大风等强对流天气，24 小时各区最大累积雨量（毫米）分别为：禅城南庄 69.6，南海西樵 109.9，三水白坭 53，高明荷城 110.1，顺德均安 85.8。

5 月 20 ~ 26 日，佛山市出现中到大雨、局部暴雨，并伴有短时强降水和雷雨大风等强对流天气。其中 5 月 20 日 16 时 47 分，南海区狮山镇官窑沙头基围发生一起路人骑行摩托车时遭雷击事件，经临近的官窑医院医生到场检查后证实该名男子已死亡。

三台风共舞，“莲花”影响明显。2015 年 7 月，台风“莲花”“灿鸿”“浪卡”同时出现在西北太平洋洋面上，并且相互作用，移动路径复杂多变。其中，受“莲花”外围环流影响，佛山市出现大到暴雨和 7 ~ 8 级阵风，12 小时各区（9 日 20 时到 10 日 8 时）最大累积雨量（毫米）分别为：禅城南庄 42.6、南海里水 91.2、三水南山 81.1、高明明城 80.1、顺德龙江 32.3；顺德、高明录得 8 级阵风，其余各区录得 7 级阵风。

两次“龙卷风”天气。2015 年两次龙卷风袭击佛山市，6 月 24 日 20 时 13 分顺德区乐从镇上华村遭受龙卷风袭击，几间厂房受损。

10 月 4 日下午 3 ~ 4 时，受台风“彩虹”影响，龙卷风袭击了顺德区、禅城区。龙卷风自东南向西北方向移动，顺德区勒流、伦教、北滘、乐从和禅城区石湾、张槎等镇街近 20 个村居遭受龙卷风袭击。这次龙卷风历史罕见，也是国内少见，具有“移动速度快，影响范围广，风力破坏强”的特点。该龙卷风造成 4 人死亡，80 人受伤（其中 5 人伤势较重），受损厂房、民房、棚舍共 411 间，受损车辆 36 辆，受灾鱼塘面积超 230 公顷，受损园林面积超 26.67 公顷，受浸农用种植地超 40 公顷，有 4 个 110 千伏变电站和 95 条 10 千伏线路故障，52 条 10 千伏杆塔损坏，低压电杆倒杆断杆 153 条。

强台风“彩虹”影响佛山。2015 年第 22 号台风“彩虹”于 10 月 4 日 14 时 10 分在湛江市坡头区沿海登陆，台风登陆后继续向西北移动，受台风“彩虹”外围环流云系影响，10 月 3 ~ 6 日佛山市出现了持续性强降水，普降大暴雨，局部特大暴雨，并伴有 6 ~ 8 级、局部 10 级阵风，同时部分地方出现龙卷风。本次降雨过程雨强大、降雨时间集中，全市 196 个自动站普遍录得雨量在 100 ~ 500 毫米之间，平均雨量 313.2 毫米，其中南海九江、西樵雨量超过 500 毫米；全市 88% 以上的自动站出现 6 ~ 8 级阵风，最大阵风出现在三水南山 27.1 米 / 秒（10 级）。

8 月底到 9 月初持续性降水。受高空槽和低涡共同影响，8 月 27 日至 9 月 2 日佛山市出现持续性降水，部分地方伴有 7 ~ 8 级阵风；8 月 27 日 8 时至 9 月 2 日 8 时，全市平均累积雨量 127.3 毫米，有 65% 的自动站录得累积雨量 100 ~ 250 毫米，其中顺德区龙江镇沙富村委会 282.4 毫米。

另外，8 月 31 日 6 ~ 15 时，顺德区出现大雨到暴雨，其中龙江出现局地性大暴雨。当日上午，一块范围很小但很强的降雨云团仿佛“钉”在龙江镇上空，导致该区域雨量急速上升，鱼塘涨满，涌水漫上路面。龙江镇自动站最终录得 9 小时累计雨量 192.8 毫米，多条道路水浸严重，丰华中学部分地方出现滑坡现象。

（吴　斌）

防汛防旱防风工作

【综述】 2015 年，佛山市共发布暴雨预警信号 222 次（红色暴雨预警 8 次）、雷雨大风预警信号 226 次、台风预警信号 21 次。汛期出现雷雨大风、适时强降水、冰雹、龙卷风等 13 次共 35 天极端灾害性天气过程。汛前，各级三防部门认真抓好防汛责任保障工作落实，积极开展防汛安全检查工作，健全完善三防预案台账，落实三防培训和防汛演练，确保防汛各项工作有序开展。入汛后，全市遭遇了 5 月 4 ~ 5 日强降雨、5 月 7 日暴雨、5 月 20 日强雷雨及台风“彩虹”的袭击。市三防指挥部多次会商，积极防御，尤其在抗击第 22 号台风“彩虹”工作中，各级各部门迅速响应、联动到位，确保防御救灾工作有序开展。

【水雨风情特点】 2015 年佛山市开汛日为 5 月 3 日，汛期降雨量 1733.8 毫米，较常年同期相比偏多 23%。汛情主要特点为：一是前汛期短时强降水、雷雨大风等强对流天气频发。前汛期（4 ~ 6 月）降雨主要集中在 5 月，5 月 1 ~ 31 日，各区平均降雨量为 562.5 毫米，比常年偏多 1.2 倍。其中，南海区和三水区录得累积降雨量较常年偏多 1.3 ~ 1.4 倍。二是龙舟水属正常年景。龙舟水期间（5 月 21 日至 6 月 20 日），全市平均降水量 282 毫米，与常年同期持平。2015 年江河来水的最高水位出现在 5 月，北江干流水道三水站出现超 5 年一遇洪峰流量，发布了一次洪水蓝色预警信号。三是后汛期台风迅猛。后汛期有 3 个台风（莲花、天鹅、彩虹）进入佛山市防区，台风“彩虹”外围环流带来的暴雨和生成的龙卷风给全市造成严重影响，10 月 3 日 20 时至 6 日 20 时，全市 196 个自动站普遍录得雨量在 100 ~ 500 毫米之间，平均雨量 313.2 毫米，其中南海九江、西樵雨量超过 500 毫米，属超百年一遇，全市最大风力出现在三水南山 27.1 米 / 秒。10 月 4 日 15 时 28 分到 16 时，顺德区、禅城区和南海区共 7 个镇街近 20 个村、社区遭受强龙卷风袭击，影响时间超过30分钟，影响路径长达32千米，平均时速约60千米，行进中的最大破坏宽度577米，龙卷风破坏程度相当于F2级，属于强龙卷风，是佛山市历史罕见，也是国内少见的龙卷风。

【灾情概况】 2015年，佛山市雷雨大风、短时强降水、冰雹等极端天气频发，其中5月暴雨造成低洼地区和道路积水129处，房屋受浸89间，山体滑坡2处，河涌漫顶3处；10月强龙卷风造成厂房、民房、棚舍受损1100间，树木吹倒795棵，广告牌吹倒82块，车辆受损370台，地质灾害24起，供电线路故障或中断114条次，电线杆损坏205条。全年雷雨大风及台风造成直接经济损失3.71亿元，农作物受灾面积4428.6公顷，受灾人口42170人。

【暴雨台风防御措施】 2015年，为切实落实暴雨台风防御措施，市三防指挥部紧密会商，部署防范工作，启动防汛Ⅳ级、防台风Ⅳ级应急响应共4次。受第22号台风“彩虹”影响，全市各区出现大暴雨、局部特大暴雨的降水过程，部分地区降雨量超百年一遇。面对恶劣的灾害天气，各级各部门迅速响应、联动到位，确保防御救灾工作有序开展。9月29日，市三防办会同气象、水文部门对国庆期间防台风工作进行会商。同日，市三防指挥部发出《关于切实做好防御台风“彩虹”和国庆期间三防工作的通知》。10月3日，市三防指挥部发出《关于启动防台风Ⅳ级应急响应的通知》；4日发出《关于全力做好防灾救灾工作的紧急通知》。市气象局启动重大气象灾害应急服务Ⅰ级响应；市经信局按《佛山市处理大面积停电事件应急预案》，及时启动应急响应；市国土资源和城乡规划局联合气象部门发布4次地质灾害风险预警。各级三防部门提前于10月4日取消国庆休假，迅速上岗到位，加强24小时防汛值班，共加派值班人员9728人，处理来电投诉518宗。台风“彩虹”来袭期间，国土、水务、市政、供电、电信、农业、卫计、公安等部门分别派出抢险队伍，对应开展地质灾害、水利工程巡查、排涝抢险、供电和电讯抢修、农业灾后复产指导、卫生防疫、交通疏导等工作，各级各部门同心协力，迅速行动，确保防灾救灾措施落实到位。

【基层三防能力建设】 2015年，佛山市加强镇（街道）三防办标准化建设，统一配套计算机、固定电话、传真机等办公设备，制定三防制度913套，配备镇（街道）应急备用供电设备16台、村（居）通讯设备610台，配置手摇报警器231套、铜锣1572个，编制村级一页纸应急预案1630个。南海区按照“五有一公开”（即有场地、有标识、有运行管理制度、有临时生活条件、有生活物资储备、向社会公开地点和开放条件），进一步完善区、镇（街道）、社区三级应急庇护中心建设，建成庇护中心共358间。高明区利用中央及省级下拨的山洪灾害防治项目资金，在前期基层三防体系建设的基础上，对全区自然村和46个山洪灾害易发村（社区）补充配置三防预警设备，共购置手摇报警器12台、铜锣260个、高频口哨600个，总值达15万元。

【三防风险防控管理体系建设】 2015年，为建立三防风险管理新机制，市三防办开始探索佛山市三防风险防控管理体系建设项目，围绕风险识别和风险防控评估管理，建立风险识别管理和评估标准，为各级三防责任主体提供决策依据，有效提升三防应急管理水平。

【洪水风险图编制】 2015年，佛山市三防办配合省防办做好全国洪水风险图编制工作，组织和参加洪水风险图编制工作调研座谈会，多次陪同省调研组深入堤围、险段开展实地勘察，完成北江大堤、佛山大堤、樵桑联围、罗格围和十三围等10条堤围洪水风险图编制基础数据的收集整理工作。南海区开展樵桑联围、佛山大堤及西南涌等河滩地的洪水风险图编制工作，为全市开展洪水风险管理工作提供经验。

（董欣欣）

城乡环境卫生

【爱国卫生运动】 2015年4月，佛山市爱国卫生运动委员会在全市范围内组织开展第27个爱国卫生月活动。4月13日，佛山市爱国卫生运动委员会联合禅城区爱国卫生运动委员会、佛山市疾病预防控制中心、佛山市健康教育所等单位，在禅城区石湾置业陶瓷批发市场开展以“全民参与爱国卫生，共建共享健康佛山”为主题的爱国卫生运动月“爱国卫生突击周”启动日活动。

为做好登革热防控工作，佛山市防控登革热应急指挥部印发《2015年佛山市登革热防控工作方案》，并定期组织专家研讨和开展蚊媒监测，对防控形势进行分析研判，向各区、各部门通报预警。围绕疾病防控工作，组织开展爱国卫生运动和病媒生物防控工作，加强对爱国卫生工作的宣传和对群众的宣传发动。

【卫生创建工作】 2015年，佛山市积极开展各类卫生创建工作，新增省卫生镇1个、省卫生村55个、健康村（社区）72个。至2015年年底，佛山市共创建省卫生村1169个（其中行政村451个），不同星级的健康村（社区）122个，省卫生镇2个，国家卫生镇19个。

2015年，佛山市通过国家卫生城市复审考核，再次被全国爱国卫生运动委员会命名为“国家卫生城市”。

（何敏宏）

环境保护

【综述】 2015年，佛山市环保工作以“环保法治年”为主线，运用法治思维和方法推动环境保护体制机制改革，优化经济发展、实施重点领域的污染防治工作，严格执法，保障环境安全，推动环境质量的改善，环境质量稳中向好。

【大气环境质量】 城市空气质量总体情况。2015年，佛山市二氧化硫（SO_2）、二氧化氮（NO_2）、可吸入颗粒物（PM_{10}）、细颗粒物（$PM_{2.5}$）年均浓度分别为17微克/立方米、41微克/立方米、58微克/立方米、39微克/立方米，一氧化碳（CO）浓度的第95百分位数为1.4毫克/立方米，臭氧（O_3）日最大8小时滑动平均浓度的第90百分位数为140微克/立方米。上述6项指标比上年分别下降32%、14.6%、12.1%、13.3%、12.5%、16.2%。空气质量指数（AQI）优良天数307天，占有效天数比例为84.8%。

城市降水水质情况。2015年，佛山市降水pH值为4.84，比上年上升0.09个pH单位；酸雨频率为53.2%，比上年下降5.4个百分点。酸雨污染较上年略有缓和。

【水环境质量】 全市饮用水源达标情况。2015年，佛山市饮用水源地水质均达到《地表水环境质量标准》Ⅲ类水质标准，水质状况总体保持优良。饮用水源地水质达标率为100%。

全市主要江河水质情况。2015年，佛山市主要江河水质状况总体优良，平洲水道符合《地表水环境质量标准》Ⅲ类水质，容桂水道、潭洲水道、西江干流水道、东平水道、顺德水道、东海水道符合《地表水环境质量标准》Ⅱ类水质，与上年相比水质保持稳定。

全市主要内河涌水质情况。2015年，佛山市7条主要城市内河中，除了佛山水道、桂畔海、高明河达标，西南涌、大棉涌、大良河、水口水道未能达到相应的水质标准，主要污染物为溶解氧、氨氮、COD、五日生化需氧量和总磷等。

【声环境质量】 2015年，佛山市声环境质量基本稳定。全市区域环境噪声昼间平均等效声级为56.8dB（A），总体水平为“一般”；道路交通噪声昼间平均等效声级为67.5dB（A），总体水平为“好”；功能区昼间和夜间噪声未能全面达标。

【环境保护责任制考核】 2015年，佛山市制定相关环境保护考核办法，推进环保工作顺利完成任务。一是出台《佛山市有关部门环境保护“一岗双责”责任制考核办法》《2015年佛山市环境保护重点工作任务表》和《2015年佛山市环境保护“一岗双责”责任制考核实施细则》，以考核推动各级政府及部门对环保工作齐抓共管，确保佛山市重点环保任务和工程措施落实到位。二是全市以环境质量改善为目标，以项目建设为抓手，选取一些影响特别大、与民生利益直接相关、市民受惠面广的环保项目作为2015年度建设满意政府100项环保民生实事重点推进，至年底，100项环保民生实事基本完成。

【总量减排】 2015年是“十二五”减排考核的收官之年，佛山市梳理了涉及污水厂配套管网建设、结构调整、规模化畜禽养殖场治理、清洁能源替代、集中供热及火电厂脱硫脱硝等303个项目作为年度重点减排项目，全部完成考核任务。

【国家环境保护模范城市复核】 2015年1月，广东省环保厅预评估专家组对佛山市国家环境保护模范城复核指标完成情况进行预评估，认为佛山市总体达到国家考核指标的要求，原则上同意佛山市通过国家环境保护模范城市复核预评估。

【水环境综合整治】 2015年，佛山市将广佛交界区域水环境整治作为推进全市水环境保护工作的重点，持续推进汾江河、西南涌、水口水道、芦苞涌等广佛交界河流整治。6月，广东省环保厅和监察厅对佛山市域的广佛交界区域水环境整治问题的挂牌督办正式摘牌，实现水环境整治新突破。

分期分批推进内河涌整治工作，基本完成全市首批42条“一河一策”河涌389项整治项目。启动第二批90条重点河涌的整治工作，并做好第三批95条河涌“一河一策”的编制工作。

推进水环境综合整治与绿色生态水网建设。印发实施《佛山市开展水环境综合整治与绿色生态水网建设工作方案》，以水系治理和水网贯通为纽带，以湿地公园建设为抓手，大力建设水清岸绿、纵横贯通、宜居宜业的绿色生态水网。

强化重点领域水污染治理。对重点行业、重点流域实行更严格的水污染物排放标准。与广州完善联合监管机制，共同建立饮用水源保护沟通协作平台、环境执法沟通协作平台、水环境管理沟通协作平台，促进广佛跨界区域水污染综合整治。开展对广佛跨界区域实施限批，除整合入园项目外禁止涉水重污染项目建设，推进广佛跨界流域341家重污染企业淘汰清理工作。对125家纺织印染、食品、化工、造纸、涉重金属等重点排污大户的污水管网及排放口开展规范化整治。全面推进规模化畜禽养殖场治污设施建设，规范规模化畜禽养殖场的环境管理，限期实现达标排放。结合实际、因地制宜，采取分散治理和集中治理相结合思路，推动农村小型污水处理设施建设。

保障饮用水源安全。优化调整集中式饮用水源保护区，加快推进饮用水源保护区的标准化建设工作，加大对饮用水源保护区及周边污染源的管理力度，基本完成对南海第二水厂饮用水源一级区内违法项目的清理工作。开展饮用水源保护区环境风险排查和专项检查，实行饮用水源保护区月度巡查和季度报告制度，进一步确保全市的饮用水安全。

【大气污染防治】 重点行业、重点区域大气污染治理。2015年，佛山市全市9家电力企业超洁净技术改造顺利完成；全面推动锅炉污染整治，提速高污染燃料小锅炉淘汰，全年完成高污染燃料小锅炉淘汰403台、整治92台，100%完成年度任务；率先在陶瓷、玻璃等工业窑炉开展氮氧化物治理，铝型材行业落实清洁能源改造或废气深化治理；完成95家挥发性有机物污染企业的治理任务；关注民生，全面开展餐饮油烟污染控制。

机动车污染防治。2015年，佛山市加快黄标车淘汰工作，全年共淘汰黄标车5.5万辆，超额完成任务；淘汰2005年年底注册登记的营运类黄标车2.2万辆。持续加大黄标车限行力度，分别于2015年1月1日起、6月1日起，实施第六、第七阶段高污染（高排放）汽车通行限制，全市范围除高速公路和国道外，全面禁行黄标车。加大黑烟车查处力度，发布《关于禁止大气污染物排放超标（尾气排放超标）的机动车上路行驶的通告》，限制黑烟车在佛山市行政区域内行驶。继续开展黑烟车路检，在全市推广使用黑烟车电子抓拍系统，重点在高速公路、国道及物流车辆密集行驶路段建设黑烟车电子抓拍卡口22个，对过往的黑烟车进行监控抓拍。进一步加大部门联合、区镇联动的执法方式力度，环保、公安、交通运输等部门开展对黄标车、黑烟车的联合执法专项行动。

扬尘源控制。2015年，佛山市环境保护局与市公安局、住建管理局、交通局和水务局抽调14人组成重点扬尘源督查组，不定期对各区人口密集区域内的重点扬尘源、道路洒水保洁等进行督查督办，督促各方承担责任，落实各项扬尘控制的制度及措施，切实做好工地文明施工和扬尘整治工作。

不断扩大监管区域，从 6 月开始，扬尘污染控制的人口密集区域扩大到全市 27 个镇（街），并针对码头、沙场、堆场、搅拌站开展扬尘防治，强化企业堆场扬尘控制管理，进一步整治扬尘污染。全年共出动 1356 人次，检查重点扬尘源 2120 个次。

重污染天气应对。2015 年，佛山市环保部门结合气象条件划分不同天气过程和影响城市空气质量的污染源，有针对性地开展分区分源控制，持续开展大气环境专项整治行动，开展春季大气环境专项整治行动，加强夏季大气污染综合防治督查，重点开展 9 月大气不良气象条件专项行动，实施 12 月底大气污染防范预警，针对不同气象条件，对扬尘、机动车、重点工业企业、露天焚烧行为、饮食业等大气污染实施严格管控，开展精准打击，有效改善空气质量，降低大气重污染出现的频率。发布大气 $PM_{2.5}$ 污染物源解析结果，为佛山市空气质量改善战略的制定提供科学依据。

【环境执法】 2015年，佛山市环境执法工作推行“三不三直五结合”的突击检查方式，开展“白+黑、5 + 2”模式的夜间执法和节假日、周末执法。全年全市共出动环境监察人员 11.67 万人次，现场检查企业 43530 厂次，立案查处企业 1590 宗，罚款金额达 6974 万元。全市共刑拘涉嫌环境污染犯罪嫌疑人 62 人，其中逮捕 51 人，累计移送起诉 65 人。认真贯彻落实新《中华人民共和国环境保护法》，全市按日计罚案件 2 宗共计罚款 182 万元，查封扣押案件 10 宗，限产停产案件 29 宗，移送行政拘留案件 6 宗。开展环保大检查及环保违规建设项目清理整治，全面启用环境监察移动执法系统，完善污染源自动监控系统建设，强化污染源监管。强化联动执法，形成打击违法排污合力。向社会公布重点排污单位名录，公开环境行政处罚信息、环境信访案件处理、排污费征收情况等信息，接受各界监督。实施环境信用评价和“黑名单”管理制度，公开信用评价结果，营造“守信激励、失信惩戒”的氛围。

【环保立法】 2015 年，佛山市获得地方立法权后，佛山市环保工作部门按照市委、市政府和市人大的工作部署，积极开展机动车排气污染防治及河流污染防治的环保立法活动，全面推进佛山市的环保法治建设。年底，《佛山市机动车和非道路移动机械排气污染防治条例（草案）》经市人大常委会第二次审议，《佛山市河流污染防治条例（草案）》（暂定）完成初步起草。

【固体废物污染防治】 2015 年，佛山市环境保护局组织编制《佛山市固体废物污染防治规划纲要（2015 ~ 2020）》，统领全市固体废物污染防治工作；深入推进危险废物规范化管理，加强危险废物（医疗废物）、严控废物产生单位的监督检查，并将检查情况纳入 2015 年度佛山市环境保护责任制考核内容；依法依规开展严控废物处理许可证审批工作；初步建成固体废物电子联单管理系统，实现危险废物的信息化管理，提高固废管理工作效率。

【环保社会监督】 2015 年，佛山市环保局开展人大建议和政协提案工作办理工作，全年共办理 16 件人大建议及 35 件政协提案，全部按要求办结。通过推荐和公开招募的形式招募第一批 189 名环保监督员，针对各类排污行为开展社会监督，全年共接到环保社会监督员反映问题或建议 12 个；组建环保志愿者队伍，招募第一批 428 名环保志愿者，开展专门培训，推进环保宣传教育活动、培育生态文化、环保监督工作、环保公益等方面的志愿服务活动。继续拓宽投诉渠道，建设并启动全市统一，市、区、镇（街）贯通的环保信访投诉平台，集举报投诉统一受理于一体，及时、高效解决群众反映的问题。

【环保宣传教育】 2015 年，佛山市环保局组织新闻发布会、媒体通气会、记者沟通会等共 15 次。积极邀请媒体参与环境执法，打造媒体监督、服务群众的环保平台。全年共组织和引导市内外媒体开展环保报道超过 2000 篇（条）。制定《佛山市环境保护局新闻宣传联络制度》，每月召开座谈会，通报环保工作的最新进展，形成政媒互动的新机制。深入建设自媒体平台，利用政务微博、微信发布环保政策信息、环保工作动态、环保法律法规等信息。与佛山电台打造《兴之所至——环保在行动》节目升级版，继续畅通部门和公众沟通的渠道。大力开展环保公益宣传活动，成功创建2个省级环境教育基地，组织第二届“天蓝水清城美”环保摄影比赛和第二届“佛山环保好新闻”评选活动，指导开展首届节能环保创意节、“我的蓝天梦”世界气象日环保行动、“绿色青春·环保少年”暨冰心文学大赛、“wo爱佛山　轻松升级”环保音乐夜等活动。

【排污权有偿使用和交易试点】 佛山市作为广东省唯一的排污权交易试点城市，2015年，佛山市按照“容量有限、资源有价、使用有偿”的理念，初步制定排污权有偿使用和交易试点工作方案、暂行办法、实施细则、政府储备制度等一系列政策文件，初步制定氮氧化物和氨氮的初始使用价格，完成火电行业初始排污权指标核定，初步完成建筑陶瓷、铝型材、纺织印染、玻璃等重点行业排污权指标核定。推动建设总量控制系统，对污染源排放总量和浓度实施“双监控”，有50多家企业数据接入系统。佛山市是全省唯一开展该项工作的城市，为总量执法、排污权交易提供硬件和数据基础。

（姚　瑾）

【新能源汽车推广应用】 至2015年12月，佛山市已登记上牌的新能源汽车共计2066辆，超额完成总量目标（目标任务为2000辆）。其中：禅城区完成450辆、南海区完成567辆、顺德区完成673辆、三水区完成190辆、高明区完成186辆。充电设施建设方面，至2015年12月，佛山市共建成各类充电站17座，建设充电桩（机）共计581个。其中：禅城区154个、南海区188个、顺德区173个、高明区20个、三水区46个。

【国Ⅴ车用柴油推广】 2015年4月1日起，佛山市根据广东省政府要求，在全市范围推广使用国Ⅴ车用柴油。为确保工作有序进行，3月25日，市经信局召开佛山市全面推广使用国Ⅴ车用柴油新闻发布会，传达市有关推广使用国Ⅴ车用柴油的通告。此次全面供应的国Ⅴ柴油与国Ⅳ相比，含硫量下降80%，从不大于50%下降到不大于10%，对保护环境、改善空气质量有重要意义。

（谭耀安）

整治后的禅城区同济涌环境优美。

商贸流通

概 况

【综述】 2015 年，佛山市实现社会消费品零售总值 2687.2 亿元，比上年增长 11.9%，保持稳步增长的态势。发展水平与佛山城市发展水平相当，处于珠三角各地级市的第三位。

【城乡消费市场】 2015 年，佛山市城乡零售业市场均呈现增长，总体上乡村消费市场增长快于城镇。城镇市场实现零售额 2079.23 亿元，增长 11.1%；乡村市场实现零售额 607.99 亿元，增长 14.9%。

【行业性消费市场】 2015 年，佛山市批发零售贸易业稳步增长，住宿餐饮业零售企稳回升。批发和零售业零售额 2394.38 亿元，增长 12.4%；住宿和餐饮业零售额 292.84 亿元，增长 8.5%。

（吴晓荧）

批发零售业

【综述】 2015 年，佛山市批发零售业零售额 2394.38 亿元，同比增长 12.4%，占全市社会消费品零售总额的 89.1%，拉动社会消费品零售总额增长 11 个百分点，增长贡献率为 92%。

【批发市场升级改造】 2015 年，佛山市大型批发市场升级改造涉及陶瓷、金属材料、汽配、针纺织品、家具、花卉、钢材、汽车、塑料、物流等，交易额呈现平稳增长态势。专业市场不断进行软硬件的设施改造，逐步完善配套服务功能，信息化应用发展迅速，为佛山市提供了信息发布、展示、销售、研发的服务平台。中国陶瓷城、华夏陶瓷博览城、中国陶瓷总部基地、瓷海国际、意美家卫浴陶瓷世界 5 个大型陶瓷卫浴专业市场发展势头良好，市场规模不断扩大，形成了集陶瓷深加工、研发、会展、培训及售后服务为一体的“全球陶瓷服务基地”。“欧浦钢网”是国内首家以真实现货库存为基础，以大型仓储、剪切加工、运输配送为配套的一站式钢铁交易服务平台，年促成钢铁交易达到 1000 万吨，成为钢铁贸易行业价格的“晴雨表”。

【商圈发展】 2015 年，佛山市商品销售网络和商业业态不断完善。祖庙、季华、桂城、佛山新城、大良、荷城、西南等商圈在原有商场改造提升或新的商业体建设的带动下，商圈设施不断完善。如智慧新城、王府井百货、万达广场、万科广场、恒福广场、星星广场、鹏瑞利广场等商贸项目陆续建成，极大地丰富了商圈的业态建设。

（吴晓荧）

连锁经营

【综述】 2015 年，佛山市连锁商业呈现出蓬勃发展的态势，为商业的业态增添了新的色彩，促进佛山市商业的现代化，形成新的增长点，成为推动全市国民经济发展的重要力量之一。

佛山市连锁经营业态门类齐全，连锁企业涉及超市、便利店、医药、精品专卖、大型百货、汽车、餐饮、居民服务等业态类型，汇聚一大批国内外和本土的连锁经营企业。本地连锁经营企业通过发挥其资本、品牌、市场等优势，企业规模迅速扩大，部分企业如“顺客隆”“新协力”等的经营区域也已走出佛山地区。

【连锁经营企业的管理和技术】 2015 年，佛山市的连锁经营企业在规范管理水平上有了长足的进步。大多数连锁经营企业都做到总部统一采购订货、统一配送商品、统一经营决策、统一财务管理、统一广告促销。总部功能不断完善和加强，与门店的分工逐步明确化、专业化，管理手段逐步制度化、规范化。

因为连锁经营企业有着良好信誉和品质保证，可以增加消费的信心，连锁商业已成为消费者日常购物的主要场所。同时由于连锁网络的便利性和集中采购形成的价格优势，使连锁经营企业在城市商品流通中的地位显著提高。

（吴晓荧）

拍卖业

【综述】 2015年，佛山市拍卖成交24亿元，同比下降43.03%；拍卖场次1491场，同比增加22.72%。行业全年收入3849.07万元，同比下降22.98%；实现税收282.53万元，同比下降40.96%。

【拍卖业务】 2015年，佛山市的拍卖业务以法院司法委托拍卖为主，全年司法拍卖成交金额19.27亿元，占总成交额80.29%。成交标的又以房地产为主，成交金额逾17.11亿元，占总成交额71.29%。

（吴晓荧）

会展业

【综述】 2015年，佛山市依托佛山国际会议展览中心、顺德展览中心、中国陶瓷城、龙江前进汇展中心等，举办了陶瓷、家电、家具、机械、花卉、钢铁等38个大型知名展会，大大促进佛山会展业的快速发展。

【会展场馆建设】 2015年，佛山市范围内展厅包括佛山国际会议展览中心、顺德展览中心、中国陶瓷城、龙江前进汇展中心、顺联国际机械博览中心、佛山顺德罗浮宫国际家具博览中心等。其中在建的广东（潭州）国际会展中心定位为服务中小企业的珠三角乃至华南地区国际性专业产业交易会，首期工程预计总投资23.7亿元，项目建筑面积达11.8万平方米，包括展览、会议和辅助设施等建筑，首期工程预计于2016年9月建成交付使用。

佛山市会展业蓬勃发展。

【会展机构】 2015年，佛山市会展机构发展迅速，包括佛山成展展览服务有限公司、佛山市有诚展览有限公司、德国科隆国际家具展览会等大型外资会展机构也在佛山开展合作业务。至年底，佛山市会议展览行业协会有会员约100多家，协会通过发挥会展平台的作用，充分利用在资源、人力方面的优势，定期召集会员联同企业举办各种产品展销会，帮助佛山市企业开拓市场，为佛山企业搭建起服务对接的平台。

（吴晓荧）

现代物流业

【综述】 2015年，佛山市加快发展现代物流业，继续加大公路、水路、货运站场等物流公共基础建设力度，多条高速公路贯穿佛山市五区，13个货运港口不断完善，促进了佛山市现代物流的高速运转。全年全市货运量达到29428万吨，同比增长2.34%；货物周转量达2664027万吨千米，同比增长5.53%，其中公路运输占73%、水路占27%。

【商贸物流市场需求】 2015年，佛山市社会消费品零售总额2687.2亿元，比上年增长11.9%，与社会消费品相关的商贸物流需求呈现平稳增长态势。同时，佛山市强大的制造业和各类大型专业商品批发市场的商品集散功能创造了巨大的物流需求空间。据2014年调研反映，2015～2018年间，78.38%的企业表示物流外包业务量会进一步增加，其中55.56%的企业仓储总量会有所增加，79.49%的企业运输总量也会增加。佛山市第三方物流有着巨大的发展空间。

【物流信息化水平】 2015年，在政府、行业、企业的共同努力下，佛山市第三方物流企业信息化水平不断提高。企业内部管理和业务管理信息化投入继续加大，GPS和RFID技术得到有效推广和应用；利用互联网、物联网创新经营模式和优化管理流程得到较快发展，涌现出欧浦物流、南储仓储、佛航物流集团、广东何氏水产、国通物流城、吉宝物流、海元物流等一批开展电子商务物流、跨境物流、物流金融、冷链物流、现代仓储、物流信息平台交易管理等新业态的现代第三方物流企业。如佛山市汽车运输集团有限公司通过液体罐车的推广与应用，提高液体产品流通效率，确保在途品安全。广东何氏水产有限公司利用“互联网+”推出活鱼供应链管理平台，在活鱼供应链上建立质量安全可追溯系统，实现冷链物流的信息可追溯。广东精准德邦物流有限公司通过德邦物流商业智能分析平台，大力推进建设德邦物流智能物流平台，把德邦物流带进大数据时代。

【国家物流标准化试点城市建设】 2015年，佛山市认真落实《物流业发展中长期规划（2014～2020年）》《关于加快推进商贸物流标准化工作的意见》和《商贸物流标准化专项行动计划》，鼓励和支持物流企业开展技术改造，应用先进适用标准化物流装备和参与行业标准制定，促进企业的转型升级和创新发展。7月，佛山市被商务部认定为物流标准化试点城市，全面开展物流标准化试点城市建设工作，推动物流标准化应用发展。

【物流龙头企业培育】 早在2011年，佛山市就制定了《智慧物流腾飞计划方案》，至2015年年底，佛山市共评定了4批34家智慧物流腾飞试点企业，并分别与各试点企业建立起市、区两级部门联动机制，帮扶企业发展。2011～2015年，智慧物流腾飞试点企业中有30家共44个项目分别获得省、市两级财政2609万元资金的扶持，试点企业的综合竞争力明显增强。2015年，试点企业新增国家驰名商标企业1家，广东省著名商标2家，高新技术企业1家；新增国家A级物流企业9家，其中AAAA级企业6家、AAA级企业2家、AA级企业1家。至2015年年底，全市共有物流A级企业14家，其中AAAAA级1家、AAAA级7家、AAA级5家，AA级1家。

（吴晓荧）

电子商务

【综述】 2015年，佛山市电子商务发展迅猛，全年全市电子商务交易额达到3836亿元，同比增长37%。全市规模以上电子商务服务平台18个，应用电子商务年交易额超10亿元的企业有13家，超亿元的企业有50家，超1000万元的企业有400家。全市电子商务直接从业人员超过8.5万人，由电子商务间接带动的就业人员超过16万人。跨境电商发展如火如荼，据海关统计，2015年全市以跨境电商贸易方式进出口货物总值达到1.18亿元，比上年增长数倍。

【电子商务资金扶持】 2015年8月，佛山市为充分发挥2500万电子商务发展专项资金的扶持作用，制定了佛山市电子商务发展专项资金使用方案和申报指南。在市的指导和推动之下，各区都设立相应的电子商务专项扶持资金，实行市区配套，上下联动，对电子商务产业链各个环节进行扶持。

【电子商务示范创建】 2015年，佛山市电子商务示范建设取得突破。7月，广东欧浦钢铁物流股份有限公司获得国家级电子商务示范企业称号，同时，顺德龙江家具电子商务产业园获得国家级电子商务示范基地称号。12月，佛山新媒体电子商务园、创意产业园等 11 家园区获得“广东省电子商务示范基地”称号，美的集团、新安怀等 16 家企业获得“广东省电子商务示范企业”称号。

（吴晓荧）

佛山首家跨境电商“美悦优选”入驻南海万科广场。

粮食流通

【粮食新增储备】 2015 年，全国粮食增储工作全面铺开，其中广东省新增粮食储备规模增幅达 119%，并要求 2016 年年底前全部落实到位，增储任务全国最重。按照广东省的增储任务要求，佛山市粮食储备任务比原来增加一倍，增储工作任务重、时间紧、落实难度大。为了按时优质完成粮食增储任务，确保佛山市粮食储备安全，市各级粮食部门在落实粮食储备规模工作中做到积极主动，对粮食储备工作及早谋划，有效保证储备粮油数量真实、质量良好、储存安全。至 2015 年年底，全市完成新增储备任务比例达 66%，超额完成省下达的年度新增储备任务，为全省粮食增储任务的顺利完成作出了突出贡献。在做好储备粮日常管理的基础上，佛山市粮食部门全力抓好粮食流通监督检查工作，结合全国粮食库存检查，认真组织春、秋两季粮油普查，并积极配合市有关部门开展粮油市场监管，有效维护好粮油市场正常秩序。

【新粮库建设】 2015 年，佛山市努力争取各级政府支持，着力打造市（区）中心粮库，粮食储备体系得到进一步完善，其中市本级粮食储备库和南海区粮油储备库被确立为广东省重点工程项目，两库项目统一规划，分别建设。其他各区粮库建设也有序推进。至年底，禅城区完成新粮库的选址工作，高明区粮食储备库工程项目完成立项、可研、水保、环评和项目勘察设计招投标，三水区新粮库主体工程完工并投入使用。

【粮食产销合作】 2015 年 7 月和 9 月，佛山市组织五区粮食部门以及粮食企业 40 余人分别赴湖北省荆州市、黑龙江省哈尔滨市等地开展产销洽谈会，与产区粮食部门及有关企业签订合作协议，进一步加强在粮食收购、加工等环节进行交流与合作，为拓展佛山市粮源提供重要保障。

【军粮供应】 2015 年，佛山市各级粮食部门结合全市粮食应急网络建设，创新全市军粮供应网点规划，将军粮供应与嘉惠连锁超市运营结合，让嘉惠连锁超市具备军粮供应、放心粮油、应急保障三位一体功能，国有企业军粮供应服务水平得到进一步提高。

【粮食安全责任考核】 2015 年，佛山市认真落实粮食安全责任制，全面抓好粮食安全管理各项工作，在政府届满前考核过程中，佛山市被评为优秀等次，由于在届中、届满均取得优秀等次，受到广东省政府通报表扬。

【佛山市粮食发展“十三五”规划编制】 2015 年，佛山市发改局按照市委、市政府的要求，在深入基层调查研究的基础上，结合全市粮食工作实际，认真编写《佛山市粮食发展“十三五”规划》，并对佛山市“十二五”期间的粮食工作进行全面总结，为“十三五”时期佛山市粮食事业实现又好又快发展奠定良好基础。

（骆家洪）

对外经济贸易

对外贸易

【综述】 2015 年，佛山市外贸进出口 4087.2 亿元，同比下降 3.3%。其中出口 2999 亿元，增长 4.5%；进口 1088.2 亿元，下降 19.8%。实现外贸顺差 1702.9 亿元。

【外贸出口结构】 2015 年，佛山市外贸出口结构不断优化，全年全市一般贸易出口 1744.2 亿元，增长 4.1%，占出口总值 58.2%，比重位列珠三角地市前列。

【主要大宗商品出口】 2015 年，佛山市主要大宗商品出口保持稳定，全市 24 个大宗商品出口额中有 15 个实现增长。其中，箱包增长 165.3%、鞋类增长 45.8%、灯具 41.6%、塑料制品增长 39.9%、服装增长 35.7%、汽车零配件增长 34.9%。

【国际市场开拓】 2015 年，佛山市对外贸易工作以新兴市场、丝绸之路国家为开拓重点，通过搭建合作平台，组织企业抱团参加展会等形式，点面结合，突出成效，对海上丝绸之路沿线地区出口 810.5 亿元，增长 31.3%；对美国出口 423.4 亿元，增长 10.2%。

举办“一带一路”市场机遇宣讲暨战略合作框架协议签约仪式，为企业提供开拓市场所需的信息、资金、信贷等服务。组织企业抱团参加土耳其、波兰中国家居展和印度自动化展等 10 多场重点展会，在印尼经贸交流会上举办佛山优势产品展，帮助企业获得订单。举办美国、墨西哥、古巴、德国、瑞士、冰岛经贸活动和德国、意大利进口采购等重点经贸活动，推动佛山市企业商会对接国外客商，寻找商机。妥善应对贸易摩擦，特别是墨西哥、哥伦比亚和印度的瓷砖反倾销调查，三起案件佛山市应诉企业均超过总数的 80%，力保出口市场份额。

（吴晓荧）

【佛山市贸促会】 2015 年，佛山市贸促会（佛山国际商会）开拓进取，务实推进对外经贸促进工作，主动参与事关经济提效的战略性专项工作，为企业对外经贸交流合作提供服务和保障，拓宽招商促贸工作渠道。

推进“互联网+”行动计划。争取到广东省贸促会和国家贸促会支持，完成首届中国（广东）国际“互联网+”博览会报批及组展工作。博览会上，邀请中国贸促会副会长卢鹏起出席并致辞。此外，还组织举办“互联网+”进出口通关、跨境电商实战培训等专题的贸促活动，提升外贸企业的互联网应用水平。

复制自贸区经验。为配合市政府复制自贸区经验，主办了中国自贸区与佛山新机遇研讨会，近 600 家佛山企业、协会代表参会，会上发起成立佛山国际贸易联盟。此外，还举办中韩自贸协定、优惠原产地证、创新融资等“将佛山市打造成不是自贸区的自贸区”的系列活动，鼓励企业抢占自贸区商机和红利。

对外招商促贸活动。先后组织了荷兰、澳大利亚－新西兰、新加坡、意法英、卡塔尔等 5 个经贸代表团，合计 80 家企业出访欧美和海上丝绸之路沿线国家，举办 7 场佛山投资营商环境推介会及双边企业商务配对洽谈活动。还接待了埃塞俄比亚工业部、卡塔尔工商会、阿联酋拉斯海马自贸区、俄罗斯纳罗福明斯克区代表团等 7 个高规格国外经贸团组的到访。此外，市贸促会切实了解企业需求，先后举办了涉及“走进欧洲”、卡塔尔中国制造展、家居建材布局美国市场、对接德国企业、“走进非洲”等6场论坛和座谈活动，参加企业人数超过1000人次。

出证认证业务。在国际贸易乏力的大环境下，积极争取上级贸促部门的业务授权，协助企业应对海关报关无纸化新变化，开展ECO及优惠原产地证的业务推广和培训，对原产地证书数据进行分析，汇编印发《原产地证明书数据统计报告》。全年全市贸促系统出证认证总量12.49万份，其中，一般原产地证10万份、优惠原产地证2638份、国际商事证明书1.91万份、代办领事认证2809份、单据认证368份、ATA单证册9份。

商事法律的基层服务。开展服务企业“暖春”行动，走访外贸企业，为企业提供出认证及商事法律服务，协助企业办理APEC商务旅行卡。举办信用证风险规避与债务处置和国际贸易单证、金融、商事纠纷研讨等2场专题商事法律活动。指导法律机构组建佛山市中贸商事服务中心。

政策宣传和资讯推送。编印《2015年展览计划》，完善丰富网站服务内容，发布经贸动态、展览经贸信息等资讯累计201篇，推送外贸资讯的手机短信105条。

组织企业参加知名展会。全年组织企业参加境外各类展会项目9批次，参加企业446家次，摊位面积734平方米。范围涵盖家用电器、建材、家具、五金、照明等行业。借助会展平台扩大佛山市优势产业在相关地区的市场份额，发掘新兴市场商机。

对接广东省驻外机构。与广东省驻境外经贸代表处及境外广东商会开展合作，宣传佛山市投资营商环境，推介优秀产业载体和品牌企业，收集各驻外机构发布的境外贸易投资信息，及时将有效信息传递到各区及相关工业园区。先后组织广东省驻境外15个国家（地区）的经贸代表处和境外广东商会代表和近20位新加坡客商实地考察佛山市，成功展示和推介佛山的投资营商环境。

参加省级大型对外交流活动。借助贸促系统、驻穗领馆及境外工商机构的丰富资源，突出国际性和民间性，组织企业参加广东省举办的涉及印度、韩国、法国等国共7场高层经贸、技术交流活动，促成佛山国际贸易联盟与广东国际商会非洲投资贸易联盟签订战略合作框架协议。

（关立涛）

利用外资

【综述】 2015年，佛山市新批外商直接投资项目238个，同比增长1.28%；合同外资金额28.99亿美元，同比下降22.34%，完成全年任务的75.4%；实际吸收外资金额23.77亿美元，同比下降10.49%，完成全年任务的86.89%。引进世界500强企业增资项目7个，涉及投资总额共增加9.01亿美元。累计共有60家世界500强企业在佛山市投资了114个项目，投资总额92.18亿美元，合同外资38亿美元。

【超千万大项目引资】 2015年，佛山市引进外资质量继续提升，全市超千万美元项目39个，涉及投资总额30.22亿美元，合同外资14.07亿美元。其中，有21个属于第三产业，涉及投资总额18.31亿美元，占总量的60.6%，合同外资11.79亿美元，占总量的83.82%；有18个属于第二产业，涉及投资总额11.91亿美元，占总量的39.4%，合同外资2.28亿美元，占总量的16.18%。

【招商引资活动】 2015年，佛山市充分利用招商平台，举办一系列有针对性的投资推介会，提升佛山市在重点区域和重点行业的关注度，广泛收集项目信息。8月，在珠海的首届珠江西岸先进装备制造业投资贸易洽谈会上举办佛山推介会，伊之密、一汽－大众、北汽福田等企业参展，展示了佛山市强大的装备制造业基础，吸引200多家有合作意向的企业观展。11月，举办佛山－韩国工业机器人产业对接会，帮助韩国先进装备制造业企业了解佛山市投资环境、产业发展，促进双边的投资贸易和技术合作，争取合作机会。此外，还在美加、日韩、澳大利亚等地区开展卓有成效的推介活动，获得一批项目信息，达成一系列合作意向。

【服务外包产业】 2015年，佛山市服务外包产业规模迅速扩大，至年底，全市承接服务外包合同金额4.61亿美元，同比增长74.41%；执行金额3.74亿美元，同比增长182.3%。其中：承接离岸服务外包合同金额3.39亿美元，同比增长64.57%；离岸执行金额 2.99 亿美元，同比增长 184.18%。佛山市在商务部服务外包系统中登陆的企业总量达到 418 家，增长超过 1 倍。

（吴晓荧）

对外经济合作

【综述】 2015 年，佛山市对外经济合作持续增长，新增境外直接投资设立企业（机构）42 家，同比增长 61.54%，其中新增中方协议投资额 4.66 亿美元，同比增长 268.7%。

【对外投资】 2015 年，佛山市对外投资持续优化提升，投资体量增长迅速，全年办理境外投资企业总投资额 8.3 亿美元，中方投资额 4.64 亿美元，同比分别增长 72.9% 和 90.4%。合作层次不断深化，如东方精工公司并购意大利费兰度集团 40% 的股份，经营纸箱生产线和仓储物流设备，利用其相对成熟的销售渠道和市场，快速打通产业链上下游，谋求更广阔的市场。

（吴晓荧）

口岸管理

【综述】 2015 年佛山市口岸运行安全畅通，全年完成进出口货运量 2165.87 万吨，同比增长 2%；出入境人员 81.47 万人次。

【全市首个保税物流中心（B 型）通过正式验收】 2015 年 6 月 9 日，由海关总署、财政部、国家税务总局、国家外汇管理局组成的联合验收组，同意佛山国通保税物流中心通过验收，海关总署加贸司副司长胡东升代表联合验收组与广东省人民政府副秘书长刘晓捷签署验收纪要。佛山国通保税物流中心验收通过后投入使用，实现佛山市保税物流中心零的突破，将更好发挥对接自贸区的作用，提升佛山市保税物流水平，支持开放型经济发展。

【"互联网+易通关"新型通关模式】 2015 年 12 月 16 日，随着佛山市政府与广州海关联合举行的打造不是自贸区的自贸区——"互联网+易通关"仪式的启动，佛山率先成为全国首个实施"互联网+易通关"改革的城市。企业通过互联网平台即可完成进出口货物海关通关手续，包括在网上办理报关、查验、缴税等通关业务和提前归类审价手续，不受时间、地点约束，多数情况下不到海关就能够办结通关手续。

【口岸查验配套服务费改革试点】 2015 年 9 月 18 日，佛山市为贯彻落实《国务院关于改进口岸工作支持外贸发展的若干意见》文件精神，推进落实"对查验没有问题的免除企业吊装、移位、仓储等费用"的改革事项，充分发挥财政资金在促进外贸稳增长和转型升级中的撬动作用，率先在佛山进出境货运车辆检查场实施口岸查验配套服务费改革试点工作。9 月 29 日起在禅城、南海、高明及三水区所有符合条件的口岸现场查验监管场所，全面推进口岸查验配套服务费改革试点工作，降低企业的通关成本，提高通关效率，有力促进佛山市外贸进出口回升。

（杨剑梅）

海　关

【综述】 2015 年，佛山海关按照总关提出的"抓基础、抓统筹、抓改革、抓落实"总要求，积极发挥佛山海关政策研究、统筹协调、跟进督办、风险防控、专项监督等职能作用，重点推动佛山率先成为全国第一个全面启动口岸查验配套服务费用改革试点的地级市，推动佛山市复制推广"互联网+易通关"改革，在佛山不断扩大"无水港"建设试点，努力用改革促进佛山区域经济协调发展。

全年佛山关区监管进出口货物 2266.3 万吨，创历史最高水平；进出口商品总值 459.8 亿美元，报关单 76.5 万份。监管进出境人员 89.8 万人次，运输工具 16931 辆（节、艘），进出境快件 254 万件。全年税收入库 123.5 亿元，占广州海关 27.1%。全年设立加工贸易手册 1392 份，加工贸易实际进出口 236.11 亿美元。全年登记注册企业 10472

家；实施稽查作业168宗，稽查补税4023万元；打击走私共立案246宗，案值14.16亿元，涉税额9227.13万元，罚没入库1590.36万元。

【口岸监管】 2015年，佛山海关把握“一带一路”战略契机，推进信息互换、监管互认、执法互助“三互”大通关建设，支持佛山建设国际贸易“单一窗口”。一是建设佛山“无水港”。借助广州南沙母港优势，提升佛山港口竞争力，将南沙自贸区海港部分功能延伸到佛山，实现“港口后移、就地办单、多式联运、无缝对接”的进出口货物集疏运方式，“无水港”模式下“佛货”出口结关时间由原10天时间压缩为只需3～5天，极大提升出口结关效率，该模式在佛山地区全面复制推广。二是改革口岸查验配套服务费。积极协调佛山地方各级政府，建立“政府－海关－查验服务企业”三方联系配合机制，推动佛山市口岸查验配套服务费改革以整个地级市作为试点于9月29日在全国率先落地，自9月29日至12月31日，佛山各监管现场共查验货物3759票、3703柜，其中3229票、2748货柜查验没有问题，政府为企业支付相关查验费用148.53万元，惠及2234家企业。三是启动“互联网＋易通关”项目。突出企业在进出口通关中的主体地位，运用互联网理念和技术大胆创新，创新通关模式，顺势监管，12月在佛山全市正式全面启动“互联网＋易通关”项目，积极推进海关监管现代化和国际贸易便利化。

【海关管理改革】 2015年，佛山海关深化内部改革，主动打破关区壁垒，转变职能实现方式，创新海关管理理念。一是便捷企业注册。企业注册登记填写事项由原116项精简为35项，报关企业许可审批时限从40个工作日压缩到20个工作日，进出口货物收发货人审批时限从5个工作日缩短为3个工作日；改变佛山地区多个海关办事处各管一段的格局，4月27日海关企业注册登记实现全市“同城通办”，9月10日再将“同城通办”范围从佛山市扩大到广州市中心城区。二是实施“四单”管理。对接地方政府提出的“三单”管理模式，对外公布海关加工贸易的“四单”，其中负面清单3项4675条目、准许清单49项31个流程、监管清单7项20个执法行为、责任清单35项77条责任，涵盖加工贸易业务整个流程，加工贸易业务办理和审批更加规范、清晰、透明。三是改革稽查业务。探索专项稽查作业模式，突出集约化管理，制定工作方案和管理办法，启动机动专项稽查小分队。四是跟进专项改革。推进区域通关一体化和区区联动、“网上申报”“征免税证明无纸化”“行邮监管机制创新”以及“三互”大通关改革和“单一窗口”建设等。

佛山海关对辖下的加工贸易企业全面进行电子化管理。

【海关帮扶外贸发展】 2015年，佛山对外贸易面临重重困难和前所未有的挑战，佛山海关上下凝心聚力，全力促外贸稳增长。一是促进物流发展。推广南沙中国超级干线模式，推动佛山与广州南沙、机场等口岸的物流运转合作，促进物流增长。二是促进传统商品和企业回归。促进进口锯材、水果等传统商品回归佛山口岸，遏制佛货外流工作成效显著。三是支持新兴业态发展。全年全市开展“旅游购物”出口业务的企业共32家，出口值336.7亿元，直接拉动佛山外贸回升8.2%，是2014年全年的5.4倍。支持跨境电子商务方面，监管跨境电商进出口货值1.005亿元，是2014年全年的49倍。四是扶持重点企业和重大项目。梳理重点企业名单，提供“量体裁衣”个性化服务；大力支持佛山新城和中德工业服务区建设，积极助推佛山家博城和澜石设立保税仓库项目。经过共同努力，2015年佛山市外贸进出口总值为4087.2亿元，占同期广东省外贸总值的6.4%，增速居广东省各地市第15位，在珠三角9地市中居第6位。

【海关执行督办】 2015年，佛山海关高度重视督办工作，想方设法提高基层执行力。一是建立台账制度。分门别类，实现总关布置事项、地方党政交办任务、关区重点工作均建立台账，办结一项核销一项，实行台账式管理。二是创新督办方式。先后制定一系列改革措施和督办方式，明确分工，责任到人，定期汇总，及时反馈。三是强化总结反馈。通过党组会、关务会、重点工作推进会，定期通报进展、总结反馈有关情况，确保件件有落实、事事有跟进，全年督办文件及工作事项1500余件。

【海关检查监督】 2015年，佛山海关紧跟总关和地方的决策部署，牢牢把住重点，紧抓检查监督。一是督促打击粮食和肉类等农产品走私、打击重点涉税商品走私、打击毒品枪支等违禁品走私、打击固体废物走私和打击濒危动植物及其制品走私等“五大战役”行动。以“强化主体责任、强化战区理念、强化正面监管、强化执法合作、强化新闻宣传”的“五个强化”措施，充分发挥佛山地区主战场的作用，打响打赢“五大战役”。二是推进综合治税工作。年内，推广“集中汇总纳税”，加强税收形势评估和调研分析，咬定税收目标任务，狠抓监督总关19项促进税收措施的落实，其中1～12月禅城办税收入库17.7亿元、顺德办入库23.3亿元、南海办入库47.6亿元、三水办入库20.9亿元、高明办入库14亿元。三是督办建设“不是自贸区的自贸区”。要求做好政策研究，梳理可在佛山市复制推广的自贸区政策措施37条；推动国通保税物流中心顺利通过正式验收，督促其成立管理机构，支持开展新业态业务。

（王　庆）

检验检疫

【综述】 2015年，佛山出入境检验检疫局深入贯彻落实2015年全国质检工作会议和广东检验检疫工作会议精神，以提升质量为核心，以服务发展为目的，以保障安全为底线，全面深化业务综合改革，深入推进依法治检，全力促进佛山经济稳增长。

年内，佛山辖区受理报检51480批次，货值24.08亿美元，同比下降51%和29%；签发各类原产地证书32426份，签证金额12.95亿美元。

【检验检疫改革】 2015年，佛山检验检疫全面深化改革，积极推进大通关建设，大力推进跨境电子商务工作，狠抓质量监管，发挥创新驱动作用。一是稳步推进进出口食品安全监管模式改革，对辖区所有企业实施分类管理，覆盖率100%。二是创新进口废物原料查验监管模式，自主研发“进口废物原料现场查验系统”，提高废物原料监管信息化水平。三是成功打造全国首个陶瓷产品研究评议基地，旨在借助技术性贸易措施倒逼机制，引领相关产业转型升级。四是全面推进检验检疫区域一体化，办理“两直”（出口直放、出口直通）一体化业务3041批次，占总批次的17.76%，涉及金额5406.72万美元。

【检验检疫执法把关】 2015年，佛山检验检疫大力加强法制稽查建设，强化执法把关水平，强化进出口商品把关效能。一是强化执法队伍建设，组建行政执法工作小组，建立依法行政规章制度，开展法制宣传教育，完成司法协助调查案件15宗，办理行政处罚案件28宗。1宗行政处罚案件作为典型案例被纳入全国打击假冒伪劣商品培训课程予以表彰。二是加强宏观质量分析，组织对2014年重点进出口产品质量进行分析，每季度撰写装运前检验工作质量分析报告；开展目录外进出口商品抽查检验工作，完成抽查样品85批；对本辖区32批退货商品开展出口工业产品退运货物追溯调查，涉及金额128.78万美元。三是强化进出口重点敏感商品把关效能，以天津事件为契机，严密监管进口危化品及其包装质量安全，积极开展风险排查工作，对不合格现象“零容忍”，对1批环保不合格进口货物实施退运。以检验检疫覆盖率、检出率、优惠关税利用率“三率”为抓手，着力提高质量监管有效性，加强对进口汽车、儿童用品、进口旧机电、废物原料等产品的质量安全监管。四是强化进出境动植物及其产品检验检疫监管，全面开展分类管理，对辖区内14家加工厂和储备库开展集中考核。截获进境植物疫情10293批次。对肉类、水产品、葡萄酒、婴幼儿配方乳粉等重点敏感进口食品加强检验检疫，检出不合格进口食品388批。五是强化口岸卫生监督、卫生处理及媒介监测工作，举办口岸中东呼吸综合征防控培训和演练排查，处置2例入境登革热病例后续跟踪工作和1例旅客突发晕厥公共卫生事件，口岸查验出入境人员72980例，发现症状179例，确诊病例79例，发现率0.25%，确诊率44.13%。

希腊猕猴桃经佛山检验检疫局检验后，首次登陆佛山。

【检验检疫助企业发展】 2015年，佛山检验检疫创新帮扶举措，复制推广自贸区政策，积极推进进出口产品质量安全示范区建设，服务地方发展，促进外贸稳增长。一是践行“一企一策”理念，有针对性地服务企业，帮扶辖区2家企业列入全国102家重点企业目录，助推“佛山制造”“走出去”。二是根据佛山市的战略定位和发展目标，着重在“提升贸易便利化水平、优化检验检疫监管机制、服务佛山产业发展”三大方面制定16项检验检疫创新措施，率先复制和推广全国各个自贸区政策，出台促进佛山外贸发展十六条帮扶措施，获佛山市委书记和市长批示肯定。三是全力推动出口陶瓷产品质量安全示范区建设，为示范区企业在品牌培育、技术性贸易措施应对、竞争新优势培育方面提供支持。

【检验检疫履职能力】 2015年，佛山检验检疫局大力加强干部队伍建设，加强科技建设，全面提升检验检疫技术支撑能力，强化质检形象，促进检验检疫科学发展。一是制定年度21项教育培训计划并有序进行，举办专题培训班6场，大力加强干部队伍建设，全面提升干部职工素质。二是加强科技建设。加强实验室建设，顺利通过ISO17020检查机构的认可、“三合一”监督扩项评审，取得CCIC广东公司出口肯尼亚和尼日利亚指定检测实验室资格。完成委托检验10052批，完成法定检验4768批。三是加强科研指标及科技管理，组织广东出入境检验检疫局科技立项2项，申请实用新型专利3项。《建筑卫生陶瓷的性能安全和环境安全的风险分析和检测技术的研究》获得广东出入境检验检疫局“科技兴检奖”二等奖。

（杨　珊）

财政·税务

财　政

【综述】 2015 年，佛山市地方一般公共预算收入完成 557.43 亿元，比上年增长 11.22%；全市地方一般公共预算支出完成 802.18 亿元，比上年增长 52.79%。全市各区一般公共预算收入均实现平稳增长，其中禅城、南海、顺德、高明、三水分别增长 10.1%、11.35%、7.62%、15.29%、15.49%。全市财政收支运行总体平稳有序，为经济和社会事业的发展提供稳固的财力保障。

【财政收入管理】 2015 年，佛山市面对国际经济环境压力，通过系列措施，科学组织收入工作，财政收入实现预期目标。一是加强收入预判分析，及时研究制定抓收入的措施、方法，增强组织收入的主动性和风险防范的预见性。二是坚持收入预期目标管理。完善“收入预计－确立目标－督促落实”的促收机制及收入定期通报机制，紧抓工作进度。三是完善非税收入管理。创新非税收入征缴渠道，规范非税收入管理，促进全市非税收入实现较快增长。四是加大土地收储与出让工作力度，增加政府后备财源。

【财政支出管理】 2015 年，佛山市一般公共预算支出实现 52.79% 的较快增长，尤其是医疗卫生与计划生育、节能环保、交通运输等重点民生支出项目增长显著。其中，省、市民生实事分别完成支出 41.57 亿元和 27.1 亿元，达到全年计划的 126.36% 和 144.76%。佛山市各级财政部门在确保资金安全的前提下，进一步简化优化资金申报、审批、拨付流程和手续，提高工作效率；建立限时办结制度、支出进度通报机制和约谈督促机制，加快财政支出进度和提升资金执行率；加快上级转移支付资金的拨付进度，大力压减库款规模，进一步清理财政结余结转资金，提高资金使用效益。同时，严格控制“三公”经费等一般性支出，落实市级党政机关和事业单位培训费、会议费、差旅费、外宾接待经费、因公出国（境）经费等管理办法；严格规范全市公务用车配备使用管理，在全市范围内开展公务用车专项整治，清理清退违规配备使用公车 15 辆；全面停止新建楼堂馆所，加强检查督导，建立健全厉行节约、反对浪费的长效机制，将节约的资金用于确保促进发展、改善民生等各项重点支出需要。

【财政杠杆助推经济增长与产业升级】 2015 年，佛山市财政工作立足城市转型升级主线，充分发挥财政杠杆作用，推进全市经济增长与产业升级。一是全市投入扶持经济科技发展方面资金 25.34 亿元，大力支持佛山国家高新区、中德工业服务区等重大平台建设，加快珠江西岸先进装备制造产业带建设；投入国家创新型城市建设资金 21.55 亿元，引导创新资源整合，坚定创新驱动战略，加快创建国家创新型城市。二是全市投入新一轮技改专项资金 8.41 亿元，并争取到省级技术改造专项资金 1.29 亿元，推动企业实现全方位的技术改造，提升产业竞争力。三是拨付省、市各项扶持外经贸稳增长资金 5.2 亿元，支持跨境电商、商贸服务业、服务外包产业发展。四是创新财政资金扶持模式，推进金融科技产业深度融合发展。全市财政出资或投入专项资金设立产业引导基金、产业金融引导基金、科技企业信贷风险补偿基金等基金或专项资金，推动民营企业稳步发展。五是落实各项惠企利企的稳增长政策。全年取消、减免、停征或降低征收标准的非税收入项目共 125 项次，尤其是大幅下调堤围防护费和价格调节基金征收标准，单此两项每年为企业减轻负担 5.2 亿元；深入推进“营改增”改革扩面，至年底，累计为纳税人减轻税收负担43.95亿元；鼓励帮助企业向上级申报各类扶持资金，全年共获得上级扶持资金25.19亿元。

【财政投入促进城市升值与环境提升】 2015年，佛山市在重要领域加大财政投入，城市升值与环境提升建设得到有力的财政保障。一是支持打造佛山中轴线，深入实施“强中心”战略，推动“一老三新”及高明西江新城、三水新城等片区特色发展。二是全市投入重点交通基础设施建设方面资金141.54亿元，推动广佛线、佛山地铁2号线一期、3号线前期等重点工程项目建设。三是全市投入节能环保与绿化方面资金25.14亿元，加快推进生态文明建设和生态环境保护。

【财政投入坚持民生优先】 2015年，佛山市的财政投入围绕建设人民满意政府的目标，更加注重以民为本、惠民为先、利民为重，切实加大对基本公共服务均等化建设的保障力度，并出台《佛山市推进基层公共服务综合平台建设工作方案》，推动公共服务向基层延伸，着力提升人民群众的幸福指数。全年全市民生方面支出509.72亿元，占一般公共财政预算支出比重63.54%，比上年增支176.75亿元，增长53.08%。其中，投入推进底线民生保障资金6.1亿元，完成底线民生项目年度资金预算的120.99%，超额完成目标任务。

【财政制度改革】 2015年，佛山市财政工作把握深化改革主调，多方面推进改革步伐，全市财政工作稳步发展，面貌焕然一新。一是“金财工程”建设揭开新篇章。佛山公共财政综合管理平台项目（二期）完成第一阶段工作，动态人员管理系统、政策法规库等7个系统上线试运行，进一步提升了财政管理科学化、规范化、精细化水平。二是预算管理改革迈出新步伐。建立健全预算管理体系，实施全口径预决算管理，探索重大建设项目跨年度预算管理模式和滚动式项目库管理系统建设，科学统筹政府财力；细化完善预算编制，加强预算执行管理，强化预算约束，提高预算执行时效性和均衡性；盘活财政存量资金，加大结转资金统筹使用力度，提高财政存量资金使用效益。三是绩效管理改革跨上新台阶。着重建立健全预算绩效管理应用机制，实现绩效目标申报与预算编制、绩效跟踪管理与项目实施、评价结果应用与资金安排“三个同步”。全年市级共有58个预算单位93个项目参与绩效自评，涉及预算资金7.17亿元。四是国库管理制度改革开创新局面。依托财政综合管理平台建设，分步实施财政实拨业务、直接支付业务和授权支付业务的支付电子化管理，使财政资金在预算单位、财政部门、代理银行三方之间业务数据传输实现无纸化、快速化。同时，大力铺开推进镇（街道）国库集中支付制度改革，为财政财务管理提供稳固的基础和保障。

【财政监督】 2015年，佛山市财政部门坚持严肃财经纪律，切实履行财政监督职责，取得显著成效。主要体现为“一个围绕、两个着力、三个重点”。

“一个围绕”：就是紧紧围绕财政“大监督”体系，以“金财工程”信息化建设为依托，建立上下联动机制、内外互动机制，密切市、区财政部门沟通联系，加强与人大、审计、监察等监督部门的协调配合，有效形成监管合力，并根据省的部署搭建完成佛山市预算支出联网在线监督系统，提高财政“大监督”信息化水平。

“两个着力”：一是着力加大财政监督力度。开展对部门预决算、财经纪律执行、“小金库”治理及涉农资金专项整治行动等监督检查，狠抓承诺整改，强化财政资金监管。二是着力加强财政内控建设。启动市级行政事业单位财务与预算管理规范的编制工作，推进财政与财务管理规范化、标准化、制度化建设，规范内部运作程序，提升财政管理水平和工作效能。

“三个重点”：一是重点做好会计信息和执业质量监督检查。二是重点提升基建审核水平。制定调整基建工程造价审核相关工作方案，进一步提升财政审核水平。全年全市共完成审核工程概、预、结算项目1675个，完成评审金额297.25亿元，核减金额16.75亿元，核减率5.63%。三是重点加大财务总监监督力度。认真履行对市级32个500万元以上重点项目资金使用环节的监管职责，牢固构筑工程投资事前、事中和事后监控三道防线。

（上官蔚云）

国家税务

【综述】 2015年，佛山市国税系统共组织税收收入714.93亿元，同比增长4.2%，增收28.98亿元，税收总量首次突破700亿元大关。其中：中央级收入546.67亿元，同比增长4%；省级收入40.03亿元，同比增长2.6%；市、区级收入128.23亿元，同比增长5.6%。剔除海关代征税后，共组织国内税收收入610.86亿元，同比增长6%。共办理出口退税（不含免抵调库）216.23亿元，同比增长6%。全市各区国税税收均实现增长，南海、高明、三水区增长相对较快，增幅分别为5.7%、9.4%、8.6%。

【国税开展组织税收收入】 2015年，佛山市国税系统全面落实挂钩抓点和促收督导机制，指导和督促各区国税局开展组织收入工作。积极开展经济税源调查，定期对税收收入进行分析，编写专项税收分析报告，提供决策依据。试点上线省国税局风险管理系统，制订大数据建设系列方案，积极拓展第三方数据应用，深度开展风险预警监控，提高税收收入质量。研究制定36项抓收入具体措施，通过纳税提醒、纳税评估、税务审计、反避税调查、税务稽查等风险应对手段，全面提升税收征管质效。

【国税税收优惠政策】 2015年，佛山市国税系统将4.3万户纳税人纳入“营改增”试点范围，全年共为全市纳税人减少税收负担18.7亿元。全面落实各项税收优惠政策，全年共为22.4万户增值税小微企业减免增值税7.65亿元，为5.5万户所得税小微企业减免所得税3.57亿元；为524户次纳税人办理固定资产加速折旧额4296万元，折合所得税1074万元；落实高新技术企业税收优惠，为192户企业减税11.74亿元。

【国税税收征收管理】 2015年，佛山市国税系统加强税收征收管理。一是加强大数据建设。出台大数据建设中长期总体规划与两年落地方案，编制发布4期《征管数据分析》简报，初步构建了市、区两级国税部门“1＋5”联动税收分析机制和对外“平台信息共享、点对点沟通”的合作机制。二是加强税收信息化建设。成功上线金税三期工程优化版应用系统及风控管理系统，全面推广增值税发票系统升级版。三是加强风险管理模式建设。持续强化货物和劳务税、所得税、出口退税和国际税务管理，初步建立大企业全流程风险管理模式，全系统风险任务实现归口管理。

【国税纳税服务】 2015年，佛山市国税系统加强对纳税人的纳税服务。开展便民办税春风行动和减量增效专项行动。全面落实《全国税务机关纳税服务规范》《全国税务机关出口退（免）税管理工作规范》《全国税收征管规范》《国家税务局 地方税务局合作工作规范》四项规范，深化网上办税，拓展自助办税，简化办税流程，纳税人前台办税次数减少40%，窗口评价满意率保持在99.5%以上；开通佛山国税纳税服务微信平台，为纳税人提供权威、准确、及时的信息推送及特色服务，有9700人关注“佛山国税纳税服务”微信公众号。提供个性化服务。响应国家“一带一路”“互联网＋”等战略部署，向佛山“走出去”企业、电信行业、机器人企业提供高“含金量”个性化政策服务。进一步扩大“税融通”覆盖面。与56家金融机构签订协议，450家企业共享受到7.5亿元的贷款。推出微众税银服务平台，共为368户中小微企业授信3983万元，有效解决企业融资难题。

2015年12月18日，全省首台订制式自助办税终端“税企e家”进驻美的集团。

【国税法治品牌创建】 2015年，佛山国税创新打造税收政策法规资源平台“佛山国税法宝”，有效整合中央、省、市、区四个层级的税法资源以及数百类税务研究资料等，总计逾135万条文本数据，并通过微信公众号拓展移动端口，及时推送权威税收政策，有效解决基层干部和纳税人学法、用法难题。该项目获得全省国税系统创新项目一等奖。“法治税务示范基地建设评估软件”得到推广应用，禅城区国税局成为首批“广东省国税系统省级法治税务示范基地”。试点推行法律顾问制度，法律顾问室投入使用。推进督察内审、巡视、监察联合监督检查，联合监督检查工作机制进一步完善。严厉打击发票违法犯罪活动，全年共捣毁窝点6个，缴获各类假发票64645份，税收法治环境不断优化，纳税人遵从度不断提升。

【国税地税合作】 2015年，佛山市国税系统推行《国家税务局 地方税务局合作工作规范》，创新打造一批国税局、地税局合作品牌。南海区建成广东省首个国地税联合24小时自助办税厅，获得各级领导的肯定。试点推行全省首台国地税一体自助办税终端“国地通”，具有办理5项国税业务功能、4项地税业务功能。推行代开发票“一窗联办”，由国税部门代地税部门一次性征收临时经营者的个人所得税、印花税、城市维护建设税等地方全税（费），在全省范围内率先实现地方全税种代征。顺德区国税局、地税局涉税服务融入“市民之窗”，实现政府职能部门窗口业务的一体化、全天候办理。稳步推行“一照一码”改革，累计受理“三证合一”业务8676笔。全省首台订制式自助办税终端“税企e家”进驻企业，为企业提供更全面、更便捷的贴心服务。

【国税系统廉政建设】 2015年，佛山市国税局制定实施《中共佛山市国家税务局党组关于落实党风廉政建设监督责任的意见》，强化监督执纪问责，健全“两个责任”落实工作机制。增强纪检监察队伍力量，配置并规范稽查部门专职纪检监察员的管理方式和工作职责，强化对稽查部门各类廉政、执法风险的监督和防控。围绕税收执法权运行的关键点、执法过程的薄弱点和突出问题的易发点，采取廉政谈话、收集廉政心得、征集廉政建议等方式，有针对性地开展廉政风险防控，筑牢干部职工思想防线。推行利益冲突申报回避管理，在所任职务、所执行公务和所任职区域等方面做出一定限制，从源头上防范执法风险和廉政风险的产生。

【国税队伍管理】 2015年，佛山市国税系统深入开展“三严三实”专题教育活动，全系统共组织“三严三实”专题学习和研讨130多场次，征集心得300余篇，5篇信息被全国“共产党员网”刊发报道。健全人才培养机制，全系统共建成50个专业人才库，113人取得注册会计师、注册税务师或司法资格。创新开发“佛山国税文化e家”，推动物态文化建设向网络化方向转型升级。开展寻找“最美佛山国税人”活动，全年共推出50名“标杆个人”和37个“优秀团队”。持续改进绩效管理，市国税局被评为“全省国税系统绩效考评优秀单位”。

（谭威球 刘 华）

地方税收

【综述】 2015年，佛山地税部门组织各项税费收入839.7亿元，创历史新高，同比增长12.4%。组织税收收入524.4亿元，同比增长12.4%。其中，中央级收入95.2亿元，同比增长20.9%；省级共享收入123亿元，同比增长14.7%；省级固定收入33.9亿元，同比增长1.9%；市、县级收入272.3亿元，同比增长10.1%。组织各类费金收入315.3亿元，同比增长12.5%。其中，组织社保费收入260.3亿元，同比增长14.3%。在依法依规组织税费收入的同时，佛山地税围绕推动实现产业转型升级、扶持企业长远发展、积极促进民生改善等目标，不折不扣落实各项税收优惠政策，助力大众创业、万众创新。全年共减免各项税收68.7亿元，同比增长15.3%。

【地方税收特点】 2015年，佛山市地方税收收入增幅呈现前低、中高、后稳趋势，全年税收收入总量和增量双双创下历史新高，收入总量首次突破500亿元大关，达到524.4亿元，增收57.9亿元，月均税收收入43.7亿元。全市地方税收收入规模继续在全省保持地级市首位。全年税收收入累计增幅（12.4%）高于全省（不含深圳市，下同）平均增幅（8.8%），全省排名第四，珠三角八市排名第二，高于广州市（8.8%）和东莞市（7.4%）。全市市、县级收入累计增幅（10.1%）高于全省平均增幅（6.6%），全省排名第五，珠三角八市排名第二，高于广州市（6.4%）和东莞市（6.1%）。

分级次看，中央级收入增速明显快于省级和市、县级收入增速，市、县级收入增速四季度有所加快。中央级收入同比增长20.9%，主要受企业所得税大幅增长32.5%拉动；省级共享收入同比增长14.7%，主要受房地产销售大幅增长拉动；省级固定收入同比增长1.9%，主要受保险业营业税政策性退税影响；市、县级收入同比增长10.1%，较1～9月累计增幅（6.7%）增加3.4个百分点，主要受第四季度房产交易契税大幅增长95.7%及城镇土地使用税拉动。

分税种看，企业所得税较快增长，营业税、个人所得税稳定增长，市、县级固定税种个位数增长。企业所得税收入82.9亿元，同比增长32.5%，是增速最快的税种。其中：房地产业企业所得税收入35.4亿元，同比增长90.9%；制造业企业所得税收入16.1亿元，同比下降1.1%。营业税收入171.9亿元，同比增长14.2%。其中：受商品房销售额高位增长拉动，销售不动产营业税增长31.1%；受固定资产投资稳定较快增长拉动，建筑业营业税增长17.3%。个人所得税收入74.3亿元，同比增长10%。其中：受人力资源成本持续提高影响，工资薪金所得收入增长17.7%；虽然资本市场活跃，资产性收益快速增长，但受2014年同期大笔入库抬高基数影响，利息股息红利所得收入同比仅增长0.5%；受房地产市场持续回暖拉动，房屋转让所得收入同比增长47%。

分产业行业看，新兴行业税收增长快于传统行业，房地产业税收增量贡献超六成。第二产业税收增速（11.1%）慢于第三产业税收增速（13%）。第二产业中，制造业税收受实体经济疲软及进出口下降影响，同比仅增长0.2%，其中汽车制造业增长10.6%，纺织业（-6.7%）、家具业（-0.7%）等传统制造业负增长。建筑业税收受城市建设及房地产项目拉动，同比增长28.9%。第三产业中，房地产业税收同比增长27.8%，增收50.1亿元，占总税收增量的62.7%；金融业同比增长18.2%，科学研究和技术服务业同比增长27.3%。传统行业税收增幅明显低于新兴行业，交通运输业和住宿餐饮业税收分别下降38.6%和7%，批发零售业税收同比下降9.8%。

【地方税收优惠政策】 2015年，佛山各级地税部门（不含顺德区）及时开展税收优惠政策清理，共减免各项税收40亿元，同比增长27.6%。其中：落实小型微利企业减半征收企业所得税优惠政策，共优惠7329户，优惠面达100%，减免企业所得税3764.2万元，积极扶持小微纳税人发展；落实高新技术企业、研发费加计扣除等企业所得税优惠政策，共减免2014年度高新技术企业所得税2.9亿元，减免2014年度加计扣除企业所得税3451.5万元（根据扣除额13805.81万元按25%税率测算得出），鼓励企业自主创新。同时，积极减轻企业规费负担，与市发改、人社等部门提请市政府下调企业堤围费征收标准、价格调节基金征收标准、职工生育保险和工伤保险缴费费率，堤围费征收标准下调10%，价格调节基金征收范围仅剩“新建商品房销售”一项，征收标准下调50%，于2015年年内实行；生育保险缴费费率从0.9%下调为0.5%，各行业工伤保险缴费费率下调20%左右，将于2016年起执行。此外，还按市委部署，市地税局牵头相关政府部门开展全省堤围费征收情况专题调研，提出全面取消佛山市堤围费或实行封顶征收的建议，为市委、市政府决策提供参考。全年全市各级地税部门共为广大缴费人减免各项规费6.6亿元。

【金税三期上线】 2015年1月8日，金税三期优化版在佛山市正式单轨运行，广东省首张税票在南海区开出。佛山市各级地税部门坚持两手抓，确保系统平稳过渡和运行：一是做好应急准备和系统优化，加紧改造和完善电子办税服务厅等特色软件，增强系统稳定性，缩短业务办理时间，建立办税服务厅应急响应机制；不断完善电子办税服务厅涉税事项全业务办理与实体办税同质化、涉税（费）信息主动推送、提醒等功能。二是实现“两个规范”与金税三期系统无缝对接，及时梳理征管规范和纳税服务规范与金税三期系统业务规程、省局征管类涉税业务规程等之间的差异，积极向上级请示，及时修订相关制度、优化调整业务流程，统一纳税人办税流程、一次性告知事项及对外答复口径，保证前后台税收业务顺利衔接。至年底，系统运行平稳顺畅，全市办税服务厅平均等候时间由上线初期的27.3分钟下降到年底的8.6分钟。

2015年1月8日，金税三期优化版在佛山南海桂城地税分局正式上线应用。

【地方纳税服务】 国税地税合作。2015年，佛山市在落实国税、地税联席会议制度基础上，按照国家税务总局、广东省地方税务局部署，出台佛山市国税、地税落实合作工作规范（1.0版）工作方案，确定纳税服务、税收征管、联合执法等7大类合作事宜，重点在联合办税和纳税服务方面取得新突破。联合办税方面：佛山市国税、地税部门共同进驻6个政务大厅，实现“进一家门，办两家事”；在禅城区局综合办税大厅试点开展联合办税，实现法人新开业登记业务及20项有关联的国税、地税依申请事项“一窗通办”；在南海大沥分局试点建设24小时国税、地税联合自助办税厅，在南海丹灶分局试点委托国税代征附征税费，在全省率先实现“代开发票一窗联办”，代征税费直接划解缴入对应国库，降低纳税人办税成本，提高征管工作效率。联合纳税服务方面：联合开展纳税培训辅导宣传，共同加强对市纳税人学校的建设和管理，每月联合开展小微企业税收优惠政策、新办业户等培训，共开展131场，培训6000人次；纳税人学校被评为第四批佛山市“657”普法（法治文化）品牌。

地税便民服务措施。2015年，佛山市地税局创新推出一系列便民服务措施。微信公众号新推“办税预约”“自助计税”“智能答疑”等功能；开通微信版纳税人学堂，实现课程报名、课件预览、教学评价等“一掌办理”；禅城区地税局在综合办税大厅打造智能办税体验区，研发上线智能办税一体化系统，实现“无纸化”办税；南海区地税局进一步拓宽行政服务中心业务受理范围；高明区地税局常态运作“税务知识输送驿站”；三水区地税局推出“纳税服务黄皮书”，分类型进行政策宣传、征管指引和风险提醒。

（周　鹏）

金　融

概　况

【综述】 2015年，佛山市金融业增加值达375.22亿元，同比增长6.5%，占地区生产总值比重达到4.69%，比上年提高0.91个百分点。金融总量在省内排名第三位，仅次于广州和深圳。佛山市已经形成银行、证券期货、保险等传统金融机构和融资担保、小额贷款、股权投资基金、融资租赁等泛金融机构相结合的较为完备的金融体系，机构总数近700家，约是2010年的4倍。

【金融平台和载体建设】 2015年，众创金融街、广东金融高新区股权交易中心、全景网（广东）路演中心构筑成了佛山推进金融、科技、产业深度融合的重要载体。2015年年底，佛山民间金融街升级为众创金融街正式启动，通过整合佛山民间金融街一期、亿能创业大厦、39度空间、承业大厦、益禾公寓等创新创业资源载体，加快推动创新创业资源集聚融合，进驻项目数达60多个、汇集民间资本达40多亿元。广东金融高新区股权交易中心在江门、肇庆、云浮、韶关、揭阳、茂名、粤桂合作特别试验区设立运营中心或服务基地，并设立知识产权交易平台、科技板、国资板、青创板等特色板块，至2015年年底，广东金融高新区股权交易中心共有注册挂牌企业1614家，其中挂牌企业79家，实现融资325.72亿元。佛山市金融投资控股公司持有佛山市科技小贷、佛山南方产权交易所等多家金融、类金融机构股权，运作总规模近20亿元的各类扶持基金，成为佛山重要金融载体之一。

【金融生态环境】 2015年，佛山市成立由市主要领导任组长的促进金融发展和维护金融稳定工作领导小组，出台《佛山市金融突发事件应急预案》《关于防范和化解企业财务风险维护金融秩序的通知》等文件，引导社会各界同心协力，共同防范和应对风险隐患，营造良好的金融生态环境。在防范和打击非法集资等违法金融活动方面，佛山积极开展非法集资专项整治、非法集资广告资讯排查清理、新型农村合作金融组织风险排查和引导规范等活动，涉及小额贷款、融资担保、典当、融资租赁等20多个重要领域，及时发现和处置风险隐患，营造良好的金融生态环境。积极开展涉众型金融不稳定问题专项治理工作，市金融局、公安局、法院、人行、银监局等部门加强联动，严厉打击违法金融活动。同时，依托报刊、网络、金融机构基层窗口等，持续进行打击违法金融宣传教育，引导人们自觉远离违法金融活动。

（徐轶奕　姚迪腾）

金融监督管理

【货币信贷管理】 及时调整存款准备金率。2015年，人民银行佛山中心支行按照人民银行总行部署，共5次指导辖区法人金融机构下调存款准备金率，辖区法人金融机构存款准备金率累计分别下调2.5～7个百分点，共释放辖区法人金融机构资金102亿元，夯实辖区金融中心机构支持企业发展基础。

完成利率市场化改革。2015年，人民银行佛山中心支行按照人民银行总行部署，共5次下调人民币存贷款基准利率，其中：一年期贷款基准利率累计下调125个基点至4.35%，一年期存款基准利率累计下调125个基点至1.5%，全面放开存款利率浮动范围，完成利率市场化改革。佛山辖区人民币贷款加权平均利率为6.49%，同比下降0.8个百分点，各月人民币贷款加权平均利率总体逐月下降，政策效果明显，有效降低了社会融资成本。

持续投放支小再贷款。2015年，人民银行佛山中心支行共向金融机构发放支小再贷款10亿元，贷款全部投放至小微企业，共惠及小微企业119家，贷款加权平均利率5.48%，比辖区同期小微企业人民币各项贷款加权平均利率低0.9个百分点，有效缓解小微企业“融资难、融资贵”问题。

灵活运用再贴现工具。2015年，人民银行佛山中心支行累计办理再贴现业务4亿元，其中：小微企业票据再贴现4亿元、惠及小微企业250家次；涉农企业票据再贴现7000万元、惠及涉农企业25家次，支持小微及涉农企业发展。

【金融服务管理】 2015年，人民银行佛山中心支行创新发展跨境人民币结算。通过举办宣讲会、培训会等多种形式积极宣传跨境人民币业务的新政策、新动态，大力推动跨境人民币结算。全年实现跨境人民币实收实付结算量2794亿元，结算金额位居全省第三位，地级市排名第一；支持美的集团、兴发铝业等13家企业获批开展跨境双向人民币资金池试点业务，获批企业累计发生跨境资金结算量227亿元。

促进辖区直接融资发展，完善融资渠道及方式。积极推动地方法人金融机构充分利用银行间债券市场进行融资，降低金融机构筹资成本，为企业融资营造良好条件。加大对企业发债培训，通过组织开展债券融资培训会议；协助地方政府组织召开重点企业债券融资研讨会；组织辖区金融机构、企业、发改局、科技局等单位参加在东莞举办的债券融资培训会等，提升辖区企业直接融资意识。全年佛山辖内13家企业累计发行直接债务融资工具60笔，同比增加46笔；发行金额322.7亿元，同比增加248.62亿元。

【外汇管理】 2015年，人民银行佛山中心支行深入推进直接投资管理改革。按照上级部署，取消境内直接投资项下外汇登记核准和境外直接投资项下外汇登记核准两项行政审批事项，简化部分直接投资外汇业务办理手续，简政放权惠及辖内企业。

推进跨国公司外汇资金集中运营管理试点业务创新。指导广东联塑科技股份有限公司申报外汇资金集中运营管理业务试点，为美的集团争取到工商银行佛山分行和中国银行顺德分行2家银行为试点业务的主办银行，便利企业办理业务；为辖区金融机构和企业争取短期外债指标，将辖区银行外债指标额度增至7850万美元，同比增长45.4%，支持辖区企业的外汇结算业务和贸易融资需求。如顺德农商行通过海外代付形式为企业累计发放3.5亿美元融资，累计为企业开立466笔远期信用证，折合2.3亿美元，支持外向型企业发展。

【银行业监管】 2015年，佛山银监分局围绕“严监管、防风险、谋改革、促发展”工作主线，准确把握经济新常态，守住不发生系统性、区域性风险底线，支持佛山实体经济有序发展。全年佛山银监分局对11家银行机构开展“两加强两遏制”专项检查，对其中4家银行机构作出行政罚款共230万元，被查处机构共对83名相关责任人进行问责和处理，提升银行依法合规意识。

防范化解风险。佛山银监分局协调银行机构处置多起信贷风险事件，避免银行“一刀切”的收贷、断贷行为，保持对健康企业稳健合理的信贷投放。密切关注和跟进重大授信风险客户风险状况，成功推动6户重大授信风险客户中的2户企业退出监测名单。持续推进平台贷款清理规范工作，至年底，辖内融资平台贷款余额较年初减少95.8亿元。妥善处理个别机构员工私售理财产品等事件引发的舆情和信访事件。组织全辖机构对银行从业人员行为规范进行排查，防范操作风险。

银行业改革。佛山银监分局积极推动银行业进行改革，支持鼓励有条件的法人银行机构发行二级资本债，年内南海农商银行发行25亿元二级资本债。支持配合做好南海农商行牵头设立佛山市首家金融租赁公司的准入辅导和筹建工作。支持顺德农商行在广州南沙和珠海横琴自贸区设立自贸区分行，项目获银监会批复。

金融服务质量。佛山银监分局通过提高金融服务质量，解决企业融资难问题，引导银行机构利用政府专项资金帮助企业解决短期周转资金需求，全年全市银行机构累计发放转贷金额15.1亿元，惠及75家企业。持续完善小微企业金融服务，至年底，小微企业贷款余额2321.03亿元，占各项贷款29.13%，有9家小微支行、33家社区支行开业。

有力推进“送金融知识下乡”，佛山银监分局、中国工商银行佛山龙江支行营业部、中国农业银行佛山分行“金融大篷车项目”分别获2014～2015年度全国“送金融知识下乡”工作先进单位、宣传服务站、优秀项目。广泛开展金融知识宣传，在9月开展的金融知识服务月活动，累计开展1383次，发放宣传资料23.67万份，接受消费者咨询46.45万人次，社会反响良好。

【地方金融机构管理】 2015年，佛山积极做好小额贷款公司和融资性担保公司等地方类金融机构的日常监管工作，市政府先后出台《关于进一步促进融资性担保行业规范发展的意见》《关于加快融资租赁业发展的实施意见》《关于印发佛山市促进融资租赁业发展扶持暂行办法的通知》《佛山市小额贷款公司投诉处理工作指引》等文件，并积极开展全市融资性担保公司、小额贷款公司现场检查，支持地方类金融机构健康发展。

融资性担保行业监管。佛山市金融局组织召开全市融资性担保行业监管工作会议及融资性担保行业工作会议。积极开展现场检查，加强风险防范。市金融局联合各区监管部门、会计师事务所到辖区内各融资担保公司进行现场检查；不定期与高管团队进行面谈，加强政策法规的现场宣传；检查内控和风险管理机制，要求公司建立严密规范的内部业务管理、财务管理和风险监控制度；对一年内没有开展业务的公司进行劝退，推动正业担保退出融资担保市场；充分发挥行业协会的自律作用，加强对担保公司相关信息的掌握，有效防范违法违规行为的发生。

小额贷款行业监管。佛山市金融局组织各区金融办会同相关监管部门和第三方机构，开展2次全市小额贷款公司的风险排查工作，有效防范区域系统性风险发生。日常监管工作中，市、区监管部门通过小额贷款公司每月经营数据报送，及时指出公司在经营过程中的风险隐患。同时，监管部门通过电话、网站等多种渠道，及时处理有关投诉，得到社会各界的好评。4月，成功举办“新常态下佛山小额贷款公司发展形势研讨会”，提振小额贷款行业发展信心。

（姚迪腾　刘添豪　徐轶奕）

银行业

【综述】 2015年，佛山市新增1家港资银行，至此，全市银行业机构数量达到51家，其中政策性银行1家、国有银行9家、股份制银行17家、外资银行15家（渣打、汇丰、东亚、恒生、永亨、南洋、大新、创兴8家港资银行共开设15家分、支行机构）、地方法人机构9家；银行业机构网点数1940个、银行业从业人员数31809名。

至年底，佛山市金融机构本外币各项存款余额11867.67亿元，同比增长3.86%。各项贷款余额7950.53亿元，同比增长4.67%。境内住户存款余额6232.2亿元，同比增长5.14%。

【存款情况】 2015年，佛山市存款总体情况是存款同比增长，外币存款增速下降。至年底，佛山市中外资银行机构本外币各项存款余额11867.7亿元，较年初增加458.3亿元，同比多增569.8亿元，较年初增长4%；佛山市中外资银行机构人民币各项存款余额11479亿元，较年初增加413.4亿元，同比多增564.6亿元，较年初增长5%；佛山市中外资银行机构外币各项存款余额59.9亿美元，较年初增加3.7亿美元，同比少增2.7亿美元，较年初增长6.7%。

【贷款情况】 2015年，佛山市贷款总体情况是贷款余额同比增长，外币贷款继续萎缩。至年底，佛山市中外资银行机构本外币各项贷款余额7950.5亿元，同比增长4.7%，增速比上年同期减少2个百分点。其中，人民币贷款余额7809.5亿元，同比增长4.9%，比上年同期减缓1.9个百分点；外币贷款余额21.7亿美元，同比下降11%，比上年同期降幅缩减26.9个百分点。

全年佛山市中外资银行机构新增本外币贷款354.7亿元，同比少增129.8亿元，较年初增长4.7%。其中，新增人民币贷款363.1亿元，同比少增211.5亿元；外币贷款减少2.7亿美元，同比少降12.17亿美元。

（徐轶奕　姚迪腾）

证券期货业

【综述】 2015年，佛山市新增证券营业部8家，至此，全市证券期货业机构达到100家，其中证券分公司及营业部86家（包括5家地区分公司、59家综合类证券营业部、22家轻型营业部），期货营业部14家。全市证券交易成交总额（不含权证）为65762亿元，占全省总成交份额13.01%，在全省地市中（含深圳）排第三位。全市期货交易量为19981亿元，占全省的8.1%。

【中小企业资本税务讲座】 2015年8月4日，佛山市国有企业、佛山市辖区证券和期货营业部、佛山市辖区企业代表130余人齐聚佛山市地税局纳税人学校，共同学习中小企业资本交易税务处理及优惠政策讲座。讲座对增发、资产重组、并购、分立、减资撤资、债务重组、对外投资和企业留存收益或资本公积金转增股本等8种最常见涉税过程进行税务关系梳理，配合案例，进行涉税分析讲解，旨在给企业及中介机构的实际工作提供便利，解决企业面对税务问题的争议与茫然。

【证券期货业投诉协调机制建设】 2015年上半年，由于证券行情火爆，佛山市证券期货协会接收的投诉案件较往年明显增多。5月，佛山市证券期货协会微信公众号（fszqqh）正式上线，以投诉协调为重点板块，广大投资者可通过公众号录入投诉信息，协会进行及时处理，维护地方金融健康发展。同时，市证券期货协会与佛山市律师协会达成合作共识，佛山市辖区证券、期货营业部遇到较大纠纷问题时，佛山市律师协会提供协助，借助专业优势，代理纠纷调解、诉讼和执行。

【港股投资规则和策略讲座】 2015年8月15日，由广东证券期货业协会、佛山市证券期货协会联合主办，香港交易及结算所有限公司协办，佛山市金融局指导的“2015佛山市投资者投资宣教系列讲座——港股投资规则和策略”活动在佛山举行。相关专家在讲座上为投资者提供有关港股投资规则和策略相关内容，并重点介绍沪港通最新进展、交易及上市公司信息披露等信息，介绍港股及港股通交易规则，详细对比沪港交易所交易制度、交易时间差异，以及从股东的披露责任、发行人的主要披露信息、停牌及除牌规定、信息公布途径、市场交易监管等5方面详细介绍香港上市公司的信息披露和再融资问题。

佛山市民热衷于证券投资。图为新股民正在排队开户。

【证券期货风险控制】 2015年1月23日，广东省证券期货业协会组织召开广东辖区地方协会第五次工作座谈会，商讨如何控制证券期货风险问题。省证券期货业协会会长阎卫星重点传达并建议各地方协会要加强交流学习，全面做好风险控制工作。佛山辖区证券、期货经营机构严格按照阎卫星所传达的会议精神，形成风险排查机制、落到实处，共同维护行业利益，促进行业健康发展。

（徐轶奕　张晶晶）

保险业

【综述】 2015年，佛山新增寿险公司2家，至此，全市保险机构达到63家，其中产险公司27家、寿险公司36家。全年全市完成保费收入256.54亿元（占全省12%），同比增长17%，其中产险保费收入93.82亿元，同比增长11%；寿险保费收入 162.72 亿元，同比增长 20%。保险赔款给付 81.72 亿元，同比增长 24.77 %，其中产险 46.6 亿元，同比增长 14.11%；寿险 35.12 亿元，同比下降 42.44%。全市的保险密度（即人均保费）为 3206 元／人，同比增长 7.6%；保险深度（即保费占地区生产总值比例）为 3.2%，同比增加 0.31 个百分点。

至年底，佛山全市保险机构共有 510 家服务网点，覆盖五区。其中产险公司网点 307 家，寿险公司网点 203 家。佛山市保险行业协会保险纠纷调解处置调委会全年共受理保险合同纠纷调解案件 1153 件，成功调解 641 件，成功率为 55.6%。

【保险知识宣传普及】 2015 年，佛山市保险行业协会通过官网（http://www.fsaii.com）、微信公众号“佛山保协”、行业刊物《佛山保险》等渠道，传播佛山保险行业资讯，接受保险相关咨询。和佛山电台“飞跃 924”频道进行定期合作，在每月最后一个星期四的《自在畅行》节目时段上推出“保险在线”环节，邀请保险专家探讨当前保险热点，解答听众疑问。同时，积极在铁军小学、夏东小学、华材职业技术学校等学校开展“保险知识进校园”活动，覆盖学生 800 多人次。为此，中国人民银行佛山市中心支行及佛山市金融消费权益保护协会授予授课讲师及协会组织人员“金融知识宣传先进工作者”荣誉称号。

【商业车险改革促进交通安全】 2015 年年底，在广东保监局的指导下，佛山 27 家产险公司全部开展商业车险的条款和费率改革。改革后，商业车险保费与风险的关联度明显提高，通过费率调节作用，鼓励车主安全驾驶，降低出险频率，有效提升道路交通安全水平。同时，明确了代位求偿，无责方可以直接向保险公司索赔，减少纠纷。

【保险服务社会实体经济】 2015 年，佛山市保险业积极发挥功能作用，在经营好商业险种的同时，配合市委、市政府的政策方针，大力推行和试办一系列政策性保险，如与“三农”对口的农村住房、能繁母猪、水稻、山林、养殖以及“政银保”模式的小额贷款保险等支农惠农保险业务均正常运作；积极参与社会医疗改革，服务医改，主动配合政府有关部门建立社会救助基金机制；运用保险经济补偿功能为道路交通和市政建设大项目提供巨额风险保障；成功争取政府出台《佛山市政策性小额贷款项目实施方案》，更深入广泛地运用保险工具，有效缓解困扰佛山中小微企业生存和发展的“融资难、融资贵”问题；充分发挥风险管理技术和网点人员等优势，为政府和人民群众提供大病保险经办服务，提升管理效率，提高医保资金使用效率和城乡居民的医疗保障水平。

（徐轶奕　刘莹莹）

多层次资本市场

【综述】 2015 年，佛山市继续将推动企业上市工作放在重要位置，市、区加强联动，通过企业上市绿色通道证、企业股改和上市奖励、债券融资、促进股权投资行业发展等扶持政策，大力推动多层次资本市场发展，加快推进企业上市挂牌、引导和服务。年内，佛山市南华仪器、伊之密、星徽精密先后在深交所上市，顺客隆、中盈盛达融资担保登陆港交所。至 2015 年年底，佛山全市上市公司总数达到 43 家，累计融资超过 700 亿元，比 2010 年增长近 1 倍，并形成了上百家企业的拟上市企业梯队。同时，上市公司积极利用资本市场进行产业链上下游及跨行业的并购重组，全年佛山市有盛路通信、欧浦钢网、东方精工等 9 家上市公司先后公告进行并购、重组等资本运作。

【“新三板”企业挂牌】 2015 年，佛山市根据 2010 年出台的《关于“新三板”挂牌上市企业扶持暂行办法》，通过摸底、筛选，组织全市有意向挂牌“新三板”的企业参加“全国中小企业股份转让系统业务规则培训班”，积极发动企业参与“新三板”挂牌上市并做好改制工作。全年新增“新三板”挂牌公司 30 家，至此，全市成功挂牌新三板企业达到 41 家。

【债券市场】 2015 年 1 月，佛山市为贯彻落实《关于加快推进债券融资工作的实施意见》，在全省率先出台全面性的债券融资扶持政策，即《佛山市债券融资扶持暂行办法》。随后，佛山市政府和广东省金融办、人民银行广州分行、广东证监局联合举办广东省重点企业债券融资研讨会，社会反响良好。年内，佛山32家企业在全国性债券市场共发行各类债券122期，累计融资金额698.33亿元，比2010年增长近6倍，其中非金融类企业29家，发行各类债券71期，累计融资金额353.39亿元，比2010年增长2倍。

【股权投资行业】 2015年，佛山积极打造华南地区股权投资行业集聚区，全市股权投资基金（创投公司）总数达到276家，注册资本超过398亿元，比2010年增加近2倍。其中，广东金融高新区私募创投机构达到128家，募集资金规模达266亿元。另外，佛山市与深交所联合举办中国高新科技企业投融资巡回路演广东站活动，属广东省首例，取得良好效果。

（徐轶奕）

地方金融机构

【综述】 2015年，佛山市积极做好小额贷款公司和融资性担保公司等地方类金融机构的日常监管工作，市政府先后出台《关于进一步促进融资性担保行业规范发展的意见》《关于加快融资租赁业发展的实施意见》《关于印发佛山市促进融资租赁业发展扶持暂行办法的通知》《佛山市小额贷款公司投诉处理工作指引》等文件，并积极开展全市融资性担保公司、小额贷款公司现场检查，支持地方类金融机构健康发展。

【融资性担保业】 至2015年年底，佛山市共有融资性担保机构36家，其中法人机构28家，同比减少2家；分支机构8家。全市本地注册融资性担保机构注册资本共45.7亿元，吸纳就业人员543人，担保业务合计在保余额115.5亿元。佛山市担保行业积极发挥对中小微企业及个人的融资担保作用，全市28家本地注册公司自2010年起累计为中小企业融资635亿元，累计担保户数9334户。

2015年12月，中盈盛达融资担保成功在香港上市，佛山成为全国唯一一个拥有2家担保上市公司的城市。

【小额贷款业】 2015年3月，为贯彻落实《佛山市小额贷款公司监督管理细则（试行）》和《佛山市小额贷款公司分类管理办法（试行）》，佛山正式启动2014年度小额贷款公司评级工作。经过公司自评、区金融办初评、市金融局复评等一系列程序，最终评出A类3家、B类14家、C类7家。从评级结果看，各公司的综合实力得到了客观反映，大多数公司经营平稳，各区均有特色明显、发展较好的领头企业，符合监管部门的导向和预期。

至2015年年底，佛山市共核准设立39家小额贷款公司，注册资本合计77.83亿元，从业人员达746人，规模在全省位居第二（仅次于广州），累计为本地中小企业和“三农”提供贷款4.3万笔，666.5亿元，其中2015年投放10581笔、154.4亿元贷款，其中涉农贷款6.7亿元，成为本地中小微企业和“三农”飞速发展的助推器和传统金融机构的重要补充，得到社会各界的认可。

（徐轶奕）

旅　　游

概　况

【综述】 2015年，佛山市接待国内外游客共4228万人次，同比增长5.83%；接待国内外过夜游客1253.14万人次，同比增长6.03%；景区接待国内外游客3988万人次，同比增长2.02%。旅游总收入546.29亿元，增长10.08%，其中国内旅游收入461.37亿元，增长11.37%；实现旅游外汇收入13.75亿美元，增长3.07%。旅游总收入占地区生产总值的比例为6.83%；旅游增加值245.83亿元，占地区生产总值的比例为3.07%，占地区第三产业增加值比例为8.12%。在推旅游文化创意产业重点项目55个，投资总额821亿元。2015广东国际旅游文化节佛山签约项目18个，投资总额310亿元。全市拥有对外开放旅游景区（点）73家，其中国家AAAAA级旅游景区2家、国家AAAA级旅游景区14家、国家AAA级旅游景区2家。旅游星级饭店64家，其中五星级旅游饭店11家、四星级旅游饭店15家。旅行社108家。持证导游员4164人，其中中级导游142人、高级导游16人。

2015年佛山市旅游经济发展情况

类别	接待过夜旅游者（万人次）	旅游总收入（亿元）	旅游外汇收入（万美元）	一日游人数（万人次）	旅游从业人员（人次）
全市合计	1253.14	546.29	137548.13	2975	59427
禅城区	314.78	167.26	57559.17	764	3851
南海区	348.53	153.32	20475.32	851	31389
顺德区	330.67	156.41	50618.74	729	10241
高明区	36.09	31.51	4838.3	325	1316
三水区	223.07	37.79	4056.6	306	12630

【旅游文化创意产业】 2015年，佛山市加快推进旅游文化创意产业发展。3月13日，佛山市旅游文化创意产业发展领导小组召开第二次工作会议。会议认为，大力发展旅游文化创意产业，要立足佛山丰富历史文化资源优势，借助发展旅游休闲激发本土和外来消费能力，促进旅游、文化、体育等产业融合发展，做大做强第三产业，使佛山经济结构战略性调整走在全省前列，实现对全省经济增长和结构调整支撑作用；要依托城市升级三年行动计划及其延伸计划，推动城市进一步升值，人文环境进一步改善，把佛山打造成宜居宜业城市，以优良城市软实力吸引人才、留住人才、激发创新、激活创业，为佛山集聚更多发明创造思想火花；要围绕如何有效改善群众生活目标，尊重群众对美好生活的向往，挖掘好佛山历史文化底蕴，策划好散落民间旅游文化景点，精心打造群众愿意去欣赏、去休闲、去放松、去娱乐的城市软硬环境，让在佛山生活的市民和来佛山旅游的客人感觉更加幸福、更加满意。全市上下要站在全局高度统筹谋划，突出重点，抓住关键，凝心聚力、心无旁骛抓落实，扎实推动全市旅游文化创意产业加快发展。

7月14日，佛山市政府召开全市旅游文化创意产业发展工作会议，贯彻落实国务院和省政府关于促进旅游文化创意产业发展一系列政策文件精神，发挥佛山历史文化底蕴优势，整合开发岭南特色文化旅游资源，谋划壮大佛山旅游文化创意产业。会议指出，全市上下必须抢抓机遇，乘势而上，推动佛山市旅游文化创意产业发展实现新突破。要深刻认识加快旅游文化创意产业发展重要意义，准确把握佛山自身优势条件，将旅游文化创意产业作为全市战略性支柱产业来培育打造，为佛山这座制造业城市注入丰富旅游文化元素。要立足佛山市旅游文化创意产业发展实施路径和工作要求，挖掘独特岭南文化，加快旅游业与其他产业深度融合，实现旅游产业创新发展；推进文化创意、设计服务与制造业融合发展，提升制造业产品附加值；积极申报国家体育产业联系点城市和佛山新城国家级体育产业基地。围绕旅游文化创意产业发展目标任务，全市上下要形成一个共识、做好一个规划、引进一批项目、完善一个机构、每年一次考评，积极配合落实各项工作措施。要旗帜鲜明确立旅游文化创意产业作为国民经济战略性支柱产业重要地位，认真编制《佛山市旅游文化创意产业发展规划（2015～2025）》，狠抓龙头项目建设，确保每年均有一批重大项目落地。要健全完善旅游文化创意产业发展工作领导机构和执行机构，做到年初有布置、年中有检查、年底有总结评比、隔年有考核验收，推动全市旅游文化创意产业发展提升。

【春节黄金周旅游】 2015年春节，佛山迎来早春温润和暖的天气，祈福迎新、民俗展演、乡村旅游、休闲娱乐等贺年旅游产品精彩纷呈，全市实现旅游收入16.27亿元，增长10.13%；景区接待游客261.65万人次，增长10.76%，未发生大的旅游事故或重大旅游投诉。旅游市场呈现四个特点：一是贺年活动缤纷多元。全市共举办80多项颇具地方特色的节日庆典或新春活动，吸引大量外地游客和本地市民。二是长短途出行选择多。随着贵广高铁开通，不少市民将贵州、桂林等沿线城市作为春节旅游目的地。旅行社推出众多省内祈福、赏花、泡温泉路线供市民选择。晴暖天气为佛山景区带来鲜花盛开美好景象，乡村游、民俗游、绿道游等短途旅游大受游客青睐。三是文明旅游氛围良好。佛山旅游网、旅游微信、旅游微博等互动平台及时发布景区实况、交通、安全、天气等信息，推出景区攻略、活动召集等专题，加强与游客互动。开辟“文明与旅游同行”专栏，发布春节旅游温馨提示，宣传文明旅游提示语，倡导文明出行，形成“文明旅游”示范效应。四是部门协作监控到位。节前，市公安、安监、消防、质监、卫生、旅游等部门实行市区联动、政企联网，认真部署旅游安全工作，制定应急预案，严抓安全检查，确保旅游市场安全有序。春节期间，市、区旅游部门和各旅游企业安排专人值班，坚守岗位一线，保持24小时服务渠道畅通，全力为游客提供优质服务，确保全市无重大旅游投诉或安全事故发生。

【“十一”黄金周旅游】 2015年国庆黄金周，受台风“彩虹”环流影响，佛山市出现大暴雨、局部特大暴雨并伴有6～8级阵风，严重影响市民游客出行和景区接待，全市实现旅游收入20.5亿元，下降9.37%；景区接待游客306.03万人次，下降11.08%；旅游饭店接待过夜游客下降3.25%。旅游市场呈现四个特点：一是顺德美食节唱响佛山美食品牌。顺德美食节在大良德胜文化广场启动，先后举行“全民最爱十大顺德菜”颁布、粤菜大师联盟成立、“世界美食之都”顺德美食示范店授牌、“养生+健康”顺德养生美食旅游合作项目签约、“顺德美食推广大使”授勋等多项活动，主会场展位近200个，数百种顺德经典特色美食和其他国内外美食汇聚亮相。二是城市升级成果变休闲旅游热点。旅游部门加大城市升级和古村活化成果宣传，禅城岭南天地、高明滨江湿地公园、佛山新城湿地公园等城市升级景点游人如潮，南海松塘村、三水长岐村等古村落吸引众多游客和摄影爱好者流连忘返。三是景区活动丰富特色浓郁。祖庙瑶族风情展览；西樵山中华狮艺文化节暨“黄飞鸿杯”第11届世界华人狮王争霸赛、水上双狮挑战赛决赛；长鹿旅游休博园“精彩时刻，即拍即取”及醒狮舞龙表演；盈香生态园万人濑粉节；三水荷花世界王莲承重体验挑战赛、高空艺术表演团演出等60多项活动吸引众多游客纷至沓来。四是加强灾情防范力保安全。台风“彩虹”对佛山水、电、通讯等设施造成严重损毁，为加强旅游景区大型娱乐设施安全保障，10月2日，省旅游、安监、质监等部门领导，深入长鹿旅游休博园进行现场安全督查；市委常委、南海区委书记梁维东也前往西樵镇检查指导西樵山地质灾害应急处置工作。全市各景区、旅行社认真落实景区安全工作部署要求，细化排水防涝、山体滑坡、人员疏散等应急措施，有效防范旅游安全事故发生。

（陈森平）

旅游市场营销

【综述】 2015年，佛山市围绕打响“狮舞岭南，传奇佛山”旅游城市形象品牌，精心打造“六个一”

宣传载体，成功推出一个旅游宣传网络、一本旅游攻略宣传图书、一部旅游城市宣传片、一首旅游形象宣传歌曲、一批最美旅游精品线路、一次优秀导游员评比活动。推行“市＋区＋企业”联合营销，串珠成链，组团参加广州国际旅游展、香港旅游展、海峡两岸（厦门）旅游展、台北两岸观光博览会、丝绸之路旅游年相关展会、广东旅游产业博览会、昆明国际旅游交易会等一系列重要展会，不断扩大佛山旅游品牌辐射范围。精心组织举办佛山旅游（经贸）贵阳推介会、粤桂黔高铁经济带旅游大会、“4＋1”城际旅游联盟（佛山）产品推介暨航线开通信息发布会、茂名佛山旅游推介会、梅州佛山旅游推介会、佛山旅游厦门推介会等旅游推介和专项活动，有效加强佛山旅游目的地形象宣传。

【佛山旅游网络全媒体平台上线】 2015年2月2日，佛山旅游网络全媒体平台上线。平台包括全新佛山旅游网、佛山旅游手机网、佛山旅游在线商城、佛山旅游资讯数据库及搜索引擎、佛山旅游官方微博和公众微信等网络全媒体产品，是一个内容丰富、功能齐备、多应用、多终端的网络全媒体平台，可为市民和游客提供完善的旅游信息和消费服务。佛山旅游网络全媒体平台上线运行，是佛山建设智慧城市、借力信息化手段促进旅游业发展的重要抓手。通过打造“一个旅游宣传网络、一本旅游攻略宣传图书、一部旅游城市宣传片、一首旅游形象宣传歌曲、一批最美旅游精品线路、一次优秀导游员评比”等“六个一”宣传载体，启动佛山旅游文化创意产业发展提升规划（包括一个旅游城市宣传推广方案）编制工作（采取政府购买服务方式，聘请专业团队整合包装佛山旅游资源），并借助2015年广东国际旅游文化节在佛山举办契机，充分展示佛山旅游文化资源和崭新城市形象。

【“我心目中最美的佛山旅游路线”评选】 2015年6月15日，经过市民推荐、网民投票、专家评审等多个环节，备受广大市民和游客关注的“我心目中最美的佛山旅游路线”评选结果出炉，10条旅游路线涵括佛山本地最古色古香文化建筑、最美乡村风情画、最地道特色小食、最美生态美景、最发达产业观光等内容。10条路线分别为：禅城老城新貌一日游、顺德休闲美食一日游、南海九江休闲品饮一日游、禅城南海历史文化一日游、顺德功夫美食文化之旅、禅城南海非遗两天游、乐活漫游三水一天游、高明绿色经典二日游、遍尝三水土特产一日精华游、高明休闲赏花水上欢乐一日游。10条“佛山最美旅游线路”具有很强代表性，能够合理巧妙地把佛山各著名景点串联成线，加入地道美食、体验等元素，带来丰富旅游体验。

【佛山旅游（经贸）贵阳推介会】 2015年5月28日，佛山市副市长麦洁华率领市及五区旅游部门以及市内旅游、家装、家纺、家具、陶瓷、铝型材、灯饰等行业业界代表组成的旅游（经贸）代表团，搭乘贵广高铁远赴贵州，举办佛山旅游（经贸）贵阳推介会，谋求佛山和贵州两地旅游、商贸及外联步入深度互动合作，为佛山打造粤桂黔高铁经济带合作试验区走出“旅游先行”一步。佛山、贵阳、黔东南、黔南旅游部门签署《贵阳·黔东南·黔南·佛山共建旅游发展平台合作框架协议》，在客源互换、宣传推广、旅游绿色通道开通、景区优惠、贵广高铁佛山旅游团队快速验票通道等方面寻求合作。佛山家具协会、建材协会和家纺协会与贵阳房地产协会签署《贵阳·佛山工业旅游和商务旅游合作框架协议》，携手共同开发工业旅游、商务会议旅游和免税购物游等一系列线路。佛山、贵阳两地旅行社代表签署《贵阳·佛山客源互送合作协议》，进一步推动贵阳和佛山游客互动交流、业界合作共赢。随团而来的佛山旅游业界为贵阳游客提供了一系列较具竞争力的旅游优惠套餐，贵阳游客到佛山旅游，在景点、餐饮、住宿等方面均可享受诸多折扣优惠。

【佛山旅游厕所主题馆】 2015年9月10～13日，2015中国（广东）国际旅游产业博览会举行，佛山积极响应旅游厕所革命号召，在博览会现场设立佛山旅游馆和佛山旅游厕所主题馆。佛山旅游厕所主题馆分为“展览前言”和“五区旅游厕所示范展”两个部分。展览前言部分以图片和文字形式，介绍佛山旅游厕所建设情况和旅游厕所建设管理三年行动计划。五区旅游厕所示范展部分以模型形式，展示佛山五区旅游厕所风格特色。突出岭南建筑特色、园林化、生态化特色，给游客以赏心悦目的享受，厕所成为景区天然一部分。9月12日，广东省省长朱小丹视察佛山旅游厕所主题馆，盛赞"主题抓得准，抓得好"。高度赞扬佛山旅游厕所主题馆认真贯彻落实总书记习近平抓厕所革命重要批示"主题抓得准，抓得好"。在博览会现场，佛山还以"狮舞岭南　传奇佛山　2015广东国际旅游文化节举办地——佛山"为题设立佛山旅游馆，全市共有60多家企业130多人参展，派发各类宣传品近10万份，有力宣传推介了佛山旅游文化资源和旅游城市形象。

【广佛肇旅游推介会】 2015年9月21日、23日，"多彩广佛肇　岭南真味道"广佛肇旅游推介会分别在兰州市、西宁市举行，广州、佛山、肇庆三地共同组成旅游推介代表团，向兰州、西宁两地旅游业界及新闻媒体隆重推介广佛肇三地旅游资源和精品线路。广州以"惊艳广州、新生活、新体验"为主题，重点推介羊城新八景以及时尚商都魅力；佛山以"狮舞岭南　传奇佛山"旅游品牌，向兰州、西宁两地市民发出诚挚邀请；肇庆侧重推介"岭南名郡，山水名城"城市形象及休闲之旅、文化之旅、寻宝之旅等六大线路。兰州、西宁与广佛肇地区在气候、人文风俗以及旅游资源等差异较大，互补性强，合作交流空间潜力巨大。以甘肃"丝路旅游"和广东"暖冬之旅"为卖点，两地互送客源，可以共同打造冬季旅游热线，搭建沟通中国南北"旅游丝绸之路"。兰州、西宁旅游业界热忱欢迎广佛肇推荐更多适合兰州、西宁市民的旅游路线和旅游资源，进一步加强市场对接、联动发展、游客互换、资源互补，共同推动旅游业实现跨越发展。

【粤桂黔高铁经济带旅游大会】 2015年9月22日，粤桂黔高铁经济带旅游大会在佛山市南海区千灯湖成功举办。大会由佛山市政府指导，佛山市旅游局主办，广州、肇庆、云浮、南宁、柳州、桂林、梧州、贵港、贺州、贵阳、黔东南、黔南等12个高铁沿线城市旅游部门协办。旅游大会邀请国内著名旅游经济、产业、管理专家作主题发言。其中，北京巅峰智业旅游文化创意股份有限公司创始人、国际旅游投资协会副会长刘锋博士作高铁时代引领粤桂黔旅游新格局主题发言。广东省社科院旅游研究所总规划师、广东中建设计有限公司董事长陈南江博士围绕高铁经济带旅游发展作主题发言。两位主讲嘉宾还与广佛旅业界嘉宾举行高峰论坛，就粤桂黔高铁经济带合作试验区背景下如何促进各城市旅游合作共赢展开讨论互动。来自贵广、南广高铁沿线粤桂黔三省（自治区）13个市（自治州）旅游部门、旅游业界以及新闻媒体代表240多人出席大会，就粤桂黔三地跨区域旅游合作共商发展大计、共谋开拓新篇。

【佛山旅游厦门推介会】 2015年12月28日，佛山旅游厦门推介会在厦门市举行。佛山、厦门两地政府相关领导和旅游业界、餐饮企业、新闻媒体以及家具、家电、花卉行业协会代表200多人出席推介活动。佛山市组团赴厦门进行旅游推介，目的是有意识搭建一个平台，让企业与政府一道参与推广佛山旅游城市形象，一方面吸引更多厦门乃至福建市民到佛山旅游消费，另一方面有效加强佛山、厦门两地旅游业界及相关行业协会合作，共同推动产业提升、城市发展。厦门与佛山两地相距不远、习俗相近，但旅游资源差异很大，随着高铁时代来临，两地进行旅游客源互送和产品合作的空间广阔。推介活动突出"狮舞岭南　传奇佛山"主题形象理念，现场播出新版佛山旅游宣传片，还展示极具佛山特色传统文化节目。香云纱模特秀、咏春拳展示、醒狮表演以及顺德美食品鉴会等，均得到厦门业界嘉宾盛赞。围绕厦深铁路全线通车运营，广东、福建签署闽粤旅游战略合作协议，合作打造"海上丝绸之路"旅游联盟，佛山与厦门旅游合作迈进全新发展阶段。佛山旅游业界针对厦门市民精心打造多条出行线路，有29家旅游景区和星级饭店为厦门游客推出30多条低至4折优惠措施，用以吸引厦门游客到佛山观光、游览、休闲和品鉴美食等。

（陈森平）

旅游开发建设

【综述】 2015年，佛山市旅游文化创意产业发展领导小组研究确定2015～2020年全市重点旅游文化创意产业（含旅游、文化、体育）重点项目55个，投资总额821亿元。依托2015广东国际旅游文化节旅游招商推介会，全市促成18个旅游文化项目成功签约，投资总额310亿元。18个签约项目中，禅城区有佛山古镇国瑞悦世界、动漫产业基地、佛山泛家居电商创意园、华艺（国际）装饰博览城等4个项目；南海区有西樵山国艺影视城、《可儿》系列电视动画片等2个项目；顺德区有顺德华侨城文化旅游综合体、罗浮宫家居旅游综合体、福朋喜来登、都宁岗森林公园一期等4个项目；高明区有美的鹭湖森林度假区、盈香生态园二期增资项目、安纳西小镇、鹭湖首期体育旅游项目、爱丽丝仙境花海等5个项目；三水区有广东三水长鹿生态旅游度假区、广东亚拉巴海休闲农业投资有限公司合作项目等2个项目；市体育局有佛山国际体育演艺中心1个项目。至年底，18个签约项目建设进展良好。

【一镇三村入围广东名镇名村】 2015年1月，经过逐级申报、专家评审、社会公示，佛山市南海区西樵镇被认定为“广东省旅游名镇”，南海区西樵镇松塘村、高明区荷城街道冼村、顺德区杏坛镇逢简村被认定为“广东省旅游名村”。其中，西樵山是国家重点风景名胜区、国家森林公园、国家地质公园、国家AAAAA级旅游景区，自然风光清幽秀丽，旅游文化底蕴厚重，民俗风情古朴自然。作为西樵山所在地的西樵镇力推“山上AAAAA景区、山下AAAAA城市”建设，镇内旅游硬件和配套设施建设均取得明显成效。中国历史文化名村松塘村已有800多年历史，整个村庄倚岗列建，百巷朝塘，自然环境优美。全村以“奉直”“培元”“致和”“忠心”等古老坊巷为肌理，为数众多的宗祠家庙、家塾书舍、镬耳屋民居、古井古树等点缀其间，构成完整历史风貌。位于高明荷城凌云山麓的冼村与顺德区杏坛镇逢简村类似，两村均以旅游产业为支柱，分别依托AAAA级旅游景区盈香生态园和AAA级旅游景区逢简水乡，一直致力于旅游基础设施建设，不断改善村内生态生活环境，均是基础设施完善、旅游特色鲜明、服务功能齐全、内外交通顺畅、自然环境优美的特色旅游名村。

【清远市“三连一阳”旅游资源考察】 2015年1月19日，佛山市为加强与清远市旅游交流与合作，乘二广高速、贵广高铁开通东风，组织全市“百强”旅行社以及本地广播、电视、报社等新闻媒体代表组成佛山旅游考察团，前往清远市连山、连南、连州、阳山四县（市），对“三连一阳”地区旅游线路和产品资源进行实地考察。考察团先后考察连山大旭山，连南广东瑶族博物馆、千年瑶寨、篝火晚会，连州地下河和阳山龙凤温泉、北山古寺、韩愈纪念馆等代表性景区景点，并在阳山县政府进行座谈交流。清远市“三连一阳”地区旅游资源丰富，自然生态良好，民族风情浓郁，农家食材鲜美，对佛山游客具有很大吸引力，旅游市场前景广阔。考察团经过实地勘察，对清远旅游业界提出一批建设性意见建议。清远市“三连一阳”旅游资源考察之行，是“广佛肇清云韶”区域交流合作的一次有益尝试。

【盈香生态园国家AAAA级旅游景区挂牌】 2015年2月14日，高明盈香生态园国家AAAA级旅游景区挂牌仪式暨第五届高明盈香油菜花节、第三届油菜花心美食节开幕式在盈香生态园内举行。盈香生态园是集农业观光、游山玩水、花卉种植、科普教育于一体的综合性景区，形成春赏花、夏玩水、秋登山、冬品美食的旅游特色，是市民和游客休闲娱乐的好去处。该生态园油菜花节已连续举办5届，园内油菜花株型高大，抽苔多，花量茂，花期长，金黄耀眼，油菜花茎口感爽甜可口，粗纤维丰富。每年油菜花节可吸引佛山市本地及珠三角各市的游客近30万人次。盈香生态园油菜花景区已成为佛山热门赏花旅游路线。

【“传奇佛山·美在古村”佛山最美古村巡礼暨摄影采风活动】 2015年8月29日，“传奇佛山·美在古村”佛山最美古村巡礼暨摄影采风活动启动仪式在南海区松塘村举行。活动贯彻落实市旅游文化创意产业发展领导小组提出“将佛山市古村落文化串珠成线、整体包装，力促旅游文化创意产业做大做强”的指示精神，对古村落资源进行深入宣传、活化和整合，焕发传统文化鲜活生命力的一次积极实践。佛山中旅组织的广州、东莞、肇庆等地400

多名游客现场见证“传奇佛山·美在古村”佛山最美古村巡礼暨摄影采风活动启动。启动仪式结束后，400多名游客从松塘村出发，分别探访南海博物馆、国艺影视城、西樵山、黄飞鸿狮艺武术馆等多个代表性景点。活动对于佛山古村落旅游线路落地有着特殊意义，随着古村落文化旅游推广力度不断加大，尤其是以松塘村为代表的古村落文化旅游过渡到市场化操作，未来全市将有更多旅游资源要素，通过线上线下包装策划，市内各旅游企业大力运作推广，逐步呈现在市民和游客的面前。

【2015广东国际旅游文化节】 2015年10月31日，国家旅游局支持，广东省政府批准，佛山市政府、广东省旅游局、省文化厅联合主办的2015广东国际旅游文化节在佛山罗浮宫隆重开幕。广东省省长朱小丹、国家旅游局副局长吴文学等重要领导莅临指导，各国旅游机构、驻穗领事机构，“一带一路”沿线国家地区、南太平洋岛国、国际友好城市代表，桂黔高铁沿线城市、中国“四大名镇”城市、林芝、喀什、甘孜、九寨沟地区、广东省直部门、广东省各地级市代表，全国旅游业界代表，全国主流杂志、报纸、网络媒体代表，中国著名作家采风团等文艺界、学术界代表和海内外嘉宾应邀出席。佛山市委书记刘悦伦在开幕式暨旅游招商推介会上，面向国内外领导嘉宾郑重推介佛山旅游文化资源。该届旅游文化节围绕推动招商引资、促进产业提升、推介城市升级形象、加快旅游文化创意产业发展和群众广泛参与节庆活动主旨，植根佛山深厚传统历史文化、丰富旅游文化资源和城市升级卓越景致，精心策划3D灯光秀、香云纱非遗展示、武动佛山表演、秋色巡游、乡饮酒礼、城市升级景观考察、佛山美食节、亚洲俱乐部杯龙舟赛、禅城华光诞、南海西樵山观音文化节、顺德陈村花卉美食旅游节、高明绿博会暨美食节、三水佛教文化节等一系列特色旅游文化活动，充分展示佛山城市升级和旅游文化发展成果，大力弘扬佛山及广东各地市、国际友好城市优秀民俗文化。整个活动持续一个星期，有1300多名海内外重要领导及嘉宾亲临佛山，174.5万名中外游客和佛山市民参与其中，全省达成旅游招商签约项目31个，总投资额525.62亿元，其中佛山达成旅游招商签约项目18个，总投资额310亿元，达到“接地气”“聚人气”“旺财气”预期效果，取得明显经济社会效益。

【第二批佛山名菜评选】 2015年11月10日，经过企业自荐、餐饮机构筛选初审和美食联盟、市民试吃投票等激烈角逐，最后综合业界专业意见评分，第二批佛山名菜共20道佳肴“出炉”。评选活动自8月启动，吸引全市五区酒店食肆、餐饮企业积极参与，前后共收到10万多张有效投票。第二批佛山名菜20道佳肴分别是：“步步莲花”“保健浸猪腰”“脆味虾球”“大顶苦瓜刺身”“大良炒牛奶拼野鸡卷”“高明鱼滑”“叮叮鹅”“禾秆草豆豉鹅”“金姐炒鱼环”“九江醉翁鸡”“金牌凤凰卷”“家乡古法酿鲮鱼”“荔熟戏蝉鸣”“清炆荷花鲩”“辣木浸自养走地鸡”“生晒面豉叉烧”“酥化蛋糍”“沙口笋盏”“鲜菌浸笋壳球”“芝士番茄卷”。佛山名菜评选活动自2014年启动，已成功评出两批，评选活动在挖掘佛山名菜名店，弘扬与传播佛山优秀饮食文化具有积极推动作用。

（陈森平）

旅游行业管理

【综述】 2015年，佛山市有对外开放旅游景区（点）73家，其中国家AAAAA级旅游景区2家、国家AAAA级旅游景区14家、国家AAA级旅游景区2家；旅游星级饭店64家，其中五星级11家、四星级15家；旅行社108家，其中出境游组团社25家。持证导游员4164人，其中中级导游142人、高级导游16人。

【旅游行政审批标准化建设】 2015年，按照国家、省、市行政审批制度改革要求，佛山市旅游业本着便民高效原则，调整优化办事流程，减少中间环节，缩短办理时限，制定操作性强、透明度高的办事制度，完善行政审批事项标准化建设。全年通过网上办事大厅办理旅行社设立审批7宗，旅行社业务变更、注销备案18宗，审核申报导游证（IC卡）295张，办理11家出境游组团社40名领队领队证申办、换证，核发签证专办员证13张，办理《中国公民出国旅游团队名单表》备案登记386份，核发中国公民出国旅游空白名单表510份，办理《港澳游名单表》备案登记225份，办理5家旅行社旅游服务质量保证金降低交存比例及退还给旅行社，办理13项旅行社委托招徕代理备案业务。行政审批事项网上可申办率和网上办理率均达100%，实现100%按时办结和零投诉。对“12345”热线包括旅行社设立、变更、注销、导游人员资格考试报名、申领导游证（IC）卡、导游资格证书遗失办理等相关事项办理指南进行修订更新。及时回复市长邮箱、“12345”热线、佛山网络发言人平台等的各项提问。

【旅行社管理】 2015年，佛山市旅游局督促全市旅行社诚信规范经营，建立健全旅游企业诚信档案，做好旅行社责任保险统保示范项目续保，完成全市旅游行业教育培训统计和全市旅行社统计调查。举办“旅行社内务管理与风险防控”专题报告会，邀请中青旅客服总监张华讲解旅行社业务操作流程与风险防控，提高旅行社安全生产意识。发挥行业组织作用，推进旅游行业协会改革细分，协助筹备成立佛山市旅行社协会。指导全市旅行社做好埃博拉、中东呼吸综合征、登革热、禽流感病毒、艾滋病等疫情、疾病防控，以及防范邪教和抵制“黄、赌、毒”等一系列工作。

【旅游星级饭店管理】 2015年，佛山市旅游监管部门不断规范旅游星级饭店管理，做好2015年度旅游星级饭店复核评定工作。积极协助全国旅游星级饭店评定委员会和广东省旅游星级饭店评定委员会完成恒安瑞士大酒店申报五星级旅游饭店初评与终评。协助广东省星级旅游饭店评定委员会完成金城大酒店四星级旅游饭店和11家三星级旅游饭店评定性复核。星评复核工作与“平安创建”“创建文明城市”活动紧密结合，从规范饭店“软硬件”入手，推动旅游星级饭店树立诚信经营理念，建立以“敬业、诚信、服务”为核心的行业价值观。开展旅游星级饭店消防设施、安全生产管理、食品安全卫生情况检查，严格按照“创建全国文明城市”要求，推动旅游饭店行业“创文”工作全面达标。对达不到星评标准的旅游饭店，责令退出星级饭店行列，全面提升佛山旅游星级饭店整体素质。全年全市有14家饭店取消旅游星级饭店资格，2家三星级旅游饭店因消防设备不符合要求限期整改。开展全市旅游星级饭店经营情况专题调研，积极争取广东省旅游局、佛山市商务局、佛山市接待办等部门出台加快酒店行业发展相关扶持政策。有序组团参加2015中国酒店业交流年会。

【旅游从业人员管理】 2015年，佛山市顺利完成年度全国导游人员资格考试笔试（机考）及口试工作，上半年326人参加考试，通过126人，通过率38.65%；下半年425人参加考试，通过169人，通过率39.76%。全年审核申报导游证（IC卡）295张，办理11家出境游组团社40名领队领队证申办、换证。组织31人参加全国中、高级导游员等级考试。推荐周健参加国家旅游局举办的“名师进教堂”培训；推荐许云威参加国家旅游局举办的“文明旅游导师”培训；推荐禅之旅1名优秀导游参评全国“导游大师”；推荐14人参加广东省旅游局举办的“口试考评员”培训；组织全市4名省级星评员、星评监督员参加广东省旅游饭店星级评定委员会举办的“省级星评员”培训；选聘10名旅游服务质量社会监督员，加强对佛山市旅游行业规范经营的社会监督工作。

【旅游技能培训】 2015年，佛山市举办9期导游服务技能提升系列培训，开设佛山社会经济发展情况、政务信息、佛山民俗文化、地接导游讲解技巧、贵宾团接待礼仪规范等专题讲座，邀请省、市相关专家授课，全面提高佛山政务导游人员综合素质。同时，通过举办旅游行业岗位服务技能大赛，以赛促训、以赛促学、以赛促帮，全面提升全市旅游饭店行业服务技能。先后选派枫丹白鹭酒店4名选手组成佛山市代表队参加2015年广东省旅游饭店服务行业职业技能竞赛，获团体三等奖、优秀组织奖，个人赛项目获1个二等奖、2个三等奖，充分展示佛山本地特色品牌酒店精湛职业技能和良好精神风貌。举办2015年佛山市现代酒店餐饮服务类职业技能竞赛中西式面点师竞赛，经过省、市技能鉴定考评专家严格评审，佛山金城大酒店黄巧兰、高明碧桂园凤凰酒店陈华锋分别获中式面点师、西式面点师第一名。

【文明旅游】 2015年，佛山市积极响应国家旅游局发出“文明旅游”号召，在全市旅游景区（点）、旅游星级饭店和旅行社等旅游单位开展以“文明与旅游同行”为主题的宣传活动和“文明旅游主题月”实践活动，倡导文明旅游，营造良好文明旅游环境。印制一批“文明与旅游同行”宣传资料，发动旅行社向游客积极派发，倡导市民文明出行，努力提升市民文明旅游素质。对出境游组团社进行出境旅游市场文明旅游专项检查，督促旅行社严格行前教育，负起行前培训责任，导游、领队负起提醒提示责任。开展“文明旅游随手拍”活动，建立佛山市旅游局公民文明出游信用记录制度，严厉惩治旅游不文明行为。推荐6家旅游企业参加全国文明旅游先进单位选树活动，推荐“中国好游客”2名、“中国好导游”3名，以点带面增强全市文明旅游示范效应。

【佛山市旅行社协会筹建】 2015年3月30日，佛山市旅行社协会筹备组召开全体会员大会，投票选举产生协会会长、副会长、理事、监事长、监事等协会组织机构和人员组成，审议通过《佛山市旅行社协会章程》及一系列规章制度文件，待批准后正式成立佛山市旅行社协会。佛山市旅行社协会筹备先后经历核准“佛山市旅行社协会”名称、申请社会团体登记、召开发起人暨筹备组会议、讨论通过协会章程（草案）、向社会公告并发出入会邀请等环节，全市共有50多家旅行社递交入会申请。成立佛山市旅行社协会，是贯彻落实市委、市政府“做大做强第三产业”重要部署和转变政府工作职能的迫切需要，是全市旅行社共同愿望和旅游从业人员共同心声，是旅游行业发展的必然结果。佛山市旅行社协会通过发挥行业专业桥梁作用，适应佛山市旅游产业发展新常态，有利于吸引外来游客，把佛山打造成珠三角重要旅游目的地；有利于加强行业自律，促进有序竞争，提升行业整体服务水平；有利于发挥旅行社在旅游行业引领作用，抱团作战，做大做强佛山市旅游市场。佛山市旅行社协会成立后，将秉承更好地为会员单位提供优质服务，积极争取和维护合法权益，向政府部门提出行业发展合理化建议意见，反映会员单位诉求，为政府部门做好行业发展参谋；积极适应政府职能转变需求，承接政府部门委托各项相关业务；不断发展壮大旅行社队伍，加强凝聚力与吸引力，提升影响力和服务水平，吸引更多研究机构和专家学者参与其中，出谋献策，为佛山旅游业改革发展作出贡献。

【广东旅游志愿者暨2015广东（佛山）国际旅游文化节旅游志愿服务启动仪式】 2015年10月25日，广东旅游志愿者暨2015广东（佛山）国际旅游文化节旅游志愿服务启动仪式在佛山市南海区西樵山举行。启动仪式由广东省旅游局主办，佛山市旅游局、市文明办和团市委承办。省、市有关领导和旅游业界、新闻媒体代表200多人参加活动。举办广东省旅游志愿者暨2015广东（佛山）国际旅游文化节旅游志愿服务启动仪式，是广东省旅游业贯彻落实国家旅游局关于建立中国旅游志愿者队伍开展旅游志愿服务重要战略部署具体行动，是推动全省旅游行业精神文明建设、提升旅游服务质量、优化旅游目的地形象的重要举措，也是为2015广东国际旅游文化节系列活动正式拉开序幕。启动仪式上，领导嘉宾分别为佛山市旅游志愿者总队举行授旗仪式，为佛山市旅游志愿者代表佩戴绶带，为广东省、佛山市旅游服务质量社会监督员颁发聘书。佛山市旅游志愿者身着印有中国旅游志愿者统一标识“红马甲”，郑重承诺将围绕“志愿服务，让旅游更文明、让旅游更美好”宗旨，竭尽所能，奉献真诚，帮助他人，服务社会，为文明旅游贡献力量。

旅游市场监管

【综述】 2015年，佛山市坚持以“确保旅游安全和旅游市场秩序稳定”为原则，积极开展旅游交通安全、旅游景区安全等专项执法检查，督促旅游企业落实消防安全、食品安全、游客失联救援、游乐特种设备应急救援等各项措施，畅通旅游咨询投诉渠道，做好旅游公益宣传，有效提升旅游企业安全生产水平，全面营造安全旅游、理性消费、文明出行良好氛围。全年全市未发生较大以上旅游安全生产事故，整个旅游市场秩序和谐稳定。

【旅游权益保障】 2015年，佛山市市、区两级建立旅游投诉快速响应机制，着力将矛盾纠纷化解在初始阶段。对投诉量较大问题，及时提醒旅游企业做好内部管控和风险防范，避免相同问题重复发生；坚持跟踪回访，强化调解效果，对当事人调解后满意度进行跟踪调查，及时调整调解方法；加强信息反馈，对于可能影响社会稳定或导致突发性事件的热点问题和矛盾纠纷，及时在全市范围内发出预警，防止事态扩大。同时，在春节、“五一”和国庆等节假期前夕，在各大媒体向社会公布旅游投诉电话，实行节假日24小时应急值守，确保投诉咨询渠道畅通，使游客咨询、纠纷等事项得到及时有效解决。针对个别突发事件如中东呼吸综合症发生期间，对广大游客从各个渠道提出的大量关于退团退费的问题一一给予答复，并在法规、流程上进行引导，确保没有发生大的群体性投诉事件。全年，接待游客来访来电咨询366人次，受理旅游投诉309件，理赔金额42.28万元，调解成功率95%以上。

【旅游公益宣传】 2015年，佛山市积极开展安全旅游和理性消费维权公益宣传活动。先后在《佛山周报》、佛山旅游政务网、佛山旅游官方微信以及各大网络媒体发布“安全旅游duang起来”“外出旅游好开心，签好合同少纠纷”“理性对待中东呼吸综合征退款”等一系列旅游安全公益广告和旅游消费警示。在西樵山、岭南天地等旅游景点开展“文明旅游、理性维权”“安全旅游、理性消费”等旅游公益宣传咨询活动、安全旅游绘画比赛、理性消费知识抢答等活动，并在现场设点受理旅游投诉，强化安全旅游和理性消费观念。着力探索旅游预警机制，针对旅游市场状况，对外发布6条旅游消费提示，分别就春节出游、出境游押金、低价游陷阱、无证经营旅行社、强制购物等向广大游客发出预警，提示游客跟团出游或自助游时注意文明旅游和旅游安全，做好理性维权，防止发生旅游意外。

【旅游安全隐患排查】 2015年春节、“五一”和“十一”期间，广东省、佛山市相关领导分别带队到佛山祖庙、梁园、长鹿旅游休博园等多家旅游企业进行旅游安全生产督查。佛山市旅游、消防、交通、质监、安监等部门也对各大旅游企业开展旅游交通安全、旅游景区安全等专项安全执法检查。针对旅游企业消防安全、密集场所人流控制、景区最大承载量、旅游交通、游乐设施特种设备等进行重点检查，发现安全隐患54处，全部作出限期整改要求。全年，市、区旅游部门联合镇街及有关部门，面向全市旅游企业出动检查组76个，出动检查216人次，检查旅游经营场所214个，全面消除旅游安全隐患，有效提升旅游企业安全生产水平。

【旅游应急演练】 2015年，佛山市旅游安全监管部门按照全市安全生产应急演练全覆盖工作要求，积极组织全市旅游企业开展应急演练。市旅游、消防、食药监、安监等部门在高明区恒威大酒店联合开展“消防安全”和“食品安全”应急救援演练活动；市旅游局联合南海区旅游局、西樵镇政府在西樵山开展游客失联救援应急演练活动，全市旅游企业现场进行观摩学习。同时，全市旅游企业严格按照自订应急演练全覆盖计划，有序完成安全生产应急演练工作。佛山宾馆联合禅城区消防局举行安全消防演练。盈香生态园邀请质监部门进行游乐特种设备应急救援演练和水上救援应急演练。至年底，全市所有旅游企业已按计划全部完成旅游安全生产应急演练。

【旅游市场专项整治】 2015年，为维护旅游市场秩序稳定，保护旅游企业、旅游从业人员、游客合法权益，佛山市先后印发《佛山市旅游市场秩序三年行动方案》《佛山市旅游业2015年查处取缔无证无照经营专项整治行动工作方案》，积极开展旅游市场专项整治行动。针对佛山电台《民生直通车》市民热线和佛山电视台《小强热线》暗访反映强制消费、不合理低价等扰乱旅游市场秩序问题，全市及时组织召开旅游市场监管专项工作会议，成立专责工作小组，部署联动开展旅游市场专项整治行动，严肃查处旅游市场非法经营、虚假广告、不合理低价、价格歧视、强迫消费等违法违规行为。全年，市、区旅游部门联合各职能部门出动检查组58次，出动检查266人次，检查旅游企业341次。对部分涉嫌违规操作旅游企业负责人进行约谈，并下发整改通知书；对个别未取得出境游经营许可而经营出境游业务的旅行社作出罚款5万元、没收违法所得并处停业整顿15日的行政处罚。

【“五一”旅游安全生产检查】 2015年4月29日，广东省政府组织省公安厅、省交通厅、省质监局、省安监局、省旅游局等部门组成检查组，赴佛山市开展“五一”旅游安全生产检查，深入梁园、佛山宾馆等旅游企业进行现场检查，详细询问旅游企业“五一”假期旅游者流量控制方案和专职安全员配备情况，现场检查旅游企业安全设施、设备运行情况。检查组对佛山宾馆好的经验与做法给予肯定，并要求在全省进行推广学习，同时对部分旅游企业在检查中暴露出的安全隐患提出整改要求。检查组充分肯定佛山市在尼泊尔地震期间对滞留游客的应急处置和“五一”前夕旅游安全所做工作，对包括佛山市在内全省各地市旅游安全工作提出五点要求：一要强化旅游安全意识，紧绷旅游安全这根弦，依法加强旅游安全监管，落实各项安全防范措施。二要强化旅游安全责任落实，将旅游安全责任落实到每个环节、每个岗位，特别是要推动企业主体责任落实。三要强化旅游安全监管检查，重点排查交通集散地和重点路段、游客集散地、大型商场、住宿设施、娱乐设施、餐饮场所、旅游景区及游乐设施等方面的安全隐患。四要强化假期值守应急，严格执行24小时值班和领导带班制度，认真做好应急救援和处置工作准备。五要强化文明旅游宣传，落实国家旅游局《游客不文明行为记录管理暂行办法》，营造文明旅游良好社会氛围。

（陈森平）

佛山市国家A级旅游景区名录

序号	旅游景区	级别
1	西樵山	国家AAAAA级旅游景区
2	长鹿旅游休博园	国家AAAAA级旅游景区
3	祖庙博物馆	国家AAAA级旅游景区
4	南风古灶	国家AAAA级旅游景区
5	佛山国际家居博览城	国家AAAA级旅游景区
6	南海湾森林生态园	国家AAAA级旅游景区
7	平洲玉器街	国家AAAA级旅游景区
8	清晖园	国家AAAA级旅游景区
9	陈村花卉世界	国家AAAA级旅游景区
10	罗浮宫国际家具博览中心	国家AAAA级旅游景区
11	乐从国际会展中心	国家AAAA级旅游景区
12	皂幕山	国家AAAA级旅游景区
13	盈香生态园	国家AAAA级旅游景区
14	三水荷花世界	国家AAAA级旅游景区
15	三水森林公园	国家AAAA级旅游景区
16	三水温泉度假村	国家AAAA级旅游景区
17	周大福珠宝文化中心	国家AAA级旅游景区
18	逢简水乡	国家AAA级旅游景区

佛山市旅行社名录

序号	旅行社	序号	旅行社
1	佛山市禅之旅国际旅行社有限公司	33	佛山三人行国际旅行社有限公司
2	佛山市南海中旅假日国际旅行社有限公司	34	佛山市和平国际旅行社有限公司
3	佛山国旅国际旅行社有限公司	35	佛山市三水区美丽华旅行社有限公司
4	佛山市中旅国际旅行社有限公司	36	佛山市高明沧江旅行社有限公司
5	佛山市三水中旅集团有限公司	37	佛山开心假期旅行社有限公司
6	佛山海外国际旅行社有限公司	38	佛山市新之旅国际旅行社有限公司
7	佛山市天宁国际旅行社有限公司	39	佛山风腾旅行社有限公司
8	佛山市明媚假期国际旅行社有限公司	40	佛山市华之旅旅行社有限公司
9	佛山市南之旅国际旅行社有限公司	41	佛山市美之旅国际旅行社有限公司
10	佛山市名家假期国际旅行社有限公司	42	佛山市金之旅国际旅行社有限公司
11	佛山市明之旅国际旅行社有限公司	43	佛山市星辰旅行社有限公司
12	佛山市富盈假期国际旅行社有限公司	44	佛山市康怡假期旅行社有限公司
13	佛山广之旅国际旅行社有限公司	45	佛山卓越旅程旅行社有限公司
14	佛山市南湖国际旅行社有限责任公司	46	佛山禅一国际旅行社有限公司
15	佛山市浩兴国际旅行社有限公司	47	佛山市禅龙旅行社有限公司
16	佛山市青年国际旅行社有限公司	48	佛山市美好假期旅行社有限公司
17	佛山市天下游国际旅行社有限公司	49	佛山尚旅国际旅行社有限公司
18	佛山市高明区旅游公司	50	佛山市九鼎国际旅行社有限公司
19	佛山市高明区中国旅行社	51	佛山市顺安达旅行社有限公司
20	佛山市三水之旅国际旅行社有限公司	52	佛山市完美假期国际旅行社有限公司
21	佛山市华银国际旅行社有限公司	53	佛山市悠游假期国际旅行社有限公司
22	佛山市中宇假期旅行社有限公司	54	佛山市遨游假期旅行社有限公司
23	佛山永安假期国际旅行社有限公司	55	佛山市泛旅国际旅行社有限公司
24	佛山市金华国际旅行社有限公司	56	中国国旅（广东佛山）国际旅行社有限公司
25	佛山市新联假期旅行社有限公司	57	港中旅（佛山）国际旅行社有限公司
26	佛山市纵横天地旅行社有限公司	58	佛山市新中源旅行社有限公司
27	佛山市凤凰国际旅行社有限公司	59	佛山市三水区欢悦假期旅行社有限公司
28	佛山市喜之旅国际旅行社有限公司	60	佛山市新世界国际旅行社有限公司
29	佛山市学旅假期旅行社有限公司	61	佛山龙行天下国际旅行社有限公司
30	佛山市逍遥天下国际旅行社有限公司	62	佛山骅南旅行社有限公司
31	佛山东方假日旅行社有限公司	63	佛山市豪程旅行社有限公司
32	佛山市三水区畅游天下旅行社有限公司	64	佛山康辉国际旅行社有限公司

续表

序号	旅行社	序号	旅行社
65	佛山市金马国际旅行社有限公司	87	捷旅假期旅行社有限公司
66	佛山市华旅假期国际旅行社有限公司	88	佛山市京城风景线旅行社有限公司
67	佛山市行至美国际旅行社有限公司	89	佛山市假日通青年国际旅行社有限公司
68	佛山市灏华假期国际旅行社有限公司	90	佛山市顺德康之旅旅行社有限公司
69	佛山贵之旅旅行社有限公司	91	佛山市万顺国际旅行社有限公司
70	佛山市环球之旅国际旅行社有限公司	92	佛山市顺德区企发旅行社有限公司
71	佛山天天假期国际旅行社有限公司	93	佛山市顺德区英特商务旅行社有限公司
72	佛山市奔富国际旅行社有限公司	94	佛山市顺德区玛旁雍措文化商务旅行社有限公司
73	佛山市畅行旅行社有限公司	95	佛山市顺德区星光假期旅行社有限公司
74	广东星旅假期国际旅行社有限公司	96	佛山市顺德区同乐国际旅行社有限公司
75	佛山市爱度假旅行社有限公司	97	佛山市顺德区胜景游国际旅行社有限公司
76	佛山市皇冠假期国际旅行社有限公司	98	中国国旅（广东顺德）旅行社有限责任公司
77	佛山市南海禅之旅国际旅行社有限公司	99	佛山市顺德区泰诚旅行社有限公司
78	佛山市奇景旅游有限公司	100	佛山市汇丰旅行社有限公司
79	佛山市口岸国际旅行社有限公司	101	广东顺德宇定旅行社有限公司
80	佛山市顺德区中旅国际旅行社有限公司	102	佛山市活力假日旅行社有限公司
81	佛山市上游国际旅行社有限公司	103	广东风怡假期国际旅行社有限公司
82	广东顺之旅国际旅行社有限公司	104	佛山市欢畅旅行社有限公司
83	佛山市风诚国际旅行社有限公司	105	佛山市顺德区顺汽国际旅行社有限公司
84	广东中旅（佛山）旅行社有限公司	106	佛山市心怡旅行社有限公司
85	佛山市顺德区太子旅行社有限公司	107	佛山美途国际旅行社有限公司
86	佛山市顺德广之旅国际旅行社有限公司	108	佛山市诚之旅旅行社有限公司

（旅行社排名不分先后）

国有资产经营管理

国有资产监督管理

【综述】 2015年，面对经济下行压力和繁重的改革发展稳定任务，佛山市国资系统以深化国企改革为重点，以重点项目为抓手，各项工作均取得了新的进展。市国资系统积极探索和创新混合所有制经济的发展模式，通过佛山市国有资本和社会资本的双向互动，借助民营资本的专业技术优势、管理经验等，实现对相关产业的快速切入，提升国有企业的运营效率和市场竞争力。市属国企积极推进混合所有制经济项目，代表性项目包括国通物流、幸福颐养院、融资租赁公司、佛山电子口岸、幼儿教育和轨道设计院等项目。

【国企优化重组】 2015年，佛山市加大资源整合力度，推进国有企业优化重组。一是着力推动佛山电建集团公司优化重组。优化重组后，突出发电主业，具备独立融资能力，提升了上级企业佛山市公用事业控股有限公司整体融资能力，简化和理顺了电建企业层级管理及投资关系。年内，电建集团的优化重组任务基本完成。二是完成中策公司重组。为盘活佛山一环资产，打造佛山市路桥建设新的融资平台。

【新业态项目发展】 2015年，佛山市国资系统不断发展新业态，策划和落地一批前景良好的项目。一是布局养老大健康产业。市属国企与有关政府部门开展合作，拟打造佛山医疗养老养生产业平台。二是探索文化旅游产业。以市国资系统内的物业资源为基础，将佛山市内的文化和旅游资源进行有效整合，力争打造多个文化旅游产业园（街）区以及具有佛山特色的文化旅游线路，形成佛山市新的城市名片。三是进军跨境电商产业。推动佛山市公用事业控股有限公司（简称“公控公司”）与国通物流城合作，加快完善跨境电商产业园区基础设施建设等工作。首届中国（广东）国际“互联网+”博览会于2015年9月在佛山新城开幕，佛山国通保税物流中心（B型）作为博览会跨境商品保税展示分会场，正式对外迎客。佛山市公盈投资控股有限公司（简称“公盈公司”）以定向增资扩股的方式控股佛山市电子口岸有限公司，并全力打造佛山市跨境电商公共服务平台。四是试水“互联网+”产业。推进大数据产业园项目，公控公司借助自身的电力资源优势，拟在福能电厂建设大数据产业园，项目已通过立项，公控、联通、中兴三方将组建合资公司推进云数据中心建设及市政务云落地。推进打造佛山“互联网+”创新创业产业园，佛山互联网加创新创业产业园有限公司已获佛山市国资委批准申请工商注册，“互联网+”创新创业产业园项目已通过立项。五是参与新能源产业。积极参与氢能源项目，积极参与市政府引进全球氢能源技术领导者加拿大巴拉德公司的项目，推进氢能源项目落地佛山。推动佛山综合能源有限公司收购佛山市高顿泰新热能有限公司，以支持恒益电厂的热能供应三水西南水都工业园。六是布局全方位金融业务。佛山市金融投资控股有限公司（简称“金控公司”）牵头成立融资租赁公司，配合佛山市打造万亿规模先进装备制造业产业基地工作，为相关企业提供融资帮助。科技小额贷公司运作良好并积极探索互联网金融方式，2015年10月与P2P平台签订合作协议并成功发行首笔融资项目。金控公司金融业务快速增长，共管理6支政府基金，基金总规模超200亿元。风险补偿基金、技改基金和产业引导基金管理企业已达170多户，已获扶持企业90多户。七是开拓轨道交通和城市公交相关业务。开展城际TOD开发工作，三水站TOD项目各项核心工作进展良好，张槎站、陈村站等9个站点的前期工作有序推进。开展中心城区TC管理工作，佛山市铁路投资建设集团有限公司属下TC管理中心推进公交体制管理一体化，稳步推进佛山智能公交平台建设、公交车辆车载设备更新改造等相关工作；开展地铁培训业务；开展出租车运营服务，佛铁出租汽车有限公司累计投放运营车辆195辆。

【国资资本运营】 2015年，佛山市强化资本运营工作，提升国企实力。一是推动组建佛山市创新创业产业引导基金。为落实国家“互联网+”发展战略，推进全市经济结构调整和产业转型升级，市金融投资控股有限公司与深圳市创新投资集团有限公司、中国建设银行合作，组建总投资规模约100亿元的母子基金，利用各方优势及相关经验，对高新创投和新兴产业项目进行投资。二是推动市属企业资本运作（上市）工作，重点推进佛山市水业集团有限公司股改、佛山市燃气集团股份有限公司上市启动工作。

【国资监管】 2015年，佛山市国有资产监管不断完善，内部操作规范。一是加强预算管理工作，提高国资系统整体运营水平。明确纳入2015年全面预算管理的企业范围，提高预算编制质量。二是做好国有资本经营预算工作，严谨划拨2015年度国有资产收益支出并监管各财政专项资金的使用情况。三是规范企业国有产权交易行为，完善产权监管体系，优化产权配置和加强基础管理，防止国有资产流失。四是有序开展聘请中介开展审计、评估，以及企业购买物资和服务等工作。五是实施科技防腐，加快完善和优化国资ERP廉洁风险科技防控信息系统，市国资ERP监管平台与市纪委大数据平台系统对接于12月底完成。

【国资党建】 2015年，佛山市国有企业党的建设不断加强，加强人才队伍建设。一是切实开展“三严三实”专题教育活动。创新工作载体，突出抓好书记项目、挂点帮带、党代表工作室的相关工作，以佛山市火炬创新创业园有限公司为试点，积极构建区域性大党建格局。开展党员进村（社区）服务活动，与南海区九江镇南方社区、三水区西南街道洲边村结对子。二是加强国资人才队伍建设。规范选任工作程序、标准和班子职数，加强企业领导人员选拔任用力度。加大教育培训工作力度，在中山大学举办市属国有企业领导人员更新知识培训班、财税讲座、法律讲座、政府和社会资本合作专题培训等活动共11场，参加人数超600人次。

【国资系统安全生产】 2015年，佛山市国资系统加大安全生产监管力度。一是开展节前安全生产检查工作。吸取天津滨海危化品仓库特重大爆炸事故教训，市国资委在市属国有企业中开展易燃易爆危化品安全生产、消防大检查和消防演练，督促企业认真履行安全生产主体责任，切实消除事故隐患，确保企业生产安全。二是开展石油天然气输送管道安全专项演练工作。组织开展高压管网和佛燃集团的天然气输送管线专项安全排查整治以及城镇燃气输送管道安全演练，及时协调解决辖区内管道保护的重大问题，协调排除管道存在的外部安全隐患，并依法查处危害管道安全违法行为。

（梁颖诗）

市属国有企业介绍

【佛山市公用事业控股有限公司】 2015年，佛山市公用事业控股有限公司（简称“公控公司”）紧密围绕“适应新常态、谋划新战略、打造新优势、再上新台阶”的工作方针，积极应对外部严峻形势的挑战，通过稳增长、促改革、强管理、防风险等一系列举措，实现企业健康发展。

经营业绩平稳发展。面对错综复杂的国内外经济形势和不断变化的产业政策环境，公控公司多渠道采取措施降本增效。全年完成合并营业收入78.6亿元，净利润8.1亿元，税收8.8亿元。

业务发展呈现新格局。在市场需求持续疲软的情况下，公控公司带领下属各子公司积极应对挑战，通过降低经营成本、延伸产业链、拓展市场等措施，稳步推进水务、发电、燃气等公用事业项目发展。同时，金融业务快速增长，积极拓展区域金融合作，提高金融服务水平；在房地产建设板块，有序推进各重点工程项目；火炬园园区超额完成招租计划，基于园区管理体系总结撰写的《火炬园差异化与网络化创新创业服务体系设计与实践》获第25届广东省企业管理现代化创新成果一等奖。

项目建设迈入新阶段。公控公司充分发挥平台优势，统筹各子公司发展，通过推动各重点项目建设，以项目促发展。一是市水业集团高明水厂扩建工程环评、发改立项和防洪报告已提交广东省水利厅审批；三水北江以西片区“村村通”管网项目正式开工。二是市电建集团优化重组工作正式进入实施阶段，主要工作全部完成。三是三水恒益电厂至水都供热管网建设项目论证及招标、勘察设计以及征地拆迁工作按计划推进。四是大力拓展广东福能大数据产业园项目。五是积极推动佛山国通保税物流中心项目，引入佛山市公用事业控股有限公司作为广东国通物流城有限公司第一大股东。

（徐新辉）

【佛山公盈投资控股有限公司】 2015年，佛山公盈投资控股有限公司牢牢把握“稳中求进、转型发展”工作重心，以打造“城市运营商”为目标，以项目为引领，强化解决历史遗留问题，扎实推进企业转型提升，创新发展，经济运行稳中有升，安全、维稳扎实有效，项目建设有序推进，企业转型取得进展。

企业转型发展。结合企业存量资产和市场化运作特点，围绕打造“城市运营商”实施企业重构、重组战略。按照产业发展规划，成立佛山市大健康产业发展有限公司、佛山市文化旅游产业发展有限公司、佛山互联网加创新创业产业园有限公司，增资扩股佛山市电子口岸有限公司，控股佛山市公盈幸福颐养院有限公司。全年项目平台公司储备发展项目30余个，签订合作意向协议7个。在技术储备方面，全年向国家知识产权局申报技术发明专利11项，均获受理。

资产管理水平。通过进一步理顺转制企业资产关系，加大力度做好资产追收、资产处置、确权办证等工作，积极激活沉淀资源。对系统内托管、代管企业的资产进行全面梳理，针对物业出租市场采取多种手段提高物业出租率，通过加强服务留住租户，系统内物业出租收益基本保持上一年的水平。在资金使用上，强化预算刚性约束，严格管控成本费用、预算执行跟踪管理和资金支出流程。

企业退休人员管理。利用多种形式做好企业退休人员和军转干部的体检、困难帮扶等服务工作，完成555名企业退休军转干部、110名企业退休人员体检工作。全年实现企业退休人员移交社区管理共51人。历年累计完成移交社区总人数20808人，完成总移交任务的99%；量化总人数为19775人，完成总安置任务的98%，移交社区和量化工作任务阶段性完成。

信访服务工作保持平稳态势。全年公盈系统内梳理出涉稳事项26宗，其中，列入领导包案的4宗信访积案全部结案。剩余22宗属于历史遗留信访积案中的“老大难、硬骨头”，根据各个案件的实际情况和既定工作思路竭力做好稳控和化解工作，部分个案取得突破性进展。全年公盈系统共处理信访件67宗，回复率100%，接待来访群众573批1573人次、来电1099次。有效确保了重大节日、特别防护期乃至全年的和谐稳定，实现了公盈系统“上京、到省零上访、减少到市上访”信访维稳工作目标。

安全生产工作。一是加强制度建设和机制建设，健全“一岗双责、党政同责、齐抓共管”的责任体系；二是严密部署，加大力度检查危化品生产经营企业、人员密集型场所等重点监管单位，对危旧住房隐患进行排查整治、维修维护；三是通过明查、暗访、夜查、交叉检查、领导带队检查等多种形式，全方位、多角度检查物业的安全管理情况。全年全系统组织检查900多次，参与人数4000多人次，检查企业或租户3300户/家，排查隐患591宗，整改隐患591宗，整改率达100%，安全生产资金投入150多万元，有效杜绝安全事故发生。

公盈公司党建工作。一是以“书记项目”工作为抓手，完善基层党组织建设，做好党员基础管理工作，积极组织开展各类学习、培训和调研，全面提升党员政治素养和整体素质，坚持标准，严格程序，把好党员发展关。二是通过加强纪检监察机构建设，完善纪检监察制度，开展纪律教育学习等方式深入开展反腐倡廉教育，扎实推进党风廉政建设。三是加强和完善工会组织建设，完成538名员工的入会登记工作，理顺8家企业的工会管理关系；积极组织职工参加各类培训和工会活动，全年开展职工文体活动24次，参与职工240人次。四是认真开展困难职工帮扶救助，对155户困难职工、退休职工、困难党员进行慰问，并向扶贫点英德市大洞镇黄沙村捐赠扶贫专项资金10万元。

（夏书文　钱素萍）

【佛山市路桥建设有限公司】 2015年，佛山市路桥建设有限公司（简称“路桥公司”）重点推进一环高速化改造及高速公路建设，抓好代建项目建设，完成一环及市内公路养护任务，落实年次票征收管理。通过一系列的机构改革和职能调整，实现资源的优化配置，打造高速公路投融资平台，力促公司企业化转型。

拟建高速公路项目。5条高速按照“三个调规、两个立项”工作方案推进，广明二期调规报告通过评审；佛清从二期调规报告完成编制；广佛肇高速完成所有立项工作，12月28日正式动工；佛江高速北延线工可报告通过评审，前期立项工作全面铺开。一环高速化改造项目建设用地问题经多方协调，在各部门的支持下，明确用地报批方案，用地问题基本解决。

在建高速公路建设。继续推行监理管理模式改革和中心实验室独立检测，提高工程的监管控制水平，广明高速一期累计完成产值24.58亿元，完成形象进度99.1%；项目累计完成投资46.82亿元，完成（调整后）总投资51.15亿元的91.5%。佛清从高速一期累计完成产值7.67亿元，完成形象进度51.5%；累计完成投资14.2亿元，占总投资的51.2%。佛江高速累计完成产值1.3亿元，完成形象进度11%；累计完成投资2.26亿元，占总投资的9.36%。

代建路桥项目建设。魁奇路东延线二期累计完成投资6.27亿元，完成投资比例63.79%，完成产值3.37亿元，完成形象进度61.55%；沙涌立交累计完成投资1.25亿元，完成投资比例50.12%，完成产值4248.7万元，完成形象进度32.61%；澜石一桥拆除工程完成投资273.71万元，完成投资比例17%，完成产值212.14万元，完成形象进度16.69%。龙湾大桥及引道工程1月完成扫尾，2月11日通过剩余工程交工验收；禅西大道二期工程5月底完成扫尾，7月10日通过剩余工程交工验收；佛陈大桥扩建3月底完成扫尾，10月22日通过剩余工程交工验收。

公路养护。全年共完成一环及禅西、龙湾等公路养护资金产值6605.84万元。主要实施完成佛山一环沥青路面预防性养护同步薄层罩面工程、佛山一环高速沥青路面维修专项工程、佛山一环北线（G321线佛山段）改造示范安保工程、佛山一环桥梁科技治超项目等多个专项工程项目；开展了多个桥梁维修加固项目，其中佛山一环桥梁专项维修工程，包括里水涌大桥、佛山水道大桥、海八路WN匝道桥以及其他6座桥梁完成全部施工内容。10月下旬，一环南线、西线作为抽检路段正式迎接国检，一环良好的路况、精心的管理得到上级的好评。一环四个季度的城市管理考评全部达标。养护质量指数MQI为91.29，评定等级为优。

年次票征收工作。全年年、次票收费收入合计14.47亿元，与上年同期相比下降2.18亿元，降幅13.09%，其中：年票收入13.34亿元，同比下降12.92%；次票收入1.13亿元，同比下降15.04%。

在企业架构上按照“一体两翼”的发展规划，打造经营性交通建设投融资平台。将一环资产注入高速公路项目公司，以中策高速公路投资有限公司作为广明高速、佛清从高速、广佛肇高速、佛江北高速的项目管理和推进主体。此外，公司成立工程建设管理中心，统筹推进公司工程项目建设。形成公司建设、养护、收费三大业务中心，实现技术人才和人力资源的集约调配。

工程建设同步预防工作。7月，佛江高速公路项目被市纪委列为廉洁风险同步预防工作的试点项目。将廉政监察与工程建设实际管理工作结合起来，以问题为导向，通过教育、检查、监控等多重手段，做到全面覆盖，同步预防。

同年，路桥公司下属经营板块企业全面推进“三单”管理，完善治理体系，进一步放权、放开、放活企业，激发企业活力，各企业围绕主业开拓经营，创新发展，实现全线盈利。

（邹靓涛）

【佛山市铁路投资建设集团有限公司】 2015年，佛山市铁路投资建设集团有限公司（简称“铁投公司”）全面贯彻落实市委、市政府发展城市轨道交通、公共交通的战略部署，不断做强铁投公司的地铁主业建设实力，多项重点工作取得较好成绩：广佛线二期工程实现重要里程碑工期；2号线一期工程有序推进，监管模式初步建立；3号线工程可行性研究获得批复；4号线一期前期工作顺利启动。高明南车基地及有轨电车示范线建设、TC管理和出租车经营、轨道交通培训等多项业务取得新发展。企业安全生产总体可控。至年底，铁投公司资产总额170.29亿元，负债总额111.32亿元，所有者权益58.97亿元。

广佛线二期工程稳步推进。广佛线二期工程进入土建收尾阶段和机电安装的关键阶段。在工序转换频繁，现场作业交叉进行的情况下，铁投公司持续巩固“三化一改”管理理念，加强机电安装现场管控，充分发挥第三方技术优势，严格保证安全生产、文明施工的现场工程建设；同步积极开展综合联调、运营委托及运营筹备工作，各作业面基本按计划顺利推进，确保质量与进度双达标。8月18日，广佛线二期土建工程全线洞通（汾江南路公铁合建沉管段除外），为2016年底开通试运营奠定基础。至2015年年底，广佛线二期工程项目投资完成17.12亿元。

2号线一期工程有序展开，监管模式初步形成。铁投公司认真履行股东职责和政府授予的监管职责，以推进工程项目顺利实施为主线，开展项目建设管理模式的梳理和优化工作。参与起草《特许经营权第二号补充协议》《二号线一期工程特许权项目管理办法》；编制《二号线一期工程施工图设计审核备案管理办法》和《二号线一期工程前期工程监督管理办法》，从制度建设入手完善审核管理机制，开展施工图设计文件的审核备案及前期工程的监督管理工作。至年底，2号线一期已有11个工点实施围蔽，9站1场（管片场）已开工，其余站点在做围蔽前的准备。11月30日全线第一台盾构机在登洲站如期下井组装，兑现了工期承诺。启动运营筹备工作，年内完成运营方案初稿，并召开了外部专家评审会，进一步完善方案。

3号线前期工作取得重要阶段性成果。9月，工程可行性报告获得省发改委批复。10月，初步设计获得省住建厅批复。12月18日，3号线施工图阶段勘察设计启动会召开，正式全面启动3号线施工图阶段勘察设计工作。同时，铁投公司参照PPP项目管理模式，围绕“充分利用市场机制、降低建设成本、把握建设主导”这一条主线积极探索研究3号线的投融资模式和项目建设方案。

4号线一期前期工作启动。4号线一期工程可行性研究工作于上半年启动，8月经市政府常务会议同意后正式启动；11月4日发布了项目招标公告。4号线建成后将进一步缓解季华路交通拥堵，推动禅城区打造季华中央商务带。

广佛线运营高效安全。广佛线全年开行列车136931列，安全运送旅客5805.38万人次，日均客运量达15.94万人次，全年列车正点率达到99.98%，未发生行车安全事故、乘客人身伤亡事故、治安及消防事故。后通段（西朗—燕岗）于12月28日通车，广佛线的总运营里程达到26.7千米。

高明南车轨道基地具备投产能力。在南车青岛四方有限公司、高明高建公司和佛山市铁投集团公司三方股东紧密协作下，佛山南车轨道车辆公司克服政府财政资金紧张、征地困难等不利因素，加紧推进项目工作。至年底，基地具备投产能力，可年产现代有轨电车100列。11月拿到第一笔订单，即南海新交通项目16列3编组有轨电车订单。

高明现代有轨电车示范线开展初步设计工作。铁投公司配合高明区政府推进高明现代有轨电车示范线建设，9月，项目可行性研究报告获得批复；10月，初步设计文件（加氢站部分除外）进行了专家审查，11月上报初步设计；年底启动了项目PPP招标工作。

佛铁出租车公司完成车辆投放任务。佛铁出租车公司于2014年12月成立，至2015年年底，累计投放运营车辆207辆，总客运量119万人次，总运营里程558.8万千米，总营业额1242.7万元。

TC中心着力开展佛山智能公交平台建设。年内，铁投公司落实市政府关于中心城区公交管理体制与经营模式改革的工作部署，配合交通主管部门，以公交优先理念为核心，着力开展佛山智能公交平台建设、佛山公交车辆车载设备更新改造、公交专用道电子监控系统等多项工作，逐步推进公交体制管理一体化建设。

佛山轨道交通运营管理班顺利开班。3月，佛山铁投轨道交通培训有限公司正式注册成立，同时与广州铁路职业技术学院、佛山技术职业学院签订校企合作协议，共同制订轨道交通运营管理人才培养方案，探索培训业务发展方向。5月，培训公司在没有先例可供参考情况下大胆创新，确立了适应工作岗位需求和实用技能为主的培训方向，精心策划招生活动，共录取36人作为一期轨道交通运营管理班学生，8月顺利开学。

佛山轨道交通设计研究院有限公司筹备成立。10月，由铁投公司与广州地铁设计研究院合资成立佛山轨道交通设计研究院有限公司。项目得到上级部门批复，公司第一届股东会、董事会、监事会的筹备工作启动。

党建纪检工作开创新局面，企业文化活力绽现。铁投公司坚定履行党风廉政建设主体责任，开展重大工程廉洁风险同步预防工作，明确凡有地铁线路开工建设将同步开展廉洁风险预防工作。2号线一期工程作为同步预防的试点工程，9月24日召开了启动会，注重落实好廉政教育、制度建设、监督检查等工作。加强制度建设，规范人事管理。年内编制完善《干部管理办法》《职业通道晋升管理办法》等，依据相应规范调整员工薪酬，落实职称补贴，增进员工福祉，稳定队伍。做好党建带团建、工建工作，发挥宣传的导向和鼓动作用。5月举办“我为铁投添光彩”演讲比赛活动，公司员工积极参与，体现出员工爱岗敬业、积极奉献的风采与情怀，加深了新老员工对“务实、进取、和谐”企业精神的认知。12月联合地铁建设及运营相关单位举办“建百年铁投，与幸福同行”文艺晚会，节目精彩纷呈，展示铁投公司的活力与色彩，增强企业的凝聚力和战斗力。

（刘国玲）

【佛山市金融投资控股有限公司】 2015年是佛山市金融投资控股有限公司（简称“金控公司”）五年战略规则的开局之年，公司狠抓内部管理，扩金融蓝图，促资产运营效率，资本实力得到增强，经营业绩迈上新台阶。

扩金融蓝图，不断增强金融业务服务实体经济的能力。12月，佛山市公用事业控股有限公司以资本金方式向金控公司投资10亿元用于开展佛山市创新创业产业引导基金业务，金控公司注册资本再获增资，资本实力进一步提升。

年内，金控公司筹建了佛山市产业发展股权投资基金（基金规模100亿元）、佛山市创新创业产业引导基金（基金规模100亿元）以及佛山市服务外包产业专项资金（资金规模1000万元）等3支政府基金，并担任这3支基金的基金管理人，树立了市属国有股权投资管理品牌形象。至年底，金控公司共管理6支政府基金，基金总规模达200亿元，实际到位受托管理资金近14亿元。佛山市科技型中小企业信贷风险补偿基金、佛山市技改创新项目贷款风险补偿基金管理企业共210多家，获扶持企业110家，帮助企业累计获得贷款授信87960万元；市科技型中小企业信贷风险补偿基金获广东省科技厅2015年产业技术创新与科技金融结合专项资金2500万元；佛山市产业金融引导基金完成3个项目共3300万元的投资，其中向广东科德化工实业公司股权投资1500万元，成功吸引社会投资机构融资1000万元，基金对应的股权价值增值5%。金控公司投资的广东中盈盛达融资担保股份有限公司于2015年12月在香港联交所成功挂牌上市。金控公司取得中国证券投资基金业协会核准登记的私募投资基金管理人资格。

由佛山市公用事业控股有限公司发起，金控公司筹建的中外合资公司广东耀达融资租赁有限公司于12月23日正式开业；金控公司参与发起设立南海金融租赁公司；佛山南方产权交易所正式启动涉诉资产进场交易。

开拓新思维，提高资产运营质量和效益。金控公司属下企业佛山市恒汇盈资产经营管理有限公司组建了佛山市华艺网络经营管理有限公司，并于8月份开通华艺装饰材料城微信公众号，实现线上线下全面服务民众的构想；金控公司投资设立的佛山市盈通达驾驶员培训有限公司一期工程通过市、区两级交通主管部门及专家验收并于8月22日开业，二期扩建项目于年底顺利交付使用，成为一家规模为教练车126辆、年招生额可达9000人的中型驾校。积极探索金湖酒店发展思路，金湖酒店在承包经营期间平稳过渡。

破解制约东亚公司“三旧”改造项目瓶颈问题。顺利完成东亚公司1082名退休人员社区化管理移交，期间未发生退休人员投诉和上访事件，维护了社会稳定；重新申请市国土局评估东亚公司土地，为项目开发节约6000多万元土地成本；东亚公司股东变更及外资转内资手续顺利完成；按照市政府土地招拍挂牌联席会议精神，完成项目地块评估方法及规范指标的调整；初步拟定、分析论证东亚项目建设方案和管理方案报市国资委审批。

（张晓云）

【佛山市建设开发投资有限公司】 2015年，佛山市建设开发投资有限公司（简称“建投公司”）立足自身实际，紧紧围绕年初制定的各项工作目标，大力推进重点项目的开发建设，同时积极推动国资存量土地的整合和收储，努力寻找外部土地资源和合作商机，寻求土地一、二级联动开发新突破。全年实现营业收入1.68亿元，利润总额2500万元，净利润1700万元，较好地完成了全年的经营目标。年内，建投公司重点项目推进顺利，形势喜人。

彩管公司地块项目（璀璨天城）。顺利签订土地出让合同，并缴清土地出让金及有关税费，项目建设加紧推进。另外，彩管公司项目总体规划方案获批，项目营销中心及样板房也于8月对外开放，通过开展形式多样的宣传活动，吸引客源，为营销工作的开展奠定良好基础。

叠翠山庄地块项目（香树花城）。项目销售业绩良好，全年共实现住宅销售1400套，销售面积超过15万平方米，销售金额14亿元，销售均价9100元/平方米，包括幼儿园和商业在内的总成交金额14.6亿元，价格较上年实现大幅跃升，投入资金开始逐步收回。

港口路19号地块项目。该项目是建投公司与民营企业恒新公司合作开发的项目，是建投公司采用混合所有制开发项目的一种尝试，也是利用“三旧”改造政策开发国资系统外土地的一种探索。项目已完成预立项，项目合作开发方案也已完成并上报，市国资委已批复同意开展下一步相关工作。

季华园地铁出口地块项目。该项目是建投公司拟与铁投公司合作开发的商业项目，年内，双方共同对市场进行了分析，编制了可行性分析报告及立项材料并上报市国资委，同时完成项目地块的调整规划工作。

塑料四厂地块项目。至2015年年底，地块涉及的转制企业和租户搬迁问题进入司法程序，等待市国资土储中心的进一步工作指引，建投公司积极配合完成土地清理和挂牌出让工作。

南海水泥厂矿区地块项目。征地资料获省国土厅的认可和支持，市国土局批复南海区国土局，该土地的确权合法。同时聘请中介机构对项目进行风险评估及编制维稳预案。报告已上报市政府，市政府已向省信访局进行备案。市国资委、建投公司、南海区政府三方召开协调会，协商解决地块的有关问题。

国通外贸产业城项目。该项目是公控公司与广东省国通物流城有限公司合作开发的大型项目，按公控公司安排，建投公司负责项目操盘代建，开展项目“三旧”改造申报、项目区域规划编制等有关工作。

此外，建投公司还完成了鄱阳村地块、石湾工农路东地块等项目有关的前期工作。

（吕超明）

【佛山火炬创新创业园有限公司】 2015年，佛山火炬创新创业园有限公司（简称“火炬园公司”）以“适应新常态、谋划新战略、打造新优势、再上新台阶”为工作方针，围绕“全面提升素质”的目标，强化经营管理模式，以金融助力企业起飞，在市场开拓、园区服务、内部管理和制度建设等多个方面取得了良好的发展。

需求差异化。4月12日，广东省委书记胡春华带队实地考察火炬园的建设发展情况，对火炬园的发展成效给予充分肯定，同时，提出新的要求和期盼。火炬园公司根据创新创业需求进行深入分析，实施创新创业需求差异化、硬件配套差异化、服务产品差异化等方面的战略，通过建立起企业基础信息服务库；建设与推出“5A创业梦想平台”“预孵化器”“孵化拓展”“孵化核心区”“加速器”多个品牌的孵化产品，并形成较为完善的创业孵化链条，取得较好效果。同时，火炬园公司还整合投融资、人才、知识产权、创业导师、创新创业辅导、流动党员学习教育等多个专项服务，涵盖智能物管服务、政策服务、法律服务、投融资服务、人才交流服务、孵化服务等六大服务功能，对入园企业有针对性地把脉、诊断，为企业做出个性化配套服务。在园区形成了从一个创业设想到一个卡位、从一个卡位到一家公司、从一家公司到一间办公室、从一间办公室到一栋楼、从一栋楼到一个产业基地的孵化链条，适应企业不同发展阶段的需求。11月25日，“火炬园差异化与网络化创新创业服务体系设计与实践”获第25届广东省企业管理现代化创新成果一等奖。

资源网络化。积极与政府各部门、金融服务机构、行业协会、研发设计机构、企业资讯管理机构联系，为企业和企业家们编织一张政府服务和社会服务的资源网，在创新创业服务方面搭建“一张网二条线三条链四个提升”的服务网络体系，实现全覆盖、全方位的企业服务。其中：一张网指的是一个中小企业公共服务平台网络；二条线指的通过线上、线下的服务相结合，包括网络电话、园区网站、网上即时咨询，微信即时对话等。三条链包括政府政策服务链条，服务资源链条和企业间的产业链。

优质项目陆续落户。至年底，园区已形成包括先进制造（以马里兰大学韩博士创建的团队为核心的企业群）、新材料（以牛津大学史博士创建的团队为核心的企业群）、节能环保（以归国硕士创业团队为核心的企业群）、生物医药（以国家千人计划郑博士创建的团队）和“互联网+”（以天地行公司、广东化工交易中心、微沃GPS团队为核心的企业群）等五大领域企业集聚发展，取得了较好的效果，入园总企业数约200家，其中，在孵企业175家，中科院、知识产权、风险投资机构等服务单位25家。同时，吸引了一大批大学生创业、草根创业者，催生大量的创新创业者，为经济发展培育一大批潜在的新增长点。2月，园区被授予“广东省青年创新创业示范基地”荣誉，园区在孵企业创造的就业岗位已超过2500个，以创业促进就业等方面获得较好效果。

开展多场大、中、小服务活动。园区接待各种入驻咨询、入驻谈判、政府参观、调研等活动近200多项，其中，包括省中小企业局、市经信局、市科技局、市人社局、区人才服务中心、团市委等多次调研，并联合团市委于4月29日举办佛山市青年创业孵化基地揭牌仪式暨首届创业嘉年华活动，吸引300多人参观，起到较好效果。

搭建起金融服务中心平台。年内，佛山科技金融综合服务中心（以下简称“中心”）与多家创业投资、银行、小贷公司、投资基金等金融机构及商企协会进行接洽，与多家商业银行如中信银行、广发银行、工商银行、中国人民财产保险等金融机构及陶瓷学会、广东省融资再担保有限公司等商企协会签订战略合作协议，已加入平台的金融机构数量达16家，联合企业商协会33家，平台覆盖企业近万家，实现技术、资本与企业家（市场）的高端融合，推动科技中小企业发展。此外，借助科技金融中心新场地落成的契机，9月，园区举办“科技金融·创新创业”系列活动。活动包括科技金融中心启动仪式、金融超市展览首发，以及信用体系建设联盟、共建佛山火炬博融上市孵化基地签约仪式，为“互联网+科技金融+创新创业”提供一个多元化载体服务平台，加速科技成果产业化与科技企业转型升级，营造宽松的创新创业和投融资环境。

创建金融信贷服务模式。年内，佛山科技金融服务中心为116家企业出具佛山市科技型中小企业信贷风险补偿基金扶持对象资格证明函。至年底，中心已累计为176家企业提供信贷风险补偿基金的登记备案服务，银行已为出具资格证明函的53家科技型中小企业累计授信3.8亿元，累计贷款金额达1.44亿元。

打造上市孵化基地。9月，佛山科技金融服务中心与广州市博融资询有限公司签约共建佛山火炬博融上市孵化基地。打造以火炬园为孵化基地，提供上市诊断、上市培育、相应政策扶持、股改融资等企业上市一站式落地服务的成长型企业上市培育集成服务平台。至年底，中心已将31家企业列为上市孵化基地重点孵化企业，并积极组织企业参加“新三板”上市、投融资等相关培训，佛山市天地行科技有限公司、佛山金万达新材料科技有限公司、佛山市鸿益餐饮配送有限公司等多家入园企业积极响应。

（张　聪）

民营经济

概　况

【综述】 至2015年年底，佛山市共有私营企业和个体工商户46.08万户，占全市各类市场主体的95.4%。全年全市民营经济生产总值实现5063.56亿元，同比增长8.5%，占全市全社会生产总值比重为63.4%。从规模以上工业企业发展情况看，全年全市民营企业完成工业总产值13918.25亿元，增长9.3%，增幅高于全市工业平均水平（7.9%）1.4个百分点，占全市工业总产值的70.4%，对全市工业增长的贡献率达81.8%，拉动全市工业增长6.5个百分点。佛山市超50亿元民营企业共有9家。从行业分布情况看，佛山民营企业主要分布在陶瓷、家电、金属制品、纺织等行业。

【行政审批改革助推民营经济发展】 2015年，佛山着力推进和深化行政审批改革和政府服务体系转型，打造法治化国际化营商环境，为民营经济创造足够的发展空间。一是继续深入推进“一门式”改革。引入互联网+政务服务思维，依托网上办事大厅、市民之窗、“12345”平台，打造“一门通办、全城通办”的政务服务模式，大大方便企业和市民办事。二是深入实施商事登记改革。实行法人主体资格与经营资格、认缴资本与注册资本、住所与经营场所相分离的登记制度，推进一窗受理，企业登记“三证合一、两证一章”同发，实现“五证同办、结果互认”。三是继续推行企业投资负面清单、审批清单与监管清单“三单”管理制度，鼓励民营企业进入更多竞争性领域，打破民营经济发展的“玻璃门”。四是继续复制推广自贸区改革创新试点经验，构建与国际标准对接的投资便利规则体系、贸易便利化体系和金融改革创新体系，建设“不是自贸区的自贸区”。

【民营企业家大会】 2015年12月29日，佛山市针对企业普遍存在的成本压力大、税费负担重、融资难且贵，尤其是企业家信心不足等问题，召开全市民营企业家大会，全市共1000多名企业家代表参加了会议。会议重点向民营企业家传达国家和广东省关于支持民营经济发展壮大和广东省委书记胡春华对佛山民营经济发展的重要指示精神，详细介绍国家开展制造业转型升级综合改革试点的背景和意义，强调政企同心、共克时艰，共促佛山民营经济发展壮大。会议印发了《国家、省、市促进民营经济发展及创业创新政策汇编》和《提振民营企业家信心促进创业创新发展的若干措施》。“提振民营企业家信心促进创业创新发展的若干措施”分为降成本、助融资、促创新、拓市场、强保障等5大类40条措施，主要涵盖减免税费、设立超百亿元的融资专项资金、高新技术企业奖励、对外开拓市场补助奖励、土地优惠和依法保护企业家权利等政策，力求全方位、多角度促进佛山创业创新发展。

（谭耀安）

民营骨干企业发展

【综述】 2015年，佛山市骨干企业总体稳健发展。全市规模以上工业完成工业总产值19774.93亿元，同比增长7.9%；完成工业增加值4406.95亿元，同比增长7.9%；民营工业完成工业总产值13918.25亿元，同比增长9.3%，增幅高于全市平均水平1.4个百分点。民营工业占全市工业总产值比重为70.4%，对全市工业增长的贡献率达81.8%，拉动全市工业增长6.5个百分点。全市超百亿元企业12家，其中民营企业8家，民营骨干企业城为推动佛山经济发展的中坚力量。

【各行业骨干企业发展】 2015年，佛山各主要行业骨干企业总体稳健发展，为佛山经济平稳较快发展提供了强有力的支撑。

汽车制造业受益于佛山汽车行业产业链逐步完善、一汽－大众带动周边汽配行业发展，行业总体发展较快，全年实现工业总产值650.85亿元，同比增长16.1%。其中，顺特电气受销售高峰期提前、上年延续订单以及销售政策调整等利好因素，全年产销及利润均实现较大增长；百年科技着力加大科技投入和产品研发力度，打造研究开发、制造、销售、售后服务一体化支撑体系，利税总额成倍增长；福迪汽车在5月获得国家整车生产资质，成为广东省第四家具备该资质的企业，有利于业务进一步扩张；科达节能在“一带一路”战略布局下，采取合资建厂新模式，加大海外业务开拓力度，为传统主业打开新的增长点，净利润同比有较大增长；伊之密原有业务发展平稳，同时积极拓展海外业务，新产品有望在2016年实现规模增长。

家电行业受宏观经济、地产市场调整等因素的影响，整体增速有所放缓，但行业企业迅速调整发展思路，通过技术改造推动企业向生产和管理信息化、自动化，产品智能化的方向转型，通过网上销售扩大销售市场，行业总体缓中趋稳。行业全年实现工业总产值2562亿元，同比增长6.9%。其中，美的集团深化转型升级，吸引小米公司入股加速了智能家居产品的落地，投资41亿元用于技改项目、扩能项目、研发测试、信息技术和基建工程等，推动企业进一步发展壮大，利润总额及利税总额均实现较快增长；东菱凯琴集团依靠技术创新和管理创新拉动销售增长，同时把握互联网发展契机，推进自主品牌的发展，产销同比有所增长；万和电气新能源热水产品多条生产线投入运营；格兰仕集团受中东地区局势不稳和美元汇率波动影响，出口表现欠佳，订单减少，导致前三季度产值出现微跌。

非金属矿物制品业实现工业总产值1361.05亿元，同比增长4.4%。其中，华兴玻璃在经济下行的环境下仍然保持订单稳定，全年产值超过4.5亿元，利税实现同比翻番；蒙娜丽莎推动“零售＋工程”互联双核战略，明确提出在全国加快线下体验馆建设步伐，并通过线下体验馆和网络电商平台线上线下相结合的O2O模式继续发展陶瓷薄板家装零售市场，全年实现营收和利润较快增长；东鹏受大环境的影响，产值同比呈下降趋势，但通过“触网”向多元化产业链拓展，完成网上销售交易额超亿元；溶洲二厂继续实施多元化发展，在云浮市新兴县兴建新厂的同时，还大力发展先进装备产业，取得市场的认可，陶瓷＋新兴产业融合发展已取得新突破。

食品饮料业全年实现工业总产值836.04亿元，同比增长10.6%。其中，海天调味在提高原有产品质量的同时还积极开发新产品，扩宽产品线，企业全年保持稳健发展，主营业务和净利润均实现较快增长。石湾酒厂整体发展平稳，公司探索行业发展新模式，与IBM联合启动“互联网＋”项目，拉开中国酒业“互联网＋”转型的序幕。

受制于内需市场不景气、外销市场竞争激烈，纺织服装业全年保持中低速增长。在此背景下，部分企业根据产业格局变动情况改变营销策略，在南亚、东南亚设点生产或接单，同时受人民币贬值影响，提高企业接外贸订单能力。行业全年实现工业总产值1162.78亿元，同比增长3.4%。其中，必得福、新光针织、致兴纺织等企业生产状况基本正常，产值和利润同比均有所提升，瑞纺、佳利达则因产品销售价格下调而出现增产不增利的情况。

金属制品加工业进入转型升级关键期，实现较快增长。行业全年实现工业总产值1550.94亿元，同比增长18.3%。骨干企业表现有所分化：一方面，坚美、伟业、广亚等重点企业通过转型升级进一步做大做强，凤铝上马工业型材，广成铝业成长性较好，奥瑞金和波尔亚太2家制罐企业在同行中占据明显的主导地位；另一方面，沥东铝材、永华铝厂、英亚铝业等几家铝材企业因经营不善、资金链断裂而倒闭。

电子及通信设备制造业（尤其是互联网相关企业）受益于工业转型升级、物联网、大数据等新一代信息技术应用的刺激带动，实现较快发展。行业全年实现工业总产值1090.21亿元，同比增长13%。其中，盛路公司抓住通信行业4G和宽带网络基础设施建设迅速发展的机遇，加大投入，扩大销售，公司盈利能力得到稳定提高；健博通于4月30日成功挂牌“新三板”，公司治理结构得到强化和完善，同时企业根据市场的需求，不断研发新产品，从而赢得市场的青睐，全年企业继续保持较快增长。

石油及化工行业全年完成工业总产值1059.96亿元，同比增长11.4%。其中，德美化工在上半年正式上马24万吨异辛烷项目，同时处置天原集团股权带来了较高的投资收益；炜林纳根据市场的需求合理调整产品结构，销售业绩稳中有升；百润化工通过研发新产品，不断取得突破，1～11月产销数据理想，增幅一直保持在20%以上。

【骨干企业培训活动】 2015年5月25～29日，佛山市经信局组织全市30家大型骨干企业41名企业家前往哈尔滨工业大学学习，进行为期一周的大型骨干企业做强做大暨先进装备制造业发展专题培训班。培训班课程既有课堂集中学习，也安排了丰富的实践参观内容。哈工大的教授对工业机器人技术发展与产业应用、2015年宏观经济形势与产业政策、企业精益生产管理、物联网与智能制造技术及工业4.0制造时代新思维等专题进行了深入浅出的讲解，并结合丰田公司、德国和英国一些企业的先进经营理念和技术创新示例与培训学员进行分享交流。同时，培训班学员还到哈尔滨博实自动化有限公司、哈尔滨电机厂、哈工大博物馆、航天馆以及机器人研究所参观学习。学员们对中国老牌和新兴重工业机械企业的风貌有了直观的感受，对国家自主研发的先进航天器、机器人有了近距离的感知。通过培训，学员们更加深刻地认识到发展智能制造的重要性，也学习了发展先进装备制造业的知识和思路，从而指导今后的工作，共同推动先进装备制造业发展，助推佛山产业转型升级。

（谭耀安）

中小微企业发展

【综述】 2015年，为进一步掌握佛山市中小微企业在国内经济结构调整和转型升级背景下的生存发展情况，佛山市经信局开展了一系列中小微企业发展情况的系统调研和部门大数据的收集整理工作，通过多方数据来源的相互印证和补充，形成《2015年佛山市中小微企业发展蓝皮书》，为政府有关职能部门制定和落实政策措施提供参考，提高政府对中小微企业发展环境的研判能力。

【中小微企业融资】 2015年1月和4月，佛山先后举办金融·科技·产业对接洽谈暨科研成果发布展示会和佛山市中小微企业融资对接会，为广大中小微企业营造良好的金融生态环境，缓解企业融资难融资贵等问题。

为促进各金融机构向中小微企业，特别是先进装备制造业企业提供金融支持，佛山与佛山农商银行、工商银行、建设银行、农业银行、中国银行、民生银行、邮政储蓄、华夏银行、华兴银行等9家银行签定战略合作备忘录，共同推进小微企业金融政策落实及创新试点，加大对中小微企业的融资扶持力度，进一步完善政银企融资交流合作平台，共同合作培育本地中小微企业成长。

为加大对科技企业和技改项目的支持，设立科技型中小企业信贷风险补偿基金和优质技改创新项目贷款风险补偿基金，引入深圳创新投资集团设立了总规模100亿元的创新创业产业引导基金。

【中小微企业发展指导】 民营企业家素质提升工程开展。2015年，佛山市向社会征集优选89个单位重点培训项目和271项中小企业服务活动计划，内容涉及政策解读、技术创新、融资担保、市场开拓、信息化推进等各类公共培训服务，并通过网站对外公布，实现培训信息共享，以供广大中小微企业自主选择。同时，开展一系列专题性活动，如企业创新管理、中小企业抱团营销战略、中小微企业融资、智能制造水平提升等，有针对性地为中小微企业提供培训服务，全面提升培训项目质量。

优质企业信息库建立。2015年，佛山市收集全市2328家优质企业图文资料信息，编制出《佛山市企业地图》，打造出一个官方产品目录，作为展览展销、经贸洽谈、产品推广等相关活动的宣传资料，进一步推动企业的业务交流与合作。

促进小微企业上规模。2015年，佛山市制定促进小微企业上规模工作方案，明确佛山小微企业在转型升级上规模过程中的指导思想、基本原则、总体目标，从加强统计监测、落实财政税收优惠、重点推送服务、健全信用体系建设、加强信息化智能改造、开展专题培训六大工作措施入手，加快推动小微企业转型升级为规模以上的工业企业和限额以上的商业企业，形成佛山小微企业发展新优势。

【中小微企业服务体系建设】 2015年，佛山市加大力度推进中小微企业综合服务体系建设。佛山中小微综合服务体系基本实现机构运作有章可循、行业自律有据可依、服务承诺言而有信，总体呈现出多元化、系列化、规范化的趋势，基本满足各类中小微企业的服务需求。全市有中小企业服务机构69个，遍布各区、镇（街），其中，国家中小企业“窗口”服务平台4个、省中小企业公共（技术）服务示范平台8个、省中小企业公共服务示范平台15个、省中小企业创新产业化基地5个、省民营（中小）企业创新产业化基地12个、省小企业创业基地15个、省中小企业融资服务示范机构9个、省中小企业互联网综合服务平台1个。

创新企业服务模式。搭建佛山市企业云服务平台，优化中小企业公共服务平台网络化管理模式，构建“政策资源库”“专家资源库”“培训资源库”等服务模块，全面整合全市69个中小企业服务示范机构，形成服务平台网络，使中小企业与社会化服务资源实现供需对接，形成虚拟在线与线下实体协同服务，打造中小企业找得着、用得起、可依靠、有保证的服务平台。

开展“小微企业政策宣传月”活动。举办政策宣讲会，加强小微企业政策宣传，切实提高小微企业扶持政策知晓度，帮助小微企业更好地了解政策、享受政策，增强小微企业发展信心。收集汇总精选国家、省、市支持小微企业发展的政策措施，并统一编印成宣传册或单张并免费派发给企业，对帮助小微企业了解政策、享受政策、增强发展壮大的信心起到了良好的效果。建立企业服务微信号，及时把国家和省一系列服务小微企业发展的政策措施主动推送给有需求的企业家。

【2015年“企业暖春行动”】 2015年，佛山市制定《佛山市2015年“企业暖春行动”工作方案》，并于3月和9月，分别开展两个阶段的“企业暖春行动”。“企业暖春行动”采取市、区联动的方式，由市领导亲自带队，分重点项目、龙头企业、战略性新兴产业与现代服务业、装备制造业产业、传统产业等五个工作组通过实地走访、座谈调研以及派发调查问卷的形式全面深入开展，针对企业的个性问题实地了解情况，点对点帮扶企业解决实际问题。“暖春行动”各工作组收集了217个企业（行业）问题，由市有关部门对收集到的问题一一回复，并根据问题研究出切实可行的解决方案。

（谭耀安）

个体私营经济

【个体经济】 2015年，佛山市个体工商户平稳增长。至年底，全市实有个体工商户290502户，同比增长6.17%。全年新登记个体工商户48096户，同比增长4.99%，行业主要分布为批发零售业188236户、制造业39930户、居民服务和其他服务业23884户、住宿和餐饮业21837户。

“个转企”工作有效推进。全年全市共办理“个转企”业务2230宗。“个转企”的推进对于个体业主做大做强、提高竞争力，对于促进地方经济增容扩张、转型持续发展，对于真实反映市场主体的实际经营规模和产值，以及防止税费流失都具有较强的现实意义。

【私营经济】 2015年，佛山市私营企业稳步发展。全年新登记私营企业30675户、注册资本（金）529.07亿元，同比分别增长4.13%和10.26%。至2015年年底，佛山市实有私营企业170255户，比上年末增长17.82%，注册资本（金）3622.76亿元，增长27.89%。

（王宇青）

第七篇

科 教 文

科学技术

概　况

【综述】 2015年，佛山市大力实施创新驱动发展战略，扎实推进国家创新型城市建设各项工作，通过重塑创新体制机制，营造创新环境，集聚创新资源，推动企业创新，以“互联网+”行动计划和博览会为重点，着力做好高新技术企业培育、创新载体建设、研发机构建设等工作，积极构建创新链、资本链和产业链的深度融合，全力营造有利于“大众创业、万众创新”的良好氛围。

2015年，佛山市实现规模以上高新技术企业产品产值2887.86亿元，规模以上高新技术企业产品增加值693.09亿元；有国家高新技术企业716家；全年全社会研发投入217.36亿元，占地区生产总值比重2.72%；PCT国际专利申请量306件，百万人发明专利1565件，专利申请量和授权量增幅都在30%以上。市级企业工程技术研发中心新增126家，增幅高达162.5%，省级重点实验室新增5家，增幅高达400%；省级科技企业孵化器4家，增幅高达200%。

【科技服务企业】 2015年，佛山市科技局联合市财政局、市国税局、市地税局建立“佛山市落实科技创新税收优惠政策联席会议制度”，统筹协调政策落实工作中的问题，研究制订政策落实激励措施。市科技局全力推进大科室制完善创新工作流程，通过流程再造、分权制衡形成公平、公正、公开的办事机构。在园区设立服务点，将服务前移，加快信息处理速度，使信息传递更有效、更及时，及时解决企业急需问题。

【科技、金融与产业紧密融合】 2015年，佛山市充分发挥科技型中小企业信贷风险补偿基金的拉动作用。至10月底，科技基金实际到位资金1.2亿元，共计为84户科技型企业贷款提供增信服务，帮助企业累计获得贷款授信6.22亿元，是两期基金的6.35倍；其中企业根据自身需求提款66户，累计提款4.41亿元，是两期基金的4.5倍。84户增信企业中，41%为保证担保企业、28%为初创型企业、34%为成长型企业、21%为首次在银行融资企业，7家企业已在“新三板”挂牌。另有2家企业（希荻微电子和艾乐博机器人）通过基金项下贷款撬动社会资本，成功引入战略投资者及产业基金，企业的估值也因基金的增信大幅提高。这两家企业都是轻资产企业，其中一家为半导体集成电路设计企业，另一家为企业员工平均年龄只有28岁的机器人生产企业。

推进科技保险试点工作。佛山市作为广东省科技保险的试点城市之一，推进科技保险、加强创新保障是科技金融工作的重点工作。1月，出台了《佛山市科技保险试点方案》，市、区联动建立科技保险制度，引导鼓励企业增加研发投入。在佛山五区范围内先行选择条件成熟、措施完善的区域，根据各区特点开展科技保险试点。建设佛山科技金融服务机构，加强企业与金融机构的对接。经过紧锣密鼓的建设，9月23日，佛山科技金融综合服务中心正式启用。该中心与全市多家金融机构、创业投资机构和行业协会达成合作，并积极开展科技型企业登记备案管理和企业信用评价体系建设等方面的工作。12月，经省科技厅批复同意，在广东金融高新区股权交易中心建设广东省科技金融综合服务中心广东金融高新区分中心。

【知识产权战略】 2014年佛山市获批成为“国家知识产权示范城市”，2015年，佛山围绕构建知识产权价值生态链，深入实施“鲲鹏”“繁星”“乘龙”“英才”和“清风”五大计划，扶持大中小企业提高知识产权创造、运用和管理能力；大力激活知识产权交易等创新平台；积极推进知识产权服务机构建设，实现全市五区知识产权协会全覆盖；开展专利特派员工作，选派一批特派员，深入企业和园区创新一线，提供“一对一”专业化服务。1～11月，佛山市实现专利数量和质量双提升。专利申请量35155件，其中发明专利申请量9684件，同比增长72.04%。专利授权量24160件，其中发明专利授权量1856件，同比增长85.6%。全市百万人口发明专利申请量1317件，万人有效发明专利拥有量9.27件（注：人口数按2014年常住人口数），超额完成年度省下达的考核指标。

（曲军恒）

科技创新

【科技创新政策】 2015年，为更好贯彻落实广东省政府《关于加快科技创新的若干政策意见》和全省科技创新大会精神，佛山市科技局结合本市科技发展和产业需求，扎根基层，进行了广泛的调查研究，制定并提请市政府出台《佛山市人民政府贯彻落实〈广东省人民政府关于加快科技创新的若干政策意见〉工作方案》。“工作方案”共16条措施，包括引导企业普遍建立研发准备金制度、对企业研发实施普惠式财政补助、多方位扶持科技企业孵化器建设、全面实施“互联网+”行动计划、激励科研机构和科研人员创新积极性等。同时，印发《佛山市加快培育高新技术企业专项行动方案（2015～2020年）》《佛山市推进规模以上工业企业研发机构建设专项行动方案（2015～2020年）》《佛山市“互联网+”行动计划》《佛山市科技企业孵化器后补助试行办法》《佛山市科技创新券实施方案》《佛山市科技企业孵化器创业投资风险补偿资金实施细则》和《佛山市科技企业孵化器信贷风险补偿资金实施细则》等系列配套扶持方案。

【科技创新宣传】 2015年，佛山市科技局按照宣传工作服务于各项科技业务的思想理念，充分借助各类传播媒介，为全市科技创新工作营造良好的舆论氛围和社会环境。积极向市委、市政府报送有关信息材料，使市领导及时掌握科技局重点工作进展和成效。做好日常新闻宣传工作，与《科技日报》《南方日报》《佛山日报》开展战略合作，全年共推出10.5个宣传专版。积极运用新媒体，全年在新浪微博“佛山科技”发布信息442条，微信公众号发布信息400条。通过举办“科技进步活动月”活动，推动科普进校园、科普进社区，大力弘扬科学精神、提高全民科学素养，在全社会营造良好的创新舆论环境。

【创新载体建设】 2015年，佛山市实施科技企业孵化器倍增计划，进一步加强创新载体建设，营造全市良好的创新创业环境。

制定科技企业孵化器扶持政策。2015年7月，佛山市出台《佛山市科技企业孵化器后补助试行办法》，对孵化器新增孵化面积、公共技术平台建设、大学生创业、众创空间和聘任创业导师服务企业等给予扶持。引导社会资本参与科技企业孵化器建设，加紧出台“完善科技企业孵化器建设用地”政策。至年底，佛山市共有各类综合孵化器34家，其中国家级科技企业孵化器4家、国家级孵化器培育单位（省级孵化器）13家、省级众创空间9家，孵化场地面积达126万平方米，入孵科技企业超过1142家，累计毕业企业达233家，涉及电子信息、生物医药、新材料、新能源、工业设计、高新技术服务等领域，培育出高新技术企业50家、上市公司9家。科技企业孵化器已形成各类创新要素与资源汇集、融合的高地，成为佛山市高新技术产业发展和创新能力提升的重要载体。

科技企业孵化器倍增计划。2015年，佛山市科技企业孵化器的运作呈现以独有的“互联网+”特色，形成“新载体”特色，初步形成“平台+孵化+产业基地”的运作模式。市科技局继续引导和鼓励民营企业发挥市场和产业优势，搭建行业研发设计中心、检验检测平台、中试基地等技术研发和服务平台，利用自有物业或新建物业围绕产业链投资建设专业孵化器，力争到2017年，全市各类科技企业孵化器数量达到40家、国家级科技企业孵化器达到8家、国家级科技企业孵化器培育单位（省级孵化器）超过13家；国家级孵化器50%以上具有天使投资和持股孵化功能、80%建有公共技术服务平台、90% 形成创业导师辅导体系。

“众创空间”等小微型载体建设。至 2015 年年底，佛山市已探索建立起一批“创课俱乐部”，开办了 100 多次创新创业课程，受到广大企业、创业者的欢迎。创课俱乐部多设置在科技企业孵化器内部，占地面积小，是轻量级的载体，主要提供知识产权保护和投融资服务。

【“互联网 +”行动计划】 2015 年，佛山市积极响应国务院、广东省人民政府号召，快速部署“互联网+”行动计划。

“互联网+”创新创业市建设。2015 年，在广东省科技厅的指导和支持下，佛山市在省内率先出台《佛山市人民政府办公室关于印发佛山市建设互联网+创新创业示范市实施方案（2016 ~ 2020 年）的通知》，并召开“互联网+”创新创业示范市启动大会，在全市范围内推进大众创业、万众创新，激发全社会创新创业活力。

实施“互联网+”试点示范。至 2015 年年底，佛山市部署各镇（街道）筛选出 30 家拟扶持示范企业，开展“互联网+”应用推广，至此，全市拟扶持示范企业约有 1000 家。其中，省、市共同支持 10 家重点示范企业，佛山市五区政府各负责扶持 10 ~ 20 家重点示范企业。建立“互联网+”规范统计制度，做好“互联网+”应用的投入、产出相关数据统计工作；通过美的、维尚、爱斯达等“互联网+”标杆企业的示范作用，带动 1 万家佛山传统企业与互联网企业实现跨界融合。

【首届中国（广东）国际“互联网 +”博览会】 2015 年 9 月 10 ~ 12 日，经过半年时间的筹备，博览会在佛山新城中欧中心举办。博览会设置九大展区及一个分会场，共有 456 家企业参展，包括国内互联网三大巨头“BAT”（百度、阿里巴巴、腾讯）、世界机器人“四大家族”（瑞士 ABB、日本发那科公司、日本安顺川电机、德国库卡机器人）等互联网领域和智能制造领域的龙头企业，成功将“互联网+”相关资源引入佛山。博览会现场共有 21 个优秀“互联网+”战略合作项目签约，包括百度、汉诺威、IBM 等；参展观众共 24.6 万人次，其中专业观众 12.8 万人次。

2015 年年初，佛山市决定申请创办首届中国（广东）国际“互联网 +”博览会。佛山市科技局作为统筹协调单位，乘势而为、主动作为、全力协作，争取各方支持、调动各方资源，有力地推进了博览会各项筹办工作。市科技局代拟了向省政府提请创办博览会请示，3 月 23 日由市政府、省科技厅正式报省政府。该项工作得到了工信部、科技部、中国工程院和广东省人民政府等的大力支持。

佛山计划通过 3 至 5 年的努力，将“互联网+”博览会永久落户佛山，成为中国经济转型升级的一个会展平台和中国转型发展的会展品牌，并通过线上线下联动，打造一个永不落幕的博览会。

【新型研发机构】 至 2015 年年底，佛山市共建有省级新型研发机构 25 家（全省排名第二），参与研发机构建设的科研院校达 30 多家，其中仅中科院与佛山市各级政府、高新园区、重点行业和龙头企业就共建有育成中心 1 家、专业中心 7 家、各类科技创新平台 15 家、院市合作产业园区和基地 6 个。例如，广工大数控装备协同创新研究院自 2013 年运作后，成功孵化国际高端创业团队和高新科技企业 40 个（家），申请发明专利超过 200 个，帮助 100 多家传统企业实现智能化改造，开发创新产品超 60 个，其中网络式运动控制器等多个产品的性能达到国际领先水平，填补了国内多项行业空白，有力推动“佛山制造”转变为“佛山智造”，成为全省创新驱动的示范典型。

2015 年 9 月，佛山智能装备技术研究院成立。该院由佛山市科学技术局与武汉华中数控股份有限公司按照“311”运营模式（3 个机器人专业技术平台，1 个机器人企业孵化器，1 个机器人云服务网）合作共建，旨在着力突破国产工业机器人关键核心基础零部件和整机核心技术。该研究院及其下属两家企业注册成立，并正式投产使用，人才队伍搭建、场地装修、设备采购等工作均进入实质性建设阶段。同月，广东省委书记胡春华、省长朱小丹专程前往研究院了解项目建设的思路、举措和进展，强调智能装备制造产业要充分依托国内数控龙头企业的技术优势，使产品具有完全的自主知识产权，使得产业具有良好的起点。

2015 年 5 月 29 日，华南智能机器人创新研究院在顺德成立。该院由美的集团牵头，联合西安交通大学、哈尔滨工业大学、华南理工大学等多家科研院所共同建设，主要面向珠江西岸相关产业及中小企业提供公共技术服务和智能化解决方案。项目建设完成后，预计每年将新增产值约100亿元，其中生产工业机器人1.5万台，产值超过50亿元。至年底，该研究院已完成办公场地一期（共计6000平方米）的建设，能满足行政办公、创新研发和公共服务的需要。同时，该研究院已按要求成立第一届理事会，并完成1.5万平方米中试基地的选址，作为设备调试、中试基地、小批量生产及部分项目的孵化园区。经过努力，华南智能机器人创新研究院已完成高性能总线型工业机器人专用伺服控制系统、工业机器人精密RV减速机等技术的研发和测试，并在产业协同、公共服务、国际合作、技术和产业联盟等方面取得一定成效。

华南智能机器人创新研究院揭牌仪式。

【企业研发机构建设】 2015年，佛山市科技局贯彻落实广东省委书记胡春华关于抓住高新技术企业“牛鼻子”、推动更多的规模以上企业建立研发机构等指示精神，积极推进企业研发机构建设。

为更好地推进企业研发机构建设，市、区科技管理部门深入区、镇了解企业组建研发机构现状、需求和存在的困难，帮助企业申请组建研发机构。因地制宜地采取相应的鼓励措施，如针对符合市级工程中心申报条件的高新技术企业，开启“绿色通道”，简化企业申报流程，提高企业申报积极性；通过发放科技创新券的方式，鼓励科技中介服务机构深度参与到企业研发机构建设工作中，为企业研发机构建设提供培训、指导和辅导服务，帮助企业提升和完善研发机构建设。

规模以上高新技术企业和创新型企业研发机构全覆盖工程。加快企业研发机构认定，通过创新券资助等形式支持中介服务机构帮助和辅导企业建立研发机构。出台《佛山市推进规模以上工业企业研发机构建设专项行动方案（2015～2020年）》。按照“行动方案”，到2015年年底，佛山市实现规模以上高新技术企业建有研发机构率达到70%以上，规模以上工业企业建有研发机构率达到15%以上；预计到2020年年底，实现大中型工业企业普遍建有研发机构，建有率达到95%以上，规模以上工业企业建有研发机构率达到40%以上。至年底，佛山市共建有各级工程中心1310家，其中省级工程中心287家、市级工程中心463家、区级工程中心560家；省级工程中心总数排名全省第二。全年全市企业申报省、市级工程中心的热情持续高涨，省级工程中心申报93项，同比增长50%，获批84项；市级工程中心有效申报数142项，同比增长69%，获批126项。

（曲军恒）

科技推广与服务

【综述】 2015年，佛山市科学技术协会（简称“佛山科协”）按照“增强信心、实干求效、协同努力、创新发展”的科协工作理念，认真贯彻《中共佛山市委办公室　佛山市人民政府办公室关于加强新时期我市科协工作的实施意见》，积极履行科协职能，开展科技服务、科学普及和科技推广工作，努力开创科协工作的新局面，大力营造大众创业、万众创新良好社会氛围。

【科协组织参与科技活动】 2015年，佛山市科协发挥科协组织智力优势，组织参与各项科技活动。2015年6～8月，佛山市科协联合团市委等有关部门成功举办“第二届佛山青年创新创业大赛”，组织185个青年创新创业项目中的优秀团队与投资机构进行对接，助推全市形成“大众创业、万众创新”的浓厚氛围。年内，佛山市科协组织佛山市多个科技社团到深圳深港产学研基地等多个地方进行实地调研，重点走访家具、纺织、陶瓷等佛山传统产业的企业，调研企业发展现状和“互联网+”应用情况，召开“互联网+”传统产业研讨会，完成《推进“互联网+”家具产业建议》调研报告并向市政府提交，成为科学决策依据。联合广东省珠江文化研究会开展“佛山在海上丝绸之路中的定位”项目，研究佛山陶瓷、丝绸、冶炼的历史脉络和产业发展状况，厘清佛山在“一带一路”建设中的定位，树立佛山“第一港”的品牌。联合广东园林学会举办以“佛山绿化再升级”为主题的市领导与院士专家座谈会，组织院士专家为佛山绿化建设、城市升值建言献策。配合广东省科协开展“珠江西岸先进装备制造业发展”调研，并完成调研报告。

【科技服务助推企业转型升级】 2015年，佛山市科协融入和实施广东省科协“千会万企金桥工程”和“海智计划”，为企业提供科技服务。会同广东省科协共同调研了中德工业服务区、金融高新区、佛山高新区等重大战略平台，了解科技园区引进海外人才方面的需求与建议，为建立“海智计划”工作站、工作基地，运用“南粤海智网”收集和发布人才需求打下基础。依托省科协院士联络中心，积极为院士工作站提供有关技术服务，2015年新申请建站企业10家，至年底，有8家通过审批。新增省、市共建学会科技服务站2个，共计建成学会科技服务站6个。支持佛山市茶花协会、机械工程学会的科技服务站开展科技服务。支持市纺织丝绸学会开展中压蒸汽集中供热状况调研，为中小纺织企业提供环保、经济的发展思路。支持市标准化协会开展“联盟标准促进佛山市传统产业集群转型升级的研究”项目，为企业的创新发展提供科技服务。指导市高新技术应用研究会与有关单位签订3D打印技术培训、技术研发等服务协议。

实施佛山版“学会能力提升计划”，组织自然科学类扶持社会组织发展专项资金的申报评审和绩效考核工作，使用财政资金50万元重点扶持5个学会开展科技服务和科学普及活动。指导市高新技术应用研究会完成“高分子材料3D打印等技术的科技服务及教学平台”项目，举办10场以上面向企业科技人员的技术培训班，建立高分子材料3D打印技术网络教学平台，受益人数约1000人，参与项目的科技人员公开发表论文7篇。指导市机械工程学会调研工业机器人发展状况，撰写“加快珠江西岸先进装备制造业发展六市一区协同创新机制研究”报告。

【基层科普行动计划实施】 2015年，佛山市科协实施“基层科普行动计划”，促进科技惠农益民。完成“千会服务千村”行动年度工作及优秀项目申报组织工作，高明区蔬菜协会和三水区芦苞镇养猪协会获全国科普惠农兴村计划奖补资金，禅城区丽银社区及顺德区振华社区获全国科普益民计划奖补资金。

【青少年科普工作】 2015年3月，佛山市科协组织佛山市师生参加第30届广东省青少年科技创新大赛，获得一等奖13个、二等奖17个、三等奖18个，再次蝉联全省冠军。8月，组织参加第30届全国青少年科技创新大赛，参赛项目获得一等奖3个、二等奖5个、三等奖3个。11月，市科协和市教育局、科技局联合举办第31届佛山市青少年科技创新大赛，全市共240所学校2000多个项目参加了基层选拔，各区选送的市赛项目200多项。此外，市科协还组织佛山市各区中小学参加第15届省机器人大赛、第3届全省科技创新能力实践赛，成绩喜人；联合有关部门主办2015年全市青少年海模、车模、空模及建模比赛，吸引数千名学生及辅导员参加。

开展“大手拉小手”科普报告巡回演讲活动，邀请中科院老科学家科普演讲团的8名专家在佛山市各区大中小学及图书馆等公众场所举办科普报告演讲活动78场，受众达2万多人次。举办2015年全市青少年科技辅导员培训班，邀请清华大学高云峰教授为113名科技辅导员进行培训。举办10期“佛山市青少年科技创新沙龙”，利用2个青少年科学创新实验室组织科技辅导员培训，总计受众达600多人次。组织50位优秀学生参加中国科协、教育部主办的全国高校科学营活动。

【农民、居民科普和公众主题科普活动】 2015年，佛山市科协组织“第17届中国科协年会——科学家科普报告行”活动3场，包括邀请中国工程院院士王陇德到市机关大礼堂给公务员做慢性病防治和自我保健科普报告；邀请中国科学院院士杨元喜分别为佛科院学生和广大市民做北斗导航科普报告。2015年“科技进步活动月”期间，组织4场共200多人次专家送科技到基层活动，免费提供健康义诊、农技咨询、农业种子及化肥领用等一系列服务，免费派发新品种蔬菜种子价值1万多元，发放《食品安全宣传手册》等各种科普读物2万多份（册），举办多个专题的科普挂图宣传。在“全国科普日”期间，联合各区科协、全国科普示范社区、市级科普基地、科学特色学校开展以“万众创新，拥抱智慧生活”为主题的系列科普活动，组织200多名市民代表参加“佛山科普基地一日游”等活动；同济小学等11家中小学开展青少年科学调查体验活动，共有11510名学生参与其中。依托科技社团，组织动员佛山市一批优秀科普志愿工作者组建佛山科普报告团，开展“佛山科普快车”公众科普活动60场次，举办动漫画、科学DV比赛等活动。

【科普示范区建设】 2015年，佛山市科协结合工作实际认真开展创建全国文明城市活动宣传，夯实全市的科普资源建设，联合各区科协在所有镇街建立科普活动室，充实科普展示内容，顺利通过创建全国文明城市国检复评。指导海天调味食品股份有限公司、高明盈香生态园及佛山科学馆成功申报并获批全国科普教育基地，建立市级科普特色学校4所。积极推进“2016～2020全国科普示范区”创建活动开展，禅城区、高明区获得“2016～2020全国科普示范区”称号。委托广东省科普中心开展全市公民科学素质调查，为制订“十三五”时期佛山市公民科学素质行动规划提供参考。

【科协学术建设与交流】 2015年5月，顺德区科协承办以“‘机器换人’与智能制造”为主题的中国科协年会分论坛活动，佛山市科协组织有关人员参加中国科协年会开幕式活动及相关的国际科学大师论坛、两岸四地论坛、智能社会大师论坛活动。在广东省科协第13届广东省科协学术活动周期间，佛山市科协组织动员10多个学会举办17场次高层次学术活动。此外，市科协还支持市陶瓷学会、信息协会、纺织丝绸学会、中西医结合学会等举办多场高层次学术活动。

【科技人员职称评审及继续教育】 2015年，佛山市科协统筹安排各类专业技术人员培训班139期，向全社会发布《2015年佛山市科协系统专业技术人员继续教育计划》，其中技术创新暨职称公需课培训班6期、300学时以上基础理论培训班3期、工程及综合类培训班64期、医学类培训班71期。认真做好职称申报材料的受理工作，共接收材料160多份，组织职称评委于12月召开机械、工艺美术、纺织、轻化等4场职称评审会议。

【科技人员交流】 2015年，佛山市科协多次组织所属学会赴深圳、中山、珠海等地，学习当地科协及所属学会的先进经验，指导学会的改革与发展。联合东莞市科协在佛山召开学会工作交流会，近40个学会参加交流，围绕如何争取政府职能转移、扩大学会经费收入、与行业协会的竞争合作等问题，进行探讨研究。组织科技人员参加首届中国科协发展理论研讨会，并撰文交流。

（王月新）

社会科学

概　况

【综述】 2015年，佛山市社会科学界联合会（简称“佛山市社科联”）继续做好“桥梁”和“纽带”的角色，通过送书下乡、送讲座下基层、知识竞赛等方式推进社会科学普及工作，借助《佛山研究》《学习天地》等刊物做好理论宣传与社科知识普及。增加对社科类社会组织的资助力度，激发社会组织活力。坚持对社科类社会组织进行服务引导，推动社团建设规范化、上水平。社科联自身机构建设取得突破，完成人财物单列，正式成为一个真正独立运作的单位。

【社科普及】 2015年6月，为解决基层群众看书难问题，提升基层群众的文化水平和素养，佛山市社科联购置政治、经济、文学、历史等方面书籍，分别送到禅城、高明、三水多个基层单位，供群众借阅。邀请市内外专家学者围绕中央、省、市领导重要讲话精神和社科理论热点，深入五区基层开展讲座活动。8月，举办社科知识竞赛，通过传统媒体与现代媒体相结合的线上线下双管齐下的形式，较大范围地调动市民参与社科知识宣传普及的热潮。鼓励、引导和组织社科类社会组织开展社科普及活动，如市律师协会开展依法治国专题社科普及活动，市演讲与口才学会定期举办演讲沙龙，市语言艺术研究会通过诗歌朗诵会普及名家经典活动等。通过《佛山研究》《学习天地》等刊物刊载大量宣传解读文章，为阐释重大理论、宣传形势政策做出贡献，又以服务地方社会经济发展为主要任务，成为地方热点问题研究与宣传的重要阵地。借助“佛山社科理论网”及时发布市内外社科资讯、传播社科知识、展示社科风采、交流社科经验，2105年，佛山社科理论网更新发布社科信息10余万字。继续扩大“南风讲坛”的影响力和覆盖面，坚持以传播人文知识、弘扬人文精神为宗旨，以人们关注的热点话题为内容，坚持科学性、人文性、时代性、大众性，让基层群众和广大市民共享文化资源。开展“社科普及周”活动，11月，市社科联联合禅城区委宣传部积极发动市直部门、各高校、禅城区直有关单位、社会组织和广大社科工作者，通过走进基层，坚持贴近实际、贴近生活、贴近群众的原则，宣传社会主义核心价值体系，与群众面对面开展社科普及活动。

【社科类社会组织建设】 2015年4月，为加强与高校、社会组织的沟通交流，有效解决社科发展中遇到的困难，市社科联分别对佛山科学技术学院、顺德职业技术学院、市演讲与口才学会、市社会工作研究会等高校和社会组织进行调研，就如何创新社科联的工作，解决社会组织发展过程中的困难，如何促进社会组织工作水平提升，调动社科工作者更好地围绕市委、市政府的中心工作等内容进行深入交流。增加对社科类社会组织的资助力度，激发社会组织活力。坚持强化对社科类社会组织的服务引导，推动社团建设规范化、上水平。继续对社会组织进行有竞争性的资助，为部分社科类社会组织开展业务活动、加强自身建设提供有效的帮助。根据《佛山市级社科类社会组织发展专项扶持资金绩效考核评估细则》，通过市财政社会组织发展专项扶持资金和社会组织活动资助资金，投入一定数量的资金用于资助10个左右的社会组织开展活动或完善自身建设。

【《广东省社会科学普及条例》的贯彻落实】 2015年是《广东省社会科学普及条例》颁布实施的第一年。佛山市各区委宣传部（社科联）、高校及社科类社会组织认真履行职责，广泛宣传、学习该条例，落实该条例规定的各项保障措施，强化社科普及基础建设，依法推进佛山社科普及事业健康发展。

【“十大城市文化名片”评选】 2015年8月，佛山市社科联与广东省社科联、广东省文化学会联合打造“省社科专家话文化名片”活动。市内外专家学者对佛山文化名片进行盘点和提炼，经过网络投票，最终选出祖庙、西樵山、黄飞鸿、康有为、佛山醒狮、石湾公仔、佛山武术、佛山粤剧、佛山秋色、顺德美食为佛山“十大城市文化名片”。

佛山武术是佛山“十大城市文化名片”之一。

【佛山市社科联机构建设】 由于历史原因，佛山市社科联原是全省21个地级市社科联中唯一人财物没有独立的正处级单位。2015年6月，经佛山市委同意、市编委办研究批准，市社科联人财物单列，正式成为一个真正独立运作的法人单位，为各项业务工作有序开展提供了坚实的组织保障。10月12日，佛山市社会科学界联合会七届二次全委会顺利召开。会议听取并审议市社科联工作报告，并按照市社科联章程进行选举，邓翔当选为市社科联第七届委员会主席。

（淦述卫）

社科研究

【社科规划立项】 2015年4月，佛山市哲学社会科学规划项目向社会进行公开招标。申报课题数量较以往有较大幅度提升，提交评审的项目（含同一项目多人申报）共计317个，其中“重点项目”16个、“一般项目”44个、“青年项目”156个、“立项不资助项目”101个。5月，组织专家对社科规划项目进行评审。评审专家遵循科学、严谨的态度，不压制不同学术观点和其他专家意见的原则，按照“项目选题内容及意义”“研究基础及能力”“研究思路及提纲”等指标，分为“经济”“社会管理法治”“教育文化”3个小组。各小组组织小组讨论并独立打分和签名确认。按照《佛山市哲学社会科学“十二五”规划2015年度社科规划项目招标通告》要求，以专家评分为依据，适当平衡各高校立项情况，经评委会评定，共立项128个。其中，杨书群的《工业4.0战略与佛山工业转型升级研究》等8个项目以“重点项目”进行立项（原计划10项，其中2项因没人申报予以撤项），殷红军的《佛山金融科技产业融合发展与城市升值研究》等20个项目以“一般项目”进行立项，符茂的《高职职业生涯规划平台建设实证研究——以佛山市为例》等20个项目以“青年项目”进行立项，安海波的《摄影史视野下的佛山文化》等80个项目作为“立项不资助项目”进行立项。立项项目经费共计54万元，其中重点项目每项资助3万元，8项共计24万元；一般项目每项资助1万元，20项共计20万元；青年项目每项资助5000元，20项共计10万元。

【重点社科课题研究成果汇编】 2015年3月，佛山市社科联将2014年立项的市重点课题汇编成册——《佛山市重点课题研究成果汇编（2014）》，并提供给市领导参考及相关部门交流使用。研究成果的主要内容有“佛山发展模式与经验研究”“新型城镇化与佛山农村基层治理”“做大做强佛山市装备制造业研究”“佛山市打造人民满意政府理论探讨及实践研究”和“做大做强现代服务业促进佛山城市价值提升研究”等。每一个课题的课题组立足市委、市政府全年工作重点，以课题负责人为核心，组建专家团队，立足佛山本地实际，组织课题组开展调查研究，对课题的研究对象进行了系统的回顾和总结，同时也进行原创性、前瞻性的研究和探索，全面地反映佛山实际。做到以第三方的视角，站在更高的层面，系统分析和深入总结佛山市经济社会发展情况与经验，并对佛山未来经济社会发展提出建议性的意见，使其对佛山科学发展有现实的指导意义。

【人文社科研究丛书】 2015年，佛山市第三批人文社科研究丛书《明清佛山北帝崇拜习俗研究》《佛山诗歌三百首评注》《佛山私伙局研究》和《发现佛山》等4本专著由中山大学出版。6月，为进一步挖掘佛山地方优秀历史文化，市社科联启动佛山市第四批人文社科研究丛书编撰工作。书目征集到35套申报材料，经专家评审，确定对《佛山历史村落研究》《佛山企业家（佛商）文化研究》《佛山家风家教文化研究》《佛山木版年画研究》和《佛山养生文化溯源》等5本书目进行资助，以进一步推动对佛山地方历史文化的挖掘。

【广东社会科学学术年会佛山分会场会议】 2015年10月30日，2015年广东社会科学学术年会佛山分会场会议在佛山科学技术学院召开。来自全省各个院校的近百名专家聚首佛山，就“地方特色文化的研究与传承”主题交流碰撞。此次会议由省社科联主办，佛山科技学院（佛山岭南文化研究院）、佛山市社科联、韶关市社科联承办。会议以“地方特色文化的研究与传承”为主题，收到全国各地100多名专家学者的80多篇论文。会议除了主论坛外，还设置了“广东非物质文化遗产”“广东文学与艺术”“广东历史与文化”以及“地方文化创意与精神文明建设”4个分论坛。不少专家学者对佛山地方文化给予关注。佛山艺术创作院文化与艺术理论研究部副主任朱郁文分享了对佛山文明基因的理解。佛科院副教授冯娟则通过分析佛山武术文化建设存在的问题，建议整合资源，筹建“佛山市武术博物馆”和“中国功夫文化发展研究中心”，让特色武术进入校园，走出一条武术产业化发展道路。

【地方历史文化特色项目】 2015年8月，佛山市社科联根据《广东省哲学社会科学“十二五”规划2015年度项目申报通知》，向全市征集“地方历史文化特色项目”。共收到华南师范大学、华南理工大学、佛山科学技术学院3个单位的7个申报项目。经专家评审，向省社科联推荐佛山科学技术学院文际平的《近代文化视域下的岭南寓言探赜》、华南理工大学陈希的《互联网+公共文化服务语境中的佛山非物质文化遗产保护与活化研究》。12月，广东省哲学社会科学“十二五”规划2015年度地方历史文化特色项目立项名单公示，文际平的《近代文化视域下的岭南寓言探赜》获得立项。

【社科成果数据库】 2015年，佛山市社科联收集整理2010～2015年全市哲学社会科学的研究成果，按论文、专著、调研报告等分类，可根据作者、单位、时间、标题、学科类别等关键词等进行检索。至年底，共收录研究成果1200余篇，2000余万字，内容包括哲学社会科学各个学科门类。成果数据库的建立，方便社会各界查阅交流社科资料、了解全市社科动态，更好地向外界展示全市社科研究成果，增强社会科学工作的影响力和覆盖面，从而促进社科成果转化。

【佛山岭南文化研究院】 2015年3月，佛山市社科联联合佛山科学技术学院共建佛山岭南文化研究院，使其成为校、政、企和产、学、研协同的创新平台、文化传承的地方发展智库和开展对外文化交流的高端平台。年内，研究院面向省内外招标课题25项，并成立广东省内高校首个大学生“岭南非物质文化遗产研习社”。

（淦述卫）

党校教育科研

【干部教育培训】 2015年，佛山市委党校坚持“党校姓党”的根本原则，把正确的政治方向作为办学第一要求。全年共完成培训班236期54324人次，其中计划内班次103期38859人次、计划外班次133期15465人次。

党校主业主课。突出党的理论教育和党性教育主课地位，确保主课课时占比不低于总课时的70%（其中党性教育课占总课时的20%以上），全年进入课堂的理论教育和党性教育课程达20多个。通过多种方式引导学员认真学习马克思主义基本原理，深入学习中国特色社会主义理论体系，并将总书记习近平系列重要讲话精神以及十八届三中、四中、五中全会精神纳入培训内容，对学员进一步强化理论武装。党性教育重点开展党章、党的宗旨、党规党纪、党的优良传统、党风廉政建设等教育，引导党员干部增强党的意识。积极探索党性教育的特色规律，挖掘地方特色教学，在科级任职班、中青班、军转干班等班次安排一周时间到井冈山或瑞金进行党史党建专题调研和现场体验式教学，作为党性教育的重要方式。安排部分班次以“学习弘扬焦裕禄精神”为主题，赴兰考进行体验式教学。邀请纪委、检察院、审计等部门领导讲授廉洁从政课程，并安排学员参观廉政教育基地，强化学员的纪律规矩意识。

党校的培训实效性。依据干部的需要，把全年培训划分为87个项目，将区级主体班纳入计划，设置4个项目8个班次，逐步扩大佛山市干部教育覆盖面。按照坚持全面深化改革，再创体制机制新优势的要求，开办市直单位和各区正处级领导干部深化改革（广东省委党校）专题研讨班；按照坚持稳增长调结构，促进经济持续健康发展精神，赴哈尔滨工业大学开办装备制造业发展专题培训班；按照坚持“治以法尊”，不断提高治市理政水平精神，开办立法工作专题培训班；按照坚持优化城市环境，促进城市价值全面提升精神，开办城市价值提升和城市更新专题培训班；按照坚持保障和改善民生，不断提高人民满意度精神，开办创新基层社会治理培训班；按照坚持抓好党建主业，开办区域化党建专题培训班。根据学员需求，开展有针对性的业务知识培训，帮助学员提高专业素养。同时，开设哲学、艺术、军事、保密、心理健康等科学人文素养方面的课程，帮助学员加快知识更新、优化知识结构、拓宽眼界视野。

干部教育质量与水平。通过建立优质师资库，选择思想政治素质过硬、实践经验丰富、理论水平较高的领导干部、企业经营管理人员、专家学者、先进模范人物和优秀基层干部等担任授课教师，采用“三个三分之一”的师资配备模式，实现师资优势互补。2015年，到校授课的领导达95人次、一线干部76人次、专家学者268人次。通过挖掘主办单位教学资源，专题班专业课及现场教学点交由主办单位负责的方式，增加了如逢简水乡现场教学点等一批专业性和针对性强的现场教学点。

拓展计划外培训。全年完成计划外培训班次133期15465人次，其中，市内97期，占比82%。坚持党性锻炼、能力提升和业务培训并重，共举办各类党性修养、综合能力类培训班65期次，占55%，其中组织赴焦裕禄干部学院、井冈山、瑞金进行党性修养锻炼11期次；举办各类业务培训班54期次，占46%，体现了计划外培训服务本市、服务基层、突出党性教育的特点。

强化学员管理，凸显考核新要求。通过改善综合信息管理平台的管理功能，严格执行规章制度，严格考核，使学员管理更加科学、规范。

市委党校到顺德区黄连社区调研基层治理问题。

【党校科研】 2015年，佛山市委党校科研成果共293项，其中：学术理论类101项，占科研成果总量的34.5%；咨政研究类70项，占成果总量的23.9%；宣传研究类114项，占总量的38.9%；教学研究类8项，占科研成果总量的2.7%。全年公开发表学术论文共29篇，其中国家级论文3篇、国家级研讨会入选论文1篇。首次获广东省哲学社会科学“十二五”规划2015年度资助项目立项，实现科研工作的重大突破。

搞好咨政研究，发挥好党校智库作用。围绕

市委关于改革发展的一系列实践问题开展调查研究，在参与全市构建“1 + N + X”区域化党建工作新格局中形成咨政研究成果6项。通过市委办的《信息与交流》平台，上报科研咨政成果20篇，其中《佛山建设自贸区复制区问题研究》得到市委书记批示、《关于佛山承接广东自贸区电子商务的建议》被刊登并上报省委。创新思想库课题则针对市委、市政府的长期性重点工作布置，侧重于研究时长为一年或一年以上的中长期项目，与即时性课题形成错位格局。2015年有4项创新思想库课题获得立项，分别涉及土地入股的法律问题、粤桂黔高铁经济带建设、开放型经济、社会力量参与公共文化等方面。启动建设“党校+党报”地方特色新型智库，努力推进党校创新探索。

搭建学术研讨平台，推动成果分享交流。通过校内学术研讨平台组织2次课题成果报告会，组织校内专家做现场点评，引导教师互动交流。邀请省社科联和省委科研处领导就课题申报、科研工作进行辅导。组织教师参加第六届“广佛肇一体化发展研讨会”，共撰写论文28篇，其中参会论文26篇；参与三地联合课题完成会议主题报告《高铁时代的广佛肇一体化》并做大会发言。强化《佛山研究》《调研快报》“两刊”发表平台，《佛山研究》全年约稿40多篇；改版后的《调研快报》全年编发7期，刊登的内容突出反映佛山地方特色，使之与新型智库建设拉近对接。

（谭文锋）

党史研究

【党史理论学习】 2015年，佛山市党史系统先后重点学习了总书记习近平关于党的历史和党史工作等重要论述，全面理解中央提出的深化党史研究、全面推进开创和发展中国特色社会主义时间段历史研究，充分发挥党史工作以史鉴今、资政育人作用等新形势下党史工作任务，并及时作出工作部署和安排，以适应党史工作的新要求。在“读原著、写心得——深入学习习近平总书记系列重要讲话精神”活动中，市委党史研究室2人所撰写的心得被市委宣传部评为优秀文章。

【特色社会主义时间段佛山党史的征集研究】 2015年，佛山市各级党史部门逐步推进中国特色社会主义时间段在佛山的党史征集研究工作。一是围绕中国特色社会主义时间段开展中共佛山历史的研究工作。《佛山改革开放35年大事纪要》写出初稿35万字。继续开展《佛山改革开放实录》18个专题的撰写、组稿工作，指导市直党史联络员开展征集史料、编写。完成广东省委党史研究室《广东改革开放实录》2篇专题编撰及组稿任务（其中1篇由顺德区委党史研究室负责撰写）。开展党史三卷（1978 ~ 2002）资料征集，全市各级党史部门分别开展党史三卷的资料征集，为编纂打基础。其中，禅城区委党史研究室写出43个题目10多万字的文字材料；顺德区委党史研究室在写出初稿的基础上，进行修改、补充、核实工作；南海、三水区委党史研究室分别采访了一批知情人、经历者；南海区党史研究室着手开展本地《改革开放实录》专题的编写。二是开展年度党史大事记的征编工作。市委党史研究室撰写出2011 ~ 2015年佛山党史大事记初稿，约25万字。及时征集市委第十一次代表大会及历次全会的文件资料，为2016年编印文件汇编做好前期准备工作。禅城、三水区委党史研究室也分别完成2015年、2014年度的党史大事记征编工作。

【《佛山市抗战时期人口伤亡和财产损失》重新修订】 2015年，佛山市党史工作部门按照中央、省委党史研究室的部署和要求，严格按照全省“抗损”B系列书稿审核编纂工作会议精神，市、区两级党史部门大力协作，从严治史，从严把关，对《佛山市抗战时期人口伤亡和财产损失》原有的调研成果进行重新核实、修改、订正。多次反复校核大事记、档案资料、文献资料、口述资料、伤亡人员名录、统计表、调研报告，确保书稿质量。全书收录33.6万字，于2015年12月底形成修订稿本，送省委党史研究室审核。

【党史书籍的编辑出版】 2015年，佛山市各级党史部门先后编辑出版一批党史书籍，较好地深化党史研究成果。禅城区出版了《中国共产党佛山市石湾区历次代表大会文件汇编（1984 ~ 2002）》、高明区编辑出版了《罗志烈士传》《高明历史文化丛书·高明人物》《高明百年，以史鉴今》等书。

【党史联络员制度】 2015年，佛山市党史工作继续完善在2014年已建立起的党史联络员队伍制度，进一步推进“大党史”工作格局。6月8日，召开全市党史工作会议，市委常委、组织部部长李雅林出席会议并作重要讲话，全市党史部门和市直有关单位党史联络员、分管领导及《佛山改革开放实录》撰稿人共90多人参加会议。此外，南海区委党史研究室在各镇（街）、区直各部门共66个单位建立党史联络员制度，并将《南海改革开放实录》首批20个专题撰写任务分解到相关单位。

【党史资政服务】 2015年，佛山市委党史研究室撰写9000多字的“佛山党史大事辑要”，分6期刊登在市委宣传部编辑的《学习天地》，帮助全市基层党支部和广大党员学习了解市委的决策部署；为市公安局、中山大学政治与公共事务管理学院“从佛山看中国”课题组等单位提供党史资料和党史咨询；结合中国人民抗日战争胜利暨世界反法西斯战争胜利70周年纪念活动，对佛山抗战纪念设施和遗址的修缮保护提出合理建议。此外，各区党史研究室也结合实际，开展党史资政工作。如顺德区在公务员、雇员初任培训班上讲授地方党史，协助区委组织部筹办并布展北滘村委会村史展览室。

【党史宣传教育】 2015年，佛山市党史工作以中国人民抗日战争胜利暨世界反法西斯战争胜利70周年、佛山市构建“1 + N + X”区域化大党建格局为契机，发挥自身优势，开展形式多样的党史宣传教育活动。

在进村双联工作中，市委党史研究室围绕“两个一”服务（办好一个党史宣传专栏，上好一次党史党课），为双联点顺德区乐从镇小涌村提供有特色有实效的双联服务。在中国共产党成立94周年、中国人民抗日战争胜利暨世界反法西斯战争胜利70周年之际，先后制作2期宣传海报资料，向小涌村村民宣传中国共产党和佛山党组织创建的历史，宣传全国人民和佛山人民的抗日历程。此外，还将市委党史研究室编辑出版的《广东省革命遗迹遗址通览（佛山市）》等书籍共50册赠送给小涌村委会，宣传佛山党史。

市委党史研究室与市委宣传部共同主办“铭记——追寻佛山抗战足迹”活动，先后组织2场重走佛山抗战足迹的活动，组织全市200多名青少年和市民走访抗战纪念馆、抗战纪念公园、抗战纪念碑，现场讲解佛山抗战历程故事。还专门编辑印制佛山抗战足迹史料小册子，派发给参与活动的市民和青少年。

由市委党史研究室牵头，与市委组织部、市委宣传部、市直属机关工委、市教育局、团市委等部门联合发文，组织观看中共党史题材故事片《冲锋号》和文献纪录片《没有共产党就没有新中国》，电影放映范围包含市、区、镇（街道）及各有关单位、学校，较好地发挥党史宣传教育作用。

五区党史部门也积极发挥本部门优势，充分利用党史资源，做好党史宣传工作。禅城区、顺德区委党史研究室先后为新闻单位提供党史资料。南海区、三水区委党史研究室通过送书下基层的形式，将编辑出版的党史书籍送至各有关单位及镇（街道）和老领导手上，让广大党员、干部、群众和青少年更好地了解党史，知史爱党，知史爱国。

【党史业务工作指导】 2015年，佛山市委党史研究室关心和支持五区党史部门的工作，为五区党史工作的推进出谋划策。为南海区建立党史联络员制度、禅城区筹办罗登贤烈士诞辰110周年座谈会等工作给予及时帮助和指导；适时召开业务培训会、交流会，指导基层党史部门开展党史资料的征集、研究、编写和党史宣传教育工作，促进基层党史业务工作顺利开展。同时，市委党史研究室业务科室也不定期联系各区，了解工作开展情况。

（何燕玲）

教　育

概　况

【综述】 2015年1月，全国有37个地区（其中广东省2个）成为建设国家特殊教育改革实验区，佛山市是其中一个。5月，佛山市成为全国首个地级市建设全国规范化家长学校实验区。6月，佛山科学技术学院承担省委、省政府建设广东省高水平理工大学的任务。7月，佛山市成为全省首个获得省政府批准开展现代职业教育综合改革示范区创建工作的城市。10月，禅城、南海、高明、三水四区顺利通过广东省首批责任督学挂牌督导创新区省级评估验收。11月，全面完成义务教育民办学校标准化建设的任务，实现全市全部公办、民办义务教育学校建成标准化学校的目标。南海区获“全国教育信息化创新应用典范区域特别实践奖”（全省仅2个区获奖），年底，教育部在南海区召开2015年度全国基础教育信息化应用现场会，向全国推广佛山市教育信息化应用经验。12月，佛山市现代职业教育体系建设试点项目获联合国“2015中国城市可持续发展范例奖”，成为全国3个获奖城市之一。2015年，佛山教育以办人民满意教育为宗旨，以问题为导向，取得卓越的教育综合改革成效，经20万名市民投票、大众评议、舆情调查、专家评审，佛山市教育局获2015年佛山口碑榜行政服务榜最佳口碑单位第二名。

2015年，佛山市教育系统全面落实党风廉政建设主体责任和监督责任，严肃查处损害群众切身利益的违规违纪行为，全年办理信访投诉58件，涉及学校61所次，其中基本属实20件、失实38件。发出违纪违规情况通报2期，诫勉谈话3人，行政警告处分1人。

【教育发展规模】 2015年，佛山市各级各类学校1508所，其中普通高校3所、成人高校6所、中职学校48所、普通高中60所、初中139所、小学407所、幼儿园（含部分托儿所）839所、特殊学校6所。各级各类学校在校生121.5万人，其中基础教育在校生115.7万人，占佛山市在校生总数的95%。在各级各类学校中，民办学校（教育机构）830所，其中幼儿园492所、小学45所、初中39所、普通高中14所、中职学校11所、社会培训机构229所，民办学校在校生超过33万人，约占全市在校生总数的28%。各级各类职业培训累计完成60万人次的培训任务。

【教育普及水平】 2015年，佛山市学前儿童、义务教育入学率保持100%，学前教育、初中教育、高中教育、高等教育毛入学率分别达到138.5%、110.6%、113.9%、63%。全市100%的义务教育阶段学校为广东省标准化、规范化学校。普通高中优质学位保持100%。职业教育优质学位85%，省级以上重点专业43个。高等教育毛入学率63%，比“十二五”时期提高3.1%。

【教育投入】 2015年，佛山市教育经费投入201.47亿元，比上年增加33.48亿元，增长19.92%。全年教育财政预算支出进度为97.11%，超额完成年度91%的目标任务。2015年佛山市免费义务教育财政拨款标准（含书本费）为小学每生提高到1370元、初中每生提高到2276元。2015年核拨免费义务教育资金共计10.7亿元，受惠学生人数66万人。

【佛山市首个由房地产开发商出资配建公办学校】 2015年7月6日，位于南海里水镇沙涌的绿地小学正式进行移交，成为佛山市首个由房地产开发商出资配建并无偿交给政府办学的公办小学。里水镇绿地小学由绿地集团出资，作为楼盘配套的教育设施，建成后无偿移交由里水镇教育行政部门办学。

2015年3月，佛山市教育局、市住房和城乡建设局联合发布《佛山市城镇新建住宅区配建教育设施管理暂行办法》，明确要求新建住宅小区符合规划要求的必须配套建设小学、幼儿园，由开发企业代建后无偿将产权移交当地政府，由政府统筹并交由本区教育行政主管部门使用和管理，办成公办学校、公办幼儿园或免租金委托办成普惠性幼儿园。

（吴海桐）

各类教育

【学前教育】 2015年，佛山市政府出台《关于完善学前教育生均公用经费制度的意见》，形成“2015～2017年以每生每年递增300元”的增长机制，设立财政专项资金试点推行幼儿教师工资补贴制度，推进学前教育财政保障机制从奖补机制向分担机制转型。加强学前教育教师队伍建设，加大师资培训力度，建立幼儿教师持证上岗、学历提升资助制度。进一步完善学前教育机构管理、幼儿信息与学籍管理、信息公示和年检等工作机制，加强对幼儿园办园情况的动态监管，学前教育治理体系更加完善。出台《佛山市发展学前教育第二期三年行动计划（2014～2016年）》，围绕“扩大资源、调整结构、健全机制、提升质量”重点任务，制定6条主要措施，安排7项学前教育工程项目，进一步构建学前教育发展长效机制。2015年，全市规范化幼儿园覆盖率94.4%，等级幼儿园占全市幼儿园总数的81%，入园率保持99%以上；公益普惠性幼儿园占比近68%，服务幼儿超过18万人。

【义务教育】 2015年，佛山市制定《进一步推进义务教育均衡优质标准化发展的实施意见》，科学谋划义务教育新一轮改革与发展。发布《佛山市城镇新建住宅区配建教育设施管理暂行办法》，启动城镇新建住宅小区教育设施建设工作，建立城市总规、控规与教育设施专项规划同步编制和新建住宅与配建教育设施同步竣工验收机制。通过召开民办学校标准化建设工作现场会、采取竞争性分配方式向民办学校发放680万元市级专项资金、协调各区设立专项建设资金等有效途径，加快义务教育标准化学校建设步伐。全市义务教育公办、民办标准化学校覆盖率达100%，比上年提高31.3%。颁布实施《佛山市小学幼小衔接月工作指引（试行）》，引导全市小学科学实施幼小衔接月工作，完善素质教育工作体系。以集团办学、一校多区、校际联盟等形式，组建发展共同体，完善共同体学校自主管理机制，实现优质教育资源共建共享。

【普通高中教育】 至2015年，佛山市普通高中有省一级学校49所、市一级学校5所，优质学位均达100%，26所学校成为广东省国家级示范性普通高中，处于全省领先位置。全市普通高中继续向多样化特色化发展，不少学校在教育方式、课程改革、学科教学和文化内涵等方面逐步彰显各自特色和优势，生动活泼的优质多样特色化办学格局全面形成。教育品牌优势全面凸显，如岭南文化教育、英语教育、信息技术教育、艺术教育、体育教育、环保教育、健康人格教育、心理健康教育、知识产权教育、粤剧教育、龙狮武术、剪纸陶艺等特色，在不同学校迸发奇光异彩。不少学校办学特色独具一格，如佛山市第一中学的“小班化探索”、佛山市第三中学的“教育国际化”、南海区艺术高级中学的“艺术教育”等。佛山市9所面向全市招生的普通高中成为窗口学校，其中佛山市第一中学、南海区石门中学、南海区南海中学、顺德区第一中学等学校本科上线率继续保持在98%以上，有效引领区域内高中发展。

【职业教育】 2015年，佛山市继续以建设“集职业教育、技术培训、技能鉴定、职业指导为一体集约化现代职业教育基地”为目标，紧密结合产业布局，以“4＋1”组团模式建成由佛山职业教育基地总部（佛山职业技术学院）和禅桂基地、顺德基地、高明基地、三水基地组成的佛山市职业教育基地，创新性地形成符合佛山职业教育发展实际的校企合作管理体制和合作模式，为产业持续升级注入源源不断的动力。6月，佛山市获广东省政府批准创建现代职业教育综合改革示范市。职业教育更加注重内涵提升，布局结构得到不断优化，办学质量有明显提升。全市新增国家级示范中等职业技术学校 5 所、国家级重点中等职业技术学校 13 所、省级重点中等职业技术学校 12 所，中等职业教育优质学位达 85.02%。省级重点专业新增 24 个，中央和省财政支持建设实训中心（实训基地）新增 63 个。佛山市中等职业技术学校“双师型”教师占 71.21%，生均教学实训设备总值 8818 元，位居全省前列。各类职业教育年均培训量超过 35 万人次。

【高等教育】 2015 年，广东省高水平理工大学建设项目落户佛山科学技术学院，各项创建工作项目紧锣密鼓超常规推进，省、市、校三方签订高水平理工科大学共建协议，向全球发出高层次人才招聘启事，召开加快建设高水平理工大学推进大会，佛山中科协同创新研究院正式挂牌成立，省市共建研究生联合培养基地框架协议和基地、高校、企业三方合作协议顺利签署，佛山科学技术学院“升级”进程加速。组织省内各高校、各大中型企业申报研究生联合培养项目，遴选出首批研究生联合培养企业（研究所）20 个、联合培养科研项目 69 个，联合培养企业需要的高水平硕士生和博士生。佛山职业技术学院积极创建省示范性高职院校，顺利通过省示范校中期检查；学校作为牵头单位的光伏应用技术专业的“新能源类专业教学资源库”建设项目获教育部立项，在全国 22 个、全省 4 个立项建设项目中得分最高，奠定了该专业在全国同类专业的领先地位。顺德职业技术学院在全省 21 所高校中脱颖而出，被认定为广东省依法治校示范校，在 2015 国家示范性和骨干高等职业院校科研竞争力排名中位居全国第 13 名。

【社区教育】 2015 年，佛山市继续整合市民终身学习平台资源，加强社区教育基础能力建设。将佛山电大与佛山社区大学融合发展，打造具有佛山特色的开放大学，并发挥各级各类成人教育机构作用，推动佛山市民终身学习基地建设，逐步完善以市社区大学为龙头、区社区学院和街（镇）社区学校为骨干、村（居）社区学习中心为基础的城乡一体的市民终身学习服务体系。不断建设完善数字化社区教育。加强社区教育工作队伍建设。以人为本进行社区教育的课程设计和活动实践，形成有佛山特色的社区教育课程体系。全市有省级以上社区教育实验区 5 个、国家级农村职业与成人教育示范县 1 个，各级各类职业培训年培训 60 万人次。成功举办 2015 年“全民终身学习活动周”，评出首届 10 位“百姓学习之星”。成立社区教育理论研究机构，深入开展对社区教育的调查研究，于 10 月出版《佛山社区教育论文集》。全市五区顺利通过广东省社区教育实验区复评。

2015 年佛山全民终身学习活动周启动。

【特殊教育】 2015 年，佛山市获教育部批准为全国 37 个国家特殊教育改革实验区之一，残疾儿童少年合法教育权益得到切实保障。佛山市教育局出台《佛山市特殊教育提升计划（2014 ~ 2016 年）》，全面推进新一轮改革与发展。随班就读工作改革不断深化，全年新增特殊教育资源教室 13 个，全市符合标准的资源教室已达 37 个，认定随班就读基地学校 34 所，实现“一镇一室一基地”建设目标。健全适龄残疾少年儿童未入学实名制登记制度，对实名制登记适龄残疾儿童少年实行 100% 安置入学。2015 年，全市特教学生 1936 人，其中在校生 973 人（比上年增长 40%）、随班就读 507 人、接受送教服务 456 人。特殊学校标准化建设有新进展，佛山市启聪学校和南海区星辉学校改建扩建项目完成并正式投入使用。建立以佛山市启聪学校和顺德区启智学校为依托的市、区两级特殊教育支援服务中心，开展特教专题研究，为普通学校及随班就读任课教师提供专业支持服务。

【民办教育】 2015年，佛山市民办教育蓬勃发展。民办幼儿园教师培训制度化，自2015年起，佛山市委托继续教育学院对民办幼儿园教师进行每期1月的培训，2015年，150名民办幼儿园骨干教师参加培训，培训效果显著。出台促进民办教育规范特色发展实施意见，从政策层面引领民办教育规范特色发展。社会力量举办外国语学校的热情高涨，佛山市外国语学校、南海区外国语学校、佛山市北外附校三水外国语学校建成开学；广东外语外贸大学附设佛山外国语学校也于2015年9月建成开学。民办教育资源配置进一步优化，推动民办教育规范特色发展。

（吴海桐）

教育改革与发展

【教育综合改革】 2015年，佛山市深入推进教育综合改革，在全省乃至全国先行先试。

省级以上改革项目。在全省率先启动创建现代职业教育综合改革市工作，制定《佛山市创建现代职业教育综合改革示范区实施方案》，召开佛山市示范区创建动员大会，提出完善管理制度、构建综合治理体系等重点改革任务24项，全面铺开创建工作。12月，佛山市现代职业教育体系建设改革试点项目参加“联合国城市可持续发展范例奖”案例评选，经联合国开发计划署和新华社《瞭望东方周刊》两个主办单位组织调查，佛山现代职教体系建设改革试点项目在促进城市可持续发展的众多候选案例中脱颖而出，获评“2015中国城市可持续发展范例奖”。印发《佛山市建设国家特殊教育改革实验区实施方案》，建设国家特殊教育改革实验区，全市5个特殊教育改革创新项目被教育部批准实施，佛山经验被教育部推荐在全国特殊教育改革专题研讨会上发言。由市教育局公布《佛山市创建全国规范化家长学校实验区工作意见》，多维度建设全国规范化家长学校实验区。主动申报成为全国首批职教现代学徒制试点单位，深入推行“招生即招工、入校即入厂、校企联合培养”技能人才培养模式，为全省乃至全国提供经验。

市级改革项目。现代职业教育体系建设试点范围和规模继续扩大，将中职高职三二分段培养试点范围扩大到23所中等职业技术学校与省内16所高等职业技术院校共24个对接专业；高职本科协同育人试点2015级“专插本”，佛山科学技术学院共招收全省高职新生130人。出台《佛山市推进中小学教育质量综合评价改革实施方案》《佛山市中小学校长综合评价指导意见》，全市遴选32所中小学开展学业水平评价改革实验，实施中小学校长综合评价改革。研究制定《佛山市普通高等院校引进高层次人才实施办法》等5份文件，积极推进教育系统“培养人才、引进人才、服务人才”三项重点工作。

区级改革项目。禅城区稳步推进国家“县管校聘”改革试点，把教师积极主动参与校际流动与职称晋升、评优评先挂钩，促进教师队伍流动机制规范化、制度化、长效化；推进教育联盟建设专项经费竞争性分配工作，以点带面，打造区域优质教育资源集聚群，彰显品牌效应。南海区深化课程改革和学校特色创建工作，通过地方课程、校本课程开发与实施，促进区域教育优质发展；开展普通高中及义务教育阶段特色学校创建竞争性分配资金项目评选活动，21所中小学共获1500万元财政资金的扶持，学校内涵改革发展步伐加快。顺德区做好区统筹管理高中、高中多样化特色化发展等工作，打破二元管理带来资源分散、投入不一、学校同质化严重等问题，有效激发学校发展活力；推进教育管办评分离，厘清政校关系，减少对学校干预，落实与扩大学校办学自主权，成为全省唯一一个教育部教育管办评分离改革试点单位。高明区统筹教育资源，深入探索学区制办学；建立跨学段跨学科跨学校的教育联盟新模式，初步形成多校参与教学共同体和跨区教学联合体，探索“九年一贯制”办学体制，实现优质教育资源共建共享。三水区出台多个重要文件，实施“十大项目”建设，统筹使用各类专项经费758.3万元，扎实推进“国家级农村职业教育和成人教育示范县（区）”创建工作，顺利通过省级评审，为通过国家级评审奠定基础。

【教育教学质量】 2015年，佛山市加大教学改革力度，促进教育质量迈上新台阶。学校体育、艺术、卫生工作有新突破，全市52所学校建成国家级校园足球特色学校。全市中小学生体质健康标准合格率96%以上，其中优秀率为21%。高中学业水平考试优良率为86%。中职学校毕业生一次性就业率连续多年保持98%以上，高等教育毕业生初次就业率为93%。学生信息技术、中职技能、科技、英语、体育、艺术等方面的教育成绩位居全省前列，涌现出享誉全省乃至全国的教育特色品牌。2015年高考成绩位居全省前列。

【德育工作】 2015年，佛山市教育工作落实立德树人根本任务，强化以社会主义核心价值观为主要内容的德育教育，打造佛山德育品牌，15所学校承担的15个德育品牌培育项目试点工作通过中期验收。心理健康教育有新成效，佛山市第一中学等6所学校被评为省级心理健康教育特色学校，南海区九江中学被评为国家级心理健康教育特色学校。出台《佛山市创建全国规范化家长学校工作意见》，创新家庭教育互动平台，开展“微家书、传家风”活动，超11.5万人参与撰写微家书，点赞数近170万，传媒竞相以“佛山：一封微家书，温暖一座城”为主题进行相关报道。

【教学改革】 2015年，佛山市加强中小学日常教学质量监测，形成覆盖高中、初中和小学各学段的教学质量监控体系，先后开展中小学生阅读能力和数学综合能力等测试，以大数据引领中小学教育教学健康发展。深化课程教学改革，开发陶艺、剪纸、武术、龙狮、粤剧等佛山地方特色岭南文化系列地方课程，开发涉及书法、厨艺等领域校本课程。“有效教学”研究效益突出，全市中小学347项学科类课题立项，一大批优秀研究成果相继涌现。“高效课堂”建设努力破解“教师辛苦教，学生被动学习”的局面。“校本教研”内涵提升，2015年全市师生在省级以上比赛中，教师获国家奖54项、省奖134项，学生获国家奖215项、省奖361项，获奖数均居全省前列。

【教育科研】 2015年，佛山市出台《佛山市教育科研协作共同体实施方案》《佛山市教育科研示范学校开展现代化学校建设三年行动计划》《佛山市关于全国及广东省教育科学规划立项课题资助试行方案》等，促进教育科研发展。全年全市申报50个共同体项目，并进入项目评审阶段；全市17所教育科研协作共同体被认定为现代化学校建设试点学校。继续保持佛山市课题高层次立项数量和质量，省“强师工程”立项23个（重点项目4个、一般项目19个），全部项目获省财政资助；通过实施“强师工程”和课堂改革实验，积极开展教育科研培训学习、探讨交流等活动，促进佛山市专家型教师和基础教育一线教师专业成长。

【学校体育艺术卫生工作】 2015年，佛山市出台《佛山市学校体育三年行动计划（2015～2017年）》，确保全市100%中小学校按国家规定开足体育课和落实学生“每天一小时”体育活动。出台《佛山市校园足球实施方案》和《佛山市足球特色学校标准（试行）》，全市52所学校获批为国家级校园足球特色学校。佛山市在第14届省运会上获全省学校体育组一等奖。禅城区成为全国首个“快乐体操进校园”示范区。11月，佛山市教育局成功承办全省行进课堂器乐展演活动，佛山市13个队伍参加行进课堂器乐展演决赛，占全省参赛队的48%，获一等奖9个，占全省一等奖的60%。做好学校传染病防控工作，新开发并启用“佛山市学生健康监护系统”，全市97.7%的学校借此系统上报健康数据。

【考试招生制度改革】 2015年，佛山市实施优质普通高中按35%的比例招收指标生，鼓励区辖普通高中提高招收指标生的比例。全市公办普通高中全面取消招收择校生。中等职业教育继续实施分类招生，全市中等职业技术学校春季招生9772人。出台《2015年佛山市民办学校义务教育阶段初中招生工作意见》，启动实施民办初中取消笔试而采取面谈方式招生改革，确保教育优质公平。继续落实随迁子女异地中考政策，对随迁子女完全开放中职教育和民办高中教育。2015年全市普通高考人数仅占全省5.21%，高分层考生却占全省9.68%。第一批本科上线人数比上年增长18.23%，超出全省平均水平近10个百分点，本科以上上线人数增幅超出全省平均水平26个百分点。

【教育对外交流合作】 2015年，佛山市制定实施《佛山市2015年实施粤港合作框架协议工作要点》，并于2月由市教育局组织佛山科学技术学院和佛山职业技术学院及中等职业技术学校参加香港贸易发展局、香港文汇报社举办的香港“2015教育及职业博览·中国馆”展览活动，提升佛山市高等教育和职业教育在港澳台乃至海外知名度和整体形象。10月，组派佛山市第一中学师生代表团10人访问日本兵库县，与当地高中学校进行交流，并短期修学当地高中课程，为期一周。11月，佛山市与德国因戈尔斯塔特市协商，两市教育部门同意佛山市第一中学与因戈尔斯塔特市克斯斯塔夫－沙伊娜文理中学建立友好学校关系。另外，市教育局还协助安排俄罗斯纳罗福明斯特区代表团、澳大利亚汤斯维尔市代表团拜访佛山市第一中学、佛山市华英学校。不同国家间学生交流，开拓了学生国际视野。教师对外交流方面，佛山香港两地英语教师开展交流协作项目、开展课堂观摩、举办教师专业发展工作坊、举行教科研学术报告等活动，提升教师专业水平。

香港、佛山中小学校结对互助。

【教师队伍】 至2015年年底，佛山市中小学、幼儿园园长共有教职工9.6万人，其中专任教师7.15万人；幼儿园园长、教师18341人，小学教师23360人，初中教师14055人，高中教师8697人，中职学校教师4775人，特殊教育教师257人。幼儿园园长、教师大专以上学历占74.46%，小学专任教师大专以上学历占98.75%，初中、普通高中、中职学校专任教师本科以上学历分别占94.6%、99.51%、96.01%。佛山市基础教育教师学历达标水平位居全省前列。

【师德建设】 2015年，佛山市始终把师德建设摆在教师队伍建设的首位，出台《佛山市教育局关于全面加强和改进师德建设的实施意见》，正式启动师爱传播、师德师能提升、师德规范强化、温暖师心、师德制度“五大工程”建设。通过组织开展庆祝2015年教师节暨佛山市教育系统师德建设座谈会、优秀教师事迹巡回报告会等全市性大型师德教育活动，全面增强佛山市教师职业荣誉感和责任感，激励广大教师争当有理想信念、有道德情操、有扎实知识、有仁爱之心的“四有”好教师。

【教师培训培养】 2015年，佛山市启动全市有史以来规模最大、规格最高、时间最长的中小学教师培训，这次培训起点高、要求高、强度高以及前瞻性强、实践性强、探究性强，开设市特级教师和正高级教师培养班、名校长培养班、名教师培养班、名班主任培养班等培训班18个，有1200名学员参加培训。委托佛山科学技术学院对全市在职教师分两年招收150人进行教育专业硕士培养，分两年对佛山市1500名尚未取得大专及以上学历的幼儿园在职教师进行学前教育专业成人学历提升教育，市、区、镇三级给予适当奖补，提高教师专业素养和各项能力水平。

【校长教师轮岗交流】 2015年，佛山市出台《佛山市进一步推进义务教育阶段校长教师轮岗交流实施方案》，建立起校长教师定期交流制度，通过师徒结对、教学托管、挂职锻炼等多样化的形式，按照优先交流名校长和优秀校长、名教师和骨干教师的原则，实施优质学校与相对薄弱学校教师对口交流。全年全市1635名校长教师参加交流，占全市义务教育阶段教师5.8%以上，其中城区学校、优质学校教师交流轮岗占10%以上。全年全市选派2批共101名教师到云浮市各县、区进行支教帮扶，云浮市也选派教师到佛山市学校跟岗学习。

【教师职称制度改革试点】 2015年，佛山市充分发挥教师的主体作用，牢牢把握“依靠教师，充分发挥教师主体作用”关键环节，以政府职能部门为主导，充分激发全市广大中小学教师积极性、主动性和创造性，努力盘活师资队伍，在全省先行先试，积极开展深化中小学教师职称制度改革试点工作。全年全市完成42071名教师过渡登记工作，其中佛山市教育局直属事业单位43人、市直学校554人、禅城区5374人、南海区13393人、顺德区15548人、高明区2959人、三水区4200人。佛山市各区人社、教育部门联合纪检监察、财政等相关部门，成立中小学教师职称制度改革试点工作领导小组和工作机构，建立改革试点工作责任制和协调推进机制。9月，经学校竞聘、区教育局推荐，全市719人申请参加中小学高级教师职称评审，613人通过，通过率85.2%。

【智能教育工程建设】 2015年，佛山市继续加强智能教育工程建设。市教育局制定《佛山市“互联网+教育”发展规划方案（2015～2020）》。全市100%学校实现“宽带网络校校通”、100%教室实现“优质资源班班通”、90%师生实现“网络学习空间人人通”。广佛肇微课联赛活动举行。名师每双休日在线辅导答疑工作深入推进。“一师一优课、一课一名师”、市民知识银行、佛山教育数字图书馆、智能教育体验馆、中国知网学术期刊库等优质企业数字化学习资源和系统平台全面推行。

【教育装备改革创新】 2015年，《佛山市教育装备建设指南》全面试行，全年教育装备保持高位投入，共投入3.15亿元，居全省前列。在全国率先启动教育创客培养计划，举办佛山市首个创客教育体验周活动，发布全国首部创客教育蓝皮书《创客教育蓝皮书（2015佛山报告）》，全国首台创客教育直通车进校园。抓好初中理化生实验操作考查，完成市级小学科学和初中物理展演活动。佛山市晋级省实验竞赛团队成绩均居三甲之列，初中物理团队更是获得了省冠军。2015年佛山市教育装备工作先后在国家和省教育装备工作会议（培训班）、第五届城市教育装备合作与发展论坛、第三届全国中小学STEAM教育论坛、省中小学理科实验教师和图书馆管理员培训班作经验报告或交流。

【教育政务】 2015年，佛山市教育系统继续转变职能，推进“一门式”政务服务。清理行政许可和非行政许可事项，2015年佛山市教育局4项非行政许可事项中，2项调整为政府内部审批事项，1项调整为行政许可，1项撤销。全年新闻发布和信息报送工作实现新提升新跨越，通过国家、省、市报刊推出新闻专题和专题报道8个；向广东省教育厅和中共佛山市委办公室报送信息80条，其中市委办公室采用11条，省委办公室采用3条；组织开展新闻发布会和通气会32次，其中局领导参与18次，提供新闻通稿22篇。

【教育督导】 2015年，佛山市具有优势教育功能的镇街如期完成教育强镇第二轮复评任务，继续成为全省教育“创强争先”工作排头兵。依法治校重点工作加速推进，全年19所学校申报并通过佛山市依法治校示范校验收，12所学校申报并通过广东省依法治校示范校认定；全市540所公办中小学校有325所提前或按时完成章程核准工作并公布实施，占60.2%，155所学校章程申报待核准，占28.7%；全市638所中小学有552所提前或按时完成法律顾问聘请工作，完成率86.5%，超额完成年度任务。

【校园安全】 2015年，佛山市建立起市、区、镇街、学校、家长五级校园安全管理体系，完善政府监管、学校主体、家长监护“三位一体”校园安全责任体系，健全安监、法制、交通、消防、禁毒“五校长”工作机制，成立校园及周边治安综合治理专项组，设立校车安全管理联席会议制度。下发《佛山市校园安全教育指导意见》等文件4份，全年教育系统参加各级各类校园安全管理工作培训13610人。对全市1508所学校、幼儿园进行全覆盖安全评估，优秀等级1373所，占比91.05%。先后组织开展安全教育日、安全宣传教育周、预防学生溺水等宣传教育，经常性开展安全疏散演练、学生安全大家谈征文等活动。通过努力，学生安全意识得到增强，意外事故显著减少，校园安全工作保持良好势态。

（吴海桐）

教育民生

【学前教育公用经费】 2015年，佛山市正式实施《关于完善学前教育生均公用经费制度的意见》，形成“2015～2017年以每生每年递增300元”的增长机制，2015年将学前教育生均公用经费标准提高到每生400元，财政支出超过6000万元。出台《佛山市发展学前教育第二期行动计划》，继续推进市级学前教育资金向公益普惠性幼儿园竞争性分配工作，经评审会议审核，7所公办幼儿园和37所普惠性幼儿园获得专项经费补助，财政对公益普惠性幼儿园的扶持力度进一步加大。

【免费义务教育公用经费】 2015年，佛山市免费义务教育财政拨款标准（含书本费）为小学每生提高到1370元、初中每生提高到2276元，分别比上年提高200元和400元，有力保障学校正常运转。全年核拨免费义务教育资金共计10.7亿元，受惠学生人数66万人。

【新市民随迁子女读书保障】 2015年，佛山市出台《佛山市新市民子女积分制入读义务教育公办学校实施办法》《佛山市教育局关于做好2015年义务教育阶段公办学校招生工作的通知》等政策。在完成户籍生和政策性借读生招生后，根据学位情况按照积分高低安排普通借读生入读公办学校。2015年秋季学期，全市义务教育公办学校实际招生115254人，其中实际招收政策性借读生40140人、普通借读生21069人。向教育部门和流管部门提出公办学位申请的人数为61961人，最终获得公办学位人数为52851人，占比为85.29%。出台《佛山市高层次专业人才子女教育优待工作暂行实施办法》《佛山市引进人才随迁子女就学优待办法》等，明确三类群体子女为政策性借读生，分别为：全市按规定引进的博士、博士后研究人员、博士后、副高及以上专业技术职称人才的适龄子女；在佛山市工作的归国创业留学人员适龄子女；符合有关文件规定、持有效期3年及以上《广东省居住证》（属引进人才类），并在佛山市居住的非户籍人士适龄子女。落实人才子女“积分入学”政策，实行普通借读生“积分入学”。积分项目设“高级职称或职业资格三级以上和中级职称或职业资格四级”的类别积分，解决好新市民随迁子女入读义务教育公办学校的问题。

【教育资助】 2015年，佛山市出台《佛山市最低生活保障家庭学生助学实施办法》《佛山市家庭经济困难学生助学实施办法》等，简化助学金申请手续，减少审批流程，增加受助群体，完善工作制度，提高工作效益。资助政策涵盖学前教育到高等教育、普通教育到成人教育全过程。形成制度化、规范化助困长效机制，在佛山不因贫困而失学成为现实。同时，市教育部门梳理各级各类学生资助政策，通过媒体、部门网站、学校宣传栏、家长会等形式，抓住各学段关键节点，做好学生资助政策宣传，详细解读政策修改的背景、内容等，指导学校开展学生助学工作，解除学生报考入学思想顾虑。全市教育资助信息系统及时跟进系统信息录入、审核、报送等工作，助学政策得到精准落地。从2015年春季学期起，提高普通高中和中等职业教育家庭经济困难学生国家助学金补助标准，从原来每生每年1500元，提高到每生每年2000元，全年全市各级各类教育共资助4.11万人次，资助资金6760万元，比上年增加资助金额334万元。

（吴海桐）

文化艺术

概 况

【综述】 2015年，佛山市文化系统贯彻佛山市委建设“文化导向型城市”发展理念，探索形成“一个理念，两个抓手，五个路径，五个保障”的文化发展新模式，完成“十二五”既定目标，并重点推出文化升级两年行动计划，奠定文化建设由“十二五”向“十三五”延伸的基础，制定并实施《佛山市文化升级两年行动计划（2015～2016年）》，着力塑造城市文化形象，提高市民文化福祉，城市文化软实力不断提高。

【文化行业行政审批制度改革】 2015年，佛山市文化行业深化行政审批制度改革，为审批事项、审批流程“瘦身”，降低准入门槛，提高办事效率。市级全年取消2项非行政许可审批事项。文化审批事项100%进驻广东省网上办事大厅佛山分厅。此外，还开展“一窗式”综合服务试点工作，大大方便办事群众。

【农家书屋建设】 2015年，佛山市采取高清数字电视（采用广电网络）和计算机（采用互联网）两种形式共同推进，完成227家农家书屋数字阅读终端配备，2014年、2015年两年完成562家农家书屋的数字化改造，改造率为全市农家书屋的85%，完成广东省新闻出版广电局交付的任务；完成7家园区书屋的建设。积极开展“种书乡间——周末辅导员”活动，其中顺德区的“周到”服务进村居，获评2015年广东省文化志愿服务优秀项目。农家书屋和园区书屋工程的推进，为佛山市基层群众和外来务工人员提供了更多的阅读便利，是解决群众文化阅读“最后一公里”有效举措。

（张紫琳）

公共文化服务体系

【综述】 2015年，佛山市取得第三批国家公共文化服务体系示范区创建资格，印发《佛山市创建国家公共文化服务体系示范区建设规划（2015～2017年）》和《佛山市创建国家公共文化服务体系示范区工作方案》，统领市、区、镇（街）、村（社区）同步推进创建工作，禅城、南海、顺德同创省级公共文化服务体系示范区。市委办、市府办印发《佛山市构建现代公共文化服务体系实施意见》，制定“城乡十分钟文化圈”建设示范镇街、示范村居和社区文化品牌活动的创建、评选标准，评选出第一批示范镇街5个、示范村居15个及十佳社区文化活动品牌。开展行政村（社区）综合性文化服务中心建设试点工作，共确定试点124个，其中南海区50个试点通过省文化厅验收。组织申报2015～2017年度“广东省民间文化艺术之乡”成绩显著，共有11个镇（街）的16个项目入选，居全省前列。

【文化志愿服务】 2015年，佛山市实施文化志愿服务项目资助计划，带动全市文化机构、镇街文化志愿服务队、社会组织和企业志愿者队伍积极参与公共文化服务，推动文化志愿服务常态化，全年共开展文化志愿服务3300多次。其中，高明区文化馆“元”计划慈善公益项目、“种书乡里”——顺德区农家书屋周末辅导员“周到”服务进村居活动获2015广东省文化志愿服务优秀项目。至年末，全市在册文化志愿者共6939人。

【公共文化惠民服务】 2015年，佛山市大力推动政府购买服务，2015广东国际旅游文化节、高雅艺术展演资助计划等市级政府采购项目金额超1000

万元，服务成效显著。各区采取委托生产或购买服务方式，吸引民间资本、社会力量进入公共文化服务领域，有力推动全民文化共享。强化文化惠民举措，市联合图书馆成员馆增至78家，累计办证量达57.2万个，汽车图书馆、智能图书馆等特色服务深入企业、社区、医院、学校，广受好评。市、区、镇、村四级公共文化机构全年开展文化活动过万场，惠及群众近700万人次。2015“筑梦佛山”文化艺术公益夏令营开设营地55个，招收异地务工子女和低保家庭子女5569人。公益电影放映近8000场，观众近250万人次。

【公共文化设施建设改造】 2015年，佛山市市级文化设施建设进展顺利，佛山市图书馆新馆开馆一年，接待读者150万人次，举办活动逾千场。市文化馆新馆、大剧院进入内部装修和设备安装环节，市博物馆新馆土建启动，图书馆旧馆改造工程竣工。禅城区文化馆迁建、区图书馆扩建、区非遗展览中心新建工程全面启动。南海区博物馆、顺德区图书馆、顺德区博物馆等文化设施建设运营处于同级领先水平。其中，顺德区还将顺德博物馆（新馆）首层打造成顺德艺术展览馆，并推动置业广场公众开放部分建设成为“顺德区群众文化艺术馆”。高明区西江新城文化中心逐步投入运营。三水新城文化中心完成规划设计公示。643家农家书屋数字化改造工程完成率达85%，共计562家。

（张紫琳）

文化活动和艺术创作

【文艺体制改革】 2015年，佛山市文艺系统通过深化体制改革，有效激发文艺创作活力。一是市艺术创作院推进法人治理结构试点工作，进一步完善创作经费申报、采风调研和公益艺术项目责任制等制度，激发艺术家创作激情。年内全市工艺美术作品入选国际性展览5个，国家级展览7个，省级展览2个。长篇小说《闯广东》被《十月》杂志头条刊发，为佛山实现零的突破。二是探索文艺创作新机制，形成文艺精品创作和市场化运作“两手抓”模式。粤剧传习所排演的大型历史话剧《康有为与梁启超》入选国家艺术基金资助剧目，话剧剧本《铁路之梦》被列入广东省戏剧创作生产重点剧目、省文化厅2016舞台艺术重点剧目。粤剧《凤凰天妃》在香港首演大获好评。此外，禅城区出台文艺精品资助办法和文艺社团（队）扶持办法，调动文艺工作者的创作热情，效果良好。年内，全年共收获13项省级以上文艺奖项及荣誉称号。

大型话剧《康有为与梁启超》剧照。

【文艺创作展演平台】 2015年，佛山市启动“佛山韵律·和风鸣畅”系列文化艺术活动，集中全市各类文化活动资源，形成春夏秋冬四季花开的城市文化生态。共开展版块项目70余个，常规性项目50多个。并与“花开四季·文化禅城”“乐活南海·灯湖周末”“龙腾四海·凤舞水乡”等区级文化活动品牌形成激发创作、锻造精品的平台。积极争取省级以上文艺奖落户佛山，至2015年，广东省小说奖、诗歌奖、散文奖及报告文学奖等省级文学奖先后落户南海，华语音乐传媒大奖落户顺德，极大地推动地方文艺的创作和繁荣。

【地域文化资源交流】 2015年，佛山市善于应用地域文化资源对外进行文化交流，彰显佛山的城市魅力。推出《康有为与梁启超》全国巡演活动，跨越9省12市，历时60天，共演出24场，到场观众26000多人次，成为宣传佛山文化形象“名片”。举办“2015广东国际旅游文化节——佛山秋色欢乐节”，并加入“四大名镇”、粤桂黔文化交流活动，被《人民日报》《南方日报》等中央、省近60家重点媒体报道，积极传播城市文化形象。各区形式多样推动地区文化交流，禅城区举办陶瓷艺术节、粤剧华光诞等大型区域文化交流活动；南海区组织舞狮、龙狮技艺走出国门，强化地区文化发展的“国际范”；顺德区积极推进广佛文化交流，和广州市南沙区、番禺区等区建立合作机制。

（张紫琳）

文化名城建设和文化遗产保护

【文化升级行动】 2015年，佛山市为推进文化建设和文化遗产保护，出台升级行动计划，形成项目化推进机制，重点落实工作内容、进度安排、经费额度、经费来源、责任单位和责任人。2月6日，佛山市人民政府印发《佛山市文化升级两年行动计划（2015～2016年）》，正式启动“佛山市文化升级两年行动计划”。计划通过两年的努力，使文化在提升城市建设、助推产业转型、塑造城市形象上发挥明显作用，市民享受文化成果的权利得到充分体现；通过一段时间的努力，崇尚文化、尊重创新的城市人文环境逐步形成，创新成为佛山最具特色的文化现象，文化成为佛山创造的思想支撑，文化自觉和城市自信在全市上下成为共识，文化昌盛的岭南文化名城新格局日渐成型。“文化升级行动计划”任务包括四个方面，分别为“促进文化与产业融合”“助力城市建设提升”“深化公共文化服务均等化”和“塑造传播城市形象”。至2015年年底，行动计划46个大项139个子项目全部启动，80个子项目已完工，完成投资额42.8亿元，占“至2015年年底项目计划完成目标”的111.06%。督查巡检常态化，采取现场检查和座谈交流形式，多次组织开展对五区文化升级项目的实地检查督促。建立评估考核制度，将46个项目纳入城市升级评估考核，其中23个考核类项目为单项考核、23个推进类项目为加分项目进行考核。与住建、旅游等部门联合开展全市特色古村落宜居示范与活化升级专项考核。

【历史文化名城保护体系】 2015年，佛山市文广新局参与地方立法工作，出台《佛山市历史文化街区和历史建筑保护条例》，是佛山市首部地方立法。顺德区拟定《历史建筑活化共享计划》，按照“政府引领、社会运作、点面结合、连点成线”的思路，促进历史建筑的可持续保护和活化。全市第一次全国可移动文物普查取得阶段性成果，共完成34780件（套）国有收藏单位可移动文物的信息录入工作。文物保护体系进一步完善，松塘东山祖祠等32处不可移动文物公布为佛山市第五批文物保护单位，文会里嫁娶屋等6处文物公布为第八批广东省文物保护单位。非遗保护体系进一步夯实，公布第五批市级非遗项目和第四批市级非遗代表性传承人名单，九江煎堆制作技艺等5个项目被公布为省级非遗项目。继续实施非遗专项资金补助，2015年为57位市级传承人、17项市级非遗项目、3个传承基地（传习所）提供补助资金共计80万元。

【城市建设突显文化特色】 2015年，佛山市有序推进重点文化片区建设。其中，祖庙功能与景观提升、石湾陶醉文化街区、李广海医馆纪念馆、南国酒镇、香云纱保护示范基地、逢简水乡景区、本焕寺等工程进展顺利。实施30个古村落文化活化升级行动，与住建、旅游等部门联合印发实施方案、指导意见，并按照“一村一品，差异发展”思路，完成首批13个古村落活化升级工作，全年完成项目203个，完工率95.8%（未完工的属跨年项目）；完成投资3.76亿元，投资完成率96.7%。设计推广古村落统一标识和导视系统、建立村史馆和名人馆、恢复传统民俗活动、培育本土讲解员和文化志愿者队伍等举措成为活化升级工作亮点。

【民办文化场馆集聚发展】 2015年，佛山市出台扶持资金申报指南，对新开办和免费开放的民办文化场馆予以补助，全年经评选共向10家民办文化场馆提供资金补助。至2015年年底，全市有登记注册并免费开放的民办博物馆、艺术馆、美术馆40家。加强民办文化场馆业务培训，并推动国办文化场馆与民办文化场馆帮扶合作，全年共建立结对单位5对，有效提升民办博物馆办馆水平。

（张紫琳）

文化行业监管

【综述】 2015年，佛山市文化监管工作强化地区和部门联动，开展扫黄打非“净网”“清源”“秋风”和“剑网2015”以及禁毒等专项行动，形成高压态势，打击不法行为。组织实施广播电视播出和传播机构安全播出监管和业务演练，开展出版物审读、鉴定和新闻单位驻地方机构清理整顿工作，确保节日、重要和敏感时段、重大政治活动期间安全播出、安全出版无事故零报告。各级突出以网格化监管为基础，采取区镇、部门联合执法形式，提高日常监管执法的针对性和覆盖率。全年共出动执法40710人次，检查文化经营场所15157家次，立案233宗，取缔无证经营单位57家，收缴非法出版物27.9万份，处罚金额56.11万元。推进文化市场管理工作流程再造，编印《佛山市文化市场管理手册》，规范市级、区级文化市场审批、监管和执法环节，明确流转程序，优化工作衔接，形成紧密畅顺的工作链条。

【文化安全生产】 2015年，佛山市文化监管工作着力完善安全生产和消防安全工作体系。进一步明确市文广新局领导班子和各科室队的责任分工。制定《佛山市文化单位（场所）安全生产和消防安全监督管理工作规范指引》，明确分级检查机制、督查检查等内容，推动各文化单位（场所）在安全生产和消防安全上进行标准化建设。以项目为抓手推动全市文化系统落实安全生产督查检查、应急演练全覆盖等重点工作，编制全市文化系统《安全生产风险源分析报告》和《安全生产重点风险源信息采集表》。

【文化环保监管】 2015年，佛山市文化工作部门全力配合全市环保工作，积极落实环境保护“一岗双责”。将环境保护“一岗双责”纳入年度绩效目标，统一检查考核。全年检查娱乐场所3997家次，受理并处置文化经营场所涉嫌超时经营、噪音扰民的举报投诉3宗。播出环保动态报道5000余次，制作环保公益广告70多条，在黄金时段播出3000余次。佛山电台各频道、电视台无线频道的功率输出、电磁泄露均符合国家标准。市、区两级文化部门严把审批关，对应取而未取得环评批准文件的文化经营项目一律不予许可。

（张紫琳）

文化产业发展

【综述】 2015年，佛山市以市政府、区政府主要领导为组长分别成立市级和区级领导小组，统筹文化、国土规划、经贸、国资、商务、科技、金融等部门共同推进文化产业发展，全年文化产业增加值占地区生产总值比重5.25%；市文广新局参与制定《佛山市人民政府关于扶持旅游文化创意产业发展的意见》和《佛山市加快旅游文化创意产业发展实施方案（2015～2020年）》等政策文件，实施对文化、旅游、体育三大产业的一体打造，并落实规定为35个单位提供415万元竞争性分配扶持资金。南海区、禅城区对既有文化产业政策进行修订，高明区印发了文化产业政策。

【文化产业市场化】 2015年，佛山市为推进文化产业市场化，创新拓展多条发展路径。一是引导企业发展创意设计，增加传统产品附加值，实现文化创意与传统产业融合发展。全年有超1000家企业在家电、家具、陶瓷等传统产业中开始文化创意增值产品的市场探索。南海区创新实施创意设计周，助力传统产业转型升级。二是引导企业开展非遗项目产业化，实现非物质文化遗产保护与经济社会协调发展良性互动。陶艺、藤编、剪纸、版画、彩扎等43个省级以上“非遗”项目，半数以上实现产业化。三是着力培育发展影视动漫业、文化艺术服务业、互联网信息服务业等现代文化服务业，形成新的市场消费热点。全年文化服务类企业数量保持10%以上增速。69家院线影院票房达5.14亿元，同比增长52.5%；观众1532.6万人次，同比增长51.6%。

【文化产业公共服务平台】 2015年，佛山市不断创新公共服务平台，助力文化产业发展。一是搭建文化创意中青年人才培养平台，选取藤编、珠宝玉器、工业设计、陶艺创作等行业，对中青年创意人才群体进行专项培训，共举办培训28场，培训1630人次。二是搭建品牌推广平台，开展佛山十大区域文产品牌评选活动。评选活动评选出“石湾公仔”“石湾南风古灶”“佛山彩灯”“佛山剪纸”“佛山陶瓷艺术壁画”“平洲玉器”“南海藤编”“广东工业设计城”“伦教珠宝”“伦教香云纱”等10个佛山区域文化产业品牌、佛山市新石湾美术陶瓷厂有限公司等13个代表性企业以及“佛山最具规模文化产业集群”等6个特色奖。以选出的品牌为主要内容，组团参加深圳文博会、东盟博览会文化展、海峡两岸文博会等各类展会，社会效益和经济效益凸显，既拉动企业“订单”，又传播佛山优秀文产品牌。三是搭建融资推介平台，市文广新局与市金融局、市中小企业局联合推出企业微路演活动，吸引近70家企业报名参加，并经筛选确定6家企业进行正式路演，达成投资意向金额1000万元。四是搭建产业集聚平台，对向入园文化企业提供产品推广、物流、知识产权保护等公共服务效果突出的3家文化产业园区运营商给予扶持。五是搭建版权保护平台，完成作品著作权登记1717件，居全省地级市首位。在全省率先成立版权纠纷人民调解委员会，通过调解止讼息纷，全年为企业减少直接经济损失1792万元。

（张紫琳）

市文联工作

【综述】 2015年，佛山市文联及各团体会员带领广大文艺工作者，认真履行“组织、联络、协调、服务”职能。至年底，佛山市文联有属下文艺家协会11个、文艺社团13个，全市文联系统有文艺协会339个（包括市区镇街三级）。全市五区共33个镇（街），有25个镇（街）成立了文联组织，占全市镇（街）总数的75%。6月，佛山市金融文学艺术联合会成立并作为市文联团体会员。至年底，市文联所属文艺家协会共有市级会员3360人，其中省级会员1391人、国家级会员329人，全市区级以上文艺协会会员1万多人。

高明区文联、禅城区文联、佛山市文艺评论家协会顺利完成换届工作。市文联季刊《佛山艺术》出版4期，《岭南文学》季刊编辑出版4期，发表作品52万多字。区级文艺刊物《禅城文艺》《南海文艺》《高明文艺》《三水文艺》等推出了一批有影响力的作品。“佛山文学艺术网”广受好评。佛山文联微博运行良好，佛山文联微信正式开通。

【文学创作】 2015年，佛山市文联继续实施“佛山市重点文学创作工程”，举办了佛山文学主题活动。6部入选长篇小说获资助出版并举行了首发式。著名作家诗人蒋述卓、马季和张况分别就文学与人生、网络文学的创作与欣赏等热点话题与佛山五区作家、诗人以及文学爱好者对话，反响异常热烈。品牌项目2015岭南诗会暨中国（佛山）长诗品鉴公益展示活动共举办5场，参与群众1000多人，项目活动之一的第二届中国文人书画邀请展共展出9位国内著名作家、诗人的书画作品81幅；著名诗人还走进佛山二中、梁园和祖庙街道社区探讨长诗现象，分享创作心得。此外，一批文学作品相继出版，如《南海作家丛书（2）》、何百源《爱无过》、吕啸天《穿越汉朝的一件布衣》、叶树原《九千里路风雨雪》、许锋《诗经趣语》、包悦《思想的丛林》、李东文《寓言》、黄明晖《北江流入芦苞》等。

南海区创建广东省文学强区和诗歌之城工作效果显著，至2015年，广东省散文奖、小说奖、诗歌奖、报告文学奖、花地文学奖等5个文学大奖先后落户南海，南海区还获“佛山市文学创作突出贡献单位”“广东省文学之城”称号。此外，盛慧长篇《云窝（闯广东）》登上《十月》杂志，并入选广东省原创精品出版资金扶持项目、佛山市委宣传部文艺精品扶持项目和市文联重点文学创作项目；彤子《月光曲》获《作品》年度“好作品奖·新人奖”；张况、盛慧、彤子成为广东文学院第五届签约作家；韩英、何百源、关宏、李剑魂、许锋等作家的作品分别在《中国最好看的微型小说》《2014中国散文诗年选》和全国名刊《散文诗世界》《人民日报》副刊等文集或报刊入选、发表；吴彪华长篇小说《龙魂》被改编成大型舞剧；等等。

【造型艺术创作】 2015年，佛山市本土题材文艺创作工程有序推进。“守望故土——佛山本土题材美术作品展”先后在广州和佛山隆重举办，展出面向全市美术工作者征稿评选的100余件作品。历时2年筹备、汇集300多幅美术作品的画文集《画说佛山》由岭南美术出版社出版，五大篇章尽展佛山风物。举办“中国好陶艺”——石湾陶塑新概念原创原作系列大展，云集新生代陶艺精英陈东阳、李松阳等的得意之作，推广石湾陶塑艺术。书画摄影和民间文艺创作喜讯连连：谢汉仁、谢扬科、邓文冲、游少驹4人作品入选全国第11届书法篆刻作品展览；市美协漫画艺委会作品《自食其果》获全国法制漫画动画微电影大赛（动漫类）一等奖；市美协会员在由中国美协举办的全国各类大展中有72人次入选，其中10人次获优秀奖；在第25届全国摄影艺术展中，佛山获1银2铜6件优秀作品的优异成绩；梁学文《梦幻布拉格》获第三届“中国人看世界”全国摄影大展B类铜质收藏奖；杨焰光、罗品禧获“广东省十大摄影家”称号；黄松坚、黎伟、杨锐华、陈永才获“广东获省民间文化技艺大师”称号；15名陶艺家在“广东省泥人节”获奖，是获奖数量最多的城市，其中周乾、王增丰《钱啊钱》获金奖；民间文艺家在2015中国（广东）民间工艺博览会上获2金3铜，在广东省民间工艺精品展上获1金3铜；《行通济》获中国民间文艺山花奖民俗影像作品入围奖。

【舞台艺术】 2015年，佛山市鼓励舞台艺术原创。3月，推出《启航——佛山流行音乐原创作品集Ⅲ》。话剧《康有为与梁启超》获国家艺术基金资助，并于10月参加第14届中国戏剧节。在第八届“小荷风采”全国少儿舞蹈展演广东省选拔赛上，佛山获6金4银的好成绩。组织3个舞蹈作品参加广东省第二届中老年舞蹈大赛获1金1银1铜。南海曲艺队和顺德北滘曲艺协会获广东粤曲私伙局大赛金奖；谢丝贤获中国曲艺之乡曲艺大赛铜奖；梁爽获新加坡国际华人钢琴比赛金奖；顺德合唱团、顺德北滘少儿合唱团获“中国和之声”声乐大赛金奖。

【培育和践行社会主义核心价值观系列文化活动】 2015年，佛山市文联及各团体会员着眼服务大局，将社会主义核心价值观渗入传统年俗活动中，深入开展“传递价值观，春联送万家”活动，征集并印制反映核心价值观的道德春联，全部免费派送给市民；举办了“社会主义核心价值观记心中”佛山市青少年书法大赛、“剪纸梦　中国梦”陈永才剪纸艺术展、纪念冼玉清先生诞辰120周年座谈会、纪念林君选诞辰108周年书法作品展等。配合全市旅游文化创意产业发展，开展佛山古村落的调研和资料收集。响应文化升级两年行动计划，展示城市文化升级成果，配合办好“佛山韵律·和风鸣畅”2015文化艺术系列活动、“魅力之城·佛山”和“佛山变迁·乡村记忆”照片征集活动、“绿韵禅城　缤纷家园”“沥城丽影”“美丽西南”等主题摄影大赛。禅城编印《聚焦精彩，印象飞跃》精美画册、顺德举办文学艺术界文艺晚会、三水举办“传递价值观”系列挥春活动等。响应广佛同城区域发展，顺德签订广佛八市（区）文化发展合作协议，举办广佛美术、书法、摄影联展。

“魅力佛山·精神家园”——2015佛山文艺精品展文学主题活动。

【纪念抗战胜利70周年系列文化活动】 2015年，佛山市文联开展纪念抗战胜利70周年系列活动。排演由任流编剧、本土演员演出的大型粤剧话剧《少年冼星海》；举办珍爱和平——广佛美术书法作品展、佛山市书法美术陶艺作品邀请展、老干部书画摄影展、禅城“铭记历史　筑梦未来”诗歌朗诵会、南海长篇小说《西江夜渡》首发仪式和南海、高明纪念抗战胜利70周年诗歌朗诵会等；举办任流文艺集《世代铭记》首发仪式朗诵会、佛山作家朗诵会；等等。

【“中国梦”主题文艺创作】 2015年，佛山市文联继续抓好“中国梦”主题文艺创作。市文联举办“中国梦·我的佛山故事”征文大赛，历时4个月，收到全国各地来稿816篇，最终16篇获奖。禅城举办的“中国梦·科技情”征文大赛、顺德举办的“同享珠江水·共筑中国梦”戏曲珠江三角洲巡演等，唱响“中国梦”主旋律。

【“我们的节日”主题活动】 2015年，佛山市文联系统积极开展“我们的节日”系列主题活动。春节期间，“我们的节日·春节”系列活动，送春联到云浮市新兴县红卫村扶贫点和市内西樵松塘村、岭南天地、高明明城等地；“我们的节日·元宵”佛山市摄影艺术展览、“我们的节日·端午”岭南诗会、“我们的节日·中秋”佛山市文艺家座谈会、“我们的节日·重阳”佛山市文艺志愿者进社区送演出活动、迎新年古琴音乐会等节日活动相继开展。禅城区举办腊八诗会、“春到人间·福满禅城”挥春送福活动、“我们的节日·重阳”禅城区曲艺精英金秋敬老大联动等；南海区举办春联进万家活动；高明区举办“迎国庆”专场音乐会；三水区举办“我们的节日·清明”征文活动、“我们的节日·七夕”青年交友联谊活动、“我们的节日·端午”国学讲座暨经典诵读汇演等，不断丰富传统节日的文化内涵。

【“文艺六走进”活动】 2015年，佛山市文联组织文艺工作者开展“文艺六走进”（走进农村、企业、校园、军营、镇街、机关）活动。先后组织作家诗人走进勒流冲鹤小学建立佛山市文联写作培训基地，走进华材职业技术学校作演讲，走进南庄中学与师生互动；摄影家走进桂城街道翠颐社区服务中心，举办影展和公益摄影讲座；曲艺、音乐和杂技家走进桂城敬老院送演出，为300名长者献艺；曲艺年会下基层演出走进高明；书法家走进玫瑰小学，为校园带去浓浓墨香；民间文艺家走进狮山小塘中学，现场展示、教学佛山民间工艺，引领未成年人对传统文化的关注和了解；佛山文艺志愿者走进勒流光大社区，为老年人送去精彩的演出；硬笔书法家为残疾人开展公益书画培训，弘扬扶残助残时代新风；小剧场话剧《春班令》连续两晚在大沥黄岐文化中心上演。

【文艺大讲堂】 2015年，佛山市文联结合广东省“百家千场艺术讲座下基层”活动，举办佛山市“魅力佛山·乐善之城”文艺大讲堂，组织各艺术门类的省、市文艺家送讲座下基层，以基层“点菜”的形式，由各地根据自身需求选取讲座内容和场次，实现“供需对接”。活动贯穿全年，得到各区的积极响应和支持，申报单位涵盖市、区、镇（街）文艺协会、文化馆、文化站、村（居）委会、学校、图书馆等，共举办文艺讲座156场，仅顺德区就申办了45场，对艺术教育和艺术普及起到很好的推动作用。三水区还举办了“北大三水讲坛”10场。

【“结对子、种文化”活动】 2015年，佛山市文艺工作团体积极开展文明共建、文化共享“结对子、种文化”活动。市文联与石门高级中学结对子，送讲座进校园；市作协与城北中学教育联盟结对子，委派驻校作家、诗人，开展文学辅导活动；市书协与里水旗锋小学结对子，开展书法培训；市美协与荷城二小结对子，赠送学生美术文具和美术书籍200多册；市民协与铁军小学结对子，每周定期开展民间工艺培训；市评协与张槎街道结对子，点评基层文艺作品，协助编制基层文化规划；佛山市文艺家志愿服务团、市杂协与佛山市启聪学校结对子，“六一”前夕为特殊儿童送上器乐演奏、杂技等节目。

【中青年文艺人才培养】 2015年，佛山市通过举办培训班、展演、比赛等形式培养中青年文艺人才。举办佛山市中青年美术骨干中国画提高班，为期10天，培养各区美术后备力量，这些中青年的作品中已经有10多件在国家级、省级权威展览中入展获奖。举办第三届石湾陶艺新锐提名展，10位石湾陶艺后起之秀的优秀作品入展。举办多场全国第11届书法篆刻作品展冲刺观摩培训，力求涌现更多精品力作。举办佛山市少儿舞蹈基础训练师资培训班，培训舞蹈教师骨干。精心办好2015中国舞蹈家协会教学成果展演佛山展区演出，1000多人观看并见证比赛。举办佛山私伙局表演培训班，参与培训人数逾400人次。市曲协苏隽参加了全国曲艺创作高级研修班。坚持举办每月摄影沙龙，成功举办“花田喜事”摄影大赛、环保摄影比赛等。

【文艺家及其作品推介】 2015年，佛山市文联积极宣传推介文艺家及其作品。推荐刘泽棉、杨玉榕、冯炳棠、李淑勤、张况、黄敏等艺术家分别参评全国中青年德艺双馨文艺工作者、广东省终身成就奖、省宣传文化人才专项资金项目、省宣传思想文化领军人才等。推荐59人加入广东省新文艺群体艺术家协会。借助省民间工艺精品展、中国（广东）民间工艺博览会等省级活动品牌，推荐27件（套）作品参展参赛，搭建展示、交易平台。佛山冯氏世家木版年画《拜年》特种邮票发行。对多位文艺家作品的介绍、专题评论文章在《人民日报》、中国作协《文艺报》、广东省文联《文化参考报》等刊登。

【文艺作品展】 2015年，佛山市文联举办了一系列文艺作品展。支持莫松年雕塑馆开馆暨《莫松年雕塑集》首发，举办李小如书画艺术展暨义卖捐赠仪式；区锦生、梁根祥画展、庞国钟书法作品展；罗炳生扇面书法展；梅劲旅、毕惠华、于军写生油画展；魏华、封伟民、冼有成陶艺作品展；四方艺林书画展；邱健彬水墨作品展；陈陟云诗歌研讨会；女书画家庆“三八”作品展；佛山女诗人作品鉴赏诵读会；吴国霖水墨画作品展；冯雪颜诗歌品鉴会等一系列艺术家作品展示、品鉴、座谈会等，扶持文艺人才健康发展。

【文艺新业态发展】 2015年8月，佛山市文联成立佛山市作协网络作家分会，并举行第二届网络文学研讨会，进一步加强网络文艺队伍建设。3～5月，顺德举办首届网络微小说征文大赛奖。

【佛山市金融文联成立】 2015年6月29日，佛山市金融文学艺术联合会在中国人民银行佛山市中心支行（以下简称中心支行）举行成立大会，成为佛山市文联的团体会员。大会表决通过了有关章程和理事机构成员名单，选举中心支行行长李灿宇为主席团主席。市金融文联的成立，为全市金融系统文艺工作者和爱好者搭建创作交流平台，推动和促进佛山金融文化繁荣进步。

【文艺“走出去”战略】 2015年，佛山市文联开展“风起岭南——佛山城市文化推介”系列活动，组织佛山本土画家叶其青、邹莉、卢卫、梁国荣、崔勇强、李小如、梁建华、李紫玉等分别到山东淄博、江苏无锡、北京等地举办“风起岭南书画作品展”。配合市委宣传部粤桂黔高铁沿线城市调研活动，组织佛山文艺家到贵阳交流学习，制定合作交流计划。组织美术家到桂林进行文化交流，筹备成立佛山市美协阳朔写生创作基地。组织艺术家赴开封、洛阳考察学习。支持叶其青中国画到北京水立方展出，李紫玉个人画展首秀到东莞岭南美术馆亮相，“林君选、李小如、王志敏师生书法艺术展”到江门新会展出，宣传岭南文化。支持饶宝莲、邱健彬、张况、梁国荣等分别赴斐济、萨摩亚、新西兰、德国、瑞士等国和青海湖国际诗歌节，开展文化交流活动。组织摄影会员往惠州市盐洲岛创作采风。

【文艺“请进来”战略】 2015年，佛山市积极引进优秀文艺作品和活动。引进山东省当代工笔画院院长樊萍的“清婉·流香工笔花鸟画精品展”、无锡太湖画派赵以人的“大拙至美”作品展到佛山办展，佛山画家反响热烈。举行2015禅澳戏剧交流，“佛山站”分午、晚2场共上演两地话剧小品6部，观众300多人，辐射面大大扩展；“澳门站”2次演出，受到热烈欢迎。举办第二届佛山梅州书法联展、广东河南硬笔书法联展，以及中国著名作家广东行和澳门粤协之友联谊会走进禅城等文化交流活动。顺德举办第二届国际摄影展、全国书法精品邀请展、“欢乐之声”合唱交流音乐会等。

（霍锦莹）

传播媒体

新闻出版和版权

【版权兴业工程】 2015年，佛山市继续实施版权兴业工程。3月，举办佛山市中欧设计类知识产权案例研讨会，详解中欧版权差异，指导企业最大化地维护权益，为佛山出口欧洲企业规避版权侵权风险，选择最有效的方法保护版权产品提供有效指引。积极实施版权作品登记资助办法，全年受理版权登记代理1717件，其中资助版权登记作品518件，资助金额5.4万元。

5月，成立佛山市版权纠纷人民调解委员会，鼓励版权人及利害关系人通过纠纷调解机制止争息讼，为版权纠纷提供和谐解决矛盾的便利通道，并与仲裁、诉讼、行政处理等几种补救途径互相衔接，打造政府版权公共服务格局。年内，市版权纠纷人民调解委员会共调解10家公司的计算机软件著作权纠纷，涉及金额2070万元，经调解后计算机软件著作权授权费用降为278万元，为本地企业节省1792万元。

【版权保护宣传】 2015年，佛山市新闻出版管理部门大力宣传版权保护知识。通过开展“4·26”保护版权宣传周活动，让版权知识走进社区、走进学校、走进企业、走进展会，并利用学生汇演、现场快闪、媒体、网络、讲座等形式，全方位向市民宣传版权保护知识，造出宣传声势。在佛山实验学校经过一个月的精心辅导，向选定的班级教育版权基本知识，然后进行版权知识汇演，带动老师、同学、家长参与版权知识的学习。佛山电台《商学院》等热门栏目开展面向企业的版权保护宣传工作。《佛山日报》、佛山电视台、《珠江时报》等主流媒体对活动进行系列报道，在社会上营造良好的保护版权促进创新氛围。

【软件正版化】 2015年，佛山市确定8家软件正版化省重点督办企业，先后举办4次专题讲座，共82家企业191人次参加，向企业宣传推进软件正版化的意义和主要方式，以降低企业经营风险，营造更好的市场环境。成立市推进地方国有企业使用正版软件工作领导小组，按照“先易后难、分步推进”的原则，分4个阶段完成佛山市地方国有企业软件正版化。完成第一批国有企业的软件使用情况摸底、正版化动员、软件采购方案制定、软件正版化知识培训等工作。进一步落实政府机关软件正版化工作责任，建立市、区、镇级机关软件正版化责任人数据库，明确各单位软件正版化第一责任人和主要负责人，及时更新、完善责任人信息。

【新闻出版业的管理和服务】 2015年，佛山市新闻出版管理部门开展2014年报刊社、印刷企业和出版物发行单位的年度核验，要求企业对其经营行为开展自查自纠，及时发现违规经营行为并进行自我整改。对在年度核验过程中发现的不符合设立条件、对存在违法情况的企业进行整顿，确保新闻出版单位守法经营，并将新闻出版产业统计工作与年度核验工作相结合，提高数据上报率和准确性，全面了解新闻出版产业的发展状况，促进新闻出版产业健康发展。根据年度核验数据统计，佛山市13家报刊2014年的经营总收入为2.75亿元；2478家印刷企业2014年实现工业总产值265亿元；677家出版物发行单位销售总额为3.44亿元。

对各级新闻媒体驻佛山市地方机构进行清理整顿，要求各新闻媒体对在佛山市设立机构的情况进行自查自纠，形成初步审核意见上报省主管部门。11月，按照国家和省的公告，明确保留南方报业传媒集团佛山记者站、羊城晚报报业集团佛山记者站、广州日报驻佛山记者站、广州日报驻顺德记者站，以及佛山日报社驻南海、顺德、高明、三水等共 8 个记者站，并进行重新登记；撤销新快报佛山办事处、广东广播电视台驻佛山记者站和珠江时报社驻南海、顺德、高明、三水等共6个记者站；要求佛山日报社驻广州记者站进行整改，向记者站所在管理部门补充报送整改材料。

发挥出版物鉴定委员会的作用，及时对涉嫌非法出版物进行鉴定；完善出版物审读机制，加强对出版单位的出版内容、形式和编校质量的监管，提高出版质量。共受理鉴定各类出版物 2668 种，编写审读简报 4 期。

（张紫琳）

【新闻工作者管理】 2015 年，佛山市新闻工作者协会（简称“协会”）坚持通过培训教育，提升新闻工作者专业素质。配合市委宣传部、佛山传媒集团举办“佛山市新闻宣传培训班”，佛山传媒集团各媒体采编骨干参加培训班，就马克思主义新闻观专题课接受深刻教育。此外，协会还配合佛山传媒集团属下相关媒体邀请中山大学、暨南大学等专家学者对采编人员进行别开生面的业务素质、道德素质、职业操守等各方面的教育和培训，帮助学员寓学于思、寓学于行，形成良好的道德观念、行为规范和道德品质。

自查自律，推动行业良好风气。佛山市新闻工作者协会一方面配合佛山传媒集团组织各媒体加强自查，要求各单位对照《中共南方报业传媒集团党委关于巡视整改情况的通报》和《中共广东广播电视台党委关于巡视整改情况的通报》，寻找自身存在的问题，开展自查自纠；另一方面配合佛山传媒集团纪委加强专项监督，对各单位宣传与经营“两分开”的执行情况进行检查，严肃新闻宣传纪律，务实推动新闻行业行风建设，形成行业自律的长效机制。

加强交流合作，创新协会活动开展方式。广东省新闻工作者协会、深圳新闻工作者协会到佛山市新闻工作者协会进行调研交流，芜湖、温州、泉州、珠海、东莞、江门等地的 12 批报业、广电同行先后参观考察佛山传媒集团，并就新常态下传统媒体如何创新发展进行深入交流，协会参与其中既深入了解行业发展动态，也开阔了视野。同时，协会继续与佛山市环保局联合开展“倡导环保生活，建设美丽佛山——第二届佛山环境保护好新闻评选”活动，既肯定和表彰了一批新闻媒体、有关新闻工作者年度对佛山市环保事业发展的积极贡献，调动社会各界对环保报道的主动性和积极性，又引起社会各界对佛山市环境保护的关注，加强环保政策、行动、成效的宣传，全面提高公众对环境保护的意识与参与水平。通过好新闻奖的评选，深入挖掘佛山市在环境保护方面的新观点、新思路、新做法，充分发挥媒体的社会舆论监督作用，共同推动佛山市环保事业的发展。

敢于担当，切实保障新闻工作者权益。3 月下旬，佛山电视台《小强热线》栏目记者采访干洗行业乱象遭到暴力干扰。佛山传媒集团和协会高度重视，佛山传媒集团旗下报纸、广播与电视台一起发声，支持维护记者正当权益，捍卫传媒人的尊严。佛山传媒集团与协会领导慰问《小强热线》栏目记者，肯定他们勇敢奉献的精神。共青团佛山市委赞扬《小强热线》栏目发挥“广东省青年文明号”的示范作用。市公安局、市消委会、佛山市和禅城区宣传部纷纷力挺《小强热线》，时任市委常委、宣传部部长冯德良更是表示全力支持媒体，叮嘱集团领导要鼓舞全体新闻工作者士气。协会协同各方，以实际行动切实保障了新闻工作者权益，弘扬正气，鼓舞新闻队伍的士气。

（曾永雄）

2015 年 11 月 13 日，市委常委、宣传部部长郭文海到珠江时报社调研。

佛山传媒集团

【综述】 2015年是佛山传媒集团改革发展第二个十年的开局之年，传媒集团按照“主动、善意、本土、主流”的媒体定位，坚持党管媒体原则不动摇，牢牢把握正确舆论导向，紧紧围绕市委、市政府中心工作，服务佛山政治经济建设大局，对外强化善意宣传，对内加强管理和经营。

【主流思想舆论宣传】 2015年，佛山传媒强化引导，不断巩固壮大主流思想舆论阵地。深入宣传党的十八大和十八届三中、四中、五中全会精神和总书记习近平系列重要讲话精神，深化中国特色社会主义和“中国梦”学习宣传，推进社会主义核心价值观学习教育实践、纪念抗日战争暨世界反法西斯战争胜利70周年、群众路线教育和“三严三实”等宣传。通过强化引导，不断巩固壮大主流思想舆论。

【佛山经济社会舆论氛围的营造】 2015年，佛山传媒围绕市委、市政府中心工作，营造佛山经济社会发展的良好舆论氛围。一是通过深化务实宣传战略，主动沟通，精心策划，确保建设人民满意政府、工业4.0、城市升值、“十二五”成就和问计“十三五”、文化旅游创意产业、佛山领衔珠江西岸先进装备制造产业、“创文”以及平安创建、创模、创卫复核等各项重大宣传工作不缺位、不越位、做到位。二是全力做好重大主题活动宣传。出色完成首届中国（广东）国际“互联网+”博览会、粤桂黔高铁经济带合作试验区（广东园）建设工作现场会暨首届粤桂黔高铁经济带合作联席会议、2015广东（国际）旅游文化节等重大主题活动宣传任务。三是积极稳妥做好突发事件和热点问题的舆论引导。在面对公共安全突发事件或热点问题时，传媒集团在遵循新闻规律的基础上，按照“回应关切、疏导情绪、凝聚共识”的原则，有力主导话题设置与阐释权。四是加强内参业务报道，进一步健全内参编印报送机制，提升内参质量。

【宣传思想学习】 2015年，佛山传媒高度重视宣传主业，通过建设教练型班子、学习型组织，不断提升现代传媒的宣传水平和思想水平。一是集团党委通过学习研判，准确掌握佛山市发展战略，把握发展态势，在重要宣传任务中抓节奏、定方向；同时，通过召开学习分享会、全员阅读集团内刊等方式，进行思想引领与交流。二是定期召开集团编委会，研究部署重大宣传工作，指导督促各媒体单位按质按量完成宣传任务。加强与各区、各职能部门沟通，主动对接宣传需求。加强媒体舆情监测工作。三是引导和加强采编队伍的学习管理，强化阵地意识、责任意识，加强宣传纪律和新闻专业规律学习，针对新媒体发展和宣传出现的新情况、新变化进一步完善刊播流程，确保安全刊播。

【传播能力建设和品牌建设】 2015年，佛山传媒集团进一步加强传播能力建设和品牌建设，创新推动传统媒体和新媒体融合、宣传和活动融合、线上线下融合，不断提升传播影响力和服务中心工作的宣传力。一是注重发挥媒政、媒企、媒众互动的平台优势，以服务思维策划各类大型活动，对接各级党委政府、企业及市民的需求，如“2015一路向前——美丽佛山50公里徒步”活动、2015“温爱佛山”大型系列活动、“粤桂黔高铁文化之旅”系列活动等项目。二是突破固有思维，提升自身的策划力、创造力和洞察力等传媒核心竞争力，三家报纸相继进行改版，电台、电视台分别推出多个新栏目，涌现出一批有潜力的新作品和人才。三是推动传统媒体和新媒体融合发展，构建7个新闻网站、近200个微博微信账号，以及“佛山在线”“花生FM”“无限顺德”等APP客户端，在网络舆论阵地保持强有力的影响力。

【对外宣传工作】 2015年，佛山传媒集团紧紧围绕党委政府中心工作，积极配合做好外宣工作，从传统的“送稿”“送片”做法，逐渐转向以全面嵌入式合作来推动佛山城市形象的正面传播。佛山电视台稿件被中央电视台采用超过40条（次），被省台采用近1800条（次），用稿量居全省首位。《佛山日报》、佛山电台、《珠江时报》和《珠江商报》也积极参与外宣工作，向中央、省级媒体协助提供采访素材、线索等。同时，各媒体充分利用“两微一端”等新媒体传播特点，在人民网、新华网、新浪网、腾讯网等主流网络平台大力宣传佛山，让佛山城市影响力走向全国。比如，人民网“佛山建设人民满意政府”专题，传媒集团负责提供文字、图片、视频等各类报道素材。

【传媒经营和管理】 2015年，佛山传媒集团加强党建廉政工作，强化内部管理，狠抓安全生产，进行经营战略调整。按照集团党委经营战略调整安排，各媒体以用户需求为导向重新定义项目，灵活对接细分市场，构建多元协作格局，优化决策机制，主动通过新服务创造价值机遇。从宣传兴奋点中找到经营支撑点的经营手法，打造出“50公里徒步”“佛山美食节”“广佛绿色骑迹”等一批融媒合作、宣传与经营双丰收的成功范例。

年内，传媒集团全面建立起覆盖下属单位的信息集成平台，实现与国资监管系统的无缝对接；建设完成ERP系统中的固定资产模块、OA系统中采购管理、资产管理的审批流程以及与风险防控系统，使资产管理事项实现从立项到处置（报废）的全流程管理和监控，管理更加精准便捷。

（*黄海颜*）

报　刊

【《佛山日报》】 2015年，中共佛山市委机关报《佛山日报》仍为日刊，日均24版。年内，《佛山日报》紧紧围绕市委、市政府的中心工作，及时有效地传播党和政府的声音，促进群众与政府工作的互动，为佛山各项改革发展营造良好的舆论环境。

宣传报道佛山市获得地方立法权。2015年5月28日，广东省人大通过赋予佛山地方立法权的决议，《佛山日报》立即派记者采访省人大常委会相关领导，在第一时间见证并传递佛山市获得地方立法权的历史性时刻，并对佛山市多年来申请地方立法权的努力进行充分展示。6月8日，佛山市举行立法工作会议，《佛山日报》连续多日以专题版面的形式聚焦这一重要工作。报道注重对新闻事实的延伸与分析，推出以“佛山地方立法工作流程图”等为代表的延伸内容，在传递新闻信息的同时，回应市民对于佛山首部地方法规如何制订的关切。

加强“建设人民满意政府”相关工作报道。《佛山日报》围绕与市民生活紧密相关的环保、教育等领域，对佛山市建设民生政府、高效政府、法治政府、诚信政府、责任政府、廉洁政府的“六个政府”重点工作，进行全景式的展示。从11月中旬开始，《佛山日报》推出“建设人民满意政府幸福账单”系列报道，通过《一门式改革为“佛山效率”提速》等主题报道，将佛山建设人民满意政府创新举措、真实成效，与市民的期许及满意评价，有机地融合在一起，取得良好的社会反馈和积极的宣传效果。

为佛山的经济社会发展提供前瞻指引。《佛山日报》相继推出“转型升级、佛山智造”“走进欧洲探秘工业4.0”“佛山智造好榜样”“高铁上的佛山”等大型系列报道，并成功举办“工业4.0与佛山智造新战略”论坛。其中，“佛山智造好榜样”等重磅报道推出后，引起中央媒体对佛山智造转型的关注。

9月10～12日，中国（广东）“互联网＋”国际博览会在佛山举行，《佛山日报》以全媒体报道形成强大的影响力，会前推出“智汇佛山　互联未来”系列报道，开幕当天出版对开12版的特刊《智汇佛山　互联未来》，会中推出“中国（广东）国际互联网＋博览会特别报道”。博览会期间，《佛山日报》全媒体首次进行3天72小时“报纸＋APP”滚动播报，实现传播从报纸到网络、朋友圈的全方位覆盖，单APP的各类图文的点击总量就超万次。会后，《佛山日报》还采写了深度总结报道，为“互联网＋”博览会营造良好氛围，形成强大的“互联网＋”热点。

活动营销、新媒体营销领域。佛山日报社作为自收自支的事业单位，主动适应报业经营环境变化，继续深化改革，整合资源，丰富宣传服务形式和产品，从以硬广告为主的模式向以活动营销为主的整合传播服务转型。经过一年的运作，佛山日报社在活动营销方面取得较大突破，活动营销的能力也有大幅度提升。例如成功承办安农博会、婚博会，报社经营收入保持稳定，有力支撑报社正常运作。此外，佛山日报社新媒体经营比重逐渐增大，在实现整合营销、落地营销并实现收益的同时，重新聚拢用户，重构经营生态，为报社新的营销模式的形成，积累宝贵的关系和资源。

年内，《佛山日报》获得2014年度广东新闻奖的作品共有9件，其中一等奖3件、二等奖3件、三等奖2件、标题奖1件，获奖数量和档次在全省参评平面媒体中名列前茅，取得《佛山日报》复刊30多年来历史最好成绩。在2014年度中国地市报"走转改"作品评选中，《佛山日报》共有7件作品获奖。

报社媒体融合加速加力，形成全媒体矩阵的框架。年初正式上线的"佛山在线"APP成为佛山主流新闻发布的第一大客户端。2月9日，人民网研究院发布2014中国媒体移动传播指数报告，《佛山日报》移动传播端入选"中国报纸移动传播百强榜"第65名，位列地市党报第一位。中国人民大学新闻学院等中国十大顶级新闻学院11月20日联合发布2015中国媒体品牌影响力排行榜，《佛山日报》入围"2014～2015中国品牌媒体百强——地市党报品牌10强"。

（唐岭梅）

2015年7月25日上午，由佛山日报社承办的2015首届广佛绿色骑迹自行车骑行活动在智慧新城启动。

【《珠江时报》】 2015年，对于传统媒体来说，是一个寒冬。珠江时报社经受住了寒冬的考验，无论是采编、经营还是管理工作，都取得了出色的成绩。采编工作以全媒体融合为抓手，有效提升《珠江时报》的传播力、影响力、竞争力和创收力，亮点频出；经营工作以政务广告为支撑，全年实现经营总收入8103万元，完成利润1500万元，超额完成佛山传媒集团下达的经营指标和利润指标；管理工作以"企业文化建设计划"和"全员学分计划"为抓手，创新思路方法，多次获得集团领导批示表扬，并作为经验在集团内介绍。

2015年度，珠江时报社采编宣传工作紧紧围绕"建设人民满意政府"、文化旅游创意产业、粤桂黔高铁经济带、"互联网+"博览会等市委中心工作和"广佛同城""创业者乐园""品质南海"等南海区委中心工作，以及"一门式"改革等禅城区委中心工作展开，在这些重大主题的宣传报道中，强化策划，以"全媒体、全覆盖、重思考、强服务"为路径，借智借力，推动全媒体融合，不断提高新闻服务水平和能力，有效提升传播力和影响力，在扎根南海、服务禅城上走出更为踏实的一步。

9月1日，珠江时报社推出《中国需要佛山模式》，短短数天时间，实现了1亿以上的网络传播点击阅读，创造了一个佛山城市、产业价值营销的成功典范。11月26日，珠江时报社出品的《品质南海——城市人文读本》在世界南海联谊总会第三届恳亲大会上首发，被佛山市委常委、南海区委书记梁维东作为礼物送给海外乡亲，同时受到昆山、太仓、张家港等江浙城市的热捧，首发的800册书甫一推出就被抢空，有效提升《珠江时报》的传播力、影响力、竞争力和创收力。

全媒体融合成为采编操作常态。珠江时报社通过架构重组、流程重构、机制再造、全员转型等手段，以"全媒体 全覆盖"为理念建设融媒矩阵，形成包括纸媒、网站、微博、微信、APP、音频节目和视频制作等多种媒体形态在内的全媒体矩阵，拓宽新闻生产方式和发布机制，增加全媒体新闻产品供给。搭建视频工作室，在微电台的基础上推出微视频，实现既有报纸内容，又有电台功能，还兼具电视台图像的全媒体整合传播。全年参与航拍、视频拍摄近40场。南海的"微家书 传家风"活动，传统报纸加上微信、网站传播，阅读突破1500万人次，点赞量超过150万人次，成为宣传社会主义核心价值观的全国样板。

在第三方专业机构发布的2015年官微排行榜中，@珠江时报微信公众号12次跻身广东省纸媒前10名，有效提升《珠江时报》的传播力和佛山的影响力。

珠江时报社在做好常态新闻服务的同时，还通过多种渠道搭建人才智库，专门研究佛山市市、区党委政府的中心工作，为政府的决策提供建议与参考，向“媒体型智库”转型。11月开始，在佛山市委宣传部的指导下，珠江时报社推出《学习》微信版本和纸质版本，通过筛选研究和分析，把握当前理论动态，优选热点问题观点思考，供市委常委和市主要领导决策参考。

珠江时报社还着重打造《珠江西岸政经评论》《佛山文化周刊》《电商周刊》和《健康周刊》四大专刊。其中，《珠江西岸政经评论》以大视野、大格局关注佛山的改革发展，搭建智库为佛山的改革发展路径提供研究角度；《佛山文化周刊》深度解读佛山文化现象，成为佛山高端文化人群的重点关注读本。

珠江时报社系列社区报达到10份，进入禅城、南海区域的50万户家庭，覆盖150万人，深度密集扎根禅城、南海的9个镇（街）。系列社区报秉持“沟通你我，给力生活”的理念，做足“服务”文章，成为政府的工作助手，居民的生活帮手。

随着《珠江时报》传播力、影响力、竞争力的不断攀升，2015年度，珠江时报社多次在全国评选中斩获大奖。4月25日，在西安举行的中国传媒大会上，《珠江时报》获“金长城传媒奖·中国十大地市区域报”；8月28日，在2015传媒中国年度盛典上，《珠江时报》获“2015传媒中国年度十大创新力都市报”荣誉；11月21日，在贵州铜仁举行的第八届中国品牌媒体高峰论坛上，《珠江时报》获得“2014～2015中国品牌媒体百强——地市区域报品牌10强”荣誉。

（戴满香）

【《珠江商报》】《珠江商报》日均对开16版，是顺德区域主流媒体。2015年，该报社继续谋新求变，攻坚克难。整个报社队伍作风建设取得新进步，在新闻报道、经营和管理等方面都迈上了一个新台阶，出色完成上级下达的宣传任务和经营任务。2015年，该报社获“金长城传媒奖·2014中国最具融合创新商报”称号；连续第六年荣登“中国品牌媒体百强”榜，并获得“2014～2015最具融合创新商报”称号。

2015年，《珠江商报》紧紧围绕市委、市政府中心工作和集团要求报道的各项活动，对“两会”、建设人民满意政府、粤桂黔合作、“互联网+”、旅游文化节、创建全国文明城市和集团活动等重要报道不漏报、不错报，及时传达市里最新精神。同时，商报根据自己的特色，加强策划，推出一批接地气的系列报道。推出“开放顺德、走进禅南”的系列报道，为佛山美食文化节制作《美食传奇》特刊等。

作为顺德区主流媒体，《珠江商报》扎根顺德服务本土，策划大量专题报道，为顺德发展汇聚正能量。一季度，顺德区委全会、“两会”、党代会等重大会议集中，《珠江商报》集中优势资源做好报道，一方面利用版面优势，用文字、图解等多种形式全方位报道会议情况；另一方面利用《珠江商报》微博、微信、APP等全媒体矩阵，采用现场直播的形式，及时多渠道传播会议精神。同时，还围绕城市建设、改革等区委、区政府中心工作，在春节期间策划“新春走笔——商报记者羊年的第一篇稿”栏目，以“升级·升值”为栏目，挖掘城市升级好的典型，并做好创建全国文明城市回顾总结报道等。二季度，《珠江商报》围绕城市升级三年行动考核、开放顺德等重大事件，做好全方位报道，并出版特刊《看见——顺德城市升级三年行动计划路线图》。随着开放战略的实施，提前策划，开设《无开放不顺德》专栏，从禅桂对接、南沙对接等展开前期报道。“开放顺德”有关栏目发稿近80篇。三季度，顺德区委、区政府迅速部署北部片区一体化战略，商报增设《聚焦北部片区一体化》栏目，做好“开放顺德”动态文章，将区委、区政府思想分析解读，将声音传递给顺德市民。四季度，顺德区委、区政府继续深化开放顺德战略，北部片区一体化继续推进，概念规划咨询会举行，商报主动沟通协调，提前介入策划，使这一中心工作的宣传报道一浪接一浪。

2015年，《珠江商报》开创性地进行镇街书记、镇长、主任访谈，出版集文图、视频、题字于一体的《扬鞭踏春　镇街先行》特刊；成功引入《智慧龙江》《中德工业服务区》《多彩容桂》《杏坛塑料》等栏目；出版《党建促发展　镇街来先行》特刊，这是商报首次出版党建特刊。

为适应新媒体发展形势，加速传统媒体转型，该报社除了运用新媒体手段外，还强势全面推进全媒体转型工作。2015年6月，该社进行部门重组，增加创意小编人数，并制定符合部门实际的考核办法和各项管理制度，经过不断尝试和创新，逐渐掌握互联网语境下的传播规律，微信阅读量逐渐攀升。从6月起，该社官方微信点击量基本稳定在全省纸媒公众号前十名，其中多次名列地市级纸媒第一、第二名。该社官方微信在2015年10月4日顺德遭遇龙卷风当日推出的微信点击量高达155万人次，转发13万人次，当天点击量在全国纸媒微信排名第七位。在微信的带动下，无限顺德APP也实现了跨越式发展，粉丝下载超过5万。

2015年，《珠江商报》出色完成了两大品牌活动：世界美食之都——2015顺德美食节、2015广东国际旅游文化节系列活动之2015佛山美食节。顺德美食节实现经济收入400万元、佛山美食节收入200万元，两大活动的规模、档次都成为同类活动中的典范。2015顺德美食节创下4天时间入场120万人次，销售额超2500万元的新纪录。

（黄　晨）

广播电视

【佛山电视台】 2015年，佛山电视台坚持品牌战略，坚守专业与品质，融合电视传播格局下的新媒体应用和线下活动优势，凸显独有的核心竞争力。

佛山地区电视观众规模稳定，人均收视时长增加；在佛山100多个落地频道中，佛山电视台收视份额排在前列；超过90%在佛山生活的人，都收看过佛山公共频道的节目，到达率排行第一，成为本地电视媒体的领军者。频道11档新闻栏目全天直播，《六点半新闻》《小强热线》等栏目组成的新闻版块，稳居同时段收视前列。12月22日，由国家新闻出版广电总局主办的“TV地标2015榜单”在北京发布，佛山电视台公共频道被评为年度最具创新影响力城市台频道，是全国唯一一家上榜的地级电视台。

启动全频道联动运作、贯穿全年的“主题播出季”模式，聚合新闻策划、专题栏目、品牌活动、公益广告和电视剧等资源，多项大型直播活动都创下收视新高，打造出强大的品牌影响力。“喜气洋洋行通济——2015元宵节晚会”直播创6年收视最高，以绝对优势雄踞所有落地频道收视第一；“珠江形象大使竞选”10周年总决赛首次走出演播室，在岭南明珠体育馆举行，吸引超过4000名市民现场观看，并以增长逾60%的收视率，创下10年来总决赛电视直播的收视新高；“你好佛山——奔向2016跨年狂欢夜”，吸引超过10万名市民到电视塔广场参与年度迎新盛事，该场晚会还走进中央电视台，向全国传递佛山的欢乐和幸福。

4月25日，在“一路向前——美丽佛山50公里徒步”活动中，佛山电视台通过卫星、航拍等水陆空多维媒体手段，频道、网站、微信公众号全程直播，开创全民运动健身欢乐嘉年华。策划主办的“粤桂黔高铁经济带城市市长专访”和“珠江小姐中国南部城市十城百公里”徒步活动，引发当地政府、媒体和市民的高度关注和热烈响应，“美丽盛事”在粤桂黔掀起青春、健康、活力的风潮，佛山电视台的影响力突破了地域的限制。

全国“两会”报道在2014年《全民议案直通总书记》的基础上，整合全台采编力量，“打通五区、打通栏目、打通新媒体”，充分做实《全民议案》节目的内容，市、区团队联动，共同发动市民互动参与，并以聚合采访组的名义，将收集的声音带到北京，做成了包括《刘悦伦向全国人大和中外媒体推介禅城一门式》等若干个具有影响力的独家新闻策划，《全民议案》节目的推送点击量在一个月内达40多万，实现“议案直达北京、京佛观点共鸣”的传播效果。

6月17日，由国家新闻出版广电总局主办的第三届优秀国产纪录片及创作人才扶持表彰会在长沙举行，佛山电视台的雷洋、乔光林、郭益和陈浩然等4位摄像记者，凭借历时6年打造的纪录片《老佛山　新天地》，获得年度国产纪录片创作人才扶持项目优秀摄像奖，为佛山电视台历史上首次获得国家级摄像大奖。该次活动参评作品共有400多部，佛山电视台是唯一一个获此殊荣的地级电视台。

在2014年度广东省广播影视奖评选中，佛山电视台共有25件作品获奖，位列第三，并继续排名全省地级市台榜首。其中，何小薇获电视播音作品一等奖，是佛山电视台历史上的第一次。此外，佛山电视台还获评2014～2015年度广东省广播电视公益广告制作播出先进单位；《每天一小步，梦想近一步》和《我爱佛山》系列公益广告被评为2014～2015年度广东省电视类公益广告优秀作品。

9月25日，在广东省新闻出版广电局召开的电视电话会议上，佛山电视台《六点半新闻》作为2014年度全省十大创新创优栏目，向全省同行介绍栏目改革和创新尝试。2月9日，全省广播电视宣传管理工作电视电话会议高度评价了佛山电视台坚持品牌发展战略、创新创优实践、专业团队建设的做法，希望全省各台学习借鉴，找到适合发展的创新之路；在纪录片创作生产方面，要求各级广播电视台学习佛山经验，以纪录片创作带动一批项目、带动整个团队，推动整体节目创新发展。

连续第四年入选“中国电视满意度博雅榜”城市电视台满意度十强。在第十届“中国纪录片国际选片会”上，《老佛山　新天地》获得“年度十大纪录片”奖，刘钰莎获得“优秀导演”奖。纪录片《衣领》成功入围中央电视台“十大优秀提案”和中国（广州）国际纪录片节方案预售；纪录片《工厂故事》入围中国（广州）国际纪录片节“金红棉”奖（短片类）；纪录片《东华里最后的守望者》获四川电视节金熊猫最佳短片提名；《老佛山　新天地》等19部纪录片，陆续在重庆卫视、黑龙江卫视等播出，展示了佛山文化，助力佛山对外宣传。

佛山电视台致力挖掘身边的好人好事，传播佛山文明正能量。承办2015年“佛山好人”推荐命名活动，深入宣传“佛山好人”事迹。2015年度“珠江形象大使”竞选活动中，成立“珠姐志愿服务队”，通过各类公益活动，宣传发动市民寻找身边的“佛山好人”，一起践行美德。佛山电视台还先后承办佛山和广东省的青年创新创业大赛，推动“大众创业　万众创新”，获得省、市团委的高度赞誉。

（丁红兵）

【佛山电台】 2015年，佛山电台把握正确舆论导向，运用多媒体传播手段，推动广播与新媒体的融合，广播事业呈现稳步发展的局面。2015年，佛山电台入选“全国最具成长性市级广播电台”“2015年度十大影响力城市电台”；36件作品获省级新闻宣传类作品奖；经营类作品获国家奖励11件，获省级奖9件。

重大时政宣传。以《转型十二五、升级看佛山》为题，推出大型专题系列回顾报道，总结回顾“十二五”期间佛山市经济社会发展的总体成就和成功经验，并对佛山市“十三五”规划作详尽报道，让市民群众详细了解“十三五”期间佛山的发展目标和任务。以《家国长河》为题，推出纪念中国人民抗日战争暨世界反法西斯战争胜利70周年系列报道，共创作作品14篇，重现佛山民众抗击日本侵略者的历史画卷，作品播出后被社会誉为“对青少年进行爱国主义教育的好教材”。

外宣工作传递佛山经验。主动与中央人民广播电台、广东省广播电视台通联，传递佛山经验。共有《新常态新起点——经济发展如何跨过“质量关”》等30篇录音报道，在中央人民广播电台“中国之声”的《新闻与报纸摘要》《新闻纵横》等栏目播发。广东广播电视台累计采用佛山电台上送稿件322条。由佛山电台推荐的顺德区逢简村、顺德区江义村、南海区烟桥村等村镇参加全国最美村镇评选，获得奖项。

区域宣传推动公共服务升级。佛山电台区域频率围绕区域服务的定位开展宣传报道。佛山电台辖下的FM94.6频率，依托《早晨从946出发》《民生直通车》等载体，结合市委、市政府中心工作的主题，开展访谈和线下活动，共播出“佛山制造2025计划”等时政宣传系列专题超过200个。FM92.4频率与南海区委宣传部、区政府纠风办联合组织南海区教育局等9家单位上线《民声热线》节目，解决群众“最后一公里”的问题，使南海全区形成全民参与网络问政的良好氛围。FM90.1频率深入报道顺德北部片区一体化战略，在中国（广东）国际“互联网+”博览会中做到3天4场现场直播，对顺德区创新环境的做法进行推介。

“创文”宣传工作常态化。2015年2月佛山市获得“全国文明城市”称号后，佛山电台继续配合市政府创建全国文明城市工作的常态化，将原有的“创文”栏目改名为《城市正能量》。全台1年采制各类动态“创文”消息2000篇，播出1万次；播出“创文”公益广告3万次，“创文”工作深入人心。

频率活动品牌显优势。配合佛山市委、市政府提出“要着力加快发展文化旅游创意”的指示精神，承办“粤桂黔高铁文化之旅”重点项目，并开展专题调研，为市委、市政府决策提供参考。承办“广佛城际交通发展大型调研”活动，共回收1万份有效问卷，最终形成书面报告，提供给佛山市政府做决策参考。各频率节目的品牌效应也逐一展现。其中，“萧桦坚栋笃show2015”之“由于时间关系”系列活动的预热视频《儿歌金曲》，2周内收获200万点击量；《同车时代》节目10周年聚会——“Ken歌驾到”演唱会系列活动得到同行、客户和受众的肯定；首届《顺德好声音》项目活动引发顺德全城关注；《爱情漫曼谷》音乐舞台剧与“香港演戏家族”再次携手，合力创作4场演出。另外，2015广佛婚博会、佛山电台欢乐购房节、自助声导游等项目打响了佛山电台的活动品牌，增强电台的竞争力。

加快融合媒体改革。改造新媒体直播室，为新媒体发展提供软硬件和场地需求。佛山电台微信矩阵已初具雏形，囊括了频率公众号、节目公众号和主持人的个人公众号，为佛山电台的粉丝用户提供实用的资讯。佛山电台“花生FM”成功推出了“花生FM”的2.0版本，下载量用户数达20万户。着力发展“畅驾”服务项目，使之成为佛山本地车主服务第一移动平台，为佛山车主提供从车管服务到衣、食、住、行多元化的信息和服务内容；项目全年下载量15万户，成为全台下载量最高的手机应用平台。“花生宝贝”项目组拓展亲子服务相关的社会资源，与市教育局、市妇联等单位、各类教育机构开展合作，举办儿童故事大王比赛；配合佛山电台跨年玩唱会“开心西游记”小演员选拔活动，承接佛山市妇联“与孩子的心灵对话”线下活动等。

佛山电台新媒体“花生宝贝”举行佛山市首届网络少儿故事比赛。

2015年，佛山电台在《中国广播影视》主办的“2015年度全国广播业综合实力大型调研”评选活动中，入选“全国最具成长性市级广播电台”，佛山电台跨年玩唱会入选“年度最具特色市级广播活动”；佛山电台“飞跃924”获“金长城传媒奖·2014中国十大融合创新城市广播频率”奖；佛山电台入选中国广电传媒联盟主办的“2015年度十大影响力城市电台”。广播系列报道《在马万祺先生的办公室》获广东广播影视奖广播新闻一等奖，广告作品《广播商业类——邦迪创可贴之大出血篇》《广播公益类——交通事故（剩下BB）》入选广东省第22届广告优秀作品汇展暨自由创作大赛金奖。

（钟　毅）

图书·博物·档案·地方志

图　书

【佛山市图书馆】 2015年，佛山市图书馆集阅读推广、社会教育、信息共享、文化休闲等公共文化服务功能为一体，建设市民身边的图书馆，致力成为城市文化客厅。佛山市图书馆学会以894分的成绩通过市级社会组织等级评估工作，达到AAA等级水平。

打造文化新地标。至2015年12月，佛山市图书馆新馆开放一周年，总人流量突破142万人，日均接待读者超4000人，并创造了单日最高人流量4万多人的记录。佛山图书馆全年共办证7.8万个，同比增长85.68%，全馆累计办证量达31.5万个；图书借阅量节节攀升，全馆图书年借阅量达153万册次，同比增长38.88%。全年开展活动逾1000场，平均每天3场，总参与达83万人次。通过活动与阅读的有效结合，激发了读者阅读兴趣，提高了读者阅读水平。

4月18日起，顺德图书馆加盟佛山市联合图书馆，初步实现佛山市图书馆与顺德图书馆通借通还，双方系统并行，服务体系辐射升级。

佛山市图书馆与60多个政府机构、事业单位、中小学、企业、社会组织、个人（读者）等合作；智能图书馆向社会广泛寻求合作，撬动社会资源，激发社会各界参与公共文化服务的热情和动力，智能图书馆建设达22家，文化枢纽作用显现。

办馆数据增长。2011～2015年，佛山市联合图书馆办证量增长3.6倍，总办证量达56.6万个，持证率达11.8%，远高于全国图书馆持证率1.47%的指标；佛山市联合图书馆成员馆由最初的6家成员馆发展至71家，馆外新书借阅点3家，馆藏总量397万余册；汽车图书馆共建立服务点78个，开展上门服务626次，行程4万余千米，开通读者证6万余个，借还图书15万余册，服务人数超过30万人；全年活动约1000场，同比增长134%；相关媒体报道共计176篇，其中纸质媒体报道112篇、视听媒体报道37条、网络媒体报道27篇；微信发送图文信息454条，总阅读量27.6万次，累计关注人数近2万人。

立体化布局，多维构建公共文化服务体系。2015年是佛山市联合图书馆建设十周年，佛山市图书馆开展“佛山市联合图书馆十周年系列活动”项目，邀请各成员馆馆员参与，通过开展馆员文艺展演活动、十周年成果展巡回展、成员馆集影换礼、摄影大赛、十周年展览、专题研讨会等，向全市市民及业内专家全方位展示佛山公共文化建设成果，总结经验、再接再厉。智能图书馆新增4家，新增办证量9000余个，全年流通量25.7万册，累计办证量6万余个。通过多种途径、多种方式自建、引进、共享各类数据库，为读者提供种类丰富，内容多样的数字资源服务。电视图书馆点击量突破4万人次，新版电视图书馆于2015年7月正式上线。

佛山市图书馆新馆阅读休闲区。

智能便捷，细节服务深入人心。佛山图书馆新馆实现 WiFi 全覆盖，个人视听服务设有 HiFi 听音区和影视欣赏区；提供免费自助打印、复印、扫描服务；“佛图说吧”可录制自己想说的话，深受读者欢迎。

分级阅读，培养青少年阅读习惯。2 月 14 日，少儿阅读乐园正式开放，重点推出“玩具陪伴阅读”“少儿故事演出季”“手工绘本创作大赛”等耳目一新的活动；2015“筑梦佛山”异地务工人员子女阅读夏令营成功举办，200 名佛山市异地务工家庭子女及本市低保家庭子女因此受益。

特殊群体无障碍阅读服务。“阅读·温暖——佛山视障读者关爱行动”继续开展核心子项目“面对面朗读”活动，全年共开展 14 场，志愿者参与人数 228 人次，服务视障孩子 388 人次；推出“耆英畅游数字乐园”活动，带领老年读者了解新馆各个服务资源。

“南风讲坛”品牌活动人气空前。“南风讲坛”全年开展精品讲座 30 场，组织团队对 20 年来的讲座文稿、音频、视频等各类资料进行整理；“南风学堂”向社会招募文化志愿者作为授课老师，打造读者自助讲坛；“群英会 2.0 升级版”跨越时间、空间，多角度感受英语文化的魅力。此外，佛山市图书馆致力开发本地特色资源，“佛山文史展厅”和“佛山文史沙龙”继续发挥重要作用，成为佛山藏家展示成果的重要平台。

信息服务，面向读者转型升级。佛山市图书馆通过主动服务、合作办刊以及知识定制等方式，为佛山市市、区党政机关的 200 余个单位和部门提供决策参考信息，其中佛山市图书馆与市委政策研究室合编的《领导决策信息》得到市委领导一致肯定。积极努力进行信息服务管理升级，研发上线“参考咨询知识库及网上咨询服务平台”，为省内外读者提供网上参考咨询服务及文献传递服务 3.8 万人次。

创新读者阅读方式。佛山市图书馆充分运用现代多媒体技术打造第三空间，于 8 月在二楼多媒体中心推出新碟借阅服务，影音服务领衔读者体验。读者定制·文化活动通过读者自发组织与阅读相关的活动，给读者提供一个展示的平台，激发读者的创造力。佛山市图书馆还书及自助分拣系统投入运行，实现全自动对文献资料进行收集、归类、整理工作。

（柯　静）

【佛山市新华书店】 2015 年，在互联网、新媒体以及人们阅读习惯改变的冲击下，实体书店的营销业绩每况愈下。佛山市新华书店也不例外，一年里经历了网点收缩、资金紧缺、发展受阻、员工减少、销售下滑等多重困难，但作为党的文化宣传阵地，该店把社会效益放在首位，仍然坚持传统的图书主业。全年全店总销售 6239.6 万元，比 2014 年 7725.8 万元下降 19.2 %，其中一般图书（不含教材）销售 159 万册、2540.5 万元，比 2014 年 3459 万元下降 26.55 %；多种经营 133 万元，比 2014 年 770 万元大幅下降 82.7%。全年上交税金 75.7 万元。

政治读物和中小学教材发行。坚守党的文化宣传阵地职责，积极配合上级党委部门做好党的组织建设、思想建设、廉政建设、党的群众路线教育以及会议文献学习参考资料等政治读物的征订发行任务。重点通过印发通知和借助微信公众号，向全市党政机关、学校、厂企、事业单位征订发行图书。一是纪念中国人民抗日战争暨世界反法西斯战争胜利 70 周年主题图书，包括《抗日战争》（全三卷）、《中国抗日战争史（简明读本）》《南京大屠杀全纪实》《战争和人（1 ~ 3 册）》《中华民族抗日战争史（1931 ~ 1945）》《中国抗日战争全记录（1931 ~ 1945）》《中国抗日战争史（全三册）》。二是第六届优秀通俗理论读物，分别有《法治热点面对面——理论热点面对面·2015》《改革热点面对面——理论热点面对面·2014》《精神之钙》《领导干部从政道德启示录》《理想信念的理论支撑》《破解中国经济发展之谜》《中国协商民主的逻辑》《道路自信：中国为什么能（精编本）》。三是中宣部理论局、中组部干部教育局向广大党员干部推荐的第十一批学习书目，包括《习近平关于全面依法治国论述摘编》《中国抗日战争史简明读本》《马克思恩格斯列宁哲学论述摘编》（党员干部读本）、《“一带一路”：机遇与挑战》《抗日战争》（1 ~ 3 卷）、《谢觉哉家书》《工业 4.0 大革命》。四是党的十八届五中全会文件及辅导参考读物，具体有：《中国共产党第十八届中央委员会第五次全体会议公报》

《中共中央关于制定国民经济和社会发展第十三个五年规划的建议》《中国共产党第十八届中央委员会第五次全体会议文件汇编》《〈中共中央关于制定国民经济和社会发展第十三个五年规划的建议〉辅导读本》《党的十八届五中全会〈建议〉学习辅导百问》《“十三五”规划十讲（图解版）》。五是纪念胡耀邦诞辰100周年的《胡耀邦文选》。

购进各类党政、时政类读物566种、26161册、56.6万元。其中《中国共产党廉洁自律准则中国共产党纪律处分条例》销售3668册、《习近平谈治国理政》销售2317册、《习近平关于党风廉政建设和反腐败斗争论述摘编》销售2074册、《中国共产党章程·纪律处分条例·廉洁自律准则》销售1471册、《十八大中国共产党章程》销售1714册、《中国共产党第十八届中央委员会第五次全体会议公报》和《中国共产党第十八届中央委员会第五次全体会议文件汇编》销售902册。此外，配合佛山市市、区教育部门做好一年两季的中小学教材、教辅类图书的征订发行，做到“课前到书、人手一册”。全年为禅城区115所中小学校提供教材教辅图书征订和送书上门服务，共计出动汽车300车次、电动单车70车次，出动人力700人次，共送教材、教学辅导用书约236万册、码洋2200万元。

讲座、签售和展销活动。先后举办新书首发式、作者签售、讲座、座谈会活动6场；举办主题图书展销（促销）活动52场；和其他单位联合举办与图书相关的文化活动8次。主要有：1月10日，在惠景书城举办《广州文艺》与《诗词报》合订本上架暨佛山地区作者座谈会；4月23日至5月3日，在佛山新城市图书馆二楼展览厅，举办为期10天的世界读书日主题书展（市图书馆专场）；4月26日，在佛山新城市图书馆一楼报告厅举办周丹“《规划最好的自己》全球职业规划咨询师教你成为职场最受欢迎的人”讲座售书活动；4月24日，在惠景书城与禅城区市场监督管理局联合举办2015年保护知识产权宣传咨询活动；5月16日，在惠景书城举办饶雪漫《左耳》签名会暨“听见你的青春——分享作品内外的人生”讲座；7月6日至9月17日，与禅城区教育局联合举办2015年暑期“我读一本好书”（第十届）读书征文活动；8月1日，在惠景书城举办“创意手工　漫乐暑假”乐立方拼装比赛；8月2日，在惠景书城举办“快乐暑假，放飞梦想”卡乐淘创意粘土DIY比赛；8月12日至9月13日，在惠景书城举办“纪念中国人民抗日战争暨世界反法西斯战争胜利70周年”主题图书展；11月1日，在惠景书城举办“弘文杯”百米长卷儿童现场创意绘画书法活动；11月7日，在惠景书城举办蔡洪光“祛寒治百病”专题讲座暨签售活动。这些活动吸引了大批青少年学生和广大读者的热情参与，体现书店作为城市之窗，代表城市的一种生活方式，发挥城市空间文化互动与社交的功能，促进佛山市“全民阅读”活动。

转型升级与多元化发展。面对新媒体阅读的冲击，探索新的发展出路，打破传统意义上书店只经营图书的行规，将主要卖场惠景书城的首层和二楼进行升级改造，以书为媒，引入书吧、茶艺、红酒、咖啡、面包、牛奶、眼镜配验、书桌定制、陶瓷玻璃工艺、精美饰品、手机数码产品、医药保健用品等多种时尚和传统的元素，实行多元化发展，实现商业价值最大化，让读者感受到不一样的阅读、购书空间。

佛山新城书城开业计划被迫搁置。自2013年起开始筹建佛山新城书城，至2014年底已投入5900万元基建资金。该店原计划2015年再投入3000万元装修和经营资金，但是，该书城因房产合同纠纷，自2015年4月17日起暂停装修，原定2015年下半年正式开张营业的计划被迫搁置。

（梁金旺）

博　物

【佛山市祖庙博物馆】 2015年，佛山市祖庙博物馆围绕建设“文化导向型城市”的总体目标，积极响应实施文化升级两年行动计划，开展佛山祖庙功能及景观提升工程建设，探索推进公共文化服务、文化与产业融合等文化发展路径。

推进功能及景观提升工程，完善各项基础配套设施。佛山市图书馆旧馆2015年交付祖庙博物馆使用，改造工程于10月下旬完成主体结构工程的施工，12月底完成项目主体建筑安装工程的竣工验收；孔庙片区景观提升工程Ⅰ区和Ⅱ区展厅工程总体进度完成40%。此外，自备电房、防雷、庆真楼父母殿修缮复原等工程也在稳步进行。

构建公共文化服务体系，丰富志愿服务和推进馆校共建项目。在佛山市争创第三批国家公共文化服务体系示范区的背景下，充分利用馆内外文化资源，开展多样文化志愿活动。举办“温暖常相伴，夕阳依然红”关爱老人志愿活动、“循迹名人故居，探索人文精神”文博夏令营以及与南方报业合作举办“南方&祖庙小讲解员”的少儿志愿讲解招募培训等活动。与学校合作推广馆内精品临展，通过宣教活动让博物馆走进校园。年内，祖庙博物馆志愿者服务时数共计1095小时，服务人数2000人以上。

筹办并配合馆内外举行各项民俗文化及公益活动。组织策划新春祈福、佛山祖庙庙会、2015佛山秋色欢乐节之秋祭与乡饮酒礼等活动。举办“翠韵天成——现代玉器精品展”“方成漫画展”“红陶流珍——石湾陶塑珍藏展”“多彩瑶族——瑶族风情展”等8个专题临时展览，作为祖庙博物馆的基本陈列，首次全方位展示佛山祖庙的历史渊源、发展历程和珍贵文物。另外，配合孔庙片区景观提升工程，启动佛山祖庙历史文化陈列项目，完成陈列大纲（初稿）编撰、部分文物征集、资料收集整理、公开招标等工作。

文物保护和管理工作。根据国家文物局相关规定开展可移动文物普查和建档工作，积极配合专家进行文物认定，完成基础数据的采集和数据库录入工作。在工作中将文物安全放在首位，坚持以防为主，以查促防的指导思想，开展“安全生产月”活动和平安创建工作，实现无安全生产事故、治安形势平稳。

祖庙职能机构改革。按佛机编办〔2014〕72号文精神，祖庙博物馆与文物流通中心机构合并，并根据事业单位聘用制的要求顺利完成第三期岗位竞聘和部门设置工作，形成办公室、陈列宣教部、馆藏研究部、文物流通部、古建园林部、保卫部、策划推广部、游客服务部“七部一室”的新职能架构，进一步加强文物征集、修缮、修复、保护和鉴定咨询等工作。制定新的绩效工资方案，通过健全各项考核制度，完善分配制度，充分调动员工的工作积极性。

发掘社会资源，拓宽文化产业渠道。加强与旅行社的联系，制定独具佛山特色的旅游线路供旅行社参考，吸引更多旅行团参观；开发了11款具有祖庙特色、适合游客需求的文化旅游产品；提高讲解、募捐等服务接待能力，游客服务中心提供的讲解、智能语音导览器租借、咨询、投诉等服务进入常态化管理；在佛山日报社开展的“2014佛山口碑榜”评选中获“最佳口碑单位”。全年接待购票参观人数为103万人次，接待讲解761批次。

（邹文平）

祖庙北帝巡游民俗活动。

【佛山市博物馆】 2015年，佛山市博物馆通过完善馆内财务管理办法、加强廉政教育等方式，在建新馆、办展览上善作为、谋突破，在推进文物普查、保护传统文化等方面抓落实，为佛山“文化导向型城市”建设留下深刻印记。

新馆筹建。新馆筹建是佛山市博物馆近年工作的主题与主线。经努力，新馆的方案设计通过专家评审并基本完善，11月，项目正式动工，12月完成基坑工程并着手打桩；新馆陈展大纲编写有序推进，书画展、陶瓷展大纲基本定稿。

文物普查和藏品管理。以开展第一次全国可移动文物普查为契机，着力做好藏品管理工作，实现全年无文物安全事故。发挥市级文博龙头的作用，做好馆内的可移动文物普查，并承担全市及各区的普查审核上报任务，按期完成馆内17018件（套）文物的信息采集、数据修正、审核及上报。

承担市直文物普查办的工作，指导、协助市直4个非文博单位完成可移动文物普查工作；承担全市各级单位的数据审核与上报工作，对各级单位的普查数据进行逐条核实，完成全市24个单位的11256件（套）数据审核。

文物数字化。更新思路、整合资源，推进数字博物馆第四期项目，完成馆藏瓷器、玉器、铜器等文物20件（套）的三维及平面数据采集。采用“数字资产管理系统”对资源进行整合，形成结构有序、展示流畅的数据库。

藏品征集与修复。配合新馆陈展需要，征集7批次共142件（套）文物，主要有清代至民国期间石湾陶精品、民国时期佛山铜凿剪纸、清代“佛山祈和造”鼓与佛山外销产品等本地历史见证物，以及一批古代广东外销工艺精品；接受市民捐赠文物5批次共38件（套）；完成270件（套）近现代书画、19件（套）古旧家具的修复任务。

公共文化服务巡展。举办公共文化服务巡展11场，依托本馆特色馆藏，到省内外各地举办展览。外展方面，1～3月，在中山市博物馆举办“祈福迎春——佛山木版年画精品展”，吸引观众约4万人次；1～3月，在广州辛亥革命纪念馆举办“生命的情结——长命锁民俗文化展”，观众数量1.6万人次；10～11月，在厦门博物馆举办“石湾是个美陶湾”石湾陶专题展，展出石湾陶精品154件（套），观展人数逾2万人次，引起当地媒体的关注。本地展览方面，2～5月，在南海博物馆、禅城区博物馆举办“剪纸情·中国梦——陈永才剪纸艺术展”，累计参观人数近6万人次；5～6月，在广东石湾陶瓷博物馆举办“铸就辉煌——刘泽棉　梅文鼎　黄松坚　刘炳陶塑技艺传承展”，观众近万人次；在中国人民抗日战争暨世界反法西斯战争胜利70周年之际，制作“佛山市纪念抗日战争胜利70周年文物展”并在佛山市图书馆展出，观众达1万人次。此外，还组织“佛山纪念抗日战争胜利70周年图片展”等巡展常年进入基层社区、学校及厂区，广受群众好评。

着力办好2015年度文化遗产保护宣传月活动，以“保护成果　全民共享”为主题，举办系列大型的非遗专题展演，展示广东醒狮、传统武术、粤剧等独具佛山味的非遗项目，让市民近距离领略传统文化魅力；另外，还举办石湾陶投资讲座、名家鉴宝等活动。

传统文化保护。以非遗保护与古村落活化为主要载体，在传统文化保护与传承上下功夫、求实效。推动粤曲、九江煎堆制作技艺成功申报第六批省级非物质文化遗产代表性项目名录；成功推荐佛山少临南家拳等10个非遗项目和朱绍英等21个非遗传承人进入市级非遗名录。同时，携手市体育局等单位，对佛山龙舟习俗进行全面调查，推进龙舟习俗项目申报省级非遗名录工作，并指导“佛山伤科正骨”“佛山砖雕”等8个申报市级非遗名录的项目进行材料甄改。此外，组织推荐“佛山尧明号藤编家私有限公司”申报第二批省级非物质文化遗产生产性示范基地、佛山科学技术学院“岭南文化学院”申报第二批省级非物质文化遗产研究基地。

5月18日，在国际博物馆日上，建立“佛山市博物馆学会”，吸收市内各馆及其工作人员作为会员。学会是全市各级各类博物馆的沟通合作平台，也是民办博物馆扶持发展工作的主要载体。联合佛山市博物馆学会，邀请国内知名的博物馆陈展、讲解方面的专家举办多场专题培训，逐步提升民办场馆工作人员的专业水平。

（邝倩华）

档案与地方志

【综述】 2015年，佛山市档案、地方志工作紧紧围绕市委、市政府工作大局，以服务全面深化改革，推进依法治市为中心，继续建立健全档案资源体系、档案利用体系、档案安全体系，加大依法治档力度，夯实档案基础业务，扎实推进档案馆舍、档案信息化和干部队伍建设，为增创发展新优势、建设“人民满意政府”服务。

【食品安全档案】 2015年，佛山市档案局配合佛山市建设广东食品安全示范市，进一步推进食品安全档案建档工作。与市食品安全办公室、市食品药品监督管理局、市教育局、市卫生和计生局等部门沟通、协调，联合印发《关于在学校、幼儿园、医院开展食品安全档案建档工作的通知》。2015年全市需建立食品安全档案工作的学校、幼儿园24家，医院15家。通过建档，使上述单位饭堂（配餐中心）食品安全档案收集齐全、整理规范，达到食品安全档案工作有领导分管、有专责人员、有存放档案的地方、有档案装具、有档案实体、有管理制度的“六有”要求。

【企业档案】 2015年，佛山市档案局积极做好企业档案工作，为佛山市产业转型升级服务。贯彻落实国家档案局10号令《企业文件材料归档范围和档案保管期限规定》，开展国有（含国有控股）企业《企业文件材料归档范围和保管期限表》修订审核工作，进一步推动企业档案基础业务建设。做好高新技术企业建档选点工作。与市科技局进行沟通，获取佛山市高新企业认定名单，通过多种渠道与相关企业取得联系，争取企业支持配合。经多次协商，最终选定15家企业为建档选点单位，并完成问卷调查工作。参与国家档案局研究课题《企业档案资源归属与流向与改制企业档案价值鉴定处置办法或操作细则》项目，组织对全市改制企业档案管理状况进行调研，形成并上报工作调研报告。组织做好市直单位国有改制企业档案鉴定整理项目实施工作。

【重点建设项目和土地确权档案】 2015年，佛山市档案局抓好重点建设项目档案工作。根据市政府城市升级两年延伸行动计划的部署，积极做好省、市、区重点工程建设项目档案的监督、检查和指导，组织项目档案专项验收工作，把好建档质量关。

抓好农村土地承包经营确权登记档案建档工作。积极与市农业局沟通联系，配合农业部门做好农村土地承包经营权确权登记档案工作的监督和指导。

【资政材料编研】 2015年，佛山市档案与方志部门继续做好《资政参考》的编写工作。围绕市委、市政府工作重心，关注全市经济社会发展的重点、热点问题，全年共印发12期，主要涉及物流业、农业、文化产业等方面。顺德区编写《顺德与丝绸之路》《勇立潮头敢担当》等资政材料。

【古村记忆工程】 2015年佛山市启动百村升级改造工程，集中力量开展百村升级改造建设计划，其中重点打造30个古村落的升级改造。市档案馆从记录历史档案的角度出发，利用自身摄影团队和第三方无人机航拍公司，重点记录这30个古村落的村容村貌，完成莲塘村、湾华村、罗格村等10多个古村的拍摄留档工作。开展2015“佛山变迁·乡村记忆”照片征集活动。共征集照片1217张，评出134个获奖作品。

【档案馆库建设】 2015年，佛山市档案局重点推进档案馆新馆后续项目的建设。至年底，完成密集架一期、消毒机、冷冻库项目及配套工程建设；完成新馆场馆专项建设项目发改部门立项（包含珍藏库、功能布局调整及业务用房装修一期、专业展览三项），开展项目设计、施工图审查、预算审核等相关工作；完成智能馆库系统集成项目用户需求初稿；开展家具、窗帘、公共服务配套市场调研，完成用户需求初稿；完成馆库搬迁用户需求及项目立项招标工作；物业管理公司进驻管理。禅城区档案馆库房改建工程处于装修施工阶段。顺德区新馆将于2016年初交付进行装修。高明区新馆已纳入区城市综合信息中心项目（八馆合一），并落实项目选址，委托专业设计院开展项目前期概念规划设计。三水区新馆项目完成项目选址、建设用地“三通一平”、项目设计等前期工作。

陶艺大师向佛山市档案馆捐赠陶艺作品。

【档案资源建设】 2015年，佛山市档案馆将馆藏涉及禅城区范围内的婚姻档案目录数据进行共享，为市民提供准确的婚姻档案查询及“一门式”服务和“大数据”建设提供支持。

佛山市档案馆根据档案馆年度评估要求，开始建立全宗卷，建立了相对齐全的全宗卷体系。一市五区档案馆共接收档案84095卷、132502件。市馆拍摄政务活动共318项，拍摄政务活动照片共38073张，详细著录照片1941张，简单著录36132张；视频拍摄政务活动共35项，摄录时长3778分钟。市馆加强馆藏纸质破损及字迹扩散档案的修裱、修复及抢救工作，整理、修裱档案1338卷。市馆清点库房档案实体数量47316卷又104412件；清点线装图书资料4748本。

【档案信息化】 2015年，佛山市档案局为保障数字档案馆系统安全稳定运行，根据国家档案局办公室印发《档案信息系统安全等级保护定级工作指南》的通知要求，开展数字档案馆信息安全等级保护测评和整改工作，并按时完成整改任务。继续开展电子档案数据在线移交接收工作，全年市档案馆接收进馆电子档案目录数据45294条，原文数据10779份。开展电子数据异地备份，数据源包括数字档案馆系统电子数据、声像数据和数字化扫描图片数据、各区移交备份数据，总容量为12.57 TB。以一式三份的备份磁带分别交付浙江省绍兴市档案馆、广西壮族自治区桂林市档案馆异地保管。

做好现行电子政务文件接收、公开。佛山市档案馆接收市直单位电子政务文件33175份，查询中心数据库电子政务文件达40万份。佛山市现行文件查询中心网站上网公开电子文件5112份，现行文件查询中心公开文件达11万份。

推进馆（室）藏档案数字化。一市五区共完成1797万页纸质档案数字化处理，其中，市馆完成257.2万页，包括处理市直单位室藏档案77.6万页、处理馆藏档案179.6万页。全市国家档案馆机读案卷级目录115.9万条、文件级目录161.07万条。

【档案公共服务】 2015年，佛山市档案系统继续加强馆藏档案的开发利用工作，开展档案公共服务。

做好档案资料利用工作。一市五区档案馆共接待档案利用89536人次、利用档案183674卷（件），无偿提供复印250395页。

开展人名著录工作。市馆将馆藏婚姻档案等重点全宗中涉及“人”的信息进行整合著录，建立以人名为搜索引擎的人名档案数据库，数据库总量达8.2万条。

婚姻档案查阅下放镇街，提供高效便民档案服务。南海区档案馆利用婚姻档案数字化处理成果，依托数字档案馆平台，与南海区婚姻登记处合作，把婚姻档案查阅功能下放到南海区各个镇街，一改以往群众必须到馆内查阅已进馆婚姻档案的局面，在家门口即可轻松办理，极大方便了群众。

开展爱国主义教育活动。南海区利用档案馆大楼一二楼办公走廊空间，举办《南海再出发》图片展，展示馆藏照片，加深群众对南海区发展历程的了解；对馆内爱国主义教育基地软硬件进行升级改造，提高爱国主义教育基地建设水平。三水区联合小记者协会在区档案馆爱国主义教育基地举行“探秘档案馆·领悟三水魅力”体验活动。

【档案安全体系建设】 2015年，根据档案开放鉴定工作新精神，佛山市档案馆重新鉴定110384份档案；对85792份已鉴定的档案重新分类并发至有关单位进行复审，对8104份密级档案进行标注。制定涉密档案清查方案，协调处理涉密档案清查事项，年内，市委办、团市委等单位完成了24471卷12858件档案的清查工作。组织有关人员对已撤销合并单位的馆藏档案进行查密，清查11215卷27180件。

【档案行政执法监督】 2015年，佛山市档案局印发《佛山市档案局关于开展2015年市直单位档案年检工作的通知》，对2015年档案年检工作进行部署，不断改进和完善年检工作。顺德区对区内5个镇（街道）、4个区属部门进行档案安全检查；对5个镇（街道）、11个区属部门进行档案行政执法检查；对在顺德区档案局备案登记或在本区范围内开展档案业务的7家档案中介机构和部分“新农档”示范点进行专项检查。

【档案宣传与培训】 2015年，佛山市档案局在国家及省级专业报纸杂志登载信息及文章20余篇。市档案局官方微博、微信团队主动制发及转发微博2388条，微博活跃度高；微信公众号推送150余条资讯；佛山档案与方志网内容更新264条，网站访问13721人次。以“6·9国际档案日”为契机，以“梦想寄存”为主题，在社区及机关幼儿园开展内容丰富、形式多样的宣传活动，增强广大市民的档案意识。全年全市共举办档案业务培训班21期，培训1600多人次。

（刘绮平）

【地方志资料年报】 2015年，佛山市地方志办公室在完成2014年度地方志资料年报工作的同时，开展补报2007～2011年资料工作。4月10日，举办地方志资料年报业务培训班，学员达120余人。4月13日，下发《关于做好2015年佛山市地方志资料年报工作的通知》，要求各单位完成6年的资料年报报送工作。6～7月，组织市直部分年报资料承报单位赴东莞、惠州、肇庆、云浮等市交流年报工作经验，以提高资料年报编报质量。9月，地方志资料年报承报单位陆续提交资料，年报工作进入审核、验收阶段。

各区地方志办同步开展资料年报工作，制定培训计划、指定专人对资料年报进行收集整理。11月，各地方志资料年报承报单位陆续上交资料。至年底，全市基本完成资料年报工作任务。

【年鉴编纂与出版】 2015年初，佛山市及各区年鉴部门及时召开年鉴组稿工作会议，努力做好年鉴编纂工作。《佛山年鉴》以城市升级为主题，围绕提高城市品质、产业转型、创新社会管理、提高文化软实力为主要内容，全方位覆盖各个领域的建设发展情况，首次在书末增加主题索引检索功能，以便读者搜索相关内容。10月，2015年刊《佛山年鉴》出版发行，全书125万字。12月21日，佛山年鉴社邀请全国年鉴界专家剖析、点评《佛山年鉴》的编纂质量。

《禅城年鉴》于2015年11月印刷出版。全书64万字，图片249张，增设“禅城数字”“镇街掠影”等版面，并增刊广佛地铁路线图及禅城区公共自行车开通站分布图，方便读者查阅利用，发挥年鉴工具书的作用。

《南海年鉴》（2014刊）在2015年获全国年鉴界最高奖项——综合特等奖，并获框架设计、条目编写和装帧设计3个单项的特等奖。

《顺德年鉴》（2014刊）在2015年初完成印刷发行。6月，全面展开2015年卷《顺德年鉴》组稿编辑工作，并于年底定稿。

《高明年鉴》（2014刊）围绕高明区委、区政府中心工作，以图片形式重点宣传“党的群众路线教育实践活动”“蓬勃发展的装备制造业”“‘一门式’行政服务”等亮点工作，于12月出版发行。

《三水年鉴（2014）》在2015年获中国出版协会主办的第五届年鉴编纂出版质量评比综合一等奖、框架设计一等奖、条目编写二等奖、装帧设计二等奖。同年，《三水年鉴》被《中国年鉴全文数据库（CYBD）》全文收录，并获《中国知识资源总库》编辑委员会、《中国学术期刊（光盘版）》电子杂志有限公司颁发的收录证书。

【地情资料工作】 2015年，佛山市地方志办和各区地方志办积极开展地情资料的搜集和开发利用工作。

1～2月期间，佛山市地方志办为深入开发利用地情资源，组织各区填报《广东省地方志资源开发利用项目立项表》，全市共申报4个项目，获立项3个，分别是：《佛山武术文化研究》（市1项），《北京南海会馆文献考》（南海1项），《高明百年以史鉴今》（高明1项）。另外，2013～2014年已立项项目分别于3月和9月按照省地方志办要求，组织完成了结项工作。

市地方志办在开发利用地情资源方面积极探求，开展了多项工作。一是继续加强与社会合作，通过购买服务形式，积极开展课题研究。2月，做好《佛教与佛山文化》的出版、宣传及发行工作；7月，签订《佛山武术文化》研究协议；10月，签订《佛山中医药历史文化》研究协议。11月，签订《佛山家训》编注合同。二是完成《佛山地区旧族（家）谱汇辑》二期项目，收录11个姓氏、13种族谱，分为12册，于10月完成印刷，共印刷50套。三是保证《资政参考》编写质量。市地方志办围绕市委、市政府中心工作，继续编好《资政参考》，全年共印发12期。四是继续做好名人资料的收集整理工作。12 月底完成《中国工艺美术大师刘泽棉资料专集》的印刷发行。五是办好《佛山史志》。市地方志办努力把《佛山史志》打造成宣传佛山历史文化、反映社会实情、进行地方志交流及搜集资料的平台。至年底，《佛山史志》共编印出版 5 期。

禅城区收集族谱 7 本，族谱（家谱）电子档案 5 份。整理民风民俗资料上传至区地情网，编印《张槎镇志资料长编》，与中国知网（《中国学术期刊（光盘版）》电子出版社有限公司）签订年鉴电子与网络出版协议，加强对外宣传。

南海区召开《南海院士风采录》首发式。搜集《北京南海会馆》资料及编写工作，完成《南海香云纱起源、发展及现状调查的报告》。进行“清朝南海奏折”项目可行性调研。

顺德区开展《顺商人物辑录》编撰工作。在前期搜集自明清以来 256 名顺商人物的名单、简介的基础上，新收录近 100 名的人物资料。

高明区牵头负责《历史文化丛书》（美食篇）的资料搜集、整理、编辑工作。与佛山电视台高明分台联合拍摄《百年高明 以史鉴今》节目及出版书籍，所负责的 75 篇及时完成编辑工作并移交电视台制作。指导村史、家谱编纂及征集工作。

三水区完成《英国人眼中的三水——1897 ~ 1938 年三水海关税务司纪事》编写工作，印刷样书，已送佛山市地方志办审阅修改。全书 10.5 万字，图片 20 张。

【地方志信息化】 2015 年，佛山市市、区两级地方志机构通过各种方式加快对各类志书、年鉴、地情书的数字化处理和数据上传工作。市地方志办共上传专业志 28 部、280 万字，年鉴 2 部、100 万字，共约 382 万字。同时，配合做好与档案局共用官网、官方微博、微信平台的维护和数据上传工作。

禅城区于 3 月完成地情网的改版工作，网站共设禅城动态、禅城概览、禅城区大事记、图说禅城、地情书库、禅城史话、数字禅城、法律文献等 8 大版块。12 月，改版后的地情网站累计点击量从 3 月改版前的 9 万次迅速跃升到 25 万次，成为禅城区对外宣传的重要窗口。

南海区上传 2004 年、2005 年和 2012 年刊的《南海年鉴》以及《南海院士风采录》共 226 万字、594 幅图片。网站点击率近 24 万次。

高明区上传 2000 年、2001 年和 2014 年刊的《高明年鉴》，以及《高明县志》。

三水区上传 2012 ~ 2014 刊年的《三水年鉴》到三水区地情网。

【自然村落历史人文普查前期准备】 2015 年，佛山市市、区两级地方志部门积极做好自然村落历史人文普查前期准备工作。

4 月 17 日，佛山市地方志办接待广东省自然村落历史人文普查调研组到南海区茶基村实地调研；9 月，《广东省自然村落历史人文普查工作方案》印发后，市地方志办草拟完成有关文件，以备该项工作的正式启动。

南海区在西樵镇松塘村、桂城街道茶基村进行自然村落历史人文普查试点。4 月，区地方志办组织各镇（街）利用地方志资料年报平台，搜集整理基础材料。7 月，省地方志办主任温捷香到南海调研时认为南海条件较好，在普查方面可先行先试。11 月，拟写普查实施方案，并由区政府于 12 月印发。

至年底，禅城、南海、顺德、高明、三水均做好了自然村落数量的统计工作，并成立普查工作领导小组，为全面开展自然村落历史人文普查工作打下基础。

（张丽珍）

体育·卫生

体　育

【综述】 2015年，佛山市体育工作深入贯彻《国务院关于加快发展体育产业促进体育消费的若干意见》，围绕市委、市政府建设人民满意政府和加快发展第三产业的中心工作，成功举办了CBA篮球联赛（佛山赛区）、欧洲高尔夫挑战巡回赛佛山公开赛、第一届亚洲龙舟俱乐部杯、国际拳联职业拳击赛暨巴西里约奥运会拳击项目49公斤级资格赛、全国花样游泳锦标赛、全国健美操联赛、亚洲水球锦标赛暨里约奥运会资格赛、武战环球搏击王者争霸赛等多项体育大赛。佛山市还和北京等8个城市联合成功申办2019年国际篮联男篮世界杯；成功申办2016年全国游泳冠军赛。

年内，佛山市组织群众体育活动达400多项次，启动建设社区体育公园68个，全年市级主要公共体育场馆免费开放天数达到112天以上。参加广东省第14届运动会获得大会团体总分第六名和代表团体育道德风尚奖，并以第三名的成绩获得2010～2014年地级市体育突出贡献奖。2015年佛山市运动员参加世界大赛共获得第一名8个、第二名2个、第三名2个、第四名3个、第五名1个、第六名1个。参加全国第一届青年运动会、全国锦标赛、冠军赛等共获得18项第一名、20项第二名、12项第三名的好成绩。全年全市有24人上送到省体工队、5人上送到省体校；1人达到健将水平、21人达到一级运动员水平、149人达到二级运动员水平。全年销售体育彩票10.75亿元。

【全民健身活动】 2015年，佛山市举办全民健身日系列活动、南粤幸福周、村际篮球赛、佛山陶企篮球联赛、佛山龙舟文化节、佛山市镇（街）男子篮球超级联赛、50千米徒步活动、U互动广东省五人足球争霸赛（佛山赛区）、广佛肇第三届南狮锦标赛、省广佛肇清莞网球邀请赛和佛山足球联盟超级、甲级、乙级足球联赛等赛事和活动；组队参加全国城市篮球赛、广东省足球联赛、广东省男子篮球联赛、广州市国际龙舟邀请赛、广东省龙舟锦标赛等赛事，营造良好的全民健身氛围，引导城乡居民养成科学健身习惯。全年全市（含区、镇街）组织群众体育活动达400多项次，直接参与人数达300万人次。全市体育人口达60.5%。

【公共体育设施建设】 2015年，佛山市人大将《关于加快推进社区体育设施建设，提高人民群众身体素质和健康水平》议案列为1号督办案，市体育局作为主办单位，积极主动联合市住建局、财政局等会办单位落实1号督办案办理，在市政府主要领导的关心、重视下，争取了2015年度市级体育彩票公益金1500万元全额用于体育事业，其中1400万元用于支持各区社区体育公园建设，解决了多年来市级体育彩票公益金的使用问题；市体育局还联合市住建局对各区社区体育公园建设情况进行考评考核。年内，全市启动建设社区体育公园68个（年内完成57个社区体育公园建设，另有11个计划于2016年2月底前完工），总面积97.63公顷，总投资2.73亿元，建设标准篮球场55个、3人篮球场4个；标准足球场1个、7人足球场3个、5人足球场1个；羽毛球场53个；乒乓球台139张；健身路径72条。全市乡镇农民体育健身工程达到100%。此外，建成世纪莲体育中心户外游泳池。

【体育组织发展】 2015年，佛山市组建了佛山足球联盟等3个体育协会；根据《佛山市级体育类社会组织发展专项扶持资金评审细则》，通过竞争性分配方式投入80万元资金扶持市级体育社团，支持市级体育社团全年共组织各类比赛和活动50多项，直接参与人数达5万多人次。

【体育公共服务】 2015年，佛山市不断提高体育公共服务水平。一是紧抓全民健身，积极推进市全民健身活动中心建设。经过不懈努力，市政府同意在普君新城建设市全民健身活动中心并将该项目列为2016年市政府民生实事项目。二是进一步加大市、区两级政府购买服务推行体育场馆免费开放力度，全年市级主要公共体育场馆免费开放天数达到112天以上，区主要公共体育场馆免费开放天数达到60天以上。三是组建全民健身知识宣传推广团深入农村、学校、社区、机关、企事业单位开展全民健身大讲堂活动，全年共开讲20多场次，听课人数2万多人次，派发《佛山市全民健身指引手册》2万多册。四是积极开展国民体质监测工作，全年共监测约6500人。五是大力开展社会体育指导员培训，全年培训二级社会体育指导员200多人。

【佛山市参加广东省第十四届省运会成绩】 广东省第十四届运动会于2015年7月25日至8月16日在湛江举行，佛山市派出826人的代表团参加竞技组20个大项和学校组8个大项比赛，以25金35银39铜3703分获得大会团体总分第六名（顺德区获得大会团体总分第八名）；以3130分第三名的成绩获得2010～2014年地级市体育突出贡献奖，顺德区、南海区、三水区、禅城区分别以第三名、第六名、第十四名、第十九名获得县（区）级体育突出贡献奖；以良好参赛作风和精神风貌获得代表团体育道德风尚奖。

【青少年体育运动】 2015年，佛山市大力开展青少年体育运动。一是承办全国击剑冠军赛总决赛、全国羽毛球单项锦标赛、2015～2016年全国大众跆拳道系列赛（广东站）等高水平青少年体育赛事。二是组队参加省青少年冠军赛、联赛、中学生锦标赛、传统校赛等12项赛事。三是组织田径、游泳等16项全市性青少年锦标赛和乒乓球等7个项目小学生体育赛事，举办校园足球联赛（小学组），青少年各类赛事参赛人数达到4500人次以上。四是积极创建青少年体育俱乐部，成功创建省级青少年俱乐部2所、国家级青少年体育俱乐部2所。五是积极推进足球运动改革发展，佛山市积极申报广东省足球试点城市，禅城区、南海区、三水区积极申报广东省足球试点县（区）。

【学校体育普及】 2015年，佛山市大力普及学校体育。一是认真贯彻执行《学校体育工作条例》，加强课余训练工作的指导和服务。二是完善工作机制，加强传统校网点建设，提高传统校、网点校、特色校训练质量，加强后备梯队培养和建设。三是大力普及青少年校园足球，积极创建全国足球特色学校，共有52所学校被评为全国足球特色学校；积极开展校园足球指导员培训，市体育局联合市教育局举办2期校园足球指导员培训班。

【佛山成为2019年国际男篮世界杯承办城市之一】 2015年8月7日，国际篮联主席奥拉西奥·穆拉特瑞在日本东京召开的新闻发布会上宣布，国际篮联中央局通过投票表决方式，中国获得2019年国际篮联男子篮球世界杯举办权。佛山作为协办城市和北京等共8个城市成功申办2019年男篮世界杯。男篮世界杯（前身为男篮世锦赛）是世界篮球界的顶级赛事，每四年一届，2019年篮球世界杯将参赛球队从24支扩大到32支。男篮世界杯赛事可以覆盖全球171个国家和地区，直播时间超过9000个小时，电视观众人数可达7.81亿人次。这是中国首次举办男篮世界杯赛事。佛山市是中国联合申办2019年男篮世界杯的8个城市之一。

【2015年欧洲高尔夫球挑战巡回赛佛山公开赛】 2015年10月22～25日，2015年佛山公开赛——欧洲挑战巡回赛暨中国职业高尔夫球锦标赛在佛山高尔夫球会举行，赛事有来自超过20个国家和地区120多名运动员参赛，这是佛山高尔夫球会于2013年始连续三年成功举办欧洲高尔夫球挑战巡回赛佛山公开赛，受到社会各界肯定。此次比赛由国家体育总局小球运动管理中心、中国高尔夫球协会主办，佛山市高尔夫球会承办，广东省高尔夫球协会、佛山市体育局协办，欧洲挑战赛组织为赛事认证方。

【第一届亚洲龙舟俱乐部杯赛】 2015年10月28日

至11月1日，2015年（第一届）亚洲龙舟俱乐部杯赛在佛山举行，活动内容包括2015年（第一届）亚洲龙舟俱乐部杯赛、“广佛同城、同舟共济”——广佛城际龙舟友谊赛、赛龙夺锦乐从镇村际龙舟争霸赛、传统龙舟饭、中德啤酒文化节等5项。其中，2015年（第一届）亚洲龙舟俱乐部杯赛在佛山新城东平河段举行，共有来自韩国、马来西亚、菲律宾、伊朗、澳大利亚、中国和中国香港、澳门等国家和地区12支队伍参加了男女混合组500米、100米和男子、女子组200米、100米的比赛，竞技水平高，市民反响热烈，观众达10万人次；广佛同城龙舟邀请赛第一次创新由广州荔湾区－南海区联队、番禺区－顺德区－南沙区联队、花都区－三水区联队同场竞技，实现同城化无缝对接，促进同城化体育交流。

【体育产业规划和扶持】 2015年，佛山市体育局积极做好体育产业规划和扶持。一是根据《国务院关于加快发展体育产业促进体育消费的若干意见》精神，编制《佛山市人民政府关于加快体育产业发展促进体育消费的实施意见》，与市发改局联合上报市政府。二是与市旅游局、市文广新局编制《佛山市关于加快旅游文化创意产业发展的实施方案（2015～2020）》和《佛山市人民政府关于扶持旅游文化创意产业发展的意见》，由市政府印发。三是积极申报国家发改委、国家体育总局体育产业联系点城市并获得批准。

【体育场馆运营】 2015年，佛山市体育场馆坚持社会效益、经济效益并重之路，积极面向市场、整合资源、多元化经营、系统化管理。市体育场馆中心始终秉承“把握场馆公益属性，臻于优化公共体育服务”宗旨，全年承接各类文艺演出、比赛活动70场次；接待活动市民约87万人次，同比增加1.5万人次，增长1.7%。岭南明珠体育馆积极由“提供体育场地硬件服务”向“提供体育专业技术服务”转型，全年举办政府大型公益活动3场、大型体育赛事13场、大型文艺演出10场、会展9场、人才招聘会10场，共接待市民群众约112万人次。岭南明珠体育馆还积极向外输出体育专业技术服务，在铁军小学等5所学校开设体育课程达4968课时，受训练学生9.9万人次；校队训练756课时，达9456人次；第二课堂及课外培训1620课时，达6320人次。

【体育彩票销售】 2015年，佛山市体育彩票销售点达773个，从业人员近1400人；全年销售体育彩票10.75亿元（禅城1.97亿元、南海3.74亿元、顺德3.97亿元、高明5858万元、三水4811万元），超额完成省下达的9.5亿元销售任务，销售额排全省第四，同比下降13.29%；全年筹集公益金7199.7万元（市本级1365.7万元），代扣个人所得税1273万元。

（孔祥胜）

医疗卫生

【综述】 2015年，佛山市有卫生机构1475个；床位33133张，全市每千常住人口病床数4.46张；卫生人员52143人，其中卫生技术人员43641人，含执业（助理）医师15427人、注册护士18945人，全市每千常住人口卫生技术人员5.87人、每千常住人口执业（助理）医师2.08人、每千常住人口注册护士2.55人。

【医药卫生体制改革】 社会办医。2015年，佛山市将营利性医疗机构设置审批改为后置审批，规范行政审批和后续监管工作。优化公立医疗机构结构布局，优先考虑社会资本进入，一批眼科、口腔专科医院和第三方检验机构获得广东省卫生和计划生育委员会批准设置。全年全市新注册非公立执业医疗机构65家，新增床位385张。

分级诊疗。2015年，佛山市大力推进分级诊疗机制。佛山市中医院托管三水区南山医院，建立医疗机构分工协作机制。落实《佛山市社区康复护理推广方案》，组织市级护理专家每月对全市20间基层医疗卫生机构进行指导。医师多点执业实行备案制管理，全年共有129名医师办理多点执业注册。加大转诊工作力度，推进区域卫生平台双向转诊管理系统建设，制定医疗机构病人转诊管理办法，规范脑卒中等8个常见病种（手术）康复医疗双向转诊标准。

康复医疗服务。2015年，佛山市康复医疗服务水平再上台阶。“佛山市康复医疗服务体系建设研究”获得中共佛山市委宣传部、佛山市社会科学界联合会立项。佛山市成立康复医学医疗质量控制中心，组织培训和指导康复医疗工作，并在佛山市中医院设立“佛山市康复护理培训基地”，对100名社区护士进行康复护理知识和技能培训，加强与香港护士教育及培训基金会交流合作，推进社区康复护理工作。

家庭医生式服务。2015年，佛山市确定14个社区卫生服务机构为第二批家庭医生式服务市级示范点建设单位，为居民提供免费基本公共卫生服务、惠民医疗和个性化医疗保健服务。至年底，全市组建家庭医生式服务团队共590个，累计与11.9万户家庭、38万名居民签定服务协议，提供上门诊疗服务22.7万人次。

疾病应急救助制度。2015年，佛山市启动疾病应急救助制度，市、区两级政府分别设立疾病应急救助基金，全市共有1117人次得到疾病应急救助，共支付医疗救助金额829.7万元。

【公共卫生】 疾病预防控制。2015年，佛山市加强对登革热、手足口病、人感染禽流感、艾滋病、结核病等传染病防控工作。加强登革热防控工作督导、预警预测和宣传教育，开展爱国卫生运动，全市770个蚊媒监测点覆盖大多数村居。全年全市共报告登革热病例45例，较上年下降98.73%，无死亡病例。强化人感染禽流感疫情联防联控，加强埃博拉出血热、中东呼吸综合征疫情监测和防控工作。开展《佛山市遏制与防治艾滋病“十二五”行动计划》终期评估，基本实现“十二五”防治目标。按计划推进中学生结核病防治干预项目，开展《佛山市结核病防治规划（2011～2015）》终期评估，完成各项防治目标。完善免疫规划信息化建设，有序开展免疫规划工作。开展《佛山市地方病防治“十二五”规划》终期评估，全市继续保持消除碘缺乏病的防治目标。推进高血压、糖尿病、重性精神疾病管理治疗项目。

公共卫生综合监督。2015年，佛山市推行医疗机构不良执业行为记分管理制度，医疗机构监督覆盖率达到100%。开展打击买卖出租出借医疗牌照、打击代孕等专项工作；推进学校、公共场所卫生监督量化分级管理工作；加大放射诊疗卫生、公共场所卫生和学校卫生的监督执法力度。

卫生应急。2015年，佛山市调整卫生应急组织机构和队伍，完善应急处置队伍体系，加强应急队伍的培训演练，推进卫生应急指挥和决策信息及视频会商系统建设。

【卫生信息化】 2015年，佛山市通过国家卫生和计划生育委员会“区域卫生信息化标准性符合测试四级甲等”测评。完成佛山区域内所有公立医疗卫生机构接入区域卫生平台，实现互联互通信息共享。完成“佛山市学生健康监护信息系统”项目建设，并在全市1500多家中小学、托幼机构推广使用，监护110万中小学、托幼儿童健康信息。佛山市远程医学中心完成市内18家医院和社区卫生服务中心、省内2家对口帮扶医疗机构的接入，实现远程会诊和远程培训等功能。完成佛山区域卫生信息化各系统安全等级保护测评。至2015年年底，佛山市共发放健康卡360万张，群众持卡看病达1067万人次；智能健康网接入联网预约医院29家，市民预约挂号达202万人次；“健康佛山”政务微信实现区域联网医院预约挂号20万人次，佛山市第一人民医院、佛山市中医院推广微信挂号、支付。

【医政管理】 基本药物制度。2015年，佛山市政府办基层医疗卫生机构全部按照规定配备并零差率销售基本药物。全市二级、三级公立医院基本药物使用比例全部达到省规定指标要求。医疗卫生机构规范执行药物、医疗耗材集中采购制度。

平安医院建设。2015年，佛山市完善医疗纠纷处理机制，加强医患沟通培训。南海区增设50名辅警编制，每家区级医院配备3名。8月，禅城区医患纠纷人民调解委员会挂牌成立，医疗纠纷人民调解组织覆盖全市各区。

医疗服务质量。2015年，佛山市狠抓医疗服务质量。佛山市和禅城区、三水区组建医疗质量控制中心。佛山市第一人民医院通过三甲复审，佛山市妇幼保健院通过德国KTQ质量认证。实施改善医疗服务行动，内容包括扩大预约比例、实现分时预约、强化院前急救、加强护理力量、落实优质护理、推广临床路径、加强合理用药、加强社工服务、强化信息公开、加强纠纷调解。南海区、顺德区以政府购买方式推广医务社工服务，在全国率先制定医务社会工作服务标准。

【妇幼保健】 2015年，佛山市继续实施预防艾滋病、梅毒和乙肝母婴传播项目。继续落实免费婚检产检等惠民措施，全年全市接受免费婚检人数为44751人，婚检率达67%；为68102名孕妇提供免费产检服务。全市常住人口孕妇产前筛查率达100%，新生儿疾病筛查率达99.7%。落实免费孕前优生健康检查项目。加强地中海贫血防治工作，全年全市共为16.33万名孕妇提供地贫血常规初筛，为13151名孕妇提供地贫基因检测，进行胎儿地贫产前诊断420例。

【医学科研教育】 2015年，佛山市加大医学重点专科建设力度，制定扶持医学重点专科建设工作细则，择优审定55项拟培育医学重点专科名单，明确市、区财政将分4年共投入扶持资金5550万元，其中市财政投入4494万元。加大医学科研力度，全年共获得国家级科研立项3项、获省科技厅科研立项10项、获省卫生与计划生育部门科研立项32项、获市科技局科研立项424项。加强卫生人才培训工作，依托佛山市第一人民医院建立基层卫生人才培训基地，全年共有103名基层卫生人员分批接受为期3个月的培训。加强医生培训工作，全年共招录住院（全科）医生规范化培训学员283人。市级、区级医院对20家基层医疗卫生机构开展“结对子”帮扶，由市级护理专家每月组织指导工作，提高基层护理人员康复护理专业水平。

【爱国卫生工作】 2015年，佛山市卫生系统围绕疾病防控，组织开展爱国卫生工作，加强爱国卫生工作宣传及病媒生物防控。调整佛山市爱国卫生运动委员会组成人员，明确工作规则及成员单位职责分工。通过国家卫生城市复审。开展各类卫生创建工作，新增省级卫生镇1个、省级卫生村55个、星级健康村（社区）72个。至2015年，佛山市共有省级卫生村1169个（其中行政村451个）、不同星级的健康村（社区）122个、省级卫生镇2个、国家级卫生镇19个。佛山市农村无害化卫生厕所普及率达到100%。

【中医药工作】 2015年，佛山市各区完成基层中医药服务能力提升工程主要目标，实现以区级中医院为龙头，以社区卫生服务中心、乡镇卫生院、社区卫生服务站、村卫生室为主体，社会资本举办的中医医疗机构为补充的基层中医药服务网络。全市100%的社区卫生服务中心和乡镇卫生院、91%的社区卫生服务站能够按标准要求提供中医药服务，配置中医诊疗设备。佛山市中医院通过大型中医医院巡查和三级中医医院医疗质量持续改进检查，三水区中医院和高明区中医院均通过二级中医医院医疗质量持续改进检查。南海区妇幼保健院获批妇幼保健机构中医药工作示范单位，顺德区均安医院获批综合医院中医药工作示范单位。

【卫计宣传教育】 2015年，佛山市卫生和计划生育部门结合本地传统文化、民间艺术、医学专科特长等特点，利用报纸、电台、电视台等传统媒体，以及互联网、微博、微信、楼宇视频广告等新媒体手段，策划群众关注的宣传主题，加强先进典型人物宣传，品牌化运营“健康佛山E＋”、佛山智能健康网、“健康佛山”微信公众号等自媒体平台，创建宣传示范基地和宣传创新项目，打造各具特色的卫生和计划生育宣传文化品牌。

【卫计行风建设】 2015年，佛山市卫生和计划生育部门推进廉政建设，将佛山市妇幼保健院作为开发廉政风险防控科技平台建设试点，针对医院重大事项决策、重要干部任免、重要项目安排、大额资金使用的决策及职能科室重要的人财物管理建设科技防控平台。以佛山市中医院为试点，推进物资供应链改革。开展市直卫生和计划生育部门民主评议政风行风工作，开展医疗卫生系统行业作风专项治理。全年有8家市直医疗卫生单位参加市直机关工委行风建设民主评议。

（何敏宏）

第八篇

社会生活

人力资源和社会保障

人力资源

【综述】 2015年，佛山市人社系统在公务员管理、事业单位人事制度改革、军官转业安置、人才交流和引进、人才招聘以及人事档案管理各项工作中都得到有效推进。开展公务员招录工作，全年成功报考佛山市公务员职位考试人数18888人，最终确定录用506名公务员。事业单位公开招聘有序推进，全年事业单位参加公开招聘的单位369个，招聘岗位701个，公开招聘人数1683人，新进人员总数1037人，免公开招聘人员17人，通过公开招聘进入事业单位的人员达98.5%。做好人才招聘工作，佛山市共举办各类人才招聘会1039场，有6.7万个单位进场招聘，其中由市人才中心举办的招聘活动78场次，进场招聘单位5521家，进场求职人数6.6万人次。通过全市各级人才服务机构办理调进手续的各类人才6837人，其中市人才中心办理手续671人。提前完成2015年度军队转业干部的安置工作，共接收安置军队转业干部123人，获省人社厅通报表扬。

【公务员管理】 2015年，佛山市有序开展公务员招录工作，面试环节首次实行考生全员异地交流和考官部分异地交流的双交流制度，确保招录公平公正公开。全年成功报考佛山市公务员职位考试人数18888人，经过笔试后1500名考生进资格审核、体能测试环节，1428名考生进入公务员考录面试，540名考生入围体检，最终确定录用506名公务员。

市直机关雇员管理和薪酬制度。出台《佛山市直机关单位雇用人员管理办法》和《佛山市直机关单位雇用人员薪酬方案》，从而明确了雇员数量总量控制的原则及责任，并在岗位定位、薪酬档次、薪酬结构和招聘管理等方面都有了改进与调整，对特殊人才采取灵活定薪机制，为政府招揽人才提供有效支撑。

理顺佛山市非领导职数管理。按公务员法的相关规定，出台《关于市直机关（单位）科级非领导职数计算和使用有关问题的通知》，对各单位的科级非领导职数进行管理。

公务员培训工作。将公务员培训计划纳入全市干部培训主体班次计划，举办2015年度军队转业干部培训班，参训人数115人；科级任职培训班3期，参训人数共231人；初任培训班5期，参训人数共335人；提高班1期，参训人数70人；登记人员公务员学法培训班1期，参训人数87人；以旧城区建设、“三旧”改造等为主题，协助广东省人社厅做好新疆、四川、西藏等培训班的实地考察，共计约250人。

实行质监和工商系统属地管理。按照广东省委、省政府的部署，从2015年起，佛山市质量技术监督管理局和工商局归口佛山市政府管理，成为政府组成部门。两局科级以下人员划转、人事关系调整及日常干部管理等完成机构管理体制改革工作。

全面实施县以下机关公务员职务与职级并行制度。各区基本实现制度入轨，有效拓宽基层公务员的职业发展空间。

【事业单位人事制度改革】 2015年，佛山市事业单位参加公开招聘的单位369个，招聘岗位701个，公开招聘人数1683人，新进人员总数1037人，免公开招聘人员17人，通过公开招聘进入事业单位的人员达98.5%。全年共办理岗位变动核准1295人次，办理公开招聘聘用人员核准150人，办结人员调动230人次。

经过用人单位申请，对部分具有硕士学位或中级专业技术资格且报考专业对口岗位的人员，采取免予笔试，直接通过面试、考核等方式，打通紧缺人才的绿色通道；对具有博士以上学位或高级专业技术职称的学科带头人、行业领域高端人才，或行业紧缺的人才，采取免公开招聘，直接进入事业单位的政策，充分满足用人单位聘用高层次人才的需求。2015年市直事业单位通过这些方便快捷方式引进的高层次人才43人。

【军官转业安置】 2015年，佛山市共接收安置军队转业干部123人，其中团职干部37人（包括正团职3年以上7人、正团职不满3年及副团职干部30人），营职干部48人，连职干部8人，技术干部20人（其中技术8级1人）。提前完成2015年度军队转业干部的安置工作，获广东省人社厅通报表扬。

【人才引进与交流】 2015年，佛山市进一步加强人才引进工作，围绕佛山重点产业发展制订《佛山市重点产业人才引进培育暂行办法》，对重点产业人才给予住房安居、子女入学、医疗保健等优惠扶持政策。顺德区出台“顺德人才新政30条”；南海区出台企业紧缺适用人才引进培养暂行办法。

组团参加国际人才交流活动。组织禅城区、南海区、佛山高新区、佛山火炬园等多家单位携20多家企业的人才和项目需求参加第13届中国国际人才交流大会。德国高级专家组织在佛山市南海区成立中国首个“德国高级专家工作站”，开辟了柔性引进德国工程师新途径，为南海区10多家民营企业物色德国退休工程师人选。

博士后服务管理工作。2015年，佛山市出台《佛山市关于进一步加大博士后工作扶持力度的意见》，进一步提高佛山市对博士后人才扶持力度，10家企事业单位获人力资源和社会保障部批准设立博士后科研工作站。全市共有博士后工作站59家，设站数量位居全国地级市前列。为引进优秀的博士到佛山开展博士后科研工作，全市每年都组织各区和设站单位到高校物色博士后人才，先后与全国50多所高校、科研院所建立联系，保证博士后科研工作顺利开展。2015年，佛山市先后赴西安交通大学、郑州大学、上海交通大学、武汉大学、武汉理工大学、华中科技大学等高校开展博士人才的引进以及商讨联合培养博士后等工作。

人才选拔及人才津贴发放。开展第三届创新创业领军人才选拔认定工作，通过建立评选组织机构，组建权威性专家组，对创新和创业领军人选实行量化打分，确保评选公开公平公正。2015年，佛山市发放第二届创新领军人才工资外津贴50人，共250万元；发放第二届创业领军人才工作经费以及创业场地补贴9人，共99万元；发放市直引进高层次人才补贴93人，共87万元。开展2015年人才载体建设资助经费申报工作，并对提交的申请材料进行审核。

2015年3月24日，广东省首个人力资源服务产业园在佛山市绿岛湖举行开园仪式。

【人才招聘】 2015年，佛山市共举办各类人才招聘会1039场，有6.7万个单位进场招聘，其中由市人才中心举办的招聘活动78场次，进场招聘单位5521家，进场求职人数6.6万人次。通过全市各级人才服务机构办理调进手续的各类人才6837人，其中市人才中心办理手续671人。

搭建高校毕业生招聘服务平台。2月28日举办“2015年佛山市（禅城）高校毕业生暨综合型人才公益性大型招聘会”；每季度举办“2015年佛山市春（夏、秋、冬）季招聘高校毕业生活动系列招聘会”；4月、6月、9月、11月每月的第四周举办“2015年全国高校毕业生就业网络联盟招聘周”活动；5～7月开展2015年佛山市扶助小微企业专项行动之大学生百日招聘活动；6～11月举办“一企一岗·互济共赢”及离校未就业高校毕业生系列招聘活动；11～12月举办2015年全国人力资源市场高校毕业生就业服务周活动。

实施“互联网+”人才服务，推广就业实名制。将佛山人才网融入“互联网+”人才服务的理念，采用线上线下立体互动的服务模式，通过信息化的手段，为招聘单位和求职者搭建招聘服务平台，让全市人才信息、用人单位人才需求信息流动起来。一是开发启用个性化简历系统，把各类人才的教育背景、专业知识、兴趣爱好、个人能力等作为重要参数，为实现大数据适配提供支持，丰富人才数据库内涵；二是开发人才信息大数据系统，利用信息化手段，把用人单位的岗位需求和人才数据库信息进行匹配，通过数据引擎分析将最适合的岗位匹配给最适合的人才，从而实现精准就业；三是搭建微信公众服务平台，为用人单位和求职者提供招聘求职信息发布、个人注册及简历录入、网上招聘摊位预定等服务，实时推送最新的创业就业扶持政策、招聘活动、技能晋升培训等信息，使招聘求职更加轻松便捷；四是开发全新的视频招聘系统，可跨越地域空间界限，让就业招聘供求双方通过“邀约”方式实现“面对面”交流，提高招聘成效，节约招聘成本。

政校企合作，启动储备人才引进行动计划。为推动人才服务工作取得新进展，以更高质量的人才服务促进更高质量的就业。佛山市将62家省内外高等院校、高中职院校和本地300多家知名企业列为金牌客户服务对象，签订金牌客户服务协议，建立长效的服务合作机制。按照人才服务信息化、集约化、个性化、一站式的服务标准，一方面为院校提供信息推送、职业指导、就业服务、校企对接等服务，另一方面为企业提供职位匹配、校企对接、用工指导分析、岗位职位分析、用工政策指导、职业技能晋升培训代理等服务。成功促成了佛山职业技术学院、华南理工大学广州学院与利迅达机器人公司的校企对接，形成产学研战略联盟。促成国星光电股份公司、蓝箭电子公司与贵州电子信息技术学院储备人才、毕业生就业见习校企合作。组织多批次企业招募储备人才校园对接会，促成30多家企业与华南理工大学广州学院、清远职业技术学院等院校实质性合作。此外，市人才中心还推出副班主任制度，协助院校跟进见习（实习）学生情况，并提供相应就业服务。

区域人才服务合作，做好佛山市组团赴省外开展人才引进招聘活动。3月25日，组织佛山市两家知名电子企业赴贵州电子信息职业技术学院进行校企对接活动；10月24日，组织全市103家知名企业赴武汉，参加在武汉的教育部直属高校毕业研究生就业工作协作组主办的研究生“双选会”；11月14日，组织全市26家电子行业相关的企业赴西安，与西安电子科技大学合作举办“2015年佛山市电子行业西安电子科技大学专场人才招聘会”；11月21日，组织佛山市34家知名企业赴景德镇，参加由江西省教育厅主办、江西省高校就业指导服务中心和景德镇陶瓷学院等院校共同承办的“江西省2016届普通高校毕业生系列就业洽谈会陶瓷类专场”；11月26～28日，赴吉林省高校就业指导中心、吉林大学、长春工业大学等高校开展高校毕业生人才引进和校企合作活动，并与东北地区22所高等院校签订《金牌客户院校服务合作协议》，双方将在人才信息共享、毕业生就业、人才培养等方面加强合作；11月28日，组织3家高职院校参加由东北师范大学举办的“东北地区28所高师院校2016届毕业生联合供需洽谈会”；11月28日，组织全市18家企业单位赴广西桂林市，在广西师范大学漓江学院举办专场人才招聘活动。通过上述的区域人才服务合作，组织举办一系列的人才引进招聘活动，大力引进佛山市紧缺急需的各类专业技术人才、管理人才、技能型人才及优秀高校毕业生。

珠三角城市群人才一体化合作。广州、佛山、肇庆三市人社部门连续第六年在中国南方人才市场联合举办“广佛肇人才一体化大学生专场招聘会”。佛山市、区人社部门组织86家知名企业单位参加，提供1463个就业岗位，吸引了6000多名高校毕业生及各类求职者进场求职。12月4日，赴惠州市参加珠三角城市群人才中心主任2015年联席会议。

【专家顾问团】 9月24日，佛山召开第三届专家顾问团第三次会议，11位顾问参加会议，是参会顾问最多的一次顾问团会议。11位专家顾问结合不同的课题，对佛山的经济和社会建设筹谋献策，会议取得较好成效并得到市委、市政府领导的肯定。

【人事档案管理】 2015年，佛山市人才中心管理档案数16.2万份，其中接收人事档案20420份，转出人事档案6599份，办理人事代理手续2744份，出具相关证明138份，办理辞职、辞退人员身份认定1034人，代办集体户入户146人，集体户管理人数为3122人。

根据中央组织部、人社部等五部门联合印发《关于进一步加强流动人员人事档案管理服务工作的通知》的有关规定，人力资源市场从2015年1月1日开始，取消收取人事关系及档案保管费，同时暂缓收取其他有关人事代理服务的收费，为流动人员提供免费的人事档案基本公共服务。为落实好有关文件精神，佛山市人力资源市场新设立档案服务部，向社会提供各项流动人员人事档案基本公共服务，并创新性增设了“个人档案保管”试行业务，为本市户籍或在本市就业的自主创业、自谋职业、灵活就业人员、自费留学人员、非国干（聘干）人员提供存档服务，制订了规范的档案服务部工作规程、办事流程图、查借（阅）制度、档案工作人员守则等，处理单位及个人非国干（聘干）职工档案的有关问题。

（李根成）

劳动就业

【综述】 2015年，佛山市城镇新增就业8.27万人，失业人员实现再就业3.87万人，就业困难人员实现再就业0.85万人，均超额完成广东省人社厅下达的指标任务；全市公共就业服务机构人力资源市场需求64.76万人次，求职72.98万人次，求人倍率为0.89；佛山市城镇登记失业率为2.36%，同比基本持平，控制在3%的目标以内，就业形势总体稳定；促进创业7214人，带动就业36325人；审核发放创业担保贷款617笔（比2014年同期多185笔），发放金额9228万元（比2014年同期多3612万元）。

【就业】 2015年，佛山市抓准人力市场需求，促进和稳定就业。针对企业的招聘需求，各级公共就业服务机构举办“春风行动”“南粤春暖行动”和民营企业招聘周等就业服务专项活动，加强招用工高峰期的招聘工作，全力帮扶企业解决招用工问题。全年全市公共就业服务机构举办各类招聘集市1039场，岗位需求53.43万人次，市场求职应聘68.95万人次。

规范就业和失业登记管理模式。结合实际修订《佛山市就业和失业登记管理实施细则》。根据促进就业创业工作需要，积极探索适合佛山就业和失业登记管理模式，提供网上办理服务，为用人单位和劳动者提供便利，提高就业和失业登记质量。

开展劳务协作，引进高素质劳动力。为吸纳高素质员工特别是技术型员工，解决企业突出的结构性缺工问题，佛山市各级公共就业服务机构广泛开展劳务协作活动。多次带领企业赴云浮、韶关、肇庆、清远以及广西、湖南等地参加专场招聘会，并与黔南州和梧州市确定劳务合作协议。2015年，全市人社部门组织企业外出招工次数累计48次，有787家企业参与，共计与11349人达成就业意向。为降低企业招聘成本、提高招聘效率，佛山市增设远程招聘室，招聘企业可与外地求职者通过视频面谈，2015年年底与云浮市进行两次远程招聘，近100名求职者与企业达成意向。

打造创业带动就业服务平台，推动大众创业。一是加大创业资金扶持力度。2015年，佛山市个人创业担保贷款的最高额度调高至20万元，扩大创业资助对象的范围，新增多项创业补贴，优秀创业项目亦可获得5万~20万元的资助。二是完善创业服务平台建设。分别与佛山国家火炬创新创业园、佛山泛家居电商创意园签订推进创业孵化基地建设的合作框架协议，与佛山科技学院达成共建创业孵化基地的合作意向，共同推进省、市示范性创业孵化基地的建设。2015年，全市由人社部门主导建设或认定的创业孵化基地有20个，进驻企业达2298个。三是营造良好的大众创业氛围。参与举办“佛山市第二届青年创新创业大赛”“佛山市首届大众创业交流会暨2015年优秀创业项目展示接洽”等多项创业活动，吸引省、市多个优秀创业项目在佛山进行展示。每月展示一批优质创业项目，在《佛山日报》及有关网站、微信、微博上向社会进行宣传，全年共推介9期共54个项目。

帮扶就业困难人员，促进充分就业。一是持续开展就业再就业扶持工作。落实各项优惠政策，帮助“4050”人员、零就业家庭、大中专毕业生等就业困难群体实现就业和再就业。在2015年就业援助月期间，全市各级人社部门（不包含顺德区）共走访296户就业困难人员和零就业家庭，帮助156名就业困难人员实现再就业；帮助73名就业困难人员享受相关扶持政策。二是推进创建充分就业社区（村）工作。该项工作能更好促进城镇居民就业，进一步推动佛山市农村劳动力充分就业和有序转移，2015年佛山市充分就业社区达标率为98%，充分就业村达标率为99%。

职业指导工作促就业质量提高。2015年，佛山市坚持群众意识和服务意识，为求职者和企业提供专业精准的就业服务。针对企业反映的招用工难题，举办招用工指导讲座，邀请人力资源管理领域的专家为企业破解用工难题，宣传就业政策法规，受到企业欢迎。在招聘会现场设立职业指导室，方便求职者咨询。职业指导师为求职者提供指导，帮助其找准定位，尽快实现就业。2015年为191人提供一对一个性化职业指导咨询服务，为2517名就业困难人员开展团体职业指导。

2015年11月27日，佛山市首届大众创业交流会暨2015优秀创业项目展示洽谈活动在禅城区创意产业园举行。

【职业技能培训】 2015年，佛山市以企业和劳动者的实际需求为导向，继续深化技能晋升培训补贴政策，促进劳动者职业素质和技能水平的提升。

技能晋升培训补贴政策。2015年，广东省人社厅批准佛山市新增电力电缆工、电气试验工等11个技能晋升培训补贴项目，并将配电线路工、继电保护工2个项目的补贴标准从1200～2000元调整到2200～3000元。

职业技能竞赛。2015年，佛山市共举办陶瓷工艺师、数控车工、汽车修理工、育婴师等15个职业（工种）的技能竞赛活动，其中，陶瓷工艺师职业技能竞赛被省厅纳入省级二类竞赛管理。

开展技能人才培养市级资金竞争性分配。2015年，佛山市评审出5家年培训高技能人才500人以上的机构，每家发放15万元高技能人才培训补助；评审出2所企业自办示范性职业培训学校，每所发放创办补贴40万元。

开展突出贡献高技能人才选拔认定活动，在全市企业一线生产岗位选拔认定50名突出贡献高技能人才，每人发放工资外津贴2万元。

【职业技能鉴定】 2015年，佛山市出台《佛山市人力资源和社会保障局关于做好职业技能鉴定所审批工作的通知》，明确该审批事项的申报对象、审批条件、审批程序、审批时限等内容，并将审批办事指南和办事流程按规定向社会公开；积极推行职业技能鉴定“管办分离”，将职业技能鉴定（指导）机构职能向执行职业标准、规范考务管理、提供职业能力开发评价公共服务等职能转变，将技能鉴定辅助性、事务性工作向市属职业技能鉴定所转移；进一步明确依托企业、院校等法人单位设立的市属职业技能鉴定所的工作职责，调动其参与职业技能鉴定工作的积极性，有效地提高了职业技能鉴定工作水平。

【技工教育】 2015年，佛山市积极推进技工院校招生工作，全市9所技工院校共招生5231人。组织相关专家对南海技师学院、顺德区技工学校、市交通技工学校、高明区技工学校、三水区技工学校等5家公办技工学校进行教学质量督导。通过教学质量督导，督促学校加强教学质量管理、规范教学过程、深化教学改革、提高教学质量，促进佛山市技工教育内涵发展。

【劳动关系调整】 2015年，佛山市共建立和谐劳动关系示范点47个，其中镇（街）4个、工业园区34个、行业6个，社区1个，其他2个；达标的示范点共36个，其中优秀示范点5个，符合和谐劳动关系示范区创建标准的示范点达到76.6%，圆满完成广东省人社厅下达的指标。

规范劳务派遣用工行为。依法做好劳务派遣经营行政许可，全年累计发放劳务派遣经营许可证136份，依法对34家劳务派遣单位分支机构进行备案，共涉及劳务派遣工37609人。

调整最低工资标准，对企业薪酬进行宏观调控。从2015年5月1日起进行调整：佛山市企业职工最低工资标准调整为1510元/月，非全日制职工小时最低工资标准调整为14.4元/小时，上调幅度为15.27%。对全市1027家企业18.47万名职工的工资数据进行录入，利用薪酬调查数据编制佛山市劳动力市场工资指导价位，发布307个工种的人力资源市场工资指导价位，为工资集体协商开展提供参考。

构建佛山市和谐劳动关系。10月，佛山市召开全市和谐劳动关系示范点企业培训班，通过以案说法的形式，着重从实操的角度出发，对企业负责人、劳资人员进行劳动法律法规培训。

【劳动监察】 2015年，佛山市立案处置劳资纠纷案件4189宗，调解劳资纠纷案件8957宗，为38121名劳动者追发工资等待遇合计3.8亿元；受理劳动人事争议案件11702宗，涉及劳动者人数17704人，当期结案11778宗，法定审限内结案率99%。

专项检查保障劳动权益。2015年，佛山市组织各级劳动保障监察机构联合有关部门开展异地务工人员工资支付大检查、清理整顿人力资源市场秩序专项行动情况专项检查、用人单位遵守《广东省高温天气劳动保护办法》执法联合行动、危险化学品和易燃易爆物品安全生产督查行动、企业消防安全联合检查行动、禁止使用童工和未成年工保护专项检查活动、安全生产重点企业遵守劳动用工和社会保险法律法规情况专项检查和安全生产综合督导监察等专项检查行动。通过行动，打击企业的欠薪、欠保、使用童工等违法行为，规范企业的劳动用工秩序，消除重大劳资矛盾隐患，全面加强企业安全生产环境，进一步促进佛山市劳资关系的和谐稳定。

劳资纠纷预警机制。2015年，佛山市各级劳动监察机构不断强化劳资纠纷预警机制建设，通过努力，在市及五区均搭建了劳资纠纷风险预警平台，建立了综合采集信息、定期隐患排查、分级分类预警、及时化解风险、定期分析研判的综合防控工作机制。预警信息来源拓展到参保异常、企业涉诉、用电异常、环保违法等领域。至年底，通过市级预警平台累计发现253家企业存在劳资纠纷隐患，并由各区实时排查，实时处理，在提前化解劳资隐患，预防风险方面取得良好效果。南海区积极探索网格化社会综合治理模式，将劳动保障网格化作为“社会综合治理网格化平台”的一项重要内容，采取精细化与现代化的方式实现劳资纠纷的基层治理。各镇（街）划分为若干网格，采取社会购买服务的形式，雇请网格巡查员，对网格内企业的劳动用工、安全生产、消防安全等方面开展综合化巡查，并通过大数据平台，实时上报企业的劳资隐患等违法行为，再由劳动保障监察等部门及时跟进处理，实行查办分离。通过区、镇（街）、社区三级联动，更有效更及时地发现处理劳资隐患。

两法衔接打击欠薪。2015年，佛山市人社局联合市公安局在广东省率先成立“打击欠薪违法犯罪联合执法办公室”，对劳动行政执法和公安刑事司法工作进行了系统性衔接，建立“信息互通、常态合作、防范有力、查办及时”的工作机制。使人社、公安工作积极性进一步提高，案件质量和办理效率得以大幅提升，有效解决了有案难移的现象，有力地震慑违法犯罪人员的气焰。全年各级劳动保障监察机构以拒不支付劳动报酬罪向公安移送案件131宗，公安立案90宗，案件移送量和立案数均大幅提高。从基层反映情况来看，至年底，欠薪案件的经营者逃匿率和转移财产率均大幅下降，犯罪嫌疑人均能积极配合执法人员办案，案件办理难度进一步降低，取得良好的社会效果。

建筑领域劳资纠纷解决。针对建筑领域劳资纠纷事件高发的老大难问题，2015年，佛山市支队以局名义，牵头联合住建、交通、水务等部门，出台《佛山市建设领域工人工资支付分账管理实施细则（试行）》，以制度化明确各部门在预防化解建筑领域劳资纠纷中的分工与责任，规范了建筑领域人员管理、工程款支付和工资发放，着力破解建筑工程领域工资款与工程款混淆的难题，标本兼治，联动综合治理建筑领域欠薪行为。

社会舆论监督企业征信。佛山市各级劳动保障监察部门将企业拖欠工资数据和其他劳动保障违法行为数据载入人民银行企业征信系统“黑名单”，作为审办信贷业务的重要参考依据。并在媒体上公布恶意欠薪企业名单，督促企业自行解决欠薪问题，尽快偿还欠薪垫付款。至2015年年底，各级劳动保障监察机构部门共向社会公布69家违法企业；2015年在《佛山日报》先后公布17家重大欠薪企业，达到“曝光一家，威慑一片”的效果。

劳动监察“两网化”建设。2015年，佛山市各级劳动保障监察机构不断地探索劳动监察网格化和网络化的“两网化”管理模式，努力提高监察应变能力和精细化执法服务，逐步形成基础扎实，监管有力的劳动保障监察信息化管理体系：一是启用新版劳动保障监察信息系统办理劳动保障监察案件，做到网上立案、一案一号、网上分案、网上办案、网上审批，做到程序合法、文书统一。二是启用企业自主申报系统，通过企业自主申报、办案录入、执法检查、预警排查、大数据导入等方式，加快用人单位信息数据库与电子地图建设进程。至年底，全市已有31.72万家用人单位信息全部录入系统。三是全面推进市、区、镇街劳资纠纷应急指挥处置平台建设，实现省、市、区、镇街四级互联互通。现市、区级劳资纠纷应急指挥处置平台建设已开始建设，预计近期能建成并投入使用。四是开展佛山市兼职劳动保障监察员培训班，对全市近300名劳动监察工作人员进行业务培训，提高了佛山市劳动监察队伍持证人员比例，进一步提升了劳动监察队伍的整体法律素质。

【劳动争议仲裁】 2015年，佛山市加强基层调解组织规范化建设，全市企业、村（居）成立580个劳动人事争议调解组织，各级劳动人事争议仲裁机构立案受理劳动人事争议案件7226宗，同比上年增长16.7%，其中10人以上劳动争议案件163宗，同比上年增长24.8%。

2015年1月27日，佛山市成立公安人社联合执法办公室严打恶意欠薪违法犯罪行为。

【人社法规建设】 2015年，佛山市开展非行政许可事项清理工作。对人社系统职权清单中的非行政许可审批事项及疑似事项进行集中清理，共清理事项51项，其中20项事项纳入政府内部管理事项予以保留，31项作出提请立法、调整事项类别、取消等清理意见。为配合推进全市“一门式”政务服务改革，结合实际，推进人社系统行政审批事项标准化设置工作，统一全市行政审批目录标准和要件标准，形成人社部门的通用目录，涉及事项131项。通过电台、地铁、公交等公共媒介投放大量人社普法宣传广告，累计制作普法公益广告23条，累计播放各类普法广告2万余次。

（李根成）

社会保障

【综述】 2015年，佛山市社保事业，覆盖面进一步扩大，基金规模稳步增长，社保待遇再次提升，机关事业单位养老保险改革工作启动，社保卡发放突破500万张，职工生育保险办法实施，建筑业工人参加工伤保险办法出台，多项工作取得突破性进展，人民群众有了更多获得感。至年底，全市职工养老（含机关事业单位，下同）、医疗、失业、工伤、生育保险实际缴费人数分别为238.74万人、237.34万人、222.32万人、225.69万人和224.06万人，职工养老、医疗保险参保人数分别达到380.47万人和277.74万人。此外，城乡居民养老保险参保人数62.63万人，居民住院医保参保人数207万人。2015年，全市职工保险基金收入合计289.17亿元，支出228.28亿元，当期结余60.89亿元，期末累计结余583.85亿元。

【社保待遇提升】 2015年，佛山市各项社保待遇进一步提升。7月起，城乡居民养老保险基础养老金由每月135元调到155元，全市32万名居保退休人员受惠，另有17万名居保退休人员进行一次性补缴并重核待遇，人均增加208.72元，至年底，居保退休人员人均待遇261.58元；继续按10%幅度调整企业退休人员养老金，受惠人数达47万多人，人均增加255元，调整后全市企业退休职工月人均养老金达到2693元；市直企业和事业单位200多名离休人员生活补贴、机关事业单位退休人员退休费按规定调整并补发。

调整失业保险金标准。5月1日起，佛山市企业职工最低工资由1310元/月调整到1510元/月，失业保险金标准相应由1048元/月调整到1208元/月。

工伤保险待遇继续上调。佛山市工亡补助金由53.91万元增加到57.69万元，增长7%；伤残津贴由月人均2358.48元增加到2606.05元，增长10.5%；工伤职工的护理费月平均金额由1680元增加到1858元，增长10.6%；供养亲属抚恤金月平均金额由811元增加到897元，增长10.6%。同时调整了丧葬补助金的计发基数，7月1日后死亡的工伤职工均按新的社会平均工资计发。

【社保费率下调】 2015年，佛山市按照国家和广东省有关“降成本”的部署，为减轻企业负担，全市职工医疗保险企业缴费费率从2015年4月起由5.6%下调到5%；共为企业减轻社保缴费负担约4.43亿元，助力企业减负前行。

【社保卡发行及应用】 佛山市自2011年起在广东省率先启动加载金融功能的社保卡发放工作，在部、省、市各方大力支持下，成效明显。至2015年年底，完成制卡506万张，激活445万张，激活率87.92%，基本实现户籍人口和异地务工参保人员社保卡全覆盖。在做好社保卡发放激活、职工医保个账划拨的同时，佛山市从2014年8月起按照循序渐进，分步实施的方案启动利用社保卡金融账户发放各项社保待遇工作，至2015年7月，各项社保待遇全面实现通过社保卡支付。此外，市社保局积极拓展社保卡在其他方面的应用，按时完成省厅社保卡应用94项考核目录中各项应用，并通过整合窗口服务、互联网等服务渠道，逐渐建成了便民优质的社保卡服务体系：一是建立医疗费自助结算体系，利用社保卡的联机身份识别、医保个人账户和金融支付功能，实现医疗费用的自助结算；二是依托社保卡建立市民邮箱平台，利用市民邮箱为参保人提供便民服务；三是实现社保卡多渠道自助查询参保、缴费、医保个人账户余额、待遇发放等个人信息及打印参保缴费证明等；四是充分利用社保卡的安全私密性，在“一门式”政务服务中做好凭卡信息读取、身份识别工作，网上查询和微信查询等方面利用社保卡条码号作为安全登录条件之一。除了社保方面的应用，还逐步拓展社保卡在其他功能方面的应用，支持更多部门和团体共同开拓社保卡的应用。

【生育保险办法顺利实施】 2015年，佛山市在广东省生育保险办法出台之后，及时开展生育保险实施办法的调研、测算及具体的实施规定、费用结算方式、诊疗项目和服务设施管理办法等相关政策文件制定工作，出台《佛山市职工生育保险实施办法》，难产生育的生育津贴天数从15天调整为30天。上半年提前部署生育保险申办规定、工作手册的编制以及信息系统的改造工作；佛山市生育保险实施办法正式颁布之后，及时根据新文件，完善并出台生育保险经办部分的文件，并对各区局、各定点医疗机构和医管员队伍进行4场共500人的培训，同时印制宣传资料，铺开各种形式的宣传工作。

【社保经办管理】 2015年，佛山市社保部门注重建章立制，规范社保经办流程。一是明确工伤伤后补缴流程，有效遏制了违规伤后补缴的情况；二是制定《打击骗取社会保险金违法行为的指导意见》，明确涉嫌骗保的一般违法行为和刑事犯罪行为的处理程序；三是制定29个门特病种制定的药品目录，提高医保基金使用效率；四是印发《佛山市失业保险待遇业务经办指南（试行）》，统一失业保险业务名称、业务表格，进一步规范失业保险业务经办流程，为基层工作者提供政策依据；五是做好权责清单的制定、社会化服务事项标准化制定，经对全部业务全面梳理，共梳理出162项事项目录，其中市本级50项，市级统筹事项101项，区级统筹事项53项；六是妥善处理信访以及行政诉讼案件，所有市民查询回复均严格按照政策和流程回复，做到"处处抓落实，事事有回音"。全年共处理信访110件，行政诉讼案4件，网络发言人回复380单，"12345"热线回复872件，信息公开申请13单。

【社保便民服务】 2015年，佛山市积极响应"一门式"服务改革，应用大数据支撑社保"一门式"服务。以禅城区为改革试点，将153项自然人事项中的90项先行划入"一门式"，借助信息技术实现"一门综合、通窗通办"，使工作流程更为科学，基金安全更有保障，服务群众更加便捷。

广佛肇清四市社保合作。12月下旬，佛山市社保基金管理局与广州、肇庆、清远三市社会保险基金管理机构共同签订《社会保险经办服务合作协议》，建立起四市社保协办服务合作圈、社会保险待遇风险防控机制等合作。协议的签订，标志着四市流动就业参保人的社保关系转移更便捷，四市参保人重复参保或领取待遇现象将得到改善，并可有效预防社会保险欺诈案件。

省异地就医结算新平台上线工作。为实现更多地市的参保人异地就医即时结算，进一步提升广东省异地就医服务水平，按照省社保局统一部署，在全省推行新医疗费用异地就医直接结算，包括医院前台的现场结算和月度结算。11月24日，佛山纳入结算平台运行。12月15日，广州有15家医院可以在新平台进行联网结算，佛山市第一人民医院和禅城中心医院也被异地城市选定为联网结算医院。原旧平台联网结算剩余5家医院仍保持旧平台结算的方式，待到医院接口改造完成就可以切换到新平台。至年底，通过省异地就医新旧平台共与20家广州定点医疗机构实现联网结算。

工伤医疗费用即时结算顺利推进。佛山市工伤保险医疗费用即时结算工作自试点启动后按计划推进，至年底，在42家医院实现工伤住院医疗费用即时结算。6月1日，工伤保险待遇经办系统与工伤认定信息系统实现联网，提高了即时结算率，2015年即时结算金额2500万元，比2014年增加1000余万元。此举大大减少工伤职工往返人社部门、社保经办机构和医院间来回递交资料之苦，极大地提高工作效率和社会效益。

2015年1月10日，佛山市社保局上线"民生直通车"，就市民咨询的社保问题进行现场回复。

社保宣传工作。2015年，佛山市除了通过在各大主流新闻报社刊登撰稿、联合佛山电台946开通《民生社保》栏目，发布"佛山人社"官方微博、投放宣传海报及单张等传统宣传手段以外，还与时俱进，积极开拓新颖的宣传方式，联合25小时网打造"社保5D直播厅"，开通"佛山社保"政务微信，针对佛山社保信息网站进行全面升级改版，按照信息公开的要求，把全市2014年度各项社保数据信息予以公开披露，多管齐下，切实提高参保人对社保的认知度。

【社保基金监管】 内控检查和稽核工作。2015年，佛山市根据广东省内控监督检查的内容和要求，结合全市实际情况，制定内控监督检查工作方案；2015年1月开始实施业务自查制度和抽查制度，发现错误及时纠正；强化对社保业务的抽查稽核，按照广东省人社厅的要求对佛山市2.4万条社会保险疑点信息进行核查；先后对2013年1月至2015年6月佛山市参保人在清远、中山、南宁、长沙四市住院医疗费用零星报销数据及资料进行全面核查；4～6月对按月领取养老保险待遇的企业退休人员、机关退休人员和居民养老退休人员共计80余万人进行资格认证，对逾期未认证的，从7月起暂停发放养老金以防范基金流失，并对未认证人员通过信件、电话、社区工作人员上门等方式通知办理认证，手续办妥后再补发养老金。

财务核算网络安全性。维护基金安全是社保基金财务工作的首要目标和永恒重点。佛山市社保部门严格执行《社会保险基金财务制度》和《社会保险基金会计制度》，确保各项社保待遇按时足额发放。在此基础上，根据全市社保基金财务系统全部纳入网络化管理的实际情况，2015年，市社保局通过更新硬件设备、软件系统改造、改变密根、更换操作密钥等方式，大大提高了数据库运行的稳定性、数据安全性、系统可用性，提升财务网络安全性，确保资金安全。

医疗费用信息监控和定点医疗机构监管。为加强对定点医疗机构的支付监管，维护基金安全，2014年11月，佛山市医疗费用信息监管系统在第一批医院试点上线，试行中不断完善核查规则和扩大上线范围，2015年8月起，在全市范围内试运行，对于核查发现的违反医疗保险报销规定的问题数据，要求医院进行整改，取得较好的效果。此外，组织开展对定点医疗机构重点开展“大查房”“病历查阅”及“十五天再次住院调查”主题活动，加强对定点医疗机构的监管；聘请医学专家对定点医疗机构开展11次病历评审，评审病历共743份，并将专家评审意见进行汇总，作为对各定点医疗机构年度考核的依据。

【社保队伍建设】 2015年，佛山市社保部门积极参与构建“1＋N＋X”区域化大党建格局，深入推进机关在职党员进村（社区）报到工作，以工作团队方式集中开展“双联系”活动，做到了解社情民意、深入宣传教育、积极办好事办实事、带头开展志愿服务、为强基固本献计献力。落实整治为官不为工作，组织党员干部深入学习文件精神，充分运用公开栏、专题学习会等多种方式，大力营造“为官有为”的实干氛围。通过年初制定的全年培训计划，开展一系列干部培训活动，提升干部职工综合能力。

（佛山市社会保险基金管理局）

社会福利

【综述】 2015年，佛山市低保、五保等困难对象基本生活保障、医疗救助等政府投入持续加大，并建立了临时救助工作制度。养老服务事业实现加快发展，机构养老建设、居家养老服务更加完善，“医养”结合的养老服务模式逐步建立，养老服务标准化试点建设工作启动实施。同时，防灾减灾救灾网络建设、孤残儿童保障、福利彩票发行管理、公益慈善事业发展等工作有力推进，较好地促进全市社会福利水平的提升。

【社会救助】 困难对象基本生活保障。2015年，佛山市提高城乡低保和农村五保供养标准。从2015年1月1日起，全市城乡低保标准由510元/人·月调整为590元/人·月，提高80元/人·月；城乡低保补差水平统一为不低于400元/人·月，在广东省率先统一城乡低保补差水平。全市农村五保供养标准自2015年1月1日起由各区按照“不低于当地上年度农村常住居民人均可支配收入的70%”上调，五区五保供养标准分别为：禅城区1773元/人·月、南海区1380元/人·月、顺德区1432元/人·月、高明区980元/人·月、三水区1103元/人·月，五区供养标准平均达到16003元/人·年。

社会救助制度机制。2015年，佛山市出台了《佛山市临时救助暂行办法》以及贯彻实施国务院《社会救助暂行办法》重点任务分工方案，召开市社会救助联席会议部分成员单位联络员会议，继续加强工作统筹和资源整合，提高社会救助水平。及时启动低收入居民临时生活补助联动机制，将低保临界对象纳入临时价格补贴范围，2015 年 1 ~ 12 月向全市低保对象、特困供养人员、低保临界人员发放临时价格补贴共 1220.34 万元。加强医疗救助“一站式”结算服务。2015 年 1 ~ 12 月，全市共支付大病医疗救助金额 1458.03 万元，救助 9093 人次，人均医疗救助补助标准达 1603 元。

社会救助规范管理。2015 年，佛山市印发《佛山市市级医疗救助资金管理和使用办法》，不断规范市级医疗救助资金的管理和使用，提高医疗救助资金使用效率。组织到各区进行低保规范化建设督查，并委托高校开展低保入户核查，进一步规范和完善了城乡最低生活保障工作管理。

【防灾减灾救灾】 防灾减灾救灾体系建设。2015 年，佛山市印发《佛山市应急避护场所建设规划（2015 ~ 2020 年）》和《佛山市救灾物资储备规划（2015 ~ 2020 年）》。修订完善《佛山市民政局救灾应急工作规程》，组织成立佛山市民政局减灾救灾志愿服务队。加强和规范救灾物资仓储及应急避护场所建设，市级救灾物资仓库和岭南明珠体育馆应急物资仓库补充购置价值约 40 万元的帐篷、棉被和毛巾、军大衣、折叠床、睡袋、简易床垫等救灾物资，并更新指示牌和应急饮水设施等。

防灾救灾减灾工作。2015 年，佛山市组织汛期安全检查组到各区进行检查，加强汛期前期的灾害风险排查工作。汛期，及时通报汛情减灾救灾工作情况，市、区、镇各级救灾部门加强应急值守和救助准备，落实工作责任。举办救灾扶贫重大活动。广东省、佛山市、南海区三级减灾委在桂城街道千灯湖市民广场举行 2015 年广东省“防灾减灾日”宣传周活动启动仪式暨灾害应急救助演练，省减灾委主任、省政府副省长邓海光，省减灾委副主任、省政府副秘书长颜学亮，省减灾委副主任、省民政厅厅长刘洪，以及广东省、佛山市、南海区三级减灾委领导、部分成员单位领导出席宣传周活动启动仪式。

扶贫济困日活动。在 2015 年“广东（佛山）扶贫济困日”活动中，各级慈善会和红十字会到账捐款 5040.91 万元。

救灾队伍建设。举办第二批灾害信息员培训班，共培训各区、镇（街道）以及顺德区、高明区、三水区村（居）灾害信息员共 400 多人。加强全国综合减灾示范社区创建，全市成功创建全国综合减灾示范社区 133 个，数量位居全省地级以上市之首。

【孤儿生活保障】 2015 年，佛山市提高孤儿最低生活养育标准。印发《佛山市人民政府办公室关于提高我市 2015 ~ 2017 年孤儿最低养育标准的通知》，2015 年、2016 年、2017 年孤儿最低生活养育标准分别统一提高为 1500 元 / 人·月、1650 元 / 人·月、1800 元 / 人·月。开展普惠型儿童福利制度试点建设。按照全面保障孤儿、适度普惠的原则，加强孤儿和困境儿童在生活、医疗、康复、教育等方面的基本权益保障。扎实开展三水区全国适度普惠型儿童福利制度建设试点工作。

【公益慈善事业】 2015 年，佛山市实施 2015 年“创益合伙人计划”，出资 500 万元征集扶持 30 个公益慈善项目。推进实施异地务工人员大病救助项目、整合儿童大病救助项目，将“地中海贫血”病种纳入救助范围；开展妇女两癌救助、助学救助等项目，并研究制定异地务工人员子女助学方案。联合佛山传媒集团举办第四届慈善公益项目大赛。联合佛山电台、佛山电视台“小强热线”栏目分别举办了“慈善一分钟”专栏播报、“新佛山人，我们挺你——异地务工人员大病救助现场宣传活动”等活动，积极打造网上阳光慈善信息平台，推动市慈善会公信力和品牌建设。

【养老服务发展】 2015 年，佛山市养老服务得到进一步发展。一是加快养老机构床位建设。全年新增收养性养老床位 16128 张，养老床位总数达到 29429 张（含涉老康复等床位 7667 张，在建床位 8945 张），顺利实现“每千名老人拥有养老床位数 42 张”的目标。二是进一步推动居家养老服务工作。全市有 32 家居家养老服务机构，社区养老服务居家养老服务点 1567 个，服务设施覆盖率 100%，基本实现居家和日间照料服务覆盖城市和农村社区。各区对养老服务对象和服务标准全面扩面提标，使更多老人可享受由政府购买的社区居家养老服务。三是积极落实对养老服务机构的价格优惠政策。确保养老机构享受国家有关减轻企业负担、扶持企业发展的税收、注册登记费减免等收费优惠。四是开展养老护理员认证培训。组织各区养老机构参加2015年广东省养老机构养老护理员培训和国家职业资格鉴定班。五是加强养老服务体系建设统筹。建立佛山市养老服务体系联席会议，起草《佛山市公办养老机构评估、轮候、入住指导意见》和《佛山市人民政府关于加快发展养老服务业的实施意见》。联合市国土规划局编制《佛山市养老设施布局规划》。引入竞争机制，提高养老预算资金使用效益。起草《佛山市民政局养老专项扶持资金竞争性分配工作方案》《佛山市级养老服务专项扶持资金申报评审细则》。积极探索建立和完善医养结合养老服务新模式。六是加快养老服务体系信息化建设。通过试点建设加强对全市居家养老工作的示范引领，南海区福利中心被推荐确定为全国居家养老和社区养老服务信息网络试点。此外，扎实推进养老服务标准化试点建设。

2015年12月12日，佛山市社保基金局到张槎文化广场开展社保咨询活动。

【专业社工发展】 2015年，佛山市大力发展专业社工事业，全市取得社工职业水平证书累计人数达4441人。

2015年岭南社工宣传周活动。围绕“幸福佛山，社工同行”主题，组织策划内容丰富、形式多样的社工宣传活动，联合佛山电视台策划开展包括社会工作市民体验日、公益地图寻寻乐（社工机构篇）、社会工作技能大赛和社工服务故事展播等系列活动，并通过佛山电视台“小强热线”“热线面对面”“大师傅”“六点半新闻”等节目对公众展示，充分调动本地一线社工和市民群众的参与积极性，宣传效果显著。

社工职业水平考试。通过积极发动做好考试报名工作，市、区还举办2015年度社会工作者职业水平考试考前培训（辅导）班。2015年全市通过全国社会工作者职业水平考试共1194人，取得社工职业水平证书累计人数达4441人，按照2014年底佛山常住人口计算，每万人拥有社工数达6人，顺利达到“每万人拥有5个社工”的目标。

社会工作员登记管理制度。探索建立社会工作员评价制度，对未通过国家社会工作者职业水平考试、但已经在社会工作领域从事一线工作的“准社工”，通过一定课时的专业培训，登记为“社会工作员”。2015年全市共有1394人通过社会工作员考试。

社会工作专业人才的教育培训。为规范社会工作人才继续教育工作，制定出台《佛山市民政局社会工作者继续教育实施细则》。继续选派符合条件的本地社工赴港参加培训，提高社工的服务能力和理论水平。

佛山市社会工作协会的平台。指导制定《佛山市社会工作协会关于社会工作专业人才登记管理办法（试行）》和《佛山市社会工作协会关于社会工作员培训及认证工作指引》等行业规范文件，做好社会工作从业人员的登记管理工作。

【“双拥”优抚安置】 拥军优属工作。2015年，佛山市高质量完成第十轮“双拥模范城”创建工作，获民政部和省民政厅调研督导组高度肯定。调整提高优待抚恤补助标准，按规定及时足额发放了抚恤补助和春节、“八一”节日慰问金，临时物价补贴，广泛开展“关爱功臣送医送药”活动，做好抗战老同志、老战士的纪念章、慰问金发放工作。大力弘扬革命先烈精神，市、区举办烈士公祭等一系列形式多样的烈士纪念活动，对吴勤烈士陵园进行美化翻新和环境改造。妥善做好随军家属安置工作，出台《佛山市军人随军家属就业安置实施方案》，2015 年全市共接收随军家属 132 人，随军家属一次性安置补助金标准调整提高了 10.57%，达到 83501 元。精心组织拥军优属慰问活动。举行党政军领导迎春座谈会、佛山市纪念中国人民解放军建军 88 周年大会、重点优抚对象“八一”座谈会，开展慰问佛山驻地部队及其上级机关、域外共建部队活动。深入推进“双拥在基层”“双百拥军行”“军地一家亲”等主题工作，开展了“送电影进军营”、寻找“最美军嫂”和《守望你我的天空》公益流动演出等军地联谊共建活动。大力加强双拥宣传，在市政府大院东门宣传墙设置创建“双拥模范城”巨幅公益广告；联合佛山电视台拍摄佛山市“双拥”专题电视片并在黄金时段滚动播出；制作“双拥”画册；在省、市报刊和电视媒体及社区报纸开辟“双拥”宣传专栏或刊登专题报道，并使用手机报、微博、微信等新兴媒体定期发布国防教育和“双拥”宣传用语，制作“双拥”公益广告视频在镇（街道）的电子显示屏播放。此外，全市共建成“双拥”共建文明路和“双拥”一条街 4 个，在主要路段出入口共设立永久性“双拥”广告牌和电子显示屏 20 个，公交车站宣传广告箱 48 个，发放宣传单、宣传海报等宣传品 22000 余件，营造浓厚的“双拥”工作氛围。

退役安置服务。2015 年，佛山市全力推进退役士兵安置工作。全市接收 2014 年冬季退役士兵 1126 人，为退役士兵发放安置补助金 5576 万元。印发《佛山市人民政府关于做好 2014 年冬季符合政府安排工作条件退役士兵安置工作的通知》和《佛山市符合政府安排工作条件退役士兵安置工作档案考核暂行办法》，采取档案考核办法将符合安排工作条件的退役士兵安置为党政机关和人民团体雇用人员、事业单位工作人员、国有以及国有控股和国有资本占主导地位企业的正式员工三类职位。认真抓好退役士兵的职业技能培训。2014 年冬季自主就业退役士兵教育培训政策知晓率为 100%，共有 659 名有参训意愿的退役士兵参加免费培训，参训率达 100%。创新复退军人服务体系建设。成立市复退军人服务中心，联合市爱促会共同做好复退军人服务工作，包括开展复退军人帮扶慰问活动、稳控复退军人利益诉求群体、化解复退军人矛盾纠纷等，并通过市爱促会初步搭建政府与复退军人的沟通平台。落实好军休干部政治和生活待遇等服务管理，市第二军休所荣获民政部、总政治部授予“全国军休工作先进单位”荣誉称号。

【福利彩票发行】 2015 年，佛山福利彩票发行管理安全有序，销售渠道开发、市场开拓、公益宣传、队伍建设等工作得到加强，全年福利彩票销售额 20.08 亿元，同比增长 8.19%。

【殡葬服务管理】 2015 年，佛山市完成了广东省政府对佛山市 2013 ~ 2014 年的殡葬事业发展目标考核，排名全省第三，受到省民政厅的通报表扬。积极推进殡葬基本服务费免除扩面提标，自 2015 年 9 月 1 日起全面实施免除 7 项基本殡葬服务费用，免除最高额达 1320 元。连续第 12 年举办骨灰植树活动，对积极参与生态殡葬活动的丧属发放骨灰植树补贴。组织开展全市殡仪馆开放日活动，全力保障清明祭拜文明、安全、有序进行。

（吕龙锋）

老龄工作

【综述】 2015 年，佛山市社会保障水平持续提高。全市参加职工养老人数达 377.9 万人，参加职工医疗人数达 272.9 万人。企业退休职工月人均基本养老金实现“十二连涨”，增加到 2693 元 / 人·月，同比增长 10.5%；城乡居保基础养老金从 135 元/人·月升至 155 元 / 人·月。

【社会救助标准】 2015 年，佛山市社会救助标准不断提高，从 2015 年 1 月 1 日起，佛山市城乡低保标准从 510 元 / 人 · 月调整为 590 元 / 人 · 月，整体提高了 80 元 / 人 · 月。同时，为进一步缩小城乡困难居民的生活差距，实现低保对象“同城生活、同城待遇”，从 2015 年 1 月 1 日起，佛山市城乡低保补差水平统一为不低于400元/人·月，在广东省率先统一了城乡低保平均补差水平。2015年12月，全市城镇低保补差实际水平为510.66元/人·月、农村低保补差实际水平为407.15元/人·月。2015年8月，全市五区五保供养标准调整为：禅城区1773元/人·月、南海区1380元/人·月、顺德区1432元/人·月、高明区980元/人·月、三水区1103元/人·月。

【老年医疗保障体系】 2015年，佛山市老年医疗保障体系日益健全。一是推进社区卫生服务网络建设。佛山市按照“每个镇（街）设置1个社区卫生服务中心，覆盖3万~10万人口。在此基础上，按照“每1万人口1个或居民步行10~15分钟可及的原则，设置社区卫生服务站”的机构设置标准，积极推进社区卫生服务网络建设，至2015年年底，佛山市共设置社区卫生服务中心41个、服务站324个，构建起社区卫生服务框架体系，实现了社区卫生服务机构镇（街）全覆盖。二是积极探索医养结合模式。鼓励和支持基层医疗机构与辖区社会福利中心、敬老院等机构建立紧密合作关系，定期到养老院开展巡诊服务，规范和指导医疗卫生、护理、康复技术，建立病人转诊机制。三是大力推行家庭医生式服务。佛山市五区共建设有36个家庭医生式服务市级示范点，把老年人、慢性病非传染病患者等作为重点人群，以家庭医生与居民签约的形式提供免费基本公共卫生服务、惠民医疗、个性化医疗保健服务。2015年，全市组建家庭医生式服务团队有562个，累计有11.9万户家庭38万多名居民签定服务协议，上门诊疗服务达22.67万人次。四是各区大力推进老年人健康管理工作。2015年，全市老年人健康管理率达到70%以上。

【老年人商业保险覆盖率居全省第一】 2015年，佛山市全面实现70周岁以上老年人意外伤害险财政统保。其中，高明区、三水区进行了扩面，将60周岁以上老年人纳入统保范围，实现老年人政府统保全覆盖。2015年全市财政统保参保人数47.15万人，覆盖率达69.13%，覆盖率和保费规模均排在全省第一。

2015年10月“敬老月”期间，佛山市老龄办、南海区老龄办、南海公安分局在南海各镇（街）联合主办佛山市老年人防诈骗巡讲活动。

【为老服务力度加强】 无障碍改造工作推进有序。2015年，佛山市编制《佛山市无障碍设施改造规划及创建全国无障碍建设城市示范项目建设与改造规划》，明确、有序地推进佛山市无障碍改造建设工作。另外，针对佛山市住宅旧楼加装电梯难的问题，出台《佛山市既有住宅加装电梯管理暂行办法》，为市民提供指引和依据，扫清市民办理旧楼加装电梯工作障碍。

养老基础建设投入逐步加大。2015年，佛山市安排福利彩票公益金市级财政留成部分共10072万元，重点用于加强佛山市养老机构和居家养老服务体系的建设。其中，扶持各区的市级养老资金8300万元补贴到位，重点用于禅城区、南海区、高明区和三水区进行居家养老服务设施建设和养老机构建设。此外，区级统筹安排资金14691.5万元投入以上养老项目，总投入合计22991.5万元。

【老年人精神文化生活】 2015年，佛山市将丰富老年人文体生活作为《佛山市老龄事业发展“十二五”规划》的一个重要指标来抓，每两年举办一次文艺汇演，每四年举办一次老年人运动会，为全市老年人提供一个展示才艺，相互交流的文体大舞台。一是举办2015年佛山市老年人文艺巡演，通过每区举办一场文艺汇演的形式，扩大佛山市老年人文艺巡演的影响力度。文艺巡演共举办了5场，全市约2000人次参加活动。二是各区各单位“敬老月”活动精彩纷呈。按照市老龄委的部署，各区各单位结合实际开展形式多样的敬老月活动。如市老龄办结合实际开展老干部慰问活动，对498名市直80岁以上离休干部进行慰问；南海区老龄办、南海区公安局联合举办佛山市老年人防诈骗巡讲活动，以有奖问答，群众现身说法、嘉宾访谈、派发资料等形式向老年人宣传防诈骗知识，提高老年人自我防范意识与能力，切实保障老年人的合法权益；祖庙博物馆在春秋祭祀仪式和乡饮酒礼等传统节庆活动中，邀请耆老贤达代表参加，让更多的耆老尊长共享佛山的开放和谐成果，体现佛山历史上尊老敬贤的优良传统。三是文化场所服务更加精准贴心。各级图书馆注重加强对老年人的服务，营造温馨的精神家园。如佛山市图书馆每月策划开展一期符合老年人性格、年龄特征的读书活动，还在报纸阅览室推出老年读者优待服务措施，努力为老年人营造方便、舒适的阅读环境。四是充分发挥退休党员支部作用。佛山市市直属机关工委创新学习形式，组织离退休党员干部到佛山新城等地就佛山城市建设成绩、城市发展新貌进行参观考察、调查研究，亲身感受佛山市城市升级三年行动计划工作成果；组织离退休干部观看红色电影，追忆历史、缅怀先烈，使老党员在丰富的活动和学习中受到教育，得到提高。

（老龄办）

2015年10月16日，佛山市老年人文艺巡演活动（禅城区专场）在禅城区金马影剧院举办，参加活动人员为各区老年人。

物 价

物价改革与管理

【综述】 2015年，佛山市价格工作按照国家、省和市经济社会发展总体部署的要求，紧紧围绕抓调控、稳物价，抓改革、强监管，抓清负、惠民生的总体思路，努力加强价格调控，推进价格改革，完善监管机制，着力清费减负，抓好稳价惠民，保持价格总水平基本稳定和市场价格秩序规范有序，较好地发挥价格杠杆作用。

【价格综合调控】 2015年，佛山市加强价格综合调控，确保物价基本稳定。全市居民消费价格指数（CPI）同比涨幅1.6%，保持平稳上涨态势，低于预期调控目标1.4个百分点。

认真落实价格监测、分析、预警报告制度，全市共设立106个价格监测点，围绕主要食品、农副产品、成品油、工业生产资料和城市居民服务所涉及的19大类371个品种的价格实施监测，密切关注主要商品的市场价格走势，及时向公众发布价格信息，分析和预测市场价格趋势。同时还组织开展佛山市住房情况、药品价格、平价商店商品等专项调查和监测。2015年，佛山市价格监测工作在全省价格监测质量考核中每季度均得100分，名列全省第一。

按照优化存量、严控增量的原则，完善平价商店的建设和退出机制。全市新建平价商店7家，注销和淘汰15家平价商店，至年底，共有平价商店335家。全年平价商店销售总额15.54亿元，优惠总额1.89亿元，较好地发挥了平价商店稳价保供作用。为加强佛山市农副产品价格调控，全市183家项目单位纳入广东省农副产品价格调控项目库管理，其中生产环节11家，流通环节应急储备项目单位2家，流通环节平价商店配送中心项目单位7家，销售环节项目单位163家。

充分发挥价格调节基金的综合调控和稳价惠民作用。全市价格调节基金入库1.1亿元。佛山市争取省级价格调节基金1500多万元，并运用市级价格调节基金2000多万元用于扶持平价商店建设、菜篮子（蔬菜大棚）建设、冷藏设施建设、临时价格补贴和应急价格调控等项目，为政府调控市场、保持物价总水平基本稳定、保障群众基本生活奠定了基础。

贯彻执行低收入群众临时价格补贴与物价上涨联动机制，及时启动补贴12次，全市共发放临时价格补贴1635万元，惠及群众53.9万人次，保障低收入群众不因物价上涨而影响基本生活。

【价格改革】 2015年，佛山市全面深化价格改革，促进惠民政策落实。认真贯彻执行新修订的《广东省定价目录》，对照新版定价目录，清理和废止相关文件98份。取消、放开和下放96项商品以及经营服务性收费和中介收费定价项目。严格执行国家和省医药价格政策，放开3项医疗机构服务收费，除麻醉药品和第一类精神药品外，取消原政府制定的药品价格。落实管道天然气价格改革，规范燃气价格分类，降低管道天然气价格，实施居民阶梯气价，统一五区居民容量气价每户标准为500元，对工商业用气价格实行最高限价管理。落实居民用水阶梯价格制度，继续简化水价分类、理顺水价结构。完成尖峰电价与可中断负荷电价课题调研和出租行业运营管理及改革思路调研。

认真贯彻落实国家和省各项清费减负措施，着力抓好清费减负措施落实。2015年，佛山市取消、免征、停征、降低124项行政事业性收费，为企业和群众减轻负担约6亿元。免征或降低堤围防护费征收标准。实行工商用电同价，降低工商业用电价格，停止收取燃气燃油加工费，每年可减轻工商业用电企业负担16.8亿元。取消对营运车辆和非营运车辆的年票收费标准分类，全年减轻营运车辆年票负担1.3亿元。对汽车销售、汽车安全性能检测、依法应计征水资源费取水户三个项目暂停征收价格调节基金，对新建商品房销售，由按销售额0.2%计征调整为按销售额0.1%计征，全年为企业减负约6000万元。

完善收费监管制度。2015年，佛山市建立收费单位情况及其收支状况年度报告制度，完善收费目录清单制度。强化收费公示制度，在局网站设立“行政事业收费”“经营性收费”“重要商品和服务价格”“惠企政策文件目录”等专栏，并根据政策变化同步更新公示内容；认真组织开展各项清理收费专项治理工作。开展清理整顿行政事业单位收费、行政事业性收费事中事后监管、涉企收费专项清理规范、整顿和规范出口环节经营性服务和收费。

调整医疗废物处置收费标准，其中有固定床位医疗机构的医疗废物收运处置收费标准由2.7元/床·日调整为3.2元/床·日。调整排污费征收标准，开展排污权有偿使用和交易价格基础情况摸查。制定纯电动出租汽车运价和法定安全技术检验费优惠价。

【价格监管】 2015年，佛山市加大价格监管力度，维护市场价格秩序。全市共查处价格违法案件9件，查处价格违法所得金额9.17万元，实现经济制裁总金额43.86万元。其中，退还用户金额9.16万元，没收违法所得金额70元，罚款金额34.69万元。按照国家和省发改委的要求，佛山市按时完成了“12358”全国价格举报管理信息系统与“12345”热线数据对接工作，从7月1日正式运行。全市接到价格举报投诉、政策咨询2843件，做到件件有答复，事事有落实。

2015年，佛山市物价管理部门加强对市场价格的监管，按照省、市有关工作部署，开展重点领域价费检查，对殡葬服务收费价格、春秋两季教育收费、涉企行政事业性、中介服务收费、瓶装液化石油气和房地产价格进行专项检查。积极推进市场价格诚信体系建设，进一步完善农贸市场明码标价常态监管机制。

【价格基础建设】 2015年，佛山市推进价格认证工作，夯实价格基础建设。加强价格认证机构规范化建设，积极开展年度价格鉴定档案互查工作。对涉案财产价格认定管理系统进行升级。全市共办理行政执法机关委托的价格鉴定10681宗，鉴定标的总额为75.8亿元。完成海关委托鉴定业务36宗，鉴定标的总额为749.86万元；完成行政罚没案件价格鉴定204宗，鉴定标的总额为2041.49万元。完成价格咨询服务15083宗。

认真抓好涉及公共性、公益性、垄断性项目的定期和调定价成本的监审与调查工作，组织开展管道天然气定价成本监审、机动车检测服务成本调查、中等职业教育成本调查。落实完成省下达的各项价费定期成本监审和农产品成本调查。完成对全市降低管道天然气价格暨实施居民阶梯气价听证会听证工作。组织开展陶瓷价格指数报价员的培训，较好地完成中国（佛山）陶瓷价格指数编制工作。积极配合广东省发改委民生热线和佛山电台民生直通车，与市民在线交流沟通。

（梁　思）

市场主要商品价格

【综述】 2015年，佛山市经济社会平稳发展，产业结构加速调整升级，市场供应充足，物价稳定，人民收入和消费水平稳步提高，据市统计局提供的数据显示，2015年佛山市居民消费价格保持平稳。

2015年佛山市CPI同比走势图

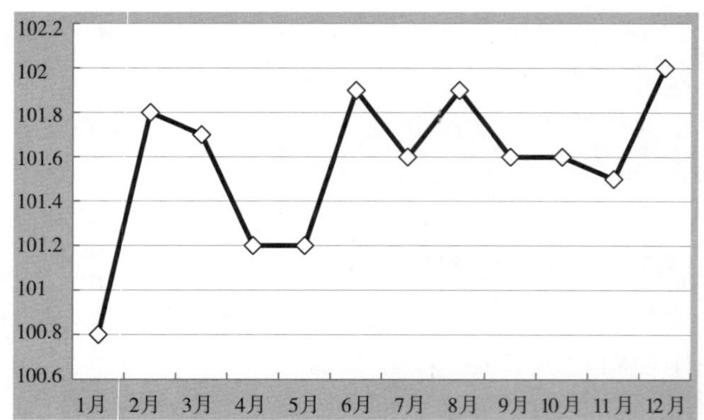

2015年，佛山市监测的主要商品市场价格与2014年相比总体呈弱势运行。其中：粮食、生猪、猪肉、鸡肉、鸡蛋、水产品及蔬菜价格小幅上升，食用油、饲料价格小幅下降，瓶装液化气、成品油、有色金属及化工产品价格出现了大幅下降。

【农副产品价格运行情况分析】 2015年，在我国粮食生产实现十二连增、储备充足、粮食价格市场化改革不断深入和国际粮食价格下跌等的背景下，佛山市粮食价格稳中有升。但受2014年末的翘尾因素、加上2015年的供求关系及粮食生产成本上涨等原因的影响，粮食每500克平均价格在5.24元至5.38元之间徘徊，整体平稳偏强运行。2015年，佛山市14种粮食价格5.3元/500克与2014年5.15元/500克相比上升2.91%。

2014～2015年佛山市14种粮食月均价走势图

单位：元/500克

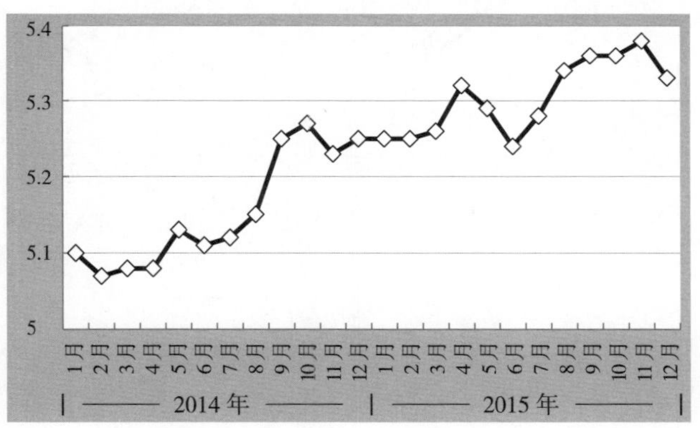

食用油价格低位弱势运行。2015年，佛山市9种食用油（5L桶装，下同）均价88元/桶与2014年90.08元/桶相比下降2.31%。2015年面对国际油脂原料价格大幅下行及国内市场供过于求的市场，佛山市食用油市场价格延续了2014年的低迷行情，持续低位弱势运行，月均价在87.33元/桶至88.27元/桶之间徘徊。由于产能过剩、库存高企、社团购买力下降等因素的综合影响，即使在春节、中秋、国庆等传统消费旺季，市场价格也未明显上升。

2014～2015年佛山市9种食用油月均价走势图

单位：元/桶

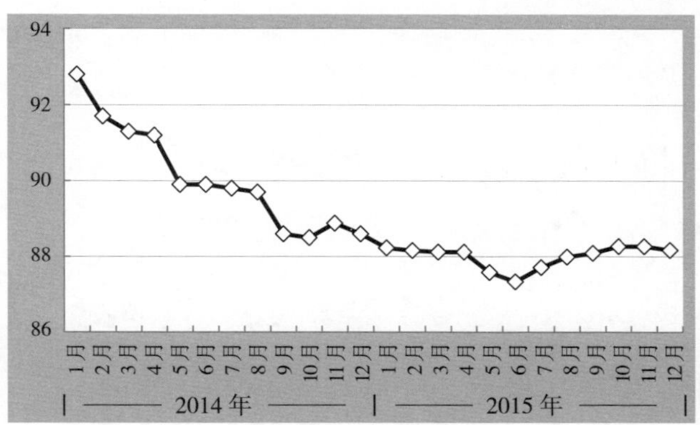

生猪、白条猪肉批发价、猪肉零售价上涨一成左右。2015年，佛山市生猪出栏均价7.66元/500克，与2014年6.79元/500克相比上升12.82%；白条猪肉批发均价9.89元/500克，与2014年8.9元/500克相比上升11.12%；4种猪肉价格15.88元/500克，与2014年14.61元/500克相比上升8.69%。2015年年初，生猪价格受翘尾因素影响，延续了2014年下跌的走势，且跌幅逐渐加深，养殖亏损扩大，导致佛山市生猪养殖规模不断缩减，甚至有不少个体养殖户退出生猪养殖行业，加上受全国生猪存栏量持续下降的影响，促使生猪出栏价格持续下降。到4月初清明节前夕生猪出栏价格才出现拐点，佛山市生猪出栏价格触底反弹，开启了新一轮上涨行情。从4月初6.45元/500克一路上涨至8月第一周9.65元/500克，涨幅近五成，达到2015年的最高点。随后，由于经过近五个月的补栏和育肥，佛山市生猪存栏偏紧状态有所缓解，加上中秋、国庆等节日的市场预期，生猪小规模集中出栏，导致生猪出栏均价开始小幅回落，9～11月持续弱势下行。至12月冬季的来临，市民开始腌制腊肠腊肉，推动了猪肉消费的增长，生猪价格才得以扭转弱势下行的局面，震荡回升。随着生猪养殖行情的好转，白条猪肉批发价和猪肉零售价也持续上行。白条猪肉全年批发均价在8.58元/500克至11.21元/500克之间徘徊，4种猪肉全年零售均价在14.35元/500克至17.47元/500克之间波动。

2014～2015年佛山市生猪出栏均价、白条猪肉批发均价、猪肉零售均价走势图

单位：元/500克

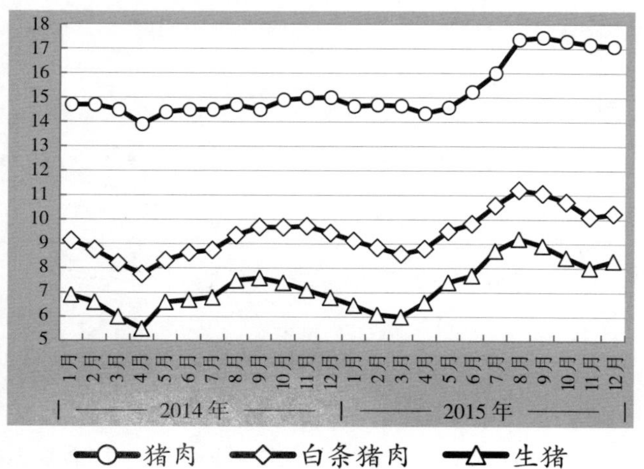

鸡肉、鸡蛋价格上升。2015年，佛山市鸡肉均价15.24元/500克，与2014年13.24元/500克相比上升15.11%；鸡蛋均价6.61元/500克，与2014年6.42元/500克相比上升2.96%。随着禽流感疫情负面影响消退，鸡肉市场需求逐步回暖，加上受佛山市实施“集中屠宰、冷链运输、生鲜上市”政策及猪肉价格持续上涨影响，鸡肉价格稳步上升，11月均价16.17元/500克创近两年新高，全年均价比2014年上涨了15%。受此影响，鸡蛋价格总体呈稳中有升。

2014～2015年佛山市鸡肉、鸡蛋月均价走势图

单位：元/500克

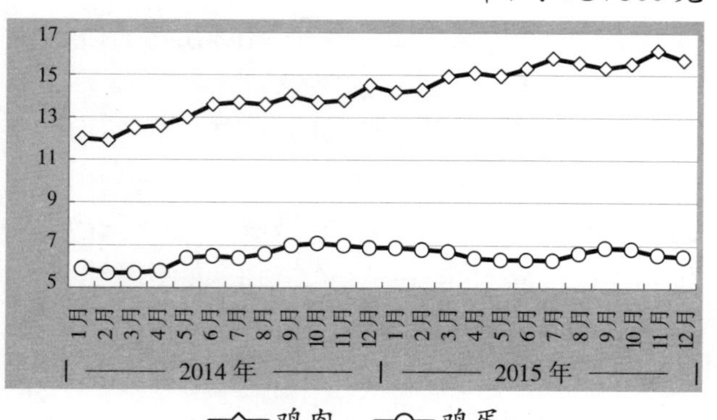

水产品价格先升后降。2015年，佛山市水产品全年的价格呈先升后平稳下降的走势，水产品均价23.34元/500克，与2014年23.28元/500克相比微升0.26%。2、3月春节节日效应带动水产品需求旺盛，但天气寒冷及春节放假使水产供应偏紧，价格走高，节后才逐步回落，南海休渔期结束前夕再度出现小幅上升。总体来看，全年水产品市场消费较平稳，除了春节、国庆期间供应偏紧导致价格小幅上升外，其他月份水产品价格均保持稳中偏弱运行。

2014～2015年佛山市11种水产品月均价走势图

单位：元/500克

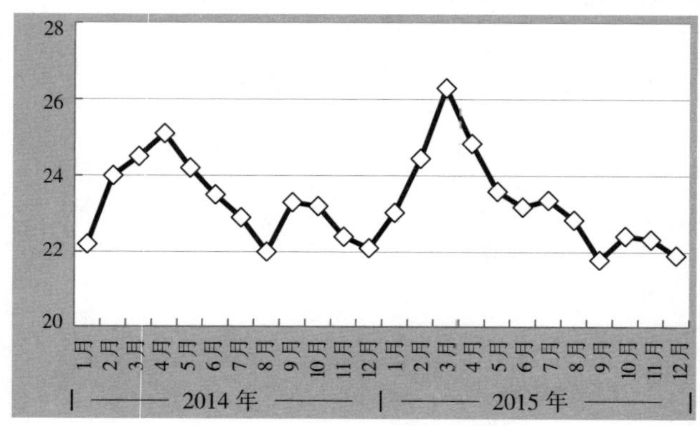

蔬菜价格波动上行。2015年，佛山市蔬菜价格受天气和季节因素影响总体稳中微升，其价格3.64元/500克，与2014年3.6元/500克相比上升1.11%，呈现很强的季节性波动走势。年初受天气及春节消费需求旺盛影响，佛山市蔬菜供应偏紧，2、3月蔬菜均价小幅上升，节后开始回落。至8、9月，广东省台风暴雨天气频繁，持续影响蔬菜的生长、运输和储存，菜价再次上涨。9月均价涨至3.93元/500克，达到年内最高价。10月由于正值蔬菜换季期，加上阴雨天气较多，菜价仍保持高位。至11月蔬菜换季期基本结束，本地叶菜、大棚蔬菜、冬储菜等陆续上市，价格才有所回落。总的来看，2015年佛山市监测的30种蔬菜平均价格呈波动上升走势。

2014～2015年佛山市30种蔬菜月均价走势图

单位：元/500克

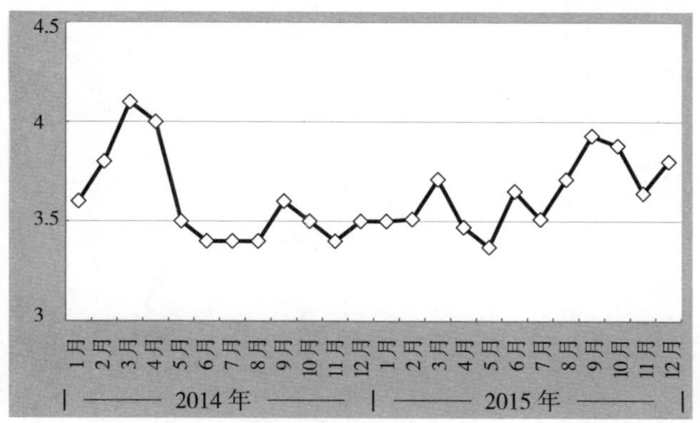

饲料价格持续下降。2015年，佛山市玉米、豆粕、米糠、麦皮等饲料价格持续走低，四种饲料均价降幅超过一成。2015年全市饲料价格2.22元/千克，与2014年2.56元/千克相比下降13.28%。饲料价格持续低迷的原因是产区产量持续增加，国际国内市场价格大幅下跌，饲料原料库存仍然高企，而国内养殖业产能恢复缓慢，特别是生猪存栏量回升不是很明显，养殖企业对扩大生猪养殖规模持谨慎态度，导致需求端对饲料价格提振作用不足，饲料价格持续下降。

2014～2015年佛山市4种饲料月均价走势图

单位：元/千克

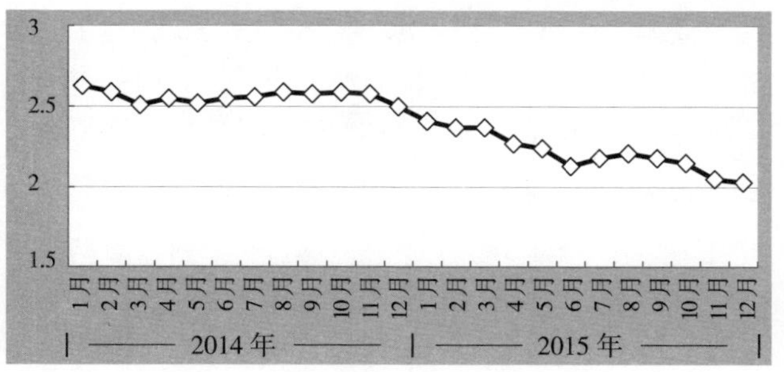

【液化石油气、成品油、工业生产资料价格运行情况分析】 成品油价格均大幅下降。2015年，佛山市成品油价格受国际原油价格震荡下行和国家发改委成品油调价机制变化影响，总体呈先升后回落走势。全年全市成品油批发均价6531元/吨，与2014年8493元/吨相比大幅下降23.1%。1月受翘尾因素影响，佛山市成品油均价延续2014年年底的宽幅下行走势；2月开始成品油价格结束“十三连跌”并触底反弹、快速回升；5月下旬以后，在美元持续走强、石油输出国组织（欧佩克）维持高产、伊朗原油制裁解禁等压力下，国际原油市场供应过剩情况日渐加重，国际油价继涨乏力，带动国内成品油价格震荡下行，创近三年新低。

2014～2015年佛山市3种成品油月均价走势图

单位：元/吨

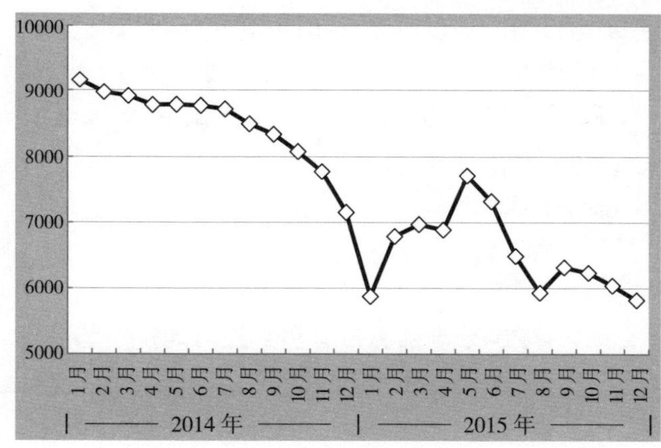

瓶装液化气大幅走低。2015年，佛山市瓶装液化气（净重14.5千克，不含送气费，下同）价格84.63元/瓶，与2014年116.36元/瓶相比降幅达27.27%。本年度由于地缘政治局势多变，产油国供大于求等原因，国际原油期货价格屡创新低。受国际原油价格大幅下跌的影响，佛山市瓶装液化气零售价格和成品油批发价格也大幅下降。与此同时，由于近年电力、管道燃气等能源越来越普及，瓶装液化气的终端用户逐步减少，加上瓶装液化气市场价格的放开，瓶装液化气零售价格延续2014年下跌的走势，直到11、12月进入冬季需求的回升，瓶装液化气零售价格才止跌微升。

2014 ~ 2015 年佛山市瓶装液化石油气月均价走势图

单位：元／瓶

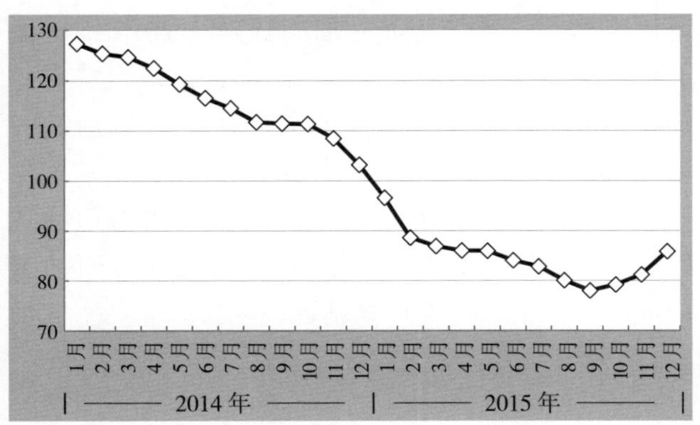

有色金属、化工产品价格均大幅下行。受国内宏观经济走弱，需求不振，产能过剩和库存消化缓慢影响，2015 年，佛山市有色金属、化工产品价格持续下行。全年全市有色金属均价 49568 元 / 吨，与 2014 年 59738 元 / 吨相比下降 17.03%；化工产品均价 3850 元 / 吨，与 2014 年 5960 元 / 吨相比下降 35.41%。

2014 ~ 2015 年佛山市有色金属月均价走势图

单位：元／吨

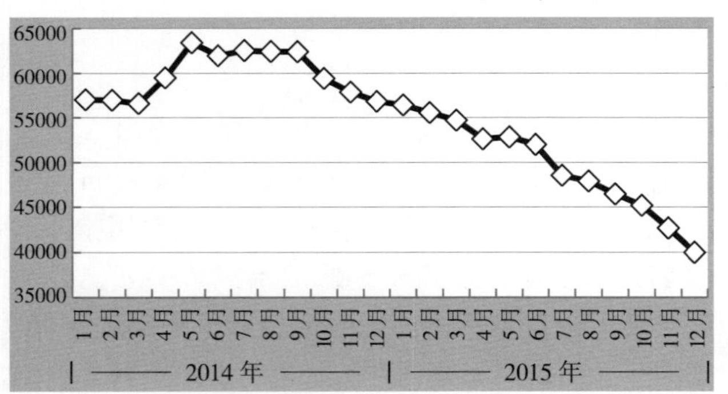

2014 ~ 2015 年佛山市化工产品月均价走势图

单位：元／吨

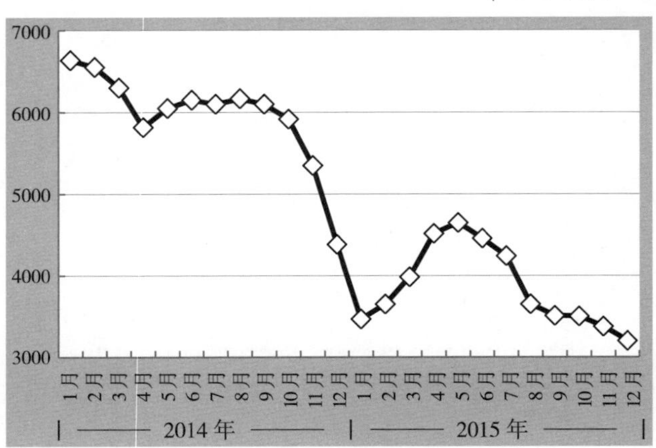

【城市居民服务价格总体稳定】 2015 年，佛山市城市居民服务价格总体较为平稳，特别是旅游娱乐类的价格并未受春节、五一、中秋、国庆等节日消费旺季的到来而大幅涨价，均保持在合理的价格区间运行。如：景点门票（当地著名旅游景点）的价格始终维持在 70 元 / 次的价位；宾馆住宿（市区三星级标间）的价格在 298 元 / 间·日；旅游包车（33 座）的价格也在 1200 ~ 1300 元 / 日区间浮动。另一方面，汽运票价及公路货运价格等受国际原油和国内成品油价格持续弱势影响而保持弱势。如：道路班车客运票价（省内线路、中型高一级车）0.26 ~ 0.3 元 / 人·千米区间浮动；道路班车客运票价（跨省线路、大型高二级班车）0.25 ~ 0.27 元 / 人·千米区间浮动；公路货运（省际，定期定线，整车）0.35 ~ 0.47 元 / 吨·千米区间浮动；公路货运（省内，定区不定线，零担）0.43 ~ 0.52 元/吨·千米区间浮动；公路生鲜产品货运（整车）0.3 ~ 0.41 元 / 吨·千米间浮动。

（罗志雄）

婚姻家庭·计划生育

婚姻登记

【综述】 2015年，佛山市加强对各区婚姻登记工作的日常指导和监督，确保全市婚姻登记工作开展有序、规范。重点指导各区做好涉港澳台和涉外婚姻登记工作，以及如“2·14”“5·20”等特殊日子的高峰期婚姻登记工作。

2015年，全市共办理结婚登记39546对，其中国内居民39268对，涉外、华侨、港澳台278对；离婚登记9439对，其中国内居民9373对，涉外、华侨、港澳台66对；补领结婚证8141对，其中国内居民8091对，涉外、华侨、港澳台50对；补领离婚证503份，其中国内居民499宗，涉外、华侨、港澳台4宗。

【婚姻登记管理】 2015年，佛山市组织各区部门业务负责人、婚姻登记员赴惠州市惠城区、博罗县婚姻登记处调研等级婚姻登记机关建设工作，学习兄弟城市先进做法，交流婚姻登记机关建设经验。

2015年，佛山市以创建国家等级婚姻登记机关为抓手，完善婚姻登记机关设施设备建设，强化内部管理，有效保障婚姻当事人的合法权益推进婚姻登记机关标准化建设。指导三水区婚姻登记处创建国家AAA级机关申报工作。

2015年，佛山市推进婚姻家庭辅导工作，做好“和谐婚姻文化”宣传。为促进家庭幸福和社会和谐，各区通过政府购买服务开展婚姻家庭辅导工作，引进社工、婚姻心理辅导专家，为有需求的当事人免费提供法律咨询、情感辅导、危机处理、离婚辅导等。其中，禅城区婚姻登记处建立了“婚姻家庭辅导室”，通过政府购买服务的方式，聘请专业人士，区别各种不同对象和情况，为离婚服务对象提供心理疏导，法律咨询等服务。组织全市婚姻登记工作座谈会，及时解决婚姻登记机关标准化建设和日常登记工作中遇到的问题，印发《佛山市婚姻登记员规范操作细则》，统一全市婚姻登记办事指南。

2015年，佛山市认真贯彻民政部要求，规范（无）婚姻登记记录证明有关工作。除对涉台和哈萨克斯坦等9个国家的公证事项仍可继续出具证明外，各地民政部门不再向任何部门和个人出具（无）婚姻登记记录证明。通过媒体报道，做好宣传工作，与公安、公证处等部门协调，使政策落地衔接。

（吕龙锋）

计划生育

【综述】 2015年，佛山市禅城区、南海区、高明区、三水区常住人口出生53885人，自然增长率为7.32‰；顺德区常住人口出生27049人，自然增长率为7.56‰，指标均控制在省下达的范围内。禅城区、三水区被广东省政府评为2015年度全省计划生育工作先进单位，受到通报表彰。

【计划生育领导机制】 2015年，佛山市各级党委政府重视计划生育工作，落实党政一把手亲自抓、负总责，分管领导具体抓、负主责，其他领导和有关部门分工负责的工作机制，强化目标责任管理和绩效考评，执行“一票否决”制度。进一步落实计划生育综合治理机制，各级计划生育综合治理部门按照职责分工，认真履行职责，加强协调配合，共同做好计划生育工作。落实做好计划生育挂钩帮扶制度，各级党政领导带队到基层指导帮扶计划生育工作，夯实基层工作基础，提高计划生育服务管理水平。

【计划生育宣传教育】 2015年，佛山市各级卫生和计划生育部门在开展计划生育宣传服务活动的同时，建设传统媒体计生专栏，策划“允许一方是独生子女的夫妇生育两个孩子”政策等宣传专题，并通过微博、微信、楼宇视频广告等新媒体开展宣传。创建各具特色的宣传示范基地和宣传创新项目，向市民传播健康知识和人口文化。做好舆情监测，及时回应社会关切，2015年佛山市没有出现不良社会影响的计划生育重大舆情。

【计划生育利益导向机制】 2015年，佛山市落实国家和省、市出台的各项计划生育奖励扶助制度，规范开展对象资格审核和资金发放等工作，确保奖励扶助金及时足额发放。2015年全市共支出1.15亿元用于落实城镇独生子女父母奖励、农村部分计生家庭奖励、计生家庭特别扶助以及节育奖，共有4213名农村独生子女和纯二女结扎户女孩享受中考照顾录取政策。做好计划生育特殊困难家庭扶助工作，省政府将提高独生子女伤残死亡家庭特别扶助标准列为2015年民生实事之一，佛山市制定了相关实施意见，确保按时足额发放扶助金。各地探索构建失独家庭社会支持体系，为失独家庭提供养老照料、经济救助、精神慰藉等方面的社工服务。推进创建幸福家庭活动和“新家庭计划——家庭发展能力建设”、科学育儿等项目试点工作，依法查处非医学需要的胎儿性别鉴定和选择性别的人工终止妊娠违法行为。

【优生优育技术服务】 2015年，佛山市继续实施免费孕前优生健康检查项目，全年全市检查人数为50959人。做好免费婚检、产检工作。加强地中海贫血防治工作，为佛山市户籍孕妇提供地贫产前诊断补助和重度地贫胎儿终止妊娠补助，为重症地贫胎儿进行产前干预。

【流动人口计划生育服务管理】 2015年，佛山市开展流动人口“春风送温暖”宣传服务活动，重点开展计划生育政策宣传和优生优育、生殖健康科普知识宣传；做好流动人口动态监测工作，掌握流动人口结构、流动与迁移趋势等情况；开展流动人口计划生育服务管理专项活动，掌握流动人口及流动已婚育龄妇女基本情况。开展流动人口卫生和计划生育基本公共服务均等化和区域协作试点工作，完善现居住地与户籍地共同管理模式。将流动人口计划生育节育奖励标准从原来的500元提高到1500元，引导流动人口自觉实行计划生育。

【计划生育依法行政】 2015年，佛山市落实“一方是独生子女的夫妇可生育两个孩子”的生育政策。及时回应各界关注，发布政策指引，按照省的要求全面简化审批流程，方便符合条件的群众办理手续。从2014年3月27日开始受理群众申请至2015年12月31日，全市共受理申请18206例，审核18024例。规范社会抚养费征收和管理，做好再生育审批工作，开展依法行政工作专项督查，规范基层执法行为。依法依规处理各类计划生育信访，全年全市无重大违法行政案件，无群访、闹访和突发性事件。推进便民利民，公开执法事项、程序和标准，严格执行一次性告知制、首问负责制和限时办结制，优化办理流程，方便群众办事。

【计划生育信息统计与应用】 2015年，佛山市进一步完善计划生育统计预警预报机制，定期开展数据质量评估和统计动态监测工作，每月向各区通报全市常住人口、户籍人口以及流动人口计划生育主要考核指标执行情况。加强数据安全管理，从制度层面预防信息泄密事件发生。提升部门数据比对能力，提高数据完整率、逻辑准确率和网络化协作水平。加强卫生和计划生育数据资源的整合应用，提高数据准确性和及时性。加强年报统计数据应用，做好年报统计分析工作。

【出生人口性别比综合治理】 2015年，佛山市加大综合治理出生人口性别比偏高问题的力度，将完善制度与宣传教育、依法行政相结合，加强日常监管。卫生和计划生育、食品药品监督管理、公安、工商等部门以打击非医学需要的胎儿性别鉴定和选择性别的人工终止妊娠作为综合治理出生人口性别比偏高问题的关键环节和有效抓手，并结合打击非法行医，加大巡查力度，不定期开展专项整治行动，查处违法违规的医疗机构和个人。

（何敏宏）

2016新的一页

图 片 特 辑

FOSHAN YEARBOOK

建设平安佛山

加快转型升级 建设幸福佛山

为广东经济增长和结构调整起支撑作用

建设平安佛山

平安佛山建设深入推进，2015年“110”日均刑事警情比2010年下降45.7%，5个镇（街）获评“全国安全社区”，里水镇成为“国际安全社区”。生产安全事故起数、事故死亡人数比“十一五”时期分别下降17.4%、12.1%。完成食品（农产品）安全示范市建设重点任务，升级改造农贸市场268个，建成市级以上“菜篮子”基地45个、食品安全示范点1285家，在全省率先开展肉品统一冷链配送和家禽集中屠宰试点。连续第七次获“全国双拥模范城”称号。

治安立体化防控体系逐步完善，“3+2”专项打击行动位居全省前列，社会治安形势持续向好。实施安全生产“三大行动计划”，创建安全生产标准化企业5663家，生产安全事故起数下降22.9%。创建省食品安全城市试点，设立“食品药品警察”。登革热疫情防控效果显著，积极应对龙卷风等自然灾害。

2016年2月3日，广东省人大常委会副主任、佛山市委书记刘悦伦（前左二），带队到佛山火车站检查春运工作。

2015 年 1 月 7 日，市委副书记、代市长鲁毅（前左二）深入禅城区普君新城、欧司朗照明公司等企业单位进行禅城区安全生产工作检查。

2015 年 1 月 30 日，佛山市公安局获全省“六大专项”行动第二名，荣立集体二等功。

建设平安佛山

2016年1月6日，广东省公安厅副厅长郑东（前左二）在佛山市副市长、公安局局长江楷鑫（前左三）等的陪同下调研佛山市“一门式”建设。

2015年11月6日，消防安全宣传活动现场。

2015年11月6日，佛山市公安局在禅城区岭南新天地进行“119消防宣传月”启动仪式。

佛山市公安局与各市合作打击犯罪。图为2015年4月1日，佛山经侦部门代表与清远市经侦同行座谈。

建设平安佛山

2015 年 11 月 25 日，佛山市公安局召开“3+2”专项打击整治行动新闻发布会。

佛山市公安局“3+2”打击演习。

佛山市公安局召开“3+2”专项打击整治行动新闻发布会，展示缴获利用银行卡诈骗等工具。

佛山市公安局捣毁电信诈骗群发短信窝点，缴获作案工具一批。

建设平安佛山

2015年11月10日，佛山市公安局与市禁毒办牵头举办佛山市青少年毒品预防教育“6·27”工程暨禁毒“百场巡讲进社区”活动启动仪式。

禅城警方在全区启动“红袖章”治安巡防工程。

佛山市公安局指挥中心，佛山“110”的民警正在忙碌地接警。

佛山市公安局加大对重点节日、重点部位防控。

建设平安佛山

2016 年 3 月 1 日，佛山全市公安工作会议在市机关大礼堂举行。会议开始前，市委书记、市长鲁毅（中），副市长、市公安局局长江楷鑫（右六）等接见了 2015 年佛山市十佳人民警察，并与他们合影留念。

2015 年 7 月 27 日，佛山市公安局参加粤警创新大赛。图为佛山参赛项目——“e 机通”社区警务 APP 项目演示现场。

2016新的一页

图　片　特　辑

FOSHAN YEARBOOK

民生社会事业

加快转型升级　建设幸福佛山

为广东经济增长和结构调整起支撑作用

民生社会事业

社会民生不断改善，全市财政民生支出五年累计达1654亿元，比“十一五”时期翻番，占一般公共预算支出的62.7%。每年省、市民生实事圆满完成。2015年城镇、农村常住居民人均可支配收入分别达3.98万元、2.21万元，比2010年增长67.3%、77.1%。五年新增就业45万人。建立健全城乡居民基本养老、生育、大病保险和疾病应急救助制度。企业退休职工基本养老金每年递增10%以上，近50万人受惠。实现省内异地就医即时结算、企业职工跨区享受居民门诊医保。五年建成保障性住房3.26万套，已安置2.85万套。成为全省首个教育综合改革试点市、推进教育现代化先进市。新市民随迁子女入读公办学校比例保持在70%以上，惠及近41万名学生。建立健全基本医疗卫生制度，2015年人均公共卫生服务经费比2010年增长60%，社区卫生服务中心实现镇（街）全覆盖。五年新建社区体育公园144个，农家书屋实现行政村全覆盖。

实施建设人民满意政府“1+11”行动计划，群众满意度不断提升。市、区两级政府部门权责清单在全省率先公布实施。健全科学民主依法决策机制，出台重大行政决策征求公众意见、专家咨询论证办法，成为拥有地方立法权的城市。根据2014年中国政法大学发布的中国法治政府评估报告，我市法治政府建设排名全国第三。主动接受人大依法监督、政协民主监督、司法监督和社会监督，办理人大代表建议428件、政协提案1034件，办复率达100%，市政府领导牵头办理议案、建议成为常态。贯彻落实中央“八项规定”、国务院“约法三章”等规章制度，深入开展党的群众路线教育实践活动和“三严三实”专题教育，切实整治“四风”问题，干部工作作风不断改进。

2015年10月3日，广东省委书记胡春华到佛山市禅城区行政服务中心智慧新城大厅调研，充分肯定佛山“一门式”政务服务体系建设所取得的成果。

2016 年 1 月 13 日，在禅城区南庄镇湖涌村，佛山市委副书记、市长鲁毅与 89 岁的烈属陆焕握手交流。

2016 年 4 月 29 日，2016 年佛山“两会热线”——市长微访谈，新当选的市长朱伟回答了网友和媒体记者的问题。

民生社会事业

2015年9月29日，禅城区公安业务进驻魁奇路行政服务中心，图为“一门式”大厅，群众在办理业务。

2016年1月11日，三水区行政服务中心二楼办事大厅升级改造后重新对外开放。图为市民在使用“一门式”智能社工办事。

2016 年 1 月 13 日，禅城区组织市、区两级的人大代表，视察该区的重点工程。

2016 年 1 月 18 日，禅城公安境外人员服务大厅启用，某外企总裁为让妻子能够在佛山跟他一起度过猴年春节，在该服务大厅为妻子办理了签证，该签证亦是禅城警方获批签证权以来颁发的第一张签证。

民生社会事业

2016 年 3 月 3 日，佛山市副市长王玲（右一）到禅城区督导食品安全城市创建工作。

2016 年 1 月 28 日，禅城区对区内农贸市场食品安全量化分级，100 家农贸市场有惠景市场等 9 家被授予食品安全 A 级市场。图为惠景市场的农产品检测室内，工作人员正对蔬菜进行检测。

禅城区惠景市场内的蔬菜销售点规范整洁。

2015 年 9 月 17 ~ 20 日，第三届广东（佛山）安全食用农产品博览会暨粤桂黔名优农产品推介会在顺德陈村花卉世界展览中心举办。

南海区翰蓝环境公司。

民生社会事业

2015 年 9 月 29 日，禅城公安“一门式”大厅启动。图为出席仪式的佛山市副市长、公安局局长江楷鑫为自助办证的市民颁发证件。

2016 年 1 月 18 日，南海区里水镇智慧城市管理指挥（应急）中心工作人员正在接听群众投诉电话。

2015 年 9 月 10 日，广东佛山，中国（广东）国际“互联网 +”博览会开幕，博览会 3A03 展厅内，工作人员正在向市民展示《佛山日报》电视读报 APP。

公安“一门式”24 小时自助服务区群众有序办事。

民生社会事业

2015 年 11 月 27 日，禅城区首个创客基地——禅城区青年创客聚力基地揭牌成立，为有志于在禅城开创一番事业的人士提供发展场所。

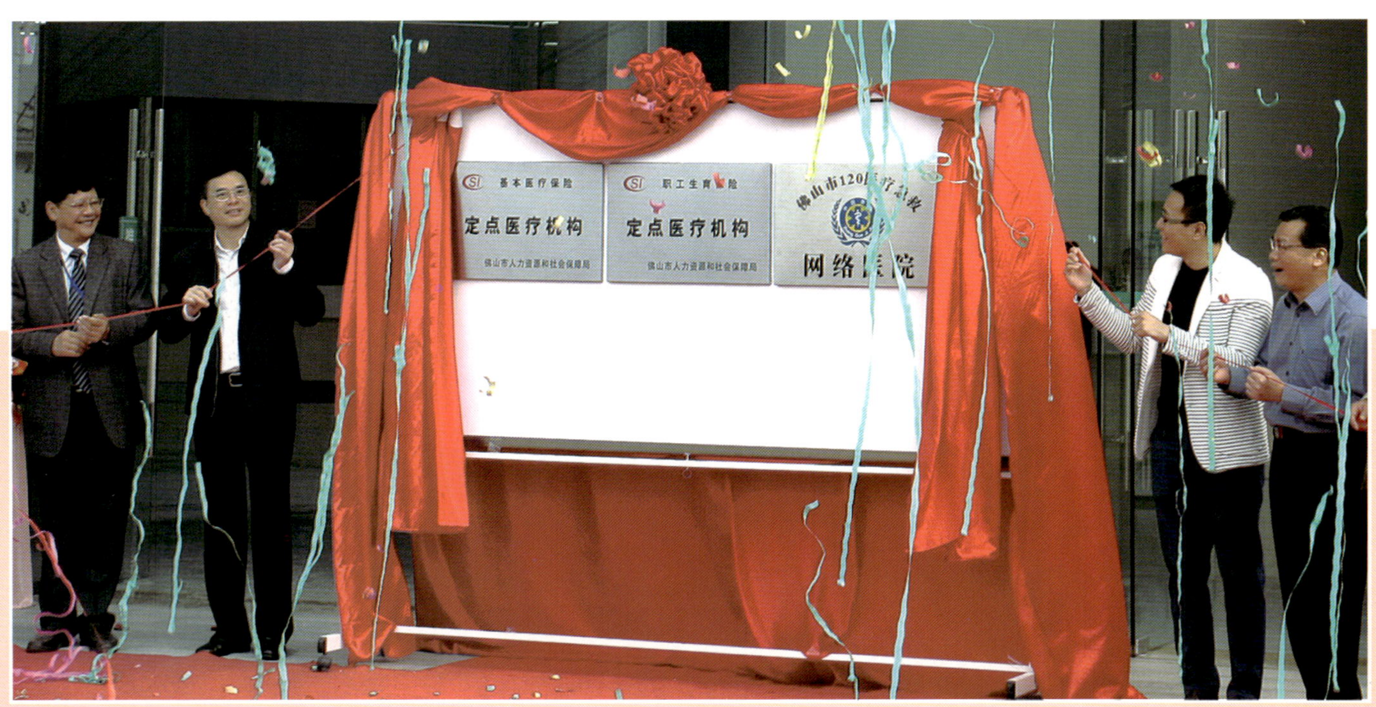

佛山绿康医院获得“佛山市基本医疗保险”“生育保险定点医院”和“佛山市 120 医疗急救网络医院”资质，更加方便群众看病。

2016 年 1 月 7 日下午，第一季蓝海创想家集训营毕业典礼在南海创业工场举行，现场学员们一起合影留念。

2016 年佛山市高校毕业生暨综合型人才大型公益招聘会。

民生社会事业

2015 年 9 月 11 日，中国（广东）国际“互联网 +”博览会上，市民正在感受远程问诊的服务。

2015 年 12 月 16 日，佛山举办“互联网 + 医疗”产业合作促进交流会。

2016 年 3 月 18 日，佛山市新市民进企业进村居进家庭宣传日活动在南海区瀚天科技城举行，现场与会嘉宾共同启动，为活动的成功举办点赞。

2015 年 12 月 3 日下午，南海区行政服务中心内，市民正在市民之窗的自助服务区内进行操作，广佛市民都能在此机器上操作相关服务。

民生社会事业

近 2000 老人家共享千叟宴。

2016 年 3 月 5 日，三水启动学雷锋全民志愿服务行动月活动。图为护士叮嘱前来量血压的老人平时该注意的事项。

2015 年 12 月 10 日上午，掌上医院支付宝平台在佛山中医院成功上线。图为现场工作人员正在教市民如何登陆支付宝使用“掌上医院”。

2016新的一页

图 片 特 辑

FOSHAN YEARBOOK

城市文化

加快转型升级　建设幸福佛山

为广东经济增长和结构调整起支撑作用

城市文化

佛山市政府正式印发了《佛山市文化升级两年行动计划（2015~2016年）》。佛山将以建设文化导向型城市为目标，力争至2016年，以佛山新城文化中心为标志的市、区重点文化设施逐步建成开放，“城乡十分钟文化圈”基本建成，民办文化场馆数量明显增加，30个特色古村落得到活化升级，文化产业增加值占GDP比重达5.4%。

“行动计划”共包含四大文化板块，46大项目的文化升级内容，其中包括文化产业版块、助力城市建设提升版块、公共文化服务版块、塑造传播城市形象版块。46大项目共包含着71个文化项目，因此，准确来说，全市共计71个文化项目均包含在“行动计划”当中。71个项目中其中的资金来源分为市、区、镇财政及自筹两种方式，且资金投入也分为已经投入、正在投入及预计投入三种，71个项目共涉及资金高达125.31亿元。

2016年2月22~23日，农历正月十六“行通济”民俗活动，吸引数十万群众参加。图为佛山市领导与市民们一起行通济。

2015 年 4 月 27 日，佛山十大区域文化产业品牌授牌仪式。

2015 年 10 月 31 日，佛山秋色欢乐节开幕式。

城市文化

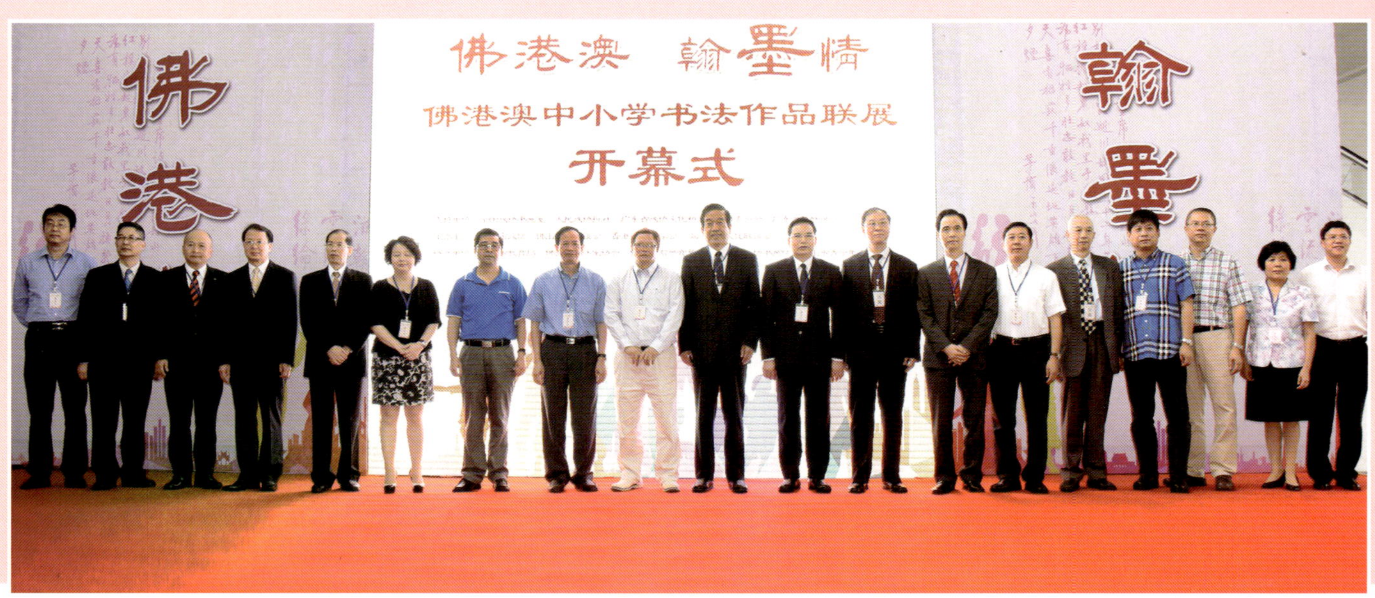

2015年10月25日，佛港澳中小学生书法联展活动在佛山青少宫开幕，中国书法家协会副主席苏士澍（左十）、省政协副主席梁伟发（右九）出席了开幕式。

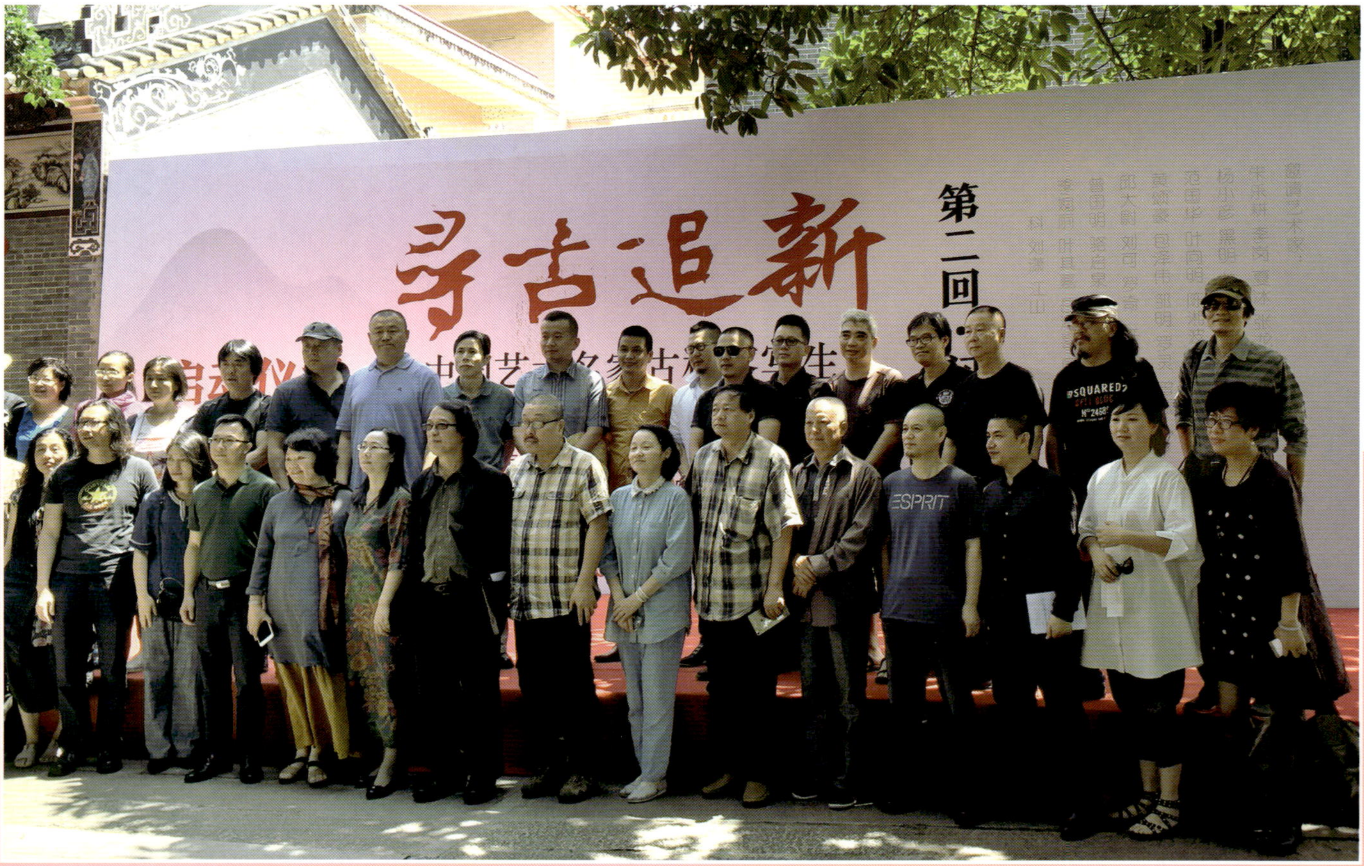

从2015年开始，佛山市举办“寻古追新”——中国艺术名家古村落写生活动，每年邀请全国、省港澳艺术家对古村落写生。

2016（春季）顺德美食节现场演示八宝酿鲮鱼的制作过程。

佛山电视台十年品牌活动“珠江形象大使竞选”升级，珠姐与市民“十城百公里”徒步，宣传佛山和粤桂黔高铁经济带。

城市文化

2015 年 9 月 25 日晚，佛山电台 FM92.4 频率在南海影剧院举办《同车时代》飞跃十年“Ken 歌驾到”老友聚会演唱会。图为“飞跃 924”明星主持们与现场观众同台演出。

2015 年 2 月 12 日，佛山供电局举行企业文化故事分享会。图为退休老员工为“最美班站所长”颁奖。

2016“温爱佛山乐善之城”元宵慈善文化人人行活动。图为 2016 年 2 月 22 日队伍中的大妈们跳起了扇子舞。

2015 年 4 月 25 日，佛山电视台发起的“一路向前——美丽佛山 50 公里徒步”，超过 4 万人参与，展现城市升级行动成果。

城市文化

根据佛山市委、市政府提出“着力加快文化旅游创意”的指示精神，佛山电台承办“粤桂黔高铁文化之旅”重点项目。图为2015年7月20日该项目的出发仪式。

2016年3月18日，演员在2016佛山旅游博览会上表演少数民族舞蹈。

2016 年 1 月 16 日，佛山市青年舞蹈团演员正在表演舞蹈《印象红木棉》。“美丽佛山 · 乐善之城——核心价值观文艺惠民巡演”北汽福田专场在福田汽车生产车间内举行。

禅城区文华公园“水舞声光秀”吸引了众多群众观赏。

城市文化

佛山市图书馆新馆建成开放。

佛山新图书馆三楼中庭阅读休闲区。

社区志愿者在公交车前集体倡议“文明乘车”。

2015年12月16日，团市委、市福利彩票发行中心、市青少年文化宫、市青年社会组织培育发展中心共同举办了“向心力工程——佛山流动青少宫暨亲青大篷车进黄连活动”，为顺德区勒流黄连社区的梁季彝纪念学校的学生，送去了非遗文化和无尽的欢乐。图为学生们把自己新制作的飞机放飞。

城市文化

2015 年 11 月 29 日，2015 佛山市“南粤幸福活动周”全民健身活动在禅城区电视塔广场举行，活动上演了千人齐打太极拳的壮观景象。

2016 年 3 月 5 日，2016 第四届蔡李佛功夫大汇演暨佛山鸿胜馆成立 165 周年庆典启动仪式在禅城区铂顿城门前广场举行。

2016新的一页
图 片 特 辑
FOSHAN YEARBOOK

五区风采

加快转型升级　建设幸福佛山
为广东经济增长和结构调整起支撑作用

禅城区

深耕细作 硕果累累

中共佛山市禅城区委员会 佛山市禅城区人民政府

“十二五”时期，禅城区坚持以科学发展为主题，以转变经济发展方式为主线，扎实推进“强中心”发展战略，实施稳增长、调结构、强改革、优环境、促和谐等各项工作，产业转型和城市升级取得长足进步。

综合经济实力明显增强

地区生产总值实现年均增长8.2%。综合财力从2010年的130亿元增至2015年的234.8亿元，年均增速12.6%。

产业转型升级成效突出

传统产业转型升级取得突破，现代服务业飞速发展，战略性新兴产业格局初步形成，三次产业结构由2010年0.1：50.7：49.2优化为2015年的0.1：45.8：54.1。

城市面貌焕然一新

积极推动“三旧”改造和城市升级，坚定“一老一新”战略布局，祖庙东华里、石湾西片区焕发新颜，禅西新城、奇槎片区开发步伐加快。天更蓝、水更清、路更畅，城市从升级走向升值。

改革创新取得重大突破

推动“大国资、全覆盖”，助推城市发展。建立“两代表一委员”民意沟通机制，广泛听取民声推动政府决策。推动“一门式”政务服务改革、“一门式”综合执法和社会综合治理云平台建设，政府服务和社会治理更加现代化。

百姓幸福感持续提升

教育、科技、文化、卫生、体育、社会保障等各项事业全面进步。常住居民人均可支配收入年均增速8.8%，人民生活明显改善。

2015年7月21日，广东省省长朱小丹（右一）调研佛山市禅城区“一门式”政务服务体系建设。

2015年3月20日，中国工程院院长周济（左六）一行莅临佛山市国星光电股份有限公司考察调研，市委副书记、市长鲁毅（右六），区委副书记、区长孔海文（右四）等领导陪同。

2015年5月14日，佛山奇槎创新产业园区重点建设工程奠基。

2015年10月9日，禅城区“一门式”政务服务改革入选2015全国创新社会治理典型案例。

升级改造后的季华路。

张槎莲塘村开展古村落活化升级。

2015 年，禅城区大力实施“植产兴业”“万千英才”“家·禅城”三大战略和“和乐村居”“幸福禅城”“高效团队”三大行动，经济社会各项事业取得新成绩。全年实现地区生产总值 1469.09 亿元，增长 8.2%；社会消费品零售总额 655.35 亿元，增长 13.5%；全社会固定资产投资 534.96 亿元，增长 15.2%；辖区税收总额 211.7 亿元；区级一般公共预算收入 60.67 亿元，增长 12.5%；城乡居民人均可支配收入增长 8.6%。是年，禅城区获批创建全国丝光棉针织服装产业、全国现代电源（不间断电源）产业知名品牌创建示范区，获“全国创建无障碍环境示范县”称号。“一门式”政务服务改革成为全国创新社会治理的样本，获 2015 年“全国创新社会治理最佳案例”。

半月岛湿地公园花海。

禅城区道路两旁绿化。

南海区

立足新常态 把握新机遇 推动新发展

中共佛山市南海区委员会 佛山市南海区人民政府

2015年是“十二五”收官之年，也是南海立足新常态、把握新机遇、推动新发展的转折之年。一年来，南海区坚持以发展为第一要务，开启了建设品质南海的新征程，综合实力继续位居全国百强区第二。

抢抓战略机遇，全方位开展区域合作，构建开放平台。

以更大的力度推进广佛同城，在交通、环保、教育、政务等领域合作取得更大成效，与荔湾区签约共建广佛同城化合作示范区。积极创建粤桂黔高铁经济带合作试验区（广东园），园区发展总体规划获省政府批准，成功举办园区建设工作现场会等系列活动。启动粤港澳合作高端服务示范区建设，获批全省首批粤港澳服务贸易自由化示范基地，成为国际资本关注的新热点。

转变发展模式，加强招商引资，深化“人才立区”战略。

多措并举引导传统优势产业转型升级，大力实施“企业暖春行动”，强化企业分类扶持指导，构建完善的民营企业服务体系。坚持产业链招商和载体招商，项目引进、工业投资逆势快速增长。通过“傍大学”加强与大学、科研院合作，引进密西根大学国际智能制造创新中心等一批研发机构，推进“人才强企”。致力打造创新创业者乐园，创新平台、孵化基地、人才团队等加快集聚。

启动城市精细化管理，加快城市升级步伐。

推进城市升级两年延伸行动计划，累计完成投资196亿元。构建具有南海特色的环境管理服务体系，生态环境逐步改善，广佛跨界河涌治理解除省挂牌督办。承担农村集体经营性建设用地入市、“多规合一”“三旧”改造等中央和省级改革试点，引导土地集约高效利用。千灯湖公园获得全球城市开放空间大奖殊荣，南海和狮山双双成为国家新型城镇化综合试点。

2015年9月10日，广东省委书记胡春华（前右四）到佛山市智能装备技术研究院考察。

2015年9月22日，粤桂黔高铁经济带合作联席会议举办，贵广、南广高铁沿线13个城市领导齐聚南海。

千灯湖荣获2015年全球城市开敞空间大奖。

九江镇风光。

广佛肇城轨狮山北站。

注重民生普惠共享，南海市民幸福感不断提升。

深化教育综合改革，各类教育均衡协调发展，基础教育信息化应用经验全国推广。区医院管理中心正式运行，医疗机构管办分离改革有序推进，医疗卫生服务质量不断提升。进一步织密社会保障网，实施城乡居民基本养老保险一次性补缴，将临界家庭重度残疾人全面纳入城乡低保范围。构建食品药品全程监管链条，成功创建全市食品安全示范区。承办世界华人狮王争霸赛、欧洲高尔夫球挑战巡回赛，荣获中国曲艺之乡和全省首个“文学之城”称号，丹灶镇获评为全国文明镇。大力推进法治南海建设，区、镇、村三级公共法律服务平台全面建成。对口帮扶工作成效显著，南海云安共建绿色日化产业园正式签约动工。

2016 年是“十三五”的开局之年，也是南海增强竞争优势，保持领先发展的关键之年。南海将以品质建设为先，努力在经济发展上“出实招”，在城市建设上“使实劲”，在民生改善上“见实效”，力促全区经济社会发展再上新台阶！

2015 年 8 月 28 日，南海区与广州市荔湾区签署《共建广佛同城合作示范区框架协议》，实现更深层次的实质合作。

南海紧抓创新驱动发展战略，构筑创新创业生态圈。

顺德区

开放顺德

中共佛山市顺德区委员会 佛山市顺德区人民政府

2015年，顺德实施开放引领战略，坚持创新驱动，引导资源要素有序聚集，基本形成三大片区协调发展，佛山新城、顺德新城“双核带动”，魅力小城“串珠成链”的总体发展格局。大规模实施路网、水网、绿网、电网等基础设施建设，大步迈进高速、城轨、地铁新时代。强势推进美城行动和环境整治，攻坚“三旧”改造，传承历史文脉，城市品质、品味、品格同步提升，建设富有岭南水乡特色和独特人文风情的宜居城市。顺德稳步推进行政体制改革、社会体制改革和基层治理改革，政务环境、营商环境和社会环境进一步优化，市场投资创业的活力以及公众参与社会建设的热情充分激发。坚持以人为本，着力提高基本公共服务均等化水平，公共事业蓬勃发展，民生政策体系和设施体系日渐完善，“幸福顺德”蓝图逐步转化成群众的切实感受。是年，顺德在城市、产业、社会民生等领域都取得长足进步，连续第四年获评中国市辖区百强首位，第七次获评中国全面小康十大示范县市，获评广东省生态区，佛山新城荣获首届中欧绿色和智慧城市评选最高奖，城市升级三年巡查总分在佛山五区排第一。

当前，国内外形势持续调整，顺德将主动应对、争创优势，积极推动区域发展再上新台阶，抓住经济调整、新一轮城市建设大环境下珠三角城市群格局的调整以及国家促发展宽松政策三大机遇，再创顺德优势、引领新发展。

2015年3月17日，广东顺德家具专利快速调处中心揭牌仪式。

机器人与人进行五子棋对弈。

2015年10月19日，广东省创新转化生物产业园举办奠基仪式。

环境优美的顺峰山公园。

2015 年 5 月 28 日，原创儿童音乐剧《爱美的蛤蟆》在顺德演艺中心大剧院上演。

2015 年 5 月 1 日，南沙堤围，“骑乐无穷”南沙环岛单车骑行活动。

广东智能制造示范中心展厅。

2015 年 9 月 10 日，第二届世界机器人及智能装备产业大会。

高明区

转换新动能 厚植新优势 引领新发展

中共佛山市高明区委员会 佛山市高明区人民政府

2015年，高明区深入贯彻总书记习近平系列讲话精神，以深化改革为动力，以从严治党为保障，积极适应新常态、引领新发展，全区经济社会实现平稳健康发展，顺利完成“十二五”规划主要目标任务。综合实力显著提升，地区生产总值突破700亿元，连续三年进入全国科学发展百强区行列。创新驱动成效渐显，三大战略性新兴产业产值突破800亿元，启动120家“互联网+”示范企业培育工作，成功创建全国科普示范区。城市升级加快推进，西江新城核心区大样初成，并入选全国生态文明标杆城市，江罗高速高明段基本建成，广明高速全线通车。民生保障不断完善，实施“十大民生工程”，教育、文化、医疗等民生事业持续提升。全面深化改革深入开展，推出近百项改革项目，在项目投资建设“一窗式”改革、“一门式”综合执法改革等重点领域和关键环节上取得新突破。

2015年8月5日，佛山市市长鲁毅（前左二）参观高明区中油高富沥青公司，了解高明区科技创新情况。

绿意盎然的灵龟公园。

国内调味品的龙头企业海天有限公司，十分注重利用先进技术进行改造提升。

美的·鹭湖安纳希小镇之夜。

2016年，是“十三五”规划开局之年，也是全面深化改革的攻坚之年。高明区将紧扣建设创新高明、协调高明、绿色高明、开放高明、共享高明、廉洁高明这一目标，确保“十三五”规划开好局、起好步。一是坚持创新驱动，加快转型升级。推进“互联网+”智能制造，探索实施“互联网+”产业集群建设行动计划，对先进装备制造业、现代服务业实行精准招商，推进三大装备制造产业园区、东中西三大旅游文化创意产业集聚区建设，全面优化企业服务体系，大力构建具有核心竞争力的产业新体系。二是坚持社会善治，办好民生实事。坚持大抓基层的鲜明导向，以创新基层治理为契机，完善财政投入民生事业增长机制，坚持实施年度“十大民生工程”，深入开展“文明+”“宣传+”行动计划，探索推进“易政府”建设，积极构建全民共建共享的社会治理格局。三是坚持全面从严治党，夯实发展基础。以“两学一做”学习教育为抓手，全面落实党要管党、从严治党责任，打造“堡垒型+服务型”党组织，探索建立改革容错机制，大力整治“为官不为”，以西江新城廉洁试验区为试点，强化“制度+科技”防控实效。

西江新城文化中心。

三水区

千亿三水 跨越发展

中共佛山市三水区委员会 佛山市三水区人民政府

2015年，佛山市三水区认真贯彻落实党的十八大和十八届三中、四中、五中全会精神，学习总书记习近平系列重要讲话精神，践行“三严三实”教育实践活动，牢固树立“开放包容、产城互动、绿色发展”理念，扎实推进“产业新城、南国水都、广佛肇绿芯”建设，紧扣“阔步前行，拥抱千亿梦想”工作主题，积极应对经济新常态，坚定信心，迎难而上，推动全区经济社会发展突破千亿大关，实现“十二五”圆满收官。全年全区生产总值1009.79亿元，比上年增长9%；全社会固定资产投资582.14亿元，增长16.4%；地方公共财政预算收入45.49亿元，增长15.5%。城镇常住居民人均可支配收入2.86万元，增长9.4%；农村常住居民人均可支配收入2.09万元，增长10.4%。

三江汇流，风生水起。三水区经济发展实现质的飞跃，城市升级成果丰硕，改革创新纵深推进，民生福祉明显改善，党的建设开创新局面。跻身中国百强区40强，传统产业转型升级，食品饮料行业发展态势良好，先进装备制造业发展提速，第三产业发展亮点突出，企业服务优化，产业园区加快扩能增效，创新能力明显提高，康硕3D打印签约落户，诺尔贝机器人强势进驻。城市升级两年延伸计划扎实推进，西南街道再造“魔水之都”城市传奇；三水新城与西南互联互通，城市新核心崛起；老牌工业重镇白坭镇转型升级，展现制造业无穷魅力；经济“火车头”乐平镇雄风显露，引领产业龙头聚集；芦苞镇焕发“第二春”，“两园一心三社区”格局初定；大塘镇铸就北部板块中心，成为循环经济、绿色发展典型；南山镇华侨农场华丽转身，新型城镇化建设如火如荼。

从长岐古村活化升级到本焕寺人气聚集，从绿城飞花的花园城市景象到广佛肇城市轨道通车在即，三水搭乘跨越发展的快车，承载着三水人民的梦想，插上“千亿大关”的翅膀，再创城市辉煌！

2015年4月9日，佛山市委书记刘悦伦（中）率佛山市城市升级三年行动计划巡查组到三水区检查验收。

2015年7月23日，康硕集团佛山市3D打印机制造基地、3D打印云服务基地投产仪式举行。

俯瞰三水中心城区。

三水森林公园宣言广场。

2015 年 2 月 26 日，三水万达广场举行奠基仪式。

新建成的三水北站。

三江汇流。

龙腾虎跃显雄风

让世界了解佛山 让佛山走向世界

2016 FOSHAN YEARBOOK

第九篇
市　辖　区

禅　城　区

概　况

禅城区位于珠江三角洲腹地，广州市西南，佛山市中部。地处东经 113° 0′ 41″ ~ 113° 05′ 40″，北纬 22° 35′ 01″ ~ 23° 02′ 24″ 之间。辖区东、西、北面与南海区接壤，东南、南面与顺德区毗邻，南北长 15 千米，东西宽 19 千米，辖域面积 154.09 平方千米。禅城区境内有东平水道、佛山水道、吉利水道、顺德水道等 4 条水道，辖区岸线 95 千米，码头 25 个，二类口岸港口 2 个（澜石港口和佛山新港）。广佛、佛开高速公路和 325 国道及广湛铁路穿境而过，客运火车直通香港九龙，广佛地铁贯穿市区。全区有公交线路 120 条。

禅城区是佛山市人民政府驻地，辖南庄镇、石湾镇街道、张槎街道和祖庙街道，有 54 个村和 90 个社区。2015 年年末，禅城区有户籍人口 61.76 万人，常住人口 112.07 万人，人口自然增长率 5.82‰。

禅城区是佛山市传统中心城区，是著名的陶瓷艺术之乡、民间艺术之乡、武术之乡、成药之乡和龙狮运动之乡。全区的文物保护单位有：国家级 3 处、省级 7 处、市级 67 处，市级历史文化保护区 1 个，市级历史文化街区 1 个。列入非物质文化遗产名录共 54 项，其中石湾陶塑技艺、佛山木版年画、佛山剪纸、粤剧、佛山狮头、佛山彩灯、佛山秋色、佛山十番、佛山祖庙庙会被列入国家级非物质文化遗产代表作名录。拥有南风古灶、佛山祖庙博物馆、梁园、广东粤剧博物馆、仁寿寺、佛山岭南天地、南庄绿岛湖、中国（佛山）国际家居博览城等旅游景区。辖区内陶文化资源丰富，以南风古灶片区、1506 创意城、公仔街、广东石湾陶瓷博物馆、佛山陶都工艺美术馆、北纬 23 度艺术空间、新石湾美术陶瓷厂、岭南酒文化博物馆为节点的“陶醉文化街区”成为旅游热点。正月十六行通济、三月三北帝诞、粤剧华光诞、佛山秋色欢乐节、中国（禅城）岭南年俗欢乐节等民俗节庆活动成为当地旅游品牌。

2015 年，禅城区大力实施“植产兴业”“万千英才”“家・禅城”三大战略和“和乐村居”“幸福禅城”“高效团队”三大行动，经济社会各项事业取得新成绩。是年，禅城区地区生产总值 1469.09 亿元，比 2014 年增长 8.2%。其中：第一产业增加值 0.49 亿元，下降 20%；第二产业增加值 674.5 亿元，增长 6.8%；第三产业增加值 794.1 亿元，增长 9.6%。人均地区生产总值 131842 元，增长 7.6%。规模以上工业总产值 2539.78 亿元，增长 6.4%。农林牧渔业总产值 0.08 亿元，增长 8.4%。固定资产投资 534.96 亿元，增长 15.2%。社会消费品零售总额 655.35 亿元，增长 13.5%。外贸出口额 144.4 亿美元，下降 6.3%；实际利用外资 4.8 亿美元，增长 3%。地方公共财政预算收入 60.67 亿元，增长 12.5%。全区居民人均可支配收入 38501 元，增长 8.6%。年末，全区金融机构各项本外币存款余额 3172.47 亿元，比年初增加 1.11 亿元。

经济建设

【工业】 2015 年，禅城区实现工业总产值 2697.39 亿元，同比增长 6.3%。其中规模以上工业总产值 2539.78 亿元，增长 6.4%。实现规模以上工业增加值 615.01 亿元，同比增长 7%。工业经济呈现三个特点：一是重工业发展提质提速，略优胜于轻工业。全区规模以上轻工业完成产值 978.2 亿元，增长 6.1%。重工业产值 1561.58 亿元，增长 6.6%；二是高技术和先进制造业呈现结构性增长，分别实现产值 232.26 亿元和 732.28 亿元，分别增长 2%

和19%；先进制造业增速比传统产业工业总产值增速（13.2%）高出5.8个百分点。其中化学原料及化学制品制造业增长47.1%；电子计算机制造业增速为40.1%。三是行业增长有落差，支柱行业带动工业稳步增长。1～12月，在规模以上工业的30个行业中，20个行业实现正增长。纺织业、橡胶和塑料制品业、电气机械和器材制造业、非金属矿物制品业和电力、热力生产和供应业等五大支柱行业总产值分别增长24.1%、20.6%、13.1%、8.3%和2.3%，实现工业总产值1343.34亿元，占规模以上工业总产值52.9%。

【装备制造业】 2015年，禅城区相继出台《禅城区促进先进装备制造业发展实施方案》和《中国制造2025禅城行动方案》，推进制造业智能化转型，鼓励企业实施技术改造和“机器换人”，打造制造产业链的核心价值区。是年，禅城区装备制造业工业总产值实现635.3亿元，完成任务目标的144.39%；装备制造业增加值151.77亿元，完成任务目标的93.7%；装备制造业投资额36.29亿元，完成任务目标的106.7%。

8月22日，首届珠江西岸先进装备制造业投资贸易洽谈会在珠海开幕。禅城区有104家企业代表和200多个中外客商参与，达成签约项目13个，总投资超过133亿元，行业涵盖智能制造、节能环保装备、新能源装备、机械装备等领域。

【“植产兴业”战略】 2015年，禅城区围绕“增量优质、存量优化”的思路，加快招商引资和培育新兴业态，壮大传统产业。全年引进超亿元项目46个，总投资545亿元，神舟航天、电子通信基地等优质项目落户禅城。电子商务、连锁业、物流会展、文化创意等新业态快速成长，佛山泛家居电商创意园等一批“互联网+”项目不断涌现，全年电商交易额1057亿元，比2014年增长39%。针织、陶瓷等传统产业向研发、设计、文化创意等方向发展，全年工业技改投资25.71亿元，增长112.2%，10家企业获得国家和省“两化”融合管理体系贯标试点企业称号。是年，禅城区获批创建全国丝光棉针织服装产业、现代电源产业知名品牌示范区。创新驱动战略形成发展新动能，自主创新能力不断提升。先后出台《佛山市禅城区科技型企业信贷风险补偿基金管理办法》和《佛山市禅城区科技型企业信贷风险补偿基金管理办法》，促成30家科技型企业融资扩产，贷款规模达3.83亿元。率先在全市启动支持企业融资专项资金，首批资金发挥7倍杠杆效应，为企业节省95%再融资成本。全年新增4家上市挂牌企业，创出历年新高。

【商贸】 祖庙、季华等商圈提速发展。2015年，禅城区举办“第六届中国（禅城）岭南年俗欢乐节暨迎春购物嘉年华”“色彩祖庙商圈欢乐季”“第六届广佛肇欢乐购物节”、2015“祖庙商圈杯”第四届金牌导购大赛等活动，禅城区消费品市场增速稳定上升。全区社会消费品零售总额655.35亿元，比2014年增长13.5%,位列全市第一。全区批发业销售额2565.38亿元，占全市比重37.7%，增长27.3%，高于全市平均水平10.1个百分点；零售业销售额409.81亿元，增长19.1%，高于全市平均水平7.8个百分点。批零贸易业在消费品市场中居主导地位，全年批零贸易业零售额611.58亿元，增长13.7%，住宿餐饮业零售额43.77亿元，增长10.4%。

【电子商务】 2015年，禅城区电子商务服务企业有3500多家，其中物流企业约500家、IT企业约2000家、其他约1000家。禅城区电子商务服务企业直接从业人员超过2.5万人，由电子商务间接带动的就业人数超过6万人。禅城电子商务网站总量有1.5万家，其中，B2B电子商务企业（指企业对企业的电子商务，也称批发电子商务）有1.1万家，B2C（指企业针对个人开展的电子商务活动的总称）、C2C（指消费者个人对个人的网上交易）与其他非主流模式企业有4000家。是年，禅城区电子商务市场交易额约为1057亿元，比2014年增长39%；其中B2B交易额接近845亿元，占总交易额的80%，增长34%。全区有33家企业符合禅城区电子商务载体（企业）认定条件，30家企业符合专项资金扶持奖励条件，禅城区全年投入扶持资金354.97万元。

【“互联网+”行动计划】 2015年9月9日，禅城区出台《禅城区“互联网+”行动计划》，提出发展的总体目标是：到2017年，物联网、云计算、大数据等“互联网+”新技术及新模式和理念在禅城区经济社会全面普及应用，将禅城区发展成为佛山“互联网+”应用创新试验区和应用中心。建设2个“互联网+”专题产业园区或孵化器，建设一批低成本、便利化、全要素、开放式的众创空间；举办10场互联网创新创业活动，包括高峰论坛、创新创业大赛等，在禅城区掀起“互联网+”创新创业热潮；孵化培育100家“互联网+”创新型企业；支持300家禅城传统企业与互联网企业实现跨界融合；推动镇（街）全面实施“互联网+”计划，推动传统产业向智能制造方向发展；发展一大批基于互联网的政务、医疗、教育、交通、安全、环保等社会民生服务。

【招商引资与对外经济】 2015年，禅城区与台湾开展“佛山禅城—台湾现代服务业合作交流会”“禅台连锁业合作交流会”等现代服务业交流合作和推介活动9次，签订初步合作意向24项，涉及餐饮、连锁、文创、教育、娱乐等行业。禅城和台湾两岸连锁经营协会建立常态化交流对接机制。是年，全区新增意向或落户项目64个，涉及投资总额550.49亿元，其中超亿元项目46个，投资总额544.7亿元，占总投资额的99%。项目包括集群通信技术有限公司项目、广东神舟航天智能制造技术研究院项目等，其中现代服务业项目58个，占总投资额90.3%，其余为高端装备制造业项目，占比9.7%。

禅城区合同利用外资85258万美元，比2014年下降6.74%。其中新批项目57个，新批合同外资额78145万美元，上升29.59%；增资项目11个，增加合同外资额20053万美元，下降35.64%；减资项目5个，减少合同外资额12940万美元，上升26308.16%。实际利用外资47960万美元，增长3.03%。

【禅城软件产业园获全国最佳产业环境奖】 2015年5月27～29日，在工信部举办的第19届软件博览会上，广东省（佛山）软件产业园获授“2015年中国软件园区最佳产业环境奖”。

【“万千英才”战略】 2015年，禅城区推进“人才强区”工程，完善人才政策配套，先后出台《禅城区高层次人才服务一卡通（金禅卡）暂行办法》《佛山市禅城区加强人才载体服务平台及引才揽智平台建设暂行办法》《佛山市禅城区扶持佛山人力资源服务产业园建设办法》等一系列人才政策。向53名高层次人才派发“金禅卡”，为近200名专家、人才提供公寓、入户、子女入学等服务。创建全省首家人力资源服务产业园，首批14家相关企业、机构进驻，成功匹配岗位6000多个。建立“政校行园企”产学研合作战略联盟，搭建校企供需培养合作平台，新增6家企业高校研究生联合培养基地、9家人才服务联合工作站。开展多场禅城名企抱团揽才活动，设立禅城驻美国硅谷海外人才科技联络站。全年成功申报佛山市创新创业领军人才10名，全区技能人才增至12万人。绿岛湖都市产业区等7个现代产业社区配套逐步成熟，建立佛山国家火炬创新创业园等6个创业孵化基地，新增“华南创谷”等11个创客空间。通过开展“玫瑰友约”“温馨园区·创享乐园”“我的导师我的创业合伙人”等活动，吸引、留住和培育产业人才。

【中小企业发展】 2015年4月，禅城区率先在全市启动禅城区支持企业融资专项资金，为区内企业启动搭桥转贷。资金总规模为3.75亿元，截至12月底，到位资金3.25亿元。与11家金融机构签订合作协议，为禅城区企业提供贷款“过桥”资金扶持。是年，累计转贷金额2.6亿元，发挥资金杠杆效应最高达7倍，为企业节省95%再融资成本。5月，设立科技型企业信贷风险补偿基金，对区内科技型中小企业单笔贷款500万元以下的给予利率优惠、担保资金补贴和贴息扶持。年内有31家企业获得基金扶持，实现贷款金额3.65亿元。

【旅游产业发展】 2015年8月5日，禅城区出台《佛山市禅城区扶持旅游产业发展办法（试行）》，鼓励旅行社组织禅城区外旅游团队来禅旅游。区每年设置定额专项资金500万元，旅行社按年度累计组织游客人数的规模或单个邮轮、专列、包机团队游客人数的规模获取一次性补贴。是年，全区旅游收入167亿元，比2014年增长12.14%。接待游客

1077 万人次，过夜游客 314.78 万人次。自驾游客和背包客 450 万人次，增长一倍。

【低碳试点区建设】 2015 年，禅城区围绕“绿色组织、绿色产业、绿色能源、绿色交通、绿色建筑、绿色园区、绿色社区、绿色消费”八大绿色工程建设，以华南电源创新科技园为载体，启动低碳示范园区建设，建立低碳示范园区评价指标体系。依托“绿行者同盟”公益组织，推动美丽乡村试点村（罗园村）建设，开展废旧电池回收、可充电池推广等微低碳行动。2014 ~ 2015 年累计推广新能源汽车 488 辆，其中纯电动公交车 70 辆、插电式公交车 130 辆、新能源私人乘用车 218 辆、纯电动出租车 70 辆。加强充电基础设施建设，建成公交专用、社会公共、私人自用多层次充电网络。全区建成公交充电站 3 个，充电桩 199 个，其中公交充电桩 27 个、社会充电桩 13 个、商业办公区充电桩 84 个、私人充电桩 75 个。开展太阳能分布式光伏发电项目建设。南庄镇以私人住宅及村属物业、张槎街道以工业园区、祖庙街道以商业项目、石湾镇街道以专业市场为突破点，抓好示范项目建设。简化私人报装流程，推出光伏贷、光伏险等配套产品，全年完成私人住宅光伏发电项目 6.94 万瓦，光伏发电示范村建设不断推进。

【社会信用体系建设】 2015 年，禅城区加强信用信息应用，在企业融资担保和招标投标领域等方面使用第三方信用评级报告。开展跨部门信用联合奖惩，以“税融通、税信通”、司法跨部门联合奖惩联动机制、城管联合执法综合整治、规范扶持专业市场管理四项重点工作为抓手，探索跨部门信用信息综合应用。推进商务诚信建设，建立三级食品检测体系，全年完成食品抽检 4884 批次，合格率 97%。根据建筑行业诚信管理办法，共对 18 家建筑施工企业进行诚信扣分 110 分，对 34 家建筑施工企业进行诚信加分 380 分。对辖区 9 家水路运输企业开展诚信评价，其中 1 家被评为一级诚信企业，8 家被评为二级诚信企业。对 8 间医疗机构共计进行不良执业记分 68 分，对考核不及格的定点医疗机构取消定点资格。诚信信息系统实现全国联网，裁判文书 100% 网上公开。公开法律文书 308 份，公布重要案件信息 35 条，律师网上预约 395 条，曝光惩戒“老赖”122 人。加强诚信宣传，举办诚信系列宣讲活动 5 场，印制诚信海报 1000 多张，网络发帖 50 多篇。引入 11315 全国企业征信系统（第三方机构），帮助园区 150 家企业建立信用档案，评选出园区 33 家“立信单位”和 23 名“诚信好人”。佛山国际陶瓷卫浴城信用体系建设示范园区成为全市首家诚信示范园区。

【全省首家信用培训学校落户禅城】 2015 年 12 月 17 日，佛山市禅城区联合信用职业培训学校在广东省（佛山）软件产业园揭牌，填补了全省信用管理师人才培训学校的空白。成立信用培训学校的目的是扩大培育禅城区信用服务机构，丰富辖区内信用服务市场，通过办学培养信用管理人才。该校每年招生 1000 名。

【质量强区建设】 2015 年，禅城区进一步发挥知名品牌作用，提升企业质量管理水平，提高产品、产业和地区竞争力。“全国现代电源（不间断电源）产业知名品牌创建示范区”和“全国丝光棉针织服装产业知名品牌创建示范区”分别在 3 月和 8 月获国家质检总局批准筹建。打造区域品牌，“石湾玉冰烧酒”地理标志保护产品于 8 月通过国家质检总局技术审查。

【公共资源交易管理】 2015 年，禅城区工程建设项目交易全面实行公共资源交易一体化服务平台交易。凡是进入禅城区公共资源交易中心招标的工程建设项目，其招标公告、招标文件、澄清、答疑等备案资料，须统一使用市公共资源交易一体化服务平台，实行网上备案监管。2015 年，全区完成建设工程招标项目审查备案 200 项，完成评标报告审查备案 180 份，交易金额 33.5 亿元；完成政府采购项目立项审批 368 项，完成政府采购项目合同审查备案 255 份，立项金额约 6.88 亿元。全年节约项目资金 2.8 亿元。

【固定资产投资与管理】 2015 年，禅城区完成固定资产投资立项 244 个，投资额约 391 亿元。其中政府投资固定资产投资项目 169 个，总投资 50.1

亿元。政府投资项目概算审核89项，涉及的送审金额26.76亿元，核定金额24.78亿元，核减1.98亿元，核减率达到7%。全年完成全社会固定资产投资项目节能评估审查共240份，总能耗控制在57839吨标准煤内，符合国家节能规定。加强固定资产投资和重点项目管理，禅城区工程建设项目进展网上跟踪系统（一期）于10月投入使用。

【“放心粮油”建设】 2015年，禅城区“放心粮油”建设服务范围从“放心粮油”进社区（农村）、学校、工厂辐射到建设“放心粮油”城市。服务内容从单一的粮油食品拓展到粮油知识、粮油质量安全、政策法规、粮油科技。服务队伍从粮食系统的员工队伍、共青团员发展到志愿者、党员。服务部门从粮食系统扩展到食安委、质监、工商等部门。服务形式从世界粮食日、粮食科技周重大节日活动、进社区服务到扶贫共建、参加农博会展销、农业龙头企业、产销对接等。嘉惠粮油连锁13家分店成为禅城区的“放心粮油”示范店，粮油企业集团公司连续6年获“广东省诚信示范企业”称号。

【国家标准“一照一码”执照首发】 2015年，禅城区获批全省“一照一码”改革试点区。8月19日，禅城区在全省率先开启商事登记制度改革“一照一码”模式。全国首张加载18位国家标准“统一社会信用代码”营业执照在禅城区行政服务中心智慧新城大厅发出。至12月31日，全区核发“三证合一、一照一码”的营业执照7142张。

【智能办税一体化系统上线运行】 2015年8月，禅城区地税局自主研发的智能办税一体化系统上线运行。率先实现电子填单和一键录入金税三期系统，大幅节省纳税人业务办理时间，每笔业务节省资料预审时间约9分钟，每张资料节省扫描录入时间约0.3分钟。至年底，智能办税一体化系统受理业务约8300笔，纳税人满意度达到99%。获国家版权局颁发“计算机软件著作权登记证书”。

【食品生产安全监管】 2015年，禅城区开展“互联网+食品生产智慧监管”，建设“阳光车间”，佛山市石湾酒厂有限公司、佛山市悦港奥食品有限公司、禅城区世纪饼食店等3家企业成为“阳光车间”试点。规范辖区豆制品小作坊的生产加工行为，将原城北疏菜批发市场内的豆腐小作坊引导至佛罗路化纤厂旁建设豆制品集中加工场。完成对辖区47家获证食品生产加工企业的年度分级管理，全区有A级企业16家、B级企业24家、C级企业7家。全年检查食品生产企业112家次，发出《责令改正通知书》12份，移交稽查立案查处各类食品违法案件11宗。

【安全生产监管】 2015年，禅城区实施安全生产“一岗双责”，推进企业负责人安全生产政策宣讲计划、“互联网+安全生产”行动计划、重点行业安全生产指引计划的“三大行动计划”，夯实安全生产基础。全年监督检查企业16521家次，排查并督促整改隐患31561项。立案处罚案件257宗，经济处罚505.37万元。镇（街）分局共立案155宗，经济罚款199.6万元。是年，全区发生工商贸事故5起，直接经济损失545万元。

【区属首家公有专业拍卖机构揭牌运营】 2015年3月18日，佛山市公源拍卖有限公司在禅城区租售服务中心举行揭牌仪式。佛山市公源拍卖有限公司由禅城区财产经营有限公司出资，于2015年2月9日注册成立。公司注册资本1200万元，主要经营动产、不动产和无形资产的拍卖（国家特别规定的物品除外），是禅城区区属首家公有专业拍卖机构。9月7日，佛山市公源拍卖有限公司2015年第001期拍卖会在区公有资产租售服务中心竞拍厅举行。拍卖会主要竞拍禅城区季华路瓷海国际路口、青柯路口、万科广场、九鼎国际等4座人行天桥桥身广告（非LED）经营权。

【消费维权】 2015年，禅城区探索在集团化、连锁型企业及行业联盟建设新站点。12月28日，佛山市兴华商场有限公司成为禅城区建立第一个消费环节经营者首问和赔偿先付试点单位。至12月，全区建成“消费维权工作站”和“12315消费者投诉联络站”共81家。是年，区“12315”中心共受理咨询投诉举报7726宗，办结率100%，立案查处

59 宗，为消费者挽回经济损失 427.58 万元。禅城区工商局与区法院联合调解一宗有关购车订金的消费纠纷，成为全市第一例消费者权益争议调解书司法确认的案件。

城市建设与管理

【城市升级两年延伸计划情况】 2015 年，禅城区全面实施城市升级两年延伸计划，提升城市管理水平。全年完成“三旧”改造 30.93 公顷，建成 90 万平方米，祖庙－东华里、莲升片区、石湾西片区等历史文化街区逐步形成，禅西新城、奇槎片区加快建设。交通网络日臻完善，魁奇路西延线主线、禅港西路（南庄大道—季华路）等“骨架”道路竣工通车，广佛地铁二期动工建设。推进“绿城飞花”主题绿化景观建设，全年新增和改造绿化面积 100 多万平方米，完成王借岗森林公园、半月岛公园、东平河石湾湿地公园二期（东段）、绿岛湖湿地公园二期建设和改造提升。创新“一门式”综合执法模式，推进 39 个村级工业园、444 家企业综合整治，实现产业和城市治理“双提升”。社会综合治理云平台建成运行，城市管理、社会治理和应急处置进入“秒级”处置阶段。完善市政设施，更新垃圾容器 7710 个，改造垃圾站点 39 座和公厕 234 座，城市保洁度不断提升。是年，禅城区获得“全国创建无障碍环境示范市县”称号。

【公共交通与轨道交通建设】 2015 年，禅城区对直线骨干公交线网进行优化整合，全区新开通公交线路 2 条，调整公交线路 15 条。整体公交分担率 35.5%，较 2014 年同期增长 16.6%；常规公交出行量提升至 70 万人 / 天；万人拥有公交车 26 标台。全年投放新能源公交车 120 台（纯电动 42 台、插电式混合动力 78 台），全区累计有新能源公交车 200 台（纯电动公交车 70 台、插电式公交车 130 台），配建充电站 3 处，设置充电桩 27 个。年度新投放纯电动出租车 60 辆。

禅城区轨道交通事业快速发展。广佛地铁自 2010 年 11 月 3 日开通运营至 2015 年 11 月 3 日，累计搭载乘客 2.7 亿人次。广佛线二期、佛山轨道交通 2 号线一期等轨道工程加快推进，广佛线二期禅城段澜石站封顶，澜石站与魁奇路站区间隧道贯通。轨道交通 2 号线禅城段设 10 个地铁站，其中南庄站、绿岛湖站、莲塘站、张槎站、石湾站、魁奇路站、石梁站、湾华站围蔽施工。

【城市环境】 至 2015 年年底，禅城建成区面积 101.83 平方千米；建成区绿化覆盖率 37.7%；公园绿地面积 876.76 万平方米，同比增长 10.2%；人均公共绿地面积 9.25 平方米 / 人，同比增长 10.4%；已建成绿道 147.1 千米，增长 3%。全年总降水量 2268.6 毫米，比上年增多 500.7 毫米，增长 28.3%，属降水较多年份。平均日气温为 23.2℃，上升 0.6℃；总日照时数为 1403.8 小时，减少 37.7 小时。全区城市生活污水处理能力 60.4 万吨 / 日，城市生活污水处理率达到 98.02%，比上年提高 0.01 个百分点。全年空气优良天数 298 天，比上年增加 55 天；平均灰霾天气 95 天，增多 9 天；酸雨频率 55.1%，下降 4.9 个百分点。城市环境空气主要污染物可吸入颗粒年日均值（PM_{10}）0.06 毫克 / 立方米，下降 15.9%。其中二氧化硫 0.015 毫克 / 立方米，下降 34.8%；二氧化氮 0.05 毫克 / 立方米，下降 12.5%。可吸入肺细颗粒年日均值（$PM_{2.5}$）0.04 毫克 / 立方米，下降 15.2%。饮用水源水质达标率为 100%，城市水环境功能区水质达标率 50%。工业固体废物处置利用率、医疗危险废物处置率、生活垃圾无害化处理率均达到 100%。

【房地产市场】 2015 年，禅城区新建商品房交易销售套数 29380 套，比 2014 年上升 34.57%；销售面积 224.23 万平方米，上升 24.86%；销售金额 211.9 亿元，上升 26.92%；销售均价 9448 元 / 平方米，上升 1.65%。商品住房销售套数 18169 套，上升 50.97%；销售面积 180.81 万平方米，上升 47.56%；销售金额 170 亿元，上升 46.96%；销售均价 9403 元 / 平方米，下降 0.41%。10 月 23 日，“幸福家园”2015 佛山（禅城）O2O 网上房博会开幕，历时 3 个月。房博会共有 12 家房企参加实地展览，40 多家参加网上展览，房博会提供房源 1500 多套，设置实地展览，形成线上和线下互动，有效促进禅城区的商品房销售。

【土地市场管理】 2015年5月28日，禅城区首次召开2015年度全区土地推介会，促成多宗地块成交。7月29日，联合城乡规划、城乡建设部门出台《关于进一步优化禅城区住房供应结构的实施意见》，调整和优化住房及用地供应规模、结构。完成2014年国有建设用地基准地价更新和农村集体建设用地基准地价评估，经区政府批准颁布实施。是年，完成一级市场土地出让业务10宗，土地出让总面积81.15公顷，成交金额72.07亿元。完成土地转让审批业务3宗，其中完成公开交易1宗，土地面积1.94公顷，成交金额1.1亿元。

【城管执法】 2015年，禅城区完善城市管理网格化管理机制，整合公共资源，实现城市管理与基层社会治理有机结合。按照“行业主管、属地负责”原则，在全区开展拆除违章搭建、整治违规工地、清除“六乱一占”（“六乱”指乱搭乱建、乱堆乱放、乱设摊点、乱拉乱挂、乱贴乱写乱画、乱扔乱吐；“一占”指占道经营）、环卫大清扫等系列行动，先后在成功创建全国文明城市、国家卫生城市复审、登革热疫情防控等市、区重大活动中发挥重要作用。是年，禅城区、镇（街道）两级城市管理资金共投入53654.05万元。开展各类专项整治3700余次，查处纠正各类违法行为15万多宗，其中乱摆卖53323宗、乱搭建1830宗，约25422平方米，乱堆放10256宗、乱张贴13060宗、乱拉挂4544宗、乱涂写3826宗、占道经营52012宗。拆除违法户外广告2290块，拆除面积35829平方米。查处立案的违法建设总建筑面积234.24万平方米，拆除违法建设135宗，拆除面积50696平方米。清拆隔离桩、地锁、斜坡1581宗。“法治城管”水平不断提高，全年共审查重大案件39宗，召开听证会2次，受理行政复议案件18宗、行政诉讼案件11宗，区政府责成强制拆除违法建设267宗。

【淘汰“黄标车”】 2015年，禅城区出台《禅城区黄标车上门收车报废奖励方案》，提高村（居）委和汽修企业的积极性，动员报废“黄标车”1584辆次。加强路面执法，全年出动3768人次，现场查处黄标车251宗，扣车189辆。印发《关于明确被查扣黄标车辆办理淘汰报废相关事宜的通知》，细化被查扣黄标车辆直接办理淘汰报废的办理流程，将路面查扣工作持续转化为淘汰报废成果。整合车辆数据，核查行车轨迹，编制“一车一档”，问题车辆、异地车辆等得到精确判定并分类解决。2012～2015年，禅城区累计淘汰“黄标车”37037辆（其中2015年淘汰1.3万辆），发放提前淘汰奖励补贴2亿元。

社会事业和民生

【科技成果】 2015年，禅城区22项成果获得2014年度省、市科技进步奖，其中省科学技术奖3项，市科技进步奖19项。自主创新能力不断提升，全年新认定21家高新技术企业，新增9家市级以上科技企业孵化器、21家市级以上工程中心，新认定5家省级新型研发机构。全年发明专利申请量增速位居全市第二，4项专利获第17届中国专利奖优秀奖，2项专利入围2015年广东省专利优秀奖，区域创新能力明显增强。

【教育事业发展】 2015年，禅城区共有各级各类学校（含民办学校、幼儿园）233所，在校教职工12934人，在校学生及幼儿15.04万人。其中职业学校3所，教职工396人，学生6079人；中小学96所，教职工6798人，学生10.42万人；特殊学校1所，教职工25人，学生90人；幼儿园133所（公办性质41所，民办性质92所），教职工5715人，幼儿40079人。小学义务教育巩固率100.69%；初中义务教育巩固率98.35%；高中阶段教育毛入学率105.13%。区属公办高中全面取消择校生，各学校招生计划根据需求制订录取原则及划定录取最低控制分数线。是年，禅城区参加普通高考5038人，其中重点本科上线1480人，比2014年增加193人，增长15%；上线率29.4%，增长2.2%。

【职业教育】 2015年，禅城区出台《佛山市禅城区加快推进现代职业教育发展规划（2015～2017年）》《建设现代职业教育产教融合园区实施方案》，加强区域现代职业教育体系建设，完善产教融合校企合作人才培养机制。是年，禅城区中职学校获得国家级技能竞赛一等奖1项、二等奖1项、三等奖2项，省级一等奖9项、二等奖18项、三等奖15项。协助光明职校与伊丽莎白美容学校开展现代学徒制合作。成立首批5个禅城区职业教育联盟，分别是佛山市禅城区艺术设计职业教育联盟、佛山市禅城区光电产业职业教育联盟、佛山市禅城区电子商务专业职业教育联盟、佛山市禅城区财经类专业职业教育联盟、佛山市禅城区美容专业校企联盟。

【科技教育】 2015年，禅城区荣山中学等14所中小学被教育部评为全国青少年足球特色学校。佛山十四中、张槎中心小学被评为全国学校体育工作示范校。禅城区成为全国首个“快乐体操进校园”示范区。禅城区学生在3月举行的第30届广东省青少年科技创新大赛中获5金5银3铜；在8月举行的第30届全国青少年科技创新大赛获1金2银。禅城区科技工作室创新团队，凭借《校园古陶瓷博物馆创建与综合实践课程特色化发展的研究》项目，获市创新成果一等奖。在11月举行的广东省第二届中小学生行进管乐、行进打击乐暨首届行进课堂乐展演中，禅城区获4个一等奖，在全省各区县中名列第三。

【社会文化活动】 2015年，禅城区推进“花开四季，文化禅城”文化惠民工程，举办各类文化活动逾1200场。较为大型的活动有第六届佛山（禅城）岭南年俗欢乐节暨迎春购物嘉年华活动（2014年12月23日至2015年3月6日）、佛山祖庙庙会（三月三北帝诞）民俗活动（4月18～26日）、禅城区第四届少儿读书节（4～8月）、禅城区第11届“东方杯”暑期青少年文化系列活动（7月）、禅城区2015“筑梦佛山”文化艺术公益夏令营活动（7～8月）、禅城区迎中秋贺国庆文艺展演（9月25日）、禅城区2015南粤幸福周群众文艺展演（9月30日至10月1日）、佛山粤剧华光诞活动（11月1日）、外来务工人员文艺展演（11月30日）、禅城区老年文化艺术节（12月22日）等。组织文化人才队伍培训逾100场、公益电影放映929场、区图书馆开展“流动图书馆”服务场、区文化馆开展“送戏下乡”活动36场，参与活动群众逾200万人次。区文化馆创作、排演的戏剧作品《纪念章》和曲艺作品《古灶薪传》参加佛山市2015年度佛山市群众戏剧曲艺舞台展演，荣获银奖。

【区域文化产业品牌申报】 2015年，禅城区组织“石湾公仔”等12个品牌共19家代表性企业申报佛山十大区域文化产业品牌评选，石湾公仔、石湾南风古灶、佛山彩灯、佛山剪纸、佛山陶瓷艺术壁画被评为佛山市十大区域文化产业品牌，佛山市新石湾美术陶瓷厂有限公司、佛山市东方印象文化传播有限公司、一五零六创意城投资有限公司、佛山民间艺术研究社、佛山正统民间艺术工程有限公司、佛山民间艺术研究社、佛山市甲骨文艺术建材有限公司、佛山市纽巴拉服饰有限公司被评为佛山十大区域文化产业品牌代表性企业，佛山市铜心源文化艺术有限公司被评为佛山最具成长性文化企业，广东石湾酒厂集团有限公司被评为佛山文产融合优秀企业。

【全民健身运动】 2015年，禅城区体育工作以满足群众参与体育活动的需求为目标，推进全民健身运动。以“全民健身，活力禅城”为主题，举办五城狮王争霸联赛暨泛珠三角狮王邀请赛、中国象棋大师李鸿嘉以1对16应众表演、第三届禅港蔡李佛功夫大汇演、禅城区青少年武术龙狮锦标赛、第九套广播体操比赛、2015年干部职工羽毛球及乒乓球混合团体赛、全民健身日展示等系列活动。联合区总工会举办机关篮球、网球比赛，全区有18支队参赛；联合区团委举办第12届7人制足球比赛，首次设立公开组，参赛队伍有32支。是年，共举办竞赛项目22项次，直接参赛人数超过10万人次，在机关、企业、镇（街道）、村（居）中掀起全民健身运动热潮。是年，全区建成社区体育公园21个，总面积13.71万平方米。向社会购买体育场馆13个，免费向市民开放，受益人数31万人次。

【医疗卫生事业发展】 2015年，禅城区内有各类医疗卫生机构（含市直）251家。其中医院27家，卫生院5家，社区卫生服务中心5家，社区卫生服务站51家，专科防治所3家，门诊部（所）、医务室、卫生所127间，农村卫生站24个，健康教育所1家，妇幼保健院（所）2家，采供血机构1

家，卫生监督所2家，疾病预防控制中心2家，其他卫生机构1家。有医院床位9079张。是年，推进医联体建设运营，优化医疗卫生资源，整合禅城区向阳医院和环市医院，形成以口腔专科、老年病专科等"大专科"特色的医疗服务体系。探索公有资本与医疗体制管理融合，与区公资办合作筹建禅城区康健向阳口腔门诊部，合作投资朝阳医院新院区，拓宽公立医院发展空间。开放社会办医，推动大健康产业发展，增设社会办医疗机构38家，协助省设置专科医院3家、医学检验所1家，办理65名医师多点执业，筹建禅城区康健向阳口腔门诊部，投资建设朝阳医院新院区，成立达安生命健康产业基金，建立迪安临床检验中心。加强居民慢性病健康管理，开展"家庭医生——居民健康守护人"项目，全区建立47支家庭医生团队，有全科医生94人、社区护士117人、公卫医生及其他专科医生63人。全区签约家庭医生的户数14399户次，签约居民人数为28500人次。实施"智慧社区健康医疗平台"项目，通过远程监护，实时掌握慢性病人的身体情况，对生理指标出现异常波动的病人及时进行介入处理。全区共派发远程自助检测终端1869套。全年健康村数量增至32个，有59%的村创建成市级健康村。

【"和乐村居"行动】 2015年，禅城区把"和乐村居"行动作为年度政府工作的三大行动（指"和乐村居"行动、"幸福禅城"行动和"高效团队"行动）之一，通过实施"百村升级"和"美丽乡村"等计划，推动农村升级，建设好环境、好服务、好民风、好管理的"四好"社区。是年，完成莲塘村、紫南村头村古村落活化，完成垂虹社区、番村、华远村等7个城中村及旧社区改造，推进新农村、名村示范村建设和33个村（居）公园提升。特色社区公共服务体系逐步完善，全年投入1501万元购买社工服务，15分钟社区服务圈基本形成。至年底，全区建成16个家庭综合服务中心，老人日间照料中心等居家养老服务备受好评，服务群众超过30万人次。村居平安管理不断提高，完成138个平安村居验收，紫南村、保安社区成功创建全市"平安村居"示范点，祖庙街道获得"全国安全社区"称号。

【民生实事落实到位】 2015年，禅城区民生支出实现大幅增长，省、市、区十件民生实事总投入达17.5亿元。教育、医疗卫生、社保、住房保障水平不断提升。"爱心学堂"在红棉社区、龙津村、石头村、下朗村等示范点有序运行，服务儿童3.1万人次。实现1.2万人再就业、为残疾人提供居家康复和就业培训、强化慢性病管理、提升学生体质、新增公共停车场、建设社区公园、增设交通信号灯、整治村级工业园、保障食品药品质量安全等民生实事按计划完成。

【就业服务】 2015年，禅城区完善小额担保贷款制度，提高贷款上限，推行二次放贷。推进创业孵化基地建设，成立泛家居电子商务创意园等3个市级创业孵化基地。5月13日，与市人力资源和社会保障局、佛山国家火炬创新创业园、佛山泛家居电商创意园签订创业孵化基地建设合作框架协议，整合创业资源，加强与政府、社会力量的沟通协作，共同开展创业成果展示、创业项目宣传推介、创业沙龙、创业大赛、创业交流、创业培训等活动。出台禅城区《技能人才队伍建设实施办法》，推进政校企合作，加强与高等（职业）院校有效对接，采取现代学徒制、冠名班等技能人才培育方式，提升人岗匹配度，与佛山科技学院、佛山职院、衡阳技师学院等院校建立合作关系。创新技能人才培养模式，选取肯富来、欧司朗等企业为平台，试点开展企业技能人才评价工作，推动企业技能人才评价体系建设。加强职业技能培训和鉴定工作，全年组织9439人参加省级劳动力技能晋升培训。与区内民营培训学校签订培训协议，开展养老护理、电子商务、家政服务、绿化工程等培训课程，为2200多名就业人员提供免费岗位培训。是年，全区举办大型招聘会43场，近3000家企业提供就业岗位5.49万个，进场求职5.89万人次，现场达成就业意向1.76万人。城镇新增就业人数2.13万人，失业人员实现再就业1.48万人，城镇登记失业率2.16%。

【全省首个市级人力资源服务产业园挂牌】 2015年3月12日，禅城区人力资源和社会保障局与禅城经济开发区管委会、博尔捷管理咨询（上海）有限公司签订人力资源战略合作框架协议，共同开发佛山人力资源服务产业园。3月24日，该产业园在南庄镇绿岛湖挂牌开园（一期），成为广东省首个市级人力资源服务产业园。园区总建筑面积约4万平方米，首期开园建筑面积12000平方米。园区内配置2000套共20万平方米的人才公寓，吸引9家人力资源服务企业和5家人力资源服务机构签约进驻。园区定位为人力资源服务超市，为企业提供人才招聘、企业规划制度、绩效考核、薪酬管理、拓展培训、体检服务、心理咨询等服务。

【社会保障与社区服务】 2015，禅城区建立社区服务中心16个，星光老年之家165个，敬老院5个。全区五保供养人数44人：享受城市最低生活保障0.14万人，下降11.8%：发放低保金1074.99万元，增长13.6%。城乡居民最低生活保障标准每月590元/人，提高80元，增长15.7%；企业职工每月最低工资标准达到1510元/人，比上年增加200元，增幅15.3%。救助流浪乞讨人员0.23万人次，增长8.4%。为残疾人提供各种康复服务5.08万人次，增长38.0%；免费培训残疾人329人，增长43%；安排残疾人就业206人，增长48.2%；投入残疾人事业经费增长19%。全年无障碍建设改造道路4条，无障碍建设改造公共建筑物10幢，无障碍建设改造公厕72个。全年共建保障性住房0.10万套，为0.24万户城镇低收入家庭解决住房困难，同比增长1.3倍；为52户低保困难家庭提供廉租房，同比增长5.5倍。2015年年末，全区域参加城镇职工基本养老保险人数为38.89万人，比上年末增加0.28万人。参加城乡居民养老保险2.85万人，减少0.17万人。参加城镇职工基本医疗保险43.18万人，增加0.33万人。参加城镇居民住院基本医疗保险21.48万人，增加0.33万人。参加居民门诊基本医疗保险76.75万人，增加1.25万人。参加失业保险人数为39.86万人，增长1.2%；参加工伤保险人数为39.71万人，增长1.1%；参加生育保险39.76万人，增长1.2%。领取失业保险人数0.43万人，下降2.3%。新型农村居民基本养老保险参保率90.3%，比上年下降2.5个百分点；居民门诊基本医疗保险参保率为95.3%，与上年持平；居民住院基本医疗保险参保率95.5%，比上年提高0.8个百分点。全年享受居民医疗门诊406.5万人次，增长0.4%；享受居民医疗住院2.5万人次，增长4.2%。

【社工服务】 2015年6月18日，禅城区印发实施《禅城区社会工作服务项目绩效评估实施办法》，对全区财政购买或资助的社会工作项目的绩效评估进行统一和规范。通过公开招标形式确定5家评估机构具资格负责全区社工项目评估。2015年，禅城区各级财政投入购买社工服务经费1500多万元，在社区建设、婚姻家庭、社会救助、养老服务、安置帮教、社区矫正、优抚安置、医疗康复、青少年服务、妇女儿童服务、残疾人服务、外来工服务等10多个领域开展社工服务项目60多个，服务市民30多万人次。至年底，禅城区持证社工人数为1013人，每万人有持证社工数9.1人。

【社会大局稳定】 2015年，禅城区民意沟通渠道更加畅通，深化区、镇（街道）领导干部驻点普遍直接联系群众制度，入园、入户、入企收集问题3952条，解决率达96%。社会矛盾有效化解，社会稳定风险评估备案率和各类社会矛盾纠纷化解率均达100%。有效刑事治安警情下降12.4%，火灾警情同比下降40.1%，全年未发生影响重大的群体性事件、暴力恐怖事件和较大以上安全生产事故。

【派出所案件管理中心建设】 2015年4月10日，禅城区以石湾派出所为试点，成立全国首个派出所案件管理中心，并在全区12个派出所、7个业务大队推广建设。案件管理中心具有取证管理、立案审核、案件指派、案卷管理、公检联动等功能。7月20日，广东省公安厅在佛山召开全省公安机关深化执法规范化建设推进会，案件管理中心作为会议的主推项目在全省推广。

【涉罪未成年人矫治工作】 2015年，禅城区落实未成年人刑事政策，决定附条件不起诉9人，落实合适成年人到场46次，指定法律援助76人次，引入道歉程序10人次。对34名“彩虹队员”开展帮教考察，开展社区志愿服务活动2708小时。将改善亲子关系作为2015年“彩虹计划”工作重点，引入亲子心理治疗、亲子主题互动游戏、队员个体家访等形式，预防和减少亲子冲突引发的再犯罪。在佛山市第十中学试点开设“家长学堂”，以提升青春期亲子沟通技巧、普及法律知识为内容，构建预防在校青春期学生犯罪的机制，参与的学生及家长600余人。2月，区检察院“彩虹青年志愿服务队”在禅城区文明委开展的第二届“感动禅城道德人物”暨2014年度“禅城好人”评选活动中，被授予“禅城好人”团队称号。10月，区检察院“彩虹计划”被佛山市委依法治市领导小组办公室、佛山市普及法律常识领导小组办公室授予佛山市“657”普法（法治文化）品牌。11月，区检察院“彩虹计划”被广东省社会治安综合治理委员会办公室列为广东省亮点工程培育项目。

【“一门式”政务服务改革实现全覆盖】 2015年，禅城区推进区级自然人“一门式”改革，实现区、镇（街）和村（居）三级全覆盖。4月，全区140个村（居）全面推广“一门式”政务服务，群众足不出村（居），即可办理计生、社保、人社等77项业务。8月，区级自然人“一门式”把原分散在建设、国土、人社、民政、教育5个部门的160项事项统一到魁奇路大厅“大一门”综合窗口办理。9月29日，区级自然人“一门式”中的公安、地税“两小门”（公安和地税的区级自然人事项各集中一个门办理）运行，市民办理公安、税务业务，到区行政服务中心魁奇路大厅办理即可。公安部门将原来分散在3个大厅的户政、出入境和违章处罚等187项业务实行“三门合一”，为全省首创。税务部门打造“互联网+税务”平台，率先在全省地税系统推出“智能办税一体化系统”，实现“一触填表”自动化，“一体辅导”准确化，“一键录入”高效化，“一线流转”无纸化。2015年，开展镇街“一门式”改革“回头看”行动，形成南庄的170种样表和223种证明文件，张槎的首批16种可复用材料和静音叫号，祖庙的“10条线规范”“3个会机制”和标准化制度体系，石湾的绩效激励机制等系列成果。新增在线监察系统与“一门式”系统进行对接，对办理事项进行实时、全流程监督。建立24小时自助服务区、自助办税区、自助填表区，方便群众和企业办事。改革先后入选“粤治——治理现代化”2014～2015年度政府治理创新优秀案例（4月）、2015全国“创新社会治理”最佳案例（10月）和2015年广东省大数据应用示范项目。

【“一门式”服务入选全国创新社会治理典型案例】
2015年10月9日，2015全国创新社会治理典型案例颁奖典礼在北京举行，禅城区“一门式”政务服务改革入选全国创新社会治理典型案例。作为一项新探索，禅城“一门式”政务服务改革实现三大创新：一是“一个界面、一窗服务”，整合24个部门专业系统形成“一门式”系统，合并专业窗口形成综合服务窗口，实现一个界面对外服务、一窗能够办多件事。二是“一套标准、无差别审批”，将300余项事项像“洗菜叶”一样做成标准化流程，制定前后台业务标准，压缩自由裁量空间，实现无差别审批。三是“一个数据库、精准治理”，通过群众办事沉淀政府治理对象的数据形成数据库，精准掌握其服务需求，提升政府决策精准度，实现社会治理现代化。改革后，禅城区行政服务中心一个窗口能接受282项行政审批，从2014年9月1日至2015年9月底，累计为群众审批事项50万件，实现零差错和零投诉。

【“一按灵”市民服务平台应用】 2015年，禅城区“一按灵”业务受理总量为40.24万件，其中热线渠道业务量34.96万件，网站渠道业务量5.28万件。是年，“一按灵”承接志愿者招募服务、佛山祖庙庙会等活动信息咨询，推出“区公办幼儿园招生”“区公办小学、初中入学”“禅城区新市民积分制服务指南”等13个热点服务专题。优化升级户口办理、生育服务证办理、保障性住房申请等5个重点办事服务专题，依托区政府门户网站、“禅城发布”公共微信号发布，让市民快速、精准地获取到相关服务指引。优化政府办事预约服务，推出镇街“一门式”周六办事预约服务，拓展户政、交警业务，实现公安“小一门”出入境、户政及交警业务等全预约办理。

【机构改革】 2015年2月6日，禅城区按照中央对纪检监察部门“三转”（转职能、转方式、转作风）要求，健全禅城区反腐败领导体制和工作机制，对纪检监察部门重新“三定”（定职能 、定机构 、定编制），规范派驻（出）纪检监察组设置。6月18日，在区国土城建和水务局（国土资源）设置副科级的不动产登记局，为区国土城建和水务局（国土资源）的直属行政机构，将全区不动产登记职责统一由区国土资源行政主管部门承担。11月，区工商行政管理局、区质量技术监督局由省垂直管理调整为区政府管理。将区食品药品监督管理局、区工商行政管理局、区质量技术监督局的职责整合划入区市场监督管理局，加挂区食品药品监督管理局、区农林渔业局、区食品安全委员会办公室牌子。在区市场监督管理局派出机构各镇（街道）市场监督管理分局统一加挂食品药品监督管理分局牌子。

【志愿者服务】 2015年，禅城区志愿者管理系统“青年社区”新增登记注册志愿者1800多名，全年共发布志愿服务活动信息400多条，实现对志愿者的个人信息和参与志愿服务情况的在线动态管理和有效对接。继续推行“市民志愿认证计划”，全区志愿服务时数为40万小时以上，有3268名志愿者通过积分入读（入户）资料审核。专业志愿者服务领域不断拓宽，全区志愿服务团队有182支，如区检察院“彩虹青年志愿服务队”开展对涉罪未成年人的帮教工作，全年有20名队员重新返回校园，其余队员均找到工作，服务队获“禅城好人”的称号；联合区司法局成立“扬帆起航志愿者服务队”，组织律师、心理咨询师、社会工作者等为接受社区矫正的青少年服务，全年共为90多名社矫人员提供服务；联合区总工会成立工伤探视志愿者服务队，为工伤人员提供法律支援、心理辅导、后续护理、再就业支持等服务，共有63名志愿者参与探视工伤职工共367人。

【禅城区志愿者联合会成立】 2015年11月28日，禅城区志愿者联合会第一次会员代表大会暨成立大会在佛山创意产业园举行，区志愿服务活动协调小组各成员单位代表及联合会团体成员代表260多人参加活动。区志愿者联合会首批吸纳71个团体会员，涉及机关、企事业、社会团体等领域，涵盖便民服务、青少年服务、心理健康、敬老助残、文化体育、环保绿化、法律维权等志愿服务队伍。大会选举产生联合会的组织架构及会长、副会长、理事等，禅城区支持教育志愿者协会理事长伍景勋当选会长。

【道德模范评选】 2015年3月5日，第二届“感动禅城道德人物”暨2014“禅城好人”命名仪式在岭南年俗欢乐节闭幕式上举行，禅城区委副书记、区长孔海文，区委常委甘绮霞等出席并为道德模范颁奖。岑牛富等3人和红卫爱心学堂义教队获颁“感动禅城道德人物（团队）”证书，谭床等19人和禅城区检察院彩虹青年志愿服务队等5个团队获得“禅城好人（团队）”称号。10月27日，2015年度佛山好人命名仪式在电视台演播大厅举行，禅城区的马善波、黎周英、伍庭光、邵启林当选“佛山好人”。禅城区开展“感动禅城道德人物”和“禅城好人”评选活动期间（2013～2015年），先后有57人及4个团队当选助人为乐、见义勇为、敬业奉献、孝老爱亲、诚实守信道德模范。

各镇（街道）介绍

【南庄镇】 南庄镇位于禅城区西部，面积76.03平方千米，辖18个村和3个社区。至2015年年底，总户数26401户，户籍人口85623人，外来人口7.4万人。南庄镇自古以“桑基鱼塘”著称，水系发达，河网交错，是典型的岭南水乡。镇内有国家级生态村1个，广东名村2个，省宜居示范村庄2个，市级生态村18个。拥有湖体面积66.67公顷、有附属河网面积33.33公顷的休闲生态片区绿岛湖。

南庄镇是全国知名品牌较集中的镇区之一。2015年，拥有“中国驰名商标”21件、“广东省著名商标”36件、“广东省名牌产品”24个。陶瓷研发、总部经济、会展营销发展迅速，拥有世界级的陶瓷国际会展中心、国家级的华夏建陶研发中心、中国陶瓷产业总部基地、中国陶瓷中央商务区等。

确立“三带四片区”的产业发展格局，加快季华路都市产业服务带、南庄大道商贸带、樵乐路产业服务带发展。绿岛湖都市产业区重点发展电商、物联网、人力资源、知识产权服务、孵化中心等；绿岛湖智造产业区发展高端智造、新材料、孵化中心、企业总部；华夏陶瓷中央商务区集陶瓷会展、总部、展示、电商、研发、设计等于一体；华南交通电子产业园+吉利园发展高端装备制造、汽车零配件、交通电子。辖区内产值超亿元的企业有55家，年纳税额超1000万的企业有31家。全年地区生产总值182.7亿元，比2014年增长8.2%；工业总产值463.96亿元，增长6.5%；固定资产投资111.12亿元，增长18.5%。全年实现税收收入19.99亿元，增长21.6%。其中：国税收入8.37亿元，增长5.9%；地税收入11.62亿元，增长36.1%。财政可支配收入12.65亿元。

2015年，南庄镇实施传统产业和新兴产业“双轮”驱动，各类产业聚集发展。陶瓷中央商务区建筑群崛起，片区完成投资超23亿元，建成产业载体100万平方米。佛山国际陶瓷卫浴城成为佛山市首批信用体系建设示范园区之一，绿岛湖都市产业区被认定为广东省电子商务示范基地。企业自主创新成效显著，新明珠陶瓷集团、广东能强陶瓷有限公司、广东兴发铝业有限公司、沈阳远大铝业工程有限公司佛山分公司、华新（佛山）彩色印刷有限公司、佛山溶洲建筑陶瓷二厂有限公司、广东一鼎科技有限公司等科技创新企业蓄势发展。是年，南庄镇新增国家高新技术企业3家，国家知识产权示范企业1家，省级工程研发中心5家，占全区新增数的50%；拥有中国驰名商标21件，占全区的63%。

阿里巴巴·佛山产业带线上企业突破1万家，比2014年翻一番。佛山全球电商生态科技城引入上海维音信息技术股份有限公司、新派万美陶瓷有限公司、佛山无境电子商务有限公司等62家电商企业。绿岛广场、紫南海鲜城和贤德广场建成招商。3月24日，佛山人力资源服务产业园在南庄绿岛湖都市产业区开园。博思职业学院、佛山领航人力资源有限公司、闪耀绘等10家企业进驻。

南庄镇推进66.67公顷高标准基本农田建设，通过市级竣工验收。上元村入选佛山市新农村建设示范点，紫洞圩大街建筑群作为岭南传统圩市的典型代表，入选禅城区第一批优先推荐历史建筑名单，挂牌成为“佛山市历史建筑”。紫南村头村入选佛山市第一批特色古村落。中国美丽乡村试点村建设于1月12日启动，南庄镇的罗园村成为全国首个试点村。紫南村获“广东名村”称号，紫南商贸城获“全国诚信示范市场”称号，南庄社区、吉利社区获“省级宜居社区”称号，罗南村被评为佛山市廉政文化进农村示范点，贺丰村被评为佛山市四星级健康村、佛山市文明村。是年，区、镇、村三级联动，完成违法用地整治121宗，整治面积42.93公顷。全面实施农村集体组织第三方会计代理记账服务，村组账套财监平台监管实现全覆盖。出台《南庄镇农村集体资产管理规定》和《南庄镇农村集体资产交易办法》，全年完成农村集体资产交易1364宗，交易金额8529万元，溢价159万元。推行农村集体聚餐备案监管制度，全镇18个农村集体聚餐祠堂被评为“农村集体聚餐示范点”。基本完成禽畜养殖整治任务，全镇实现禽畜禁养。

2015年11月14日，以“绿韵儒风　活力南庄”为主题的禅城南庄首届水乡文化节启动。该水乡文化节历时4个月，举办文体、旅游和民俗三大类10多场活动。12月15日，举办纪念革命先烈罗登贤诞辰110周年活动，启动登贤纪念公园建设。12月17日，举行南庄生态美食评选，以南庄水乡生态食材为原料进行竞技，弘扬水乡饮食文化。期间举办第三届广府文化论坛、水乡音乐会、年俗文化节、狮王争霸赛、新年倒数等活动。

民生社会事业持续发展。2015年，陶兴大道、广明高速二期等7条骨干道路通车，佛山地铁2号线南庄段加快建设。绿岛湖、南庄医院公交枢纽站建成使用。佛山实验学校罗格校区及佛山国际童梦幼儿园对外招生，佛山市外国语小学及岭南美术中学签约进驻。基层医疗服务体系逐步完善，绿岛湖片区首家二甲医院民营佛山绿康医院建成营业。实现20个村（居）行政服务中心“一门式”行政服务全覆盖，“一门式”综合执法在全区推广，设立镇指挥中心和25个村级工作站。建成“十分钟文化圈”各类站点323个、村级文化中心7个，开展志愿服务进村（居）、“妇女之家”“爱心学堂”“南庄大讲堂”“开心大舞台”及“微愿望”“微文明”等活动。

【石湾镇街道】 石湾镇街道位于禅城区东南部，北江支流东平河北岸，辖区面积28.32平方千米，下辖12个村、25个社区。至2015年年底，户籍总户数5.6万户，户籍人口16.42万人，常住人口约

30万人。石湾镇街道是禅城区委、区政府所在地，交通发达，季华路、魁奇路、佛山大道、岭南大道等佛山市内多条城市主干道经过石湾，在营、在建、规划中的地铁1～6号线在石湾均设有站点，魁奇路东延线二期工程在建，将成为禅城连接广州的最近通道。

石湾有5000年的制陶史，享有“南国陶都”“中国陶瓷之都”“中国陶瓷文化名城”“中国陶瓷艺术之乡”“中国民间文化艺术（陶艺）之乡”等称号，石湾陶塑技艺被评为第一批国家级非物质文化遗产。辖区内有全国重点保护文物单位——500年薪火不断的南风古灶，以及石湾陶瓷博物馆、莲峰书院、丰宁寺、公仔街和众多艺术馆、大师工作室等文化旅游资源。

石湾经济发达，是中国现代建筑陶瓷的发源地，全国不锈钢名镇、全国最大的不锈钢制品和材料集散地，是“中国不锈钢商城”“品牌中国不锈钢（国际）产业示范基地”。石湾的陶瓷、不锈钢等传统产业逐步转型升级成以陶瓷为核心的泛家居产业集群。2015年，石湾有一定规模的泛家居专业市场15个，涵盖家具、陶瓷、卫浴、马赛克、陶艺、建材等，建筑面积300多万平方米，进驻商铺4000多家，批发零售企业6000多家，年交易额达400多亿元。佛山市移动、电信、联通三大电信运营商以及电信服务提供商中国铁塔股份有限公司，市、区两级的电力总部，集成金融、交通银行等金融保险区域总部均设在石湾。有佛山最大的汽车交易市场——佛山车城、佛山（国际）车城。2015年，石湾实现地区生产总值（GDP）392亿元，同比增长8%；工业总产值592.9亿元，增长5.1%；固定资产投资168.29亿元，增长12.9%，总额全区第一；社会消费品零售总额215.2亿元，增长17.7%；国、地两税总收入48.06亿元，与2014年基本持平。

东部奇槎现代商务新区（桂澜路以东）建设。整个片区，各级将投入超过50亿元，建设市政道路及配套设施项目30多个。完成半月岛湿地公园一期、绿景东路（桂澜路—东平路禅城段）的建设以及奇槎涌综合整治，加快推进华祥路等10条市政道路建设。完成两宗共18.8公顷土地的公开挂牌出让，引进时代地产、保利华南实业有限公司等知名企业。5月14日，“佛山奇槎创新产业园区重点建设工程项目动工仪式暨投资推介会”举行，绿景东路、华祥路、规划十二路、规划十六路以及奇槎涌、南窦涌、半月岛湿地公园等七大项目相继启动。中部中心商务区（佛山大道以东，桂澜路以西）建设。澜石片区改造全面提速。加快安置房的建设和分配安置工作。石湾西片区（佛山大道以西）建设。完成佛山泛家居电商创意产业园的改造试点探索，成为佛山市、禅城区旧物业改造发展新产业的典范。推动社会各界参与西片区的改造发展，初步完成佛陶四大片区的规划，整合土地总面积49.6公顷。推动石湾古镇文创园、佛山市“互联网+”产业园等一批旧改项目建设。4月18日，“泛家居1+4=未来”行业高峰论坛在佛山泛家居电商创意园举行，当天举行泛家居网络支付结算中心落户园区的揭牌仪式。由中科创新枢纽产业升级创客中心联合和思捷达国际共同打造的“泛家居未来展馆”落成开业。

建成1个省级创业孵化基地、佛山首个市级创业孵化基地和禅城区首个青年创客人才公寓。广东省（佛山）软件产业园被认定为国家级科技型企业孵化器培育单位，是石湾镇街道首个国家级孵化器培育单位。佛山高新区科技创新生态城、佛山泛家居电商创意产业园、1506创意城科技企业孵化基地成功申报为市级科技型企业孵化器单位，占禅城区50%。MadNet创业社区、1506创意城文化创客基地、阳光教育众创空间成功申报市级众创空间，占禅城区33%。全年通过区电子商务实体认定的企业15家，企业数列禅城区各镇街第一。8月18日，“2015岭南青年创业者与投资人峰会”在佛山泛家居电商创意园举行，广佛地区的创业者、投资人、大专院校、孵化载体等相关机构负责人共800多人出席会议。佛山草根天使会、以“汇聚岭南青年英才，推动创业创新创未来”为目标的石湾青年商会——石湾岭南青年创业创新协会宣告成立。

石湾陶文化向多元化、国际化发展。忠信路96号原纸箱厂改造为创客陶艺空间，南风古灶片区打造为佛山首个创客平台，新增文化产业载体1万多平方米。举办2015佛山陶瓷艺术节、中美创作营、石湾对话亚洲艺术展等系列活动，到德国以及北京、上海等大城市举办文化交流展览活动19

场。石湾公仔、石湾南风古灶、佛山陶瓷艺术壁画被评为佛山市十大区域文化产业品牌，占品牌数近三分之一。1月28日，由广东石湾陶瓷博物馆和广东中华民族文化促进会主办的“窑望石湾——陶艺名家精品展全国巡展”在广州二沙岛岭南会展览馆开幕，展出200多件石湾陶艺名家精品。明代、清代、民国时期的石湾陶艺作品首次异地亮相。2月24日，佛山羊年主题陶艺展在德国柏林波茨坦广场举行。廖洪标、梅文鼎、刘炳、封伟民、黄志伟、霍冠华、刘藕生、刘兆津、范安琪等陶艺大师的羊年生肖作品参加展出。6月5日，北京保利十周年春季拍卖会“石湾陶艺专场”在北京四季酒店举行，国家级大师廖洪标的作品《济公醉酒》拍价168万元。6月12日，忠信96·创客陶艺空间揭牌成立，总面积6000多平方米，吸引广东高校陶艺委员会、国际艺术交流中心、石湾陶塑学会、佛山热陶文化传承基金同时进驻。8月6～14日，“石湾陶瓷对话世界·中美陶艺活动周”在1506创意园举行。9月20日“窑望石湾——陶艺名家精品全国巡展”在山东济南开幕，55位来自石湾的国家级、省级陶艺大师及陶艺家参与，征集陶艺作品约70件。11月27～29日，2015年佛山陶艺节在南风古灶举行。期间举办亚洲陶艺高峰论坛、亚洲陶瓷艺术邀请展、古民居群落文化寻宝、万人陶步文化之旅、万人制作李小龙陶塑活动等30余项精彩陶艺活动。

民生事业不断发展。澜石小学、明珠幼儿园新校区投入使用。改造提升14处公园、绿地和道路景观，完成湾华古村落活化升级、沙岗新农村建设以及番村、里水华远村城中村改造升级。建成禅城区首个“全光网示范村”。实施“万千英才”和“产业人才”暖心行动，建成佛山首个大学生创业孵化基地。城镇居民就业渠道拓宽，城镇失业登记率为1.33%。石头村、湾华村被评为市“三星级健康村”，石湾被省人口文化促进会授予“广东省人口文化示范基地”称号。创建全国安全社区和区专业市场安全管理示范点，并通过全国安全社区省检验收。开展食品药品百日安全行动，完善“阳光厨房”建设，推进农贸市场食品安全量化分级管理，石湾被市评为食品安全示范镇街。建成全市首个社区青少年宫，完成东平、湖景家庭综合服务中心和石头“爱心学堂”示范点的建设。发展妇女慈善事业，成立“普惠慈善会”。推进社会综合治理云平台、“警务e超市”、亮警灯工程等，全年刑事立案2331宗，比2014年下降20.1%。辖区36个村（居）获市、区“平安村居”称号。完成36个村（居）公共法律服务站建设，达标率为100%。继续推进宜居社区创建工作，塘头村被评为省宜居示范社区，红卫社区、和平社区被评为省宜居社区，忠信社区、榴苑社区被评为佛山市宜居社区。全年改造升级村（居）体育设施16万平方米；举办各类文体活动120多场，参加人数20万多人次；放映公益电影128场次，受益人数10万多人次。

【张槎街道】 张槎街道位于禅城区中西部，总面积28.86平方千米，辖15个村和7个社区。2015年，总户数2.5万户，户籍人口近8万人，外来人口20多万人。辖内有各类经济主体约19900户。

张槎街道拥有国家级高新区——佛山高新技术产业开发区禅城园，形成以电子信息、数码光学、光机电一体化、精密制造、生物工程、新材料等为主导的产业体系，园内引入安德里茨有限公司、荷兰CSi物流系统有限公司、丰富汽配有限公司、腾龙光学有限公司等涵盖19个国家和地区的一批具有国际影响力的外资企业，高新技术产业集聚效应明显，是禅城区优化产业结构和技术创新的基地。

佛高区禅管委、张槎街道以建设适宜生活居住、适宜创业发展的“两宜张槎”为目标，坚持“扩园、建城、优环境、强队伍”的工作主线，各项工作扎实开展，辖区经济社会发展总体稳中有进。张槎街道不断巩固提升传统产业，做强新兴产业，重点打造高端装备制造业、电子信息产业、生产性服务业、生物医药产业以及针织时尚产业等五大产业，“产城人”融合发展。2015年，实现地区生产总值428.5亿元，比2014年增长8.4%；工业总产值1187.3亿元，增长6.8%；固定资产投资额135.3亿元，增长16.3%；社会消费品零售总额65.9亿元，增长15.7%；合同外商投资19172万美元，实际外商直接投资8143万美元，增长3.1%；税收总额37.9亿元，其中国税23.5亿元，地税14.4亿元。全年新增经济主体3048户，增长21.9%。

在先进制造业方面，2015年3月，张槎街道获批“全国现代电源（不间断电源）产业知名品牌创建示范区”，确立全国电源产业龙头地位。西门子、荷兰CSi、中集物流等国内外知名企业进驻，辖区规模以上先进制造业产值在全区占比为77.3%。在电子信息业方面，浪潮首期60个机柜投入使用，引进深圳永安物联、广东云度、酷漫居等优质项目，价值传媒、左凡智能家居成功上市。规模以上电子信息业产值在全区占比为52.6%，逐步成为支柱产业。在现代服务业方面，推进西华里饮食文化城、月子中心建设项目，协同国际学校9月开学，引进儿童医院，新媒体产业园获评佛山首批文化产业示范园区，服务业配套日臻完善。在生物医药业方面，健康产业城基本封顶，希瑞干细胞、希格生物、迪安诊断（检测中心、病理中心、影像中心、高端健康管理中心）落户张槎，生命健康产业链条逐步形成。在传统针织业方面，8月获批“全国丝光棉针织服装产业创建知名品牌示范区”，与江苏、中山等地签订战略合作协议，组建“中国针织产业联盟”，举办第三届“中意陶瓷设计大赛”“中国针织大讲堂”，促成中国针织工业协会T恤衫分会秘书处落户张槎。引进意大利圣东尼针织装备，加速传统针织技术革命。启动“中国针织黄金大道”“中国针织产业城”建设，打造高端针织产业载体。10月9日，“中国针织品工业协会T恤衫分会第二次理事会暨中国针织大讲堂”在张槎东成立亿产业园召开，来自国内的印染行业、纺织行业和针织行业的企业家齐聚，共同研讨新常态下中国针织产业“智造”升级之路。

华南电源创新科技园总部大楼和二期建成完工，佛山生命科学园新建研发大楼项目动工，广东化工电子交易中心1、2、4、5号地块封顶。至年底，智慧新城进驻企业254家、新媒体产业园进驻企业247家、欧洲工业园C区进驻企业19家、华南电源创新科技园进驻企业83家、零壹科技园进驻企业24家、创意产业园进驻企业900家，产业园区平台吸纳优质项目能力增强。佛山创意产业园成为《互联网周刊》“2015中国最具影响力的产业园区”佛山唯一上榜园区。

2015年12月12日，2015年中国品牌价值评价信息发布暨论坛在北京举行，评价结果由国家质检总局、中国品牌建设促进会、中央电视台等单位联合发布，“张槎针织”和“佛山电源”两个品牌代表张槎街道第一年参选，分别以80亿元和15.7亿元的品牌估值，入选全国区域品牌。

张槎街道发明专利申请377件，发明专利授权93件，有效发明专利拥有量384件，PCT（国际专利申请量）4件。新增高新技术企业8家，累计有高新技术企业31家，数量居全区之首。新认定市级科技企业孵化器2家（广东零壹置业有限公司、佛山源海发展有限公司），众创空间4家。辖区内共有省级工程技术研究开发中心12个，市级工程技术研究开发中心27个，市级创新团队5个，企业博士后工作站7家。佛山科学技术学院与佛山市安东尼针织有限公司共建产学研基地，产学研基地专门引进由国家“千人计划”领军人物牵头的科研团队，重点开展新材料、智能装备等领域的研发工作。

2015年10月9日，《珠三角城际轨道站场周边TOD规划研究及控制性详细规划（张槎站）》经佛山市政府批准实施；12月4日，《佛山市禅城区青柯海口片区控制性详细规划》经市政府批准实施。实现控制性详细规划全覆盖，为禅城区第一个实现控制性详细规划全覆盖的镇（街道）。2015年，推进“三旧”改造工作，实际新增计划面积66.89万平方米；新增实施改造面积57.98公顷，其中用于产业提升面积36.71公顷；完成改造面积14.79公顷。

民生事业快速发展。2015年，城镇新增就业5125人，城镇登记失业率2.21%，辖区非农就业比重达到99%以上。“一门式”行政服务覆盖村居，全面铺开自然人“一门式”服务。全面推广居民议事会，推行居委会专项经费竞争评选，打造社区品牌活动。17个“一村一公园”项目竣工，金沙社区等4个社区公园启动建设，环境配套优化完善。辖区内15个村均获评“平安村居”“广东省村务公开示范村”。是年，编写出版《汾江人家，寻味张槎》《龙腾张槎》《仙槎墨韵·张槎当代书法艺术精品集》《张槎当代艺术品鉴》《微新闻中的张槎》《历史长河中的张槎》等书籍。

全面推进莲塘古村落活化升级项目。项目以历史文化资源为实施背景，通过修缮重建古式牌楼、主帅庙、太史第及村史馆、南狮纪念馆、龙狮训练基地、陈太吉酒文化展览馆等一批特色古建筑，配套实施莲大路（莲塘段）改造提升、生活污水收集工程、莲大路沿线外立面景观提升等一批公共基础实施建设和村容环境提升项目，挖掘利用保护莲塘村的非物质文化遗产，展示莲塘村岭南古村落风貌，推广南狮、米酒、书法等特色文化，将其打造成集文化、休闲、旅游、商业、宜居于一体的古村落活化升级工作示范点。2015年，作为禅城代表项目接受佛山市城市升级两年延伸巡检。

【祖庙街道】 祖庙街道位于禅城区的东北部，东至桂澜路、南沿季华路，西以佛山大道为界，北抵汾江河北岸，辖区面积20.88平方千米，下辖9个村和53个社区。2015年，辖区总户数9.2万户，户籍人口28.8万人，总人口约60万人。祖庙街道地处佛山市中心城区，交通便利，广佛地铁横贯辖区。旅游景点有佛山祖庙（国家级文物保护单位）、东华里古建筑群（国家级文物保护单位）、梁园、仁寿寺、中山公园、岭南天地、广东省粤剧博物馆、精武馆等。辖区有祖庙商圈、东方广场商圈和季华商圈，商贸文化活动丰富。有正月十六行通济、三月三北帝诞、粤剧华光诞、佛山秋色欢乐节等民俗节庆活动。

2015年，祖庙街道确立“稳中求进、融合创新”的工作思路，推进产业、城市、环境、民生、文化、政务的融合发展，致力产业转型升级、老城区改造提升、提供优质公共服务和文化传承提升，产城人文融合的典范街区雏形显现，实现经济社会平稳持续发展。全年实现地区生产总值465.91亿元，同比增长8.2%。其中，第三产业实现增加值336.13亿元，增长8.6%，二、三产业结构比重为28 ∶ 72。工业总产值453.25亿元，增长6.3%，其中，规模以上工业增加值为109.62亿元，增长7.3%。全社会固定资产投资120.27亿元，增长14.5%。社会消费品零售总额320.81亿元，增长9.7%。税收总额91.18亿元，增长8.3%，其中，国税46.89亿元，增长9.7%；地税44.3亿元，增长6.8%。是年，祖庙街道拥有产值超亿元企业52家，国家级高新技术企业17家；有各级研发机构19个，高新技术产品51个，有效发明专利拥有量391件。成功举办“2015少儿时尚高峰会”和“2015少儿时尚盛典颁奖典礼”，获中国纺织工业联合会授予“中国童装名镇”称号及产业集群试点资格。

季华沿线商业综合体错位发展，绿地中心、万科广场、天丰国际、恒福国际等综合体对外招商，高端服务业集聚发展。佛山市海天调味食品股份有限公司、佛山电器照明股份有限公司、广东省佛山水泵厂有限公司、佛山市康思达液压机械有限公司等企业推进总部项目建设。公有资产支持经济发展能力不断增强，引入佛山中大口腔医院、YOU +青年创业社区等项目，盘活公有物业；全年融资金额6.24亿元，推进街道“三旧”改造项目建设。

祖庙街道是佛山童装的发源地，童装产业有30多年的发展历史，曾是国内最具知名度的中高档童服产业集群基地。2015年5月，祖庙街道启动“佛山童装区域品牌战略工程”，推进佛山童服城项目建设，将辖区内100多万平方米的零散童装加工基地统一规划、统一开发，扩大佛山童装品牌影响力。是年，位于东升村格沙工业区的佛山童服城项目完成首期产业提升，于12月12日举办佛山童服城品牌童装展厅开业仪式暨第二届新春童装展销会开幕式。佛山童服城品牌童装展厅集形象展示、销售、发布等功能于一体，首期推出童装展厅约200间，聚集青蛙王子、卡尔菲特、新奇力士、岚可儿、贝乐依娃、胜堡狮龙等佛山童装品牌商家。经过国家行业的实地考察，祖庙街道被中国纺织工业联合会授予“中国童装名镇”称号。

城市景观改造提升，岭南大道（卫国路至同济路段）周边环境提升工程完工，朝安路道路景观改造如期推进。郊边村、后街社区、垂虹社区环境提升工程基本完工。城市环境不断改善，完成同济涌、镇东涌整治工程，推进南浦涌、郊边涌综合整治工程。开展餐饮行业油烟污染控制工作，安装高效油烟净化设施企业和饭堂280家，关迁23家。开展黄标车淘汰工作，淘汰黄标车1322辆，淘汰率87.8%。开展村级工业区环境整治，淘汰污染企业45家，完善村级企业环评手续50家。郊边村松田工业区完成改造提升，东升村格沙工业区改造提升方案进入规划及环评审批阶段。组织开展环境保护“一门式”综合执法行动，打击环境违法行为，检查企业1312家，责令整改142家，立案处罚企业17家，关停4家。

打造老城文化旅游线路，推动老城可持续发展和中轴线城北片区改造提升。文化旅游线路从塔坡庙起到中山公园止，沿途经过“初地溯源”“慢享胜地”“古巷情深”“百业寻踪”和“彩色汾江”等5个景区，有塔坡庙、鸿胜纪念馆、兆祥黄公祠、岭南天地、祖庙文保建筑群、仁寿寺塔、古洞街民居建筑群、青云街当楼、新琼花会馆、正埠码头、忠义乡牌坊、中山公园等10多个标志性景点，全长3.6千米。12月30日，“彩色汾江、点亮佛山”亮灯暨两岸禅台嘉年华活动开幕。活动为期5天，期间举办亮灯仪式暨新年晚会、彩色汾江灯光节、荧光夜跑、台湾美食节以及纪念徽章首发暨慈善义卖等活动。

民生事业不断发展。完善祖庙街道“一门式”行政服务体系，“一门式”行政服务覆盖辖区61个村（居）。推进社会综合治理云平台建设，基本搭建起街道、社区、微网格三个层级管理格局。推送民生微服务，新增4个长者饭堂服务点，6个家庭综合服务中心建成启用，设立2个家政服务基地。建立退休人员关爱服务队伍，开展企业退休人员社会化管理服务工作。推进食品安全集中整治，获授“佛山市食品安全示范镇”。促进失业人员就业创业，城镇登记失业率控制在3%以内，塔坡社区被评为第三批“国家级充分就业星级社区”。开展“三官一师”驻点联系村（居）工作，辖区61个村（居）委会均驻有法官、检察官、警官和律师，率先在禅城区成立首个镇（街）律师顾问团。

祖庙街道围绕“大数据·微服务——互联网+民生服务”主题，探索开展民生精准服务，向社会推送首批13个民生“微服务”项目，涵盖老年人、中青年、少年儿童、妇女等各层面人群的需求。新增后街服务中心、培德服务站、红棉服务站和朝东服务站4个长者饭堂服务点。同安、同华、兰桂、同兴、红棉、普东6个家庭综合服务中心建成启用，开展“一家综一特色”的专业社工服务。

（梁健鹰　曾洁莉）

附：2015年禅城区党政主要领导名单

书　　记：刘东豪
副 书 记：孔海文　区柱明
常　　委：殷　辉　卢建华（任至7月）
甘绮霞　徐　航　郑作勋
苏　岩（8月任职）
乐绍才　吴问其（3月任职）
李　军（任至8月）
区　　长：孔海文
常务副区长：卢建华（任至7月）
苏　岩（8月任职）
副 区 长：乔　羽（任至4月）
梁炳军　李剑雄（任至5月）
杜　梅　渠　铮（5月任职）
卢志华　刘思朝（5月任职）
政务委员：高成建　罗　振　吴志伟
孔祥日

现任禅城区党政主要领导名单

书　　记：刘东豪
副 书 记：孔海文　区柱明
常　　委：殷　辉　甘绮霞　徐　航
郑作勋　苏　岩　乐绍才
吴问其
区　　长：孔海文
常务副区长：苏　岩
副 区 长：梁炳军　杜　梅　渠　铮
卢志华　刘思朝
政务委员：高成建　吴志伟　孔祥日

（2016年7月禅城区供稿）

南 海 区

概　况

南海区位于佛山市东北部，东连广州市白云区、荔湾区，西邻三水区、高明区，南接顺德区，北濒广州市花都区，中南部与禅城区接壤。总面积1073.82平方千米，辖1个街道、6个镇，共有67个行政村和182个社区。2015年年末，全区有户籍人口128万人，常住人口270.56万人；旅居海外的侨胞和港澳台同胞40多万人。

南海历史悠久，文化底蕴深厚，是珠江文明的发祥地之一，也是岭南文化的典型代表。在5000多年前，就孕育出新石器时代的“西樵山文化”。隋开皇十年（公元590年）设置南海县。近代以来，涌现出清末大儒朱次琦，维新运动领袖、思想家康有为，近代科学家、第一部摄像器研制者邹伯奇，中国民族工业先驱陈淡浦、陈启沅，“中国铁路之父”詹天佑，岭南武林一代宗师黄飞鸿等杰出人物。区内旅游资源丰富，有西樵山、南国桃园、西岸、仙湖等四大旅游度假区及千灯湖、康有为故居、黄飞鸿狮艺武术馆、叶问纪念馆、平洲玉器街、九江双蒸博物馆等特色景点。民俗活动丰富多彩，官窑生菜会、乐安花灯会、赛龙舟、醒狮盛会等传统民俗独具魅力。南海先后被命名为“中国龙舟运动之乡”“中国龙狮运动之乡”“中国曲艺之乡”；广东醒狮（南海）、茶基十番、粤剧被列入国家级非物质文化遗产，官窑生菜会、乐安花灯会、九江传统龙舟、盐步老龙礼俗、西樵大仙诞、九江煎堆制作技艺、粤曲被列入广东省非物质文化遗产。

2015年，全区初步核算生产总值2226.97亿元，比上年增长8.5%。其中，第一产业增加值49.46亿元，增长1.5%；第二产业增加值1323.28亿元，增长7.8%；工业增加值1269.53亿元，增长7.7%；第三产业增加值854.22亿元，增长10.1%。人均地区生产总值82886元，增长7.1%。规模以上工业总产值5301.17亿元，增长7.5%。农林牧渔业总产值85.2亿元，增长0.7 %。固定资产投资923.15亿元，增长16.6%。社会消费品零售总额868.47亿元，增长11.1%。外贸出口额768.6亿元，增长2.9%。实际利用外资8.63亿美元，增长6.9%。地方公共财政预算收入185.5亿元，增长11.4%。城镇常住居民人均可支配收入40148元，增长8.8%；农村常住居民人均可支配收入25909元，增长9.5%。

经济建设

【农业】 2015年，南海区农林牧渔业生产总值85.2亿元，比上年增长0.7%。其中农业产值44.8亿元，比上年增长4%；牧业产值5亿元，增长12%；渔业产值29.7亿元，下降6.2%；林业产值1475元，下降11.4%；农林牧渔服务业产值5.5亿元，增长9%。至年底，拥有无公害农产品生产基地7个，其中无公害蔬菜生产基地6个，面积376.72公顷。拥有省级水产养殖质量安全示范点8个，市级水产养殖质量安全示范点4个，农业部水产健康养殖示范场2个。从事种养业达到适度规模经营的有1276户，其中区级以上农业龙头企业33家（国家级1家、省级7家、市级17家、区级8家），带动农户7.35万户，实现农产品年销售额391.24亿元。

2015年，南海区出台农业精细发展三年计划（2015～2017年），继续推进农业精细化发展，加大力度扶持农业基础设施、新型农业经营主体、水产良种体系等重点项目建设，提高农林渔业发展品质。积极开展农业投资推介和交流，推广优质农产品和农业企业。在第三届广东（佛山）安全食用农产品博览会暨粤桂黔名优农产品推介会上，广东何氏水产有限公司的鲈鱼等4个农产品品种入选佛山十大名优农产品，万顷园艺世界等3个园区入选十大休闲农业观光基地，佛山市中南农业科技有限公司等5家企业入选十大品牌农企。加快农民专业合作社的培育，年内新成立农民专业合作社8个。至此，全区有水产、种植、花卉、园艺等农民专业合作社25个，其中入选年度市级农民专业合作社示范社3个。全面完成50个规模化畜禽养殖场污染整治工作，规模化畜禽养殖场污染治理率为100%。启动扶持水产养殖保温大棚建设，全年获扶持的水产保温大棚建设单位16个，扶持建设面积为200公顷。不断完善水产品产地准出和市场准入追溯制度。全年水产品标识准入“试点企业”收取本市产地标识4784份，外市产地证明1515份，可溯源“试点品种”交易总量达11505.11吨。完成镇（街道）农检中心升级改造，加强对区内种植基地、养殖场、肉联厂初级农产品的风险监测，共抽检样品33万多份，总体合格率99.7%。加强家禽集中屠宰企业监管，推进家禽“集中屠宰、冷链配送、生鲜上市”试点工作。全年7个定点屠宰企业屠宰生猪258.47万头、菜牛1万多头、活羊20万只，无害化处理病害生猪4786头，无害化处理病害生猪产品30.38万千克。

【工业】 2015年，南海区实现工业总产值5794.8亿元，其中规模以上工业企业完成产值5301.17亿元，比上年增长7.5%。规模以上工业企业销售产值5199.02亿元，比上年增长6.9%。产品销售率98.07%。

2015年，全区工业产值超100亿元行业有16个，其中超500亿元3个，超200亿元7个，分别为有色金属冶炼和压延加工业、电气机械和器材制造业、计算机通信和其他电子设备制造业、金属制品业、废弃资源综合利用业、汽车制造业（未包括一汽－大众）、非金属矿物制品业、通用设备制造业、橡胶和塑料制品业、皮革毛皮羽毛及其制品和制鞋业等10个行业。10个行业总产值3891.7亿元，占全区规模以上工业总产值73.4%。

金属制品业、纺织服装、家用电力器具制造业等优势传统产业保持较好发展势头，规模以上工业企业全年实现产值1400.76亿元，比上年增长2.1%。以铝型材行业为主的有色金属冶炼及压延加工业规模以上工业企业全年实现产值750.9亿元，拥有坚美铝材、凤铝铝材、亚洲铝厂、伟业铝材、华昌铝材等龙头企业，规模以上铝型材加工及相关企业98家，其中产值超亿元企业有31家。电气机械和器材制造业有规模以上企业219家，全年实现产值537.8亿元，涌现出志高空调、东芝家用电器、TCL小家电、伊立浦、格莱德小家电等知名企业。纺织业、纺织服装服饰业、皮革毛皮羽毛（绒）及其制品业有规模以上企业334家，主要包括西樵纺织、盐步内衣、九江无纺布和桂城、里水制鞋等行业门类。2015年，该行业规模以上企业实现产值428.33亿元，占全区规模以上工业企业总产值的8.1%。

以汽车制造、高端装备、机器人、新材料、3D打印、生物医药等为代表的一批先进制造业产业加快聚集。全年规模以上先进制造业工业总产值1929亿元，比上年增长11%。汽车制造业形成涵盖整车制造、零部件生产和汽车销售服务的完善产业链，全年实现产值334.97亿元，其中一汽－大众项目实现产值270亿元，纳税额26亿元。高端机械装备业发展迅猛，有东方精工、南风股份、中南机械、迈雷特数控等规模以上生产企业219家，其中产值超亿元企业112家、上市企业2家。

至年底，全区共有集体商标9个，经行政认定的中国驰名商标57个、广东省著名商标164个；广东省名牌产品202个，新增广东省名牌产品52个。拥有铝型材、内衣、陶瓷和半导体照明4个全国知名品牌示范区，其中铝型材、内衣和陶瓷示范区通过验收，半导体照明示范区获批筹建。年内，坚美铝材被授予全国工业企业“质量标杆”称号，蒙娜丽莎陶瓷获得省、市政府质量奖，全区拥有市级以上政府质量奖4个。

【商贸旅游】 2015年，南海区社会消费品零售总额868.47亿元，比上年增长11.1%。其中，批发零售贸易业实现零售额758.62亿元，比上年增长11.7%；住宿和餐饮业实现零售总额109.85亿元，增长7.2%。批发零售业实现商品销售总额2387.18

亿元，比上年增长12.3%，其中批发额1628.57亿元，增长12.5%。

电子商务迅速发展，全年电子商务市场交易额1144亿元，比上年增长36%。其中，B2B（指企业对企业的电子商务，也称批发电子商务）交易额915亿元，比上年增长31%；B2C（指企业对个人开展的电子商务活动的总称）与C2C（指消费者个人对个人的网上交易）网购交易额172亿元；O2O、C2B、B2G交易额57亿元。广东省青年创新创业试验区互联网产业园暨青年创业孵化器正式落户C时代佛山电子商务产业园。互联网产业园主要为初期的互联网产业创新创业项目提供专业孵化和培育，推动项目成果落户南海。启动网上电子商务平台佛山家电生活馆暨南海区家电名牌培育进馆工程，吸引60多家佛山本土家电制造企业及其产品入驻。举办华南电子商务运营挑战赛，提升区内电子商务B2B群体业务水平，广东天波信息技术企业获得B2B组别冠军，佛山点赞电商公司和佛科大分别获得B2C赛事的实战组和创意组冠军。

南海区拥有国家AAAAA级景区1个（西樵山风景名胜区）、AAAA级景区2个（南海湾森林生态园、平洲玉器街）。2015年，全区实现旅游总收入115.87亿元，比上年增长10.3%；接待游客1226.8万人次，增长10.2%。

深入推进南番顺旅游区域合作，并以21世纪海上丝绸之路、粤桂黔高铁经济带建设为契机，拓展国内外旅游市场。首次赴马来西亚、印度开展旅游巡回推介活动；承办佛山旅游（经贸）贵阳推介活动，将“黄飞鸿狮艺武术”“南海观音”等文化旅游品牌与佛山特色景区串联组合成佛山精品旅游线路进行推介；南海区旅游局与番禺区旅游局、顺德区旅游局以南番顺旅游联盟整体形象组织区内企业参加在贵阳举办的“相约南番顺——感受最地道广府文化之旅”旅游美食推介活动。加快重点旅游项目建设，西樵山国艺影视城、国艺度假酒店、南海九江侨乡博物馆、渔耕粤韵文化旅游园区首期、听音湖樵山瀑影等项目相继建成投入使用。

【对外经济贸易】 2015年，南海区外贸进出口总值为1256.7亿元，比上年下降6.5%。其中，出口总值768.6亿元，比上年增长2.9%；进口总值488.1亿元，下降18.3%。贸易结构方面，一般贸易进出口仍占较大比重，加工贸易降幅明显，全年一般贸易方式进出口总值636.8亿元，占进出口总值的50.7%；加工贸易进出口总值473.6亿元，占37.7%，下降24.3%。市场结构方面，对东盟、非洲和中东等新兴市场进出口增势良好，对香港、台湾和欧盟等传统市场普遍下降。全年对东盟、非洲、中东进出口总值分别增长41.2%、13.1%、7.4%。商品结构方面，传统劳动密集型产品出口普遍增长，旅游购物商品出口增长迅速，高新技术产品出口下降明显，全年出口传统劳动密集型产品总值198.8亿元，增长30.1%；旅游购物商品出口总值114.1亿元；高新技术产品（与机电产品有交集）出口总值95.9亿元，下降24.1%。机电产品、汽车零配件、液晶显示板、废金属等进口下降，锯材和农产品进口逆势增长。全年进口机电产品182.7亿元，下降19.3%；进口废金属121.8亿元，下降18.8%；进口液晶显示板97.8亿元，下降18.4%；进口锯材25.1亿元，增长20.7%；进口农产品7.4亿元，增长3.6%。

通过举办投资推介会、加强与国外商会合作等，加快对外招商引资。全年新批外商投资企业项目56个，比上年下降15.2%；合同利用外资8.45亿美元，下降11.4%；实际利用外资8.63亿美元，增长6.9%。全年合同外资增资4.02亿美元，其中德国大众汽车股份有限公司向一汽－大众有限公司佛山分公司增资8556万美元，佛山依云孝德房地产有限公司增资7200美元。外商投资加快向房地产、融资租赁、商贸、管理咨询等第三产业拓展，全年新批及增资外商投资项目92个，其中第三产业项目46个，占项目总数的50%；合同利用外资57793万美元，占全年合同利用外资的68.4%；实际利用外资35851万美元，占全年实际利用外资的41.5%。至年底，全区有外资企业1590家，其中包括28家世界500强企业投资设立的企业38家，投资总额55.4亿美元。

【财政金融】 2015年，南海区一般公共预算收入185.5亿元，比上年增长11.4%。其中，税收收入137.8亿元，增长9.9%；非税收入47.71亿元，增长15.7%。一般公共预算支出224.23亿元，增长47.3%。

至年底，全区有银行机构28家，其中外资银行5家，村镇银行1家。另外有私募基金机构128个，小额贷款企业22家。年末金融机构本外币存款余额4352亿元，比年初增长4.3%；年末金融机构本外币贷款余额2529.1亿元，增长9.1%。

2015年，广东金融高新区核心区引进软通动力、南海农商银行科技支行、盈科律师事务所、百年人寿佛山支公司等36个项目，投资及募集资金总额约18亿元。至年底，累计引进金融服务类企业252家，投资及募集资金总额约525亿元。年内，金融高新区以“互联网+创新创业”为发展方向，重点培育互联网金融和移动互联应用行业，构建创新创业前、中、后期的金融服务链。11月12日，以金融高新区为核心区的广东“互联网+”众创金融示范区正式启动建设，佛山众创金融街也于同日揭牌。至年底，众创金融街已引进了天使咖啡、厚德孵化器/厚德天使基金、广东天使会孵化器/天使基金、英诺天使基金等孵化器及天使基金，以及建设银行、招商银行、南海农商行科技支行、清华大学五道口金融学院广东中心等项目。金融高新区股权交易中心成立“华南知识产权运营中心”，对接政府知识产权维权基金和政策扶持基金；探索建设股权众筹等新型融资平台。至年底，交易中心共有注册挂牌企业1643家（其中超50%为科技型企业），实现融资325.72亿元。

城乡建设

【城乡规划】 2015年，南海区加快区域合作规划编制工作，启动粤桂黔高铁经济带合作试验区广东会展中心规划研究工作，开展三山粤港澳合作高端服务示范区规划编制以及南海滘口片区与荔湾区生态城（五眼桥）片区控规对接等工作。继续开展全区城乡建设用地控制性详细规划编制工作。是年，第一批大部分控规项目进入专家评审前的成果阶段，第二批控规项目启动招标工作。两批控规编制完成后，全区控规覆盖面积达740公顷，约占全区面积的69%。其中，中心城区的控规覆盖面积约124公顷，基本实现全覆盖。完成《南海中心城区交通改善策略及重点道路交通改善详细规划》招标工作及初步成果，开展《佛山市南海区城市开敞空间专项规划》编制工作，完成金融区景观风貌提升规划、夜景照明专项规划的编制以及景观提升工程（绿化、慢行系统、夜景）的设计。

【城市升级项目建设】 2015年3月，南海区顺利完成佛山市城市升级三年行动的验收工作。在网络评选中，南海区的魁星阁、梦里水乡项目获“明星项目”称号，松塘村、映月湖公园、里水沿江路“五位一体”项目入选“最美系列项目”。同时，继续深化完善城市升级两年延伸行动计划。全区纳入城市升级两年延伸行动计划的项目42个，共139个子项，总投资额约393亿元。至年底，项目累计完成投资约196亿元，投资完成率为50%。此外，积极落实“百村升级”行动计划，推动城市升级向乡村延伸。全年南海区需完成10个古村落的活化升级、7个城中村（旧社区）的改造和13个新农村的建设工作。2015年，全区13个新农村的建设工作基本完成，城中村（旧社区）改造和首批4个古村落的项目加紧推进，第二批古村落的活化升级全面启动。

【“三旧”改造】 2015年，南海区和狮山镇获批建设国家新型城镇化改革试点。全区统筹推进村级工业园改造、旧村改造等一批重点项目建设，拓展城市和产业发展空间。西樵听音湖片区改造项目、大沥广佛国际商贸城项目、桂城华南汽车城升级改造项目、丹灶镇大金智地项目、里水镇新材料产业基地等城市更新重点连片改造项目取得较好的改造成效，桂城夏北宝华村旧村居改造取得阶段性进展。至年底，全区纳入省“三旧”改造范围的宗地面积约20080公顷。全区认定“三旧”改造项目2785个，涉及土地面积11160公顷；完善历史用地手续3528宗，面积2200公顷；完成改造土地面积833.33公顷；实施改造涉及土地面积1700公顷。

【基础设施】 2015年，南海区完成公路交通建设区级投资4.61亿元。各种运输方式全年完成货物周转量99.56亿吨千米，比上年下降9%。其中，陆运货物周转量69.77亿吨千米，下降11.5%；水运货物周转量29.79亿吨千米，下降2.5%。全年完成旅客周转量9.84亿人千米（包含公交车和出租车），增长4%。扎实推进佛山西站枢纽和新交通试验段等核心重大项目建设，不断完善优化城市路网建设，加快实施魁奇路东延线、文华路北延线、禅西大道北延线、下柏立交重建、一汽－大众零部件及物流园区市政道路工程等6个在建项目及超20个拟建项目的建设，累计完成总投资13.5亿元，其中魁奇路东延线剩余工程、庆云大道南延线工程建成通车，通车里程2.62千米。深入实施公交扩容提质，优化公交出行环境，完成2个配建公交首末站的建设，进一步完善已建成的52千米公交专用道建设，同时新增16千米公交专用道的建设任务，新投放120辆公交车；里水公共自行车系统启用，全区新建公共自行车站点33个，新增公共自行车3000辆，公共交通服务日益完善。

投入电网改造升级资金6.7亿元，重点推进500千伏东坡变电站、220千伏松夏变电站及主网线路工程17项，110千伏瑞颜变电站和科维变电站顺利投运。全年完成供电量212.48亿千瓦时。南海区供电局将粤桂黔高铁经济带合作试验区（广东园）和粤港澳合作高端服务示范区等重点片区电网规划建设纳入年度重点工作。推进佛山西站、三山新城等重点片区电网规划项目实施，电力专项规划纳入区（镇）控制性规划。合理编制南海区“十三五”配网规划，建立33亿元配网项目储备库。

新建燃气市政管道72千米，建设投资9630多万元。至年底，全区累计铺设埋地燃气管网1150千米，在用管道气用户约17万户（其中工商业用户500多户），瓶装气用户约8.6万户，全年天然气销售量达3亿多立方米，比上年增长22%。11月30日，西樵、九江管道天然气联网工程大动脉——西樵樵高路（樵金路至汇龙桥段）燃气主干管完成带气接驳作业，九江镇结束没有管道天然气的历史，南海区管道天然气实现全覆盖。

全区有供水企业15家，其中镇级水厂6家，村级水厂5家。全区日总设计供水规模达154.3万立方米／日，年供水总量达4.58亿立方米。

【环境保护】 2015年，南海区城区空气质量优良以上天数279天，其中优秀天数80天，优良率为82.3%。$PM_{2.5}$下降15.6%，全年未发生重度污染情况。酸雨频率为63.5%，比2010年大幅下降29.7个百分点，脱掉“重酸雨区”帽子。河涌水质持续改善，化学需氧量、氨氮、总磷等污染物浓度总体呈不断下降趋势。

实施污染分类治理，从严开展环保违法行为，突出抓好重点行业、重点区域、重点项目整治，全年开展环保专项执法行动348次，查处环境违法案件543宗，关停污染企业1339家，向公安机关移送“涉刑”环保案件25宗。基本完成黄标车整治，全年淘汰黄标车2.9万辆，累计淘汰黄标车7.5万辆。不断创新基层环保监管模式，探索环境管理“一镇一策”，里水“黑名单”管理制度、大沥“职业举报人”制度、九江“污染源动态台账”管理制度成效显著。创新推出全国首个网络环保服务超市，启动村级环境服务站建设，构建起具有南海特色的环境管理服务体系。发布全省首个“污染源阳光地图”。首批上图的企业共83家，涵盖发电、污水处理、印染、陶瓷、玻璃等行业重点监控企业。实施河涌环境治理工程，第一批13条重点河涌整治项目完工146宗，启动实施第二批51条重点河涌整治项目，并完成第三批17条重点河涌整治方案的编制。继续推进生活污水处理厂与截污管道建设，纳污范围不断延伸。全年新建截污管网141千米，生活污水处理厂纳污范围覆盖201.26万人，覆盖率达86.43%；完成截污的村（社区）215个，占村（社区）总数的86.3%，城乡污水处理率保持在90%以上。通过截污、治污、活化水资源等措施，全面统筹落实广佛交界水污染治理。2015年6月，广东省环保厅、监察厅正式对“广佛交界区域水污染整治”解除挂牌督办。

【城乡绿化】 2015年，南海区全面推进以生态景观林带、林分改造、森林进城围城和乡村绿化美化工程为主要内容的新一轮绿化南海大行动。年内新建成桂城千灯湖、九江外滩及丹灶大湿地等3个湿地公园，新建三山森林公园及狮山中央森林公园2个森林公园，新建或改造森林家园40个；推动绿化向村居延伸，完成乡村绿化美化示范村建设25

个；提升森林质量，美化森林景观，完成林分改造77.73公顷；继续营建具有多层次、多树种、多色彩、多功能、多效益的森林绿色带，完成西二环南海段40千米生态景观林带建设。启动“绿城飞花”主题绿化景观建设。按照“增绿、增花、增彩”的工作思路，以新建城乡绿化项目为主，改造提升相结合，重点确定西樵山、展旗岗及三山森林公园等建成不同特色主题的森林景区，丰富城区道路及河涌植物色彩层次，营建一路一景观、一涌一特色的靓丽景观，增加森林景观点和赏花点，推动城乡绿化向生态化、森林化、色彩化、景观化发展。2015年，全区“绿城飞花”主题景观建设项目共16个，其中市级项目2个、中心城区道路及河涌绿化彩化项目4个、区（镇街）级项目10个。至年底，建成区绿化覆盖面积6.29平方千米，建成区绿化覆盖率44.4%，人均公共绿地面积18.56平方米，绿地率41.97%。

【城市管理】 2015年，南海区铺开城市精细化管理建设。全面扩展城市管理考评区域，将村居、城中村、城市接壤区域的主要出入口等区域纳入考评范围。南海区城管局联合区工商局出台农贸市场及周边综合整治工作方案，并配套出台考评奖励办法。纳入第一阶段整治的36个市场出台“一场一策”。研究探讨无证照流动摊贩疏导管理的新模式，坚持疏堵结合，出台相关优惠政策。全年新增临时摆卖疏导点16个，总面积约5850平方米。推进违规户外广告（招牌）整治工作，先后开展11次专项行动，重点对桂城街道桂澜路、新胜路、石龙路等16条主干道路进行全面整治，拆除违规设置的户外广告、招牌约2500块，拆除面积达1.3万平方米。强化部门联动提升执法效能。南海区城管办牵头住建、规划、交通、交警、工商等相关部门联合开展广告整治、市容整治、渣土整治、市场整治等专项整治行动，并深入开展公安、城管联动执法。2015年，南海区城管部门共办理市容环卫、市政公用、城市规划、城市绿化、环境保护、工商行政、室内违建等方面的案件20.63万宗，其中现场教育和纠正案件19.93万宗，行政处罚案件7061宗，处罚金额1309.65万元。区数字城管系统接报案件42.53万宗，结案37.91万宗，整体结案率为98.87%。

区域合作

【广佛同城合作】 2015年，南海区加强与广州的全方位对接，在交通对接、环保共治、政务同城、民生互通等领域合作取得新突破。交通衔接方面，金沙洲大桥、广佛地铁延长线（西朗—燕岗段）通车，龙溪大道（广州西环—五丫口大桥段）完成快速化改造。环境共治方面，广佛交界区域水污染整治解除省挂牌督办；提前完成黄标车淘汰任务；顺利完成大气减排工作。政务同城方面，“市民之窗”自助服务终端在广州市荔湾区设点铺设，部分行政服务实现跨城通办，其中，荔湾区自助服务终端可办理南海区事项530项，南海区自助服务终端可办理荔湾区事项280项。公共服务方面，与荔湾警方签定警务协作协议，定期开展联合整治；积极组织参加广佛肇人才一体化大学生专场招聘会；开放5家医院住院医保、区二级以上医院检验结果与广州互通互用等。同时，与荔湾区率先共建广佛同城化合作示范区，在规划共绘、产业协作、环境共治、民生领域、交通互联、文旅合作、区域人才、共建示范片区等八大重点领域同推同城化，重点探索共建滘口－五眼桥综合开发治理试验片区和三山－东沙粤港澳高端服务产业合作区。

【粤桂黔高铁经济带合作试验区（广东园）建设】 2015年，南海区结合“一带一路”战略和泛珠合作，启动粤桂黔高铁经济带合作试验区（广东园）建设。3月，粤桂黔高铁经济合作试验区（广东园）被纳入广东省2015年重点建设项目。同时被纳入广东省“十三五规划”。8月，《粤桂黔高铁经济合作试验区（广东园）发展总体规划（2015～2030）》获广东省政府批准实施。试验区以佛山国家高新区南海园为主体区，面积约92平方千米；核心区即佛山西站枢纽新城，面积约8.58平方千米；拓展区包括佛山国家高新区禅城、顺德、高明、三水等4个分园。9月22日，粤桂黔高铁经济带合作试验区（广东园）建设工作现场会暨首届粤桂黔高铁经济带合作联席会议在南海举办，首届联席会议审议通过了《共同建设粤桂黔高铁经济带合作宣言》《贵广、南广高铁沿线城市合作联席会议章程》《贵广、南广高铁沿线城市战略合作框架协议》3份合作文件，签约合作项目71个，总投资额超千亿元，涵盖基础设施、金融合作、产业贸易、产业投资、科研创新、人才交流、旅游合作等多个方面，其中粤桂黔高铁经济带合作试验区广东会展中心、粤桂黔高铁经济带研究院落户试验区。

2015年9月22日，粤桂黔高铁经济带合作联席会议举行，贵广、南广高铁沿线13个城市领导齐聚南海。

【粤港澳合作高端服务示范区建设】 2015年，南海区依托广东金融高新区和三山新城，推进粤港澳合作高端服务示范区建设，吸引港澳等地区金融、中介服务、信息服务、文化创意等高端服务业聚集，着力搭建服务于港澳高端服务业发展的“后援中心”及港澳高端服务业走向中国腹地的“前台基地”，形成与深圳前海、广州南沙、珠海横琴“3＋1”共同发展、优势互补格局。年内，示范区获批全省首批粤港澳服务贸易自由化示范基地。至年底，三山新城共引入项目39个，累计完成投资额超过110亿元。佛罗伦萨小镇正式开业，CO-RO食品生产研发基地、南海外国语学校等项目建成投入使用，丰树国际创智园和三山科创中心加紧招商。香港城进入规划阶段，“三山粤港澳青年创业社区”加快建设。

科教文体卫

【科技】 2015年，南海区全社会科研投入55.1亿元，占地区生产总值比重2.48%。新认定国家火炬计划重点高新技术企业2家（累计13家），国家高新技术企业41家（累计287家），省、市级工程中心60个（累计221家）；申报省科技计划项目66个、市科技计划项目113个。设立南海区高新技术企业后备库，有327家企业入库。

启动“创新创业行动计划”，强化创新创业载体建设。新引进美国密西根大学国际智能制造创新中心、中山大学生命健康产业创新中心等科技创新服务平台5个，累计达到16个，香港科技大学LED工程中心等6家机构获批成为广东省新型研发机构。年内，C时代互联网产业园和佛山广工大研究院2个单位入选国家级科技企业孵化器培育单位暨省级孵化器单位，广佛智城电商孵化加速产业园、广东创业工厂和佛山广工大研究院3个单位入选广东省众创空间试点单位。至此，南海区共拥有孵化器23个，其中国家级孵化器5个（瀚天科技城孵化中心、芯光源孵化器、中科院南海生物医药产业中心、广工大数控装备协同创新研究院、力合创智国际孵化器）、国家级孵化器培育单位1个（即省级孵化器C时代电子商务产业园）、3个省级众创空间和一批民营科技孵化器，孵化面积达到13万平方米，在孵企业359家，毕业企业154家。加快科技创新人才引育，“蓝海人才计划”新引进高端创新创业团队12个，“科技镇长团”第三批共10名成员走上科技创新工作岗位。

专利申请量达到10443件，比上年增长44.3%。其中发明专利2441件，增长48.5%，百万人口发明专利申请量915件，增长45.9%，超额完成广东省“九年大跨越”年度考核指标（750件）。在2014年度广东省专利奖单位和个人评选中，广东瑞洲科技有限公司获专利金奖，这是南海区企业首次获得广东省专利金奖，也是2014年度佛山市唯一的省级专利金奖。广东雪莱特光电科技股份有限公司和广东金赋信息科技有限公司获得专利优秀奖。至年底，有8家银行开展知识产权质押融资业务，全年新增知识产权质押融资项目10个，获得贷款额8655万元，累计实现知识产权质押融资6.7亿元。

【教育】 至2015年年末，南海区有幼儿园321所（不含托儿所，其中民办181所），在园幼儿10.21万人；小学128所（其中民办14所），在校学生17.21万人；初中52所（其中民办17所），在校学生67065人；高中18所（其中民办4所），在校学生44121人。另有特殊学校1所、中等职业技术学校7所、成人大中专学校1所、成人文化技术学校8所。

2015年，南海区继续“推进基础教育高水平均衡发展”国家教育体制改革试点工作和深化“广东省教育综合改革示范区”创建工作。加快推进公益普惠性幼儿园建设，优化学前教育发展。全年新增幼儿园13所，新增学位约4200个，新增幼儿园全部达到规范化幼儿园标准。全年共有40592名户籍幼儿申报了学前教育补助，补助金额达到2725万元。推进义务教育均衡优质发展。新开办和顺小学北校区、石门实验中学附属小学两所学校，扩建、新建一批中小学，新增义务教育阶段学位9000个。通过实施义务教育阶段就近入学和积分入读政策，全区义务教育阶段学校共招收新生5.8万人，公办学校非户籍学生的比例达52%，非户籍常住人口随迁子女入读公办学校达66%。深化名师工程建设，提高全区教学教研质量。举办第四届名师评选工作，评选出名师783人。至年底，全区有正高级教师5人（占全市50%），省特级教师和省级名师13人，佛山市创新领军人才1人；省级名校长、学科名师、名班主任9个；省级名师工作室6个。是年，全区参加高考14345人，本科上线人数9382人，上线率65.4%。其中上重点线人数3013人，占全市上重点线总人数的42.3%，重点率21%，高出全省12个百分点。其中，石门中学、南海中学上重点线人数分别为865人和666人，重点线上线率分别为84%和65.7%。改革职教人才培养模式，与华南师范大学、中国职业技术教育学会等共同成立“华南职业技术与教育协同创新中心”，探索“通过研究进行教学和人才培养”的应用型人才培养模式，为区域的产业发展提供智力支持。

【文化】 至2015年年末，南海区有区级文化馆1个、镇（街）文化站7个、社区（村）文化室1475个；区级公共博物馆1个，民办博物馆3个、纪念馆8个；区级公共图书馆1间，镇级公共图书馆14间，总藏书量199万册；影剧院33间，全年入场电影观众640万人次。区、镇、村三级文化广场面积114万平方米，文化活动室面积65.64万平方米，每万人公共文化服务设施面积为2426.1平方米，居全省前列。

2015年，全区投入“文化消费补贴”1387.24万元，补贴高雅艺术精品演出15场、电影下乡3000场、社区文化活动64场、图书进基层项目45个、文化景点1个，总受惠群众约360万人次；“文化事业发展资金”扶持、奖励304个项目和个人，发放资金947.46万元。广东省综合性文化服务中心建设试点工作圆满完成，50个试点的综合性文化服务中心100%通过验收。全年区、镇两级举办文化活动2350场。举办“伯奇杯”全国创意摄影大赛、广东省第二届黄俊英艺术之星大赛等赛事，文艺创作展演共获国家级奖项45项、省级奖项125项、市级奖项137项。是年，南海区获中国曲艺之乡和全省首个“文学之城”称号。

【体育】 至2015年年末，南海区有体育场地5632个，其中体育馆29个、篮球场2747个、网球场46个、足球场78个、游泳池94个。区级场馆全年正常开放，其中免费开放52天，全年接待市民152.94万人次。全年区、镇（街道）两级举办体育竞赛390多次，参赛运动员达63507人。举办、承办世界华人狮王争霸赛暨水上飞狮挑战赛、2015中国·南海乒乓球公开赛、欧洲高尔夫球挑战巡回赛、2015年国际拳联APB 56公斤级拳王赛等多个省级以上大型赛事活动。是年，南海区运动员参加市及市级以上各项比赛共获奖牌580枚，其中金牌192枚。其中，在亚洲锦标赛中获得3金1铜、世界锦标赛比赛中获得1金。张家玮在2015年国际拳联APB 56公斤级拳王赛中获得里约奥运会入场券。同时，举办百村篮球赛、百村企业羽毛球大赛、“全民健身日”体育嘉年华系列活动等品牌体育活动，推动群众体育蓬勃发展，营造全民健身氛围。

【医疗卫生】 至2015年年末，南海区共有各级各类医疗卫生机构405个，其中公立医院15所（区属医院3所，镇属医院12所；“三甲”医院3所，“二甲”医院10所，“一甲”医院2所），社区卫生服务站130个，民营医院4所，社区诊所、门诊部、医务室256所，全区行政村均有社区卫生服务站或镇（街）医疗保健机构覆盖。全区公立医院有床位8109张，执业医师5453人(含执业助理医师)，注册护士6101人。每千人口拥有医院床位3.1张、执业医师（含执业助理医师）2.06人、注册护士2.31人。全年公立医院门诊、急诊接诊1683万人次，平均门诊费用112.52元/人次；出院33万人次，平均出院费用5955元/人次。

加强医疗管理，提高医疗服务质量。2月，区医院管理中心（局）正式运行，全年共开展医疗质量飞行检查43间次，派出专家和工作人员463人次，促进医院规范管理。全年受理医疗纠纷案件102宗，比上年下降13.6%，实现四年连续下降。继续选取8个基础较好的社区卫生服务站作为第二批试点，开展家庭医生式服务，示范点数量增至16个，建立家庭医生团队41个。至年末，累计签订家庭医生式服务协议4981户、15928人，建立家庭健康档案4981份，开展老年人健康管理服务6367人次、0～6岁儿童保健服务1027人次、孕产妇保健服务223人次、慢性病患者健康管理8629人次。继续推广“医路情暖·细节服务医家亲”项目，制定国内首个医务社工服务标准，融合医务社工、义工、志愿者、社会组织等多方力量，推动医院精细化管理、优质服务工作。继续实施免费孕前优生健康检查综合服务及“两癌”检查。全年共18797人参加免费孕前优生健康检查，建立孕前优生健康家庭档案9399份；开展宫颈癌检查9688例、乳腺癌检查10890例。是年，南海区顺利通过专家组评审，成为国家级妇幼健康优质服务示范区。强化卫生监督执法，全年处理卫生行政处罚案件78宗，累计罚款18.81万元，没收违法所得1.35万元；吊销《医疗机构执业许可证》1个；向公安机关移送非法行医涉嫌犯罪案件3宗，向检察机关备案2宗，累计刑拘3人。在打击无证行医专项行动中，全区取缔查处无证行医窝点38个，没收违法所得1.55万元，没收非法物品货值3.73万元。

社会各项事业

【精神文明建设】 2015年，南海区以培育和践行社会主义核心价值观为主线，以夯实全国文明城市根基为抓手，有效利用文明建设各类载体，把精神文明建设与中心工作有机结合起来，推动创建工作常态化。加快省、市、区社会主义核心价值观示范点建设。建成翠颐社区、沥雄社区2个省级社会主义核心价值观示范点，千灯湖公园成为全市唯一的省级社会主义核心价值观主题公园建设示范点，并加快南海区妇幼保健院等3个市级示范点和南海区行政服务中心等4个区级示范点建设。举办社会主义核心价值观文艺作品征集活动，评选出48幅获奖剪纸作品、20个综合文化类优秀作品、21首优秀童谣作品、10余个优秀小品。大力推进“有德南海”建设。开展“南海好人”评选活动。全年评选出“南海好人”15名，另外有2人获评“广东好人”，3人获评“佛山好人”。区文明办联合交警、教育等部门在全区20所中小学举行文明交通校园体验活动，开展“品质旅游　文明相伴”文明旅游主题宣传活动以及“文明畅游家·南海”文明旅游体验游活动，举办“品质南海·诚信南商”主题活动。加强未成年人品德教育，全年评选“美德少年”780名，并选拔出“十佳美德少年”进行事迹演讲。深入开展“我的中国梦”主题教育、“网上祭英烈”“向国旗敬礼”等活动。继续开展国家、省文明镇和省文明单位评选工作。丹灶镇获“全国文明镇”称号。

【社会治安综合治理】 2015年，南海区通过加强社会治安重点整治、构建严密治安防控体系、深化基层平安创建等工作，维护社会和谐稳定。针对市综治委挂牌整治的第一批社会治安重点地区和突出治安问题（“三非”外国人和重点人员管理问题、大沥镇涉黄问题、西樵镇涉黑恶势力犯罪严重问题），区综治委（办）、相关镇（街道）、部门结合实际制定工作方案，全力开展整治行动。11月，上述问题顺利通过市综治委检查验收并成功摘牌。构建覆盖重点部位、公共复杂场所、交通要道的视频监控网络，分阶段开展1.1万个标清视频的高清化改造，公共治安视频接入公安视频平台8697个，联网率超90%，新增高清视频系统184套、治安卡口60个；继续完善和推进“社区警务e超市”建设，全区累计建成“警务e超市”175处；全面推广“门禁+视频”和“猫眼”视频，累计安装出租屋“门禁+视频”系统3474套、“猫眼”系统11344套。加强平安村居动态管理，开展平安示范村居建设，夯实综治基层建设。校园、医院、家庭、企业、电力、市场等“平安细胞”创建项目达标率均超过99%，其余平安细胞创建项目达标率均达到97%以上。全区共有248个村（居）通过“平安村居”复评，维持率达到99%。桂城街道桂花（桂三）社区、西樵爱国社区被确定为区级以及市级平安示范村居建设点。

全区接报刑事警情24587宗，比上年下降9.9%，其中“三两”警情下降19.1%；接报治安警情41874宗，其中涉黄赌警情下降23.1%。全区群众安全感达87.6%，比上年提高0.4个百分点。

【农村综合改革】 2015年，南海区以“三个平台”（集体经济资产管理交易平台、集体经济财务监管平台和集体经济组织成员股权（股份）管理交易平台）为支撑强化集体经济监管。全年进入集体资产管理交易中心成交的集体资产4632宗，标的总金额达60亿元；集体经济财务监管平台在管财务账2754套，在管资金129亿元；全区80万名社员股东的股权全部纳入股权（股份）管理交易平台管理。全面推进集体经济组织股权“确权到户、户内共享、社内流转、长久不变”，积极倡导户内股权均等化，妥善解决历史遗留问题。通过试点先行，分类指导，规范管理，形成“政府引导、部门联动、村居主体、共同推进”的良好工作局面。至年底，全区有142个村（居）、149个经联社、1450个经济社完成股权确权章程表决工作，完成率为72.5%。

【行政体制改革】 2015年，南海区以餐饮服务行业等热点行业为试点，简化企业登记流程。对涉及餐饮服务行业的7个部门共41个审批事项进行系统梳理，编制《餐饮行业准入审批事项目录》。实施“一窗通办”模式。6月30日，南海区行政服务中心全面实施行政审批“一窗通办”新模式。南海区成为全市首个同时突破法人及自然人事项“一窗通办”的区。区级改革共纳入671个审批服务事项，占区级审批服务事项总数的95%以上，包括个人类、法人类、工程类。9月30日，区、镇两级实现“一窗通办”模式全覆盖。镇（街）首轮实施“一窗通办”的包括个人综合类、社保类、公安类和不动产登记类，基本上涵盖镇（街）所有自然人事项和部分法人事项。以“互联网+政务”的契机，持续深化“三网融合”。5月上线的“南海政务通”微信公众号不仅具备全流程办事功能，还集成了港澳通行证续签、年票缴纳等多项民生服务功能，上线半年共提供各类办事服务超过11万次。优化升级“市民之窗”自助服务终端，不断拓展终端功能，全年“市民之窗”办件量达到35万件。进一步整合资源，将各审批职能部门、各审批服务窗口的咨询投诉热线统一为“81812345”，并通过建立与行政审批系统、“南海政务通”的数据实时对接，提升响应效率和服务精准度。成立全市首个区政务管理办公室，全面实施一窗通办、一网通办、一线通办、一端通办、一格通办“五个一工程”，打造统一入口、统一出口、统一标准、统一调度、统一监督“五统一”管理平台，提高行政服务、公共服务、社会治理、行政监督、政府决策“五大能力”。

【人口与计划生育】 2015年，南海区扎实开展全省流动人口卫生和计划生育基本公共服务均等化试点工作，围绕健康档案管理服务、健康教育服务、儿童预防接种、传染病防控、孕产妇和儿童保健管理服务、计划生育基本公共服务均等化和流动人口网格管理服务等内容，规范服务项目。同时，启动生育关怀青春健康之青春健康进企业项目，搭建“外来女工性安全”跨界关爱平台，建立南海区外来女工性侵危机干预中心，推动基本公共服务均等化。将“免费婚前医学检查与免费孕前优生健康检查”升级为“免费孕前优生健康检查综合服务项目”。

全年共18797人参加免费孕前优生健康检查，建立孕前优生健康家庭档案9399份。贯彻落实各项计生奖扶政策，全年为16241人发放计生奖励3043万元，其中城镇独生子女父母奖励5331人、499万元，农村部分计划生育家庭奖励8749人、1711万元，计划生育家庭特别扶助254人、230万元，节育奖1819人、545万元，历史遗留城镇独生子女父母（无子女人员）一次性奖励88人、58万元。简化“单独二孩”审批程序，全年共受理“单独两孩”申请5576宗，审批5419宗。

【人力资源和社会保障】 2015年，南海区实施积极就业政策，通过促进创业带动就业、不断优化就业服务等措施，促使全区就业形势不断向好。全年区人社系统举办现场招聘会342场，进场企业23466家次，提供就业岗位逾30万个，帮助实现就业逾6万人。发放创业小额担保贷款9笔，贷出120万元；发放创业类及高校毕业生相关补贴765人次，补贴金额为194万元；发放就业难人员社会保险补贴57.2万元、岗位补贴21.5万元，发放就业难人员灵活就业社会保险补贴19.5万元。认定广东南海创业工场企业孵化器有限公司等8家企业为首批创业孵化基地，并配套各项创业优惠政策。至年底，入驻企业（或项目）400个，创业人数458人，带动就业约2800人。是年，全区新增就业人数27256人，城镇登记失业人员3050人，城镇登记失业率2.28%；城镇登记失业人员再就业10232人，就业困难人员实现再就业1251人；本区农村劳动力新增转移就业2107人，新增吸纳本省劳动力人数7915人。

加快人才队伍建设，抓好高层次人才服务与技能人才培养工作，为城市与产业转型升级奠定基础。制定新的《佛山市南海区高层次人才奖励和培养资助管理办法》，优化高层次人才管理与服务。推动粤桂黔人才交流与合作，与贵州理工学院签订人才合作协议，推动广东华特气体有限公司成为学院首个省外实践基地；与桂林理工大学签订产学研与人才合作协议。举办首届优秀高技能人才评选活动，对生产一线的技能蓝领进行激励，共评选出优秀高技能人才60名。落实“直补个人”技能晋升培训补贴政策，扩大技能晋升培训补贴范围，并鼓励和扶持企业和行业协会开办职业培训学校，全年新增职业培训学校3家。至年底，全区共有23家职业培训学校，其中，企业自办培训学校5家。鼓励扶持企业主导研发职业技能鉴定南海标准，服装制衣工（内衣）职业鉴定南海标准成功实施。

稳步提升社会保障水平，社保覆盖面、保障力度不断加大。进一步完善城乡居民基本养老保险制度，圆满完成城乡居民基本养老保险一次性补缴工作，全区办理城乡居保一次性补缴7.45万人；出台被征地农民社会保障资金管理使用办法，做好被征地农民养老保障工作。至年底，养老、医疗、生育、失业、工伤保险参保缴费人数分别为79.39万人、79.07万人、76.16万人、74.77万人、76.7万人，实收基金额分别为31.88亿元（统筹）、25.85亿元、2.87亿元、2.03亿元、2.13亿元。

推进和谐劳动关系建设，通过加强劳资隐患排查预警、开展劳资纠纷综合治理、做好劳动争议仲裁调解工作，妥善解决劳资矛盾，维护社会稳定。全年处理劳资纠纷5063宗，比上年下降5.59%。其中，劳动监察立案872宗，向公安部门移送涉嫌拒不支付劳动报酬的案件49宗，处置群体性劳资纠纷突发事件203宗，在网站上曝光有劳动保障违法行为企业59家，为14067名劳动者追回工资和经济补偿等待遇1.3亿元。

【民政工作】 2015年，南海区加快推动全省“救急难”试点工作，进一步完善社会救助体系。在区、镇（街道）、社区三级行政服务中心完善民政救助窗口设置，在全区121个社区中建立“救急难”社区网格化救助工作机制，制定《佛山市南海区“救急难”专项资金使用暂行办法》。全年临时救助282户、695人，发放临时救助金60.29万元。此外，全年发放农村“五保”救助金567万元，551人受惠；对1877户、2229人实施分类救助，发放分类施保金近180万元；发放医疗救助金累计超过590万元，惠及4331人。推进养老事业发展，召开社区幸福院建设现场会，要求各镇（街道）按照辖区内社区数量的10%、40%的比例分两年基本完成社区幸福院的建设配置任务。建立老年人意外综合保险制度，“银龄安康行动”参保人数达12.7万人，覆盖率达60%。全年发放高龄津贴5495万元，8.5

万名老人受惠。推动慈善事业健康发展。举办首届慈善项目众筹大赛，并引入国际垂直马拉松大赛（佛山站），以“慈善+众筹+运动”新形式进行慈善筹款。全年各级慈善组织共募集善款6683万元，支出善款6729万元。加大社会组织培育扶持力度。举办“益动全城　家·南海公益慈善创意汇”活动，创新社会组织扶持模式；举办“益动全城　家·南海社会服务洽谈会”活动，搭建平台推动政府向社会组织购买服务近1.4亿元。年内，全区新成立社会组织128个。至年底，全区有各类社会组织1600个，其中依法登记在册的社会组织1020个，备案管理的580个。

各镇（街道）介绍

【桂城街道】 桂城街道地处南海区东部，是南海中心城区，辖区面积84.16平方千米，东西两翼分别与广州市荔湾区和佛山市禅城区相连，南部接壤顺德区和广州番禺区。下辖31个社区、1个村，有户籍人口25.05万人，流动人口42.19万人。桂城是全国珠宝玉石首饰特色产业基地、广东机械装备专业镇、广东省村务公开民主管理示范街道、广东省教育强镇和体育强镇。2015年，街道实现工业总产值403.99亿元，其中规模以上工业总产值280.2亿元，农业总产值5.84亿元，社会消费品零售总额283.08亿元，全社会固定资产投资165.05亿元，实际利用外资2.37亿美元。

“两轴四湖五城”（“两轴”指千灯湖城市轴和新交通发展轴；“四湖”指千灯湖、怡海湖、映月湖和文翰湖；“五城”指金融城、三山新城、科技创新城、华南新加坡城、平洲玉器城）建设拉开新格局。金融城凸显标杆示范引领作用。千灯湖获全球“城市开敞空间大奖”，魁星阁建成开放，蠕岗八景、金融A区慢行系统和锦园路动工建设。广东金融高新区引入高级商务写字楼项目20个，北京盈科律师事务所等一批高端服务业企业相继进驻。加快编制夏北旧村改造方案，启动夏西良溪工业区改造，地铁金融城、夏北中心公园一期完工开放，金融C区城市更新全面深化。三山新城建设全面提速。文翰湖一期、长江路二期相继完成，顺利启动省军区农场收回和开发工作，引入保利皇冠假日酒店等项目，连片规划“香港城”，佛罗伦萨小镇开业迎客，禾仰广场即将竣工，福誉广场等民资项目相继启动，粤港澳高端服务示范区被列入全省首批“粤港澳服务贸易自由化示范基地”。科技创新城呈现创业聚享氛围。瀚天科技城二期、天安数码城三期和天安中心、汇源通电力产业园相继启用。创享蓝海孵化器引入广东股权交易中心运营，入驻企业32家。华南新加坡城启动片区控规修编，东区路网加快建设，映月湖公园建成，富丰君御、新加坡国际教育社区等项目加快建设，政务服务中心顺利封顶。平洲玉器城申报省民间文化艺术之乡，璞玉园项目封顶，推进“互联网+玉器产业”，加强产业研究和商业景气监测。

城市环境有效改善。重点河涌完成“一河一策”整治，深化叠滘河涌和石硝藤冲涌等河涌生态治理。淘汰黄标车4446辆，专项整治140家餐饮企业油烟排放，完成30家VOCs重点企业整治和建档。以绿城飞花、美村美居、精细化管理、城市升级等系统工程为切入点，新增和改造绿化超过10万平方米。千灯湖步行街区增加特色连廊，彩化提升海八西路、南海大道和桂澜路，完成季华路、海三路、南新一路、南新三路五位一体改造，三圣河和新胜涌一河两岸成为样板示范项目。至年底，全区累计投入7000万元，完成美村美居项目312个。江南名居等33个小区共17万平方米（失管）公共空间纳入市政管养，桂华丽景和桂南教师村成为城市管理改造提升示范项目。出台并实施中心城区治堵工作方案，完成南海中医院周边治堵示范工程。同济东路、夏东路、海六路加快建设，宝石路一环跨线桥、华南汽车城路网启动建设。主干道增设12个调头位，农村区域划设3900多个停车位，新投入公交车103辆，新增3000辆公共自行车，增加33个站点，19条次干道路改造提升人行和自行车道。

民生事业扩面提质。启动新平洲一中建设，1486名外工子女通过积分入学享受公办教育。追溯补缴社保1100多宗，近万名60岁以上居民增补保费提升养老保险待遇。社区卫生服务中心投入2300多万元开展12个公共卫生项目。新建保障房

1733套。七大关爱主题中心形成集中统筹和业务部门共管共营机制，关爱小镇、授勋典礼等主题品牌活动广泛传播城市公益文化。

基层治理成效显著。完成灯湖、翠颐社区网格化管理试点，全面推广社区网格化管理。东约、西约、北约、夏东、平西、北区完成股权固化到户，集体资产交易平台完成项目1398宗，年标的额累计12.7亿元，实现增值19%；农村财务监管平台在管合同10460份，资产总额超过100亿元；股权（股份）管理交易平台在管人员超过10万人，全年新增购股1600多人且实现“零投诉”。街道主要领导驻点联系软弱涣散社区，36个驻点团队累计走访居民户和商户4.3万家，收集群众意见1613条，解决问题1468个，促进“1 + N + X”区域化大党建格局，基层党组织领导核心地位得到巩固。抓好安全生产和消防安全工作，检查各类生产经营单位和出租屋14.5万家次，整改隐患5万多处，签订责任书3万多份。建设平安村居示范点，重点整治出租屋、校园周边和主干道路等重点区域，公共安全得到有力保障。

千灯湖荣获2015年全球城市开敞空间大奖。

【九江镇】 九江镇位于南海区西南部，辖区面积94.75平方千米，下辖19个社区、7个村，有户籍人口10.57万人，流动人口9.35万人。是中国医卫用非织造产品示范基地、中国首个龙舟名镇、中国淡水鱼苗之乡、全国亿万农民健身活动先进镇、广东省教育强镇、佛山市应用电子商务提升传统产业试点镇。2015年，全镇实现工业生产总值260.43亿元，其中规模以上工业总产值243亿元，农业总产值12.11亿元，社会消费品零售总额39.99亿元，全社会固定资产投资43.3亿元，实际利用外资372.18万美元。

产业转型步伐加快。南海南新无纺布九江工厂顺利投产，兰笛、美登、欧品佳等中下游企业进驻，医卫用非织造布及关联产品产业链条逐步成型，年纳税超5000万元。金属材料市场转型取得初步成效，成功转型项目累计36个，折合建筑面积约50万平方米，总投资额15.7亿元。佳科风机成功挂牌“新三板”，实现本土企业上市零的突破。“互联网+传统制造”成效明显，林氏木业以5.1亿元销售业绩卫冕“双11”天猫家具类冠军，23.33公顷现代家居用品智慧调度中心落户临港国际产业社区。骨干企业技改创新步伐加快，中元创新获评“国家重点扶持高新技术企业”，永泉阀门被认定为“广东省高安全性消防系统专用阀门工程技术研究中心”。

招商引资取得突破。新成立镇招商统筹局，出台招商引资奖励办法，创新“镇、村、社、企”四级联动招商，围绕医卫用非织造布及金属类关联制造业大力开展项目招商，全年落户及意向落户的超千万元项目27个，占引资项目总数的90%。按照“谁主动、谁优先”的原则，全力推进土地联合开发，河清、石江土地整合取得阶段性突破。以“工转工”拓展产业发展空间，上东、镇南两个村级工业园“三旧”改造试点顺利启动。

城市建设展现新姿。推进城市升级两年延伸行动计划，完善城市功能布局。大正新城、沙龙路商贸带两大城市中心遥相呼应，九龙国际家具企业总部基地创新服务中心开放运营，睿江云计算数据中心全面竣工，商贸氛围日渐浓厚。教育路北延线建成通车，酒镇大道基本完工，325国道九江段改造正式启动，八大路网提升改造有序铺开。社会治理网格化工作有序推进，网格划分和基底数据采集全面完成，区、镇两级平台成功对接。扩大“大市政”和截污管网覆盖面，统一餐厨垃圾收运，推进海寿岛小型污水处理装置建设。完成污染源监控平台建设，实现重点企业在线环保监控。西江、北江水上无证餐厅清理、黄标车淘汰全面完成，城市环境进一步优化。烟桥古村获评“佛山十大最美乡村”，九江外滩入选区级湿地公园。

民生事业协调发展。成功举办首届教研创新实验周，中考上线率获南海区“十一连冠”。积极筹备南海区第九人民医院三期改造工作，通过“国家卫生镇”复评。九江颐养院、嘉裕大厦保障性住房破土动工，养老保险一次性补缴政策有效落实。流动人口管理与服务并举，积分制入学入户推动公共服务同城共享。“爱心工场”开门运营，“乐善·家”社会服务领域不断拓宽，16个公益项目服务群众3万人次。

基层治理更趋善治。集体经济组织股权确权有序推进，全镇236个经济社完成确认登记，完成率达96%。镇、村（居）两级公共法律服务平台和综治调解中心实现全覆盖，首接责任、排查预警和“三官一师”调解机制有效落实，南海区首个镇级青少年法制教育基地落户吴家大院，基层治理法治化步入常态，全年村（居）矛盾稳控率高达91%。创新驻点联系专项经费竞争性分配制度，扶持民生项目建设，惠及3万多名群众。

【西樵镇】 西樵镇位于南海区西南部，辖区面积176.63平方千米，下辖22个社区、9个村，有户籍人口15.79万人，流动人口13.59万人。是中国历史文化名镇、中国面料名镇、中国龙狮名镇、国家卫生镇、国家级生态乡镇、全国文明镇、广东省教育强镇、广东省宜居城市、岭南魅力名镇和广东省旅游名镇。2015年，全镇工业总产值288.66亿元，其中规模以上工业总产值264.39亿元；农业总产值17.09亿元，社会消费品零售总额75.14亿元，全社会固定资产投资89.1亿元，实际利用外资645.6万美元。

传统产业优化提升。投入1亿多元提升陶瓷行业环保设施，在线监测设备与区环保局对接。实施抛光行业环保提升标准化管理。蒙娜丽莎获省、市质量奖。推进科技兴纺和品牌引领战略。纺织科技大厦基本完工，启动招商工作；新国际轻纺城一期完成填土办证，开展道路和市政设施建设；纺织产业基地与景隆集团战略合作不断扩展，循环经济向纵深发展。年内，15家纺织企业的26个新产品入选“中国流行面料”，2家纺织企业获得“广东省著名商标”称号，西樵镇获评“纺织产业集群创新展示范区”，南方技术创新中心获授“佛山企业博士后工作站分站”。

现代农业提速发展。完成290公顷高标准农田建设。引导水产养殖户、水产企业、农民专业合作社自主投入，建设水产养殖保温大棚，全年建成水产保温大棚136.27公顷。实行水域滩涂养殖许可证制度。指导平沙养殖户成立水产合作社。

新兴产业加快集聚。卫生用品行业持续增资扩产，昱升、啟盛2家企业产值合计突破12亿元，总税收超过3900万元。通过卫生用品龙头企业以商引商，2家上游配套企业达成落户意向。由世界500强企业投资的亚联糖业动工建设。希尔顿（欢朋酒店）、中海地产、碧桂园进驻。

企业服务不断强化。成立招商统筹局，整合强化招商力量，招商引资成效明显，全年新增超千万项目（含增资扩产）30个，计划投资56.4亿元。借助南海区信用融资政策，推广“中小微企业融资担保互助基金”，32家企业获授信2.6亿元。勤进纺织、汇冠纺织、何氏水产分别挂牌上海、广东金融股权交易中心，蒙娜丽莎等6家企业筹备上市。全年企业获专利授权127个，完成25个技改项目备案，技改投入超过7亿元。

城市功能日臻完善。完成21个地块控制性详细规划、三年治水总体规划和简村周边地区概念性城市设计，启动官山城区、樵晖新城控制性详细规划。官太路岭西段、龙湾大桥调头车道、河岗大道外延线、西岸城中大道等完工通车。茶行街、官山涌一期外立面改造竣工。官山市民广场动工建设。公共自行车系统建成14个站点。

生态环境持续向好。启动环境执法联动机制，完善网格化管理。家具、陶瓷抛光、五金、牛仔布行业治理进入验收阶段，印染行业强化气味整治，餐饮行业完成油烟治理任务。全镇109家企业完成锅炉淘汰并实现集中供热。上金瓯等4个村级工业园首期整治完成，淘汰落后产能企业55家。大岸等10个村（居）的农村环境综合整治、上金瓯等4个村（居）的“一村一策”整治工作基本完成。樵园公园、天镇峰公园、环山花海等生态景观林带完成建设。美村计划深入实施，3个农村公园进入验收阶段。解放村石窦涌、民乐程家、百西上巷村等生活污水管网完成建设。

特色文化多元发展。狮王争霸赛、樵山歌王、

“三湖书院”讲坛、村居篮球赛、听音湖龙舟赛等文化体育活动贯穿全年。上金瓯松塘村、百西村头村古村活化通过佛山市首批特色古村落活化升级考评验收；简村入选第二批广东省名村。编辑出版《西樵历史文化文献丛书》《樵山遗韵》，《南海少年黄飞鸿》动画签约开拍。香云纱（杯纱）织造技艺、西樵大饼制作技艺入选市级非遗名录，新增市级文物保护单位20个。

民生服务水平不断提升。西樵镇教育综合改革的成功经验在《广东教育》发表；第一小学特色学校建设经验在全国《基础教育论坛》杂志发表推广；民乐小学“特色学校”项目获南海区100万元资金扶持。顺利通过国家卫生镇复评，简村、岭西获评南海区五星健康村。第四社区卫生服务站家庭医生式服务示范点建设通过验收。成立郭永猷、梁文建等奖教助学慈善基金，全年筹得善款600多万元。创新保障房配租方式，全年分配房源252套，入住率达95%。“1 + 5”志愿V站服务模式广泛推广，10分钟志愿服务圈基本建成。镇团委被授予“全国五四红旗团委”称号。

社会治理扎实有效。全面实行农村资金、资源、资产“三资”清查，深化农村集体资产交易平台建设，农村集体经济组织股权确权工作基本完成。首批10个社区开展社会治理网格化试点。推行“三五”直联工作法，健全民生问题处办流程，1598条问题意见实现100%跟进，100多条群众建议得到采用。全镇32个公共法律服务平台投入使用，“三官一师”参与基层法律服务成效显著。出台本土社会组织和社工人才扶持政策，完成“至善基金”竞争性和资助性项目评审，投入资金648万元，扶持38个社会组织开展63项服务。启鸿创益中心全年开展社会服务363场次。西樵派出所被省公安厅评为“先进单位”，获“全国一级派出所”称号。实施食品药品安全网格化监管，镇食品集中加工中心一期、二期先后建成投入使用；启用食品快速检测车，对镇内各大市场、超市的肉类、蔬菜进行全面监测。开展平沙渡口渡船、建筑领域、企业粉尘防爆等重点领域安全隐患排查整治，创建安全生产标准化企业404家。

【丹灶镇】 丹灶镇位于南海区西部，辖区面积143.5平方千米，下辖18个社区、6个村，有户籍人口9.29万人，流动人口13.71万人。是中国日用五金之都、全国百强镇、国家级生态乡镇、国家卫生镇、全国文明镇、广东省教育强镇。2015年，全镇实现工业总产值236.32亿元，其中规模以上工业总产值194.54亿元，农业总产值10.5亿元，社会消费品零售总额36.36亿元；全社会固定资产投资54.2亿元，实际利用外资3679.4万美元。

统筹招商取得突破。整合全镇招商资源，建立统一的招商团队、工作机制和信息平台。在全市率先设立镇级驻外招商点——深圳科技产业对接中心，与深圳相关行业协会等枢纽型机构建立长期合作关系，成功举办深圳招商推介会，引入力合星空孵化器等一批科技创新型项目。全年共引入项目78个（含企业增资扩产）。

载体建设不断加快。联东U谷一期A区厂房建成，招商中心正式对外开放，首批11家电子信息、高端装备等科技型优质企业签约进驻。力合星空孵化器项目首期1.5万平方米载体加紧建设。物流新城普洛斯电商物流园一期、炬申丹灶有色金属物流园进展顺利。新能源大厦竣工，广顺厂区一期建成投入使用。

优质项目发展迅猛。全年在“新三板”上市企业1家，在南海OTC股权交易中心挂牌交易企业6家。广东新能源汽车核心部件产业基地引入燃料电池膜电极参数测量仪项目，佛山首个新能源汽车加氢站定址国家生态工业园区。南海日本中小企业工业园累计引入日企20家，总投资2.6亿美元，汽配产业集群效应凸显。

城市功能日趋完善。大力建设丹灶新城，城市核心初步成型。大金智地高端产业服务区建设效果初现，建沙路改造工程竣工通车，翰林湖都市型生态农业园自行车绿道和亲水栈道建设工程相继完成。丹金大道、有为隧道以及康园建设工程全面启动。银河电排站重建竣工运行，西岸电排站重建、配套工程和赤坎水库活水工程抓紧推进。广佛（金沙）休闲运动岛环岛大堤绿道全面建成。

城市管理更加精细。“一三五七九”整治提升工作效果明显，沙边、金宁、鸿发三大市场环境卫生、安全管理水平明显提升，金沙收费站、白坭交界处两个交通节点提升工程竣工验收。在全区率先设立村居城管调解工作站。投入1000多万元，开展主干道路LED路灯改造工程。

生态环境持续优化。推进南海区三年绿化大行动和“绿城飞花”主题绿化景观建设。加大环保巡查执法力度，建立立体式环保在线监控平台，完成南沙、西岸、仙岗、大涡4个村级工业区、142家企业的环保整治，完成高污染燃料锅炉淘汰、金属表面处理行业整治和企业清洁生产审核验收工作，基本完成“黄标车”淘汰任务。

民生事业协调发展。投入3400多万元教育专项资金，新建金沙小学、联安小学两幢教学楼。顺利通过国家卫生镇复评，H7N9禽流感和登革热防治实现“零”病例。丹灶医院与省内专家合作开展康复理疗、耳喉鼻专科项目。广东省“有为杯”报告文学奖落户丹灶，第十二届康有为文化节圆满举办。开展系列就业培训和企业招聘活动，成功创建6个高校毕业生就业见习基地。基本医疗保险实现全覆盖，做好社保扩面工作，落实养老保险一次性补缴政策7740人，向低保户、困难家庭发放救助金近700万元。

改革创新稳步推进。率先在全区完成农村股权确权工作新股份章程表决。自然人“一窗通办”行政服务改革顺利完成。丹灶、金宁、仙岗、西岸4个试点村（社区）建成社会治理网格化平台并成功试运行。投入超过400万元“有为基金”购买服务、扶持项目，全镇引入专业社工机构7个，成立“邻里家”25个，扶持优秀服务项目31个。

【狮山镇】 狮山镇位于南海区中部，辖区面积330.6平方千米，下辖东区、西区、罗村、大圃4个社会管理处，38个社区和28个村，有户籍人口28.79万人，流动人口54.56万人。狮山镇是国家新型城镇化综合试点镇、全国重点镇、国家级卫生镇、广东省食品安全示范镇、广东省文明镇、广东省家电技术创新专业镇、广东省汽配技术创新专业镇、广东省照明灯饰技术创新专业镇、广东省口腔器材技术创新专业镇。2015年，全镇实现工业总产值3199亿元，其中规模以上工业总产值3024.53亿元，农业总产值18.67亿元，社会消费品零售总额158.03亿元，全社会固定资产投资总额301.62亿元，实际利用外资4.86亿美元。

创新创业活力迸发。实施创新驱动发展战略，加快建设珠三角国家自主创新示范区和广东省金融科技产业融合创新试验区。新增中科院中医药生物科技产业中心、广工大研究院、力合创智、芯光源等4家国家级科技企业孵化器，约占全省新增数量的四分之一。新增高新技术企业31家、工程技术研发中心20个，高新技术企业达118家。云峰团队入选省“珠江人才计划”，企业自主创新能力大幅提升。安信德摩牙科投资基金、广东猎投基金、国科蓝海投资基金三支基金运作良好，产业基金的撬动作用有效发挥。

产学研合作成绩斐然。主动加强与院校的沟通联系，推动产学研合作向纵深发展。至年底，与中国工程院、中国科学院、清华大学、华中科技大学、广东工业大学等院校形成长期稳定的战略合作关系，力合科技园、佛山智能装备技术研究院、东软IT创业园等10多个创新创业平台进驻，成立佛山市珠江西岸装备制造产业联盟、佛山机器人创新联盟、佛山市机器人产业创新协会。是年，狮山镇获“中国产学研合作创新与促进奖”，并被授予“中国产学研合作创新示范基地”称号。

汽车制造业迅猛增长。全年新增汽车零部件企业5家，一汽－大众二期项目建设顺利。至年底，有规模以上企业、一汽－大众及其配套企业63家，全年总产值达600亿元，比上年增长20.7%；税收38亿元，增长22.6%。

高端装备制造业集聚发展。与科技部火炬中心、北京中关村共建“互联网+智能制造”试点城市，中关村“互联网+智能制造”国际技术协同创新中心启动建设，高端装备产业集聚区成功争取珠江西岸先进装备制造业发展专项资金。佛山机器人创新产业园启动，全球工业机器人巨头安川电机凯尔达项目开业，引进华中数控共建佛山智能装备技术研究院、登奇电机及佛山华数项目。南方风机重型金属3D打印项目取得突破性进展，与中科院广州电子所共建“广东中科高新增材制造产业创新中心”，获省批准建设广东3D打印应用技术创新中心。至年底，有高端装备制造产业规模以上企业90家，全年实现产值140亿元。

传统制造业加速转型。加快推动新一轮技术改造，支持优势传统产业实施设备更新和升级换代，对铝型材、家具等传统产业提供针对性技术改造对接服务。全镇在建超500万元技改项目50多个，计划总投资200多亿元。

城市配套提档升级。大力推进“多规合一”试点，全镇控规覆盖率达65%，城市空间布局更加优化。投入7亿元新建或改造道路26千米，完成桃园路、万锦路、罗务路以及一汽－大众配套园路网等改造提升工程，投入约2亿元新建截污管网约40千米，信富商业广场等“三旧”改造项目基本完成，华南（国际）创新产业园正式开业，城市更新再提速。建成公共自行车站点106个，投放自行车3500辆。

城市管理更加精细。铁腕治理环境污染，关停涉污企业400多家；集中资源对广佛跨界河涌的10个村居工业园，以及“风梅岭”“黄牛牯”等片区进行综合整治提升；加强“两违”整治，整改违法用地图斑509宗246.67公顷；深化松岗河等生态修复工程，水环境进一步改善。投入6000万元实施六大精细化管理工程，创新化解占道经营难题，打造智慧城管和城市管理特色镇。完成狮城路广告牌示范区一期项目，加速禅炭路外立面综合提升工程，建成桂丹路“五位一体”景观街。投入200万元专项资金整治提升农贸市场，打造样板市场2个。投入3300万元深化美城美家计划，投入9800万元推行“大市政”，城乡一体化环卫保洁服务外包覆盖90%的村（居）。

民生事业繁荣发展。投入1亿元推进松岗中心小学等10个学校扩容工程，新增公办中小学学位900多个，帮扶外来工学校规范优质办学经验在全区推广。实施十大文化惠民工程，投入近3000万元完善镇、村两级文体设施，成功举办国际武术大赛等文体赛事，城市文化氛围日益浓厚。实施就业培训三年行动计划，失业率控制在2.29%以内。全力推行新市民积分制管理，积极推动和谐劳动关系示范区建设，做实树本产业家园，打造“1＋3”工会服务大联盟，镇工会获“全国工会落实建会三年规划先进集体”称号。

【大沥镇】 大沥镇位于南海区东部，辖区面积95.9平方千米，下辖东区和西区2个社会管理处，38个社区，有户籍人口25.15万人，流动人口46.91万人。大沥镇是中国商贸名镇、中国内衣名镇、中国时尚品牌内衣之都、中国再生金属物流加工基地、中国专业市场电商采购示范区、国家卫生镇、中国龙狮运动名镇、中国民间文化艺术之乡（粤曲）、中国摄影之乡、广东省民族民间艺术之乡（醒狮、粤曲、书画）、广东省教育强镇、广东诗歌之乡。2015年，全镇实现工业总产值562.34亿元，其中规模以上工业总产值509.96亿元，农业总产值6.32亿元，社会消费品零售总额198.02亿元，全社会固定资产投资总额131.23亿元，实际利用外资8771万美元，位列“全国综合实力百强镇”第五名。

产业实力不断增强。成功引入国家级纺织检测平台，加快创建“全国内衣产业知名品牌示范区”，南海铝材、盐步内衣入选“中国品牌价值排行榜”。考迈托（佛山）挤压科技成功登陆“新三板”，募资600万元。佛山首条创业大街建成，成功引入“创大”“智城A＋”2个创业孵化器。新增国家级企业技术中心1个，中国驰名商标2件，制定国家、地方和行业标准15项。阿里巴巴产业带、京东云产业基地加快建设。龙汇、坚美、华昌总部大厦相继封顶。广佛智城二期、南海之门、和华广场等项目如期推进。南方时尚城、星港城一期、永旺梦乐城建设顺利，国昌红星美凯龙全面开业，希尔顿、喜来登星级酒店项目稳步实施，万达广场、法国迪卡侬体育顺利落户。宝力广佛慧谷成功签约，南粤银行、华兴银行开门迎客，日昌盛融资租赁项目加紧落实。

城市品质加快提升。珠江桥放射线和桂澜路北延线征拆工作稳步推进，文华路北延线和海景大道逐步实施，蟾龙南路、滨河路、同庆大道大镇段、沿江路白沙段、河东中心路下穿贵广（南广）铁路隧道加紧施工。联滘、奇槎、太平等旧改项目进展顺利，沥北湖马工业区、沥中工业区列入南海村级工业区改造示范项目，原亚洲铝厂、中大皮革城、世贸纺织城等地块加快整合，太平北海集体经营性建设用地入市成为全省首宗挂牌交易的集体经营性建设用地。“美城美家”计划成效明显，九龙公园一期、沥桂河滨公园、新城公园建成开放，凤池凤东公园、钟边北二公园、河西颜边公园、白沙公园等40个项目顺利完工。

民生工程扎实推进。石门中英文实验学校、河东小学建设顺利。海北广场二期保障房顺利封顶，沥中二期、太平二期保障房建设启动。试点铺开家庭医生服务。建成9个关爱扶持就业基地和15个毕业生见习基地。成立南海首个镇级社会服务联合会，社会服务逐步向农村社区延伸。沥港共建街坊会合作基地、社区养老服务示范点以及志愿V站相继建成，“彩虹桥计划”开创社工机构介入社会救助新模式。全年全镇举办各类文体活动400多场，获“中国民间文化艺术之乡（粤曲）”称号。

社会管理力度增强。社会治理网格化、城市管理精细化有序铺开。新设8个城管执法岗亭，39个城管高清视频监控点投入使用。城市“六乱”有效整治，“清无”行动获得全区绩效考核第一名。涉黄、反恐、反抢等专项行动深入开展，东区平安提升行动初见成效，治安形势明显好转。社会矛盾专项治理扎实开展，属地化解取得显著成效。农村“股权确权”工作稳步推进。食品药品安全监管有力，获“佛山市食品安全示范镇”称号。

行政效能显著提高。行政审批“一窗通办”改革全面完成，“三单管理”落到实处。推动社会管理处体制改革，实施管理服务重心下移。公共资源交易管理进一步完善，招标采购规范运作。3个行政服务中心完成办件量超70万件，占全区办件量的23%，办结率达100%。

【里水镇】 里水镇位于南海区东北部，辖区面积148.28平方千米，下辖16个村、17个社区，有户籍人口13.37万人，流动人口35.84万人。里水镇是国际安全社区、中国百合名镇、中国袜子名镇、全国环境优美乡镇、国家卫生镇、广东省文明镇、广东生态示范镇、广东省教育名镇。2015年，全镇实现工业总产值844.06亿元，其中规模以上工业总产值784.56亿元，农业总产值14.67亿元，社会消费品零售总额77.85亿元，全社会固定资产投资总额128.31亿元，实际利用外资478.4万美元。

产业发展步伐加快。新材料、食品药品、家用电器三大产业提速加力，广东新材料国际创新产业园开园招商。一方制药增资扩产，年纳税达2.5亿元。寿桃绿色食品城、骆驼总部等项目加紧实施。宇能国际获批南海区首批跨境电商产业园。精铟海工、文灿压铸、凯林化工在“新三板”上市。创新企业服务，组建南海首个企业董秘俱乐部。全年共发放科技类企业扶持资金2626.9万元。加强产研结合，成立国内首个产业基地高校科学家联盟。占地100公顷的南海花博园项目启动建设。

招商引资成效显著。全年已落地超千万元投资项目61个，超10亿元意向投资龙头项目3个，投资总额达100多亿元。国际创新产业园引入项目28个，中企绿色总部引入品牌企业126家。永润广场顺利招商，卜蜂莲花、风信子等知名品牌率先进驻。

城市环境不断优化。完成里水城市中轴线及里湖新城概念规划，启动国家AAAA级旅游景区创建，以“一河三岸”为核心区，深化环境景观提升。加快贤鲁岛生态旅游度假区建设，顺利完成展旗楼主体工程。投入3.13亿元建设镇内交通路网，西线路扩宽工程等一批项目顺利完工，环镇北路及桂澜路北延线拆迁工程、盐南线首期改造提升工程加快推进，新兴路“五位一体”工程基本完成。全年投入2234万元深入推进“公园化战略”，建成公园42个，规划、在建公园14个，基本实现“一村一公园”。投入4000万元大力推进“美村工程”，引入竞争性资金分配方式，提高资金使用效率。全面推进“两厂、四站、十一片区”污水设施建设，启动100千米污水管网项目，大石污水处理厂（一期）进入调试阶段，建成鲁岗、南洲小型污水处理站，截污治污系统进一步完善。实施“一村一策”工业区环境整治，宏岗、大步等6个村（居）通过验收。深化广佛跨界河涌水环境治理，铁腕整治环保违法企业300多家，“梦里水乡 广佛城心花园”项目成为佛山市唯一获“广东省宜居环境范例奖”项目。

社会治理创新推进。成功完成社会治理网格化试点工作，建成镇智慧城市指挥中心和36个智慧社区工作站，整合部门资源，把人、地、事、物、组织全部纳入网格，重构基层治理体制，为全区提供基层治理样本。全面铺开城市精细化管理，逐步实现城乡管理一体化。加强流动人口管理，成立出租屋主联合会，扩大服务管理覆盖面，完成全镇物业小区流管分站建设。农村改革不断深化，全镇195个经济社完成股权确权章程表决工作。人民调解工作成效显著，司法所获评全国模范司法所。设立村居食品安全专管员，推动监管防线前移，获评“佛山市食品安全示范镇”。

社会事业协调发展。里水新医院主体工程顺利封顶。和顺保障性住房（一期）共512套全面建成。启用公共自行车系统，开通里广快线，市民出行更便捷。和顺小学北校区改造完成，新增优质学位1200个，完成和顺二中及里水中学校区提升工程，绿地小学、紫山学校启动建设。成功通过国家卫生镇复评，社区卫生服务站完成整合，创建五星级健康村5个。举办首届水乡集体婚礼、第三届锦龙盛会和第四届百合花文化艺术节。建成南海区首个残疾人关爱服务中心，成立里水镇创益基金，强化公共服务财政保障，推动政府职能转移。

公共服务逐步完善。“1＋N＋X”区域化党建顺利启动，村党总支升格党委工作全面完成；深入开展驻点联系群众工作，实施“两联三帮”全面推动村居综合发展；建成镇、村两级公共法律服务体系，建立“三官一师”工作机制，引导群众合法表达诉求。率先启动“一窗通办”政务改革，规范审批流程，提高窗口办理效率。举办镇长微访谈活动，加强微信、微博平台建设，搭建政府和群众沟通桥梁。

（沈　娜）

附：2015年南海区党政主要领导名单

书　　记：梁维东
副 书 记：郑灿儒　张辉明
　　　　　刘涛根（4月挂职）
常　　委：植伟生　龚嘉明
　　　　　刘涛根（任至4月）　李志伦
　　　　　梁耀斌　罗坚华
　　　　　李佳华（任至4月）
　　　　　苏　岩（任至8月）
　　　　　潘建刚（4月任职）
　　　　　李　军（8月任职）
　　　　　李晓佳（7月任职）
　　　　　王　雪（任至1月）
区　　长：郑灿儒
副 区 长：刘涛根（任至4月）
　　　　　梁耀斌（4月任职）
　　　　　黄　果（4月任职）　冼富兰
　　　　　黎建军（任至4月）　刘铭恩
　　　　　李晓佳（任至9月）　陈绍文
　　　　　吴赐成（9月任职）
政务委员：朱伟新　张衍昌　蔡汉全

现任南海区党政主要领导名单

书　　记：黄志豪
副 书 记：郑灿儒　张辉明　刘涛根
常　　委：植伟生　龚嘉明　李志伦
　　　　　梁耀斌　罗坚华　杨焕新（挂职）
　　　　　李　军　潘建刚　李晓佳
区　　长：郑灿儒
副 区 长：梁耀斌　杨焕新（挂职）　黄　果
　　　　　冼富兰　刘铭恩　陈绍文
　　　　　吴赐成　林　莉（挂职）
政务委员：朱伟新　张衍昌　蔡汉全

（2016年7月南海区供稿）

顺　德　区

概　况

顺德区位于佛山市东南部，东接广州市，南邻中山市，西南与江门市隔江相望。行政区域面积806.57平方千米，是广佛都市圈、粤港经济圈的重要组成部分。建县于明景泰三年（1452年），1992年撤县建市，2003年撤市设区，2015年辖大良、容桂、伦教、勒流4个街道和北滘、陈村、乐从、龙江、杏坛、均安6个镇，共有106个行政村、96个社区。全区年末户籍人口128.49万人，常住人口253.53万人。人口自然增长率7.65‰。2015年，顺德连续第四年获评中国市辖区百强首位，第七次获评中国全面小康十大示范县市，获评广东省生态区，佛山新城荣获首届中欧绿色和智慧城市评选最高奖，城市升级三年巡查总分在佛山五区排第一。

2015年全区生产总值2587.45亿元，增长8.5%。其中：第一产业增加值38.31亿元，增长2.1%；第二产业增加值1512.94亿元，增长7.7%；工业增加值1461.17亿元，增长7.8%；第三产业增加值1036.2亿元，增长10.1%。人均地区生产总值102056元，增长5.9%。三次产业结构为1.5∶58.5∶40。全年全社会固定资产投资643.09亿元，同比增长16.8%。地方财政公共预算收入187.47亿元，同比增长7.6%。农业总产值86.02亿元，增长1.2%。工业完成增加值1461.17亿元，同比增长7.8%。社会消费品零售总额870.8亿元，增长12.3%。外贸出口额206.9亿美元，同比增长0.3%；外商直接投资9.3亿美元，同比增长14.6%。城镇居民人均可支配收入42559元，同比增长9%；农村居民人均纯收入26860元，同比增长7.9%。高中毕业生升学率95.4%，初中毕业生升学率99.99%，小学毕业生升学率100%，小学入学率100%，适龄儿童入园率为100%。参加城镇职工基本养老保险84.14万人，参加城镇职工基本医疗保险83.56万人（未含退休人员），参加城乡合作医疗69.61万人。

经济建设

【工业】 顺德是中国知名的制造业基地，支柱产业有家用电器、机械装备、纺织服装、精细化工、汽车配件、电子信息、家具制造、包装印刷等，高端装备制造、珠宝首饰、新材料、物联网等新兴产业成长迅速，形成特色鲜明、门类齐全、规模较大的现代工业体系。2015年，顺德落实政府产业转型、改革创新等各项行动计划，不断加强产业结构调整，淘汰落后产能，加强企业技术创新，推动工业经济持续、稳定发展。全年全部工业完成增加值1461.17亿元，同比增长7.8%；规模以上企业工业增加值1380.8亿元，同比增长8%。家电制造业方面，顺德举办“中国顺德国际家用电器博览会”“顺德厨卫生活电器及家用电器原材料、零配件采购展览会”。美的集团入选福布斯全球企业500强，排名436位；同时，美的集团列中国500强第32位，位居家电行业第一。顺德先进装备业产业规模首次突破2000亿元（2099.2亿元），同比增长率10.4%，全区共有机械装备制造企业3000多家，形成规模化、集约化生产，新增装备制造业上市企业5家（主板2家、新三板3家），累计10家。全区从事家具制造行业的企业5000多家，从事家具材料销售商铺超过10000家，主要集中在龙江镇和乐从镇。绿之彩印刷有限公司成为佛山首家获得绿色认证企业，通过环境保护部授权颁发的中国环境标志产品认证证书。广东绿之彩印刷科技股份有限公司成功登陆全国中小企业股份转让系统

（新三板）；“绿之彩”和“万昌”获广东省第二届“十大最具竞争力印刷企业”；广东德冠包装材料有限公司的无胶膜系列产品获中国环境标志（Ⅱ型）认证证书。2015年，顺德成立“广东省创新转化生物园”，与中科院生物物理研究所共建中国生命健康创新孵化中心。广东华润涂料有限公司、广东美涂士建材股份有限公司入围2015中国化工企业500强，华润涂料荣获“华涂奖2015环保建筑涂料品牌”荣誉称号。广东伊之密精密机械股份有限公司、广东星徽精密制造股份有限公司成功登陆深交所创业板。美的集团股份有限公司与日本国株式会社安川电机独资子公司安川电机（中国）有限公司成立广东美的安川服务机器人有限公司及广东安川美的工业机器人有限公司。

【农业】 2015年，顺德区推动农村改革，促进农业产业转型升级，推动“三生”共融发展，被认定为国家现代农业示范区，通过产业园区建设和龙头企业加快农业产业化，发展水产业、畜牧业、饲料业、种植业，加强农产品质量安全监管，全区全年实现农业总产值86.02亿元，同比增长1.2%。建设国家现代农业示范区。顺德是出口种苗花卉质量安全示范区和农业龙头企业、现代农业产业园区，发展农业会展经济和农产品电子商务。1月，根据《农业部关于认定第三批国家现代农业示范区的通知》文件精神，顺德区被农业部认定为第三批国家现代农业示范区。7月10日，顺德举办国家级现代农业示范区揭牌仪式。11月，顺德区通过全省出口种苗花卉质量安全示范区验收，以示范区创建提升顺德出口种苗花卉质量安全，推进顺德出口种苗花卉产业转型升级，提高种苗花卉知名度和美誉度，促进种苗花卉产业做大做强。2015年顺德区农业龙头企业新增省级1家（广东顺德穗丰源农业开发有限公司），新增市级5家，共有国家级2家、省级11家、市级16家。陈村花卉世界现代农业产业园、广东顺德菊花湾现代农业园等8个园区获2015年顺德现代农业产业园区称号。顺德蕴乡生态农业科技园被认定为市四星级农业园区，顺德共有市五星级农业园区2家，四星级农业园区4家。是年，顺德举办第三届广东（佛山）安全食用农产品博览会暨粤桂黔名优农产品推介会、2015年广东国际旅游文化节——佛山美食节（顺德展区），扶持农业社会组织承办世界名龟科普养殖交流展。组织参加2015年中国广州国际渔业博览会、2015年中国安徽（合肥）农业产业化交易会等国内大型展览展销活动。加快农产品电子商务发展，省、区共建发展“智慧农业”，签订《共建广东省农产品电子商务示范区合作框架协议》《共同推进省区共建农产品电子商务示范区合作框架协议》，加快转变农业经济发展方式，发挥农产品电子商务的推动与引领作用。2015年，顺德水产养殖面积为10733.33公顷，总产量23.72吨，产值56.4亿元。种植业面积7380公顷，其中，花卉面积2933.33公顷，蔬菜2066.67公顷。种植业总产值19.22亿元，同比增长5.7%，其中花卉产值14.98亿元，蔬菜产值3.5亿元。2013～2015年度高标准基本农田建设任务目标500公顷。按照“集中连片、产权单一、利于实施、农民自愿”的原则规划建设，项目2015年1月竣工，3月通过镇初级验收，6月通过竣工验收。“十二五”期间，顺德区高标准基本农田建设全部完成。

【电子商务促进实体经济创新】 2015年，顺德区和广东省商务厅共同建设广东省首个电子商务创新区，全年全区顺德电子商务交易额近1000亿元，增长约33%，电子商务企业超8000家，电子商务平台超15个，在建各类电子商务特色产业园区21个。龙江家具产业园获商务部认定为国家电子商务示范基地，欧浦智网公司获商务部认定为国家电子商务示范企业，省百强电子商务企业25家，数量排全省第二。顺德扶持和培育区域品牌特色的网上电子商务平台建设：6月18日，网上“顺德家电馆”和“京东·广东龙江家具馆”正式开业，推进区域优势品牌企业网上销售，推进阿里巴巴·顺德产业带建设。11月6日，顺德电商学院成立并对外招生，举办华南电商大慧堂等10多个大型线下电子商务活动，全年参加培训或活动的企业超过7300人次。

【载体建设进展顺利】 2015年，中德工业服务区产业加速聚集，与中科院生物物理研究所共建中国生命健康创新孵化中心，启动广东省创新转化生物产业园建设。顺德高新区首次采用政府与社会资本合作模式，有效破解资金瓶颈制约，园区建设全面加速。广东顺德清远（英德）经济合作区建设顺利推进，成功引进一批重大项目。制订城市更新实施办法，“三旧”改造持续升温，完成改造项目13个，占地面积117.33公顷。

2015年10月19日，广东省创新转化生物产业园举办奠基仪。

城市建设与管理

【规划开放战略】 2015年，顺德发布北部、东部片区一体化概念规划。广州地铁7号线西延顺德段成功获批，启动广东（潭洲）国际会展中心建设，北部片区九大工程全部进入实操阶段。推动东部、西南片区与南沙、中山、江门等地对接，加强规划衔接，顺德建设珠江两岸节点城市迈出坚实步伐。联合汉诺威、株洲等10个城市共同发起组建“中德工业城市联盟”，启动省、区共建广东国际合作区，推动顺德在更高层次上参与国际合作与竞争。

【城市建设美化】 2015年，佛山新城荣获首届中欧绿色和智慧城市评选最高奖，成功举办中欧城市可持续发展论坛。顺德新城基础设施、环境提升全面推进，“中优、东拓、西延、南联、北融”格局正在形成。重点项目征地拆迁取得突破，佛山地铁2号线、3号线顺利推进，广明高速顺德段、江顺大桥、华阳特大桥、乐龙路一期、伦桂路一期、海尾立交等交通工程通车。多项重点水利设施建成，110千伏苏岗输变电工程投运，光纤入户率52.5%。

【人居环境优化】 2015年，顺德区美城行动考核体系逐步完善，新增数字城管运营面积12.3平方千米。获评“广东省生态区”，主干河涌水质达标率保持全市前列。顺控环投热电项目开工建设。设立“环保巡回法庭”，严厉打击环境违法行为。潭洲水道北滘段绿化工程完工，华侨城桂畔湿地花海向市民开放；中心城区人均公园绿地面积19.4平方米，全省领先。杏坛逢简被授予2015中国最美村镇评选的最高殊荣“榜样奖”。

社会民生事业

【基础保障】 2015年，顺德区基础保障日益完善。职工医保平均报销比例超过70%。建立完全被征地农民老年生活津贴动态调整机制，津贴提升至275元／人·月。科学调整社会救助保障标准，低保标准提高至590元／人·月；特困人员标准提高至1432元／人·月，高于省标准10%。建成7个镇（街）长者综合服务中心。充分就业社区建成率100%，登记失业率2.49%。超额完成省下达的住房保障建设任务。完成新一轮扶贫开发“双到”工作。

【公共事业】 2015年，顺德区公共事业协调发展。全面启动教育综合改革，成为教育部在广东省唯一的教育管办评分离改革试点单位，成功创办中德工业学院。社区卫生服务覆盖率96.6%，实现区域和服务人口全覆盖。顺德美食节、欢乐龙舟文化节等群众文体活动蓬勃开展，数字农家书屋建成率100%，引进华语传媒文学、音乐大奖等知名品牌。粤曲、龙眼点睛、关帝侯王出游获评省级非遗项目，逢简、碧江、沙滘等古村落活化取得实效。区社科联荣获“全国先进社科组织”，区妇联获评“全国妇女宣传舆论阵地建设先进单位”。

【社会大局】 2015年，顺德区社会大局和谐稳定。“平安细胞”创建率95%，基层网格化管理服务模式全面铺开，三级综治信访维稳平台高效运作。全区刑事治安警情同比下降16.1%，公安信息化应用全省名列前茅。积极开展创建国家级和谐劳动关系综合试验区工作，妥善预防化解劳资纠纷。全省率先探索食品药品审管分离监管模式。安全生产监管体制进一步完善，事故数量同比大幅下降。外事侨务、民族宗教、双拥优抚、粮食储备、工商联、残疾人、消防、气象、武装、编制、人防、档案、史志等各项事业取得新成就。

【市民健康】 2015年，顺德区人均基本公共卫生服务经费标准提高到40元；扩大服务覆盖面，逐步增加老年人、高血压患者和糖尿病患者管理数量，新增高中新生结核病筛查项目。制订重症精神残疾人托养服务办法，在伍仲珮纪念医院设置100张托养床位。推进顺德区重症精神残疾人托养中心建设和托养服务试点。

【教育惠民】 2015年，顺德区提高义务教育生均公用经费补贴标准，小学1370元/年，初中2276元/年。取消义务教育阶段民办学校笔试招生。完善特殊教育服务体系，落实送教上门服务，建成12个残疾儿童随班就读资源教室。新竣工校舍项目48个，增加普通高中学位600个、初中学位1100个、小学学位965个、幼儿园学位6750个。推行“社区园区学校共建模式”“公办民办学校共建模式”“职教混合制办学模式”改革，提高办学质量。

【文化共享】 2015年，顺德区图书馆实行免押金办证服务，市民凭二代身份证或市民卡激活借阅功能；延长主馆及自助图书馆开放时间，实现全年无间断对外服务。新建、改造20个社区体育公园。举办校园足球联赛，区内超过90个学校参加。

【食品安全】 2015年，顺得区食品生产、流通及餐饮服务三个环节共抽检食品及餐饮具超过1900批次，完成食用农产品样品检测100多万份。完善食品监管体系、责任体系和检验检测体系，出台食品药品违法违规企业“黑名单”管理实施细则和食品安全责任追究实施细则，建立健全区内食品监管数据信息互通共享机制。

【失独关怀】 2015年，顺德区建立失独家庭扶助制度，为全区155户失独家庭共197个对象开展平安钟服务、家居清洁、陪护就诊、精神慰藉等关怀服务，总计5000人次。在女方年满49周岁后，夫妇双方每人每月发放不低于800元的扶助金。为月收入不足2200元的失独家庭每户每年一次性发放1000元救助金，并为符合条件的失独家庭办理失独家庭综合保险承保手续。

【养老事业】 2015年，顺德区修订民办养老福利机构扶持办法，对营利性养老机构给予床位建设补助。制订公办养老机构改革试点工作方案，以龙江敬老院为试点开展公办养老机构改革。选取大良等5个镇（街）推进养老服务资源整合工作，各镇（街）分别选取1～2个条件成熟的村（居），利用退管服务站、养老服务中心统筹其他养老服务机构开展相关活动，并逐步建立和完善管理机制。

【公交优化】 2015年，顺德区新增（优化）9条公交快线或跨区公交新线，加强与广珠城轨、广州南站及广佛地区公交对接。105国道、325国道75%以上公交站点改造成港湾式站点。建设公共自行车二期，新增自行车2062辆，新增网点139个。

【便民服务】 2015年，顺德区完善区行政服务中心智能服务大厅建设，建立互联网、自助终端和智能手持终端三位一体的综合服务平台。扩大市民卡应用范围，12条公交线路152台公交车支持市民卡支付，区公共自行车系统、区图书馆和11家公立医院医疗自助终端支持市民卡应用。在“顺德百事通”平台增加水电费查询等服务内容。

【生态家园】 2015年，顺德区加强社区环境建设，新建、改造市政公园和社区公园超过10个。推广清洁能源使用，全区新增天然气中压管道32千米，新增天然气用户2.5万户，港华燃气公司完成8个液化瓶组小区的天然气置换。完成638台渣土运输车辆、248台环卫车辆GPS监控设备接入工作。

【治安提升】 2015年，顺德区将30个公安业务系统与警用地理信息系统进行关联共享，初步建立起信息化操作“云平台”，利用信息化手段破案数占总数比例超过95%。完善立体化治安防控体系，在市际、区际和镇（街道）际建立三重防护圈，覆盖公路和水路、小区和行业、卡点和平台周边三大区域。累计建成并投入运作“警务e超市”128个。继续推进“大巡防”、交巡警平台等勤务运行模式。

各镇（街道）介绍

【大良街道】 大良街道是顺德区政府所在地，顺德的政治、文化、教育、商贸中心，地处顺德中部偏东，连接广州，毗邻港澳，是佛山市规划的第二个百万人口中心组团的核心区。辖区面积80.29平方千米，建成区面积36.11平方千米，下辖20个社区和2个村，常住人口40.13万人，其中户籍人口22.76万人。广珠城际轨道顺德段、太澳高速、珠二环高速公路、东新高速公路五沙段贯穿全境，佛山地铁3号线和肇顺南城际轨道规划直达辖区中心。大良文化底蕴深厚，辖区内有清晖园、宝林寺、西山庙、锦岩庙等名胜古迹，有4个片区是广东省历史文化街区。大良经济基础良好，公共服务配套较为完善，文化、慈善、教育等社会事业发展突出，有“中华餐饮名镇”“中国曲艺之乡”“中华集邮名镇”“广东省教育强镇”“广东省机械及电气装备技术创新专业镇”“广东省数控一代机械产品创新应用示范专业镇”“广东省民间文化艺术之乡”等称誉。2015年，大良实现地方生产总值400.97亿元，规模以上工业企业产值301.48亿元，限额以上贸易住宿餐饮业营业额391.16亿元，全社会固定资产投资83.6亿元，工商税收100.67亿元，其中区级库税收29.2亿元。

经济蓬勃发展。推动都市型经济，美的广场商业中心全面开业，万豪酒店开业迎宾；保利中环广场天交所运营中心进驻安信证券、毕马威企业咨询、粤财投资控股等众多金融机构；雅居乐都荟广场招商进驻中影、星巴克等商家；星空影院、卢米埃影城等多家影院落成营业。顺德华侨城文化旅游综合项目正式奠基。举办“世界美食之都”——2015顺德（华侨城）美食节主会场活动和大良青年创客汇活动暨青年创业大赛华南赛区（顺德）挑战赛。“互联网+创业”环境有提升，光晟电器、中国制造网、公信智能会议公司等250家企业进驻顺德创意产业园；顺德创客中心正式运营并吸引近30家创业团队和商协会入驻；汇创方·智造园开展招商，龙的科技中心新认定为顺德区小企业创业基地；落户大良的顺德“众创金融街”筹建顺利。产业转型升级成效显著。机械装备业良性发展，全年完成装备制造业投资金额11亿元；阿格蕾雅OLED新材料研发和生产项目实现投产，伊之密注塑机二期工程项目竣工验收；美芝制冷、金榜塑料、科德化工、高力威机械等4个工程技术研究中心新认定为广东省工程技术研究中心；新增光晟电器、瑞德电子、公信智能会议公司3家“新三板”挂牌企业，成立股份公司企业7家。引进科凯达智能机器人、伊雪松机器人、日本三条发动机关键零部件等高质量项目。2015年，大良实现地方生产总值400.97亿元，第一、第二、第三产业的占比为0.1∶27.5∶72.4。

2015年，大良针对三个梯次区域特点开展城市建设。一是启动实施顺德东部新城战略，推进德民路东延线、德胜河北岸景观带、新城区中轴线连通桥等重点项目建设，筹建新城区中小学项目，加快征地拆迁保障重点项目如期推进；二是挖掘旧街区历史文化资源，加快华盖山栈道建设，开展宝华巷“三旧”改造，启动锦岩庙、人民礼堂及周边传统街区的活化；三是实施百村升级行动，105国道以西片区等城乡结合部改貌工作初见成效，顺峰农场村列入全市巡查示范点。2015年，大良升级改造公共自行车系统，投放新自行车2000辆。进行路灯、交通设施、下水管道等市政基础设施建设和维护，推进村级工业区“一村一策”环境综合整治，持续开展城市管理考评工作并一直领跑全市。云近东区滨河景观工程与顺峰山公园之间的精品绿道工程完工，顺峰山公园湿地花海对外开放，桂南公园改造和新滘社区体育公园建设顺利完成，城市生态绿化面积不断扩展。逢沙污水处理厂通过环保竣工验收，五沙污水处理厂管网修复工程和五沙热电“超洁净排放”改造烟气治理工程完工，垃圾压缩中转站新站建设及旧站改造项目顺利推进。

社会保障落到实处。完成限价房205套建设任务。加强就业培训，举办11场专场招聘会促进就业。劳动保障监察立案217宗，受理工伤认定1137宗。及时发放低保户、临界户、“三无”对象、五保户等困难家庭生活补贴。向3.6万名长者发放长者津贴，开展长者居家养老服务资助及免费体验平安钟服务。大良慈善会救助困难人士约2000人次。北区、古鉴以及新球等社区卫生服务站建设完成，基本公共卫生服务范围进一步扩大。社会事业蓬勃发展。教育实行新市民积分制，完善“积分入学”实施方案，举办第三届凤城教育文化节。街道被评为“广东省民间文化艺术之乡”。大良团委获“广东省五四红旗团委”荣誉，北区荣获“全国社区侨务工作明星社区”称号，大良街道志愿者（义务工作者）联合会被评为佛山市最佳志愿服务组织，对口扶贫工作得到上级表扬。开展消防安全“四化”建设、安全生产标准化建设和危险化学品专项整治，组织多场次安全生产知识培训和专项行动。新建156个高清视频监控，设立“警务e超市”，建设封闭式安全小区，治安立体防控体系基本形成。打造精干高效工作团队。推进“一门式”行政审批服务改革，调整行政服务中心管理体制，完善商事登记制度。推行并联审批、免排号预审服务等多项便民措施，落实“三证合一、一照一码”制度和注册专员审核合一制度。精简内部工作流程。构建街道、村（居）两级公共法律服务实体平台，增设法律咨询、公证业务窗口。通过“六五”普法验收。李伟强职业技术学校青少年普法教育基地被评为佛山市“657”普法（法治文化）品牌。2015年大良街道被评为“佛山市食品安全示范镇街”。大良在继续提升传统文化品牌的基础上，2015年推出全新区域文化品牌“乐赏·凤城”。举办广东省吉他艺术节、OCT国际爵士音乐节、第16届华语音乐传媒大奖等多项重大活动。

【容桂街道】 容桂街道地处顺德区南部，靠近广州，毗邻港澳，地理位置优越，水陆交通便利，105国道、广珠西线、太澳高速、广珠城际轨道等重要交通枢纽贯穿而过。辖区面积80平方千米，下辖23个社区、3个村，常住人口46.9万人，其中户籍人口20.8万人。先后获得“全国文明单位”“中国品牌名镇”等荣誉称号。容桂街道是珠三角的制造基地、经济重镇，改革开放30多年来，经济发展势头强劲。2015年容桂街道实现规模以上工业总产值1275亿元，地区生产总值397亿元，全社会固定资产投资71亿元，限额以上贸易住宿餐饮业营业额287亿元，工商税收59亿元，金融机构人民币储蓄总额460亿元，实际利用外资2.3亿美元。辖区内有各类企业及个体工商户超2.6万家，超亿元企业107家、超10亿元企业16家、超100亿元企业2家，高新技术企业54家；拥有占地13.5平方千米的顺德高新技术开发区以及顺德科技创新中心、中科院顺德基地、陶文铨院士工作站等创新平台和研究院所；拥有海信科龙、德美化工、万和新电气、华声股份、顺威股份、伊之密、科顺防水等7家上市公司以及中国中药、鸿特精密、顾地科技等3家控股区外上市公司；基本形成以智能家电、信息电子、医药保健、化工涂料、机械模具、电子商务等为主的产业体系。

2015年，容桂企业面对增长放缓的经济环境，稳中求进，开拓新市场，稳步提升。格兰仕集团实施精益生产战略，拓展“互联网+”应用，提升产能和质量，全年产值262亿元；海信科龙实行差异化战略，提升竞争力，全年产值209亿元；万和集团重视知识产权保护，进入佛山市十大专利富豪榜前三甲，全年产值64亿元；伊之密上市后增资扩产，海外布局，旗下HPM公司在美国成功竞拍新地块，全年产值13亿元；德美化工获批国家级企业技术中心，全年产值12.3亿元；环球制药现代中药及缓控释制剂项目新车间投产，产能提升，全年产值8.6亿元。推进各项重点产业项目，顺德科技创新中心进入整体验收阶段，科顺防水总部大厦、中宝电缆研发大楼及宿舍楼相继封顶。创新环境优化，推进顺德科技创新中心产业创新基地核心区建设，中国家电快速维权中心、广东顺德知识产权创新运用试验区以及中科院顺德基地等项目确定进驻，德美新材料创新科技园荣获“广东省十佳（科技服务）优质服务示范企业”称号；产学研合作深入，广东省自动化所、中科院华南计算所等技术团队与容桂企业开展技术交流活动150多场次，促成项目合作20多项，全年共13家企业13个项目被纳入容桂科技扶持计划。承办2015创业顺德总决赛，促进本地企业创新创业。电子商务和商贸业蓬勃发展，举办第三届顺德电商大会暨“互联网+”产业对接大会；CIC创意产业园、原动力电商创业园先后投入运营，吸引超过40家企业进驻；容桂互联网商会成立。编制《容桂电子商务产业发展规划（2016～2018）》；“双十一”期间容桂电商单日总销售额超7亿元，大部分电商企业销售额同比增长30%以上。南宏汽车文化创意产业园建设基本完成。实施“容桂大餐饮”计划，鼓励容桂餐饮业抱团发展，全年共有60家餐饮企业纳入容桂大餐饮计划。整合容桂工业底蕴和餐饮文化资源，推出工业美食游项目，全年接待游客近9000人次。健全金融服务体系，引导企业参与多层次资本市场，伊之密、科顺防水先后登陆创业板和“新三板”，并逐步形成一批实力较强的上市梯队。与顺德区政策性投融资平台（广东顺高投融资担保有限公司）合作共建企业投融资服务平台，缓解企业融资难题。

基础设施建设。跨境路网建设方面，至2015年年底，伦桂路（容桂段）、海尾立交先后建成通车，大幅提高对外通行能力；南顺大桥、105国道细滘跨线桥、外环路及周边道路、马冈大道西延线、红旗路快速化改造等对外交通项目的前期工作积极推进；打通文康路临时便道、桂洲大道接福基路等断头路，碧桂路接外环路东匝道新建工程以及建业西路等一批道路改造工程陆续完工，有效畅通内部循环。德胜河南岸建设方面，完成容奇大桥至凤祥北路的滨河路及2.5万平方米的滨水绿地建设，容桂第二污水处理厂一期厂区及管网初步投入运行，提升眉蕉河以北及碧桂路以东区域污水净化能力。推进水利设施建设，完成胜江围、容桂联围等一批堤围整治改造工程。加快推进容桂文化楼建设，三期工程完成工程量60%。持续推进绿化工程，完成花溪公园、105国道等一批公园及道路沿线绿化的新建和改造，全年新增绿化面积9.5万平方米。“三旧”改造拓展发展空间，重点推进高新区环保产业园（华口）、眉蕉河片区、四基片区、细滘片区以及南岸活化项目。其中，高新区环保产业园（华口）项目改造面积约70万平方米，一期改造项目恒鼎工业园、华声电器自行改造已完成，恒鼎工业园正在办理竣工验收，首批已有10家企业进驻；二期、三期项目前期工作有序推进。眉蕉河片区一期改造项目面积约15万平方米。四基工业区改造总面积12.3万平方米，完成“三旧”改造认定及土地收回工作。南岸旧食出码头和旧德力柴油机厂两个活化项目年内建成。全年共有5个项目完成“三旧”改造认定，5个项目动工建设；完成5个控制性详细规划编制。积极宣传《顺德区城市更新（“三旧”改造）实施办法》，动员全社会力量参与“三旧”改造，积极利用国家PPP政策及棚户区改造政策加快推动“三旧”改造工作。环境保护和治理取得成效。加强对企业环保监管，成立错峰执法队开展夜间城市管理和环保执法行动。全年环保类行政处罚110宗，罚款440多万元。按“一村一策”实施村级工业区整治，对不符合产业布局、手续不全、治污设施不完善的企业进行整治，实行整治一批、淘汰一批。加强监测VOC排放企业，50家企业自行完善处理设施。对50处违章建筑依法予以强拆，拆除面积达2.2万平方米，有效遏制违法建设行为。大力整治违法养殖，清理马冈7家无证养殖场。推进眉蕉河综合治理，对龙华大涌等河涌实施清淤，改善辖区水域生态环境。完成碧水垃圾中转站升级改造，实现生活垃圾全密闭式收运。

2015年，容桂社会各项事业全面发展。实施“一门式”行政服务体系改革，实现一个窗口集中办理多部门业务，方便群众办事。推进“三证合一、一照一码”，全年新核发和换发证照约3100个。整合优化行政服务，简化审批，节省企业和群众办事成本，激发活力。强化基层党建，开展直接联系群众工作，全年接待群众1170人次，入户家访党员群众4985户，走访厂企商户1270间，收集群众反映问题1431件，回复解决1406件。以上佳市、马冈为试点建立社区联合党委，推进街道“1+N+X”区域化大党建工作，实现党建资源跨行业、跨领域融合。加强青年干部队伍建设，组建街道青年党校，以“乌泥塘会议”旧址、马岗青年营等为基地，广泛开展教育培训活动。创办党员干部大学堂，持续开展“送课下基层，全员大轮训”活动，共组织53堂专题轮训辅导课，培训党员约1.2万名。农村治理不断巩固。完成股份社换届选举工作，理事会任期由三年延长至五年。深入推进农村廉政文化示范点建设，强化对农村集体经济审计和监督，提高集体资产进入平台交易上线率，切实保护村民利益，全年成功交易79宗，交易金额1.04亿元，增幅约34%。推进全征地社区公共建设，支持7个社区完成农贸市场升级改造、公园修缮等项目25个，提高全征地社区综合环境。稳步推进社区议事监事会制度，7个社区共产生议事监事会成员163人，进一步强化基层民主监督，拓宽公众参与村居事务管理渠道。社会组织持续发展，成立容桂高新园区企业联合会，调动园区企业参与园区管理服务的积极性。成立澳门容桂同乡会。整合东风、朝阳、卫红社区社工资源，成立东朝卫长者社工服务中心，促进社工服务进一步向专业化和分片管理方向发展。发挥容桂青年坊作用，新增夜间青年外展项目、单亲家庭青少年帮扶项目，提升青少年服务覆盖面。成立幸福社区妇女儿童之家，容桂妇女儿童之家增至4家。创立容桂“工会综合服务大平台”，方便企业员工足不出户享受工会服务。教育资源优质均衡，完成兴华中学等一批校舍、运动场改建加固工程。获批筹建上佳市、扁滘、幸福、德胜社区等4所民办幼儿园。促进幼儿园规范化发展，区一级以上幼儿园35所，等级率83%；广东省规范化幼儿园40所，通过率90%。吸纳社会资源办学，以高黎小学为试点探索学区和园区“双区招生”办法。创新职业技能人才培养模式，两所职校共设立企业冠名班6个，与企业共建专业3个。与南方医科大学合作共建桂洲医院。建立以桂洲医院为龙头，由多个社区卫生服务站参与的紧密合作型医联体，提升社区医疗服务能力。四基、大福基两社区完成市级健康村创建工作。强化疾病预防与控制，全年无发生人感染H7N9禽流感、登革热疫情等重大公共卫生事件。社会保障扩面提质。完成社区（村）退管站建设，全街道共4.2万名长者纳入管理范畴。强化劳动监察及争议仲裁，全年受理案件共1064宗，涉及金额7300多万元，其中查处逃匿案件5宗、移送公安案件4宗，有效维护劳资双方合法权益。容桂慈善会联合容桂总商会推出“安乐耆年”困难长者门诊医疗补充救助和“金色朝阳”就业培训计划。冠名基金持续发展，容桂零售服务业协会捐资成立“大爱容桂”基金。全年接受社会各界捐赠共1700多万元；全年通过慈善会、福利救济等开展助医、助学、助残、助困、助老及发放各类补贴、补助共4100多万元。打击制假售假，共立案265宗，罚没金额202万元，移送公安机关案件9宗，开展各项安全生产隐患排查，共检查企业3.8万家，发现安全隐患3.1万处，发出责令整改指令书1.1万份。排查整治火灾隐患，检查各类场所4.5万间次。举办各类安全生产宣传培训活动150多场，受培训人员近4.5万人。开展消防演习培训活动510次，培训人员8.3万人。打击各类违法犯罪活动，“110”刑事治安警情7000多起，同比下降25.3%，连续4年大幅下降，社会治安好转。各项事业协调发展。出台优秀外来青年人才购房安居补贴办法，由政府和企业共同出资，进一步吸引和留住优秀外来青年人才。通过家庭文艺大赛暨寻找“最美家庭”“公民教育宣传周”“好学顺德”容桂公益大讲堂等活动深入推进公民教育。举办粤港澳国际标准舞锦标赛、马师曾戏曲艺术回顾系列活动、容桂水乡画精品长三角巡展、“恒捷杯”羽毛球明星表演赛等高规格精品文体活动，提升容桂城市品位和影响力。引入社会力量建设公共文体设施，建成德力樱奥运动场。

【伦教街道】 伦教街道位于顺德区东部，北靠顺德水道，太澳高速、珠二环高速、广珠轻轨、105国道、碧桂路、龙洲路等多条快速主干线构成伦教交通运输的大动脉。辖区总面积59.2平方千米，下辖8个村和2个社区，常住人口约20万人，其中户籍人口8.7万人。2015年，伦教实现地区生产总值131.9亿元，农业总产值为5.39亿元，规模以上工业产值为553.18亿元，第三产业增加值29.88亿元，全社会固定资产投资45.68亿元，限额以上批发零售餐饮业营业额43.62亿元，社会消费品零售总额29.71亿元，工商税收15.85亿元，金融机构人民币存款余额151.09亿元，居民储蓄余额121.66亿元。

伦教产业结构特色鲜明，形成以珠宝首饰、机械装备、文化旅游业为主的产业集群。继家电业、机械业之后，伦教珠宝首饰业成为顺德的又一支柱产业，辖区内有佛山市顺德周大福珠宝金行有限公司、周生生珠宝（佛山）有限公司等知名珠宝首饰企业。机械装备业以省打造珠江西岸机械装备产业带为契机，建设伦教机械装备工贸基地。旅游文化业亮点纷呈，伦教“678文化街”开门迎客，长鹿旅游休博园成为顺德区内首个国家AAAAA级旅游景区，香云纱文化遗产保护基地显现雏形，第一期对外开放。伦教打造“珠宝、旅游、文化”全产业链，做大做强优势产业。伦教街道规模以上企业实现工业总产值553.18亿元。其中珠宝首饰行业实现工业总产值380.38亿元，机械装备业实现工业总产值35.41亿元，电子信息行业实现工业总产值77.06亿元。年内筹建顺德区珠宝首饰公共服务平台，周大福珠宝文化中心、珠宝检验中心投入使用，建成珠宝首饰行业设计师工作室、自用型保税仓、自动化物流配货中心等项目。周生生新增电子商务、物流配送功能，成为周生生在内地最大、最先进的总部基地；周生生电商销售业务呈爆发式增长，居全国珠宝电商前茅，电商销售额与传统销售额基本持平。促成伦教珠宝首饰商会升格为顺德区珠宝首饰商会，将“伦教珠宝”提升为“顺德珠宝”。以华南机械城为示范，带动周边同安机械、新民木工机械城总共占地超40万平方米区域，规划进行连片开发整体改造，形成有工有贸、宜工宜贸、工贸结合的机械装备工贸基地。成立顺德伦教木工机械商会南康分会，推动行业进一步开拓南康市场；举办2015年中国顺德（伦教）春季国际木工机械博览会、第16届中国木工机械博览会和2015年第三届高端装备零配件交易会暨华南数控装备展，打造行业高端商贸平台，进一步开拓国内外机械装备市场。伦教区域旅游品牌影响扩大。初步形成东部有长鹿旅游休博园、678文化街、千里驹故居，中部有香云纱、周大福珠宝文化中心，西部有鸣石花园、伦教糕、羊额烧鹅等的旅游文化资源格局。香云纱、伦教糕、奇石、陶艺、字画、琉璃等元素进驻678文化街，古钱币馆、贝壳馆等文化项目亦开门迎客。年内伦教多项文化产业品牌参选佛山市文化广电新闻出版局举办的“佛山市文化产业区域品牌”评选活动，其中“伦教香云纱”“伦教珠宝”获得“佛山市十大区域文化产业品牌”称号，长鹿旅游休博园获“最具人气文化产业品牌”称号，格拉斯玻璃获“最具成长性文化企业”称号，启智数码获评“佛山文化走出去优秀企业”称号。引导省丝绸集团下属单位伦教蚕种场修旧如旧，打造456文化创意园。举办第三届顺德（伦教）珠宝旅游文化节。引入由广东省岭南文化遗产研究院、广州历史乡村保护和发展协会主办的2015年华南（顺德）历史文化遗产保护论坛，将伦教历史建筑和传统文化推向国际视野。推进保利城市综合体项目，项目位于105国道伦教段以东地块，占地17万平方米，项目包括星级酒店、庭院式购物中心、主题商业街综合性会所以及高端幼儿园。广进国际商业中心拟打造一个集家居建材、商务酒店、SOHO公寓、电影娱乐、高端餐饮、4S旗舰店于一体的商业综合体，约90%建筑主体完成封顶。合诚宝马4S店开业，主营宝马品牌汽车及零配件，提供汽车美容、维修服务。

确立“东拓、西优、北提、中连”发展方向，坚持“一心两轴多点”战略，继续推进城市升级，优化整合土地资源配置。配合推进顺德区第一人民医院、顺德区善耆养老家园、南方智谷B区二期建设工作。推进甲子路、新基北路、新市良路建设及绿化工程，做好一环南延线辅道、佛江高速、横八路、羊大河南岸段等项目征地工作。甲子路实现通车，新基北路伦教段道路建设及绿化工程基本完工。推进678文化街旅游项目、伦教滨江东公园景观工程以及香云纱生产性保护示范基地项目建设。推进105国道中分带绿化工程、新基北路绿化配套工程、羊大路南岸绿化工程以及新人民医院两侧地块种植秋枫工程。完善东西轴线“新旧市良路—羊大路—新成路”，实施绿化、亮化、美化、序化、净化等“五化”工程，结合村居改貌工程，对公园、入村大道等进行新建改建，形成以永丰风情美食街—三洲678文化街—霞石润和公园—常教康乐中心—仕版公园等为一体的城市景观主轴线。年内推行“一河一策”整治方案，推进污水管网二期工程（龙田涌南段截污工程）、常教人和片区排水改造工程、羊额村官沙片区农村分散生活污水治理工程、滨江公园（伦教大桥以西）改造工程等4个工程项目。推进13个农村分散式生活污水站点建设，有11个站点建成并投入使用。全面完成15个村级垃圾中转站升级改造，实现垃圾一体化收运处理。推进企业污染源在线监控，近150家企业安装监控设备并试点加装噪音、浓度、油烟等主要污染物因子监测功能。新增4个公交电子站牌和24个公共自行车租赁网点，投放公共自行车320辆，完善公交接驳“最后一公里”。配合推进伦教滨江公交枢纽站充电桩建设。

社会民生事业再上新台阶。成立伦教家庭教育指导中心，深入开展家庭教育进校园、进社区活动。推行联盟办学，年内建立2个联盟办学学校——培教小学和荔村小学、北海小学和羊额何显朝纪念小学组成联盟。培教小学李高程等5名班主任成为伦教街道首批“名优班主任”并挂牌成立班主任工作室。培教小学被评为顺德区依法治校示范校，并被推荐为广东省依法治校示范校。推进郑敬诒职业技术学校与津巴布韦矿业学院合作办学事项；与加拿大安大略省公立学院卡纳多文理应用学院结为友好学校；与德国BBW教育集团开展交流。伦教社区卫生服务中心免费为辖区内常住人口统一建立健康档案，并对档案实行电子化管理，实现对社区居民“记录一生、管理一生、服务一生、收益一生”的终身健康管理目标。年内投入1000多万元推动平安建设、高清视频监控、“警务e超市”等专项工作。区、街道、村三级投入资金利用羊额村文娱中心300多平方米的场地建立反邪教警示教育基地。推进公共法律服务体系工作。建成公共法律服务中心、村（居）公共法律服务站；建立社区矫正、安置帮教两类人群“一对一”帮矫机制，组建帮矫工作者队伍，预防和减少重新犯罪；6个村（社区）建成1个法治文化小区、5个法治文化公园并投入使用。6月29日，永丰、鸡洲、霞石、熹涌、荔村、新塘、羊额、仕版等8个村由党总支部升格为村党委，实现伦教10个村（社区）党组织均以党委规格设置。推进网上审批大厅工作，累计92项行政审批事项加入到网上审批大厅；累计49项便民服务下放至村（居）；在村（居）设置专人，为居民提供网上办事大厅26项便民服务。搭建起“1+2+8”内生型社会服务工作网络，通过政府购买服务由社工牵头，关注居民各类服务需求，成功孵化各类社会组织和社会创新项目，引导居民参与社区事务，完善社区治理水平，自下而上，协同共营。联同香港大众慈善会为伦教残疾儿童开展家庭关爱探访活动。成立旅澳顺德伦教同乡会，挖掘侨务资源，服务社会发展。联合顺德区珠宝首饰行业技师协会，开展“助力人才提升，促进技能发展——伦教‘珍宝’人才晋升计划”。推动周大福公司创建省技师工作站；成为顺德区第一批签约培训的企业；申报省企业自主人才评价体系建设。年内投入帮扶资金780多万元；深化“一对一”爱心帮扶工作，累计帮扶4000多人次。长者综合服务中心于6月正式建成并投入使用，为辖区内老人提供日间托养托管、餐饮配送、保健康复、文化娱乐等养老服务。至2015年年底，共投入800多万元对辖区内10个市场进行升级改造并完成验收，实施改造项目面积3.15万平方米。9月起全面实施“三证合一”登记制度，统一实行“一照一码”登记模式。

【勒流街道】 勒流街道位于广佛中心，连接顺德区7个镇（街），位于广佛半小时生活圈和深港澳两小时辐射圈之内，顺德水道(北江)、顺德支流一北一南贯穿而过。辖区总面积90.78平方千米。2015年辖17个村、5个社区，年末常住人口30.58万人，其中户籍人口12万人，地区生产总值（GDP）234.56亿元，三产比例为2.6∶65.92∶31.4；规模以上工业总产值575.75亿元，固定资产投资额41.22亿元；限额以上贸易住宿餐饮业营业额21.88亿元，税收入库22.47亿元，一般公共预算收入6.82亿元，城乡居民储蓄存款余额175.47亿元，总用电量16.74亿千瓦时。

坚持开放创新理念，加大产业指导帮扶力度，产业结构更合理。新宝高端西式小家电产业用地和商业照明产业升级孵化园进入完善报建阶段，富华集团开展全新的“海运冷藏集装箱”项目。小熊公司拟申请企业总部及电商运营基地项目，总投资约4.3亿元。建立拟上市企业资源库，组建包含券商、会计师、律师、高校科研机构等10余位专家团队。以新宝股份为龙头，在资本板块运用方面形成“勒流板块”；三扬科技从“天交所”升级登上“新三板”，凯华电机和福田顺利完成股改。完成改造并启用街道电子商务创业中心，部分进场企业“双十一”当天销售额超100万元。电商标杆企业小熊电器“双十一”创下5000多万元销售额新纪录。规范整合投资建设审批相关流程，快速推进“三证合一”登记制度改革，各类经济主体总数为10368户，同比增长11.4%。引入省安全生产技术中心驻点勒流，组织开展各类安全生产培训及综合应急演练，累计培训3376人次。实施大气污染全面防控，开展“一村一策”工业区整治，淘汰（关停）企业13家，立案查处19家，责令整改52家。全年组织开展各类安全生产大检查，出动检查19609人次，检查企业10371家次，排查出事故隐患11633处，落实整改9310处。

加快城乡建设，优化产城空间。推动菊花湾大桥成功纳入区重点项目以及北部片区九大工程项目。伦桂路全面完成土地征地工作任务，基本完成房屋拆迁。佛江高速勒流段配合区收回2公顷已征土地。港口路三期工程完成98%征地拆迁率和大部分路段基础工程。滨水生态区项目完成概念规划设计、制定项目推进方案和土地出让方案，其中商住用地土地规划调整获省备案批复，教育用地土地规划调整报区审批。君王酒店“三旧”改造项目与主要业权人基本达成改造意向，初步制定设计方案。西丫区域改造项目的防洪工程方案获批准，出具规划设计条件和地块评估结果。1.2万平方米的泰明市场“三旧”改造进入建设阶段，龙升个体工业区改造项目的规划编制获区审批。盛世产业园改造项目获批调整土地规划，取得规划设计条件。推进悦来路提升改造工程，用亲水慢行理念营造商业氛围。推动古村落活化和水环境治理工程，启动江义、南水“美丽乡村”建设。勒良河整治工程竣工，“一河一策”工程完工率100%。污水处理系统三期工程厂区投入运行，管网部分一、三片区完工。城市绿化管养水平提高，管养面积83万平方米，同比增加40%；打造“一路一花一景”工程，提升江村、南国西、番村立交等交通要点绿化水平。开展“美城行动”，完善道路标志牌35套，重新上色道路标线约1200平方米；整治辖区内乱拉挂720宗，拆除违规广告牌1000个，清理店铺乱张贴4000多宗，美化墙身面积约3800平方米。

加强民生服务建设，完善社会管理。推进综治网格化管理，扩大视频监控覆盖面，完善社会治安防控体系，刑事治安警情同比下降12%。强化食品、药品综合监管，开展食品专项整治行动，检查生产企业33家，流通店铺426家，餐饮单位206家，严厉打击危及群众生命财产安全的违法行为，搬迁存在严重消防和安全隐患的“勒流墟”。健全矛盾纠纷排查调解机制，全面铺开村（居）基层法律咨询服务站点，提供法律援助服务近700人次，信访件同比下降47%。推进“创建和谐劳动关系示范工程”，参与企业671家。清理核实农村集体资产并规范交易，化解“外嫁女”权益分配历史遗留问题。促进创业带动就业，组建人力资源协会，开展多种培训和用工对接，登记失业率2.71%。联合慈善会帮助困难群众5200多人（户）次，发放救助款970多万元。启用长者综合服务中心、社区身障人士服务站等。优化片区公交网络，完善公交基础设施，建成公共自行车二期系统新站点10个，增加配置公共自行车100辆；完成路况提升项目4个，维护修复地方道路20多条；定期监测桥梁40多座，改造建设危患桥梁5座，维护里程20多千米。黄连村成立全区首个社区营造协会，榕树下的规划宣讲会深受社会好评。议监事会机制拓展至18个村（居），家庭综合服务延伸至基层村（居），“三员智能助手”系统在全街道推广，成为区社会创新项目。完善校园基础设施，提升办学条件与教师待遇，推进依法治校和现代治理，教育质量提升。健全社区卫生服务体系，社区中心大楼启用，推进医院妇产科和儿科大楼硬件提升工程，完成工程项目50%。举办“好学勒流”、全民健身等活动，国庆徒步活动吸引逾4000名市民广泛参与，迸发社会活力。

【陈村镇】 陈村镇素有“中国花卉第一镇”“千年花乡”的美誉，自古就是商贾云集之地，明清时期曾与广州、佛山、东莞石龙镇合称“广东四大名镇”，是《三字经》作者区适子、清代作家黎简和现代雕塑艺术家梁明诚的故乡。陈村区域面积50.7平方千米，常住人口18.7万人，户籍人口8万人，下辖7个村和8个社区。获得“世界盆景赏石园艺博览之都”“中国花木之乡”“中国机械装备工贸名镇”“中国花卉之都”“中华花卉美食名镇”“国家级生态乡镇”等称号。2015年实现地区生产总值增长7.8%，工农业总产值增长12.2%，全社会固定资产投资增长19%，地方公共财政预算收入增长11%，税收收入增长11%，居民储蓄余额增长7.8%。

2015年，陈村企业上市取得突破，绿之彩印刷成为顺德第2家“新三板”挂牌企业，世创金属科技成为华南地区首家成功登陆“新三板”的热处理企业。申菱获评中国驰名商标，科达洁能获得中国机械工业科学技术奖。顺联国际机械城被认定为佛山市智能机械国际采购中心，三期项目动工建设，打造机械装备商业综合体。现代物流业稳步发展，国通保税物流中心（B型）通过验收并作为“互联网+”博览会保税展示分会场。国通物流城与新加坡上市公司普洛斯合作投资10亿元，开发建设普丰仓储项目。举办首届广东（陈村）花卉旅游文化节，吸引众多游客参与。举办第三届陈村花卉美食旅游文化节，全面推动花卉、餐饮、旅游融合发展。试点推进“花村”建设，开展项目规划设计工作。建立陈村镇投资促进服务平台，促成5个项目达成合作协议。协助企业申报科技项目，全年获得扶持105项，扶持资金2741万元。推动成立陈村青年企业家协会。

实施城市规划研究及战略规划引导项目，完成广佛环线陈村站等控制性详细规划。广明高速陈村段、华阳特大桥等交通工程通车。重点工程项目征地拆迁方面，魁奇路东延线二期征收地工作完成，佛山地铁2号线登洲站和花卉世界站动工建设，广佛环线征拆工作完成97.2%，佛陈路东延线及海华大桥项目征拆工作完成96.8%。玉带公园落成使用。金花桥及沙洲街、景明路提升改造、宇宙东一路市政建设等工程完成，推进环镇东路（勒竹段）入赤花规划路建设，城乡路网进一步优化。污水收集系统二期厂区投入使用。建成垃圾压缩站12个、农村分散生活污水治理站点10个，城乡环境持续改善。“美城行动”延伸至村（居），数字城管全面覆盖建成区范围。在旧圩、锦龙试点成立美城义务监督队，义务监督员超过100人，及时发现和解决城市管理问题。45台天然气公交车置换成纯电动公交车，改造建设31个公交站亭，新增4个公共自行车站点，优化市民出行环境。

完成10个警务工作站、4个“警务e超市”建设，打防管控成效连续四年居全区第一，陈村派出所被公安部评为“一级公安派出所”。加强流动人口和出租屋专项整治，全镇出租屋列管率100%、流动人员登记率98%。成立镇公共法律服务中心及各村（社区）法律服务站，建立“一村居一专职调解员”制度。在4个社区试点建立“和乐共建促进会”，组织开展便民服务、慈善徒步行等活动，促进新、老陈村人共融发展。搭建“百花议事听”政民互动平台，围绕促进就业、城市管理、医疗服务等话题举办5期活动，广泛听取民意、汇聚民智。完成陈村职业技术学校综艺楼及石洲、庄头小学体育馆建设，推动镇内中小学室场向市民开放。引入社会资本开办优质幼儿园，新增幼儿学位900个。开展“我与花乡共成长”镇情教育活动，参与师生8000多人次。启动校长兼（挂）任村（社区）党组织委员工作，加强学校与社区融合。教育教学质量连续三年保持全区领先，中考成绩稳居全区前列。落实积分入学制度改革，为更多异地务工人员子女提供入学机会。创新社区卫生服务，全区率先实行门诊服务信息化流程，送医送药服务点增至8个。加大投入，强化附属陈村医院软硬件建设，患者满意度提升。承接青春健康家长培训、家庭发展指导中心等国家及省级示范项目，打造“人人健康 家家幸福”服务品牌。完善人才服务机制，建立大学生信息数据库。以需求为导向开展就业服务，组织线上线下招聘会15场，举办就业培训16场。成立仙涌“家庭综合服务中心”，“银杏驿站”社区养老服务、爱心饭堂配餐服务实现全覆盖。新建31个AP（无线访问接入点），公共WiFi接入点总数115个，基本覆盖全镇公共区域。举办社区文化节、百场文化培训进村（居）等文体活动近500场次。弘扬好人好事，组织公民教育系列活动22场次，制作播出《花香人家》电视节目16期，《百花讲堂》纳入区公民教育项目并获得专项资金扶持。陈村梦想SHOW成为区、镇重要品牌活动和文化载体。第13届华语文学传媒大奖在仙涌紫阳学校启动，同期举办读书节系列活动，营造书香文化氛围。改造提升陈村图书馆，实现全区范围“通借通还”。扶持“一村一品”特色文体活动，禾桶、草艇等传统乡土比赛深受市民欢迎。

【北滘镇】 北滘，古称“百滘”，意为“百河交错、水网密集”，位于佛山市顺德区的东北部，全镇总面积92.11平方千米，辖20个村（社区），户籍人口12.3万人，常住人口28.8万人。2015年全镇本地生产总值475亿元，农业总产值8.21亿元，规模以上工业产值2010亿元，第三产业国内生产总值129.85亿元，全社会固定资产投资总额78.8亿元，国地税收入95.8亿元，金融机构本外币存款余额518.9亿元，限额以上贸易住宿餐饮业营业额116.5亿元，社会消费品零售总额25.98亿元，城乡居民存款余额228.1亿元，城镇居民人均可支配收入50661元，农民人均纯收入16137元。

2015年，美的集团位列2015年福布斯世界500强第436位，销售额超1400亿元，成为国内首家获得国际评级的家电企业。美的创新中心（一期）投入使用。碧桂园集团实施区域做大做强策略，全年合同销售额1402亿元，连续三年合同销售突破千亿元，位列年度中国房地产企业销售排名第七名。新增高新技术企业7家，企业博士后工作站1个。全年专利申请和发明专利同比增长45%和73%。新增2个省名牌产品。广东星徽精密制造股份有限公司登陆深交所创业板，全镇累计上市及上市控股公司10家。盈峰、丰明总部大楼落成，北滘国际财富中心八大总部有1座已封顶、2座即将封顶，财富中心花园引入中膳互联网餐厅项目。工业设计城入驻企业增至164家，设计师2500名。广东工业设计博览会在广州正佳广场举行。广东（顺德）工业设计研究院投入使用，与国内外51所高校联合培养871名研究生。中国慧聪家电城全面建成，进驻家电企业超过500家。出台电子商务发展规划及三年行动计划。打造省级电子商务产业园，入驻企业近80家。镇内电商“双十一”销售业绩突破17亿元。金楼天地、万象城等大型商业综合体人气旺盛，碧江文化休闲商圈已具雏形。保时捷、捷豹、路虎等汽车4S店全年销售额超15亿元。商品房成交量超10000套，成交套数、面积及成交金额均居全区第一。

全年编制17项控规，全镇控规覆盖率69%。广州地铁7号线延伸至北滘获批，编制轨道时代发展规划和地铁站点周边商业地块规划。广佛环线、横五路北滘段征地拆迁工作全面完成，潭洲水道北滘段堤围结合段和林上路、荷岳路、三乐路快速化改造动工，广东（潭洲）国际会展中心完成清场工作。接驳广州芳村客运站、广州南站、白云机场交通专线增至5条，新开通2条北滘至番禺公交线路，顺德城市候机楼北滘新城站启用。市民活动中心（慈善大楼）主体工程完工，岭南园林（和园）、和美术馆动工建设。完成跃进南路“五位一体”景观提升。美的大道下穿105国道隧道西侧工程完成，百福公园人行天桥、三乐路新海岸人行天桥启用。新投入650辆公共自行车。都宁岗森林公园（一期）加紧建设。潭洲水道23千米景观提升工程全线建成，滨水生态长廊连通北部镇街。细海河“一河两岸”二、三期项目完成，杨家涌、林头河涌水生态修复初见成效。水口体育休闲公园、马村河堤公园等6个公园投入使用；碧江古村落活化工作启动，清沙郡马世祠、广教梁家祠修复完成。群力围片区污水处理厂和管网建设方案确定，三桂、莘村、水口等9个分散式污水处理站点投入运营。全面强化环保执法，关停污染企业52家，综合整治挥发性有机物（VOCs）排放企业18家，空气质量优良率73.5%。加大水环境治理力度，完成上水河等4条河涌整治工作，清淤疏浚4千米河道。城镇垃圾无害化处理率100%。推进违法土地、违章建筑专项整治，查处违法用地371宗，拆除违法违规用地62450平方米。美城行动年度总成绩名列全区第二名。全面铺开村（居）社会化大保洁，推动社会全员参与“门前三包”管理。出台道路交通安全工作提升三年行动计划，实施交通信号灯智能化管理，有效缓解交通拥堵问题。强化“平安北滘”建设，新增293个高清监控点、2个高清治安卡口，完成600支高清视频监控招标工作，全镇原始刑事治安警情同比下降18.7%。建筑工地纠纷数量同比下降41%，劳动监察仲裁结案率100%。巩固全国安全社区建设成果，建成安全生产信息化工作平台数据库，强化食品药品安全隐患大排查。完善“三员合一”考核制度。健全社会矛盾排查和应急处理机制，妥善处置“10·4”马龙重大风灾事件。

碧江保障房主体工程动工。怡康园投入使用，成为顺德区镇级首家公办托残机构。慈善事业蔚然成风，美的集团连续第七年捐款1000万元，国强慈善基金捐赠800万元。扶贫救济各类项目、基金帮扶困难群体9600人次，完成对英德市东华镇“双到扶贫”工作。连续四年获评“顺德区教育先进镇”，实施阳光招生，增加中小学学位300个，碧桂园泮浦湾学校正式开学。朝亮、林头等5间学校校舍完成改造。全面规范学前教育秩序，取缔40所不符合办学条件的托幼园所，指导29所符合条件的托幼园所持证办学。深化社区医疗服务，新社区卫生服务中心投入使用。上僚、水口获评“佛山市健康村”。举办第13届华语文学传媒大奖颁奖典礼、仲夏音乐节、省级合唱和轮滑比赛，承办广东国际旅游文化节佛山美食节。24小时自助图书馆启用，4.4万人次体验自助借阅服务。文化中心入选省公共文化服务体系示范项目，全年接待群众超60万人次。强化城市形象宣传，举办“一路向前，点赞北滘”10千米徒步活动。开展“祠堂课程”弘扬优良传统。

2015年9月10～12日，中国（广东）国际“互联网+”博览会在佛山市佛山新城中欧中心举行。

【佛山新城、乐从镇】 乐从镇是著名的商贸名镇和侨乡，是全国最大钢铁贸易集散地之一，先后获得“中国家具商贸之都”“中国塑料商贸之都”“中国钢铁专业市场示范区”“中国专业市场示范镇”等荣誉称号。面积77.9平方千米，下辖5个社区、19个村。常住人口25万人，户籍人口10万人，旅居港澳及世界各地的海外乡亲6万多人。2015年实现地区生产总值171.1亿元，税收30.03亿元，贸易业销售877.04亿元，银行存款373.96亿元。2013年12月，根据佛山市委、市政府决策，佛山新城、乐从镇实施城镇融合、联动发展体制机制。佛山新城于2003年开始建设，总用地面积为87.8平方千米（包含乐从镇77.9平方千米、禅城区2.9平方千米、陈村镇3.1平方千米、北滘镇3.9平方千米），是珠三角城市协同发展的重要节点，也是佛山市委、市政府“强中心”战略的重要组成部分。2011年，佛山市政府提出在佛山新城建设中德工业服务区，2012年，中德工业服务区被广东省委、省政府列为省重大合作平台，并在2014年4月成为首批中欧城镇化合作示范区，探路新型城镇化。融合后，佛山新城、乐从镇成为顺德北部片区一体化发展战略中的核心组成部分。

佛山新城、乐从镇经济建设蓬勃发展。战略性新兴产业蓄势崛起：与中科院生物物理研究所共建中国生命健康创新孵化中心，引进6个高质量创新研发团队，规划66.67公顷土地奠基建设广东省创新转化生物产业园，院地合作促进科技成果落地，首期落户项目广东体必康生物科技有限公司“结核病新型疫苗研究”项目获得国家“十三五”新型疫苗重大专项。建设广东智能制造产业服务中心。2015年发明专利40件，同比增长166.6%，物联天下国际科技企业孵化器项目获得省科技厅国际化大型孵化器立项。为优质工业提供发展空间，卫浴龙头企业乐华洁具总部用地成功出让。顺客隆成功登陆香港联交所主板，欧浦智网利用上市优势开展并购，万昌等企业申报上市步伐加快。乐从供销集团成功打造“互联网+”产业综合体。国际合作交流打开局面：高规格承办“互联网+”博览会、香山科学会议、中欧城市可持续发展论坛等国际、国家级盛会。民间资本与欧洲先进科技进行对接，初步搭建中欧产业资源数据库，通过组织举办国际路演大会、企业对接交流会、高峰论坛拉动本地企业对标国际。

城市建设和管理。轨道路网全面提速：攻克征拆难题，推动广佛环线乐从段全面交付施工。广佛地铁二期各站台实现封顶，交通枢纽中心完成土建工程。连接“禅南顺”的三条南北大动脉——华阳特大桥正式通车，汾江路南延线、岭南大道南延线加速推进。镇内新增市政道路面积28万平方米。城市配套不断完善：一批市级公共服务载体建成，城市功能提升完善。图书馆、科学馆与青少宫相继开门迎客，市妇女儿童医院、佛山国际体育文化演艺中心顺利启建。高端产业载体中欧中心落成启用，北围市政基础设施基本完成。人居环境持续优化：新增绿化面积36万平方米，建成最后批次7个农村分散污水处理站。百村升级首期7个村（社区）方案完成编制，沙滘古村活化推进，乐从历史文化博物馆筹建。城市管理精细有序：城市管理考核常态化，持续领跑全区“美城行动”考评。保持环保执法高压态势，责令整改非法排污企业208家。查处“两违”案件65宗，复耕复绿面积266亩。推广绿色公交，首条纯电动公交线路投入运营。试点绿化垃圾减量处理，年处理量1500吨。

社会各项事业全面发展。推进困难救助，为本地低收入困难群体发放救助金近450万元。减轻群众医疗负担，居民患病住院补贴支出857万元。派发慈善救助资金340多万元，救助5000多人次。养老服务网络不断完善，日间托养中心服务长者超2400人次，发放高龄津贴286万元。多措并举促进充分就业，成立创业带动就业基地。改善办学条件，推进一批中小学校舍扩建改造工程，推动课堂教学改革，中德工业学院在陈登职校挂牌运作。做好传染病防控工作，严格整顿规范医疗服务市场。国家卫生镇通过省级复审，乐从医院成功创建“广州医科大学非直属附属医院”。全镇刑事治安总警情同比下降14.2%，火警警情同比下降26.9%。做好安全生产整治排查，排查隐患5000多处，消防责令整改企业327家。全国安全社区创建工作有序推进，新建9个社区“警务e超市”。组织“10·4”重大风灾应急救援，确保灾区生产生活秩序快速恢复。文体事业繁荣发展：举办乡村文化节，开辟岳步涌游船项目，文化旅游效应初显。广东国际旅游文化节在罗浮宫总部大厦开幕。全年开展系列文体惠民活动110余场。乐从家具龙舟队继续捍卫国际顶尖队伍荣誉，村际龙舟赛影响不断扩大。行政效能不断提升：积极响应“一门式”改革，推进网上办事覆盖村一级。服务群众能力不断增强，行政服务中心全年业务量办结宗数超44万宗。制定农村集体资产交易、现金管理平台监管办法，有效监管集体资金3.6万笔，成功交易35宗农村集体资产，溢价21.3%。全面设立议事监事会监督机制，事务决策更加规范透明。超6000名外来务工人员加入企业工会。搭建多层次青年服务平台，凝聚青年企业家、义工、大学生、创业青年创新发展。

【龙江镇】 龙江镇位于顺德区西部，是珠江三角洲西部重要的交通枢纽之一，佛开高速、珠二环高速、顺番路、乐龙路、325国道、121省道，以及规划建设的广佛江珠城际轻轨和肇顺南城轨，构成立体化交通枢纽，融入粤港澳2小时经济圈。龙江水路畅通便捷，西江、北江流经辖区。辖区面积73.8平方千米，下辖10个社区、13个村，常住人口25.6万人，其中户籍人口10.3万人。先后获“中国家具制造重镇”“中国家具材料之都”“中国塑料建材产业之都”“中国家具电子商务之都”“国家卫生镇”“广东省技术创新专业镇”“广东省知识产权试点区域”“广东省教育强镇”“广东省历史文化名镇”“国家电子商务示范基地”等称号。龙江历史底蕴深厚。明清两代出过翰林进士68人，文、武状元各1人，有薛广森、张锦芳、彭睿壦、陈恭尹、薛觉先、蔡俊三和薛子江等著名人物，有贞女桥、察院陈公祠、漱玉泉、大光明碾米厂等12处省、市级文物保护单位，有见龙桥、紫云阁、金紫阁等自然人文景观，《真步堂天文历算》和“观音信俗”入选省级非物质文化遗产名录。2015年全镇完成工业产值637.9亿元，增长8.1%；商品销售总额126.9亿元，增长10.5%；全社会固定资产投资59.5亿元，增长18.2%；税收实际入库（不含调库收入）17.4亿元，增长2.1%；人民币存款余额219.9亿元，增长1.9%。

2015年，龙江镇“工商并举”，振兴产业。推进家具行业整治提升工作，取缔无证照企业677间，规范行业竞争秩序，引导产业走向“互联网+”、智能制造等转型升级之路。企业完成技改备案项目11个，投资1.9亿元，同比增长10倍。14家企业有意向上市，各有1家企业挂牌广东金融高新区股权中心、深圳前海股权交易中心。“联塑科技中央研究院建设”项目获“省转型升级支持大型骨干企业创新专项资金”，是佛山市唯一获得该项扶持的项目。亚洲国际家具材料交易中心和乐龙国际创意产业园获认定为“区小企业创业基地”，亿龙电器科技有限公司获认“市级企业技术中心”。亚洲国际材料交易市场获评“全国2014年~2015年度诚信示范市场”，《顺德龙江名菜——东头烧肉》联盟标准制定并发布。建立政府、金融、企业三方联席会议制度，6家企业共获8840万转贷资金支持。

建设“京东·广东龙江家具馆”和“阿里巴巴·龙江产业带”等区域品牌网上交易平台。获授“中国家具电子商务之都”“国家电子商务示范基地”，龙江家具电子商务产业园成为佛山市首个国家级示范基地。亚洲国际中央商务区、联塑全球家居材料交易中心、碧桂园凤凰酒店、盈信二期、龙江购物中心、王鼎商务大厦、陈涌宝盈广场等重点商贸项目陆续竣工和开业。成立家居材料商会、物流协会、家具专利快速调处中心、农业发展协会。

坚持“城乡共建”，全力升级城市。完成龙江镇土地利用总体规划修编工作，调整交通、能源、“三旧”改造等各类项目共51宗，涉及面积268.07公顷；新编《龙江镇朝阳工业园一期控制性详细规划》《龙江镇中心区（北片区）控制性详细规划》《龙江世埠地块概念规划方案》《龙江镇旧城区道路综合整治规划》和《顺德区环形快速环路龙江段沿线用地概念规划》等5个控规。建成区控规覆盖率增至83%。启动内河涌整治专项规划、东海和左滩2个示范村规划编制。乐龙路部分路段实现试通车。龙洲路辅道、龙山跨线桥、顺番路、北华路等道路改造工程全面铺开，丰华北路、东华路改造基本完工，官田南路完成总工程50%。朝阳工业园基础设施建设场地回填总体完成70%。建成天湖森林公园，24小时免费对外开放。认定“三旧”改造项目增至33个，9个项目完成改造，11个项目实施改造，加快城市更新。完成个人住宅规划报建、验收及用地管理审批业务合计3158宗。新增房屋建筑工程施工报建项目8项，工程造价共5.8亿元。完成定安水闸、贞女桥公园征地。安排使用年度新增建设用地指标26.87公顷，解决一批民生工程用地需求。推进乐龙路、顺番路、龙洲路、325国道龙山跨线桥及佛开高速龙山出口等道路龙江段整治和绿化工程。启动“一河一策”第三批河涌龙江大涌、跃进河、里海涌、歌滘涌整治方案编制。“爱河治水”五年行动形成初步实施方案。仙沙涌试验段清淤为下阶段工作提供技术参考。建成1个农村生活污水处理站（东海站）。建成顺德首个工业废水集中回收处理项目。西溪世埠涌整治初步见效，水质有所改善。加大环保执法力度，全面推进村级工业园区环保整治，共检查镇内企业1879间，立案查处280间，关停60间，移送司法机关处理的涉嫌环保犯罪案件2宗，其中5人被刑事拘留，1人被司法拘留，全年环保罚款金额1298万元。进行大气污染防治，完成6台锅炉整治、36间企业大气污染防治、50间企业的VOC污染治理，淘汰238辆黄标车。数字城管实现全镇全覆盖，全年解决城管问题2万多件。共拆除违法用地46宗，涉及违法用地面积6.67公顷，拆除建筑面积6万平方米。开通九龙跨镇公交，扩建龙江交通中心，新增东海、东涌、南坑3个公交首末站，新增公共自行车站点11个。

坚持“政社合力”，致力推动进步。建立新闻发言人制度。“龙江大讲堂”开设各类讲座80期，举办各类文艺演出30多场，丰富群众文化生活。全民健身活动广泛开展，成功举办镇运动会、龙舟赛等大型体育活动，镇少年曲艺团两名选手获广东省明日之星大赛金奖，镇男子篮球队获佛山市镇街篮球联赛冠军，镇足球队获顺德区足球联赛冠军。出版《龙江文化》。开展青少年文体公益培训，1000多名青少年获益。充分调动社会各方力量，发挥各文体协会作用，全方位发展龙江文体事业。全面实现中小学运动场塑胶化。整治无证托幼园所，等级幼儿园占84%，规范化幼儿园达100%。龙江中学体育馆完成规划报建，城区初级中学正办理用地调整手续，镇消防站完成招标。顺利通过国卫复审省检。全方位开展登革热防控工作，积极推进佛山市健康村创建工作，西溪社区、苏溪社区获评“佛山市三星级健康村”。加大计生家庭特别扶助对象的关怀力度。推进社会矛盾“5＋4”领域专项治理、综治信访维稳网格化管理、公共法律服务体系建设，社会政治治安大局保持稳定。理顺边角地、插花地、集约工业园区、家具专业市场管理责权。构建公共法律服务实体平台，实行“一村（社区）一法律顾问”制度。成立首个区级人才发展服务联盟。提高社会保障待遇，低保补助增15%，“三无”人员、五保户供养费增35%，孤儿供养费增41%，企业职工养老金增10%。实施困难家庭安居工程，完成首批79户困难家庭房屋修葺。全镇公租房增至971套。建设镇（仙塘）长者综合服务中心。成立各类冠名基金33个，共发放基金救助款103万元。“一对一关怀行动”助48户家庭成功脱贫。民族宗教、侨务、武装、工会、青年、妇女儿童、统计、档案、对口扶贫等各项事业取得新进步。推行财政阳光管理，提升财政资金使用、公有物业运营效能，促进财政工作规范透明。建立公共资源交易平台，共完成16宗政府采购项目。改革政府采购招投标制度，构建公平、健康、诚信的招投标环境，共完成18宗工程招标项目。建设“智慧龙江”，搭建智能化公共服务平台。成立第二届公共决策咨询委员会，更多领域专家进入“智库”。规范村务公开，20个村（社区）被评为省村务公开管理示范村，18个村（居）设立议事监事会。规范公有资产监督管理，优化公有资产配置。全面启动“三证合一”商事登记制度。新增2个广东省著名商标：豪强家具有限公司的“豪强”商标、南兴果仁制品有限公司的“天虹牌”商标。新增注册商标1968件。新增36家“守合同、重信用”企业，累计有134家企业获得该荣誉，位全区第一。加强安全生产管理并探索建立“互联网+”安全生产监管新模式，健全镇、村两级食品药品安全监管网络，23个村（社区）建立工作站，并全面推行食品生产、流通及餐饮服务环节网格化监管。加强市场监管，整顿经营秩序，共立案查处各类经济违法案件727起，罚没金额189.37万元。全镇共68家餐饮单位完成“明厨亮灶”改造工程，32个婴幼儿配方乳粉经营户加入广东省追溯平台。新增7家省A级餐饮服务单位。麦朗市场完成升级改造。推动领导干部驻点普遍直接联系群众工作，共收集意见建议1807条，回复1797条，回复率99%。

【杏坛镇】 杏坛镇位于顺德西南部，以孔子讲学的杏坛之说命名。全镇总面积122平方千米，下辖24个村、6个社区。户籍人口13.48万人，流动人口9.57万人。杏坛是珠江三角洲知名水乡，文化氛围浓郁，现存较完好的古桥16座；有刘氏大宗祠、黄氏大宗祠、九列故居等省、市级文物保护单位42处；有“中国最美村镇”、中国乡村旅游模范村、国家AAA级景区——逢简水乡，“中国永春之乡”——马东村；舞龙、龙舟说唱、锣鼓柜、柜色表演等是传统民间文化艺术，其中永春拳、龙舟说唱、人龙舞、八音锣鼓列入国家级非物质文化遗产名录。杏坛是“中国民间文化艺术之乡”“全国群众体育先进单位”“国家卫生镇”“广东省生态示范镇”“广东省教育强镇”“广东省体育先进镇”“广东省环保材料专业镇”。2015年全镇实现本地生产总值190.18亿元，同比增长9.19%，其中，第一产业6.67亿元，第二产业128.9亿元，第三产业54.62亿元；全年实现工业总产值488亿元，同比增长8.66%，其中规模以上工业总产值359.5亿元，同比增长10.36%。全社会固定资产投资总额47.18亿元，同比增长18.33%；限额以上贸易餐饮业营业额18.01亿元，社会消费品零售总额30.12亿元。国、地两税收入12.07亿元，同比增长4.4%。地方财政一般公共预算收入9.26亿元。居民储蓄余额98.66亿元。

突出结构调整和平台搭建，推动产业发展。载体建设成效明显，以顺德高新技术产业开发区西部启动区和顺德新港为主，打造珠江西岸先进装备制造产业带核心载体。中科院环保材料合作项目产业园、南粤星光珠宝产业园、智富园等一批重点项目落地。加快电商平台建设，以“互联网+”创新经济发展模式，释放电商产业集群效应和产业优势。实施“科技杏坛”五年计划，建成以康宝电器、宇红纳米科技、达美新材料、东方树脂等为代表与国内知名高校合作的“产学研”科研试点。推进西南片区首个城市综合体宏汇城建设。“文化”导向发展水乡旅游，逢简水乡被评为国家AAA级旅游景区、2015中国最美村镇“榜样奖”、中国乡村旅游模范村、广东省旅游名村等称号。

以规划引领城市建设。以“一城三片区”总体规划为指导，突出产城人融合，编制杏坛中心区控制性详细规划、顺德西部生态产业园中小企业园控制性详细规划和杏坛镇旅游发展总体规划（2015～2020），强化规划引领发展。推动宜居社区与古村落创建工作，杏坛镇被评为“佛山市宜居城镇”，龙潭村、右滩村被评为“佛山市宜居村庄”，逢简村、马东村被列入佛山市特色古村落。构建开放城市发展新格局，顺德新港主体完工，江顺大桥顺利通车，村（居）路况和路网结构持续优化，优化公交路线。推进逢简电排站、杏龙路人行天桥、逢简进士牌楼等工程建设，推动电网、水网、绿网工程，健全城市服务功能。加强城市管理，推进“美城行动”全面延伸至村（居），全面落实城乡统筹大保洁，加快推进村（居）垃圾站建设，建立保洁实时监控系统。推进环境整治与生态保护，提升生态绿化水平，改善生态环境。

社会事业不断发展。推进民生实事，民生支出约占公共财政支出28%。创新“扶残助残”活动形式，举办杏坛镇首届残疾人运动会。创建充分就业村占行政村总量100%。健全养老服务体系，推进村（居）退休人员社会化管理服务工作，马东村退管站先后成为市、省级示范点。梁銶琚中学作为区级现代学习制度建设试点建设；探索和推广学案导学、小组合作学习课堂教学改革，教研工作有突破，教育教学质量有提高。推进健康村创建、爱国卫生工作，通过“国家卫生镇”复检。创新国家级非遗文化表现形式，“歌舞龙舟”首次以舞台形式展现，举办首届永春拳大赛。提高村居文体设施普及率，投入120万元升级杏坛中学球场为甘竹体育公园。建立立体化治安防控体系，健全食品安全、消防安全和生产安全监督管理长效机制，社会环境和谐稳定。试行“一门式”行政审批新模式，实现“跨部门、一窗式、分版块”，同版块业务“一窗综合受理、后台分类审批”，得到佛山市的肯定，并获全区推广“杏坛模式”。培育扶持社会组织，13个文体协会注册成为社会组织，新增3个社会综合服务站，扩大社会服务范围；深化社区营造，启动“文以载村，德以文新——古朗社区书苑”项目和全区首个以农疗形式，政府引导+社会参与+机构运营项目——“幸福农场”，继续推进逢简、马东社区营造项目。以马东村、雁园社区、逢简村试点推行手机村务通应用平台，以马东村和吕地社区试点推行农村现金管理系统平台，全面完成30个村（居）议事监事会建设，开展农村集体资产清理核实。

【均安镇】 均安在宋初（960 ~ 970）已有人居住，取共同安居乐业之意定名为“均安”。均安镇位于顺德西南部，毗邻中山、江门两市，地势西高东低，三面环水，河流纵横交错，中部有7000亩山丘群，总面积79.45平方千米，常住人口16.37万人，户籍人口9.05万人，旅居港澳台的乡亲和海外华侨4万多人，下辖8个社区和5个村。均安镇因生态环境、国际武打巨星李小龙故乡和牛仔服装而闻名，是“中国牛仔服装名镇”“中国曲艺之乡”“中国民间文化艺术之乡”“全国环境优美乡镇”“广东省生态示范镇”“广东省旅游度假区”。2015年，均安地区生产总值135.85亿元。工农业总产值331.2亿元，同比增9.17%，其中，工业产值324.3亿元，同比增9.31%，规模以上工业产值154.5亿元；限额以上批零住宿餐饮营业额8.3亿元，增27.09%；全镇居民存款余额86.4亿元，增4.4%；工商业税收8.5亿元，增4.35%；固定资产投资35.6亿元，比上年增16.48%。

2015年11月2日，第七届均安国际牛仔博览会闭幕式及系列活动在佛山市顺德区均安镇成功举办。

牛仔产业是均安第一大产业集群。“均安牛仔”商标、均安牛仔研究院、世测检测中心移交纺织服装商会运营。创新第七届均安国际牛仔博览会办展模式，“均安牛仔”抱团参加第23届中国国际服装服饰博览会、第二届上海国际牛仔服装博览会、2015年广东时装周、第118届广交会等展会，举办中国“互联网+”博览会均安牛仔专场、均安牛仔客商洽谈会、“均安牛仔之夜”晚会等多项活动。“均安牛仔”被国际检测机构瑞士SGS授予“全球采购基地”称号，捌达服装有限公司入选“广东十大裤业”榜单，爱斯达智能科技有限公司实施的“互联网+智能裁缝”经验被工信部评为2015年度工业企业质量标杆。世测检测中心取得国际权威CNAS资质和CMA资质证书，累计为企业提供检测服务过千次、承担区级平台和技术攻关4项。照明灯饰企业数量突破300家，一批企业以自有品牌和专利技术赢得广阔市场空间；举办均安灯饰国际品牌发布会和“探寻照明灯饰行业转型升级之道”论坛，抱团参加广州国际照明展览会、古镇春季国际灯饰博览会等专业展会，照明灯饰成均安第二大产业集群。除牛仔与照明外，均安新兴产业崛起，成立电子商务协会，会员迅速发展到40多个。70多家牛仔服装企业加入广贸天下网“均安牛仔产业集群专区”，22家企业进驻淘宝网“中国质造”，20家企业加入阿里巴巴均安牛仔产业带（全国唯一一个牛仔产业带），全镇全年电商销售额同比增40%。由镇属安美城镇建设投资有限公司（简称“安美公司”）与广东白天鹅文化企业有限公司合作的电商产业园项目签订合作架构协议。南沙—海心沙综合体是顺德区国家现代农业示范区两大核心区之一，安美公司与广东太子休闲农庄有限公司合作启动南沙休闲岛开发，由政府投入1200万元建成沥青绿道、花田花海、休闲驿站、英石林、兴趣点等一批设施和景观，由太子休闲农庄有限公司投入1亿多元推进青少年综合素质教育社会实践基地、海滨公园、开心厨房、桑果长廊、基塘农业博物馆、钓鱼场等服务功能区建设，南沙初步奠定休闲旅游产业雏形。安美公司与广东世朗投资置业有限公司合作成立广东顺德均健现代农业科技有限公司，引入佛山科技学院技术，以“政、商、农、研”四合一模式致力促进农业增产、农民增收并打造均安优质水产品牌。畅兴产业基地引入伟经家居、俊朗照明、有德五金3个超亿元工业项目。仓门社区利用富安牛仔城留用地块引入金楼天地商业步行街项目，星豪湾广场、仓门商业广场、骏景酒店（二期）、三华富丽华商业中心等项目扎实推进。成立餐饮协会，创建第二批“名菜标准示范店”，发掘研究和包装“妈姐菜”“均安美食”。金禾面粉被评为“广东省农业龙头企业”，“力高”“雪特朗”被评为“广东省著名商标”，雅莎罗时尚皮具股份有限公司、永怡御风电器灯饰有限公司、昱盛佳电器有限公司成为全镇首批获得AAAA级确认的标准化良好行为企业，完成“妈姐菜”“姑婆菜”和“蚕桑宴”等商标注册。18家企业申报省、市、区31个项目，获批21个，扶持资金2269.57万元。

城乡建设。2015年，基本完成广中江、佛江两条高速公路（均安段）征地拆迁任务。新华工业区和乐安跨线桥项目全面进场施工。落实佛山—中山合作框架协议，推动新均榄路一期、均安三桥上马建设和新均榄路二期规划立项，推进均榄路天连段改造提升前期工作。直达广州南站的K990公交线路开通。聘请中央美院运用现代城市设计理念对凫洲河“一河两岸”进行概念性规划，在上游新区规划市民综合服务中心、东部滨江公园等功能设施，在中游旧区规划文化电商产业带、水运岭南文化展示区等特色区域。以政府公有物业和储备土地为依托，与广州白天鹅文化企业有限公司签订凫洲河“一河两岸”城市化改造项目合作框架协议，联姻实力资本探索城市更新增值之路。推进畅兴休闲公园二期建设，启动东部湿地公园，完成横九路、百安路仓门段、百安路爱得乐路口和豸浦路、均荷路－横九路交叉口、翠湖公园、均安七滘路口等点、线、面的绿化建设或提升工程，打造“城在花园、绿城飞花”视觉景观新美态。出台《均安镇建设项目环保准入条件实施办法》，否决污染项目38宗。总投入5000万元的垃圾中转站投入使用，港汇公司再投入665万元增建生物除臭系统和改进压泥车间，太平、南沙安成片区两个污水站落成，生活污水处理厂及配套管网二期动工。借助“环保警察”加大执法力度，关停、关闭违法企业67间，立案查处环境违法案件共28宗。建立环保主管部门、照明灯饰协会、照明灯饰企业“三位一体”的环保自律体系。完成全镇生态文明规划修编，开展国家级生态文明示范乡镇创建。前三季度，均安在全区环境保护责考中分别排行第四名、第二名和第三名。

社会各项事业全面发展。职业中学实训楼落成启用，均安中学新宿舍和新饭堂即将竣工。鹤峰、新华、沙头、星槎4所新幼儿园加快建设，中心、仓门2所幼儿园完成扩容，引入澳维加、东区2所民办幼儿园成功承办广东省创建全国规范化家长学校实验区现场会，均安被授予“全国家长学校实验区”称号，10所义务教育阶段学校获评“广东省义务教育标准化学校”。关帝出游入选第六批广东省非物质文化遗产名录。强化对关帝出游、美食推介、“明日之星”选拔赛、南沙自行车活动、国际女篮邀请赛等项目的策划包装，举办均安旅游文化节。三华文化中心落成启用，成立骑行协会和仓门社区书画摄影协会，建立新华小学青少年灯谜培训基地。均安职校女篮在广东省青少年三人篮球赛获一个冠军和一个亚军，天连村获佛山市村居篮球赛冠军并参加广东省万村篮球赛获季军。接受国家卫生镇复审，沙浦、三华、均安社区创建成为“佛山市健康村”，沙头、鹤峰也通过创建验收。均安医院成为全市首家“全国综合医院中医药工作示范单位”，鹤峰社区卫生服务站投入使用，南沙、南浦站即将建成，星槎、沙头站实施升级改造，群众就医环境持续改善。全年共帮扶困难群众1.8万人次，帮扶资金1163.24万元，其中，“萤聚行动”筹集善款205.3万元，2000户困难边缘家庭从中受惠。新增妇女事业促进会、家庭教育协会等一批新型社会组织，提升均安镇社会综合服务中心和工业园社会服务中心的服务质量，建立仓门社区服务站，社会服务逐步延伸到村（居）和学校。发挥工、青、妇纽带作用，面向多元人群广泛开展敬老助学、“春暖职工”“小候鸟”暑期夏令营、“来了就是均安人”“我爱我家”“全家总动员”、缤fun青年联谊会、“凫洲撷粹”等主题活动。全部村（居）创办村报，鹤峰开设手机居务通。12个村（居）成立议事监事会，均安社区在20多个商住小区成立业委会。13个村（居）和18个股份社建立农村财务网上监控平台，集体资产交易平台全年合同成交金额1.6亿元。

（杨　力）

附：2015年顺德区党政主要领导名单

书　　记：区邦敏
副 书 记：黄喜忠　杜镜初　列海坚（挂任）
常　　委：肖秀明　潘东生（挂任）
周爱群（任至6月）　黄少文
蓝　斌　周驭洪　王　勇
李东文　陈浩斌　梁子财（挂任）
区　　长：黄喜忠（任至10月）
彭聪恩（10月任职）
副 区 长：陈浩斌　杨小晶（任至5月）
卢志雄　刘　怡　冼阳福
赖雪晖（5月任职）
梁子财（挂任）
政务委员：乔吉飞　关世良　徐国元
谭志亮　林胜初　麦连桐（挂任）

现任顺德区党政主要领导名单

书　　记：区邦敏
副 书 记：彭聪恩　陈浩斌　刘　怡
常　　委：肖秀明　潘东生　黄少文
周驭洪　王　勇　李东文
赖雪晖　谢顺辉　梁子财
区　　长：彭聪恩
副 区 长：赖雪晖　李剑雄　冼阳福
陈　旋　蔡　伟　梁子财
罗厚光　黄　涛
政务委员：乔吉飞　关世良　徐国元
谭志亮　林胜初

（2016年6月顺德区供稿）

高 明 区

概 况

高明区位于广东省中部，濒临西江，东南和南面与鹤山市交界，西南与新兴县相连，西北与高要市接壤，东北隔西江与三水区、南海区相望。全区总面积960平方千米，2015年末户籍人口30.12万人，常住人口43.05万人，下辖荷城街道、杨和镇、明城镇、更合镇和西江新城，共有72个村（社区）。区政府所在地为荷城街道。

高明于明成化十一年（1475年）设县，历史文化悠久，曾有“文风甲端郡”“硕彦辈出”美誉，涌现清代版刻家、中国第一个华人牧师梁发，革命“三谭”（谭平山、谭植棠、谭天度）等大批历史文化名人。地貌为“六山一水三分田”，拥有唐代龙窑遗址、灵龟塔、古椰贝丘遗址、皂幕山风景区、杪椤自然保护区等生态和人文景观。

2015年，高明区实现地区生产总值710.63亿元，增长8.6%；规模以上工业总产值2671.9亿元，增长8.4%；地方一般公共预算收入30.84亿元，增长15.3%；固定资产投资352.18亿元，增长15.2%；社会消费品零售总额105.06亿元，增长10.1%；外贸出口总值22.4亿美元，增长3.9%；城镇常住居民人均可支配收入27664元，增长9.1 %；农村常住居民人均可支配收入18376元，增长10.2%。

经济建设

【农业】 2015年，高明区实现农业总产值36.48亿元，同比增长4%。种植业产值11.07亿元，下降0.6%；林业产值0.97亿元，增长4.5%；畜牧业产值14.39亿元，增长4.8%；渔业产值8.26亿元，增长5.2%；农林服务业产值1.74亿元，增长5.2%。

现代农业加快发展。推进农业产业化，新增省级农业龙头企业1家，共4家，新增市级农业龙头企业5家，共16家；新增农民专业合作社7家，共32家，其中11家为市级示范社，4家为省级示范社；新增市级“菜篮子”基地5个，共12个；新增区级“菜篮子”基地7个，共17个。打响生态农业品牌，全区农业类省名牌产品9个，有机认证农产品3个，绿色认证农产品1个，无公害认证农产品24个，建成“三品”产地认证基地15个，认证面积0.13公顷。

农业园区稳步建设。完成海峡两岸农业合作试验区（举世公司罗非鱼加工）项目、农业园区（横村片）、福融八达现代水产物流园区和泰康山生态旅游度假区等农业园区项目建设，台湾优质水果种植休闲基地、高明区无公害蔬菜种植园区、温氏公司更合种鸡场等3家现代农业园区启动建设，并按计划推进。累计建成农业园区2000公顷，盈香生态园、鸿丽无公害蔬菜种植园等10家以企业为主体的农业园区成功创建为佛山市四星级现代农业园区。

智慧农业深入推进。完善“农信通”服务平台，全区农信通平台用户达1.3万户，全年通过平台发送信息46.3万条。完善农技宝云平台和农产品质量可追溯平台，完善二维码追溯系统，应用追溯平台企业15家，涉及产品60多个。推进动物标识及疫病可追溯体系应用，全年上传农业部服务器动物标识信息36.7万条，免疫信息67.4万条。实施淡水鲜活水产品试点标识管理，备案养殖户463户，养殖总面积660.27公顷。开发农业发展新业态，引导农业企业开发农产品网上交易平台。

【工业】 2015年，高明区实现工业总产值2741.07亿元，增长8.3%，实现规模以上工业增加值568.71亿元，占生产总值比重80%。工业产值超亿元企业285家，超10亿元企业17家。纳税超千万元企业56家，超亿元企业3家。

传统产业加快转型升级。全年增资扩产项目28个，投资额68.58亿元。利用技改提升加快转型升级，全年完成技改投资15.47亿元，投资增速53.8%，全区技改备案项目111个，同比增长117.06%。龙头企业引领作用明显，海天调味、溢达纺织和中油高富等龙头企业转型升级成效显著，年产值分别接近100亿元、60亿元和50亿元，带动纺织服装、石化塑料、金属材料、食品饮料四大传统产业实现产值1607亿元，占规模以上工业增加值比重60.2%。

战略性新兴产业加快发展。大力发展以轨道交通、新能源汽车、机械设备等为主的先进装备制造业，规划建设三大装备制造园区，14个总投资50亿元的重点装备制造业项目已投产6个，其中中车佛山修造基地进入设备安装阶段。全年全区装备制造工业产值654.31亿元，增长19.1%，占规模以上工业增加值比重达24.5%。新材料、新能源两大新兴产业210亿元，占7.9%。全年引入战略性新兴产业37个，投资额91.69亿元，其中先进装备制造业项目21个，投资额36.33亿元。

创新驱动战略深入实施。实施“互联网+”行动计划，远华塑料、溢达纺织入选广东省“两化融合”贯标试点企业。新认定高新技术企业13家，存量36家，同比增长28.6%，规模以上工业企业与高新技术企业研发机构建有率分别达31.8%、100%。启动国家知识产权强区工程试点区建设，发明专利申请量863件，增长62.83%；发明专利授权量186件，增长161.97%；百万人口发明专利授权量全市五区第一，百万人口发明专利申请量全市第二。新增省级工程技术中心6家、市级工程技术中心9家，新增1家省级企业重点实验室，建成企业工程中心131个。企业申报上级科技项目111个，增长101%。新增注册商标658个，同比增长17.4%，年末拥有国家驰名商标11个、广东省著名商标34个、广东省名牌产品16个。拥有全国科普教育基地2个、国家级科普示范社区2个，创建“2016～2020年全国科普示范区”工作考评得分全市第一名。

项目引进落实成效显著。围绕“421”产业集群和现代服务业，开展精准招商，全年引入项目73个，投资额178亿元，亿元以上项目52个。总投资284亿元的17个项目纳入省重点，入选项目数量、总投资额再创历史新高。建立区领导挂钩重点项目“五个一”（一个项目、一个方案、一名领导、一套班子、一抓到底）机制，推动实现11个省重点正式项目动工率100%、24个市重点正式项目动工率95.83%，40个区级重点产业项目动工率（含投试产）超85%。落实中小微企业减负政策，完成“个转企”“小升规”企业分别47家、34家，认定小微企业8家，协助企业申请减免税费；协助28家小微企业申报省贷款贴息扶持资金，11家企业共获得贷款贴息299万元。

【第三产业】 2015年，高明区实现第三产业增加值131.86亿元，增长13.5%，占地区生产总值18.6%。第三产业增加值增速及占地区生产总值比重分别比上年提升3.7%和1.5%。社会消费品零售总额105.06亿元，增长10.1%。

重点“三产”项目进展顺利。全年引进现代服务业项目21个，合同投资额约83亿元，引进项目数和投资额分别约占总数30%和50%。11个“三产”项目列入省重点，占高明区省重点项目61%。加快总投资156亿元的18个全区重点“三产”项目建设，其中14个动工建设（包括3个投产），其余4个项目开展前期工作，其中高明实验中学、启慧学校首期工程、广东外语外贸大学附设佛山外国语学校首期项目建成使用，勤天汇商业综合体、中科院新材料产业园等一批项目按计划推进。

休闲旅游业不断壮大。推进美的鹭湖森林度假区、君御文化旅游城、盈香生态园等8大旅游文化创意产业重点项目，2个项目动工建设、2个项目改造提升，完成投资4.5亿元，初步形成东中西旅游文化产业集聚发展新格局。其中，美的鹭湖森林度假区建成首期八个主体景区并试业。特色旅游文化品牌活动常态化开展，绿博会、油菜花节、美食节、万人濑粉宴等节庆活动影响力日渐扩大。深挖红色旅游资源，举办首届谭平山文化节。深化“要明鹤兴”（高要、高明、鹤山、新兴）区域旅游合作，举办首届旅游博览会，签订“要明鹤兴”四地合作协议，联手打造“百里西江旅游文化圈”。

全年接待游客481.1万人次，增长15.3%；实现旅游总收入20.68亿元，增长13%。

2015年，美的鹭湖森林度假区建成首期八个主体景区并试业。图为八个主体景区之一美的鹭湖茶景园。

现代服务业发展加快。引入一批优质现代服务业项目，其中包括投资15亿元的普洛斯现代物流园、投资10亿元的创业创新科技基地等。建成全区首个跨境电子商务产业园万方智慧城，并被佛山市认定为市跨境电子商务产业园，重点打造跨境电商、大宗商品交易平台、智慧仓、保税物流园、进出口货物商务代理等。全区批发零售业实现零售额90.32亿元，增长10.3%；住宿餐饮业实现零售额14.74亿元，增长8.7%。

【对外经济】 2015年，高明区新批外资项目4个，同比下降33.33%。合同利用外资18251万美元，下降14.81%；实际利用外资671万美元，下降95.71%。外贸进出口总值稳中有升，全年实现外贸进出口总值27.5亿美元，增长9.1%。其中，进口总值5.1亿美元，增长39.6%；出口总值22.4亿美元，增长3.9%。落实外贸稳增长政策，115家企业取得各级外经贸扶持资金1659万元。

【财政金融】 2015年，高明区实现财税总收入99.77亿元（剔除出口退增值税和免抵调减增值税），同比增长7.6%。地方一般公共预算收入30.84亿元，增长15.3%；一般公共预算支出27.3亿元，增长17.9%。建立财政投入民生事业逐年增长机制，保障重点支出和民生事业资金需要，全年对民生事业投入20.73亿元，占公共财政预算支出75.88%。深化镇级财政管理体制改革，规范财政分配关系，全年拨付镇级体制补助5.47亿元。

金融服务水平提升。建成企业上市孵化基地（高明资本市场服务中心），30家本土企业在广东股权中心注册，斯派力公司成功上市“新三板”，至此，全区共3家企业上市“新三板”。深化“政银企”合作，设立9000万元支持企业融资专项资金，破解企业融资难问题。推动农村普惠金融，启动“政银保”农业贷款，推动普惠金融建设。建立人行、银监、金融办等经济金融监管部门“三位一体”联防联控引导监管体系，金融生态环境持续优化。年末金融机构本外币各项存款余额284.48亿元，比年初增长8.25%；本外币各项贷款余额225.37亿元，比年初增长6.64%。

【高明区连续三年跻身全国百强区行列】 2015年11月，《中国中小城市发展报告（2015）》绿皮书发布，高明区名列中国市辖区综合实力百强区第44位，比2014年上升一位。这是高明区自2013年以来，连续三年跻身全国百强区行列。2015年度的评选结果，高明区在体现百强区综合实力的主要评价指标中均取得靠前排名。其中，人均地区生产总值155732元，同比增长8.7%，比全国平均增速高2个百分点；地方财政一般公共预算收入30.84亿元，同比增长15.3%，比全国平均增速高6.4个百分点；全区常住居民人均可支配收入24048元，比全国平均高3881元。

城乡建设

【城市升级两年延伸计划启动】 2015年，高明区在完成城市升级三年行动计划基础上，启动城市升级两年延伸计划，推动城市升级向城市升值转变。两年延伸计划涉及六大升级项目，共33个子项目，总投资56.2亿元。2015年完成10项，完成率30.3%；按计划推进20项，占比60.61%。其中，城中村（旧社区）改造、防震减灾示范社区建设、广东溢达纺织有限公司烟气污染治理工程、水环境治理工程、西江新城文化中心、省道273及省道362路面中修改造、公交服务提升、社区卫生服务机构建设、行政村（社区）综合型文化服务中心试点建设、高速公路两侧违法广告标牌设施和建构筑物专项整治等完成项目建设；勤天汇广场公寓大楼和商住楼一期工程、凌云山森林公园建设、古村落活化等项目按计划推进。

【西江新城建设】 西江新城核心区一期工程基本建成，建成明湖公园、智湖、丽江水廊、秀丽河景观工程、西江滨江绿化带等一批水体景观工程，“三纵六横”路网框架基本成型，体育中心完成移交并开启市场化专业运营管理，文化中心建成并投入使用。以“一湖两桥七干道”为核心，总投资31亿元的核心区二期项目启动前期工作。年末西江新城在建工程26项，项目总投资约11.7亿元，完成建设投资2.5亿元，项目竣工7个。以新城建设为载体，招商引资取得新突破，该区域累计引入17个总投资174.4亿元的现代服务业项目，至年末累计完成投资61.61亿元。西江新城获2015绿色发展与创建生态文明新标杆发布会暨第二届城市发展与生态平衡高层论坛颁发的“2015创建生态文明标杆城市”称号。

【“三旧”改造】 2015年，高明区“三旧”改造建设项目112个，新启动项目16个，竣工项目12个，改造面积984.33公顷，完成“三旧”专项规划修编及部分地块的规划调整工作。重点片区重点项目“三旧”改造进展顺利，沿江路以东区域项目完成年度投资1.67亿元，累计投资6.53亿元，河漫滩（荷城公园至灵龟公园）改造项目通过验收并投入使用。三洲旧区改造加快推进，完成住户征收1007户、企业征收11户，拆除建筑面积8.3万平方米，项目安置房一期一标段三座建筑通过验收并交付使用。原技工学校改造项目（荷城新天地广场）如期推进，进入地下室及主体基础项目建设阶段。高明实验中学和启慧学校如期完成各项主体工程建设，并于9月开学。区人民医院片区棚户区改造、荷香路北延线配套工程等项目完成前期工作。

【交通建设】 2015年，高明区加快推动交通路网建设，探索构建综合交通新体系。高速路网加快完善，广明高速东段、江罗高速高明段建成通车，高恩高速高明段启动前期工作，季华路西延线至高明富湾段项目纳入佛山一环西拓战略研究范围。区内重点交通项目加快推进，荷杨大道公路工程二标段茶山公路和杨西大道立交工程动工建设，丽江路（三富线至海华路段）建设工程完成融资等前期工作。完成高明大桥新桥等一批区内重点公路桥梁的加固维修工作。轨道交通加快起步，启动现代有轨电车示范线项目规划建设，佛山地铁2号线南庄至高明段纳入佛山市轨道交通建设规划修编，珠三角城际轻轨肇顺南线南沙至高明段开展前期工作。珠三角新干线机场选址高明区更合镇开展前期研究论证工作。

【生态环境保护】 2015年，高明区围绕“法治环保年”，持续加大对环境执法的高压态势，全年检查企业4500间次，立案处罚案件39宗，涉及金额256万元。创新“互联网+”监管模式，分别在80家企业和5家生活污水处理厂安装在线监控设备。淘汰锅炉100台，关停重污染企业47家，完成4家VOCs重点监管企业污染整治，淘汰黄标车3561辆，检查整治黑烟车8912辆，完成5个村级工业聚集区整治。坚持推进“再造沧江”工程，开展第一批4条重点河涌综合整治，全区重点河涌水质达标率（地表水Ⅴ类水标准）稳居佛山五区前列。完成20间重点行业废水整治，完成31间规模化畜禽养殖场污染减排。开展新一轮绿化高明大行动，完成年度300公顷森林碳汇工程改造、省市级生态公益林扩面任务和乡村绿化美化建设工程任务，建设乡村森林家园20个，推进“绿城飞花”主题绿化景观建设。完成南蓬山及凌云山2个森林公园建设，全区森林公园新增规划面积393.33公顷，森林公园数量由9个增加至11个。开展生态创建工作，更合镇成为“广东省生态乡镇”。2015年，$PM_{2.5}$、二氧化硫同比分别下降9.8%、28%，空气质量综合指数在全市排名持续领先，全年优良率87.1%。

【城市配套建设】 2015年，高明区推进各项城市配套基础设施建设，打造宜居环境。完成西头村、新亨村城中村试点改造，旧村环境得到有效改善。推进市政道路改造提升，完成8项内街道路整治提升和市政道路修复工程，新增停车位100多个。做好排水设施改造、管护，完成常安食街污水管道改造工程和泰山小区排水设施提升工程。完善公共交通体系建设，累计投入新能源公交车100辆，启动“定制公交服务”，推广出租车电召平台，加强对公共自行车运营服务公司的监督与考核。加快水利工程建设，完成2项中小河流整治工程和西江堤围排涝防洪调蓄湖整治灌排水工程Ⅱ标段建设，完成更楼、更合灌区改造项目。扎实推进电网建设，投入资金5560万元，推进西江新城核心区、荷城街道三洲兴良片区、富湾宏基片区工业区等的配网基建工程，全年完成基建工程60项，全年全社会用电量45.65亿千瓦时，增长3.39%。天然气管网覆盖面加大，新建城镇燃气管道22.7千米。加大信息工程建设力度，新增超过1500个公共WiFi，实现荷城街道、西江新城、杨和、明城、更合主城区4G信号全覆盖。

【城市综合管理】 2015年，高明区深化“大城管”工作模式，实现城市管理常态化、精细化、网格化。推行城市管理网格化，将全区城市管理区域划分22个网格，分领导层、协调层、执行层三个层级进行管理，全年区领导开展巡查、召开现场协调会37次，督办存在问题69个。完善智慧城管建设，推进数字城管系统二期建设，77个工地154套视频监控设备接入系统。全年数字城管系统立案101289宗，办结87178宗，实现城管案件快速处理。深化城市管理综合治理，严厉打击城市“八乱”，全年处理城市“八乱”违法现象55810宗；推进餐饮业油烟污染治理，完成油烟净化设备安装853家；落实环卫保洁、园林绿化管养、路灯设施维护等工作，中心城区亮灯率保持在99%以上。

民生事业

【社会保障】 2015年，高明区参加城镇职工基本养老保险（含机关事业单位）13.14万人，参加失业保险12.51万人，参加工伤保险12.53万人，参加医疗保险13.1万人，参加生育保险12.56万人；参加城乡居民社会养老保险2.28万人，领取养老金3.09万人；参加居民门诊基本医疗保险17.4万人，参加居民住院基本医疗保险17.4万人，参保率99%。历年累计发放社会保障卡32万张，激活28.32万张。提升社会保险待遇，企业退休人员月平均养老金从1518元增加到1707元，并对75岁以上退休人员一次性发放1200元高龄津贴；城乡居民社会养老保险基础养老金从135元调升至155元；失业保险金由1048元调整为1208元；月人均伤残津贴从2216元增加到2455元，并对年满75周岁及以上工伤伤残人员每月加发100元。落实住房保障，配套资金5219万元新开建保障性住房424套，390套竣工，新增配租入住保障房668套，完成危房改造26户。依法征收价格调节基金，运用价格调节基金向低收入群体发放临时价格补贴223.41万元，惠及7.45万人次。

【社会救济】 2015年，高明区城乡最低生活保障标准每人每月590元，有城乡低保对象2112户4017人，发放救济金2072.14万元；农村五保供养标准每人每月980元，有农村五保对象645人，发放供养金743.29万元。实行医疗救助“一站式”结算服务，支出医疗救助金255.6万元，资助1912人次。为9031名困难对象解决参加住院、门诊基本医疗保险个人费用278.15万元。社会福利事业加快发展，年末有敬老院5间，老人床位510个，入住老人138人，其中五保老人132人、自费老人6人。推进居家养老服务发展，有居家养老服务对象300人，工作人员160人，筹建更合镇高村村委会、香山村委会布社村居家养老服务站。促进慈善事业发展，支出慈善资金755.67万元，资助困难居民2692人次。发放特别扶助金497.5万元，扶助147户家庭，提高家庭应对意外伤亡抵御能力。

【劳动就业】 2015年，高明区新增城镇就业6029人，城镇登记失业率2.56%。完善市、区、镇（街）、村（居）四级公共就业服务平台，提供免费现场招聘、失业登记、职业介绍、政策咨询等公共就业服务。推广“订单式”技能培训，通过校企、校校、校协合作等方式，培养技能人才，全年培训各类人员

5721人次。帮扶就业困难人员就业，全年城镇就业困难人员就业253人。推进以创业带动就业体制机制改革，建成高明区家庭服务业培训示范基地和首个创新创业示范基地，开办创业培训班，全年发放创业小额担保贷款629万元，贴付利息38.62万元，引导成功创业661人，带动就业3305人。举办招聘会215场，2342家企业进场招聘，提供岗位1.98万（次），促成就业0.65万人。开展充分就业村居创建，46个村（居）达到充分就业村标准。

【医疗卫生】 2015年，高明区拥有医疗卫生机构133个，卫生工作人员3007人，卫生专业技术人员2400人，医疗机构床位1715张。深化医疗卫生体制改革，组建新高明区人民医院，按“三级甲等”综合医院标准进行建设和管理，打造区域医疗龙头机构。调整基层医疗机构设置规划，推行“镇级直管”“公办民营”等经营模式，新建4间村级卫生站。鼓励和引导社会资本举办医疗机构，增设4家民营医疗机构。对接市远程会诊平台开展远程会诊，推行预约诊疗服务，打造区域检验及影像检查结果互认共享综合管理平台，医疗服务信息化水平提高。加强疾病预防控制，完成国家卫生城市复审，建立疫情联防联控机制和报告制度，有效防控登革热、埃博拉、H7N9禽流感等传染病。

【人口计生】 2015年，高明区的户籍人口出生率10.68‰，自然增长率4.76‰，政策生育率93.22%，户籍出生人口性别比106.13。提升计生服务水平，修订计生家庭保险细则，投入119万元为3.9万计生家庭购买意外伤害保险，实施免费孕前优生健康检查，降低出生人口缺陷。提升全员系统数据质量，系统主要项目完整率、逻辑关系准确率95%，个案重点信息处理及时率80%。实现社会抚养费规范化征收，全年征收社会抚养费1184.18万元。开展计生协会会员日系列活动，组织“一元爱心捐助”，募集捐款11万元，用于救助计生困难家庭。

【人才事业】 2015年，高明区引进人才1288人，人才总量达到6.6万人，增长5.4%，人才总量占常住人口14.6%。其中引进博士1人，硕士36人，本科生736人。按人才种类分，党政人才2709人、企业经营管理人才11425人、专业技术人才21152人、中级以上技能人才22332人、高层次人才973人、农村实用人才8400人、社会工作人才511人。人才载体建设增强，拥有博士后科研工作站2家，佛山企业博士后工作分站3家，博士后创新实践基地1家。出台系列完善人才工作体系制度，健全人才培养引进、使用激励、服务保障等相关配套政策。畅通人才服务“绿色通道”，给予相关人才政策优惠，解决人才入户、住房、医疗、社保、子女入学等问题。落实宽松落户政策和新市民积分入户政策，全年办理人才落户64人，其中先落户后就业14人。为67名高层次人才发放工资外津贴82.05万元。

【教育事业】 2015年，高明区新开办或组建11所学校，广东外语外贸大学附设佛山外国语学校填补全区民办高端中小学校的空白，高明实验中学进一步优化全区普通高中学校布局。普惠性幼儿园建设成效显著，全区普惠性幼儿园70%以上。教育均等化有新突破，中职免费政策顺利实施，外来务工人员随迁子女入读公办学校比例位居全市前列。深化教育教学改革，完善教师评聘、绩效工资、教师交流等制度，组建跨学段、学科、学校的教育联盟，一中附中、一中附小与高明一中组成教育联盟初见成效。教育质量持续提升，全区4个镇（街）教育强镇复评工作全部完成。2015年，全区参加高考2286人，本科上线1140人，专科以上上线781人，高职类上线228人，其中本科上线率（56.2%）和高职类上线率（88.2%）分别高出全市近3个百分点和近17个百分点。

【文化体育】 2015年，高明区以创建国家公共文化服务体系示范区为抓手，完善“十分钟文体圈”和农村“十里文体圈”建设，实现综合文化站和联合图书馆全覆盖。年末拥有综合文化站4家，其中荷城街道和明城镇2家文化站是省特级文化站；镇级图书馆5家，图书总藏量41万册；农家书屋在全区72个行政村实现全覆盖。推进文化惠民，举办公益文化培训活动近300场，举办艺术展览23场，公益文化精品演出200多场，包括“元计划”、魅力大舞台、“粤韵高明”等品牌活动。完成首批两个特色古村落37项活化升级工作，将城市升级向乡村延伸。成立文化产业协会，举办首届谭平山文化节，弘扬传承红色精神。区文化中心完成移交，其中圆楼由高明区文化馆整体进驻，方楼计划打造成文化产业中心。转变体育发展方式，体育中心实行市场化运作，并举办了中国足协女足“超霸杯”等多项具有影响力的赛事。全年举办各类群众体育活动30多项，覆盖区、镇、村三级，10万人次参加。全区全年在各类市以上体育竞赛中获金牌67枚、银牌70枚、铜牌85枚。

体制改革

【全面深化改革】 2015年，高明区继续完善全面深化改革刚性约束机制，确定由区、镇领导领衔的27项年度重点改革专题和由区直部门负责的65项全区改革清单，涉及产业转型、城市建设、社会治理、民生发展、党的建设等各重点领域和关键环节，推动改革创新成为全区经济社会发展的动力源泉。年末，27项年度重点改革专题中，11项完成改革任务，完成年度目标任务的14项；65项年度改革清单完成62项。其中，27项改革专题形成98份相关政策文件和方案计划，并在各级媒体宣传报道超过280条次，营造起浓厚的改革创新氛围，推动一批影响全区改革发展深层次问题的化解。在经济发展方面，创新现代服务业发展体制机制，第三产业占比快速提升；在城市升级方面，以智慧城镇研究为抓手，开展交通建设投融资模式研究，推进西江新城管建模式创新；在政务环境方面，启动“一门式”政务服务体系建设，推进“一门式”综合执法改革；在社会治理方面，突出“平安高明”建设，“平安细胞”创建率超过99%；在廉洁制度方面，推动纪检监察队伍规范化管理，开展派驻、巡察、办案“三位一体”试点。

【“一门式”政务服务体系建设】 2015年，高明区实施“一门式”政务创新体系建设，区级及各镇（街）搭建完成“一门式”政务服务格局，其中个人服务类事项以镇（街）办理为主，法人服务类事项、工程类事项以区级办理为主，投资建设类175个服务事项、企业办事161个事项、个人办事296个事项全部纳入“一门式”综合服务，实现改革主题全覆盖，初步形成“e门政务，e窗通办”特色服务模式。在全市率先实现项目投资建设“一窗办理”，审批时限大幅缩减到48天以内，材料压减40%以上，有效推动重点项目落户投产。行政审批电子网络一体化建设扩容，进驻网上办事大厅单位32个（大局统计口径），涉及行政审批和社会服务类事项1209项，全部事项实现网上二级及以上深度接入，实现三级深度接入审批事项846项，占比69.98%。升级改造“佛山市‘一门式’政务服务平台”，增加自然人“一门式”政务服务板块。推广“市民之窗”自助服务终端，累计配置60台自助终端，建成3个24小时政务自助服务区。

【“一门式”综合执法改革】 2015年，高明区率先探索实施“一门式”综合执法改革，建立集“举报投诉、案件分流、案件办理、移动执法、执法监督、两法衔接、绩效考核、信息服务”等功能于一体的综合执法网络应用平台，统一整合执法投诉渠道为“12319”，全区29个行政执法单位以及区法院、区检察院、区纪委、公安分局、区法制办等有关监察部门统一纳入平台，实现执法案件从线索登记至案件办结的全部办案流程在一个平台进出，并实现行政执法案件办理，包括办理流程、证据材料、处理结果、法律文书等的全过程信息化运行。2015年，行政执法机关共受理违法线索、案件3405件，同比增长150%。对进入平台的线索和案件，以“按职承办”原则自动分流到相关执法部门处理，涉及多个部门的通过平台启动联合执法，全年通过联合执法查处案件76宗，由公安机关提前介入案件线索48条，刑事拘留犯罪嫌疑人233人，同比增长150%。“两法衔接”平均立案时间大幅缩短90%，缩短到两天以内，刑事立案率为97.01%，破案率为76.9%。

【商事制度改革】 2015年，高明区深入推进商事制度改革，落实各项“宽进”措施，激发创新创业活力。推进“同城通办”，全年办理市内同城通办业务14户，区内同城通办业务68户。落实“先照后证”登记，全年办理先照后证营业执照2018

户。实施“三证合一、一照一码”改革，全年核准1177户企业申请。推进企业登记注册“一窗式”办证，2156户市场主体顺利办证。年末拥有各类经济主体25512户，其中企业5551户，个体户19911户，农民专业合作社50户。新成立各类市场主体4645户，其中新设立内资企业898家，同比减少5.4%；个体工商户3733户，增长14.2%；实施注册资本认缴制企业726户，增长15.6%。

社会治理

【社会建设和管理创新】 2015年，高明区引导社会力量参与社会治理，加强家庭服务中心标准化建设，强化职工服务中心项目化运营，全年“两中心”分别接待群众2.45万人次和4.1万人次。大力培育发展社会组织，成立区社会工作协会，出台考取社工职业证书激励办法，建设各镇（街）社区康园中心。年末拥有专业社工机构5家，正式登记社会组织217家，其中社会团体113家、民办非企业单位104家，持证社工101人，社会工作员270人。拓展社工服务领域，在人民医院引入专业社工机构。健全“社工+志愿者”联动机制，年末拥有志愿服务队88支，志愿者4.65万人，开设便民利民志愿服务站点100多个。探索实施社区工作事项准入制，明确社区工作事项准入条件，并在金华、铁岗、河西、光明、官山等5个村（居）委会启动试点工作。

【农村综合改革】 2015年，高明区加强农村综合改革，促进农村基层社会和谐稳定。启动农村土地承包经营权确权登记颁证，做好前期摸底调查和方案制定工作。出台《关于进一步规范农村集体经济管理的意见》，从完善“两个平台”建设、规范集体经济组织管理等方面对农村集体经济进行规范。全年农村集体资产交易322宗，资产成交年标的额2748.14万元，比开标年标的底价2461.88万元高出11.63%。通过社会中介代管农村财务，推行农村财务网上监控，代管并录入账套795套。拓宽财务监控平台功能，农村财务银行流水账与银行数据实时对接平台试运行，推广“村财通”（POS机）业务，4个试点村安装POS机并正常运作。实施村级公益事业“一事一议”财政奖补，完成51个项目，受惠人数近2万人。推进新农村建设，在9个村开展新农村建设示范点，完成58个项目建设，累计投入2107.32万元，完成投资80.18%。启动“政银保”农业合作贷款，首期投入200万元设立担保基金。进一步落实强农惠农政策，及时发放农资综合补贴、农机购置补贴、渔民柴油补贴等，保障农民持续增收。

【精神文明建设】 2015年，高明区大力推进“宣传+”和“文明+”行动，精神文明建设实现新提升，创建全国文明城市成果得到巩固。在全市首推“宣传+”行动，从顶层设计和实际操作入手，把宣传融入决策全链条。进一步加强思想理论建设，全年召开区委（区政府）中心组学习会议11次，其他各级中心组学习250余场，有效提升全区党员干部的理论素养和水平。启动“文明+”行动，打造深具地方特色的核心价值观建设品牌，推进“乐善之城”与“志愿者之城”建设，推出革命老区益客行“公益善谷”建设联盟行动，首批10个慈善项目落地。健全创建全国文明城市各项常态化机制，推动文明城市建设和城市建设、社会治理、市民素质、行业发展等互动融合。开展“圆梦中国·我们的价值观”中华经典诵读大赛、“道德模范在身边”等主题活动，城市文明程度和市民文明素质不断提升。2015年，全区新增文明单位（窗口）6个，共97个；新增区级文明村（居）14个，共200个。

【社会综合治理】 2015年，高明区出台《“三官一师”直联村（居）行动计划》，选派131名“三官一师”进驻村（居），实现“三官一师”直联村（居）全覆盖，全年接待服务群众5325人次。推进平安创建工作，全区16项“平安细胞”创建工程完成三年计划进度任务95%以上，平安村居实现100%覆盖，实现“一强二升三降”总体目标。深化社会矛盾“5 + 4”领域专项治理，实施综治信访维稳网格化，市民安全感稳步提升。完善社会治安管理模式建设，全区“110”违法犯罪警情数同比下降18.5%，破案率上升8.8%，动态打防效能全市排名第二位，警情逮捕系数和百名民警逮捕数全市排名第一位。推进市场监管体制改革，完成区食品集中加工中心建设，17 间学校食堂、3 间大型餐馆和 1 间配餐中心完成在线监控工作。推进安全生产“三大行动计划”，加大安全生产执法力度，安全生产水平进一步提升。

各镇（街道）介绍

【荷城街道】 荷城街道位于高明区东部，西江之滨，被西江、沧江二水环抱，是高明区委、区政府驻地，全区的政治、经济、文化、金融、信息和科技中心。街道面积 179.06 平方千米，下辖 14 个社区和 14 个村，户籍人口 15.1 万人。

2015 年，荷城街道实现规模以上工业总产值 1742 亿元，同比增长 8.7%；固定资产投资 170 亿元，同比增长 15.3%；工商税收总收入 45.64 亿元，同比增长 15.5%；本级税收收入 4.59 亿元，增长 26.2%。

招商引资成效显著。全年引进项目 18 个，合同投资额 46.76 亿元，其中超亿元项目 6 个。企业增资扩产成效明显，盈香生态园增资 10 亿元创建国家级 AAAAA 景区，海天调味扩建工程进展顺利。重点项目取得突破，中车基地进入设备安装阶段，建成万方智慧城，首个综合电商产业园投入使用。提升企业服务水平，加速项目落地，年内新动工项目 3 个，投试产 7 个。

城市环境逐步提升。完成禽畜养殖综合整治任务，淘汰黄标车 1346 台，辖区 18 家纺织染整企业实现改造提升。创建城中村提升改造示范点，投入 277 万元完成新亨村、西头村城中村改造。推进古村落活化，投资 647 万元重点推进榴村陆家建设，基础设施建设基本完成，文化升级各项工作按计划推进。社会主义新农村建设顺利推进，塘伙村、上湾村、松柏村、松岗村升级改造效果明显。

社会事业全面加强。加大社会保障力度，全年发放救助金额 516 万元，有效帮扶低保家庭、孤寡群体，落实平安钟工程、银铃安康工程及居家养老扩面，社区康园中心建成并投入使用。公共医疗服务加强，免费推行健康档案管理服务、65 岁及以上老年人免费健康体检。教育事业持续提升，广东外语外贸大学附设佛山外国语学校和新时代实验学校开办招生。文体事业稳步发展，龙舟文化节、村际篮球赛等文体活动逐步形成品牌。社区服务得到优化，推行政府购买社会服务，街道职工服务中心和家庭服务中心优化完善，江湾刘家村等 10 个自然村分别创建为市、区级文明村。

社会管理有效推进。启动综治信访维稳网格化管理和公共法律服务体系建设，大综治格局初步形成，全年受理信访案件 136 宗，同比下降 17%，在规定时间内调解或答复 124 宗，办结率 91.2%；“12345” 热线及网上投诉受理 1768 宗，上升 11.48%，全部在规定时间内办理。安全生产形势向好，“全国安全社区”创建工作稳步推进。食品安全有效落实，获“佛山市食品安全示范镇”称号，年末拥有餐饮服务单位 1348 家，评定量化分级餐饮单位 1327 家，量化分级管理率 98.4%，学校食堂量化分级 100% 达到 B 级。

行政服务日趋优化。街道行政服务中心承接行政审批事项 176 项，委托管理事项 30 项，全年受理业务量 6 万多件。28 个村（居）行政服务中心受理和承办 38 项行政审批服务事项，泰兴村委会等 4 个村（居）行政服务中心办公大楼加快改造提升，中山社区居委会等 17 个村（居）完成“市民之窗”系统安装，进一步方便村（居）民办事。

【杨和镇】 杨和镇位于高明区腹地，下辖 3 个社区，7 个村，共有 104 个自然村，面积 228.33 平方千米，耕地面积 0.23 公顷，山林面积 1.2 万公顷，户籍人口 3.9 万人。

2015 年，杨和镇实现规模以上工业总产值 335.32 亿元，同比增长 7.2%；固定资产投资 69.68 亿元，同比增长 15.2%；工商税收总收入 5.98 亿元，同比增长 2.09%；本级税收收入 1.29 亿元，增长 8.12%。

产业转型升级加快。全年引入项目 16 个，合同投资额 71.64 亿元，其中亿元以上项目 12 个，占比 95.65%，包括总投资 15 亿元的普洛斯现代物流园；新增动工项目 13 个，新增投产项目 9 个，增资扩产项目 6 个。装备制造业势头迅猛，实现产值 128.55 亿元，增长 26.92%。第三产业发展加速，皂幕山景区不断完善，景区吸引力日渐增强；美的鹭湖森林度假区建设加快推进，建成首期八大主题景观项目并试业。实施创新驱动发展战略，25 家企业 34 个技改项目完成备案，投资额 6.44 亿元；推动知识产权强区建设，发明专利申请量、授权量分别增长 57.7%、61.9%。企业上市氛围良好，金兰铝业在深圳前海股权交易中心挂牌，形成一批上市梯队。推进农业现代化，新增市级农业龙头企业 2 家、市级四星级园区 2 个、市级菜篮子基地 4 家、市级农民专业合作社 2 家。

城镇品质稳步提升。加快荷杨大道建设，完善工业园区基础设施配套，推进人景路、和恒路建设，启动明银路、工业大道市政排水管和五乡渠箱涵工程。启动城市管理网格化，加强高明大道综合整治。深入推进“再造沧江”工程，启动对川片分散式小型污水处理厂及其管网建设前期工作，完成坑美、牛扣村小型农村生活污水处理工程，开展杨梅河流域综合整治。生态环境得到提升，年内造林 232.47 公顷，新增生态公益林 244.1 公顷，“国家生态乡镇”通过市复检。推进基本农田和高标准基本农田建设，开展 19 宗面上农水工程和电排站冬修水利工程。

社会民生不断改善。2015 年，杨和镇落实强农惠农政策，发放种粮综合直补 84 万元、生态公益林补偿 367 万元。发放各类救济救助津贴补贴 920 万元，帮助困难群众减轻负担。建成社区康园中心，为残疾人提供日间托管、康复及就业辅助。完善社会保障制度，加强企业职工社保扩面，扩大农村养老保险和医疗保险覆盖面。教育事业加快发展，新杨梅小学和杨和中心幼儿园顺利开学，通过“广东省教育强镇”复评。强化卫生计生服务，“幸福驿站”人口文化园、对川社区卫生服务站投入使用，开展 12 项基本公共卫生服务，通过广东省卫生镇考核鉴定。

社会治理有效深化。加强食品药品监督管理，开展食品安全专项行动，推进食品安全示范镇建设，建成“阳光厨房”6 家，检查各类餐饮单位 611 间次。加强农业安全生产监管，巡查辖区农资生产基地 90 多次，完成 5505 个样品检测，合格率 98.9% 以上。抓好安全生产，组织安全生产应急演练，开展危险化学品企业专项检查，检查生产经营单位 1300 家次，行政处罚 11 宗；推进安全生产标准化创建，35 家企业完成“三级”创建，3 家企业完成“二级”创建。完善信访和矛盾纠纷排查调处、平安创建、公共法律服务体系构建、网格化管理等，全年开展矛盾纠纷排查 48 次，化解率 96%。

行政效能有效提升。完善镇级行政决策机制，健全各项日常议事决策制度，严格执行重大决策、重大项目安排和大额度资金使用的集体讨论决定制度。深化民主法治建设，办理人大建议和政协提案 21 个，办复率 100%。提高行政服务水平，推进“一门式”综合窗口建设，镇行政服务中心创建为“高明区创文示范点”，在 10 个村（社区）行政服务中心建成“市民之窗”，“一站式”服务地域覆盖面 100%。推进农村集体资产清产核资，加强农村财务网上监控平台管理，完成平台交易 47 宗，超过底价 16.16%。

【明城镇】 明城镇地处高明区中部，辖区总面积 183.41 平方千米，下辖 1 个社区和 11 个村，共有 150 个村民小组，户籍人口 4.7 万人。明城镇始建于公元 1475 年，历史传统文化底蕴深厚，是革命历史“三谭”（谭平山、谭植棠、谭天度）的故乡。

2015 年，明城镇实现规模以上工业总产值 316.15 亿元，同比增长 7.6%；固定资产投资 51.19 亿元，增长 15%；工商税收总收入 4.04 亿元，增长 13.1%；本级税收收入 0.81 亿元，增长 11.1%。

产业转型升级加快。引入项目 9 个，合同投资额 10.57 亿元；增资扩产项目 5 个，合同投资额 6.81 亿元，在建项目 7 个，投试产项目 7 个。重点项目发展稳健，德方纳米完成二期扩建项目，8 条生产线全面投产，并启动三期扩建工程；德健五金二期增资扩产项目完成基础设施建设，并开始试投产；华兴玻璃完成窑炉维修，并安装脱销设施。完成 20 家个体工商户“个转企”任务。实施质量强镇、知识产权强镇，全年专利申请总量 208 件，发明专利申请量 107 件；新增高新技术企业 3 家，新增省级工程中心 1 家、市级工程中心 1 家，贝斯特陶瓷成功建立广东省“院士专家企业工作站”。农业产业发展壮大，新增市级菜篮子基地 3 家、市级龙头企业 2 家、市级四星农业园区 2 家、市级农业专业合作示范社 2 家，引进高新技术农业企业明轩生态农场。

城乡建设成效渐显。完善城乡规划编制，完成《明城镇总体规划》修编并通过专家评审，完成《旧城区控制性详细规划》编制，启动《城南新区控制性规划》及《明城镇北区控制性详细规划》修编。城镇基础设施不断完善，利用社会资金910万元兴建贝斯特陶瓷公司保障性住房，投入资金1500多万元完成城七路、明二路建设，完善工业园区综合指示牌及路牌建设，开通荷城至明城工业园区定制公交线路。

生态环境有效改善。推进黄标车淘汰工作，全年淘汰黄标车258台，完成2005年前登记入户营运黄标车淘汰任务。整治高污染锅炉，推进清洁能源使用，淘汰10蒸吨/小时以下高污染燃料锅炉5台。完成村级工业区企业环境整治摸底排查，制定“一村一策”方案，完成首批明北、罗稳2个试点村工业区环境整治。开展数字城管巡查，加大“六乱一占”整治力度，推行城市管理网格化，完善一批绿化、路灯市政提升工程。落实“再造沧江”工程，实施河涌保洁制度，在深水、榕根村等3个村完成农村生活污水处理工程。实施碳汇工程，改造生态林面积101公顷。

平安建设深入推进。安全生产形势稳定，安全生产责任覆盖率100%，推动企业隐患自查自纠，全年全镇自查隐患9000多个，整改率100%，实行安全生产“网格化”监管，完成“二级”标准化创建企业1家，“三级”16家。食品监管体制加快完善，推行乡村集体聚餐备案制，累计登记集体聚餐105宗，强化食品安全专项执法，获评佛山市首批“食品安全示范镇”。推行综治信访维稳网格化，开展“5＋4”领域社会矛盾排查，化解一批社会矛盾。推进基层社会治理法治化，完成公共法律服务两级实体平台建设，推进“三官一师”直联村（居）、“一镇一律师顾问团”“一村（居）一专职调解员”等深入开展。

民生事业蓬勃发展。惠民政策落实到位，推进低保优抚安置，累计发放五保、低保、残疾、高龄津贴等资金1200多万元。全面落实农业补贴，兑付各类政策补贴300多万元，受益农户1万多户。文教体卫事业提升，推进东洲中学迁建，通过省教育强镇复评，打造谭平山文化节，加快深水村古村落活化升级，峰江背村等4个自然村通过省级卫生村验收。社会保障体系不断完善，基本实现城乡居民基本医疗保险和基本养老保险全覆盖。创新农村基层治理，规范集体经济组织监管平台、集体资产管理交易平台、农村财务网上监控平台建设。完善城乡配套设施，落实村级“一事一议”财政奖补项目6个，受益村民1630人；建成高标准基本农田建设面积352.87公顷，完成排洪渠清淤、堤围建设等水利工程；完成康园中心建设，完成福祥园公墓三期主体工程。

政务服务持续优化。推行“一门式”政务服务改革，推动村级行政服务中心规范化建设，完成明东、明西、崇步、明南等4个村委会规范化建设任务。提升财政管理水平，执行年度财政预算，优化财政支出结构和税源结构，细化镇属公有资产的管理流程。自觉接受各方监督，全年办理人大、政协议案提案24件，议案提案办复率100%。依法依纪进行纪检监督和查处，全年受理纪检监察信访案件14宗，办结14宗，办结率100%。

【更合镇】 更合镇位于佛山市高明区西部，总面积347.02平方千米，下辖19个村和3个社区，共有156个村民小组，户籍人口6.34万人。

2015年，更合镇实现规模以上工业总产值277.26亿元，同比增长6.1%；固定资产投资61.17亿元，增长15.1%；工商税收总收入3.76亿元，增长7.5%；本级税收收入0.72亿元，增长4%。

产业发展基础得到夯实。推进农业现代化，拥有各级菜篮子基地9家，省级惠农信息社4家，市、区级龙头企业6家，市级农民专业合作示范社7个，市、区水产良种场3个，“合水粉葛”被评为“广东省著名商标”“广东省名特优新农产品”。工业转型升级加快，新引进项目8个，投资额79.15亿元，列入省、市重点项目5个，年内试产企业3家，在建项目4个。实施创新驱动发展战略，备案工业技改项目18个，投资总额4.6亿元；申请专利119件，发明专利32件，同比增长357%。第三产业发展加快，深步水、金谷朗、花卉世界、东方山地乐活谷、旺田生态旅游区等生态旅游项目加快推进。

城乡发展环境持续改善。新型城镇化建设有

序推进，完成白石大街综合整治及沿街景观提升工程，实施行政中心控规修编，镇职工服务中心建成使用，白石文化公园启动建设，完成第二污水处理厂主体工程建设和部分设备安装。农村生活环境改善，推进更楼河整治，版村、香山、良村、新圩等4个村（居）农村环境综合整治通过验收。完善交通网络，贯通更合的江罗高速高明段建成通车，成功与辖内的高铜线、广明高速延长线交汇相通。开展生态创建工作，获得“广东省生态乡镇”称号。

基层治理水平不断提升。构建公共法律服务体系，完成12项建设任务，完成“一河两岸”法治公园建设，公共法律服务中心投入使用。推进综治维稳网格化，实现社会维稳“全方位监控”。推进安全生产监管，实施“党政同责、一岗双责、齐抓共管”，安全生产指标逐年下降。重点保障食品安全，全年未发生食品安全事故。政府服务能力提升，“一门式”政务服务格局形成。率先推行村级公章代管，建立公章使用审批、登记、备案制度。

社会民生事业持续发展。全面提升社会保障水平，推进社保扩面，实际参保人数44213人，参保率99%；全年发放最低生活保障金631.7万元，助医、助困、助学各项社会救济支出46.82万元，为1884名残疾人发放居家护理补贴和生活津贴312.7万元；改造危房19间。教育水平不断改善，通过省教育强镇复评，更合中心小学新增教学楼工程投入使用，合水小学改造提升二期工程动工。计生卫生水平提升，更合镇中心卫生院和职业健康体检中心投入使用，惠及10万群众及企事业单位职工，计生利益导向政策和惠民措施充分落实。文体惠民逐步深入，文化体育软硬件建设得到完善，基层文化生活全面活跃。

【西江新城】 西江新城位于高明区东部，紧靠西江，北依广明高速，规划总面积20平方千米，规划居住人口25万~30万人，是高明区未来的城市核心。

核心区一期完成建设。西江新城核心启动区一期位于西江新城东南部，南至丽江路、西靠西江新城快速化主干线荷富大道、北与广明高速对接，规划总面积188.8公顷，市政配套建设项目主要包括“一园一廊两中心九干道”，总投资22.6亿元。至年末，明湖公园、丽江水廊建成开放；体育中心以市场化方式实行专业运营管理，并承办中国女足“超霸杯”决赛等多项重大体育赛事；文化中心文化馆移交使用，演艺中心进入市场化运作谋划阶段，“三纵六横”市政路网建设基本成型。西江新城核心启动区合作开发项目以满分的成绩，获评“全国AAA级安全文明标准化工地”。

西江新城明湖艺术公园全景。

城市升级深入推进。以城市升级两年延伸计划为契机，推动城区基础设施建设，年末在建工程26项，项目总投资约11.7亿元，完成建设投资2.5亿元，项目竣工7个。通过城市升级三年行动计划总巡检，秀丽河堤围景观综合整治西段景观工程、智湖、沿江路改造等一批景观节点工程建成投入使用，翠鹭湾项目（富湾引排水渠工程）完工。凭借良好生态环境，获“全国创建生态文明标杆城市”称号。以西江新城控规修编为契机，优化提升新城的发展空间，提高城市建设用地面积占比至48.58%，并为肇顺南城际轨道和佛山地铁2号线落地预留发展空间。

重点产业项目加快推进。擦亮广东省现代服务业集聚区招牌，丰富生态文明标杆城市内涵，实施“珠江—西江经济带大走读”计划，新城投资价值和发展潜力提升。坚持“产城人”融合发展，累计引入17个总投资174.4亿元的现代服务业项目，累计完成投资61.61亿元。其中，西江国际游艇展示中心前期场地平整基本完成；大型城市综合体项目勤天汇广场一期商业街对外销售量超过55%，商务办公楼和住宅对外发售；君御海城、丽日名都、美的西海岸等商住小区逐渐成形。

项目融资稳健有序。树立经营城市理念，做好重点项目储备包装，密切与金融机构衔接沟通，科学有序铺排土地出让和项目建设，确保土地出让成功率和财政运转平稳健康。全年新增贷款7.62亿元，归还贷款本金利息6.9亿元；成功出让两块土地，面积11.04公顷，出让收入5.02亿元。

城市治理有效提升。制定加快农村排污管网建设计划，新建8.5千米截污管网工程。配合古村落活化工程，推进农村基础设施建设，实现资源服务均等化。完善生态修复综合治理，投入161.3万元完善上秀丽片区污水管网改造，投入175万元建设上秀丽片区道路硬底化和挡土墙等基础设施。成立区第五执法中队专门负责西江新城城市管理，运用市场化和信息化手段，加强公建设施和工程项目建设的科学管理。推进公共服务一体化，构建新城公共交通出行系统，开通公交线路5条，设置公交站亭（牌）37个，设置公共自行车点4个。

（黄思聪）

附：2015年高明区党政主要领导名单

书　　记：谭伟平
副 书 记：黄棋泰　罗　雄
常　　委：苏　宇　赖剑文　赵灿华
　　　　　陈新文（任至7月）　宗纪昌
　　　　　林艳红　温俊勇　黄敬军
　　　　　管　雪（7月任职）
区　　长：黄棋泰
副 区 长：赖剑文　黄志明　苏年福
　　　　　麦兆雄　徐　舟（5月任职）
　　　　　吴永合（挂职至1月）
　　　　　练凌东（5月挂职）
　　　　　陆　智（5月挂职）
政务委员：谢志强　李杰铿　谭应佳　江　苏
区政府党组成员：臧继炎
　　　　　孙先莉（7月任职）

现任高明区党政主要领导名单

书　　记：徐东涛（5月任职）
副 书 记：黄棋泰　罗　雄
常　　委：苏　宇　赖剑文　赵灿华
　　　　　宗纪昌　林艳红
　　　　　温俊勇（任至3月）　黄敬军
　　　　　管　雪　孙向阳（3月任职）
区　　长：黄棋泰
副 区 长：赖剑文　黄志明　苏年福
　　　　　麦兆雄　徐　舟
　　　　　李泰霖（3月挂职）
政务委员：谢志强　李杰铿　谭应佳　江　苏
区政府党组成员：臧继炎　孙先莉

（2016年8月高明区供稿）

三 水 区

概 况

明朝嘉靖五年（公元1526年），建置三水县。1959年3月2日，三水县并入南海县；1960年9月30日，恢复三水县建制；1993年3月29日，三水撤县设市（县级市）；2002年12月，三水撤市设区，2003年1月8日，挂牌成立，成为佛山市5个辖区之一。三水区地理坐标为北纬22°58′～23°34′、东经112°46′～113°02′，位于广东省中部、珠江三角洲西北端、佛山市西北部。东邻广州市花都区，东南与佛山市南海区相连，西北与肇庆四会市交界，北面连接清远市清城区和清新区，西南与肇庆高要市、佛山市高明区隔西江相望。三水中心城区东距广州市区30千米，东南距佛山市中心禅城区24千米。辖区总面积827.69平方千米，下辖西南街道、云东海街道、白坭镇、乐平镇、芦苞镇、大塘镇、南山镇等7个镇（街道），有22个社区、48个村，共774个自然村。至年底，三水区户籍人口40.6万人。

2015年，三水区位居全国市辖区综合实力百强区第39位、全国投资潜力百强区第38位；三水区乐平镇位居中国建制镇综合实力百强、全国科学发展百强镇第48位。三水区创建成为“国家级农村职业教育和成人教育示范县”。全区生产总值1009.79亿元，比2014年增长9%。农林牧渔业总产值66.95亿元，增长4%。实现规模以上工业总产值2965亿元，增长8.7%。全社会固定资产投资完成额582.14亿元，增长16.4%。社会消费品零售总额187.51亿元，增长10%。地方公共财政预算收入45.49亿元，增长15.5%。城镇常住居民人均可支配收入2.86万元，增长9.4%；农村常住居民人均可支配收入20867元，增长10.4%。

经济建设

【农业】 2015年，三水区农业总产值66.95亿元，比上年增长4%，其中种植产业19.74亿元，增加1.9%；林业产值2387万元，增长1.6%；畜牧业产值29.49亿元，增长1.9%；渔业产值14.09亿元，增长10.4%。农村居民人均可支配收入20867元，增加10.4%。全年农作物播种面积24580公顷，比上年减少0.62%，其中粮食作物播种面积7340.4公顷，减少0.26%；蔬菜种植面积11923.4公顷，减少1.04%。粮食产量3.52万吨，减少0.75%；蔬菜产量41.03万吨，减少1.66%；水产品产量11.86万吨，增长3.84%。三水区基本完成全区农村土地承包经营权确权登记颁证工作，土地承包经营权和股权管理交易系统完成研发调试。全面开通农村财务监管平台与银行账户数据对接，新增支票套打、数字互通、自动对账等功能，实现农村集体资金流动实时监控。完成三水区农村集体资产清理核实工作。全区有合作社92家，其中省级示范社有8家，占全市50%；市级示范社25家，占全市56%。全区有农业龙头企业37家，其中省级龙头企业2家，市级21家。完成40家区级示范性家庭农场认定并授牌。新增“佛山市三水区农林技术培训基地”4个、“佛山市新型职业农民培训基地”8个。全年发放“政银保”合作农业贷款1009笔，贷款金额2亿元。编制养殖水域滩涂渔业发展规划，完成高标准连片鱼塘整治184.81公顷，新增3家市级和4家区级水产良种场。“莘田现代农业园区·三水鱼世界建设项目”申报为市现代农业示范园区。新增6个市级“菜篮子”基地，完成市级“菜篮子”基地直销店（点）亮标工作，建立二维码溯源管理系统。“三水黑皮冬瓜”和“乐平雪梨瓜”分别获颁“佛山十大名优农产品”牌匾，宝苞农场获颁“佛山十大休闲农业观光基地”牌匾。全年蔬菜样品农药残留定性检测合格率为99.35%；猪尿样盐酸克伦特罗和水产样品孔雀石绿等残留合格率均为100%。与区内92家种养殖企业签订“共建安全放心农产品生产基地协议书”，选定3个水产品质量安全示范点。从6月1日起，试点实施家禽“集中屠宰、统一配送、生鲜上市”。落实重大有害生物（红火蚁）和动物春秋两季防疫。全年查办各类违法案件35宗，罚款13万多元。

【工业】 2015年，三水区实现规模以上工业总产值2965亿元，比上年增长8.7%；规模以上工业增加值686亿元，增长8.4%；工业用电量55.96亿千瓦时，增长4.2%。工业经济总体运行平稳，纳入统计的237家制造业龙头企业整体保持两位数以上增长，其中营业收入766.62亿元，增长11.8%；税收入库50.4亿元，增长13.8%。全区有157家企业备案技改项目243个，技改投资总额78.32亿元，备案项目数量和金额比上年分别增长592.14%和95.73%，有143家规模以上企业实施技术改造，投入资金73.81亿元，全区工业企业技术改造资金投入超100亿元大关。工业企业技改投资99.92亿元，比上年增长47.1%，增速高于工业投资26.3个百分点。发动12家企业创建企业技术中心，其中合众化工、健力宝、荣冠玻璃、天元汇邦、盈捷精密机械等5家企业通过市级企业技术中心的认定。

2015年，三水区主要工业行业运行状况：食品饮料业完成工业总产值292亿元，比上年增长13.1%，14家龙头企业销售收入、税收和行业用电量分别上涨3.3%、4.5%和1.5%，其中，百威啤酒和健力宝贸易纳税总额分别超8.6亿元和1.5亿元。纺织服装业完成工业总产值173亿元，增长3.7%。英威达税收入库超1.5亿元，增幅34.7%，佳利达销售收入比上年实现两位数增长，22家龙头企业整体销售收入比上年增长4.7%，税收增长24.1%。非金属矿物制品业完成工业总产值487.6亿元，增长4.6%，陶瓷建材业受产能过剩、房地产去库存压力增加等因素影响，29家龙头企业销售收入比上年下降3.4%，税收下滑0.4%，行业用电量下滑5%。石油及化工业完成工业总产值278亿元，增长10.9%，受国际原油价格大幅下跌等因素影响，19家龙头企业整体销售收入下降12.2%，行业用电量下降1.1%，道达尔石化、大鸿制釉、三角洲化工等企业销售收入下滑均超20%。金属制品业完成工业总产值289亿元，增长19.8%，除波尔亚太保持大幅增长外，其他金属制罐企业整体表现平稳。建筑和民用五金制品企业方面，8家龙头企业销售收入整体增长5.2%，税收增长15.3%，行业用电量上升8.7%。通用设备制造业22家龙头企业销售收入和税收分别增长7.5%和44.9%，行业用电量增长27.5%。专用设备制造业分化比较明显，医疗器械及食品饮料机械继续保持产销两旺态势，但陶瓷机械12家龙头企业销售收入和税收分别下降21.6%和26.3%。汽车制造业25家汽车制造龙头企业销售收入增长26.8%，税收增长20.8%，行业用电量增长24.1%。

2015年，三水区装备制造业完成工业总产值856.19亿元；装备制造业工业增加值204.11亿元；装备制造业投资额112.6亿元；新引进项目43个，投资总额79.43亿元，其中超10亿元项目2个。建立装备制造项目库及省、市、县三级项目跟踪督导机制，对纳入市重点跟进先进装备制造业项目实行月度跟进、季度通报，提高企业履约责任感和紧迫感，推进装备制造业重点项目建设。63个重点项目全年完成投资25.57亿元，完成年度计划投资额104.76%，44个进入试产和投产阶段，19个项目在推进。总投资额10亿元的佳明重工年产6000台挖掘机项目投产；福田汽车华南生产基地项目投资累计9亿元，总装车间、喷蜡车间、调试室等车间建成，首期项目部分生产线投产。

【招商引资】 2015年，三水区新签项目115个，投资总额约324.1亿元，比上年增长约72.6%。新签项目个数首度破百，签约项目投资总额首破300亿元。项目平均投资额约3亿元，亿元以上项目贡献值大。115个签约项目中，超亿元项目63个，投资额309.2亿元，以54.8%数量占比贡献95.4%投资额。超亿元项目个数、超5亿元项目个数、超10亿元项目个数均为历年最高值；世界500强、中国500强及美国500强企业各1个。装备制造业、食品饮料业、现代服务业三大主导产业新签项目73个，投资总额241.27亿元，新签项目个数及投资额分别占全区总数的63.5%和74.4%。西南街道引入巴克斯酒业、益力多乳品2大国内外知名饮料品牌；三水新城引入新汽车客运站综合体等“三产”项目；乐平镇引入迪赛纳焊接自动化设备、辛格林电梯等装备制造项目26个，投资额52.15亿元。

【国内贸易】 2015年，三水区社会消费品零售总额187.51亿元，比上年增长10%。批发和零售业零售额155.71亿元，增长11.2%；住宿和餐饮业零售额31.79亿元，增长7.7%。民营经济稳步发展，货运量流转量1971万吨，增长21.3%，商品销售总额206.15亿元，增长13.3%。举办“恒福杯”国际龙舟邀请赛，荷花世界观赏荷花、森林公园特色传统文化、侨鑫生态园生态亲子游、南丹山原生态风景区佳节礼佛祈福、宝苞农场红豆音乐节等活动，以本地民俗特色和旅游文化活动助推消费市场。以三水新城和北江新区为载体，推进新汽车客运站综合体、万达广场、新动力广场、东汇城等综合商业体项目建设。推荐佛山市三水港吉宝物流有限公司为佛山市第四批“智慧物流”腾飞试点企业。

【对外经济贸易】 2015年，三水口岸全年进出口货运量219万吨，比上年增长13.44%。实现进出口额25.87亿美元，增长4.17%。其中出口17.88亿美元，增长16.22%；进口7.99亿美元，减少15.46%。年内实现一般贸易进出口19.33亿美元，比上年下降1.17%，占全区进出口总值的74.72%；加工贸易进出口2.97亿美元，下降14.36%，占全区进出口总值的11.48%;其他贸易方式进出口3.57亿美元，增长99.44%，占全区进出口总值的13.8%。开拓新兴市场成效显著，对非洲、拉丁美洲进出口分别增长188.26%、12.38%。对亚洲的进出口市场仍为最大市场，全年进出口14.99亿美元，下降2.08%，占进出口总值的57.94%。出口方面，机电产品出口7.92亿美元，增长19.66%，占出口总额的44.3%；高新技术产品出口2.74亿美元，增长10.62%，占出口总额的15.32%。主要出口商品中，传统优势产品铝型材、陶瓷建材、液晶电视机等在出口中排名前列。进口方面，机电产品进口1.34亿美元，比上年下降9.99%；高新技术产品进口0.75亿美元，下降7.53%；“两废”（废金属和废塑料）进口2.6亿美元，下降31.3%，占全区同期进口货值的32.54%。年内合同外资37267万美元，比上年下降34.42%；实际利用外资9774万美元，下降76.45%。新增乐平颐康安老综合服务、北控水环境、锦龙建设和格洛仓储等现代服务业企业。制造业有11家外资企业增资扩产，包括东阳汽车、联美化工、西伦化工等增资总额4762万美元。

【旅游业】 2015年，三水区旅游总收入21.34亿元，比上年增长5.76%，接待人数468.15万人次。5月，在广州举办“南国水都·美丽三水”三水旅游文化展，启动“百家广州人自驾畅游三水”活动和宣布“三水旅游网”上线。举办“三水长寿家宴”系列活动和三水区首届佛教文化节，承办2015广东国际旅游文化节。编印《三水旅游全攻略》《三水旅游美食自驾地图》，宣传推介三水旅游资源。成立三水区旅游文化创意产业发展领导小组，加快三水区旅游文化创意产业发展。开展旅游厕所改造，优化旅游环境。举办旅游行业服务技能培训活动，提高旅游从业人员技能素质。积极开展“平安景区”创建，伊利乳业、九道谷、南丹山通过三水区第三批“平安景区”考评。

【财政】 2015年，三水区一般公共预算收入45.49亿元，为年初预算的104.6%，比2014年增收6.1亿元，增长15.5 %。一般公共预算收入增幅、税收收入增幅均名列全市五区首位，税收收入占一般公共预算收入比重的78.6%。一般公共预算支出58.39亿元，为年初预算的135.8 %，比2014年增支21.4亿元，增长57.9%。完善区划调整后西南街道与云东海街道6个村（居）的财政体制，延长中心工业园区财政管理体制执行期限。完善覆盖33个部门、7个镇（街道）的综合治税联动机制，建立“三水区综合数据交互平台”。实施非税收入委托银行次日缴库，在镇（街道）加装14台缴费POS机。制定盘活财政存量资金工作实施办法。划拨8.2亿元保障重点项目建设，提升城市魅力。民生方面支出36.3亿元，占地方公共财政预算支出62%，其中4858万元用于落实区“十件民生实事”。投入财政资金7.6亿元，减免行政事业性收费3000多万元，在全市率先使用省级专项资金管理平台互联网申报操作系统。大力压减“三公经费”支出，降低行政成本，加大对民生领域和重点项目投入。推进党政机关办公用房清理整改工作，落实和完善“三账一制度”。

【税收】 2015年，三水区国家税务局组织税收（含海关代征）80.64亿元，比上年增长8.65%；国内税收61.67亿元，比上年增长15.97%；组织区级税收收入13.24亿元，比上年增长16.98%。试点大数据建设，联合区财政局、区地税局打造经济数据信息交互平台。制定征管档案资料管理办法、税收政策管理办法、征管系统应用管理办法，建立纳税评估集体审议机制，修订纳税评估及实地核查工作指引，从制度、机制、流程对征管工作进行规范和巩固。建立国地税“营改增”对接机制、股权转让协同管理机制、非居民企业联合管理机制，堵塞征管漏洞。三水区国家税务局联合三水区地方税务局开展打击发票违法犯罪活动、家具行业税收专项整治，采取联合查账方式提高稽查效能。联合打造“税融通”，为77户企业发放贷款4.67亿元；推进“税信通”，使232户A级纳税人享受23个政府部门窗口的绿色通道。三水区国家税务局为应对“营改增”全覆盖，对办税服务厅进行升级改造。开展前台全员通岗能力培训，实现“一窗通办”。

2015年，三水地税局全年税费收入突破60亿元大关，达60.2亿元，比上年增长12.8%，其中税收收入35.5亿元，增长12.1%，社保费入库19.9亿元，增长16%。落实月营业额不超过3万元的小微企业、个体工商户及其他个人免征营业税优惠政策，为13.9万户次纳税人减免营业税2669万元；为471户企业享受小型微利企业所得税减免260.4万元，受益面100%；为9户高新技术企业、2户符合研发费加计扣除条件企业减免企业所得税4771.5万元。

城市建设

【城乡规划】 2015年，三水区开展土地利用总体规划调整完善工作，划定永久基本农田。区、镇联动，按要求完成永久基本农田划定方案并通过专家验收，全区规划调整完善方案上报市政府审核。加强城乡规划编制，立足“一主三副三板块”发展战略，开展《三水区分区规划（2012～2020）》编制。完成规划方案并结合土地利用总体规划调整对“两规融合”（“两规”即城市总体规划和土地利用总体规划）进行修订，确保“两规”边界和规模相互衔接。联合市国土规划局开展“佛山市控制性详细规划改革与创新研究”工作，启动“三水区单元控规”编制，完成《三水区基本公共服务设施均等化规划》《三水区户外广告专项规划》《三水区近期新能源汽车充换电站点规划》《三水区河涌综合整治规划》《三水区三旧改造专项规划修编》等专项规划编制，区政府均批准同意实施。组织编制西南影剧院、商业城、西南六中、环卫所等重点片区控制性详细规划，推进西南老城区重点地段改造工作。主动衔接各职能部门发展规划，探索“多规合一”。在开展土地规划和城乡规划融合编制基础上，与国民经济和社会发展“十三五”规划衔接，建立多部门共同参与协调机制。编写《佛山市三水区城市地下管线管理暂行细则》。完成西南中心城区区域（面积约65平方千米）1383.4千米管线普查任务。成立“三水区历史建筑专项普查工作领导小组”，制定“三水区历史建筑专项普查工作方案”，启动历史建筑实地调研摸底工作。纳入佛山市第一批优秀历史建筑名录的55个本地历史建筑完成实地检查、拍照记录、资料梳理及备案等工作。

【新农村建设】 2015年，三水区有市级宜居城镇2个，宜居村庄城郊型2个、农业型8个。制定《佛山市三水区人民政府办公室关于印发佛山市三水区特色古村落宜居示范与活化升级实施方案的通知》，确定芦苞长岐村和白坭祠巷村为首批古村落活化村庄，二者皆通过市级验收，芦苞长岐村获全市第一名。年内，改造泥砖房危房16户，其中南山镇12户、大塘镇2户和乐平镇、云东海街道各1户。

2015年，三水区完成7个市级“五好”新农村建设，12个区级新农村创建工作和14个农村分散式生活污水处理建设任务。开展森林公园及湿地公园扩面工程建设，九道谷森林公园（市级）和云东海湿地公园完成报批工作并逐步完善基础设施建设。完成20个森林家园示范村建设和133.33公顷林分改造任务，基本完成林业生态红线划定和林地变更调查工作，启动林业有害生物普查工作。完成第二轮扶贫开发“双到”工作，投入扶贫资金约5000万元，帮扶项目约6000个，通过省、市各项考核工作。

2015年，三水区推进省级新农村连片示范建设。南山镇被确定为全市唯一一个第二批省级新农村示范片建设单位。推进9个市级“五好”新农村改造提升。结合市百村升级两年延伸行动计划，将列入全市新农村建设计划的9个村庄打造成环境整洁优美、生活舒适便利、基层治理规范、社会和谐稳定，具有三水特色的新农村样板村。完成7个市级“五好”新农村建设，全部被评为“优秀”等次。年内全区有12个自然村创建为新农村示范村，完成634个自然村创建任务，约占任务总数的90%，涉及20.5万农村居民，约占农村居民总数的93%。

【城市升级和管理】 2015年，三水区获佛山市下达城市升级任务项目46项，投资额约74.5亿元，年内完成19项。长岐古村活化升级、本焕寺等项目将城市升级成果延伸至村（居）。提升城市管理和执法服务水平，在年度全市城市管理综合考评中成绩排名五区第一位。年内，对康华社区第九小区、沙头新村、高丰新村3个城中村和沙头小区（二、四、六街）进行升级改造，实行国有园林绿化公司和市场化运营“两条腿走路”方式，严格落实“以奖代补”、奖惩结合监管模式，提升绿化管养质量。开展垃圾分类试点和餐厨垃圾资源化处理试点工作，推进生活垃圾减量化和餐厨垃圾分散式处理。开展工地视频和市政环卫、渣土运输车辆GPS与市数字城管平台数据对接工作，推广使用数字城管微信公众号和市民“随手拍”城管投诉平台。进行渣土运输专项整治，对渣土、泥浆运输实行“统一资质审核、统一前置审批、统一处置场所、统一管理规范、统一考核管理”，健全城乡渣土（泥浆）长效管理机制。修订城市管理考评办法，使考评工作逐步向乡村延伸。创新镇（街道）联络专员制度，提升数字城管解决市民投诉案件水平。出台“善行三水”市民素质提升行动计划，开展“感动三水”“我们的节日”、公民道德讲堂、诚信教育等30多场主题实践活动。

【交通建设】 2015年1月29日，三花公路改造工程（Ⅱ标）及范湖至三水农场一级公路工程项目K0＋000 —K6＋180段通过竣工验收；4月16日，广海大道沿线景观改造提升工程BT项目通过竣工验收；5月22日，西南教育示范区公交首末站工程项目通过竣工验收；6月18日，广四线（油金桥—伊利路段）路灯照明工程通过竣工验收；7月22日，范湖至三水农场一级公路工程（塘西二期）K6＋180 —K10＋220段通过验收；7月30日，范湖至三水农场一级公路工程（塘西二期）通车，标志塘西大道一、二期全线贯通，成为三水第二条南北交通干道；8月14日，广四线（S118）三水范湖至大塘段改建工程莘田村段变更工程通过交工验收；8月20日，贵广（南广）铁路三水南站道路连接线及站前广场工程通过交工验收；8月21日，高丰南路改造和景观提升工程通过竣工验收；9月25日，三水二桥南引道（洲竹线段）辅道工程通过交工验收；10月16日，新三中公交首末站工程通过竣工验收；12月1日，南丰大道石湖洲人行天桥工程通过竣工验收；12月30日，省道S269（大塘—清远）路灯照明工程、西乐公路路灯安装工程通过竣工验收。在建交通工程项目6项（纳入区城市升级项目4项），需跨年完成。推进虹岭路西延线、兴业路北延线、三达路南延道路、中心城区路口改造、乐大线路灯照明等工程项目建设。推进金乐路东延线、贵广（南广）铁路三水南站道路连接线（Ⅱ期）工程、塘西三期、锦江路改造工程的前期工作。

【国土资源管理】 2015年，三水区国土资源管理部门上报上级国土部门审批批次建设用地27个、面积388.98公顷（其中报省国土厅审批5个、面积175.06公顷），获批批次建设用地35个、面积640.02公顷。公开出让土地（按合同数统计）68宗、面积382.36公顷，出让成交金额为57.79亿元；划拨土地7宗，面积17.33公顷。处置闲置土地112宗、397.26公顷，占总面积87%；跟踪处置闲置土地14宗，面积59.64公顷。解决农村集体经济留用地291.59公顷，年度留用地任务283.33公顷，完成率102.91%。做好“三旧”改造工作。区政府批准19宗、面积27.02公顷完善用地手续，上报省、市审批完善“三旧”项目用地征收手续1宗，面积0.39公顷；跟进在建“三旧”改造项目14个，涉及用地面积约182.93公顷。开展国土资源节约集约模范县（区）创建工作。通过动态巡查发现土地和矿产资源违法行为102宗、面积22.2公顷，全部整改到位。开展农村土地“三乱”问题专项治理，排查出12宗、面积4.63公顷乱占、乱租违法用地行为并处理到位。梳理辖区内批而未供土地基本情况，年内盘活批而未供土地57.39公顷。年内按时办结各类土地登记发证13257本、各类房产登记发证37646本，受理来访群众档案查询服务36530次，对外提供地理基础数据32份。地籍档案规范化整理项目完成5.7万份档案整理，4.2万份档案数字化扫描。

【水务管理】 2015年，三水区水利建设项目31宗，完成投资2.48亿元，新增泵站装机1065千瓦，河涌整治56.4千米，清淤疏浚95万立方米。污水厂网建设计划31宗，完成管网建设26.03千米。完成西南城区三达路、教育东路、南丰大道排水改造工程。17个自然村通水，北江以西片区村村通自来水工程动工建设。制定内河支涌清淤整治实施意见和三年行动整治计划。引水释污总量2.9亿立方米。受理行政审批207宗，征收水利规费约1.05亿元。开展水政执法巡查149次，出动执法人员789人次，执法车194车次，船艇56艘次，制止和查处各类水事违法案件27宗，查获违法运砂案11宗，罚没河砂1.2万立方米，罚款22万元。全年总降雨量2131.2毫米，集中在中南部区域，以短时暴雨为主。国庆期间受台风“彩虹”环流影响，出现一场强度超百年一遇的强降雨，24小时降雨量364.9毫米，是三水区有气象记录以来最大日降雨量。5月24日晚，北江河口站、西江马口站分别出现全年最高洪峰水位5.99米和5.68米，流量分别超五年一遇和接近五年一遇。

【环境保护】 2015年，三水区空气质量指数（AQI）优良天数313天，优良天数比例86%（增幅13%），比上年增加36天。六项空气污染物指标二氧化硫（SO_2）、二氧化氮（NO_2）、可吸入颗粒物（PM_{10}）、细颗粒物（$PM_{2.5}$）、臭氧8小时（O_3-8h）、一氧化碳（CO）分别下降30%、20.8%、10.8%、18%、11.2%、22.2%。19条重点河涌中水质达Ⅴ类的有樵北涌白坭段、草塘围东排渠、刘寨涌和漫水河，主要污染因子浓度比上年下降，超标倍数减少。饮用水源水质达Ⅲ类水质标准。查处环境违法行为234宗，罚款865万元，移送公安机关案件12宗，判决4宗，追究9人刑事责任；接受环境污染投诉510宗，处理率100%；与四会市明确建立跨界联合治污机制，开展联合行动逾30次，限期整治企业41家，行政命令停产企业8家，行政处罚23宗，行政拘留9人，暂时应急停产30家。年内环境污染零事故。对14个村（居）465家企业开展试点分类淘汰或整治，其中52家淘汰类企业如数关停，整治提升企业339家，纳入网格化日常监管企业74家。完成全区33家铝型材企业改燃工作；推进恒益火力发电厂、佳利达热电厂完成“超洁净”改造并达标排放；淘汰整治工业锅炉151台，整治VOCs排放企业30家；淘汰黄标车5520辆；113家油烟产生单位安装治理设施，37家完成整治；37家重点企业通过清洁生产评估，40家重点企业通过清洁生产验收；50家企业完成明管明渠改造。完成首批重点河涌“一河一策”共计44项整治工程；完成大棉涌、大塱涡涌及左岸涌水质改善生态修复工程以及3个连片式污水整治项目；建成农村分散式生活污水处理设施14套；完成93家规模化畜禽养殖场整治；完成7个重点河涌流域违法企业整治工作，关闭或搬迁企业87家。全区累计创建省级生态镇6个，国家级生态镇4个，重新启动省级生态示范区创建工作。

【安全生产】 2015年，三水区发生各类事故255起，死亡62人，受伤268人，直接经济损失130.22万元。2015年，三水区通过抓“一岗双责”落实、创新监管手段、推进政策宣讲、“互联网＋安全生产”及重点行业指引工作，搭建安全生产风险分析系统框架，利用多种互联网工具，加强对企业安全生产宣传和动态监管。延伸监管网络，成立66

个村（居）安监站，配备84名专职安全巡查员，实现安全监管“横向到边、纵向到底”；全年完成797家企业安全生产标准化达标，职业卫生基础建设583家，职业病危害项目申报1551家；全年出动执法人员7338人次，检查生产经营单位2401家，实施行政处罚175次，罚款867.35万元；全区2020家企业开展应急演练5000余场，参演人数4万余人；全年组织从业人员培训6744人。年末，本区油气管道安全隐患168项，其中三水站112项、花都站50项、南海站6项，涉及西南街道、云东海街道、白坭镇、乐平镇，隐患数约占全市隐患总数（408项）的41.2%，年末整改完成率100%。

【社会治安综合治理】 2015年，三水区推行“三官一师”直联村（居）工作。全区有57名法官、19名检察官、66名警官、27名律师，分别以“一对一”“一对多”的模式挂点联系66个村（居），向居民普及安全防范常识和方法。4月，接访案件575件，解决率94.4%。全区7个镇（街）的二类视频监控摄像头有24923个。建立起一支由村委干部、治安积极分子等人员组成，人数规模4081人的“红袖章”巡防队，村居直联民警指导，对辖区开展治安大巡防工作。区综治办牵头，区公安分局协助，对全区治安联防队员、护村队、物业管理人员、流动人口出租屋协管员、网格员、计生员、楼长、志愿者、单位保安等9673名参与群防群治的基层工作人员，通过公安重点人员管理系统进行身份核查比对，规范管理。

【食品药品监督】 2015年，三水区被评为“食品安全示范建设达标区”，乐平镇及芦苞镇被评为“佛山市食品安全示范镇（街道）”。年末，全区有10家食品生产企业通过质量体系及HACCP体系认证，73家食品企业实施关键控制点防控，建设“阳光厨房”220个，完成27个农贸市场升级改造，建设食品安全示范单位263个，完成省级、市级餐饮服务食品安全示范街各1条，完成省级示范学校食堂20家。抓好食品药品日常监管，全年抽检食品2601批次；开展小作坊、冻肉等多项专项整治；推进落实省婴幼儿配方乳粉追溯系统应用工作，92户婴幼儿配方乳粉经营户全部加入省婴幼儿配方乳粉追溯系统并上报数据；加强集体食堂集中治理，完成“两会”、高考等重大活动食品安全监管工作任务，303个餐饮服务单位开通电子台账；开展药品零售企业GSP认证120家，完成药品抽检52批，化妆品抽检6批。年内办理相关案件397宗，刑拘或逮捕35人。其中，在7月中旬至10月底组织开展的食品药品安全百日行动中，立案查处案件295宗，移送公安机关刑事案件21宗，刑拘逮捕22人，发出责令改正通知书178份，没收伪劣食品药品一批，涉案货值32.2万余元，取缔窝点230个，吊销许可证4个。

【供电】 2015年，三水区供电量65.72亿千瓦时，比上年增长1.42%，其中工业用电量55.96亿千瓦时，增长4.17%，为经济社会发展提供可靠电力支撑。年内，区供电局应对“彩虹”超强台风袭击，完成高考、中考、国庆龙舟邀请赛等保供电工作；供电可靠性持续提升，用户平均停电时间降至1.36小时；投入1.9亿元开展电网建设，三水区220千伏电源点增加至5个，电网供电能力和可靠运行水平大幅提升；推进绿色环保城市建设，做好光伏发电项目并网运行和新能源汽车充电桩用电配套，以“电替代”推进节能减排。完成“民生实事”属地任务，投入3951万元开展“三农”电力保障工程建设。

【供水】 2015年，佛山水业三水供水有限公司属下有北江、石塘、西南、六和、佛山市新泉供水有限公司（原迳口水厂）等5家水厂，供水能力每日42.45万吨，供水服务面积约827平方千米，供水管道总长约2349.78千米，服务人口约60万人。年内总供水量14451.6万吨，比上年增长2.28%。售水量13533.99万吨，增长2.36%。供水水质综合合格率99.9%。水质各项指标中，水源水、出厂水、管网水水质良好，出厂水质合格率100%，管网水质合格率99.89%。区内774个自然村中，145个自然村未通自来水，均分布在北江以西片区，其中南山镇楼房、六二、邓边、深坑、择善、东和、漫江村委会122个，芦苞镇西河村委会12个，大塘镇六一村委会11个。供水公司推进北江以西片区供水设施项目建设，供水主管道全长89千米，总投资1.05亿元，工程于11月23日动工。投资建设云东海街道高丰村委会管网改造工程，总投资295万元，供水管道全长4.3千米，于9月完成，水质得到改善，水压得到大幅提升。年末，按全区农村常住人口计算，通水率95%。

组织人事建设

【组织人事工作】 2015年，三水区出台《三水区区管干部选拔任用工作规程》等配套制度，将干部选拔任用流程细化为8个步骤、25个审核要点。注重发挥党组织提名把关作用，将干部监督工作提前介入动议环节，严格规范干部人事档案管理，认真抓好“三龄两历一身份”审核。实施区、镇干部双向挂职交流工作，全年安排34名年轻干部双向挂职。规范干部轮岗交流，重点把同一岗位或者从事重要岗位、敏感岗位工作时间较长和任职经历单一，需要多岗位培养锻炼的作为交流对象。建立区直单位新录用公务员到镇（街道）挂职锻炼一年机制。加大对区管班子和区管干部进行综合分析研判，出台《三水区常态化综合分析研判区管领导班子和领导干部暂行办法》，通过开展干部日常了解工作、无任用考察等6种方式，对区管班子和区管干部进行综合分析研判。拓宽干部日常了解和信息收集渠道，制订出台《佛山市三水区干部监督工作联席会议制度》《佛山市三水区领导干部谈心谈话制度》《佛山市三水区日常监督管理信息收集工作制度》3份规范性文件。开展“裸官”整治、清理领导干部在企业兼（任）职、超职数配备干部、吃“空饷”、干部走读、干部“三龄二历一身份”档案核查等专项整治工作，特别是省委巡视组在选人用人专项检查中所发现问题的整改工作。出台《三水区加强动态管理整治“为官不为”激励干事创业实施办法》，细化7种“为官不为”情形、建立动态收集了解干部信息8种机制、明确处理整改9个步骤。

【基层组织建设】 2015年，三水区按照行政村标准抓村民小组党建，村民小组党支部组建率近七成。建立健全党组织书记召集议事决策和执行监督机制，提高村组议事会党员比例。打造园区“1＋N＋X”区域化党建模式，提升园区党组织统筹服务能力。以项目引领整顿软弱涣散村（社区）党组织，全年落实整顿项目21个，投入资金约4000万元，解决突出问题19个。加强党组织规范化建设，制定《三水区基层党组织建设工作规范指引》、“一簿四册”，规范“3＋X”组织生活。建立健全区、镇两级基层治理工作领导小组及办公室，统筹各项工作，把维护群众权益贯穿基层治理全过程，切实解决与群众密切相关的土地、养老保障问题。开展村（社区）“领头雁”队伍建设工程，对66名村（社区）党组织书记建立档案，逐一分析研判，完善书记后备干部人才库，制定后备干部培养三年行动计划，加强对132名书记后备干部和16名大学生村干部培养。实施“基石工程”，实行镇、村干部“双向流动”。实施党员民营企业家培养工程，建立健全青年企业家培养档案信息库，吸纳本区27名优秀青年企业家入库。结合入户走访抓联系驻点全覆盖，年内驻点团队走访联系群众4.45万户。结合民生微实事解决问题，全年全区设2000万元民生微实事专项资金，开展3批项目评审，138个项目通过审评，获区级激励扶持资金1500多万元。结合“三官一师”化解矛盾，派出169名社区民警、法官、检察官和律师直联村居，推动基层以法治化思维和手段化解矛盾。

综合改革

【机构改革】 2015年，三水区组建区市场监督管理局，实现工商、质监及食药监“三局合一”。将改革前三个部门的执法机构进行融合，加强执法专项编制配备，实现统一巡查、统一执法，形成“一支队伍综合执法”大格局。整合各镇（街道）原有食药分局、工商所，综合设置市场监督管理分局，为区局派出机构，实行双重管理。同时注重监管执法力量下沉，在人员编制配备时，充分保障基层监管执法需求。推进镇、街综合执法改革，研究探索西南街道联合执法大队运行模式。强化区信息化“大数据”体系建设，组建区数据统筹局（区信息化工作办公室）。

【社会管理体制改革】 2015年，全区48个村委会、800多个村民小组组建村组两级村民议事会，建立120个家乡建设委员会和122个乡贤慈善会。村民议事会、家乡建设委员会、乡贤慈善会“三会”联动，实现基层民主协商，提升决策效率，激发基层活力。三水村民议事会独具特色，按照“动议—讨论—表决—执行”程序规范运作。村民议事会通过的决定，由村委会（村民小组长）负责组织实施，村务监督委员会负责监督执行。3月18日，民政部基层政权和社区建设司司长蒋昆生、民政部政研室主任和广东省、佛山市有关领导到三水区开展创新基层治理专题调研。蒋昆生认为三水基层治理探索工作（村组议事会、产业社区、新祠堂文化）有意义、有成效，符合中央精神和要求，应认真总结并大胆推广。中国社科院、民政部乡镇论坛杂志编辑部等农村问题研究团队也先后到三水开展村民议事会专题调研。广东省、佛山市民政部门认为三水模式具有较强的可操作性和可复制性，推介其为广东省两个村民议事会示范点之一。

【行政审批制度改革】 2015年，三水区推行“一门办理、全城通办”政务服务改革，打造无缝隙、均等化“整体政府”公共服务模式。借助“互联网+政务”，将区、镇（街道）、村（居）三级行政服务中心整合为一个整体对外窗口，建立办理事项一致、服务标准一致、人员统一调配管理的政务服务架构体系。9月，全区“1 + 7”行政服务全城通办大厅（即1个中心城区大厅和7个镇街大厅）陆续启用，群众办事可以任意选择就近办理322项行政业务。改革后，即办件比例由改革前不足30%迅速提升至55%；“全城通办”业务量占比从最初的10%提高到25%，实现“让数据和材料多跑路，让群众少跑腿”。建成区级24小时自助政务超市，实现全天候“一站式”自助办事。24小时自助政务超市汇集“市民之窗”以及国税、地税、公安、供电、燃气等部门的自助办事终端，为群众提供社保参保证明打印、医保入账明细查询、机动车辆年票等服务。提升工程建设类审批机制，服务企业提速增效。区重点工程建设项目报批服务中心通过优化审批流程、压缩收件清单、应用“并联预审”系统，加快预审效率，促成三水万达广场、新动力广场等22个重点项目早动工，报批审批时间缩减一半以上，企业落地动工比预计提前2～6个月；区工程建设项目竣工联合验收办公室落实“一窗受理”“上下联动”工作流程，全年受理工程联合验收申请191项，受理建筑面积268.14万平方米，办结项目191项，按时办结率100%，办理时间最短4个工作日。

【财政改革】 2015年，三水区启用会计核算、国库支付一体化管理平台，推进业务整合和流程再造，提高支付结算效率；对政府采购立项结算实施“受审、结算”分离，试行预算单位经费结算网上支付，提高服务水平；完善基建工程预结算审核，全年基建工程审核核减资金1.03亿元，核减率10%。优化流程，用“简约思维”简化审核拨付程序、表征单书等，提升财政工作效率；清理权责清单，完善民主议事决策机制，优化岗位配置，理顺沟通协作，提升资金管理效益。融入“互联网+财政”理念，启用政府采购立项审批及项目结算系统、基建工程预（结）算审批系统和国库支付综合业务平台等，分步建立财政综合审批管理系统，通过信息化大数据对预算收支全过程实施动态监控，提高财政管理精准化水平。

【公有资产管理体制改革】 2015年，三水区公有企业资产总额为166.66亿元，比上年增长6%；负债总额107.91亿元，增长4%；所有者权益总额58.75亿元，增长8%；累计实现营业收入3.99亿元；实现利润总额9567万元，上交税费总额2960万元，公有企业实现增值保值。公资系统完成第一阶段和第二阶段深化国资改革发展战略规划工作，明确公资系统未来发展目标、优化业务整合路径和内部核心能力构建，制定《三水区公资系统全面深化改革方案实施计划》等成果文件18份。开展系统企业关于工作职责、人员管理、财务管理及绩效管理培训，参加人数500多人，完成相关成果移交工作。

社会事业

【民政事业】 2015年，三水区建立村民议事会议事决策、村委会执行、村务监督委员会监督的三权分设机制，形成基层治理格局。年末，全区有120个家乡建设委员会和122个乡贤慈善会。“适度普惠”为困难儿童“雪中送炭”。区民政局聘请9名儿童督导员，协调贯彻落实各项孤儿保障政策，指导开展儿童福利服务工作；区级财政投入270余万元，受惠儿童556人。“银龄安康行动”提高老年人抵御风险能力。由政府出资，为本区户籍且年满60周岁以上的老年人每人购买一份老年人意外伤害综合保险，2015年度参保人数为7.2万人，保费每人每年10元，总额约72万元，实现60岁以上老年人参保全覆盖。

【劳动和社会保障】 2015年，三水区城镇新增就业5502人，城镇失业人员再就业1651人，就业困难人员再就业230人，新增农村劳动力转移就业3668人。发放创业小额担保贷款252笔，金额4500万元，居五区首位。扶持655人创业，带动就业1.11万人，发放贷款贴息180.53万元。举办首届青年公益创业“V市集”，打造大学生青年创业实战平台；创业孵化基地建设启动，入驻企业36家，创业培训180人。全区职工养老、医疗、失业、工伤、生育保险参保人数分别为19.1万人、18.6万人、17.7万人、17.7万人、17.9万人（各险种均包含机关征收数据）；居民门诊参保缴费人数为23.6万人，居民住院参保缴费人数为23.6万人，参保率98.3%；全区城乡居民养老保险（俗称“新农保”）参保缴费人数2.7万人，参保率97.11%；全征土地农村居民基本养老保险，全区参保村数为165个，参保缴费人数1.3万人，参保率88.48%；完成居民医疗保险年度征收23.6万人，参保率98.3%。年度养老待遇生存认证9.3万人，城乡居民基本养老保险补缴1.44万人；受理工伤认定申请1658例，认定1612例，为2500名企业参保职工提供免费体检；落实被征地农民养老保障预存资金；推进“十三五”社会保障体制创新发展研究项目；社会保障卡制卡46.73万张。

【教育】 2015年，三水区实施学前教育三年行动计划。学前教育毛入园率100.52%，小学毛入学率104.96%，初中毛入学率125.69%，高中阶段毛入学率103.24%，“三残”儿童少年入学率100%。三水新城幼儿园建成，增加公益普惠性学前教育资源，60%幼儿园为公益普惠性幼儿园。实施残疾儿童少年15年免费教育，出台《三水区特殊教育提升计划（2014～2016年）》，针对重度残疾儿童提供“送教上门”服务，5所学校成为佛山市首批随班就读基地学校。加强义务教育阶段学校标准化建设，义务教育阶段学校100%建成标准化学校。西南中学、北江小学、冠华小学建成使用；北外附校三水学校二期项目、乐平中心小学扩建工程按计划实施。落实新市民随迁子女积分入学工作，出台《三水区新市民积分制服务管理实施细则（试行）》等政策，义务教育阶段非户籍学生整体录取率90%。实施义务教育阶段教学质量三年提升计划，全区公办普通高中优质学位100%，均为广东省国家级示范性高中。高考再创佳绩，全区4252名考生，总上线3607人，其中重本上线396人，比上年增长51.72%；本科上线1888人，比上年增长7.64%；文理科600分以上139人，比上年增长95.78%。将示范县创建工作与构建现代职成教育体系有机结合，开展课题调研，出台九个职业、成人教育政策制度文件。狠抓新型职业农民培养、创立农业培训学校、开通区农产品商务网、创办企业培训学校、创建社区教育品牌、开展现代学徒制试点、三水职教联盟实体化改革等十大项目建设。构建具有珠三角区域特色的县域农村现代职业教育和成人教育发展模式，11月，通过示范县省级督导验收。

【医疗卫生】 2015年，三水区完成“十三五”全区医疗卫生机构设置和区人民医院未来发展用地确权工作，确定疾病控制大楼选址和建设方案。年内，西南街道北江社区卫生服务中心、木棉社区卫生服务站，云东海街道绿湖社区卫生服务站和南山镇漫江社区卫生服务中心建成或改造后投入使用。芦苞镇独树岗社区卫生服务站、四联社区卫生服务站启用，规划建设云东海街道社区卫生服务中心和宝月社区卫生服务站。推进区、镇两级医疗机构对口帮扶，区人民医院对口帮扶大塘卫生院，资助大塘医院150万元用于升级改造。三水中医院对口帮扶南山卫生院。区妇幼保健院对口帮扶芦苞社区卫生服务中心。年内，享受基本药物制度门诊超过130万人次，比上年增长20%。推进科学育儿指导、初生婴儿早期发育阶段干预工程，将孕、产、育整合成完整服务链条。成立三水区科学育儿指导中心，建成以妇幼保健院为龙头，各镇（街道）社区卫生服务中心为依托，各社区卫生服务站为基础的科学育儿指导、出生婴儿早期发育阶段干预网络。建立起儿保专业医务人员和儿童保健训练医师队伍。年内，三水区科学育儿指导中心收集婴儿信息4871例，举办育儿知识培训班134班次，培训初生婴儿2446人，干预2466个初生婴儿家庭，建立高危儿管理档案736例且成功干预治疗重症婴儿6例。推进全区免费孕前优生健康检查，开展孕前优生健康培训班76期，参加优生健康检查夫妇3074对，优生检查目标人群覆盖率100%，省级室间质评结果均为优秀。印发地贫健康读本2万册，地贫知识健康教育DVD 1670张，为9297名孕妇进行地贫产前筛查，对392例胎儿进行地贫基因诊断，其中确诊为重度地贫终止妊娠3例，落实地贫补助夫妇11对。实施13项国家基本和重大公共卫生服务项目，完成年度预期目标。年末建立居民健康电子档案51万份，建档率81.92%，其中电子档案46.2万份，电子建档率74.2 %。实行传染病网络直报，覆盖率100%。H7N9禽流感、手足口病、流感、登革热等重点传染疾病防控措施落实到位，全年未暴发疫情。通过国家卫生城市复审。创建健康村8个，省卫生村40个、累计创建省卫生村523个，覆盖率71.9%。制定《佛山市三水区医疗质量控制中心管理暂行办法》《佛山市三水区医疗质量控制中心考核标准（试行）》，建立首批6个医疗质量控制中心。

2015年，三水区户籍人口出生4376人，政策生育率94.24%，政策外多孩率0.39%，性别比106.42，出生率10.65‰，自然增长率5.02‰；流动人口出生2814人，政策生育率79.42%，其中居住半年以上流动人口出生1568人，政策生育率为96.05%。投入140多万元，启用全员人口终端移动应用系统，实时完成人口信息采集、查询、录入、变更、传输。升级医院出生信息通报系统，出生数据通报及时准确。开展流动人口专项服务管理行动，确保流入满一个月流动人口纳入建档管理。拓宽流动人口区域合作范围，全年增加8个省外流入满500人的合作地区。制定《佛山市三水区流动人口双向服务管理职责落实工作方案》和《佛山市三水区流动人口计划生育信息化工作方案》等文件，建立流动人口服务管理规范。推进村、企业聘请计生协管员制度，全区有867个自然村聘请计生协管员；328家100人以上企业中，有303家聘请计生协管员，占比92.37%。年内全区城镇独生子女父母奖励2603人、计生家庭特别扶助奖励148人、农村部分家庭计生奖励2783人、农村计生节育奖励515人，累计各级奖励扶助金额1128.5万元，奖励金及时全额发放，奖扶对象落实率100%，及时率100%。为农村独生子女户、纯二女户、贫困计生家庭、单亲家庭和失独家庭等购买计生意外险，执行计生家庭对象中考加分政策436人。年度再生育审批1370宗，其中单独二孩审批493宗。

【科技】 2015年，三水区出台、修订7项配套政策。新增17家高新技术企业，广东省创新型企业（试点）1家，广东省高新技术产品125个。4家企业获省科技计划项目立项。专利申请量2322件，比上年增长53.98%，专利申请量、发明专利申请量、专利授权量、发明专利授权量等四项指标增幅均居全市五区首位，专利申请质量（发明专利申请占专利申请的比重）也位居五区首位。5家企业获得“三水区知识产权示范企业”称号。1家企业通过《企业知识产权管理规范》体系认证。全年新增33家工程中心，工程中心总数163家。中科院能源环境育成中心通过广东省新型研发机构认定。诺尔贝机器人研究院成立。举办2015年三水区创新创业大赛，51个申报项目中，27个优质项目获扶持。设立“森城创客空间”。开展创新人才创业团队引入工作，2个团队获“2015年度佛山市科技创新团队”，4个人才团队纳入三水区2015年创新人才团队创业计划。开展“大手拉小手”等科普进校园活动，参与学生2800多人。开展全国科普日活动，2000多人参与。举办区级青少年科技创新大赛活动，94所中小学校和幼儿园2590件作品参赛，评出获奖作品1330件。合众（佛山）化工有限公司获“广东省院士专家企业工作站”授牌。芦苞养猪协会申报“全国科普惠农兴村计划”。宝苞农业生态科普教育基地和金瑞康农业科普教育基地获得认定。

【知识产权】 2015年，三水区促进大中型企业建立、完善知识产权工作体系和管理制度，建设知识产权优势示范标兵。佛山市正典生物技术有限公司、合众（佛山）化工有限公司、佛山市三水盈捷精密机械有限公司和广东保威新能源有限公司等4家企业被评为“2015年三水区知识产权示范企业”；广东博德精工建材有限公司、广东三水大鸿制釉有限公司等2家企业获佛山市专利奖。结合“4·26”知识产权宣传周，开展专利挖掘与技能培训，重点培训企业专利管理人员和工程技术人员的专利检索与分析能力、专利文件撰写能力和专利布局能力。举办“互联网+”浪潮下专利挖掘与申请策略专题培训。结合全国性打击侵犯知识产权和制售假冒伪劣商品专项行动，市、区联动开展2次知识产权整治专项执法行动，设立白坭知识产权维权援助工作站。全年专利申请总数2322件，比上年增长53.98%；其中发明专利申请1193件，增长73.91%，增幅居全市第一。专利授权量1191件，增长54.88%，其中发明专利授权183件，增长173.13%。

【文化产业】 2015年，三水区完成全国文化市场技术监管与服务平台上线、文化市场信息统计等工作，受理审批157项，其中审批类业务25项，年审类业务132项。加大文化惠民力度，分别在西南水乡工业园和大塘农业园建设2家园区书屋。完成28家数字农家书屋建设，放映农村公益数字电影576场。加强文物保护工作，推进第一次全国可移动文物普查第二阶段工作，完成文物收藏单位藏品数据采集、建档、报送及审核任务。精心组织“5·18国际博物馆日”暨“文化遗产宣传月”活动，举办4个展览和非物质文化遗产项目展演等，吸引上万市民进场参观。

【群众文化】 2015年，三水区推进国家公共文化服务体系示范区创建工作，开展文化升级两年延伸行动计划，完成50场文化“五送”系列活动任务。打造城乡十分钟文化圈示范村（居）2个，树立社区文化活动品牌1个，建设村（居）综合性文化服务中心试点5个，扶持文艺精品创作一批。举办北大三水讲坛、“三好”文化系列活动、“筑梦佛山”文化艺术公益夏令营、“港粤书法交流展”等活动，全年各类公益性演出活动70多场次，观众8.3万人次；开展公益培训辅导100多场次，辅导人数7000多人次；组织文艺作品参与上级各项评比、展演、展览活动，获省、市级以上奖项80多个。开设2015年度“小明星”文艺扶持奖，76位优秀文艺工作者及部分协会获表彰。开展非遗项目“三水美食·风味小吃类”子项目增补工作，举办“粤曲星腔”茶座、“星腔曲韵绽芳华”粤曲星腔传承欣赏会、文化遗产月、胥江祖庙庙会等一系列非遗传承活动，成立少儿粤曲星腔、戏剧曲艺培训基地，传承和弘扬非遗项目。在公共文化服务体系建设方面，区、镇、村三级公共文化设施面积10.6万平方米，其中公共图书馆、博物馆、文化馆各1个，镇（街道）文化站7个，镇级文化活动中心6个、村（居）综合文化中心70个、自然村文化室及文体广场各503个；建成全国文化信息资源共享县级分中心1个、基层服务点77个；建成24小时“自助图书馆”1间、联合图书馆分馆9间、“农家书屋”82家、园区书屋5家、数字农家书屋56家。区、镇、村三级公共文化服务网络实现全覆盖。2015年新增联合图书馆分馆分别为：西南中心小学联合图书馆、北大资源联合图书馆。

【文化执法】 2015年，三水区出动执法人员1820人次，检查文化经营场所423家，立案2宗。取缔无证经营4家、销售非法出版物地摊30家，收缴非法出版物（印制品、盗版光盘等）2230份（册、张）。开展一次集中销毁非法游艺机及出版物行动，销毁非法游艺机695台，非法音像光碟、非法书籍及六合彩非法印刷品8100张（本）。三水公安机关联合区工商、文化市场执法等部门开展统一清查行动8次，出动警治力量1360多人次，走访排查电子电脑商场、商店450间次，书报亭、书城书店等出版物商店380间次，对区内各大市场进行5次夜间清查行动，收缴销毁色情、淫秽光碟1000多张，收缴非法盗版音像制品400多张，非法盗版书籍300份及六合彩复印资料一大批。

【体育事业】 2015年，三水区举办区级群众体育竞赛活动29项，参与人数5600多人，协助机关、企业、单位及各镇（街）开展群众体育活动47项，参与人数6400人。重点打造群众体育“四大联赛”。足球、篮球联赛吸引周边市（区）及国内外优秀运动员80多人参赛，入场观赛群众8万多人。西南街道举办“三水区国庆龙舟邀请赛”，向外界全方位展现三水城市建设、经济发展和投资环境。三水籍运动员钟杏平、周施雄在国内外比赛中夺得4金、3银、2铜9枚奖牌；职业龙舟运动员李永占率队连夺全国中华龙舟大赛3站冠军；三水区青年男子足球队获“2015年NikeCup（耐克）杯足球赛”全国总决赛亚军。9月，派出120名青少年运动员参加2015年广东省第十四届运动会14个项目比赛，取得第一名3人次、第二名8人次、第三名16人次的成绩。投入13万元在各镇（街）增设健身路径、乒乓球台等公共体育健身器材。对城区4个小区公共篮球场及相关体育设施进行维护。在“8·8”全民健身日，采取有偿和无偿相结合的办法，向群众免费开放17个公共体育活动场地。年末，区体育彩票总销量4565万元，比上年增长21.83%。其中电脑型销量4160万元，即开型405万元。体彩总销量首次突破4000万元。

【精神文明建设】 2015年，三水区开展100多场市民素质提升主题实践活动，涉及机关、社区、农村、学校、企业文明创建，涵括“知礼、行善、颂德”三方面具体内容。推进核心价值观示范点建设，建设3个市级示范点、4个区级示范点。命名10个区级文明单位，创建1个省级文明单位。开展2015年度“感动三水”人物推荐命名活动，命名20位道德模范，举办道德模范巡讲巡演活动30多场；开展“六仪十二节”“中国梦”等主题教育活动，推进未成年人思想道德建设。西南街道文锋西社区入选“最美全国志愿服务社区”。开展“敬业机关、友爱社区、阳光校园、快乐乡村、诚信企业”系列主题活动，以及“我们的节日”“学雷锋志愿服务”等主题教育实践活动。实施文明餐桌、文明交通、文明旅游、文明网络“四大文明”引导行动。在电视、电台、报纸开设专题专栏，报道超1000篇。

各镇（街道）介绍

【西南街道】 西南街道位于西江、北江、绥江三江汇流处，是三水区委、区政府驻地。土地面积149.68平方千米，社区11个，行政村8个，自然村120个，常住人口23.63万人，总户数56578户。全年实现地区生产总值326.56亿元，比上年增长9.23%；工业总产值760.76亿元，增长5.67%；固定资产投资106.15亿元，增长15.5%；地方财政预算收入6.42亿元，税费入库45.62亿元。

党的建设。2015年，打造“1＋N＋X”区域化党建新格局，成立水都基地党委，并把经验做法在省、市党建网站和刊物刊登。把“民生微实事”立办制改革作为驻点联系群众的有力抓手，为群众办成一大批实事好事，提升基层党组织的威信。

经济发展质量。巴克斯酒业、益力多等8个重点项目落户，投资总额136.78亿元，比上年增长337.66%。其中，巴克斯酒业总投资5.53亿元，预计创税2.3亿元，益力多项目总投资5亿元，占地面积4.36公顷。百威五期、健力宝、凤铝铝业、三全食品等企业增资扩产或新建厂房，其中，百威五期预计产能从120万吨增加至160万吨，健力宝新厂预计2016年底投产，帮助好帮手电子公司登录“新三板”。水都基地实现工业总产值164.43亿元，增长21%，创税15.45亿元，增长8.3%；港中旅物流、石湾酒厂等7个项目建成投产，金本污水处理厂营运，金乐路等配套施工；通过“园村合作”，为五顶岗村每年增加经济收入700多万元，超过200名全征地农民解决就业问题。

城市品质。北江新区初具规模，西南大道、北江大道通车，北江小学开学，北江凤凰景区一期完工，永旺集团进驻新动力广场，北江文化活动中心等配套项目推进。落实城市升级“两年延伸计划”和“百村升级”行动计划，沙头新村改造升级成为佛山市首个通过验收项目，完成文锋园等小区改造；运用“互联网＋”大数据平台，开发“智慧城管系统”，启动公共停车位智能化管理；城管考评工作连续三个季度全市第一，助力三水区第三个城管考评年度全市第一。“铁腕治污”开展环境综合治理，完成工业锅炉、黄标车淘汰、禽畜养殖场整治等指标任务。

改革创新。改造升级街道行政服务中心大厅，群众对行政服务满意度98%以上。编印《机关内部事项审批工作手册》，打造新三水人服务站、“七彩虹”公益驿站、党员心语等平台，提高服务群众的水平。

民生事业。西南中学、北江小学启用，北外附校（二期）动工，三所学校为全区提供超过8000个中小学优质学位。“直联制”和“民生微实事”立办制效果突显，累计协调解决600多个群众反映问题；75个项目入选区、街道民生微实事（其中32个入选区项目），获得区、街道两级扶持资金802.79万元（其中区奖励性资金391.97万元），撬动社会扶助资金322.51万元，项目完工率71%。街道被广东省人口文化促进会评为“广东省人口文化示范基地”，形成辐射街道“半小时法律援助服务圈”。文锋西社区成为佛山唯一一个“全国100个最佳志愿社区”候选社区。设置750个视频监控点和1100套视频监控设备，全年实现中央、省和市三级信访“零上访”。调整处警管理区域，形成中心城区、河口（基塘）与金本（洲边）社区三大管理板块，提升警力处置效能。食品安全示范镇街不断巩固，19个村（居）安监站投入使用。

【云东海街道与三水新城】 云东海街道位于三水中心城区北部，地处珠三角广佛经济圈内，东接广州，南达港澳，广三高速、广肇高速、广佛肇城轨、三茂铁路等形成四通八达的交通网络，到广州新机场只需30分钟车程。辖区总面积为84.32平方千米，下辖1个社区居委会和10个村民委员会，户籍人口2.89万人。三水新城控制范围128平方千米，其中核心区57平方千米，启动区19.32平方千米。2015年，实现地区生产总值85.11亿元，比上年增长8.9%；规模以上工业总产值260.26亿元，增长8.6%；全社会固定资产投资实现52.89亿元，比上年增长23.2%；实现辖区税收入库10.6亿元。

城市建设。2015年云东海街道与三水新城投入超50亿元，启动建设项目46个（其中，在建25个、完工15个，新动工6个），涉及道路建设总长度约50千米，建设范围覆盖面积超100万平方米。南湖路、河西路等7条道路建成通车；水庭、三江水韵公园等向市民开放；城轨三水北站、云东海站站场接驳配套完成；新汽车客运站、区文化中心、高丰公园、高丰电排站、西南涌北段综合整治（三期）等一批公建项目动工建设。新城景观示范工程“一轴”水庭工程、“一带”西南涌北段综合整治工程（二期）按时保质完成景观亮化提升；万达广场、保利中央花园、捷和广场等一批项目初具规模。

产业招商。全年引进8个产业投资项目并完成签约，涉及项目总投资约76亿元。年内引进荷花奇境、北京外国语大学南方（佛山）国际学院、国际文化创意产业园南方分园、新汽车客运站综合体、广东台一机械装备、水源热泵、金银河锂电池电极自动化生产装备等优质产业项目签约落户。广东台一机械装备项目投产，万达广场、百利达广场对外营销。

企业服务。加强对影视三水项目、万达城市综合体项目等落户企业的服务，推进金银河、金万达、柯博明珠、合和等企业25个技术改造项目，备案金额高达6.27亿元；协助澳信科技、鑫码、翼卡等6家企业申报成为高新技术企业；为企业争取各项政策扶持资金3900多万元；成立“四会一站”（房地产行业协会、电子装备行业协会、办税员协会、人民调解委员会及商事调解委员会云东海工作站），完善云东海商会行业管理职能，搭建优质企业服务平台。

规划控制。明确三水新城控制范围六大功能分区（城市生活区、森林公园区、科研教育区、旅游养生区、科技创新区、生态保育区），完成下辖村（居）14个村庄非禁建区规划编制，完成云东海北湖东岸科技创新产业园城市设计及控规修编，组织编制《邓岗及石湖洲片区控制性详细规划及旧厂改造策略研究》及其他6个片区的单元控规。

社会管理。年内启动45个民生微实事项目，项目总金额356.45万元，获得区补助资金34项，补助金额284.95万元，撬动社会资金71.5万元。第四季度（第六批）民生微实事项目覆盖11个村居17个项目，申请区专项资金188万元。新城幼儿园建成投入使用，为辖区乃至全区学龄前儿童提供优质教育资源；绿湖社区卫生服务站建成并投入使用；完成城乡居民各类社会保险参保及城镇职工社会保险扩面征缴工作，成立街道劳动人事争议仲裁庭，开展街道文化活动中心筹建和文物修葺保护，组织策划主题摄影展、旅游推介会和发展研究峰会，开通“云东海发布”微信公众号，出版《三水新城》双月刊。

环境治理。推进大气环境整治及水环境整治，完成10台限燃区内高污染燃料锅炉淘汰升级及27台已淘汰锅炉建档工作、年度黄标车淘汰任务和宝月引涌水质净化暨生态修复项目工程建设。完成石湖洲、邓岗、宝月和鲁村4个片区村级工业园的整治工作。

社会稳定。落实一村（居）一专职调解员工作机制，一村（社区）一法律顾问和“三官一师”直联村（社区）工作，构建公共法律服务体系，推进基层治理法制化。落实安全生产“三大行动计划”，强化“打非治违”专项整治，抓好消防安全“四化”建设，巩固安全文化建设，加强安全生产及火灾隐患排查整治、食品药品监管、人口计生及卫生医疗、新农村建设等领域工作，农村综合管理逐步铺开；完善应急平台数据和预案，有效应对突发公共事件，全面提升辖区综合管理质量。

行政效能。落实驻点直接联系群众制度，收集问题514条并全部回复；村民小组党支部实现辖区全覆盖，完成鲁村、伏户和云东海社区3个村（社区）党总支部升格党委工作，成立总商会党委。开展“三严三实”专题教育、纪律教育学习月活动，落实创建“三转”示范点活动，明确街道纪工委职责清单，推进农村廉情预警防控和农村党员干部违纪违法线索集中排查、实现纪检监察组织机关村（居）全覆盖。实施“一门办理、全城通办”政务服务改革。

【白坭镇】 白坭镇是三水“南大门”，东南面与南海区相接，西面紧靠西江，拥有约15千米西江“黄金水道”，与高明区、高要市隔江相望，东距广州60千米、佛山城区24千米。全镇面积66.46平方千米，辖富景社区居委会和周村、岗头2个村委会。户籍人口2.5万人，外来人口近6万人。2015年，全镇实现地区生产总值134.7亿元，增长8.6%；工业总产值462.4亿元，增长8.7%；全社会固定资产投资97亿元，增长15%；税收入库突破9亿元，达9.18亿元，增长13.2%；公共财政收入1.6亿元，增长7%，如期实现“财税倍增三年行动计划（2013～2015年）”。

产业发展。2015年，白坭镇引入智能控制等11个优质项目，合同引资额9.2亿元，其中机械装备项目引资额4.4亿元，占比48%。通宝精密等5个项目建成投产，预计达产后新增税收4000万元。纳税500万元以上骨干企业增至20家，全年贡献税收7.03亿元，增长24.3%，占比超过75%。建材、五金等传统行业经受住经济下行的冲击，税收入库分别增长2.5%和12.4%；机械装备产业势头强劲，产值和税收分别增长10.2%和58.9%。全年协助企业获得上级扶持资金1500万元。引导新明珠建陶等22家企业投入9亿元实施39项技改备案项目。推动中茂生物科技等企业投入4亿多元实施增资扩产。盘活6万多平方米闲置厂房，关停淘汰10余家低效企业，对接引入机械装备等优质项目。挂牌成立企业科技服务站和知识产权维权援助工作站，促进各类科研平台建设以及科技成果转化应用。新增2家高新技术企业、推动6家企业进入高新技术企业培育库；新增4个市级工程中心、1个市级企业技术中心、1个区级工程中心；新增2个中国驰名商标、2个省著名商标；新增发明专利申请量74个、授权量19个，分别增长72.1%和216.7%。企业人才团队建设成效显著，新增1个区级人才团队，金戈新材料团队、新合龙团队、天一精工团队分别获三水区创新创业大赛二等奖、三等奖以及优秀奖。科技园核心区市政一期道路完成路面施工，中心湖等园区景观开展前期工作。汇金工业城汇源路建成通车，形成“一纵二横”园区路网骨架；汇康路绿化工程竣工，人才公寓加快推进主体工程。水都饮料基地对接区完成46.67公顷土地征租，金乐路东延线完成地质勘探、规划设计等前期工作。

城镇发展。投入4000多万元实施富景社区文化公园、黄金大道“五位一体”改造等“八个一”工程，以“全链条改造”理念精心打造富景社区“城镇新社区—传统村落—宗族祠堂—生态公园”特色景观轴线、樵北涌城区段“文涌白坭畔”景观，深受各界好评，成为白坭镇城市升级两大品牌工程。建设“互联网+大环保”在线监控平台，实时监测企业排污和空气质量情况。恒益电厂开展“超洁净排放”改造，关停淘汰或改燃整治锅炉12台，完成5家企业有机废气深化治理，淘汰黄标车414台。欧阳涌等3条支涌完成清淤整治，新增3座分散式农村生活污水治理系统，樵北涌水质达到Ⅳ类水以上标准。全年投入1200万元购买环卫保洁服务，提升白金大道、桂丹路白坭段、黄金大道等主干道路卫生、绿化养护水平。整治城区水浸黑点10处，清疏下水道2.6千米。投入400万元建设道路交通、环保执法、社会治安视频监控系统。完成鹿岭新村等7个村庄规划编制。祠巷村入选佛山市首批13个古村落活化试点村，邓坑村、上灶南村入选佛山市48个“五好”新农村建设示范村。小塘岗等4个村组建设成为三水区“森林家园”示范村，全年新增农村绿化面积超4公顷。

民生事业。2015年，白坭镇农村居民年人均纯收入17600元，相比上年增收1322元。完成农村土地承包经营权确权颁证工作，引导6个村组适度规模集约流转土地73.33公顷、3个村组实施连片改造鱼塘37.33公顷。全年新增发放“政银保”贷款111宗1633万元、农村妇女创业小额担保贴息贷款30宗240万元，补助2个村组“一事一议”资金55万元。完善现代农业园“4 + 2”基地架构，新建农产品贮存增值库以及省级农民职业培训中心，康喜来专业合作社带动社员及周边4000多户农户每亩增收1000多元。扶持本土种养大户发展壮大，新增3家家庭农场示范点。居民医疗参保率99.8%，新增3个村组150名村民购买全征地养老保险、113名村民享受全征地养老金。持续推进“慈善扩面”，全年发放各类慈善救助金、高龄津贴、低保五保金、残疾人津贴、助学金724万元。新增就业岗位2100个，帮助城镇失业人员再就业105人。实施小学一年级扩班计划，新增92个公办学位；普惠性幼儿园增至6家，覆盖率超过70%，受惠幼儿1800人，受惠率83%。社区卫生服务中心全年服务群众超16万人次，门诊费个人部分人均缴费仅8.4元，群众“看病难、看病贵”问题缓解。工会联合镇文化站全年送戏下乡、进企42场，团委组织开展志愿服务300多人次，妇联创建全市首家省级儿童友好示范社区示范点。

政务服务。2015年，白坭镇盘活农村留用地23.33公顷，投入694.8万元实施4批次36项“民生微实事”。探索社区融合新途径，建设“新白坭人”联络站，举办青年联谊会等系列活动，“‘新白坭人’融入社区”创新项目推广至周村。推行“一门办理，全城通办”政务服务新模式，实现个人类322项业务“一窗口、一标准、一层级和一城化”办理，实现政务服务“同城同质”。推进商事登记制度改革，推行企业类“三证合一、一照一码”登记模式，企业创业更便利。祠巷村以活化古村落为契机，将陈氏大宗祠打造成为基层党建新阵地、社会组织孵化新阵地、村民议事决策中心、乡村文化活动中心和文明社区教化中心的“两阵地、三中心”。岗头村围绕村文化活动中心，开展暑期夏令营等节庆活动，营造乡村大课堂、乡村大舞台等文化品牌。凤果村通过乡贤慈善会筹资重建周氏大宗祠、新建老人活动中心等配套设施，以此团结宗族乡亲，维系族人感情，推广依托祠堂文化探索新型城镇化的“白坭模式”。

【乐平镇】 乐平镇位于三水区中部，南与南海区接壤，东接广州市花都区，总面积198.5平方千米，下辖3个社区、14个村，共有158个自然村，户籍人口7.71万人，2015年跻身中国建制镇综合实力百强（全国科学发展百强镇）第48位（2014年为第87位），是省教育强镇、省卫生镇和省重点发展中心镇。镇内交通发达，有佛山一环、珠二环高速、省道盐南线、三水大道、塘西大道、西乐大道穿越其中，距广州白云机场、佛山中心城区仅30分钟车程。佛山高新区三水园位于辖区内，规划面积100.98平方千米，2015年获评全省五大智能制造示范基地之一。旅游资源丰富，以省级文物保护单位、“中国历史文化名村”大旗头古村和侨鑫生态园、宝苞农场最具代表性。年内，实现地区生产总值258.75亿元，比上年增长9.03%，地区生产总值三次产业比重是2.92 : 86.74 : 10.34。工农业总产值900.46亿元，增长9.55%，其中工业总产值884.16亿元，增长9%。固定资产投资137.8亿元，全区排行第一，增长15.5%。财税入库21.84亿元，全区排行第二，增长21.79%，其中国税15.14

亿元，增长29.79%，地税5.73亿元，增长6.07%；地方公共财政预算收入8.51亿元，全区排行第一，增长22.2%。

创新驱动。2015年，乐平镇新签投资项目72个，投资总额133.58亿元，比上年增长212%，投产后预计新增年税收超9.7亿元。其中，投资超10亿元项目3个，超亿元项目29个，国内外500强企业投资项目2个。新增辛格林电梯、维特根机械等24个装备制造业项目，投资额68.28亿元，占总投资51%。新签红信电子商务综合产业园、卓达新天地、宝苞广场酒店等20个项目，投资额36亿元，占总投资27%。签约项目超过七成在智能制造示范基地（三水工业园区）动工。先进装备制造业实现产值386.03亿元，增长27.06%，占工业总产值43.66%。高新技术产品产值占规模以上工业总产值比重为33%。全年48家企业72个项目技改备案，总投资30亿元，技改备案数和投资额均居全区首位。启动镇一级企业上市三年计划，盛华德、华凯登陆“新三板”，占全区上市量50%。纳税超500万元企业64家，其中超1000万元企业31家、超亿元企业4家。海尔、欧神诺陶瓷等10家企业，入围佛山“中国制造2025”首批50家示范创建企业序列。新增企业科技创新平台15家，合众化工成立全区首个省级院士专家企业工作站，兴发铝业、恒力泰机械获市政府质量奖。全年申请发明专利489件，增长89.5%，占全区41%，发明专利授权56件，增长154.5%。出台全区首个镇级产业、科技、质量跨越式提升扶持办法，利用各级政府资金扶持本地企业9680万元，其中“森城创客空间”成为全区唯一获市创新专项资金扶持项目。智能制造示范基地（三水工业园）获批省战略性新兴产业合作、珠江西岸先进装备制造业发展专项资金7600万元。

产城人共融。利用国企资本平台在全区率先启动PPP投融资改革，新增融资24亿元。其中PPP模式融资11亿元，利用新增贷款，解押46.07公顷工业用地，促成8个工业项目、1个“三产”项目有落地载体，助推资金有效接驳与良性循环。投入近20亿元，启动70项工程，全面推动“一路一河一基地”建设。“一路”2＋3节点工程全面开工，西二环及一环出入口景观提升工程完成60%，乐大线示范路绿化、乐华路“五位一体”工程、街心公园升级改造工程完成80%；蝶变广场征拆及建设工程完成80%；大旗头古村文化创意旅游区建设工程完成60%；金融科技产业创新服务区总体规划编制及载体征收工作完成50%。“一河”两岸第三产业发展载体66.67公顷土地征收任务完成，制定景观提升设计方案，河道清淤及挖湖工程动工。“一基地”道路、路灯、填土、供水、供电等12项产业配套工程完工；乐平汽车客运站、乐平中心小学扩建、新乐平中学等公共服务设施动工。全年新征土地203公顷，其中汽车产业园扩容126.67公顷、电商物流园扩容30.67公顷，金融创新服务区（西区）9.33公顷，“三旧”改造用地36.33公顷。完成22个旧改项目，包括4家企业、12个自然村、153户住宅，以及1.6万平方米商铺的征拆工作，提高资产对冲债务能力。完成土地集约利用，利用率在省级66个开发区评价中位列第13名。

生态环境优化。生活污水处理厂（二期）扩建通过环保验收，南边、范湖污水处理厂完成征地、工程招标、设计工作。建成污水管网10千米、新增城镇污水处理量67.6万吨，比上年增长25%；完成乐平涌综合整治工程城区段管网、园区南部污水处理厂三号管网、古灶涌及沙塘涌疏浚、官地排涌整治工程；乐平涌上游段清淤截污、三丫涌清淤等17项“一河一策”整治工程完工。淘汰、建档60台锅炉，完成25家铝型材企业废水废气整治提升综合验收；新增8家企业完成VOC整治并通过验收。建立污染源驻点联络员制，对6家重点污染源企业实行专人驻点、实时监管。25家重点涉水企业完成明管明渠改造，15家重点企业完成清洁生产验收。完成725台黄标车淘汰任务。清理违规养殖场348个，涉及禽畜9.5万头。成立镇城管委、环委会，出台镇城市管理、环境综合整治考核办法，运用数字城管系统全方位开展辖区标段外道路保洁、垃圾清运及绿化养护。新建南边商会林、乐平文化中心垃圾站，完成8间垃圾屋工程试点改建，开启农村清洁卫生长效机制探索。实施“职能部门、村委会、村小组”三级土地执法巡查工作机制，开展土地违法整改26宗，“两违”图斑总数比上年下降68.5%。

基层法治与行政效能。产业社区获评市“两

新”党建十大亮点项目、省十大“书记项目”。以大岗村为示范点，带动村（居）公共服务站、村（居）社会组织服务基地建设，村（组）议事会、村务监督机制全覆盖。率先挂牌成立14个村（居）安监站，全面开展安全生产“三大行动计划”。综治网格化管理扩面提质，信访案发率比上年下降30%，办结率95%；深化推进律师进村（居）调处纠纷，化解矛盾纠纷235起。召开推进基层社会治理法治化工作会议，法治基层建设经验在全市推广。落实新《预算法》《行政诉讼法》，科学精准编制全口径财政预算，细化国有资产运营预算、政府性基金预算和投融资预算，预算执行实现全年零追加。设立首个镇级重点项目决策委，完善人事管理、工程建设领域等39项工作制度。联合区检察院成立“PPP项目与三旧改造预防职务犯罪工作室”，强化廉政风险防控。建立农村廉情预警防控工作机制，填补基层党员干部监管空白。推进“三严三实”专题教育，开展机关人员混岗、政企不分、超职高配等32个问题的“立行立改”工作。启动办公自动化、工程地理信息、土地资源、食品安全溯源、“三农”信息管理系统、资金合同管理、干部职工信息系统7大信息化平台建设，用大数据打造“智慧乐平”。建立与纪委联动、与绩效挂钩的工作督查督办制度，实施全员动态考核。全年纳入督查督办事项396项，完成率超过93%，工作完成量增长600%。

民生事业。实现农民人均纯收入1.66万元，比上年增长8.5%。推动宝苞跨境电商冷链物流项目入选广东省5个国家重点项目之一，带动近千名农民入园就业。乐平镇、保安村、新旗村、大岗村分别被评为市第八批宜居城镇和宜居村庄。投入672.86万元，建设40项民生微实事，完工31项。交通路网、教育、环保、食品安全等15项民生实事建设启动。全年民生投入17亿元，占财政支出（26.95亿元）63%，其中投入2.38亿元整合教育资源，1674名异地务工人员子女实现积分入学。探索医疗专科特色诊疗，与佛山中医院三水分院合作共建“中医、中药进社区示范基地”；全年社区门诊服务15万人次，增长25.93%。获批“佛山市食品安全示范镇”。大学生创业孵化基地引进4家企业5个项目。组织大型人才专场招聘会12场。

【芦苞镇】 芦苞镇位于三水区中北部，东接广州市花都区赤坭镇，南接乐平镇，西南与肇庆四会市相连，北及西北与大塘镇接壤。总面积105平方千米，下辖共有6个村和1个社区，91个自然村。是佛山科学发展特色镇、广东省旅游特色镇、广东宜居示范镇、国家卫生镇、国家级生态乡镇、国家重点镇。有800多年历史的胥江祖庙，还有洪圣庙、关帝庙和拥有“广东省古村落”称号的长岐古村。辖区内有三水温泉度假村、高尔夫球场和奥特莱斯等旅游景点。2015年，芦苞镇规模以上工业总产值257.56亿元，比上年增长8.5%；固定资产投资86.79亿元，增长15%。实现税收3.14亿元，比上年下降2.94%。招商引资项目11个，合同引资额15.5亿元。

产业发展。2015年，芦苞镇投入1000万元，完成嘉和南路南延线、创源路东延线建设，启动宝华南侧道路建设工程。投入300多万元，实施普洛斯芦苞物流园桥梁工程。通过项目嫁接盘活低效用地24.1公顷，实现零土地规模、零土地指标招商。完善33.33公顷用地手续。引入皇派门窗、甬大电梯、汝达豪陶瓷机械等优质项目11个，合同引资额15.5亿元，其中先进装备制造业投资11亿元，占比72%。推动浪鲸卫浴等工业企业投入6亿元实施技改项目15个，可新增税收4000万元。迪生钢构、晟美包装等一批工业企业改善传统支柱产业结构。奥特莱斯项目完成股权重组，复工建设。新增省市级示范合作社、优秀合作社和“菜篮子”工程10个，集约300亩以上连片土地3宗79.2公顷，芦江水产专业合作社实施盈余分配机制。2015年，全镇农民人均收入18187元，比上年增长11.05%。佛斯弟摩托、华运人防、普洛斯物流等项目落户。协助企业上市融资，荣高科技、迪生钢构、多正树脂加速上市进程。佛山农商行为商会会员企业提供3亿元授信额度。荣高科技、赛科机械通过国家高新技术企业认定，全镇新增发明专利申请73个。

城乡建设。肇花高速通车，推进西河大道连接线，芦苞东西两岸并入珠三角高速版图。投入1500万元，实施芦湖路改造二期工程，贯通国家高新区三水园区交通动脉。独树岗大桥建成通车，塘西大道、大南路重要节点实施绿化、安全改造。投入9000多万元，完成白土涌、南丫涌等河涌整治工程，推进欧边涌、黄岗涌、鹿仔岗涌整治，整治河涌23千米。投入1000万元，高标准建设龙坡公园，将古村、长寿、竹编和龙舟等文化元素融入其中，彰显芦苞文化底蕴。水厂片区项目完成土地征收等前期工作。投入1000万元，开展长岐古村活化升级以及西河新村、上塘吴家庄新农村提升工程。将古村文化与现代元素有机结合，展现岭南乡村古韵新风。国内知名节目《十二道锋味》在长岐古村取景拍摄。受理各类企业违法排污投诉61宗，作出行政处罚7宗，处理率100%。完成3台熔铸炉改燃，淘汰4台工业锅炉，淘汰黄标车217辆。推进内河涌综合整治，芦苞涌、白土涌基本达Ⅳ类水质。投入50万元，新建分散式农村生活污水处理设施2个。完成6个养殖场减排建设，改造低效林26.67公顷，创建森林家园示范村5个。全镇空气质量指数优良天数329天。

民生事业。投入镇级财政资金181万元，争取区财政统筹资金近466万元，社会资金超330万元，实施民生微实事工程51项。以创业带动就业，发放创业小额担保贷款560多万元，扶持28人创业，带动超500人就业，城镇登记失业率控制在1.12%。全年发放“政银保”农业贷款2800多万元。建成保障房200套，改造危房19间。龙坡中学重点中学上线率再创新高，伊萌幼儿园和实验幼儿园分别通过省规范化幼儿园和区一级幼儿园验收，投入1000万元建成新乐丰小学综合楼，启动龙坡中学学生宿舍楼重建工程。完善公共卫生大楼运作机制，启动“健康管家”家庭服务，新增中医药等特色专科，中心日均门诊量200人次，比上年增长200%。独树岗和工业园社区卫生服务站建成使用。四合村、上塘村获评佛山市健康村。举办三水温泉·2015“广佛绿色骑迹”骑行等文化体育活动。

基层治理。开展驻点直联群众活动，全年接访群众332人次，走访群众11093户，收集各类问题及意见、建议296条，有效解决293条，办结率98.9%。创新“党支部+合作社”基层党组织构建模式，率先在农业领域探索区域化党建。建成公共法律体系三级实体平台，规范村（组）议事会和监事会运作，完善村民自治机制。按照“一体两翼”工作要求，完成农村土地确权工作，治理农村土地“三乱”、农村“三资”管理等重点领域，推进太阳能警灯建设，推广警务“E超市”、门禁+视频系统等。开展安全生产“三大行动计划”，完成33家企业安全生产标准化验收。建立食品安全三级监管格局，取缔和整治一批违规生产经营场所和食品安全隐患，群众食品安全满意度比上年上升8个百分点。年内获评“佛山市食品安全示范镇”。

政府服务。按照“一门办理，全城通办”标准，整合涉及社保、计生、民政等12个部门262项个人类业务，为群众提供“一门式”快速审批服务。优化“三证合一”运作机制，新增各类市场主体173户。通过建章立制，规范全镇重大事项议事规则，启动农村廉情预警工作机制，提升廉政风险防控能力。

【大塘镇】 大塘镇位于三水区北部，分别与广州市花都区和清远市接壤，北江流经境内，省广四线、清龙线以及肇花高速公路贯境而过，是广东省可持续发展实验区。全镇总面积98.23平方千米，下辖7个村和1个社区，共有99个自然村，户籍人口4.13万人，外来人口2.91万人。

综合实力。2015年，大塘镇全年预计实现地区生产总值98.9亿元，比上年增长9.2%；规模以上工业总产值314.7亿元，增长8.7%；全社会固定资产投资82.1亿元，增长15%；税收入库5.3亿元，增长6.6%；农民人均纯收入14348元，增长8.5%。制造业平稳发展，招商选资成绩喜人，全年新签项目7个，包括格洛仓储、拉多美复合肥、双桥味精等一批优质项目，合同引资额19.27亿元。建立镇党政领导干部挂钩联系项目工作机制，将41个项目纳入企服项目任务管理库，落实专人跟进服务。有5个签约项目完成土地出让，11个项目在建，11个项目竣工。出台《大塘镇促进外贸增长扶持方案（试行）》。鼓励和引导企业开展自主创新和技术改造，新增3家高新技术企业和6家工程中心，推动司马化工等一批企业实施20个技改项目，协助企业获得上级技改扶持资金200万元。工业园区三大主干道维修和华大片区物流园市政道路改造工程动工。实施1000公顷高标准基本农田项目改造工程，其中600公顷竣工，完成农业园区中心园大沙西排渠路涵和新涌电排站重建工程。“三水鱼世界”项目首期和劲农都市农业创业园区项目34公顷工程建成投产，广良三水农场4个高标准蔬菜育苗大棚完工，利达隆蔬菜种植公司被评定为省级农业龙头企业。

城镇建设。改造北江沿岸（S118线油金大桥西至六一段）生态景观林带，全面完成塘西大道大塘段、S269线大塘段及新城区绿化提升工程；新汽车客运站大楼完工；莱福水岸花园商住小区开盘发售；万豪大厦主体封顶；大塘中心广场落成；涌南路、区北部板块交通事故处理中心改造工程动工建设。完成“百村升级行动计划”和“森林家园”示范村创建工程。对全镇99个自然村和渔民新村环卫保洁进行补贴，实现村级保洁工作制度化和常态化。

生态治理。整治小锅炉26台，淘汰黄标车384辆，重点整治含挥发性有机化合物企业10家。完成工业园区以及永平墟片区生活污水截污工程，消除大塘引涌劣五类水体；新建农村生活污水处理设施2个。念塘污水处理厂污泥处置项目完成技改，12家重点企业开展清洁生产。全年立案查处环境违法案件10宗，处罚金34万元。整治规模畜禽养殖场5家。

社会事业。落实8件民生实事，其中5件完成，其余3件加紧推进。全年发放低保、医疗、慈善救助金286.14万元；全年落实各级惠农强农资金565万元。全年新增城镇就业人员500人、培训转移劳动力600人、开发就业岗位3000个。全年立案受理劳动争议案件65宗，有效化解重大劳资纠纷5宗。投入766万元，实施永平小学、中心小学运动场等基础设施升级改造和现代化教学设备更新工程。投入200多万元实施大塘医院升级改造。投入650万元，实施“天网”工程，构筑社会治安立体化防控体系；在文化广场安装法制宣传LED显示屏，设立区公证处大塘公证服务点；建立健全“三官一师”直联村（居）和综治“网格化管理”工作机制，深化社会矛盾“5 + 4”领域专项治理工作，全年排查化解社会矛盾纠纷19宗。

政府效能。完成镇总工会和大塘医院审计。全年立案查处8名违纪党员。推进镇行政服务中心“一门办理、全城通办”试点改革，3个月受理业务2239宗。坚持每周二下午定期到村（社区）联系群众，全年联系群众10500户（含重复走访），覆盖率100%，收集意见建议230条。落实民生微实事立办制，30个民生微实事项目通过评审，获得区专项扶持资金381.68万元，其中：20个项目竣工、10个项目加紧实施。主动接受人大监督和社会监督，及时办结人大代表议案和建议10件。

【南山镇】 南山镇位于三水区最北端，与肇庆四会市、清远清新县接壤，总面积124.21平方千米，常住人口2.9万人，户籍人口2.52万人（含归侨侨眷2636人）。下辖1个村（六和村委会）和4个社区（漫江、东和、择善、禾生）共有150个自然村。2015年，实现工业总产值59.32亿元，比上年增长8.8%；地区生产总值24.88亿元，增长9%；固定资产投资20.42亿元，增长40.4%；新签约项目7个，投资总额24.3亿元；实现农业总产值10.51亿元，增长3.7%；公共财政一般预算收入5042万元，增长3.24%；实现税收7242万元。

产业发展。原野食品、兴运机械装备制造、宝力马植物纤维、岭南富硒长寿养生、九龙维记南丹山生态牧场、南山中科创新创业生态园等项目落地，总投资24.3亿元，项目投产后预计新增产值30亿元，新增纳税超5000万元。实行“保姆式”跟踪服务，促进企业项目早建成、早投产。华新恒丰项目厂房和办公楼主体框架建成；乐华饭堂和宿舍投入使用，二期工程动工建设；杰隆生物制品项目、杰康诺科技项目报批；建成LNG天然气站，相关燃气管网铺设完成；天瓷、益昌增资扩产工程进场施工。出台《中国（三水）国际水都饮料食品基地北园管理（暂行）办法》，规范园区、企业管理。豪杰源水产养殖场被评为“佛山市水产良种场”。培育4个家庭化运作农场试点和示范点。出台财政资金补贴政策，力促“十里水果长廊”提升改造。注册“枕头湾”“迳口十里水果长廊”两个商标。

城镇建设。建设南山“山、水、湖、游”新型城镇化建设“十个一”工程。六和公园、康城休闲公园开园；综合商城竣工落成，企业家高管公寓、乐华公寓建成；推进漫江河蓄水工程、市级生态森林公园、漫江河两岸生态景观建设、东排涌两岸景观大道滨水带、占地20公顷的城市客厅等一批景观项目。把握肇花高速公路开通的新机遇，加快南山公路交通无缝对接。推进南山大道南段建设工程，六硫线等民生交通道路改造工程，商业大道、漫江河桥梁及延伸线等11条市政道路建设提速。年内淘汰黄标车128台，巡查企业200家次。生活污水处理厂一期完工并验收，工业污水处理厂前期5000T/D项目推进。

民生事业。完成2629户危房改造任务，受益群众8000多人。限价商品房、自建房、拆旧建新、旧房维修四种危房改造推动城镇化建设。东和饮用水安全工程完成；佛山市中医院南山医院挂牌并进行住院部改造；南山社区卫生服务中心落成启用；六和幼儿园、六和党群综合服务中心项目施工；东和、择善农特产品及农贸集市推进；择善段和东和段亮化工程完成；迳口中心小学综合楼加固工程及体育场升级改造工程完成，推进六和小学综合楼加固工程。设立100万元技能培训和推荐就业专项资金，引领群众由农转工就地就业，培训劳动力1180人次。调整镇内公交路线，优化公交系统。实施"民生微实事立办制"工程，全年21个项目获得区专项资金502万元和社会资金约400万元。

政务服务。成立石灰窑行业专项整治领导小组，制定《南山镇石灰窑行业安全管理办法》，启动石灰窑整治行动，石灰窑行业非法转租转包、无资质维修等现象得到遏制，生产环境得到改善。建成镇、村两级公共法律服务实体平台，完善"三官一师"直联村居工作机制，综治网格化管理推进，开展食品药品安全检查，实现安全"零事故"。推进行政服务中心"一门办理，全城通办"，100%办结群众交办事项。100%完成区下达的农村土地承包经营权确权登记颁证工作任务。成立南山镇2015年"十件民生实事"工作领导小组，对50项重点工作任务实施定期报送制度，确保十件民生实事以及重点工作任务按时按质完成。

队伍建设。做好"六和村党委基层组织重构"和"幸福小区党建引领居民就地城镇化"两个市级党建示范点项目建设，建立村（组）务监督委员会，完成漫江社区构建"1 + N + X"区域化党建格局，整顿禾生居委党组织。48个村民小组组建党支部，基层党组织领导核心地位增强。开展农村廉情预警防控建设，开展违纪违法线索集中排查活动。抓好廉政法规学习，开展形式多样的廉政教育和专题辅导，营造风清气正的良好政治生态。

（刘娓娜）

附：2015年三水区党政主要领导名单

书　　记：苏伟波
副 书 记：陈英文　陈浩明
常　　委：钟飞健　李伟成　何国辉
　　　　　陈必田　孔耀明　曾阳春
　　　　　李学坚　潘建刚（任至3月）
　　　　　刘达文（3月任职）
区　　长：陈英文
常务副区长：钟飞健
副 区 长：张卫红　黎延坤　胡　英
　　　　　杨日强　何小玲
　　　　　唐磊晶（4月挂职）
　　　　　王　鹏（4月至10月挂职）
政务委员：杨鉴岐　翁　良
　　　　　彭建国（任至8月）
　　　　　罗卫平　黄昌建

现任三水区党政主要领导名单

书　　记：黄福洪
副 书 记：陈英文　陈浩明
常　　委：钟飞健　李伟成　孔耀明
　　　　　曾阳春　李学坚　刘达文
　　　　　何小玲
区　　长：陈英文
常务副区长：钟飞健
副 区 长：刘晓平　胡　英　罗卫平
　　　　　黄昌建　卢祖荣（挂职）

（2016年5月三水区供稿）

第十篇

社会统计资料

2015 年佛山市主要经济指标

指标名称	计量单位	2015年	2015年比上年增长（%）
一、年末总户数	万户	116.80	0.5
二、年末户籍总人口	万人	388.97	0.9
其中：男	万人	193.12	0.7
女	万人	195.85	1.0
年平均人口	万人	739.06	0.9
人口出生率	‰	14.49	增长 2.62 个千分点
人口自然增长率	‰	6.69	增长 0.09 个千分点
三、国内生产总值	亿元	8003.92	8.5
第一产业	亿元	136.45	1.5
第二产业	亿元	4839.47	7.5
第三产业	亿元	3028.00	10.7
人均国内生产总值	元	108299	7.5
第一产业比重	%	1.70	下降 0.1 个百分点
第二产业比重	%	60.46	下降 1.34 个百分点
第三产业比重	%	37.83	提升 1.43 个百分点
四、农林牧渔业总产值	亿元	275.69	1.4
五、规模以上工业总产值	亿元	19544.95	7.9
其中：轻工业	亿元	9000.23	3.6
重工业	亿元	10544.72	11.1
六、固定资产投资总额	亿元	3035.52	16.2
七、社会消费品零售总额	亿元	2705.22	11.9

续表

指标名称	计量单位	2015年	2015年比上年增长（%）
八、地方公共财政预算收入	亿元	557.55	11.2
地方公共财政预算支出	亿元	799.93	52.4
九、出口总值	亿美元	2999.00	4.5
实际使用外资金额	亿美元	23.77	–10.5
十、金融部门存款余额（本外币）	亿元	11867.67	4.0
其中：境内住户存款余额	亿元	6232.20	5.2
金融部门贷款余额	亿元	7950.53	4.7
十一、货物周转量	亿吨千米	267.10	5.5
旅客周转量	亿人千米	65.92	5.0
港口货物吞吐量	万吨	6146.75	4.1
十二、移动电话年末用户	万户	1272.44	0.6
本地电话年末用户	万户	253.27	–5.2
移动电话交换机容量	万户	1763.90	–4.4
本地交换设备容量	万门	1381.80	–9.5
十三、旅游总收入	亿元	546.29	10.1
接待过夜总人数	万人次	1253.14	6.0
十四、小学学校数	所	407	0.2
小学在校学生	万人	49.01	3.3
普通中学学校数	所	199	3.1
普通中学在校学生数	万人	306012.00	–0.6
高等学校在校学生	万人	5.84	4.0
初中毕业生升学率	%	99.10	0.04个百分点
高中毕业生升学率	%	95.43	1.11个百分点
十五、卫生医疗机构	个	1475	3.2
其中：医院	个	102	3.0

续表

指标名称	计量单位	2015年	2015年比上年增长（%）
卫生机构病床数	张	33133	11.1
各类卫生技术人员数	万人	4.36	4.9
十六、城镇非私营单位在岗职工平均工资	元	61810	11.0
常住居民人均可支配收入	元	38501	9.6
其中：城镇	元	39757	8.8
农村	元	22063	9.8
常住居民人均生活消费支出	元	27713	11.5
其中：城镇	元	28396	9.0
农村	元	15050	11.7
十七、每百户常住居民拥有：			
家用汽车	辆	65.7	9.3
摩托车	辆	67.2	-4.1
电冰箱(柜)	台	100.3	5.1
洗衣机	台	93.1	3.9
热水器	台	106.3	4.9
空调	台	212.6	8.8
彩色电视机	台	130.6	1.8
摄像机	台	7.0	-7.0
照相机	台	48.6	0.6
计算机	台	113.6	2.1
中高档乐器	架	8.5	13.4
固定电话	部	78.9	1.4
移动电话	部	261.4	4.2
十八、主要农业产品产量			
粮食	万吨	9.82	-0.2

续表

指标名称	计量单位	2015年	2015年比上年增长（%）
其中：稻谷	万吨	5.16	–7.0
蔬菜	万吨	126.70	1.8
水果	万吨	4.17	–4.8
肉类总产量	万吨	22.25	–1.8
其中：猪肉	万吨	11.28	–1.6
水产品总产量	万吨	61.60	0.5
其中：塘鱼	万吨	60.95	0.7
十九、主要工业产品产量			
酱油	万吨	265.50	1.8
布	万米	69195.70	–4.3
机制纸及纸板	万吨	14.32	–2.8
塑料制品	万吨	289.49	1.4
铝材	万吨	369.27	–9.7
家用电冰箱	万台	1039.75	4.4
家用电风扇	万台	3685.64	–1.0
房间空气调节器	万台	2266.74	–3.6
微波炉	万台	5856.56	4.5
电光源（灯泡）	万只	120374.90	–12.2
照相机	万台	12.69	–82.0
发电量	亿千瓦小时	157.74	0.0

注：金融机构本外币存、贷款余额的增长速度，为与年初相比的计算数。

（市统计局）

2015年佛山市国民经济发展情况

项　目	单　位	佛山市	禅城区	南海区	顺德区	高明区	三水区
年末户籍人口	（万人）	388.97	61.76	128.00	128.49	30.12	40.60
地区生产总值	绝对值（亿元）	8003.92	1468.67	2228.99	2586.69	710.54	1009.09
	比上年增长（%）	8.5	8.2	8.5	8.5	8.6	9.0
人均地区生产总值	绝对值（元）	108299	131808	82961	102538	165434	158314
	比上年增长（%）	7.5	7.6	7.2	7.6	8.0	8.4
第一产业增加值	绝对值（亿元）	136.45	0.50	45.85	41.47	17.59	31.10
	比上年增长（%）	1.5	−17.2	0.8	1.9	2.4	3.6
第二产业增加值	绝对值（亿元）	4839.47	674.32	1328.25	1510.12	561.13	765.66
	比上年增长（%）	7.5	6.6	5.9	7.5	7.7	8.1
工业增加值	绝对值（亿元）	4675.14	639.60	1275.49	1458.99	548.82	752.25
	比上年增长（%）	7.6	6.8	6.0	7.7	7.8	8.2
第三产业增加值	绝对值（亿元）	3028.00	793.86	854.89	1035.10	131.81	212.33
	比上年增长（%）	10.7	9.8	13.6	10.6	15.1	14.3
规模以上工业总产值	绝对值（亿元）	19544.95	2514.50	5356.32	6027.16	2673.04	2973.93
	比上年增长（%）	7.9	6.4	7.5	8.0	8.4	8.7
农林牧渔服务业总产值	绝对值（亿元）	275.69	1.09	85.20	86.02	36.48	66.95
	比上年增长（%）	1.4	−17.9	0.7	1.2	2.4	4.0
固定资产投资	绝对值（亿元）	3035.52	534.96	923.15	643.09	352.18	582.14
	比上年增长（%）	16.2	15.2	16.6	16.8	15.2	16.4

续表

项　目	单　位	佛山市	禅城区	南海区	顺德区	高明区	三水区
外贸进口额	绝对值（亿元）	1088.20	203.80	488.10	315.20	31.60	49.50
	比上年增长（%）	-19.8	-36.0	-18.3	-12.5	40.9	-14.7
外贸出口额	绝对值（亿元）	2999.00	693.30	768.60	1286.50	139.40	111.20
	比上年增长（%）	4.5	10.4	2.9	1.5	5.2	17.7
实际使用外资金额	绝对值（亿美元）	23.77	4.80	8.63	9.30	0.07	0.98
	比上年增长（%）	-10.5	3.0	6.9	14.6	-95.7	-76.5
地方一般公共预算收入	绝对值（亿元）	557.55	60.67	185.50	187.47	30.84	45.49
	比上年增长（%）	11.24	12.45	11.35	7.62	15.29	15.49
地方一般公共预算支出	绝对值（亿元）	799.93	97.82	223.97	203.87	35.33	58.39
	比上年增长（%）	52.4	48.7	47.1	30.4	38.8	57.9
社会消费品零售总额	绝对值（亿元）	2705.22	659.35	874.47	876.82	106.06	188.51
	比上年增长（%）	11.9	13.5	11.1	12.3	10.1	10.0
城镇常住居民人均可支配收入	绝对值（元）	39757	38501	40148	42259	27664	28593
	比上年增长（%）	8.8	8.6	8.8	9.0	9.1	9.4
农村常住居民人均可支配收入	绝对值（元）	22063	—	25909.4	26860.0	18376.0	20867.0
	比上年增长（%）	9.8	—	9.5	9.5	10.2	10.4
境内住户存款余额	绝对值（亿元）	6232.20	1381.39	2225.68	2091.64	183.89	342.90
	比年初增长（%）	5.2	5.2	5.2	5.3	2.1	7.1

（市统计局）

2014 ~ 2015 年佛山市基本建设情况

项　目	单　位	2014 年	2015 年
公路通车里程	千米	4879.24	4885.00
其中：高速公路	千米	120.50	120.50
本地电话年末用户	万户	267.08	253.27
移动电话年末用户	万户	1265.12	1272.44
（固定）互联网用户	万户	248.52	243.85
电力消费量	万千瓦时	5641251.00	5878380.22
商品房屋实际销售面积	万平方米	1061.14	1421.50
商品房屋实际销售额	亿元	940.37	1195.89

（市统计局）

2014～2015年佛山市教育事业情况

项 目	单 位	2014年	2015年
普通高校数	所	3	3
普通高校在校学生数	万人	4.67	4.94
中职和技校学校数	所	48	48
中职和技校在校学生数	万人	9.46	9.07
普通中学学校数	所	193	199
普通中学在校学生数	万人	30.78	30.60
普通高中毛入学率	%	112.81	113.90
小学学校数	所	406	407
小学在校学生数	万人	47.44	49.01
学前教育入园率	%	99.81	100
幼儿园数	所	837	839
在园幼儿数	万人	25.14	26.87

（市统计局）

2014～2015年
佛山市医疗文化体育事业情况

项　目	单　位	2014年	2015年
医院、卫生院数	个	110	116
医院、卫生院床位数	张	27764	31266
平均每千人口医院、卫生院床位数（常住）	张	3.78	4.21
文化馆数	个	7	7
公共图书馆数	个	6	6
博物馆数	个	16	16
体育场馆(标准)	个	208	210
人均体育运动面积	平方米/人	2.18	2.18

（市统计局）

第十一篇

文件·法规选编

佛山市城市升级两年延伸行动计划

佛府〔2015〕1号

为贯彻落实党的十八大、十八届三中全会、中央和省新型城镇化工作会议精神，巩固我市城市升级三年行动计划工作成果，进一步提升佛山城市发展质量和水平，助推佛山新型城镇化建设，引领和促进城乡统筹发展，现决定实施城市升级两年延伸行动计划（2015～2016年）。本行动计划是城市升级三年行动计划（2012～2014年）的深化和完善，是对佛山城市建设发展的再部署。

一、总体要求和总体目标

（一）总体要求。

围绕"一带一路"国家战略和"泛珠三角"区域发展战略，积极参与珠江西岸经济带和粤桂黔高铁经济带建设，主动对接广东省自贸区建设，推动珠三角一体化，建设珠三角世界级城市群，紧紧围绕新型城镇化建设要求，以改革创新引领城市发展，以城市升级提升城市发展质量、塑造城市品质、深挖城市内涵，坚持高水平规划、高标准建设、高效能管理，坚持城市升级与产业升级相结合、与文明城市建设相结合、与创建国家新型城市相结合、与建设人民满意政府相结合，全面推动佛山转型升级和社会和谐进步。

（二）总体目标。

以六大升级、十八条行动计划为抓手，在继续推进城市升级三年行动计划延伸项目建设的同时，拓展城市升级内涵，以高水平的规划引领城市现代化，以城市的现代化促进产业高端化，推动厂区向园区和城区转变，从硬件建设向软硬件并重转变，城市管理从粗放向精细化转变，城市环境从外在形象提升到既要青山绿水也要金山银山的内外兼修转变，从中心城区向城镇、乡村和基层全面覆盖转变，进一步提升城市文化内涵，逐步实现"产城人"发展战略转化为"城产人"发展战略，推动城市升级向城市升值转变。

以苏州、无锡、广州、深圳等城市建设为标杆，经过两年的努力，实现把佛山建设成为岭南山水环境优美、组团城市功能完善、人文氛围文明开放、绿色宜居创新宜业的幸福城市和现代化特大城市的阶段性目标。到2020年，探索完成工业城市"佛山制造"到"佛山创造"的转型升级特色道路，助推佛山创建广东新型城镇化的样本和范例，全面提升城市价值和城市可持续竞争力。

二、社会升级构建和谐包容的幸福城市

（一）加快推进基本公共服务均等化。

大力推进城乡和外来常住人口基本公共服务均等化，改善我市就业、住房、就医、教育、社会保障等基本生活条件。促进异地务工人员市民化。以高明区为试点实行区域差别户籍政策，推进全市统一的积分制服务管理体系建设和畅通优秀人才入户渠道，促进有能力在城镇稳定就业和生活的常住人口有序实现市民化；完善流动人口居住证"一证通"制度，加大对异地务工人员在就业扶持、子女入学、社会保险、医疗服务等方面的政策优惠，解决异地务工人员工作生活实际问题。

深化创建国家教育综合改革试验区，加快建立与佛山产业发展和社会服务相适应的高等教育和职业教育体系。近期重点推进普惠性幼儿园的建设和认定工作，加强中小学教师（特别是农村中小学教师）的培训、交流。完善非户籍常住人口子女入

读义务教育公办学校实施办法和异地中考办法，将普通借读生纳入全市统一的积分制服务管理体系，全市非户籍常住人口子女入读义务教育公办学校比率保持70%。到2020年，实现农民工随迁子女接受义务教育比例达到100%。

大力提升公共卫生服务水平，增加医疗卫生服务供给。近期重点加快推进佛山新城妇女儿童医院建设，加强社会化养老服务体系及街道（乡镇）卫生院、社区（村）卫生服务站的建设。打造15分钟城市社区健身圈，提升市民体质。

（二）推进有活力的社区建设。

创新社区共建共治，在南海区和顺德区的经验基础上，形成“佛山模式”为珠三角城市基层社会治理探索新路。优化社区工作人员配置、完善基层议事决策机制、开展社区网格化治理工作、建设社区公共服务综合信息系统、培育发展社区社会组织，以社区服务中心为平台完善社区服务体系，实行“两代表一委员”全面挂点联系社区制度。到2020年，城市社区综合服务设施覆盖率达到100%。

（三）完善住房保障体系。

建立以公共租赁住房为主的住房保障体系，鼓励社会资本参与保障性住房建设。新建普通商品住房或“三旧”改造时，按需求配建一定比例的公共租赁住房，采取公共租赁住房等多种方式，建立公开、公正、有序的分配制度，纳入全市统一积分制服务管理体系，改善异地务工人员居住条件。全面推广使用住房保障信息管理系统，推进住房保障信息化管理。到2020年，城镇常住人口保障性住房覆盖率达到20%。

三、以空间升级构建紧凑优质的组团城市

（一）继续推进强中心战略塑造组团功能清晰的城镇空间结构。

规划引领发展，设计决定品位，以高水平的规划引领城市的现代化。坚持规划先行原则，高标准、高水平制定城市发展规划，增强规划的科学性、前瞻性、可行性。一是编制完成全市新型城镇化规划，在与中央和省城镇化规划相衔接的基础上，结合珠三角全域规划编制，完成我市新型城镇化规划的编制工作。二是探索建立全市“三规合一”体制机制，推进市、区空间“一张图”管理，重点以南海区为试点。三是有序推进城市建设区控制性详细规划全覆盖，加强我市控制性详细规划制度创新研究，完善控制性详细规划的管理和审批。四是开展佛山市中心城区规划建设统筹发展研究，发挥中心城区规划建设领导小组的作用，加强中心城区的建设和管理。

推动中心组团向“增值”方向延伸。继续深入实施“强中心”战略，推动“一老三新”特色发展。加快佛山新城崛起、南海千灯湖片区拓展、禅城绿岛湖都市产业区和佛山老城区改造提升，以佛山中轴线建设打造城市发展脊梁，以东平水道水轴线建设打造城市生活长廊，增强中心城区聚集力和辐射力。强化中心城区的都市产业高端服务平台功能，提升中心城区基础设施配套服务，优化中心城区路网和产业布局。

推动城市组团向“提质”方向延伸。围绕提升建设发展质量，进一步明确各个组团的职能定位，促进组团城市建设与产业发展的有机融合，形成各具特色、协同共进的市域组团式发展格局。重点加快顺德新城、西樵山片区、狮山新城、三山新城、高明西江新城、三水新城、北江新城等片区建设，拓展组团发展空间，提高组团城市化水平。完善组团道路交通体系建设，优化各类资源配置，推动城市组团协调发展、融合发展。

（二）继续推进“三旧”改造提高城镇土地利用效率。

以拓展发展空间、提升城市品质、改善生活环境为导向，着力推进“三旧”改造，活化农村集体建设用地。制定《佛山市“三旧”改造实施办法》，指引全市统一、规范、有序地推进改造工作。争取上级支持，研究设立珠三角（佛山）优化发展基金，运用财政性资金的引导和杠杆作用，撬动更多社会资本对“三旧”改造的投入。抓住顺德区建设省城乡土地生态利用制度综合改革试点、南海区作为全省新一轮深化“三旧”改造综合试点的机遇，积极探索土地增值收益分配补偿新机制，实现城乡土地“同地、同价、同权”；改变“大拆大建”的传统思路，在中心城区范围内积极探索多渠道、多路径的“三旧”改造新模式。大力推进村级工业

园、城中村、高速公路沿线300米范围内旧厂房、滨河水岸沿线的综合整治和改造升级，为发展先进制造业和新兴产业腾出空间。

（三）以美丽乡村建设为抓手积极推进城乡空间统筹。

加快实施百村升级行动计划，以全面推动城市升级向村居延伸探索路子，创新机制，树立标杆，形成示范。重点推进30个特色古村落宜居示范与升级活化项目、30个城中村（旧社区）改造和48个新农村建设工作，着力打造一批各具特色的美丽乡村。推进我市文明农村的建设活动，积极启动农村文明建设重点项目扶持工作，组织文明单位与文明村结对帮扶活动。进一步加强对村居基层干部的培训工作。

四、以生态升级构建绿色低碳的宜居城市

（一）推动城市绿色基础设施升级。

全力创建全国森林城市。加快划定林业生态红线，加快推进佛山市（区）主体功能区规划和研究，全面推进主体功能区规划配套政策的研究和制定工作。重点实施佛山市林分改造、森林公园建设、城市公园建设和改造等绿化项目，加强沿江生态景观林建设和道路沿线绿化景观建设；积极推进绿道网绿化升级，推进绿道“最后一公里”建设工程，因地制宜开展社区绿道建设，强化绿道系统与城市慢行系统、公共交通系统、公共空间系统的衔接。大力推进社区公园和村居公园建设，达到“300米见绿、500米见园”的绿地建设标准。到2016年底，实现人均公园绿地面积达到13.8平方米以上、森林覆盖率达到40%以上。

（二）积极推进绿色低碳节能工程。

健全从规划编制到建设实施全过程的低碳生态城市建设管理机制。组织编制并实施《佛山市生态文明建设规划》。以佛山新城为示范积极创建国家绿色生态示范城区，全面促进新城绿色生态文明建设。到2020年，实现绿色建筑占新建建筑比重达到60%，可再生能源消耗比重达到14%。

重点推进餐厨废弃资源化利用和无害化处理项目，加强佛山福能发电有限公司、广东溢达纺织有限公司等重点污染企业的整治，有效改善城市环境。到2016年底，单位GDP能耗下降幅度完成省下达任务。

（三）继续推进环境整治景观提升。

制定排污权有偿使用和交易、排污总量核定和监督、排污许可证发放和管理等政策，实行企事业单位污染物排放总量控制制度，启动排污权有偿使用和交易的试点工作，运用市场机制的力量引导企业自觉减排，促进污染治理。

加大河涌环境综合整治力度，继续推进内河涌“一河一策”治理，重点抓好全省挂牌督办的广佛跨界河流的污染整治工作。全面推进截污管网建设、引水工程、生物修复、岸线整治等治水工程；通过铁腕整治小锅炉、VOCs排放企业，加速淘汰黄标车、黑烟车，严格控制工地扬尘污染等措施。到2016年底，完成42条河涌治理，空气质量达到二级标准的天数占全年比例满足省下达任务，主要污染物排放量下降幅度完成省下达任务。

按照“五位一体”综合整治的工作要求，各镇（街道）要继续加大主要街道及沿街建筑景观改造。推动景观改造逐步延伸到村居，有序开展小街小巷综合整治工作。继续推行城市管理工作并加大力度，全面提升城市的整洁度、美观度。坚持开展爱国卫生运动，保护人民健康。

五、以文化升级构建多元丰富的人文城市

（一）以历史文化街区复兴为关键加强历史文脉保护。

结合全省岭南特色街区复兴计划，继续推进彰显岭南特色和文化内涵并富有活力的街区建设；推进历史文化街区的改造提升，大力推进梁园及周边环境改造提升、仁寿寺扩建，深入挖掘整理佛山“佛文化”资源，打造佛教文化高地；推动祖庙古建筑群复建工程，逐步恢复祖庙区域的原有格局；改造提升康有为故居及周边环境。推进特色文化街区建设，在继续推进祖庙—东华里特色步行街区等5个特色步行街区建设的基础上，进一步推进石湾“陶醉文化街区”、梁园周边“禅文化”街区建设。

（二）以滨水区建设为重点重塑岭南水乡文化。

充分利用自然水体水系打造滨水公共开放空

间。重点围绕东平河、潭州水道、绿岛湖、千灯湖、博爱湖、听音湖、德胜河、桂畔海、西江新城、云东海等做好水体周边环境建设，进一步提升城市水环境品质。近期重点开展佛山市水上巴士规划研究，推进佛山水道佛山老城段滨河景观工程、东平河北岸滨水区改造提升、禅城区绿岛湖景观完善工程、南海区撸尾撬水道景观工程、南海区解放涌及博爱调蓄湖水系整治项目、顺德区逢简水乡景区质量提升、高明区西江新城滨水景观建设工程、三水区云东海滨水景观建设工程——水轴示范段等工程建设。

（三）以文化硬件和软件两手抓丰富城市文化活动。

大力推进公共文化设施建设，进一步扩充市、区级重点文化设施建设数量，重点推进市图书馆旧馆改建、禅城区文化新馆、南海樵山文化中心、顺德区群众文化艺术馆、高明西江新城文化中心等建设。

着力推动行政村（社区）综合性文化服务中心试点建设。健全社区和乡村基层文化设施，到2016年实现城乡社区“十分钟文化圈”。积极开展全市特色民俗文化活动、文化创作和宣传活动。打造区域文产品牌、推进文化产业园区、基地平台建设，进一步推进文化和产业相结合的项目建设，重点推进广东中旅南海西岸旅游产业园、顺德区创意产业园建设项目、佛山君御西江国际游艇展示中心、三水新城体育休闲公园等项目建设。到2020年，实现每万人拥有公共图书馆、文化馆及博物馆数量0.5个。

六、以交通升级构建内外通达的畅通城市

（一）重点打通关键通道和节点。

在已有的现代立体交通体系的基础上，进一步“外联内优”，努力建成广佛一体的国家级综合运输枢纽，现代化、一体化城市综合交通体系。加快道路交通体系建设，完善佛山高快速路网通道尤其是针对性解决好断头路问题，加快形成“四横五纵”的快速路网骨架，重点推进魁奇路东西延线、禅西大道南北延线、绿景路东延线、岭南大道南延线及海五西路等建设。

（二）大力推进轨道交通建设。

开展佛山市城市轨道交通建设规划修编工作，优化全市轨道交通体系。加快推进广佛环线（佛山西站—广州南站）、佛肇城际线等项目建设，向省争取尽快启动广佛环线（佛山西站—白云机场）、广佛江珠线、肇顺南城际等项目建设。加快推进广佛地铁二期、城市轨道交通二号线一期工程建设，开展城市轨道交通三号线建设前期工作，争取尽快启动。加快建设佛山西站、佛山新城交通枢纽等轨道交通枢纽建设。积极推进轨道站点沿线地区TOD的综合开发建设，更好地协调好交通与周边土地利用的关系。

（三）积极引导“公交+慢行”绿色出行方式。

致力打造“公交+慢行”为主导的城市交通格局，加快公交智能化建设，全面提高公交车辆的营运效率和质量，提高公众出行服务能力和水平。推进公交专用道建设，完善非机动车停车设施和公共自行车系统建设，逐步提高城市步行道网络和自行车道网络的覆盖率，建设一批慢行示范路。到2016年底，新建55.4千米公交专用道，完善现有85千米公交专用道管理。到2020年，实现公共交通和慢行交通占机动化出行比例达到60%，每万人公交车辆拥有量达到15台。

七、以设施升级构建基础完善的高效城市

（一）探索海绵城市的建设途径。

加快编制《城市排水（雨水）防涝综合规划编制大纲》，尽快研究形成我市建设海绵型城市的政策措施。加快雨污分流管网改造与排水防涝设施建设，强化江河水系的治理，将城市河流、湖泊、地下水系统的污染防治与生态修复结合起来。积极探索生态河道雨水渗透利用、生态道路雨水渗透利用、生态屋面雨水渗透利用以及广场和停车场雨水渗透利用等方面。各区建设1～2项下沉式绿地或城市湿地公园等示范项目，提升城市绿地汇聚雨水、蓄洪排涝、补充地下水、净化生态等功能。到2020年，实现城镇污水处理率达到100%。

（二）加强城市地下管线和市政设施的建设管理。

统筹城市地下管线工程建设。各部门应加强

统筹协调，联合制订各专业管线年度建设计划，并与城市道路年度建设计划同步实施。

全面开展城市地下管线普查，到2016年底，完成禅城区、南海区、顺德区主要中心城区的地下管线普查。在普查的基础上，建立地下管线综合管理信息系统，满足城市规划、建设、运行和应急等工作需要；稳步推进城市地下综合管廊建设，各区启动试点示范工程项目。探索投融资、建设维护、定价收费、运营管理等模式，提高综合管廊建设管理水平。加强城市电力、污水、燃气、水利以及综合防灾等基础配套设施的建设。

（三）全面推进智慧佛山的建设。

统筹利用城市发展的物质资源、信息资源和智力资源，全面推进智慧城市的建设。推进“三网融合”和信息惠民国家试点城市建设，推动跨层级、跨部门的信息共享和业务协同，加快探索信息化优化公共资源配置、创新社会管理和公共服务的新机制新模式。全面梳理“智慧佛山”重点项目，加快实施智能交通、智慧驿站等项目建设。加快大数据战略的全面落实，建立国际化的行业数据处理中心和大数据应用示范区，提高政府的信息利用和资源开发利用效率。

进一步加强规划管理的信息化，探索市、区规划管理“一张图”平台建设工作，提高规划管理水平和效率。推动数字化城市管理的建设，在数字城管的建设基础上，将数字城管的功能向地下管线管理方面的拓展。依托数字城管的平台，以网格化管理和社会化服务为方向，促进城市管理向服务群众生活的转变。

八、保障措施

本行动计划按“统一规划、分步推进、市主统筹、属地实施”的原则进行。

（一）统一思想认识，加强组织领导。

全市各级政府和相关部门要牢固树立大局意识，统筹和发挥好各单位的作用，密切协作，形成合力，共同推进。各区人民政府、佛山新城管委会及市有关部门要充分认识到此项工作的重要性和必要性，并要把此项工作作为今后新型城镇化建设的中心工作。结合城市升级两年延伸行动计划的工作需要，进一步充实和完善市、区（佛山新城）城市升级领导工作机构。市专责部门应加强对市、区相关工程进行指导、协调、督促。各区人民政府和佛山新城管委会应明确责任单位和责任人，落实实施计划和工作职责，组织开展属地的城市升级工作。

（二）制订工作计划，密切配合协调。

市城市升级三年行动计划领导小组办公室负责组织审查城市升级两年延伸行动计划项目实施方案，指导、协调和督促行动计划实施工作，参与检查、考核，定期召开领导小组会议等。各项目具体负责单位要完善工作机构并保障人员到位，完善工作例会制度、信息沟通机制、协调督办机制和目标责任制，研究提出推进工作的主要思路、工作方案和具体措施，细化要求，量化指标，切实按照规划、用地、资金、时间进度和责任单位五个落实的要求，做好项目的评估、分类指导和监督管理工作，确保行动计划各项任务的落实。

（三）拓宽融资渠道，完善资金保障。

市及各区、佛山新城要千方百计拓宽融资渠道，努力为城市升级工作提供强有力的资金保障。进一步加强对城市升级工作的资金倾斜力度，安排好各年度预算，保障公共财政的投入稳定增长。对建设资金有缺口的项目，坚持主体多元化、形式多样化、运作市场化导向，拓宽全方位、宽领域、多层次、多形式的融资渠道。创新城市管理机制，促进城市管理精细化、规范化、长效化。创建农村建设资金融资机制，充分调动社会各界共同参与村居升级的积极性。

（四）落实各方责任，加强监督检查。

各区人民政府、各部门应严格按照任务目标和职责分工，积极落实好本区、本部门内的城市升级工作。市监察局会同市城市升级三年行动计划领导小组办公室等相关部门对各区人民政府及市有关单位落实城市升级工作任务定期进行检查、监督。各区人民政府及市有关单位要按要求向市城市升级三年行动计划领导小组办公室报送工作进展情况，由市城市升级三年行动计划领导小组办公室汇总后报市人民政府。各区人民政府、各部门要明确任务，逐级落实目标责任制，创新政绩考核机制，将项目建设年度任务完成情况纳入领导干部考核指标体系，对未完成建设任务的项目责令改正和限期完成目标任务。

强化考核，狠抓指标完成。在后续工作中要进一步细化考核指标，确保我市各项工作在全省新型城镇化建设考核、《珠三角规划纲要》“九年大跨越”年度考核中达标，获得与我市经济地位相匹配的排名成绩。

（五）争取试点支持，创立示范典型。

把握全省开展“2511”新型城镇化试点工程的机会，积极争取省的试点支持，创立示范和典型，走出具有佛山特色的新型城镇化道路。

（六）加强宣传引导，确保舆论导向。

市、区级新闻媒体及政府门户网站要开辟城市升级行动计划活动专栏或专题，广泛深入宣传开展城市升级的重大意义，宣传城市升级工作的进展和前景。要切实做到宣传多样、生动活泼，真正让城市升级工作深入人心，通过营造城市升级工作良好的舆论氛围，进一步振奋全市人民精神。

二〇一五年四月七日

繁花绿树的文华公园。

《中国制造 2025》佛山行动方案

佛府〔2015〕42号

为贯彻执行《关于印发〈中国制造 2025〉的通知》的战略部署，在经济发展新常态的大背景下，推动新一代信息技术与传统制造业深度融合，打造佛山制造业升级版，抢占新一轮科技革命与产业变革的制高点，提升佛山制造业的综合实力，制订本行动方案。

一、工作目标

全面推进制造业转型升级，加快信息化发展步伐，促进工业化、信息化、服务化有机融合，实现佛山制造向佛山智造转变，佛山速度向佛山质量转变，佛山产品向佛山品牌转变，将佛山打造成为中国制造业示范区，成为国内领先的智能制造产业基地。

到 2017 年，制造业基础能力和产品质量水平有所提升，一些重点领域的关键核心技术有所突破，新一代信息技术在制造领域完成一批应用试点，建成一批工业制造公共服务平台，在支柱产业中建成一批智能工厂、智能生产、智能物流的示范点，企业内部信息流、资金流和物流实现纵向集成。重点行业单位制造业增加值能耗及污染物排放明显下降，制造业的整体竞争力得到提升。

到 2020 年，制造业基础能力和产品质量水平明显提升，掌握一批重点领域的关键核心技术，新一代信息技术在制造领域广泛应用，企业之间产业链、供应链、价值链实现横向集成，初步建立智能制造创新体系，完成制造业的智能化、数字化改造。重点行业单位制造业增加值能耗及污染物排放大幅下降，制造业在价值链的整体分工地位明显提升。

到 2025 年，制造业整体素质大幅提升，制造业全员劳动生产率明显提高，实现产品全生命周期价值链的端到端集成，形成完善的网络化制造业创新体系。重点行业单位制造业增加值能耗及污染物排放达到国际先进水平，形成一批自主知识产权的国际知名品牌，形成一批具有核心竞争力的跨国企业、一批“专精特新”的中小企业和产业集群。

二、工作思路

以科学发展观为指导，全面贯彻党的十八大精神，坚持走新型工业化道路，以实施创新驱动为导向，以推进智能制造为核心，以强化工业基础为重要支撑，以提升质量品牌为重要抓手，以发展绿色制造为重要方向，实施“创新体系建设、智能制造发展、工业强基提质、质量品牌提升、绿色改造升级”五个专项行动，结合省打造珠江西岸先进装备制造产业带的要求，重点发展“新一代信息技术、智能制造装备、汽车制造业、新能源装备、节能环保装备、生产性服务业”六大领域，推进新一代信息技术与制造业深度融合，推动家电、金属材料加工、陶瓷、纺织服装、家具、食品饮料等传统行业改造提升，提升我市制造业竞争能力和可持续发展能力，推动我市制造业实现跨越式发展，实现制造业转型升级。

（一）以实施创新驱动为导向。

围绕“国家创新型城市建设”的核心任务，贯彻落实科技创新驱动发展战略，坚持自主创新和开放创新，整合全社会资源构建佛山制造业创业创新网络体系，加快推动工业从要素驱动、投资驱动向创新驱动转型。加强原始创新、集成创新和引进消化吸收再创新。加强关键共性技术研发，引导跨领域、跨行业的协同创新，建设一批重大产业创新载体和平台。鼓励创新型人才、高技能人才和创业人才成长，完善有利于创新的制度环境。

（二）以推进智能制造为核心。

实施智能制造和服务市场双重战略，抓住新一轮产业变革浪潮和信息化发展趋势，加快推进信息化和工业化深度融合，探索智能制造生产方式，建立信息化条件下的工业生态体系。大力发展智能制造，利用信息技术改造传统产业，推动产品、装备、生产、管理、服务的智能化。鼓励发展基于互联网的众包设计、柔性制造、个性化定制、智慧物流等新型制造模式，加快物联网、务联网与制造业的融合，推动从生产型制造向服务型制造转型。

（三）以强化工业基础为重要支撑。

着力提高工业发展的质量和效益。大力发展先进装备制造业，持续推进服务业提升计划，以技术改造为核心促进存量优化，以产业链招商为抓手促进增量优质，推动民营企业做强做大，加强中小企业扶持，实现大中小微企业协调发展。通过打造全产业链，推动制造业产业链各环节的专业化、服务化，大力发展工业设计、现代物流、互联网金融等生产性服务业，推动制造业升值。

（四）以提升质量品牌为重要抓手。

坚持走以质取胜的发展道路。加强质量技术攻关，推广先进质量技术、工艺和管理方式，全面提升制造业产品质量。严格质量监管，强化企业主体责任，完善质量诚信体系，建设先进质量文化，营造诚信经营的市场环境，把“质量、效益、品牌、诚信”打造成为佛山制造的标签。实施名牌战略，打造一批具有国际竞争力的知名品牌。

（五）以发展绿色制造为重要方向。

推动形成低碳循环发展新模式，推动工业走绿色、循环、低碳发展之路。加快节能环保、再制造、新能源汽车等产业发展，大力引进、开发和应用节能降耗信息技术，积极支持节能环保设备和产品开发，为传统优势产业提供更加节能高效的设备。

三、重点领域

（一）新一代信息技术。

以新一代信息技术与装备制造业融合为重点，引进发展集成电路、新型传感器、新型显示、高端软件、高端服务器等核心基础产业；加快建设面向智能制造的信息网络基础设施；加强物联网、云计算、大数据、移动互联网等新一代信息技术的推广应用，充分利用云计算、大数据等技术加强宏观经济分析和企业管理决策的能力；开发工业大数据处理系统等工业基础软件、自主可控的高端工业平台软件和重点领域应用软件；推动装备制造业与信息技术的融合创新，形成一批智能制造的综合集成技术和整体解决方案。

（二）智能制造装备。

以推动装备与人工智能的集成融合为重点，由单机智能化以及单机设备的互联向智能生产线、智能车间、智能工厂延伸发展；开发高档数控系统和功能部件及应用软件并实现产业化；开发一批精密、高速、高效、柔性数控机床与基础制造装备及集成制造系统；加快智能机床、增材制造等前沿技术和装备研究开发；突破工业机器人本体、关键零部件及系统集成技术并实现产业化；开发家电智能化生产线技术和设备，提升陶瓷机械、木工机械、塑料机械等专用装备的智能化、集成化水平。

（三）汽车制造业。

以传统汽车为产业基础、新能源汽车为重点发展方向，延伸发展汽车尤其是新能源汽车电池、电机、电控等关键零部件生产，形成与整车生产能力相匹配的系统配套能力。突破高效动力总成、电驱动、电储能和电子控制等关键零部件以及整车轻量化核心技术，形成从关键零部件到整车的完整工业体系和创新体系；重点发展高端轿车、高附加值和多功能客车，以及旅居车、清障车、工程车等特色专用车，延伸发展变速箱、发动机、安全气囊、电控系统等关键零部件，提高本地配套率，形成较完善的汽车产业链。以低碳化、信息化、智能化为突破方向，加快高品质节能与新能源汽车的市场推广。

（四）新能源装备。

以新一代光伏发电技术及装备和智能电网技术为重点，发展太阳能电池专用生产设备、激光设备、太阳能电池及组件，以及光伏逆变器、控制器等配套产品。加快发展新型传感测量、通讯信息、电能质量控制、决策支持、超导、分布式电源柔性接入技术等先进技术。

（五）节能环保装备。

以节能环保和资源循环利用技术装备为重点，发展高效节能锅炉窑炉、中央空调节能控制技术与设备、余热余压利用和节能在线监测等节能装备，培育环境污染控制设备（新型水处理装备、工业废气净化设备和垃圾焚烧设备）、环境污染修复设备（河涌清淤、淤泥处理与资源化成套技术和设备）。

（六）生产性服务业。

积极推进制造企业由生产型制造向服务型制造转变，加快生产制造与信息技术服务融合，形成高度灵活、个性化、数字化的产品与服务的生产模式。支持企业提升系统集成能力，发展产品设计、技术研发、工程总包和系统控制等业务，引导全生命周期管理、总集成总承包、供应链金融等新业务发展。以建设高铁经济带为契机，强化我市在粤桂黔三地经济合作区域中的智能制造协同和服务。

在重点发展六大领域的基础上，争取在产业前沿的增材制造、传感和过程控制、新材料技术、数字制造技术、可持续制造、纳米制造、柔性电子制造、生物制造、工业机器人、服务机器人、先进成形与连接技术和先进检测设备方面有所突破。同时，依托新一代信息技术和智能制造装备，全面推进我市传统优势产业如家电、金属材料加工、陶瓷、家具、纺织服装、食品饮料行业的数字化、智能化改造，培育新型生产模式和商业模式，实现产品、装备、生产、管理、服务的智能化，大幅提升传统产业的核心竞争力，实现传统产业的转型升级。

四、主要行动

针对智能、创新、质量、绿色、结构等制造业整体发展中的共性问题，统筹考虑传统产业和新兴产业发展需要，明确方向，加强引导，推进重点任务实施，实现我市制造业跨越式发展。

（一）创新体系建设专项行动。

1. 建设国家制造业创新中心。围绕传统产业转型升级和新一代信息技术、智能制造装备、汽车制造业、新能源装备、节能环保装备以及新材料、生物医药等领域创新发展的重大共性需求，开展关键共性重大技术研究和产业化应用示范。重点发挥行业协会、行业骨干企业的主导作用和高等院校、科研院所的基础作用，加强行业基础和共性关键技术研发。在传统制造业、战略性新兴产业、现代服务业等重点领域开展创新设计示范，培育一批专业化的工业设计企业，提升制造业的创新设计能力。积极参与国家制造业创新体系建设，力争我市成为国家制造业重要创新基地之一。（市科技局牵头；各区人民政府，市发展改革局、市经济和信息化局、市质监局参与）

2. 建设一批重大产业创新平台。着力建好华南智能机器人创新研究院、佛山市中国科学院产业技术研究院、南海广工大数控装备协同创新研究院、广东西安交通大学研究院、三水合肥工业大学研究院、顺德中山大学卡内基梅隆大学国际联合研究院、广东顺德集成芯片研发与产业培育中心等重大产业创新平台，引入国内外相关高校、科研院所的优势科研资源，加快技术研发、科技成果转化和推广，促进产业和企业创新。（市科技局牵头；各区人民政府，市发展改革局、市经济和信息化局、市质监局参与）

3. 实施金融科技产业融合发展战略。建设佛山金融科技产业公共信息服务平台，推动科技企业与金融机构有效对接。以广东金融高新区为平台，加大对创新型金融机构的招商力度，支持民间资本在佛山民间金融街集聚发展。以佛山市金融投资控股公司为主体，设立专门服务科技型中小企业和金融机构，引导社会资本投向科技创新领域。完善广东金融高新区股权交易中心功能，打造促进融合的交易平台。办好“金融科技产业洽谈会”，加强金融资本与科技产业对接。（市科技局、市金融局牵头；各区人民政府，市发展改革局、市经济和信息化局、市商务局，人行佛山市中心支行、佛山银监分局参与）

4. 实施工业企业研发机构建设行动。引导企业加大科技投入，集聚各类科技创新资源，建立健全以企业为主体的技术创新体系。引导和支持大中型工业企业实现研发机构基本覆盖，规模以上工业企业普遍建立各类企业研发机构。加大财政对企业研发机构建设的投入，支持中介机构开展企业研发机构建设服务。（市科技局牵头；各区人民政府，市发展改革局、市经济和信息化局、市财政局、市

人力资源社会保障局参与）

5. 以“互联网+”促进制造业创新发展。贯彻落实“互联网+”行动计划。打造具有国际影响力的“互联网+”博览会，推动制造业全面应用“互联网+”。建设10个“互联网+”专题产业园区或孵化器，加快形成“互联网+”创新体系。孵化培育1000家“互联网+”创新型企业，支持1万家佛山传统企业与互联网企业实现跨界融合。加快建设互联网创新创业平台和载体，培育基于互联网的融合型新产品、新模式、新业态。（市科技局牵头；各区人民政府，市发展改革局、市经济和信息化局、市财政局、市商务局等参与）

（二）智能制造发展专项行动。

1. 建设智能制造产业基地。以顺德区国家装备工业两化深度融合暨智能制造试点以及佛山市国家高新技术产业开发区核心区、顺德区高新技术产业开发区西部启动区两个广东省智能制造示范基地为主轴，加快重点加快建设国家（南海）高端装备产业园、华南机械城、智富园、顺联国际机械城、顺德精密智能装备制造产业创业园、佛山高新区三水工业园、欧洲工业园等一批产业载体，加快智能制造产业集聚化、规模化发展，促进智能制造产业链整合、配套分工和价值提升，推动汽车制造产业、高端装备制造产业、智能家电、智能家居、平板显示器件、机械加工等数字化、智能化示范应用，形成高端企业集聚、产业链条健全、服务功能完善的智能制造产业集群。（市经济和信息化局牵头；各区人民政府，市发展改革局、市科技局、市商务局、市质监局、市国资委、市国土规划局、市环境保护局参与）

2. 推动产品智能化。大力推动工业产品向数字化、智能化方向发展，依托物联网、大数据、传感器、智能控制系统等技术，在我市装备制造、家电、家具等传统优势行业中发展智能终端、可穿戴设备、服务机器人、智能家电、智能家居、智能汽车等消费类智能产品，带动制造业产品向高端化发展。（市经济和信息化局牵头；各区人民政府，市发展改革局、市科技局、市商务局、市质监局参与）

3. 推动装备智能化。重点发展智能数控系统、工业机器人、3D打印、伺服控制、智能检测以及精密传动装置等智能制造装备。引入智能制造领域龙头企业，完善佛山智能制造产业链条。通过在装备中嵌入智能化的传感器、可编程控制器（PLC）、控制系统及软件，提升装备的智能化、自动化水平。大力推动可用于生产制造过程的装备（工作母机）的发展，重点培育提升陶瓷机械、塑料机械、木工机械、金属压力成形机械、纺织机械等与我市传统产业密切相关的生产装备。选择智能化、信息化比较完善的重点企业进行示范试点，建设智能工厂、推广智能制造模式。通过财政资金对智能制造等关键技术、共性技术开展攻关并实现产业化的项目进行重点扶持。（市经济和信息化局牵头；各区人民政府，市发展改革局、市科技局、市商务局、市质监局参与）

4. 推动生产智能化。加快企业生产过程中数字化、智能化技术的应用，推动企业生产模式向个性化定制、服务型制造、协同制造等方向延伸。全面实施“机器引领”计划，培育一批“机器换人”智能制造示范带动项目，通过财政资金扶持鼓励大型骨干企业、劳动密集型中小微企业开展“机器换人”、成套自动化设备（自动化生产线）改造，支持智能化成套设备（机器人）技术研发以及智能制造公共服务平台建设。通过优质技改创新项目贷款风险补偿基金重点向“机器换人”优质技改创新项目提供金融资金支持。完善推广云制造平台，深化产业链上下游协同研发设计、协同供应链管理、网络制造的集成应用，构建企业间高效协同的智能制造体系和产业价值链体系。（市经济和信息化局牵头；各区人民政府，市发展改革局、市科技局、市商务局参与）

5. 推动管理智能化。通过推广企业两化融合管理体系标准，提升企业智能化应用能力和水平。积极组织企业申报国家和省的两化融合贯标试点，为试点企业量身定做贯标方案，依托专业平台为企业提供评估诊断与对标服务，推动我市更多企业通过国家和省的贯标评定。组织开展企业家培训，推广产业链精益管理、排程管理等协同生产技术，引导鼓励企业将信息技术与现代管理理念融入企业管理，不断优化企业的业务流程和组织架构，实现企业流程再造、信息集成、智能管控、组织优化，形成数据驱动型的企业，不断提升信息化背景下企业

核心竞争力。（市经济和信息化局牵头；各区人民政府，市发展改革局、市科技局、市商务局、市质监局参与）

6. 推动服务智能化。通过开展试点示范及宣传推广等工作，推动传统生产企业与互联网企业加强联合合作，鼓励企业之间的跨界融合发展。支持企业通过互联网高效、准确、及时挖掘客户的潜在需求，提供产品交付后线上线下（O2O）服务，实现产品的全生命周期管理。大力发展工业设计，支持创建一批专业化、开放型的工业设计中心，引导工业设计企业专业化发展。（市经济和信息化局牵头；各区人民政府，市发展改革局、市科技局、市商务局参与）

（三）工业强基提质专项行动。

1. 加强产业基础技术攻关。组织实施重点技术项目全球招标，组建一批产学研创新战略联盟，针对关键基础材料、核心基础零部件（元器件）、先进基础工艺、产业技术基础的薄弱环节，支持产业链上下游开展协同创新和联合攻关，系统解决研发、设计、材料、工艺、检测和产业化等关键问题。（市科技局牵头；各区人民政府，市发展改革局、市经济和信息化局、市质监局参与）

2. 加强技术改造力度。发挥企业技术改造主体作用，充分利用各级扶持政策，争取政策资金支持，统筹用好用活技改专项资金，通过建立产业发展基金、股权投资等多种方式扶持优质技术改造项目。重点加强企业在装备、生产、管理智能化方面的改造升级。（市经济和信息化局牵头；各区人民政府，市发展改革局、市科技局、市商务局、市质监局参与）

3. 加强产业链招商。依托佛山的智能升级改造的巨大市场需求，围绕新一代信息技术、高端装备制造等重点领域，强化以市场需求带动产业发展，着力引进一批物联网、云计算、大数据等信息技术与传统工业集成融合的项目，加速形成佛山智能制造综合集成能力。（市商务局、市经济和信息化局牵头；各区人民政府，市发展改革局、市科技局参与）

4. 推动民营企业做强做大。加强政策扶持和政府服务，完善落实推动民营企业跨越式发展各项政策，定期到企业调研和提供服务，帮助企业破解用工、用地、资金、管理等发展难题，推动企业建立现代企业管理制度，推动民营资本与国际资本、国企央企、战略性新兴产业对接，力争培育一批产值超百亿、超千亿元企业。（市经济和信息化局牵头；各区人民政府，市发展改革局、市科技局、市商务局、市质监局、市国土规划局、市环境保护局、市国资委等参与）

5. 加强中小微企业扶持。整合政府、协会、科研院所以及大企业资源，建设中国制造2025社区，构建公共服务平台，不断完善创新集群政策和中小企业创新政策，专门针对中小企业组织开展专题咨询、技术支持、平台建设、创业辅导、融资扶持、人才培训等全方位服务。积极引导中小企业参与中国制造2025行动进程，试行先进制造伙伴计划，共同研究提供在技术和组织上适应中小企业需要的整体解决方案。以广东金融高新区为重要平台，加快创新发展互联网金融、融资租赁、知识产权抵押等金融产品和服务，缓解中小企业融资难的问题。（市经济和信息化局牵头；各区人民政府，市发展改革局、市科技局、市商务局、市金融局、市质监局等参与）

（四）质量品牌提升专项行动。

1. 积极参与智能制造标准体系建设。强化标准引领，推动产业联盟、行业协会和龙头骨干企业加快研究智能装备、智能产品、智能系统在技术、服务、管理和安全方面的相关标准，积极参与国际、国家、行业、地方标准和联盟标准的制定和修订。促进企业技术创新，引导、扶持企业将自主创新成果转化为标准，实现从企业到产业的话语权和主导权。建立完善智能制造产业标准信息公共服务平台，服务智能制造产业标准化，搭建WTO/TBT（世界贸易组织贸易技术壁垒）追踪预警平台，指导企业积极应对贸易技术壁垒。强化我市智能设备、智能产品互联互通基础，推动相关国家标准和行业标准的实施。（市质监局牵头；各区人民政府，市发展改革局、市经济和信息化局、市科技局、市商务局、市工商局，有关行业协会参与）

2. 实施商标品牌战略。推进国家商标战略实施示范城市建设，引导企业打造自主品牌，培育和发展一批拥有自主知识产权、具有行业主导能力和市场竞争优势的智能装备、智能产品品牌。指导和协助产业联盟、行业协会注册集体商标，做好区域品牌的培育申报工作。推动一批优秀企业争创各级政府质量奖。（市工商局、市质监局牵头；各区人民政府，市经济和信息化局、市商务局参与）

（五）绿色改造升级专项行动。

1. 打造节能环保装备产业基地。重点围绕欧洲工业园C区，重点引进欧洲高端环保装备等先进装备制造中小型企业，加强佛山高新区顺德园建设，建成“专精特新”的产业创新集群区。（市经济和信息化局牵头；各区人民政府，市发展改革局、市科技局、市商务局、市质监局、市国土规划局、市环境保护局参与）

2. 推进信息技术在环保产业的应用。加强节能环保装备与信息技术的融合创新，重点在水、空气等污染防治关键技术和成套设备、固体废弃物处理和综合利用设备、噪声振动控制设备、环保监测仪器等方面提高信息技术水平。以开展电力需求侧管理城市综合试点为契机，推进用电管理“数字化、网络化、可视化、专业化”。（市经济和信息化局牵头；各区人民政府，市发展改革局、市科技局、市环境保护局、市质监局参与）

3. 推广应用节能环保新装备新技术。在陶瓷建材、金属材料加工、家电、电子信息等重点耗能行业加强节能环保装备、节能环保新材料的开发和应用，推动电机能效提升及注塑机改造，同时大力引进、开发和应用节能降耗信息技术，改进生产流程和工艺，降低单位产出能耗。（市经济和信息化局牵头；各区人民政府，市发展改革局、市科技局、市环境保护局、市质监局参与）

4. 打造再制造产业基地。通过打造资源综合利用再制造产业基地，充分利用现有装备存量和市场优势，以综合利用信息技术、纳米技术、生物技术等高技术为核心，以循环经济模式促进装备智能化升级，化解企业智能化改造成本过高的问题。（市经济和信息化局牵头；各区人民政府，市发展改革局、市科技局、市环境保护局参与）

5. 加快淘汰落后和过剩产能。加强对淘汰落后产能工作的指导，强化能耗、环保、质量、安全等约束机制，综合运用差别电价、补助资金、准入条件、行业标准等政策措施，促进落后和过剩产能加快退出。（市经济和信息化局、市发展改革局分别牵头；各区人民政府，市财政局、市人力资源社会保障局、市国土规划局、市环境保护局、市安全监管局，佛山供电局等参与）

“中国在线制造”在佛山上线。

五、保障措施

（一）建立组织架构。

建立实施《中国制造2025》佛山行动方案联席会议制度，由市领导担任召集人，各区人民政府，市发展改革局、经济和信息化局、科技局、商务局、教育局、环境保护局、质监局、工商局、国土规划局、国资委等部门为成员单位，相关行业协会、研究机构和龙头骨干企业参与，凝聚全市力量，共同研究推进佛山工业发展新模式。聘请相关行业、领域的专家学者，组建战略规划专家智库，进一步加强佛山实施《中国制造2025》路径深化研究，深入指导各项行动。（市经济和信息化局牵头；各区人民政府，市发展改革局、市科技局、市商务局、市教育局、市人力资源社会保障局、市环境保护局、市质监局、市工商局、市国土规划局、市国资委，有关行业协会等参与）

（二）加强财政扶持。

研究和创新佛山市推进实施《中国制造2025》战略规划的扶持政策，安排专项工作经费，支持实施行动方案。加大信息网络基础设施的投入，为企业之间、智能设备之间、智能产品之间的信息交互传输奠定基础。加大财政资金对公共服务平台的支持投入，进一步整合现有公共资源、优化配置，加快建设功能完善的公共服务平台，为企业发展提供专业化、社会化和市场化服务。（市财政局、市经济和信息化局牵头，市发展改革局、市科技局、市商务局、市质监局参与）

（三）加快人才培育。

加大创新型团队、创新型人才的引进力度，充分利用国家、省、市人才政策，结合佛山的重点领域，实施创新创业人才团队计划，瞄准国际、国内领先人才团队，加大创新团队引进支持力度，引进一批产业亟需的高端创新创业人才。加强创新型人才培养，依托佛山科学技术学院、职业院校和行业协会、龙头企业，打造人才培养联盟，探索建立面向智能制造的教育理念、学科体系和培训模式，培育一批新型产业工人。（市人力资源社会保障局、市科技局、市教育局分头负责）

（四）加强金融配套支撑。

加快建设省金融科技产业创新融合试验区和产业金融改革试验区，以广东金融高新区为核心，创新发展互联网金融、知识产权质押、众筹融资、融资租赁等金融产品和服务，建立全方位的科技金融服务体系。大力缓解中小企业过桥资金难问题，鼓励符合条件的企业在境内外上市或发行企业债券，扩大社会融资。支持金融机构、龙头企业发起设立金融租赁公司、融资租赁公司、小额贷款公司及互联网金融公司，为制造业企业提供金融服务。（市金融局牵头；各区人民政府，市发展改革局、市经济和信息化局、市科技局、市商务局，人行佛山市中心支行参与）

（五）共建大数据分析平台。

建立我市政府的企业、行业统计数据的信息共用机制，通过建设企业统计信息数据库和实时信息查询分析终端系统，为市主要经济管理部门提供可掌握细化到企业的数据信息软件，构建佛山市行业企业大数据分析平台，为科学决策提供精准的数据支撑，为推动《中国制造2025》佛山行动提供扎实的数据基础。（市统计局牵头，市经济和信息化局、市发展改革局、市科技局、市商务局、市质监局参与）

（六）优化政商服务环境。

着力深化行政审批制度改革，发挥市场在资源配置中的决定性作用，激发企业发展活力。重点清理涉及企业生产经营活动的审批事项，进一步减少工业领域的审批、核准、备案事项；认真梳理并向社会公布“负面清单”“审批清单”和“监管清单”，为企业创造宽松公平、利于创新发展的市场环境。按照宽进严管的原则，从加强依法监管、完善监督检查、提高服务能力、推进行业自律等方面入手，坚持抓好安全生产、产品质量、环保标准、用户权益保障，将工作重点放在完善基础设施、提供公共平台等事项。（市行政服务中心牵头；各区人民政府，市各有关部门参与）

（七）加强宣传推广。

充分利用电视、广播、报刊、互联网等各种媒体，加强中国制造2025、德国工业4.0、美国工业互联网等先进制造业模式的宣传推广，加强宣传国内外、各行业和典型企业的成功经验和有效做法，组织专家学者、科技机构和企业进行制造业发展新模式的研究探讨，形成全社会普遍认同和积极参与的良好氛围。（市委宣传部牵头；市经济和信息化局、市科技局、市质监局，佛山传媒集团参与）

二〇一五年六月十八日

提振民营企业家信心
促进创业创新若干措施

佛府〔2015〕91号

为推进国家制造业转型升级综合改革试点工作，进一步解决制约民营企业发展的突出问题，提振民营企业家信心，促进我市民营经济健康稳定发展及创业创新，制定以下措施。

一、降成本

（一）取消、免（停）征、降低部分行政事业性收费。自2015年1月1日起取消或停征征地管理费、货物原产地证书费、企业注册登记费、个体工商户注册登记费、工业产品许可证审查费、出口商品检验检疫费等12项行政事业性收费，并免征小微企业土地登记费等42项行政事业性收费。对非营利性养老和医疗机构建设全额免征13项行政事业性收费，对营利性养老和医疗机构建设减半收取13项行政事业性收费。从2015年10月1日起取消船舶港务费等7项水运涉企行政事业性收费。从2015年11月1日起取消或暂停征收组织机构代码证书费、计量认证费、动物及动物产品检疫费、海关知识产权备案费等37项行政事业性收费。从2015年4月1日起，我市城镇职工基本医疗保险单位缴费比例从5.6%下调至5%。从2015年7月1日起（费款所属期），我市堤围防护费征收标准由0.864‰下调为0.778‰，并对交通运输、仓储和邮政业等11类第三产业以及从事专业批发的商业企业和外贸企业、中小微企业和个体工商户免征堤围防护费。从2015年7月1日起，对汽车销售、汽车安全性能检测、依法应计征水资源费取水户暂停征收价格调节基金，新建商品房销售由按销售额的0.2%计征调整为按销售额的0.1%计征，有效期3年。从2016年1月1日起将我市职工生育保险缴费费率调整为用人单位职工工资总额的0.5%，实施时间为1年；工伤保险缴费费率调整为一类0.35%，二类A0.6%，二类B0.9%，三类1.2%。从2016年1月1日起天然气工商业用气价格实行最高限价管理，最高限价为4.6元/立方米。

（二）落实税收优惠政策。对国家需要重点扶持的高新技术企业，按15%的税率征收企业所得税。落实研究开发费用税前加计扣除政策。落实固定资产加速折旧企业所得税政策。对增值税小规模纳税人符合小微企业条件的，免征增值税。符合条件的小型微利企业，按20%的税率征收企业所得税。对符合条件的纳税人提供技术转让、技术开发和与之相关的技术咨询、技术服务免征增值税。对营业税纳税人符合小微企业条件的，免征营业税。

（三）促进个体工商户转型升级。对符合条件的个体工商户转型升级为个人独资企业或合伙企业的，每户一次性奖励4000元。对符合条件的个体工商户转型升级为有限责任公司的，每户一次性奖励6000元。对符合条件的个体工商户直接转型升级为规模以上企业的，每户一次性奖励10000元。

（四）清理规范行政审批中介服务。全面清理规范政府部门行政审批中介服务项目及其收费，公布行政审批中介服务项目清单。破除中介服务垄断，取消政府部门设定的区域性、行业性或部门间中介服务机构执业限制、限额管理。规范中介服务收费，严禁擅自增加收费项目、变相提高收费标准、操纵中介服务市场价格。

二、助融资

（五）省市联动打造广东“互联网+”众创金

融示范区。联合省金融办、人民银行广州分行、广东银监局、广东证监局和广东保监局，以广东金融高新区为核心区，建设广东互联网+众创金融示范区。联合深圳创新投资集团合作设立100亿元规模的创业创新产业引导基金，主要投资佛山的智能制造、移动互联网、软件开发、光电一体化、新材料、生物医药、节能环保、新能源、物联网等项目。联合中国银联等建设互联网征信中心。依托人民银行征信中心，开展互联网+应收账款融资服务平台推广示范区建设。推动广东金融高新区股权交易中心、阿里巴巴集团、京东集团建设广东股权交易众创服务平台，打造全省首个互联网非公开股权融资平台。支持广东金融高新区与英国诺丁汉大学、广东金融学院合作共建互联网金融培训中心，打造高端互联网金融人才培训基地。

（六）强化财政资金引导。充分发挥市、区两级政府设立的支持企业融资专项资金“助企转贷”作用，市、区两级基金总规模为15亿元，资金每日使用费率原则上不高于中国人民银行公布一年期贷款基准日均利率。推进佛山市科技型中小企业信贷风险补偿基金运作，对认定的科技型中小企业由合作银行给予最高不超过1000万元，期限不超过两年的贷款，并对银行信贷风险进行补偿。设立1亿元规模的政策性小额贷款保证保险专项扶持资金，推动政府、保险公司、银行三方合作。继续发挥佛山市优质技改创新项目贷款风险补偿基金作用，2015年安排市级财政资金3500万元，计划到2017年基金规模扩大到8500万元以上，对符合我市产业导向、列入技改创新项目数据库的企业提供贷款。

（七）支持企业直接融资。企业在券商、律师、会计师等中介机构的辅导下，完成股份制改造并取得股份公司营业执照的，市本级给予扶持资金20万元。企业成功上市的，根据上市进度和融资金额分步予以扶持。中小企业成功发行各类债券融资工具，经财政性资金增信的，每发行一期市本级给予扶持资金20万元；未经财政性资金增信的，每发行一期市本级给予扶持资金30万元。鼓励各区加大相关政策扶持力度。

（八）支持融资租赁业发展。加快落实《佛山市人民政府办公室关于印发佛山市促进融资租赁业发展扶持暂行办法的通知》。我市中小企业通过直接租赁方式实现融资的，各区按照不低于融资金额的1%进行扶持。通过售后回租方式实现融资的，各区按照不低于融资金额的0.5%进行扶持。通过上述方式实现融资的，单个中小企业的扶持金额不超过30万元。鼓励融资租赁公司兼营与主营业务有关的商业保理业务，对已取得商务部门核准并开展相关业务的融资租赁公司，给予一次性扶持资金20万元。

（九）鼓励扶持商业银行科技支行建设。实施《佛山市人民政府办公室关于印发佛山市商业银行科技支行认定及管理暂行办法的通知》。对科技型企业融资总额不低于10亿元且科技型企业数量占总客户数量比例不低于70%的科技支行，一次性给予100万元扶持资金。对科技型企业融资总额累计首次达到20亿元的科技支行，一次性给予200万元的扶持资金。鼓励各区加大政策扶持力度。

三、促创新

（十）复制推广自贸区成熟政策。加快落实《佛山市人民政府关于率先复制推广自由贸易试验区改革创新试点经验的实施意见》，构建与国际标准对接的投资便利规则体系、贸易便利化体系和金融改革创新体系。鼓励行政区域内的外商融资租赁企业拓展境内外融资租赁业务，鼓励跨国企业集团开展跨境人民币资金集中运营业务，简化外商直接投资外汇登记、注销业务，实行资本金意愿结汇。鼓励金融机构向在我市注册的跨境电子商务运营机构直接提供基于真实跨境电子商务的跨境人民币结算服务。全面启动互联网+易通关改革，进出口企业可以在网上办理报关、查验、缴税等通关业务和提前归类审价手续，多数情况下不到海关就能够办结通关手续。

（十一）定期举办中国“互联网+”博览会。在2015年成功举办首届中国（广东）国际“互联网+”博览会基础上，全面推进与德国汉诺威展览公司合作，每年定期举办一届国际“互联网+”博览会。联手国家部委、中国工程院、中国国际贸易促进会等单位，努力将中国（广东）国际“互联网+”博览会打造成为与广州“广交会”、深圳

“高交会”相媲美的中国“互联网+”盛会，集聚全球“互联网+”技术、人才、项目等创业创新资源，建设互联网+创业创新示范市。

（十二）建设中国互联网+智能制造试点城市。推动传统制造业与“互联网+”跨界融合，引导扶持企业开展机器人及智能装备应用。支持大型骨干企业开展自动化改造，对购买成套自动化生产线与生产系统改造的，按设备购置费给予不超过15%的补贴，单个企业补贴额最高为100万元；支持大型骨干企业应用机器人，对购买单体机器人、自动化控制设备进行智能技术改造的，按设备购置费给予不超过15%的补贴，单个企业补贴额最高为60万元；支持劳动密集型中小微企业通过单体机器人、自动化控制设备进行智能技术改造，按设备购置费给予不超过15%的补贴，单个企业补贴额最高为30万元；对我市智能制造基地的制造企业以及“百企智能制造提升工程”的企业开展智能化改造、机器人应用等关键技术、共性技术攻关并实现产业化的项目，按照项目投资总额给予不超过20%的补贴，单个项目补贴最高不超过100万元。

（十三）建设珠江西岸先进装备制造产业带。推进落实《广东省经济和信息化委广东省财政厅关于支持珠江西岸工作母机类制造业发展若干政策措施的通知》，加快工作母机类制造业发展。对2014年以来引进或新建扩建的有自主知识产权、有核心关键技术、有市场前景的投资3000万元以上的工作母机类制造业项目以贴息、事后奖补等方式给予支持。其中以贴息方式支持工作母机类制造业项目建设，按不高于同期银行贷款基准利率予以贴息支持，予以贴息的借款总额不超过项目完工形成的固定资产总额的70%，贴息时间1～3年。以事后奖补方式支持工作母机类制造业项目加快建设，对固定资产已投资额超过固定资产投资总额50%的项目，按照项目已形成固定资产投资总额的5%～10%的标准予以分期奖补。

（十四）超常规推动佛科院建设高水平理工科大学。未来5年，省、市两级将投入共50亿元推动佛科院建设发展。支持佛科院采取“学校+研究院所+企业”的特色发展模式，将传统封闭式办学转变成为开放式办学。围绕智能制造、新材料新能源、电子信息、生物工程与食品工程、节能环保五大领域，重点打造15个优势理工科学科。到2017年，学校实现理工科专业27个，总专业51个，理工科专业集中度由原来的29%提高到53%以上，服务佛山支柱产业的专业占比达60%以上。未来3年，学校培养4.5万名高素质创新应用型人才。

（十五）推动工业企业技术改造。深入落实《佛山市人民政府办公室关于印发佛山市推动新一轮技术改造促进产业转型升级实施细则的通知》。近3年，财政安排企业技术改造资金24亿元，至2017年末累计引导3360家规模以上工业企业完成新一轮技术改造，占全部规模以上工业企业的50%以上。着重对企业增资扩产、设备更新等项目择优进行支持。支持家用电器、陶瓷、金属材料加工与制品、纺织服装、家具、电子等劳动密集型行业购置先进适用设备。从2015～2017年，省、市、区财政从项目完工的下一年起连续3年内，以企业技术改造项目完工前一年主体税种税收额（增值税、营业税和企业所得税合计）为基数，按企业技术改造对财政贡献增量额度中省级分成部分的60%、地市级分成部分的50%、区级分成部分的40%对企业进行事后奖补。

（十六）培育扶持高新技术企业。持续推进《佛山市人民政府关于印发佛山市加快培育高新技术企业专项行动方案（2015～2020年）的通知》。到2017年底，全市高新技术企业达1000家以上；到2020年底，全市高新技术企业达1600家以上。对省高新技术企业培育库入库企业，按不同条件分别给予创新补助；对当年通过认定的高新技术企业给予一次性补助10万元，当年通过复审或重新认定的高新技术企业给予一次性补助8万元。

（十七）加强孵化器建设。深入落实《佛山市人民政府办公室关于印发佛山市科技企业孵化器后补助试行办法的通知》。对新增孵化器按新增面积给予补贴，每100平方米补贴5000元，每家孵化器最高可获得200万元补贴；科技企业孵化器聘任创业导师为科技企业孵化器内创业者提供创业辅导，且创业导师服务满1年，服务不少于10家企业，按照每聘任1位创业导师2万元的标准给予孵化器运营机构一次性补贴；对接纳5个以上大学生创业企业的科技企业孵化器，每年给予科技企业孵化器运营机构创业指导资金5万元补贴；对新建的创客空间给予最高20万元的装修补贴。对引进公共服务平台孵化器，给予最高50万元的建设补贴。设立市孵化器创投风险补偿资金，对创业投资失败项目，按项目投资损失额的20%给予创业投资机构补偿。设立市孵化器信贷风险补偿资金，对孵化器内在孵企业首贷出现坏账项目所产生的风险损失，按坏账项目贷款本金的40%给予金融机构补偿。

（十八）鼓励企业购买创新服务。落实《佛山市科学技术局佛山市财政局关于印发佛山市科技创新券实施方案（试行）的通知》。市人民政府每年安排不少于1000万元作为科技创新券，引导和鼓励中小微企业购买科技创新服务，符合条件的企业最高可申请10万元科技创新券。

（十九）加快科技创新平台建设。深入推进《佛山市人民政府关于印发佛山市推进规模以上工业企业研发机构建设专项行动方案（2015～2020年）的通知》。到2017年底，实现规模以上高新技术企业研发机构建有率达到95%以上，规模以上工业企业建有研发机构率达到25%以上。到2020年底，实现大中型工业企业研发机构建有率达到95%以上，规模以上工业企业建有研发机构率达到40%以上。对新组建的大型综合研究院给予不少于1000万元资助，新组建的国家重点实验室、国家工程技术研究中心给予一次性资助500万元，对新组建的广东省重点实验室、广东省公共实验室或广东省企业重点实验室给予一次性资助200万元，对新组建的广东省工程技术研究开发中心给予一次性资助20万元，对新认定的国家级科技企业孵化器培育单位给予一次性资助100万元，对新认定的专业镇技术创新平台给予一次性资助80万元。

（二十）加大知识产权资助力度。深入落实《佛山市人民政府办公室关于印发佛山市专利资助办法补充规定的通知》。对发明专利申请分别给予每件1000～2000元的资助，对发明专利授权给予每件5000～8000元资助，对发明专利年费给予当年年费50%的资助，对外国发明专利授权给予每件3万～5万元资助，对PCT专利申请给予每件5000元资助，对知识产权质押融资给予每个权利人不超过100万元资助，新设立的知识产权服务机构给予20万～50万元一次性资助，对单位购买的专利保险给予实际支出保费50%的补贴。

四、拓市场

（二十一）全力打造广佛同城化合作示范区。加快推进南海区与广州荔湾区、三水区与花都区、顺德区与番禺区的广佛同城化合作示范区建设。抓紧完成珠江大桥放射线接广佛新干线（广佛出口放射线二期）、佛陈路东延线接番禺新桂路（海华大桥工程）、广佛肇高速公路、广明高速公路广州段、三山长江路对接南浦大道工程等重点项目。加快落实《国家发展改革委关于印发佛山市城市轨道交通近期建设规划（2011～2018年）的通知》，尽快启动对接广州6条轨道线前期工作，加快推进广州地铁七号线西延顺德段建设。推广南海区与广州荔湾区行政服务同城化试点经验。推动电信资费同城化，逐步实现广佛两市间免除长途和漫游费。加快金融同城，继续推进广佛间金融机构免除异地存取款手续费。扩大医保定点医院互认范围。

（二十二）加快建设粤桂黔高铁经济带合作试验区。以92平方千米的佛山高新区南海园为主体，以8.58平方千米的佛山西站枢纽新城为核心，推动粤桂黔高铁经济带合作试验区（广东园）建设成为泛珠三角区域重要合作平台、珠三角辐射大西南的“前沿阵地”和大西南融入珠三角的“桥头堡”。鼓励我市企业加强对接粤西和广西、贵州等中西部省份创新创业资源，结合粤桂黔高铁经济带研究院、粤桂黔高铁经济带产业发展投资基金等项目，支持民营企业参与粤桂黔高铁经济带合作试验区（广东园）建设。同时，加快建设三山新城粤港澳合作高端服务示范区，推动港澳及海外资源与泛珠三角地区各类资源互通互融、共赢发展。

（二十三）推动PPP模式。支持民营企业以独资、合资、参股、特许经营等方式参与公共基础设施、市政公用事业、交通运输、能源、水利工程、土地整治等项目。在2016年上半年，率先推出一批收费定价机制透明、市场化程度相对较高、需求长期稳定、有一定现金流的项目。

（二十四）支持企业参加外经贸活动。对上一年度进出口额低于6500万美元的企业参加境外展览会和境外市场考察给予支持。其中境外展览会展位费一般市场最高支持为60%，首个展位最高支持额2万元，新兴市场最高支持比例80%，首个展位最高支持额3万元，第二、第三个展位最高支持额1.5万元；国际市场考察费（交通及国外生活费用）最高支持比例50%，其中交通费最高支持额1万元。对自主向经国家有关部门批准的保险公司投保短期出口信用保险并已缴纳保费的进出口企业进行扶持，最高资助比例根据地区和险种等有所不同，但最高不超过80%且总资助金额不超过400万元。

（二十五）提升中小企业外贸水平。重点培育扶持企业加快提升国际化经营能力。对上一年度进出口额低于6500万美元的企业提升国际化经营能力提供支持。企业管理体系认证、产品认证及境外专利申请最高支持比例为50%，最高支持限额根据项目不同在2万元到50万元间。

（二十六）支持企业"走出去"。落实国家、省、市有关"走出去"专项资金扶持政策。对企业境外投资、对外承包工程、对外劳务合作等对外投资合作业务给予支持。支持内容包括贷款贴息、直接补（资）助（前期费用、资源回运运保费、"走出去"人员人身意外伤害保险、境外突发事件处置费用、境外研发中心专利注册费用、外派劳务人员的适应性培训费用等）、海外投资保险及融资担保费用资助等。

五、强保障

（二十七）依法保护企业及企业家合法权益。坚持依法治市、依法行政，依法保护企业和企业家合法财产不受侵犯、合法经营不受干扰。依法保护企业名称专用权、商标专用权、商业秘密、专利，依法打击侵害民营企业知识产权等合法权益的各种违法犯罪行为。做好涉外知识产权工作的协调与管理，保护企业在国际经济技术交流中的合法权益。努力营造民营经济发展的良好舆论环境。

（二十八）建立公平市场竞争机制。加强反不正当竞争执法，维护公平竞争秩序。会同人行佛山市中心支行、佛山银监局等有关部门，切实解决民营企业反映较为强烈的金融机构对民营企业额外附加贷款条件、违规收取承诺费和资金管理费、搭售保险和基金等问题。

（二十九）全面推进法人"一门式"政务服务改革。以"门（各级行政服务中心）""网（网上办事大厅）""线（'12345'政府热线）""端（自助办事终端）"4类政府服务平台为依托，整合各级、各类行政服务资源，将企业投资准入审批服务事项全面纳入，实行综合咨询、受理、投诉、举报、跟踪、协调等服务，打破部门界限，对本行政区域内企业投资项目实行"一窗通办、一网通办、一号通办、一端通办"。创新服务方式，大力推行网上办事，全力打造"我的空间"栏目，通过数据沉淀和大数据分析，为企业开展投资经营提供更加便捷、智能、高效的服务。推行企业投资准入事项"异地申请、同城通办"同城服务。逐步统一全市企业投资经营准入行政审批和服务标准，打破区域、层级限制，建立联动服务机制，分类分步骤实现县域通办或全市通办。优化企业工程报建服务，将投资立项、工程报建、施工管理、竣工验收等环节实施并联审批。

（三十）构建企业投资"三单"管理模式。以企业投资负面清单、审批清单、监管清单为基础，构建"宽进严管"的市场监管体系。建立以负面清单、审批清单为基础的企业投资经营准入制度。在企业投资经营事前准入环节建立清单式管理模式，初步形成以放宽准入为目标、以权力制约为核心、以信息化平台为依托的可视化、标准化的权力运行机制。建立以监管清单为基础的企业投资经营监管制度，实现监管信息可查询、可追溯、可运用，切实提升市场监管效能，构建起以监管清单为基础，以网格化、信息化、标准化为管理方式的市场监管机制。

（三十一）深化企业登记审批改革。推进工商登记同城通办。自2014年8月1日开始，原属佛山市工商系统登记管辖权限的内资有限公司（不含股份有限公司）及分支机构申请办理设立登记业务，申请人可自行选择向市工商局或企业住所所在区级工商局登记注册窗口（含进驻市、区行政服务中心窗口）申请办理。按行业许可和场地许可两类，进一步推进经营许可综合服务窗口建设，推动食品药品监管、文广新、卫生计生等涉及企业经营许可的部门事项纳入综合服务窗口，实行"一窗式”办理，切实提高企业登记便利化水平。

（三十二）**助推企业做强做大**。实施《佛山市人民政府关于印发佛山市推动民营企业跨越发展扶持办法的通知》，培育一批产值（或销售收入、营业收入）超过100亿元、500亿元、1000亿元的龙头企业。完善“企业暖春行动”常态化工作机制，建立并完善我市收集解决企业问题长效机制。完善市领导挂点扶持重点骨干企业制度。对重点培育企业实行“一企一策”的特殊扶持政策，由企业根据其发展规划和实施方案，提出跨越各个目标所需要的扶持政策和需要协调解决的问题，提交佛山市推动民营企业跨越发展联席会议讨论同意并给予解决。

（三十三）**加强职业培训**。加强我市技能人才队伍建设，提升服务企业水平。未来3年，计划开展企业劳动力技能培训15万人次，全市中职学校为企业培养8万名应用型人才。支持企业自办职业培训学校（院），对企业、商会和行业协会成功创办培训学校的（含现有的），由财政给予职业培训学校（院）一次性创办补贴。其中，对具有示范效应且与我市重点产业发展相符合的职业培训学校（院），由市及所属区财政各给予20万元创办补贴。符合条件的企业职工获得本省颁发的资格证书，自证书核发之日起1年内可申请技能晋升培训补贴。

（三十四）**加大人才团队引进力度**。落实《佛山市人民政府办公室关于印发佛山市科技创新团队资助办法的通知》。对引进的科技创新团队，给予100万~800万元不等的资助。其中世界一流水平团队资助700万~800万元，国内顶尖水平、国际先进水平团队资助400万~600万元，国内先进水平团队资助100万~300万元。

（三十五）**妥善解决企业员工子女教育**。开展招生服务进企业活动，主动为企业员工子女入学提供服务。对申请积分制入学的企业员工子女，根据不同情况给予20~150分的加分优惠。在企业工作并购买同一所属区社保满5年的企业员工随迁子女，享受政策性借读生待遇，优先安排入读公办学校。企业按规定引进的博士、博士后研究员等高层次人才，其适龄子女不管户口是否迁入佛山，均可享受户籍生同等待遇，按“即到即办”原则安排入读公办学校。

（三十六）**扶持高校毕业生就业**。小型微型企业招用应届高校毕业生，与其签订1年以上期限劳动合同并按规定缴纳社会保险费的，按其实际招用应届高校毕业生人数给予1年期限的社会保险补贴。应届高校毕业生到中小微企业就业，与企业签订1年以上期限劳动合同并按规定参加社会保险的，由企业所在地给予毕业生本人一次性2000元的就业补贴。

（三十七）**优先保障骨干企业投资项目用地**。对符合国家产业政策的项目用地申请开辟“绿色通道”，缩短办理时间，快速办结用地预审、集体建设用地转用、土地征收、土地使用权证办理及土地抵质押等审批手续。

（三十八）**给予中小微工业企业项目土地价格优惠**。对已列入《广东省优先发展产业目录》且符合节约集约用地的中小微工业企业项目给予一定的土地价格优惠，在确定土地出让底价时可按不低于所在地土地级别相对应《全国工业用地出让最低价标准》的70%执行。

（三十九）**鼓励企业参与“三旧”改造**。对工业企业充分利用已有场地进行技术改造，在符合规划、不改变土地用途的前提下，通过增建生产性设施、拆除重建、加层等方式进行改扩建的，新增建筑面积部分不再征收土地出让金。在符合城市规划前提下，支持企业利用存量房产和土地资源兴办研发设计、文化创意、医疗卫生服务、健康养老服务等现代服务业，5年内其土地用途可保持不变。

（四十）**支持民营科技园产权分割与登记**。落实《佛山市人民政府办公室关于印发佛山市民营科技园产权分割和产权登记暂行办法的通知》，允许符合条件的民营科技园通过现房销售和预售的方式进行分割销售和办理产权登记。

二〇一五年十二月二十五日

佛山市扶持企业推进机器人及智能装备应用实施方案（2015～2017年）

佛府办〔2015〕41号

一、总则

为加快推进信息化和工业化深度融合，推进智能装备与工业自动化技术在制造业中的应用，引导和鼓励企业利用先进装备进行技术改造，推动技术红利替代人口红利，以“机器红利”优化生产资源配置，全面提升我市制造业综合竞争力，加快产业升级转型，根据《工业和信息化部关于印发信息化和工业化深度融合专项行动计划（2013～2018年）的通知》《广东省人民政府关于印发广东省工业转型升级攻坚战三年行动计划（2015～2017年）的通知》以及《广东省经济和信息化委关于印发大力发展智能制造推进“两化”深度融合加快产业转型升级专项行动计划（2014～2015年）的通知》的要求，制订本方案。实施时间为2015～2017年。

二、总体目标

积极参与省“机器人应用”行动，全面实施“机器引领”计划，培育一批机器人及智能装备应用的智能制造示范带动项目。以点带面，全面推进我市产业转型升级。到2017年，全市工业机器人智能装备产业加快发展，企业实施智能化改造效果显著提升，带动3000家以上企业实施机器人及智能装备应用，促进全市规模以上工业企业50%以上完成新一轮技术改造。

（一）带动传统产业提升。

抓好10家大型骨干企业的改造示范项目，带动100家以上传统产业的规模以上企业完成自动化（智能化）成套装备或自动化生产线改造；抓好50家大型骨干企业机器人应用示范项目，带动500家以上传统产业的规模以上企业应用工业机器人。

（二）带动中小微企业转型。

抓好100家劳动密集型企业示范项目，带动2000家以上中小微企业实施机器人及智能装备应用，推进劳动密集型企业向技术密集型企业转型。

（三）带动智能制造产业加快培育。

实施“百企智能制造提升工程”，认定100家以上示范应用企业，培育发展智能装备龙头企业；完善智能制造基地建设，带动智能制造产业加快发展。

（四）强化机器人及智能装备应用公共服务支撑。

支持和鼓励我市服务机构实施公共服务项目，培育3个以上公共服务平台，为我市企业实施机器人及智能装备应用提供技术交流、宣传推广、业务培训等公共服务。

三、资金安排及扶持方式

（一）资金安排。

1. 2015～2017年，每年在市级技改专项资金中安排5300万元用于扶持大型骨干企业、劳动密集型中小微企业开展机器人及智能装备应用、成套自动化设备（自动化生产线）改造，支持智能化成套设备（机器人）技术研发以及智能制造公共服务平台建设。

2. 2015年继续扩充佛山市优质技改创新项目贷款风险补偿基金规模到3500万元，以放大10倍以上的融资规模，重点向机器人及智能装备应用优质技改创新项目提供金融资金支持。2016年、2017年根据基金运营情况，再逐步增加基金的规模。

（二）扶持方式。

1. 支持大型骨干企业自动化改造及机器人应用。支持主营业务收入5000万元以上传统产业企业开展自动化生产线与生产系统改造、机器人应用、购买先进设备（生产线）扩大生产、提高自动化水平。对购买成套自动化生产线与生产系统改造的，按设备购置费给予不超过15%的补贴，单个企业补贴额最高为100万元；对购买单体机器人、自动化控制设备进行智能技术改造的，按设备购置费给予不超过15%的补贴，单个企业补贴额最高为60万元。

2. 支持中小微企业加快智能制造改造提升。支持劳动密集型中小微企业通过单体机器人、自动化控制设备进行智能技术改造，改善劳动力结构，提高资源要素利用效率。按设备购置费给予不超过15%的补贴，单个企业补贴额最高为30万元。

3. 鼓励自动化、智能化成套设备（机器人）技术研发项目。对我市智能制造基地的制造企业以及"百企智能制造提升工程"的企业开展智能化改造、机器人应用等关键技术、共性技术攻关并实现产业化的项目，按照项目投资总额，给予不超过20%补助，单个项目补助最高不超过100万元。

4. 扶持智能制造公共平台项目。鼓励推动成果孵化、研发设计、检验检测、认证认可、人才培训、金融租赁等智能制造公共服务平台建设，按照平台投入资金总额，给予不超过30%补助，单个项目补助最高不超过60万元。

5. 支持优质增资扩产类智能化改造项目。按照《佛山市人民政府办公室关于印发佛山市优质技改创新项目贷款风险补偿基金管理暂行办法的通知》规定，通过审核确认后，对优质增资扩产类智能化改造项目给予贷款支持。

（三）扶持原则

1. 扶优扶强原则。择优支持符合我市新一轮技术改造投资方向，市场前景好、带动效应好的机器人及智能装备应用项目。

2. 注重诚信、防范风险原则。获得财政支持的企业要遵循诚实守信原则。

3. 绩效导向原则。落实绩效管理责任，设立明确的绩效总目标及阶段性目标，开展绩效管理，建立绩效问责制度。

四、申报程序

项目申报指南由市经济和信息化局会同市财政局联合制定并向社会公开发布。企业向所在区经济和科技促进局申报，区经济和科技促进局、财政局（财税局）对申报材料进行初审后联合上报市经济和信息化局、财政局。市经济和信息化局组织专家对申报项目进行评审，并将评审结果进行公示。

五、资金管理

（一）市经济和信息化局负责项目评审、审核以及开展项目实施过程的检查、评估，协调解决项目实施中的重大问题。对专项资金在使用、管理过程中发生的擅自改变专项资金用途，或者骗取、挪用专项资金等行为，按《财政违法行为处罚处分条例》规定进行处理。

（二）近3年来申报单位在专项资金管理、使用过程中存在违法违纪行为的，一律不得申报。同一项目不得重复申报、多头申报。

六、附则

各区要结合本区实际，参照本方案制订区级推进企业机器人应用资金扶持计划。

二〇一五年九月二十二日

佛山市创建国家公共文化服务体系示范区建设规划（2015～2017年）

佛府办〔2015〕52号

为深入贯彻落实中共中央办公厅、国务院办公厅《关于加快构建现代公共文化服务体系的意见》，创建国家公共文化服务体系示范区，全面推进我市公共文化服务体系科学发展，根据《第三批国家公共文化服务体系示范区创建标准（东部）》，结合《佛山市人民政府办公室关于印发佛山市文化升级两年行动计划（2015～2016年）的通知》及文化建设实际，制定本规划。

一、实践基础

（一）历史文化底蕴深厚。

佛山是国家历史文化名城，拥有南海、顺德、高明3个全国文物工作先进县（区），全国重点文物保护单位7处，省级文物保护单位44处，中国历史文化名村3个，省级历史文化街区1处；国家级非物质文化遗产名录14项，省级项目38项，“中国民间文化艺术之乡”4个，文化资源丰厚。所辖南海区、顺德区为全国先进文化县（区），禅城区、三水区、高明区为广东省“南粤锦绣工程”文化先进县（区）。

（二）城乡一体化发展水平较高。

佛山市辖5个区，共32个镇（街道），411个社区居委会，328个行政村。全市总面积3798平方千米，2014年末常住人口735万人（其中户籍人口386万人）。2009年以来，佛山作为广东省统筹城乡发展综合改革试点市，加快构建城乡经济社会一体化发展新格局，南海区成为广东省统筹城乡综合改革试验区。典型的地级市行政架构、组团式城市空间格局、雄厚的经济实力，为佛山构建城乡一体化现代公共文化服务体系提供了广阔天地和坚实保障。

（三）文化发展定位清晰精准。

历届市委、市政府高度重视文化建设，从“文化名城”“文化强市”到“文化导向型城市”，城市文化定位逐步提升。2015年2月，佛山赢得“全国文明城市”殊荣，同时奏响了建设“创新创造活跃、岭南风韵突出、城乡服务均等、城市形象鲜明”的文化导向型城市的号角。

（四）创新实践敢为人先。

南海区“县域公共文化服务体系建设工程”成功创建首批国家公共文化服务体系示范项目，禅城、南海、顺德3个区同时创建广东省第一批公共文化服务体系示范区，为佛山申请创建第三批国家公共文化服务体系示范区奠定了坚实基础。探索文化领域法人治理结构改革，成立顺德区文化艺术发展中心（法定机构），实行理事会制度，探索“管办分离”的文化事业发展新路；打造跨区域、跨行业、多层次（成员馆+总分馆）的佛山市联合图书馆服务体系，率先推出本地居民和外来人员无差别待遇的二代身份证免押金书刊借阅、读者自主参与图书采购等服务举措，均是佛山先行先试、具有开创性的文化实践。

（五）四级公共文化服务体系网络健全运行有效。

市、区重点文化设施辐射带动作用强，全市12家区级以上图书馆和文化馆均为国家一级馆。镇（街道）文化设施整体水平较高，拥有29家省特级文化站，其中12家为广东省百佳文化站。全市社区（行政村）文化设施按照“五个有”标准基本实现全覆盖。公共文化设施室内总面积约130万平方米，每万人拥有公共文化设施面积超过1800平方米。群众文化丰富活跃，社会力量办文化蔚然成风，城市文化氛围浓郁。

（六）主要问题与薄弱环节。

佛山城市空间格局呈组团式分布，各区各镇（街道）之间，面积、人口、经济社会发展水平有一定差距，城乡文化建设发展不均衡的现象仍然存在，部分镇（街道）、村（居）文化建设明显落后于全市整体水平，基层文化工作专职人员和辅助人员队伍建设也缺乏政策指引和制度保障。同时，作为制造业大市，佛山常住人口中近半为外来人员，这个庞大群体的文化权益保障还有待加强。

二、指导思想和基本原则

（一）指导思想。

以有效保障广大人民群众基本文化权益为出发点，以政府为主导，以公共财政为支撑，以全民为服务对象，以基层特别是农村为重点，坚持公益性、基本性、均等性、便利性，加强改革创新，完善公共文化服务体系建设长效机制，促进公共文化服务标准化、均等化、社会化和数字化发展，构建覆盖城乡、便捷高效、保基本、促公平的现代公共文化服务体系，建设“创新创造活跃、岭南风韵突出、城乡服务均等、城市形象鲜明”的文化导向型城市。

（二）基本原则。

1. 政府主导、社会参与。充分发挥党委、政府的主导作用，有效落实全市各级政府主体责任，调动社会力量助推公共文化建设，吸引社会资本投入文化服务领域，形成政府主导、社会广泛参与的工作格局，协同推进全市现代公共文化服务体系建设。

2. 强化统筹、市区同创。统筹推进各区、镇（街道）、村（居）公共文化服务均衡协调发展，禅城、南海、顺德区创建广东省第一批公共文化服务体系示范区，全市共同打造国家级公共文化服务体系示范区。构建“大文化”工作格局，建立公共文化服务体系建设协调机制，实行多部门协调联动、政策配套、共建共享，加强公共文化资源和服务的集成、整合，提升服务效能。

3. 全面达标、重点突破。对照国家公共文化服务体系示范区创建标准，查漏补缺，提档升级，所有项目全面达到或超过创建标准规定的指标。依据中共中央办公厅、国务院办公厅《关于加快构建现代公共文化服务体系的意见》提出的重点任务，结合佛山实际，优势方面再上台阶，薄弱环节重点突破，全面提升公共文化服务体系建设水平。

4. 文产融合、突出特色。推动文化与产业、文化与城市建设深度融合，文化事业与文化产业相互促进、比翼齐飞。文化设施建设和公共服务凸显岭南风韵和水乡特色。发挥传统文化资源和活动优势，不断融入现代文化元素，巩固、挖掘和打造一批新的文化品牌，充分发挥示范区的带动作用。

三、目标任务

在两年（2015～2017年）创建期内，基本建立覆盖城乡、服务均等、优质高效的现代公共文化服务体系，全面达到国家公共文化服务体系示范区创建标准，并在深化公共文化服务均等化、文化助力城市建设提升、文化塑造传播城市形象3个方面形成突破，以创建示范区为抓手，以建设“文化导向型城市”为发展战略，在加快推进新型城镇化过程中，实现由城市升级到城市升值的提升。

（一）以深化公共文化服务均等化保障文化民生。

以打造“城乡十分钟文化圈”为抓手，提升各级文化设施建设，再造文化力量，优化文化配送，深入推进公共文化服务均等化、标准化，构建“设施网络化、供给多元化、机制长效化、城乡一体化、服务普惠化”的公共文化服务新格局。

（二）以文化资源的活化利用助力城市建设提升。

利用我市丰富的文化遗产，着力挖掘文化内涵，强化城市建设中的文化特色，以30个特色古村的活化利用助推新型城镇化建设，以民办文化场馆的集聚发展优化城市人文环境，增加城市形态中的文化元素，改善市民人居环境。

（三）以文化塑造传播城市形象提升佛山软实力。

发挥文化在城市形象塑造和传播中的独特作用，以文艺精品创作、民俗品牌活动和多彩文化形态树立城市新形象，增强城市向心力和凝聚力，扩大城市的影响力和辐射力。

四、重点工程

（一）“城乡十分钟文化圈”建设工程。

1. 高标准建设市、区重点文化设施。以政府投资、BT合作、社会投资等多种方式筹集资金约20亿元，投入公共文化设施建设。2016年底前，市图书馆新馆完善各项服务功能，实现全面开放。市科学馆、青少年宫、文化馆、佛山大剧院等市级文化设施两年内展现新姿，佛山新城文化中心成为全市公共文化服务的新地标。加快推进禅城区文化馆迁建与区图书馆扩建、南海樵山文化中心、顺德区群众文化艺术馆、高明西江新城文化中心建设，发挥重点文化设施的辐射能力。

2. 以社区化推动均等化。实施镇（街道）综合文化站升级行动，全市90%的镇（街道）文化站达到广东省“特级文化站”标准，容桂等特级文化站完成改造提升、功能拓展。2015年和2016年，市级层面分两批开展“城乡十分钟文化圈”建设示范镇（街道）、示范村（居）创建工作，评选、命名10家示范镇（街道）、10家示范村（居）。在行政村（社区）文化室“五个有”基础上，着力推动综合性文化服务中心建设，实现80%的村（社区）统筹建有集宣传文化、党员教育、科技普及、普法教育、体育健身等多功能于一体的基层综合文化服务中心，面积不低于200平方米，配套建设群众文化活动广场，完善覆盖全市的“城乡十分钟文化圈”。

3. 提升公共文化设施服务效能。深入推进公共图书馆、文化馆（站）、博物馆、美术馆免费开放，错时开放时间不低于总开放时间的三分之一，不断完善服务项目、提升服务效能。进一步加强科学馆、青少年宫、工人文化宫、妇女儿童活动中心以及青少年校外活动场所的免费开放，向社会公示免费开放项目，提供基本公共文化服务，并逐步形成等服务品牌。

（二）公共文化服务配送工程。

1. 依托“佛山文化”系列新媒体，搭建公共文化供需对接平台。以“佛山韵律”“魅力佛山”系列文化活动为统领，以“佛山文化e网通”为主要对接平台，以镇（街道）、村（居）为重点，深入开展“菜单式”“订单式”服务，按需配送文艺演出、讲座、展览、电影放映、图书借阅等服务。在城乡广泛开展歌咏、广场排舞、篮球赛、龙舟赛等群众文体活动，以文艺的形式弘扬社会主义核心价值观，倡导文明、健康的生活方式。

2. 打造本土特色文化服务品牌，推动“文化惠民”向“文化悦民”升级。进一步擦亮“文艺大讲堂”“花开四季文化禅城”“乐活南海”“龙腾四海·凤舞水乡”“读者自主采购借阅服务”“创艺时光”艺术展览与品鉴会、“私人订制·艺术家”“电召诗人”“周末大戏台”粤剧折子戏公益展演、“行走佛山”公益展览讲座进基层、“文化新干线”等服务品牌，不断创新服务方式，培育一批紧密对接群众需求的个性化、分众化服务项目，力争取得全国影响。

3. 广泛开展文明共建、文化共享“结对子、种文化”活动，深入实施“和风鸣畅”等多种形式的结对帮扶行动。市级图书馆、文化馆各配备1台流动服务车，制度化开展文化下基层活动。各级图书馆每年下基层的流动服务次数不低于60次，文化馆每年组织流动演出12场以上，流动展览10场以上。市、区、镇（街道）文化部门合力支持、指导村居文化活动实现“五个一”（每村形成一个以上特色文化品牌、每村每月放映一场以上电影、每季度举办或引进一场以上文艺演出或群众文化活动、每半年举办一个以上文化展览、每年举办一次以上文体培训班）。

4. 优化公共文化资源配置，提升革命老区村居公共文化服务水平。根据本市基本公共文化服务实施标准，按照精准扶持的原则开展文化扶贫，实施革命老区村居公共文化服务扶持项目。

（三）文化力量再造工程。

1. 引导社会力量参与公共文化建设。设立民办文化场馆开办和免费开放专项补助，鼓励社会力量捐建或自建公共文化设施，扶持民办博物馆、美术馆、艺术馆等非盈利的民营文化场馆向社会免费开放，提供基本文化服务项目，成为公共文化服务阵地的重要组成部分。加强政府与社会资本的合作，鼓励基层文化设施以试点方式探索社会化运营。

2. 健全政府向社会力量购买公共文化服务机制。制定出台政府购买公共文化服务指导性意见和目录，扩大政府文化资助和文化采购范围，有效增加文化服务的供给。出台培育和促进文化消费的相关政策，探索建立面向服务提供方的文化消费补贴机制。完善公益性演出补贴制度，通过票价补贴、剧场运营补贴等方式，支持艺术表演团体提供公益性演出。鼓励在商业演出和电影放映中安排低价场次或门票。

3. 以政府购买服务方式加强基层文化队伍建设。落实镇（街道）综合文化站专职人员 3 名以上，设立城乡基层公共文化服务岗位，行政村（社区）文化室（综合文化服务中心）至少配置 1 名公共财政补贴的文化工作人员。

4. 大力发展文化志愿服务。构建规范化、常态化、品牌化、专业化的文化志愿服务体系，助力“志愿者之城”建设。建立和完善文化志愿者注册招募、服务记录、管理评价和激励保障机制。壮大文化志愿者队伍，2017 年，全市注册文化志愿者总数达到 10000 人以上，力争 2018 年达到常住人口的千分之二。总结推广“社工 + 志愿者”的文化志愿服务模式，将文化志愿服务融入城乡社区治理。

5. 培育和发展文化类社会组织。实施群众文化团队扶持项目，建立群众文化活动交流平台，每个行政村（社区）业余文体团队不少于 3 支。调动协会、社团、民办非企业等社会组织参与公共文化服务和管理。

（四）数字文化服务工程。

1. 加强公共文化机构数字化建设。结合“智慧城市”、国家“信息消费”试点城市的建设，推进公共文化机构数字化建设。各级图书馆、文化馆、博物馆利用数字化资源、智能化技术、网络化传播，拓展公共文化服务能力和传播范围。提升镇（街道）、村（社区）公共文化服务场所数字文化设施配备和数字文化服务能力，方便基层群众以多种方式使用公共数字产品与服务资源。

2. 加强公共数字文化服务的统筹协调、共建共享。统筹推进文化信息资源共享工程、数字图书馆、数字博物馆、数字文化馆、数字美术馆、公共电子阅览室、数字农家书屋、智能图书馆、电视图书馆、手机图书馆、城乡电子阅报屏等数字文化项目，搭建“佛山文化 e 网通”公共数字文化服务平台，为群众提供服务预约、场馆预订、图书借阅、节目欣赏、知识讲座、在线展览等服务，使数字文化服务触手可及，深入百姓生活。

3. 建设智能图书馆群。推动佛山市联合图书馆、顺德区公共图书馆集群之间的互通互联及其成员馆的智能化管理。通过多方合作模式，新建 42 家智能图书馆（含自助图书馆、街区图书自助借还机），其中南海区 20 家、顺德区 10 家以上，全市智能图书馆总量达到 60 家。将图书馆服务延伸到社区、园区、商业综合体等公共场所，形成布点合理、方便快捷的智能图书馆群。

（五）历史文化兴盛工程。

1. 积极创建广东省民间文化艺术之乡。发挥禅城区石湾镇街道（石湾陶艺）、南海区（醒狮武术）、南海区大沥镇（粤曲）、顺德区（粤剧曲艺）4 个中国民间文化艺术之乡（2014 ~ 2016 年）的示范引领作用，积极申报创建广东省民间文化艺术之乡（2015 ~ 2017 年），挖掘、传承、弘扬优秀民间文化。

2. 做好古村落活化传承。以 30 个古村活化传承作为引领和示范，整理记录古村、名村中的传统建筑、民间节庆、习俗、非遗项目、名人典故等历史资源，挖掘研究其中的文化内涵；完善村史展示、图书室等文体设施建设；培养本土讲解员，增加居民对本土文化的了解；引入专业机构开展合作，为文艺创作、文化旅游、文化创意提供特色文化载体。

3. 整合提升各类传统文化活动品牌。发挥佛山历史文化资源优势，重点抓好“佛山韵律·和风鸣畅”系列文化艺术活动、佛山秋色欢乐节、禅城行通济、中国（佛山）陶瓷艺术节、珠三角休闲欢乐节、南海观音文化节、中国（顺德）岭南美食文化节、顺德龙舟文化节、顺德水乡民俗文化节、高明绿色欢乐节等特色民俗节庆活动，彰显城市魅力。打造“一镇一品”的文化民俗活动，“非遗进社区、进校园”“万家灯火万家弦”等群众文化活动，滋养百姓精神家园。

（六）书香佛山全民阅读工程。

充分发挥各级各类图书馆在促进全民阅读工作中的主阵地作用，加强公共藏书和公共图书馆建设，壮大佛山市联合图书馆服务网络。2016年末，全市人均（以常住人口计）占有公共藏书达到1册以上，公共图书馆持证率超过10%，佛山市联合图书馆成员馆超过100家；公共图书馆平均每册藏书年流通率1次以上，人均年增新书0.06册以上，人均到馆0.5次以上。以社会主义核心价值观为引领，围绕以“国际儿童读书日”“世界读书日”“图书馆服务宣传周”等重要节点，统筹策划“崇文佛山·全民阅读”系列活动，擦亮“阅读春天”“禅城经典诵读”“书香南海”“好学顺德”“高明读书节”“崇学三水”等品牌，推动全民阅读常态化、长效化，打造“书香佛山”，增强社会发展的创新力量和道德力量。

（七）新市民文化暖心工程。

加强异地务工的人文关怀，积极推送文化服务进园区、进企业，培育企业文艺团队和骨干。鼓励和支持园区、企业建设文化广场、自助图书馆及街区图书自助借还机等公共文化设施，打造企业文化俱乐部。继续办好“筑梦佛山”文化艺术公益夏令营、青工作家讲师团“作家走基层，给力正能量”励志讲座等品牌服务项目，举办“产业工人文化节”等以新市民为主角的文化活动，为新市民融入佛山搭建文化通道，提升城市人文氛围。

（八）特色文化片区打造工程。

依托我市丰富的文化遗产，着力挖掘文化内涵，强化城市建设中的文化特色，增加城市形态中的文化元素，改善市民人居环境。加快推进禅城区祖庙—东华里特色步行街区、梁园历史文化街区、仁寿寺历史文化街区、石湾“陶醉文化街区”，南海区千灯湖片区、博爱湖片区、听音湖片区、康园（康有为故居）、梦里水乡，顺德区佛山新城文化中心、清晖园街区、逢简水乡景区、华侨城文化旅游片区、香云纱生产性保护示范基地等重点文化片区建设。

（九）文艺精品锻造工程。

以文艺创作和精品工程塑造城市形象。实施精品带动战略，修订完善《佛山市文艺和新闻出版精品（精英）扶持资助实施办法》，激励名家、名作，为人民群众提供更多更好的文艺作品、影视节目、出版物等公益文化产品，对具有佛山特色和重要艺术价值的原创艺术产品以及民间艺术生产、传播给予扶持。依托国家和省级平台，办好“伯奇杯”中国创意摄影大赛、广东省“九江龙”散文奖、广东省“大沥杯”小说奖、广东省“桂城杯”诗歌奖、“华语文学传媒大奖”等高水平赛事，带动佛山文艺精品创作繁荣发展；充分挖掘历史文化资源，推出一批如话剧《康有为与梁启超》等兼具地方特色和全国影响的剧目，塑造文艺创作的地方品牌；发挥艺术创作优势，搭建市场与艺术家群体之间的平台，实现佛山文化“走出去”。

五、研究课题和制度设计

（一）开展《佛山市构建城乡一体化现代公共文化服务体系研究》。

全面盘点一市五区公共文化建设的现状，梳理总结成功经验和先进做法，深入分析薄弱环节和发展瓶颈，开展构建城乡一体化现代公共文化服务体系课题研究，以基本公共文化服务标准化、城乡联动机制、优化公共文化供给机制、新市民文化融入机制为重点，提出佛山市构建和完善城乡一体化的现代公共文化服务体系的“顶层设计”政策建议。主要内容包括：

1. 城乡文化一体化的理论基础。

2. 佛山市公共文化服务体系建设现状。

3. 佛山市构建城乡一体化的现代公共文化服务体系的瓶颈分析。

4. 重点开展4个子课题研究。

（1）佛山市基本公共文化服务标准化研究。

（2）佛山市公共文化服务评价体系研究。

（3）佛山市优化公共文化供给机制研究。

（4）佛山新市民文化融入机制研究。

5. 佛山市构建城乡一体化现代公共文化服务体系的政策建议。

（二）市、区合力构建完备的公共文化建设制度设计体系。

在课题研究的基础上，市、区两级统筹协调、分工协作、优势互补，分层出台促进文化事业发展的指导意见、服务标准、建设规范、扶持政策、实施细则等系列制度和文件，合力构建完备的公共文化建设制度设计体系，全面提高示范区创建的系统化、科学化、标准化水平，为佛山文化创新发展保驾护航。

1. 市级层面，在两年创建期内，力争形成以下制度设计成果：

（1）《佛山市构建现代公共文化服务体系实施意见》。

（2）《佛山市城乡一体基本公共文化服务标准化实施意见》。

（3）《佛山市文化消费补贴实施意见》。

（4）《关于加强公共文化服务队伍建设的指导意见》。

（5）《关于加强新市民文化服务的指导意见》。

（6）《佛山市公共文化服务评价体系》。

（7）《佛山市文艺和新闻出版精品（精英）扶持资助实施办法》（修订）。

（8）《佛山市联合图书馆标准化建设规范》。

2. 区级层面，根据各区公共文化建设的不同特点和实际需要，分别从公共文化设施建设、传统文化保护扶持、骨干群众文艺团体扶持鼓励、文艺精品创作扶持、文化消费专项补贴、文化公益发展基金等方面，制定或修订相应的扶持政策及实施细则，确保制度设计成果落地实施。

六、三大亮点

（一）市区同创，全民共享。

以创建国家公共文化服务体系示范区为统领，在市人民政府的统一部署下，禅城区、南海区、顺德区结合广东省公共文化服务体系示范区创建工作，高标准完成好全市创建国家示范区的各项任务；高明区、三水区因地制宜，探索适合本区实际的现代公共文化服务体系发展之路。市区合力提高文化民生福祉，确保735万名市民共享文化发展成果。

（二）顶层设计，体系完备。

在扎实开展构建城乡一体化现代公共文化服务体系研究的基础上，市、区两级统筹协调，分层出台促进文化事业发展的指导意见、服务标准、扶持政策，合力构建完备的公共文化建设制度设计体系，全面提高示范区创建的系统化、科学化、标准化水平。

（三）创新引领，示范带动。

培育、评选一批文化服务创新项目，力争取得全国影响。如，完善佛山联合图书馆服务体系，依托数字图书馆、智能图书馆、电视图书馆、汽车图书馆等服务方式，打造全面覆盖、互通互联的公共图书馆服务网络；以补“供方”（服务机构）为主的方式，建立完善全市文化消费补贴机制；深化文化管理体制机制改革，继续探索法定机构改革、事业单位法人治理结构改革和农村文化自治，创新基层社区文化治理。

七、保障机制

（一）组织协调机制。

成立佛山市创建国家公共文化服务体系示范区领导小组，统筹、指挥全市创建工作。领导小组组长由市长鲁毅担任，副组长由副市长麦洁华担任，成员由市政府分管副秘书长，各区区长以及宣传、文化、财政、发展改革、住建管理、国土规划、人力资源社会保障、教育、体育及工会、共青团、妇联等有关单位主要领导组成。办公室主任由市政府副秘书长邓灿荣兼任，副主任由市文广新局局长俞进兼任。同时，成立佛山市创建国家公共文化服务示范区专家咨询组，指导申请、创建和制度设计研究工作。

各区、各镇（街道）参照市的做法成立相应的领导机构。对照创建标准和本规划制订本区、镇（街道）的创建工作方案，落实各项工作责任。南海区要根据国家公共文化服务体系示范项目动态管理机制的要求做好创建后续工作，继续领跑全国。禅城区、南海区、顺德区结合广东省第一批公共文化服务体系示范区创建工作，高标准完成好全市创建国家公共文化服务体系示范区各项任务。高明区、三水区在全面达标的基础上，因地制宜，探索适合本区实际的现代公共文化服务体系特色发展路径。

市、区层面分别建立公共文化服务体系建设

协调机制。完善党委领导、政府管理、部门协同、权责明确、统筹推进的公共文化服务体系建设管理长效机制，确保示范区创建任务的顺利完成和公共文化服务体系建设的常态化提升。

（二）经费保障机制。

进一步加大文化财政投入，保障落实国家公共文化服务体系示范区创建各项工作经费。各区参照我市基本公共文化服务标准测算、落实本区常住人口享有基本公共文化服务所必需的资金，保障公共文化服务供给。在创建期内确保各级财政文化事业费投入增长幅度高于财政经常性收入增长幅度，公共文化支出占财政支出的比例稳步提高。此外，积极筹措其他财政资金投入各级公共文化设施建设，并吸引和撬动社会资金投入公共文化领域。

（三）制度支撑机制。

研究制定《佛山市构建现代公共文化服务体系实施意见》和《佛山市文化消费补贴实施意见》等系列政策，出台《佛山市创建国家公共文化服务体系示范区过程管理实施意见》《佛山市创建国家公共文化服务体系示范区信息报送与宣传工作方案》和《佛山市创建国家公共文化服务体系制度设计研究工作方案》，保障创建工作顺利实施。

（四）监督考评机制。

建立和完善示范区创建工作的监督考评机制。市人民政府与各区人民政府签订目标责任书，将示范区创建工作纳入市、区人民政府年度绩效考核及领导干部政绩考核体系，并定期对各区、各责任单位创建具体工作的开展情况进行督促检查。引入第三方机构对创建实施情况进行监督考评和群众满意度测评，每年评选公共文化建设创新项目。重视和充分发挥新闻媒体舆论引导和监督作用，营造示范区创建的良好氛围。

二〇一五年九月二十四日

佛山市图书馆新馆建成开放。

佛山“互联网+金融”行动方案

佛府办函〔2015〕732号

为贯彻落实《国务院关于积极推进“互联网+”行动的指导意见》(国发〔2015〕40号)和《佛山市人民政府办公室关于印发佛山市“互联网+”行动计划的通知》(佛府办〔2015〕28号),加快推动我市互联网金融产业发展,通过“互联网+”战略推动金融改革创新,提升我市金融服务实体经济能力,制订本行动方案。

一、总体思路

(一)战略意义。

“互联网+金融”是我市“互联网+”战略的重要组成部分,也是“互联网+金融+产业”的核心之一。通过“互联网+金融+产业”的有机结合,能够进一步解决信息不对称问题,有利于改善我市中小微企业融资环境,有效降低融资成本,完善和丰富我市多层次金融服务体系;能够促进金融产品创新,推动普惠金融发展,促进实体产业升级,推动“互联网+”总体战略落地。

(二)现实基础。

1. 经济基础。

——城市综合实力显著提升。佛山城市综合竞争力长期位居全国前列,综合经济实力雄厚,2014年实现地区生产总值7603亿元,增长8.6%,人均地区生产总值10.38万元。

——城乡居民收入稳步提升。2014年,佛山城镇居民人均可支配收入3.66万元,农村居民人均纯收入2.01万元,分别增长9%和9.6%;城乡居民储蓄存款余额5807亿元,比年初增长3.7%。

——民营经济整体蓬勃发展。2014年全市规模以上民营工业实现产值1.3万亿元,增长11.4%;民营工业占全市规模以上工业总产值比重69.6%,对全市工业增长贡献率79.8%。目前佛山共有民营企业14.53万家,占全市企业比重87.8%。

2. 金融基础。

——金融总体规模较大。截至2015年6月底,全市金融机构本外币各项存款余额1.19万亿元,连续3年是全省唯一突破万亿元的地级市。各项贷款余额7886亿元。传统金融机构与新型金融机构并驾齐驱,除了52家银行之外,全市还有融资担保机构37家、小额贷款公司39家,融资租赁公司19家,体系较为完善。

——多层次资本市场日益壮大。截至2015年6月底,全市上市公司总数达到42家,全市共有28家企业成功挂牌新三板,并有上百家企业准备上市。全市股权投资基金(创投公司)总数达到239家,注册资本超过390亿元。其中,广东金融高新区私募创投机构达到117家,募集资金规模达257亿元。

——互联网金融行业崛起。南海区挂牌成立了“中国电子商务互联网金融创新基地”,广东金融高新区已吸引易联支付等两家第三方支付的法人机构进驻。目前,佛山已经至少有10家本土P2P网贷平台,股权众筹处于发展起步阶段,供应链金融模式在佛山效果初显。

虽然我市有发展“互联网+金融”的经济和金融基础,但是一些问题也不容忽视,如企业互联网金融意识薄弱、相关扶持政策缺失、征信系统不完备、互联网金融人才缺乏等。

(三)基本原则。

——坚持市场引导,创新体制机制,强化市场配置金融资源的基础性作用。

——坚持先行先试,深化改革开放,抢抓机遇争取在佛山试点探索发展互联网金融新政策。

——坚持风险可控,推进社会信用体系建设,正确处理创新发展、政府监管以及行业自律的关系，实现包容性增长。

（四）行动目标。

进一步提升广东金融高新区“中国电子商务互联网金融创新基地”的地位，率先将佛山民间金融街升级为“互联网+创新创业金融”社区，围绕专业镇、高新园区、孵化器等搭建互联网金融产业发展平台。重点引进一批业态完整的互联网金融龙头企业，形成较为完整的产业链，力争在3年内，集聚互联网金融企业300家，形成具有一定规模的行业领先企业20家，形成蓬勃发展的互联网金融生态圈。努力将佛山建设成为港澳、广深金融服务的辐射区、承接区和拓展区，最终成为国内互联网金融与产业融合发展的核心区。实现佛山互联网金融“211目标”，即汇聚一批互联网金融专才，力争从业人员达到2000人；聚集一批互联网金融企业，实现动员民间资本超过1000亿元；研发一批互联网金融创新产品，支持中小企业融资规模达到1000亿元。

二、八大重点工程

（一）促进各类互联网金融主体发展。

1. 支持本地法人金融机构搭建互联网金融平台。鼓励本地银行、保险、证券、股权投资基金等机构运用互联网思维提升竞争力、创新金融产品、提升服务质量，鼓励以轻资产的方式参与新的竞争，通过电子渠道或便捷网点的形式拓展客户。争取3年内推动本地法人金融机构均能够依靠互联网渠道开展业务。

2. 鼓励本地大型实体企业、上市公司发起设立互联网金融机构。支持有条件的本地企业整合开发、引进推广一批互联网金融产品和服务，用3年时间推动至少10家本土实体企业进军互联网金融，树立“金融+实体+互联网”的标杆。

3. 积极鼓励互联网企业打造金融平台、金融产品。支持互联网企业依法合规设立互联网支付机构、网络借贷平台、股权众筹融资平台、网络金融产品销售平台。鼓励电子（跨境）商务企业自建和完善线上金融服务体系，更好地满足中小微企业和个人投融资需求，进一步拓展普惠金融的广度和深度。

4. 重点引进将互联网金融机构和业态。既要引进第三方支付、网络借贷、股权众筹、供应链金融等丰富业态的互联网金融机构，又要结合广东金融高新区现有基础和优势，引进呼叫中心、培训中心、产品研发中心、数据处理、灾备中心等互联网金融后援机构，3年内累计引入10家各类后援机构。

（二）构建互联网金融机构集聚发展平台。

1. 建立一批“互联网金融+产业园区”合作示范区。遴选佛山国家火炬创新创业园、新媒体产业园、华南移动互联网产业园、瀚天科技园、天安数码城、陈村花卉世界等产业特色鲜明、互联网产业基础较好的产业社区为试点，引入和培育各类互联网金融集聚发展园区，为示范区企业开展专业性的投融资服务。

2. 建设创业创新金融服务中心。将佛山民间金融街率先打造为广东首条“互联网+创业创新金融”社区（“众创”金融街）。围绕专业镇、高新园区、孵化器设立创业创新金融服务中心，重点引进、汇聚各类天使投资、创业投资、风险投资、股权众筹等机构和人才，引进创业服务、创业培训、知识产权管理等专业组织，打造创业者与投资机构的线上与线下对接平台。

3. 推动建立互联网金融研究机构和创新实验室。联合监管部门、行业协会或互联网龙头企业，依托国内外知名金融院校，在广东金融高新区高标准成立1家互联网金融研究机构，为互联网金融行业发展及政府决策提供专业意见。由行业协会牵头，设立若干个集研究、试点、产业化于一身的互联网金融创新实验室，探索互联网金融发展方向。

4. 完善佛山市金融服务网。完善金融机构、中介和企业之间的信息交流，发布互联网金融及民间利率指数，积极推广各类创新型互联网金融产品。发布从业者相关信息披露、风险提示和合格投资者信息，鼓励和完善各类科技金融综合信息服务平台的建设和服务。

（三）鼓励进行互联网金融业务创新。

1. 鼓励本地银行业金融机构开展互联网金融业务创新。依托互联网技术，利用云计算、移动互联网、大数据等技术手段，开展网络银行、网络证券、网络保险、网络基金销售和网络消费金融等业务，加大科技保险推广力度，加快金融产品和服务创新，在更广泛地区提供便利的存贷款、支付结算、信用中介平台等金融服务。

2. 积极推动开展互联网股权融资业务。结合省金融办积极鼓励的9种众筹模式，充分利用互联网的无边界、长尾客户、随时随地等特点，挖掘出众筹的潜力，成为推动“互联网+金融”战略实施的重要内容。引入、设立3～5家股权众筹机构，支持一批创新、创业企业发展。支持有资质的机构进行股权众筹试点，推动众筹权益的登记托管和流转交易，为各类创业创新项目、个人、企业提供综合金融服务和孵化加速。

3. 规范发展网络借贷和互联网消费信贷业务。鼓励大型龙头企业利用其核心企业优势，结合上下游企业的大数据，建立P2P平台，规范开展网络借贷。利用大企业的客户消费金融数据，结合征信信息，探索开展互联网消费信贷业务。

4. 积极探索“互联网+”类金融机构等方式支持中小微企业融资。鼓励小额贷款公司、融资担保公司、融资租赁公司和互联网金融主体利用大数据和征信体系，积极探索“互联网+小额贷款”和“互联网+融资租赁”模式，通过互联网平台开展类金融机构的资产证券化业务，支持中小微企业发展。

5. 建立互联网金融产业联盟。鼓励互联网和金融类企业、合作共赢、协同发展，建立产业联盟，积极探索交叉延伸在互联网金融领域的服务。鼓励互联网金融企业面向全国提供优质的基础设施服务和成熟解决方案，提升其品牌影响力。

（四）建立互联网金融政策扶持体系。

1. 支持互联网金融机构市场准入。工商行政管理部门给予登记便利，支持企业在名称中使用“金融信息服务”“互联网金融”字样；电信主管部门、国家互联网信息管理部门在我市的管理机构积极支持互联网金融业务；我市科技部门加大对从业机构专利、商标等知识产权的保护力度。

2. 加强财税政策支持。对于业务规模较小、处于初创期的互联网金融从业机构，符合我国现行对中小企业特别是小微企业税收政策条件的，可按规定享受税收优惠政策。结合金融业营改增改革，贯彻落实从业机构新技术、新产品研发费用税前加计扣除政策，综合运用政府购买服务、事后补助、无偿资助等形式，推动互联网金融与产业深度融合。

3. 设立100亿元规模的创新创业产业引导基金。支持互联网金融机构创业创新以及互联网金融产业园基础设施建设，提供风险补偿或贴息扶持。积极发展知识产权质押融资、信用保险保单融资增信等服务，鼓励通过债券融资方式支持“互联网+金融”发展。

4. 举办“互联网+”行业主题系列路演活动。市人民政府联合证券交易所、广东金融高新区股权交易中心、佛山传媒集团及各行业协会等单位，结合佛山各支柱行业的“互联网+”战略，遴选优秀互联网金融企业参与路演活动，对接投资机构和商业银行，加速其股权融资乃至上市进程。

（五）完善互联网金融外部体系支撑。

1. 完善互联网金融信用支撑体系。加强信用记录、风险预警、违法失信行为等信息资源在线披露和共享，为经营者提供信用信息查询、企业网上身份认证等服务。充分利用互联网积累的非银信用数据，完善现有征信体系。积极引入社会征信机构和企业，利用大数据手段获取、分析中小微企业和个人在社交平台、商务平台、政务平台等产生的信用数据，依法合规出具小微企业和个人信用“体检报告”，促进互联网信用借贷业务的发展。

2. 建立互联网金融专业评价机构。搭建以互联网金融信息与数据为基础、以互联网金融产品/机构评价为引擎的互联网金融专业评价机构。整合互联网金融行业信息、产品、企业及用户资源，使佛山成为我国互联网金融生态系统健康发展、演变进化的重要策源地。

3. 加强互联网基础设施建设。探索构建互联网金融云服务平台，支持金融企业与云计算技术提供商合作开展金融公共云服务，提供基于金融云服务平台的信用、认证、接口等公共服务。加快推进佛山市金融科技服务创新促进信息消费试点工作，加快建设移动金融可信服务管理平台（TSM）建设，推广智能金融IC卡，为“互联网+”战略提供强大支撑。

（六）加强互联网金融风险管控和行业自律。

1. 建立信息披露、风险提示和合格投资者实施机制。建立市属从业机构和金融服务平台的备案制度，建立健全信息披露制度。借助佛山市金融服务网等公共金融信息平台，及时向投资者公布其经营活动和财务状况的相关信息，促使从业机构稳健经营和控制风险。

2. 依法开展互联网金融领域消费者保护工作。研究制定我市互联网金融消费者教育规划，及时发布维权提示。加强互联网金融产品合同内容、免责条款规定等与消费者利益相关的信息披露工作。探索构建在线争议解决、现场接待受理、监管部门受理投诉、第三方调解以及仲裁、诉讼等多元化纠纷解决机制。

3. 坚决打击涉及非法集资等互联网金融犯罪，防范金融风险，维护金融秩序。我市金融机构在和互联网企业开展合作、代理时应根据有关法律和规定签订包括反洗钱和防范金融犯罪要求的合作、代理协议，并确保不因合作、代理关系而降低反洗钱和金融犯罪执行标准。

4. 加强互联网金融行业自律。充分发挥行业自律机制，规范从业机构市场行为、保护行业合法权益，定期或不定期举办人才沙龙、高峰论坛等活动，鼓励行业人才培养交流活动。组建佛山互联网金融协会，协助建立和完善互联网金融数据统计监测体系，树立从业机构服务经济社会发展的正面形象，营造诚信规范发展的良好氛围。

（七）加强互联网金融人才引进和培育力度。

1. 借力全球互联网金融智力资源。充分利用毗邻广州、深圳以及港澳的优势，引进和培养一批“互联网+金融”领域高端人才。支持通过任务外包、产业合作、学术交流等方式，吸引互联网金融领域领军人才、特殊人才、紧缺人才在我市创业创新和从事教学科研、学术和经验交流等活动。以广阔的市场和丰富的项目吸引香港、澳门、广州、深圳等地优秀金融人才与佛山的互联网金融机构合作。

2. 鼓励企业加强对“互联网+金融”的培训。[illegible]基于移动互联的学习方式，将面授与互联网培[illegible]起来，扩大面授的影响力和覆盖面，实现[illegible]“随身学习”“终身学习”。鼓励传统企[illegible]企业建立信息咨询、人才交流等合[illegible]人交流合作。

[illegible]才列入全市紧缺型人才范畴。鼓励互联网金融人才与传统行业人才双向流动，完善落户、安置和奖励等制度。鼓励地方各级政府拨出专款，通过采买服务的方式，向社会提供互联网金融知识技能培训；支持以政府倡导、企业邀请的方式，加强相关研究机构和专家开展“互联网+金融”基础知识和应用培训。鼓励企业通过直接持股、以信托或员工持股集合计划等间接持股等方式留用互联网金融人才。

（八）加强舆论引导和标杆示范效应。

1. 开展“互联网+金融”应用试点示范。在具备“互联网+金融”应用推广基础的行业中，每年遴选支持若干家商业模式新、辐射范围广的“互联网+金融”标杆企业，发挥示范效应。近期，重点推广欧浦小贷的专业模式，鼓励实体企业开展互联网金融业务。

2. 定期举办“互联网+金融”论坛。支持每年在广东金融高新区召开1次高层次、全国性的互联网金融高峰论坛，邀请有关监管部门、业界权威人士和知名学者参与，将其打造成我国互联网金融界的品牌盛事。

3. 进一步加大“互联网+金融”行动扶持政策和行动成果的宣传力度。加强各类媒体对互联网金融创新创业的舆论引导，大力培育互联网企业家精神和互联网金融文化，推动互联网金融创新创业。充分发挥互联网媒介优势，为公众准确解读“互联网+金融”行业政策提供支持，优化舆论环境。

三、保障措施

（一）加强领导。

为确保方案顺利推进实施，在市人民政府统一领导下，由市金融局牵头，市财政局、市工商局、市农业局、市科技局、市经济和信息化局、市人力资源社会保障局，人行佛山市中心支行、佛山银监分局及各有关单位不定期召开会议，研究解决有关重大事项，定期反馈情况，实时跟踪重点项目，为互联网金融发展良好环境。

（二）统筹协调。

明确各部门、各单位的职责分工，确保政策延续性。拨付专项预算，确保各项重点措施落实。

建立“政府+监管部门+互联网金融主体”的协调机制，沟通协调解决发展中跨行业、跨部门、跨领域遇到的困难和问题，完善互联网金融行业领域风险防控和应急处置机制。

（三）组织实施。

各地区、各单位结合实际，提出明确的年度或分期实施计划，定期进行跟踪检查。充分发挥相关行业协会的作用，建立对行动计划实施情况的跟踪监测、检查和评估机制，务实有序推进“互联网+金融”行动。

（四）专家咨询。

邀请国内外互联网和金融领域的专家学者、咨询机构专家及互联网和金融管理部门的高层领导，成立佛山“互联网+金融”咨询顾问委员会，为佛山“互联网+金融”战略提供决策咨询服务。

二〇一五年十一月六日

佛山民间金融街。

主 题 索 引

说 明

一、本索引采用主题分析方法，款目按汉语拼音字母（同音字按声调）顺序排列。

二、文中的篇目题、类目题、分目题用黑体字标明，其余用宋体字排印。

三、索引款目后的数字表示内容所在的页码，数字后面的英文字母（a、b）表示栏别（即版面的左、右栏）。

四、同一主题的内容在文中多次出现的，在其款目后用不同的页码标明。

五、本索引对《特载》《佛山大事记》《文件·法规选编》等篇不作内容主题分析。书中的图表仅对其标题进行索引，并在其款目后分别注明“表”或“图”。

数字首

A